심리학의 세계

Samuel E. Wood · Ellen Green Wood
Denise Boyd 공저
김초복 · 장문선 · 허재홍 · 김지호
진영선 · 곽호완 · 박영신 공역

Mastering the World of Psychology 5th ed.

학지사

Mastering the World of Psychology, 5th Edition
by Samuel E. Wood, Ellen Green Wood and Denise G. Boyd

Authorized translation from the English language edition, entitled MASTERING THE WORLD OF PSYCHOLOGY, 5th Edition,
ISBN: 0205968082 by WOOD, SAMUEL E.; WOOD, ELLEN GREEN;
BOYD, DENISE G., published by Pearson Education, Inc,

KOREAN language edition published by HAKJISA PUBLISHER,

역자 서문

인간의 마음과 행동에 대한 주제, 즉 심리학적 주제는 인류가 공동체 생활을 해 나가기 시작한 시점부터 줄곧 인간의 가장 중요하고도 핵심적인 관심사였다. 이러한 주제는 심리학이 하나의 학문 분야로서 확립되기 이전에도 문학, 예술, 철학, 의학, 자연과학 등 다양한 학문 분야에서 직간접적으로 다루어져 오다가, 19세기 후반에 이르러 비로소 체계적이고 과학적인 심리학의 틀 속에서 본격적으로 연구되기 시작하였다.

심리학은 생물과학과 사회과학의 중간에 위치하는 학문이자 사회학, 인문학 및 자연과학을 연결하는 기초 학문이라 할 수 있다. 우리나라에서도 이미 반세기 전에 심리학이 소개되었으나 본격적인 발전이 이루어진 것은 1980년대 이후로, 이 시기부터 많은 대학에 심리학과가 개설되었고 해마다 수많은 심리학 전공자들이 배출되어 왔다. 특히 사회가 복잡해지고 다원화되면서 심리학은 법학, 경제학, 경영학, 디자인, 인터넷 등의 다양한 학문과 산업 분야에서 현상을 이해하고 예측하는 데 근간이 되는 학문으로서 위상을 굳건히 하게 되었다. 뿐만 아니라, 최근 다양한 형태로 나타나 사회적 관심을 받고 있는 범죄나 재난 등과 관련해서도 심리학적인 관심이 증폭되고 있다.

대학에서도 이러한 관심은 예외가 아니어서, 비단 심리학을 전공하는 학생뿐만 아니라 자연과학, 의학, 예술, 인문학, 경영학, 공학 등 다양한 학문을 전공하는 학생들도 심리학에 상당한 관심과 흥미를 나타내고 있다. 최근에는 심리학을 복수전공 혹은 부전공하는 대학생들과 대학원에서 심리학을 전공하고자 희망하는 학생들의 수가 폭발적으로 증가하고 있다. 이들 학생들이 심리학에 관심을 기울이고 관련 과목을 수강하는 이유는 다양할 것이다. 자신이 전공하는 분야에 필요하다고 생각하여 전공을 위한 기초 학문으로 수강하는 경우도 있을 것이고, 단순히 자신의 마음을 이해하기 위해서 혹은 교양을 쌓거나 호기심을 충족시키기 위해 수강하기도 할 것이다. 강의를 하는 사람의 입장에서는 이들의 기대를 모두 만족시키기는 어렵다는 것이 큰 고민이다. 심리학 과목을 수강하려는 학생들의 전공이 다양하기 때문에 모든 학생의 전공과 심리학의 관계를 심도 있게 가르치기는 어렵고, 쉽고 일상적인 내용을 가벼운 마음으로 공부하고 싶은 학생에게 심리학의 복잡한 이론에 대한 설명은 부담스러울 것이다.

이처럼 학생들의 수강 목적을 모두 만족시킨다는 것이 어려운 일이긴 하지만, 역자들은 이 책의 원저인 *Mastering the World of Psychology*가 전공적 특성과 교양적 특성을 고루 갖추고 있는 책이라고 판단하여 번역을 진행하였다. 그렇게 하여 처음 출판되었던 책은 3판이었고, 이 책은 동일한 제목의 5판이다. 이 새로운 판에서는 이 책의 원저자들이 서문에서 밝히고 있는 바와 같이, 책의 구성에서 다양한 변화가 있으며 특히 최근의 연구들을 대폭 포함하고 있다.

번역 과정에서 될 수 있는 대로 원문에서 의도하는 바에 충실하고자 하였으나, 필요한 경우 독자의 이해를 돕기 위해 다소의 의역을 포함하기도 하였다. 이러한 노력이 독자가 심리학을 이해하고 유용하게 활용하는 데 도움이 되기를 진심으로 바란다.

끝으로 이 책이 나오기까지 많은 분의 노고가 있었음을 밝힌다. 우선 이 책이 출판되기까지 경북대학교 심리학과 대학원생들의 숨은 노력이 깃들여 있음을 밝히면서 그들에게 감사를 표한다. 또한 출판 과정에서 많은 수고와 지원을 아끼지 않으신 학지사의 김진환 사장님, 역자들로부터 원고를 모아 편집 · 교정하느라 고생하신 학지사 편집부 여러분의 노고에 감사드린다.

2015년 8월

역자 일동

저자 서문

개정판이 왜 필요한가

1. 향상된 교수 프로그램: SQ3R 학습법이 이 책의 기본적인 교수법으로 지속적으로 사용된다. 이 개정판에서 우리는 인출(retrieval) 연습을 독려하기 위해 각 절마다 복습할 수 있는 기회를 마련하였다. SQ3R에 대한 안내를 더욱 명확하고 간결하게 만들었다.
2. '기억하기' 추가: 각 장의 주요 절의 끝에서 당신은 그 절을 읽고 난 후 그 내용을 얼마나 기억하는지를 스스로 평가하는 데 도움이 될 '기억하기'라는 새로운 부분을 보게 될 것이다. '기억하기'에 있는 대부분의 질문들은 빈칸 채워 넣기의 형식으로, 당신이 얼마나 기억하는지를 평가하며, 시험을 준비하는 데 도움을 줄 것이다.
3. 새롭고 확장된 범위: 광범위하고 새롭고 확장된 주제들이 이 판에 추가되었다. 또한 수백 편의 연구들이 추가로 인용되었다. 예컨대, 긍정심리학(1장), 전전두피질(2장), 사회 지각(3장), 종달새와 올빼미(4장), 의사결정을 위한 부가적 전략(7장 및 8장), 사회경제적 지위와 건강 간의 상관에서 기저에 있는 복잡성(10장), 매슬로의 인본주의적 성격 이론(11장), 아동기 장애(12장) 등의 주제가 포함되었다.

심리학 강의자로서 당신이 갖고 있는 배경과 경험 그리고 자원은 학생들의 그것과 매우 다르다. 각 강의자는 독특한 방식으로 과목에 접근하겠지만, 공통의 목표를 지니고 있다. 즉, 학생들에게 다양한 심리학 분야를 충실히 가르치는 것, 어떻게 심리학이 일상생활에 적용되는지를 보여 주는 것, 그리고 어떻게 비판적으로 생각할지를 가르치는 것이다. 저자들은 강의자가 이러한 목표를 달성하는 데 도움을 주기 위해 개정판을 집필하였다.

5판에서의 변화

이전 판에서와 마찬가지로, 교재의 내용과 조직, 교수법에 대한 모든 측면들을 전체적으로 개정하였다. 이전 판과 이번 5판에서는 학생들이 과목을 성공적으로 마칠 수 있도록 도움을 주기 위해 특별한 학습도구들을 제공하고 있다. 그중에서 5판에서 향상된 것들은 다음과 같다.

- 향상된 교수 시스템: SQ3R이 이 책의 기본적인 교수법으로 채용되었다. 5판에서, 우리는 교재의 각 절 끝에 '기억하기' 퀴즈를 추가함으로써 SQ3R 방법을 향상시켰다. 이것은 학생들이 교재의 내용에 대한 이해를 주기적으로 확인하고, 다음 부분으로 넘어가기 전에 하나의 절을 완전히 숙지하는 데 도움을 줄 것이다.
- '시도' 활동: 일부 장들은 새로운 '시도' 부분을 포함하고 있다.
- 매력적인 최신의 예시: 학생들이 교재 내용을 확실히 이해하고 일상생활에 그 내용을 적용하는 것을 돕기 위해, 교재 전체에 걸쳐 많은 예시들이 개정되거나 추가되었다.

각 장들의 변화와 추가사항들에 대한 개관

우리는 많은 논의들과 내용의 전체적인 흐름에 대해 명확성을 향상시키기 위해 수많은 변화를 주었다. 어려운 개념에 대한 수많은 새롭고 확장된 예시들은 교재의 정보와 실생활 환경을 연결하는 데 부가적인 도움을 제공한다. 우리는 또한 심리학 개론에서 배우는 주요 개념들 간의 상호 연결성을 학생들이 인식할 수 있도록 하기 위해 각 장이 서로 연관되도록 하였다. 우리는 심리학의 기초를 이해하도록 유도하면서도, 가능한 한 최근의 연구를 인용하고 최신의 내용으로 구성하기 위해 노력하였다. 수백 편의 새로운 연구 문헌들이 5판에 소개되었는데, 이는 심리과학에 관한 현재의 관점을 소개하기 위함이다.

학습에 대한 저자들의 전념: SQ3R

이 교재는 SQ3R이라 불리는 학습법으로 시작한다. 이는 다섯 단계, 즉 훑어보기, 질문하기, 자세히 읽기, 되새기기, 다시 보기(Survey, Question, Read, Recite, and Review)로 구성되는데, 이 방법은 학습의 효과를 더욱 높여 줄 것이다. 1장에 소개되어 있듯이, SQ3R 방법은 학생들이 심리학을 삶과 연결시키는 데 도움을 주면서도 읽기와 공부하기, 그리고 시험보기에 대한 효율적인 방식을 제공하도록 이 책 전체에 걸쳐 통합되어 있다.

SQ3R 방법의 사용에 있어 도움을 주기 위해 구성된 핵심적인 학습 특징들은 다음과 같다.

- 학습목표: 이 교재의 각 장은 특정한 학습목표를 중심으로 구조화되어 있다. 숫자가 매겨진 이러한 학습목표들은 질문의 형태로 되어 있는데, 그 이유는 개방형 질문이 독자들로 하여금 중요한 정보를 정확히 알아차리고, 그것을 깊게 처리하며, 기억에 저장하는 데 도움을 준다는 것이 여러 연구들에서 입증되어 왔기 때문이다. 학습목표는 학생들이 핵심 정보에 초점을 둘 수 있도록 각 장의 첫 부분과 해당하는 절의 가장자리에 제시되었다.
- 복습과 재검토: 종합적인 요약을 통해 주요 개념과 그 요소들, 그리고 그들의 관계를 확실히 이해하는 데 도움을 줌으로써 학생들에게 시각적 형태의 학습도구를 제공한다.
- 기억하기: 빈칸 채워 넣기 형식의 이 퀴즈는 교재의 매 주요 절들의 끝에 제시되어 학생들이 그 장의 다음 절로 넘어가기 전에 해당 내용에 대한 이해를 확인하도록 해 준다.

응용을 통한 학습

심리학의 완전한 이해를 얻기 위해서는 학생들이 강의에서 배운 원리를 자신의 삶과 다른 사람의 삶에 응용하는 것이 매우 중요하다. 우리는 학생들이 이 목표를 달성하는 것을 돕기 위해 다음과 같은 여러 가지 글상자들을 고안하였다.

- 생각해보기: 각 장은 학생들이 각 장의 시작부터 그 내용에 활동적으로 관여하기를 북돋우는 '생각해보기'로 시작한다. 이 시작 부분은 학생들이 해당 장의 내용을 재미있고, 흥미로운 방식으로 소개하는 활동(퀴즈나 실험)을 완성하도록 이끌 것이다.
- 적용: 이 글상자는 어떻게 학생들의 학습 습관을 향상시킬지, 혹은 어떻게 그들의 삶에서 나타날 수 있는 도전적인 상황을 다룰지를 학생들에게 가르치기 위하여 과학적 연구를 실질적인 조언과 결합한다.
- 시도: 이 대중적인 글상자는 간단한 응용실험, 자기평가 그리고 손으로 할 수 있는 활동을 제공하는데, 이는 학생들에게 심리학을 단순화하여 심리학적 원리들을 일상생활과 활동적으로 관련짓도록 하는 심리학의 개인화를 도와준다. 예를 들어, 학생들은 머리카락의 움직임에 대한 절대역을 찾을 수도 있고(3장) 혹은 생활 스트레스 점수를 찾기 위한 퀴즈를 풀 수도 있다(10장).
- 설명: 이 글상자는 매일 발생하는 몇몇 일반적인 것들에 대한 심리학적 설명을 제공한다. 예를 들어, '당신의 신용점수는 무엇을 의미하는가, 그리고 그것이 대부업자들에 의해 어떻게 사용되는가?'(1장)와 '왜 어떤 사람들은 스카이다이빙과 같은 위험한 취미에 빠져드는가?'(9장)와 같은 것들이다.

차례

CHAPTER 8
인간 발달 • 283

CHAPTER 9
동기와 정서 • 329

CHAPTER 10
건강과 스트레스 • 365

CHAPTER 1

심리학이란 무엇인가

이 책에 대한 소개

1.1 SQ3R 방법은 공부를 더 효과적으로 하는 데 어떻게 도움이 될까?
1.2 왜 심리학자들은 과학적 방법을 사용할까?
1.3 심리학의 목표는 무엇일까?

과거와 현재의 심리학

1.4 초기의 심리학자들은 심리학에 어떤 공헌을 하였을까?
1.5 심리학에 어떤 주요 학파들이 있을까?
1.6 현대 심리학에서 중요한 일곱 가지 관점은 어떤 것일까?
1.7 심리학에 어떤 전공분야가 있을까?

이론과 연구에 대한 생각

1.8 심리학자들은 이론을 어떻게 평가할까?
1.9 비판적 사고가 연구를 평가하는 데 어떻게 도움이 될까?

기술적 연구법

1.10 관찰연구법과 사례연구법의 장점과 단점은 무엇일까?
1.11 연구자들은 어떻게 유용한 조사를 설계할까?
1.12 상관연구법의 장점과 단점은 무엇일까?

실험법

1.13 인과관계를 검증하기 위해서 연구자들은 실험을 어떻게 사용할까?
1.14 실험 연구법의 단점은 무엇일까?

연구 참가자

1.15 참가자들의 특성이 연구의 유용성에 어떻게 영향을 미칠까?
1.16 연구자들은 참가자와 동물들의 권리를 어떻게 보호할까?

생각해보기

처음으로 심리학 개론 수업을 들으면서 당신은 심리학이 어떤 학문인지 궁금할 것이다. 심리학이란 말을 들으면 어떤 생각이 떠오르는가? 치료, 뇌, 심리장애, 정서와 최면술과 같은 말들이 떠오르는가? 심리학 개론에서 이 문제들을 모두 다루겠지만 일상생활에서 일어나는 어려운 문제들을 다루는 방법도 배우게 될 것이다. 어떻게 하면 효과적으로 학습을 할 수 있을까?(18쪽의 〈적용〉을 읽으면 해답을 알 수 있다). 어떻게 갈등을 해결하고 만족스러운 인간관계를 유지할까? 심리학을 잘 배우면 이런 문제들에 대한 해답을 얻을 수 있다.

다음 문제들에 대해 당신이 지금 얼마나 알고 있고, 또 얼마나 알고 있다고 생각하는지를 시험해 보자.

1. 한번 손상당하면 뇌 세포는 다시 제 기능을 하지 못한다.
2. 모든 사람은 밤에 정상적으로 자는 동안 꿈을 꾼다.
3. 응급상황에서 주변에 사람들이 많을수록 피해자가 도움을 얻는 데 더 오랜 시간이 걸린다.
4. 사람들에게는 모성본능이 없다.
5. 사람들은 6m 떨어진 곳에서 시계가 똑딱거리는 소리를 들을 수 없다.
6. 목격자 증언은 믿을 수 없는 경우가 많다.
7. 침팬지에게 말하는 것을 가르칠 수 있다.
8. 창의성이 높다고 해서 지능이 항상 높지는 않다.
9. 사람들은 친밀한 관계에서는 자신과 다른 사람에게 더 끌린다.
10. 대부분의 청소년은 부모와 관계가 좋다.

홀수 문제는 맞고 짝수 문제는 틀린 것이다. 이 교재에서 앞으로 배우게 될 모든 것이 사람들의 행동과 정신 과정을 더 잘 이해하도록 도와줄 것이다. 이 교재는 목표 지향적이고, 계획적이며, 노력이 필요한 체계적인 공부법에 맞추어 구성되어 있기 때문에 공부하는 데 도움이 될 것이다. 마찬가지로 과학자들이 사용하는 방법도 일부 철학자가 생각하는 진리탐구라는 과학의 중요한 목표를 달성하기 위한 체계적 접근의 일부이기 때문에 인간의 행동과 정신 과정에 대한 물음에 믿을 만한 해답을 얻을 수 있게 해 준다(Popper, 1972).

이 책에 대한 소개

우간다에 "코끼리를 잡으려는 사람은 새에게 돌을 던지는 것을 그만두지 않는다."라는 속담이 있다. 다른 말로 하면, 심리학 과목에서 좋은 성적을 얻는 것과 같은 목표를 달성하려면 그에 집중해야 한다는 의미다. 여기에 제시된 책략은 심리학 과목에서 좋은 성적을 얻기 위한 목표에 집중하도록 도와줄 것이다. 다음에는 이 책의 특징이 어떻게 당신을 도울 수 있는지를 설명하겠다.

1.1 SQ3R 방법은 공부를 더 효과적으로 하는 데 어떻게 도움이 될까?

심리학 공부하기: 공부하기의 비결

학습을 극대화하도록 돕기 위해 이 교재에서는 SQ3R 방법으로 알려진 훑어보기

(survey), 질문하기(question), 자세히 읽기(read), 되새기기(recite), 다시 보기(review)와 같은 학습전략을 사용한다(Robinson, 1970). 이 교재에 포함된 SQ3R을 최대한으로 활용하는 방법을 아래에 제시하였다.

- 단계 1 – 훑어보기: 훑어보기 단계의 목적은 각 장에 대한 큰 그림을 파악하는 것이다. 이를 위해 각 장의 시작에 학습을 위한 질문(학습목표)을 제시하였다. 이 질문들은 각 장에서 무엇을 공부해야 하는지 찾아가는 데 도움이 될 것이고 각 부분에서 무엇을 배울 것인지 알려 줄 것이다. 학습을 위한 질문을 사용해서 노트를 하기 위한 개요를 만들고 각 장을 읽어 가면서 채워 나가라. 그런 다음에 각 장의 주요한 부분을 살펴보라. 생각해보기, 소제목, 복습과 재검토, 시도, 설명, 적용이 이런 요소들이다. 또한 본문의 소제목 옆에 제시된 학습을 위한 질문들도 살펴보아야 한다. 그다음에는 학습을 위한 질문을 염두에 두면서 각 장의 서두에 제시된 생각해보기 활동을 해 보라. 그러고 나서 각 장의 공부를 시작하라.
- 단계 2 – 질문하기: 각 장의 소제목이 나오면 질문하기 단계를 해 보라. 이 단계에는 두 부분이 있다. 첫째, 여백에 제시된 학습을 위한 질문을 읽는다. 예를 들어, 이 부분의 학습을 위한 질문은 'SQ3R 학습법이 어떻게 심리학 공부를 도울 것인가?'다. 그런 다음 주제에 대한 다른 질문을 생각해 보고 훑어보기 단계에서 만들어 두었던 노트를 위한 개요에 포함시키라.
- 단계 3 – 자세히 읽기: 학습을 위한 질문과 그 질문에 대한 해답을 생각하면서 소제목 아래에 제시된 내용을 읽으라. 각 부분을 더 잘 이해하기 위해 적용, 시도, 설명, 복습과 재검토를 사용하라.
- 단계 4 – 되새기기: 읽기를 마치면 학습을 위한 질문과 당신이 만든 질문에 큰 소리로 답을 해 보라. 개요에 각 부분의 핵심 단어에 대한 간단한 정의와 더불어 해답을 써 넣으라. 끝나면 빠진 것이 없는지 살펴보고 필요하면 노트를 수정하라. 이렇게 하면 전체 장에 대해 잘 정리된 노트를 만들게 될 것이다.
- 단계 5 – 다시 보기: 다음으로 넘어가기 전에 각 주요 부분을 이해했는지 확인하기 위해 기억하기의 질문에 대답해 보라. 노트 속에서 많은 정답을 찾을 수 있을 것이다. 그렇지 못하면 다시 되돌아가서 노트를 수정하라. 연구에 의하면 시험을 반복적으로 쳐 보는 것이 가장 효과적인 학습방법이다(Karpicke, Butler, & Roediger, 2009).

이 교재를 효과적으로 공부하는 방법을 알았으니 심리학자들의 연구가 우리의 일상생활에 어떤 영향을 미치는지를 상세하게 살펴보겠다. 시작하기 전에 심리학과 심리학적 용어들이 우리의 삶에서 어떤 역할을 하는지를 생각해 보라.

적용 효과적인 학습을 위한 힌트

학습과 기억에 대한 수십 년간의 연구들은 SQ3R 방법 이외에도 학습시간을 더 효과적이고 능률적으로 사용하기 위한 여러 가지 책략을 발견하였다.

- 방해를 받지 않고 공부만 할 수 있는 조용한 장소를 마련하라. 이런 환경과 공부를 연합하도록 자신을 조건화할 수 있다. 그러면 그 장소나 방에 들어가는 것이 공부를 시작하는 단서가 될 것이다.
- 학습시간을 계획하라. 기억 연구에 따르면, 집중학습보다는 분산학습이 더 효과적이다. 다섯 시간 동안 계속 공부하는 것보다는 한 시간씩 다섯 번 공부하는 것이 더 낫다.
- 수업시간마다 충실하게 준비하고 싶다면 매주의 목표와 매 시간의 목표를 구체적으로 설정하라. 목표는 도전적이어야 하지만 너무 지나쳐서도 안 된다. 매 시간의 목표가 적당하면 공부하기가 더 수월하다. 그리고 스스로 정한 목표를 달성하면 성취감을 느끼게 될 것이다.
- 학습 과정에서 적극적일수록 더 많이 기억하게 될 것이다. 공부시간의 일부는 학습내용을 다시 읽기보다는 되새기는 데 쓰라. 한 가지 효과적인 방법은 독서카드를 플래시 카드로 쓰는 것이다. 각 카드 앞면에는 핵심 용어나 학습을 돕기 위한 질문을 쓰고, 뒷면에는 교재와 강의에 나온 관련 정보를 기록하라. 시험을 준비할 때 이 카드를 사용하라.
- 과잉학습이란 정보를 기억할 수 있는 것 이상으로 더 공부하는 것을 의미한다. 정보가 기억 속에 확실하게 뿌리내릴 때까지 반복하여 공부하라. 시험불안이 있다면 과잉학습이 도움이 될 것이다.
- 공부하고 나서 처음 24시간 안에 망각이 가장 많이 일어난다. 얼마나 공부를 많이 했건 관계없이 시험을 보기 직전에 반드시 복습하라. 기억을 새롭게 하면 시험을 더 잘 볼 수 있다.
- 공부하고 난 다음에 자는 것이 공부한 내용을 더 많이 기억하는 데 좋다. 잠들기 전에 공부해야 한다면 그날 일찍 공부했던 내용을 복습하라. 이때 독서카드를 살펴보는 것도 도움이 된다.

1.2 왜 심리학자들은 과학적 방법을 사용할까?

심리학은 과학인가

심리학이란 행동과 정신 과정에 대한 과학적 연구로 정의된다. 당신이 다른 사람과 같다면 이미 행동과 정신 과정에 대해 많이 관찰했을 것이고, 어쩌면 그것을 설명하기 위해 나름대로의 이론을 만들었을지도 모른다. 텔레비전, 라디오나 인터넷에서 이미 행동과 정신 과정에 대한 전문가의 의견을 많이 들었을 것이다. 사실, 이런 의견들 때문에 당신이 이 장의 서두에 소개된 퀴즈에서 많이 틀렸을지 모른다.

많은 사람은 지식의 내용 때문에 어떤 분야가 과학이 된다고 생각한다. 예를 들어, 물리학이 과학인지를 의심하는 사람은 거의 없다. 그러나 과학이 과학인 것은 그 내용 때문이 아니다. 과학적 방법을 사용하여 지식을 획득한다면 그 분야는 과학이 된다. **과학적 방법**은 연구자가 연구문제를 만들고, 그 문제를 다룰 수 있는 연구를 설계하고, 자료를 수집하여 분석하고, 결론을 내리고, 그 결과를 다른 사람에게 전달하는 순차적이고 체계적인 절차로 구성된다. 과학적 방법에는 다음과 같은 단계들이 포함된다.

- 단계 1: 관찰하고 이론화하기

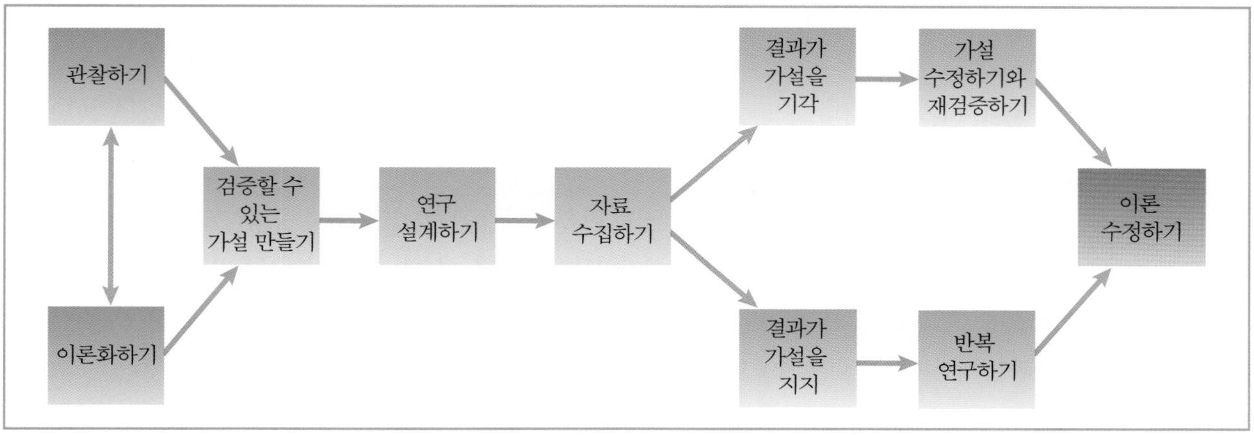

[그림 1-1] 과학적 방법

과학적 방법에 포함되는 단계들이다.

- 단계 2: 가설 만들기
- 단계 3: 연구 설계하기
- 단계 4: 자료 수집하기
- 단계 5: 결과로 가설 검증하기

다음의 각 단계를 기술하기 위해 [그림 1-1]에 이 과정들을 보기 쉽게 제시하였다.

단계 1: 관찰하고 이론화하기 과학적 방법에서 첫 번째 단계는 연구자들이 어떤 현상을 관찰하고 그 현상의 원인에 대해 이론화하거나 가설을 만드는 역동적 단계다. 어떤 심리학자가 학생들이 학생 라운지에 있는 커다란 화면의 TV를 사용하여 비디오 게임을 하고 있을 때 남자들이 여자들보다 더 높은 점수를 얻는 것을 관찰했다고 가정해 보자. 이 심리학자는 이런 점수 차이는 남자와 여자들이 비디오 게임을 하는 시간의 차이 때문에 생긴다고 생각했다. 다시 말해, 남자들이 여자들보다 연습을 더 많이 하기 때문에 이러한 점수 차이가 나타난다는 것이다. 그런 추측은 대개 심리학적 **이론**에서 나오는데 심리학적 이론이란 여러 가지 독립된 사실들이 어떻게 관련되는지를 설명하기 위해 제안된 일반적 원칙이나 원칙들의 조합이다. 이 예에서 연구자의 추측은 행동이 만들어지는 과정에서 경험의 역할을 강조하는 이론에 근거하고 있다. 즉, 이 심리학자의 이론은 사람은 어떤 일을 더 많이 경험할수록 더 잘하게 된다고 제안한다.

단계 2: 가설 만들기 성별에 따른 비디오 게임의 점수의 차이에 대한 추측에 근거하여 연구자가 다음에 해야 할 일은 경험적으로, 즉 데이터로 검증될 수 있는 구체적 **가설**을 만드는 것이다. 연구자의 이론에 의하면 여러 가지 가설이 가능하지만 비디오 게임 점수에 대한 연습의 효과를 이해하는 데 결정적인 가설은 하나다. 남자와 여자가 같은 시간 동안 게임을 연습한다면 점수가 동일할 것이다.

단계 3: 연구 설계하기 다음에는 이 가설을 검증하기 위해 연구자는 동일한 절차를 사용하여 남자와 여자들에게 비디오 게임을 하는 방법을 가르치는 연구를 설계할 수 있다. 그리고 30분 동안 연습하게 한다. 연습이 끝나면 최고 점수가 나오도록 게임을 한 번 더 하게 한다.

단계 4: 자료 수집하기 연구를 실시한 다음 가설과 관련되는 자료를 수집한다. 첫째, 남자와 여자 참가자들의 평균을 산출한다. 그리고 참가자들이 게임을 연습한 시간을 계산한다. 연구자가 연습시간을 30분 주었어도 모든 참가자가 동일한 시간 동안 연습하지 않았을 수 있기 때문에 이 정보는 연구의 결과를 해석하는 데 아주 중요할 수 있다.

단계 5: 결과로 가설 검증하기 남자와 여자들의 점수가 같으면 연구자는 자료가 가설을 지지한다고 결론을 내릴 수 있다. 즉, 연습시간이 동일하면 남자와 여자들의 점수가 동일할 것이다. 다음에는 심리학회 연차학술대회나 전문 학술지에 연구 결과를 발표하여 다른 심리학자들에게 결과를 알린다. 전문 학술지에서는 심사 과정을 거쳐서 다른 연구자들이 방법론적으로 문제가 없다고 인정한 연구 결과들을 출판한다.

그러나 출판은 과학적 연구의 마지막 단계의 단지 한 측면에 불과하다. **반복 연구**(replication)의 과정에서는 연구 결과에 흥미를 느끼거나 문제가 있다고 여기는 연구자나 다른 심리학자들이 동일한 절차를 사용하여 연구를 반복해 본다. 반복의 목적은 원래 연구 결과가 일시적 현상인지 또는 진실, 즉 기저가 되는 심리적 원칙의 증거인지를 결정하는 것이다.

반면 연구자가 남자들이 여자들보다 여전히 점수가 높다는 사실을 발견하면 연구 결과가 가설을 지지하지 않는다고 결론을 내리고 가설을 수정해야 한다. 그러나 이때에 실제 연습시간에 대한 자료가 중요하게 사용된다. 남자들이 여자들보다 연습을 더 오랫동안 했다면 연구자는 연구 결과가 가설을 지지한다고 주장할 수 있다. 그러나 왜 남자들이 여자들보다 연습을 더 많이 하는지에 대해 검증할 수 있도록 가설을 수정하여야 한다. 예를 들어, 연습량의 차이가 나중 연구에서 사용된 게임의 유형에 따라 달라진다는 가설을 세우게 되면 연구자들은 게임의 유형이 연습시간에 어떻게 영향을 미치는지를 연구하게 될 것이다.

1.3 심리학의 목표는 무엇일까?

심리학의 목표

심리학자가 연구를 계획하고 수행할 때의 목표는 무엇일까? 간단히 말하면, 심리학자는 다음 네 가지 목표를 추구한다.

- 기술: 행동과 정신 과정을 가능한 대로 정확하게 확인하고 분류하기
- 설명: 행동과 정신 과정의 이유를 제안하기
- 예측: 주어진 조건이나 조건의 조합이 어떻게 행동과 정신 과정에 영향을 미치는지에 대해 예측하기(또는 가설 제안하기)

- 영향: 연구 결과를 사용하여 행동과 정신 과정과 관련된 현실적 문제를 해결하기

심리학자들은 이런 목표를 달성하기 위해 두 가지 유형의 연구를 사용한다. **기초연구**(basic research)의 목표는 새로운 지식을 발견하고 일반적인 과학적 이해를 발전시키는 것이다. 기초연구는 기억의 본질, 뇌기능, 동기와 정서 표현과 같은 주제를 연구한다. **응용연구**(applied research)는 현실의 문제를 해결하고 삶의 질을 높이려는 목적으로 수행된다. 응용연구는 기억을 증진시키거나 동기를 증가시키는 방법, 심리장애를 치료하는 방법, 스트레스를 줄이는 방법을 발견하는 데 관심을 둔다. 이런 유형의 연구는 행동을 변화시키는 방법과 수단을 강구하기 때문에 심리학의 네 번째 목표인 영향과 주로 관련된다.

과학적 방법은 심리학자가 행동과 정신 과정에 대한 방대한 지식을 축적할 수 있게 한다. 그러나 정보만으로는 심리적 현상에 대한 이해가 발전될 수 없다. 앞서 지적하였듯이 과학적 방법으로 획득된 지식만이 이해를 위한 탐구를 도울 수 있다. 이런 점을 명심하면서 심리학 이론을 만들려는 초기 시도와 이런 노력으로 시작된 논쟁들에서 어떤 학파들이 생겨났는지를 살펴보자. 다음의 〈복습과 재검토〉에 심리학의 목표를 정리하였고 앞에서 이야기했던 비디오 게임에 적용하였다.

복습과 재검토 심리학의 목표

목표	정의	실례
기술	행동이나 정신 과정을 가능한 한 정확하게 묘사한다.	남자와 여자들의 비디오 게임의 평균 점수를 산출한다.
설명	행동이나 정신 과정의 원인을 제시한다.	남자들이 여자들보다 연습을 더 많이 하기 때문에 남자들의 점수가 더 높다고 제안한다.
예측	행동이나 정신 과정이 일어나는 상황을 결정한다.	남자와 여자가 비슷한 시간 동안 연습을 한다면 점수가 같을 것이라고 가설을 세운다.
영향	연구의 결과를 적용하여 실생활에서 바람직한 결과를 일으키거나 바람직하지 않는 결과를 예방한다.	비디오 게임에 대한 연구의 결과를 적용하여 수학과 과학에서 여자들의 성취를 향상시킬 수 있는 게임을 개발한다.

기억하기 본문 내용을 떠올리며 다음 퀴즈를 풀어 보라.

1. 과학자들이 지식을 얻기 위해 사용하는 순차적이고 체계적인 절차는 _____ _____으로 구성된다.
2. _____은(는) 연구 결과가 신뢰성이 있는지를 확인하기 위해 연구를 반복하는 과정이다.
3. 심리학의 네 가지 목표는 _____, _____, _____, _____이다.
4. 응용연구의 목적은 _____이다.

과거와 현재의 심리학

심리학의 발달을 시작부터 알아보려면 기록된 역사 이전으로, 심지어 아리스토텔레스와 플라톤과 같은 옛날의 그리스 철학자들 이전으로 거슬러 올라가야 할 것이다. 심리학은 연구자들이 행동과 정신 과정을 과학적 방법으로 연구하기 시작하면서 철학으로부터 분리되었다. 1920년대에 초기 심리학자들이 오늘날 존재하는 심리학의 주요 학파와 심리학적 관점의 기초를 마련했다. 심리학이 성장하고 연구 결과들이 누적되면서 세부 분야들이 독자적인 길을 걷기 시작했다.

1.4 초기의 심리학자들은 심리학에 어떤 공헌을 하였을까?

심리학의 뿌리 탐구하기

심리학은 19세기에 사람들의 행동과 정신 과정에 관심이 많았던 사람들이 모여서 과학적 방법을 사용하기 시작하면서 하나의 과학이자 새로운 학문 분야가 되었다. 그 당시에는 이런 노력이 백인 남성들의 독점적 영역이라는 생각이 지배적이었다. 그럼에도 불구하고 19세기 후반과 20세기 초반에 여러 연구자가 이와 같은 성별과 인종에 따른 차별을 극복하고 심리학에 괄목할 만한 공헌을 하였다.

구성주의와 기능주의 심리학의 창시자는 누구인가? 역사가들은 세 명의 독일 과학자, 즉 베버(Weber), 페히너(Fechner) 및 헬름홀츠(Helmholtz)가 처음으로 인간 행동과 정신 과정을 체계적으로 연구하였다고 인정한다. 그러나 일반적으로 심리학의 아버지로 여겨지는 사람은 빌헬름 분트(Wilhelm Wundt, 1832~1920)다. 새로운 학문인 심리학에 대한 분트의 비전에는 인간 사고의 사회적 · 문화적 영향에 대한 연구도 포함되어 있었다(Benjafield, 1996).

▶▶▶ 이 스카이다이버들은 떨어지는 느낌, 얼굴을 스치는 공기의 흐름, 낙하산이 열릴 때의 갑작스러운 요동과 같이 동일한 감각을 느끼겠지만 그들이 내성법을 통해 자신의 경험에 대해 보고하는 내용은 다를 수 있다.

분트는 1879년에 라이프치히 대학교에 심리학 연구실을 설립하였는데, 이것은 심리학이 공식적 학문 영역으로 출범하였음을 나타내는 사건이다. 분트와 동료들은 내성법(introspection)을 사용하여 다양한 시각 자극, 촉각 자극, 청각 자극에 대한 지각을 연구하였다. 내성법은 자신의 의식적 경험을 살피기 위해 자신의 내부를 들여다보고 그 경험을 보고하는 방법이다.

분트의 가장 유명한 학생인 에드워드 브래드퍼드 티치너(Edward Bradford Titchener, 1867~1927)는 심리학이라는 새로운 학문 분야를 미국에 소개하면서 코넬 대학교에 심리학 실험실을 만들었다. 그는 최초의 심리학파를 **구성주의**(structuralism)라고 불렀다. 구성주의의 목표는 의식적인 정신 경험의 구성 요소나 구조를 분석하는 것이었다. 분트와 마찬가지로, 티치너는 물이 산소와 수소로 구성되듯이 의식도 여러 요소로 구성된다고 보았다. 분트는 순수한 감각—달콤한 느낌, 추움, 붉음—이 의식의 구성 요소이고, 이러한 순수한 감각들이 조합되어 지각을 형성한다고 보았다.

분트와 티치너의 업적은 그들의 연구방법이었던 내성법 때문에 비판을 받았다. 내성법은 관찰, 측정과 실험을 포함하였지만 객관적이지 못하였다. 메트로놈의 똑딱이는 소리와 같은 동일한 자극에 노출되었을 때 사람들은 서로 다른 경험을 보고하는 경우가 많았다. 따라서 구성주의에 대한 지지는 오래가지 못했다. 후기 심리학파는 부분적으로는 내성법에 대한 반발로 형성되었고, 구성주의는 가장 대표적 학자인 티치너가 사망한 후에 약화되었다. 그럼에도 불구하고 구성주의자들은 다른 학문 분야에서 과학자들이 사용하는 것과 비슷한 방법으로 심리적 과정이 측정되고 연구될 수 있다고 주장함으로써 심리학을 과학으로 만드는 데 크게 기여하였다.

20세기 초기에 구성주의가 미국에서 영향력을 잃기 시작하면서 기능주의라고 부르는 새로운 학파가 형성되었다. **기능주의**(functionalism)는 의식의 구조가 아닌 정신 과정의 기능, 즉 인간과 동물이 환경에 적응하기 위해 정신 과정을 어떻게 사용하는지에 관심을 두었다. 찰스 다윈(Charles Darwin, 1809~1882)의 중요한 업적, 특히 진화와 종의 연속성에 대한 그의 생각의 영향을 받아서 심리학 실험에서 동물이 점점 더 많이 사용되었다. 영국인이었던 다윈이 새로운 심리학파의 출현을 가능하게 하는 생각의 씨앗을 제공하였지만, 기능주의는 그 성격이나 정신이 순수하게 미국적이었다.

기능주의가 출현하기 전에도 많은 저술을 남겼던, 미국의 유명한 심리학자인 윌리엄 제임스(William James, 1842~1910)가 기능주의의 주창자였다. 제임스의 가장 잘 알려진 저술은 『심리학의 원리(*Principles of Psycholgy*)』인데, 가장 유명하고 자주 인용되는 교재이며 1890년에 출판되었다. 제임스는 정신 과정이 구성주의자들이 주장했던 것처럼 융통성 없고 고정적이지 않고 유동적이며 연속성을 가진다고 생각했다. 그는 '의식의 흐름'에 대해 말했는데, 그것이 인간이 환경에 적응하도록 돕는 기능을 한다고 보았다.

기능주의는 심리학을 어떻게 변화시켰을까? 기능주의는 심리학의 영역을 정신 과정뿐 아니라 행동의 영역으로 확장하였다. 또한 내성법을 사용하도록 훈련할 수 없었기 때문에 구성주의에서는 연구의 대상이 될 수 없었던 아동, 동물과 정신지체 집단으로 연구를 확장하였다. 아울러 기능주의는 교육, 개인차, 직장에서의 적응에 대한 연구를 전개함으로써 심리학을 응용적이고 더 실용적으로 적용하는 데 관심을 두었다.

▶▶▶ 1880년대에 크리스틴 래드-프랭클린은 심리학에서 박사학위과정을 마친 첫 번째 여성이었지만 존스홉킨스 대학은 1920년대 중반까지 그녀에게 공식적으로 박사학위를 수여하는 것을 거부하였다.

심리학의 개척자들 앞에서도 밝혔듯이 심리학 초기에는 많은 사람이 학문적, 과학적 추구는 백인 남성들의 영역이라고 믿었다. 그러나 수많은 여성과 소수 인종에 속하는 사람들이 이러한 관습에 굴복하지 않고 인간의 행동과 정신 과정을 더 잘 이해하는 데 기여하였다. 그들은 장벽을 허물고 후대 과학자들에게 길을 열어 주었고 동시에 심리학에 큰 공헌을 하였다.

- 크리스틴 래드-프랭클린(Christine Ladd-Franklin, 1847~1930)은 1880년 중반에 존스홉킨스 대학교에서 박사학위의 조건을 모두 채웠지만 40년을 기다려 1926년에야 비로소 박사학위를 받았다. 그녀는 색깔 지각에 대한 진화 이론을 만들었다.
- 메리 휘튼 칼킨스(Mary Whiton Calkins, 1863~1930)는 1895년에 하버드 대학교에서 박사학위의 조건을 모두 만족시켰지만 하버드 대학교는 여성에게 박사학위를 수여하기를 거부하였다(Dewsbury, 2000). 그녀는 웰슬리 대학교에 심리학 실험실을 설립하였고, 기억을 연구하는 방법을 개발하였다. 그녀는 1905년 미국심리학회(American Psychological Association)의 첫 여성 회장에 취임하였다.
- 마가렛 플로이 워시번(Margaret Floy Washiburn, 1871~1939)은 코넬 대학교에서 박사학위를 받았고 나중에 배서 대학에서 가르쳤다(Dewsbury, 2000). 동물행동과 정신적 심상에 대한 중요한 저술을 남겼다.
- 프랜시스 세실 섬너(Francis Cecil Sumner, 1895~1954)는 처음으로 심리학 박사학위를 수여받은 아프리카계 미국인이다. 섬너는 독일어, 불어와 스페인어로 된 3,000개 이상의 논문을 번역하였다. 그는 하워드 대학교의 심리학과장으로 재직하였고, 아프리카계 미국인 심리학의 아버지로 알려져 있다.
- 앨버트 시드니 베컴(Albert Sidney Beckham, 1897~1964)은 아프리카계 미국인을 위한 고등교육기관인 하워드 대학교에 처음으로 심리학 실험실을 설립하였고, 지능과 직업적 성취의 관계를 연구하였다.

▶▶▶ 케네스 클라크(1914~2005)와 메미 클라크(1917~1983)가 수행한 아프리카계 미국인 아동들의 자아존중감에 대한 연구는 1954년에 브라운 대 교육위원회 사이에서 있었던 재판에 대한 대법원의 판결에 영향을 미쳐서 미국의 공립학교에서 인종분리를 종식시켰다.

- 케네스 클라크(Kenneth Clark)와 메미 핍스 클라크(Mamie Phipps Clark)는 인종적 분리가 아프리카계 미국인 아동들의 자아존중감에 미치는 부정적 영향에 대한 연구를 수행하였고, 이 연구에 근거하여 미국 대법원은 미국 학교에서의 인종차별이 위헌이라는 판결을 내렸다(Benjamin & Crouse, 2002; Lal, 2002).
- 조지 산체스(George Sánchez)는 1930년대에 지능검사의 문화적 및 언어적 편향에 대한 연구를 수행하였다.

오늘날 남성보다 더 많은 여성이 심리학으로 학위를 받고 있고 소수민족에 속한 사람들의 수도 증가하고 있다(NCES, 2006, 2008). 그러나 미국 인구에서 소수민족의 비율과 심리학 전문가의 비율 사이에는 여전히 격차가 크다(APA, 2008). 따라서 미국심리학회와 다른 조직들은 소수민족에 속한 사람이 심리학과 대학원에 더 많이 오도록 촉진하는 프로그램을 개발하고 있다.

심리학파

1.5 심리학에 어떤 주요 학파들이 있을까?

왜 요즈음에는 구성주의와 기능주의에 대해 듣지 못할까? 20세기 초기에는 이 두 관점 사이의 논쟁으로 심리 과정을 연구하는 이론적인 토론과 연구가 폭발적으로 증가하였다. 심리학의 중요한 학파들은 그 시기에 만들어졌고, 오늘날에도 여전히 영향력을 가지고 있다.

행동주의 심리학자 존 왓슨(John B. Watson, 1878~1958)은 구성주의와 기능주의가 정의한 심리학 연구를 살펴보았으며 자신이 본 모든 것을 배척하였다. 「행동주의자가 보는 심리학(Psychology as the Behaviorist Views It)」(1913)이라는 논문에서 왓슨은 구성주의와 기능주의의 주관성을 거부하는, 심리학에 대해 극단적인 새로운 접근을 제안하였다. 이 새로운 학파는 심리학을 '행동의 과학'으로 정의하였다. 왓슨이 이름 붙인 **행동주의**(behaviorism)에서는 관찰하고 측정할 수 있는 행동만을 연구하였기 때문에 객관적이고 과학적이다. 행동주의는 또한 행동이 주로 환경적 요인에 의해 결정됨을 강조한다.

행동주의는 1960년까지 미국 심리학에서 가장 강력한 학파였다. 이 학파는 스키너(B. F. Skinner, 1904~1990)의 지대한 영향력 때문에 현대에도 여전히 심리학에서 가장 강력한 학파다. 스키너는 왓슨과 같이 마음, 의식, 감정과 같은 개념은 객관적이지도 않고, 측정할 수도 없기 때문에 심리학에서 연구하기에 적절하지 않다는 점에 동의하였다. 게다가 스키너는 이런 개념이 행동을 설명하는 데 필요하지 않다고 주장하였다. 그는 행동이 일어나기 전의 조건과 그 행동에 따라 일어나는 결과를 분석함으로써 행동을 설명할 수 있다고 주장하였다.

조작적 조건형성에 대한 스키너의 연구는 학습과 행동을 만들고 유지하는 데 있어서 강화의 중요성을 강조하였다. 그는 강화를 받은(유쾌하거나 보상이 되는 결과가 뒤따르는) 행동은 다시 일어날 가능성이 더 크다고 주장하였다. 스키너의 연구는 현대 심리학에 중요한 영향을 미쳤다. 조작적 조건형성에 대해서는 5장에서 더 공부하게 될 것이다.

정신분석학 11장에서 공부할 지그문트 프로이트(Sigmund Freud, 1856~1939)는 자신의 환자들에 대한 사례연구를 통해 인간 행동에 대한 이론을 개발하였다. 프로이트 이론인 **정신분석학**(psychoanalysis)에서는 인간의 정신생활을 빙산에 비유하였다. 즉, 인간의 의식적인 정신 경험은 눈에 보이는 아주 작은 부분에 불과하고, 가려져 있지만 수면 아래에는 방대한 무의식적 충동, 소원과 바람이 있다는 것이다. 프로이트는 사람이 자신의 생각, 감정과 행동을 의식적으로 통제할 수 없고, 대신 무의식적 힘에 의해 결정된다고 주장했다.

프로이트가 성적 충동 및 공격적 충동을 지나치게 중요하게 생각하는 것은 심리학 안과 밖에서 많은 논란을 불러일으켰다. 프로이트의 제자들 가운데 가장 유명한 융(Jung), 아들러(Adler), 호나이(Horney)와 같은 제자들은 프로이트를 벗어나서 자신들만의 고유한 이론을 개발하였다. 이들과 그 추종자들을 신프로이트 학파라고 부른다. 프로이트 이론은 지난 세월 동안 신프로이트 학파에 의해 아주 많이 수정되었음에도 불구하고 여전히 영향력을 가지고 있다.

인본주의 심리학 인본주의 심리학은 (1) 인간 행동이 환경적 요인에 의해 결정된다는 행동주의자의 견해, (2) 인간 행동이 무의식적 힘에 의해 결정된다는 정신분석적 접근의 견해를 모두 반대한다. **인본주의 심리학**(humanistic psychology)에서는 인간의 독특성과 인간의 선택, 성장, 심리적 건강에 대한 능력을 강조한다.

에이브러햄 매슬로(Abraham Maslow)와 칼 로저스(Carl Rogers, 1902~1987) 같은 초기 인본주의자들은 프로이트 이론이 주로 환자의 자료에 기초하고 있다는 점을 지적하였다. 대조적으로 인본주의자는 인간 본성의 긍정적 측면을 더 강조한다. 그들은 인간이 생득적으로 선하며 자유의지를 가지고 있다고 주장한다. 그들은 인간은 의식적이고 합리적인 결정을 할 수 있는 능력을 가지고 있으므로 개인적으로 성장하고 정신적으로 건강할 수 있다고 본다. 9장에서 보겠지만, 매슬로는 욕구위계로 구성된 동기이론을 제안하였다. 그는 자아실현의 욕구(자신의 잠재 가능성을 최고로 실현하는 것)가 위계상 가장 높은 욕구라고 생각하였다. 로저스는 내담자중심치료법을 개발하였다. 이 치료법에서는 문제에 대한 치료자의 분석이 아니라 내담자나 환자의 견해에 초점을 맞추어 상담을 진행한다. 로저스와 다른 인본주의자들은 또한 집단치료를 대중화하였다(인간중심치료에 대해서는 13장에서 더 다룰 것이다).

인본주의적 관점은 인간 동기에 대한 연구와 긍정심리학으로 알려진 비교적 새로운 접근의 심리치료에서 여전히 중요하게 여겨진다. 이 접근의 주창자로 잘 알려진 마틴 셀리그만(Martin Seligman)(2011)은 **긍정심리학**(positive psychology)을 개인이나 공동체가 역경을 극복하고 성장하도록 만들 수 있는 낙관주의와 같은 심리적 특성에 대한 과학적 연구로 정의하였다. 행동주의자들과 정신분석학파들은 사람들이 외상적 경험으로 인해 예외 없이 부적응을 나타내게 된다고 본 데 반해 그는 인간이 가진 긍정적 심리적 특성들로 인해 외상적 경험으로부터 보호를 받는다고 보았다.

인지심리학 인지심리학은 특히 미국에서 극단적 행동주의에 대한 반발로 생겨나서 발전하였다(Robins, Gosling, & Craik, 1999). **인지심리학**(cognitive psychology)은 인간을 환경적 힘에 좌우되는 수동적 존재가 아니라, 경험을 찾고 그러한 경험을 수정하고 조성하며, 인지발달의 과정에서 정보를 변형하기 위해 정신 과정을 사용하는 능동적 존재로 본다. 인지심리학에서는 기억, 문제 해결, 추론, 의사결정, 지각, 학습, 그 밖의 정신 과정을 연구한다. 역사적으로 현대 인지심리학은 두 가지 생각의 흐름으로부터 발전하였다. 하나는 20세기 초반에 독일에서 인간 지각을 연구하던 작은 집단에서 시작되었고, 다른 하나는 20세기 후반에 컴퓨터의 발전과 더불어 시작되었다.

형태주의 심리학(Gestalt psychology)은 독일에서 1912년에 출현하였다. 베르트하이머(Wertheimer), 코프카(Koffka), 쾰러(Köhler)와 같은 형태주의 심리학자는 사람들이 물체와 패턴을 부분의 합이 아닌 하나의 전체로 지각하며 지각된 전체는 부분의 합이 아니라는 사실을 강조하였다. 게슈탈트(Gestalt)라는 독일 용어는 '전체, 형태 또는 패턴'을 의미한다.

형태주의 이론을 지지하기 위해 형태주의 심리학의 지도자였던 베르트하이머는 파이현상을 보여 주는 유명한 실험을 수행하였다. 이 실험에서는 암실에 두 개의 전구가 짧은 거리를 두고 배치된다. 첫 번째 전구가 켜졌다가 꺼지자마자 두 번째 전구가 켜진다. 이런 식으로 전구가 켜졌다가 꺼지는 것이 계속되면 사람은 하나의 불이 한 위치에서 다른 위치로 왔다 갔다 하는 것처럼 지각하게 된다.

1930년대 나치가 독일에서 권력을 잡게 되면서 형태주의 학파는 해산되었고, 그 가운데 가장 주목할 만한 학자들이 미국으로 이주하였다. 오늘날 형태주의 심리학의 기본 개념, 즉 마음은 단순히 경험에 반응하는 것이 아니라 의미 있는 방향으로 경험을 해석한다는 생각은 학습, 기억, 문제 해결에 관한 인지심리학자들의 생각뿐 아니라 심지어 심리치료에서도 중심이 되고 있다.

▶▶▶ 이 사람은 오늘 일진이 나쁜가? 형태주의 심리학자가 기술한 지각 과정은 일상생활에서 관찰될 수 있다. 우리는 종종 좌절되는 사건들—늦게 일어난 것과 차의 타이어가 펑크 난 것—을 모아서 '오늘은 일진이 나쁘다.'와 같은 '전체적' 개념을 만든다.

컴퓨터의 도래는 인지심리학자들이 정신 구조와 과정을 개념화할 수 있는 새로운 방식을 제공하였는데, 이것이 **정보처리 이론**(information-processing theory)이다. 이 견해에 따르면, 컴퓨터가 정보를 순차적으로 처리하는 것과 마찬가지로 뇌도 정보를 순차적으로, 즉 한 번에 하나씩 처리한다. 그러나 현대 공학에 의해 컴퓨터와 컴퓨터 프로그램이 변함에 따라 인지심리학자들도 그들의 모델을 수정하였다. 예를 들어, 많은 현대 심리학자들은 인간의 기억체계가 한 번에 여러 개의 정보를 동시에 처리하는 병렬적 정보처리 능력을 연구하고 있는데 이는 요즈음의 컴퓨터에서 사용되고 있는 정보처리 방식이다(Bajic & Rickard, 2009; Sung, 2008).

지난 100여 년 동안 인지심리학자들의 연구로 인해 인간기억체계와 문제 해결에 사용되는 정신 과정에 대한 지식이 크게 증가하였다. 게다가 이런 실험에서 발견된 원리들은 성역할 발달에서부터 지능의 개인차에 이르기까지 다양한 유형의 심리적 변인들을 설명하고 연구하는 데 사용되고 있다. 그 결과, 현재 많은 심리학자들은 인지심리학을 심리학파 가운데에서 가장 주도적인 학파로 여기고 있다(Robins et al., 1999). 따라서 앞으로 공부하게 될 장들에서 인지적 접근에 대한 참고문헌을 많이 보게 될 것이다.

진화심리학 왜 모든 건강한 아기는 주 양육자에게 애착을 형성할까? 진화심리학자는 이런 종류의 질문에 관심을 가지고 있다. **진화심리학**(evolutionary psychology)은 오랜 진화의 과정에서 환경의 압력에도 불구하고 왜 생존에 필요한 인간 행동이 만들어졌는지에 관심이 있다(Archer, 1996). 진화심리학자들은 다윈의 자연도태 이론에 크게 의존하고 있다. 다윈의 이론에서는 생존에 도움이 되는 특징을 가진 특정 종의 개개 구성원들이 그 특성의 기초가 되는 유전자를 후손에게 물려줄 가능성이 가장 크다고 본다. 그 결과 개인의 생존을 도와주는 특성은 그 종에게 보편적인 것이 되어 그 종에 속한 모든 구성원이 그 특성을 가지게 된다. 예를 들어, 모든 인간은 언어를

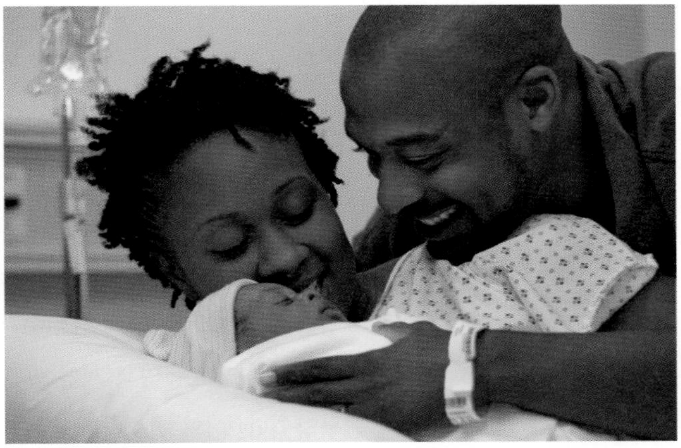

▶▶▶ 진화심리학에 따르면, 자연도태는 영아와 양육자가 서로에게 애착을 형성할 수 있는 유전적 경향성을 제공하는데, 그러한 결속이 영아의 생존을 보장하기 때문이다.

획득하는 능력을 가지고 있다. 자연도태가 이러한 보편성을 설명하는데, 인간이 서로에게 정보를 전달하는 효율적 수단을 가지게 되면 결과적으로 생존할 가능성이 더 커지기 때문이다.

진화심리학은 진화생물학과 인지심리학의 결합으로 불린다(Barker, 2006; Evans & Zarate, 2000). 진화심리학의 주창자로 유명한 레다 코스마이즈(Leda Cosmides)와 존 투비(John Tooby)는 진화심리학이 진화생물학, 인류학, 인지심리학과 신경과학의 힘을 결합한다고 주장한다. 그들은 진화론적 입장이 심리학의 어떤 주제에도 적용될 수 있다고 본다(Tooby & Cosmides, 2005). 예를 들어, 가장 영향력 있는 진화심리학자 가운데 한 사람인 데이비드 버스(David Buss)와 동료들은 낭만적 관계에서 남성과 여성의 행동 패턴에 대해 많은 흥미로운 연구를 하였다(Buss, 1999, 2000a, 2000b, 2001, 2008). 9장에서 그들의 연구와 비판자들의 다양한 연구에 대해 보게 될 것이다.

생물(생리)심리학 학생들은 때로 진화심리학과 (생리심리학으로 불리기도 하는) **생물심리학**(biological psychology)을 혼동한다. 많은 사람이 진화는 본질상 생물학적이라고 생각한다. 그렇다. 그러나 진화심리학에서는 어떻게 생물학적 기초가 있는 특정 행동이 어떤 종에 속한 모든 구성원에게서 보편적으로 나타나는지를 설명한다. 따라서 진화심리학에서는 특정 종의 모든 구성원에게서 나타나는 특성, 즉 보편성에 관심을 둔다. 예를 들어, 언어는 인간에게 보편적으로 나타나는 행동이다.

대조적으로, 생물심리학에서는 개인차를 설명하기 위하여 특정 행동과 특정 생물학적 요인 사이의 관련성을 찾는다. 그들은 뇌와 중추신경계의 구조, 뉴런의 기능, 신경전달물질과 호르몬 사이의 미묘한 균형, 이러한 생물학적 요인과 행동 사이의 연결을 찾기 위해 유전의 효과를 연구한다. 예를 들어, 출생 첫해 동안 아기의 귀가 감염되는 횟수(생물학적 개인차)는 초등학교에서의 학습장애(행동적 개인차)와 관련이 있다(Golz et al., 2005).

많은 생물심리학자는 **신경과학**(neuroscience)이라고 알려진 학제 간 분야에서 일한다. 신경과학은 신경계의 구조와 기능을 연구하기 위해 심리학자, 생물학자, 생화학자, 의학자와 그 밖에 다른 학자들의 연구를 결합한다. 심리학에서 중요한 발견은 이런 연구에서 나온다. 예를 들어, 연구자들은 신경세포막에 결함이 생기면 뇌의 화학물질을 사용하는 능력이 떨어져서 세포가 신체운동을 통제하지 못하게 된다는 사실을 밝혔다(Kurup & Kurup, 2002). 이런 결과는 파킨슨병과 같은 심각한 신경장애의 원인이 되는 생리학적 과정을 밝혀 주어서 약리학자들이 그 질병을 더 효과적으로 치료하는 약을 만들 수 있게 한다.

사회문화적 접근 배경이나 문화적 경험은 사람의 행동과 정신 과정에 어떻게 영향을 미칠까? **사회문화적 접근**(sociocultural approach)에서는 인간 행동에 대한 사회적 · 문화적 영향을 강조하며 인간 행동을 설명하는 데 그런 영향력을 이해하는 것이 중요함을 강조한다. 예를 들어, 여러 심리학자(예, Tweed & Lehman, 2002)는 동양과 서양 학생들의 성취 차이를 이해하기 위해 동양과 서양 문화의 철학적 차이를 연구하였다. 이와 비슷하게, 레슬리 램브라이트(Lesley Lambright, 2003)는 수세기에 걸친 전쟁에도 불구하고 베트남 사람들을 살아남게 하는 문화적 특징을 연구하였다. 24~68세의 베트남 남성과 여성을 심층 면접한 연구에서 베트남의 다문화적 배경, 여기서 비롯된 인내심, 강한 가족체계, 낙관

▶▶▶ 사회문화적 접근은 심리학자들이 인간 행동에서 나타나는 문화적 차이를 설명하도록 돕는다.

적 성향, 융통성이 그들의 적응 유연성에 중요함이 발견되었다. 램브라이트의 연구에서 나타난 또 다른 요인은 베트남 사람이 가진, 적에게 복수하기보다는 용서하고 실용성을 추구하는 경향성이었다. 추수 연구에서는 램브라이트가 사용했던 면접 질문을 설문지 형식으로 수정하여 베트남 대학생에게 실시하였는데, 그들은 강한 가족 유대와 같은 전통적 가치 가운데 일부가 변하고 있다고 보았다. 이처럼 적응 유연성과 같은 심리적 변인을 이해하기 위한 사회문화적 접근은 문화와 문화적 변화가 어떻게 개인의 경험을 만들어 가는지를 보여 줄 수 있다.

행동에 미치는 사회적 · 문화적 영향은 '체계 접근'이라는 좀 더 넓은 맥락에서 많이 연구된다. 체계 접근의 주요 아이디어는 복합적 요인들이 같이 전체적으로 작용한다는 것이다. 즉, 행동에 대한 그들의 결합된 상호적인 영향력은 체계를 구성하는 개개 요인들의 영향력의 합보다 더 크다. 체계 접근의 좋은 예는, 어떻게 여러 변인이 상호작용하여 10대 청소년이 반사회적으로 행동하게 만드는지를 설명하기 위해 제럴드 패터슨(Gerald Patterson)과 동료들이 제안한 이론이다(Granic & Patterson, 2006). 이 체계 접근에 따르면, 예를 들어 가난(사회문화적 요인)은 청소년 비행을 예측하지만 그것만으로는 충분하지 않다. 가난한 가정의 많은 청소년들은 반사회적 행동을 보이지 않는다. 그러나 가난은 퇴학, 반사회적 행동을 조장하는 또래와의 연결, 부모 감독의 부재 및 청소년들이 반사회적으로 행동할 위험성을 증가시켜 주는 것과 같이 영향력 있는 변인들로 구성되는 체계의 일부일 수 있다. 동시에 이런 변인들은 스스로를 유지하기 위해 상호작용하며, 어떤 경우에는 여러 세대에 걸쳐 악순환되기도 한다. 예를 들어, 10대의 퇴학은 성인이 되었을 때 가난하게 살게 될 가능성을 증가시키고, 또 가난은 그들이 오랜 시간 동안 일할 가능성을 증가시켜서 자녀의 행동을 감독할 수 없게 하므로 또 다른 세대가 반사회적 행동을 하게 될 위험에 처하게 한다.

현대 심리학의 관점

> 1.6 현대 심리학에서 중요한 일곱 가지 관점은 어떤 것일까?

현대 심리학자들의 관점은 전통적인 학파로 범주화하기는 어렵다. 따라서 학파보다는 심리학적 관점, 즉 정상이건 비정상이건 인간의 행동과 사고를 설명하기 위해 사용되는 일반적 견해에 대해 이야기하는 것이 더 유용하다. 예를 들어, 심리학자들은 왓슨이나 스키너의 모든 생각에 동의하지는 않으면서도 행동주의적 관점을 취할 수 있다. 중요한 것은 이런 관점을 취하는 심리학자들은 행동을 환경적 힘으로 설명한다는 것이다.

심리학에서 중요한 관점들과 각 관점에서 행동을 설명하기 위해 강조하는 변인들의 종류는 다음과 같다.

- 행동주의적 관점: 환경적 영향력
- 정신분석적 관점: 정서, 무의식적 동기, 초기 아동기 경험
- 인본주의적 관점: 주관적 경험, 자아실현을 이루어 내려는 내재적 동기
- 인지적 관점: 정신 과정
- 진화론적 관점: 적응성을 증가시키는 유전적 특성
- 생물학적 관점: 생물학적 구조, 과정, 유전
- 사회문화적 관점: 사회적 및 문화적 변인

아래의 〈복습과 재검토〉에서는 이러한 관점들과 더불어 시험을 잘 보지 못한 것에 대해 각 관점에서 어떻게 다르게 설명하는지를 열거하였다.

심리학자는 자신을 어느 한 관점이나 접근에 한정할 필요는 없다. 많은 심리학자는 절충적 입장을 취하며, 특정 행동을 설명하기 위해 여러 접근을 동시에 사용한다. 예를 들어, 심리학자는 행동을 환경적 요인과 정신 과정의 양자로 설명할 수 있다. 아동이 학교에서 보이는 문제행동은 교사가 그 행동에 관

복습과 재검토 현대 심리학의 관점

관점	강조점	나쁜 시험성적에 대한 설명
행동주의적	행동을 조성하고 조정하는 환경의 역할	과거에 시험을 잘 본 것에 대해 강화를 받지 못했다.
정신분석적	행동과 사고를 결정하는 무의식적 동기와 초기 아동기 경험의 역할	해결되지 못한 초기 아동기의 정서적 상처가 학업을 방해하고 있다.
인본주의적	행동을 이해하는 데 있어서 개인의 주관적 경험의 중요성	시험을 위해 공부하는 것은 의미 있는 삶이 아니다.
인지적	행동의 기초가 되는 지각, 사고와 기억과 같은 정신 과정의 역할	SQ3R 방법과 같이 효과적인 학습책략을 사용하지 않고 있다.
진화론적	인간에게 적응적이라고 증명된 유전적 경향성의 역할	배우자가 될 사람들이 학교성적보다 외모와 사회적 영향력에 더 관심이 있으므로 공부는 중요하지 않다고 생각한다.
생물학적	행동을 설명하는 데 있어서 유전과 생물학적 과정과 구조의 역할	정서적 각성 수준이 너무 높아서(예, 시험불안) 학생이 적절한 수준에서 수행하는 것을 방해하고 있다.
사회문화적	행동에 미치는 사회적, 문화적 영향력의 역할	학생은 '바보'로 보이고 싶지 않기 때문에 낙제하지 않을 만큼만 공부를 한다.

심을 기울이기 때문에 지속된다고 볼 수 있지만(행동적 설명), 애초에 이혼과 같은 가정의 문제에 대한 정서적 반응으로 발생하였다고 볼 수도 있다(정신분석적 설명). 이렇게 다양한 관점을 취함으로써 심리학자들은 더 복잡한 이론을 만들고 더 복잡한 연구를 할 수 있게 되므로, 결과적으로 더 발전된 치료방법을 내놓을 수 있게 된다. 이렇게 해서 그들의 이론과 연구는 실제 상황에서 사람의 행동을 점점 더 잘 설명하게 된다.

심리학의 전공분야들

1.7 심리학에 어떤 전공 분야가 있을까?

잠시 멈추고 행동과 정신 과정의 연구라는 심리학의 정의를 생각해 보라. 이 정의에는 많은 영역이 포함된다. 따라서 지난 세월 동안 심리학이 고도로 세분화된 것은 당연한 일이다. 예를 들어, 어떤 심리학자는 조현병과 같이 소수의 사람들에게 영향을 미치는 정신질환과 관련된 문제만을 연구하는가 하면 어떤 심리학자는 스트레스가 건강에 미치는 영향과 같이 모든 사람과 관련된 문제를 연구한다. 마찬가지로 어떤 심리학자는 연구에만 몰두하고 어떤 심리학자는 심리적 원칙들을 일상생활의 문제에 적용하는 데 관심이 있다. 전공분야에 관계없이 대부분의 심리학자는 박사학위를 가지고 있다. 다음에 현대 심리학의 여러 분야를 요약하였다.

- 임상심리학자는 불안, 공포증과 조현병과 같은 정신 및 행동 장애의 진단과 치료를 담당한다.
- 학교심리학자는 학습을 방해하는 학습 및 행동 문제의 진단과 치료를 담당하는 임상심리학자다.
- 범죄심리학자는 심리학과 법률의 문제에 임상심리학을 적용한다.
- 상담심리학자들은 임상심리학자들이 다루는 것보다 일반적으로 덜 심한 적응상 문제들(결혼, 사회적 및 행동적 문제)을 가지고 있는 사람들을 돕는다.
- 생리심리학자들은 생물심리학자 또는 신경심리학자로도 불리는데 생물학적 과정과 행동의 관계를 연구한다.
- 실험심리학자들은 학습, 기억, 감각과 지각, 동기, 정서와 그 밖의 모든 심리학 분야에 대한 실험을 수행한다.
- 발달심리학자들은 사람이 일생을 통해 성장하고 발달하고 변화하는 과정을 연구한다.
- 교육심리학자들은 교수와 학습을 연구한다. (주: 교육심리학과 학교심리학을 혼동하지 말아야 한다. 학교심리학은 학습문제를 진단하고 치료하는 임상심리학의 한 분야다. 교육심리학은 정상적인 사람들의 학습을 연구하기 때문에 학습문제의 진단이나 치료보다는 이론과 연구방법에 대해 공부한다.)
- 사회심리학자들은 개인이 다른 사람들이 있는 사회적 상황에서 어떻게 느끼고, 생각하고 행동하는지를 연구한다.
- 산업심리학자들은 사람과 그들의 작업환경의 관계에 대해 연구한다.

이렇게 심리학 분야를 알고 나면 심리학적 관점들과 이런 분야들이 어떻게 관련되는지 궁금해질 것이다. 이렇게 생각해 보라. 각 관점은 어떤 심리학자도 자신의 연구 분야와 관련되는 사람들의 행동이나 정신 과정을 설명하기 위해 사용할 수 있는 이론적 입장이다. 예를 들어, 30쪽의 〈복습과 재검토〉에서 설명한, 학생들이 시험을 못 보는 이유는 교육심리학 분야에 속하는 문제다. 대조적으로 임상심리학자들은 우울증과 같은 심리장애를 설명하기 위해 다양한 관점을 사용할 수 있다. 상담심리학자들은 사람들이 이혼과 같은 중요한 생활상의 변화에 어떻게 적응하는지를 설명하기 위해 다양한 관점을 사용할 수 있다. 산업심리학자들은 직무만족도에서의 개인차를 설명하기 위해 다양한 관점을 사용할 수 있다. 다시 말하면 어떤 전공분야에서도 모든 관점을 다 적용할 수 있다. 또한 어떤 관점을 취하고 어떤 전공분야이든 상관없이 모든 심리학자는 행동과 정신 과정에 대한 질문에 조금 노력하면 획득할 수 있는 일군의 지적 도구를 사용하여 접근한다.

기억하기 본문 내용을 떠올리며 다음 퀴즈를 풀어 보라.

1. 분트와 티치너의 연구방법에 대한 주요한 비판은 그들이 _____이(가) 아니라는 점이었다.
2. 미국 심리학자 _____은(는) 기능주의를 주창하였다.
3. 오늘날, (남성/여성)이 심리학에서 석사학위나 박사학위를 더 많이 받고 있다.
4. _____의 주요한 강조점은 무의식에 대한 연구다.
5. 존 왓슨은 _____의 창시자다.
6. 사고에 대한 _____학파는 기억과 문제 해결과 같은 정신 과정의 연구를 강조한다.
7. _____ 관점을 대표하는 심리학자들의 관심 가운데 하나는 애착이 영아-양육자 관계에서 보편적으로 나타나는 특성이라는 사실이다.
8. _____ 관점은 개인행동을 설명하는 데 있어서 사회적 및 문화적 변인을 강조한다.
9. _____은(는) 인간의 행동과 정신 과정을 설명하기 위해서는 다양한 관점이 필요하다고 주장한다.
10. _____ 심리학자는 심리장애의 진단과 치료를 전공으로 한다.

이론과 연구에 대한 생각

심리학의 다양한 이론적 접근에 대해 공부했기 때문에 아마도 어떤 접근이 맞고 어떤 접근이 맞지 않는지 알고 싶을 것이다. 그러나 심리학자들은 이론에 대해 그런 방식으로 생각하지 않는다. 대신 이론을 유용성에 따라 평가한다.

마찬가지로 전문적인 연구자가 되지 않을 사람들에게 연구방법에 대한 공부가 어떤 유익이 있을지 궁금할 것이다. 앞으로 알게 되겠지만 연구방법에 대한 지식은 우리의 일상생활에 아주 도움이 된다.

1.8 심리학자들은 이론을 어떻게 평가할까?

이론의 평가

이 장의 앞에서 공부하였듯이 좋은 이론은 심리학자들이 검증할 수 있는 가설을 산출하도록 하여서 심리학의 목적 가운데 예측의 목적을 다하게 한다. 이런 기준에 따라 평가해 볼 때 행동주의자와 인지심리학자들의 이론이 정신분석학자들과 인본주의자들의 이론보다는 더 유용한 것 같다. 예를 들어, 강화가 행동의 발생빈도를 증가시킨다는 스키너의 예측은 자아실현이 가장 높은 인간의 욕구라는 매슬로의 주장보다 훨씬 더 검증이 가능하다.

유용한 이론은 또한 실생활 문제에 대한 해결책을 마련할 수 있게 해 준다. 예를 들어, 정보처리 모델에 기초한 연구는 기억을 잘 할 수 있는 실용적인 전략을 알려 준다. 마찬가지로 정신분석 이론과 인본주의 이론도 검증하기 어렵다는 비판을 받고 있지만 좋은 심리치료를 많이 개발하였다.

가설과 실용적 응용이 중요하다. 그러나 가설산출과 실용적 응용의 정도가 낮더라도 발견적 가치(heuristic value)가 높은 이론은 도움이 된다. 발견적 가치가 높은 이론은 심리학자들 사이의 논쟁을 자극하고 이론에 찬성하거나 찬성하지 않는 심리학자들이 모두 그 문제에 대해 열심히 연구하도록 만든다. 달리 말하면 발견적 가치가 있는 이론은 사람들이 생각하게 만들고 그들의 호기심과 창의성을 자극한다.

이때까지 논의되었던 모든 이론들은 발견적 가치가 높다. 이론에 대한 경험적 지지가 약해도 어떤 이론이 해당 분야에서 발견적 가치가 높다면 심리학 개론을 가르치는 교수는 그 이론을 포함시킬 수 있다. 이것이 아직도 우리가 구성주의와 기능주의에 대해 가르치고, 프로이트 이론을 그 분야에서 가장 중요한 이론으로 평가하는 이유다. 게다가 그러한 이론들은 심리학자들에게 영향을 미치는 것과 동일한 방식으로 학생들에게도 영향을 미친다. 즉, 그 이론에 대해 공부함으로써 학생들은 인간의 행동과 정신 과정에 대해 더 많이 생각하게 된다. 이처럼 이런 이론들을 소개함으로써 교수들이 학생들이 비판적으로 생각하게 만든다는 가장 중요한 교수목표 가운데 하나를 달성할 수 있게 된다.

연구의 평가

1.9 비판적 사고가 연구를 평가하는 데 어떻게 도움이 될까?

심리학 개론을 강의하는 모든 교수의 또 다른 중요한 목표 가운데 하나는 학생들이 심리학 연구에 근거한 주장들을 평가하는데 요구되는 지적 도구를 갖추게 하는 것이다. 정보화 시대에 살고 있기 때문에 우리는 매일 통계와 다양한 종류의 주장에 접하게 된다. 예를 들어, 얼마 전에 뉴스 미디어에서 야간근무가 심장병의 위험을 높인다고 보도하였다. 기자는 이런 경고는 전국적으로 2백만 이상의 근로자가 참여한 34개 연구를 과학적으로 분석한 결과라고 보고하였다. 이 연구는 권위 있는 *British Medical Journal*(Vyas et al., 2012)에 발표되었다. 이런 문제의 전문가가 아닌 사람들이 어떻게 이와 같은 주장을 평가할 수 있을까?

우리는 심리학자와 다른 과학자들이 사용하는 사고전략을 사용하여 이런 종류의 정보를 선별할 수 있다. 과학적 방법의 기초가 되는 **비판적 사고**(critical thinking)는 주장, 제안과 결론을 객관적으로 평가하는 과정으로서 그것들이 증거로부터 논리적으로 도출되었는지 여부를 결정한다. 비판적 사고는 다음과 같은 특징을 가진다.

- 독립적 사고: 비판적으로 사고할 때에는 우리는 읽거나 들은 것을 자동적으로 수용하거나 믿지 않

는다.

- 판단의 유보: 비판적 사고를 하기 위해서 어떤 입장을 취하기 전에 문제의 모든 측면에 대해 관련되는 최신의 정보를 수집한다.
- 기꺼이 이전의 판단을 수정하거나 포기하기: 비판적 사고에서는 새로운 증거가 기존의 생각과 대립이 되더라도 새로운 증거를 평가한다.

이러한 세 가지 특징 가운데 첫 번째 특징을 야간근무–심장병 연구에 적용해 보면 정보출처의 권위로 어떤 연구의 타당도를 결정해서는 안 된다. 권위가 있는 학술지(또는 그 문제에 대한 심리학 교재)라고 해서 고정 불변의 진리의 출처로 인정해서는 안 된다. 사실 인정되고 있는 '진실'에 의문을 제기하는 것을 배우는 것이 과학적 방법에 중요하다.

비판적 사고의 두 번째와 세 번째 특징은 과거 습관의 일부를 버리도록 요구한다. 당신이 대부분의 다른 사람들과 비슷하다면 당신은 연구에 대한 미디어의 보도에 대해 과학자들이 일화적 증거라고 부르는 자신의 개인적 경험에 기초하여 반응할 것이다. 예를 들어, 야간근무와 심장병에 대한 미디어 보도에 대해 "우리 아버지는 수년 동안 야간근무를 하였지만 심장병에 걸리지 않았어. 그 연구가 틀렸어." 라고 반응할 것이다.

판단을 유보하기 위해서는 증거가 쌓일 때까지 연구의 결과를 받아들이거나 거부하는 것을 연기해야 한다. 다른 연구자들이 야간근무와 심장병의 관계에 대해 무엇을 발견했는지를 살피는 것도 포함된다. 관련된 다른 연구들을 분석함으로써 그 문제에 대해 전체 연구들이 말하고 있는 바에 대해 종합적인 그림을 그릴 수 있다. 비판적 사고를 하는 사람들은 충분한 증거가 수집되면 최종적으로 그와 불일치하는 이전 생각과 개념을 기꺼이 포기한다.

증거의 질은 양만큼 중요하다. 따라서 비판적으로 사고하는 사람들은 야간근무와 심장병의 관계에 대한 연구의 결과를 평가하기 위해서 연구방법을 살펴볼 수 있다. 연구자들이 사람들을 주간과 야간 근무 집단에 무선으로 할당하고 두 집단의 사람들이 나중에 보이는 심장병의 빈도를 평가하였는가? 그렇다면 이 연구는 하나의 실험이 되고 야간근무가 심장병을 유발한다는 미디어의 보도가 정당화될 수 있다. 그러나 연구자가 단순히 주간과 야간 근무 집단의 심장병의 빈도를 비교하였다면 두 변인 사이의 인과적 해석을 할 수 없다. 대신 주간과 야간 근무자들의 섭식과 운동습관처럼 두 변인 간의 관계를 설명할 수 있는 다른 변인들을 살펴보는 것이 필요하다. 사실, 이 보고서에서 인용하였던 연구는 상관연구로서 여러 미디어에서 보도하였던 강한 인과적 주장은 적절하지 않다.

기억하기 본문 내용을 떠올리며 다음 퀴즈를 풀어 보라.

1. 심리학자들 사이에 논쟁을 일으키는 이론은 _____ 가치가 있다.
2. 좋은 이론은 연구자들에게 _____ 가설을 제공한다.
3. 이전 생각을 기꺼이 수정하는 것은 연구에 대한 _____의 한 요소다.
4. 미디어의 연구에 대한 보도를 비판적으로 평가하려면 _____에 대한 지식이 필요하다.

기술적 연구법

심리학 연구의 목적은 단계별로 성취된다. 연구의 초기 단계에서는 **기술적 연구법**(descriptive observation)이 가장 적절하다. 기술적 연구법은 행동에 대해 기술할 수 있게 하는데, 이 방법에는 자연관찰, 실험실 관찰, 사례연구, 질문지가 있다.

관찰연구와 사례연구

1.10 관찰연구법과 사례연구법의 장점과 단점은 무엇일까?

공항이나 쇼핑몰에 앉아서 사람들의 행동을 관찰한 적이 있는가? 그런 활동은 **자연관찰**(naturalistic observation)에 아주 가까운데, 이 기술적 연구법에서는 연구자가 관찰되는 행동에 영향을 미치거나 그것을 통제하지 않고 자연 상황에서 관찰하여 기록한다. 자연관찰의 주요 장점은 정상 상황에서 행동을 연구할 수 있다는 점이다. 행동은 인위적이고 만들어진 실험실 상황보다 이런 상황에서 더 자연스럽고 더 자발적으로 일어난다. 어떤 행동은 자연관찰법으로밖에 연구할 수 없다. 예를 들어, 사람이 지진이나 화재와 같은 재난 상황에서 어떻게 행동하는지를 연구할 수 있는 방법은 자연관찰밖에 없다.

그러나 자연관찰은 제한점이 있다. 연구자는 사건이 일어날 때까지 기다려야 하고, 그 과정을 빠르게 하거나 느리게 할 수 없다. 상황을 통제할 수 없기 때문에 원인과 결과의 관계에 대해 결론을 내릴 수 없다. 또 다른 문제점은 관찰자 편향에 의해 관찰이 왜곡되는 것이다. 관찰자 편향은 상황에 대한 연구자의 기대 때문에 연구자가 보고 싶은 것을 보거나 혹은 본 것에 대해 틀리게 추론하게 되는 경향성을 말한다. 예를 들어, 유치원에서 공격성을 연구하는 연구자가 있다고 가정해 보자. 아동이 다른 아동을 때리거나 밀 때마다 공격적 행동으로 계수하기로 결정하였다. 아동들 사이의 이러한 신체 접촉을 '공격적'으로 보자고 결정하였기 때문에, 그 연구자는 무심코 아동의 놀이를 관찰할 때 그런 행동을 더 잘 발견할 수 있게 된다. 두 명 이상의 관찰자가 관찰한다면 관찰자 효과를 크게 줄일 수 있다. 독립적으로 관찰한 두 명의 관찰자가 모두, 가령 한 시간 자유놀이에서 23번의 공격적 행동을 관찰하였다면 이 결과는 편향되지 않은 것이다. 그러나 한 사람은 30번을 보았는데 다른 사람은 15번을 보았다면 편향이 작용한 것이다. 이런 경우에는 보통 행동을 범주화하는 준거를 명백하게 한 다음에 다시 관찰을 해야 한다. 비디오테이프를 사용하면 행동을 여러 번 보고 범주화할 수 있기 때문에 관찰자 편향을 줄이는 데 도움이 된다.

행동을 연구하는 또 다른 방법은 자연 상황이 아닌 실험실에서 관찰하는 것이다. **실험실 관찰**(laboratory observation)을 사용하는 연구자는 통제를 더 많이 할 수 있고, 반응을 측정하기 위해 더 정확한 장비를 사용할 수 있다. 예를 들어, 수면이나 인간의 성적 반응에 대한 대부분의 연구는 실험실 관찰을 통해 이루어진다. 그러나 실험실 관찰에도 제한점이 있다. 하나는 실험실에서 일어나는 행동이 실제 세상에서 일어나는 행동과 다를 수 있다는 점이다. 예를 들어, 매력에 대한 연구에서 실험실에서 만들어진 데이트 상황에서 사람들이 나타내 보이는 일부 행동은 실제 데이트 상황에서는 일어나지 않을

▶▶▶ 자연관찰은 동물행동에 대한 연구에서 중요한 역할을 한다.

수 있다. 따라서 실험실 연구에 기초하여 내려진 결론은 실험실 밖으로 일반화될 수 없을지 모른다. 또 다른 문제점은 실험실을 만들고, 관리하고 유지하는 데 경비가 많이 든다는 것이다.

사례연구에서는 개인 또는 작은 집단의 사람들을 보통 오랜 기간에 걸쳐 깊게 연구한다. 사례연구에는 관찰, 면접, 때로는 심리검사가 사용된다. 그 특성이 탐색적이므로, 사례연구의 목적은 어떤 행동이나 장애를 상세하게 기술하는 것이다. 이 방법은 흔하지 않은 심리적 또는 생리적 장애나 뇌손상을 가진 사람을 연구하는 데 특히 적합하다. 실제 그런 문제로 치료를 받는 환자들에 대한 사례연구가 많이 이루어졌다. 어떤 경우에는 상세한 사례연구 결과가 심리학적 이론의 기초를 제공하기도 한다. 특히 프로이트의 이론은 주로 그의 환자에 대한 사례연구에 기초하여 구성되었다.

사례연구는 심리학의 여러 분야에 대한 지식을 발전시키는 데 유용하지만 제한점도 있다. 즉, 연구자가 사례연구에서 관찰된 행동의 원인을 확인할 수 없고, 관찰자 편향이 잠재적으로 문제가 된다. 게다가 너무 적은 수의 사람을 연구하기 때문에 연구 결과를 더 큰 집단이나 다른 문화에 얼마나 적용하고 일반화할 수 있는지 알기 어렵다.

1.11 연구자들은 어떻게 유용한 조사를 설계할까?

사회조사법

투표나 사용하는 치약에 대해 질문을 받아 본 적이 있는가? 받았다면 당신은 또 다른 유형의 연구에 참가한 것이다. **사회조사법**(survey)은 연구자가 면접이나 질문지를 사용하여 한 집단의 사람들의 태도, 신념, 경험 혹은 행동에 대한 정보를 수집하는 것이다. 잘 수행된 사회조사법은 약의 사용, 성적 행동, 여러 가지 정신장애의 발생 빈도에 대한 유용한 정보를 제공한다.

연구자가 전집을 사용하여 연구하는 경우는 거의 없다. 예를 들어, 미국 여성의 성행동에 관심이 있는 연구자라 해도 미국에 사는 모든 여성을 조사하지는 않는다(그 많은 사람을 면접하는 것을 상상해 보라!). 그들은 **전집**(population, 연구자가 관심을 가지고 있고 연구 결과를 적용하고자 하는 전체 집단)을 연구하는 대신에 표본을 연구한다. **표본**(sample)이란 전집에 대한 결론에 도달하기 위해 연구자가 실제로 연구하는 전집의 일부다.

아마도 세 가지 맛—초콜릿, 딸기, 바닐라—이 한 개의 아이스크림 상자 안에 나란히 포장된 것을 본 적이 있을 것이다. 상자의 내용물을 적절하게 표집하려면 전체 상자, 즉 전집에 있는 것과 같은 비율로 세 가지 맛을 포함하고 있는 작은 양의 아이스크림이 필요하다. **대표적 표본**(representative sample)은 전집을 잘 대표해야 하므로 전집에 있는 중요한 하위 집단들이 동일한 비율로 포함되어 있다. 반면 편파된 표본은 더 큰 전집을 잘 대표하지 못한다.

대표적 표본을 얻는 가장 좋은 방법은 전집의 모든 구성원의 목록에서 무선으로 표집하는 것이다. 전집에 있는 모든 개인이 선택될 확률이 동일한 상태에서 선택되어야 한다. 무선표집을 사용하면, 여론조사 기관이 1,000명의 표본으로 미국 대중의 생각을 정확하게 알아낼 수 있다(O'Brien, 1996).

표준화된 일련의 질문으로 사람을 면접하는 것이 조사 자료를 얻는 가장 좋은 방법인 것 같다. 실제 참가자의 반응의 신뢰성은 성별, 나이, 인종, 종교, 사회계층과 같은 면접자의 특성에 따라 달라질 수 있다. 따라서 면접을 효과적으로 사용하려면 참가자에게 적절한 개인적 특성을 가지고 있는 사람을 면접자로 선발해야 한다.

▶▶▶ 인터넷 사회조사법은 심리학자들이 짧은 기간 동안 상당히 방대한 양의 자료를 모을 수 있게 해 준다. 그러나 인터넷 사회조사에 반응하는 사람들은 일반 모집단을 대표할까? 아니면 인터넷 사용자들을 대표할까? 앞으로 이러한 문제들이 해결되어야 한다.

질문지는 특히 참가자들이 집이나 온라인상에서 답할 수 있다면 면접보다 더 빠르고 또 경비도 덜 들 수 있다. 인터넷은 심리학자에게 참가자들을 독려하여 더 빠르고 경비를 적게 들이면서 자료를 수집할 수 있는 방법을 제공하였고, 인터넷 조사를 사용하면 대개 더 많은 사람이 참여하게 된다(Azar, 2000). 예를 들어, 자살욕구에 대한 어느 인터넷 조사에는 전 세계의 3만 8,000명 이상이 참여하였다(Mathy, 2002). 그러나 웹에서 조사를 하였을 때에는 연구 결과를 일반화하는 데 조심해야 한다. 참가자는 단지 조사에 참여하기로 결정한 인터넷 사용자의 전집을 대표하지, 일반 모집단이나 인터넷 사용자 전체를 대표하지는 않기 때문이다. 게다가 참가자들이 한 연구에 여러 번 참여하지 않도록 특별한 조치를 취해야 한다(Gosling et al., 2004).

적절하게만 수행된다면 조사는 아주 정확한 정보를 제공한다. 그것은 또한 시간에 따른 태도나 행동의 변화도 추적할 수 있게 해 준다. 예를 들어, 존스턴과 동료들(Johnston, O'Malley, Bachman, & Schulenberg, 2010)은 1975년부터 고등학생 가운데 약물 사용자를 추적하여 연구하였다. 그러나 규모가 큰 조사는 비용과 시간이 많이 든다. 조사 연구의 또 다른 제한점은 반응자들이 정확하지 않은 정보를 제공할 수 있다는 점이다. 정확하지 않은 정보는 잘못된 기억이나 면접자의 비위를 맞추려는 생각 때문에 생길 수 있다. 참가자들은 자신이 좋은 사람으로 보이도록 하기 위해('사회적 바람직성 반응'이라고 불림) 또는 고의적으로 면접자를 속이기도 한다. 마지막으로 참가자들이 성행동과 같이 예민한 문제에 대해서는 개별 질문지나 컴퓨터로 주어지는 질문지보다 면대면 면접에서 덜 정직하게 반응한다(Tourangeau, Smith, & Rasinski, 1997).

상관연구법

1.12 상관연구법의 장점과 단점은 무엇일까?

심리학자가 사용할 수 있는 가장 강력한 기술적 연구법은 **상관연구법**(correlational method)이다. 이 방법은 두 특성, 사건이나 행동 사이의 관계(상관)의 정도를 확립하는 데 사용된다. 연구를 위해 한 집단이 선택되고 관심의 대상이 되는 변인이 측정된다. 예를 들어, 어떤 연구자는 대학 학위와 수입의 관계를 연구할 수 있고, 또 어떤 연구자는 학습시간과 성적의 관계를 연구할 수 있다.

상관은 과학자에게만 중요한 것이 아니라 일상생활에서도 중요하다. 예를 들어, 새 차의 가격과 그 차를 소유함으로써 얻을 수 있는 사회적 지위 사이에는 어떤 관계가 있을까? 차 가격이 올라갈수록 지위도 올라갈까? 지위는 사람들이 차를 살 때 고려하는 변인 가운데 하나일까? 이 예가 보여 주듯이, 상관은 우리 일상생활의 일부이고 의사결정에 많이 사용된다.

과학자는 상관을 연구할 때 상관계수를 얻기 위해 두 개 이상의 변인의 자료에 통계적 공식을 적용한다. 상관계수는 두 변인 간 관계의 정도와 방향을 나타내는 수치다. 상관계수는 +1.00(완벽한 정적 상관)에서 0(관계없음)에서 −1.00(완벽한 부적 상관) 사이의 수치를 취한다. 상관계수의 수치는 두 변인 간 관계의 상대적 강도를 나타내는데, 수치가 클수록 관계가 강함을 의미한다. 따라서 −.85 상관은 +.64 상관보다 더 강하다.

상관계수의 부호(+ 또는 −)는 두 변인이 같은 방향 또는 반대 방향으로 변하는지를 나타낸다. 정적 상관은 차 가격과 지위와 같이 두 변인이 같은 방향으로 변함을 나타낸다. 또 다른 예로, 스트레스와 질병 사이에는 약한 정적 상관이 있다. 스트레스가 커지면 병에 걸릴 가능성도 커지고, 스트레스가 작아지면 병에 걸릴 가능성도 줄어든다([그림 1−2] 참조).

부적 상관은 한 변인의 값이 증가하면 다른 변인의 값이 감소함을 의미한다. 예를 들어, 차의 주행거리계에 주행거리가 누적될수록 차는 점점 더 낡아진다. 피우는 담배의 수와 기대수명은 부적 상관을 보인다(상관계수에 대해 더 많이 알려면 부록 A를 보라).

두 변인 사이에 상관이 있다는 것은 한 변인이 다른 변인의 원인임을 나타낼까? 아니다. 예를 들어, 스트레스와 질병과 같은 두 변인이 상관을 보여도 스트레스가 사람을 병들게 한다는 결론은 내릴 수 없다. 병이 스트레스를 일으킬 수도 있고, [그림 1−3]과 40쪽의 〈시도〉에 예시되어 있듯이 가난이나 열악한 건강상태와 같은 제3의 변인이 사람들을 질병과 스트레스에 취약하게 만들 수도 있다.

원인−결과에 대한 결론을 내릴 수 없다면 왜 상관연구를 하는가라고 의아해할 수 있다. 상관연구를

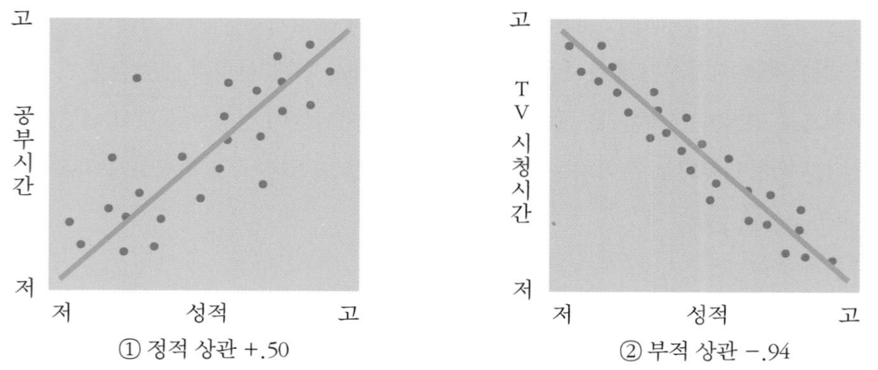

[그림 1−2] 정적 및 부적 상관

여기 정적 상관과 부적 상관을 보여 주는 두 개의 도표가 있다. ① 정적 상관을 가진 두 변인의 도표를 그리면 점들이 왼쪽에서 오른쪽으로 상승하는 선 위에 떨어진다. 이 도표는 공부하는 시간과 시험 점수와 같은 두 변인 사이의 관계를 나타낸다. 공부시간이 길어질수록 시험 점수는 올라간다. ② 부적 상관을 가진 두 변인의 도표를 그리면 점들이 왼쪽에서 오른쪽으로 하향하는 선 위에 떨어진다. 이 도표는 텔레비전을 보는 시간과 시험 점수 사이의 상관을 그린 것이다. 텔레비전을 보는 시간이 길어질수록 성적은 떨어진다.

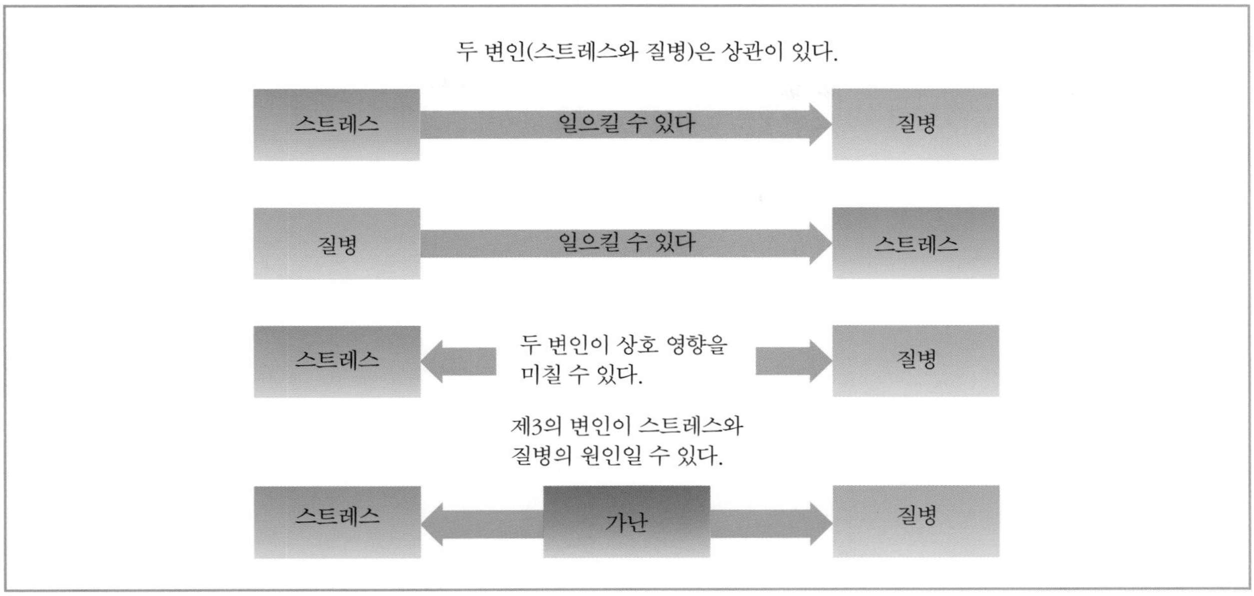

[그림 1-3] 상관은 인과관계를 의미하지 않는다

두 변인 사이의 상관은 두 변인 사이에 인과관계가 있음을 입증하지는 않는다. 스트레스와 질병 사이에 상관이 있다고 해서 스트레스가 반드시 질병을 일으키지는 않는다. 스트레스와 질병은 또 다른 변인, 즉 가난이나 나쁜 건강에 의해 발생할 수 있다.

하는 데에는 네 가지 이유가 있다. 우선 상관은 예측에 아주 유용하다. 우리에게 친숙한 예측 가운데 하나는 고등학교 성적으로 대학입학 여부를 결정하는 것이다. 일반적으로 고등학교 성적과 대학교 성적 사이에는 정적 상관이 있는데, 이는 고등학교에서 공부를 잘할수록 대학에서 성공할 가능성이 높음을 의미한다. 이와 비슷하게 뒤의 〈설명〉에서 배우겠지만, 여러 가지 상관이 특정인이 신용카드를 발급받을 것인지 또는 대출을 받을 것인지를 결정한다.

상관연구는 윤리적 이유 때문에 흥미로운 변인을 더 직접적인 방법으로 연구할 수 없을 때에도 사용된다. 과학자는 임신 중에 음주를 하면 출산에 문제가 생기는지를 알아보기 위해 임산부에게 술을 마시게 할 수 없다. 이런 경우에 유일하게 사용할 수 있는 방법은 상관연구법이다. 연구자들은 어머니들에게 음주 습관과 아기 출산의 문제에 대해 물어보고, 이 두 변인 사이에 관련성이 있는지를 살펴볼 수 있다. 임신 중 알코올 소비와 출산문제가 나타나는 정도 사이의 상관을 알면 임신 중에 음주를 하였을 때 어떤 일이 일어날지를 예측할 수 있다.

상관연구법을 사용하는 또 다른 이유는 심리학자가 관심을 가지고 있는 많은 변인은 조작할 수 없기 때문이다. 누구나 생

▶▶▶ 기온과 빙과 판매고의 상관은 높다. 기온이 증가할수록 판매되는 빙과의 수도 증가한다. 이는 정적 상관인가, 부적 상관인가? 기온과 커피 판매량의 관계는 어떨까? 정적일까, 부적일까?

물학적 성이 남성과 여성의 행동에서 차이를 유발하는지 알고 싶어 한다. 그러나 사람에게 담배나 술을 마시라고 할 수 없는 것처럼, 어떤 사람을 여자 또는 남자로 만들 수 없다. 유일한 방법은 생물학적 성과 인지기능 및 성격과 같은 특정 변인 사이의 상관을 살피는 것이다.

마지막으로 상관연구는 아주 쉽게 수행할 수 있다. 대조적으로 실험은 시간이 많이 걸리고 복잡하다는 사실을 배우게 될 것이다.

기억하기 본문 내용을 떠올리며 다음 퀴즈를 풀어 보라.

1. _____의 문제 가운데 하나는 연구에 참여하지 않았던 사람들에게 일반화하기 어렵다는 점이다.
2. 조사가 _____을(를) 사용하여야 쓸모가 있다.
3. _____은(는) 두 변인 사이의 관계의 정도와 방향을 나타내는 수치다.
4. 정적 상관에서는 두 변인이 _____으로 움직인다.
5. 부적 상관에서는 두 변인이 _____으로 움직인다.
6. 상관계수가 +1이나 −1에 접근할수록 두 변인 사이의 관계는 _____.

시도 제3의 변인은 무엇인가

두 변인이 모두 제3의, 측정되지 않는 변인과 관련이 있기 때문에 두 변인 사이의 상관이 있을 때 제3의 변인의 문제가 발생한다. 다음 상관을 일으키는 측정되지 않은 변인이 무엇인지 생각해 보라.

1. 마을에 교회가 많을수록 술집도 많다.
2. 차의 주행거리가 길수록 차의 고장이 많다.
3. 아이의 신발이 클수록 지능검사의 원점수가 높다(즉, 정답의 수)

정답 1. 제3의 변인은 인구다. 마을이 커질수록 모든 종류의 시설이 더 많아진다.
2. 가능한 답은 많겠지만 가장 적절한 답은 더 멀리 주행했을수록 자동차의 부품이 더 닳아진다는 것이다. 그래서 제3의 변인은 자동차 부품의 노후다.
3. 제3의 변인은 나이다. 나이가 많을수록 지능검사에서 정답을 더 많이 맞힌다.

설명 *신용점수가 무엇일까*

"당신의 신용점수는 얼마입니까?"라고 물어보는 TV 광고를 본 적이 있는가? 본 적이 있다면 당신은 아마도 신용점수가 당신의 경제적 행복과 관계가 있을 것으로 추론했을 것이다. 그렇다. 그러나 당신은 신용점수가 무엇인지 알고 있는가? 방금 상관에 대해서 배운 것을 사용하여 신용점수가 무엇이고 어떻게 결정되는지를 더 잘 이해할 수 있다.

신용점수는 한 개인이 장래에 체납할 가능성을 예측하게 해 주는, 개인의 재정적 기록에 대한 수적 요약이다. 대출금을 상환하지 못하거나, 파산신고를 하거나 기한이 90일 경과한 후에도 대출금이나 신용카드 대금을 내지 못하는 것이 체납이다. 신용점수가 높을수록 장래에 체납할 가능성은 낮아진다(Equifax, 2006). 이처럼 신용점수와 체납 사이의 관계는 상관인데, 금융기관은 이런 상관으로 채무자가 앞으로 경제적 책임을 다하는 정도를 예측할 수 있다. 신용점수와 체납 가능성 사이의 상관의 성질(정적 또는 부적)을 결정할 수 있겠는가? [그림 1-4]에 제시된 도표가 두 변인 사이의 관계를 파악하는 데 도움이 될 것이다.

이 도표를 [그림 1-2]의 산포도와 비교해 보면 신용점수와 체납 위험 사이의 상관관계가 부적임을 알 수 있다. 달리 말하면, 신용점수가 높을수록 체납 가능성은 감소한다. 따라서 채권자가 신용점수를 사용하면 채무자가 돈을 상환하지 않을 가능성을 줄일 수 있다.

신용점수는 여러 가지 상관계수에 기초한다. 이 상관들 가운데 일부는 정적이고 일부는 부적이다. 다음의 세 가지 관계 가운데 정적 상관과 부적 상관을 찾아보라(그리고 아래의 답을 보라).

- 신용기록이 길수록 신용점수는 높다.
- 신용카드가 많을수록 신용점수는 낮다.
- 신용보고에 연체가 많을수록 신용점수는 낮다.

첫 번째 관계는 정적 상관을 나타내고 나머지 두 관계는 부적 상관을 나타낸다고 생각했다면 맞다.

신용기록과 신용점수 사이의 정적 상관 때문에 대출을 받거나 신용카드를 발행받은 처음 몇 년 동안 젊은 성인의 신용점수는 자동적으로 올라간다. 물론 신용기록이 길어지면서 젊은 소비자가 기한 내에 돈을 갚지 않고, 카드를 연체하고, 과도하게 돈을 빌리려는 유혹을 이기지 못하면 이 요인의 이득을 볼 수 없다. 일단 신용점수에 나타나는 상관의 성질을 파악하고 나면 그 정보를 활용하여 신용점수를 올릴 수 있다.

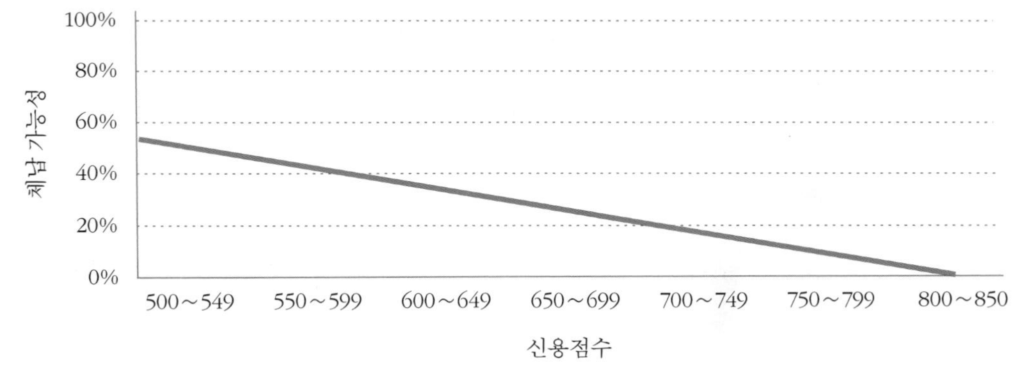

[그림 1-4] 신용체납 예측하기

실험법

'실험'이라는 단어를 들으면 어떤 생각이 떠오르는가? 사람들은 어떤 유형의 연구에도 실험이라는 말을 많이 사용한다. 그러나 심리학자들은 특정 유형의 연구, 즉 행동의 원인을 결정하기 위해 수행된 연구를 언급할 때 '실험'이라는 용어를 쓴다.

1.13 인과관계를 검증하기 위해서 연구자들은 실험을 어떻게 사용할까?

실험과 가설 검증

실험법(experimental method)이나 실험은 인과관계를 확인하기 위해 사용하는 유일한 연구법이다. 실험은 둘 이상의 변인 사이의 **인과관계에 대한 가설**(causal hypothesis)을 검증하기 위해 설계된다. **변인**(variable)은 조작되고 통제되고 측정될 수 있는 조건이나 요인이다. 당신이 관심을 가지고 있는 하나의 변인은 심리학 과목의 학점이다. 관심을 가질 또 다른 변인은 심리학 과목을 공부하는 시간이다. 학생이 공부하는 시간과 학점 사이에는 인과관계가 있을까? 다른 두 변인인 알코올 소비와 공격성에 대해 생각해 보자. 알코올 소비와 공격적 행동은 보통 동시에 관찰된다. 그러나 알코올 소비가 공격적 행동을 유발한다고 가정할 수 있을까?

실험 연구의 예 앨런 랭과 동료들(Alan Lang et al., 1975)은 알코올이 공격성을 증가시키는지 또는 알코올의 효과에 대한 믿음이나 기대가 공격성을 일으키는지를 알아보기 위해 고전적 실험을 수행하였다. 실험에는 96명의 남자 대학생이 참가하였다. 학생들의 반은 평범한 토닉을 마셨다. 나머지는 혈중 알코올 농도가 .10에 이르게 될 정도의 보드카-토닉 혼합 음료를 마셨는데 이 수치는 미국의 모든 주의 음주단속 기준인 .08보다 높은 것이었다. 참가자들은 다음 네 집단에 할당되었다.

집단 1: 알코올을 마셨다고 생각했지만 토닉만 마심

집단 2: 알코올을 마셨다고 생각했지만 토닉이 섞인 알코올을 마심

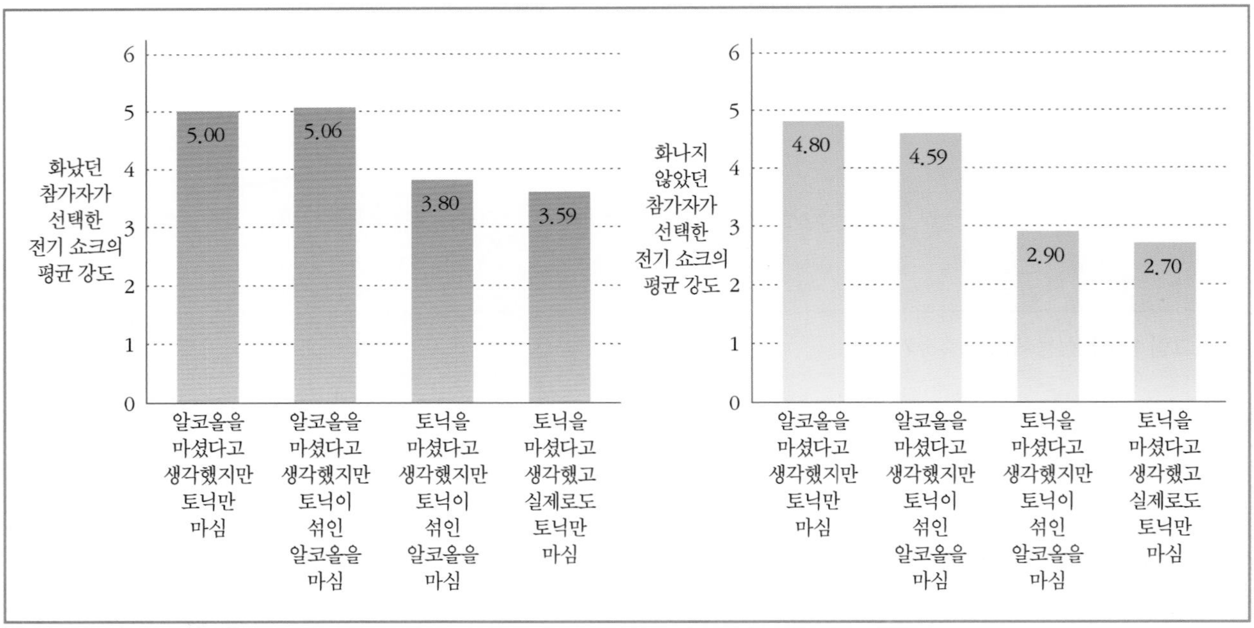

[그림 1-5] 화가 났던 참가자들과 화가 나지 않았던 참가자들이 선택한 전기 쇼크의 평균 강도

랭 실험에서 알코올을 마셨다고 생각했던 참가자들은, 화가 났든 나지 않았든, 토닉만을 마셨다고 생각했던 참가자들보다 유의하게 더 강한 전기 쇼크를 주었다.

출처: Lang et al.(1975)의 자료 참조.

집단 3: 토닉을 마셨다고 생각했지만 토닉이 섞인 알코올을 마심

집단 4: 토닉을 마셨다고 생각했고 실제로도 토닉만 마심

학생들이 계획된 양을 마신 다음, 연구자들은 실험 참가자로 가장한 공모자 한 명에게 학생들이 과제를 수행하는 동안 그중 절반의 학생들을 비웃어서 화나게 하라고 지시했다. 그러고 나서 모든 학생이 학습실험에 참여하였는데, 공모자도 학습자로 실험에 참여하였다. 학생들에게 공모자가 과제에서 실수를 할 때마다 전기 쇼크를 주라고 지시하였고, 학생들에게 '쇼크'의 강도와 지속시간을 결정하게 하였다(학생들은 자신이 다른 사람에게 쇼크를 주었다고 믿었지만 실제 쇼크는 없었다). 연구자들은 학생들이 주었던 쇼크의 강도와 지속시간으로 그들의 공격성을 측정하였다.

실험 결과는 어떠하였을까? 예측한 대로 공모자 때문에 화가 났던 학생들이 그렇지 않았던 학생들보다 공모자에게 더 큰 쇼크를 주었다. 그러나 알코올을 마셨던 학생들이 반드시 가장 공격적이지는 않았다. 마신 음료의 내용물에 관계없이, 화가 났든 나지 않았든 알코올을 마셨다고 생각한 학생들이 토닉을 마셨다고 생각한 학생들보다 유의미하게 더 큰 쇼크를 주었다([그림 1-5] 참조). 연구자들은 학생들을 공격적으로 만든 것은 알코올 자체가 아니라 알코올을 마셨다는 생각이었다고 결론을 내렸다.

독립변인과 종속변인 실험은 원인과 결과에 대한 가설을 검증한다는 사실을 기억하라. 가설의 예는 '공부하면 성적이 잘 나온다.' '아스피린을 복용하면 두통이 사라진다.' 등이다. 이러한 가설에는 두 가지 변인이 있음을 주목할 필요가 있다. 하나는 원인(공부하기, 아스피린 먹기)이고, 다른 하나는 원인에 의해 영향을 받는 것이다. 이런 두 종류의 변인은 모든 실험에서 발견된다. 한 실험에는 적어도 하나의 **독립변인**(independent variable), 즉 연구자가 다른 변인에 변화를 일으킨다고 생각하는 변인이 있다. 연구자는 의도적으로 (원인이라고 생각되는) 독립변인을 조작하여 그것이 다른 행동이나 조건에 영향을 미치는지를 판단한다. 때로는 독립변인을 '처치'라고도 부른다. 랭의 실험에는 두 가지 변인이 있는데, 하나는 마신 음료의 내용물이고 다른 하나는 알코올을 마셨다는 기대였다.

모든 실험에서 발견되는 또 다른 변인은 **종속변인**(dependent variable), 즉 독립변인에 의해 영향을 받는 변인이다. 종속변인은 실험의 마지막에 측정되며 독립변인을 조작한 결과로서 변화된다(증가하거나 감소한다). 연구자는 실험에 사용된 모든 변인의 조작적 정의, 즉 변인이 어떻게 관찰되고 측정되는지를 밝혀야 한다. 랭 실험에서는 종속변인인 공격성이 참가자가 다른 사람에게 주었던 '쇼크'의 강도와 지속시간으로 조작적으로 정의되었다.

실험집단과 통제집단 대부분의 실험은 두 집단의 참가자를 사용하여 이루어진다. 항상 하나의 **실험집단**(experimental group), 즉 독립변인이나 처치에 노출되는 한 집단의 참가자가 있어야 한다. 랭 실험에서는 실험집단이 다음 세 집단이다.

집단 1: 알코올을 마셨다고 생각했지만 토닉만 마심

집단 2: 알코올을 마셨다고 생각했지만 토닉이 섞인 알코올을 마심

집단 3: 토닉을 마셨다고 생각했지만 토닉이 섞인 알코올을 마심

대부분의 실험에는 **통제집단**(control group)도 포함되는데, 이 집단은 실험집단과 비슷하지만 비교를 위해 실험의 마지막에 역시 종속변인이 측정된다. 통제집단은 실험집단과 같은 실험환경에 노출되지만 처치를 받지 않는다. 랭 실험의 네 번째 집단은 두 독립변인 가운데 어떤 변인에도 노출되지 않았지만 실험집단과 유사하고 같은 실험환경에 노출되었기 때문에 통제집단의 역할을 한다.

그렇다면 왜 통제집단이 필요한가? 연구자가 단지 한 집단을 독립변인에 노출시키고 변화가 일어났는지를 관찰하면 되지 않을까? 때로는 그렇게도 한다. 그러나 사람이나 그들의 행동이 때로는 처치가 없이도 변하기 때문에 통제집단이 있는 것이 더 낫다. 통제집단이 있으면 처치가 없이 일어나는 변화를 볼 수 있기 때문에 그런 변화와 독립변인의 효과를 분리할 수 있다. 어떤 약이 두통을 가라앉히는지 알고 싶다고 생각해 보자. 두통을 앓는 사람들을 찾아내어 약을 주고는 한 시간 후에 몇 명이 여전히 두통을 앓고 있는지를 세어 보라. 그러나 어떤 두통은 처치 없이도 사라진다. 그래서 약이 효과가 있는 것처럼 보이지만, 어쩌면 일부 두통은 자연스럽게 사라졌을 수도 있다. 따라서 통제집단이 있으면 약이 두통을 가라앉히는지를 알 수 있다.

1.14 실험 연구법의 단점은 무엇일까?

실험법의 문제점

실험이 인과관계에 대한 정보를 제공한다는 사실을 알았다. 그렇지만 실험법의 문제점은 무엇일까?

오염변인 실험법의 장점 가운데 하나는 연구자들이 상황을 통제할 수 있다는 점이다. 그러나 통제를 많이 할수록 연구 상황이 점점 덜 자연스럽고 인위적인 것이 된다. 상황이 덜 자연스러울수록 실험의 결과를 실제 세상에 적용하기 어렵다. 그렇지만 실험법의 가장 중요한 문제점은 연구자들이 정확하게 실험의 절차를 수행하더라도 **오염변인**(confounding variable) 때문에 종속변인에서 나타난 변화가 독립변인 때문이라고 결론을 내릴 수 없다는 점이다. 오염변인이란 독립변인 이외의 변인으로 집단 간에 차이가 있는 변인이다. 종종 세 종류의 편향 때문에 실험에서 오염변인이 존재하게 되는데 이들은 선택, 위약 효과와 실험자 편향이다.

선택편향 **선택편향**(selection bias)은 연구가 시작될 때 이미 집단들이 체계적으로 차이가 나도록 참가자들이 실험 또는 통제 집단에 할당될 때 발생한다. 선택편향이 있으면 실험의 마지막에 나타나는 차이가 독립변인의 변화가 아닌 집단에 이미 있었던 차이를 반영한다. 연구자들은 선택편향을 통제하기 위해서 무선할당을 사용한다. 이 절차는 (모자에서 참가자의 이름을 뽑는 것과 같은) 우연 절차를 사용하여 참가자를 선택하는 절차로 각 참가자가 어떤 집단에 할당될 확률을 동일하게 해 준다. **무선할당**(random assignment)은 실험을 시작할 때 집단들이 비슷할 가능성을 극대화해 준다. 랭 실험에서 처음부터 학생들의 공격성 수준에 차이가 있었다면 무선할당은 그런 차이가 집단들에 골고루 퍼

지게 해 준다.

참가자 편향과 실험자 편향 참가자의 기대가 실험의 결과에 영향을 미칠 수 있을까? 그렇다. **위약 효과**(placebo effect)는 참가자의 반응이 처치 자체보다는 처치에 대한 기대 때문에 일어날 때 생긴다. 환자에게 약이 처방되었고 환자가 나아졌다고 하자. 환자가 나아진 것은 약의 직접적 효과일 수 있지만, 약이 효과가 있을 것이라는 환자의 기대 효과일 수도 있다. 연구는 환자의 놀라운 회복이 단지 암시의 효과, 즉 위약 효과일 수 있음을 보여 준다.

약에 대한 실험에서는 통제집단에게 보통 **위약**(placebo)—설탕 알약이나 식염수 용액을 주사하는 것과 같이 아무런 효과가 없거나 해롭지 않은 약—을 준다. 위약 효과를 통제하기 위해서 연구자는 참가자들이 (처치를 받는) 실험집단인지 또는 (위약을 받는) 통제집단인지를 모르게 한다. 정말 약을 받거나 처치를 받은 참가자들은 위약을 받은 집단보다는 훨씬 더 큰 변화를 보이는데, 그렇게 되면 이런 변화는 약의 효과에 대한 기대가 아닌 약 때문에 나타난 것으로 볼 수 있다. 랭 실험에서는 알코올에 토닉이 섞였다고 생각했던 일부 학생에게 토닉만을 주었다. 이 경우에 알코올이 없는 토닉은 위약으로 작용하여 연구자가 공격성의 유발에 미치는 기대의 효과를 측정할 수 있게 해 준다.

실험자 편향(experimenter bias)은 연구자의 선입견이나 기대가 자기충족적 예언으로 작용하여 연구자들이 기대하는 것을 발견하게 할 때 발생한다. 연구자 기대는 목소리, 몸짓이나 얼굴 표정을 통해 무심코 참가자들에게 전달될 수 있고, 더 나아가서 참가자들의 행동에 영향을 미칠 수 있다. 기대는 또한 실험의 효과에는 영향을 미치지 않아도 실험 결과에 대한 연구자의 해석에는 영향을 미칠 수 있다. 실험자 편향을 통제하기 위해서는 연구자들이 실험 자료가 수집되고 기록될 때까지 누가 실험 또는 통제집단에 속했는지를 알아서는 안 된다(물론 연구자를 돕는 누군가는 알고 있어야 하겠지만). 참가자들이나 연구자들 모두가 누가 처치를 받았는지, 또 누가 통제집단인지를 모르게 하는 것을 **이중은폐 기법**(double-blind technique)이라고 한다.

유사실험 어떤 처치는 인간의 신체적 및 심리적 건강에 해롭기 때문에 윤리적 이유로 실시할 수 없다. 예를 들어, 앞에서 보았듯이 실험을 위해 태아를 알코올에 노출시키는 것은 비윤리적이다. 이런 이유로 연구자들은 **유사실험**(quasi-experiments)을 실시하는데, 이것은 태내 약물 노출과 같은 변인들을 연구하기 위해서 관심의 대상이 되는 변인에 노출된 정도가 다른 집단을 비교하는 것이다. 유사실험은 인과관계에 대한 증거를 제공하지는 못하지만 태내 약물 노출과 같은 변인을 연구하기 위해서는 유일한 대안이다.

유사실험은 독립변인을 조작하는 것이 비실용적이거나 불가능할 때에도 사용된다. 예를 들어, 교육심리학자가 재학하는 학교가 다른 아동들의 검사점수를 비교할 때 유사실험을 한다. 이와 비슷하게 성별, 연령, 수입, 교육정도 및 다른 많은 변인에서 차이가 나는 집단을 비교할 때 유사실험이 사용된다.

서로 다른 문화에 속한 사람들의 정신 과정과 행동을 비교하는 **비교문화 연구**(cross-cultural research)도 일종의 유사실험이다. 이 장의 앞에서 사회문화적 접근에 대해 논할 때 지적하였듯이 행동과 정신 과정에 대한 문화의 영향을 살피는 연구는 최근에 아주 중요해지고 있다. 비교문화 연구는 영아애착과 같이 보편적 현상에 대해 관심을 두고 있기 때문에 진화심리학에서도 또한 중요하다.

〈복습과 재검토〉에서는 이 장에서 다루었던 여러 가지 유형의 연구들을 정리하였다.

시도 무선할당을 하면 집단들이 동일해질까

이 활동을 하기 위해서는 100개의 포커 칩, 흰색 칩 50개, 빨강색 칩 25개, 파랑색 칩 25개를 준비해야 할 것이다. 모든 칩을 속이 들여다보이지 않는 백이나 용기에 넣는다. 칩을 하나 꺼내서 던진다. 머리가 나오면 칩을 '실험집단'에 할당하고 꼬리가 나오면 '통제집단'에 할당한다. 이 절차를 100번 반복한다. 다 마치면 각 집단에 있는 흰색, 빨강색과 파랑색 칩의 비율을 계산한다. 흰색의 비율은 50%, 빨강색은 25%, 파랑색은 25%여야 한다. 칩의 색깔이 인종과 같이 연구자가 관심을 가지고 있는 사람의 특성을 나타낸다고 생각하고 활동을 반복해 보라. 알게 되겠지만 참가자를 무선으로 실험집단과 통제집단에 할당함으로써 연구자는 그들이 추출되어 나온 전집을 동일하게 대표하는 집단을 구성할 수 있다.

복습과 재검토 심리학 연구방법

방법	기술	장점	단점
자연 및 실험실 관찰	자연상황이나 실험실에서 행동을 관찰하고 기록	일상적인 상황에서 연구되는 행동은 더 자연스러움	연구자들의 기대로 인해 관찰이 왜곡될 가능성(관찰자 편향). 자연상황에서는 연구자가 조건을 통제할 수 없음. 실험실 관찰은 실생활 장면에 일반화하지 못할 수 있고, 비용이 많이 듦
사례연구	관찰법, 면접, 심리검사를 사용하여 한 개인이나 소수의 개인을 깊이 연구	드물거나 자연스럽지 않은 조건이나 상황에 대한 정보를 제공. 나중에 검증할 수 있는 가설의 기초를 제공	일반화가 어려움. 행동의 원인을 파악할 수 없음. 연구자가 현상을 잘못 해석할 수 있음
사회조사법	많은 사람의 태도, 신념이나 행동에 대한 정보를 수집하기 위해 면접, 질문지법을 사용	많은 사람에 대해 정확한 정보를 제공. 시간에 따른 태도와 행동의 변화를 추적	반응이 정확하지 않을 수 있음. 표본이 대표적이 아닐 수 있음. 면접자의 특성이 반응에 영향을 미칠 수 있음. 비용, 시간이 많이 듦
상관연구법	두 사건, 특성이나 행동의 관계를 결정하기 위해 사용하는 방법	변인들 사이의 관계의 정도를 평가. 예측의 기초를 제공	인과관계를 밝힐 수 없음
실험법	참가자들을 집단에 무선할당. 독립변인의 조작과 종속변인에 대한 영향을 측정	인과관계의 확인	실험실 상황에서는 참가자들이 자연스러운 행동을 보이기 어려움. 연구 결과가 실생활에서 일반화되기 어려움. 어떤 경우에는 실험이 비윤리적이거나 불가능함

기억하기 본문 내용을 떠올리며 다음 퀴즈를 풀어 보라.

1. _____은(는) 변인들 사이의 인과관계를 확인할 수 있는 유일한 연구방법이다.
2. 실험에서 실험자는 _____을(를) 조작하고 _____에 대한 효과를 측정한다.
3. _____ 집단에게는 때로는 위약을 준다.
4. 무선할당은 _____ 편향을 통제하기 위해 사용된다.
5. 실험자가 어떤 참가자들이 실험집단이나 통제집단에 할당되었는지를 모를 때 _____ 편향이 통제된다.

연구 참가자

연구에서 나타나는 관찰자와 실험자 편향에 대해 배웠다. 그렇지만 연구의 결과가 참가자들에 의해서도 왜곡될 수 있다는 사실을 짐작했는가? 게다가 연구자들은 인간과 동물 참가자를 어떻게 다루어야 하는지를 명시하는 윤리적 지침도 지켜야 한다.

심리학 연구에서 참가자와 관련된 편향

1.15 참가자들의 특성이 연구의 유용성에 어떻게 영향을 미칠까?

앞에서 사회조사법에서 대표적 표본이 중요하다는 사실을 배웠음을 기억하는가? 심리학자가 연구의 결과를 연구에 참여하지 않았던 사람들에게로 일반화하기를 원할 때 대표적 표본이 문제가 된다. 1990년대에 여러 명의 심리학자들은 심리학 연구의 참가자들이 대표적 표본으로서 부적합하다는 점에 대해 비판을 하였다. 이런 비판으로 인해 심리학자들이 표본 선발의 절차가 연구의 결과에 미치는 영향을 고려하지 않고 있음이 인정되기 시작했다. 그 결과, 미국심리학회와 다른 전문가 집단들이 연구자들에게 참가자들이 연구의 결과가 일반화되는 전집을 대표하게끔 모든 노력을 기울이도록 요구하게 되었다. 또한 연구자들에게 출판된 모든 연구에 참가자들의 특징(예, 연령, 인종)을 상세하게 기술하도록 요구하였다. 인종, 성별과 연령이 그 가운데 일부다.

샌드라 그레이엄(Sandra Graham, 1992)은 연구 참가자들에 대해 두 가지 중요한 비판을 제기하였다. 그녀는 대부분의 연구에서 인간 참가자들을 대학생들에서 선발하기 때문에 심리학 연구에 백인이 과도하게 포함되고 소수민족은 전집에서보다 더 낮은 비율로 포함된다고 주장했다(Graham, 1992). 게다가 소수인종을 포함하여 대학생들은 연령, 사회경제적 지위와 교육수준으로 볼 때 비교적 선별적인 집단이다. 따라서 대학생들은 일반 전집을 대표할 수 없다. 이처럼 연구표본이 대표적이지 않은 현상을 **참가자에 의한 편향**(participant related bias)이라고 부른다. 그레이엄(1992)은 또한 백인과 아프리카계 미국인들을 비교하는 대부분의 연구에서 사회경제적 지위를 고려하지 않은 방법론적 오류를 지적했다. 그레이엄은 아프리카계 미국인들은 저소득 계층에 많다는 사실을 지적했다. 그녀는 백인과 아프리카계 미국인을 비교하는 연구에서 "인종과 사회계층의 효과를 분리하기 위해서" 사회경제적 지위가 연구에 포함되어야 한다고 주장했다(p. 634).

성별에 따른 편향도 또 다른 유형의 참가자에 의한 편향이다. 예를 들어, 에이더와 존슨(Ader & Johnson, 1994)은 모든 참가자가 한 가지 성별인 연구를 수행하는 연구자들은 참가자들이 여성일 때는 그 사실을 분명하게 밝히지만 남성일 때는 그렇지 않음을 발견했다. 에이더와 존슨에 의하면 그런 관행은 남성 참가자를 '규범적'이며 남성들로부터 나온 결과가 일반적으로 적용 가능하고 여성 참가자들은 약간 '다르며' 여성들로부터 얻은 결과는 여성 참가자들에게만 적용된다고 보는 경향을 보여 준다(pp. 217–218). 그러나 긍정적으로 보면 이런 연구자들은 지난 수십 년 동안 참가자의 선발과 연구주제의 선정에서 나타나는 성별에 따른 편향은 줄어들고 있다고 보고하고 있다.

연령 차별주의도 참가자와 관련된 편향의 또 다른 예이고 심리학 연구에서 사용되는 언어에서 특별히 더 두드러진다(Schaie, 1993). 예를 들어, 노화에 대한 연구의 제목에는 상실, 퇴화, 감소와 의존성과 같은 용어들이 많이 포함된다. 더구나 연구자들은 연구에 참여한 노인들 사이의 커다란 차이를 과소평가하고 있는 것 같다. 샤이에(Schaie)에 따르면, "성인기에 대한 대부분의 연구에 따르면 60대와 80대 사이의 차이는 20대와 60대 사이의 차이보다 훨씬 더 크다"(p. 50). 연구자들은 한 연령집단에 속하는 모든 사람이 부정적 특징을 가진 것으로 기술하거나 그런 뜻의 결론을 내리지 않도록 조심해야 한다.

1.16 연구자들은 참가자와 동물들의 권리를 어떻게 보호할까?

인간 참가자와 동물들의 권리 보호하기

2002년 미국심리학회(APA)는 과학적 연구의 목표를 지원하면서도 인간 참가자들의 권리를 보호하기 위해 가장 최신의 연구에 관한 윤리지침을 채택하였다. 다음에 윤리지침의 중요한 조항들이 제시되어 있다.

- 적법성: 모든 연구는 연방정부, 주정부와 지방정부의 법과 규정을 준수해야 한다. 2010년에 APA는 이런 조항을 확실히 하기 위해 윤리지침을 수정하였다. 이러한 지침의 수정으로 인해서 심리학자들은 자신들이 따르는 법이나 그들이 일하고 있는 조직의 정책과 규정에 어긋나더라도 인간의 기본 권리에 따라 일하게끔 되었다(APA Ethics Committee, 2010).
- 기관의 승인: 연구자는 연구와 관련된 모든 기관으로부터 승인을 얻어야 한다. 예를 들어, 연구자는 학교의 승인 없이 학교에서 연구를 수행할 수 없다.
- 고지에 입각한 동의: 참가자들에게 연구의 목적과 연구가 참가자들에게 해로울 가능성도 알려 주어야 한다.
- 속임수: 속임수는 불가피할 때에만 사용할 수 있다. 그러나 윤리규정에서는 다른 방법으로 연구 가설을 검증할 수 있다면 속임수를 사용하지 않도록 주의시키고 있다.
- 실험사후설명: 위약처치를 포함하여 연구자가 참가자들을 속였을 때에는 연구가 종료되면 참가자에게 그 사실을 알려 주어야 한다.
- 의뢰인, 환자, 학생과 하급자들: 참가자가 약자일 때에는(예, 치료 의뢰인, 병원환자, 심리학을 수강하는 학생, 또는 고용인) 연구자들은 연구에 참여하는 동안에 수집된 정보, 또는 연구 참여 사실 자체로 인해 참가자가 해를 받지 않도록 조치를 취해야 한다. 예를 들어, 교수들은 학생이 연구에

참여하지 않았다고 해서 학점을 나쁘게 주어서는 안 된다.

- 참가에 대한 보상: 참가자에게 돈을 지불할 수 있다. 그러나 윤리규정에는 참가자에게 돈을 받는 대가로 무엇을 해야 하는지를 분명하게 알려 주도록 명시하고 있다.
- 출판: 심리학자는 전문학술지와 같이 적절한 공개적 장에 연구 결과를 발표해야 하고 연구 결과를 확인하기 원하는 다른 사람들에게 데이터를 제공해야 한다.

APA 윤리지침에는 심리학 연구에 동물을 사용하는 것에 대한 사항도 포함되어 있다. 일부 중요한 지침은 다음과 같다.

- 적법성: 인간 참가자를 사용한 연구와 마찬가지로 동물 연구도 모든 관련된 연방정부, 주정부와 지방정부 법을 지켜야 한다.
- 경험 있는 전문가들의 감독: 동물관리에 대해 훈련을 받은 전문가들이 동물의 사용을 감독해야 한다. 이런 경험이 있는 직원이 연구보조자와 같은 고용인들에게 동물을 적절하게 다루고 먹이는 방법과 병이나 고통의 징후를 알아보는 방법을 가르쳐야 한다.
- 불편함의 최소화: 연구자들은 동물들의 불편함을 최소화해야 한다. 예를 들어, 마취를 적절하게 하지 않은 상태에서 동물에게 수술을 하는 것은 비윤리적이다. 연구에 사용했던 동물을 죽여야 할 때에는 인도적인 방식으로 해야 한다.

이와 같은 보호조치를 취해도 연구에서 동물을 사용하는 데 대해서는 논란이 있다. 많은 동물권리 옹호집단은 모든 동물 연구를 즉각 중지할 것을 요구한다. 따라서 동물 연구가 꼭 필요한지를 생각해 보는 것이 중요하다.

현대의학의 모든 기적은 적어도 부분적으로는 동물을 사용한 연구들의 기여 덕분에 가능했다는 사실 때문에 동물 연구가 정말 필요하다는 입장이 지지를 받고 있다(Aaltola, 2005). 이런 연구는 학습, 동기, 스트레스, 기억과 임신 중의 약물이 태아에게 미치는 영향과 같은 분야에 대해 많은 것을 알려 준다. 이와 비슷하게, 동물 연구는 정신약물학자들이 조현병과 같은 정신질환의 증상을 완화시키는 데 사용되는 약물의 부작용을 더 잘 이해하도록 도와주었다(Thaakur & Himabindhu, 2009). 이처럼 동물 연구는 윤리적 문제 때문에 인간들에게는 조작할 수 없는 변인들을 다루는 실험에 아주 중요하다.

그러나 그런 연구로부터 나오는 물질적 유익 때문에 그런 연구를 윤리적으로 정당화할 수는 없다. 따라서 연구에서 동물을 사용할지 결정할 때에 동물들이 겪는 고통과 괴로움과 연구가 주는 잠재적 유익을 비교해 보아야 한다. 예를 들어, 암에 대한 치료법의 가능성을 연구하기 위해서 동물을 치명적으로 아프게 만드는 것이 정당화될지 모른다. 그러나 남자들의 원형탈모증에 대한 치료법을 찾기 위해서는 이런 연구가 정당화되지 않을지 모른다. 이처럼 동물 연구에서 윤리적 균형이 강조되고 있기 때문에 희생되는 동물의 수를 줄일 수 있는 대안적 연구방법을 찾게 되었다(Garrett, 2012).

기억하기 본문 내용을 떠올리며 다음 퀴즈를 풀어 보라.

1. 많은 종류의 심리학 연구에서 _____, _____와(과) _____이(가) 지나치게 많이 참여하고 있다.
2. 연구에서 _____을(를) 사용하였을 경우 심리학자들은 연구를 마친 다음 참가자들에게 그 사실을 알려 주어야 한다.
3. 연구에서 _____을(를) 사용함으로써 임신 중의 약물의 효과와 같은 문제에 대해 많이 알게 되었다.

되돌아보기

이 장에서는 심리학자, 그들이 사용하는 방법, 교재의 장들을 공부하는 방법, SQ3R 방법에 대해 많이 배웠다. 효과가 가장 크기 위해서는 SQ3R 같은 일반적인 방법을 자신의 학습선호와 학습기술에 맞추어 변화시켜야 한다. 그러기 위해서 1장을 공부할 때 SQ3R의 각 부분이 자신에게 얼마나 도움이 되었는지를 생각해 보라. 다음의 표를 사용하여 각 특징을 척도에 따라 평정해 보라(2=아주 유용, 1=유용, 0=유용하지 않음). 각 장을 읽을 때 1과 2로 평정한 특징에 집중하면서 의식적으로 SQ3R 방법을 따라 하려고 노력해 보라. 그렇게 하면 학습시간을 효과적이면서도 효율적으로 사용하게 될 것이고 시험 전날 밤을 새지 않아도 될 것이다.

학습도구	유용성 정도		
생각해보기	0	1	2
학습목표	0	1	2
설명	0	1	2
적용	0	1	2
시도	0	1	2
복습과 재검토	0	1	2
기억하기	0	1	2

CHAPTER

2

생물학과 행동

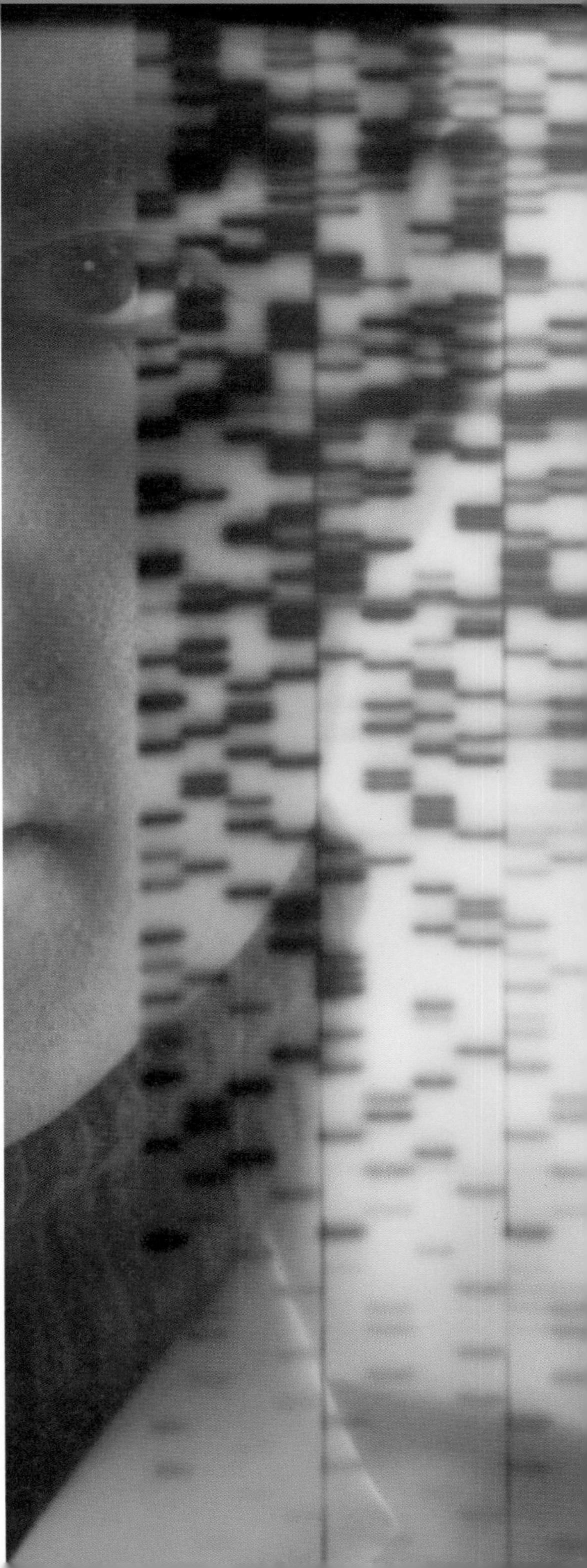

신경계의 미스터리 파헤치기

2.1 뇌전도(EEG)가 뇌에 관해 보여 주는 것은 무엇인가?

2.2 연구자들은 신경계를 연구하기 위해 영상 기술을 어떻게 사용하는가?

뉴런과 신경전달물질

2.3 뉴런의 각 영역은 무엇을 하는가?

2.4 뉴런들은 신경계를 통해 신호를 어떻게 전달하는가?

2.5 신경전달물질은 어떻게 기능하는가?

인간의 신경계

2.6 말초신경계의 구조와 기능은 무엇인가?

2.7 중추신경계의 구조와 기능은 무엇인가?

뇌의 생각하는 부위를 더 자세히 들여다보기

2.8 대뇌를 구성하고 있는 것은 무엇인가?

2.9 좌반구와 우반구의 전문화된 기능은 무엇인가?

2.10 대뇌피질의 네 개의 엽은 각각 어떤 기능에 관련되는가?

연령, 성별 그리고 뇌

2.11 뇌는 일생 동안 어떻게 변화하는가?

2.12 남성의 뇌와 여성의 뇌는 어떻게 다른가?

신경계를 넘어서

2.13 내분비계의 분비선들의 기능은 무엇인가?

2.14 유전이 신체적 · 심리적 특질에 어떻게 영향을 미치는가?

생각해보기

다른 사람의 얼굴 표정을 해석하는 것은 대개 특별한 생각 없이 이루어지는 매우 흔한 일이다. 하지만 당신의 눈은 가끔씩 당신을 속일 수 있다. 당신이 다음 두 얼굴 중 어느 것이 더 행복한 얼굴인지 맞힐 수 있는지 보라(Jaynes, 1976).

당신은 어느 얼굴이 더 행복한 얼굴이라고 말하겠는가? 당신의 답은 아마도 당신이 오른손잡이인지 또는 왼손잡이인지에 달려 있을 것이다. 뇌는 어떤 과제들은 뇌의 우측에 할당하고 다른 것들은 좌측에 할당하는 경향이 있다. 이 할당은 어느 손을 주로 쓰는 사람인지, 즉 우세손(handedness)과 상관이 있다. 예컨대, 만약 당신이 오른손잡이라면, 당신은 감정을 해석하는 데 뇌의 우측을 사용하는 경향이 있을 것이다. 우뇌가 몸의 좌측을 통제하기 때문에, 당신은 사람들의 감정적 상태를 추론하기 위해서 그들 얼굴의 좌측을 사용할 것이다(Abbott, Cumming, Fidler, & Lindell, 2013). 결론적으로, 사진에 있는 얼굴들이 거울상일지라도, 오른손잡이인 사람들은 좌측 얼굴을 더 행복한 얼굴로 보는 경향이 있다. 왼손잡이인 사람들은 반대의 패턴을 보인다. 그들은 감정을 해석하는 데 있어 뇌의 좌측에 의존하고, 뇌의 좌측이 몸의 우측을 통제하기 때문에 대개 우측 얼굴이 더 행복한 얼굴이라고 평가한다.

뇌가 좌반구와 우반구 간의 기능을 어떻게 나누는지는 이 장에서 읽게 될 행동적 · 정신적 처리 과정의 생물학적 기저와 관련하여 매우 흥미로운 것들 중 하나다. 우리는 당신에게 뇌와 신경계에 대해서 더 많은 것을 알려 줄 것이고, 내분비계에 대해서도 소개할 것이다. 당신은 유전학에 대한 내용도 읽게 될 것이다. 다음 장들에서는 이 장에 나오는 주요 개념들을 다시 언급할 것이기 때문에 이 장에 나오는 정보들에 주의를 기울여라.

신경계의 미스터리 파헤치기

우리가 신경계에 대해서 무엇인가를 알고 있다는 것을 우리는 어떻게 아는가? 상당히 최근까지만 해도, 연구자들은 그것을 직접적으로 연구하는 기술들을 거의 가지고 있지 않았다. 과학자들은 신경계의 다양한 부위와 관련된 기능을 발견하기 위해서 특정 부위의 신경계에 생긴 손상이나 병변이 특정 행동에서의 변화를 가져온 사람들의 연구 사례에 의존했다. 예를 들어, 머리 뒷부분의 심각한 손상이 시각적 문제라는 결과를 가져온다는 것이 관찰되었기 때문에, 연구자들은 뇌의 뒷부분이 시각에 관여한다는 것을 추론할 수 있었다. 19세기 중반까지 연구자들은 죽은 인간이나 동물들의 신경계 조직들을 직접적으로 검사하는 것을 가능하게 해 주는 더 강력한 현미경의 사용이 가능하게 되면서 신경계를 이해하는 것에 있어서 비약적인 발전을 이루기 시작하였다. 오늘날, 과학자들은 신경계에 대한 질문에 답하기 위해 사례연구와 미시적 조직 연구 둘 다 계속해서 사용하고 있다. 하지만 20세기 초 이래로 과학자들은 활동 중인 살아 있는 뇌를 관찰할 수 있게 되었다. 그들은 이것을 어떻게 하는가? 다양한 도구와 영상 기술을 통해서, 연구자들은 뇌의 다른 부위들과 그것들의 기능을 관찰하고 있다. 그들이 연구하고자 하는 것이 정확히 무엇인지가 어느 도구 또는 기술이 가장 유용한지를 결정한다.

뇌전도와 미세전극

2.1 뇌전도(EEG)가 뇌에 관해 보여 주는 것은 무엇인가?

1924년에 오스트리아의 정신과 의사 한스 베르거(Hans Berger)는 뇌에서 일어나는 전기 활동을 기록하는 기계인 **뇌파계**(electroencephalograph)를 발명했다. 두피의 여러 부분에 붙여진 전극에 의해 탐지되고 증폭된 이 전기 활동이 종이를 가로지르는 펜을 움직이도록 하여 뇌전도(electroencephalogram: EEG)라고 불리는 뇌의 파동을 기록하였다.

전산화된 뇌전도 영상기술은 뇌의 표면에서 밀리초 단위로 일어나는 다양한 수준의 전기 활동을 보여 준다(Gevins et al., 1995). 이는 간질발작의 진행을 보여 줄 수 있고, 학습장애와 조현병, 알츠하이머병, 수면장애, 그 밖의 신경학적 문제를 가진 이들의 신경 활동 연구에 사용할 수 있다.

뇌전도(EEG)는 뇌의 다양한 영역에서 전기 활동을 탐지할 수 있지만 개별 뉴런들에서 무엇이 일어나는가를 밝힐 수는 없다. 그러나 **미세전극**(microelectrode)을 뇌에 직접적으로 삽입할 수는 있다. 미세전극은 뉴런의 손상 없이 단일 뉴런 가까이 혹은 그 안으로 삽입할 수 있는 매우 작은 바늘이다. 이는 단일 뉴런의 전기적 활동을 모니터하거나 그 내부의 활동을 자극할 수 있다. 미세전극은 신경학자들이 간질이 있는 사람들이 보이는 발작의 정교한 신경적 근원을 정확히 찾아내는 것을 가능하게 해 주는 두개 뇌전도(intracranial electroencephalograms: iEEG)에 사용된다(Rummel et al., 2013).

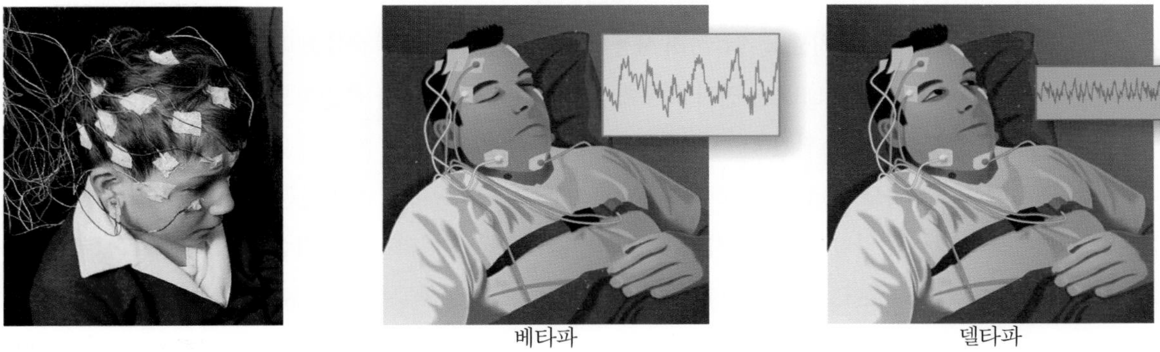

(a) (b) (c)

▶▶▶ 뇌전도(EEG)는 그림의 (a)에서 보이는 바와 같이, 두피에 위치한 전극을 이용하여 뇌의 전기적 활동을 증폭하여 기록한다. EEG는 전형적으로 사람이 깨어 있거나 졸린 상태의 뇌파를 측정하는데 이는 뇌에서 일어나는 전기적 활동의 특성이 위 (b)와 (c)에서 보이는 바와 같이, 수면상태와 각성상태에 걸쳐 변화하기 때문이다.

영상 기술

2.2 연구자들은 신경계를 연구하기 위해 영상 기술을 어떻게 사용하는가?

1970년대 초 이래로 과학자들과 의사들에게 뇌구조 영상을 제공하는 수많은 기술이 가능해졌다. 예를 들어, 뇌의 **컴퓨터단층촬영**(computerized axial tomography: CT)을 받는 사람은 X선 관이 머리 전체를 에워싸는 큰 도넛 모양의 구조 내부에 위치하게 된다. 이 관은 완벽한 원형으로 회전하면서 뇌를 관통하여 X선을 쏘아 내보낸다. 일련의 전산화된 횡단면 영상은 뇌 안의 구조나 뇌종양 또는 오래되거나 보다 더 최근의 뇌졸중의 증거를 포함한 뇌의 이상이나 손상 또한 보여 준다.

1980년대 들어서는 환자를 잠재적인 위험성이 있는 X선에 노출시키지 않으면서(Potts, Davidson, & Krishman, 1993) 더 선명하고 보다 자세한 영상을 만들어 내는 **자기공명영상**(magnetic resonance imaging: MRI)을 폭넓게 활용할 수 있게 되었다. MRI는 중추신경계와 신체의 다른 계에 있는 이상을 찾아내는 데 사용할 수 있게 되었다. CT와 MRI는 뇌의 안과 밖 모두에 대해 어떻게 생겼는가를 보여 주는 데 유용하지만 뇌가 무엇을 하고 있는지를 보여 줄 수는 없다. 그러나 그 외의 경이로운 기술 발전으로 이러한 작업도 가능하게 되었다.

여러 기법들이 뇌의 구조와 그 기능 모두에 대한 영상을 만들어 낸다. 그중 가장 오래된 기술인 **양전자방출 단층촬영술**(positron-emission tomography: PET)은 1970년대 중반 이래로 신체적 질병과 심리적 질병을 야기하는 기능부전을 확인하는 데 사용되었다. 예를 들어, 연구자들은 자폐증을 가진 사람들의 뇌에서 포도당 대사의 패턴이 그렇지 않은 사람들의 포도당 대사 패턴과는 다르다는 것을 발견하였다(Brasic & Kao, 2011). PET 촬영은 또한 정상적인 뇌 활동을 연구하는 데에도 사용되어 왔다. PET 영상은 혈류, 산소 사용, 포도당(뇌의 에너지원) 소모의 패턴을 지도화한다. 더불어 뇌와 다른 신체기관에서 약물과 생화학적 물질의 활동을 보여 줄 수 있다(Farde, 1996).

1990년대 들어서는 뇌 구조와 기능의 영상을 만드는 데 자기펄스를 이용하는 **기능적 자기공명영상**(functional MRI: fMRI)을 활용할 수 있게 되었다. fMRI는 PET을 넘어서는 여러 중요한 장점을 가지고 있다. 즉, (1) 방사물질 혹은 다른 물질의 주입을 필요로 하지 않고, (2) PET보다 더 정확하게 뇌 활동의 위치를 확인할 수 있으며, (3) 1분 정도의 시간이 소요되는 PET와 비교해서 1초 이내의 시간 동안에 일어나는 뇌의 변화를 탐지할 수 있다("Brain Imaging," 1997).

여전히 다른 영상장치들도 지금까지 사용되고 있다. 초전도 양자간섭소자(superconducting quantum interference device: SQUID)는 전기 흐름에 의한 자기 변화 생성을 측정함으로써 뇌의 활동을 보여 준다. PET 혹은 fMRI보다 훨씬 더 빠르게 뇌 안에서 급격하게 일어나는 자기 변화의 신경 활동과 같은 것을 측정하는 뇌자도(magnetoencephalography: MEG)라는 또 다른 놀랄 만한 도구도 있다. 또한 연구자가 개별적인 뉴런 다발들을 조사하는 것이 가능한 새로운 형태의 MRI인 확산텐서 영상(diffusion tensor imaging: DTI)도 있다. 이 새로운 기술들은 연구자들과 임상의들이 간질이나 뇌졸중, 알츠하이머병 그리고 다발성 경화증(multiple sclerosis: MS)과 같은 조건들과 관련된 뇌병변이나 뇌 이상의 정확한 위치를 오래된 영상 기술들이 했던 것보다 높은 정확도와 속도로 확인할 수 있게 해 준다.

뇌영상 기술은 기억과 같은 정상 뇌의 기능에 대한 중요한 지식 축적으로 신경과학자들의 발전을 돕기도 한다(Logothetis, 2008). 이 영상 기술들을 사용한 연구들은 또한 심각한 정신적 질환을 가진 사람과 그렇지 않은 사람들의 뇌의 구조와 기능들이 어느 정도의 수준으로 다른지를 보여 준다. 더욱이 이러한 영상 기술은 다양한 약물이 뇌의 어디에 그리고 어떻게 영향을 미치는지 밝혀 왔다(Gorman, 2007). 몇몇 신경과학자는 뇌가 전통적인 영상 기술을 사용해서는 관찰이 불가능한 상황과 환경에 어떻게 반응하는지 연구하기 위해 가상현실과 fMRI를 결합하여 실험을 하기도 하였다(Wiederhold & Wiederhold, 2008). 예를 들어, 가상현실 치료는 비행을 무서워하는 것과 같은 공포증을 치료하는 데 유용하다. 공포 반응을 이끌어 내는 실제 세계의 상황을 시뮬레이션한 가상현실 치료와 결합하여 fMRI 모니터링을 함으로써 연구자들은 그러한 치료를 뇌가 어떻게 처리하는지 확인할 수 있다. fMRI로 얻는 정보는 연구자들이 가상현실 중재의 효과성을 향상시키는 것을 도와준다.

기억하기 본문 내용을 떠올리며 다음 퀴즈를 풀어 보라.

1. 컴퓨터단층촬영(CT)과 자기공명영상(MRI)은 뇌의 _____ 영상을 생성하는 데 사용된다.
2. _____은(는) 뇌파의 기록을 생성함으로써 뇌의 전기적 활동을 보여 준다.
3. _____은(는) 뇌의 구조가 아닌 활동과 기능을 나타낸다.
4. _____라고(이라고) 불리는 새로운 영상 기법은 뇌의 구조와 활동을 모두 보여 준다.

뉴런과 신경전달물질

이전에 우리는 19세기 연구자들이 죽은 인간과 동물들의 신경계 조직을 연구하는 데 현미경을 사용했다는 것을 언급했다. 이러한 연구들은 신경계를 통한 전기 자극을 전도하는 **뉴런**(neuron)이라는 전문화된 세포들의 발견에 이르게 하였다. 20세기 초반에 미세전극의 발명은 연구자들이 뉴런들 간 연결을 연구하는 것을 가능하게 해 주었다. 이러한 연구들은 신경계의 기능에 필수적인 화학물질들의 존재를 밝혔다. **신경전달물질**(neurotransmitter)이라 불리는 이런 화학물질들은 한 뉴런으로부터 다음 뉴런으로 전기 자극의 전달을 촉진할 수도 있고, 억제할 수도 있다. 뉴런과 신경전달물질들이 함께 작용함으로써 신경계 내에서와 신경계로부터 몸의 다른 부위들까지 메시지를 전달한다.

뉴런의 구조

2.3 뉴런의 각 영역은 무엇을 하는가?

우리의 모든 생각, 감정, 행동은 궁극적으로 뉴런의 활동에 의해 이루어진다. 구심성(afferent) 뉴런(감각 뉴런)은 신호를 감각기관과 수용기—눈, 귀, 코, 입, 피부—에서 뇌 또는 척수로 보낸다. 원심성(efferent) 뉴런(운동뉴런)은 신호를 중추신경계에서 분비선과 근육으로 전달하여 신체가 움직이는 것을 가능하게 한다. 운동 또는 감각 뉴런보다 수천 배나 더 많은 중간 뉴런(interneuron)은 뇌와 척추에 있는 뉴런들 사이의 정보를 전달한다.

비록 어떤 뉴런도 정확하게 같지는 않지만, 거의 모든 뉴런은 세포체, 수상돌기 그리고 축색이라는 세 개의 중요한 부분으로 구성되어 있다. **세포체**(cell body) 또는 체세포(soma)는 핵을 포함하고 있으며, 뉴런의 신진대사 혹은 생명 유지 기능을 수행한다. 세포체에서 뻗어 나온 것은 **수상돌기**(dendrites)로, 그 생김새가 잎이 없는 나뭇가지와 매우 흡사하다(dendrite는 '나무'라는 의미의 그리스어에서 유래된 단어다). 수상돌기는 다른 뉴런들로부터 신호를 받는 주된 기능을 하는 수용기이지만, 세포체 역시 직접 신호를 받을 수 있다.

축색(axon)은 가느다란 꼬리처럼 생긴 뉴런의 확장 부분으로, 그 끝 부분은 많은 가지들로 갈라지며 둥글납작한 **축색종말**(axon terminal)로 끝난다. 신호는 축색종말에서 다른 뉴런의 수상돌기나 세포체, 그리고 근육, 분비선과 신체의 다른 부분들로 이동한다. 인간의 경우, 몇몇 축색은 겨우 몇 천분의 1cm 정도로 매우 짧다. 다른 뉴런들은 1m 정도로 길 수 있다. 이는 뇌에서 척수의 끝, 또는 척수에서 신체의 끝부분까지 도달할 정도로 충분히 길다. [그림 2-1]은 뉴런의 구조를 보여 준다.

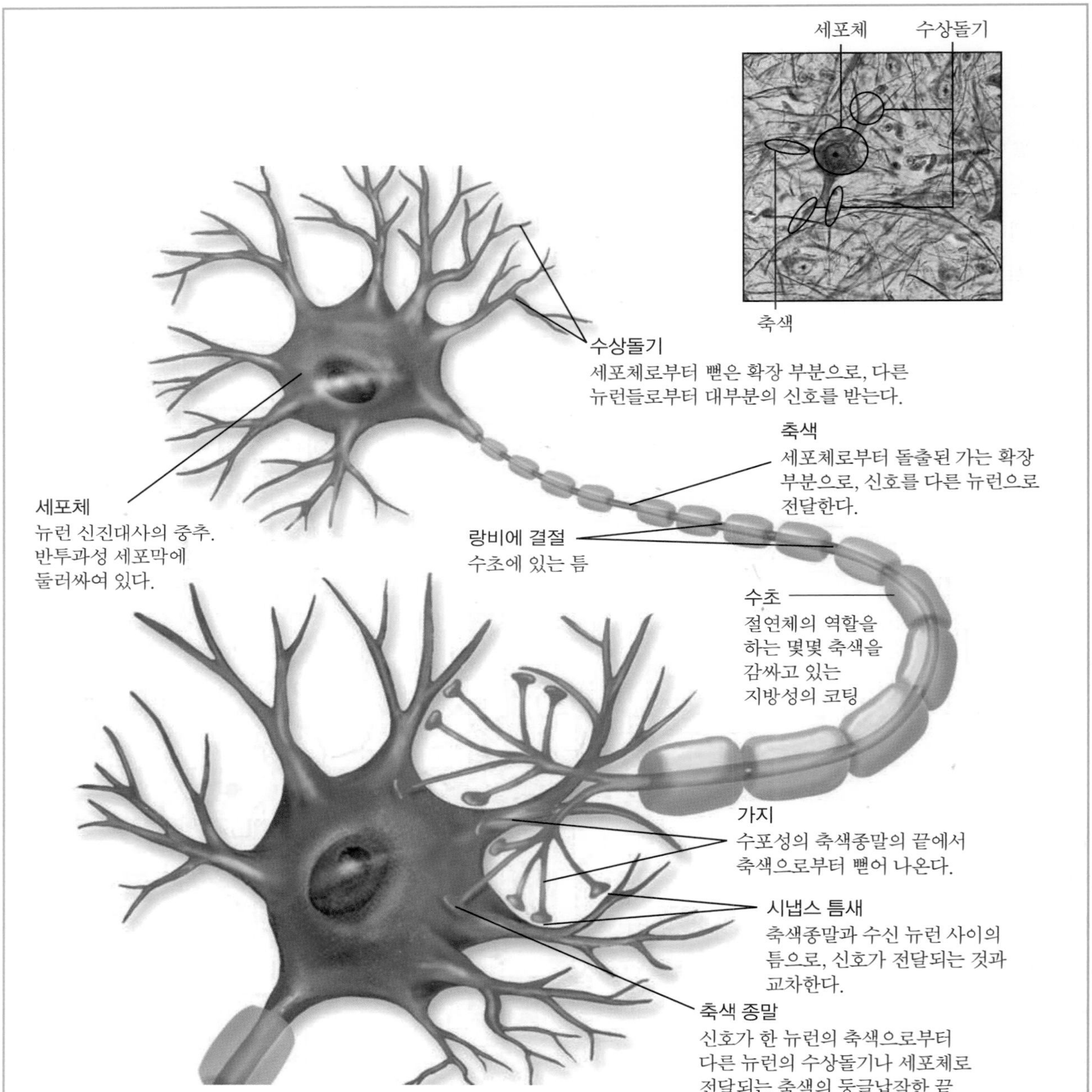

[그림 2-1] 전형적인 뉴런의 구조

전형적인 뉴런은 세 가지 중요한 부분을 가진다. ① 뉴런의 신진대사를 수행하는 세포체, ② 수상돌기라고 불리는 가지가 있는 섬유로, 다른 뉴런들로부터의 충격에 대한 일차적인 수용기, ③ 뉴런의 끝에서 손실하는 꼬리처럼 확장된 축색이라고 불리는 가락은 축색종말의 각 끝부분에서 많은 가지로 퍼져 나간다. 이 사진은 확대한 인간의 뉴런을 보여 준다.

교세포(glial cell)는 뇌와 척수에서 뉴런을 지지하는 데 전문화된 세포다. 교세포는 뉴런보다 작고, 인간 뇌 부피의 반 이상을 차지한다. 교세포는 뇌에서 죽은 뉴런과 같은 폐기물들을 빨아들이고 소화함으로써 제거하고, 다른 생산 과정, 영양 제공 그리고 정화 과정을 담당한다. 척수의 교세포는 또한 신경 손상에 의한 통각의 전달과 관련된다.

뉴런들 사이의 의사소통

2.4 뉴런들은 신경계를 통해 신호를 어떻게 전달하는가?

놀랍게도 신호를 주고받는 수십억 개의 뉴런은 물리적으로 연결되어 있지 않다. 축색종말은 시냅스 틈새(synaptic cleft)라 불리는 유체로 채워진 작은 틈에 의해 수신 뉴런(receiving neurons)으로부터 분리되어 있다. **시냅스**(synapse)는 송신(시냅스 전) 뉴런의 축색종말과 수신(시냅스 후) 뉴런의 시냅스 틈새를 통해 의사소통하는 연접부다. 뇌의 표면을 덮고 있는 대뇌피질의 1세제곱센티미터의 부피는 1조 개에 달하는 시냅스를 포함하고 있다고 추정된다(Drachman, 2005). 또한 단일 뉴런은 다른 뉴런들과 수천 개의 시냅스를 형성하고 있을 수 있다(Drachmann, 2005). 그런데 뉴런들이 연결되어 있지 않다면 그들은 서로 어떻게 의사소통을 할까?

작지만 측정 가능한 전기적 충동이 당신이 움직이거나 생각할 때마다 발생한다. 전기적 충동이 축색을 따라 이동하면서 세포막의 투과성(침투하게 하거나 배출시키는 능력)이 바뀌게 된다. 다시 말하면, 세포막은 분자들이 세포막을 뚫고 세포 안으로 들어가는 것을 더 쉽게 만들어 주는 방식으로 변한다. 이 과정은 이온(전기적으로 전하를 띠는 원자나 분자)들이 세포막의 이온 통로들을 통해 축색의 안팎으로 이동하게 해 준다.

체액은 양전하를 띠거나 음전하를 띤 몇몇 이온을 포함한다. 축색 내부에는 보통 양이온보다 음이온이 더 많다. 휴지기(발화하지 않음)일 때, 축색의 막은 세포 외부의 액체와 비교하여 약 −70밀리볼트(millivolts, 천분의 1볼트) 정도의 음전하를 유지한다. 이 약한 음전하를 뉴런의 **휴지전위**(resting potential)라고 한다.

전기 충동이 뉴런에 도달했을 때, 세포체와 가장 가까운 지점의 축색 세포막에서 이온 경로가 열리기 시작하고 양이온이 축색 안으로 흐르게 된다([그림 2-2] 참조). 이러한 양이온의 유입은 세포막 전위를 갑자기 약 +50밀리볼트의 양전위로 변하게 만든다(Pinel, 2000). 약 1밀리세컨드(millisecond, 천분의 1초) 동안 지속되는 휴지전위의 이러한 갑작스러운 역전을 **활동전위**(action potential)라 한다. 그 다음에는 양이온을 들어오도록 하는 이온 통로는 닫히고 다른 이온 통로는 열려서 몇몇 양이온이 축색 바깥으로 밀려난다. 그 결과 본래의 음전하 또는 휴지전위가 회복된다. 이온 경로의 개폐는 축색의 구간을 따라 구획별로 계속되어 활동전위가 축색을 따라 이동하는 것을 초래한다(Cardoso, de Mello, & Sabbatini, 2000). 활동전위는 '실무율'의 법칙(all-or-none principle)—뉴런이 완전히 발화하거나 전혀 발화하지 않음—에 따라 작동한다. 뉴런은 발화한 직후 1~2밀리세컨드 동안 다시 발화할 수 없는 불응기(refractory period)에 들어간다. 그러나 이러한 짧은 휴지기에도 불구하고 뉴런은 초당 수백 번씩 발화할 수 있다.

뉴런이 단지 발화하거나 발화하지 않는다면, 우리는 아주 강하거나 약한 자극 간 차이를 어떻게 알

▶▶▶ 1786년, 루이지 갈바니(Luigi Galvani)는 전기적 자극이 해부된 동물의 근육을 움직이게 한다는 것을 발견하였다. 이 발견은 '부활'을 지지하는 사람들로 하여금 전기의 갑작스런 전달이 죽은 유기체를 소생하게 할지도 모른다는 생각을 갖게 하였다. 그러한 생각들에 영감을 받아 메리 셸리(Mary Shelley)는 인간의 시체를 부활시키는 절차를 개발한 빅토르 프랑켄슈타인(Victor Frankenstein)이라는 한 과학자에 관한, 그 당시로서는 충격적이었던 소설 『프랑켄슈타인(*Frankenstein*)』(Morden Prometheus, 1818년 초판 발행)을 집필했다. 과학자들은 전기와 생명 간의 관련성이 부활 지지자들이 상상하는 것보다 훨씬 더 복잡하다는 것을 알고 있었지만, 과학이 인류에게 '삶의 불꽃'을 허락하거나 허락하지 않을 때 발생하는 도덕적 딜레마에 관한 셸리의 강력한 메시지는 여전히 살아 있다.

수 있을까? 다시 말하면, 직장에 지각하는 것 때문에 당신의 사장에게 혼나는 것에 대해 불안을 느끼는 것과 범죄적 가해자의 희생양이 되는 것을 피해 당신의 삶을 살아가는 것 사이의 신경학적인 차이는 무엇인가? 그 대답은 동시에 발화하는 뉴런의 수와 발화의 빈도에 달려 있다. 약한 자극은 상대적으로 적은 뉴런의 발화를 초래하는 반면, 강한 자극은 동시에 수천 개의 뉴런을 발화하도록 만들 것이다. 또한 약한 자극은 매우 느리게 발화하는 뉴런에 의해 신호를 받을 것이지만, 강한 자극은 뉴런을 초당 수백 번 발화시킬 것이다.

신경충동은 초당 약 1m에서 거의 100m 정도의 속도로 이동한다(시속 약 360km

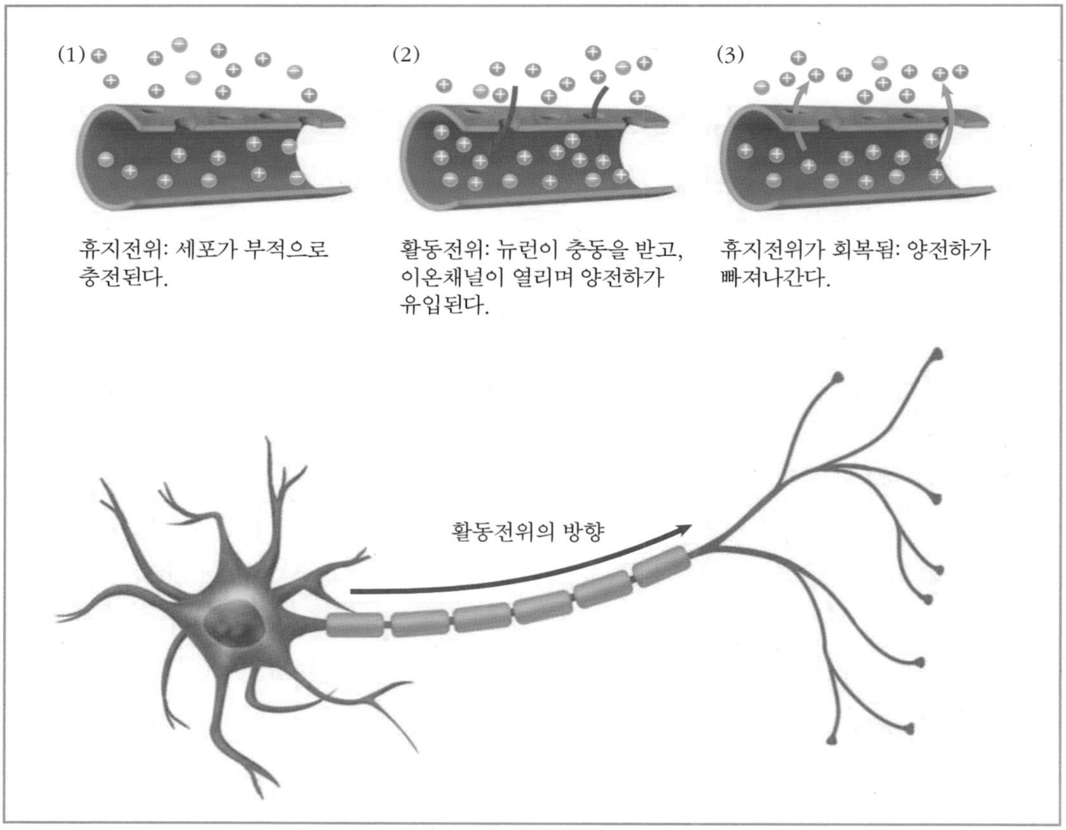
(1)
(2)
(3)
휴지전위: 세포가 부적으로 충전된다.
활동전위: 뉴런이 충동을 받고, 이온채널이 열리며 양전하가 유입된다.
휴지전위가 회복됨: 양전하가 빠져나간다.
활동전위의 방향

[그림 2-2] 활동전위

활동전위는 축색을 따라 축색종말로 이동한다.

정도). 이 과정에서 충동의 속도를 올릴 때 가장 중요한 요소는 **수초**(myelin sheath)—축색을 감싸고 있는 하얀 지방질의 코팅으로, 절연체의 역할을 한다—다. [그림 2-1]을 다시 보면, 그 코팅은 랑비에 결절(nodes of Ranvier)이라고 불리는 수많은 틈을 갖고 있는 것을 볼 수 있을 것이다. 전기충동은 축색의 각 결절(또는 노출된 틈)에서 재유발 또는 재생된다. 이러한 재생은 신경충동을 수초가 없는 축색에서의 충동보다 100배나 더 빠르게 만든다. 수초의 손상은 신경 메시지를 전달하는 데 방해가 된다. 실제로 다발성 경화증은 수초의 퇴화를 수반하는데, 그 결과로 협응능력의 손실, 경련적인 움직임, 근육의 약화, 그리고 말하기의 손상이 나타난다.

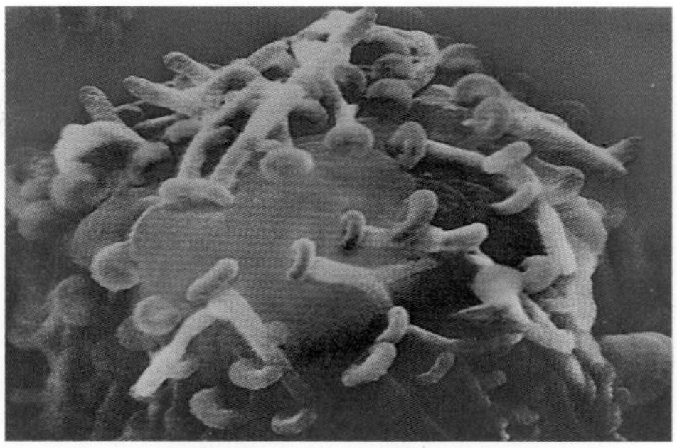

▶▶▶ 이 전자현미경 사진은 뉴런 세포체의 시냅스(초록색)라고 할 수 있는 수많은 축색종말(단추 모양의 주황색)을 보여 준다.

신경전달물질

2.5 신경전달물질은 어떻게 기능하는가?

한 뉴런이 발화하면, 어떻게 시냅스 틈새를 지나 다른 뉴런으로 메시지를 전달할 수 있을까? 축색종말 내부에는 시냅스 주머니(synaptic vesicles)라고 불리는 얇은 막으로 된 구 모양의 매우 작은 용기들이 있는데 그 안에 신경전달물질이 들어 있다(vesicle은 '작은 풍선'을 의미하는 라틴어에서 유래되었다). 활동전위가 축색종말에 도달하면 시냅스 주머니는 세포막을 향하여 이동하고, 세포막과 융합하여 신경전달물질 분자를 방출한다. 이 과정이 [그림 2-3]에 제시되어 있다.

신경전달물질은 한 번 방출되면 시냅스 틈새로 단순히 유입되는 것이 아니라 인접한 모든 뉴런을 자극한다. 신경전달물질은 **수용기**(receptor)처럼 독특한 분자 모양을 가지는데, 수용기는 수상돌기와 세포체의 표면 위의 단백질 분자다. 다시 말해서, 각각의 수용기는 특정 신경전달물질 열쇠만이 열 수 있는 자물쇠와 유사하다. 그러나 수용기에 신경전달물질을 결합하는 것은 열쇠가 자물쇠에 꼭 맞는 것이나 직소(jigsaw) 퍼즐 조각이 맞물리는 것처럼 고정되고 엄격한 과정은 아니다. 뉴런의 수용기는 다소 유연하다. 수용기는 둘러싸인 부피를 확장하거나 수축할 수 있다. 그리고 다른 종류의 신경전달물질들이 유사한 모양을 갖고 있을 수 있다. 따라서 두 개의 다른 신경전달물질이 같은 수용기를 대상으로 경쟁할 수도 있다. 수용기는 경쟁하는 신경전달물질 중 가장 잘 맞는 신경전달물질 하나만을 받아들인다. 수용기는 때때로 어떤 신경전달물질만을 받아들이기도 하지만 그 수용기와 적합도가 더 높은 신경전달물질이 존재할 때에는 그 신경전달물질을 받아들이지 않을 수도 있다.

신경전달물질이 수신 뉴런의 수상돌기나 세포체의 수용기와 결합할 때, 그 활동은 흥분성(excitatory, 뉴런들이 발화하도록 영향을 미치는 것) 또는 억제성(inhibitory, 뉴런들이 발화하지 않도록 영향을 미치는 것) 둘 중의 하나다. 하나의 수신 뉴런은 동시에 수천 개의 다른 뉴런과 시냅스를 형성할 것이기 때문에, 들어오는 신경전달물질로부터 흥분성과 억제성의 영향 모두를 항상 받을 것이다. 뉴런이 발화하려면 흥분성 영향이 억제성 영향을 충분한 양(역치, threshold)만큼 초과해야만 한다.

당신은 아마도 시냅스 주머니가 어떻게 신경전달물질을 쏟아내는 일을 계속할 수 있는지 궁금해할 수 있겠지만 뉴런이 연속적인 자극에 반응하기 위해서는 준비된 공급을 유지하고 있다. 첫째, 뉴런의

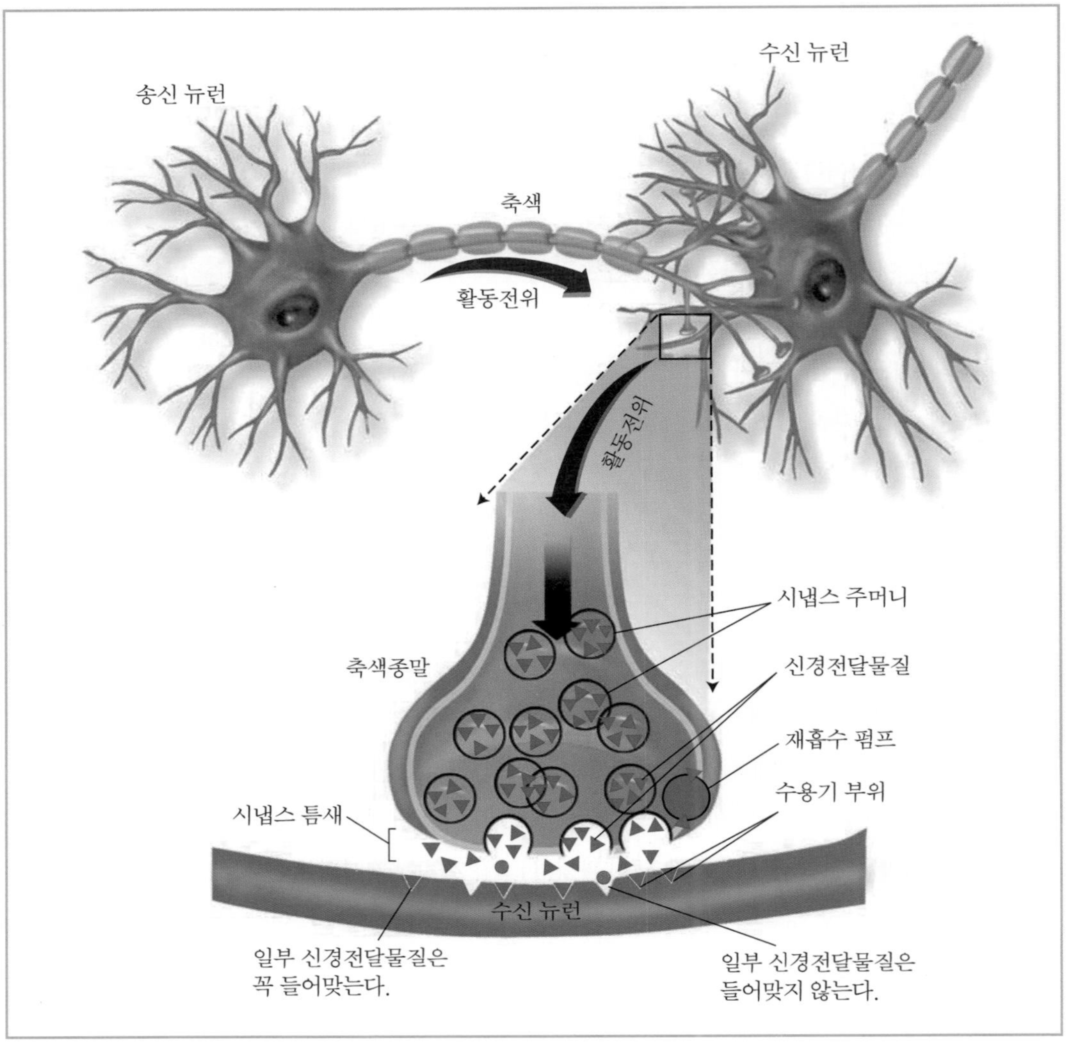

[그림 2-3] 시냅스 전달

송신 뉴런은 그들의 메시지를 전기화학적 활동에 의해 수신 뉴런에게 전달한다. 뉴런이 발화할 때, 활동전위는 축색종말에 도착하고 시냅스 주머니로부터 신경전달물질의 방출이 일어난다. 신경전달물질은 시냅스 틈새로 흐르고 수많은 수용기를 가진 수신 뉴런을 향해 이동한다. 수용기는 오직 둘러싸인 피부에 부합되는 분자 형태의 신경전달물질만을 묶을 것이다. 신경전달물질은 수신 뉴런이 발화하는 데 또는 발화하지 않는 데 영향을 미친다.

세포체는 더 많은 신경전달물질을 생산하기 위해 항상 작업하고 있다. 둘째, 시냅스 틈새에 있는 사용되지 않은 신경전달물질은 구성 물질로 분해되거나 혹은 재순환 및 재사용되기 위해 축색종말에서 재생된다. 셋째, **재흡수**(reuptake)라고 불리는 중요한 과정에 의해 신경전달물질은 축색종말로 되돌아오고, 즉각적인 사용을 위해 완전하게 준비된다. 이는 수신 뉴런에 대한 신경전달물질의 흥분성 또는 억제성 효과를 종결시키게 된다.

연구자들은 뇌, 척수, 분비선 그리고 다른 신체 부위에서 생산되고 신경전달물질로 활동할 것으로 여겨지는 100개 이상의 화학물질을 확인하였다(Purves et al., 2011). 〈표 2-1〉에는 주요 신경전달물질들이 나열되어 있다. 표에서 볼 수 있듯이, 신경전달물질들은 몸의 다른 부위에서 각기 다른 기능을 한다는 것을 명심하라. 예컨대, 아세틸콜린(acetylcholine: Ach)은 골격근 섬유에서 흥분성 효과를 발휘하는 데, 그로 인해 신체를 움직일 수 있도록 근섬유들을 수축시킨다. 그러나 아세틸콜린은 심장의 근육섬유에는 억제성 효과를 나타내는데, 이는 심장이 너무 빠르게 뛰는 것을 막아 준다. 그래서 당신이 수업이 늦지 않기 위해 달려갈 때, 아세틸콜린은 당신의 다리 근육들이 빠르게 수축할 수 있도록 돕는 동시에 당신이 기절할 정도로 심장 근육이 너무 빠르게 펌프 작용하는 것을 막아 준다. 이 두 가지 유형의 근육에 있는 수신 뉴런들의 수용기들이 가지고 있는 다른 특성들 때문에 이러한 상반되는 효과가 나타난다. 또한 아세틸콜린은 새로운 정보를 배우는 것과 관련하여 뉴런을 자극할 때 흥분성 역할을 한다. 그래서 당신이 이 글을 읽을 때, 아세틸콜린은 당신이 이해하는 것과 기억에 정보를 저장하는 것을 돕고 있다.

▶▶▶ 신경전달물질인 아세틸콜린은 학습과 관련된 신경전달을 촉진함으로써 새로운 정보를 처리하는 것을 돕는다.

〈표 2-1〉 **주요 신경전달물질과 기능**

신경전달물질	기능
아세틸콜린(Ach)	움직임, 학습, 기억, REM 수면에 영향을 미친다.
도파민(DA)	움직임, 주의, 학습, 강화, 쾌감에 영향을 미친다.
노르에피네프린(NE)	섭식, 기민함, 각성에 영향을 미친다.
에피네프린	포도당의 신진대사, 운동하는 동안의 에너지 방출에 영향을 미친다.
세로토닌	기분, 수면, 식욕, 충동, 공격성에 영향을 미친다.
글루타메이트	학습, 사고, 감정과 관련된 뇌 영역을 활성화한다.
감마아미노뷰티르산(GABA)	중추신경계에서 신경 억제를 촉진시킨다.
엔도르핀	고통 경감과 쾌감 및 안녕감을 준다.

4장에서 배우겠지만, 약물은 신경전달물질에 작용하면서 신경계에 영향을 미친다. 예를 들어, 코카인에 대한 반응은 신경전달물질인 도파민(dopamine)과 글루타메이트(glutamate)가 작용하게 만든다(Fasano et al., 2009). 게다가 11장에서 당신은 연구자들이 신경전달물질의 기능과 몇몇 심리적 장애 간의 연결성을 발견해 왔다는 것을 배울 것이다. 예를 들어, 연구자들은 신경전달물질인 도파민이 주의력 결핍 과잉행동장애(attention deficit/hyperactivity disorder: ADHD)에 중요한 역할을 한다고 생각한다.

기억하기 본문 내용을 떠올리며 다음 퀴즈를 풀어 보라.

1. 다른 뉴런들로부터 신호를 받는 주요 수신기로 작동하는 뉴런의 부분은 _____이다.
2. _____은(는) 뉴런에 영양분을 공급하고, 폐기물을 가져다 버림으로써 뉴런을 지지한다.
3. _____은(는) 송신 뉴런이 수신 뉴런과 통신하는 연결지점이다.
4. 뉴런이 발화할 때, 신경전달물질이 _____의 시냅스 주머니로부터 _____로 방출된다.
5. _____전위는 뉴런의 발화이며, _____전위는 세포막이 상대적으로 비침투적인 상태다.

6. 수신뉴런의 수용기 부분은 _____의 신경전달물질 분자구조가 그 수용기와 유사한 것만을 받아들인다.
7. _____라는(이라는) 신경전달물질은 심장이 너무 빨리 뛰는 것을 막아 준다.
8. _____은(는) 탄수화물의 흡수를 자극함으로써 섭식 습관에 영향을 준다.
9. _____은(는) 자연적 진통제로 작용하는 신경전달물질이다.

인간의 신경계

당신은 이제 신경계의 세포들이 어떻게 기능하는지 이해하기 때문에 신경계가 어떻게 형성되어 있는지에 대해 더 배울 준비가 되었다. [그림 2-4]에서 볼 수 있듯이, 신경계에는 두 가지 주요 부분이 존재한다. 당신은 두 가지 주요 부분 간 차이를 기억하기 쉽다는 것을 알 수 있을 것이다. **말초신경계**(peripheral nervous system: PNS)는 뼈에 들어가 있지 않은 모든 신경(즉, 뉴런의 묶음), 즉 두개골과 척추 바깥에 자리 잡은 모든 신경조직을 포함한다. 이 조직들은 몸과 뇌 사이에서 메시지들을 전달해 주는 기능을 한다. **중추신경계**(central nervous system: CNS)는 두개골과 척추 내에 있는 모든 신경조직을

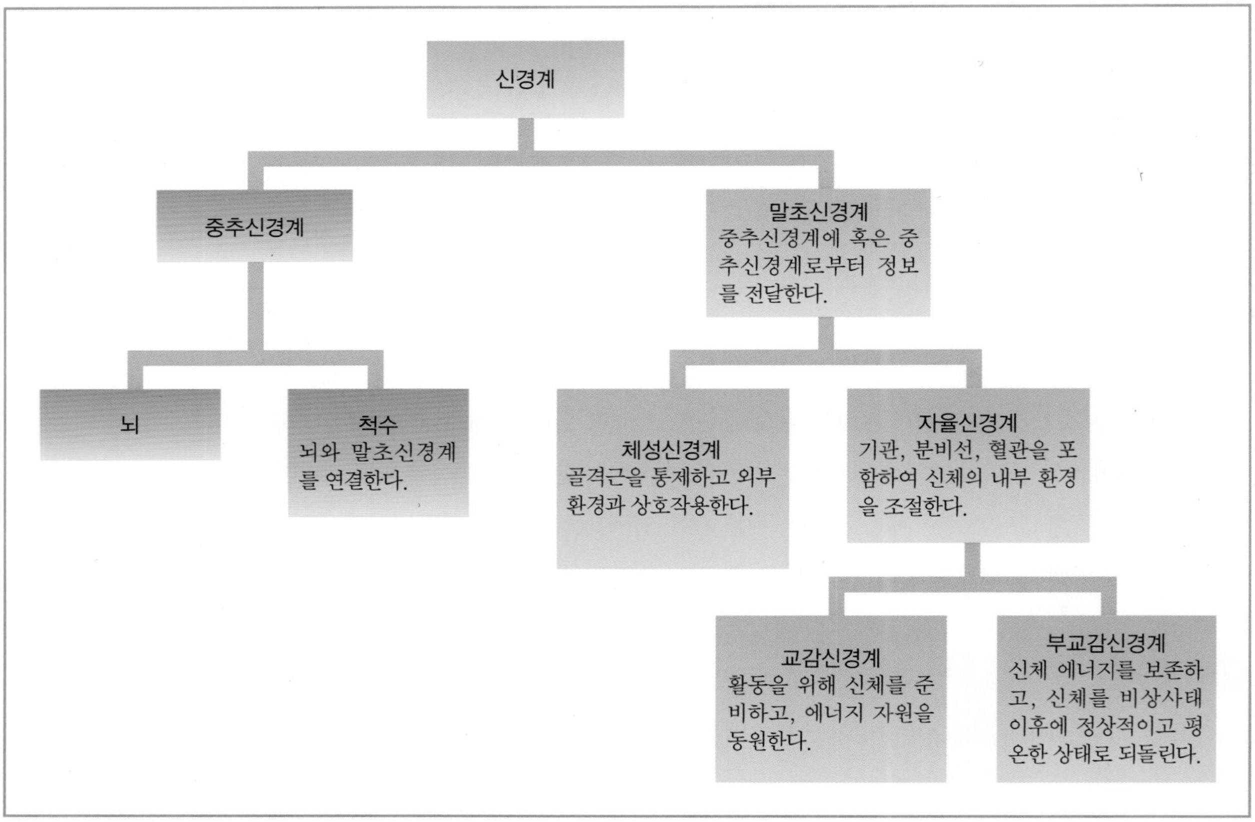

[그림 2-4] 인간의 신경계

신경계는 중추신경계와 말초신경계의 두 부분으로 나뉜다. 이 그림은 신경계의 부분들 간 관계를 보여 주고 각 부분의 기능에 대한 간략한 기술을 제공한다.

포함한다. 다시 말하면, 중추신경계는 척수와 뇌로 이루어져 있다.

말초신경계

2.6 말초신경계의 구조와 기능은 무엇인가?

무서운 영화를 볼 때 심장이 두근거리고 손바닥에 땀이 나게 하는 것은 무엇 때문인가? 이러한 반응은 정서를 조절하는 뇌의 변연계와 다른 구조물들로부터 말초신경계로 보낸 신호들의 결과다. 말초신경계(peripheral nervous system: PNS)는 중추신경계와 몸의 나머지 부분을 연결하는 모든 신경으로 구성된다. 이는 두 개의 하위 구조물을 가지고 있다. 즉, 체성신경계와 자율신경계가 있는데, 자율신경계는 더 나아가 교감신경계와 부교감신경계로 나뉜다.

체성신경계(somatic nervous system)는 (1) 감각수용기(눈, 귀, 코, 혀, 피부)로부터 오는 정보를 중추신경계로 보내는 모든 감각신경과 (2) 중추신경계로부터 몸의 모든 골격 근육으로 메시지를 중계하는 운동신경으로 구성된다. 요컨대, 체성신경계의 신경은 우리가 환경을 감각하고 움직이는 것을 가능하게 하는데 이는 근본적으로는 의식적인 조절하에 이루어진다.

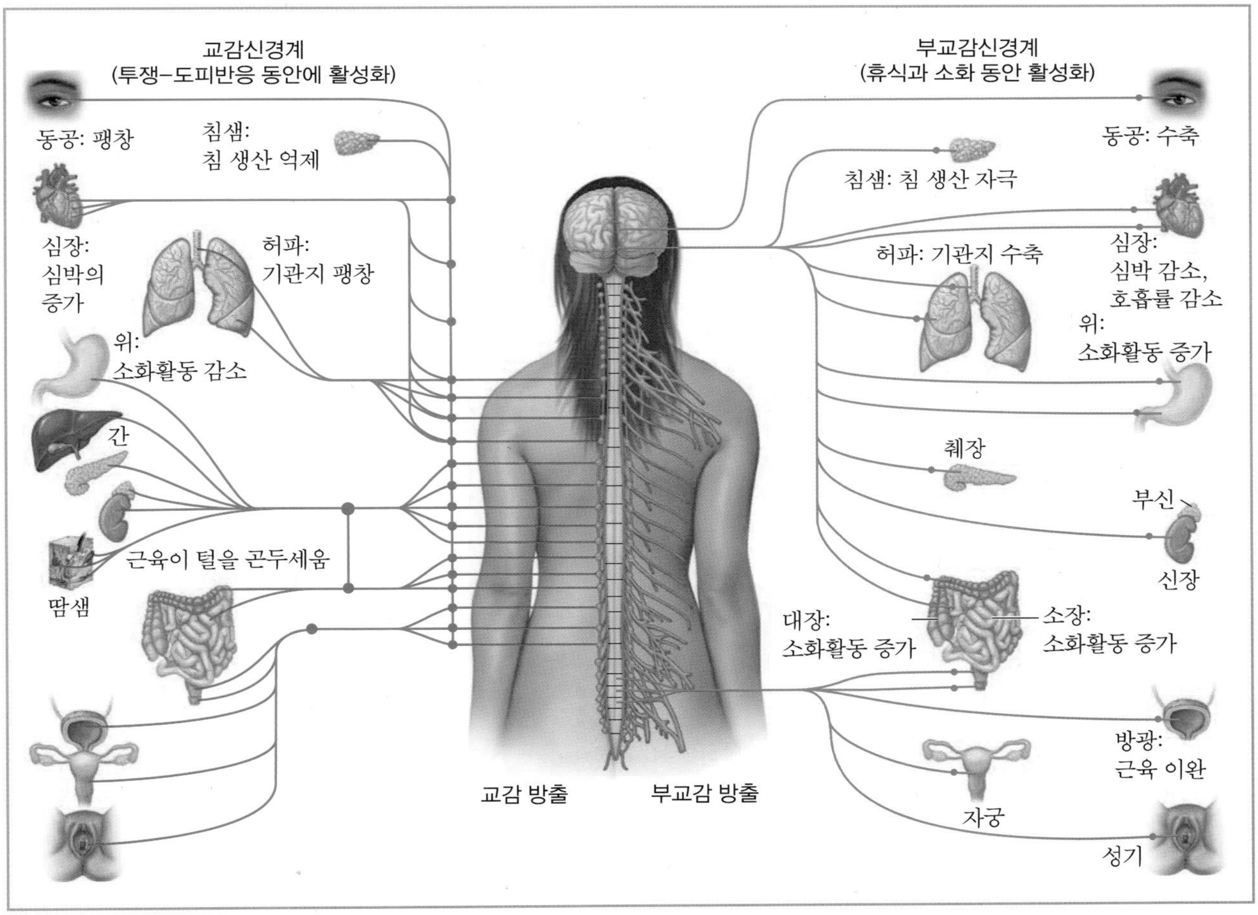

[그림 2–5] 자율신경계

자율신경계는 (1) 응급상황이나 스트레스를 받는 동안 신체의 자원을 동원하는 교감신경계와 (2) 높아진 신체반응을 정상적인 상태로 되돌리는 부교감신경계로 이루어져 있다. 이 그림은 몸의 다양한 부분에서 교감신경계와 부교감신경계의 상반된 효과를 보여 준다.

자율신경계(autonomic nervous system)는 어떠한 의식적인 통제나 자각 없이 작동한다. 자율신경계는 중추신경계와 주로 자발적 통제하에 있지 않은 선(gland), 혈관(심장) 근육 및 평활근(대동맥과 위장에 있는 근육)들 간에 메시지를 전달한다. 이 체계는 다시 교감신경계와 부교감신경계로 나뉜다.

당신이 스트레스를 받거나 응급 상황에 처했을 때는 언제든지 **교감신경계**(sympathetic nervous system)가 행동을 위한 준비로 신체의 에너지원을 자동적으로 동원한다. 교감신경계에 의해 생성된 이러한 생리적 각성은 월터 캐넌(Walter Cannon, 1929, 1935)에 의해 투쟁-도피 반응(fight-or-flight response)으로 명명되었다. 만약 어둡고 황폐한 길에서 낯선 사람이 당신을 따라오는 것 같은 불길한 시선이 느껴진다면, 당신의 교감신경계는 자동적으로 작동하게 될 것이다. 당신의 심장이 쿵쾅거리기 시작하고, 맥박이 급격하게 증가하고, 호흡이 빨라지고, 소화계가 활동을 거의 중단할 것이며, 골격 근육으로의 혈류가 늘어날 것이다. 이러한 반사적 반응은 당신의 모든 신체적 자원이 응급 상황을 처리할 수 있도록 준비시킬 것이다.

일단 응급 상황이 끝나고 나면, **부교감신경계**(parasympathetic nervous system)는 이러한 증가된 신체 기능을 정상적으로 되돌린다. 그 결과로 심장의 쿵쾅거림은 멈추고 정상 수준으로 느리게 되며, 맥박과 호흡은 느려지고, 소화계도 정상 기능으로 회복될 것이다. [그림 2-5]에서 볼 수 있듯이, 교감신경계와 부교감신경계는 상반되게 행동하지만 자율신경계에서 이들은 상호 보완적으로 작동한다. 둘 간의 균형 잡힌 기능은 건강과 생존을 위해 필수적이다.

2.7 중추신경계의 구조와 기능은 무엇인가?

중추신경계

이전에 언급했듯이, 중추신경계는 척수와 뇌를 포함한다. 척수는 말초신경계와 뇌 사이의 연결 고리다. 앞으로 살펴보겠지만, 뇌는 그 자체로 여러 다른 구성 요소를 포함하고 있으며 그 각각은 서로 다른 기능을 한다.

척수 **척수**(spinal cord)는 뇌의 확장 부분으로 가장 잘 이해될 수 있다. 척수는 새끼손가락 직경 크기의 원통형 신경조직으로, 뇌의 밑바닥에서 나와 목을 거쳐 척추의 중앙에 있는 구멍을 타고 척추 아래까지 도달한다. 척수는 뼈와 척수액에 의해 보호되는데, 이 척수액은 완충장치로 작용한다. 척수는 글자 그대로 신체와 뇌를 연결하는데, 뇌와 신체의 다른 부분들의 신경 사이에서 메시지를 전달한다. 따라서 감각 정보는 뇌에 도달할 수 있고, 뇌로부터의 메시지는 근육, 분비선, 그리고 신체의 다른 부분들로 전달될 수 있다.

일반적으로 척수와 뇌가 함께 작용하기는 하지만 척수는 상해로부터 신체를 보호하기 위해 뇌의 도움 없이 활동할 수 있다. 뜨거운 다리미를 만지는 것과 같은 고통스러운 자극으로 유발되는 단순 도피 반사는 세 가지 종류의 뉴런의 작용을 수반한다([그림 2-6] 참조). 당신의 손가락에 있는 감각 뉴런은 고통스러운 자극을 탐지하고는 이러한 정보를 척수에 있는 중간 뉴런으로 전달한다. 그러면 중간 뉴런은 당신의 팔에서 근육을 조절하고 손을 반사적으로 움직이도록 하는 운동 뉴런을 활성화한다. 이 모든 것은 뇌가 어떠한 관여도 하지 않은 상태에서 몇 분의 1초 이내에 일어난다. 그러나 고통 신호가 뇌에

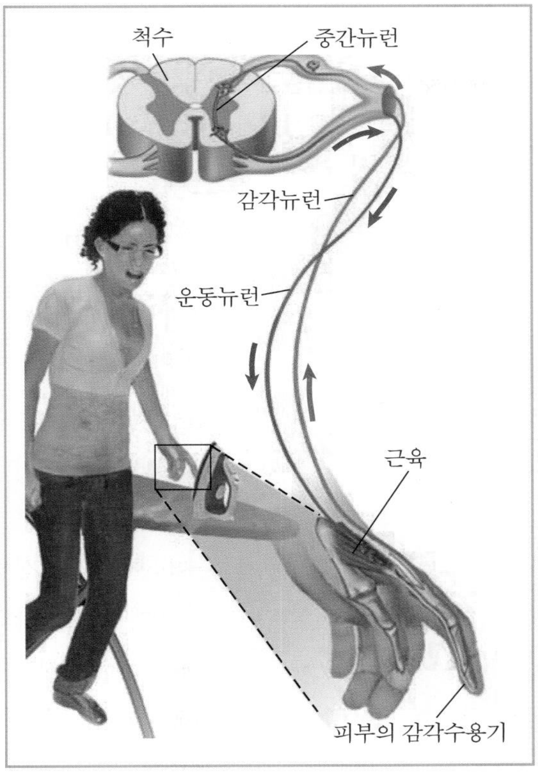

[그림 2-6] 척수반사

감각자극(예, 뜨거운 것을 만짐)과 함께 시작하여 행동적 반응(손을 뺌)으로 끝나는 일련의 과정은 감각뉴런, 중간뉴런, 운동뉴런을 수반한다.

출처: Lilienfeld, Lynn, Namy, & Woolf(2009).

도달하면 뇌는 재빠르게 이를 알아채고 관여하게 된다. 그 시점에 당신은 고통을 줄이기 위해 손을 차가운 물에 담글지도 모른다.

후뇌 뇌구조는 [그림 2-7]에서 보이는 것처럼 종종 후뇌, 중뇌, 전뇌로 분류된다. **후뇌**(hindbrain)의 구조물들은 심장박동, 호흡, 혈압과 다른 많은 생명 유지에 필요한 기능을 통제한다. **뇌간**(brainstem)으로 알려진 후뇌의 한 부분은 척수가 두개골로 들어오면서 확대되는 영역에서 시작된다. 뇌간은 육체적인 생존에 매우 중요한 기능을 담당하기 때문에, 이 영역의 손상은 생명에 위협적이다. **연수**(medulla)는 심장박동, 호흡, 혈압, 기침, 삼킴을 통제하는 뇌간의 한 부분이다. 다행스럽게도 연수는 이러한 기능을 자동적으로 수행하기 때문에 당신은 의식적으로 숨을 쉴지를 결정하거나 심장박동을 유지해야 한다는 것을 기억하지 않아도 된다.

연수 상단과 뇌간의 최상단은 **뇌교**(pons)라 불리는 다리처럼 생긴 구조물로, 뇌간의 맨 위쪽 앞부분을 가로질러서 뻗어 나가고 소뇌의 양쪽에 연결된다. 뇌교는 신체의 움직임에 중요한 역할을 하고, 잠을 자거나 꿈을 꿀 때에도 영향을 발휘한다.

때로 망상활성계(reticular activation system: RAS)라고도 불리는 **망상체**(reticular formation)는 뇌간의 중심핵을 통하여 뇌교 안으로 확장되는 중요한 구조물이다([그림 2-7] 참조). 망상체는 각성과 주의에 중요한 역할을 수행한다(Gadea et al., 2004). 예를 들어, 어떤 차가 한 운전자의 앞을 갑자기 가로막을 때 그 운전자는 라디오 프로그램을 듣고 있었을지도 모른다. 그 반응으로 망상체는 라디오에서 들어오는 감각 정보를 차단하고, 그 운전자의 주의를 다른 운전자의 행동에 의해 초래된 잠재적 위험에 고정

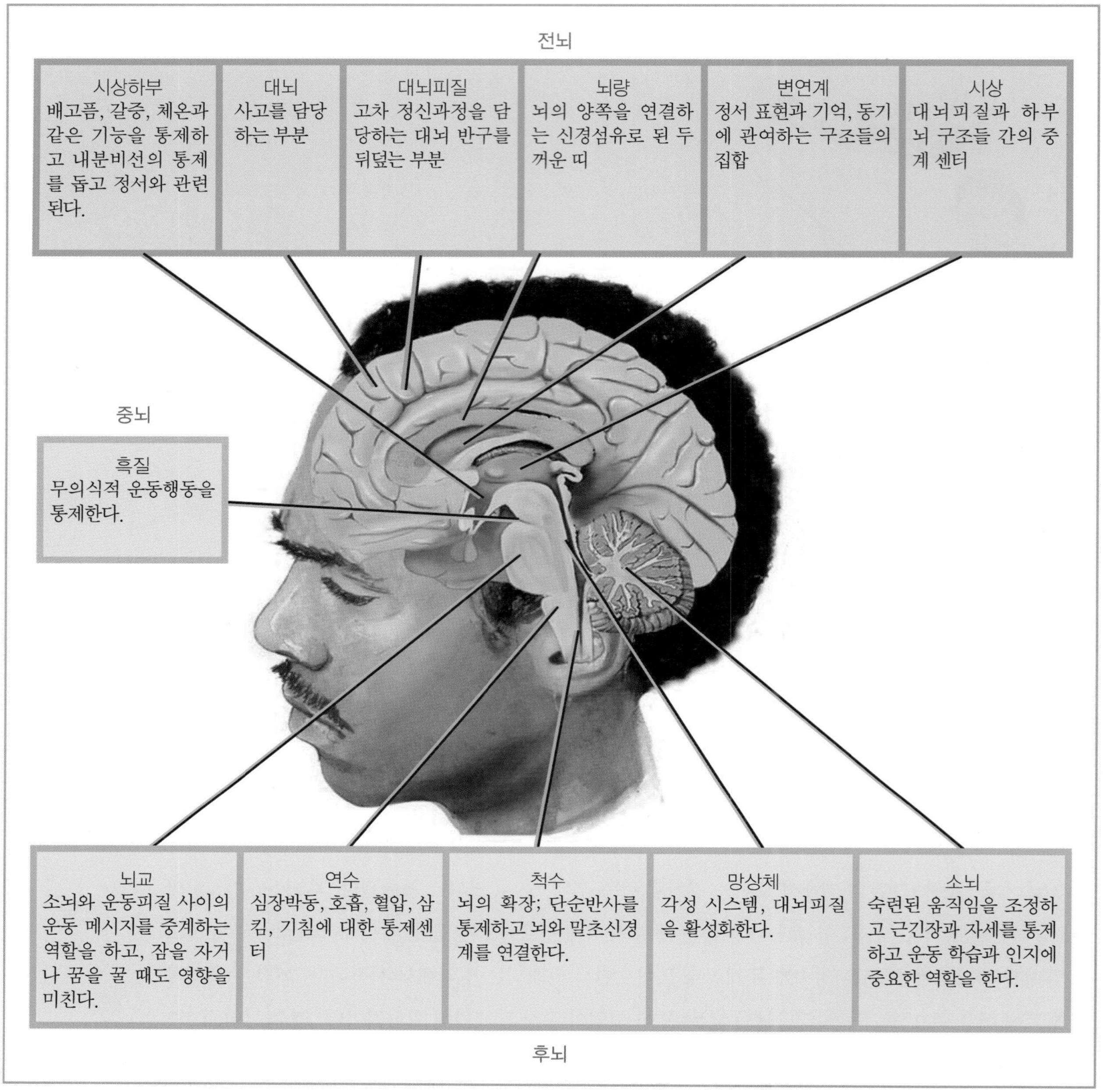

[그림 2-7] 인간 뇌의 주요한 구조

이 그림은 뇌의 몇몇 주요한 구조와 각 기능에 대한 간략한 기술을 보여 준다. 뇌간은 연수, 망상체, 뇌교를 포함한다.

시킨다. 교통 패턴이 정상으로 돌아오면 망상체는 그 운전자가 교통 상황을 계속 감시하면서 다시 라디오에 주의를 기울일 수 있도록 한다.

망상체는 또한 우리가 얼마나 경계할지를 결정한다. 망상체가 둔해지면, 우리는 졸거나 잠들게 된다. 하지만 망상체 덕분에 우리가 잘 때조차 중요한 메시지를 받아들인다. 이런 이유 때문에 부모는 천둥이 치는 가운데 잠을 잘 수 있지만 아기의 작은 울음소리에도 잠을 깰 것이다.

소뇌(cerebellum)는 유연하고 숙련된 움직임을 수행하기 위한 신체의 능력에 특히 중요하다(Spencer et al., 2003). 소뇌는 또한 근육의 긴장 상태과 자세를 조절한다. 게다가 운동학습에 역할을 하는 것으로 밝혀졌다(Orban et al., 2009). 소뇌는 의식적 노력이 필요 없는 많은 단순한 활동—직선으로 걷는 것, 손가락으로 코끝을 만지는 것 등—을 수행하는 데 필수적인 일련의 움직임을 조절한다. 소뇌에 손상이 있거나 다량의 알코올로 일시적인 결함이 생긴 사람들에게는 그러한 단순한 행위도 수행하기 어렵거나 불가능할 수 있다.

중뇌 [그림 2-7]에서 보는 것처럼, **중뇌**(midbrain)는 후뇌와 전뇌 사이에 위치한다. 이 뇌 영역의 구조물은 일차적으로 후뇌의 기본적인 생리기능과 전뇌의 인지적 기능을 연결하는 중계 정거장의 역할을 한다. 예를 들어, 당신이 손가락을 데었을 때 신체적인 느낌은 당신의 손과 팔을 통하여 척수에 도달하고, 그리하여 냄비를 떨어뜨리는 반사적인 행동이 초래된다. 그런 다음 신경충동은 중뇌를 통하여 전뇌로 보내지고 그 정보가 해석된다('다음부터는 냄비 집게를 사용해야 한다는 것을 기억할 거야!').

흑질(substantia nigra)은 중뇌에 위치하고 있다. 이 구조물은 무의식적 운동을 조절하는 어두운 색의 신경세포들의 핵으로 구성되어 있다. 자신의 움직임에 대한 어떠한 의식적인 생각도 하지 않고 자전거를 타거나 계단을 올라갈 때, 당신이 그렇게 할 수 있도록 하는 세포들의 신경 핵들이 흑질에서 발견된다. 연구 결과는 흑질에 있는 도파민 생성 뉴런의 결손이 신체 움직임의 조절을 하지 못하는 파킨슨병을 앓고 있는 사람들의 행동에 대해 설명할 수 있을지 모른다고 제안한다(Bergman et al., 2010).

전뇌 뇌의 가장 큰 부분이 **전뇌**(forebrain)다. 전뇌는 인지 및 운동 기능이 통제되는 영역이다. 두 가지 중요한 전뇌 부위는 뇌간의 바로 위쪽에 위치하고 있다([그림 2-7] 참조). **시상**(thalamus)은 두 개의 달걀 모양의 부분으로, 전뇌 안으로 들어가고 나오는 사실상의 모든 정보의 중계 역할을 하는데, 이는 냄새를 제외한 모든 감각 정보를 포괄한다(3장에서 후각에 대해서 더 배울 것이다).

시상, 혹은 적어도 그 작은 부분 하나는 우리가 새로운 언어 정보를 배우는 능력에 영향을 미친다(Soei, Koch Schwarz, & Daum, 2008). 시상의 또 다른 기능은 수면주기를 조절하는 것으로, 이는 뇌교와 망상체와의 협력을 통해 이루어진다고 여겨진다(Saper, Scammell, & Lu, 2005). 급성 뇌손상을 입고 무반응적인 '식물인간' 상태에 있는 대부분의 사람은 시상, 혹은 시상을 전뇌 부분들에 연결하는 신경섬유, 또는 둘 다에 심각한 손상을 입은 경우다(Young, 2009).

시상하부(hypothalamus)는 시상 바로 아래에 위치하고, 무게가 약 2온스(57g) 정도다. 시상하부는 배고픔, 목마름, 성적 행동 및 다양한 정서 행동을 조절한다. 시상하부는 또한 더울 때 땀을 내보내고 추울 때 몸을 떨어 몸의 열을 보호하는 일련의 과정을 시작함으로써 체내 온도를 조절한다. 그것은 또한 생물학적 시계의 저장소—수면 및 각성 주기와 신체 기능에서 100개가 넘는 매일의 변화에 대한 타이밍을 책임지는 메커니즘—다(Wirz-Justice, 2009). 당신의 몸이 일정한 시간에 일어나는 데 익숙해진다면, 설령 알람시계를 잊어버릴지라도 이 생물학적 시계 때문에 매일 그맘때 일어나는 경향이 있다. 땀나는 손바닥, 쿵쾅거리는 심장, 위의 공복감과 같은 강한 정서를 동반하는 몸의 생리적인 변화들 또한 일차적으로 시상하부에 집중되어 있는 뉴런들에 의해 촉발된다.

[그림 2-8]에 제시된 **변연계**(limbic system)는 편도체와 해마를 포함하는 뇌구조물들의 집단으로, 감정 표현, 기억 및 동기에 선택적으로 관여한다. **편도체**(amygdala)는 정서, 특히 처벌적 자극에 대한 반

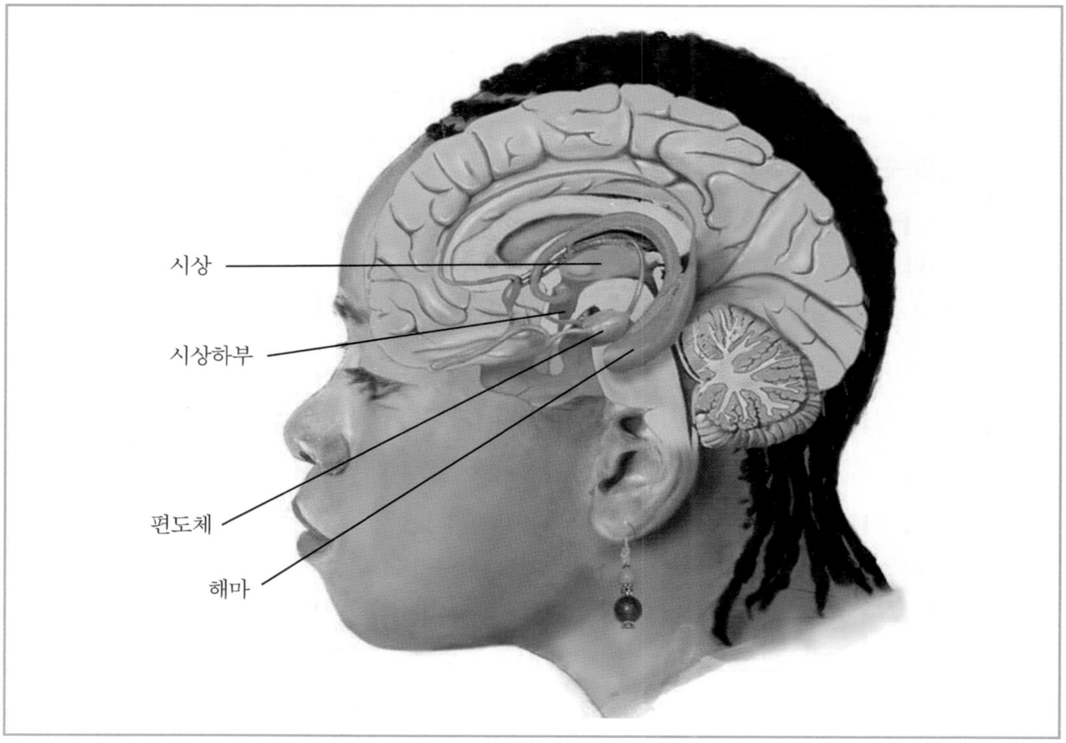

[그림 2-8] 변연계의 기본 구조

편도체는 감정에서 중요한 역할을 하고, 해마는 새로운 기억의 형성에 필수적이다.

응에서 중요한 역할을 한다(Murty, Labar, & Adcock, 2012). 공포반응의 학습에 관여하는 편도체는 인간과 다른 동물들이 위험한 상황으로부터 수월하게 도피하도록 정서적 사건이 강렬하게 기억되는 것을 돕는다(Roozendaal et al., 2008).

해마(hippocampus)는 변연계의 중요한 뇌구조다([그림 2-8] 참조). 만약 당신의 해마 영역(해마와 해마의 피질하 영역)이 파괴된다면 당신은 오늘의 야구경기 점수나 당신이 저녁에 만났던 사람의 전화번호와 같은 어떠한 새로운 개인적 또는 인지적 정보를 저장할 수 없을 것이다(Wirth et al., 2003). 그렇지만 해마 영역이 손상되기 전에 저장된 기억은 온전하게 남아 있다. 6장에서 기억의 형성에 관한 해마 영역의 핵심 역할에 대해서 더 배우게 될 것이다.

해마는 또한 새로운 환경에서 길을 찾고, 가 보았던 장소를 기억하는 것을 돕는 신경 '지도(map)'의 형태로 공간에 대한 내적 표상에서 중요한 역할을 한다(Wilson & McNaughton, 1993). 런던 택시기사에 관한 한 연구는 도시의 운전 경험이 많지 않은 통제집단 참가자들보다 런던 택시기사의 후측 해마 부위가 유의하게 더 큰 것을 밝혀냈다(Maguire et al., 2000). 사실 택시기사가 더 많은 경험을 했을수록 해마 부위가 더 컸다. 이 연구는 후측 해마 부위가 공간적 항행 능력에 중요하다는 것과 경험이 그 기능에 강한 영향을 준다는 것을 보여 준다.

마지막으로, 대뇌피질(cerebral cortex)은 우리가 주로 뇌라는 단어와 함께 연결 짓는 기능들을 담당하는 전뇌의 구조물이다. 대뇌피질은 대뇌의 주름진, 회색으로 덮인 부분, 또는 뇌의 생각하는 부분이라고 간주하면 된다. 다음 절에서 대뇌에 관해 보다 자세하게 읽어 볼 것이다.

기억하기 본문 내용을 떠올리며 다음 퀴즈를 풀어 보라.

1. _____와(과) _____은(는) 중추신경계를 구성한다.
2. 체온은 _____에 의해 조절된다.
3. _____은(는) 정서와 관련되어 있고, _____은(는) 기억과 학습에 관여한다.
4. _____은(는) 대부분의 감각 정보를 위한 중계센터로 작용한다.
5. _____은(는) 뇌교, 연수, 망상체로 구성된다.
6. 통합된 신체운동은 _____에 의해 통제된다.
7. _____신경계는 뇌와 척수를 신체의 다른 부분으로 연결한다.
8. _____신경계는 스트레스를 받는 동안 신체의 자원을 동원한다.
9. _____신경계는 위기가 지나고 나면 신체의 기능을 정상 상태로 회복시킨다.

뇌의 생각하는 부위를 더 자세히 들여다보기

연구자들은 인간을 다른 종과 구분할 수 있도록 하는 언어와 같은 중요한 기능이 대뇌라고 알려진 전뇌의 부분에 있음을 1세기 넘게 알고 있었다. EEG와 CT, MRI 영상과 같은 현대 기술은 연구자들이 계획하기나 논리와 같은 많은 중요한 기능을 대뇌의 특정 부위에 국지화할 수 있도록 해 주었다. 연구자들은 또한 대뇌의 양쪽 및 네 개의 엽 사이에 이루어지는 의사소통에 대해 많은 것을 알게 되었다.

대뇌의 구성

2.8 대뇌를 구성하고 있는 것은 무엇인가?

만약 두개골 안에 있는 당신의 뇌를 들여다볼 수 있다면 그것이 호두의 내용물과 닮아 있다는 것을 알 수 있을 것이다. 두 개의 반쪽이 서로 연결되어 있는 호두와 같이 **대뇌**(cerebrum)도 좌우 반구가 나란히 놓여 있는 두 개의 **대뇌반구**(cerebral hemispheres)로 구성되어 있다([그림 2-9] 참조). 두 개의 반구는 **뇌량**(corpus callosum)이라고 불리는 두꺼운 띠 모양의 신경섬유 조직에 의해 아래쪽에서 물리적으로 연결되어 있다. 이 연결은 반구들 사이의 정보 교환과 활동의 협응을 가능하게 한다. 일반적으로 우반구는 신체 왼쪽의 감각과 운동을 통제하고 좌반구는 신체의 오른쪽을 통제한다.

대뇌반구는 언어와 기억, 사고와 같은 고차 정신 과정을 일차적으로 담당하는 **대뇌피질**(cerebral cortex)이라고 불리는 약 3mm 두께의 얇은 외피를 가지고 있다. 대뇌피질에 있는 대략 수십억 개의 뉴런의 세포체의 존재가 대뇌피질을 회색빛으로 보이게 한다. 따라서 피질은 종종 회백질(gray matter)로도 불린다. 피질의 바로 아래에 있는 흰색의 유수 축색 부분(백질[white matter]로 불리는)은 뇌의 다른 부분에 있는 뉴런들과 그 피질의 뉴런들을 연결해 준다. 연구에 의하면 회백질의 부피는 인간의 지능과 정적으로 상관되어 있는 것으로 보인다(Taki et al., 2012). 다시 말하면, 당신이 회백질을 더 많이 가지고 있을수록, 당신의 지능검사 점수는 더 높을 가능성이 있다.

인간의 대뇌피질은 매우 크다. 그것을 얇게 편다면 수업 프로젝트에서 사용했을 큰 포스터 게시판 크

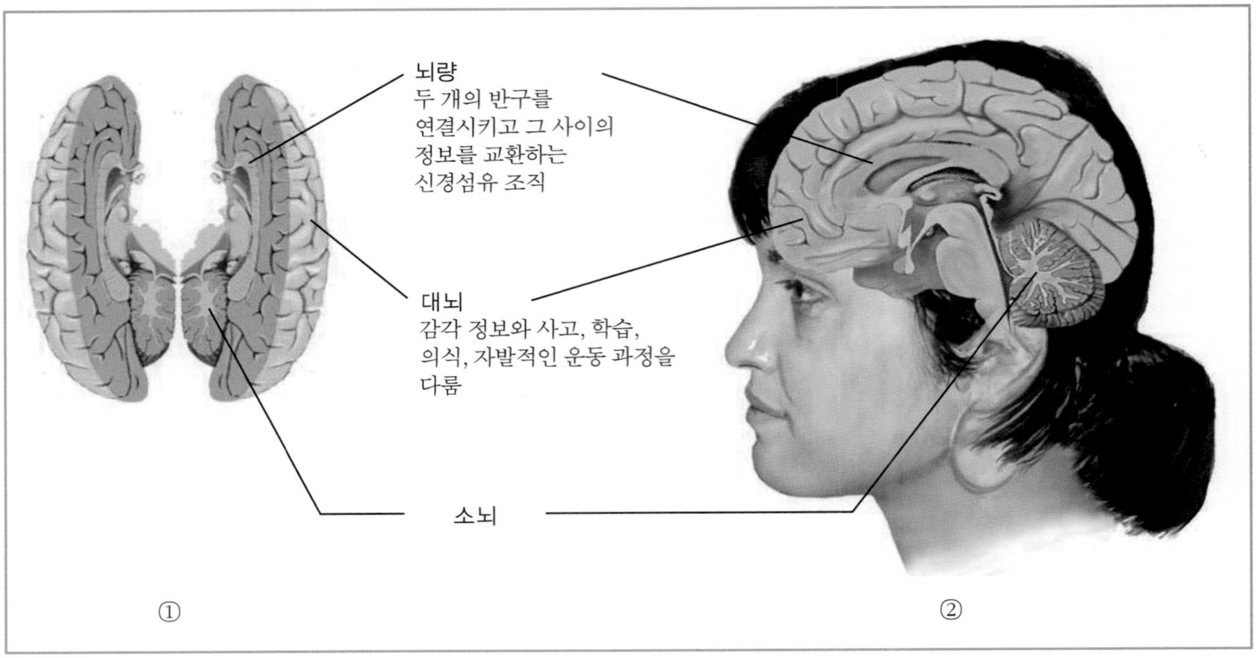

[그림 2-9] 두 가지 관점에서 본 대뇌반구

① 짝이 되는 두 개의 반쪽이 양쪽에 놓여 있는 두 개의 반구는 뇌량에 의해 물리적으로 연결되어 있다. ② 우반구의 안쪽을 보여 준다.

기 정도인 60cm×90cm가량이 될 것이다. 피질은 대략 대뇌 자체 크기의 3배 정도가 되기 때문에 대뇌 주변에 매끄럽게 딱 붙어 있지 않다. 그보다는 그것은 뇌회(convolution)라고 불리는 수많은 주름으로 되어 있다. 피질의 약 2/3는 이 접힌 부분에 숨겨져 있다. 덜 지적인 동물의 피질은 전체 뇌 크기에 비해 훨씬 더 작고, 그러므로 훨씬 적게 주름져 있다. 대뇌피질은 세 종류의 영역들, 즉 (1) 시각, 청각, 촉각, 압각, 체온이 등록되는 감각입력 영역, (2) 자발적인 움직임을 조절하는 운동 영역, (3) 기억을 저장하고 사고, 지각 및 언어에 관여하는 **연합영역**(association area)으로 이루어져 있다.

마지막으로, 뇌는 서로 다른 기능들을 대뇌피질의 서로 다른 영역에 할당한다. 첫 번째 기능적인 구분은 대뇌의 왼쪽과 오른쪽 면을 수반한다. 두 번째는 엽(lobe)—대뇌의 앞(전두엽), 위(두정엽), 옆(측두엽), 뒤(후두엽)—이라고 알려진 영역이다. 당신이 다음 두 부분에서 다양한 신경학적 구분에 대한 내용을 읽을 때, 뇌의 모든 부분이 언제나 서로 소통하고 있음을 명심해야 한다. 결과적으로 우리가 하는 모든 것은 뇌의 여러 영역에서 동시에 발생하는 뇌 신경 활동의 협응을 수반한다.

2.9 좌반구와 우반구의 전문화된 기능은 무엇인가?

대뇌반구

어떤 사람은 오른손잡이고 어떤 사람은 왼손잡이라는 것을 우리 모두 알고 있다. 다음 페이지의 〈설명〉에 논의되어 있는 바와 같이, 우세손(주로 쓰는 손)의 결정은 신경학적 요인과 관련이 있다. 그런 까닭에 '우뇌형'과 '좌뇌형' 간의 차이에 관한 대중매체의 말들이 그럴듯하게 들릴 수 있다. 그러나 반구 우세가 우세손과 같은 방식으로 개인에 따라 다르게 나타난다는 견해에는 어떠한 과학적인 근거도 없다. 모든 사람의 뇌에서 좌우 반구는 뇌량 덕분에 서로 다른 쪽과 항상 연결되어 있다

설명 *왜 대부분의 사람은 오른손잡이일까*

과학자들은 한 세기가 넘는 동안 이 질문에 대한 대답을 찾으려고 하였지만 아직까지 분명한 답을 찾지 못했다. 이 문제에 대한 당신의 생각은 대체로 다음 세 가지 가능성 중에 하나일 것이다.

- 우세손은 완전히 유전자에 의해 결정된다.
- 우세손은 완전히 학습에 의해 결정된다.
- 우세손은 유전자와 학습 모두에 의해 결정된다.

만약 당신이 첫 번째 가설에 이끌린다면, 유전자형(유전자의 구성)이 동일한 일란성 쌍생아들의 82%만이 동일한 손을 더 선호한다는 발견을 고려하라(Klar, 2003). 만약 우세손이 완전히 유전자에 의해 결정된다면, 일란성 쌍생아들의 표현형(실제 특성)이 우세손에 대해 항상 같아야 한다. 그러므로 우세손은 유전자의 기능으로는 완전하게 설명될 수 없다. 그렇다면 이것이 우세손은 학습에 의해 결정된다는 의미인가? 꼭 그렇지는 않다.

학습 가설은 아동이 한 손 혹은 다른 손을 사용하는 것이 요구되는 관습적인 교육에 노출되기 훨씬 이전, 초기 유아기에 왜 우세손이 나타나는지를 설명할 수 없다(Rönnqvist & Domellöf, 2006). 게다가 인류의 오른손잡이와 왼손잡이의 비율은 천 년 동안 거의 같게 유지되었다(Hopkins & Cantalupo, 2004). 사실, 그러한 비율은 글이 발명되기 훨씬 전에 사망한 사람들과 네안데르탈인의 유골에서조차 분명하다(Steele & Aronson, 1995; Volpato et al., 2012).

우세손에 관한 증거를 이해하는 핵심은 당신이 기대하는 관점을 받아들이는 것이 아니라, 유전자와 학습 모두가 우세손의 발달에 작용한다는 것을 받아들이는 것이다. 우리들 대부분은 전적으로 유전자에 의해 오른손잡이가 되지만, 일부는 학습의 영향을 받아 왼손잡이 또는 오른손잡이가 된다. 혼란스럽게 들리는가? 더 명확하게 하기 위해 우세손의 유전에 관한 현재의 관점을 설명하고자 한다.

연구자들은 오른손잡이가 R이라는 단일 우성 유전자에 의해 결정된다고 추측한다(Francks et al., 2003). 만약 한쪽 혹은 양쪽 부모 모두로부터 R유전자를 복제해서 각각 받아들인다면 그 사람은 오른손잡이가 될 것이다. 인간 모집단에서 R유전자의 빈도는 대단히 높은데, 과학자들은 그 이유가 뇌에서 언어기능의 왼쪽 편재화를 지지하는 유전자에 얽매어 있기 때문이라고 믿고 있다(뇌의 왼쪽은 신체의 오른쪽을 통제한다는 것을 기억하라). 운동기능은 언어와 연결되어 있다는 것이 이치에 맞는데, 이에 대해 전문가들은 언어 산출이 뇌의 언어중추와 운동피질 모두의 활동을 요구하기 때문이라고 주장한다. 뇌의 같은 쪽에 둘 다를 넣는 것은 두 반구들 사이에서 천천히 발달하는 막(뇌량)을 통과하지 않고도 이 두 영역 간 신경연결의 빠른 발달을 촉진하도록 한다. 그러나 어느 한쪽 부모로부터 R유전자의 복제를 받지 않는 비교적 낮은 비율의 사람들에게는 어떤 일이 일어나는가?

오른손잡이를 위한 우성 유전자인 R은 열성 유전자 r에 의해 보완된다(Francks et al., 2007). 당신은 양쪽 부모로부터 r유전자 복제를 받은 개인들의 유전자 표현형이 왼손잡이일 것이라고 생각할지도 모른다. 그러나 실질적으로는 rr유전자와 관련된 표현형은 왼손잡이도 오른손잡이도 아니다. rr유전자를 지닌 사람의 경우에는 학습이 주로 쓰는 손을 결정한다. 대부분의 사람이 오른손잡이이고, 인간은 정밀한 운동 활동에 오른손잡이가 사용하기 편리한 도구(예, 가위)를 개발해 왔기 때문에, rr유전자형을 가진, 즉 선천적으로 우세손을 타고나지 않은 사람들이 오른손잡이가 되도록 하게 하는 상당한 문화적 압력이 있다. 그럼에도 그들 중 어떤 사람들은 왼손잡이가 된다. 왜일까?

연구자들은 다른 유전자 또한 어떤 역할을 한다고 믿는다. 구체적으로, 좌반구보다 우반구가 언어기능에 더 편재되도록 작용하는 유전자를 가진 사람이 있다면, 그 사람은 또한 왼손잡이일 가능성이 있다. 여기서 다시 말하면, 우세손의 편재화는 언어기능의 편재화를 좇는다. 더욱 복잡하게는, 2007년에 과학자들은 우리를 왼손잡이의 방향으로 이끄는 유전자를 발견하였는데, 이는 아버지로부터 받을 때 그러하였다. 그 유전자를 어머니로부터 받을 때는, 우세손의 결정에 영향을 미치지 않는 것으로 보인다(Francks et al., 2007).

끝으로, 유전자가 우세손의 발달에 복잡하고 중요한 역할을 하는 것으로 보이지만, 우세손의 심한 손상이나 상실에 적응하는 인간의 능력을 보면 운동기능에 관한 뇌의 적응성을 잘 알 수 있다. 따라서 손 선호도의 특질이 예시하듯이, 본성과 양육은 종종 복잡한 방식들로 연결되어 있다. 다음에 특질이 유전적인 것인지 혹은 학습된 것인지에 관한 논쟁을 할 때는 이를 기억하라.

([그림 2-9] 참조). 하지만 연구들은 반구들이 어느 정도 **편재화**(lateralization)되어 있음을 보여 주고 있다. 즉, 각 반구는 특정 기능에 대해 전문화되어 있다. 이제 좌우 반구와 관련되어 있는 특성화된 기능에 대해 살펴보자.

좌반구 **좌반구**(left hemisphere)는 수리, 논리, 분석적 사고, 그리고 말하기, 쓰기, 읽기, 말 이해, 독해를 포함하는 대부분의 언어 능력을 다룬다(Hellige, 1990; Long & Baynes, 2002). 이 기능들의 상당수는 그 기능에 기여하는 좌반구의 특정 영역을 가지고 있다. 예를 들어, 말하기와 관련된 소리와 의미는 좌반구의 서로 다른 영역에서 처리된다(Poldrack & Wagner, 2004).

좌반구는 신체의 우측을 직접적으로 통제하고, 좌측의 신체운동은 간접적으로 통제함으로써 복잡한 운동을 조절한다. 이는 좌반구가 적절한 운동이 협응되고 부드럽게 실행되도록 뇌량을 통해 우반구로 명령을 보냄으로써 이루어진다(소뇌 또한 복잡한 운동이 협응되도록 돕는 중요한 역할을 한다는 것을 기억하라).

우반구 **우반구**(right hemisphere)는 일반적으로 시공간 관계에 더 숙련된 반구로 간주된다. 또한 우반구에 있는 청각피질은 좌반구보다 음악을 훨씬 더 잘 처리할 수 있는 것으로 보인다(Zatorre, Belin, & Penhune, 2002). 당신이 침실의 가구를 정돈하는 것이나 라디오에서 당신이 가장 좋아하는 노래가 흘러나오는 것을 알아채는 것은 일차적으로 우반구에 의존한다.

또한 우반구는 좌반구의 언어 처리 활동을 증강시킨다. 예를 들어, 우반구는 언어적 연합이라는 특징을 지닌 창의적 사고와 언어 사용을 산출한다(Kounios et al., 2008). 대구법으로 알려진 한 가지 표현방식인, 존 F. 케네디 대통령 개회식 연설문의 유명한 문구를 떠올려 보라.

> 국가가 당신을 위해 무엇을 할 수 있는지 묻지 말고, 당신이 국가를 위해 무엇을 할 수 있는지 물어보라.

작가들은 두 번째 표현의 첫 부분이 반복됨으로 인해 청자의 주의를 끌 수 있기 때문에 대구법을 사용한다. 작가의 우반구는 연설자의 메시지를 가능한 한 정확하게 전달하는 동시에, 대구법이 이 목표를 달성하는지를 판단한다. 대뇌반구의 전문화의 영향을 경험해 보려면 아래 〈시도〉에서 제시하는 대로 해 보라.

앞서 살펴본 것과 같이, 좌반구는 말하기의 언어적 부분을 처리한다. 그러나 연구자들은 자연어의 처

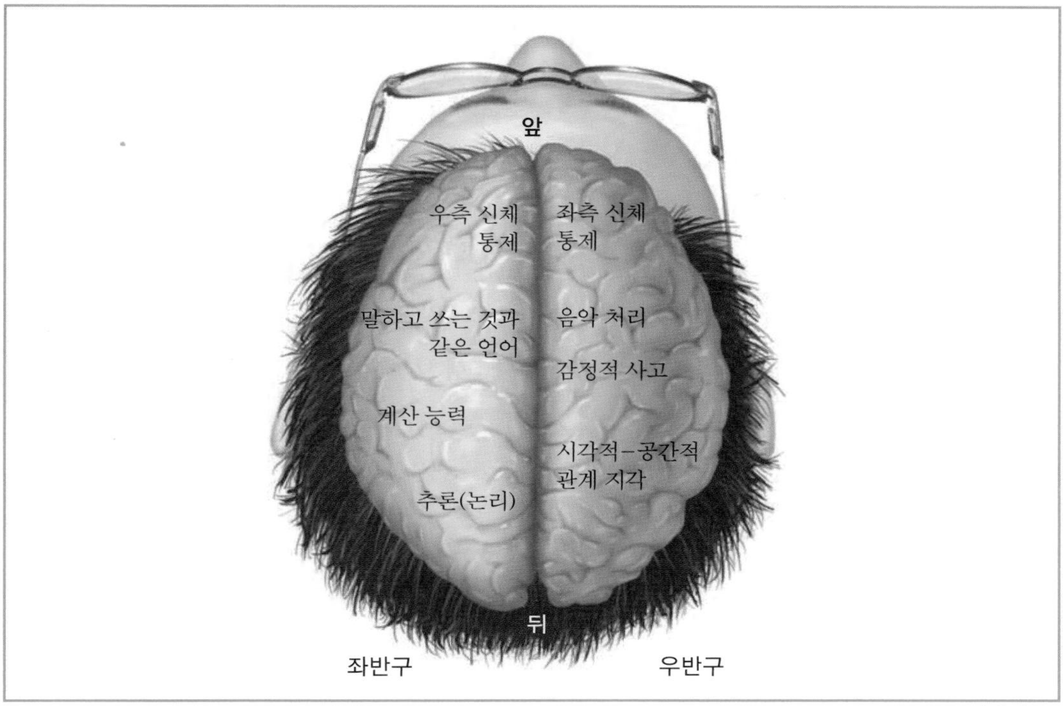

[그림 2-10] 편재화된 뇌의 기능

뇌의 기능을 하나의 반구 또는 다른 반구에 할당함으로써 뇌가 더 효율적으로 기능할 수 있게 된다.

출처: Gazzaniga(1983).

리에는 뇌의 두 반구 사이의 상호작용이 포함되는데, 여기서 우반구가 몇 가지 결정적인 기능을 한다는 것을 발견하였다(Berckmoes & Vingerhoets, 2004). 그러한 기능 중에 하나는 '그녀는 고양이가 가방에서 나오도록 두었다(She let the cat out of the bag).'와 같은 문장에서의 관용적 표현(무심코 비밀을 누설하다)을 이해하는 것이다. 우반구는 또한 '나는 어제 자전거에서 떨어졌어. 내 무릎이 나를 죽이려 해.'와 같은 문장들 간의 인과적 연결을 처리한다(Mason & Just, 2004). 우반구는 또한 다른 사람의 음성 톤에서 알려 주는 정서적인 메시지에 반응한다(LeDoux, 2000). 읽기와 몸짓, 얼굴 표정과 같은 비언

시도 균형 맞추기

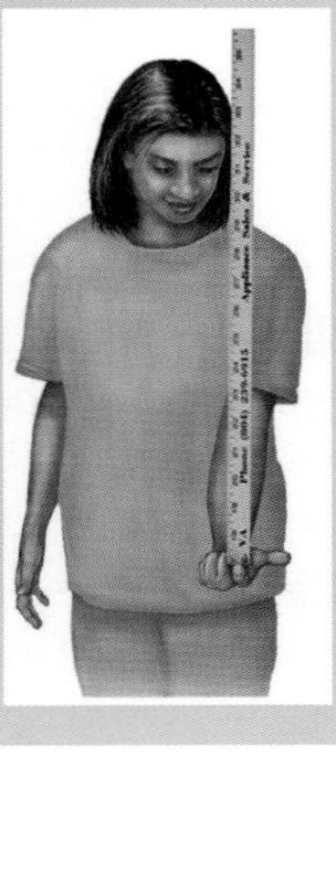

1m짜리 자를 준비한다. 그림에 보이는 것과 같이 왼손 검지의 끝에 그 자를 수직으로 세우고 균형을 맞추어 보라. 그다음에는 오른손 검지로 해 보라. 대부분의 사람은 우세손에서 더 잘한다. 당신도 마찬가지인가?

이제 이것을 해 보라. 왼손으로 그 자를 균형 맞추는 동안 당신이 할 수 있는 최대의 빠르기로 ABC를 소리 내어 암송하기 시작하라. 이번에는 좀 덜 어려웠는가? 왜 그럴까? 우반구는 왼손의 균형 맞추기 동작을 통제한다. 그러나 당신의 좌반구는 왼손을 잘 통제하지는 못하지만 여전히 당신의 균형 맞추기 노력을 조절하려고 한다. 반복적인 말을 계속 함으로써 좌뇌를 방해할 때, 우반구는 간섭이 없이 왼손으로 더 효과적으로 균형 맞추기를 조절할 수 있다.

어적인 행동을 해석하는 것은 우반구의 다른 과업이다(Hauser, 1993; Kucharska-Pictura & Klimkowski, 2002). 예를 들어, 우리에게 누군가가 거짓말을 하는 것을 알려 주는 미묘한 실마리(예, 눈을 지나치게 깜빡거리거나 시선 접촉을 피하는 것)는 우반구에서 처리된다(Etcoff et al., 2000). [그림 2-10]은 좌반구와 우반구에 관련된 기능들을 요약하고 있다.

분할뇌 뇌량이 결여되거나 외과적으로 제거된 사람들에 대한 연구들로부터 뇌의 편재화에 대한 많은 지식이 축적되었다. 그러한 많은 사람들은 **분할뇌 수술**(split-brain operation)이라고 불리는 극단적인 외과적 처치로 뇌량이 손상되었다. 신경외과의인 조셉 보겐과 필립 보겔(Joseph Bogen & Philip Vogel, 1963)은 빈번하고 통제되지 않는 대발작을 보이는 심각한 간질 환자들은 두 반구들 사이의 의사소통이 불가능하도록 뇌량을 절단시키는 수술을 받으면 도움을 얻을 수 있다는 것을 발견하였다. 그 수

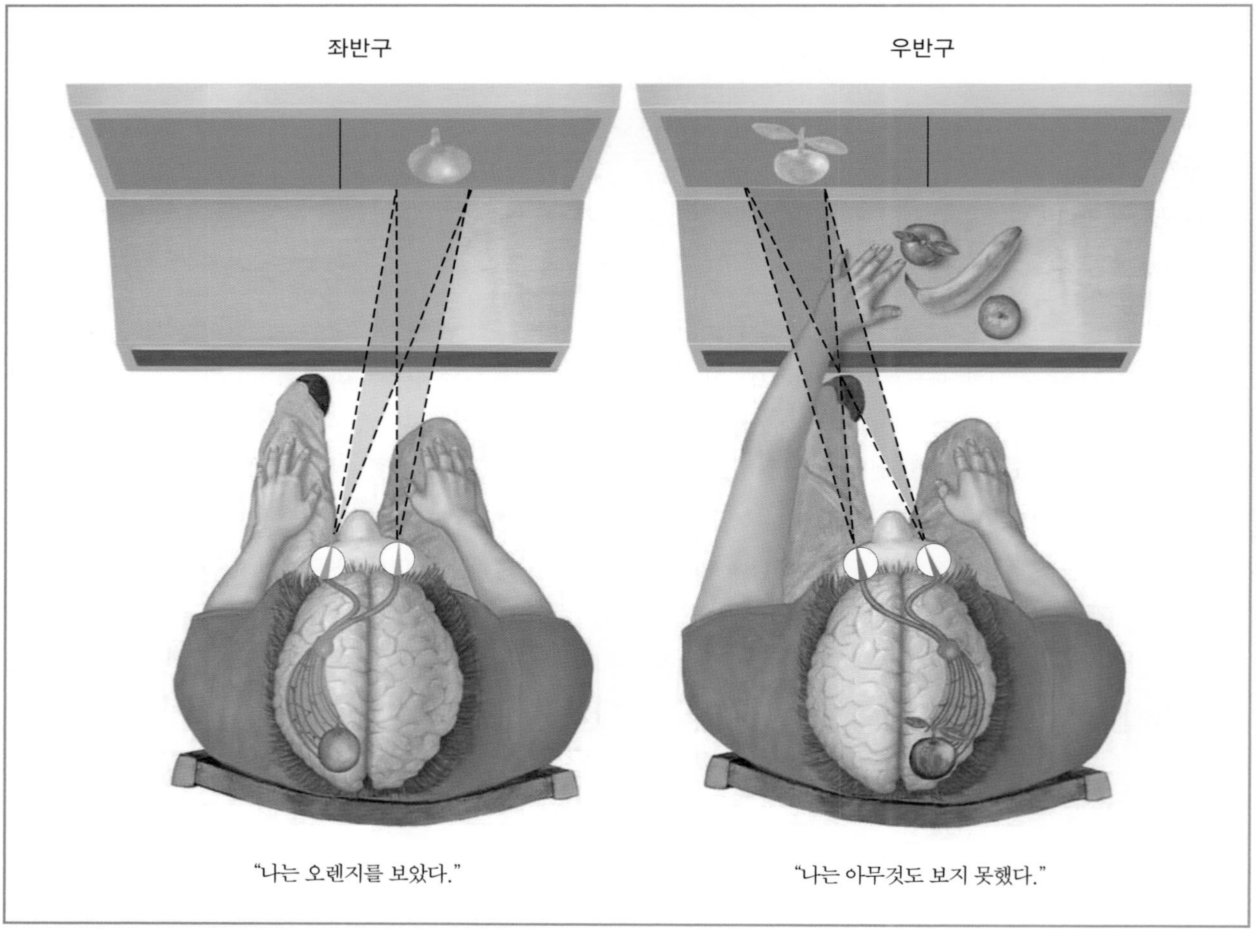

[그림 2-11] 분할뇌 환자 검사

특별한 장비를 사용하여 연구자들은 분할뇌 환자들의 반구의 독립기능을 연구할 수 있다. 이 실험에서 시각 이미지(오렌지)가 스크린의 우측 면에 번쩍이면 좌반구(언어적)로 전해진다. 그가 보는 것이 무엇인지 물을 때, 분할뇌 환자는 "나는 오렌지를 보았다."라고 대답한다. 이미지(사과)가 스크린의 좌측면에 번쩍이면 우반구(비언어적)에만 전해진다. 분할뇌 환자들의 좌반구(언어적)는 이미지를 받아들이지 않기 때문에 그는 "나는 아무것도 보지 못했다."라고 대답한다. 하지만 그가 왼손을 사용한다면 손을 더듬어서 사과를 선택할 수 있고, 우반구는 사과를 '보았다'고 증명하게 된다.

출처: Gazzaniga(1983).

술로 환자들의 2/3에서 발작의 빈도가 감소하고 인지적 기능 손상 또는 성격 변화를 최소한으로 줄일 수 있었다(Washington University School of Medicine, 2003).

로저 스페리(Roger Sperry, 1964)와 동료 마이클 가자니가(Michael Gazzaniga, 1970, 1989), 제리 레비(Jerre Levy, 1985)의 분할뇌 환자들에 대한 연구는 개별 반구들의 고유한 능력에 대한 지식을 확장시켰다. 스페리(1968)는 뇌가 외과적으로 분리되었을 때, 각 반구가 개별적이고 개인적인 경험이나 감각, 사고, 지각을 지속적으로 한다는 것을 발견했다. 그러나 대부분의 감각 경험은 각각의 귀와 눈이 양 반구에 연결된 직접적인 감각을 가지고 있기 때문에 거의 동시에 공유된다.

1981년 노벨 의학상을 수상한 스페리의 연구에서 몇몇 흥미로운 발견이 이루어졌다. [그림 2-11]에서, 분할뇌 환자는 좌측과 우측의 시각 수용장을 분리하는 스크린 앞에 앉는다. 만약 오렌지가 우측 시각 수용장에 번쩍이게 되면 좌반구(언어 반구)에 등록될 것이다. 이때 그 환자에게 무엇을 보았는지 물어본다면 그는 "나는 오렌지를 보았다."라고 즉각적으로 대답할 것이다. 대신 사과가 좌측 시각 수용장에 번쩍이고, 우반구(비언어 반구)에 전달되는 경우를 가정해 보라. 그 환자는 "나는 아무것도 보지 못했다."라고 대답할 것이다.

왜 환자들은 사과는 보지 못하면서 오렌지는 보았다고 보고할 수 있을까? 스페리(1964, 1968)는 분할뇌 환자들 중에서 언어 반구인 좌반구만이 본 것을 보고할 수 있다고 단언한다. 이 실험에서 좌반구는 우반구로 무엇이 번쩍였는지 보지 못하고, 우반구는 무엇이 보였는지 언어적으로 보고하지 못한다. 그러나 우반구는 좌측 시각 수용장에 번쩍인 사과를 실제로 보았는가? 그렇다. 왼손(우반구에 의해 통제됨)으로, 환자는 스크린 뒤에 있는 사과나 우반구에 보인 어떤 다른 물체라도 집을 수 있다. 우반구는 좌반구만큼 그것이 무엇으로 보이는지 알고 기억하지만, 좌반구와 달리 그것이 무엇으로 보였는지는 명명할 수 없다(이 실험에서 이미지는 1/10 또는 2/10초 이내에 비춰 줘야 하는데, 그렇게 해야 시선을 재고정하여 정보를 반대편 반구에 보내는 시간을 주지 않을 수 있다).

대뇌피질의 네 개의 엽

> 2.10 대뇌피질의 네 개의 엽은 각각 어떤 기능에 관련되는가?

대뇌반구들 각각은 네 개로 더 구분된다. 이 구분, 즉 엽(lobe)들은 그들이 인접한 두개골 뼈들인 전두, 두정, 후두, 측두 뼈들에 따라 이름이 붙여졌다([그림 2-12] 참조). 각각의 엽은 다른 종류의 기능을 담당하고 있다.

전두엽: 전전두피질(prefrontal cortex) 당신은 책을 읽을 때, 당신의 뇌가 얼마나 많은 일을 동시에 수행하는지에 대해 생각해 본 적이 있는가? 당신의 뇌는 그 페이지의 문자들을 단어로 변환하고, 그들을 이해하기 위해 필요한 기억으로부터 정보를 추출하고, 읽고 있는 것을 얼마나 잘 이해하는지에 대해 감시하고, 필요할 때는 뒤로 가거나 다시 읽으라고 지시를 하고, 다음 시험에 무엇이 나올지에 관하여 판단을 한다. 이 모든 활동은 뇌의 가장 큰 엽인 **전두엽**(frontal lobes)에서 일어난다([그림 2-12] 참조). 집행적 처리(executive processing)라고 불리는 기능인, 인지적 목표를 수행하는 다양한 기능을 조직화하는 전두엽의 부분인 **전전두피질**(preforntal cortex) 덕분에, 당신은 이러한 모든 과제를 단편적

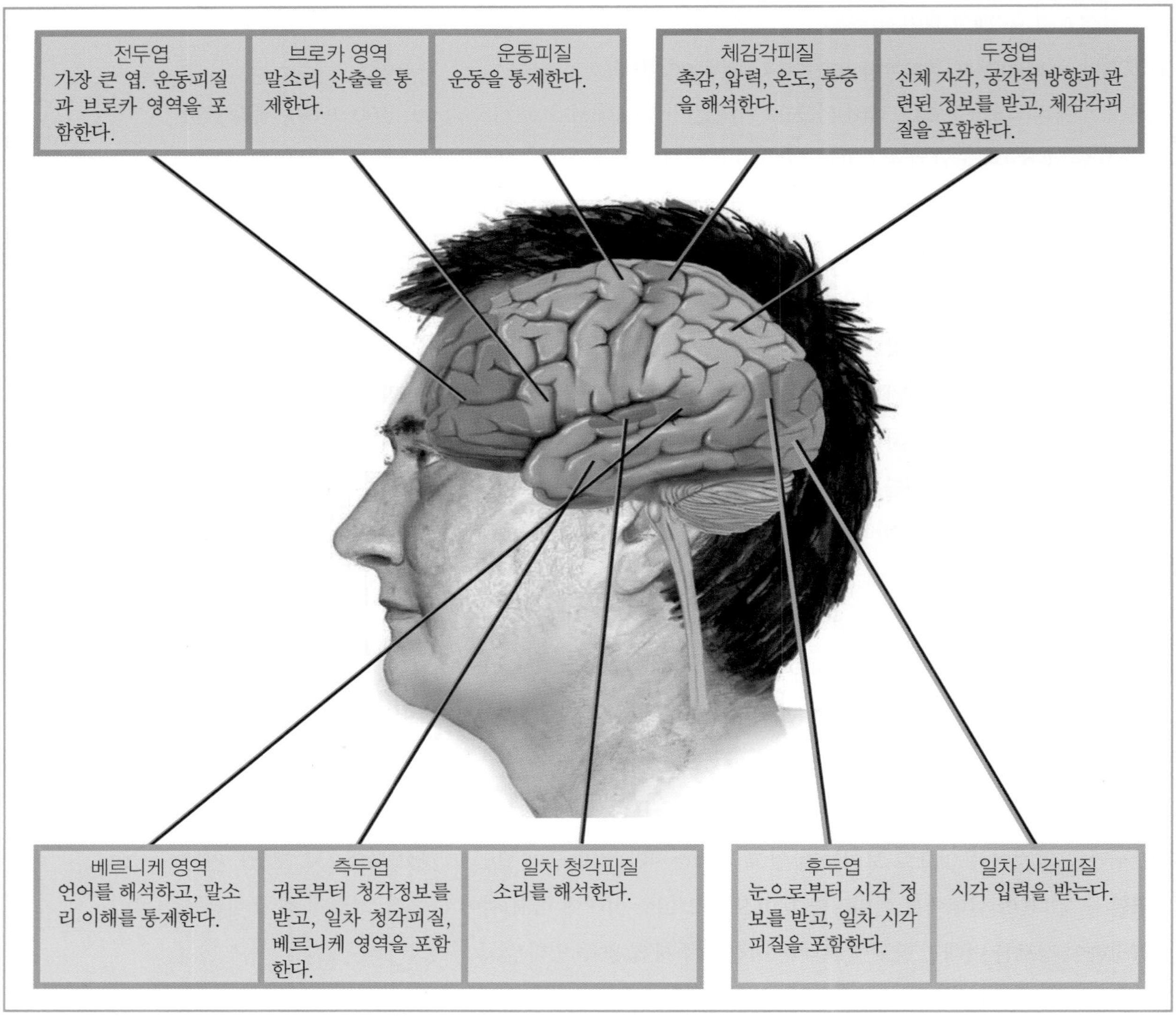
전두엽
가장 큰 엽. 운동피질과 브로카 영역을 포함한다.
브로카 영역
말소리 산출을 통제한다.
운동피질
운동을 통제한다.
체감각피질
촉감, 압력, 온도, 통증을 해석한다.
두정엽
신체 자각, 공간적 방향과 관련된 정보를 받고, 체감각피질을 포함한다.
베르니케 영역
언어를 해석하고, 말소리 이해를 통제한다.
측두엽
귀로부터 청각정보를 받고, 일차 청각피질, 베르니케 영역을 포함한다.
일차 청각피질
소리를 해석한다.
후두엽
눈으로부터 시각 정보를 받고, 일차 시각피질을 포함한다.
일차 시각피질
시각 입력을 받는다.

[그림 2-12] 대뇌피질의 네 개의 엽

좌반구 대뇌피질에 대한 이 그림은 다음 네 개의 엽들을 보여 준다. (1) 운동피질과 브로카 영역을 포함하는 전두엽, (2) 체감각피질을 포함하는 두정엽, (3) 일차 시각피질을 포함하는 후두엽, (4) 일차 청각피질과 베르니케 영역을 포함하는 측두엽.

이고 연결되지 않은 활동의 모음이 아니라 결합된 전체로서 경험한다(Moss et al., 2011). 뇌영상 연구들은 문제 해결과 같은 인지적 기능에 어려움을 겪는 개인들은 그러한 문제가 없는 사람들보다 덜 효율적인 전전두피질의 활성화 패턴을 보인다고 제안한다(Ashkenazi, Rosenber-Lee, Tenison, & Menon, 2012).

전전두피질은 또한 성격 기능에도 기여한다(DeYoung et al., 2010). 전전두피질에 손상을 입은 적이 있던 사람들은 충동을 통제하고 감정을 조절하고, 그들의 행동의 결과를 예상하는 능력을 손실할 수 있다. 이러한 유형의 손상으로 가장 잘 알려진 사례들 중 하나는, 불행한 철도 건설 근로자였던 피니어스 게이지(Phineas Gage)의 경우로, 1948년 9월 13일에 발생했다. 25세의 피니어스 게이지는 미국의 동부와 서부 해안을 철로로 연결하는 일에서 그가 설치를 돕고 있던 철로의 통로 주변에 쌓인 암석과 흙을 폭파하기 위해 다이너마이트를 사용하고 있었다. 갑자기 뜻하지 않은 폭발로 90cm 길이에 무게가 6kg

인 뾰족한 쇠막대기가 게이지의 왼쪽 광대뼈 아래쪽에서 두개골 상단 쪽까지 관통했다. 그의 전전두피질의 많은 뇌조직이 찢어져 나갔고 몇 분 동안 무의식 상태가 되었다. 몇 주 후에 게이지는 완전히 회복된 것으로 보였다. 그러나 사고 전의 게이지는 소탈한 사람이었는데 사고 후 그는 무례하고 충동적이었다. 바뀐 성격으로 직업을 잃게 되었고 그는 나머지 삶을 소규모 서커스 공연에서 일하며 살았다(Harlow, 1848에서 인용).

전두엽: 운동피질 **운동피질**(motor cortex)은 자발적인 신체 움직임을 제어하는 영역이다. 우측 운동피질은 신체 좌측의 움직임을 통제하고, 좌측 운동피질은 신체 우측의 움직임을 통제한다. 1937년 캐나다의 신경외과의인 와일더 펜필드(Wilder Penfield)는 신경외과 수술을 받고 있는 의식 있는 인간 환자의 운동피질에 전기 자극을 가하였다. 그 후 그는 인간의 일차 운동피질 지도를 만들었다. 손가락, 입술, 혀와 같이 가장 세밀하게 조정되는 움직임 능력이 있는 신체의 부위는 운동피질에서 더 큰 면적을 차지한다. 신체 하부의 움직임은 운동피질의 위쪽에 있는 뉴런들에 의해 주로 통제되는 반면, 신체 상부(얼굴, 입술, 혀)의 움직임은 운동피질의 밑 부분 근처에 있는 뉴런들에 의해 주로 통제된다. 예를 들어, 당신이 오른쪽 엄지발가락을 흔들어 움직일 때, 이 움직임은 주로 좌측 운동피질의 정수리 부분에 있는 뇌세포들 묶음의 발화에 의해 발생한다.

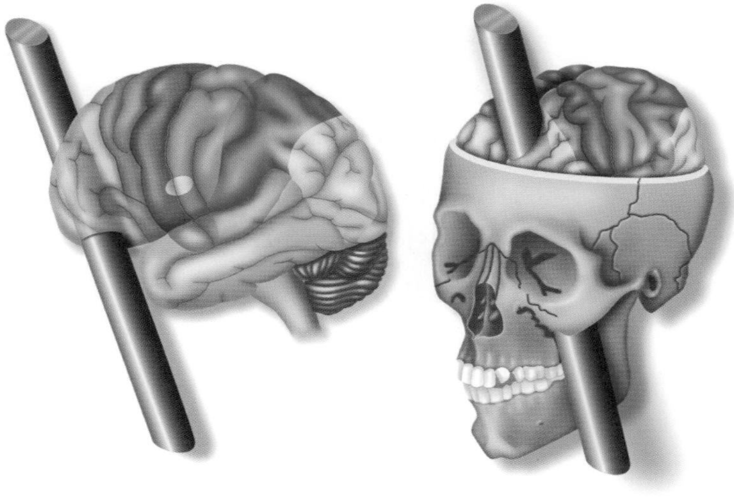

▶▶▶ 피니어스 게이지(Phineas Gage)의 두개골은 하버드 대학교의 워런 해부학 박물관에 전시되어 있다. 당신이 알 수 있듯이, 그의 전두엽을 관통한 쇠막대가 그를 전혀 다른 성격의 소유자로 만들었다.

펜필드의 지도가 신체 움직임의 통제에 대해 얼마나 정확하고 완전하게 설명하는가? 비록 그것이 넓은 의미에서 유용할지라도, 더 많은 최근 연구는 운동피질의 특정 부분과 특정 신체 부분 사이에 정확한 일대일 대응은 없다는 것을 보여 주고 있다. 예를 들어, 손가락을 통제하는 운동 뉴런들은 한 손가락 이상을 움직이게 하는 역할을 한다. 사실 어떤 한 손가락의 움직임 통제는 일반적으로 운동피질의 손 영역 전체에 걸쳐 분포하는 뉴런들의 네트워크에 의해 처리된다(Sanes & Donoghue, 2000).

전두엽: 브로카 영역 1861년에 내과의인 폴 브로카(Paul Broca)는 두 환자 — 전적으로 말을 못하는 환자와 네 단어만 말할 수 있는 환자 — 를 검시 해부하였다(Jenkins et al., 1975). 브로카는 두 환자 모두가 턱, 입술, 혀의 움직임을 통제하는 운동피질 부위의 약간 앞쪽에 있는 좌반구에 손상을 가지고 있었음을 발견했다. 그는 검시 해부를 통해 자신이 확인했던 좌반구 손상 부위가 언어 산출을 담당하는 뇌의 부분이라는 결론을 내렸고, 이는 현재 **브로카 영역**(Broca's area)이라고 불린다([그림 2-12] 참조). 브로카 영역은 말소리를 만들기 위해 필요한 근육운동 패턴을 조절하는 데 관여한다.

만약 브로카 영역이 두부 손상 또는 뇌졸중으로 손상된다면 **브로카 실어증**(Broca's aphasia)이 될 수 있다. **실어증**(aphasia)은 뇌 손상으로 인해 언어를 사용하거나 이해하는 능력이 손상되는 것을 총칭한다(Kirshner & Jacobs, 2008). 특징적으로, 브로카 실어증을 가진 환자들은 말하고자 하는 것을 알고 있지만 거의 또는 전혀 말할 수 없다. 설령 말을 할 수 있다 하더라도 단어를 만드는 데 많은 시간과 노력이 필요하며, 발음이 매우 서툴다.

두정엽 **두정엽**(parietal lobes)은 전두엽 바로 뒤에 뇌 중심 정수리에 놓여 있다([그림 2-12] 참조). 두정엽은 촉각 자극의 수용과 처리에 관여한다. 앞쪽 두정엽의 가늘고 긴 뇌조직을 **체감각피질**(somatosensory cortex)이라 하는데, 이는 촉감, 압력, 온도, 고통을 대뇌피질에 등록하는 영역이다(Purves et al., 2011). 체감각피질은 또한 어떠한 순간에라도 신체의 운동과 신체 부분들의 위치에 대해 알아차리도록 해 준다.

좌우 두정엽에 있는 체감각피질의 두 부분은 신체의 반대쪽과 연결되어 있다. 또한 감각피질의 상단 조직은 신체 하부의 감각을 제어한다. 당신의 오른쪽 발에 벽돌을 떨어뜨리면 왼쪽 감각피질의 최상단 뇌조직이 발화할 것이고 고통스러운 감각을 등록할 것이다(주의: 시도하지는 말라!). 넓은 감각 영역들이 혀, 입술, 얼굴, 손, 특히 엄지손가락과 집게손가락처럼 민감한 신체 부분들과 연결되어 있다.

두정엽의 다른 부분들은 공간 지남력과 방향 감각 — 예를 들어, 당신이 잘못된 방향으로 갈 때 당신의 길을 되돌아가도록 돕는 것 — 을 담당한다. 해마(hippocampus)는 그러한 기능을 수행할 때 두정엽의 해당 부분들과 협응을 하는데, 이는 68쪽에서 언급하였던 런던의 택시기사에 대한 연구에서 살펴보았다(Maguire et al., 2000). 두정엽의 연합영역은 또한 사람의 피부에서 물체들을 어떻게 느끼는지에 관한 기억을 저장하는데, 이것이 우리가 대상을 촉감으로만 알아차릴 수 있다는 것을 설명해 준다. 이 영역에 손상을 입은 사람들은 컴퓨터 마우스나 CD 혹은 야구공을 손에 들고 있을 수 있지만 촉감만으로는 물체를 식별할 수 없다.

▶▶▶ 데이브 매튜스(Dave Matthews) 밴드의 보이드 틴슬리(Boyd Tinsley)와 같은 전문 현악기 연주자의 왼손은 빠르고 정확하게 섬세한 운동을 실행하고 미세하게 압력을 변화시켜야만 하기 때문에, 이러한 음악가들의 손가락들을 담당하는 체감각피질의 영역이 비정상적으로 큰 것은 놀라운 일이 아니다.

후두엽 뇌 뒤쪽의 두정엽 뒤에 시각 정보의 수용과 해석에 관여하는 **후두엽**(occipital lobes)이 놓여 있다([그림 2-12] 참조). 후두엽의 가장 뒤쪽에는 **일차 시각피질**(primary visual cortex)이 있는데, 이는 시각 정보를 피질에 등록하는 장소다.

각각의 눈은 좌우 양쪽 후두엽의 일차 시각피질들과 모두 연결되어 있다. 정면을 보고 당신이 보고 있는 것의 중간에 가상의 선을 위에서 아래로 그려 보라. 그 선의 왼쪽에 있는 모든 것은 좌측 시각 수용장이라고 불리고, 우측 시각피질에 등록된다. 선의 오른쪽에 있는 모든 것은 우측 시각 수용장이라 불리고, 좌측 시각피질에 등록된다. 일차 시각피질의 한쪽 절반에 손상을 입은 사람은 그럼에도 각각의 눈이 좌우 양쪽의 후두엽에 정보를 보내기 때문에 양쪽 눈에 부분적인 시각을 가질 것이다.

후두엽에 있는 연합영역은 시각 자극의 해석에 관여한다. 이 영역은 지난 시각 경험의 기억을 유지하고, 우리가 보는 것들 중에서 무엇이 친숙한지를 인식할 수 있게 해 준다. 이것이 바로 친숙하지 않은 사람들이 모여 있는 곳에서 친구의 얼굴이 두드러지는 이유다. 이 영역에 손상을 입은 사람들은 손으로 만지거나 혹은 다른 감각을 통해서는 물체를 인식할 수 있을지라도 시각적으로 물체를 인식하는 능력을 상실할 수 있다.

측두엽 **측두엽**(temporal lobe)은 귀의 약간 위에 위치하고, 청각 자극을 받아들이고 해석하는 것에 관여한다. 청각을 등록하는 피질 안의 장소는 **일차 청각피질**(primary auditory cortex)로 알려져 있다. 각 측두엽의 일차 청각피질은 양쪽 귀로부터 소리 정보를 받아들인다. 이 두 영역들 중 하나가 손상을 입으면 양쪽 귀로 듣는 것이 약화되고, 두 영역 모두의 파괴는 청각장애를 초래한다.

왼쪽 측두엽의 일차 청각피질에 인접해 있는 **베르니케 영역**(Wernicke's area)은 말소리를 이해하게 하고, 언어를 쓰고 말하는 것을 일관성 있게 하는 것에 관여하는 언어 영역이다([그림 2-12] 참조). 당신이 누군가가 말하는 것을 들을 때, 소리는 첫 번째로 일차 청각피질 내에 등록된다. 그 후에 이 소리는 음성이 의미 있는 단어의 유형으로 해독되는 베르니케 영역으로 보내진다.

베르니케 실어증(Wernicke's aphasia)은 베르니케 영역의 손상에서 비롯되는 실어증의 한 유형이다. 비록 말이 유창하고 단어가 명확하고 똑똑하게 발음될지라도 실제의 메시지는 듣는 사람에게 납득이 되지 않는다(Kirshner & Hoffmann, 2012). 그 내용은 아마도 모호하거나 기괴하며 부적절한 단어나 단어의 일부 혹은 존재하지 않는 영문 모를 단어를 포함하고 있을 수 있다. 한 베르니케 환자는 그가 어떻게 느끼는지를 물었을 때, "나는 거기에 지독하게 많은 '멍'이 있다고 생각하지만, 내 생각에는 작은 밀 '두바이덴' 안에 '텅지'된 네트를 많이 가지고 있어요(I think that there's an awful lot of mung, but I think I've a lot of net and tunged in a little wheat duhvayden)."라고 대답했다(Buckingham & Kertesz, 1974). 베르니케 실어증을 가진 사람은 자신의 말하기에서 어떤 것이 잘못되었는지를 알아차리지 못한다. 따라서 이 장애는 치료하기가 어렵다.

측두엽의 나머지 부분은 기억을 저장하고, 청각 자극의 해석에 관여하는 연합영역으로 구성된다. 예를 들어, 다양한 소리에 대한 기억들이 저장되어 있는 연합영역은 당신이 좋아하는 밴드 음악 소리, 컴퓨터 켜는 소리, 룸메이트의 코고는 소리 등을 알아차리게 할 수 있다. 또한 익숙한 선율이 저장된 특수한 연합영역도 있다.

우리는 뇌의 모든 다양한 부분과 모든 사람에게 해당되는 각각의 독특한 기능에 대해 살펴보았지만, 모든 사람의 뇌가 같을까? 다음 절에서는 우리의 뇌가 같은지 다른지에 대해 알아볼 것이다.

기억하기 본문 내용을 떠올리며 다음 퀴즈를 풀어 보라.

1. 좌우 대뇌반구를 연결하는 섬유조직을 _____라고(이라고) 한다.
2. 사람이 말하는 것을 들을 때, 당신은 대체로 그 말들을 _____반구에서 처리한다.
3. 얼굴 표정은 당신의 _____반구에서 처리된다.
4. 분할뇌 수술은 _____을(를) 치료하기 위해 때때로 수행되었다.
5. _____은(는) 말소리 산출을 담당하고, _____은(는) 말소리 이해를 담당한다.
6. 일차 청각피질은 _____엽에 있고, 일차 시각피질은 _____엽에 위치한다.
7. 정서를 조절하는 데 문제가 있으며 뇌가 손상된 사람은 대부분 _____엽에 문제가 있을 것이다.
8. 촉감은 _____엽과 관련된다.

연령, 성별 그리고 뇌

얼마나 많은 성인이 달이 자신을 따라오고 있는 것 같다는 우려를 표현하는가? 아마 당신은 성인이 그런 걱정을 하는 것을 들어 본 적이 없을 것이다. 그럼에도 이는 취학 전 아동이 자주 표현하는 몇몇 비합리적 우려 중의 하나다. 오늘날 대부분의 사람은 아동과 성인의 생각에서의 차이와 뇌 발달 사이의 연결고리에 대한 어떤 것을 들어 본 적이 있을 것이다. 그리고 일부 노인에게서 보이는 인지적 결함이 뇌의 퇴화 때문이라는 말을 듣는 것이 일반적이다. 마찬가지로 남성과 여성의 뇌가 정보를 다르게 처리할 것이라는 아이디어에 대한 흥미는 결코 줄어들지 않고 있다. 두뇌에서의 연령과 성차에 대한 이러한 대중적인 개념에 관한 증거는 무엇인가?

2.11 뇌는 일생 동안 어떻게 변화하는가?

발달하는 뇌

당신은 뇌가 언제 완전히 성숙한다고 생각하는가? 그 대답은 당신을 놀라게 할지도 모른다. 사실 뇌는 태아기부터 성인기까지 자란다(Chamley, Carson, Randall, & Sandwell, 2005). 아동기와 사춘기에 나타나는 이러한 급성장은, 예컨대 대부분의 아동에게서 4세쯤 일어나는 언어 유창성의 획득과 같은 신체적 · 지적 기술에서의 주요 향상과 관련된다. 또한 급격한 성장은 다른 뇌 영역을 포함하는 것으로 보인다. 예를 들어, 17세에 시작하여 20대 초반까지 계속되는 급격한 성장은 계획하기와 정서 조절 능력이 위치하는 전두엽에 주로 영향을 미친다. 이런 능력에서 10대와 성인 간의 차이는 이 급성장에 기인하는 것일지도 모른다. 뇌기능에서의 변화는 여러 발달 과정에 의해 영향을 받는다.

시냅스 발달은 수상돌기와 축색 모두의 성장에 따른 결과다. 이러한 과정은 시냅스 생성(synaptogenesis)으로 알려져 있는데, 이는 일생에 걸쳐 일어난다. 각각의 급성장은 발달 중인 뇌가 불필요하거나 과다한 시냅스를 제거하는 과정인 **가지치기**(pruning) 기간이 뒤따른다. 시냅스 내 신경전달물질의 활동은 연령에 따라 변한다. 예를 들어, 아세틸콜린은 10대와 20대의 뇌보다 아동의 뇌에서 덜 풍부하다. 이러한 차이는 기억이나 흥분성 신경전달물질에 의해 영향을 받게 되는 다른 기능에서의 연령 차이를 설명하는 데 도움이 될지도 모른다.

수초화(myelination)의 과정 혹은 축색 주위에 있는 수초의 발달은 출생에 앞서 시작되지만 성인기에도 충분히 지속된다. 예를 들면, 뇌의 연합영역은 12세 정도까지 완전하게 수초화되지 않는다(Tanner, 1990). 그리고 주의를 조절하는 망상체는 20대 중반까지 충분히 수초화되어 있지 않다(Spreen et al., 1995). 따라서 수초화에서의 차이는 처리 속도, 기억, 또 다른 기능에서 아동과 성인 간의 차이를 설명할 수 있을 것이다.

어느 정도의 반구 편재화는 생애 초반부터 존재한다. 예를 들어, 언어처리 과정은 성인의 뇌에서 일어나는 것과 마찬가지로 태아기와 유아기의 좌반구에서 일차적으로 일어난다(Chilosi et al., 2001; de Lacoste et al., 1991). 공간 지각과 같은 다른 기능은 8세 정도까지 편재화되어 있지 않다. 결과적으로 8세 이하의 아동은 8세 이상의 아동보다 덜 풍부한 공간적 기술을 보인다(Roberts & Bell, 2000). 예를 들어, 8세 이하의 아동은 지도를 사용하는 것이나, '그것은 너의 왼쪽에 있다.'와 '그것은 나의 왼쪽에 있다.'와 같은 문장을 구별하는 데 어려움을 겪는다.

뇌 손상과 같은 변화에 적응하는 뇌의 능력인 뇌의 **가소성**(plasticity)은 일생에 걸쳐 유지된다. 이 가소성은 아래쪽의 〈시도〉에서 설명하는 것처럼 경험이나 연습에 의해 시냅스가 자극될 때 시냅스를 강화하고, 그것들 간의 연결을 재조직화하도록 해 준다. 가소성은 반구가 아직 완전하게 편재화되지 않은 어린 아동에게서 가장 크다. 그러나 연구자들은 중장년 성인들에서의 청각 결함의 교정이 소리 지각에 관여하는 뇌 영역들의 변화를 초래한다는 것을 발견했다(Fallon, Irvin, & Shepherd, 2008). 게다가 이 사람들은 정상적으로 듣는 것이 가능한 사람의 뇌에서는 반응하지 않는 영역들에서 소리에 대한 반응이 발달하는 것으로 보인다.

시도 거울상 따라 그리기

이 활동을 위해 당신은 세울 수 있는 거울 하나와 연필 하나, 줄 쳐진 종이 두 장이 필요할 것이다. 첫째, PSYCHOLOGY라는 단어를 또박또박 두 줄 높이로 종이의 위쪽에서 아래쪽으로 다음과 같이 쓴다.

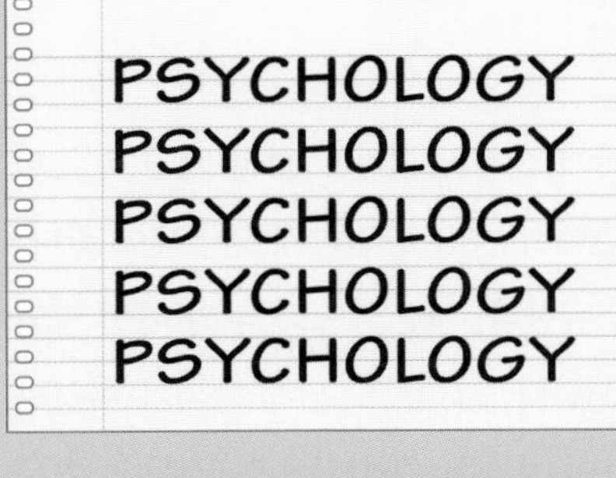

그런 다음 종이의 위쪽에서 거울을 기대놓아서 다음 페이지의 그림과 같이 알맞은 각도가 되도록 한다.

이제 어려운 부분이다. 거울에 비친 종이와 손을 보면서 글자들을 따라 그린다. 만약 따라 쓰면서 당신의 손을 거울상이 아니라 직접 보려고 한다면, 다른 종이 하나를 당신의 다른 손에 쥐어서 당신의 시야를 가리고 오직 거울만 보도록 만든다. 따라 그리기가 끝났을 때, 글자들의 직선과 곡선으로부터 따라 그리기가 벗어난 수를 세어서 오류율을 결정하라. 이 실습을 네 번 더 하고, 각 시행에 대한 오류율을 기록하라.

만약 당신이 대부분의 사람과 마찬가지라면, 당신의 오류율이 첫 번째로부터 다섯 번째 시행으로 갈수록 어느 정도는 줄어드는 것을 발견할 것이다. 왜인가? 첫 번째로, 이 과제는 매우 어려운 과제인데, 그 이유는 후두엽에 있는 시각피질에 의해 생성되는 시각 정보의 해석이 전두엽의 운동피질의 행동을 안내하기 때문이다. 거울상에서, 움직임의 영향은 당신의 시각피질이 예측 가능하도록 했던 글쓰기의 오랜 경험과 반대다. 그 결과로서, 당신의 운동피질을 효율적으로 안내할 수 있기 전에, 거울상 움직임에 적용되는 새로운 기대방식을 획득해야만 한다. 과제를 훈련할 때마다, 당신은 당신의 시각피질에 이러한 새로운 기대를 생성하는 데 필요한 정보를 제공하고 있는 것이다(훈련이 완벽을 만든다!). 이 활동은 우리가 특정한 기술을 얼마나 연습했든지 간에 일정 정도의 신경 가소성이 존재한다는 것을 보여 준다.

어느 정도의 가소성이 유지됨에도 불구하고, 뇌는 노화의 생리적 영향을 받기 쉽다. 예를 들어, 일생 동안 뇌는 시냅스를 얻기도 하고 잃기도 한다. 하지만 성인기의 어떠한 시점에서 손실이 이득을 초과한다(Huttenlocher, 1994). 뇌의 무게는 30세 즈음에 감소하기 시작한다(Raz et al., 2006). 뇌 무게의 손실에 기인한 노화 관련 손상은 일반적이다. 예를 들어, 소뇌의 수축은 노인들이 균형과 관련된 문제를 경험하게 하고, 안정적으로 서 있기 힘들게 하며, 걸음걸이에 영향을 준다.

게다가, 10장에서 배우겠지만, 심장과 혈관의 건강은 성인들이 나이가 들수록 나빠진다. 이러한 악화가 **뇌졸중**(stroke)의 위험을 증가시키는데, 뇌졸중은 심장혈관계에서 혈전이나 지방 덩어리가 동맥을 막고 뇌 특정 부위에 혈액 공급이 끊어지는 것을 말한다. 뇌졸중은 경미한 것에서부터 심각한 정도에 이르기까지의 뇌 손상을 야기한다. 일부 생존자는 장기적인 지적·신체적 손상을 가진다. 그러나 물리치료는 그들 대부분에 대해 최소한 부분적인 운동 기능을 회복시키는 데 도움을 줄 수 있으며, 이는 뇌의 가소성의 또 다른 예를 제공한다(Bruno-Petrina, 2009).

2.12 남성의 뇌와 여성의 뇌는 어떻게 다른가?

뇌에서의 성차

발달 전체에 걸쳐 남성과 여성의 뇌는 다소 다르다. 하지만 이러한 차이들과 그 가능한 행동 간의 연결성은 성인에서 가장 면밀하게 연구되어 왔다. 한 가지 그러한 차이점은 회백질과 백질의 분포에서의 성차를 수반한다. 일반적으로, 뇌의 어떤 영역에 더 많은 백질이 있을수록, 그 영역에서 더 많은 신경 소통이 일어난다. 그러므로 남성의 뇌가 여성의 뇌보다 더 높은 비율의 백질을 가지고 있다는 것은 인지 기능에서의 성차를 이해하는 것과 관련이 있을 수 있다(Gur et al., 1999). 더욱이 남성은 우뇌보다 좌뇌에서 백질의 비율이 더 낮다. 대조적으로 여성의 뇌에서는 두 반구에서의 회백질과 백질의 비율이 동등하다. 이러한 발견은 일부 신경심리학자가 두 반구 간의 회백질과 백질의 분포에서의 성차가, 가령 기하학적 형태에 대한 심적 회전과 같은 우반구 과제에서 남성의 우수한 수행을 설명해 준다는 추측을 하도록 이끌었다. 마찬가지로 정서 지각(9장 참조) 차원에서 여성의 뛰어난 능력은 여성이 정서에 관한 정보가 처리되는 우반구에서 남성보다 더 많은 회백질을 가진다는 사실에 기인할지도 모른다(Gur et al., 2002).

다른 연구에서는 일부 과제가 남성의 뇌와 여성의 뇌에서 각기 다른 부분을 자극한다는 것을 밝혔다. 예컨대, 뇌영상 연구들은 남성이 미로를 빠져나가기 위한 길을 찾는 것처럼 좌측 해마에서 항해적 정보를 처리한다는 것을 보여 주었다. 이와 대조적으로, 같은 과제를 수행하는 여성은 우측 두정피질과 전두피질을 사용한다(Gron et al., 2000). 남성과 여성이 소리의 위치를 찾을 때 뇌의 다른 영역을 사용한다는 것을 보여 주는 연구들도 있다(Lewald, 2004).

뇌의 이러한 성차의 의미는 무엇인가? 간단한 대답은 과학자의 더 많은 연구가 이루어질 때까지 확신할 수 없다는 것이다. 게다가 행동에서의 성차에 대한 가능한 신경학적 기초에 관한 어떠한 결론을 내리기 전에 이러한 뇌의 차이와 실제 행동 사이의 연결을 찾는 연구들이 필요하다.

기억하기 본문 내용을 떠올리며 다음 퀴즈를 풀어 보라.

1. _____은(는) 뉴런들 간의 연결성이 발달하는 동안의 점진적 과정을 말한다.
2. 적응과 변화를 하는 뇌의 능력은 _____(으)로 알려져 있다.
3. _____와(과) _____을(를) 필요로 하는 과제는 남성과 여성의 뇌에 대하여 서로 다른 부분을 자극한다.

신경계를 넘어서

신체는 우리가 신체적 · 심리적으로 어떻게 기능하는지에 영향을 주는 두 가지 추가적 시스템을 가진다. 내분비계(endocrine system)의 분비선들은 호르몬을 생산하고 분비하고 조절함으로써 영향을 준다. 반면 일부의 경우 우리의 유전자 내의 암호화된 정보가 수정되는 순간부터 우리에게 영향을 준다. 하지만 다른 경우에는 유전자의 영향이 생의 후반에 나타나거나 환경으로부터의 입력에 의존한다.

내분비계

2.13 내분비계의 분비선들의 기능은 무엇인가?

대부분의 사람은 '호르몬'이라는 단어를 들을 때 생식계를 생각한다. 또는 사춘기, 임신, 폐경기와 같은 특정한 신체적 변화를 가지는 호르몬과 관련시킬지도 모른다. 그러나 이 물질은 많은 다른 신체적 · 심리적 기능을 조절하고, 그 영향력은 생식계를 넘어 도달한다.

내분비계(endocrine system)는 관이 없는 일련의 선으로 몸의 다양한 부분에 위치한다. 내분비계는 몸의 특정 부분에서 만들어지고 방출되지만 다른 부분에도 영향을 주는 **호르몬**(hormone)으로 알려진 화학물질을 생산하고 분비한다.

호르몬은 혈류로 방출되어 순환계를 통해 이동하지만, 각 호르몬은 각각에 대한 수용기를 가지는 신체세포와 연결될 때만 할당된 작업을 수행한다. 예를 들어, 여성의 경우 난소(ovaries)와 부신(adrenal

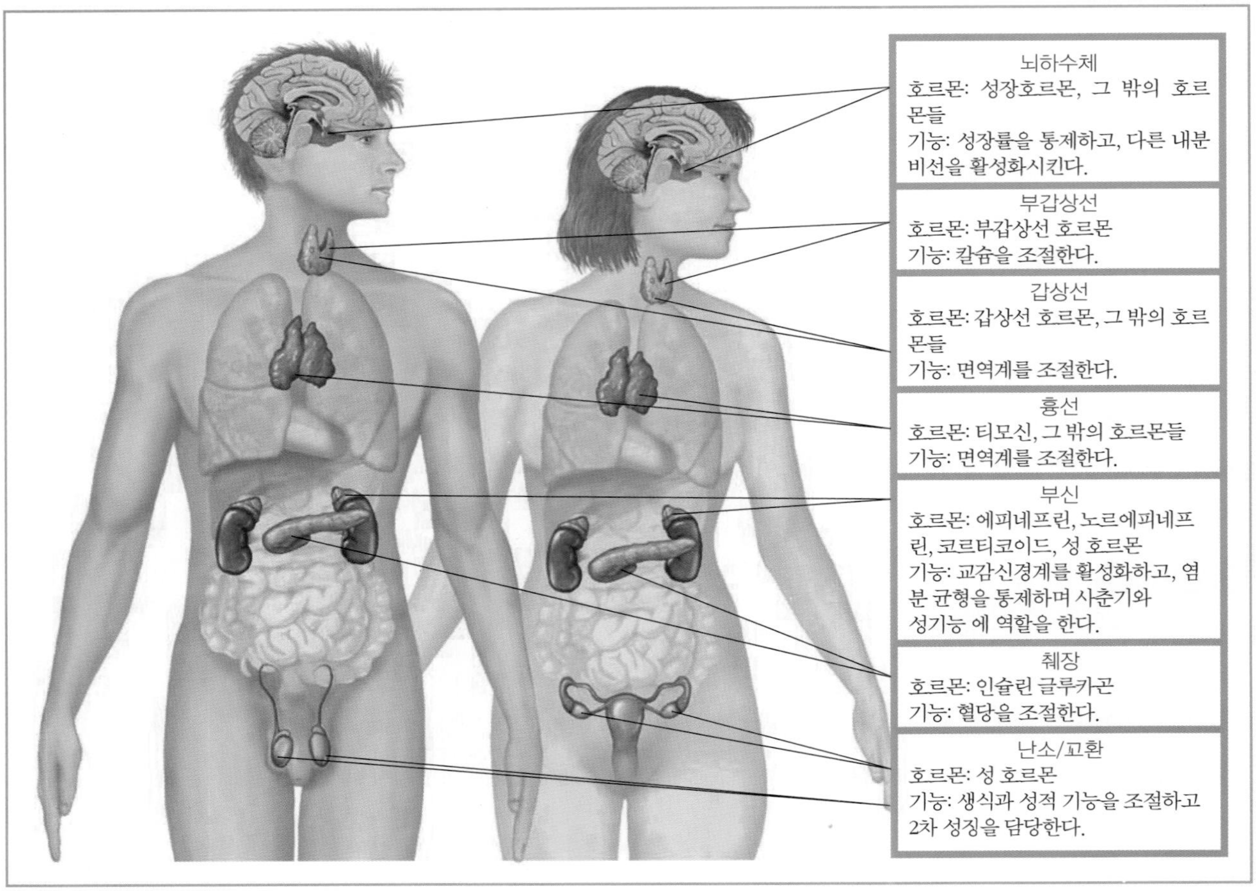
뇌하수체
호르몬: 성장호르몬, 그 밖의 호르몬들
기능: 성장률을 통제하고, 다른 내분비선을 활성화시킨다.
부갑상선
호르몬: 부갑상선 호르몬
기능: 칼슘을 조절한다.
갑상선
호르몬: 갑상선 호르몬, 그 밖의 호르몬들
기능: 면역계를 조절한다.
흉선
호르몬: 티모신, 그 밖의 호르몬들
기능: 면역계를 조절한다.
부신
호르몬: 에피네프린, 노르에피네프린, 코르티코이드, 성 호르몬
기능: 교감신경계를 활성화하고, 염분 균형을 통제하며 사춘기와 성기능 에 역할을 한다.
췌장
호르몬: 인슐린 글루카곤
기능: 혈당을 조절한다.
난소/고환
호르몬: 성 호르몬
기능: 생식과 성적 기능을 조절하고 2차 성징을 담당한다.

[그림 2-13] 내분비계

내분비계는 호르몬을 만들고 분비하는 일련의 분비선들이다. 호르몬은 순환계를 통해 이동하고 많은 신체 기능에 중요한 영향을 준다.

glands)은 프로게스테론(progesterone)을 생성하는데, 여성의 신체의 생식조직에는 이 호르몬에 대한 수용 영역이 있다. 신경전달물질과 동일한 화학물질들 중 일부는 두 개로 명명되면서 호르몬으로도 활동한다(예, 노르에피네프린과 바소프레신). [그림 2-13]은 내분비계의 분비선과 신체에서의 위치를 보여 준다.

뇌하수체(pituitary gland)는 시상하부 바로 아래에 있으면서 시상하부에 의해 통제된다([그림 2-13] 참조). 뇌하수체는 신체의 '우두머리(master) 분비선'으로 간주되는데, 그 이유는 뇌하수체가 내분비계에 있는 다른 분비선들을 활성화 혹은 개시하도록 하는 호르몬을 분비하기 때문이다. 완두콩 크기 정도의 작은 구조치고는 큰일을 하는 것이다. 뇌하수체는 신체 성장을 담당하는 호르몬도 생산한다(Howard et al., 1996). 이러한 강력한 물질이 너무 적으면 난쟁이를 만들 것이고, 너무 많으면 거인을 만들 것이다.

송과선(pineal gland)은 뇌 안 깊숙이 위치하고 있다. 그 기능은 '멜라토닌' 호르몬을 생산하고 조절하는 것이다. 4장에서 배우겠지만, 이 호르몬은 수면과 각성을 조절한다. 이 호르몬의 부족은 시차에 의한 피로와 수면/각성 순환에 관한 다른 장애들과 관련된다.

갑상선(thyroid gland)은 발성기관(후두) 바로 아래의 목 앞쪽 아랫부분에 있다. 갑상선은 음식이 물

질대사되도록 하거나 에너지로 변형시키는 비율을 조절하는 중요한 티록신 호르몬을 생산한다. **부갑상선**(parathyroid gland)은 갑상선의 왼쪽과 오른쪽 옆에 달라붙어 있다. 부갑상선 호르몬(PTH)은 음식물로부터 칼슘과 마그네슘의 흡수와 관여하고, 혈류 속의 이러한 미네랄의 수준을 조절한다. 부갑상선 기능장애는 또한 우울증과 기억력 감소와도 관련이 있다(Kim & Makdissi, 2009).

10장에서 배우게 될 **흉선**(thymus gland)은 신체의 도처를 순환하고, 질병을 일으킬 수 있는 미생물을 파괴하는 특성화된 백혈구 생산에 필요한 티모신과 같은 호르몬을 만들어 낸다. 신체가 이러한 침입균들 중 하나로 위협을 받게 될 때, 흉선은 이러한 세포를 더 많이 생산하기 위해 신체에 신호를 보낸다. **췌장**(pancreas)은 인슐린과 글루카곤 호르몬을 혈류 속에 분비함으로써 신체의 혈당 수준을 조절한다. 당뇨병 환자는 인슐린 생산량이 너무 적다. 음식에 있는 당을 분해하는 인슐린이 부족하다면 혈당 수준은 위험할 정도로 높아질 수 있다.

신장 바로 위에 위치한 두 개의 **부신**(adrenal gland)은 에피네프린과 노르에피네프린을 생산한다([그림 2-13] 참조). 이 호르몬은 교감신경계를 활성화함으로써 투쟁-도피(fight-or-flight) 반응에 중요한 역할을 한다. 코르티코이드라고 불리는 일단의 부신 호르몬도 투쟁-도피 반응에 관여한다. 동물 연구는 이 호르몬들이 이 반응을 일으켰던 위협이 지나간 한참 후에도 투쟁-도피 반응을 계속 유지하기 위해 뇌에 신호를 보냄으로써 분노감과 공격적인 행동 모두에 기여한다고 제안한다(Kruk et al., 2004).

부신은 적은 양의 성 호르몬도 생산한다. 그러나 **생식선**(gonad)—여성의 난소와 남성의 고환—들이 성 호르몬에 대한 일차적인 책임을 진다([그림 2-13] 참조). 생식선은 뇌하수체에 의해 활성화되어, 생식을 가능하게 하고, 이차 성징—남녀의 음모와 겨드랑이 털, 여성의 가슴, 남성의 수염과 굵은 목소리—을 담당하는 성 호르몬을 분비한다. 남성 호르몬인 안드로겐은 성적 동기에 영향을 끼친다. 여성 호르몬인 에스트로겐과 프로게스테론은 월경주기 조절을 돕는다. 비록 남녀 모두 안드로겐과 에스트로겐을 가지고 있으나, 남성은 안드로겐을, 여성은 에스트로겐을 상당히 많이 가지고 있다(성 호르몬과 그 영향에 대해서는 9장에서 좀 더 자세하게 다룬다).

유전자와 행동유전학

2.14 유전이 신체적·심리적 특질에 어떻게 영향을 미치는가?

당신은 아마 미국 에너지부(U.S. Department of Energy)의 주도하에 이뤄진 13년에 걸친 대사업인 인간게놈 프로젝트(Human Genome Project)에 대해 들어 본 적이 있을 것이다. 이 프로젝트는 완전한 인간 유전자 코드를 지도화하기 위한 것이다. 주목할 만하게, 과학자 제임스 왓슨(James Watson)과 프랜시스 크릭(Francis Crick)이 DNA(유전자의 구성 요소)의 구조를 발견한 후 단지 50년이 지난 2003년 4월에 그 프로젝트에 참가한 국제적인 과학자 팀이 목표를 달성했다고 발표하였다(U.S. Department of Energy, 2009). 물론 당신은 부모에게서 자신의 유전자 코드를 물려받았다. 당신의 유전자를 구성하는 화학적 메시지는 어떻게 당신의 신체와 행동에 영향을 주는가?

유전 메커니즘 유전자(genes)는 **염색체**(chromosome)라 불리는 작은 막대구조에 놓여 있는 DNA 조각들이다. 2개를 제외한 정상적인 체세포의 핵들은 23쌍의 염색체(총 46개)를 가지고 있다. 제외된 2개

▶▶▶ 이 아이의 표현형은 곱슬머리를 포함한다. 당신은 아이의 유전형에 대해 무엇을 추론할 수 있는가? 그녀의 부모 중 어느 한쪽도 곱슬머리를 가지지 않을 가능성은 얼마나 되는가?

는 단일 염색체 23개를 가지는 정자와 난자 세포다. 수정할 때 정자는 23개의 염색체를 난자의 23개에 더한다. 이 결합에서 '접합체(zygote)'라 불리는 단일 세포가 형성된다. 이것은 약 2만 개에서 2만 5천 개의 유전자를 포함하는 46개의 전체 염색체(23쌍)를 가진다(U.S. Department of Energy, 2012). 이 유전자는 인간을 만들어 내는 데 필요로 하는 모든 유전적 정보를 전달한다. 인간게놈 프로젝트는 모든 유전자의 기능과 염색체의 위치를 확인하는 것을 목표로 하고 있다.

23쌍의 염색체 중 22쌍은 일치하는 쌍으로 상염색체(autosomes)라고 불리며, 이 쌍들의 각 구성 요소는 특정한 신체적 · 정신적 특질에 대한 유전자를 전달한다. 23번째 쌍의 염색체는 **성염색체**(sex chromosomes)라고 불리는데, 그 이유는 그것이 인간의 성을 결정하는 유전자를 전달하기 때문이다. 여성의 성염색체는 2개의 X염색체(XX)로 이루어져 있는 반면, 남성의 성염색체는 X염색체와 Y염색체(XY)를 가지고 있다. 난자는 항상 X염색체를 포함하고 있다. 남성의 정자 중 1/2은 X염색체를 운반하고, 나머지 반은 Y염색체를 운반한다. 따라서 개인의 성은 난자를 수정시키는 정자에 의해 운반되는 염색체의 유형에 달려 있다. 오직 Y염색체만 있는 단일 유전자가 태아가 남성이 되도록 한다. Sry라 명명된 이 유전자는 남성 기관들의 발달을 조직화한다(Capel, 2000).

개인의 유전자 코드는 발현되는 일부와 발현되지 않는 일부 유전자를 포함한다. 예를 들어, 일부 사람은 질병에 대한 유전자를 가지고 있지만 그와 관련된 질환을 가지고 있지 않다. 발현되지 않은 유전적 특질로부터 발현되는 특질을 구별하는 것을 쉽게 하기 위해서, 과학자들은 개인의 유전자 조합을 의미하는 **유전자형**(genotype)과 그것의 사실상의 특질을 의미하는 **표현형**(phenotype)이라는 용어를 사용한다. 따라서 어떤 사람이 한 질병에 대한 유전자를 지니고 있어도 그 질병을 가지고 있지 않다면, 그 질병은 그 사람의 유전자형의 일부이지만 표현형의 일부는 아니다. 다음 페이지의 〈적용〉에서는 당신이 유전상담을 고려해 보아야 할 몇몇 상황을 간략하게 제시하고 있다. 과학자들은 아직 유전자의 표현을 결정하는 모든 요인에 대해 충분히 이해하지 못한다. 그러나 표현형에서 표현되는 개인의 유전자형이 표현되는 양상을 결정하는 몇몇 규칙은 연구에 의해 충분히 확립되어 왔다.

많은 특질은 정자에서 하나, 난자에서 하나의 상보적인 유전자 쌍의 영향을 받는다. 대부분의 경우에 이 유전자 쌍은 **우성-열성**(dominant-recessive) **양식**으로 알려져 있는 일련의 유전법칙을 따른다. 예를 들어, 곱슬머리 유전자는 직모 유전자에 대해 우성이다. 따라서 한 개의 곱슬머리 유전자와 한 개의 직모 유전자를 가지고 있는 사람은 곱슬머리를 가질 것이고, 직모인 사람은 두 개의 열성 유전자들을 가지고 있다.

몇몇 신경학적 · 심리학적 특성들이 우성 혹은 열성 유전자와 관련된다. 71쪽의 〈설명〉에서 논의한 것처럼, 우세손은 다소 복잡한 방식을 취하기는 하지만 우성-열성 양식을 따르는 것으로 보인다. 그러나 심리학자들에게 흥미가 있는 대부분의 특성은 더 복잡한 유전 양식을 따른다.

다원 유전(polygenic inheritance)에서는 여러 개의 많은 유전자가 특정한 특성에 영향을 미친다. 예를 들어, 피부색은 몇몇 유전자에 의해 결정된다. 한 부모는 검은 피부를 가지고 있고 다른 부모는 흰 피부를 가지고 있을 때, 그들의 자녀는 대략 둘 사이의 어느 정도에 해당하는 피부를 가질 것이다. 많은 다원적 특성은 **다요인성 유전**(multifactorial inheritance)의 결과이기 쉽다. 즉, 이 특성들이 유전자와 환경 요인 모두의 영향을 받는 것이다. 예를 들어, 한 남자의 유전자는 1.8m의 키에 이르도록 할 수 있지만, 그가 성장하는 동안 영양 부족을 겪게 된다면 그의 실제 키는 그 유전적인 잠재수준에 도달하지 못할 것이다. 뒤의 장들에서 배우게 되겠지만, 지능(7장)과 성격(11장) 모두가 사실상 다원성이고 다요인성으로 여겨진다. 또한 많은 심리학적 장애도 다원성과 다요인성이다(Leonardo & Hen, 2006; McMahon et al., 2010).

적용 당신은 유전상담사와 상담해야 할까

유전상담의 목적은 유전적인 장애가 있는 자녀를 가지는 것, 또는 그들 자신의 유전적인 장애가 발현되는 것에 대한 개인의 위험을 추정하는 것이다. 만약 그러한 장애로 고통을 겪는 친척이 있다면, 당신은 유전상담을 받아야 할지 고민했을 것이다. 그러한 상담은 거의 대부분의 사람에게 도움이 되긴 하지만 전문가의 유전상담이 특히 중요한 몇 가지 상황이 있다

선천적 결손증과 아동기의 유전병

당신이 아마도 알다시피, 태아 검사는 아이가 태어나기 전에 많은 선천적 결손증과 유전적 장애들을 확인할 수 있다. 그러나 다음 중 어떤 것이든 당신 혹은 당신의 배우자에게 적용된다면, 전문가들은 임신 이전에 그러한 위험 요소들에 대한 검진이 이루어져야 한다고 말한다(Brundage, 2002).

- 당신 혹은 당신의 배우자가 이전에 선천적 결손(예, 이분척추) 혹은 유전적 장애(예, 페닐케톤뇨증)를 가진 자녀를 두었다.
- 당신 또는 당신 배우자의 가족 중 생애 초기에 원인 불명의 발달 지연이나 장애(예, 시각장애 또는 청각장애, 정신지체)를 보였던 사람이 있다.
- 당신 또는 당신의 배우자가 특정한 유전적 장애의 발병률이 특히 높은 인종집단에 속한다(예, 아프리카계 미국인-낫세포 질병[겸상적혈구 빈혈증], 유럽계 유대인-테이삭스병, 그리스, 중동 또는 북아프리카 혈통-지중해성 빈혈).

성인기 발병형 유전성 장애

만약 당신의 가족 중 누군가가 다음의 성인기 발병형 유전성 장애들 중 하나로 진단받은 적이 있다면, 유전상담자는 당신이 진지하게 유전상담을 고려할 것을 제안한다.

- 헌팅턴 무도병
- 근긴장성 근이영양증
- 근위축성 측색경화증
- 조현병

유전성 암

만약 당신의 가족 중 누군가가 암으로 진단받은 적이 있다면 유전상담은 그 질환이 발현되는 것에 대한 당신의 위험을 결정하는 데 유용할 수 있다. 버지니아 커먼웰스(Virginia Commonwealth) 대학교의 매시 암센터(Massey Cancer Center, 2006)에 따르면, 특히 다음의 가족력 유형에 해당할 경우 유전상담의 필요성이 커진다.

- 동일하거나 관련된 유형의 암에 대한 복합적인 사례들에 대한 가족력
- 희귀한 암을 지니고 있는 한 명 이상의 친척
- 적어도 한 명의 구성원에서 보통보다 더 이른 연령(예, 50세 이전)에 발병한 암
- 양측성 암(양측 신장 또는 양측 가슴과 같이 쌍으로 된 기관에서 독립적으로 발병하는 두 개의 암)
- 두 가지의 원발성 암(다른 위치에서 발병하는 두 개의 독자적인 종양들)을 지닌 한 명 이상의 가족 구성원
- 유대계 동유럽인이라는 배경

다요인성 장애

많은 만성적인 건강상태들은 유전과 생활양식 요인들의 결합에 기인한다. 이러한 장애를 위한 유전적인 검사들은 없다고 할지라도, 유전상담자는 당신의 가족력을 분석할 수 있고 당신에게 그 질환 중 하나 혹은 그 이상이 발현할 수 있는 당신의 위험을 결정하는 것을 도울 수 있다. 유전상담자는 생활양식의 변화가 가족 구성원 중 한 사람의 삶의 질을 떨어뜨리는, 당신이 보았던 장애의 영향을 어느 정도 피하는 것이 가능할 수 있다는 정도의 충고도 할 수 있다. 그러므로 당신의 가족 중 누군가가 하나 이상의 다음과 같은 다요인성 장애들로 진단받은 적이 있다면 당신은 아마도 유전상담을 받기를 원할 수 있다.

- 성인기 발병형 당뇨병
- 고혈압
- 녹내장
- 심장질환
- 류마티스성 관절염
- 내분비계 장애(예, 갑상선 기능저하증, 췌장염)
- 자가면역성 장애(예, 루푸스, 다발성 경화증)
- 간 또는 신장 질환
- 우울증
- 파킨슨병
- 알츠하이머병

결정하기

비록 이러한 점검표들이 당신으로 하여금 유전상담을 받아야 한다는 결론을 이끌어 내게 할지라도, 당신은 당신 혹은 당신의 자녀가 심각한 건강상의 문제를 다루어야 한다는 가능성에 직면하는 것이 힘겨울 수 있다. 그러한 감정들은 가족 구성원들이 여기에서 열거한 조건들 중의 하나를 가지고 있는 개인들 사이에서 흔히 있는 일이다. 그러나 연구자들은 그들의 개인적인 유전적 결함에 대해 충분한 지식이 없는 사람은 실제로 그들의 유전 질환의 발병을 과대추정하는 경향이 있다는 것을 발견했다(Quaid et al., 2001; Tercyak et al., 2001). 그러므로 유전상담은 당신이 자신의 개인적인 위험에 대한 현실적인 평가를 명확히 하도록 도울 것이고, 만약 미래에 유전성 장애가 있을 것 같다면, 당신이 그것에 대처할 계획을 세우는 것을 가능하게 할 것이다.

'반성유전(sex-linked inheritance)'은 X염색체와 Y염색체에 있는 유전자들과 관련이 있다. 여성의 경우, 두 개의 X염색체는 거의 상염색체와 같이 기능한다. 즉, 하나가 해로운 유전자를 지닌다면 다른 하나는 보통 그것의 효과를 상쇄하는 유전자를 지닌다. 그러나 남성의 경우 하나의 X염색체가 해로운 유전자를 지닌다면 Y염색체에는 상쇄시키는 유전자가 존재하지 않는데, 이는 Y염색체가 매우 작고 오직 남성 신체형을 만드는 데 필요한 유전자들만을 운반하기 때문이다. 그 결과, X염색체에 있는 유전자들에 의해 초래되는 질환들은 여성보다 남성에게서 훨씬 더 자주 발생한다. 예를 들어, 상당히 일반적인 성 호르몬 관련 장애 중 하나로 '적록색맹'(3장 참조)이 있다. 대략 5%의 남성이 이 장애를 지니지만, 여성의 경우는 1% 미만이다(Mather, 2006). 대략 4,000명의 남성 중 1명과 8,000명의 여성 중 1명은 취약 X 증후군(fragile-X syndrome)이라고 불리는 훨씬 더 심각한 성 호르몬 관련 장애를 지니는데, 이는 정신지체의 원인이 될 수 있다(Jewell & Buehler, 2011).

행동유전학 행동유전학(behavioral genetics)이란 행동에서 유전과 환경(본성과 양육)의 상대적인 영향을 조사하는 연구분야다(Loehlin, 2009). 쌍생아 연구에서 행동유전학자들은 쌍생아들이 다양한 특성에서 서로 얼마나 많이 닮는지 결론짓기 위해 일란성 쌍생아와 이란성 쌍생아를 연구한다(Johson, Turkheimer, Gottesman, & Bouchard, 2009). 일란성 쌍생아들은 정확히 동일한 유전자를 갖는데, 왜냐하면 아버지의 단일 정자가 어머니의 단일 난자를 수정시키고 이는 하나의 세포를 형성하고 그 후에 쪼개어져 두 사람—'복사판(identical copies)'—을 형성하기 때문이다. 이란성 쌍생아의 경우, 두 개의 분리된 정자세포들이 배란이 일어나는 동안 동시에 방출된 두 개의 분리된 난자들을 수정시킨다. 이란성 쌍생아들은 같은 부모에게 태어난 어떤 두 형제자매들보다 유전적으로 더 비슷하지는 않다.

일란성이든 이란성이든, 함께 길러진 쌍생아들은 유사한 환경을 가진다. 만약 함께 길러진 일란성 쌍생아들이 함께 길러진 이란성 쌍생아들보다 어떤 특질에서 더 비슷하다는 것으로 발견되면 그 특질은 유전에 의해 더 많은 영향을 받은 것으로 가정된다. 하지만 일란성 쌍생아 쌍과 이란성 쌍생아 쌍들이 그 특질에서 다르지 않다면, 그 특질은 환경에 의해 더 영향을 받는 것이라고 가정된다.

입양아 연구에서 행동유전학자들은 생후 얼마 지나지 않아 입양된 아동을 연구한다. 연구자들은 아동의 능력과 성격 특질을 그들의 양부모 및 생물학적인 부모와 비교한다. 이 전략은 연구자들이 유전과

기억하기 본문 내용을 떠올리며 다음 퀴즈를 풀어 보라.

1. 내분비계는 _____을(를) _____로(으로) 직접 방출한다.
2. _____은(는) 다른 선들을 활성화시키는 '우두머리 분비선'으로 작용한다.
3. 혈당 수준은 _____와(과) _____의 방출을 통해 _____에 의해 조절된다.
4. 성호르몬은 _____와(과) _____에 의해 생산된다.
5. _____은(는) 균형 잡힌 대사작용을 유지하는 것을 담당하는 분비선이다.
6. _____ 유전자는 만일 한 개인이 단지 하나의 복제만을 운반한다면, 표현되지 않을 것이다.
7. 유전과 환경 모두에 의해 영향을 받는 특성은 _____라고(이라고) 불린다.
8. _____은(는) 행동에 대한 유전과 환경의 상대적인 영향을 조사하는 연구 분야다.

환경의 영향을 구분하도록 해 준다.

유전과 환경은 심리학자들이 관심을 갖는 많은 변인에 함께 영향을 미치기 때문에, 당신은 이후의 장들에서 그들의 상대적인 영향과 관련된 논쟁에 관하여 훨씬 더 많은 내용을 읽게 될 것이다.

되돌아보기

이 장에서 신경계에 관하여 당신이 배운 많은 것 중의 하나는 적응성이 그 중요한 특성들 중 하나라는 것이다. 예를 들어, 피나스 게이지 사례가 말해 주는 것처럼 성인 뇌의 많은 영역은 이전으로 되돌릴 수 없는 상태로 특정 기능에 전념하게 되는데, 이는 우리가 아동기 때 가졌던 것보다 더 취약하지만 더 효율적인 뇌를 갖도록 해 준다. 그럼에도 불구하고 뇌는 파괴적인 손상에 직면하더라도 계속하여 기능할 수 있다. 흥분성과 억제성 신경전달물질의 보완적인 기능은 우리의 뇌가 서로 다른 유형의 상황들에서 적절하게 반응하는 것을 가능하게 한다. 분할뇌 수술을 받은 사람은 일상생활에서 상당히 잘 기능한다. 그들은 오직 특정 유형의 과제들에서만 대뇌반구 소통의 결함에서 비롯된 어떤 영향을 보여 준다. 우리가 비상사태에서 반응을 필요로 할 때, 내분비계와 말초신경계는 우리가 필요로 하는 에너지의 일시적인 폭발을 이끌어 내기 위해 서로 협응한다. 마지막으로, 일부의 특성과 질환이 우리의 유전자에 의해 완전히 결정된다고 할지라도, 심리학적 특질들 중 대부분은 유전과 환경 모두에 의해 형성된다. 이 주제는 이어지는 장들에서 다시 강조될 것이다.

CHAPTER 3

감각과 지각

생각해보기

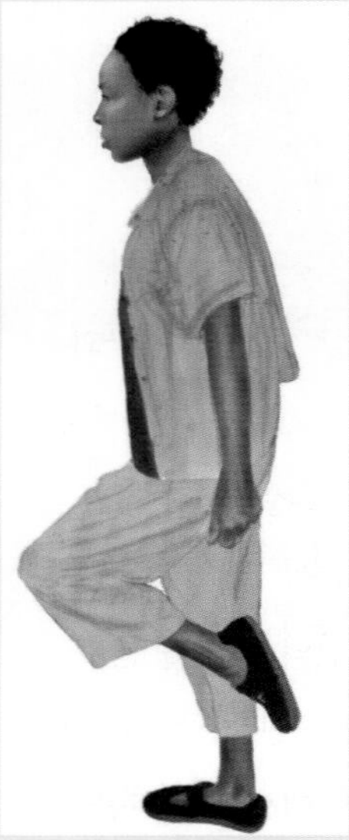

오른쪽 그림의 여자와 같이 한 발로 서 있어 보라. 아마 당신은 적어도 30초 정도 균형을 유지하는 데 별 어려움이 없을 것이다. 그러나 당신이 저 자세를 유지하면서 눈을 감는다면 어떻게 될 것인가? 당장 이렇게 해 보고 확인해 보라.

의심할 여지없이 당신은 눈을 감고 균형을 유지하는 것이 더 어렵다는 것을 알게 될 것이다. 당신의 신체는 균형을 유지하기 위해 여러 유형의 정보에 의존하는 복잡한 체계다. 당신이 방금 알게 된 것처럼, 시각 입력은 결정적으로 중요하다. 사실 시각 입력은 너무도 중요해서 의사들이 신경학적 건강상태를 평가하기 위해 바로 이러한 눈감고-외다리 검사를 사용한다(Chaitow & DeLany, 2002). 우리가 나이가 들수록 이 검사에 대한 수행이 저하되기 때문에(2장에서 배운 소뇌의 노화로 인해), 이 검사는 당신의 뇌가 정상적인 노화 과정을 밟고 있는지를 판단하는 데 사용될 수 있다. 연구에 따르면, 만약 당신의 나이가 20~45세이고, 눈을 가린 상태에서 적어도 25초 동안 한 발로 균형을 유지하지 못한다면 당신의 뇌는 또래보다 더 빨리 노화되고 있을 가능성이 있다(Bohannon et al., 1984). 그러나 자신감을 가져라. 일부러 천천히 움직이는 운동으로 구성된 중국 태극권(Tai Chi)의 조정훈련과 같이 균형을 강조한 운동처방을 연습한다면 노화의 효과를 상쇄시킬 수 있다(Fuzhong, Harmer, Fisher, & McAutey, 2004).

당신의 몸의 자세를 유지하는 능력은, 우리가 감각과 지각의 상호작용적 과정을 탐색하면서 추구하게 될 많은 토픽 중 하나다.

첫째, 우리는 두 가지 우세한 감각인 시각과 청각을 다룰 것이다. 그런 다음 우리는 다른 감각, 즉 냄새, 맛, 촉감, 통증 및 균형으로 주의를 돌릴 것이다. 당신은 어떻게 감각기관이 감각 정보를 탐지하고 이 감각 정보가 어떻게 뇌에 의해 능동적으로 조직화되고 해석되는지 배우게 될 것이다.

감각 과정

감각(sensation)이란 시각, 청각 그리고 그 밖의 감각 자극을 주워 담아 뇌로 보내는 과정이다. **지각(perception)**이란 뇌가 능동적으로 감각 정보를 조직화하고 해석하는 과정이다. 감각이 감각 경험의 원료를 제공하는 데 비해, 지각은 결과물을 제공한다. 어떤 면에서 감각과 지각은 요리하기와 다소 유사하다. 예를 들어, 빵을 굽기 위해 당신은 달걀, 밀가루, 베이킹파우더 등의 다양한 요리재료를 준비해야 한다. 이러한 과정의 부분들이 감각과 유사하다. 당신이 조리법에 따라 재료를 섞을 때 지각과 유사한 과정이 그려진다. 조리법 속의 지시문은 뇌가 감각에 적용하는 지각의 원리와 유사하다. 뇌에서 마무리된 지각은 요리에서 완성된 케이크와 비슷하다. 케이크와 지각 둘 다 원재료의 배열에 규칙과 절차가 적용된 결과다.

그렇지만 이러한 유추를 여기까지만 할 수 있다. 실제로는 감각과 지각이 서로 완전히 분리되고 독립된 과정은 아니다. 대신, 그들은 상호작용적이다. 감각은 지각을 위한 자료를 제공하면서 역으로 지각 과정이 감각에 영향을 주기도 한다. 당신이 이 장 전반에 걸쳐 감각과 지각 과정에 대해 읽는 동안 이것을 명심하라. 지각을 고려하기 전에, 우선 감각 과정에 대해 살펴볼 것이다.

절대역과 차이역

3.1 절대역과 차이역은 무엇인가?

당신이 들을 수 있는 가장 부드러운 소리, 당신이 볼 수 있는 가장 희미한 빛, 당신이 맛볼 수 있는 가장 희석된 물질은 무엇인가? 감각심리학 연구자들은 이러한 물음에 답하기 위해 오래전부터 많은 실험을 수행해 왔다. 그들의 연구 결과로 절대역이라 불리는 감각을 측정하는 방식이 만들어졌다. 출입구가 방의 외부와 내부 사이를 나누는 지점인 것처럼, 감각의 **절대역**(absolute threshold)은 지각할 수 없는 자극과 간신히 지각할 수 있는 자극 간의 차이 지점을 표시한다. 심리학자는 이러한 절대역을 시행의 50%가 탐지될 수 있는 최소한의 감각자극의 양이라고 임의로 정의하여 왔다. [그림 3-1]에 시각, 청각, 미각, 후각 그리고 촉각에 대한 절대역이 예시되어 있다. 당신은 94쪽의 〈시도〉를 따라 해보면서 절대역을 경험할 수 있다.

만약 음악을 듣고 있다면, 당신이 그것을 들을 수 있다는 사실은 절대역을 넘어섰다는 것을 의미한다. 그런데 당신이 차이를 알아차리기 위해 그 양을 얼마나 높이거나 낮춰야 할까? 또는 당신이 식료품 매장에서 바구니를 옮길 때 당신의 짐이 더 무거워지거나 더 가벼워졌다고 느끼기 위해 무게가 얼마나 증가하거나 감소하여야 하는가? **차이역**(difference threshold)은 **최소가지차**(最小可知差, just noticeable difference: JND)를 산출하는 데 필요한 물리적 자극의 최소 증가 혹은 감소의 측정량이다. 최소가지차는 사람이 시행의 50%를 탐지할 수 있는 최소의 감각 변화다. 만약 당신이 2kg의 무게를 들고 있을 때 400g이 추가된다면 그 차이를 쉽게 탐지할 수 있다. 하지만 50kg의 무게를 들고 있는 상황에서 400g이 추가된다면 그 차이를 느끼기 어려울 것이다. 왜 그런가?

150여 년 전, 연구자 에른스트 베버(Ernst Weber, 1795~1878)는 모든 감각에 대한 최소가지차가 자극의 고정된 변화량보다는 변화 비율 또는 퍼센트에 달려 있다는 것을 관찰하였다. 이러한 관찰은 **베버**

(a)
시각에서, 맑은 밤 48km 떨어진 촛불
(b)
청각에서, 6m 떨어진 시계의 똑딱이는 소리
(c)
미각에서, 7.6L의 물에 용해된 1티스푼의 설탕
(d)
후각에서, 방이 3개인 집에 떨어진 향수 한 방울
(e)
촉각에서, 뺨 1cm 위에 떨어진 벌의 날개

[그림 3-1] 절대역

방문의 역치가 방의 밖과 안을 나누는 기점이듯이, 감각의 절대역은 자극을 지각할 수 없는 지점과 겨우 지각할 수 있는 지점의 차이를 표시한다.

▶▶▶ 이 구조원이 어둠 속에서 지각할 수 있는 가장 희미한 빛은 무엇인가? 감각 심리학 분야의 학자들은 이러한 질문에 대답하기 위해 오랫동안 많은 연구를 수행하였으며, 그들의 연구는 절대역으로 알려진 측정방식을 확립하였다. 출입구의 경계가 방 외부와 내부 사이를 나누는 지점인 것처럼, 감각의 절대역은 자극을 지각할 수 없는 것과 자극을 간신히 지각할 수 있는 것 간의 변화점을 나타낸다.

의 법칙(Weber's law)으로 알려지게 되었다. 당신이 차이를 알아차리기 위해서는, 당신이 쥐고 있는 무게가 반드시 1/50 또는 2%씩 증가하거나 감소해야 한다. 대조적으로 당신이 음악을 듣고 있을 때 음고가 약 0.33%만 높아지거나 낮아진다고 해도 그 차이를 알아차릴 것이다. 베버의 법칙에 따르면, 원래의 자극이 크면 클수록 그 차이를 알아차리기 위해서는 자극이 더 크게 증가되거나 감소되어야 한다.

예상할 수 있듯이, 차이역은 모든 감각에서 동일하지는 않다. 미각에서 약간의 변화들이 감지되기 위해서는 매우 큰(1/5 또는 20%) 차이가 필요하다. 게다가 베버의 법칙은 평균적 민감도를 가진 사람들에서, 그리고 아주 강하거나(시끄러운 천둥소리) 아주 약한(들릴 듯 말 듯한 속삭임) 자극을 제외한 감각 자극에 가장 잘 적용된다. 예를 들어, 포도주 감정 전문가는 맛의 변화 탐지에 필요한 20%의 일부분만 포도주 단맛이 달라지더라도 그것이 약간 지나치게 달다는 것을 알아차릴 것이다. 그러나 평범한 사람은 그 변화를 감지하지 못할 것이다. 더욱이 한 감각을 상실한 사람은 다른 감각에서 보다 큰 민감도를 얻게 된다. 한 연구는 초기에 발병한 맹인 아동이 정상 아동보다 스물다섯 가지의 흔한 냄새들을 정확하게 구분하는 데 더 유능하다는 사실을 발견하였고, 다른 연구는 선천적인 청각장애 학생이 정상 아동에 비해 움직임 지각 능력이 우수하다는 사실을 발견했다(Bavelier et al., 2000). 게다가 청각장애 학생들이 정상 청력을 가진 아동보다 선명한 시력을 갖는 경향이 나타났다(Codina et al., 2011). 마찬가지로, 선천적인 맹인이나 후천적으로 눈이 멀게 된 사람들은 이후에 일반 사람보다 더 좋은 청력을 가지는 경향이 있다(Gougoux et al., 2004).

시도 절대역

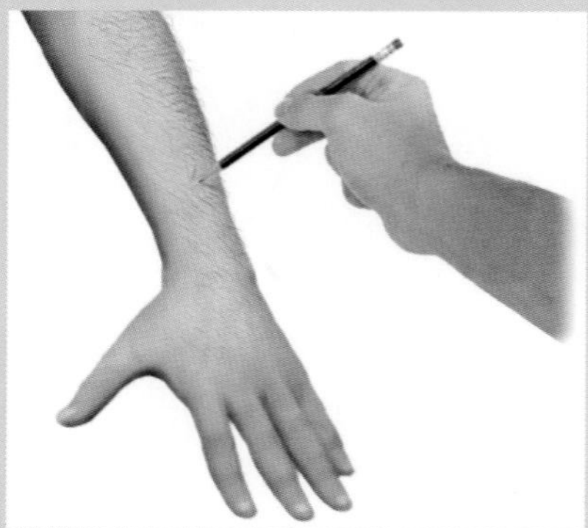

당신이 이 실험을 하기 위해서 상대가 필요하다. 당신은 실험자가 되고 상대는 관찰자가 된다. 피험자에게 눈을 감고(엿보지 말것!) 무엇인가를 느낄 때 당신에게 말하도록 요청하라. 피험자가 눈을 감게 하고(엿보기 금지) 무엇인가를 느낄 때 당신에게 말하도록 요구하라. 피험자의 팔에 작은 머리카락을 올려놓으라. 끝이 아주 작고 뾰족한 연필이나 그 비슷한 것을 사용해서 피험자의 피부를 건드리지 않도록 주의하면서 피험자가 알아차릴 때까지 머리카락을 천천히 움직여 보라. 이제 상대방의 역할을 경험할 수 있도록 역할을 바꾸어 보라. 당신이 적절한 측정장치를 가졌다면, 관찰자가 감각을 알아차리기 전에 머리카락이 얼마나 멀리 움직여야 하는지를 보는 절차와 측정을 반복할 수 있다. 여기서 필요로 하는 움직임의 양이 머리카락 움직임의 절대역이다.

변환과 순응

> 3.2 변환 과정이 감각 정보를 어떻게 변화시키는가?

당신은 우리의 눈이 사실은 보는 것이 아니고 우리의 귀도 듣는 것이 아니라는 것을 알게 된다면 놀랄 것인가? 감각기관은 감각의 시작점을 제공할 뿐이며, 그 감각은 뇌에 의해 완성될 수밖에 없다. 2장에서 배운 것처럼 우리가 보거나 듣거나 맛보거나 등을 하려면 뇌의 전문화된 영역들에 있는 특정 뉴런 다발들이 자극을 받아야 한다. 하지만 뇌 스스로는 빛, 음파, 냄새, 맛에 직접적으로 반응할 수 없다. 그렇다면 뇌는 그 메시지를 어떻게 얻을까? 그 답은 **감각수용기**(sensory receptors)를 통해서다.

신체의 감각기관들은 감각수용기라 불리는 매우 전문화된 세포들로 구성되어 있고, 그것은 감각 자극들(빛, 소리, 주파수, 냄새 등) 중의 한 유형을 탐지하고 반응한다.

변환(transduction)이라고 알려진 과정을 통해 감각수용기는 감각 자극을 뇌의 전기화학적 언어인 신경 자극들로 바꾼다. 그 후 신경 자극들은 시각을 위한 일차 시각피질 또는 청각을 위한 일차 청각피질과 같은 뇌의 정밀한 장소들로 전달된다(우리는 이 후의 장에서 뇌의 이러한 부분에 대하여 더 자세한 내용을 배울 것이다). 우리는 뇌의 적절한 부분이 자극받을 때만 특정 감각을 경험한다. 감각수용기는 물리적 감각세계와 뇌 사이에 핵심적인 연결을 제공한다.

시간이 지나면서 감각수용기는 항상적이고 변하지 않는 자극(빛, 소리 또는 냄새)의 수준에 익숙해져서 우리는 그것을 점점 덜 알아차리거나 아예 알아채지 못한다. 예를 들어, 흡연자는 자신의 집과 옷에 밴 담배 냄새에 익숙해진다. 이러한 과정은 **감각 순응**(sensory adaptation)으로 알려져 있다(아래의 〈시도〉 참조). 비록 감각 순응이 우리의 감각 자각을 감소시키지만, 이 감각 순응으로 인해 우리가 주어진 순간에 더 중요한 다른 것에 주의를 이동하는 것이 가능해진다. 하지만 감각 순응은 암모니아 냄새, 귀청이 찢어질 것 같은 소리, 부패한 음식의 맛과 같이 매우 강한 자극에는 잘 일어나지 않는다.

시도 감각 순응

세 개의 큰 시리얼 그릇이나 작은 반죽용 그릇을 준비하라. 한 그릇에는 매우 차가운 물을, 다른 그릇에는 매우 뜨거운 물(끓거나 화상 입지 않을 정도)을, 그리고 세 번째 그릇에는 미지근한 물을 채우라. 최소한 1분 동안 뜨거운 물과 차가운 물에 당신의 왼손과 오른손을 담그라. 그런 다음, 신속히 양손을 동시에 미지근한 물에 담그라.

당신은 왜 미지근한 물이 실제 온도보다 동시에 더 따뜻하고 차갑다는 착각을 경험하는가? 그에 대한 답이 순응이다. 차가움에 순응된 당신의 왼손은 미지근한 물을 따뜻하게, 뜨거움에 순응된 오른손은 미지근한 물을 더 차갑게 지각한다. 이것은 감각 자극에 대한 우리의 지각은 상대적이며 우리에게 이미 순응된 자극과 새로운 자극 사이의 차이에 의해 영향을 받는다는 것을 예시한다.

기억하기 본문 내용을 떠올리며 다음 퀴즈를 풀어 보라.

1. 환경으로부터 감각 정보를 들여오고 뇌로 전송하는 것은 _____라(이라) 불린다.
2. 감각 정보를 해석하는 것은 _____라(이라) 일컫는다.
3. _____역은 당신이 시행의 50%에서 자극을 감지할 수 있는 지점이다.
4. _____역은 시행의 50%에서 감각의 차이를 만들어 내는 물리적 자극의 최소 증가 혹은 감소다.
5. _____은(는) 감각 정보를 감각기관에서 뇌로 전송한다.
6. _____은(는) 감각수용기가 시간이 지남에 따라 변하지 않는 거듭되는 자극에 익숙해지는 과정이다.

시각

시각은 모든 감각 중 가장 많이 연구되었다. 오랫동안 시각 연구자들이 알고 있었던 한 가지 사실은 우리의 눈이 받아들일 수 있는 것보다 훨씬 많은 정보가 감각환경에 있다는 것이다. 우리의 눈은 **가시 스펙트럼**(visible spectrum)이라 불리는 광파대역에만 반응할 수 있다([그림 3-2] 참조). 이 파동은 파의 정점부터 다음 정점 간의 거리인 **파장**(wavelengths)으로 측정된다. 우리가 볼 수 있는 가장 짧은 광파는 보라색으로 보이는 반면, 가장 긴 가시광선파는 빨간색으로 보인다. 그러나 시각이라는 것은 빛에 대한 반응 자체보다는 훨씬 더 많은 것을 포함한다. 시각은 눈과, 눈으로부터 신경흥분을 받아들여 처리하는 뇌의 특정 부위에 있는 전문화된 구조를 포함한다. 색을 감지할 수 있는 능력과 어떻게 색 감각이 만들어지는지를 설명하는 이론들도 시각의 중요한 부분이다.

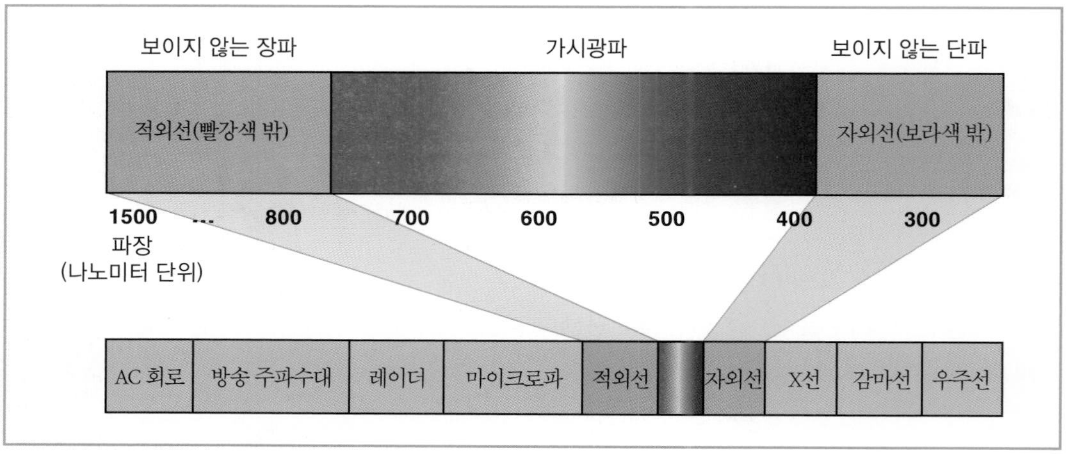

[그림 3-2] 전자기 스펙트럼
인간의 눈은 전자기파 중 매우 가는 폭의 파장만을 지각할 수 있는데, 이를 가시 스펙트럼이라고 한다.

눈

3.3 시각에서 눈의 각 부위는 어떤 기능을 하는가?

[그림 3-3]은 구형으로 된 인간의 안구를 보여 주는데, 안구의 직경은 약 2.5cm 정도다. 눈 표면의 외부 곡선은 **각막**(cornea)—눈의 전면부를 덮는 질기고 투명한 보호층—이다. 각막은 눈 내부로 향하는 빛을 굴절시킴으로써 시각의 첫 번째 단계를 수행한다.

각막은 빛이 홍채의 작고 어두운 개방부 혹은 눈의 채색된 한 부분인 '동공'을 통하도록 한다. '홍채(iris)'는 눈에 들어가는 빛의 양을 조절하기 위해 동공을 팽창시키거나 수축시킨다.

홍채와 동공 바로 뒤에 달려 있는 **수정체**(lens)는 여러 얇은 막으로 구성되어 있고, 투명한 디스크처럼 보인다. 수정체는 보이는 사물에 초점을 맞추는 과제를 수행한다. 그것은 멀리 있는 사물에 초점을 맞출 때 평평해지고, 가까이 있는 사물에 초점을 맞출 때는 그 중심이 더 둥글고 볼록해진다. 수정체의 이러한 평평해지고 볼록해지는 활동을 **조절**(accommodation)이라 한다. 나이가 들면서 수정체는 가까운 시야의 사물에 적응하기 위해 그것의 형체를 조절하는 능력을 상실하는데, 이러한 상태를 노안이라고 한다. 이것은 40대 이상의 많은 사람이 책이나 신문을 그들의 팔 길이에 두거나 글자를 확대해 보기 위해 확대경을 사용하는 이유다.

수정체는 들어오는 이미지를 **망막**(retina: 작은 우표 크기의 조직층으로 양파 껍질보다 얇고, 안구 내부 표면에 위치하고 있으며, 시각을 위해 감각수용기를 포함하고 있다) 위에 초점을 맞춘다. [그림 3-4]

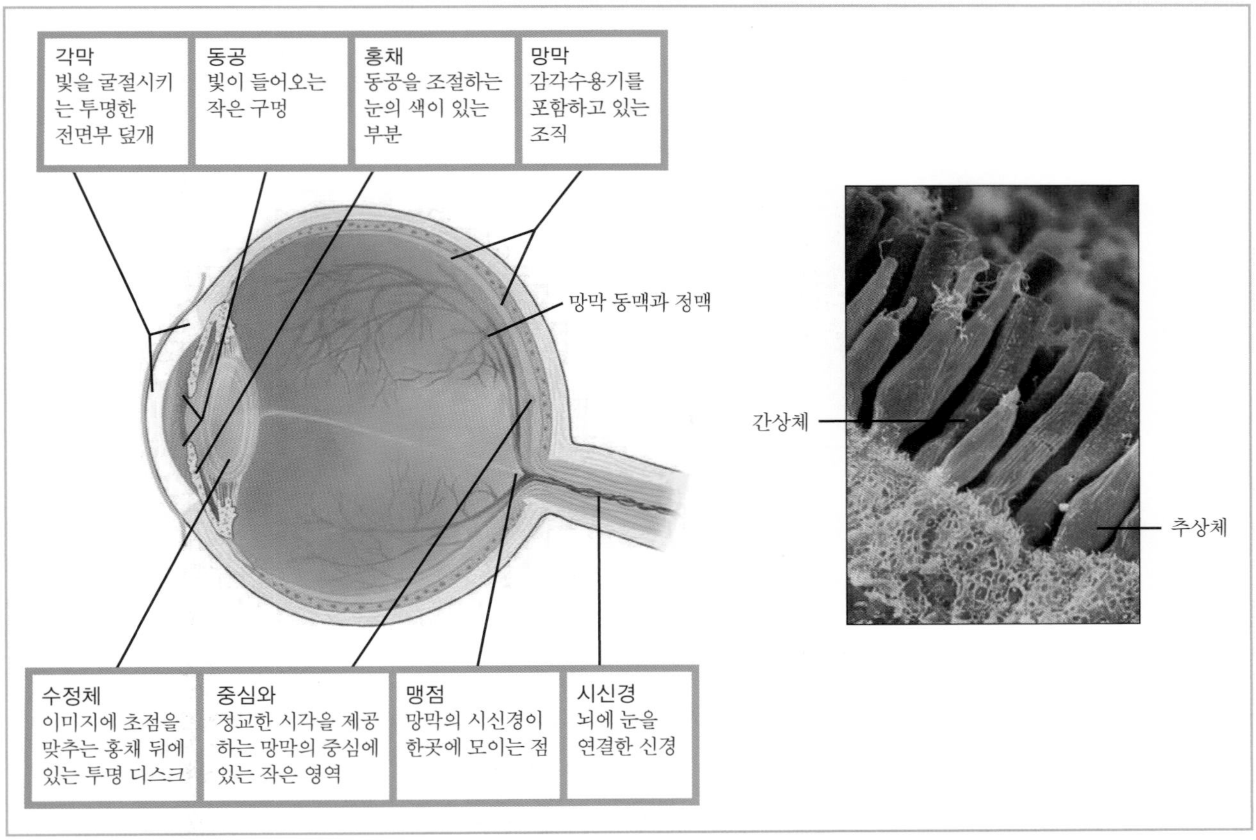

[그림 3-3] 인간 눈의 주요 영역

의 설명처럼 망막 위에 맺힌 이미지는 상하, 좌우가 바뀐 상태다.

어떤 사람의 경우 안구의 직경(수정체부터 망막까지)이 적절한 초점을 맞추기에 너무 짧거나 또는 너무 길다. 근시는 수정체가 멀리 있는 사물에 대한 초점을 망막보다 좀 더 앞에 맞출 때 발생한다. 근시가 있는 사람은 가까이에 있는 사물을 명확하게 보지만 멀리 있는 사물은 흐릿하게 본다. 원시는 수정체가 가까이 있는 사물에 대한 초점을 망막보다 뒤에 맞출 때 발생한다. 원시가 있는 사람은 멀리 있는 사물은 명확하게 보지만 가까이 있는 사물은 흐릿하게 본다. 근시와 원시는 모두 안경, 콘택트렌즈 혹은 수술을 통해 교정할 수 있다.

망막 뒤편에는 빛에 민감한 수용기 세포층[**간상체**(rods)와 **추상체**(cones)]이 있다. 그 형태 때문에 이러한 이름이 붙여졌는데, 간상체는 마치 가느다란 실린더처럼 보이고 추상체는 그보다 좀 더 짧고 둥글게 보인다. 각 망막에는 1억 2,000만 개의 간상체와 600만 개의 추상체가 있다. 추상체는 우리가 충분한 빛이 있을 때 사물의 색과 미세한 세부사항을 보는 것을 가능하게 하는 수용기 세포이지만 매우 어두운 빛에서는 기능하지 못한다. 이와 대조적으로, 간상체는 상당히 민감해서 겨우 다섯 개의 빛 광자에도 눈이 반응하도록 한다(Hecht, Shlaer, & Pirenne, 1942).

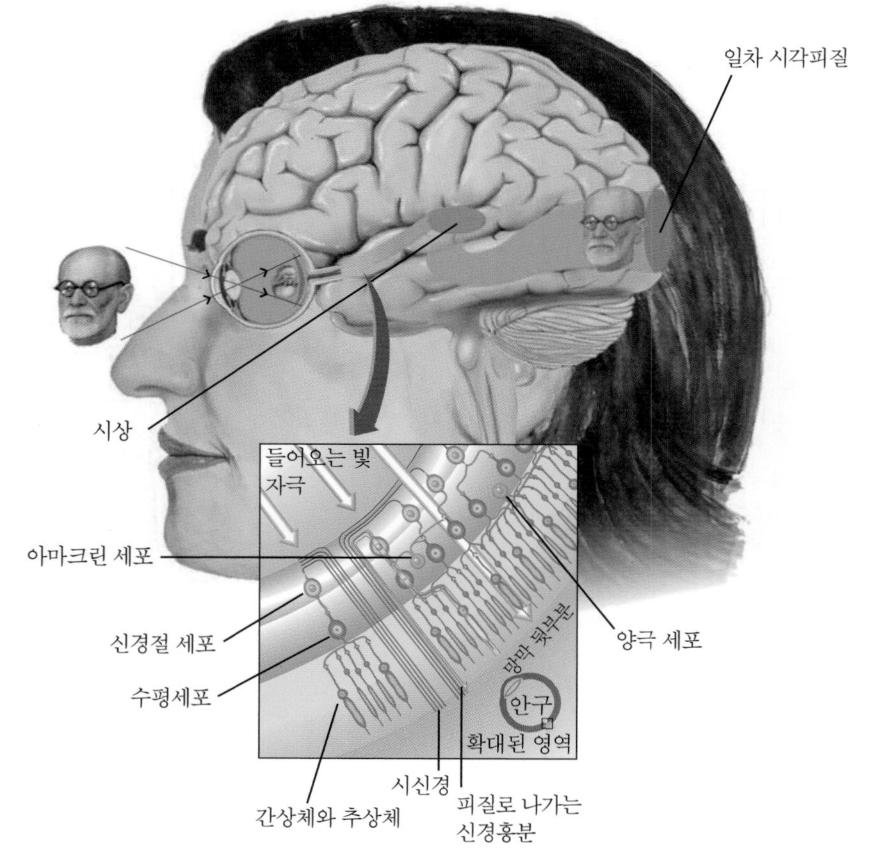

[그림 3-4] 망막상으로부터 의미 있는 정보까지

명확한 영상을 만들기 위해 수정체가 광선을 변화시키는 방법을 사용하는데, 그 때문에 망막에서 영상이 거꾸로 뒤집힌다. 뇌의 시각처리 체계는 거꾸로 뒤집힌 망막의 이미지를 받아들이고 그것을 뒤집어서 적절하게 정향시킨다.

간상체에 있는 로돕신(rhodopsin)이라는 물질은 우리가 빛의 변화에 순응할 수 있도록 해 준다. 로돕신은 옵신(opsin, 감광성 망막 색소를 합성하는 단백질)과 레티날(retinal, 화학적으로 비타민 A와 유사)이라는 두 가지 성분을 지닌다. 옵신과 레티날은 밝은 빛에서 명순응 과정이 일어날 때 분리된다. 암순응이 일어나는 동안에는 합쳐지면서 로돕신을 다시 조성한다. 당신은 밝은 곳에서 완전히 어두운 곳으로 이동했을 때나 어두운 영화관에 들어갔을 때 옵신과 레티날이 다시 합쳐질 때까지 잠깐 동안 눈앞이 보이지 않는 현상을 확실히 경험하였을 것이다. 반대로 당신이 극장에서 다시 나갈 때는 두 성분이 다시 분리될 때까지 일시적으로 당신의 눈앞이 보이지 않게 된다.

망막의 중심은 **중심와**(fovea)로, 이 문장의 마지막에 찍힌 마침표 크기만 한 작은 영역이다. 당신이 사물을 똑바로 쳐다볼 때, 사물의 영상은 당신의 중심와의 중심에 초점이 맞춰진다. 중심와는 간상체를 포함하지 않고 3만 개의 밀도 높게 채워진 추상체를 지니고 있는데, 이것이 전체 망막에서 가장 명확하고 정교한 시각의 영역을 제공한다. 추상체는 중심와의 중심에 가장 밀도 높게 채워져 있다. 그 밀도는 중심와 중심의 뒷부분에서 급격하게 줄어들고 망막의 주변까지 점차 안정된다.

시각과 뇌

3.4 망막에서 일차 시각피질까지 시각 정보는 어떻게 이동하는가?

[그림 3-4]에서 볼 수 있듯이, 뇌는 망막의 뒤집힌 상을 의미 있는 시각 정보로 변환시키는 능력을 가지고 있다. 하지만 신경처리의 첫 번째 단계는 망막 자체에서 일어난다. 빛이 감각수용기의 간상체와 추상체에 도달하기 전에, 각각의 전문화된 뉴런을 포함하는 4개의 조직층, 즉 신경절 세포, 아마크린 세포, 양극세포와 수평세포([그림 3-4] 참조)를 통과한다. 빛이 감각수용기(간상체와 추상체)에 도달할 때, 감각수용기는 그것을 신경흥분으로 변환 또는 변화시킨다. 그 후 신경흥분이 양극세포, 아미크린 세포, 수평세포를 통해 신경절 세포로 전달된다. 약 백만 개의 축색 모양 신경절 세포들이 연필심 크기의 다발로 망막 벽을 지나면서 눈을 나와 뇌로 향한다. 혈관들이 빠져나가는 망막 벽에는 간상체와 추상체가 없는데, 그 지점이 눈의 **맹점**(blind spot)이다.

각 눈의 망막 벽 뒤를 지난 신경다발은 망막으로부터 뇌까지 시각 정보를 운반하는 **시신경**(optic nerve)을 형성한다(앞의 [그림 3-3] 참조). 이 두 시신경은 시교차에서 만나는데, 이곳에서 그 시신경들 중 약간이 뇌의 반대쪽으로 교차하는 곳이다. 각 망막의 오른쪽 절반 신경섬유는 우반구로 향하고, 각 망막의 왼쪽 절반은 좌반구로 향한다. 이 교차는 중요한데, 그 이유는 이것이 한쪽 눈으로부터 오는 시각 정보가 뇌의 양쪽 반구 모두의 일차 시각피질에 시각 정보를 표상하게 해 주기 때문이다. 더욱이 시교차는 양쪽 눈으로부터 정보를 요구하는 깊이 지각에서 중요한 역할을 한다(이 장의 뒤에 더 설명될 것이다).

시교차로부터 시신경섬유는 시상으로 확장되어 그곳의 뉴런과 시냅스들로부터 신경흥분을 **일차 시각피질**(primary visual cortex)로 전달한다. 그 부분이 시각처리를 전담하는 뇌의 부위다. 1981년 노벨상을 수상한 데이비드 허블과 토스턴 위젤(David Hubel & Torsten Wiesel, 1959, 1979; Hubel, 1963, 1995) 덕택에, 우리는 일차 시각피질의 뉴런들이 어떻게 전문화되어 있는지 알 수 있게 되었다. 허블과 위젤(1959)은 고양이의 시각피질에 미세전극을 삽입하여 고양이가 각기 다른 시각적 자극에 노출되었을 때 개별 세포에서 무엇이 일어나는지를 확인하였다. 그들은 각각의 뉴런이 특정한 패턴에만 반응하는 것을 발견하였다. 어떤 뉴런은 오직 선과 각도에만 반응한 반면, 다른 뉴런은 고양이가 수직 또는 수평 선분을 봤을 때만 발화하였다. 또 다른 뉴런들은 특정한 각도 또는 특정 길이의 선분 외에는 반응하지 않았다. 이런 유형의 뉴런을 **세부특징 탐지기**(feature detectors)라 하는데, 이들은 선천적으로 특유한 반응을 낳도록 부호화되어 있다. 하지만 우리는 전체적인 영상을 보는 것이지 고립된 세부특징의 조합을 보는 것은 아니다. 일차 시각피질에서 수백만 개의 시각 정보를 뇌의 다른 영역으로 전달하고, 그 영역에서 정보들이 결합되고 조합되어 전체 시각 영상을 만들어 낼 때 비로소 시지각이 완성되기 때문이다.

시각체계의 주요한 구조에 대해서는 다음 〈복습과 재검토〉를 참조하라.

복습과 재검토 시각체계의 주요 구조

구조	기능
각막	안구 앞에 투명하게 덮여 있고, 눈 안쪽의 동공으로 들어오는 빛을 굴절시킨다.
홍채	눈의 착색된 부분으로, 동공으로 들어가는 빛의 양을 일정하게 유지하기 위해 조절한다.
동공	홍채의 중심에 열려 있는 것으로, 이를 통해 빛의 광선이 눈으로 들어온다.
수정체	동공 뒤의 투명한 디스크 모양 구조로, 다양한 거리의 물체에 초점을 맞추기 위해 모양을 조절한다.
망막	눈 안쪽 표면의 조직층으로, 시각을 위한 감각수용기를 포함한다.
간상체	망막에 있는 전문화된 수용기 세포로, 빛의 변화에 예민하다.
추상체	망막에 있는 전문화된 수용기 세포로, 충분한 빛에서 색과 미세한 세부적인 것을 볼 수 있도록 한다.
중심와	망막의 중심에 있는 작은 영역으로 추상체 다발로 이루어져 있으며, 사물을 직시할 때 명확하고 정교하게 초점을 맞춘다.
시신경	망막에서 뇌로 시각 정보를 운반하는 신경이다.
맹점	각 눈 안에서 시신경이 망막의 벽에 결합되는 영역으로서 시각수용기가 없으므로 시각이 불가능하다.

3.5 색채시는 어떻게 작용하는가?

색채시

사과의 껍질은 빨강으로 보이는데, 사과 속은 왜 빛바랜 흰색으로 지각되는가? 우리가 실제로 보는 것은 반사된 빛이다. 물체에 부딪히는 빛 중 어떤 파장은 물체에 의해 흡수되고 다른 파장은 물체로부터 반사된다. 그럼 왜 사과의 껍질은 붉게 보일까?

색 감지 당신이 밝은 빛에서 붉은 사과를 들고 있다면 모든 파장의 빛이 사과에 부딪힌다. 그러나 빛의 긴 파장인 빨강이 더 많이 사과의 껍질로부터 반사된다. 단파장은 흡수되고, 당신은 오직 반사된 빨강만 본다. 사과를 한 입 물면 그 속은 빛바랜 흰색으로 보인다. 왜 그럴까? 당신은 흰색에 가까운 색을 본다. 왜냐하면 거의 모든 가시광선의 파장이 사과의 안쪽 부분에서는 흡수되기보다 반사되기 때문이다. 눈에 보이는 모든 파장의 존재는 흰색에 가까운 색의 감각을 준다. 만약에 물체가 실제로 가시광

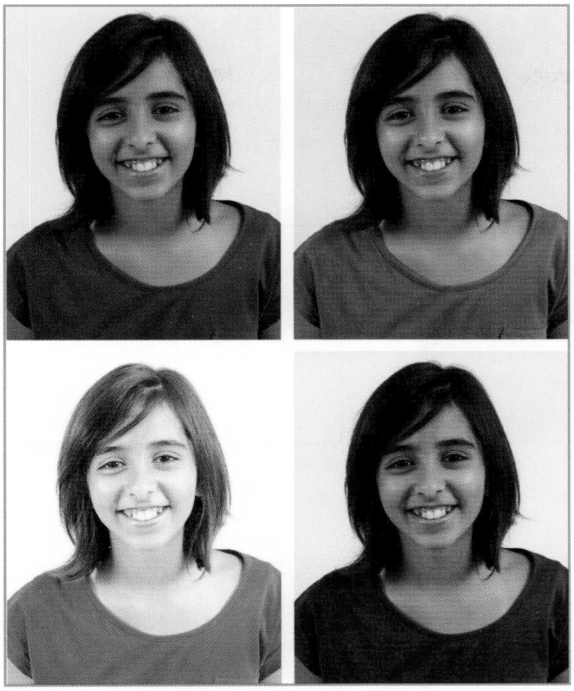

[그림 3-5] 색상, 밝기 및 채도
① 자연색, ② 색상 변경, ③ 밝기 변경, ④ 채도 변경

선을 100% 반사한다면 그 물체는 순수한 흰색으로 보일 것이다.

우리의 일상적인 시각적 경험은 무지개 색깔보다 훨씬 많다. 우리는 수천 가지의 미묘한 색상의 명암을 감지할 수 있다. 이러한 색의 구별은 무엇을 초래하는가? 연구자들은 우리의 풍부한 색 경험이 빛의 세 가지 차원의 결합으로 제공됨을 확인하였다. 대표적인 차원은 특정 색의 지각을 말하는데, 그것은 **색상**(hue)—예를 들어, 빨강, 파랑, 노랑—이다. **채도**(saturation)는 색의 순도를 말한다. 색이 포화되지 않았거나 순수하지 않을 때는 다른 파장의 빛이 혼합된 것이다. **밝기**(brightness)는 색과 일치하는 색 광파의 크기(높이)를 인식하는 빛 에너지의 강도를 말한다. 세 가지 차원의 차이는 [그림 3-5]에 제시하였다.

색채시의 이론 과학자는 추상체가 색채시를 초래한다는 것을 안다. 하지만 정확히 어떻게 그것들이 색채 감각을 만들어 내는가? 색채시를 설명하기 위해 두 가지 주요 이론이 그것을 검증할 수 있는 실험실 기술의 발전 이전에 제안되었다(Stabell & Stabell, 2009). **삼원색 이론**(trichromatic theory)은 토머스 영(Thomas Young)이 1802년에 처음으로 제안하였고, 50년 후 헤르만 폰 헬름홀츠(Hermann Von Helmholtz)가 수정하였다. 이 이론에 따르면, 세 가지 종류의 추상체가 망막에 있으며, 각 종류의 추상체가 최대의 화학반응을 만들어 낼 때 세 가지 색 중 하나—파랑, 초록 또는 빨강—를 만들게 된다. 노벨상 수상자인 조지 왈드(George Wald, 1964; Wald, Brown, & Smith, 1954)가 1950년대와 1960년대에 수행한 연구는 삼원색 이론을 지지한다. 왈드는 모든 추상체가 기본적으로 같은 구조를 갖고 있더라도 망막에는 실제로 세 종류의 추상체가 포함되어 있음을 발견하였다. 후속 연구는 추상체의 각 종류가 파랑, 초록, 빨강의 세 가지 색 중 하나에 특히 민감한 것을 보여 주었다(Roorda & Williams, 1999).

시도 부적 잔상

녹색, 흑색, 노란색 깃발의 중앙에 있는 점을 약 1분간 쳐다보라. 그런 다음 당신의 응시를 오른쪽 직사각형의 점으로 이동하라. 당신은 적색, 백색 그리고 청색의 진정한 색으로 된 미국 국기를 보게 될 것이다. 이들 색은 적색, 흑색, 노란색의 대립과정의 보색이다.

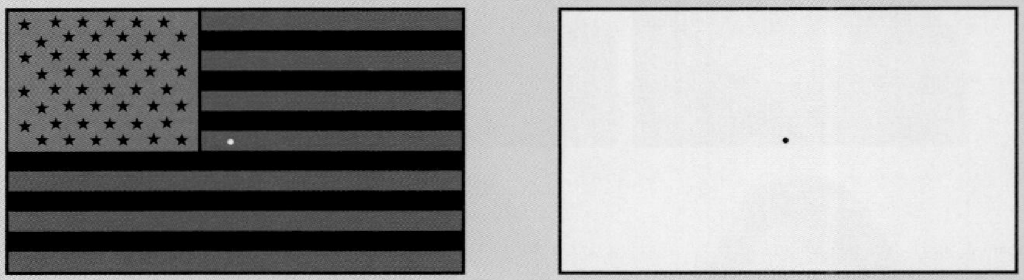

색채시를 설명하는 다른 주요 시도는 **대립과정 이론**(opponent-process theory)이다. 대립과정 이론은 1878년 생리학자인 이발트 헤링(Ewald Hering)이 처음으로 제안한 것이며, 1957년에 연구자인 리온 허비치(Leon Hurvich)와 도시아 제이미슨(Dorthea Jamison)에 의해 수정되었다. 대립과정 이론에 따르면, 각기 다른 색들이 보일 때 세 가지 종류의 세포가 그들의 발화율을 증가 혹은 감소시켜 반응한다. 빨강/초록 세포의 발화율을 증가시키면 빨강이 나타나고 감소시키면 녹색이 나타난다. 노랑/파랑 세포는 노랑에 증가된 반응을, 파랑에 감소된 반응을 보인다. 세 번째 종류의 세포는 백색 빛에서 발화율을 높이고 빛이 없을 때 발화율을 낮춘다.

당신이 대립과정 쌍의 색 중 하나를 충분히 본 후 흰색 표면을 본다면, 당신의 뇌는 당신에게 시감각 자극이 철회된 후에 남아 있는 반대색의 감각, 즉 **잔상**(afterimage)을 줄 것이다. 당신이 대립과정 쌍(빨강/초록, 노랑/파랑, 하양/검정) 중의 하나를 응시하면, 그 색에 반응하는 세포는 피로하게 되고 대립세포가 발화를 시작하여 잔상을 초래한다. 위의 〈시도〉에서 이를 직접 시연해 보라.

이러한 색채시의 두 이론 중 어느 것이 정확한가? 각 이론은 색채처리의 다른 측면을 설명하는 것으로 밝혀졌다. 현재 일반적으로 추상체가 색채처리를 하는 방식은 삼원색 이론이 가장 잘 설명하는 것으로 받아들이고 있다. 추상체들은 대립과정이 이루어지는 위치인 신경절 세포에 빛의 파장에 대한 정보를 전달한다. 그리고 색채 지각은 이러한 두 단계 이상이 포함된 것으로 보인다. 연구자들은 색채처리가 망막 수준에서 시작하여 양극세포와 신경절 세포에서 계속되고, 시각피질에 있는 색채 탐지기에 의해 완료되는 것으로 생각한다(Masland, 1996; Sokolov, 2000). 하지만 삼원색 이론만으로는 색채 지각을 완전히 설명하지 못한다. 왜냐하면 추상체는 망막 표면에 걸쳐 균등하게 분포되어 있지 않기 때문이다. 어쩌면 도약안구운동(saccades)이라 불리는 거의 눈에 띄지 않은 안구운동과 같은 시각의 운동적 관점을 포함하는 새로운 이론이 색채시에 대한 포괄적인 이해를 제공할지도 모른다(Wittenberg, Bremmer, & Wachter, 2008).

색맹 당신은 누군가가 '색맹'이라면 그것이 무엇을 의미하는지 궁금해할 수 있다. 그 사람은 세계를 검정과 하양으로 볼까? 아니다. **색맹**(color blindness)이라는 용어는 다른 색으로부터 어떤 색을 구별할

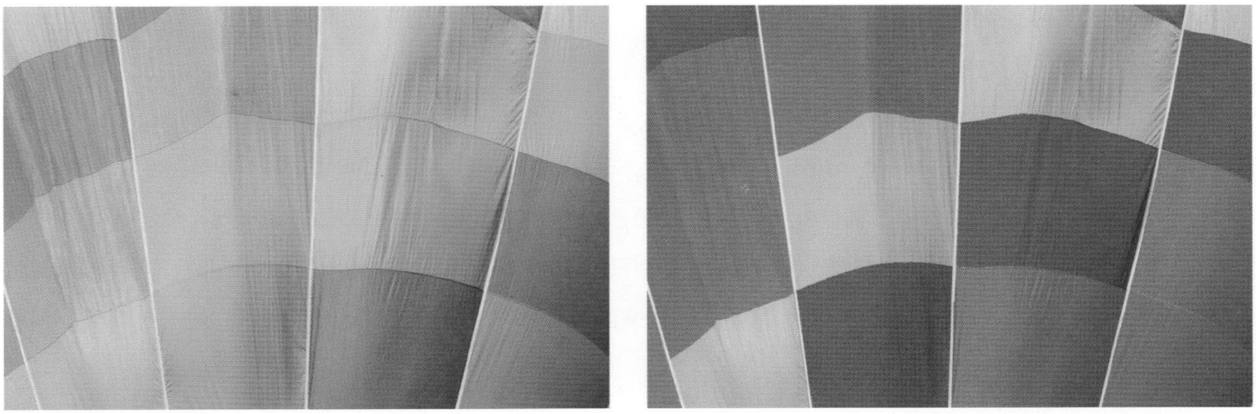

▶▶▶ 왼쪽의 열기구는 정상 색채시를 가진 사람에게 보이는 것이다. 그러나 동일한 열기구가 적록색맹을 가진 사람에게는 오른쪽처럼 보인다.

수 없음을 말한다. 남성의 대략 8%는 색 구별에서 어떤 종류의 어려움을 경험하는데, 일반적으로 녹색과 빨강에서 그렇다(Mather, 2006). 대조적으로 여성은 1% 미만이 색맹으로 고통을 겪는다(2장을 회상하면, 이러한 성차는 X염색체가 색채시를 위한 유전자를 운반한다는 사실로 설명된다).

연구들은 색맹이 정도의 문제라는 것을 보여 주었다. 단순히 어느 쪽에 당신이 해당되는지의 문제가 아니다. 예를 들어, 검정과 군청색 양말을 구분해야 하는 것처럼, 왜 우리 중 일부는 색들 간의 미묘한 구분을 더 잘 할 수 있는가? 이러한 차이는 개인이 가지고 있는 색채시 유전자의 수와 관련 있는 것으로 보인다. 연구자들은 정상적인 색채시를 가진 사람들의 X염색체에 적어도 두 개 혹은 많으면 아홉 개의 색채 지각 유전자가 포함될 수 있다는 것을 발견하였다(Neitz & Neitz, 1995). 그러한 유전자를 더 많이 가지고 있는 사람이 색채 사이의 미묘한 차이를 더 잘 볼 수 있다. 이 유전자들의 차이는 추상체의 다양한 종류가 개인의 망막에 분포되는 방식의 차이로 이어진다(Hofer et al., 2005). 더욱이 동물실험들은 색맹을 가진 사람에게 그들 망막에 추상체 수를 증가시키는 것을 목표로 하는 유전자 치료가 색맹을 치유할 수 있다고 제안한다(Simunovic, 2010).

기억하기 본문 내용을 떠올리며 다음 퀴즈를 풀어 보라.

1. _____은(는) 사람의 눈에 의해 감지될 수 있는 광파를 포함한다.
2. 눈의 시각체계에서 각 부분이 감각 정보(광파)를 받아들이는 순서대로 번호를 표시하라.

_____ (a) 동공 _____ (c) 망막 _____ (e) 수정체

_____ (b) 시각피질 _____ (d) 각막 _____ (f) 시신경

3. 시각 정보의 해석은 뇌의 _____에 있는 _____에서 일어난다.

청각과 균형

"우주 공간에서는 아무도 당신의 비명소리를 들을 수 없다!" 무서운 공상과학영화 〈에일리언〉의 광고 문구다. 영화는 픽션이었지만, 이 문구는 사실이다. 빛은 아무것도 없는 큰 공간, 즉 진공을 여행할 수 있지만 소리는 그렇게 하지 못한다. 이 절에서 우리는 소리의 특징과 귀를 구성하는 각각의 구조에 대해, 그리고 그것들이 어떻게 기능하고 우리의 균형과 움직임에 어떤 영향을 미치는지에 대해 논의할 것이다.

3.6 소리의 물리적인 특징은 무엇인가?

소리

소리는 공기, 물 또는 단단한 물체와 같은 매체를 필요로 하며 이를 통해 이동한다. 이러한 사실은 로버트 보일(Robert Boyle)이 1660년에 내부가 특수하게 설계된 항아리 안에 종이 울리고 있는 회중시계를 실로 매달아서 처음 시연할 수 있었다. 보일이 항아리 내부의 모든 공기를 빼내었을 때 더 이상 시계 소리가 들리지 않았다. 하지만 그가 항아리 내부로 공기를 넣자 시계 소리를 다시 들을 수 있었다. 무엇이 소리의 독특한 특질을 낳게 하는가? 그 답은 소리의 물리적 특성으로서, 주파수, 진폭 및 음색이다([그림 3-6] 참조).

주파수(frequency)는 초당 음파의 사이클(주기) 개수로 결정된다. 이 경우 파의 빈도 또는 초당 주기를 측정하는 단위는 헤르츠(Hz)라 불린다. 음고(pitch)—소리가 얼마나 높거나 낮은가—는 주로 주파수(높은 주파수, 즉 초당 더 많은 주파수는 높은 소리)에 의해 결정된다. 인간의 귀는 20Hz 근처의 저음에서부터 대략 2만Hz의 고음까지의 주파수를 들을 수 있다. 그러나 107쪽의 〈설명〉에서 논의하는 것처럼 그러한 고주파를 듣는 능력은 사람마다 많이 다르다. 대조적으로 개, 고양이, 박쥐, 쥐 같은 많은 포유류는 2만Hz보다 훨씬 높은 주파수의 음을 들을 수 있다. 놀랍게도 돌고래는 10만Hz의 주파수까지 반

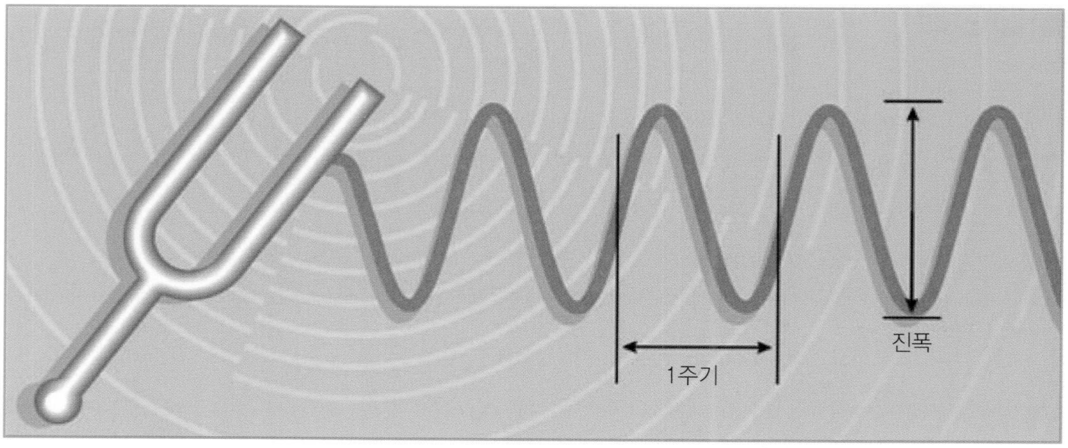

[그림 3-6] 소리굽쇠에 의해 생성된 소리
소리굽쇠가 진동하면서 공기 분자를 번갈아 압축하고 확장하면서 음파를 생성한다.

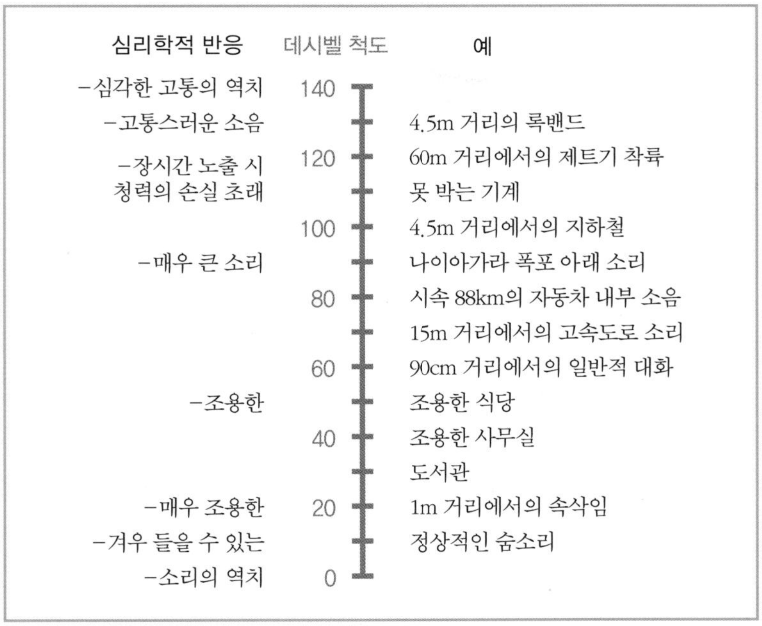

[그림 3-7] 다양한 소리의 데시벨 수준
소리의 음량(진폭)은 데시벨(dB)로 측정된다. 10dB의 증가는 소리를 10배 더 크게 만든다. 약 1m 떨어진 거리에서의 일반적인 대화는 대략 60dB로 측정되며, 이것은 20dB의 조용한 속삭임보다 1만 배 더 크다. 130dB 또는 그 이상에 노출된 사람은 청력 손실의 즉각적인 위험에 이르게 된다. 하지만 그보다 낮은 90dB 수준에 오랫동안 노출되는 것도 청력 손실을 일으키는 원인이 될 수 있다.

응할 수 있다.

소리의 크기는 **진폭**(amplitude)이라 불리는 측정치에 의해 결정된다. 주로 공기 분자가 움직이는 힘 또는 압력이 주로 음량을 결정하며, 이를 측정하는 데 사용하는 단위는 알렉산더 그레이엄 벨(Alexander Graham Bell)의 이름에서 따온 벨(bel)이다. 벨이 꽤 큰 단위이기 때문에 소리 수준은 벨의 1/10 또는 **데시벨**(decibels: dB)로 표현된다. 인간 청각의 역치는 0dB로 설정되는데, 이는 소리가 없다는 것을 의미하는 것이 아니라 아주 조용한 설정에서 들릴 수 있는 가장 조용한 소리다. 10dB의 증가는 소리를 10배 더 크게 만든다. [그림 3-7]은 다양한 소리의 데시벨 수준에 대한 비교를 보여 준다.

소리의 또 다른 특징은 **음색**(timbre)인데, 이는 동일한 음고와 음량의 소리들을 서로 구별해 주는 독특한 성질이다. 피아노, 기타, 바이올린—모두 현의 진동을 사용하여 소리를 낸다—이 세 악기를 연주할 때 주어진 악보가 같은데도 왜 다른 소리가 나는지에 대해 생각해 본 적이 있는가? 현의 특성, 진동을 일으키는 데 사용되는 기법, 기구의 몸체가 진동을 증폭시키는 방법 등이 합쳐져서 각 악기의 독특한 '목소리' 또는 음색을 만들어 낸다. 인간 목소리의 음색은 매우 다양해서 우리가 그들의 얼굴을 볼 수 없을 때에도 개개인을 인식할 수 있게 한다. 음색은 악기마다, 목소리마다 다르다. 대부분의 소리는 단 하나의 주파수가 아니라 여러 다른 주파수로 이루어져 있기 때문이다. 이러한 주파수의 범위는 각 악기와 개인의 목소리에 특유한 소리를 부여한다.

귀와 듣기

3.7 듣기에서 귀의 각 부분은 어떻게 작동하는가?

청각(audition)은 듣기의 처리 감각이다. 괴상하게 생긴 연골의 휘어진 부분과 피부는 귓바퀴라고 불리는데, **외이**(outer ear)의 보이는 부분이다([그림 3-8] 참조). 귀 안쪽의 이도(auditory canal)는 약 3cm 정도이고 이도의 입구에는 털들이 줄지어 있다. 이도의 끝은 고막(eardrum

또는 tympanic membrane)이며, 직경이 약 0.8cm인 얇고 유연한 막이다. 고막은 이도를 통해 들어오는 음파에 반응하여 움직인다.

중이(middle ear)는 아스피린 알보다 크지 않다. 중이 안에는 인간의 몸에서 가장 작은 세 뼈인 이소골(ossicles)이 있다. 그 모양을 따라 이름이 붙여져 있는 이소골—추골(hammer), 침골(anvil), 등골(stirrup)—은 그 순서에 따라 결합되어 고막과 **난원창**(oval window)을 연결한다([그림 3-8] 참조). 이소골은 음파를 대략 22배 정도 증폭한다(Békésy, 1957). 등골의 진동이 난원창을 부딪혀 밀면 진동은 난원

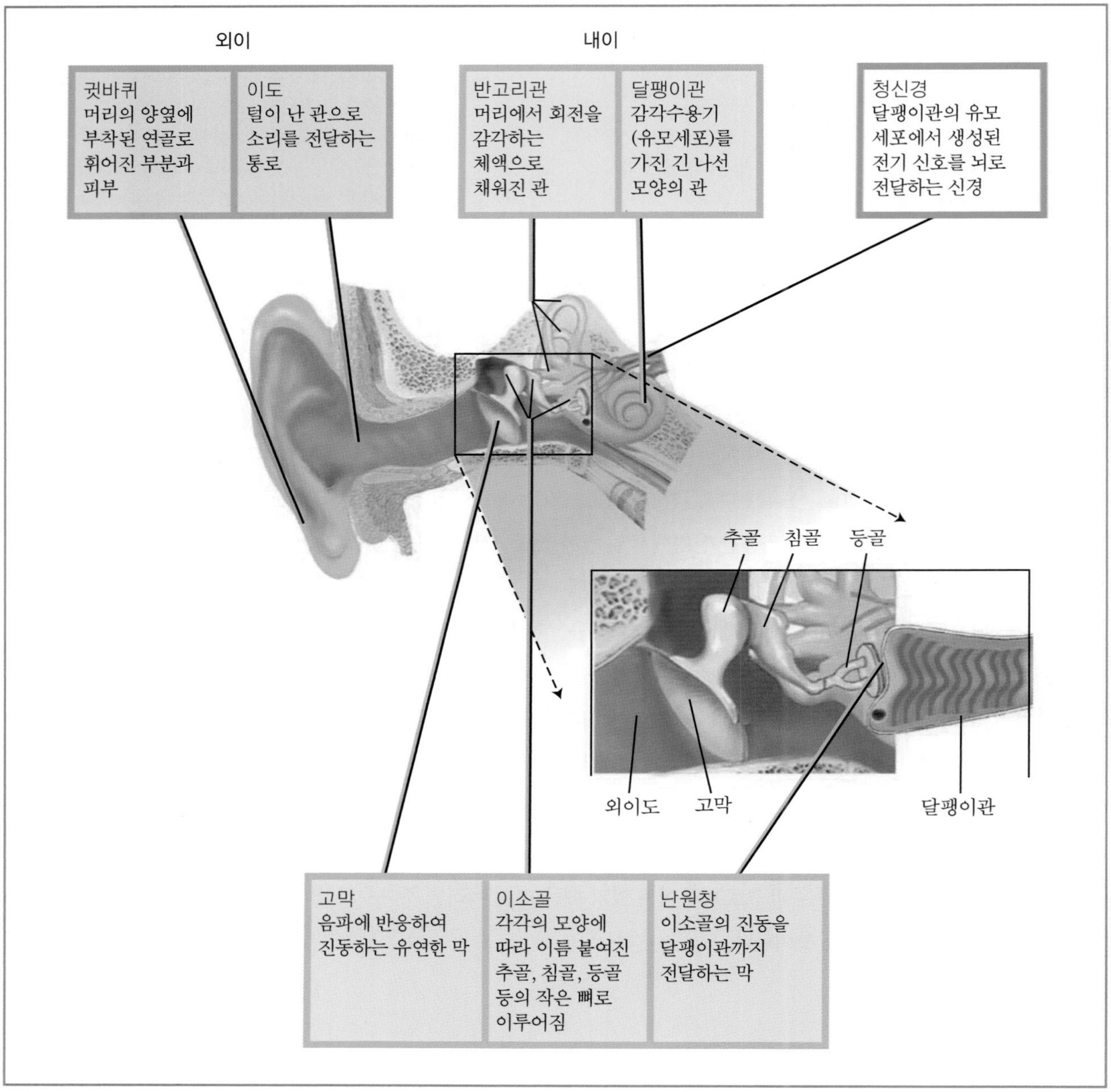

[그림 3-8] 인간 귀의 해부도

음파는 이도를 거쳐 고막으로 가서 중이의 이소골을 진동시키고 움직이게 한다. 등골이 난원창을 부딪혀 밀 때 내이에 진동을 일으킨다. 이것이 달팽이관 체액이 앞뒤로 움직이게 하여 유모세포의 운동을 일으키고, 이것은 청각신경을 거쳐 뇌로 보내지는 메시지를 산출한다.

창의 안쪽 **내이**(inner ear)로부터, 체액으로 차 있고 달팽이 모양의 뼈로 된 **달팽이관**(cochlea)까지 진동을 전송한다. 진동이 달팽이관의 체액을 음파를 따라 앞뒤로 움직이게 한다. 달팽이관 안쪽에는 **유모세포**(hair cells)로 불리는 약 1만 5,000개의 감각수용기가 얇은 기저막에 부착되어 있다. 유모세포는 각각 미세한 털의 다발로 기저막에서부터 튀어나와 있다. 이 미세한 털의 다발은 달팽이관 안의 체액의 움직임에 의해 밀리거나 당겨진다. 미세한 털의 끝이 원자의 너비만큼이라도 이동하면 전기충격을 생성하

설명 *왜 모든 사람이 '모기' 벨소리를 듣지 못하나*

당신은 약 1만 7,000Hz의 주파수를 가진 모기의 소리를 들을 수 있는지를 확인하기 위해 청력검사를 해 본 경험이 있는가? 그렇지 않다면 온라인에서 '모기 벨소리 청력검사'를 검색하면 많은 웹사이트를 통해 검사할 수 있다. 오른쪽 그림에서, 모기 소리를 들을 수 있는 능력은 나이가 들수록 감소한다. 그러나 연구에 따르면 연령 차이에 따라 모기 소리를 들을 수 있는 능력의 민감성은 10대부터 20대 초반까지는 보편적이지만 20대 중반부터는 매우 변동적이라고 제안하고 있다(Lawton, 2001). 성인의 고음에 대한 민감성 변화를 무엇으로 설명할 수 있는가?

고음을 들을 수 있는 능력은 연령 및 다양한 이유로 인하여 감소한다. 청소년보다 중년과 노년에게서 많이 볼 수 있는 몇 가지 조건(예, 과도한 귀지, 귀 안의 만성적인 체액, 내이 뼈들의 지나친 성장)이 감소의 일부를 설명한다(Mathur & Roland, 2009). 하지만 성인기의 청력 손실은 종종 과도한 소음에 평생 동안 노출된 결과다. 85dB 이상의 소음에 장기간 반복적으로 노출된 경우 달팽이관 내부의 아주 작은 유모세포를 손상시킨다(Mathur & Roland, 2009). 그리고 더 오랜 기간 과도한 소음의 노출은 더 많은 사람의 청력을 잃게 한다. 예를 들어, 오랜 기간 록과 팝을 불러온 중후반의 성인 가수들 중 몇몇은 또래 나이에 비해 저조한 청력을 가졌다. 보노, 피트 타운센드, 에릭 클랩튼, 오지 오스본, 테드 뉴전트, 필 콜린스, 트렌트 레즈너. 게다가 타운센드는 20대의 이른 나이부터 청력 손상을 알게 되었다고 보고하고 있다. 정기적으로 오케스트라에서 연주한 클래식 음악가에게서도 유사한 손상이 나타났다(Laitinen, 2005).

당신은 모기 소리와 연설을 이해하는 능력에서 결정적으로 중요한 아주 높은 소리를 듣는 능력을 가능한 한 오래 유지하려면 무엇을 할 수 있는가? 당신이 음악가라면, 효율적으로 연주하기 위해 필요한 소리는 들리도록 하면서, 잠재적으로 유해한 소음으로부터 내이를 보호할 청력 보호장치를 알아보라. 당신이 음악가가 아닌 경우에도 잦은 헤드폰의 사용이 전문 음악가 사이에서 흔히 나타날 수 있는 청력 손상 위험으로 증가된다는 것에 주의하여야 한다(Britt, 2006). 청력을 보호하기 위해 전문가들이 말하는 '60/60 법칙'을 적용해야 한다. 즉, 헤드폰을 하루에 60분 이상 쓰지 말고, 볼륨은 최대 볼륨의 60%로 설정하라(Fligor, 2010).

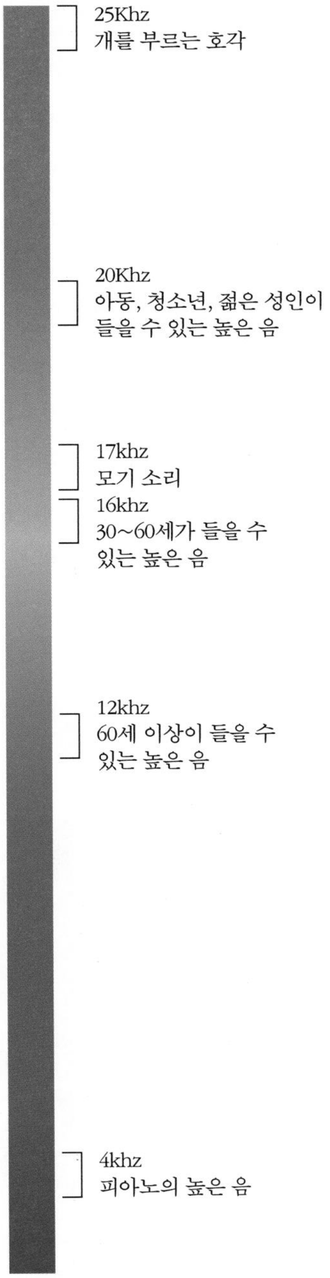

는데, 이는 청각신경을 따라 뇌로 전달된다.

107쪽의 〈설명〉에서 보는 것과 같이 달팽이관의 유모세포 손상은 청력 감소의 주요 원인이다. [그림 3-9]는 이 섬세한 세포에 대한 과도한 소음의 효과를 극적으로 보여 준다. 아동 중 상당한 청력 손실이 있는 경우가 1% 미만인 데 반해 12~19세의 청소년은 약 5%였다(Shargorodsky, Curhan, Curhan, & Eavey, 2010). 연구자들은 연령 관련 청력 손실의 증가가 소음의 노출에 기인한다고 믿는다. 이 가설을 지지하는 한 연구에서는 청소년 연구 참가자 중 72%가 평균 소음수준이 98.5dB인 록 콘서트에 다녀온 후 청력이 크게 감소한 것으로 밝혀졌다(Derebery et al., 2012). 이러한 이벤트 관련 청력 손상은 일시적일 수 있지만, 매우 시끄러운 자극에 지속적으로 유모세포를 노출시키는 것은 영구적인 청력 문제로 이어질 수 있다. 이 때문에 전문가들은 콘서트에 참석하는 사람들이 높은 데시벨 수준의 잠재적인 청각 손상에 노출되지 않고 음악을 즐길 수 있도록 보호 귀마개를 착용할 것을 추천한다.

우리는 얼굴과 머리뼈의 진동으로 골 전도를 통해 소리를 약간 들을 수 있다. 이를 부딪쳐 소리 나게 하거나 소리 나는 음식을 먹을 때, 그 소리의 대부분을 골 전도로 듣는다. 그리고 목소리를 녹음하여 듣는다면, 아마도 그것이 이상하게 들린다고 생각할 것이다. 이러한 녹음은 당신이 말할 때 골 전도를 통해 듣는 소리는 재현해 주지 않기 때문이다. 그래서 당신은 자신의 목소리를 다른 사람의 소리인 것처럼 듣는 것이다.

두 귀는 머리의 양옆에 각각 하나씩 있어 소리가 어디서부터 오는지 방향을 결정할 수 있게 한다. 만약 소리가 바로 위, 아래, 앞 또는 뒤에서 오는 것이 아니라면, 그 소리는 다른 쪽 귀보다 아주 짧은 시간 전에 한쪽의 귀에 도달한다(Colburn, Shinn-Cunningham, Kidd, & Durlach, 2006). 뇌는 소리의 방향을 드러내는 0.0001초만큼의 다른 차이를 탐지하고 해석할 수 있다(Rosenzweig, 1961). 소리의 근원은 각 귀에 도달하는 소리의 강도 차이에 의해 결정될 수 있을 뿐만 아니라 소리가 감지될 때 머리의 위치에 의해서도 결정된다(Colburn, Shinn-Cunningham, Kidd, & Durlach, 2006).

과학자들은 청각을 설명하는 두 가지 이론을 제안하였다. 1860년대 헤르만 폰 헬름홀츠는 **장소 이론**(place theory)의 개발을 도왔다. 이 청각 이론에 따르면, 사람이 각각 특유의 음고를 듣는 것은 기저막

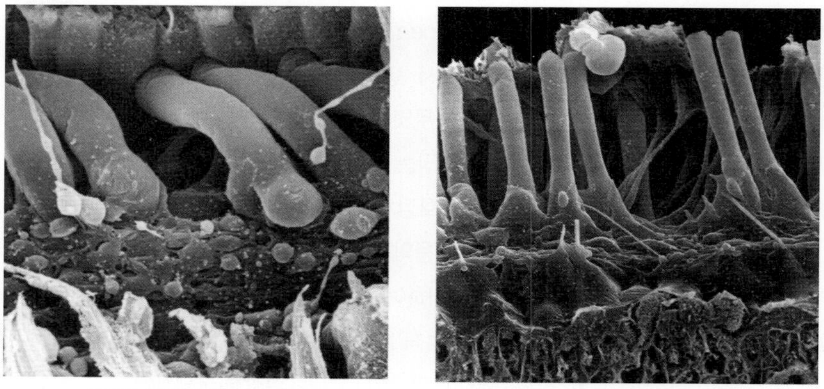

내이의 정상적인 유모세포　　내이의 손상된 유모세포

[그림 3-9] 달팽이관의 유모세포에 대한 소음의 효과

출처: House Ear Institute(2006).

에서 가장 많이 진동하는 특정 지점 또는 장소에 따라 결정된다. 살아 있는 기저막을 관찰했을 때, 연구자들은 실제로 각기 다른 음고의 소리에 반응해서 진동하는 각기 다른 장소를 확인하였다(Ruggero, 1992). 그렇다 하더라도 장소 이론은 오직 150Hz 이상의 주파수에만 적용되는 것으로 보인다.

청각을 설명하는 또 다른 시도는 **주파수 이론**(frequency theory)이다. 이 이론에 따르면, 유모세포는 그에 도달하는 소리와 초당 같은 수의 진동을 한다. 따라서 500Hz의 음은 유모세포를 초당 500번 진동시켜 자극할 것이다. 그러나 주파수 이론은 1,000Hz 이상의 주파수에 대한 설명을 할 수 없는데, 유모세포에 연결된 각각의 뉴런이 초당 1,000번 이상 발화할 수 없기 때문이다. 그래서 수용기가 높은 음의 음파와 연동되어 빠르게 진동했다 하더라도 음고를 지각하는 데 필요한 정보는 뇌에 충실히 전달되지 않을 것이다. 따라서 주파수 이론은 우리가 어떻게 저주파의 음(500Hz보다 낮은)을 듣는지에 대한 좋은 설명인 것으로 보인다. 그러나 장소 이론은 1,000Hz 이상 주파수의 음을 듣는 방법을 더 잘 설명한다(Matlin & Foley, 1997). 우리가 500Hz와 1,000Hz에 있는 주파수의 소리를 들을 때는 주파수와 위치 모두가 관여된다.

균형과 움직임

3.8 운동 감각과 전정감각은 어떻게 우리가 똑바로 서 있을 수 있고, 균형 잡히게 움직일 수 있도록 도움을 주는가?

누구도 일상생활에서 뇌에 제공되는 청각 정보의 중요성에 의문을 가지지 않겠지만, 귀의 구조가 움직임과 균형을 유지하기 위해서도 중요한 역할을 한다는 것을 알고 있는가? **운동 감각**(kinesthetic sense)은 (1) 신체 각 부위들 간의 상대적인 위치, (2) 몸 전체와 각 부분의 움직임에 대한 정보를 제공한다. 이와 같은 정보는 관절, 인대, 근육에 있는 수용기에 의해 탐지된다. 이 외의 다른 감각들도 몸의 자세와 움직임에 대한 가외의 정보를 제공한다. 예를 들어, 당신이 3장을 시작할 때 배운 것처럼, 뇌로 시각 정보가 주어지지 않으면 운동 감각의 기능이 약화될 것이다. 하지만 운동 감각 기능은 시각 정보 없이도 비교적 괜찮은 기능을 한다. 만약 당신이 우리가 기술한 균형 활동을 시도하였다면, 당신의 몸이 주기적으로 올린 발을 바닥과 접촉하면서 즉각적인 균형을 유지할 수 있다는 것을 발견할 수 있었을 것이다. 결과적으로, 당신은 비록 지속적으로 한쪽 발로 균형을 유지할 수는 없었지만 완전히 넘어지지도 않았다. 그 이유는 운동 감각이 다른 감각으로부터 정보를 얻거나, 특별한 방법으로 우리를 신속하게 움직이게 함으로써 잃어버린 감각 정보를 보완하는 것이 가능하기 때문이다. 그 결과, 우리는 시각적 피드백이나 의식적인 노력 없이 우리 몸의 통제를 유지할 수가 있다.

시각 및 운동 감각 체계는 자연스럽게 작동할 수 있도록 전정감각과 함께 작동된다. 시각과 운동 감각 체계는 순조롭고 협응운동(동작의 조화)의 실행이 가능하도록 전정감각과 함께 작용한다. **전정감각**(vistibular sense)은 움직임을 감지하고 몸의 공간적 정향에 대한 정보를 제공한다. 전정감각기관은 내이의 반고리관과 전정주머니(vestibular sacs) 사이에 자리 잡고 있는 기관이다.

반고리관(semicircular canals)은 머리를 좌우로 돌리거나 혹은 빙글빙글 돌 때 머리의 움직임을 감지한다([그림 3-10] 참조). 반고리관에는 관내를 순환하는 액이 차 있기 때문에, 관내에서 움직이는 액체는 유모세포가 구부러지게 하는데, 이 세포는 수용기 역할을 하여 대뇌에 신경 신호를 전달한다. 반고리관은 3개의 관으로 되어 있는데, 각기 다른 회전축에 자리 잡고 있어서, 어떤 주어진 방향으로의 회전

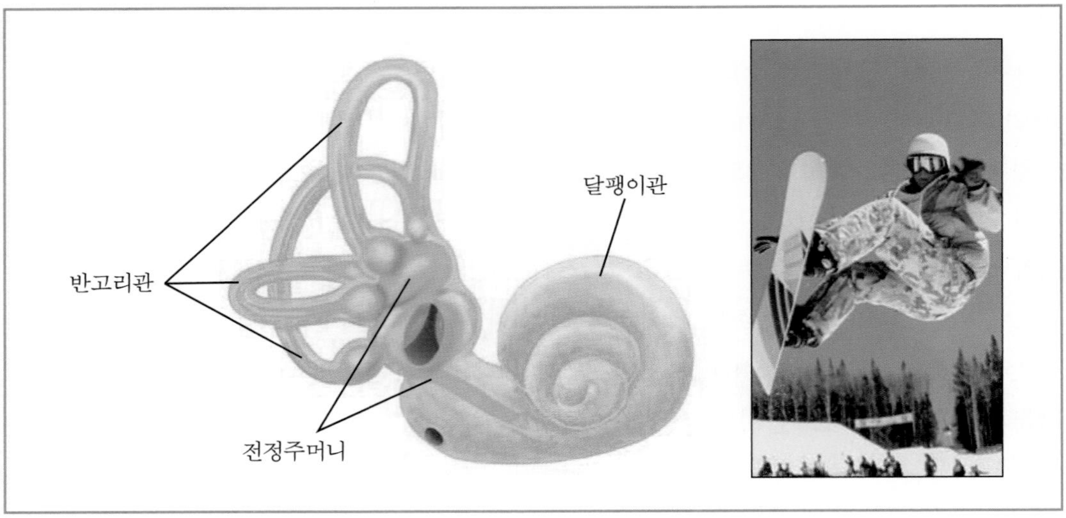

[그림 3-10] 균형감각과 움직임

움직임이 내이에서 액체를 튜브와 비슷한 반원형의 도관을 통해 돌도록 보내기 때문에 당신은 어느 방향에서나 당신의 머리의 위치를 감지한다. 그 움직이는 액체가 유모세포 수용기를 휘게 하고 이것이 수용기로 하여금 뇌로 신경충동을 보내게 한다.

은 어느 한 도관에 있는 유모세포들을 다른 도관의 유모세포들보다 더 많이 구부러지게 한다.

반고리관과 전정주머니는 움직임과 정향에서의 변화만을 신호한다. 만일 당신 눈이 가려지고 시각신호나 그 밖에 외적 단서가 없다면, 당신의 운동 속도가 일정한 속도에 도달하고 나면 당신은 움직임을 감지하지 못할 것이다. 예를 들면, 비행기 속에서 당신은 비행기의 갑작스러운 속도 변화나 이착륙을 감지할 수 있을 것이다. 그러나 일단 비행기가 매우 빠른 속도에 도달한 후 그 속도가 일정하게 유지되면 비행기의 속도가 시속 수백 km에 이른다 해도 당신의 전정기관은 당신이 움직이고 있다는 사실을 대뇌에 알리지 않을 것이다.

기억하기 본문 내용을 떠올리며 다음 퀴즈를 풀어 보라.

1. 인간의 귀는 _____와(과) _____ 사이의 주파수를 들을 수 있다.
2. 감각 정보(음파)를 받아들이는 청각체계의 각 구조를 순서대로 나열하여라.

   _____(a) 이도　　_____(d) 난원창　　_____(g) 고막

   _____(b) 청신경　　_____(e) 유모세포

   _____(c) 청각피질　　_____(f) 이소골
3. 청각체계의 감각수용기는 _____ 안에 위치한다.
4. _____ 감각은 신체 각 부위의 상대적 위치에 관한 정보를 제공한다.
5. 전정감각기관은 내이의 _____와(과) _____에 위치한다.

후각, 미각 그리고 촉각

분명히, 시각과 청각이 없다면 우리의 감각 경험은 극히 제한된다. 그러나 후각과 미각의 화학적 감각은 어떠할까?

후각

3.9 어떻게 냄새가 코에서 뇌까지 전달되는가?

만약 갑자기 당신의 **후각**(olfaction)을 잃었을 경우 당신은 아마 '그렇게 나쁘지는 않은데. 나는 꽃이나 음식의 냄새를 맡을 수 없기는 하지만 더 이상 인생의 더러운 악취를 참지 않아도 되잖아.'라고 생각할 것이다. 그러나 당신의 후각체계(olfactory system)—냄새의 감각에 관련된 기관과 뇌 구조의 기술적인 명칭—는 당신의 생존을 돕는다. 당신은 불의 화염이 당신을 에워싸기 전에 연기 냄새를 맡고 대피할 수 있다. 당신의 코는 어떤 유독 가스나 유해한 연기가 나타날 때 뇌에 냄새 경보를 전파한다. 냄새의 도움을 받은 맛은 썩은 음식이나 음료가 당신의 몸으로 들어오는 것에 대비하여 방어선을 제공한다. 후각 경험 또한 우리의 감정 상태에 영향을 미친다. 즉, "잠시 멈춰서 장미꽃 향기를 맡아보라."와 같은 조언은 말 그대로 당신의 기분이 좋지 않을 때 실제로 당신에게 생기를 찾아 줄 수 있다. 아마도 당신이 알고 있겠지만, 특별한 냄새는 즐거웠거나 불쾌했던 기억의 단서를 제공할 수 있다. 예를 들어, 땅콩버터 냄새가 당신의 초등학교 구내식당을 떠올리게 하여, 결과적으로 당신의 쿠키를 훔치며 괴롭히던 친구나 매일 옆자리에 앉았던 친한 친구 중에서 어느 쪽이든 생각나게 할 것이다.

당신은 물질의 분자가 기화하지 않으면, 다시 말해서 어떤 고체 또는 액체가 기체 상태로 되지 않는 한 그 물질의 냄새를 맡을 수 없다. 열은 분자의 기화를 가속화하는데, 이 때문에 요리하지 않은 음식보다 요리한 음식이 강하고 더 뚜렷한 냄새를 낸다. 냄새의 분자는 기화될 때 공기로 운반되어 각 콧구멍을 지나 **후각상피**(olfactory epithelium)에 도달한다. 비강 상단 위쪽에 위치하는 후각상피는 약 6.5cm^2 면적의 조직 두 조각으로 되어 있다. 이 조직 조각들은 약 천만 개의 후각 뉴런을 가지고 있는데, 그것이 후각수용기 세포다. 이 뉴런들은 각각 하나당 1,000개의 각기 다른 유형의 냄새수용기를 가지고 있다(Olender, Lancet, & Nebert, 2008). 인간은 1만 가지 냄새를 감지할 수 있기 때문에 각 1,000종류의 후각수용기는 하나 이상의 냄새 분자에 반응할 수 있어야 한다. 게다가 어떤 냄새 분자는 후각수용기에 한 가지 유형 이상의 자극을 일으킨다(Axel, 1995). 냄새 자극의 강도—얼마나 강한가 또는 약한가?—는 동시에 발화하는 탐지 뉴런의 수에 따라 결정되는 것으로 보인다(Freeman, 1991). [그림 3-11]에서는 인간의 후각체계를 도해로 보여 준다.

당신은 왜 개들이 인간보다 더 섬세한 후각을 가지는지 궁금해한 적이 있는가? 더구나 일부 종은 긴 코를 가지고 있고, 후각상피가 손수건의 폭보다 크며, 인간의 후각 뉴런의 20배를 더 포함할 수 있다(Engen, 1982). 개는 자신과 같은 종은 물론 같이 사는 인간을 재인하는 데 냄새를 사용하는 것으로 잘 알려져 있다. 인간도 이러한 능력을 가지고 있다. 신생아의 어머니는 아기가 출생한 지 몇 시간 이내에 냄새로 자신의 아기를 인식할 수 있다. 그렇다면 인간은 다른 종의 냄새를 인식할 수 있는가? 예를 들

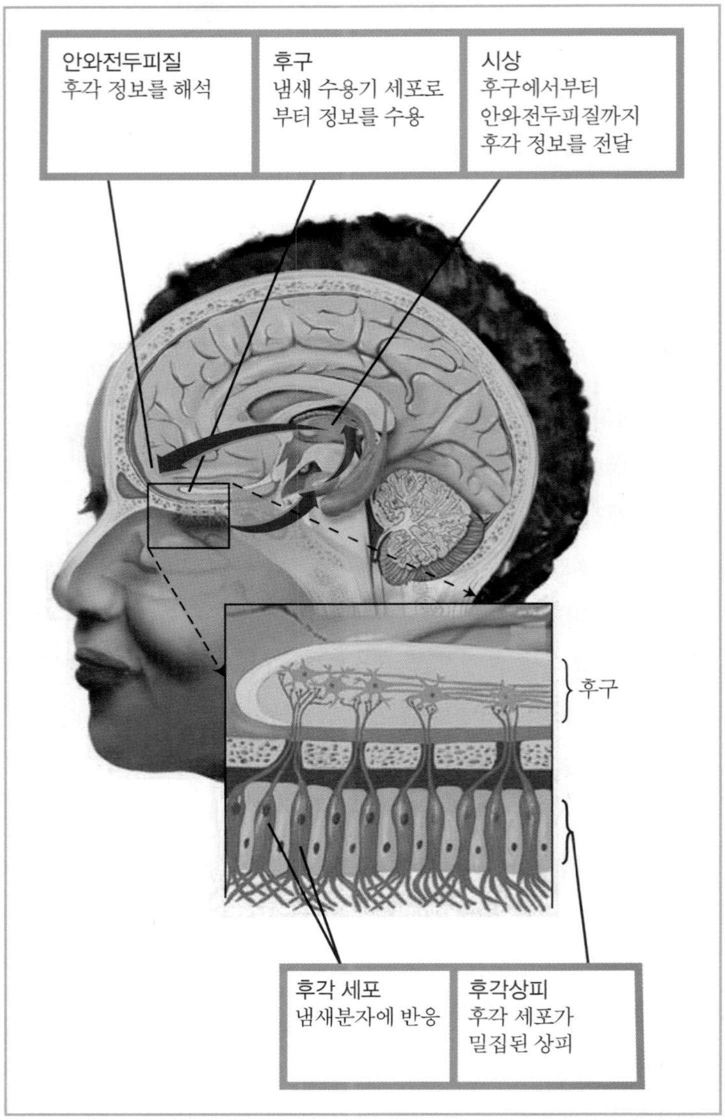

[그림 3-11] 후각체계

냄새 분자는 콧구멍 위로 냄새 수용기 세포를 포함하는 후각상피로 이동한다. 후각수용기는 후각 신경의 축색으로 이루어지는 특별한 뉴런이다. 후각 신경은 냄새 정보를 후구로 중계하고, 후구는 편도체와 후각피질로 전달한다. 이후 후각 신경은 변연계를 거쳐 시상, 안와전두피질로 이동한다.

어, 자신의 애완동물은 어떤가? 놀랍게도 그렇게 할 수 있다. 개의 냄새가 배어 있는 담요를 제시했을 때, 개 주인의 89%는 자신의 개 냄새를 쉽게 구별하였다(Wells & Hepper, 2000).

후각 뉴런은 모든 다른 감각 뉴런과 다르다. 그것은 들어오는 감각 자극과 직접적으로 접촉하며 뇌에 직접적으로 도달한다. 이 뉴런들은 짧은 수명을 가진다. 대략 60일 정도만 기능한 후에 죽고 새로운 세포에 의해 교체된다(Bensafi et al., 2004).

후각 뉴런의 축삭은 냄새 정보를 직접적으로 **후구**(olfactory blubs)—비강 위의 성냥개비 크기의 뇌구조—에 중계한다([그림 3-11] 참조). 냄새 감각은 변연계의 일부분인 편도체 그리고 인근의 후각피질로 여행한다. 후각 정보는 2개의 경로를 통해 편도체와 후각피질을 지난다. 이러한 경로 중 하나는 감정적인 해석을 위해 변연계의 다른 부분에 냄새 감각을 이동시킨다. 또 다른 경로는 후각 정보를 시상의 세포들에게 전달하고, 시상은 인지적 해석을 위해서 안와전두피질로 후각 정보를 전달한다.

냄새 감각의 처리는 모든 사람이 같지만 냄새의 민감성에는 사람마다 큰 차이가 있다. 예를 들어, 향수 제조자와 위스키 제조자는 보통 사람이 구별할 수 없는 냄새의 미묘한 변화를 구별할 수 있다. 젊은 사람은 늙은 사람보다 냄새에 훨씬 민감하며, 비흡연자는 흡연자보다 훨씬 민감하다(Boyce & Shone, 2006; Danielides et al., 2009).

미각

3.10 우리는 어떻게 일차미각을 감지하는가?

미각기능 덕분에 느끼는 쾌감 중 상당 부분이 실제로는 당신이 음식물을 씹고 삼킬 때 혀, 볼 또는 목구멍의 움직임으로 말미암아 냄새 분자가 위쪽 비강으로 올라갈 때의 후각 작용에 의한다는 사실을 알면 놀랄 것이다. 심지어 미각기능이 없다 해도 당신의 후각은 일종의 맛을 볼 수 있도록 해 줄 것이다. 하지만 만일 우리가 좋아하는 음식의 맛을 충분히 맛볼 수 없다면 의심의 여지없이 삶의 즐거움은 그만큼 덜할 것이다.

심리학 교과서는 맛에 대한 감각은 뚜렷이 구별되는 네 가지 종류의 **미각**(gustation), 즉 단맛, 신맛, 짠맛, 쓴맛으로 구성되어 있다고 오랫동안 주장해 왔다. 사실 그렇다. 그러나 최근의 연구에 따르면, 인간에게는 다섯 번째 미각이 있다(Herness, 2000). 이 다섯 번째 맛을 지닌 글루타민산나트륨(monosodium glutamate: MSG)은 아시아인이 음식을 만들 때 향신료로 널리 사용해 오고 있다(Matsunami, Mommayeur, & Buck, 2000). 단백질이 풍부한 식품, 예를 들어 육류, 우유, 오래된 치즈, 해산물 역시 글루타민산나트륨을 함유하고 있다.

다섯 가지 미각 모두 혀의 어느 위치에서든 감지할 수 있다. 사실 입천장과 혀나 볼부분의 점막내층, 그리고 편도선을 포함한 목의 일부분에서 발견되는 미각수용기 덕분에, 심지어 혀가 없는 사람도 여전히 어느 정도 맛을 느낄 수 있다. 여러 맛이 혼합되면 각각의 맛 유형에 대한 전담 수용기가 활성화되어 별도의 신호를 대뇌에 보낸다(Sugita & Shiba, 2005). 달리 말하면, 당신의 두뇌는 단맛과 신맛이 섞여 있는 하나의 소스에 들어 있는 두 가지 맛을 명확히 구별하여 별도로 인식한다. 미각이 갖는 이와 같은 분석적 특성 덕분에 상하거나 독이 들어가 특유의 맛을 지니게 된 식품 중 어느 하나를 유쾌한 맛을 지닌 식품과 혼합할지라도 그 사실을 모르고 먹지는 않게 되는 것이다.

만약 거울을 통해 당신의 혀를 들여다보면 **유두**(papillae)라 불리는 수많은 작은 돌기를 볼 수 있을 것이다. 이 유두는 타액(침)으로 용해된 음식 분자를 혀의 표면을 따라 움직이도록 돕는다. 이들 일부 유두 옆을 따라서 **미뢰**(taste

▶▶▶ 미각 선호는 문화에 따라 매우 다양하다. 예를 들어, 카레는 인도 음식에서 통상적으로 사용된다. 서구인은 인도 음식을 처음 맛볼 때 지나치게 맛이 강하다고 느낄지 모르지만, 그것을 규칙적으로 소비한다면 감각순응 과정이 일어날 것이다.

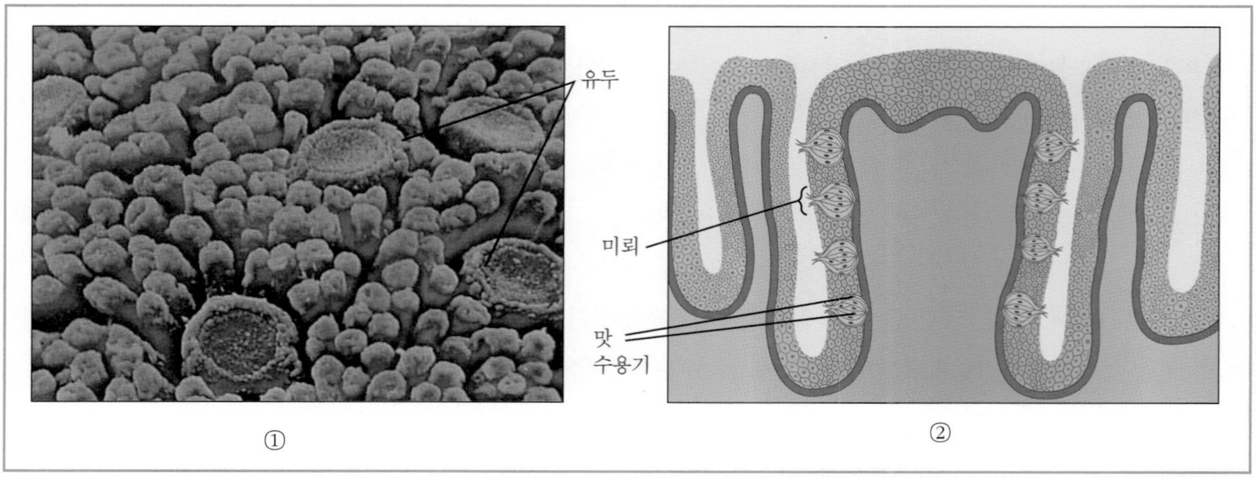

[그림 3-12] 혀의 유두와 미뢰
① 혀의 표면에서 보이는 몇몇 유두들의 현미경 사진, ② 유두의 수직 단면도는 미뢰와 맛 수용기의 위치를 나타낸다.

bud)들이 나열되어 있다([그림 3-12] 참조). 각 미뢰는 60~100개에 이르는 수용기 세포들로 이루어져 있다. 이들 수용기 세포들의 수명은 대략 10일로 매우 짧아서 끊임없이 교체된다.

연구자들은 개인이 미각을 느끼는 능력은 매우 다양하다고 지적하였다(Yackinous & Guinard, 2002). 단맛이나 쓴맛을 내는 성분을 구별하지 못하는 사람이 있다. 하지만 그들도 강도는 약하지만 그 밖의 다른 물질의 맛은 구별할 줄 안다. 미각이 뛰어난 사람은 달거나 쓴 성분의 맛을 다른 사람보다 더 강하게 느낀다. 연구자들은 현재 미각 정도와 식습관이 비만과 같은 건강 상태의 변수들과 어떤 관계가 있는지 연구하고 있다(Tepper, 2008). 예를 들어, 과일이나 채소의 쓴맛을 내게 해 주는 화학물질에 대한 미각이 유달리 뛰어나 그에 민감한 반응을 보이는 사람들이 있다. 그들은 미각이 보통 정도이거나 그 이하인 사람보다 샐러드를 덜 먹게 된다. 그렇지만 미각이 뛰어난 사람이 보통 또는 그 이하인 사람보다 비만이 될 가능성이 더 높은 것은 아니다. 사실 체중 감량을 위해 식단을 의도적으로 제한하지는 않는다고 보고한 사람 가운데 쓴맛에 특히 민감한 사람은 미각이 보통이거나 그 이하인 사람보다 체지방이 더 적다(Tepper & Ullrich, 2002). 따라서 연구자들은 맛에 대한 민감도가 음식 선호도와 관련이 있다는 것을 알게 되었다. 그렇지만 이 같은 음식에 대한 선호도가 영양 상태와 어떤 연관관계가 있는지는 아직 모르고 있다.

3.11 피부는 즐겁거나 불쾌한 감각을 어떻게 제공하는가?

촉각과 통각

당신의 천연 의복인 피부는 당신의 몸 중 가장 큰 기관이다. 그것은 많은 생물학적 기능을 수행할 뿐 아니라 감각에 의한 쾌감을 주기도 한다. 게다가 피부의 불쾌한 감각은 무엇인가 우리 몸에 이상이 있다는 경고일 수 있다.

촉각 물체가 피부에 닿거나 압박하여 신경말단에 있는 하나 이상의 특수한 수용기를 자극하게 되면 촉각(tactile) 정보가 대뇌로 전달된다. 피부층에 있는 이들 민감한 신경종말은 촉각 신호를 신경 연결망을 통해 척수로 보낸다. 촉각 신호는 척수로 올라가서 뇌간과 중뇌를 거쳐 최종적으로 체감각피질에 도달한다(2장에서 살펴본 것처럼 체감각피질은 촉감, 압력, 온도, 통증이 기록되는 두정엽의 전반부에 있는 띠 모양의 조직을 가리킨다). 체감각피질이 활성화되면 당신이 어디에 접촉되었는지, 그리고 얼마나 세게 접촉되었는지 자각하게 된다. 1890년대에 이르러 촉각 연구의 대가인 막스 폰 프레이(Max Von Frey)라는 학자는 '2점역(two-point threshold)'을 발견하였는데, 이는 피부에서 두 접촉 지점이 별개의 것으로 느끼기 위해 얼마나 서로 떨어져야 하는지를 보이는 측정치다. 만일 당신이 피부 가장 바깥쪽부터 피부 심층부까지를 조사할 수 있다면 그 모양이 뚜렷이 다른 다양한 신경종말을 발견하게 될 것이다. 거의 모든 신경종말은 모든 접촉 자극에 대해 어느 정도 반응한다. 감각수용기가 더 밀집하여 모여 있는 신체 표면의 부분은 촉각 자극에 더욱 예민하다. 예를 들어, 손가락 끝은 다른 신체 부분보다 더 많은 촉각수용기를 가지고 있다.

촉감은 얼마나 중요한 감각일까? 1980년대의 한 권위 있는 연구에 따르면, 하루 세 차례 15분씩 마사지를 받은 미숙아는 단지 규칙적인 집중 간호치료만을 받은 미숙아보다 47% 더 빠른 속도로 체중이 늘어났다. 마사지를 받은 아기는 자극에 대해 반응을 더 잘 보였고, 마사지를 받지 않은 아기보다 대략 평균 6일 빨리 퇴원할 수 있었다. 그러므로 피부감각은 생활의 한 즐거운 측면일 뿐 아니라 우리의 생존에 필수적인 것이기도 하다.

통각 과학자는 통증 작용이 어떻게 이루어지는지 정확히는 모른다. 하지만 이러한 질문에 대한 답이 되는 주된 이론으로 로널드 멜잭과 패트릭 월(Ronald Melzack & Patrick Wall, 1965, 1983)의 '통로제어 이론'이 있다. 이들은 척수의 어떤 영역이 통증 메시지를 차단하거나 뇌로 전송해 주는 '통로' 같은 기능을 한다고 주장하였다. 주어진 순간에 어느 정도의 신호들만이 이 관문을 통과할 수 있다. 전달 속도가 느린 작은 신경섬유를 통해 이동하는 통증 신호가 이 관문에 도달하여 문이 열리도록 하면 통증을 느끼게 된다. 전달 속도가 빠른 거대 신경섬유는 몸으로부터 오는 또 다른 감각 신호를 전달한다. 이 신호들이 관문에 도달하여 교통체증을 유발하면 통증 신호 중 많은 양이 관문을 통과하지 못하도록 할 수 있다. 발가락을 찔리거나 망치로 손가락을 쳤을 때 당신이 맨 처음 하게 되는 일은 무엇인가? 아마 상처 부위를 문지르고 부드럽게 누를 것이다. 이때 당신은 전달 속도가 빠른 거대 신경섬유를 자극하게 된다. 이 거대 신경섬유 신호들이 먼저 척수에 도달하여 느린 속도의 소 신경섬유의 통증 신호를 차단한다. 통증이 있는 부위에 얼음을 사용하거나 열 또는 전기 자극을 가할 때도 역시 거대 신경섬유를 자극하여 척수 관문이 닫히게 된다.

통로제어 이론으로 심리적 요인들, 즉 인지적 · 감정적 요인 또한 통증 인식에 영향을 미칠 수 있다는 사실을 설명할 수 있다. 멜잭과 월(1965, 1983)은 대뇌에서 척수로 가는 신호는 척수 관문에서 통증 신호가 이동하는 것을 방해하여 통증 인식에 영향을 미칠 수 있다고 주장하였다. 이러한 현상은 전쟁터에서 부상당한 군인이나 경기 도중 상당한 운동선수들이 정신을 한곳에 쏟기 때문에 부상을 당하고도 한동안 통증을 느끼지 못하는 이유를 설명해 준다. 마찬가지로, 주의분산은 통증을 분산시키는 효과적인 전략이 될 수 있다. 한 연구에서는 아이들의 팔에 주사를 주입하는 동안, 연구진이 다른 팔에 진동기를 틀었다. 연구진은 또한 아이들에게 자신의 팔이 진동기에 의해 위아래로 움직이는 것을 주시하도록 지시하였다. 이 연구에서 진동기 집단에 있던 아이들이 주사에 의한 통증을 거의 또는 전혀 경험하지 않음을 보여 주었다.

하지만 만성적인 통증에는 어떠한가? 당연히도, 주의분산은 관절염과 같이 계속 진행 중인 통증의 관리에는 그다지(거의) 효과가 없다. 그럼에도 불구하고 심리학적 기술은 도움이 된다. 당신이 4장에서 읽게 될, 예를 들어 이완 기법과 같은 전략은 만성적인 통증과 연합된 불안을 제거하기 위해 제공될 것이다(Singh et al., 2012). 그러나 이완법은 아무래도 통증 감각의 예방에 실질적인 효과는 없는 것으로 보인다.

극심한 통증은 심리학적 관리를 통해 치유하거나 호전시키기 어려운 것으로 보인다. 예를 들어, 많은 임산부는 출산 준비교육에 참석한다. 그곳에서 임산부들은 호흡법과 집중마사지 그리고 진통의 통증을 관리하기 위한 다른 전략을 배운다. 그러나 연구 결과에 의하면, 전략을 사용한 임산부들이 전략을 사용하지 않은 임산부보다 약물적인 통증 완화를 요청할 가능성이 낮지 않은 것으로 나타났다(Bergström, Kieler, & Waldenström, 2009). 그럼에도 불구하고 이러한 전략은 여성들의 진통과 출산에 연관된 불안을 관리하는 데 도움을 준다.

▶▶▶ 출산 준비교실에서 배운 여러 가지 기술들은 출산의 통증과 관련한 임산부들의 불안에 도움을 준다. 그러나 출산 준비교실에 참여한 임산부들이 참석하지 않은 임산부에 비해 통증완화 약물을 보다 적게 요구하게 될 가능성은 별로 없다.

비록 심리학적 통증 관리가 출산하는 동안 많은 도움이 되지 않을지라도, 연구에서는 신체에 관한 진통과 출산의 통증 관리까지 정신적으로 많은 도움을 받을 수 있음을 제안하고 있다. 임신의 마지막 몇 주 동안 여성의 신체는 일생 중 어떠한 순간보다 높은 수준의 에스트로겐을 분비한다. 에스트로겐 수준은 여성의 신경세포가 엔도르핀의 영향에 얼마나 민감하게 반응할 것인지를 결정하는데, 2장에서 당신은 이 통증차단 신경전달물질에 대해 배웠을 것이다(Smith et al., 2006). 에스트로겐 수준이 높으면, 신경세포가 **엔도르핀**을 더 잘 사용한다. 게다가 여성의 신체에서 엔도르핀의 양은 출산 몇 주 전에 극적으로 증가하며, 그녀가 분만실에 들어가면 다시 증가한다(Abboud et al., 1983; Hughes, Levinson, Rosen, & Shnider, 2002). 심지어 통증완화 약물을 투여한 후에도 분만 중인 여성의 엔도르핀 수준은 비임신 상태의 여성보다 훨씬 높게 유지된다.

마찬가지로, 부상을 당하거나 스트레스 또는 극도의 통증을 체험하게 될 때뿐 아니라 웃거나 울 때, 운동할 때도 우리의 몸은 엔도르핀을 분비한다. 최근의 연구 결과는 침술 치료를 받는 환자들이 만성 요통과 같은 병증 치료에 호전을 보이게 되는 주요인 중 하나는 침술 치료 시 분비되는 엔도르핀이라고 한다(Caby'oglu, Ergene, & Tan, 2006).

설탕 알약이나 생리 식염수 주사액과 같은 형태의 '위약'을 투여받고 있으면서도 자신이 진통제를 투여받고 있다고 믿을 때라 할지라도 어떤 사람들은 엔도르핀을 분비한다(Zubieta et al., 2005). 영상 연구를 통해 위약 투여가 통증 지각과 관련된 뇌의 영역 활동을 감소시키는 것을 확인할 수 있었다(Price, Finniss, & Benedetti, 2008). 왜 그러한가? 환자가 진통제를 투여받고 있다고 믿을 때 그런 믿음이 환자 자신의 천연 진통제인 엔도르핀의 분비를 자극하게 되기 때문이다.

기억하기 본문 내용을 떠올리며 다음 퀴즈를 풀어 보라.

1. 후각은 _____의 감각에 대한 기술적인 용어다.
2. 냄새 감각은 정서적 해석을 위한 _____와(과) 인지적 해석을 위한 _____로(으로) 연결된다.
3. 맛 수용기는 _____에 위치한다.
4. 촉각 정보 해석을 담당하는 뇌의 부분은 _____이다.
5. 피부에 있는 _____은(는) 모든 종류의 촉각 자극에 반응한다.
6. _____은(는) 신체의 고유한 천연 진통제다.

지각에 미치는 영향

이제까지 당신은 감각기관을 통해 외부로부터의 정보를 받아들이는 감각 처리에 대하여 살펴보았다. 우리는 시각, 청각, 후각, 미각, 촉각 그리고 공간 정위 감각에 대하여 논의해 보았다.

하지만 우리의 대뇌가 각 감각에 의미를 부여하는 지각 과정에 대해서는 아직 살펴보지 않았다. 예를 들어, 당신의 감각기관은 사과의 색깔, 맛, 냄새뿐만 아니라 사과를 한 입 물었을 때 나는 소리에 대한 정보까지도 제공한다. 감각은 당신이 사과를 룸메이트에게 던지는 데 필요한 운동 감각을 제공하기도 한다. 반면에 지각은 당신으로 하여금 사과가 음식이며, 그것을 당신이 좋아할 수도 싫어할 수도 있으며, 그리고 사과가 다양한 상징적 연합(예를 들어 '선생님을 위한 사과')을 가졌다는 사실들과 이러한 감각들을 연결하게 해 준다.

지각은 많은 요인의 영향을 받는다. 모든 인간의 지각을 관장하는 몇 가지 원리를 논의하기에 앞서 우리는 지각 과정에 관련되는 세 가지 요인인 주의, 사전 지식, 교차양상 지각을 고려하고자 한다.

주의

3.12 우리가 자극에 주의하는 순간에 무엇을 얻고 무엇을 잃는가?

어떤 경우에는 지각 과정의 핵심인, 감각들을 의미들로 연결하는 것에 있어 정신적 노력이 거의 필요하지 않다. 예를 들어, 우리는 익숙한 단어를 읽을 때 그 단어를 보는 감각과 그 단어의 의미를 지각하는 일이 거의 동시에 일어난다(Heil, Rolke, & Pecchineda, 2004). 마찬가지로 우리가 운전을 할 때 길가의 다른 사물들이 자동차라는 것을 지각하는 것 또한 큰 정신적 노력을 필요로 하지 않는다. 이는 우리가 그 사물들에 익숙하기 때문이다. 다시 말하면, 자동차를 보면서 감각하는 것과 그 사물을 지각하는 것은 자동적인(노력이 필요 없는) 정신 과정인 것이다. 하지만 어떤 자동차를 가장 주의 깊게 봐야 하는지를 결정하는 것은 정신적 노력을 필요로 한다. 우리가 이러한 정신적 노력에 개입할 때 주의 과정이 작동한다. **주의**(attention)란 감각을 분류하고, 추후 처리를 위해 그중 일부만을 선택하는 과정이다. 주의가 없다면 익숙한 감각을 제외한 모든 감각의 인지가 불가능해진다.

물론 우리는 동시에 모든 것에 주의를 기울일 수는 없다. 그러므로 교통체증에서의 운전과 같이 지각적 수행이 복잡해질 경우에는 주의가 어느 정도 지각적 비용을 유발한다는 것을 인식하는 것이 중요하다. **무주의 맹시**(inattentional blindness) 현상에 대한 연구는 이러한 지각적 비용을 예시하는 데 도움을 준다(Bressan & Pizzighello, 2008; Simons & Rensink, 2005). 무주의 맹시는 우리가 한 대상에서 다른 대상으로 주의를 옮기는 과정에서, 주의를 기울이지 않는 대상의 변화를 알아차리지 못할 때 발생한다(Woodman & Luck, 2003). 무주의 맹시에 관한 많은 연구에서 실험자는 참가자에게 한 장면을 보여 주고, 그 장면 안의 특정한 요소에 주의를 기울이도록 요청한다. 예를 들면, 다니엘 시몬스(Daniel Simons)와 동료들(예, Bredemeier & Simons, 2012; Chabris & Simons, 2012)은 참가자들에게 각각 검은색이나 흰색을 입은 팀이 출전하는 농구 경기 비디오를 보여 주면서 한 팀에게만 집중하도록 하였다. 이러한 조건 아래에서 참가자의 1/3은 대체로 아주 극적일 만큼 이상한 변화(예, 고릴라 복장을 한 남자와 같은)도 눈치채지 못하였다. 무주의 맹시는 이러한 이상한 변화가 그 장면에서 오랫동안 천천히 일어나는 경우에도 발생한다. 흥미롭게도, 전문적인 지식은 무주의 맹시에 영향을 미치지 않는다. 다시 말해, 한 개인이 풍부한 지식과 경험을 갖고 있는 분야의 활동을 묘사한 장면을 목격할 때에도 (전혀 다른 유형의 장면을 관찰할 때처럼) 무주의 맹시 현상은 일어나는 것으로 보인다(Memmert, Simons, & Grimme, 2009). 예를 들어, 고릴라 복장을 한 남자가 갑자기 튀어나오는 장면이 담긴 사이먼의 비디오에 대해 농구 선수는 일반인들과 동일한 방식으로 반응할 것이다. 시몬스의 연구를 통해 우리는 무시하고 있던 자동차가 갑자기 우리가 갈 길로 튀어나올 때 "저 차는 어디서 난 거야?"라고 소리치는 이유를 이해할 수 있다. 운전 중의 휴대전화 사용의 위험성에 대해 배우게 될 다음의 〈적용〉을 읽어 보자.

적용 운전하는 동안 휴대전화로 통화를 하거나 문자를 주고받는 것이 얼마나 위험한가

무주의 맹시를 시연하는 연구에 대해 읽으면서, 당신은 휴대전화로 통화를 하면서 운전하는 것의 위험성에 대한 우려가 높아지지 않았는가? 흥미롭게도, 설문 조사 결과에 따르면 우리는 우리 자신에 비해 다른 운전자들의 휴대전화 사용에 대해 더 많이 염려하는 경향이 있다. 한 연구에 따르면, 94%의 참가자가 운전하는 동안 문자 메시지를 사용하는 것이 위험하다고 응답하였고, 87%는 운전하는 동안 문자 메시지를 사용하는 것을 금지하는 법을 지지하였지만, 그들 중 35%만이 문자 메시지를 사용하는 것을 스스로 자제하였다고 보고했다(AAA Foundation for Traffic Safety, 2012). 또 다른 연구에서는 운전자들의 6%만이 그들의 휴대전화 사용이 도로에서 잠재적으로 위험한 상황을 야기했음을 보고하였다. 놀랍게도 참가자들에게 다른 운전자들의 휴대전화 사용이 그들을 위험에 빠뜨리는지 물었을 때는 66%가 그렇다고 대답했다(Troglauer, Hels, & Christens, 2006). 휴대전화가 우리 자신이 아니라 다른 운전자들의 행동에 영향을 미친다는 것을 우리가 믿고 싶어 하는 것처럼, 연구에 따르면 휴대전화로 통화나 메시지를 사용하는 것이나 또는 다른 종류의 주의를 요구하는 과제에 몰두하는 것이 우리의 운전 중의 행동에 잠재적으로 위험한 변화를 야기한다는 것을 명백하게 보여 준다.

휴대전화 사용의 행동적인 영향

운전하는 동안의 휴대전화 사용을 검토하는 대부분의 실험은 실험실에서 실시되는데, 여기서 참가자들은 운전 모의실험 장치를 사용한다. 실험집단의 참가자들은 운전하는 동안 휴대전화를 이용해 통화를 하거나, 문자 메시지를 사용하거나, 또는 전자우편 경보와 다른 휴대전화 청각신호를 무시하라는 지시를 따르게 되지만, 통제집단에서는 운전하는 동안 휴대전화가 주어지지 않는다. 이러한 유형의 연구에서 휴대전화의 사용과 휴대전화의 알림음 무시가 다음과 같은 방식으로 운전자의 행동에 영향을 미친다는 것을 보여 준다(Beede & Kass, 2006; Harrold et al., 2009; Holland & Rathod, 2012; Liu & Lee, 2006).

- 운전자는 휴대전화를 사용할 때 속도를 늦춘다.
- 운전자는 전화 대화나 문자 메시지에 몰두할 때 반응하는 데 걸리는 시간이 더 길어진다.
- 휴대전화로 통화를 하는 운전자는 운전을 하면서 종종 차선을 유지하는 데 실패한다.
- 휴대전화를 사용하는 운전자들은 때때로 적신호와 정지 표지에서 운전하여 통과하고 청신호에서 정지한다.
- 휴대전화의 청각적 신호들을 무시하며 운전한 운전자들은 휴대전화를 소지하지 않은 운전자들에 비해 보행자 및 차량들과 더 잦은 충돌을 한다.

이러한 효과들은 핸즈프리 전화를 사용한 연구에서도 손으로 조작하는 전형적인 휴대전화를 사용한 것과 같은 빈도로 관찰되었다(Strayer & Drews, 2004). 그러나 한 연구는 핸즈프리 전화 사용이 운전자들에게 안전에 대한 잘못된 인식을 심어 주었음을 시사한다(Langer, Holzner, Magnet, & Kopp, 2005). 따라서 실험 연구들은 평균적으로 휴대전화의 사용이 운전 능력을 저해한다는 것을 단정적으로 보여 준다.

휴대전화 사용의 영향에 대한 보완

이러한 연구들의 명백한 발견에도 불구하고, 다른 연구들은 운전자들이 휴대전화의 사용과 관련 있는 주의 산만을 보완하도록 돕는 몇 가지 요인이 있음을 제안한다(Hunton & Rose, 2005; Pöysti, Rajalin, & Summala, 2005; Shinar, Tractinsky, & Compton, 2005; Sullman, 2012). 몇 가지 예는 다음과 같다.

- 중다 과제하기(멀티태스킹)에 관한 경험은 휴대전화 사용과 운전 능력의 요구를 조절 · 관리하는 운전자의 능력을 향상시킨다.
- 라디오를 끄는 것과 같이 다른 주의 산만 요인을 감소시킬 경우 운전자는 전화 통화 중에도 운전에 대한 주의를 유지할 수 있다.
- 어떤 운전자들은 그들이 특정 대화의 주의 요구가 운전에서의 주의 요구와 부합되지 않는다고 깨달을 때, "나중에 내가 운전하지 않을 때 다시 전화 할게."라고 말하며 휴대전화를 종료한다.

이러한 발견은 운전자가 주의 산만으로 야기되는 행동 변화의 잠재적 위험상승 효과를 잘 알고 있다는 것을 보여 준다. 결국, 운전 중에 그들은 주의에 주어지는 요구의 개수를 관리하기 위해 능동적으로 활동한다.

휴대전화보다 주의가 문제다

휴대전화를 사용하는 것만큼 당신의 운전 행동을 손상시키는 몇몇 주의 요구 과제가 있음을 개인적인 경험을 통해 알고 있을 것이다. 예를 들어, 운전하는 동안에 동승자와 이야기를 나누거나 라디오 방송 주파수를 맞추는 것은 휴대전화를 사용하는 것과 같은 정도로 운전자의 행동에 해로운 영향을 준다(Amado & Ulupinar, 2005; Horberry et al., 2006; Sullman, 2012). 따라서 무주의 맹시에 관한 이 장의 논의를 통해 얻을 수 있는 운전자들을 위한 메시지는 명백하다. 운전자가 차량을 운전하는 일과 관련되지 않은 어떤 것—휴대전화, 라디오, 동승자와 대화하는 것—으로 인해 주의가 흐트러지면 운전에 대한 집중력이 제한된다. 결국 자동차를 운전하는 사람에게 가장 중요한 것은 주의 산만을 가능한 한 피하는 것이다.

- 문자 메시지를 주고 받는 것은 당신의 시선을 도로에서 다른 곳으로 돌리기 때문에 휴대전화로 통화하는 것보다 더 위험하다 (Harrold et al., 2009). 그래서 전문가들은 운전자들이 운전하는 동안 문자 메시지를 '절대' 주고받지 말 것을 권고한다.
- 가능하다면, 운전자들은 휴대전화로 통화를 하려면 도로 옆에 차를 세워야 한다.
- 라디오 방송 주파수 조정은 운전자가 적신호 또는 정지 사인에서 정지할 때까지 미뤄야만 한다.
- 동승자가 운전자의 주의를 산만하게 할 때는 언제든지 운전자가 그들에게 대화를 자제할 것을 정중하게 요구하여야 한다.

이러한 조치를 취함으로써 운전자들은 교통신호와 같은 중요한 단서를 놓칠 위험을 감소시키고, 교통위반 딱지를 떼이거나 최악의 경우에는 교통사고마저 야기할 가능성을 줄일 수 있을 것이다. 또한 여러 관할구역에서 운전자의 휴대전화 사용을 제한 또는 금지하는 법을 통과시켰으며, 이러한 지침을 따르면 운전자들이 교통법규 위반 범칙금 통지서를 받는 것을 예방할 수 있다.

청각에 주의를 기울일 때도 비슷한 비용이 발생한다. 당신이 동시에 많은 대화가 이루어지는 크고 붐비는 방에 있다고 생각해 보자. 누군가가 당신의 이름을 언급한다면 어떤 일이 일어날까? 연구에 따르면, 당신의 이름이 포함된 대화에만 주의를 집중하고 다른 것은 무시할 것이다. 이런 '칵테일파티 현상(cocktail party phenomenon)'은 체리(E. C. Cherry, 1953)의 고전적 연구에 언급되어 있다. 지각은 감각에 의미를 더하는 과정이라는 것을 기억하라. 자기 자신의 이름보다 더 의미 있는 것이 어디 있겠는가? 따라서 자신의 이름이 귀에 들리면 당신은 그에 뒤따르는 말이 무엇이든 개인적으로 의미 있는 것이라고 가정한다. 다만 당신의 이름이 포함된 대화에 주의를 기울이는 과정에서 아마도 다른 대화를 적절히 지각하는 것이 방해받을 것이다. 이는 당신의 이름과 같이 명백한 주의의 신호가 없으면 더 큰 의미를 지닐 수도 있는 다른 사람의 대화 내용을 놓칠 수도 있다는 것이다.

▶▶▶ 만약 당신이 캠퍼스를 걷고 있을 때 이 친구가 외발자전거로 타고 당신을 지나친다면, 당신은 그를 알아차릴 수 있었을 것이라고 생각하는가? 무주의 맹시에 관한 연구는 만약 당신이 통화를 하는 상황이었다면 당신은 아마도 알아차리지 못했을 것이라고 주장한다(Hyman et al., 2009).

어떤 한 자극에 주의를 기울이는 것은 다른 자극에 주의를 기울이기가 힘들어진다는 것을 의미하지만, 주의란 것이 '전부 또는 전무'의 과정인 것은 명백히 아니다. 우리는 동시에 하나 이상의 자극을 처리할 수 있으며, 종종 그렇게 하기도 한다. 실제로, 연구는 우리가 직접적인 주의를 기울이지 않는 몇몇 감각 또한 정확하게 지각할 수 있는 능력을 가지고 있음을 보였다. 예를 들어 앞의 칵테일파티 현상을 발견한 일련의 고전적 연구에 따르면, 연구자가 참가자의 양쪽 귀에 각각 다른 메시지를 들려주었을 때, 참여자는 주의를 기울이도록 지시받은 쪽의 메시지 내용만을 기억할 수 있었다. 하지만 주의를 기울이지 않은 쪽에서 들린 메시지에 관해서도 그 메시지를 전달한 사람이 여성인지 남성인지와 같은 것들은 기억했다.

그러나 둘 또는 그 이상의 감각들로부터 서로 상충하는 정보를 받게 되면 무슨 일이 일어날까? 우리가 어느 것에 주의를 기울이는지를 어떻게 알 수 있는가? 참가자들에게 상반되는 시각 및 청각 정보를 보여 주는 실험은 서로 상충하는 감각들의 비교 정확도에 의존하면서 뇌가 한 가지 이상의 감각으로부터 온 정보를 통합하는 과정인 **교차양상 지각**(cross-modal perception)을 보여 주었다. 예를 들어, 만약 배우의 입과 그의 말이 서로 일치하지 않는 영화를 본 적이 있다면 이미 당신은 교차양상 지각 '실험'에 참여한 것이다. 연구는 이러한 조건에서 연설을 이해하는 것이 매우 어렵다는 것을 보여 준다(Thomas & Jordan, 2004). 실제로, 연설자가 말하는 것을 이해하기 위해서는 시각적 정보를 차단해야만 한다. 표정과 목소리가 서로 다른 정서적 메시지를 전달하게 되면 그 반대의 일이 일어난다. 화난 표정을 지으며 행복한 목소리로 말할 때는 청각적 정보보다 시각적 정보가 더 믿을 만한 것으로 판단된다(Vroomen, Driver, & Degelder, 2001).

사전 지식

3.13 사전 지식은 지각에 어떤 영향을 미치는가?

운전하는 동안 길 위의 다른 차들에게 주의를 기울이는 예시로 다시 돌아가 보자. 어떤 차에게 가장 큰 주의를 기울여야 하는지에 대한 판단은 어떻게 이루어질까? 대부분은 우리가 가지고 있는 과거의 운전 경험이나 사전 지식이 그러한 결정을 내릴 수 있도록 도와준다. 예를 들어, 당신은 휴대전화를 소지한 운전자가 다른 운전자들보다 더 산만해진다는 것을 알게 된 이후부터 휴대전화를 사용하는 운전자의 차에 탈 때 더 많은 주의를 기울일 것이다. 사전 지식은 감각의 의미를 해석할 때 유용하긴 하지만 지각오류로 이어질 수도 있다.

다음과 같은 문자와 숫자의 배열이 주어졌을 때, 당신은 사전 지식을 어떻게 이용하여 이 배열을 이해할 것인가?

DP

6 – 4 – 3

이 배열을 즉시 이해하지 못한다면, DP가 어떤 단어의 약자인지 추측하면서 해석을 시작해야 할 것이다. 이는 전형적인 **상향처리**(bottom-up processing)나 자료 주도적 처리의 예라고도 할 수 있다. 이 전략은 사전 지식을 이용하여 해석될 수 있는 정보의 개별적인 조각에서 패턴을 찾는 과정을 포함한다. 예를 들면, 상향처리는 당신의 기억 속에서 DP로 줄여질 수 있는 'Drowning Pool'이나 'Dr. Pepper'와 같은 복합명사(두 개의 단어로 만들어진 명사)를 생각해 내도록 당신을 이끌 것이다.

또한 주어진 '6–4–3'이라는 정보를 기반으로 하여 DP가 가질 수 있는 두 가지 해석 중 어떤 해석이 더 적합한지 결정해야 한다. 결과적으로, 당신은 아마 포기하고 이 배열이 아무런 의미가 없거나 해석이 불가능하다고 선언할지도 모른다.

만약에 이 배열이 야구와 관련 있다는 정보를 얻었다고 가정해 보자. 이제 당신은 자신이 가지고 있는 야구 지식 중 DP와 관련된 야구용어들을 생각해 볼 것이다. 이러한 과정에서는 하향처리(top-down processing)나 개념 주도적 처리가 사용된다. 하향처리에서는 사전 지식을 이용하여 주어진 정보의 문맥을 따질 수 있는 '전체'를 결정함으로써 추측의 범위를 제한한다. 이때 이 배열의 문맥은 야구이기 때문에 'Drowning Pool'나 'Dr. Pepper' 모두 정보의 문맥에 적합하지 않다. 물론 야구게임에서 어떻게 점수를 얻는지에 대해 알고 있었다면, 이 배열을 본 후 즉각적으로 하향처리를 사용했을 것이다. 그리고 이 배열은 유격수(6)가 2루수(4)에게 공을 던지고, 다시 그 공을 1루수(3)에게 던져 2명의 주자를 아웃시킨다는 뜻의 더블 플레이(double play: DP)를 뜻한다는 것을 재인했을 것이다.

이 예시만 본다면 상향처리가 정확한 지각에는 별 도움이 되지 않는 것처럼 보일 수도 있다. 하지만 개중에는 상향처리만이 작동되는 경우도 있다. 상향처리만으로 과제가 완수되는 좋은 예는 [그림 3-13]과 같은 '다른 그림 찾기'다. 왜 그럴까? 하향처리는 이 그림의 전체를 지각하게 만들기 때문에 세부적인 묘사는 간과하게 된다. 따라서 다른 그림을 찾기 위해서는 그림 전체를 문맥화하지 않고, 항목 하나하나를 따로 보아야 한다.

다른 그림 찾기

[그림 3-13] 상향처리 과제

하향처리가 두 장면에서 묘사되는 세부 항목의 처리를 방해하기 때문에, 상향처리 전략은 어떤 과제에서는 가장 뛰어난 접근법이다.

당신이 다음 페이지의 〈시도〉에서 배우게 되겠지만, 상향처리와 하향처리 과정들은 상호작용한다. 기술적으로 말하자면, 〈시도〉에 있는 과제를 푸는 것은 상향처리의 과정이라고 할 수 있다. 따라서 십중팔구 당신은 각 단어의 철자들 중 첫 번째 쌍을 해독하기 위해 단서를 사용할 것이다(상향처리 과정). 그러나 당신은 각 단어에 있는 하나 또는 두 개의 철자를 해독한 후, 그 단어가 무엇일지에 대해 직감할 수 있을 것이다. 결과적으로, 당신이 그 단서를 볼 때, 당신의 직감은 검색을 안내할 것이다(하향처리 과정).

사전 지식은 특정한 지각을 기대하게 함으로써 우리의 지각을 돕는다. 예를 들어, 만약 방금 주문한 딸기 셔벗이 초록색으로 나왔다면, 그 셔벗에서는 딸기 맛이 날까 아니면 라임 맛이 날까? 우리가 무엇을 지각할지 기대하는 **지각적 세트**는 우리가 실제로 보고, 듣고, 느끼고, 맛보고, 냄새를 맡는 대부분을 결정한다. 물론 이러한 기대는 (라임 셔벗은 초록색이라는 것과 같은) 사전 지식에 기반을 둔다. 이러한 예상은 지각에 영향을 미치는 것으로 보인다. 따라서 초록색 딸기 셔벗에서는 정말 라임 맛이 약간 날 수도 있다.

시도 상향처리와 하향처리 과정

아래 단어들을 해독하시오.

1. GIVV
2. DRMWLD
3. ELOFMGVVI
4. NZTRX
5. YILMG LHZFIFH

KEY

A=Z	F=U	K=P	P=K	U=F	Z=A
B=Y	G=T	L=O	Q=J	V=E	
C=X	H=S	M=N	R=I	W=D	
D=W	I=R	N=M	S=H	X=C	
E=V	J=Q	O=L	T=G	Y=B	

정답 1. TREE, 2. WINDOW, 3. VOLUNTEER, 4. MAGIC, 5. BRONTOSAURUS

지각 세트에 관한 고전적 연구에서, 심리학자 데이비드 로젠한(David Rosenhan, 1973)과 동료들은 조현병을 '진단' 받은 후 여러 곳의 정신병원 환자가 되었다. 환자가 된 후, 그들은 정상인처럼 행동하였다. 무슨 목적으로? 그들은 병원관계자들이 그들이 정신적으로 병들지 않았다는 것을 얼마나 빨리 알아챌지가 궁금했던 것이다. 하지만 의사와 관계자들은 그들이 예상하는 증상만을 보았고, 실제로 일어난 일은 보지 못했다.

그들은 이 가짜 환자들의 말하는 것과 필기와 같은 행동들을 일종의 정신병 증상으로 간주하였다. 하지만 진짜 정신병자들은 속지 않았고, 그들은 이 심리학자들이 실제로 정신적으로 병들지 않았다는 것을 처음부터 알아보았다.

사회 지각

3.14 어떻게 우리는 사회적 자극을 지각할 수 있는가?

지금까지 우리는 뇌가 어떻게 대상에 대한 정보를 처리하는지 살펴보았다. 타인을 대상으로 한 개인의 감각과 지각적 과정은 어떠한가? 흥미롭게도, 뇌는 다른 유형의 입력을 해석하는 방식과는 다르게 사회적 정보를 지각한다. 예를 들어, 뇌영상법 연구들은 전문화된 신경학적 시스템이 우리로 하여금 다른 사람들의 행동을 해석하고 우리 자신의 행동을 안내하도록 돕는다고 주장한다. 이러한 연구들은 운동동작(예, 컵을 움켜쥐는 것)과 감정 관련 행동(예, 미소 짓기)의 관찰과 생성 모두가 **거울신경계**(mirror neuron system: MNS)를 활성화한다는 것을 보여 준다(Iacoboni, 2009). MNS는 다른 사람들이 수행하는 것을 관찰하고, 그들이 가르치는 시범을 봄으로써 신체적 기술을 배우는 우리의 능력에 기여한다. 마찬가지로, MNS는 우리가 우리 문화의 규범과 상징에 따라 다른 사람의 감정적인 행동을 해독하고 우리 자신의 표현을 부호화하는 것을 돕는 필터로 작용한다.

당신의 짐작대로, MNS가 다른 사람들의 감정적인 표현을 해독할 때, 사람의 얼굴에 대한 정보를 처리하는 뇌의 능력이 핵심적인 역할을 한다. 얼굴 지각은 특별히 복잡하고, 다른 종류의 시각 자극을 지각하는 것과는 뚜렷이 구별된다. 연구자 제임스 핵스비(James Haxby)와 동료들은 사람들의 정체를 판단하기 위해 사람 얼굴(눈, 코, 입)의 보편적인 특징들을 사용하는 얼굴 지각의 핵심 시스템이 존재한다고 제안한다(Haxby et al., 2001; Pavizi et al., 2012).우리는 다른 사람들과 언어적 · 비언어적인 의사소통 관계를 맺을 때 이 핵심 시스템을 뛰어넘어 더 큰 신경망을 활성화한다. 다른 연구자들은 인간 신체 부위의 영상들을 처리하기 위한 비슷하며 독특한 신경 체계를 발견하였다(Downing et al., 2001).

우리가 두 개의 감각 양상으로부터 온 정보를 결합하는 방법—교차양상 지각으로 알려진 처리(121쪽 참조)—은 비사회적 자극과 사회적 자극에서 서로 다르다. 예를 들어, 당신의 뇌는 떠나가는 기차의 소리와 다가오는 기차의 장면을 짝지어 보여 준다면 어떻게 반응할까? 서로 상반되는 시각 단서와 청각 단서를 기반으로 운동을 판단할 때, 우리는 청각 입력에 의지하는 경향이 있음을 나타내는 연구 결과가 있다(Meyer & Wuerger, 2001). 이러한 연구 결과와 같이 당신의 뇌는 기차가 오고 있는 것이 아니라 멀리 떠나간다고 판단할 것이다.

사회 지각의 경우는 사실 그 반대다. 얼굴 표정들과 감정 지각을 위한 시각 단서들은 청각적 단서보다 우선시되는데, 청각적 단서는 사람의 억양, 음량뿐만 아니라 실제 말한 단어와 관련이 있다. 그러므로 화난 얼굴을 보이지만 행복한 음성으로 말하는 사람은 일반적으로 행복하다고 판단되기보다는 화가 났다고 판단될 것이다(Vroomen et al., 2001). 아마도 이것이 한 오래된 팝송 가사에서 "행복한 표정을 지으세요."라고 권장하는 이유일 것이다.

기억하기 본문 내용을 떠올리며 다음 퀴즈를 풀어 보라.

1. 개인이 그들의 시각장에 있는 여러 움직이는 대상들 중 하나에 초점을 맞출 때, 그들은 종종 _____을(를) 보인다.
2. _____ 처리 과정은 지각을 구성하기 위해 개별적인 정보 조각들을 사용한다. _____ 처리 과정은 개개인의 정보 조각들을 해석하기 위해서 사전 경험과 지식을 사용한다.
3. _____은(는) 사람들이 무엇을 지각할지를 기대하는 것을 뜻한다.
4. _____은(는) 우리 자신에 대한 정보와 다른 사람들의 운동동작, 감정 표현을 처리하는 뇌 속의 하나의 세포망이다.
5. 시각, 청각 정보가 대립하는 사회적 상황에서, 개개인은 _____에 의지하는 경향이 있다.

지각의 원리

지각에 미치는 영향 중 일부(특히 지각적 과제에 사전 지식을 적용하는 것과 같은)는 자극이 어떻게 지각되는가에서 얼마나 폭넓은 다양성이 있는가를 보여 준다. 하지만 연구자들은 모든 인간의 지각을 지배하는 것으로 보이는 몇 가지 지각원리를 발견하였다.

3.15 지각 조직화를 지배하는 원리들은 무엇인가?

지각 조직화와 항상성

1장의 형태심리학에 대한 논의를 기억하는가? 형태심리학자들은 사람이 경험을 작은 조각으로 쪼개고 그 조각들을 분리하여 분석하는 것만으로는 지각적 세계를 이해할 수 없다고 주장하였다. 감각적인 요소들이 합쳐지면 새로운 무언가가 형성된다. 즉, 전체는 그 부분들의 합 이상이다. 독일어 **게슈탈트**(Gestalt)는 영어로 정확히 표현되기는 힘들지만, 사람이 지각하는 전체 형태, 패턴, 외형의 뜻과 비슷하다. 형태심리학자들은 감각적 경험이 지각 조직화의 원리에 따라 조직화된다고 주장하였다. 지각 조직화의 원리는 다음과 같다.

- 형-배경(figure-ground): 우리가 세상을 볼 때, [그림 3-14]의 (a)처럼 어떤 대상(형)은 배경(지면)으로부터 튀어나와 보인다.
- 유사성(similarity): 유사한 특징을 지닌 물체들은 하나의 단위로 지각된다. [그림 3-14]의 (b)에서 왼쪽의 비슷한 색상의 점들은 수평의 열로, 오른쪽의 점들은 수직의 열로 지각된다.
- 근접성(proximity): 공간적으로나 시간적으로 근접해 있는 대상들은 대개 하나의 단위로 지각된다. [그림 3-14]의 (c)의 선들의 간격 때문에 이 그림은 8개로 분리된 선들이 아니라 4쌍의 선으로 지각된다.
- 연속성(continuity): [그림 3-14]의 (d)에서 볼 수 있듯이 연속적인 패턴을 띠는 물체나 도형은 하나의 도형처럼 보인다.
- 폐쇄성(closure): 우리는 빈틈이 있는 도형도 완벽한 것으로 인지한다. [그림 3-14]의 (e)의 그림에서 부분이 빠져 있지만, 우리는 폐쇄성을 이용해서 이것을 삼각형으로 지각한다.

친구에게 작별인사를 하고는 그 친구가 걸어가는 것을 볼 때, 당신의 망막에 비친 그 모습은 계속해서 작아지다가 결국 사라질 것이다. 그렇다면 그 모습의 실제 크기가 여전히 동일하다는 것을 당신의 뇌는 어떻게 알고 있을까? 과학자들은 이런 현상을 **지각 항상성**(perceptual constancy)이라고 부른다.

사람이 걸어가는 것을 볼 때 망막이 뇌로 전달하는 정보(눈에 비치는 그 사람의 모습이 작아지고 있다는 정보)가 당신의 지각 체계에 영향을 미치지 못하는 이유가 바로 이 지각 항상성 때문이다. 어떤 물체나 사람이 점점 더 멀리 걸어가는 것을 보더라도 당신은 계속 그들을 같은 크기로 지각한다. 이것이 크기 항상성이다. 망막으로 전해진 크기를 그대로 받아들이지 않는 것이다. 그렇지 않고 그대로 받아들

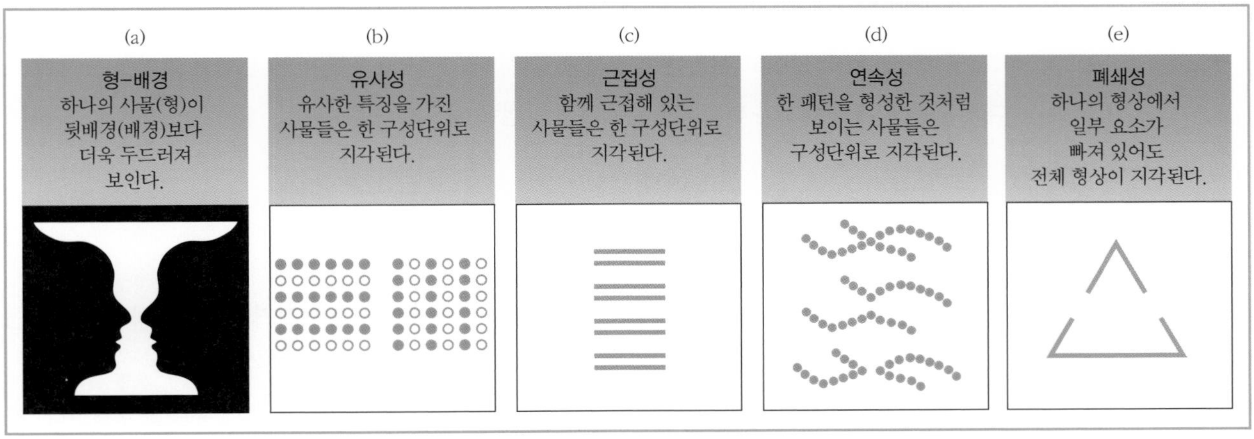

[그림 3-14] 지각 조직화의 게슈탈트 원리

형태심리학자들은 형-배경, 유사성, 근접성, 연속성, 폐쇄성 등을 포함하는 지각 조직화의 몇 가지 원리를 제안했다.

[그림 3-15] 모양 항상성
문은 다른 각도에서 보았을 때 망막에 매우 다른 영상으로 투사된다. 그러나 모양 항상성 때문에 직사각형과 같은 문의 지각을 계속할 수 있다.

인다면, 어떤 물체의 크기가 가까이 다가올 때 더 커지며, 멀리 떨어질 때 더 작아진다고 해석할 것이다.

물체를 보는 각도에 따라 그 물체가 우리의 망막에 비치는 형태나 모습은 달라진다. 하지만 우리의 지각 능력은 모양 항상성을 포함한다. 이는 각도에 따라 망막에 비치는 물체의 모습이 변하더라도 그 물체의 실질적인 모습은 일정하며 변하지 않는다고 지각하는 경향을 뜻한다. 다시 말해, 우리는 물체를 보는 각도와는 상관없이 문은 직사각형으로, 접시는 원형 모양으로 지각한다([그림 3-15] 참조).

우리는 보통 조명 상태의 차이에 관계없이 일정한 밝기의 수준을 유지하며 사물을 본다. 이는 밝기 항상성으로 잘 알려진 지각현상이다. 거의 모든 물체는 그들에게 떨어진 빛의 일부를 반사한다. 그리고 흰 물체는 검은 물체에 비해 더 많은 빛을 반사한다. 그렇지만 실제로 화창한 날 정오의 검정 아스팔트 차도는 흰색 셔츠가 어둑한 밤에 실내에서 반사하는 것보다 더 많은 빛을 반사한다. 그럼에도 불구하고, 차도는 여전히 검게 보이고 셔츠는 여전히 하얗다. 왜 그럴까? 우리가 한 물체의 밝기를 동시에 보이는 다른 모든 물체의 밝기와 비교하여 추리하는 방법을 배웠기 때문이다.

3.16 양안단서와 단안단서는 깊이 지각에 어떻게 기여하는가?

깊이 지각

깊이 지각(depth perception)은 3차원의 시각세계를 지각하고 거리를 정확하게 판단하는 능력이다. 우리는 멀리 떨어져 있는 물체나 사람을 어떻게 판단할 수 있는가?

우리는 비틀거리지 않고 계단을 오르내리며, 깊이 지각에 필요한 수많은 다른 행동들을 수행한다. 깊이 지각은 3차원적이다. 그럼에도 각각의 눈은 2차원적 시야만을 제공한다. 망막에 투사된 영상들은 깊이를 포함하지 않는다. 그것들은 마치 사진처럼 평면적이다. 그렇다면 어떻게 우리는 생생하게 깊이를 지각하는가?

깊이 지각을 위한 몇몇 단서는 양쪽 눈이 함께 작동하는 것에 의존한다. 이 **양안 깊이 단서**(binocular depth cue)는 양안부등과 수렴을 포함한다. 수렴은 눈이 대상 가까이에 초점을 맞추기 위해 안쪽으로 쏠릴 때 일어난다. 손가락의 끝을 당신의 코에서 30cm쯤 앞에 두고 거기에 초점을 두라. 이제 천천히 당신의 손가락을 당신 코를 향해 움직여 보라. 당신의 손가락이 가상적으로 교차하는 것처럼 보일 정도로 눈이 안쪽으로 모아지면 손가락은 코를 건드리게 된다. 많은 심리학자는 눈이 안쪽으로 모일 때 안구 근육들의 긴장이 깊이 지각의 단서에 도움이 되는 정보를 뇌에 전달한다고 믿는다. 다행히도 두 개의 눈은 6.3cm 정도 떨어져 있어, 초점이 되는 대상에 대해 각 눈이 약간 다른 관점을 가지게 되고 결과적으로 약간 다른 망막 상을 낳는다. 양안부등이라고 잘 알려진 두 망막 상 사이의 차이는 깊이 지각의 중요한 단서를 제공한다([그림 3-16] 참조). 눈에서 멀어질수록(6m 혹은 그 이상) 대상은 두 망막 상 간에 점점 더 적은 차이 혹은 더 적은 부등으로 보이게 된다. 뇌는 두 개의 다소 다른 망막 상을 통합하고 3차원 지각을 만든다.

한쪽 눈을 감아 보아라. 그래도 당신은 여전히 깊이를 지각할 수 있다는 것을 알게 될 것이다. 한쪽 눈만으로 지각되는 시각적 깊이 단서들은 **단안 깊이 단서**(monocular depth cue)라고 불린다. 다음은 회화에서 깊이의 착시를 주기 위해 서양 문화에서 예술가들이 많이 사용해 온 일곱 가지 단안 깊이 단서

[그림 3-16] 망막 부등과 입체도형 보기

망막의 부등은 우리 대부분이 입체도형을 3D 이미지로 지각하는 것을 가능하게 한다. 당신의 코 끝부분에 이 그림을 댄 후에 천천히, 아주 천천히 책을 당신의 얼굴로부터 똑바로 뒤로 움직이라. 눈을 깜빡이지 말고 그림을 보라. 3D 이미지가 갑자기 나타날 것이다.

에 대한 기술이다.

- 중첩(interposition): 한 대상이 다른 대상의 당신 시야를 부분적으로 가릴 때, 부분적으로 가려진 대상이 더 멀리 있는 것으로 지각된다.
- 선형조망(linear perspective): 실제로는 같은 거리만큼 떨어져 있는 평행선들 중 어떤 것들은 더욱 가까워 보이고 또 다른 것들은 조금씩 작아지면서 한 점에 모이는 것처럼 보인다.
- 상대적 크기(relative size): 더 큰 대상들은 시야에서 더 가까이 존재하는 것처럼, 그리고 더 작은 대상들은 더욱더 멀리 존재하는 것처럼 지각된다.
- 결 기울기(texture gradient): 가까이 있는 대상은 세부 특징이 명확하게 보이는 반면, 그와 유사한 대상일지라도 멀리 떨어져 있을수록 세부 특징이 희미해지고 불분명하게 보인다.
- 대기조망(atmospheric perspective, 또는 공기조망): 먼 거리에 있는 대상들은 가까이 있는 대상에 비해 푸르스름한 빛을 띠며 흐릿해 보인다.

중첩
한 대상이 다른 대상의 당신 시야를 부분적으로 가릴 때, 부분적으로 가려진 대상이 더 멀리 있는 것으로 지각된다.
선형조망
실제로는 같은 거리만큼 떨어져 있는 평행선들 중 어떤 것들은 더욱 가까워 보이고 또 다른 것들은 조금씩 작아지면서 한 점에 모이는 것처럼 보인다.
상대적 크기
더 큰 대상들은 시야에서 더 가까이 존재하는 것처럼, 그리고 더 작은 대상들은 더욱더 멀리 있는 것처럼 지각된다.
결 기울기
가까이 있는 대상은 세부 특징이 명확하게 보이는 반면, 그와 유사한 대상일지라도 멀리 떨어져 있을수록 세부 특징이 희미해지고 불분명하게 보인다.
대기조망
먼 거리에 있는 대상들은 가까이 있는 대상에 비해 푸르스름한 빛을 띠며 흐릿해 보인다.
그림자 혹은 그늘
빛이 대상에 내리쬐면 그림자를 만들어 내는데, 이는 깊이 지각을 돕는다.
운동 시차
움직이는 자동차(탈것) 안에서 측면 창문으로 밖을 볼 때, 바깥의 대상은 각기 다른 속력으로 차와 정반대 방향으로 움직이고 있는 것으로 보인다. 그리고 가까이 있을수록 더 빠른 속도로 움직이고 있는 것처럼 보인다.

[그림 3-17] 단안 깊이 단서

- 그림자 혹은 그늘(shadow or shading, 명암): 빛이 대상에 내리쬐면 그림자를 만들어 내는데, 이는 깊이 지각을 돕는다.
- 운동 시차(motion parallax): 움직이는 자동차(탈것) 안에서 측면 창문으로 밖을 볼 때, 바깥의 대상은 각기 다른 속력으로 차와 정반대 방향으로 움직이고 있는 것으로 보인다. 그리고 가까이 있을수록 더 빠른 속도로 움직이고 있는 것처럼 보인다. 그리고 해나 달과 같이 매우 멀리 떨어져 있는 대상들은 당신과 같은 방향으로 움직이는 것처럼 보인다. [그림 3-17]에는 이 단서들을 설명하는 사진이 제시되어 있다.

움직임 지각

3.17 뇌는 어떻게 움직임을 지각하는가?

버스에 앉아서 당신이 앉아 있는 버스와 평행하게 주차되어 있는 다른 버스를 창문을 통해서 보고 있다고 상상해 보라. 갑자기, 당신은 버스가 움직이는 것을 느낀다. 그때 당신은 자신이 타고 있는 버스가 움직인 것이 아니라 옆에 있는 버스가 움직인 것이라는 것을 깨닫는다. 달리 이야기하면, 대상의 움직임을 지각하는 당신의 능력은 어떤 면에서는 아주 형편없다. 이 예시는 움직임 지각의 복잡성을 설명한다.

움직임 지각에 대한 우리의 이해에서 가장 중요한 공헌자 중 한 사람은 심리학자 제임스 깁슨(James Gibson)이다. 깁슨(1994)은 우리의 운동 지각이 빈번하게 변화하지만 안정성과 같은 원칙을 기반으로 하여 일어난다고 지적한다. 우리의 뇌는 안정성을 위한 가정된 참조점 기능을 하는 자극을 환경에서 탐색하는 것처럼 보인다. 한번 안정된 참조점이 정해지면, 참조점과 관련해서 움직이는 모든 대상은 운동으로 판단된다. 예를 들어, 버스(장면)에서 당신의 뇌는 다른 버스가 안정적이라고 추측한다. 그리고 운동 감각들이 당신의 망막 탐지 운동과 연결되었을 때 당신의 버스가 움직이고 있다고 결론 내린다. 그리고 당신이 자동차를 운전하고 있을 때 당신은 외부 환경과 관련하여 자동차가 움직임이 있음을 감지한다. 그러나 당신의 뇌는 움직임을 위한 안정된 참조점으로 자동차 내부를 사용한다. 좌석, 핸들 조종 등과 상대적인 당신의 움직임만이 당신의 뇌에 의해 운동으로 느껴진다.

사실 안구들이 완전히 정지해 있지 않다는 것이 (역설적으로) 움직임 지각에 기여한다. 예를 들어, 당신이 몇 초 동안 어두운 방 안에서 움직이지 않는 점 하나를 응시하고 있다면, 불빛은 움직이기 시작하는 것으로 보일 것이다. 이 현상은 자동운동 착시(autokinetic illusion) 현상이라고 불린다. 만약 당신이 불빛으로부터 눈길을 돌리고 그것을 보기 위해 돌아설 때는 그것은 다시 안정되어 있는 것으로 보일 것이다. (이 현상이 UFO의 목격을 설명할 수 있을까?) 두 개의 불빛이 가까이 있으면 두 개가 끈으로 연결된 것같이 함께 움직이는 것으로 보인다. 실제로 일어나고 있는 것은 불빛이 아닌 당신의 눈이 움직이고 있는 것이다. 방의 어두움 때문에, 뇌는 불빛이 실제로 움직이고 있는지 아닌지를 결정하는 데 사용하기 위한 안정된 시각적 참조점을 가지지 못한다(Gibson, 1994). 그러나 뇌는 방이 밝아질 때 불빛에 대한 안정된 시각적 배경을 가지기 때문에 즉시 오류를 '수정'한다.

헛운동 지각에 대한 연구 중 하나에서는 어두운 방 안의 움직이지 않는 불빛이 연속적으로 번쩍이고 꺼질 때 참가자들이 하나의 불빛이 한 곳에서 다른 곳으로 움직이고 있는 것으로 지각하게 만들었다.

파이현상(phi phenomenon, 스트로보스코픽 운동[stroboscopic motion]이라고도 함)이라고 불리는 이런 유형의 착시는 형태심리학의 창시자 중 한 명인 막스 베르트하이머(Max Wertheimer, 1912)가 처음으로 논의하였다. 당신이 영화를 볼 때 파이현상의 가장 일반적인 예 중의 하나를 마주하게 된다. 아마 당신도 알고 있듯이, 영화란 빠르게 연속으로 보이는 정지 사진들의 시리즈일 뿐이다.

기억하기 본문 내용을 떠올리며 다음 퀴즈를 풀어 보라.

1. 사람이 지각한 전체 형태, 패턴, 또는 배열이 _____이다.
2. _____ 깊이 단서는 양쪽 눈이 함께 작동하는 것에 의존한다.
3. _____ 깊이 단서는 한쪽 눈만으로도 지각될 수 있다.
4. 각각의 차례대로 빛이 꺼졌다가 켜짐에 의해 생성된 가현운동은 _____로(으로) 알려져 있다.
5. 안구 움직임에 의해 생성된 가현운동은 _____로(으로) 알려져 있다.

비일상적 지각 경험

지각에 영향을 미치고 지배하는 감각과 요인들에 대해 읽고 난 후, 아마 당신은 감각과 지각이 우리가 살고 있는 세계를 제대로 이해할 수 있도록 한다는 것을 확신할 것이다. 그러나 이런 중요한 과정들이 속아 넘어갈 때, 그것들이 우리로 하여금 실제로 없는 것을 보거나 듣는다고 믿도록 이끌 때 무슨 일이 일어나는가? 게다가 감각 없이 지각하는 것이 가능한가?

3.18 세 가지 수수께끼 같은 지각현상은 무엇인가?

수수께끼 같은 지각

우리는 존재하지 않는 운동들을 지각할 수 있을 뿐만 아니라, 자극에 없는 대상을 지각하거나 잘못 해석할 수도 있다.

이전에 경험해 본 적이 없는 애매모호한 도형을 처음 마주했을 때, 당신의 지각체계는 당황하여 애매한 도형을 처음 한 방식으로, 그러고는 다른 방식으로 봄으로써 불확실함을 해소하기 위해 노력한다. 그러나 두 방식이 동시에 일어나지는 않는다. 당신은 애매모호한 도형들이 당신의 통제를 넘어 앞뒤로 점프하는 것처럼 보이기 때문에 절대로 그것들의 지속적인 인상을 유지하지 못한다. 어떤 애매모호한 도형에서는 두 다른 대상 또는 그림이 교대로 보인다. 그러한 영상은 [그림 3-18]의 (a)에서 볼 수 있다. 당신은 흰색 배경 위에 있는 검은색 점의 집합이 보이는가? 만약 당신이 주의하여 본다면, 당신은 배경에서 코를 킁킁거리는 달마시안의 형상을 볼 수 있을 것이다. 이러한 애매한 대상의 예들은 지각은 감각 부분들의 단순한 합 이상이라는 강력한 증거를 제공한다. 같은 그림(감각 부분들의 같은 합)이 극적으로 다른 지각을 전달할 수 있다는 것은 믿기 어렵다.

불가능해 보이는 많은 그림들이 처음에는 당신이 더 가까이에서 그것들을 관찰하기 전에는 특별히 이상해 보이지 않는다. 당신은 [그림 3-18]의 (b)에 제시된 삼지창을 만드는 회사에 당신의 돈을 투자하겠는가? 이와 같은 대상은 만들어질 수 없다. 왜냐하면 가운데 뾰족한 부분이 동시에 두 개의 다른 공간에 있는 것으로 보이기 때문이다. 그런데 불가능한 도형의 이러한 유형은 서양 문화권의 사람들에게 더 혼란스러운 것 같다. 1970년대의 고전적 연구는 어떤 아프리카 문화권의 사람들은 그들의 회화(미술)에서 3차원 시공간을 표현하지 않으며, 회화적 깊이 단서를 가진 그림에서 깊이를 지각하지 못한다는 것을 보여 줬다. 이들은 세 갈래로 갈라진 삼지창과 유사한 그림에서 애매함을 보지 못하고, 서양 문화권의 사람이 하는 것보다 기억만으로 훨씬 쉽고 정확하게 그림을 그릴 수 있다(Bloomer, 1976).

착시(illusion)는 헛지각(false perception) 또는 환경에서의 실제적 자극에 대한 오지각(misperception)이다. 우리는 크기, 모양, 혹은 한 요소와 다른 요소의 관련성을 오지각할 수 있다. 우리는 마술사가 행하는 착시를 보기 위해 돈을 지불할 필요는 없다. 착시는 자연적으로 발생한다. 그리고 우리는 항상 그것들을 본다. 예를 들어, 달은 머리 위에 있을 때보다 수평선상에 있을 때 더욱 크게 보인다. 왜 그럴까? 달 착시의 한 가지 설명은 상대적 크기와 관련된다. 이러한 설명은 달이 나무, 빌딩 그리고 다른 대상들과 비교되어 보이기 때문에 수평선상에서 더 크게 보인다는 것이다. 머리 위에서 보일 때, 달은 다른 대상과 직접적으로 비교되지 않기에 작게 보인다.

[그림 3-18]의 (c)에서 두 개의 선은 실제로는 같은 길이다. 그러나 아래쪽 선분은 사선의 양 끝이 바깥쪽으로 뻗어 있어서, 안쪽으로 사선이 뻗어 있는 위쪽 선분보다 더 긴 것처럼 보인다. 이 현상이 뮬러-라이어 착시(Müller-Lyer illusion)로 알려진 것이다.

폰조 착시(Ponzo illusion) 또한 크기에 대한 우리의 판단에서 재미있는 착각을 일으킨다. [그림 3-18]의 (d)를 보라. 당신이 지각하는 것과는 다르게, 두 '괴물'은 같은 크기다. 다시 말해서, 우리가 실제 세계에 대해 일반적으로 정확하다고 믿는 크기와 거리의 지각은 잘못될 수 있다. 만약 당신이 실제 건물의 복도에 멈추어 여기 있는 두 개의 그림과 비슷한 장면을 보게 된다면, 더 크게 보이는 하나는 실제로 더 큰 것일 것이다. 이와 같이 폰조 착시는 자연적인 착시가 아니라 인위적인 것이다. 사실, 이 모든 착시는 실제로 정상적인 일상 경험에서 정상적으로 작동되는 원리의 잘못된 적용이다.

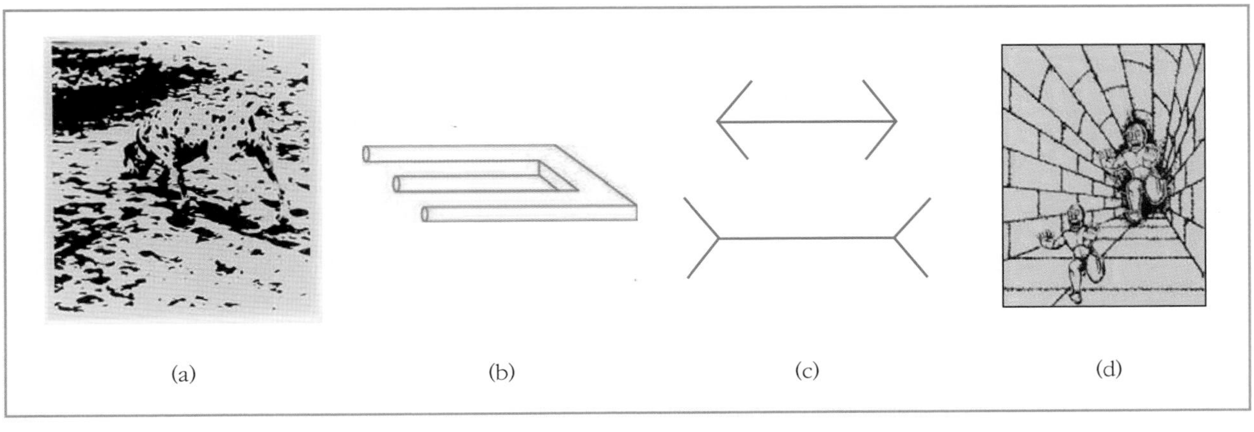

[그림 3-18] 몇몇 수수께끼 같은 지각

(a) 당신은 무질서한 점들이 보이는가 다른 것이 보이는가? (b) 왜 당신은 이 삼지창을 실제로 만들 수 있는가? (c) 어느 수평선이 더 긴 것처럼 보이는가? (d) 어느 괴물이 더 커 보이는가?(어느 괴물이 더 무서워 보이는가?)

▶▶▶ 어떤 착시는 문화에 따라 다른 것 같다. 예를 들어, 집에 직선이나 모서리가 없는 줄루족 사람들은 뮬러-라이어 착시를 경험하지 않는다.

왜냐하면 몇몇 착시 반응은 너무 보편적이어서 많은 심리학자는 그것들이 선천적인 것이라고 믿고 있다. 그렇지만 영국의 심리학자 그레고리(R. L. Gregory)는 뮬러-라이어 착시나 그 유사한 착시들에 대한 민감도는 생득적인 것이 아니라고 믿었다. 한 개인이 경험하는 착시의 수준은 그 사람이 속해 있는 문화와 어느 정도 관련이 있다. 시걸과 동료들(Segall et al., 1966)은 아프리카와 필리핀, 그리고 미국의 15개의 다른 문화에서 1,848명의 성인과 아동을 대상으로 뮬러-라이어 착시와 비슷한 착시들의 민감성이 경험으로 인한 것인지 아닌지에 대해 검사했다. 미국 일리노이 주에 거주하는 집단과 남아프리카의 줄루족(Zulus) 집단이 포함되었다. 연구는 "이 연구에 포함된 전 문화적 그룹들의 착시 민감성은 두드러진 차이를 나타냈다."고 발표했다(Segall, 1994, p. 137). 모든 문화의 사람들은 뮬러-라이어 착시의 지각에 어떤 경향성을 보였으며 이는 생물학적 소인으로 간주되었지만, 경험도 명백히 하나의 요인이었다. 둥근 집에서 살며 모서리를 거의 보지 못한 줄루족은 이러한 착시들에 속지 않는다. 줄루 원주민들이 그것을 보지 못하는 경향이 있는 반면, 일리노이 주에 거주하는 사람들은 쉽게 착시를 본다.

착시에 대한 다른 권위 있는 비교문화 연구에서, 페더슨과 휠러(Pedersen & Wheeler, 1983)는 북미 원주민인 나바호족(Navajo)의 두 집단에 대해 뮬러-라이어 착시 지각을 연구했다. 직사각형의 집에 살면서 모서리, 모퉁이 그리고 가장자리에 대한 경험이 있는 집단은 착시를 보는 경향이 있었다. 반면 줄루족과 같은 다른 집단의 구성원들은 그것을 잘 보지 못하는 경향이 있었다. 그들의 문화적 경험이 둥근 집들로 이루어져 있기 때문이다.

3.19 역하지각, 초감각 지각 그리고 공감각 연구들은 무엇을 보여 주는가?

역하지각, 초감각 지각 그리고 공감각

착시는 감각 입력을 잘못 지각하여 일어난다. 그에 반해 당신이 이 절에서 읽을 현상들은 감각 입력과 독립적인 지각과 관련 있다. 따라서 그것들은 감각이 없거나, 최소한 감각의 자각이 없는 지각을 나타낸다.

역하지각 수십 년 동안, 심리학자들은 의식의 역치 아래로 제시되는 자극에 반응하고 지각하는 능력인 **역하지각**(subliminal perception)으로 알려진 것과 유사한 현상을 연구해 왔다. 신경영상 연구들은 뇌가 실제로 역치 수준 이하로 제시되는 자극에 생리학적으로 반응하는 것을 보여 준다(Hsieh & Colas, 2012; Kouider et al., 2009). 게다가 역치 수준 이하의 정보들은 어느 정도 행동에 영향을 줄 수 있다. 예를 들어, 사람들에게 한 사람이 다른 사람을 때리고 있는 사진을 역치 수준 이하로 노출하면, 식당에서 이야기를 하고 있는 두 사람과 같이 의식적으로 중립적 장면으로 의식될 만한 것도 어떤 공격성을 포함하고 있는 것으로 간주하기 쉽게 된다(Todorov & Bargh, 2002).

그렇지만 역하지각은 행동에 얼마나 강하게 영향을 주는가? 종종 역하 설득이라고 불리는 광고에서 의식의 역치 수준 이하로 제시하는 메시지는 수십 년에 걸쳐 사용되어 왔다. 그렇지만 역하지각에 관한 대부분의 연구는 그러한 현상이 존재하기는 하지만 그것이 아마도 광고 목적으로의 사용을 지지하는 사람들에 의해 주장되는 행동 변화를 만들어 내지는 못한다는 것을 시사한다(Greenwald, 1992; Hsieh & Colas, 2012).

이와 비슷하게, 체중 감량을 원하는 사람들은 간혹 식욕을 통제하기 위한 바람으로 파도소리나 음악 속에 "나는 더 적게 먹을 것이다."와 같은 역하 메시지가 포함된 상업용 MP3를 다운받는다. 이러한 종류의 기록매체들은 금연을 원하는 사람들에게도 팔린다. 그렇지만 위약 통제된 실험 연구들은 역치 수준 이하의 메시지들이 행동에 영향을 주지 않는다는 것을 발견했다(Greenwald, 1992; Greenwald et al., 1991; Russell, Rowe, & Smouse, 1991).

초감각 지각 **초감각 지각**(extrasensory perception: ESP)은 감각경로들로 알려진 것 이외에 어떤 다른 수단을 통해 대상, 사건, 혹은 다른 사람의 사고들에 관한 정보들을 얻는 것으로 정의된다. 몇몇 종류의 초감각 지각들이 존재한다는 주장이 있어 왔다. 텔레파시는 감각을 사용하지 않고 다른 사람의 활동이나 느낌, 생각의 자각을 얻는 것을 의미한다. 말하자면 사람의 마음을 읽는 것이다. 투시는 감각을 사용하지 않고 대상과 사건의 정보를 얻는 것인데, 편지를 열어 보기 전에 그 내용을 아는 것과 같은 것이다. 예지는 사건이 일어나기 전에 자각하는 것을 뜻한다. 일상생활에서 예지를 보고한 대부분의 사례는 사람이 꿈을 꾸고 있는 동안에 일어났다.

초감각 지각의 많은 연구는 '간츠펠트(Ganzfeld, 전시야)' 절차를 사용하는데, 이는 '송신자'와 '수신자' 두 사람이 분리된 방에 배치되는 연구 설계다. 방들은 주의산만을 최소화하고 깊은 집중을 촉진하기 위해서 특별하게 설계된다. 실험자들은 수신자에게 전송하기로 되어 있는 송신자에게 메시지를 제공한다. 전시야 기술을 사용한 몇몇 연구는 초감각 지각이 존재하며, 어떤 사람은 다른 사람보다 초감각적인 메시지들을 더 잘 보내고 받는 능력이 있음을 시사한다(Perez-Navarro, Lawrence, & Hume, 2009). 그렇지만 거의 모든 사례에서 이러한 연구들의 반복검증 시도들은 실패했다(Milton & Wiseman, 2001). 따라서 대부분의 심리학자는 초감각 지각의 존재에 대해서 아직 회의적이다.

공감각 **공감각**(synesthesia)은 보편적인 감각에 부가하여 비일상적인 감각을 경험하는 능력이다. 예를 들면, 연구자들이 검토한 공감각을 가진 한 사람은 쇠고기를 맛보면서 푸른색을 떠올리며, 생강으로 조미된 식품을 먹을 때는 시각장에 오렌지색 반점이 나타난다(Carpenter, 2001). 한편 공감각의 가장 일반적인 유형은 구어에 대해 개인이 색을 감각하는 것으로서 이것을 색청(colored hearing)이라 부른다(Carpenter, 2001). 신경촬영법을 이용한 연구들은 색청이 학습의 결과와 연관성이 없다고 제안하고 있다. 이러한 연구는 의식적으로 단어와 색을 연합하도록 훈련받은 연구 참가자보다 단어를 색과 연관시키는 공감각을 가진 사람들에게서 다른 뇌 영역들이 활성화되는 것을 보여 준다(Nunn et al., 2002).

몇몇 심리학자는 모든 신생아의 뇌가 공감각을 가지고 있으며, 공감각 능력과 관련된 여러 뇌의 영역이 아동기와 청소년기 동안 전문화되는 과정에서 대부분의 사람은 이를 잃어버리는 것으로 추측한다. 그러나 어떤 약물은 일시적 공감각을 일으키는데, 이것을 바탕으로 소수의 과학자는 우리 모두가 공감적 경험에 기저하는 신경학적 연결이 있다는 가설을 세웠다(Sinke et al., 2012). 그럼에도 불구하고, 공감각의 근원과 신경학적 기초 모두에 관해 아직도 논쟁 중에 있다(Sinke et al., 2012). 앞으로 더 많은 연구가 필요하다.

기억하기 본문 내용을 떠올리며 다음 퀴즈를 풀어 보라.

1. 역하지각에 관한 연구들은 뇌가 인식의 역치 수준 이하로 제시된 자극에 반응(한다/하지 않는다)는 것을 보여 준다.
2. 전시야 절차는 _____을(를) 연구하기 위해 사용된다.
3. 공감각을 지닌 사람들은 타인들과 다르게 단어를 (감각한다/지각한다).

되돌아보기

우리는 우리 신체에게 요구한 과제들을 가능하게 하기 위해서 우리의 감각들이 어떻게 함께 작동하는지를 당신에게 예증함으로써 이 장을 시작하였다. 그리고 우리는 비일상적 지각 경험들 몇 가지를 검토하는 것으로 이 장을 끝냈다. 공감각에서 지각의 한 유형(예, 시각)은 일반적으로 지각의 다른 유형(예, 청각)을 낳는 자극에 대한 반응으로 일어난다. 역하지각은 감각했다는 것을 자각하지 못한 자극에 대한 반응으로 나타난다. 초감각 지각은, 그것이 만일 존재한다면, 어떤 감각적 자극들의 부재에서도 지각을 수반한다. 이러한 현상들은 흥미를 자아내기도 하지만 일상 감각환경들을 항행하는 것은 감각 자극들과 감각 과정, 그리고 보다 전형적인 감각과 지각 경험을 만드는 지각 과정 간의 신뢰할 만한 연결 없이는 매우 어려울 것이다.

CHAPTER

4

의식

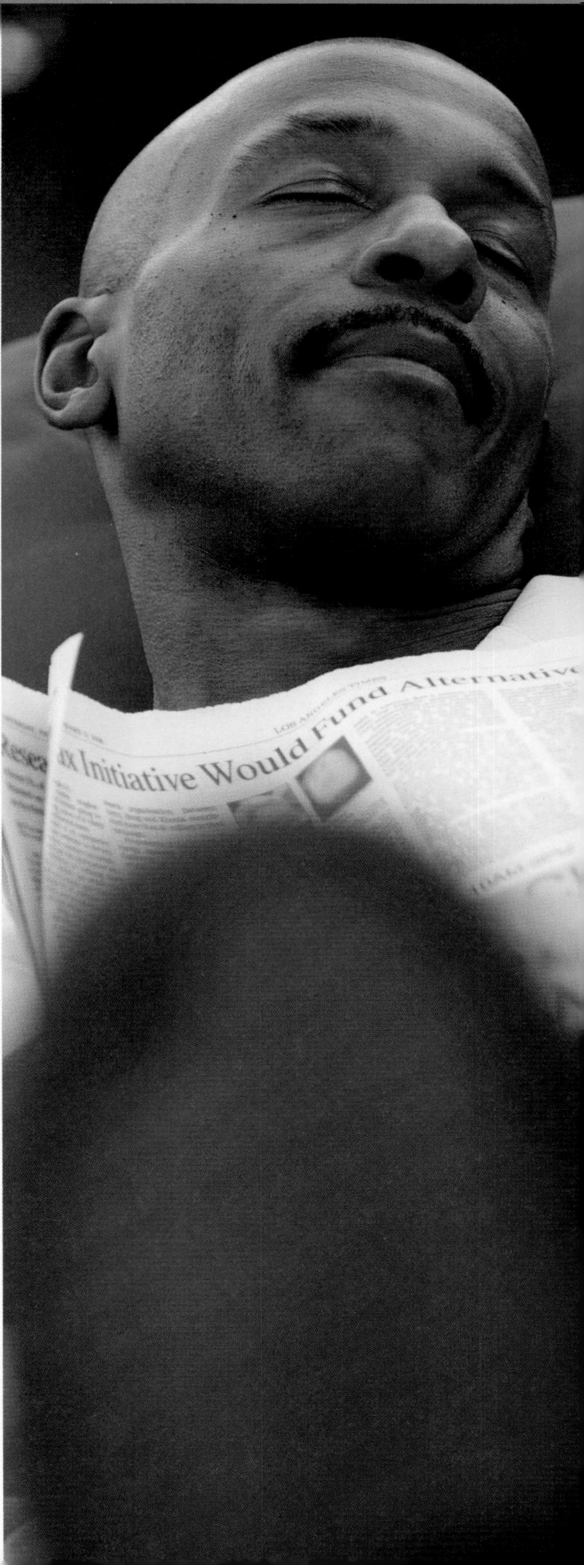

의식이란 무엇인가

4.1 심리학자는 의식에 관하여 어떤 관점을 가지는가?

4.2 의식전환 상태와 문화의 관계는 무엇인가?

24시간의 주기 리듬

4.3 24시간 주기 리듬은 생리적 · 심리적 기능에 어떤 방식으로 영향을 미치는가?

4.4 24시간 주기 리듬의 교란은 몸과 마음에 어떻게 영향을 끼치는가?

수면

4.5 회복 이론이나 주기 이론으로 어떻게 수면을 설명할 수 있는가?

4.6 일반적으로 우리가 밤에 수면을 취하는 동안 어떤 유형의 수면이 발생하는가?

4.7 나이가 수면의 패턴에 어떻게 영향을 주는가?

4.8 수면박탈의 영향은 무엇인가?

4.9 다양한 수면장애는 무엇인가?

꿈

4.10 연구자들은 꿈에 대해 무엇을 알게 되었는가?

4.11 다양한 이론은 꿈을 어떻게 설명하는가?

명상과 최면

4.12 명상의 장점은 무엇인가?

4.13 최면이 몸과 마음에 영향을 주는 방법과 영향을 주는 이유는?

향정신성 약물

4.14 약물들은 어떻게 뇌의 신경전달물질 체계에 영향을 미치는가?

4.15 신체적 약물의존과 심리적 약물의존 간의 차이는 무엇인가?

4.16 흥분제는 행동에 어떻게 영향을 미치는가?

4.17 진정제의 행동적 효과는 무엇인가?

4.18 환각제가 어떻게 행동에 영향을 주는가?

생각해보기

당신은 매일 이른 아침, 침대에서 벌떡 일어나 활기차게 하루를 시작하는가? 아니면 조금이라도 더 자기 위해서 더듬거리면서 알람시계의 버튼을 누르는가? 다르게 말해서, 당신의 시간유형(chronotype)은 무엇인가? 만약에 당신이 아침 일찍 일어나는 사람이라면, 당신은 종달새형(아침형 인간)에 속하지만, 습관적으로 알람시계의 버튼을 누른다면 올빼미형(저녁형 인간)이 당신에게 더 어울릴 것이다. 퀴즈를 통해서 당신이 어떤 유형에 해당하는지 찾아보라. 당신의 대답에 따라 괄호 안의 표시된 1점, 3점, 5점을 당신의 점수로 매기라.

1. 내가 마음먹은 시간에 깨어나는 날은 기상시간이 대개 _____이다.

_____ 아침 7시 전(1)
_____ 아침 7시에서 9시 사이(3)
_____ 아침 9시 이후(5)

2. 침대에서 나와 학교나 직장에 가는 것이 _____.

_____ 꽤 쉽다(1)
_____ 가끔 어렵다(3)
_____ 항상 어렵다(5)

3. 아침에 일찍 일어났을 때, 나는 보통 _____.

_____ 상쾌하다(1)
_____ 상황에 따라 다르다(3)
_____ 잠이 오고 피곤하다(5)

4. 잠을 자러 가는 시간을 선택한다면, _____ 자러 갈 것이다.

_____ 오후 10:30까지(1)
_____ 오후 10:30에서 자정 사이에(3)
_____ 자정 이후에(5)

5. 학교 가기 전날 밤, 나는 잠들기 한두 시간 전쯤에 _____.

_____ 매우 피곤하고 잠이 온다(1)
_____ 좀 피곤하다(3)
_____ 전혀 피곤하지 않다(5)

합계: _____

만약에 당신이 5~10점 사이를 받았다면, 당신은 인구의 25%에 속하는 종달새(아침)형 인간이다. 만약에 당신의 총 점수가 11점에서 19점 사이라면, 당신은 '중간'이다. 즉, 당신은 종달새형도 올빼미형도 아니다. 만약에 당신의 총 점수가 20점 이상이라면, 당신은 진정한 올빼미(저녁)형 인간이다. 말하자면 당신은 심야 시간대의 케이블 TV 방송이 계속 방영될 수 있도록 지켜 주는 전체 인구의 25% 중 한 명이다.

본론으로 돌아가서, 종달새/올빼미 패턴(아침형 인간이냐, 저녁형 인간이냐)은 인간의 삶에서 중요한 의미를 띤다. 하루 중 어느 때에 우리가 일을 잘 할 수 있는지는 종달새(아침)형이냐 올빼미(저녁)형이냐에 따라 다르기 때문이다(Preckel, Lipnevich, Schneider, & Roberts, 2011). 예를 들면, 종달새(아침)형은 아침 수업에서 높은 점수를 받고, 올빼미(저녁)형은 오후와 저녁 수업에서 빛을 발휘한다(Guthrie et al., 1995). 이러한 차이들은 필시 종달새(아침)형의 자각 및 의식 수준이 하루 중 아침 일찍 가장 높고, 올빼미(저녁)형은 오후나 저녁에 높은 의식 수준을 가지기 때문일 것이다.

우리가 의식이란 무엇인가라고 물었을 때 정확한 의미는 무엇인가? 심리학자들은 올빼미(저녁)형과 종달새(아침)형을 구분하는 개개인의 차이점을 이해하기 전에 실생활에서 쓰이는 정의를 먼저 내릴 필요성이 있다고 하였다. 그러므로 우리는 생물학적 리듬, 수면, 약물 그리고 의식 상태에 대한 논의와 함께 정신을 각성시키는 물질이 뇌에 반응을 일으키는 현상에 대해 탐색해 볼 것이다.

의식이란 무엇인가

만약 한밤중의 통화에서 어머니가 당신에게 할머니가 뇌졸중을 일으켰고 잠시 혼수상태에 빠졌으나, 곧 의식을 되찾았다고 얘기한다면 어떻겠는가? 아마도 당신은 어머니의 말이, 할머니가 자기 자신이나 다른 사람의 행동을 자각하지 못하는 상태에 있었고 그런 후에 자각 상태로, 즉 깨어 있는 상태로 돌아왔다는 것을 의미한다는 것을 알 것이다. 의식(consciousness)의 의미를 이해하는 한 가지 방법은, 그것의 반대인 무의식(unconsciousness)과 대비하여 생각하는 것이다. 그러나 의식—단순히 깨어 있다는 것—이 전부일까? 당신이 쇼핑을 하고 집에 도착했는데, 가게에서 집까지 운전해 오는 동안의 어떤 기억도 없다면 어떠한가? 분명히, 당신은 깨어 있었으므로 당신이 기억하지 못하는 이유가 무의식 상태였기 때문만은 아니다. 따라서 의식이란 어떤 때든 우리가 자각하고 있는 모든 것—우리의 생각, 느낌, 감각 및 외부환경에 대한 지각—으로 정의된다.

의식에 대한 관점의 변화

4.1 심리학자는 의식에 관하여 어떤 관점을 가지는가?

윌리엄 제임스(William James)는 의식이라는 것을 때로는 우리의 통제 아래에 있지만 그렇지 않을 때도 있는, 흐르는 시냇물(the stream of consciousness)에 비유했다. 지그문트 프로이트(Sigmund Freud)는 무의식적 소망이나 생각, 감정 등이 너무 큰 불안을 불러일으키면 의식으로부터 감춰진다는 견해를 강조했다. 제임스나 프로이트와는 대조적으로, 행동주의자인 존 왓슨(John Watson)은 그것을 과학적으로 연구할 수 없다고 주장하면서, 심리학자들이 의식에 대한 연구를 포기할 것을 촉구했다. 행동주의의 강한 영향 때문에, 특히 미국에서 심리학자들은 수십 년 동안 의식을 연구하지 않았다(Nelson, 1996).

그러나 최근 수십 년 동안 심리학 연구자들이 수면 각성주기와 같은 생리적 리듬과 **의식전환 상태**(altered states of consciousness, 수면, 명상, 최면 또는 약물에 의해 생긴 의식의 변화)를 검토함으로써 의식에 대한 연구로 되돌아가고 있다. 현대 뇌영상 기법(brain-imaging technique)은 심리학자들로 하여금 의식에 대해 한층 더 깊이 이해할 수 있는 신경학적 근거를 축척하는 것을 가능하게 해 주었다. 결과적으로, 오늘날의 심리학자들은 대개 의식을 신경심리학적 용어로 간주한다. 다시 말해서, 심리학자들은 수면이나 최면 같은 상태 동안 의식의 주관적인 경험과 뇌에서 실제로 일어나는 것에 대한 객관적 관찰을 공식화하려는 경향이 있다(Morsella, Krieger, & Bargh, 2010).

4.2 의식전환 상태와 문화의 관계는 무엇인가?

문화와 의식전환 상태

전 세계의 종교, 문화들은 자연적으로 일어나는 의식의 전환 상태를 초자연적으로 설명하고자 하였다. 예를 들면, 고대 그리스인들은 특별한 남신과 여신의 집단인 뮤즈가 있다고 믿었는데, 이 뮤즈들이 예술가들을 최면 상태에 빠지게 하여 종종 창의적인 활동을 하게 만든다고 생각하였다. 오늘날에도 많은 사람은 의식의 전환 상태의 기본 관점을 문화적으로 표현한다.

의식전환이 초자연적 세계로 가는 길이라는 믿음 때문에 의식의 전환 상태를 의도적으로 유도하는 종교적 의식이 많은 문화에서 생겨났다. 예를 들면, 미국에서 아메리카 원주민 교회(Native American Church) 구성원이 선인장에서 채취한 페요테(peyote)라 불리는 불법적 약물을 사용하는 것은—가끔 페요티즘(peyotism)이라 불리는—논쟁을 야기하고 있다(Feeney, 2007). 몇몇 정신건강 전문가는 환각제의 종교적 사용이 교회 구성원들을 물질남용의 발달로 이끌 수 있다고 주장해 왔다. 이러한 비판에 대해 아메리카 원주민 교회에서 환각제의 사용을 옹호하는 이들은 교회의 관리들이 제식 동안에 이용 가능한 약물의 투약을 주의해서 규제하고 있다고 주장한다. 이러한 주장을 뒷받침하며, 옹호자들은 교회의식으로부터 발생된 환각제 남용에 대해서 보고된 사례가 없었다는 것을 인용한다(Jones, 2005). 교회의 공식적 선언은 물질의존을 도덕적 타락으로 비난한다. 결과적으로, 옹호자들은 의존성이 발달하지 않을 것이라 말한다.

전 세계의 많은 문화의 구성원이 의식을 전환하는 아주 다양한 수단을 실행하고 있다는 사실은, 몇몇 전문가가 "다양한 의식의 경험을 만들고 유지하려는 전 인류적 인간의 욕구가 있는지"에 대해 궁금하게 했다(Ward, 1994, p. 60). 이것은 어떤 사람들이 의식의 전환 상태를 야기하는 약물을 의도적으로 사용하는 이유다.

기억하기 본문 내용을 떠올리며 다음 퀴즈를 풀어 보라.

1. 의식의 동의어는 _____이다.
2. _____의 영향으로, 심리학자들은 수십 년 동안 의식에 관한 연구를 하지 않았다.
3. 오늘날의 심리학자들은 의식의 _____ 측면에 주목하고 있다.
4. 수면, 약, 최면, 마약 등에 의한 자각의 변화를 _____라고(이라고) 부른다.

24시간의 주기 리듬

이제까지 우리는 의식과 의식전환 상태가 무엇인지를 이해하였다. 매일 되풀이되는 우리의 삶 속에서, 자연스럽게 의식으로 안내하는 방법인 리듬에 주목해 보자. 우리의 일상 속에서 변화하는 의식이 어떤 방향으로 변하는지를 안내해 주는 리듬에 대해 살펴보자. 당신은 하루 동안 느끼는 에너지 수준, 기분, 능률에 있어서의 변화를 알아차리는가? 100개 이상의 육체적 기능과 행동이 **24시간 주기 리듬**(circadian rhythm)을 따른다. 즉, 그것들은 24시간 동안 고점에서 저점으로 규칙적으로 변화한다(Dement, 1974).

설명 *어떻게 뇌는 시간을 추적하는가*

당신은 이런 상황이 되어 본 적이 있는가? 당신은 빨간 신호 앞에 멈춰 서서, 그것이 초록으로 바뀌기를 인내심을 가지고 기다리고 있다. 시간이 흐름에 따라 당신은 신호가 이상하리만치 오랫동안 빨간불이라고 생각하기 시작한다. 당신은 다른 운전자들이 같은 생각인지를 궁금해하면서 주위를 둘러본다. 마침내 당신은 신호가 오작동하는 것이라 생각하고 신호가 여전히 빨간색인데도 조심스럽게 교차로를 통과해 지나간다. 무슨 일이 일어났는가?

당신의 뇌 속의 구간 타이머(interval timer)는, 부엌에서 당신이 피자가 타기 전에 오븐에서 꺼내도록 상기시키기 위해 사용하는 장치와 같다. 뇌의 구간 타이머는 무언가가 그들의 주의를 끌 때까지 무선적이고 독립적으로 일어나는 대뇌피질 속의 신경망으로 구성된다(Wright, 2002). 시간적 특성(time characteristics)을 갖는 주의를 끄는 자극이 발생할 때, 중뇌의 흑질은 이 뉴런들을 동시에 자극하는 신호를 보내는 도파민을 내보낸다. 이 동시적인 자극은 사건의 초기에 신경학적 표시가 된다. 사건이 끝날 때, 중뇌의 흑질은 사건의 끝을 알리는 표시를 만들어 내며, 똑같은 일을 한다. 뇌의 타이머는 이 측정치와 유사한 사건의 시간-도장 기억(time-stamped memories)을 비교한다. 이것이 당신이 교통신호를 기다리며 신호가 너무 오래 빨간색으로 유지된다는 느낌을 받았을 때 일어난 일이다.

뇌의 구간 타이머는 얼마나 정확한가? 여기 좋은 예가 있다. 당신의 알람시계가 울린다. 하지만 당신은 10분 더 자기로 결심한다. 때때로 당신은 다시 일어나서 시계를 보고 계획했던 대로 약 10분 동안 잤다는 것을 안다. 그러나 다른 경우에는, 당신은 일어나서 10분이 아니라 2시간을 더 잤다는 것을 알게 된다. 정확성에 있어서 그러한 차이를 어떻게 설명할 것인가?

그러한 경우들에, 구간 타이머는 수면주기를 다스리는 또 다른 뇌의 시계에 의해 대체된다. 당신이 잠깐 깨었다가 다시 잘 때, 당신의 뇌는 새로운 수면주기를 시작한다. 만약 당신의 목표 기상시간이 새로운 수면주기의 짧은 처음 단계에 있었다면, 졸릴 때조차 당신은 아마도 2시간을 더 자지는 않을 것이다. 그러나 만약 구간 타이머가 당신을 깨우기 전에 더 깊은 수면 단계로 빠진다면, 당신은 아마 90분 정도 더 잘 것이다. 이는 당신이 깊은 수면 단계에 들어갈 때 뇌가 자동적으로 구간 타이머를 꺼 버리기 때문에 가능하다. 따라서 당신이 몇 분 더 자고 싶으면, 우리 속에 내장된 신경학적 타이머의 부정확함을 보상하기 위해 발명된 수많은 도구 중 하나인 알람시계에 의존하라.

특히 중요한 두 가지 24시간 주기 리듬은 수면/각성 주기와 하루 동안의 체온 변화다. 인간의 정상 체온은 새벽 3~4시에 섭씨 36.1~36.3°이고, 저녁 6~8시에 섭씨 37°에 이른다. 사람은 체온이 가장 낮을 때 가장 잘 자고, 체온이 하루 중 가장 높을 때 가장 각성되어 있다.

4.3 24시간 주기 리듬은 생리적 · 심리적 기능에 어떤 방식으로 영향을 미치는가?

24시간 주기 리듬의 영향

혈압, 심장박동률, 식욕, 호르몬과 소화효소의 분비, 감각의 민감성, 배출, 심지어 신체의 약물에 대한 반응과 같은 생리적 기능들은 모두 24시간 주기 리듬을 따른다(Hrushesky, 1994; Morofushi et al., 2000). 많은 심리적 기능—학습효율성, 광범위한 업무를 수행하는 능력, 심지어 기분까지—은 이러한 매일의 리듬에 따라 상승하고 하강한다(Boivin et al., 1997; Johnson et al., 1992; Manly et al., 2002). 실제로, 24시간 주기 시간조절체계(the circadian timing system)는 조사자들이 연구해 온 매 변화하는 심리적, 신체적 24시간 변화를 포함한다(Kunz & Herrmann, 2000).

뇌에서 다른 종류의 계시(time keeping) 메커니즘과 함께 24시간 주기 리듬을 조절하는 생물학적 시계(139쪽의 〈설명〉 참조)는 뇌의 시상하부(hypothalamus)에 위치한 **상교차핵**(suprachiasmatics necleus: SCN)이다(Ruby et al., 2002). 그러나 24시간 주기의 조수간만(ebb and flow)은 엄격하게 생물학적이지는 않다. 환경적 단서도 부분적인 역할을 한다. 가장 중요한 환경 신호는 밝은 빛, 특히 햇빛이다. 각각의 눈의 뒤쪽에 있는 망막의 광수용기는 눈에 도달하는 빛의 양에 반응하고, 이 정보를 시신경을 경유해 SCN에 중계한다(Foster, Hankins, & Peirson, 2007). 황혼에서 새벽까지 망막에서 SCN으로의 메시지는 송과선으로 중계되고, 송과선이 멜라토닌이라는 호르몬을 분비하게 한다. 낮 시간 동안 송과선은 멜라토닌을 생성하지 않는다(Kripke et al., 2005). 멜라토닌은 수면을 유도하는데, 아마도 우리 몸의 조직을 하루의 시간과 일 년의 시간을 인식하도록 조절하는 능력이 있을 것이다(Benarroch, 2008).

각성은 24주기 리듬을 따르는데, 각성은 수면/각성 주기와는 확실히 다르다(Monk, 1989). 대부분의 종달새형과 중간형 사람들에게 있어서 각성수준은 오후 2~5시와 새벽 2~7시에 감소한다(Webb, 1995). 올빼미형은 이와 반대되는 패턴을 보이는데, 그들의 각성수준은 다른 유형 사람들의 각성이 떨어지는 시간에 올라간다.

연구들에 따르면 종달새형과 중간형 사람들의 신체는, 긴급 상황에서 우리 몸의 각성을 증가시키는 생화학물질인 코르티솔 호르몬(2장 참조)이 정오 이전에 가장 높은 수준에 이른다고 하였다(Kudielka et al., 2006). 반대로, 올빼미형의 신체에서 코르티솔이 가장 높을 때는 늦은 오후다. 연구자들은 이러한 차이가 유전에 기인할 것으로 생각하고 있지만, 어떤 연구에서는 유전적 관련성을 보여 주지만 다른 연구에서는 그렇지 않으므로 아직은 명확한 결론을 내리기 어렵다(Allebrandt et al., 2010; Osland et al., 2011). 게다가 어린아이들 중에는 올빼미형인 비율이 어른들보다 훨씬 낮은데, 이는 올빼미 수면인자의 발달에서 학습이 중요한 역할을 한다는 것을 시사한다(Achari, Venu, & Atanu, 2007).

4.4 24시간 주기 리듬의 교란은 몸과 마음에 어떨게 영향을 끼치는가?

24시간 주기의 교란

당신이 시카고에서 런던으로 가는 비행기를 탔고, 그 비행기는 시카고 시간으로 자정—당신이 평소 잠자리에 드는 시간—에 착륙한다고 가정해 보자. 시카고에서는 자정인 동시에 런던에서는 거의 일어날 시간인 아침 6시다. 시계와 태양, 런던에 있는 그 밖의 모든 것이 당신에게 이른 아침이라고 말해 주지만, 당신은 여전히 자정인 것처럼 느낀다. 당신은 시차증(jet lag)을 경험하고 있는 것이다.

많은 항공기 조종사와 승무원이 경험하는 것과 같은 만성적 시차증은 지속적일 수도 있는 기억력 결함을 낳는다(Cho, 2001; Cho et al., 2000). 정기적으로 표준시간대를 넘나드는 항공기 승무원들은 그들의 스케줄에 적응할 것이라고 생각할 것이다. 그러나 경험 많은 항공근로자들도 처음으로 대륙 간 비행을 하는 승객들처럼 시차증으로 고통받는 것으로 나타났다(Ariznavarretta et al., 2002). 멜라토닌 보충제는 몇몇 장거리 여행자의 시차증을 완화시켜 주는 데 도움이 되는 것으로 밝혀졌다(Doghramji, Brainard, & Balaicuis, 2010). 더욱이 자연적인 멜라토닌 수치가 낮은 낮 동안에 멜라토닌을 먹으면 가장 효과적이다. 밤에 잠들기 직전에 멜라토닌을 먹은 사람들은 자연적인 멜라토닌의 수준이 밤에 가장 높기 때문에 효과가 거의 없을 것이다. 그래서 시차증을 겪고 있는 몇몇 사람은 다른 치료법들을 더 선호한다. 예를 들면, 일부 여행자에게는 이른 아침 동안 밝은 빛에 노출되거나 저녁 동안 밝은 빛을 피하는 것이 수면주기 리듬을 복구하는 데 멜라토닌보다 더 효과적이다(Arendt, 2009).

이와 유사하게, 만약 생물학적 시계가 자러 가라고 말하는 **주관적인 밤시간**(subjective night) 동안 일을 할 경우 그 사람의 각성과 수행력은 저하된다(Sack et al., 2007a). 주관적 밤시간 동안 에너지와 효율성은 최저점에 이르고, 반응시간은 가장 느리며, 생산성은 감소하고, 산업사고 비율은 현저하게 높아진다. 한 연구에서 연구자들은 자정부터 아침 6시까지 비행하는 조종사들이 오류를 범할 확률이 50% 더 높다는 사실을 발견했다(de Mello et al., 2008). 더불어, 교대 근무자들은 교대 근무를 하지 않는 작업자들보다 전체적으로 더 적게 잠을 잔다(Bonnefond et al., 2006). 몇몇 연구에서 교대 근무를 한 사람들이 교대 근무를 현재 하지 않아도, 교대 근무의 해로운 영향이 몇 달에서 몇 년 동안 지속된다는 것이 밝혀졌다(Rouch, Wild, Ansiau, & Marquie, 2005).

낮에서 저녁으로, 밤으로 근로시간을 옮기는 것은 적응을 더 쉽게 만든다. 왜냐하면 사람들은 더 늦게 잠자리에 들고 더 늦게 일어나는 것이 그 역보다 더 쉽다는 것을 알기 때문이다. 매주 대신 3주마다 교대하는 것이 잠에 대한 영향을 훨씬 더 경감시켜 준다(Karlson, Eek, Ørboek, & Österberg, 2009). 몇몇 연구자는 카페인과 같은 자극제로서 부작용 없이 사람들이 깨어 있도록 도와주는 모다피닐(modafinil)이라 불리는 새로운 각성제의 사용을 연구하고 있다(Morgenthaler et al., 2007). 어떤 이들은 교대 근무자들의 생물학적 시계를 다시 맞추기 위해 '빛 마스크(light mask)'라 불리는 도구를 사용했다. 이 마스크는 연구자들이 피험자들의 감은 눈꺼풀에 노출되는 빛의 양을 조절할 수 있게 되어 있다.

▶▶▶ 연구에 따르면, 항공 승무원처럼 자주 비행하는 사람들도 처음으로 대륙 간 여행을 하는 여행자처럼 몇 개의 표준시간대를 가로지를 때 시차증으로 고통받는다.

빛 마스크 연구의 결과는, 수면기간 중

마지막 네 시간 동안 밝은 빛에 피험자들을 노출시키는 것이 교대 근로자들에 의해 경험되는 수면 단계 지연에 대한 효과적인 치료법이라고 제안했다(Cole et al., 2002). 따라서 이 도구는 교대 근무와 관련된 수면장애의 치료법으로 중요하게 될 것이다.

기억하기 본문 내용을 떠올리며 다음 퀴즈를 풀어 보라.

1. 특히 중요한 두 가지 24시간 주기 리듬은 수면/각성 주기와 _____ 매일의 변화다.
2. 24시간 주기에서 신체온도가 _____일 때, 사람은 숙면한다.
3. 시교차상 핵은 _____ 역할을 한다.
4. 사람이 _____ 상황에서 일할 때 각성와 수행이 저해된다.
5. _____은(는) 수면과 각성주기를 조절하는 호르몬이다.

수면

앞에서 언급하였듯이, 수면/각성 주기는 24시간 주기 리듬이다. 그러나 수면기간 동안 실제로 무엇이 일어나는가? 1950년대 이전에는 수면이라는 의식 상태 동안 무슨 일이 일어나는지에 대한 이해가 거의 없었다. 그러다 1950년대에 몇몇 대학이 야간 수면 동안 사람의 뇌파, 안구 움직임, 턱 근육의 긴장, 심장박동률, 호흡주기 등을 감시하는 수면 연구실을 설치했다. 연구자들은 폴리솜노그램(수면다원검사, polysomnograms)으로 알려진, 수면기록에 대한 분석을 통해 수면의 두 가지 중요한 유형을 발견했다.

4.5 회복 이론이나 주기 이론으로 어떻게 수면을 설명할 수 있는가?

우리는 왜 자는가

당신은 수면을 시간 낭비—특히 다음 날까지 기말과제를 제출해야 할 때—로 간주하는 사람들 중 한 명인가? (물론 당신이 애초에 숙제하기를 미루지 않았다면 불면의 밤에 직면하지 않을 것이다.) 사실 일관된 수면 습관은 아마 좋은 성적을 얻는 데 중요할 것이다. 왜 그런가?

왜 우리가 잘 필요가 있는지를 설명하는 데는 두 가지 상호 보완적 이론들이 있다. 함께 살펴볼 경우, 그것들은 우리에게 유용한 설명을 제공한다. 하나는 **수면의 회복 이론**(restorative theory of sleep)인데, 깨어 있는 것은 몸과 마음을 지치게 하는 반면에 수면은 몸과 마음을 회복시키는 기능을 한다는 것이다(Gökcebay et al., 1994). 뒤에서 당신이 읽게 될 수면박탈이 미치는 영향에 관한 연구는 회복 이론을 뒷받침한다. 두 번째로, **수면의 24시간 주기 이론**(circadian theory of sleep)은 종종 진화 이론이나 적응 이론이라 불리기도 하는데, 수면이 밤의 어둠 속의 위험으로부터 그리고 밤의 포식자들의 먹이가 되는 것으로부터 인간을 지키기 위해 진화했다는 것을 전제한다(Siegel, 2009).

알렉산더 보블리(Alexander Borbely, 1984; Borbely et al., 1989)는 24시간 주기 이론과 회복 이론의 결합이 수면의 기능을 설명하는 데 어떻게 사용될 수 있는지를 설명한다. 사람이 하루 중 한때 졸음을 느끼는 것은 24시간 주기 이론과 일치한다. 그리고 사람이 더 오래 깨어 있을수록 졸음이 증가한다는 것은 회복 이론과 일치한다. 다시 말하면, 졸음이 쏟아지는 것은 부분적으로는 얼마나 오래 그 사람이 깨어 있었느냐에 따르고, 부분적으로는 하루 중의 어느 시각이냐에 따른다(Sack et al., 2007a).

우리는 어떻게 자는가

4.6 일반적으로 우리가 밤에 수면을 취하는 동안 어떤 유형의 수면이 발생하는가?

수면은 밤마다 상당히 예측 가능한 패턴을 따른다. 각 **수면주기**(sleep cycle)가 90분 동안 지속되는데, [그림 4-1]에서 볼 수 있듯이 여러 단계로 구성되어 있다. 우리가 경험하는 수면의 형태는 총 4단계로 비렘(non-REM, NREM)수면으로 알려져 있다. 이 형태의 수면에서는 우리의 심장박동과 호흡은 느리고, 규칙적이며, 신체 움직임도 아주 적으며, 혈압과 뇌 활동도 24시간 중에 가장 낮다.

[그림 4-1]을 보면, 우리가 완전히 각성했을 때, 베타파가 지배적이다. 우리가 졸릴 때, 깊은 이완과 관련이 있는 알파파가 나타나기 시작한다. 알파파(alpha wave)가 베타파보다 많을 때—베타파(beta wave)는 정신적 또는 육체적 활동과 관련이 있다—우리는 네 가지의 비렘(NREM)수면 단계 중 첫 번째 단계에 들어가게 된다.

- 단계 1: 수면 상태로의 이행. 불규칙한 파가 나타나는 가운데 가끔씩 알파파가 나타난다.
- 단계 2: 얕은 수면에서 깊은 수면 상태로의 이행. 고요함과 강한 활동의 발화가 교류하는 짧은 기

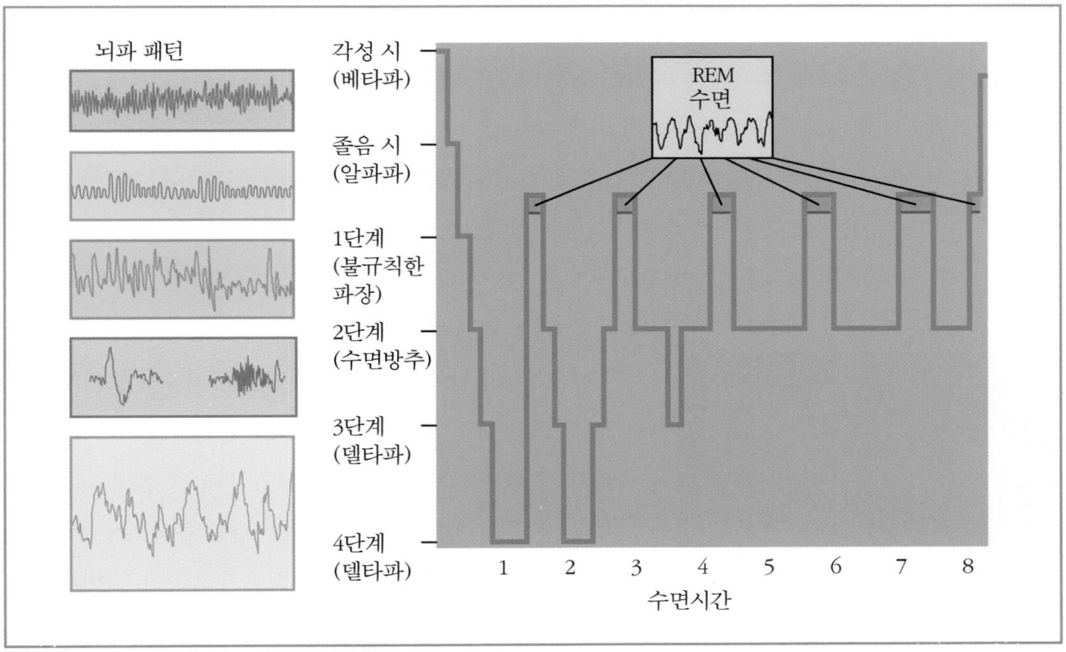

[그림 4-1] 수면의 여러 단계와 관련된 뇌파 유형

연구자들은 밤 동안 수면 중의 뇌파 활동을 관찰함으로써 각기 다른 수면의 단계와 관련된 뇌파 양상을 확인했다. 수면자가 네 단계의 비렘수면을 진행시킴에 따라 뇌파 패턴은 1, 2단계의 빠르고 작은 파동에서 3, 4단계의 느리고 큰 델타파로 바뀐다.

간으로 특징지어지는 **수면방추파**(sleep spindles)가 나타난다.

- 단계 3: 깊은 수면. 뇌파의 20%가 델타파를 보이는 EEG를 나타낼 때, **서파**(slow-wave)**수면**이 시작된다.
- 단계 4: 가장 깊은 수면. 파동의 50%가 델타파가 나올 때, **네 번째 단계 수면**(stage 4 sleep)이 시작된다.

우리가 네 번째 수면 단계의 수면에 들어간 지 약 40분 후, 델타파는 사라지기 시작한다. 그 후, 1단계 수면에 다시 도달할 때까지 우리는 3단계와 2단계 수면으로 거슬러 올라간다. 우리가 다시 1단계 수면에 진입했을 때, 이 과정을 통해 밤 동안에 **렘**(rapid eye movement: REM)**수면**으로 잠깐 이동하게 된다. 렘수면 동안 우리의 뇌는 매우 활동적이다. 에피네프린이 방출되어 혈압을 상승시키고, 심장박동과 호흡이 더 빠르고 불규칙적이게 된다. 이러한 내부 활동이 활발한 데 비해서, 렘수면 동안 외부 활동은 조용하다. 몸의 큰 근육들—팔, 다리, 몸통—은 무력해진다.

렘수면 동안 잠자는 사람을 관찰해 보라. 그러면 그들의 눈이 눈꺼풀 밑에서 이리저리 빠르게 움직이는 것을 볼 수 있을 것이다. 유진 아제린스키(Eugene Azerinsky)는 1952년 처음으로 이러한 급속한 안구운동의 움직임을 알아냈고, 윌리엄 디먼트와 나다니엘 클라이트먼(William Dement & Nathaniel Kleitman, 1975)은 급속안구운동과 꿈의 관계를 밝혀냈다. 가장 생생한 꿈을 꾸는 것은 렘수면 동안이다. 렘수면에서 깨어났을 때, 대부분의 사람이 꿈을 꾸었다고 보고하였다.

연구자들은 렘수면이 학습 후 기억 응고화에서 중요한 역할을 할지도 모른다는 사실을 발견했다(Nishida, Pearsall, Buckner, & Walker, 2008; Valeo, 2008). 이전에 획득된 운동 및 언어과제에서 참가자의 수행이 정상적인 수면 후에 향상되었다는 것이 몇몇 실험에서 밝혀졌다(Walker & Stickgold, 2006). 한 전형적인 실험에서, 카니와 동료들(Karni et al., 1994)은 새로운 지각 기술을 학습한 피험자들이 정상적인 밤 수면을 취했거나, 연구자들이 단지 비렘수면만을 방해했다면 8~10시간 후에 추가적인 연습 없이도 수행에서 향상을 보여 주었다고 밝혔다. 그러나 렘수면을 박탈당한 사람의 경우에 수행이 향상되지 않았다. 이것은 아마도 사람들이 렘수면을 박탈당하였을 때 결국 렘수면의 양을 증가시킴으로써 보충할 것이다. 이러한 현상을 **렘 반등**(REM rebound)이라 한다.

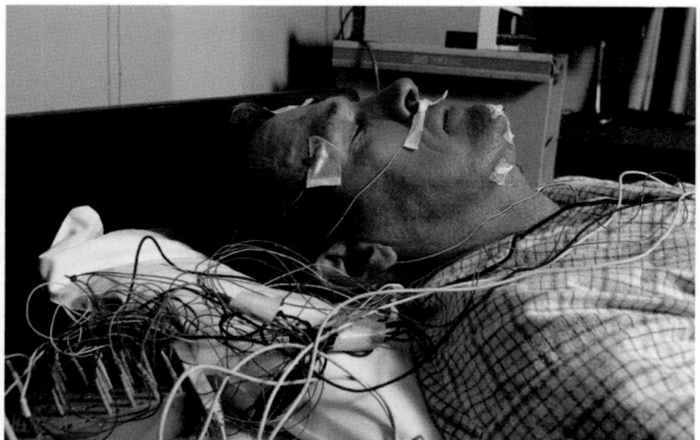

▶▶▶ 수면 실험실이나 수면 클리닉에서, 연구자들은 뇌파 활동, 눈 움직임, 근육 긴장도를 모니터링하기 위해 전극을 머리에 부착한다.

밤에 첫 번째 렘수면이 끝난 후, 새로운 수면주기가 시작된다. 그러나 남아 있는 수면주기들은 처음의 주기와는 다르다([그림 4-1] 참조). 일반적으로, 두 번째 주기는 2, 3, 4단계와 그에 뒤따르는 렘 기간을 포함한다. 세 번째 주기는 보통 2, 3단계와 렘 기간만 포함된다. 나중에 나오는 주기에는 2단계와 렘수면만이 포함된다. 더불어 각각의 주기에서, 렘 기간은 첫 번째 주기 끝에서 몇 분간 지속하다가 다섯 번째 주기에서 30분 또는 그 이상으로 증가한다. 전반적으로, 수면자들은 7~8시간을 자는 동안 평균 5번의 주기를 가지며, 평균 1~2시간의 서파수면과 1~2시간의 렘수면을 가진다.

수면의 다양성

4.7 나이가 수면의 패턴에 어떻게 영향을 주는가?

사람들의 수면량은 제각기 다르다. 그러면 우리는 얼마나 잠을 필요로 하는가? 우리 대부분은 최적의 건강을 위해 8시간을 자야 한다고 들었다. 그런데 다음의 연구는 이것이 사실이 아님을 시사한다. 1982년에 시작된 종단 연구에서 백만 명 이상의 미국인이 수면 습관에 대한 질문을 받았다. 20년 후, 밤에 6시간이나 그보다 더 적게 잔다고 보고한 사람들과 8시간 이상 잔 사람들은 약 7시간 잔 사람들보다 약간 더 높은 사망률을 보여 주었다(Kripke et al., 2002).

[그림 4-2]가 보여 주듯이, 수면시간은 연령에 따라 다양하다. 영아와 어린아이들은 가장 긴 수면시간과 가장 높은 비율의 렘수면과 서파수면을 보여 준다(Siegel, 2005). 그러나 유아와 아동들은 다른 연령집단에 비해 더 불규칙한 수면 패턴을 가진다(Millman, 2005). 대조적으로 6세에서 사춘기까지의 아동은 가장 일관된 수면자이자 기상자다. 그들은 일찍 잠이 들고, 밤에 10~11시간 동안 깊이 자며, 낮 동안 깨어 있고, 활동적임을 느낀다. 더구나 그들은 매일 거의 같은 시간에 잠이 들고 일어나는 경향이 있다. 반면에 청소년기의 수면 패턴은 그들의 스케줄의 영향을 강하게 받는다. 시간제 일이나 이른 등교시간은 청소년이 밤에 7시간 이하의 수면을 취하게 되는 원인이 된다(Carskadon et al., 1998). 그러나 청소년이 그러한 예정된 일의 압력에서 자유로울 때는 아동보다 훨씬 더 오래 자는 경향이 있다. 따라서 몇몇 수면 연구자는 청소년의 부족한 수면이 중등학교에서의 교육과 학습문제에 적어도 부분적으로는 책임이 있을 것이라 생각한다.

나이가 들어 감에 따라 수면 양과 질은 대개 감소한다. 몇몇 연구자는 요구되는 잠이 줄어드는 것에 대해 자연스러운 노화 과정의 일부라 가정한다(Klerman & Dijk, 2008).

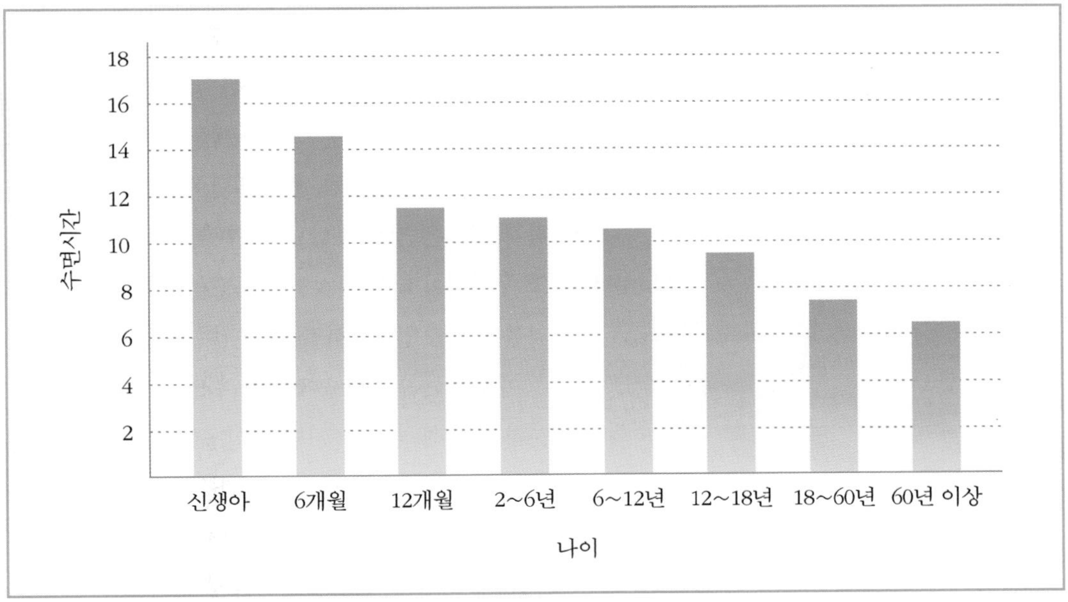

[그림 4-2] 전 생애에서 매일 잠을 자는 평균시간

매 24시간 동안 수면에 할애하는 시간은 삶을 통틀어 놀랍도록 감소한다.

출처: Foley, Ancoli-Israel, Britz, & Walsh, 2004; Iglowstein, Jenni, Molinari, & Largo, 2003; Hansen, Janssen, Schiff, & Zee, 2005; Millman, 2005; Mindell, 1999; Ohayan, Carskadon, Guilleminault, & Vitiello, 2004.

그럼에도 불구하고 대부분의 노인은 이것이 그들의 삶의 질을 떨어뜨리는 요소라고 생각한다. 북미, 유럽, 일본의 노인들을 대상으로 진행된 대규모의 조사 결과에 따르면, 전체의 2/3에 해당하는 사람이 낮 시간 동안의 졸림, 야간 기상, 불면증 등을 정기적으로 경험한다고 주장하였다(Diaper & Hindmarch, 2005).

4.8 수면박탈의 영향은 무엇인가?

수면박탈

당신이 이제껏 가장 오래 깨어 있었던 적은 언제인가? 대부분의 사람들은 아마도 기말고사를 준비할 때 외에는 며칠 동안 밤을 새운 적이 없을 것이다. 만약 당신이 2~3일 동안 밤에 잠을 못 잤다면 집중하는 데 곤란을 겪을 것이고, 주의력이 떨어지고 전반적으로 과민해질 것이다. 연구자가 지적하는 바에 따르면, 주말의 늦은 잠자리와 관련된 다소 작은 양의 수면박탈도 월요일 아침의 인지 수행에서의 감소와 부정적 기분의 증가를 이끌 수 있다(Chee et al., 2008).

수면 부족은 뇌에 어떻게 영향을 미치는가? 수면박탈의 영향은 단순히 피곤함을 느끼는 것을 넘어선다. 실제로 충분한 수면을 취하지 못하는 것은 학습능력에 영향을 준다는 것이 연구에서 검증되었다. 따라서 당신이 시험공부를 위해 밤새 깨어 있다면, 당신은 실제로 다소 자멸적인 행동을 보일 것이다. 드럼몬드 등(Drummond et al., 2000)은 35시간의 수면을 박탈당한 실험집단과 평소대로 잔 통제집단의 피험자들의 언어 학습업무 중 뇌 활동 패턴을 보기 위해 뇌영상 기법을 사용했다. 통제집단의 경우에 전두엽(사고 과정 조정)이 매우 활동적이었고, 측두엽(언어 지각)도 역시 그러했다. 예상했던 대로, 평균적으로 휴식을 취한 피험자들은 수면을 박탈당한 피험자들보다 학습업무에서 의미 있게 더 높은 점수를 기록했다. 그러나 놀랍게도 전전두엽 영역(사고 과정 조절)은 일상적으로 잠을 잔 집단보다 수면을 박탈당한 집단에서 훨씬 더 활동적이었다. 더구나 휴식을 취한 집단에서 매우 활동적이었던 측두엽(언어 지각)이 수면을 박탈당한 집단에서는 거의 완전히 비활동적이었다. 그러나 마치 그들의 수면박탈을 보상하려는 것처럼, 후자 집단에서의 두정엽(다른 감각에서 온 정보 통합)은 매우 활동적이었다. 그리고 두정엽이 더 활동적일수록 수면을 박탈당한 피험자들은 학습 업무에서 더 높은 점수를 기록했다.

▶▶▶ 병원에 종사하는 의료 전문가들은 종종 오랜 시간을 일하게 되는데, 24시간 근무를 두 번 혹은 그 이상 연속해서 한다. 당신은 이렇게 일하는 조건들이 의료종사자의 직업 수행에 어떠한 영향을 미칠 것이라 생각하는가?

이 연구는 언어학습에 대한 수면박탈의 영향을 조사하기 위해 뇌영상 기법을 이용한 첫 번째 연구로서, 그러한 학습에 사용되는 인지기능이 수면박탈에 의해 심하게 손상된다는 것을 보여 준다. 또한 이는 두정엽 내에 다소 이 손상을 감소시킬 수 있는 보완기제가 있다는 것을 보여 준다(Drummond et al., 2000, 2004).

수면장애

4.9 다양한 수면장애는 무엇인가?

지금까지 우리의 논의는 정상적인 수면자들의 일상적인 밤에 중점을 두어 왔다. 그러나 수면문제를 보고하는 상당한 수의 사람들은 어떤가(Lubit, Bonds, & Lucia, 2009)?

당신은 수면 중에 걷거나 말하는가? 만약 당신이 그러하다면, 당신은 보통 깨어 있는 상태에서만 가능한 행동과 생리학적 상태가 수면 중에도 발생하는 수면장애인 **사건수면**(parasomnia)으로 고통받고 있다(Schenck & Mahowald, 2000). 자면서 걷기 또는 몽유병(sleep walking, somnambulism)은 수면자가 불완전한 의식 상태에서 4단계 수면의 부분적인 각성으로 인해 발생한다. 자면서 말하기 또는 잠꼬대(somniloquy)는 어느 단계에서나 나타난다. 전형적으로 잠꼬대하는 사람들은 무의미한 단어나 문장을 중얼거린다.

공포적인 꿈 또한 사건수면이다. 수면공포(sleep terror)는 4단계 수면 동안 일어나며, 종종 날카로운 비명으로 시작된다. 수면자들은 공황 상태—눈이 떠지고, 심장이 쿵쾅거리고, 땀을 흘리고, 심장박동이 빨라지는 등의—에서 벌떡 일어난다. 전형적으로 그러한 수면공포는 빨리 해결되고 다시 수면에 빠진다. 악몽(nightmares)은 수면공포보다 더 공포스럽다. 왜냐하면 그것은 렘수면 동안 생기고, 결과적으로 훨씬 더 생생하기 때문이다. 더구나 수면자들은 종종 악몽을 꾸는 동안 완전한 의식 상태로 깨어나고 그것을 자세히 기억한다. 수면공포가 밤의 초기에 일어나는 반면에, 악몽은 렘수면 시기가 가장 긴 이른 아침에 자주 발생한다.

의사들은 수면장애를 야기할지도 모르는 환자의 심리적 요인이나 숨겨진 병을 조사함으로써 사건수면에 대한 치료를 시작한다(Sharma, 2006). 만약 그런 기저의 상황이 발견되면, 의사는 그것을 직접적으로 치료하며, 그것을 치료하는 것이 환자의 몽유병 증상을 경감하는 것이라고 추정한다. 처방 없이 사는 약이든, 처방받은 약이든 수면유도 약물은 몽유병의 치료에 있어서 최후의 수단으로 간주된다. 약물을 피하는 이유는 수면제의 잠재적 부작용과 환자가 약물에 의존하게 될 가능성이 일시적인 이득을 넘어서기 때문이다. 대신에 의사들은 환자들이 〈적용〉에 안내되어 있는 수면 건강법(sleep hygiene) 원칙을 따르를 것을 권한다.

사건수면과 대조적으로, **수면이상**(dyssomnia)은 수면의 시기, 양, 질을 포함하는 장애다. 예를 들어, **기면발작**(narcolepsy)은 대개 10~20분 동안 지속되는 과도한 낮 시간의 졸림과 통제할 수 없는 렘수면의 급습으로 특징화되는 고칠 수 없는 수면장애다(Bozorg & Benbadis, 2009). 기면발작에 걸린 사람들은 미국에서만 25~35만 명에 이르며, 실제로 어디서나(운전 중에, 일하는 중에, 집에서) 사고에 연루되는 경향이 있다. 기면발작은 수면을 조절하는 뇌 부분에서의 이상에 의해 야기되고, 강한 유전적 요인을 가지고 있는 것처럼 보인다. 기면발작에 걸리기 쉬운 개를 대상으로 한 연구에서 이러한 장애의 유전적 요인에 대해 많은 사실이 알려져 왔다(Lamberg, 1996). 비록 기면발작에 대한 치료방법이 없지만, 흥분제는 대부분의 환자에게 낮 시간 동안의 각성을 증가시킨다.

백만 명 이상의 미국인—대부분 비만인—이 또 다른 수면장애인 **수면무호흡**(sleep apnea)으로 고통받는다. 수면무호흡은 호흡이 멈추는 수면 동안과 숨쉬기 위해 짧게 깨어야 하는 기간으로 구성된다(Becker & Wallace, 2010). 수면무호흡의 주요 증상은 과도한 낮 시간 동안의 졸림, 극도로 심한 코골기,

적용 밤잠 잘 자는 법

당신은 위생이라는 말을 들으면 손 씻는 것이 떠오를 것이다. 그러나 건강관리 전문가들은 위생을 예방적인 건강수단을 위한 포괄적인 말로 사용한다. 따라서 수면 건강법은 수면문제를 일으킬 수 있는 위험도를 줄이는 습관을 말한다. 마요 클리닉(Mayo Clinic, 2006)은 수면 건강법을 실천하기 위한 팁들의 목록을 만들었다. 당신은 그것을 http://mayoclinic.com/health/sleep/HQ01387에서 볼 수 있다. 여기 몇 가지 중요한 팁이 있다.

- 일정한 수면시간과 기상시간을 포함한 규칙적인 시간표를 지키라.
- 잠자기 전에 과하게 먹거나 마시는 것을 피하라.
- 하루 동안 니코틴과 카페인의 섭취를 제한하라.
- 규칙적으로 운동하라.
- 수면장소의 적정온도와 빛의 수준을 유지하라.
- 낮잠을 자지 말라.
- 침대를 되도록 편안하게 만들라.
- 이완 후 잠자리에 드는 습관을 정하라.
- 30분 이상 깬 채로 침대에 누워 있지 말라. 일어나서 다시 자러 갈 만큼 졸릴 때까지 뭔가를 하라.
- 졸음을 느끼는 시점을 훨씬 넘어서 억지로 깨어 있지 말라.
- 불가피한 경우가 아니면 수면제에 의지 하는 것을 피하라.

자주 거센 콧바람, 헐떡거림, 숨 막히는 소음을 수반한다. 수면무호흡증을 가진 사람들은 잠에 취해 호흡을 멈추게 되고 그런 다음 숨쉬기 위해 애쓰며 깨어난다. 반쯤 깬 상태에서 몇 번 호흡을 헐떡거린 후에 다시 잠에 빠지고 다시 호흡을 멈춘다. 심한 수면무호흡증을 가진 사람들은 공기를 들이마시기 위해 분당 한두 번씩 불완전하게 깨어날 것이다. 술과 진정제는 상태를 악화시킨다(Valipour et al., 2007).

심각한 수면무호흡증은 만성고혈압이나 다른 심혈관계 질환에 이르게 할 수 있다(Somers et al., 2008). 신경과학자들은 또한 수면무호흡증이 가벼운 뇌 손상을 야기할 수도 있다는 것을 발견했다(Macey et al., 2002). 내과 의사들은 때때로 위쪽 기도를 외과적으로 수정함으로써 수면무호흡증을 치료한다. 수술이 효과적일 때, 수면무호흡으로 고통받는 사람들은 더 잘 잘 뿐만 아니라 언어학습과 기억에 대한 테스트에서 더 높은 수준의 수행을 보인다(Dahloef et al., 2002). 이런 결과들은 이 장애를 가진 사람들의 경우 방해된 수면이 생리적 기능뿐만 아니라 인지에도 영향을 미친다고 제안한다.

미국 성인의 대부분이 잠들거나 지속적으로 수면하는 것의 어려움, 너무 일찍 깨거나, 너무 얕고 편치 않은 형편없는 질의 수면으로 특징짓는 수면장애인 **불면증**(insomnia)으로 고통받는다(Passaro, 2009). 이 증상 중 어떤 것은 낮 시간의 활동에 피로와 손상을 야기할 수 있다(Sateia et al., 2000). 3주(혹은 그것보다 조금 더) 동안 지속되는 일시적인 불면증은 시차증, 감정의 고점(다가오는 결혼식을 준비하고 있을 때와 같은)과 감정의 저점(사랑하는 사람이나 직업을 잃었을 때), 일시적인 병이나 잠을 방해하는 부상 때문에 올 수도 있다(Passaro, 2009). 훨씬 더 심각한 것은 만성적 불면증으로, 이는 몇 달에서 몇 년이나 지속되며 성인 인구의 약 10%를 괴롭힌다(Passaro, 2009). 그 비율은 여성들, 노인들 및 정신

▶▶▶ 이 개는 기면발작을 겪고 있다. 기면발작(narcolepsy) 연구는 대부분 개를 대상으로 하였다.

과적, 의학적 장애로 고통받는 사람들에게서 훨씬 높게 나타난다. 만성 불면증은 심리적 · 의학적 문제에 대한 반응으로 시작되지만, 그 문제가 해결된 후에도 오랫동안 지속된다.

앞서 언급했듯이 의사는 몽유병을 치료하기 위해 수면제를 사용하는 것을 피한다. 수면이상의 경우에도 마찬가지다. 이러한 상태의 몇 가지 특징 중 삶을 위협하는 것은 수면이상으로 고통받는 환자가 몽유병 환자들보다 약물을 처방받기에 더 용이하다는 것이다. 예를 들어, 기면발작 환자는 운전할 때 등과 같이 잠에 빠지면 위험해질 시간 동안 깨어 있기 위해 흥분제를 처방받을 것이다(Bozorg & Benbadis, 2009). 수면무호흡증도 약물로 치료할 것이다. 호흡을 멈춘 수면자를 깨우는 전기장치도 사용될 것이고, 수면무호흡에 대한 외과적 치료방법도 있다(Dahloef et al., 2002). 마지막으로, 불면증은 약으로 치료될 수도 있지만 대부분의 경우 의사들은 장기간의 안정을 얻기 위해 환자들에게 수면 건강법을 실행할 것을 장려한다(Passaro, 2009).

다음의 〈복습과 재검토〉는 다양한 수면장애에 대한 요약이다.

복습과 재검토 수면장애

장애	설명
사건수면	
몽유병	잠결에 걸어 다님; 4단계 수면에서 불완전한 각성 시에 나타남
수면공포	4단계 수면에서 불완전한 각성 시 나타나는 무서운 꿈; 수면자는 갑작스럽게 공황 상태가 됨, 대개 얼마 지나지 않아 다시 잠듦
악몽	렘수면 동안 나타나는 무서운 꿈; 꿈 내용이 생생하게 기억됨
잠꼬대	자면서 말하는 것(sleeptalking); 모든 수면 단계에서 나타남
이상수면	
기면발작	낮에 과도하게 졸림; 통제되지 않는 렘수면 엄습; 치료 불가
수면무호흡증	수면 중 숨이 멈춤; 숨 쉬기 위해 잠깐씩 깸.
불면증	잠이 들거나 유지하기 어려움, 너무 일찍 깸, 얕고 편치 않으며 빈약한 수면 질

기억하기 본문 내용을 떠올리며 다음 퀴즈를 풀어 보라.

1. 수면의 기능에 대한 두 이론은 _____와(과) _____이다.
2. _____ 수면에서는 심박수와 호흡이 느리고 규칙적이다.
3. _____ 수면 동안에는 집중적인 뇌 활동이 나타나고 근육 마비가 된다.
4. 뇌는 _____ 수면 동안에 기억력을 강화하고 기억을 체계적으로 구조화한다.
5. _____와(과) _____은(는) 렘수면의 비율이 높으며, 일부 연령대에서는 서파수면이 나타난다.

꿈

앞에서 언급했듯이, 대부분 생생한 꿈은 렘수면 동안 나타난다. 그럼 우리는 왜 꿈을 꾸며, 그 꿈은 무엇을 의미하는가? 어떤 젊은 여자가 "난 어젯밤 꿈에 그리던 남자를 만났어."라고 말하는 것은 무엇을 의미하는가? 또는 세일즈 선전을 들어 주는 대가로 '꿈의 휴가'를 약속하는 텔레마케터는 어떤가? 대부분의 경우, 우리는 꿈을 유쾌한 상상 속의 경험이라 생각한다. 그러나 동료 학생이 "그 시험은 악몽이었어!"라고 한다면, 그 학생에게는 시험이 마치 무서운 꿈처럼 다소 유쾌하지 못했다는 것을 의미한다. 좋든 나쁘든, 꿈은 정확히 무엇인가?

4.10 연구자들은 꿈에 대해 무엇을 알게 되었는가?

꿈의 내용

사람들이 기억하고 얘기하는 생생한 꿈은 대개 **렘수면의 꿈**(REM dreams)으로, 각 렘수면 기간 동안 거의 끊임없이 발생하는 유형이다. 그러나 사람들은 또한 **비렘수면의 꿈**(NREM dreams)도 꾸는데, 그것은 렘수면의 꿈보다 덜 빈번하고 덜 기억이 나긴 하지만 비렘수면 동안 나타난다(McNamara McLaren & Durso, 2007). 렘수면의 꿈은 이야기 같고 꿈같은 특성을 가지며, 비렘수면의 꿈보다 더 시각적이고 생생하며 감정적이다(Hobson, 1989). 5세 이전에 시력을 잃은 사람들은 비록 다른 감각을 수반하는 생생한 꿈을 꾸긴 하지만 대개 시각적 꿈을 꾸지는 않는다.

뇌영상 연구는 렘수면의 꿈 동안의 사건이 깨어 있는 동안의 경험보다 더 이상하고 더 감정을 자극한다는 일반적 인식이 아마도 사실일 것이라 제안한다. 일차 시각피질뿐 아니라 정서를 담당하는 뇌 영역은 렘수면 꿈을 꾸는 동안 활동적이다(Dang-Vu et al., 2007). 이와 유사하게, 생생한 렘수면의 꿈은 망상장애를 가진 사람들이 깨어 있는 동안 보이는 것과 매우 유사한 전뇌의 활동 영역과 관련되어 있다(Schwartz & Maquet, 2002). 대조적으로 렘수면 동안 뇌의 더 이성적인 부분에 관여하는 전전두엽은 억압되며, 렘수면의 꿈속에서 일어나는 기묘한 사건들은 이런 수면 동안 뇌가 논리적으로 지각을 구성하지 못하기 때문에 발생하는 것으로 보인다. 기억과 관련된 영역도 렘수면 동안 억제되는데, 이것이 왜 렘수면이 기억되기 힘든지를 설명해 줄 수 있다.

사람들을 기묘한 꿈을 꾸도록 만드는 렘수면이란 무엇인가? 한 가지 가설은 깨어 있는 동안과 렘수면 동안 각기 다른 신경전달물질이 대뇌피질에서 우세하다는 결과에 근거하고 있다(Gottesmann, 2000). 우리가 깨어 있을 때는 강력한 억제력이 전두엽의 기능을 통제한다. 이 기능은 우리는 과부족한 정신상태인 충동적인 사고나 행동을 자제하고 현실에 맞게끔 해 준다. 이런 억제 영향은 주로 세로토닌과 노르에피네프린을 책임지는 피질의 뉴런에 의해 유지된다. 이런 신경전달물질은 렘수면의 꿈 동안 훨씬 적으며, 이때는 더 높은 도파민 수치가 다른 피질의 뉴런으로 하여금 집중적인 활동성을 나타내게 한다. 이러한 꿈꾸는 뇌의 억제되지 않은 도파민 자극 활동은 정신병적 정신 상태에 비견되어 왔다(Gottesmann, 2000).

마지막으로 연구자들은 아래의 〈시도〉에 있는 절차들을 고안했다. 이 절차는 사람들에게 자신의 꿈을 통제할 수 있게 하는 것이다. 사람들이 자신이 원치 않거나 되풀이되는 꿈을 꾸지 않기 위해 꿈 내용을 의도적으로 통제하는 방법을 배운다는 사실에 놀랄 것이다. 사람들은 **자각몽**(lucid dream)을 꾸는 동안 꿈 전체를 통제하려고 시도한다. 연구자들은 이 장의 서두에 제시된 〈생각해보기〉의 항목처럼 되도록 지시받은 실험 참가 집단의 뇌전도(EEG)와 뇌영상 데이터 정보를 정상적으로 수면을 취한 통제집단과 비교해 보았다. 그러한 연구에서 자각몽을 꾸는 사람의 뇌 활동은 통제집단과는 다른 것으로 나타난다(Dresler et al., 2012). 결과적으로 자각몽은 우울증과 같은 심리적 문제의 중재자로서 옹호를 받는다. 그러나 우울증을 앓는 개인들 간에는 일관성 없는 효과가 나타난다(Taitz, 2011).

시도 자각몽 꾸기

좋은 꿈을 꾸고 있을 때 그 꿈을 계속 꿀 수 있기를 바라다가 그 꿈에서 깨어난 적이 있는가? 만약 그렇다면, 당신은 꿈에 대한 통제 가능성을 연구하기 위해 연구자들이 고안한 절차 단계를 익히는 데 흥미를 가질 것이다. 여기에 그 절차 단계가 있다.

1. 긴장을 풀라.
2. 눈을 감고 시계에서 상상의 지점에 초점을 맞추라.
3. 꿈을 통제하려는 당신의 의도에 초점을 맞추라.
4. 당신 자신에게 원하는 것은 무엇이든지 꿈꿀 수 있을 것이라고 말하라.
5. 당신이 꾸고 싶은 유형의 꿈을 꾸고 있는 자신을 상상하라.
6. 당신이 잠에 빠질 때까지 이 단계들을 반복하라.

꿈 해석하기

4.11 다양한 이론은 꿈을 어떻게 설명하는가?

대부분의 사람은 우리를 두렵게 하거나 마음에 다시 떠오르는 특별한 꿈들에 숨겨진 의미가 있다고 믿는다(Morewedge & Norton, 2009). 프로이트는 꿈이 무의식 속의 성적, 공격적인 본능을 만족시키는 역할을 한다고 믿었다. 그러한 소망은 꿈꾸는 사람에 의해 받아들여질 수 없기 때문에 위장되어야 하고, 따라서 상징적 형태로 꿈속에 나타나는 것이다. 프로이트(1900/1953a)는 막대기, 우산, 나무줄기, 총과 같은 대상이 남자의 성기를 상징하고, 금고, 찬장, 상자와 같은 대상은 여성의 성기를 상징한다고 주장했다. 프로이트는 꿈의 **명시적 내용**(manifest content, 즉 꿈꾸는 사람에 의해 회상되는 내용)과 잠재적 내용(latent content, 프로이트가 더 의미 있다고 생각한, 꿈의 기저에 있는 내용)을 구별하였다.

1950년대 초에 심리학자들은 꿈에 대한 프로이트식 해석에서 멀어지기 시작했다. 예를 들어, 홀(Hall, 1953)은 꿈이 잠든 동안 단순히 생각하는 것이라고 주장하면서, **꿈의 인지 이론**(cognitive theory of dreaming)을 제안했다. 홀의 접근법을 지지하는 이들은 명시적인 내용(manifest content)—실질적 꿈 그 자체인—에 더 초점을 두는 것에 찬성하여, 그것은 성적인 충동의 표현이라기보다는 꿈꾸는 이의 광범위한 관심의 표현으로 간주하였다(Glucksman & Kramer, 2004).

잘 알려진 수면 연구가 앨런 홉슨(J. Allan Hobson, 1988)은 자연이 인간에게 전문가가 해석할 필요가 있는 꿈을 꾸도록 했다는 개념을 거부했다. 홉슨과 맥칼리(Hobson & McCarley, 1977)는 **꿈의 활성-통합 가설**(activation-synthesis hypothesis of dreaming)을 발전시켰다. 이 가설은 꿈이 렘수면 동안 뇌세포의 무선적 발화를 그럴듯하게 이해하려는 뇌의 시도라고 제안한다. 사람들이 깨어 있는 시간 동안 외부환경으로부터의 정보를 이해하려고 노력하는 것처럼, 그들은 이러한 뇌세포의 무선적 발화에 의해 내부에서 발생되는 감각과 기억의 혼합물 속에서 그 의미를 찾으려고 시도한다. 홉슨(1989)은 꿈이 심리학적 의미를 가진다고 믿었는데, 개인이 무작위적인 정신적 활동에 부여하는 의미는 그 사람의 경험, 먼 기억들, 교제, 욕망 및 공포를 반영하기 때문이다.

마지막으로, **꿈의 진화 이론**(evolutionary theory of dreaming)의 지지자들은 생생하고 감정적으로 충만한 렘수면의 꿈은 보호적 기능을 한다고 제안했다(Barrett, 2007). 그러한 꿈은 종종 우리가 우리 자신을 실제로 발견할 수 있는 위협적 상황을 포함한다. 예를 들면, 어떤 사람은 고속도로에서 시속 110km로 운전하고 있을 때 차의 브레이크가 갑자기 고장 나는 꿈을 꿀 수 있다. 진화적 관점에서 이러한 꿈은 꿈을 꾼 사람에게 실생활에서 그가 유사한 위협을 다루는 것을 도와줄 전략을 연습하는 기회를 제공할 것이다.

▶▶▶ 당신이 영화 〈반지의 제왕〉에 나오는 샤이어 마을에 사는 호빗이 된 꿈을 꾼다면, 인지 이론에서는 최근에 당신이 그런 내용의 영화를 보았다고 추측할 것이다. 꿈의 진화 이론에서는 꿈의 적응적 기능이 사회에서 다른 사람들과 강렬한 사회적 유대를 형성하여 적으로부터 당신 스스로가 방어 태세를 갖추도록 돕는 것이라고 말할 것이다.

기억하기 본문 내용을 떠올리며 다음 퀴즈를 풀어 보라.

1. _____ 수면 동안의 꿈은 기억에 가장 덜 남는다.
2. 다음의 이론들과 설명들의 짝을 맞추라.

_____ (1) 프로이트의 관점 _____ (2) 꿈의 인지 이론

_____ (3) 꿈의 활성-통합 가설 _____ (4) 꿈의 진화 이론

a. 꿈은 뇌가 신경 세포의 무선적 발화를 그럴듯하게 이해하려는 시도다.
b. 꿈은 무의식의 성적 본능과 공격적 본능을 만족시킨다.
c. 생생한 꿈은 방어적 기능을 한다.
d. 꿈은 자는 동안 생각하는 것이다.

명상과 최면

우리는 모두 자야 한다. 당신이 잠을 참으려고 해도, 당신의 몸은 결국 당신을 잠들게 만들 것이다. 그러나 우리가 그렇게 선택한다면 전환된 형태의 다른 의식들을 경험할 수 있다. 명상과 최면이 그것들이다.

명상

4.12 명상의 장점은 무엇인가?

당신은 정신적, 육체적 이완 기술이 실제로 의식전환 상태를 야기할 수 있다는 것을 아는가? **명상**(meditation)은 주의 산만을 차단하고 안녕감을 증진시키며 의식전환 상태를 성취하기 위한 노력으로, 어떤 대상이나 단어, 호흡 및 신체의 움직임에 긴장하여 초점을 맞추는 것을 포함하는 일련의 기술이다. 요가(yoga)와 참선(Zen) 및 초월적 명상(transcendental meditation: TM)과 같은 명상의 몇 가지 유형은 동양의 종교에 그 뿌리를 두고 있다. 이러한 종교의 신봉자들은 고차적인 영적 수준에 이르기 위해 이와 같은 유형의 명상을 행해 왔다. 미국에서는 이러한 접근방법이 이완을 증가시키고 각성을 줄이고 의식전환 상태를 불러일으키는 데 사용된다(Wolsko et al., 2004). 뇌영상 연구들은 명상이 이완뿐 아니라 의식전환 상태를 유도한다는 결론을 지지한다(Cahn & Polich, 2006; Newberg et al., 2001).

연구들은 명상이 다양한 육체적·심리적 문제에 대해 도움이 될 수 있다고 제안하는데, 특히 정서와 관련한 문제들에 도움이 된다고 한다(Sedlmeier et al., 2012). 예를 들어, 연구자들은 규칙적인 명상이 개인, 심지어 심한 우울증 환자들에게도 스스로 감정을 통제하도록 도와준다고 했다(Butler et al., 2008). 게다가 명상은 혈압, 콜레스테롤 수치 및 심장혈관 계통의 수치를 낮추는 데 도움이 되는 것으로 입증되었다(Seeman, Dubin, & Seeman, 2003). 그러나 명상이 정신적 또는 신체적 건강문제에 '즉효약'은 아니라는 것을 명심해야 한다. 명상으로부터 이득을 얻기 위해서는 자기 수양과 참여가 필요하다(Murray, 2002). 명상하는 사람들이 경험하는 것과 유사한 이완 상태를 야기하는 법을 배우기 위해 〈시

시도 이완 반응

조용한 장소를 찾아서 편안한 자세로 앉으라.

1. 눈을 감으라.
2. 당신의 모든 근육을 깊이 이완시키라. 발에서 시작해서 천천히 위쪽으로 이동하고 발, 엉덩이, 배, 가슴, 어깨, 목, 끝으로 얼굴의 근육을 이완시키라.
3. 이제 호흡에 집중하라. 그리고 코로 숨을 들이쉬고 뱉으라.
4. 20분 동안 이 과정을 반복하라(당신은 주기적으로 시계를 보기 위해 눈을 뜰 수 있지만 알람을 사용해서는 안 된다). 그러고 나서 처음엔 눈을 감은 채로, 그다음에는 눈을 뜨고서 몇 분 동안 앉아 있으라.

도〉에 제시된 단계들을 활용하라. 당신이 그것에 능숙해질 때까지 그 기술을 연습하라. 그러면 당신은 그것을 일상생활에 반영할 준비가 될 것이다.

위스콘신 대학의 신경과학자들은 명상이 뇌에 영구적인 변화를 초래할 수 있다고 추측했다(Luders et al., 2012; Newberg, 2001). 그러나 이러한 결과는 잠정적이다. 어떻게 그러한 신경학적 변화가 명상하는 사람의 인지적 또는 감정적 기능에 영향을 끼쳤는지에 대해 완벽하게 이해하기 위해서는 신경과학자들에 의한 더 많은 연구가 이루어져야 한다.

4.13 최면이 몸와 마음에 영향을 주는 방법과 영향을 주는 이유는?

최면

최면(hypnosis)은 한 사람의 최면술사가 다른 사람이나 대상의 생각, 느낌, 감각, 지각 또는 행동에 있어서의 변화를 야기하는 암시의 힘을 사용하는 과정으로 정의된다. 흥미롭게도 어떤 사람들은 최면에 걸리지 않는다는 연구가 있다(Milling et al., 2010). 의식이 있는 사람들이 암시에 얼마나 개방적인가는 피최면성과 관련하여 개인마다 차이가 있다. 게다가 최면에 대한 많은 오해가 있다. 〈표 4-1〉에서 최면에 대해 당신이 들은 근거 없는 믿음들이 있는가?

최면의 역사는 마술사에 의해 주로 사용된 시절까지 거슬러 올라갈 수 있다. 그러나 지금은 의학, 치과치료, 심리치료, 특히 통증 관리에 사용되는 실행 가능한 기술로 인식되고 있다(Goodin et al., 2012; Uman, Chambers, McGrath & Kisley, 2008; Weisberg, 2008). 한 실험 연구에 따르면 수술 전에 최면에 걸려 이완을 유발하도록 고안된 암시에 노출된 환자들은 최면에 걸리지 않은 환자들에 비해 수술 후 더 적은 통증을 경험했다(Montgomery el al., 2002).

최면의 사회인지 이론(sociocognitive theory of hypnosis)에 따르면, 최면에 걸린 사람의 행동으로 피험자가 최면하에 어떻게 행동할 것인가를 예측할 수 있다. 그들이 그것을 인식할 때, 사람은 좋은 피험자가 되고 최면술사의 암시에 따르고 최면에 걸린 사람의 사회적 역할을 다 하도록 동기화된다(Spanos, 1986, 1991, 1994). 156쪽의 〈복습과 재검토〉에는 최면에 대한 각 이론의 설명이 요약되어 있다. 이는 최면에 걸린 사람들이 단순히 연기하거나 꾸며 낸다는 것을 의미하는가? 그렇지 않다. "대개 최면에 걸

〈표 4-1〉 당신은 최면에 대해 무엇을 알고 있는가

최면에 대한 선입견	실제
풍부한 상상력이 중요하다.	생생하게 상상하는 능력은 피최면성과 무관하다.
이완은 최면에 중요한 특성이다.	아니다. 최면은 활발한 신체 활동 중에 유도된다.
일반적으로 지시에 따르기만 한다.	대부분 최면에 걸리도록 심하게 동기부여를 하면 최면에 걸리지 않는다.
고의로 꾸며 낸 것이다.	피험자가 꾸며 낸 거짓이 아님은 생리적 반응을 통해 알 수 있다.
위험하다.	표준 절차가 강의법보다는 힘이 덜 든다.
수면과 비슷한 상태에서 행해진다.	아니다. 최면에 걸린 피험자는 완전히 깨어 있는 상태다.
최면에 잘 걸리는 성격이 있다.	개인의 성격 특성과는 큰 상관이 없다.
최면에 걸린 사람은 자기 통제력을 잃는다.	피험자는 최면을 거부하거나 중단할 수 있다.
최면은 과거를 다시 경험하게 한다.	일시적으로 어린 시절로 퇴행한 성인이 어린이인 양 행동하는 것이다.
최면에 대한 민감성은 기술과 그 기술을 쓰는 사람에 따라 달라진다.	실험 조건은 중요하지 않다. 피험자의 능력이 중요하다.
사람들은 최면에 걸리면 더 정확하게 기억할 수 있다.	최면 상태에서는 기억과 환상이 뒤엉키고, 인위적으로 부풀려진 확신을 가지게 된다.
최면에 걸린 사람은 자신의 가치와 상충되는 행동을 할 수 있다.	최면에 걸린 사람은 평상시 자신의 도덕적 기준을 고수한다.
사람들은 최면 동안 일어난 일을 기억하지 못한다.	최면 후 기억상실(posthypnotic amnesia)은 자발적으로 발생하지는 않는다.
최면은 사람들이 불가능한 힘, 인내력, 학습력, 감각적 예민성을 가지게 할 수 있다.	근육의 힘, 학습력, 감각적 예민성을 증가시키는 최면암시를 따라 행위하는 것은 피험자의 능력이나 기량을 넘을 수는 없다.

린 사람들은 꾸며 내지도 단지 암시를 따르지도 않는다."(Kirsch & Lynn, 1995, p. 847) 실험실에서 속임수에 대한 한 가지 가장 효과적이고 믿을 만한 지표인 피부 전도력(skin conductance)—땀을 측정하여 감정적 반응을 확인할 수 있게 함—을 사용하여, 키누넨 등(Kinnunen et al., 1994)은 최면에 걸렸다고 추정되는 사람들 중 대략 89%가 진짜로 최면에 걸렸었다는 것을 알아냈다.

어니스트 힐가드(Ernest Hilgard, 1986, 1992)는 왜 최면에 걸린 사람들이 매우 힘든 행위를 해내며, 심지어 마취 없이 수술을 받을 수 있는지를 설명하기 위해 한 가지 이론을 제안하였다. **최면의 신해리 이론**(neodissociation theory of hypnosis)에 따르면, 최면은 의식을 통제하는 두 가지 측면인 계획기능과 감시기능 사이의 갈라짐, 즉 해리를 야기한다. 최면 동안에 최면술사의 암시를 실행하고 피험자의 의식적 자각 부분에 남아 있는 것은 계획기능이다. 감시기능은 피험자에게 일어나는 모든 일을 감시하고 관찰하지만, 그들의 의식적 지각은 없다. 힐 가드는 이 감시기능을 의식적 지각과 분리하였을 때 '숨은 관찰자'라 불렀다.

바워스와 동료들(Bowers, 1992; Woody & Bowers, 1994)은 진정한 의식전환으로서의 최면에 대한 관점을 제시하였다. 힐가드의 모델이 제시한 것처럼 그들의 **해리통제 이론**(theory of dissociated control)은 최면이 의식의 다른 면들의 분열을 야기하는 것이 아니라고 주장했다. 오히려 그들은 최면이 의식의

▶▶▶ 최면에 걸린 사람은 고조된 피암시성 상태다. 그래서 최면치료사는 만성적인 통증이나 수술 후 통증을 통제하여 위의 여성을 도울 수 있다.

다른 부분들(하부조직들)에 대한 기능 수행의 통제력을 약화시키고, 최면술사의 암시가 그러한 하부조직에 직접 닿고 영향을 미친다고 믿는다. 나아가 바워스는 최면에 걸린 사람들의 반응이 마치 반사 작용처럼 자동적이고 무의식적이며, 정상적 인지 기능에 의해 통제되지 않는다고 믿는다(Kirsch & Lynn, 1995). 사실 몇몇 연구는 이러한 견해를 지지한다(Bowers & Woody, 1996; Hargadon, Bowers, & Woody, 1995).

비록 대다수의 최면 연구자가 사회인지 이론을 지지하는 것처럼 보이나, 대부분의 임상의와 현장에서 영향력 있는 연구자는 최면이 독특한 의식전환 상태라고 확신한다(Kallio & Revonsuo, 2003). 킬스트롬(Kihlstrom, 2007)은 최면에 대한 더 완전한 그림은 사회인지적 이론과 신해리 이론의 결합에서 나올 수 있을 것이라고 제안하였다. 비록 연구자들이 여전히 이론적인 차이를 보이고 있으나, 최면은 점점 더 많은 임상치료와 의학 및 치과의 선택분야에서 사용되고 있다.

복습과 재검토 최면에 관한 이론적 설명

이론	설명
사회인지	'좋은 피험자'가 되려는 욕구나 기대가 최면 암시에 반응하는 사람들을 동기화한다.
신해리	정신의 계획기능은 의식적으로 최면술사의 암시에 반응한다. 반면에 정신의 감시기능은 암시에 반응하는 것을 무의식적으로 관찰한다.
해리통제	최면이 의식에 관여하는 집행 제어체계를 약화시키기 때문에 피험자는 최면술사의 암시에 반응한다.

기억하기 본문 내용을 떠올리며 다음 퀴즈를 풀어 보라.

1. 연구자들은 명상이 _____, _____와(과) 심혈관계 수치를 예방하고 치료하는 데 유용하다는 것을 발견했다.
2. 최면 상태에 있는 사람들의 행동을 설명하는 문항과 각 최면 이론을 짝지으라.

_____ (1) 사회인지 _____ (2) 신해리 _____ (3) 해리통제

a. 의식의 약화된 집행기능
b. 최면에 걸린 사람들의 기대
c. 의식의 계획기능과 감시기능이 분열

향정신성 약물

당신은 최근에 진통제나 항생제를 복용했을 때 향정신성 작용을 경험하게 되리라고 생각하지 않았을 것이다. 그러나 모든 화학물질, 심지어 당신이 두통 때문에 복용하는 아스피린조차 당신의 뇌에 영향을 줄 수 있다. 왜냐하면 그것들은 신경전달물질의 기능을 바꾸기 때문이다(Munzar et al., 2002). 추측할 수 있듯이, 이러한 대부분의 물질은 당신의 의식 상태에는 그다지 영향을 주지 않는다. 그러나 몇몇 약물은 특히 뇌에 강력한 영향을 주며, 극적으로 의식전환 상태를 야기하기도 한다.

향정신성 약물(psychoactive drug)은 기분, 지각 또는 생각을 바꾸는 약물이다. 항우울제와 같은 향정신성 약물이 의학적 사용을 위해 승인될 때, 그것들은 **규제 약물**(controlled substance)이라 불린다. **불법의**(illicit)라는 용어는 불법의 향정신성 약물을 의미한다. 많은 약초로 만든 약(over-the-counter drugs)뿐 아니라 항히스타민제와 충혈제거처럼 처방전 없이 팔리는 많은 약이 정신에 작용한다. 초콜릿과 같은 음식 또한 우리의 기분을 바꿀 수 있다(Macht & Mueller, 2007). 레스토랑에서 일하는 사람에게 조언하자면, 고객에게 계산서와 함께 초콜릿 한 조각을 주면 팁의 액수를 늘릴 수도 있다(Strohmetz et al., 2002).

약물은 뇌에 어떻게 영향을 미치는가

4.14 약물들은 어떻게 뇌의 신경전달물질 체계에 영향을 미치는가?

당신은 약물이 우리 뇌와 행동에 영향을 주는 신경전달물질에 영향을 미친다는 것을 2장에서 배웠다. 이 신경전달물질은 뉴런 간 의사소통을 가능하게 하는 화학물질을 분비한다. 예를 들면, 당신은 모든 유형의 육체적 즐거움이 동일한 신경학적 토대를 가지고 있다는 것을 아는가? 성관계, 향정신성 화학약물 또는 어떤 다른 원인에서 기인했든지 신체적 기쁨의 주관적인 감각은 측위세포핵(nucleus accumbens)으로 알려진 뇌의 변연계 부분에서 신경전달물질인 도파민의 유효성 증가로 일어난다(Panksepp, 2010). 따라서 연구자들이 발견한 대로 알코올, 암페타민, 마리화나, 헤로인, 코카인, 니코틴 등 대부분의 향정신성 약물에 의해 보상 효과나 동기유발 효과가 일어날 때 도파민이 증가한다는 사실은 놀라운 것이 아니다(Wise, 2009). 그렇다면 왜 술에 의한 의식 변화 상태와 니코틴이나 마리화나에 의한 변화 상태가 다른 것일까? 그 이유는 약물이 도파민 체계에 미치는 영향은 뇌의 전체 신경전달물질 체계를 포함하여 지속적으로 미치는 효과의 시작에 불과하기 때문이다. 각각의 약물은 전체 시스템에 다르게 영향을 미치며, 각각 다른 의식전환 상태와 관련이 있다, 서로 다른 약물들이 신경전달물질에 각각 어떻게 작용하고 어떤 점이 유용한지에 대한 몇 가지 예를 들어 보자.

- 모르핀과 헤로인 등 아편류는 고통을 경감시키는 특징을 가지고 있으며, 행복감을 주는 뇌 화학물질인 엔도르핀의 효과와 흡사하다. 이러한 이유로 아편제는 주로 통증 관리에 유용하다.
- 술, 바비튜레이트 및 벤조디아제핀(예, 발륨과 리브리움) 같은 진정제는 안정, 진정 효과를 내는 GABA 수용기에 작용한다. 따라서 진정제는 치료를 받기 전에 환자의 불안을 감소시키는 역할을

할 수 있다.

- 암페타민, 코카인 등의 흥분제는 교감신경계를 자극하는 신경전달물질인 에피네프린의 효과와 유사하다. 배고픔을 억제하고 소화 작용에 관여함으로써 교감신경계에 영향을 준다. 이러한 이유로 흔히 '다이어트 약'에 카페인과 같은 일종의 흥분제를 넣게 된다.

모두가 알고 있듯이, 약물이 유용한 결과만을 초래하는 것은 아니다. 왜 그런가? 좋은 것도 너무 지나치거나 잘못된 방식으로 결합되면, 재앙을 낳을 수 있기 때문이다. 예를 들어, 아편제를 규칙적으로 복용한다면 결국 엔도르핀의 생성이 완전히 억제될 것이다. 결과적으로 자연적인 고통 통제 시스템은 무너지고 뇌는 정상적인 기능을 하기 위해 아편제에 의존하게 될 것이다. 이와 유사하게 알코올을 과음하거나 술과 다른 진정제를 함께 섭취하게 되면, 뇌는 GABA로 넘쳐날 것이고 의식을 잃을 것이며 결국 죽음에 이를 것이다. 과도한 양의 흥분제는 심장박동과 혈압 수치를 급상승시킬 수 있다. 단 한 번만 복용해도 그 양이 많다면 죽음에 이르게 될 수도 있다.

4.15 신체적 약물의존과 심리적 약물의존 간의 차이는 무엇인가?

물질남용과 중독

사람은 의식전환 상태를 야기하기 위해 약물을 고의적으로 복용할 때 물질남용(substance abuse) 문제를 초래할 위험을 감수하게 된다. 대개 심리학자들은 특정 물질의 복용으로 개인의 일, 교육, 대인관계에 부정적 영향을 미치는 사건을 경험한 후에도 계속해서 그 물질을 복용하는 경우를 **물질남용**(substance abuse)으로 정의한다(American Psychiatric Association, 2000a). 예컨대, 알코올중독으로 몇 번의 실직을 당한 후에도 계속 음주를 하는 사람은 물질남용 문제를 가지고 있다.

무엇이 사람을 물질남용으로 진행시키는가? 약물이 야기한 의식전환 상태와 관련된 신체적 쾌락이 한 가지 이유다. 사람이 생리적으로 약물에 반응하는 방식이 유전에 따라 차이가 있다는 점 또한 물질남용 문제와 관련이 있다(Ehlers et al., 2010; Palmer et al., 2012). 예를 들어, 어떤 사람은 아주 적은 양의 술을 마신 후에도 취기를 느낀다. 반면에 어떤 사람은 취하려면 훨씬 더 많은 술을 마셔야 한다. 흥분을 느끼기 위해 더 많이 마셔야 하는 사람은 알코올중독자가 되기 쉽다. 유전자 연구자는 현재 알코올에 대한 낮은 반응성에 기여하는 유전자 또는 유전자군을 찾고 있다(Palmer et al., 2012). 물론 성격과 사회적 요인 또한 물질남용에 기여한다. 예컨대, 충동은 약물을 복용한 실험과 관련이 있다(Simons & Carey, 2002). 아동학대나 가정폭력의 희생자였던 경력 등의 스트레스 관련 변수들도 물질남용에 기여한다(Ehlers et al., 2012). 사회적, 문화적 요인들 또한 물질남용 문제를 일으키는 데 한몫을 한다. 예를 들어, 약물을 복용하는 동료와의 교제는 그런 행동을 하도록 영향을 주거나, 일단 그런 행동이 시작되면 물질남용 행동을 계속하도록 부추길 것이다(Van Ryzin, Fosco, & Dishion, 2012).

어떤 사람은 물질남용에서 흔히 **중독**(addiciton)이라 불리는 완전한 약물의존으로 진행한다. 신체적 **약물의존**(physical drug dependence)은 **약물내성**(drug tolerance)을 증가시킴으로써 유해한 물질에 대항하여 자신을 보호하려는 신체의 타고난 능력에서 비롯되었다. 즉, 복용자는 점차 그 약물의 영향을

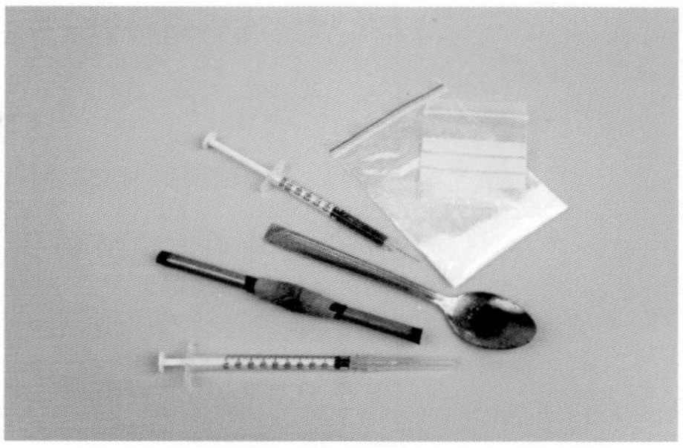

▶▶▶ 중독자들이 복용하는 약물 관련 장비들을 보는 것은 약물의 심리적 효과에 대한 열망을 촉발할 수 있다. 따라서 그러한 단서를 피하게 되는 것은 중독으로부터의 회복 과정에서 중요하다.

덜 받게 되고, 같거나 더 큰 효과를 얻기 위해서 점점 더 많은 양을 섭취해야 한다(Koob, 2008). 내성은 뇌가 약물에 약하게 반응함으로써 그것의 존재에 적응하기 때문에 생긴다. 게다가 간은 약물을 분해하기 위해 더 많은 효소를 생성한다. 다양한 신체 작용은 시스템 내에서 약물과 함께 기능을 계속해 나갈 수 있도록 조절한다.

일단 약물에 대한 내성이 생기면, 사람은 약물 없이는 정상적으로 기능할 수 없다. 만약 약물이 박탈되면 복용자는 금단증상으로 고통을 받게 된다. 이러한 **금단증상**(withdrawal symptoms)은 신체적으로나 심리적으로 모두 약물에 의해 나타나는 효과와 정확히 반대된다. 예를 들어, 흥분제의 금단증상을 사람을 지치고 우울하게 한다. 신경안정제의 금단증상은 사람을 신경질적이게 만들고 흥분시킨다. 약물 섭취만이 이러한 불유쾌한 증상에서 탈출하는 유일한 방법이기 때문에 투여 중지는 계속되는 중독으로 이끈다. 더구나 남용된 약물이 뇌에 미치는 지속적인 행동적, 인지적 효과는 자주 약물 복용을 중지하려는 시도를 방해한다. 중독은 또한 주의와 기억력 결핍, 시간의 경과를 정확히 지각하는 능력의 상실, 행동을 계획하고 통제하는 능력의 감소와 관련이 있다(Bates, Laboovie, & Voelbel, 2002; Buhusi & Meck, 2002). 남용자는 중독을 극복하고 자신의 삶을 재건할 수 있는 기술이 필요하다.

심리적 약물의존성(psychological drug depencence)은 기쁨을 주는 약물 효과에 대해 열망하는 저항할 수 없는 충동이다. 그것은 신체적 의존보다 저항하기가 훨씬 더 어렵다(O'Brien, 1996). 개인이 신체적으로 중독된 약물을 계속 복용하는 것은 습관이라는 심리적 요소의 영향을 받는다. 아마 신체적으로 중독성을 띠지 않는 몇몇 약(예, 마리화나)도 심리적 의존성은 보일 것이다.

학습 과정은 심리적 의존성의 발달과 유지에 있어서 중요하다. 예를 들어, 약물 복용 단서—약물 복용과 관련된 사람, 장소, 그 외의 것들—는 남용물질에 대한 강한 열망을 촉발할 수 있다(Koob, 2008). 코카인 중독자의 뇌를 PET로 촬영한 결과, 그러한 단서들이 특정 신경망을 자극하며, 이로 인해 중독자들의 주의를 약물로부터 다른 곳으로 돌리는 것이 어려운 이유를 설명할 수 있다(Bonson, et al.. 2002). 게다가 동물을 대상으로 한 연구는 약물 관련 단서가 뇌에서 약물과 동일한 반응을 일으킨다는 것을 보여 준다(Kiyatkin & Wise, 2002). 이러한 결과들은 약물의 심리적 효과와 약물을 주로 복용하는 사회적 배경 간의 관계를 밝혀내기 위한 더 많은 연구의 필요성을 역설한다(Crombag & Robinson, 2004).

흥분제

4.16 흥분제는 행동에 어떻게 영향을 미치는가?

당신은 친구에게 '디카프(카페인 성분을 줄인 음료)로 바꿀 것'을 권해 본 적이 있는가? 이 충고는 우리가 공유하는 약간의 약물에 관한 지식에서 비롯되었다. 카페인은 우리를 흥분하기 쉽게 만들 수 있다. 흥분제(stimulants, '각성제'라고도 함)는 중추신경계의 활동을 촉진하고 식욕을 억제하며 사람을 더 각성시키며 에너지가 넘치게 만들 수 있다. 흥분제는 맥박수, 혈압, 호흡을 증가시키고 대뇌 혈류량을 감소시킨다. 과용 시, 흥분제는 사람들을 신경질적이거나 침착하지 못하게 만들고, 떨림과 신경과민을 야기할 수 있으며, 수면을 방해한다.

카페인(caffeine) 커피, 차, 콜라, 초콜릿, 레드불과 같은 에너지 음료, 1백 가지가 넘는 처방약과 처방전 없이 판매되는 약들에는 카페인이 들어 있다. 카페인은 사람들을 정신적으로 더 각성시키고 그들을 깨울 수 있게 도움을 준다(De Bruin et al., 2011). 카페인은 망막을 빛에 더 민감하게 함으로써 시각적으로 더욱 예민하게 만들 수도 있다(Arushanyan & Silcina, 2004). 그러나 일반적인 속설과 달리, 카페인과 술을 함께 복용하는 것은 카페인을 섭취하지 않고 술만 마셨을 때보다 파티에서의 즐거운 기분을 더 오래 유지시켜 주지 못한다(Gulick & Gould, 2009). 사실, 술과 카페인의 결합은 일반적으로 '숙취'로 알려진 증상의 기저에 있는 원인인 심각한 탈수를 일으킬 수 있다. 따라서 숙취를 피하고 싶은 사람들은 카페인을 술과 함께 복용하는 것은 피해야 한다. 더구나 카페인은 음주자가 자신의 주량을 판단할 수 있는 능력을 손상시켜 음주운전을 하도록 만들고 다른 위험한 행동을 하게 만드는 것 같다(Ferreira et al., 2006).

보통 혹은 다량의 카페인을 섭취하는 사람이 이를 중단하게 되면, 그들은 신경질, 불안정한 상태, 두통, 졸림, 민첩함의 감소 등의 금단증상을 경험하게 된다. 연구자들이 EEG와 음향기록장치를 사용하여 뇌에 미치는 카페인의 금단증상을 연구하였고, 이러한 증상이 네 개의 대뇌정맥에서의 혈압과 혈류 속도를 증가시켰음을 밝혀냈다. EEG에서는 더 느린 뇌파가 증가하였고, 그것은 경계의 감소나 졸음과 관련이 있었다(Sigmon et al., 2009).

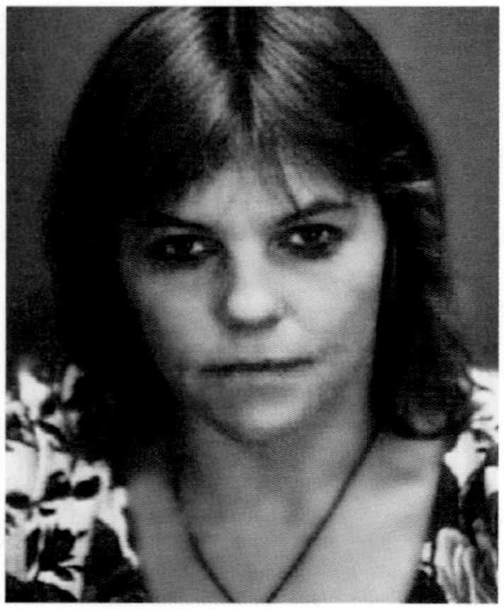

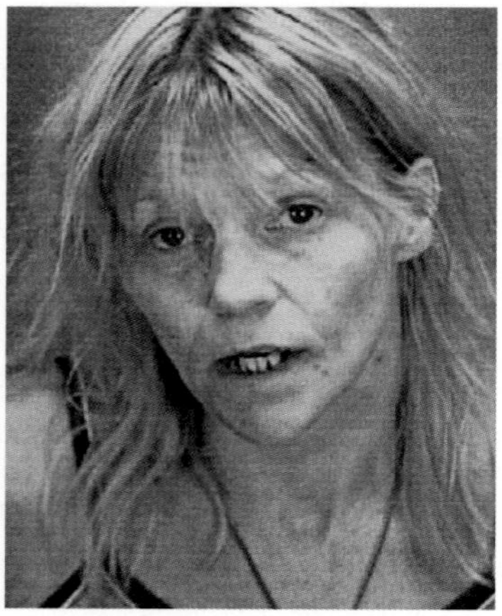

▶▶▶ 메탐페타민의 남용은 외모를 완전히 변화시킨다. 왜냐하면 약물이 피부, 머리카락, 이를 유지·보수하는 신체적 능력을 방해하기 때문이다(Wells, 2007).

니코틴(nicotine) 카페인처럼 니코틴도 각성 상태를 증가시킨다. 그러나 담배를 끊으려 시도했던 사람들 중에서 그것의 중독성을 의심하는 사람은 별로 없다(흡연과 관련된 심각한 건강상의 문제들은 10장에서 논의할 것이다). 담배를 끊으려 시도하는 흡연가들에게 도움이 되는 것처럼 광고되는 수많은 치료방법은 한계가 있는 듯하다. 예를 들어, 그린과 린(Green & Lynn, 2000)은 최면과 흡연에 관한 59개의 연구 결과를 검토했고, 최면이 흡연가들이 금연하는 것을 돕는 데 효과적이지 않은 것으로 결론지었다. 그러나 실험은 시중에 판매되는 니코틴 패치가 다섯 명 중 한 명이 담배를 끊는 것을 도와주며, 많은 이에게는 흡연량을 줄이게 해준다는 사실을 보여 준다(Ferguson, Gitchell, & Shiffman, 2012).

암페타민(Amphetamines) 암페타민은 각성을 증가시키고 피곤함을 경감시키며 기민함을 향상시키고 식욕을 억제하며 에너지를 준다. 고용량(100밀리그램 또는 그 이상)을 복용할 경우 암페타민이 혼란스럽고 두서없는 행동, 극도의 공포와 의심, 망상과 환각, 공격성과 반사회적 행동, 조증의 행동과 편집증까지 야기할 수 있다는 연구가 있다(Thirthalli & Benegal, 2006). 강력한 암페타민인 메탐페타민('crank' 혹은 'speed'로도 알려져 있음)은 흡연할 수 있는 형태('ice')로 사용되기도 하며, 중독성이 높고 치명적일 수 있다.

암페타민의 투여 중지는 개인을 육체적으로 지치게 한다. 그들은 10분에서 15분 혹은 그 이상 잠을 잘 것이지만, 혼미한 상태에서 극도로 우울하고 심한 공복감을 느끼며 깨어날 것이다. 흥분제는 가는 모세혈관과 작은 동맥들을 수축시킨다. 시간이 흐르면, 고용량의 투여가 혈류를 막을 수 있고 출혈을 야기하며, 뇌의 각 부분들은 산소를 공급받지 못하게 된다. 실제로 치사량의 흥분제를 투여한 희생자들은 대개 뇌에서 복합적 출혈이 있었다.

코카인(cocaine) 코카 잎에서 추출되는 흥분제인 코카인은 흰 가루를 코로 들이쉬거나 정맥으로 주사하거나 크랙(crack)의 형태로 피울 수 있다. 코카인을 코로 흡입한 후 효과는 2~3분 내에 느껴지며, 황홀감은 30~45분 지속된다. 코카인으로 인한 행복감 후에 우울, 불안, 동요를 보이는 등의 정상 상태로의 복귀가 따르며, 더 많은 약물에 대한 강한 열망이 뒤따른다.

코카인은 뇌에서 보상, 즉 '쾌락'통로를 자극하며, 그 통로는 신경전달물질인 도파민을 사용한다(Wise, 2009). 계속 복용하면, 이 보상체계는 정상적으로 기능하지 못하며, 복용자는 약물로부터 얻는 것을 제외한 어떤 기쁨도 느낄 수 없게 된다. 주된 금단증상은 심리적인 것—기쁨을 느끼지 못함과 더 많은 코카인에 대한 열망—이다.

코카인은 혈관을 수축시키고, 혈압을 상승시키며, 심장을 두근거리게 하고 호흡을 가쁘게 한다. 시간 경과나 혹은 고용량 투여의 경우 건강한 젊은이에게서 심계항진, 불규칙한 심장박동, 심장발작을 야기할 수 있다. 만성적인 코카인의 복용은 코의 중격(코의 중간에 뻗어 있는 연골로 된 콧대)과 구개(입의 천장)에 구멍이 생기게 할 수도 있다(Greenfield & Hennessy, 2008).

동물들은 다른 어떤 약물보다 코카인에 더 쉽게 중독되며, 여러 가지 약물에 중독된 사람들도 약물들 중에서 코카인을 더 선호한다(Manzardo, Stein, & Belluzi, 2002). 코카인에 대한 무제한적인 접근이 허용되었을 때, 동물들은 음식, 물, 섹스를 포함하여 그 밖의 모든 것에 흥미를 잃은 채 빠르고 지속적으로 코카인을 복용하였다. 그들은 14일 내에 대개 심폐허탈로 죽는 경향을 보였다(Gawin, 1991). 코카인에 중독된 원숭이는 한 번의 코카인 주사를 얻기 위해 1만 2,800번이나 레버를 눌렀다(Yanagita, 1973).

코카인의 가장 위험한 형태인 크랙, 즉 '락(rock)'은 몇 주 이내에 강력한 의존성을 나타낼 수 있다. 가루 형태의 코카인으로 시작한 복용자들은 크랙으로 발전하기 쉬운 반면, 크랙으로 시작한 복용자들은 아마 오로지 그것만 계속해서 복용하게 될 것이다. 가루와 크랙을 번갈아 복용할 경우, 서로 강화를 일으키는 것으로 보이며, 복용자는 두 가지 형태의 코카인에 대한 의존성을 발달시키게 된다(Shaw et al., 1999).

진정제

4.17 진정제의 행동적 효과는 무엇인가?

또 다른 유형의 약물인 **진정제**(depressant)는 중추신경계의 활동을 감소시켜 신체의 기능을 늦추고 외부의 자극에 대한 민감성을 떨어뜨린다. 진정 작용이 있는 수면제(알코올, 바비튜레이트 및 일부 신경안정제들), 마취제(아편제)가 그것이다. 다른 진정제들을 함께 복용하면 진정 효과가 중독성을 띠게 되어 잠재적으로 위험하다.

알코올(alcohol) 사람들이 알코올을 더 많이 섭취할수록 중추신경계의 기능은 더욱 약화된다(Knapp, Ciraulo, & Kramzler, 2008). 음주를 많이 할수록 만취증상—모호한 말, 형편없는 조정력, 비틀거림—도 늘어 간다. 깊이와 운동 지각의 손상은 알코올중독의 특징이며 음주 후 운전을 피해야 하는 두 가지 이유이기도 하다(Nawrot et al., 2004 Weschke & Niedeggen, 2012). (우리는 10장에서 알코올 남용이 건강에 미치는 영향에 대해 세부적으로 논의할 것이다.) 알코올은 또한 새로운 기억을 조직하는 능력을 감소시킨다(Kirchner & Sayette, 2003; Ray & Bates, 2006). 그것이 과음을 한 후에 음주자가 술이 취한 동안 발생했던 사건을 기억할 수 없는 '숙취(morning after)'를 겪는 이유다. 흥미롭게도 알코올 위약은 기억기능에 유사한 영향을 미친다. 따라서 음주자의 기대가 알코올의 효과에 다소 기여한다(Assefi & Garry, 2003).

바비튜레이트(barbiturates) 바비튜레이트 중에서 페토바르비탈(phenobarbital)과 프로포폴(propofol)은 중추신경계를 억압한다. 팝스타 마이클 잭슨은 바비튜레이트의 일종인 마취제 때문에 사망했다. 복용량에 따라 바비튜레이트는 진정제나 수면제로 작용할 수 있다.

이를 남용한 사람들은 졸리고 혼란스러워지며, 사고와 판단력이 손상되고 조정력과 반사능력이 영향을 받는다. 심지어 과다 복용할 경우 죽을 수 있다. 알코올과 바비튜레이트를 함께 복용할 경우 치명적일 수도 있다.

약한 신경안정제들(minor tranquilizers) 잘 알려진 심각하지 않은 신경안정제인 벤조디아제핀(benzodiazepines)은 1960년대 초에 나왔고, 발륨, 리브리움, 달메인, 최근의 자낙스(항우울제로 복용됨)라는 상표명으로 판매되고 있다. 벤조디아제핀은 몇 가지 의학적, 심리적 장애를 위해 처방된다(Mantooth, 2010). 이러한 약물의 남용은 기억과 다른 인지기능의 일시적 혹은 영구적인 손상과 관련된다(신경안정제에 대한 더 자세한 논의는 13장에서 볼 수 있다).

마취제(narcotics) **마취제**는 양귀비에서 추출되고 고통을 경감 및 진정시키는 효과가 있다. 아편은 주로 뇌에 영향을 미치지만, 장 근육을 마비시키기도 한다. 그런 이유로, 의학적으로 설사를 치료하는 데 복용된다. 만약 당신이 지사제를 먹은 적이 있다면, 당신은 약간의 아편(추출물)을 먹은 셈이다. 아편은 기침중추를 억제하므로 일부 약에 복용된다. 아편의 천연 구성성분인 모르핀과 코데인은 고통 경감을 위해 처방되는 몇몇 약물에서 발견될 수 있다. 옥시콘틴과 비코딘을 포함한 약물들은 중독성이 있으며, 매년 수백만의 미국인에게 불법으로 팔리고 있다(Preda, 2012).

모르핀에서 추출된 중독성이 강한 마약이 헤로인이다. 헤로인 중독자들은 갑자기 몰려드는 행복감과 그 뒤에 따르는 졸림, 비활동성, 손상된 집중력을 호소한다. 금단증상은 복용 후 6~24시간 후 시작되며, 중독자는 신체적으로 아프게 된다. 만약 또 다른 마약 주사를 구하지 못하면 구토, 설사, 우울, 위경련, 불면증, 고통이 참을 수 없을 만큼 점점 더 심해진다.

환각제

4.18 환각제가 어떻게 행동에 영향을 주는가?

환각제(hallucinogens) 또는 사이키델릭(psychedelics)은 시공간에 대한 개념을 바꾸거나 왜곡할 수 있고, 기분을 바꾸고 비현실적인 느낌을 야기하는 약물이다. 이름이 암시하듯이, 환상과 외부 현실과 동떨어진 감각을 야기한다(Parish, Richards, & Cameron, 2011).

대부분의 다른 약물처럼 비교적 예측 가능한 효과를 낳는다기보다, 환각제는 대개 약물이 섭취된 때에 복용자의 기분을 과장한다. 몇몇 사람의 믿음과는 달리, 환각제는 창조적인 사고를 향상시키기보다 오히려 방해한다(Bourassa & Vaugeois, 2001).

마리화나 마리화나의 성분인 THC(tetrahydrocannabinol)는 고양된 상태를 만든다. 마리화나(marijuana)는 주의력과 조정력을 손상시키고 반응시간을 지연시키며, 이러한 효과는 황홀감이 사라진 후에도 자동차와 같은 복잡한 기계류를 작동하는 것을 위험하게 한다. 마리화나는 집중력, 논리적 사고, 새로운 기억을 조직하는 능력, 저장된 기억의 인출을 방해할 수 있다(Niyuhire et al., 2007; Verdejo-García et al., 2005). THC에 대한 많은 수용기가 뇌의 해마성 융기에 있으며, 그것은 왜 약물이 기억에 영향을 미치는지 설명해 준다(Genen, 2012).

17세 이전에 마리화나를 복용한 경우와 이후에 복용하게 된 경우의 비교 실험에서, 전자가 후자에 비해 뇌용량도 적었고 대뇌피질에서 매우 중요한 회백질의 비율도 낮았다. 더 어린 나이에 시작한 마리화나 복용자들은 나이가 들어서 시작한 이들에 비해 키도 더 작았고 몸무게도 더 적었다(Wilson et al., 2000). 또한 종단적 연구에서는 청소년기에 마리화나를 피기 시작한 복용자들이 비복용자들보다 빨리 대뇌피질의 노화를 겪게 된다고 하였다(Mata et al., 2010). 동시에 어린 시절 마리화나를 복용한 사람들은 뇌의 해마부분의 뉴런발달이 영구적으로 지체되었으며, 성인기에 기억장애를 지속적으로 일으킨다는 것을 발견했다. 더 나아가 일찍 마리화나를 복용하는 것은 위험 신호를 알리는 편도체의 전두피질 능력에 영향을 준다. 이것은 청소년기, 초기 성인기 동안 마리화나 복용이 다른 위험 행동과 어떠한 연관성을 가지는지 설명해 준다(Lin et al., 2008). 종합하면, 이 결과는 마리화나가 뇌가 복합적으로 발달하는 데 여러 영향을 주는 것을 보여 준다.

마리화나의 잠재적 남용 가능성에도 불구하고, 몇몇 연구자는 마리화나가 특정한 의학적 상황에서는 치료법으로 활용될 수 있다고 주장하였다. 마리화나는 안구질환인 녹내장과 항암치료를 받는 암환자의 메스꺼움과 구토를 조절하는 데 효과적이라 알려져 있다. 더불어 몇몇 에이즈 환자의 식욕을 증가시키고, 체중 감소를 줄이는 데도 효과적이다. 마리화나는 척수손상과 다른 종류의 신경손상을 치료하는 데 효과적이다(Wade & Dimaria, 2003). 더불어 장기간 마리화나를 복용한 사람들을 대상으로 한 종단 연구에서는 마리화나가 담배에 비해 폐를 덜 손상시킨다고 설명하였다(Pletcher et al., 2012). 그러나 마리화나 속의 활성성분을 포함하는 알약이 이미 처방전에 의해 법적으로 이용 가능하기 때문에, 많은 전문가는 의학적 용도로 마리화나 담배의 사용을 합법화하는 것이 반드시 필요한 것은 아니라고 주장한다. 이러한 전문가들은, 알약 형태의 THC를 복용하는 환자들과는 대조적으로, 의료 목적으로 마리화나를 피우는 환자들의 경우에는 마리화나 담배를 피울 때 얼마나 깊게 들이마시느냐에 따라 THC 복

▶▶▶ 많은 미국인은 의료적 목적을 위한 마리화나의 사용이 합법화되어야 한다고 믿는다. 그러나 미국 식약청은 마리화나의 의료적 사용에 대한 합법화는 결코 없을 것이라고 주장한다(FDA, 2006). 식약청은 마리화나의 활성성분인 THC가 알약 형태로 구매 가능하며 미국에서 모든 내과의사에 의해서 합법적으로 처방될 수 있다는 점을 지적한다.

용량이 결정된다고 지적한다. 그 결과로, 마리화나 과다복용의 기준은 어느 정도인지 그리고 증상 완화에 필요한 복용량은 어느 정도인지 결정하기가 어려워진다(Genen, 2012). 더구나 미국 식약청(FDA)은 마리화나를 흡연하는 것은 의학적 이득이 없으므로 계속 위험한 약물로 간주해야 한다고 언급했다(U.S. Food and Drug Administration, 2006a).

LSD LSD는 리세르그산 디에틸아미드(lysergic acid diethylamide)의 약자이며, 때로는 줄여서 '애시드(acid)'라고 부르기도 한다. LSD의 황홀감은 평균적으로 10~12시간 지속되며, 대개 시각적 환상과 공황감을 포함해 극도의 지각과 감정의 변화가 일어난다(Weaver & Schnoll, 2008). 때때로 LSD 복용은 사고, 죽음 또는 자살 등의 비극적인 결말을 초래한다. 이전에 LSD를 복용했던 사람들은 종종 환각의 재현, 갑작스럽게 경고 없이 발생하는 이전의 환각을 짧게 경험하기도 한다. 몇몇은 환각의 지속적 인지장애(hallucinogen persisting perception disorder: HPPD)라 불리는 증후군을 갖게 되며, 그 증후군이 발병할 경우 눈을 감을 때마다 시각대뇌피질이 매우 자극되어, 잠들려 할 때마다 만성적인 환시를 경험하게 된다(Parish, Richards, & Cameron, 2011).

디자이너 약물(designer drugs) 헤로인과 효능이 비슷한 합성 약물(디자이너 약물)은 부정적인 효과 없이 메스칼린과 같은 환각제의 쾌락 효과를 나타내도록 특별히 처방된 것이다. 엑스터시 또는 메틸렌디옥시 메탐페타민(MDMA)은 잘 알려진 합성 약물이다. MDMA의 사용자는 놀랄 만큼 유쾌한 의식 상태를 보인다(Parish, Richards, & Cameron, 2011). 그러나 MDMA는 기억력, 주의력의 지속, 분석적 사고, 자아 통제력을 포함하여 다양한 인지기능을 손상시키는 것으로 알려져 있다(Weaver & Schnoll, 2008). 더 구체적으로, 이 약물은 결정적으로 중요한 신경전달물질인 세로토닌에 파괴적인 영향을 끼치는 것으로 알려져 왔다(Parish, Richards, & Cameron, 2011). 2장에서 언급하였듯이, 세로토닌은 기분, 수면주기, 충동을 억제하는 능력뿐 아니라 인지 수행(기억을 포함해서)에 영향을 미친다. 게다가 MDMA는 탈수증, 치명적인 열사병을 이끄는 부수적 효과를 야기한다(Parish, Richards, & Cameron, 2011).

더구나 MDMA는 상습적 복용자들의 사회적 신호에 대한 판단능력을 손상시키는 것으로 보인다. 한 연구에서, 엑스터시 복용자들은 비복용자보다 다른 이들의 행동을 공격적인 의도를 가진 것으로 부정확하게 받아들이는 경향이 더 많았다(Hoshi et al., 2006). 14장에서 배우게 되듯이, 이러한 유형의 형편없는 사회적 판단은 몇몇 공격적인 행동의 인지적 기초가 된다고 여겨진다. 따라서 약물은 엑스터시 복용자들이 사회적 신호에 대해 생각하는 방식을 변화시킴으로써 공격적 행동 경향성을 간접적으로 증가시킬 수 있다.

아래의 〈복습과 재검토〉에 주요한 향정신성 약물의 효과와 금단증상을 요약하여 제공한다.

복습과 재검토 몇 가지 향정신성 약물의 효과와 금단증상

향정신성 약물	효과	금단증상
흥분제		
카페인	깨어 있음과 각성 야기; 신진대사는 증가하나 반응시간은 느려진다.	두통, 우울, 피로감
니코틴 (담배)	각성에서 진정에 이르는 다양한 효과; 탄수화물에 대한 식욕 저하; 맥박 및 다른 신진대사를 증가시킨다.	과민성, 불안, 침착하지 못함, 식욕의 증가
암페타민	신진대사와 각성 상태의 증가; 기분이 고조됨, 불면을 야기하고 식욕을 억제함	피로, 식욕의 증가, 우울, 수면시간의 증가, 과민, 불안
코카인	행복한 기분을 야기하고 에너지를 증가시킴; 흥분되는 느낌; 식욕의 억제	우울, 피로, 식욕의 증가, 수면시간의 증가, 과민
진정제		
알코올	처음 몇 잔은 불안과 억제를 낮추면서 기운을 북돋우고 활기를 준다. 높은 용량은 진정시키는 효과가 있고 반응시간을 지연시키며 운동신경 조절과 지각능력을 손상시킨다.	떨림, 구토, 발한, 우울, 허약, 과민, 몇몇 경우에서 환각을 경험함
바비튜레이트	수면을 촉진시키고 진정과 안정 효과를 가지며 근육긴장을 감소시키고 조정력과 반사능력을 손상시킨다.	불면, 불안; 갑작스런 금단은 발작, 심혈관계 붕괴, 죽음을 야기할 수 있다.
신경안정제 (예, 발륨, 자낙스)	불안을 낮추고 진정과 안정 효과를 가지며 근육긴장을 감소시킨다.	침착하지 못함, 불안, 과민, 근육긴장, 불면증
마취제	고통을 경감시킴; 위장 마비를 일으킴	구토, 설사, 경련, 불면증
환각제		
마리화나	일반적으로 행복감과 이완을 야기함; 새로운 기억을 저장하는 능력에 영향을 줌	불안, 불면증, 감소된 식욕, 활동과다
LSD	흥분된 들뜬 기분, 환상을 야기하고, 통찰력이 있고 심오하게 지각되는 경험	없음
MDMA(엑스터시)	전형적으로 행복감과 다른 이들을 이해하고 받아들이는 감정을 가지게 된다. 억제를 약화시킨다. 자주 고열, 탈수, 구토를 일으킨다. 눈의 경련과 현기증을 일으킬 수도 있다.	우울, 피로, 몇몇 경우 갑자기 정상 상태로 돌아와서 슬프고 겁먹고 화를 내는 '추락' 상황이 될 수 있다.

기억하기 본문 내용을 떠올리며 다음 퀴즈를 풀어 보라.

1. 모든 중독약물은 _____에 있는 신경전달물질 _____의 효과를 증가시킨다.
2. 물질남용과 관련된 충동성은 _____에서 약물의 효과에 의해 유발되는 것과 관련 있다.
3. 각각의 약물을 적절한 유형으로 분류하라.

_____ (1) 마리화나 _____ (2) 카페인 _____ (3) 엑스터시 _____ (4) STP _____ (5) 헤로인
_____ (6) LSD _____ (7) 암페타민 _____ (8) 코카인 _____ (9) 니코틴 _____ (10) 알코올

a. 진정제 b. 흥분제 c. 환각제 d. 합성 약물

되돌아보기

이 장은 꿈을 살펴보는 것으로 시작하였다. 의식을 이해하려는 연구자들은 수면과 꿈에 대한 연구를 중요하게 여겨 왔다. 여러 문화집단에 걸쳐서 의식전환 상태의 방식을 확인하려는 강한 경향은 이런 영역의 경험이 일상생활에서도 중요하다는 것을 제시한다. 그러나 당신이 배웠듯이, 의식 자체는 24시간 주기 리듬에 의해 통제된다. 깨어나는 것과 잠자는 것 역시 자연스러운 주기 내에서 일어난다. 그러나 인간은 종종 명상과 최면을 통해서, 또 향정신성 약물을 사용함으로써 이러한 타고난 조절기제를 통제한다. 늘 그렇듯이 우리가 무의식적이고 자발적인 의식의 변화를 완벽히 이해하기 위해서는 더 많은 연구가 필요하다.

학습

CHAPTER 5

고전적 조건형성

5.1 파블로프가 발견한 학습의 원리는 무엇이며, 그것은 어떻게 성취되는가?
5.2 자극과 학습 조건의 어떤 변화가 조건반응의 변화를 초래하는가?
5.3 왓슨의 '어린 앨버트' 실험이 시사하는 바는 무엇인가?
5.4 레스콜라는 고전적 조건형성의 결정적인 요인이 무엇이라고 하였는가?
5.5 생물학적 소인은 고전적 조건형성에 어떤 영향을 미치는가?
5.6 일상생활에서 볼 수 있는 고전적 조건형성의 예는 무엇인가?

조작적 조건형성

5.7 손다이크와 스키너가 행동 결과의 효과에 대해 발견한 것은 무엇인가?
5.8 조작적 조건형성 과정에서 조성, 일반화, 변별자극의 역할은 무엇인가?
5.9 정적 강화와 부적 강화는 행동에 어떤 영향을 미치는가?
5.10 강화계획의 네 가지 유형은 무엇인가?
5.11 처벌은 행동에 어떻게 영향을 미치는가?
5.12 탈출학습과 회피학습은 어떻게 일어나는가?
5.13 조작적 조건형성의 원리는 일상생활에 어떻게 적용되는가?

인지학습

5.14 통찰은 학습에 어떤 영향을 미치는가?
5.15 톨먼은 강화의 필요성에 대해 무엇을 발견했는가?
5.16 우리는 다른 사람을 관찰함으로써 어떻게 학습할 수 있는가?
5.17 매체를 통한 학습에 대한 연구로부터 알 수 있는 것은 무엇인가?

생각해보기

인기 있는 TV 코미디 프로그램에서 진행자가 버터 한 덩이를 다 먹는 방청객에게 100달러를 주겠다고 제안한 적이 있다. 예상대로, 지원자는 쉽게 나타났다. 우리 모두는 어떤 종류의 보상에 대한 기대가 우리의 행동에 영향을 미친다는 것을 알고 있다. 하지만 모든 보상이 동일한 방식으로 행동에 영향을 미치는가? 만약 그 진행자가 100달러가 아닌 1달러를 제시했어도 지원자를 구하는 데 성공했을까? 그럴 것 같지는 않다. 보상은 그 과제를 수행할 가치가 있는 수준이어야 한다. 또한 만약 지원자가 버터 한 덩이를 먹은 후에 실제로 100달러를 받게 될 확률이 75%밖에 안 된다고 하더라도 지원자가 기꺼이 그 과제를 수행했을까? 기대되는 보상에 대한 예측 가능성은 중요하지만, 그 영향력이 일반적으로 생각하는 방식은 아닐 수 있다. 예를 들어, 아래의 표에 제시된 각각의 행동이 그에 관련된 보상을 실제로 제공할 가능성을 추정해 보자. 0에서 10까지의 척도가 사용되며, 0은 보상이 주어질 가능성이 전혀 없음을, 10은 제대된 행동이 일어날 경우에는 항상 보상이 주어짐을 나타낸다. 예를 들어, 텔레비전 채널을 이리저리 돌리다가 당신이 보고 싶은 프로그램을 찾을 가능성은 얼마나 되는가? 전혀 가능성이 없는가(0)? 혹은 약간의 가능성이 있는가(5)? 확실히 원하는 프로그램을 찾게 되는가(10)? 이와 같이 아래 표에 제시된 항목들에 대한 예측을 해 보라.

각각의 행동에 대한 이러한 평정값은 동일하지 않다. 예를 들어, 당신이 현금지급기에서 돈을 뽑게 될 확률은 복권에 당첨될 확률보다 높게 평정될 것이다. 그러나 이 행동들 중에서 당신이 너무나 몰입하게 되어서 의도했던 것보다 훨씬 더 오랫동안 계속하게 될 행동이 과연 무엇일지 생각해 보라. 당신이 현금지급기에서 계속해서 돈을 뽑거나 몇 시간이고 과자를 구울 것 같지는 않다. 반면에 우리 대부분은 텔레비전 채널을 이리저리 돌려 보거나 비디오 게임을 한다. 또한 한 번도 당첨된 적이 없으면서도 주기적으로 복권을 사는 사람이 얼마나 많은가? 이와 같이 일상적인 경험을 통해 당신은 이 장에서 읽게 될 중요한 원칙들을 확인할 수 있다. 예상할 수 없는 보상은 보통 예상 가능한 보상보다 행동 변화(심리학자들이 '학습'이라 부르는)에 더 강한 영향을 미친다.

행동	가능한 보상	보상의 확률
채널 돌리기	보고 싶은 프로그램 찾기	0↔10
현금지급기 사용	현금 인출	0↔10
비디오 게임	게임 상대를 이기거나 이전의 내 기록 깨기	0↔10
조리법을 보고 과자 굽기	과자 굽기에 성공하기	0↔10
복권 구매	당첨금 획득	0↔10

심리학자들은 **학습**이란 경험을 통해 획득되는 태도, 행동, 지식, 능력의 비교적 영구적인 변화이지 질병, 상해, 성숙에 의한 것은 아니라고 정의한다. 이 정의의 일부는 다음의 설명으로 보충할 수 있다. 첫째, '비교적 영구적인 변화'라는 학습의 정의는 질병이나 피로, 감정 변화에 의한 일시적인 변화를 포함하지 않는다. 둘째, 학습을 '경험을 통해 획득된' 변화로 제한하는 것은 뇌 손상이나 특정한 질병에 의해 관찰되는 변화를 포함하지 않는다. 또한 개인이 성장하고 성숙하면서 관찰되는 특정한 변화는 학습과 아무런 관련이 없다. 예를 들어, 엄밀히 말해서 유아는 기거나 걷는 것을 '학습'하지 않는다. 기본적 운동기술과 발달을 이루는 성숙계획은 유전적으로 프로그램된 모든 종의 행동의 한 부분이다. 이에 반해 아이들은 인쇄된 글을 전혀 접해 보지 않고 읽기를 배울 수는 없다. 사실 단순히 책을 본다기보다는 아이들은 문어를 구어로 번역할 수 있도록 하는 전략의 사용법에 대해 교육받아야 한다. 다시 말해, 우

리는 읽기 기술의 습득을 학습으로 분류할 수 있는데, 이는 읽기 기술의 습득이 아이의 환경에서 제공되는 구체적 경험에 달려 있기 때문이다. 또한 특정한 뇌 손상 혹은 신경학적 장애가 발생하지 않는다면, 읽기 기술은 평생 동안 유지된다. 우리가 처음으로 다루게 될 학습의 원리는 고전적 조건형성이다.

고전적 조건형성

왜 어떤 사람은 인공 감미료를 넣은 탄산수(다이어트 음료라 불리는)를 마시면 배고픔을 느끼는 것일까? 그 답은 학습의 한 유형인 **고전적 조건형성**(classical conditioning)의 원리, 즉 한 자극과 다른 것의 연합을 통해 학습하게 되는 원리에서 찾을 수 있다. 이 학습 유형은 종종 파블로프식 조건형성 혹은 반응 조건형성으로 불린다. **자극**(stimulus)이란 유기체가 반응할 수 있는 환경의 어떠한 사건이나 대상이다. 인내하라. 이 장의 마지막에서는 왜 다이어트 탄산수가 실제로는 살을 찌게 만드는지 설명해 줄 것이다. 지금부터 고전적 조건형성에 대해 읽으면서 스스로 그 답을 찾아보라.

파블로프와 고전적 조건형성의 과정

5.1 파블로프가 발견한 학습의 원리는 무엇이며, 그것은 어떻게 성취되는가?

이반 파블로프(Ivan Pavlov, 1849~1936)는 1981년부터 죽기 전까지 45년 동안 러시아 페테르부르크의 약물실험 연구소에서 생리학 연구를 계획하고 지휘하였다. 이 연구소에서 그는 소화계에 관한 생리학의 고전적 실험을 설계하고 실시하여 1904년에 노벨상을 수상하였다(최초의 러시아인 수상).

심리학에 대한 파블로프의 기여는 사실상 우연히 일어났다. 훈련된 생리학자이자 전문가인 파블로프는 소화 과정에서 타액 분비의 역할을 밝히는 데 연구의 초점을 맞추고 몰두하였다. 그는 이런 목적을 달성하기 위해 개의 타액 분비량을 측정하고 모으는 절차를 고안하였다([그림 5-1] 참조). 파블로프의 목적은 개가 음식에 대한 반응으로 입 안에 자연스럽게 분비하는 타액을 모으는 것이었다. 그러나 그는 수많은 사례에서 개가 음식을 보기도 전에 타액을 분비하는 것을 발견했다. 파블로프는 개가 먹이를 주려고 걸어오는 연구 보조자의 발소리를 들을 때 타액이 타액 용기로 떨어지는 것을 관찰하였다. 그는 먹이 접시가 덜

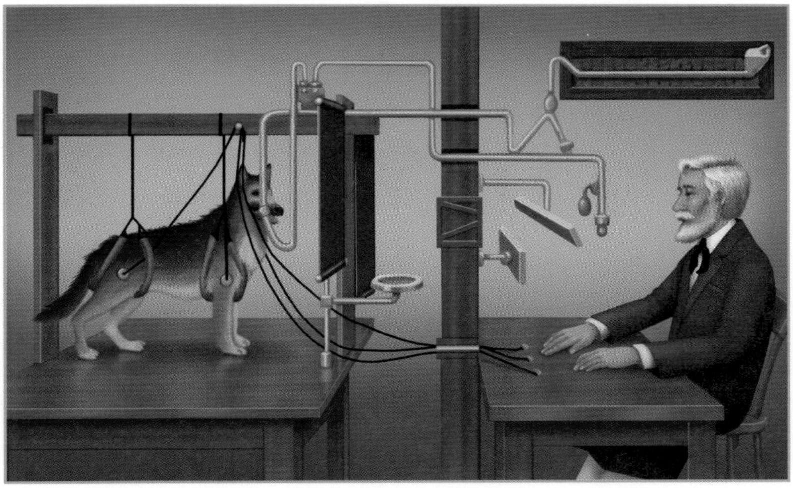

[그림 5-1] 파블로프의 고전적 조건형성 연구에 사용된 실험장치
파블로프의 고전적 조건형성 연구에서 개는 주의를 분산시키는 모든 것에서 격리되어 칸막이로 된 작은 장치 속에 갇혀 있다. 연구자는 평면 거울을 통해 개를 관찰하고 리모컨으로 개에게 먹이와 다른 조건형성 자극을 제공한다. 개의 입에서 분비되는 타액은 튜브를 통해 측정용기로 옮겨진다.

컹거리는 소리를 들을 때, 또한 개에게 먹이를 주거나 음식을 가져다주는 연구 보조자를 볼 때마다 타액이 모이는 것을 관찰하였다. 타액 분비와 같은 불수의적 반응이 어떻게 사육과 관련된 소리나 장면과 연합될 수 있을까? 파블로프는 그의 남은 생을 이 질문에 대해 연구하는 데 바쳤다. 그가 연구한 이 학습의 유형이 바로 오늘날 우리가 고전적 조건형성이라 부르는 것이다.

파블로프(1927/1960)는 조건형성 실험에 음조, 종소리, 부저 소리, 불빛, 기하학적 모델, 전기 쇼크, 메트로놈을 사용하였다. 그의 대표적인 실험에서는 음식가루를 개의 입 속에 넣어 타액을 분비시켰다.

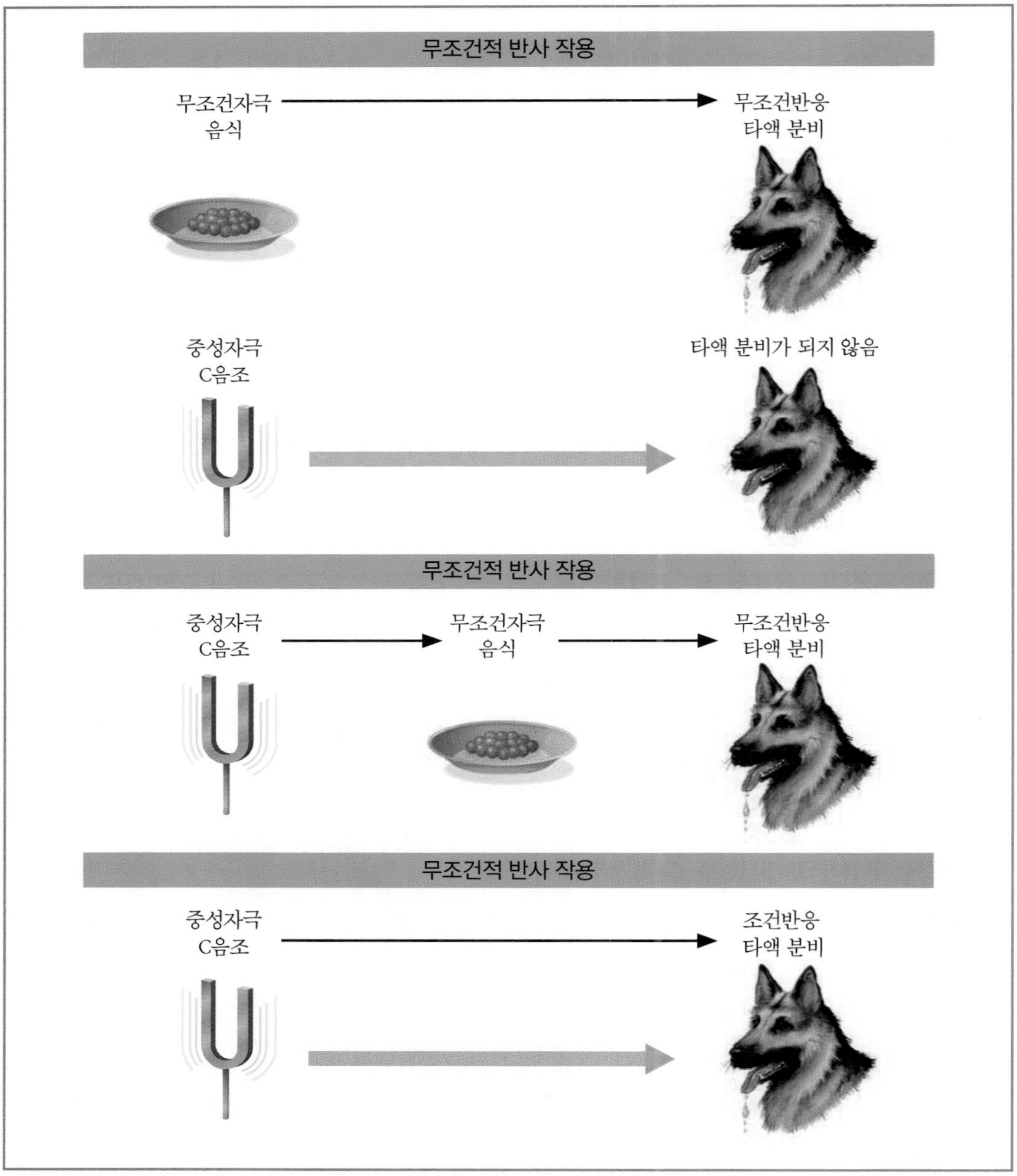

[그림 5-2] 타액 분비 반응의 고전적 조건형성

중성자극(음조)은 무조건자극(음식)과 반복적으로 짝지어지기 전까지 타액 분비 반응을 이끌어 내지 않는다. 수차례의 짝짓기 후에는 중성자극(이제는 '조건자극'이 됨)만으로도 타액 분비 반응을 이끌어 낸다. 고전적 조건형성이 이루어진 것이다.

여기서 음식에 대한 개의 타액 분비 반응은 조건화될 필요가 없기 때문에 음식에 대한 타액 분비는 학습되지 않은 반응 혹은 **무조건반응**(UR)이라 한다. 음식과 같은 자극은 선행학습 없이 무조건반응을 자동적으로 이끌어 내거나 야기하는데, 이는 **무조건자극**(US)이라 한다. 다음은 무조건자극과 무조건반응의 두 요소를 보여 주는 일반적인 무조건반사 작용의 목록이다.

무조건반사

무조건자극(US)	무조건반응(UR)
음식	침 분비
시끄러운 소음	놀람
눈에 빛을 비추기	동공 수축
눈에 공기 불기	눈 깜빡임 반응

파블로프는 [그림 5-2]에서 볼 수 있듯이, 이전에 한 번도 음식과 연합된 적이 없는 다양한 자극과 타액 분비가 조건화될 수 있다는 것을 증명하였다. 조건형성 과정 동안 연구자는 개의 입 속에 음식가루를 넣기 전에 특정 음조와 같은 중성자극을 짧게 제시한다. 이때 음식가루는 개가 타액 분비를 하도록 한다. 파블로프는 음조와 음식을 보통 20번 이상 여러 차례 짝지어 준 후 음조 자체만으로도 타액 분비가 되는 것을 발견하였다(Pavlov, 1927, 1960, p. 385). 파블로프는 음조를 학습된 자극 혹은 **조건자극**(CS)이라 하고, 음조에 대한 타액 분비를 학습된 반응 혹은 **조건반응**(CR)이라 하였다. 아래의 〈시도〉를 통해 고전적 조건형성이 어떻게 이루어지는지를 직접 배울 수 있을 것이다.

파블로프는 또한 고차 조건형성 과정을 통해 중성자극이 이전에 획득된 조건자극과 짝지음으로써 쉽게 조건자극이 될 수 있다는 것을 발견하였다. **고차 조건형성**은 아주 일반적이다. 예를 들어, 혈액검사를 할 때 무슨 일이 일어나는지 생각해 보라. 전형적으로 피검자는 바늘이나 주사기와 같은 기구가

시도 고전적 조건형성

이 활동을 해 보기 위해서는 빨대 하나와 도와줄 사람 한 명이 필요하다. 상대방을 향해서 빨대를 불어 공기가 상대방의 눈에 뿜어지도록 하되(UCS), 몇 번 시도해서 상대방이 바람을 맞으면 눈을 감는(UCR) 정도의 거리를 잡으라. 다음으로 바람을 불기 전에 손가락으로 '딱' 소리를 내거나 하는 식의 중성자극을 먼저 제시하라. 그리고 열다섯 번의 중성자극과 무조건자극을 짝지어 제시하라. 그다음으로 다시 열다섯 번을 추가로 더 실시하는데, 이번에는 어떤 때는 중성자극이 무조건자극에 선행되거나 어떤 때는 중성자극만 단독으로 제시하라. 이 경우에는, 상대방은 무조건자극이 뒤따라 나오지 않는 경우에도 중성자극에 대한 반응으로 눈을 깜빡일 것이다. 중성자극은 조건자극(CS)이 되었으며, 눈 깜빡임은 조건반응(CR)이 된 것이다.

특정 음조에 조건화된 개의 예로 돌아가서, 유사한 자극을 분별하여 원래 조건화된 자극에만 조건반응을 나타내고 유사한 자극에는 반응하지 않는 능력인 변별(discrimination) 과정에 대해 살펴보자.

널려 있는 탁자 앞의 의자에 앉는다. 그런 다음 팔에 압박장치를 한 후에 간호사나 전문가가 피부 표면으로 혈관이 올라와 보일 때까지 피검자의 팔을 살짝 두드린다. 이러한 일련의 과정은 바늘 찌르기와 반사적 근육 긴장의 결과에서 비롯되는 통증이 피할 수 없이 다가오고 있다는 것을 말해 준다. 바늘로 찔리는 것 자체는 당신이 반사적으로 반응하게 되는 무조건자극이다. 그러나 그에 선행되는 모든 과정은 바늘로 찌르는 통증을 예상하게 하는 조건자극이다. 연속적인 모든 과정 순서와 함께, 바늘로 찔릴 것이라는 예상에서 오는 두려움 때문에 당신의 근육이 조금씩 더 수축되는 것과 같은 조건반응이 나타난다. 이러한 단서의 연결고리가 고차 조건형성의 결과다.

5.2 자극과 학습 조건의 어떤 변화가 조건반응의 변화를 초래하는가?

조건반응의 변화

동물이 음조에 대해 타액 분비를 하도록 조건형성을 시킨 후에 당신이 그 음조를 계속 들려주면서 더 이상 음식을 함께 제공하지 않으면 어떻게 될까? 파블로프는 음식이 없이는 음조에 대한 타액 분비가 점차 약해져서 마침내 모두 사라져 버린다는 것을 알아냈는데, 이것이 **소거**(extinction)라고 알려진 과정이다. 반응이 소거된 후에 파블로프는 개를 20여 분 동안 쉬게 한 후 연구실로 다시 데리고 왔다. 그는 개가 다시 음조에 대해 타액을 분비하는 것을 발견하였다. 파블로프는 이러한 재발을 **자발적 회복**(spontaneous recovery)이라 명명하였다. 그러나 자발적으로 회복된 반응은 원래 조건화되었던 반응보다 약하고 지속기간이 짧았다. [그림 5-3]은 소거와 자발적 회복의 과정을 보여준다.

개가 피아노의 가온 C음을 들을 때 타액을 분비하도록 조건화하였다고 가정해 보라. 만약 B음이나 D음을 들려주었을 때도 개는 타액을 분비할까? 파블로프는 **일반화**(generalization)라 불리는 현상, 즉 원래 조건화되었던 음과 유사한 음조에도 조건반응(타액 분비)을 보인다는 것을 발견하였다. 그러나 개가 전혀 타액을 분비하지 않을 정도로 여러 음을 들려주었을 때, 원래 조건화되었던 음에서 멀어질수록 타액 분비의 양은 줄어들었다([그림 5-4] 참조).

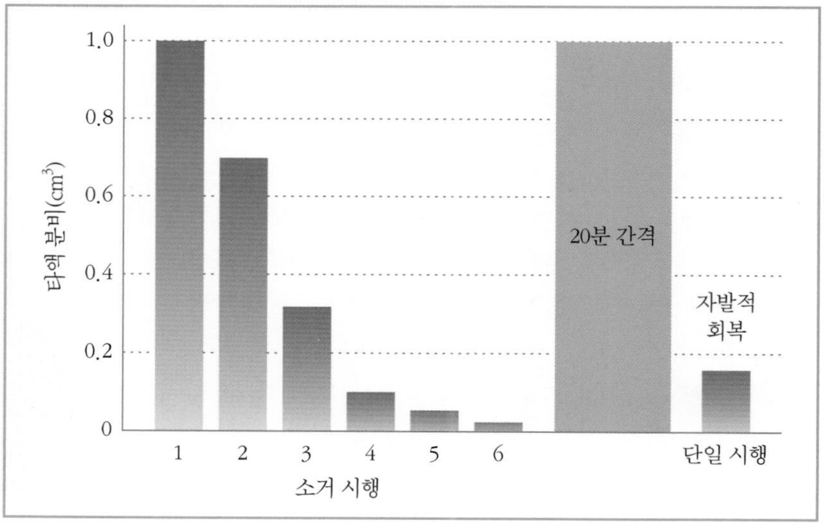

[그림 5-3] 고전적 조건형성 반응의 소거
실험 시행 중에 고전적 조건형성 자극(음조)이 무조건자극(음식) 없이 계속 제시되었을 때, 파블로프의 개의 타액 분비량은 점점 줄어들다가 결국 타액을 전혀 분비하지 않게 되었다. 그러나 20분간의 휴식 후에 음이 한 번 들렸을 때 조건반응이 약하게 다시 나타났는데(아주 적은 양의 타액 분비), 파블로프는 이 현상을 '자발적 회복'이라 명명하였다.

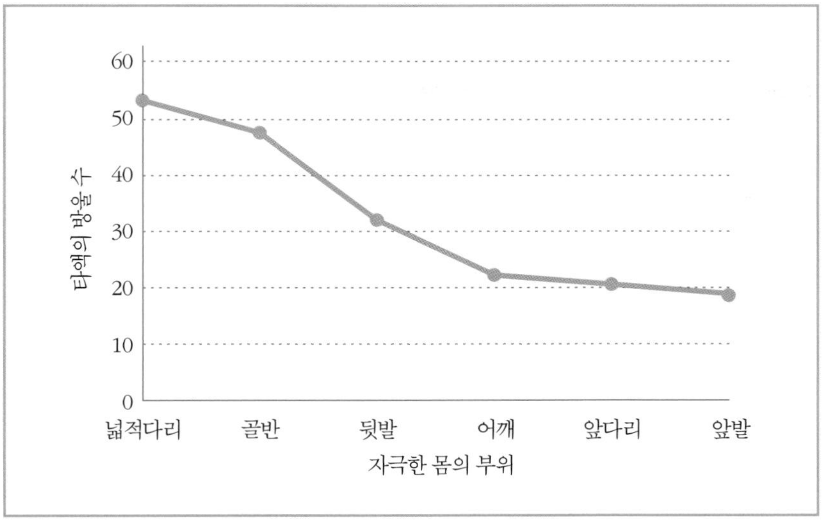

[그림 5-4] 조건반응의 일반화
파블로프는 개의 몸통 여러 부위에 작은 진동기를 부착시켰다. 개의 넓적다리를 자극하여 넓적다리의 진동과 타액 분비를 조건화한 후에 다른 부위에도 조건반응을 보이는지 모의 실험을 실시하였다. 조건형성의 일반화 때문에 넓적다리가 아닌 다른 부위에 진동을 주었을 때도 타액이 분비되었다. 그러나 진동되는 부위가 넓적다리에서 멀리 떨어질수록 타액 분비 반응은 약해졌다.
출처: Pavlov(1927/1960).

일반화의 유용성은 일상생활에서 쉽게 볼 수 있다. 예를 들어, 당신이 새 시계를 사면 이전에 한 번도 그 시계를 조작해 본 적이 없다 하더라도 알람을 어떻게 끄는지 다시 배울 필요가 없을 것이다. 새 시계의 알람 소리가 이전에 쓰던 것과 차이가 많이 난다 하더라도, 당신은 그 소리가 아침 1교시 수업에 가기 위해 일어나 준비할 시간을 알려 주는 소리라는 것을 알고 있다.

- 제1단계: 개는 C음에 조건화된 반응으로 타액을 분비한다.
- 제2단계: 일반화가 일어나서 개의 타액 분비 반응이 C음의 위아래 음에서도 나타난다. 음조가 C음에서 멀어질수록 타액 분비량은 점점 줄어든다.
- 제3단계: 원래의 C음이 음식과 함께 반복해서 짝지어진다. C음과 가까운 음들도 들려주지만 음식은 제공되지 않아 개가 변별하도록 조건화한다. 점점 가까운 음(A, B, D, E음)에 대한 타액 분비 반응이 소거되는 한편, 원래 음인 C음에 대해서는 타액 분비 반응이 강화된다.

일반화와 마찬가지로 **변별**(discrimination)도 생존적 가치가 있다. 신선한 우유와 상한 우유의 냄새를 구별하는 능력은 배탈을 방지하는 데 도움이 된다. 또한 독사인 방울뱀과 독이 없는 줄무늬 뱀을 구별하는 능력은 생명과 직결되어 있다.

왓슨과 정서 조건형성

5.3 왓슨의 '어린 앨버트' 실험이 시사하는 바는 무엇인가?

1장에서 인간 행동의 거의 모든 변화를 환경적 요인의 영향으로 설명할 수 있다고 주장한 행동주의자 존 왓슨(John B. Watson, 1878~1958)이 생각날 것이다. 심리학에서 확실하게 관찰이 가능한 행동을 연구하는 학파를 언급하기 위해 행동주의라는 용어를 만들어 낸 사람이 왓슨이라는 것도 상기하라. 1919년 왓슨과 그의 조수 로잘리 레이너(Rosalie Rayner)는 공포에 대한 고전적 조건화가 일어날 수 있다는 것을 증명하기 위해 유명한 연구를 수행했다. 앨버트로 알려진 피험자는 건

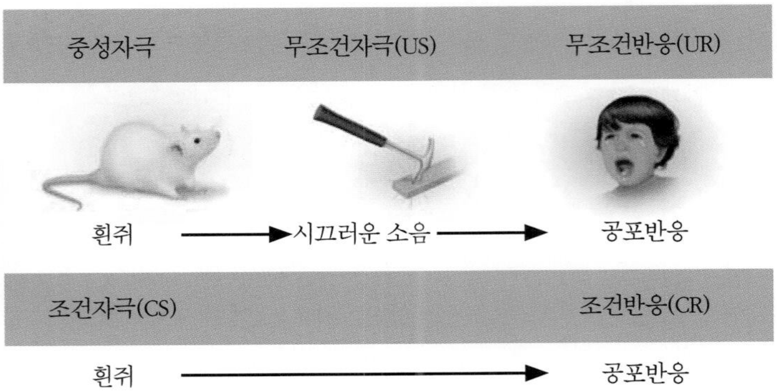

[그림 5-5] 조건화된 공포 반응

흰 쥐에 대한 어린 앨버트의 공포는 토끼를 포함해서 더 낮은 정도로는 산타클로스 가면과 같은 다른 자극에도 일반화되었다.

출처: Archives of the History of American Psychology.

강하고 정서적으로 안정적인 10개월 된 영아였다. 실험할 당시에 앨버트는 자기 머리 근처에 있는 쇠막대를 망치로 쳐서 내는 굉음 외에는 다른 아무런 공포반응을 보이지 않았다.

실험실에서 레이너가 앨버트에게 흰쥐를 보여 주었다. 앨버트가 쥐에게 다가가면 왓슨이 앨버트 뒤에서 망치로 쇠막대를 쳤다. 이 과정이 반복되었고, 앨버트는 "깜짝 놀라 엎드려서 울기 시작했다" (Watson & Rayner, 1920, p. 4). 일주일 후에 왓슨은 쥐와 굉음을 짝짓는 실험을 5회 이상 실시하였다. 그 후 앨버트는 흰쥐만 보아도 울기 시작했다.

5일 뒤 앨버트가 실험실로 다시 왔을 때는 공포가 토끼에게 일반화되었고, 개와 바다표범 코트, 왓슨의 머리카락, 산타클로스 가면에도 어느 정도 일반화되었다([그림 5-5] 참조). 앨버트는 30일 후에 마지막으로 실험실을 방문하였다. 그의 공포는 어느 정도 덜하긴 했지만 여전히 존재하였다. 왓슨은 조건화된 공포가 "일생 동안 유지되고 성격을 수정할 수 있다."(Watson & Rayner, 1920, p. 12)라고 결론을 내렸다.

왓슨이 앨버트의 조건화된 공포를 제거하기 위한 기법을 만들었으나, 시도해 보기 전에 앨버트가 다른 도시로 이사했다. 왓슨이 앨버트에게 공포 제거 기법을 시도하기 전에 앨버트가 이사할 것을 분명히 알고 있었기 때문에, 공포학습 실험을 실시하였다는 것은 그가 아동의 복지를 명백히 경시한 것이다. 현재 미국심리학회는 실험 연구에서 인간 혹은 동물 참가자 사용에 관한 명백한 윤리규정을 갖고 있으며, 왓슨의 실험과 같은 연구는 허가하지 않는다.

공포 제거에 관한 왓슨의 몇 가지 아이디어는 오늘날 몇몇 행동치료의 토대가 되었다. 왓슨의 앨버트 실험이 있은 지 3년 후에 왓슨과 존스(Watson & Jones, 1924)는 흰 토끼에 대한 공포가 있는 3세 아동 피터를 대상으로 연구를 하였다. 연구자는 연구실에 온 피터를 높은 의자에 앉히고 사탕을 주었다. 그리고 우리에 가둔 토끼를 연구실로 가져왔고, 피터가 공포감을 느끼지 않을 정도의 거리에 두었다. 38회기의 치료 과정 동안 연구자는 사탕을 먹고 있는 피터에게 토끼를 조금씩 가까이 가져다 두었다. 때로는 피터와의 안전거리를 유지한 상태에서 피터의 친구들이 흰 토끼와 함께 놀도록 하여 피터에게 토끼가 해롭지 않다는 것을 눈으로 직접 볼 수 있게 해 주었다. 피터의 치료 마지막 즈음에 연구자는 토끼를 우리 밖으로 꺼내 두었고, 마침내 토끼를 피터의 무릎 위에 올려두게 되었다. 마지막 회기에서는 피터가 토끼를 좋아하게 되었다. 13장에서 소개할 내용과 같이, 왓슨과 존스가 '어린 피터' 실험에서 사용한 절차는 오늘날 행동치료사들이 공포증 환자의 학습 해체에 사용하는 방식과 비슷하다.

인지적 관점

5.4 레스콜라는 고전적 조건형성의 결정적인 요인이 무엇이라고 하였는가?

고전적 조건형성 과정의 어떤 측면이 가장 중요한가? 파블로프와 왓슨은 고전적 조건형성 과정의 결정적 요인은 짧은 시간 간격으로 조건자극과 무조건자극을 반복적으로 짝지어 주는 것이라고 믿었다. 1960년대 후반 즈음 많은 연구자는 파블로프가 밝혀낸 원리의 예외적인 부분을 발견해 내기 시작했다.

로버트 레스콜라(Robert Rescorla, 1967, 1968, 1988; Rescorla & Wagner, 1972)는 고전적 조건형성에 관한 심리학자의 견해를 바꾸는 데 가장 큰 영향을 끼쳤다. 그는 조건자극과 무조건자극을 반복적으로 짝지어 제시하는 것이 고전적 조건형성의 결정적 요인은 아니라고 설명하였다. 핵심적인 요소는 유기체가 무조건자극의 출현을 예측할 수 있을 만한 정보를 조건자극이 제공하느냐의 여부다. 다시 말해, 레스콜라는 파블로프의 실험에서 개가 특정한 음을 듣고 침을 흘린 것은 그 소리가 음식이 곧 주어질 것이라는 것을 알리는 신호였기 때문이라고 주장하였다. 그렇다면 레스콜라는 무조건자극에 대한 예측이 고전적 조건형성의 결정적 요소라는 것을 어떻게 증명하였을까?

레스콜라는 쥐를 대상으로 조건자극은 소리, 무조건자극은 충격으로 설정하여 실험을 실시하였다. 한 집단은 소리와 충격을 20번씩 짝지어 주었는데, 소리가 들리는 동안 매번 충격을 주었다. 다른 집단도 20번을 짝지어 소리가 들리는 동안 충격을 주었는데, 이 집단은 소리 없이도 20번의 충격을 더 주었다. 만약 고전적 조건형성의 결정적 요소가 조건자극과 무조건자극을 짝짓는 횟수라면, 두 집단에게 소리와 충격을 똑같은 횟수로 짝지어 제시하였으니 두 집단 모두 소리에 대해 조건화된 공포가 나타나야 한다. 그러나 이 경우는 그렇지 않았다. 소리가 충격을 정확하게 예측하는 첫 번째 집단에서만 소리에 대해 조건화된 반응이 나타났다. 이에 비해 두 번째 집단은 소리 없이도 충격이 발생하였기 때문에 조건형성의 증거가 거의 나타나지 않았다. 다시 말해, 두 번째 집단에서 소리는 충격에 대한 추가적 정보를 제공하지 않은 것이다.

생물학적 소인

5.5 생물학적 소인은 고전적 조건형성에 어떤 영향을 미치는가?

왓슨이 망치로 쇠막대를 쳐서 만들어 낸 굉음과 쥐를 짝지어 앨버트에게 보여 줌으로써 흰쥐에 대한 공포를 조건형성시켰던 것을 떠올려 보라. 왓슨은 꽃이나 리본에 대한 공포도 쉽게 조건형성시킬 수 있을까? 아마 그렇지 않을 것이다. 사람은 뱀과 같이 개인의 안녕감에 부정적 영향을 미칠 수 있는 공포자극에 더 쉽게 조건화된다(Mineka & Oehlberg, 2008). 또한 뱀이나 생명을 위협할 수 있는 다른 동물에 대한 공포는 인간뿐 아니라 유인원이나 원숭이도 흔히 갖는 감정이며, 그 공포는 이러한 겁에 질린 반응을 발달시키는 **생물학적 소인**(biological predisposition)임을 시사한다.

마틴 셀리그만(Martin Seligman, 1972)에 따르면 사람이나 동물은 어떤 자극을 특정한 것과 연합시킨다. 그 한 예는 **미각혐오**(taste aversion)의 발달 경향인데, 미각혐오는 특정 음식이 메스꺼움이나 불쾌감과 연합되어 그 음식에 대해 강한 혐오나 회피를 보이는 것이다.

당신이 독특한 맛이나 냄새가 나는 스파게티나 칠리 혹은 기타 음식을 먹은 후 토한 경험이 있다면 개인적으로 미각혐오를 경험했다고 할 수 있다. 그러고 나서 몇 주 동안은 그 불쾌한 음식의 냄새만으로도 충분히 구토감이 생긴다. 가르시아와 쾰링(Garcia & Koelling, 1966)의 대표적인 미각혐오 연구에서는 쥐를 세 가지 조건자극인 빛, 딸깍거리는 소리, 맛을 낸 물에 노출시켰다. 한 집단의 쥐에게는 무조건자극이 엑스선이나 염화리튬에 노출되는 것이었는데, 이는 메스꺼움이나 구토를 유발하였다. 다른 집단의 쥐에게는 발바닥 전기충격을 무조건자극으로 사용하였다. 맛을 낸 물을 마시고 구토 증상을 보인 쥐는 맛을 낸 물을 메스꺼움과 연합하여 그 물을 매번 피했지만 빛을 비추고 딸깍거리는 소리가 들릴 때에 여전히 맛을 내지 않은 물을 마셨다. 전기충격을 받은 쥐는 맛을 내지 않은 물보다 맛을 낸 물을 더 좋아했으나 빛을 비추거나 딸깍 소리가 들리면 물을 전혀 마시지 않았다. 한 집단의 쥐는 메스꺼움을 맛을 낸 물과 연합시켰고, 다른 집단의 쥐는 전기충격을 빛과 소리와 연합시켰다.

가르시아와 쾰링의 연구는 고전적 조건형성의 전통적인 개념에 대한 두 가지 예외를 만들어 냈다. 첫째, 쥐가 몇 시간 전에 마신 물과 메스꺼움의 연합을 형성했다는 것은 조건자극이 무조건자극이 나오기 직전에 제시되어야 한다는 원리를 부정하는 것이다. 둘째, 쥐가 전기충격은 소음과 불빛에 연합시키고 메스꺼움은 맛을 낸 물과 연합시켰다는 사실은 동물에게 특정 연합을 형성하는 생물학적 소인이 분명히 있으며, 그 연합은 아무 자극이나 두 자극이 연결되기만 해서 조건형성이 되는 것은 아니라는 것을 말해 준다.

조건화된 미각혐오에 관한 정보는 다른 문제를 해결하는 데에도 유용하다. 번스타인과 동료들(Bernstein et al., 1982; Bernstein, 1985)은 암환자가 맛있는 음식에 대한 혐오반응을 만들어 내는 것을 막는 기법을 고안해 냈다. 암환자 집단은 화학요법 치료를 받기 전에 새로운 맛이나 메이플 맛 아이스크림을 먹었다. 그 결과로 치료 때문에 생긴 메스꺼움이 아이스크림에 대한 미각혐오와 연합되었다. 연구자들은 생소하거나 특이한 음식이 미각혐오의 '희생양' 혹은 표적이 되면 환자의 식이요법에 쓰이는 다른 음식은 보호되어 환자가 여느 때와 같이 식사를 할 수 있다는 것을 발견하였다. 그래서 암환자는 화학요법 치료를 받기 전에 좋아하거나 영양가가 높은 음식의 섭취를 삼가야 한다. 대신 치료 직전에 특이한 맛이 나는 음식을 먹어야 한다. 그리하여 환자가 평소에 먹는 음식에 대한 혐오가 덜 발달되어 치료받는 동안 체중을 더 잘 유지할 수 있게 된다.

▶▶▶ 화학요법으로 조건형성된 미각혐오반응이 생길 수 있으나, 환자에게는 미각혐오의 희생양 혹은 표적을 제공함으로써 적절한 식이요법을 유지하도록 도울 수 있다.

일상생활에서의 고전적 조건형성

5.6 일상생활에서 볼 수 있는 고전적 조건형성의 예는 무엇인가?

갓 구운 초콜릿 쿠키 냄새를 맡고 갑자기 심한 공복감을 경험한 적이 있는가? 치과 드릴 소리를 듣고 몸이 움찔하는 반응을 보인 적이 있는가? 어느 경우에나 고전적 조건형성이 그 행동을 가장 잘 설명해 준다. 갓 구운 쿠키 냄새를 맡을 때 당신의 위는 꼬르륵거린다. 왜냐하면 냄새와 맛이 밀접하게 연결되어 있어서 당신이 방금 엄청난 양의 식사를 하고 난 직후라도 조건자극으로 기능하는 음식 냄새에 의해 배가 고프다는 생각을 하게 만들기 때문이다. 이 장의 첫 부분에서 어떤 사람은 다이어트 탄산수를 마시면 오히려 배가 고파지게 되는데 그 이유가 고전적 조건형성의 원리로 설명될 수 있다고 언급했던 것을 떠올려 보라. 이는 음식의 독특한 맛이 소화 과정에 대한 조건자극이 될 수 있기 때문이다.

예를 들어, 연구자들은 고전적 조건형성을 통해 췌장이 음식 단서에 쉽게 적응한다는 것을 발견하였다(예, Stockhorst et al., 2004). 대부분의 경우 혀끝의 달콤한 맛(조건자극)은 혈당 증가(무조건반응)의 신뢰할 만한 단서가 된다. 그 결과로 달콤한 뭔가를 먹거나 마실 때마다 췌장은 혈당 수준을 낮추는 호르몬인 인슐린을 배출한다는 것을 '학습'한다. 이와 같은 방식으로 췌장이 인위적인 단맛에도 반응하게 되는 적응의 결과가 나타난다. 그러나 혈당 수준을 높이는 실제 당분이 없이도 인슐린은 혈당을 평균 이하로 떨어뜨릴 수도 있다. 혈당 수준이 평균 이하로 떨어질 때마다 몸은 뇌로 신호를 보내 당신이 무언가를 먹도록 자극한다. 다른 말로, 배가 고프다고 느끼기 시작하는 것이다(이 기제에 대한 더 자세한 설명은 10장을 보라). 물론 시간이 가면서 췌장은 인위적인 단맛 음료와 진짜 당분이 든 음료를 구분하는 법을 습득할 것이다. 그러면 인위적 단맛에 대한 인슐린 반응은 사라지겠지만, 음료의 맛과 인슐린 반응 간의 연결은 유지될 것이다.

4장에서 우리는 학습이 마약 중독의 심리적인 측면에서 중요한 역할을 한다는 것에 대하여 논의한 바 있다. 고전적 조건형성을 통해 마약 사용과 관련된 환경적 단서들은 조건자극이 되어 후에 마약 열망이라는 조건반응을 만들어 낸다(Epstein, Willner-Reid, & Preston, 2010). 마약과 연합된 조건자극은 강력해져서 마약 대체물을 찾아 사용하게 만드는 저항할 수 없는 힘을 갖게 한다(Potenza et al., 2012). 그래서 마약 상담가는 회복 중인 중독자에게 그들이 과거 마약을 사용할 때 연합된 단서(사람, 장소, 물건)를 피하

▶▶▶ 고전적 조건형성이 광고에서 매우 효과적인 도구임이 증명되었다. 이 광고에서는 중립자극인 어떤 제품과 매력적인 유명 연예인의 이미지가 함께 짝지어졌다. 여기에서 무조건자극과 무조건반응, 조건자극, 조건반응의 역할이 무엇인지 구별할 수 있겠는가?

라고 설득한다.

고전적 조건형성이 일상생활에 파급됨으로써 실험실 연구가 고전적 조건형성 과정을 충실하게 설명하는지에 관한 의문을 갖게 된다. 앞에서 언급한 것처럼, 실험실에서의 학습은 전형적으로 조건자극과 무조건자극을 짝짓는 시행을 여러 번 요구하지만 많은 일상생활의 조건형성(예, 미각혐오)은 단 한 번의 경험으로도 일어난다.

이러한 차이점은 전문가로 하여금 '생태학적 관련성(ecological relevance)'을 갖는 자극이 조건자극의 기능을 더 잘한다고 가정하도록 하였다(Domjan, 2005). 달리 말하면, 조건자극의 역할을 하기 위해서 중성자극은 무조건자극과의 어떤 확실한 연결이 있어야 한다(eco-의 어원은 그리스어의 oikos로, 거주지를 의미한다). 예를 들어, 진짜 연결고리들은 냄새, 맛과 소화 과정에 존재한다. 마찬가지로 치과 드릴 소리도 실제 고통을 일으킬 수 있고, 마약도 의식전환 상태를 만들어 낸다. 이러한 일상생활 속에서의 조건자극을 파블로프가 사용했던 음악 소리나 부저 소리와 같은 인위적인 것과 비교해 보라. 연구에 따르면, 생물학적으로 유효한 조건자극이 인위적 자극보다 쉽게 조건화되고 소거에도 더 저항적이다(Domjan, 2005).

기억하기 본문 내용을 떠올리며 다음 퀴즈를 풀어 보라.

1. 파블로프의 실험에서 특정 음에 대한 개의 타액 분비는 _____ 반응이다.
2. 조건화된 자극이 무조건자극 없이 제시될 때 나타나는 조건반응의 약화를 _____라고(이라고) 부른다.
3. _____ 조건형성이 일어나기 위해서는 일련의 신호를 형성하기 위하여 조건자극이 연합되어야 한다.
4. 어린 앨버트의 흰쥐에 대한 공포심은 토끼, 개, 모피코트, 가면으로 옮겨 갔는데, 이러한 학습의 과정은 _____라고(이라고) 알려져 있다.
5. 레스콜라에 따르면 고전적 조건형성에서 가장 중요한 요소는 _____이다.
6. 가르시아와 퀼링의 연구는 고전적 조건형성이 _____의 영향을 받는다는 사실을 알려 준다.
7. 고전적 조건형성은 _____을(를) 억압하거나 강화할 수 있다.

조작적 조건형성

고전적 조건형성의 원리를 이해하면 인간 행동에 관한 아주 큰 통찰을 얻을 수 있다. 그러나 인간의 학습에서 단순히 자극에 반사적으로 반응하는 것 그 이상은 없을까? 예를 들어, 전화벨이 울리는 것을 생각해 보라. 벨소리를 들었을 때 전화벨이 어떤 다른 자극과 짝지어졌기 때문에 전화를 받는 것인가, 아니면 그 벨소리를 들은 후에 뒤이어 생겨나는 어떤 결과 때문에 전화를 받는 것인가? 손다이크와 스키너, 이 두 심리학자가 이 질문에 대한 답을 구하는 데 도움을 준다.

5.7 손다이크와 스키너가 행동 결과의 효과에 대해 발견한 것은 무엇인가?

손다이크와 스키너, 행동의 결과

개가 빈 깡통을 굴리고 고양이가 문을 여는 방법을 배우는 것을 본 적이 있는가? 만약 있다면 그 동물이 목표를 달성하기 위한 올바른 물리적 기술을 찾아내기 전에 몇 번의 실패를 반복하는 것을 보았을 것이다. 동물의 행동관찰에 기초하여 에드워드 손다이크(Edward Thorndike, 1874~1949)는 학습의 몇 가지 법칙을 고안하였는데, 가장 유명한 것이 **효과의 법칙**(law of effect)이다(Thorndike, 1911/1970). 효과의 법칙은 어떤 반응의 결과나 효과가 차후에 유사한 방식으로 반응할 경향을 강화시킬지 혹은 약화시킬지를 결정한다는 것이다. 뒤따르는 결과가 만족스러울 경우 행동은 더 반복될 것이다.

손다이크는 자신의 가장 유명한 실험에서 문제상자라 불리는 널빤지로 만든 나무상자에 고양이를 넣어 두었다. 그 상자는 동물이 상자를 빠져나가서 밖에 놓인 음식을 보상으로 얻으려면 페달을 누르거나 줄을 잡아당기는 것과 같은 간단한 장치를 조작해야 하도록 고안되었다. 고양이는 처음에 널빤지를 통과하려고 시도하다가 실패하면 상자 안쪽을 할퀴고 물어뜯고 긁어 댈 것이다. 그러다 우연히 문이 열리는 장치를 작동시키게 된다. 매번 고양이가 탈출하여 음식을 보상으로 얻으면 다시 상자 속으로 옮겨진다. 여러 번의 시행 후, 고양이는 상자에 갇히자마자 거의 바로 문을 열고 빠져나온다.

손다이크의 효과의 법칙은 스키너(B. F. Skinner)의 조작적 조건형성 연구, 즉 어떤 행동의 결과가 그 행동의 빈도의 증가나 감소를 결정하게 된다는 이론의 개념적 시발점이 되었다. 스키너의 연구는 일련의 (학습) 과정이 우연히 어떠한 결과를 가져오게 된 조작적 혹은 자발적 행동으로 시작된다는 것을 밝혔다. 조작의 빈도를 증가시키는 결과는 강화물(reinforcer)이라 하고, 조작의 빈도를 감소시키는 결과는 '처벌'이라 한다. 이 장의 후반에서 우리는 이 두 가지 과정 모두에 대해 살펴볼 것이다.

조작적 조건형성의 과정

5.8 조작적 조건형성 과정에서 조성, 일반화, 변별자극의 역할은 무엇인가?

잘 훈련된 동물들이 등장하는 쇼에 가 본 적이 있는가? 조련사는 **조성**(shaping)이라는 조작적 조건형성의 기술을 사용하여 한 번에 모든 것을 가르치기보다는 동물들이 한 단계씩 묘기나 요령을 배우게 한다. 고전적 조건형성에 기반을 둔 학습과 마찬가지로, 조작적 조건형성을 통해 획득된 행동도 다양한 방법을 통해 바꿀 수 있다. 스키너는 처음으로 행동조성이 동물이 복잡한 동작을 익히도록 훈련시키는 데 특히 유용하다는 것을 증명하였다. 연구자는 행동조성을 통해 원하는 동작이 나타나기를 마냥 기다리기보다는 어떤 동작이든 원하는 반응 쪽으로 강화하여 점차 최종 목표 동작에 도달하도록 이끌어 간다.

스키너는 방음이 되는 **스키너 상자**(Skinner box)라고 하는 기계장치를 고안하여 조작적 조건형성 실험을 수행하였다. 스키너 상자 중 한 가지에는 레버나 막대를 설치하였는데 쥐가 물이나 음식 보상을 얻으려면 그것을 눌러야 한다. 동물이 그 막대를 누르는 횟수는 스키너가 개발한 누가기록기라는 장치에 기록된다. 행동조성을 통해 스키너 상자에 있는 쥐는 보상을 받기 위해 막대를 누르도록 조건화된다. 처음에는 막대 쪽으로 방향만 바꿔도 보상이 주어진다. 다음 단계에서는 쥐가 막대 쪽으로 가까이 움직일 때마다 보상이 주어지고, 막대로 가까워지는 각 단계마다 보상이 주어진다. 결국에는 쥐가 보상을 받기 위해 막대를 건드려야 하고, 마지막에는 쥐가 막대를 눌러야만 보상이 주어진다.

원하는 행동으로의 **점진적 접근**을 보상하는 행동조성은 동물뿐 아니라 사람의 복잡한 행동을 조건화하는 데에도 효과적으로 사용되어 왔다. 부모는 자녀의 식탁 예절을 교육하기 위해 아동이 잘 할 때마

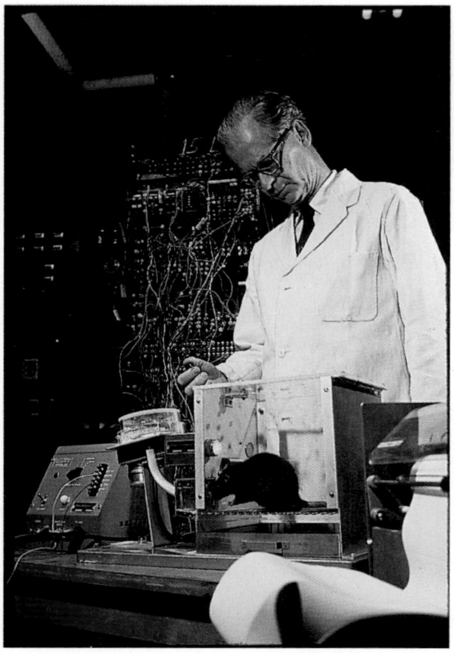

▶▶▶ 스키너는 스키너 상자로 쥐의 막대 누르기 행동을 조성하였다.

다 칭찬하기와 같은 행동조성의 방법을 사용한다. 교사는 파괴적인 성향을 보이는 아동에게 이 방법을 적용하는데, 처음에는 짧은 시간 동안이라도 좋은 태도를 보이면 보상을 주고, 그 후에는 점차적으로 더 오랜 시간 동안 긍정적인 일을 하도록 만들어 나간다. 또 동물은 서커스에서 넓은 공간에서 놀라운 묘기를 부리는 법을 배우며, 비둘기는 볼링을 하거나 탁구를 하는 법을 배우게 된다.

물론 행동조성을 시키는 사람의 의도는 행동조성의 대상이 되는 사람이나 동물의 동기와 다르다. 행동조성을 시키는 사람은 행동 결과를 통제함으로써 또 다른 행동을 바꾸려고 시도한다. 이에 비해 행동조성을 통해 변화된 행동을 보이는 사람의 동기는 보상을 얻거나 원치 않는 결과를 피하는 것이다.

강화가 더 이상 유효하지 않을 때는 어떤 일이 생길까? 조작적 조건형성에서 **소거**(extinction)는 강화가 사라질 때 일어난다. 스키너 상자 속의 쥐는 음식 보상이 더 이상 주어지지 않을 때 결국 막대 누르기를 멈춘다.

사람이나 동물에게서 강화의 철회는 불안이나 좌절을 가져오거나 분노를 유발한다. 짜증을 부리는 아동을 생각해 보라. 칭얼거리거나 큰 소리를 질러도 강화물을 얻지 못하면 아동은 발로 차고 소리를 지를 수 있다. 만약 자판기가 당신의 돈만 삼키고 사탕이나 음료수를 내놓지 않으면, 당신은 자판기를 흔들거나 음료수를 포기하고 자리를 뜨기 전에 심지어 발로 그 자판기를 찰 수도 있다. 당신이 기대하는 무언가를 얻지 못하면 당신은 그것 때문에 화를 내게 된다.

고전적 조건형성에서 논의되었던 자발적 회복의 과정이 조작적 조건형성에서도 일어난다. 막대 누르기 반응을 소거한 후 쥐를 잠깐의 휴식 후에 다시 스키너 상자에 넣었을 때는 다시 막대를 누르는 반응을 몇 차례 보였다.

스키너는 특별하게 고안된 스키너 상자와 비둘기를 가지고 많은 실험을 설계하였다. 상자에는 비둘기가 먹이통의 먹이를 얻기 위해 부리로 쪼기를 할 수 있는 전등 원판이 들어 있다. 스키너는 고전적 조건형성에서처럼 조작적 조건형성에서도 **일반화**(generalization)가 일어난다는 것을 발견하였다. 노란색 원판을 쪼도록 강화받은 비둘기는 유사한 색의 다른 원판을 쪼게 된다. 원래 색과 덜 유사할수록 쪼는 행동이 나타나는 비율은 더 낮다.

조작적 조건형성에서의 변별은 강화받은 적이 있는 자극과 그와 유사한 자극을 구별하는 것을 학습하는 것이다. 변별은 원래 자극에 대한 반응은 강화받지만 다른 유사 자극에 대한 반응은 강화되지 않을 때 발달한다. 예를 들어, 변별을 촉진하기 위해 연구자는 비둘기가 노란 판을 쪼아 댈 때 강화를 주고 오렌지색이나 빨간색 판을 쪼아 댈 때는 강화를 주지 않을 것이다. 비둘기는 입체파풍의 피카소의 그림과 모네의 그림을 90%의 정확도로 변별하도록 조건형성될 수 있다("Psychologists' pigeon..., " 1995).

특정 단서는 강화물이나 처벌과 연합된다. 예를 들어, 아동은 부모가 찌푸리고 있을 때보다 웃고 있을 때 부모에게 원하는 것을 요구한다. 특정 반응이나 행동이 보상받거나 무시당하거나 처벌받을 가능성에 대해 알려 주는 자극을 **변별자극**(discriminative stimulus)이라 한다. 만약 비둘기가 불이 비치는 원반을 쪼아 댈 때 보상이 주어지고 불이 없는 원반을 쪼아 댈 때는 보상이 주어지지 않는다면 비둘기는 곧 불이 비치는 원반만을 쪼게 될 것이다. 불이 비치는 원반과 같이 변별자극의 존재 유무는 쪼는 행동이 일어날지 안 일어날지를 통제하게 된다.

왜 아동은 할머니, 할아버지에게는 때때로 버릇없이 굴면서도 부모에게는 그러지 않을까? 왜 한 교사의 삶을 괴롭게 만들 정도로 말썽을 피우는 아동이 다른 교사에게는 모범적인 학생이 되는가? 아동은 어떤 사람이 있을 때(변별자극) 그들의 나쁜 행동이 처벌받게 되지만 다른 사람이 있을 때는 오히려 보상받게 된다는 것을 아는 것이다.

강화

5.9 정적 강화와 부적 강화는 행동에 어떤 영향을 미치는가?

당신은 현금자동인출기의 올바른 사용 순서를 어떻게 배웠는가? 간단하다. 사용 과정 중에 사소한 실수라도 하게 되면 돈을 받지 못하기 때문에 그것을 곧바로 익히게 된다. 세금을 제때 내는 것은 어떨까? 세금을 빨리 내야 무거운 연체료를 면할 수 있기 때문이 아닐까? 이 두 가지 경우에서 당신의 행동은 각각 다른 방법으로 강화되었다.

정적 강화와 부적 강화 강화(reinforcement)는 조작적 조건형성에서 핵심적인 개념이며, 어떤 행동의 결과로 인한 그 행동의 증가로 정의될 수 있다. 다른 말로 표현하면, 강화는 학습 혹은 특정한 일의 발생을 위한 행동의 빈도 증가와 관련이 있다. 강화는 정적일 수도 있고 부적일 수도 있다. 수학적으로 표현하면, 정적인 것은 더하는 것과 같고 부적인 것은 빼거나 없애는 것과 같다.

이 두 개념을 결합하면 추가된 행동의 결과로 그 행동이 증가된다는 **정적 강화**(positive reinforcement)의 개념이 도출된다. 예를 들어, 현금자동인출기에서는 일련의 순서에 맞게 실행해야만 돈을 얻게 된다. 따라서 당신은 조심스럽게 일련의 과정을 똑바로 실행해야 하며(증가된 행동), 그렇게 해야 현금자동인출기에서 당신이 필요한 돈을 인출할 것이다(추가된 결과). 여기 정적 강화의 예가 몇 가지 더 있다.

- 쥐는 먹이를 얻으려고(추가된 결과) 레버 누르기를 학습한다(증가된 행동).
- 학생은 자신이 평소보다 더 많이 공부한 과목의 시험에서 높은 점수를 받은 후(추가된 결과) 공부를 더 많이 할 것이다(증가된 행동).
- 사람들은 10만 원짜리 복권에 당첨된 후에(추가된 결과) 복권을 더 많이 산다(증가된 행동).

여기에서 구성 용어(부적+강화)를 정의하는 논리를 통해 **부적 강화**(negative reinforcement)의 정의를 추측할 수 있다. 간단히 말해, 부적 강화는 보통 불쾌감을 주는 무언가를 제거함으로써 행동이 증가하는 것을 의미한다. 다른 말로 하면, 무엇인가 불쾌한 것을 없애기 위해 행동을 증가시키거나 학습을 하게 만드는 것이다. 예를 들어, 당신은 기침을 덜 하기 위해(제거된 결과) 기침약을 먹는다(증가된 행동). 여기 몇 가지 다른 예가 있다.

- 쥐는 시끄러운 부저 소리와 같은 성가신 자극을 없애기 위해(제거된 결과) 레버 누르기를 학습한다(증가된 행동).
- 학생은 시험에서 또 낙제점수를 받는 것을 피하기 위해(제거된 결과) 공부를 더 한다(증가된 행동).
- 어머니의 잔소리를 듣지 않기 위해(제거된 결과) 어머니에게 더 자주 전화하게 된다(증가된 행동).

일차 및 이차 강화물　모든 강화가 똑같은 효과를 나타낼까? 반드시 그렇지는 않다. **일차 강화물**은 생존을 위해 기본적인 신체적 필요를 충족해 주며 학습에 의존하지 않는다. 음식, 물, 잠 등이 일차 강화물의 예다. 성교도 종의 생존을 위해 기본적인 육체적 욕구를 충족해 주는 강력한 강화물이다. 다행히도 학습이 일차 강화물에만 의존하는 것은 아니다. 만일 그렇다면 사람이 반응을 하기 위해서는 우선 배고픔, 갈증 또는 성적 욕망을 느껴야만 할 것이다. 관찰에 따르면 인간의 많은 행동은 이차 강화물에 대한 반응으로 일어난다. **이차 강화물**은 다른 강화물과의 연합을 통해 획득되거나 학습된다. 몇몇 이차 강화물(예, 돈)은 나중에 다른 강화물로 대체될 수 있다. 칭찬이나 좋은 성적, 상, 박수갈채, 주의 집중, 인정 신호, 웃음 등이 이차 강화물의 예다.

5.10 강화계획의 네 가지 유형은 무엇인가?

강화계획

현금자동인출기와 슬롯머신의 차이점을 생각해 보라. 올바른 조건에서는 두 기계에서 모두 돈을 얻을 수 있다. 그러나 현금자동인출기는 올바른 순서로 사용하면 그때마다 강화물을 주는(연속강화) 반면, 슬롯머신은 간헐적으로 준다(부분강화). 이 두 유사한 기계는 각기 다른 **강화계획**(schedules of reinforcement)을 사용하는 것이다.

강화계획의 두 가지 기본 유형은 비율계획과 간격계획이다. 현금자동인출기와 슬롯머신 모두 행동이 강화되는 비율계획을 사용하였다. 간격계획은 강화물이 나타나기 전에 정해진 시간 동안 어떤 행동이나 반응이 발생하는지에 상관없이 그 정해진 만큼의 시간이 지나야 강화가 주어진다. 샐러리맨이 월급을 받는 것이 간격계획의 한 예다. 비율 및 간격 계획은 나중에 다시 고정과 변동의 범주로 나뉜다([그림 5-6]). 이러한 각각의 강화계획의 종류는 행동에 각기 다른 영향을 미친다.

▶▶▶ 부적 강화는 불쾌한 어떤 일을 피하기 위한 행동의 학습을 포함한다는 것을 떠올려 보라. 많은 학생들에게 반 친구들과 함께 공부하는 것(학습된 행동)은 시험불안을 줄여 준다(제거된 결과). 따라서 이런 학생들에게 시험불안은 효과적인 학습을 하도록 만드는 부적 강화의 중요한 원천이다.

고정비율계획(fixed-ratio schedule)에서는 정해진 횟수만큼의 정확한 비강화 반응이 있은 다음에 강화물이 주어진다. 만약 고정비율에서 30회의 반응을 한 세트로 한다면, 강화물은 30번의 올바른 반응이나 행동 후에 주어진다. 공장노동자가 자신이 생산한 물품 단위의 개수에 따라 임금을 받고, 농장의 이주노동자가 수확한 과일의

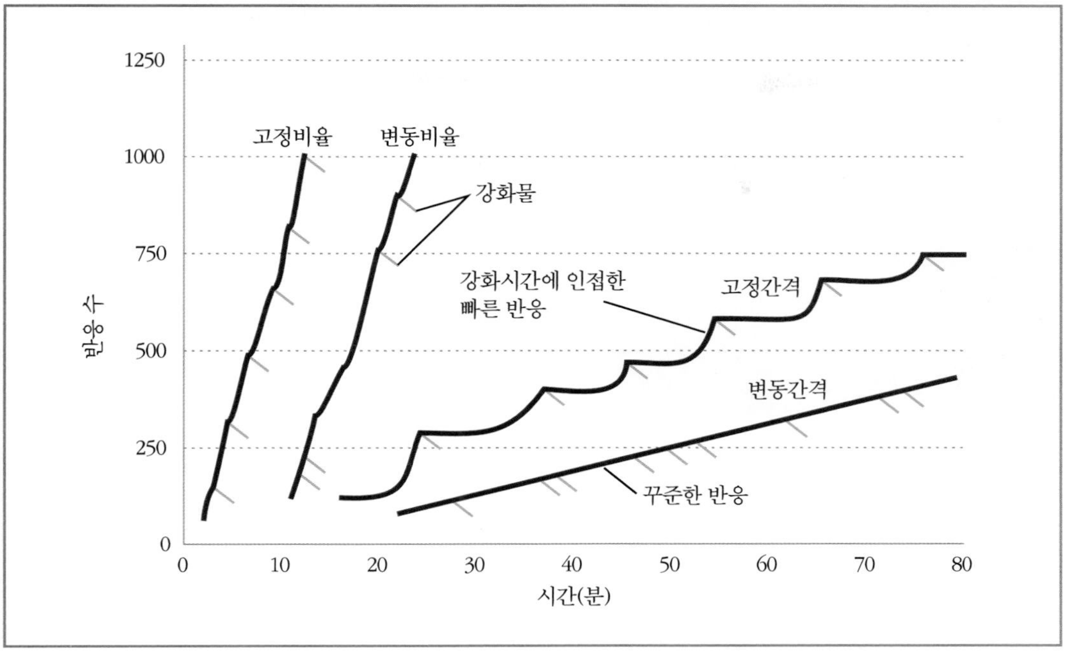

[그림 5-6] 네 가지 강화계획

스키너는 연구를 통해 네 가지 부분강화계획 각각의 특유 반응 패턴을 밝혔다(대각선으로 표시된 것이 강화물이다). 반응의 횟수에 기초한 비율계획은 강화물 간의 경과시간에 기초한 간격계획보다 높은 반응 비율을 나타낸다.

무게에 따라 보수를 받는 것이 고정비율계획의 예다.

고정비율계획에서 강화물은 미리 정해진 수만큼의 정확하고 강화되지 않은 반응이 일어난 후에 주어진다. 예를 들어 당신이 자주 가는 커피 가게에서 열 잔의 커피를 마실 때마다 한 잔을 공짜로 준다면, 이 경우 이 커피 가게는 고정비율계획으로 당신을 강화하고 있는 것이다. 사람 혹은 동물은 빠르게 반응할수록 강화물을 더 많이, 더 빨리 얻게 된다. 비율의 간격이 클 때 사람이나 동물은 각 강화물이 주어지면 그 행동을 중단하는 경향이 있지만 다시 그 반응을 회복하는 비율도 높게 된다.

간헐적 강화는 **변동비율계획**(variable-ratio schedule)의 특징인데, 이 계획하에서는 강화를 받기 위해 필요한 반응의 수가 일정하지 않다. 예를 들어, 당신이 제일 좋아하는 커피 가게에서 음료를 구매할 때마다 제비뽑기에 참가할 기회를 준다고 가정해 보자. 당신은 항아리에 든 수십 개의 쪽지 중에서 쪽지 한 장을 뽑는다. 열 개의 쪽지 중 하나에는 "다음번에 오실 때 공짜 커피를 드립니다."라고 적혀 있고 나머지 아홉 개에는 "다음 기회에"라고 적혀 있다. 이 경우 이 커피 가게는 강화의 변동비율계획을 사용하고 있는 것이다. 이런 종류의 강화계획은 고정비율계획보다 학습이 완성되기까지의 소요시간이 더 길다. 그러나 변동강화계획을 통해 한번 학습되면 소거가 잘 되지 않는다. 이것이 바로 **부분강화 효과**다.

예를 들어, 연구논문을 보려고 컴퓨터 앞에 앉았다가 몇 시간 동안 지뢰찾기나 다른 컴퓨터 게임을 하고 있는 자신을 발견한 것이 몇 번이나 되는가? 사냥이나 낚시, 서핑, 세일 기간의 쇼핑과 같은 흥미로운 여가 활동은 변동강화계획과 연관되어 있어 사라지기 어렵다. 사실 MP3를 무선으로 재생시켜 놓으면 자신이 좋아하는 노래가 예측 불가한 강화물이 되어서 그 노래를 듣기 위해 몇 시간 동안 MP3를 계속 듣게 되는데, 이는 변동비율계획을 만들어 놓은 것과 마찬가지다. 마찬가지로 비디오 게임에서 역시

▶▶▶ 강화에서 변동비율간격의 2가지 예시: 도박자는 돈(강화물)을 획득할 때를 예상할 수 없기 때문에 게임을 하는 것에 대해 강한 동기를 갖게 된다. 이와 비슷하게, 많은 컴퓨터 사용자는 카드게임을 멈추고 일을 시작하기가 어렵다는 것을 스스로 인식한다. 이들은 그 게임으로부터 스스로 벗어날 수 없다. 왜일까? 변동간격 강화물의 힘은 '한 번만 이기면, 한 번만, 단 한 번만' 하면서 게임을 지속하도록 동기를 부여하기 때문이다.

매번 이기는 것이 아니기 때문에 부분강화 효과에 속한다. 마지막으로 슬롯머신과 도박 게임도 변동비율계획을 사용한다. 부분강화에 따라 몇몇 도박꾼은 전문가의 도움이 필요할 정도의 자기 파괴적 행동 패턴(즉, 강박적인 도박)을 보이기도 한다.

고정간격계획(fixed-interval schedule)에서는 반응이 강화되기 전에 정해진 만큼의 시간이 반드시 지나야 한다. 예를 들어, 매주 시험을 치는 선생님은 고정간격계획에 맞추어 공부하는 행동을 강화시키는 것이다. 고정간격계획의 특성은 각 강화 후에 즉각적인 반응이 급격하게 감소되거나 중단되다가 다음 강화물이 나오기 직전에 반응이 급격하게 빨라진다는 것이다(부채꼴 효과). 다시 말해서, 매주 시험을 치르게 되면 학생들이 시험을 친 후 며칠간은 나태해지고 전날에 집중적으로 공부하는 경향이 있다.

변동간격계획(variable-interval schedule)은 고정간격계획의 전형적 강화 후의 휴지기를 없애 준다. 변동비율계획에서 강화물은 평균 횟수에 근거하여 주어지지만 변동적인 비강화 반응 후에 첫 번째 정확한 반응을 보이면 강화물을 준다. 예를 들어, 예상하지 못한 시기에 시험을 치는 선생님은 변동간격계획을 사용해 공부하기를 강화시킨 것이다. 이 강화계획은 특히 안정적이고 한결같은 반응 비율을 유지하지만 강화가 반응의 횟수와 정확하게 연결되지 않기 때문에 비율강화계획보다 반응 비율이 더 낮다. 그래서 예상치 못한 시험은 매주 치르는 시험에 비해서 학생들이 지속적으로 공부를 하도록 만들 가능성이 더욱 크다.

〈복습과 재검토〉에 네 가지 강화계획의 특징들이 요약되어 있다.

복습과 재검토 강화계획 비교

강화계획	반응률	반응의 패턴	소거의 지속에 대한 저항
비율			
고정비율계획	매우 높다	낮은 비율에서 지속적 반응. 강화 후에는 짧은 휴지기를 가진 뒤 높은 반응비율	반응비율이 높을수록 소거에 대한 저항이 큼
변동비율계획	가장 높게 반응	지속적인 반응 패턴. 휴지기가 없음	소거에 대한 저항이 가장 큼
간격			
고정간격계획	가장 낮게 반응	강화 후 긴 휴지기가 있은 후 행동의 점진적 반응 증가	간격이 길수록 소거에 대한 저항이 큼
변동간격계획	보통	안정적이고 일정한 반응	평균 간격이 같다면 고정간격계획보다 소거에 대한 저항이 큼

처벌

5.11 처벌은 행동에 어떻게 영향을 미치는가?

당신은 아마 가장 일반적인 유형의 결과 중 하나인 **처벌**(punishment)에 대해 궁금할 것이다. 처벌은 강화의 반대다. 즉, 처벌은 어떤 행동의 결과에 의해 행동의 빈도가 감소하는 것이다.

정적 처벌과 부적 처벌 강화와 같이 처벌은 정적(추가적)이거나 부적(제거)인 결과 중 하나와 관련이 있다. **정적 처벌**에서는 결과의 추가, 주로 불쾌한 어떠한 것이 주어진 후에 행동이 감소하는 것이다. 예를 들어, 운전자는 교통체증으로 꼼짝 못했던 과거의 경험 때문에(추가된 결과) 특정 노선을 피하게 된다(감소된 행동). 여기 다른 예가 있다.

- 쥐는 막대를 눌렀을 때 시끄럽고 성가신 부저 소리가 나면(추가된 결과) 막대 누르는 행동을 멈춘다(감소된 행동).
- 늦잠 때문에 중요한 시험을 놓친 경험을 한 후에는(추가된 결과) 늑장 부리는 행동을 하지 않는다(감소된 행동).

학생들은 종종 부적 강화와 정적 처벌이 모두 불쾌한 자극과 관련이 있다는 이유로 두 가지를 혼동한다. 그러나 부적 강화가 행동을 증가시킨다면, 정적 처벌은 뒤따르는 행동을 감소시킨다. 실험실 상황에서의 매우 간단한 예가 있다. 부적 강화 실험에서는 바닥에 전류가 흐르도록 된 우리에 쥐를 넣어 발에 불쾌한 자극을 주었다. 쥐가 레버를 누르면 전류의 흐름을 멈출 수 있다. 시행착오 끝에 쥐는 뒷발로 서서 앞발을 이용해 레버를 누른 상태를 유지하여 전기충격을 제거한다. 불쾌한 전기충격의 제거를 위해 레버를 누르는 행동이 증가한 것이다(강화).

정적 처벌 실험에서는 레버가 전기충격을 멈추는 것이 아니라 오히려 그것을 더 주게 된다. 그 결과, 쥐는 레버를 눌렀을 때 생기는 전기충격을 피하기 위해 레버를 누르지 않을 것이다(행동 감소).

부적 처벌은 결과의 제거 후 행동이 감소할 때 일어난다. 결과는 대개 바람직한 것의 상실과 관련이 있다. 예를 들어, 운전자는 6개월간의 면허정지를 경험한 후 자신의 운전 속도를 좀 더 낮춰 운전하게 될 것이다. 여기 다른 예가 있다.

- 레버를 눌렀을 때 우리에서 음식 접시를 없애면(제거된 결과) 쥐는 레버를 누르는 행동을 멈춘다(감소된 행동).
- 부모가 처벌로 2주 동안 외출 금지를 시키면(제거된 결과) 자녀는 늦게 귀가하는 것을 자제한다(감소된 행동).

〈표 5-1〉은 정적 강화, 부적 강화, 정적 처벌, 부적 처벌에 대한 정의와 예시다.

〈표 5-1〉 **강화와 처벌의 효과**

강화(행동 증가)	처벌(행동 억제 혹은 억압)
쾌적한 자극을 추가(정적 강화)	혐오적 자극을 추가(정적 처벌)
음식, 돈, 칭찬, 주의 또는 다른 보상	때리기나 전기충격과 같은 혐오스러운 자극을 주는 것
혐오스러운 자극을 제거(부적 강화)	쾌적한 자극을 제거(부적 처벌)
전기충격과 같은 혐오스러운 자극을 제거하거나 종료시키는 것	TV 시청이나 자동차 이용과 같은 쾌적한 자극을 제거하거나 특권을 빼앗는 것

처벌의 단점 처벌이 행동을 억압할 수 있다면 왜 많은 사람이 처벌의 사용을 반대하는가? 처벌에는 잠재적인 문제가 많이 있기 때문이다.

1. 스키너는 처벌을 통해 바람직하지 못한 행동이 소멸되지 못하고 단지 처벌하는 사람이 있을 때 그 행동을 억압할 뿐이라고 말한다. 처벌에 대한 위협이 없어지고 처벌이 없을 것 같은 상황에서는 그 행동이 계속되는 경향이 있다. 만약 처벌(감금이나 투옥, 벌금 등)이 불법적 행위를 확실하게 없애 준다면 현재의 법체계에서 재범자들이 줄어야 할 것이다.
2. 처벌은 그 행동이 받아들여지지 않는다는 것을 뜻하지만, 다른 적절한 행동을 발전시키는 데는 도움을 주지 못한다. 만약 처벌을 사용하게 된다면 강화나 적절한 대안행동에 대한 보상과 함께 사용해야 한다.
3. 처벌을 심하게 받은 사람은 보통 처벌하는 사람을 두려워하고 그 사람에 대한 분노나 적개심을 갖게 된다. 이런 반응은 보복하고자 하는 마음이나 처벌하는 사람과 처벌 상황을 피하려는 욕구와 연결된다. 많은 가출 청소년은 물리적인 처벌을 피하기 위해 가출한다. 특권이나 특혜를 감소시키는 방식의 처벌이 물리적인 처벌보다 더 효과적이며 처벌자에 대한 공포심이나 적개심을 덜 발생시킨다(Fasotti, 1977).
4. 처벌은 종종 공격성을 유발한다. 물리적 처벌을 하는 사람이 화를 표출함으로써 공격행동의 모델이 되어 공격성이 문제 해결의 한 방법이라는 것을 반증하는 셈이다. 독설을 내뱉고 처벌을 자주 일삼는 부모의 자녀는 다른 아동보다 자해의 위험성이 크다(Boutwell, Franklin, Barnes, & Beaver, 2011).

처벌이 이런 문제를 야기한다면 부적절한 행동을 없애기 위해서는 무엇을 할 수 있을까?

처벌의 대안행동 행동을 억제할 수 있는 다른 방법이 있을까? 많은 심리학자는 바람직하지 못한 행동에 대해서는 보상을 박탈하는 것이 문제행동을 근절하는 가장 좋은 방법이라고 믿는다. 이런 관점에 따르면, 부모는 자녀의 짜증내는 버릇을 고치기 위해 처벌을 할 것이 아니라 자녀가 짜증을 내는 동안은 어떤 요구도 들어주지 말아야 한다. 부모는 자녀가 단지 관심을 끌기 위해 문제행동을 저지를 때 그것을 무시하고 보다 적절한 행동에 대해 관심을 표현하는 것이 오히려 그런 문제행동을 고칠 수 있는 가장 좋은 방법이다. 때로는 단순히 어떤 행동이 왜 부적절한지를 설명하는 것만으로도 그런 행동을 고칠 수 있다.

칭찬과 같은 긍정적인 강화는 아동에게 착한 행동을 보다 보람 있는 것으로 인식하게 만들어 줄 것이다. 이런 식으로 접근하면 종종 문제행동을 보일 때만 알 수 있는 아동의 욕구와 필요를 알아낼 수 있다.

그렇다고 처벌이 전혀 필요하지 않은 것만은 아니다. 어린 아동이 도로로 뛰어들 때, 전기 콘센트에 손가락을 넣을 때, 혹은 가스레인지 위의 뜨거운 냄비를 만지려고 할 때는 재빠른 처벌이 아동을 잠재적인 위험 상황에서 구할 수 있다.

효과적으로 처벌하기 처벌이 필요할 때(예, 파괴적인 행동을 중지시키기 위해), 어떻게 처벌하면 효과적이라고 할 수 있을까? 연구 결과에 따르면, 시기, 강도, 적용의 일관성과 같은 몇몇 요소가 처벌의 효과에 영향을 미친다(Parke, 1977).

1. 처벌은 잘못된 행동을 하고 있는 동안 혹은 그러한 행동을 저지른 후 되도록 빨리 주어질 때 가장 효과적이다. 즉각적으로 문제행동을 중단시키는 것이 가장 효과적인 이유는 그렇게 해서 그 행동의 보상을 정지시키기 때문이다. 반응과 처벌 사이의 간격이 길어질수록 반응을 억제하는 처벌의 효과는 줄어든다(Camp, Raymond, & Church, 1967). 간격이 길면 대부분의 동물은 잘못된 행동과 처벌 사이의 관계를 이해하지 못한다. 예를 들어, 강아지를 길들여 본 사람은 강아지가 양탄자를 망가뜨리고 있을 때 처벌해야 효과적이라는 것을 알고 있다. 그러나 인간의 경우 처벌이 지연되었다면 처벌자가 바람직하지 않은 행동을 한 사람에게 그 사건을 상기시키고 왜 그런 행동이 부적절한지를 설명해야 한다.
2. 이상적으로 처벌은 문제행동을 억제하기 위해 필요한 만큼만 가해져야 한다. 동물 연구의 결과에 따르면, 처벌의 강도가 높을수록 바람직하지 못한 행동에 대한 억제는 커진다(Church, 1963). 그러나 처벌의 강도는 비행의 심각성과 비례해야 한다. 불필요하게 가혹한 처벌은 앞서 언급한 처벌의 부정적인 측면을 유발할 가능성이 높다. 처벌의 목적은 분노를 표출하는 것이 아니라 행동을 교정하는 것이다. 화가 나서 처벌할 때는 원하는 결과를 얻기 위해 필요한 정도보다 강도가 더 높아지기 쉽다. 그러나 처벌이 너무 약해도 효과가 없다. 서서히 처벌의 강도를 높이는 것도 효과가 없는데, 이는 행위자가 서서히 그 처벌의 강도에 적응하고 또 바람직하지 못한 행동은 지속되기 때문이다(Azrin & Holz, 1966). 어떤 행동을 억제해야 한다면, 처벌은 최소한 그런 비행이 가져다줄 보상보다는 커야 한다. 말하자면 200달러의 속도 위반 범칙금이 2달러보다 과속을 억제할 가능성이 큰 것이다. 반면에 시속 60km로 주행해야 하는 도로에서 80km로 주행하여 500달러

▶▶▶ 이 아이가 보다 적절한 행동을 하도록 하기 위해 부모는 처벌을 제외한 어떤 전략을 사용할 수 있을까?

의 속도 위반 범칙금을 물어야 하는 상황이라면 부당함으로 인한 반항을 불러일으킬 수도 있다.

3. 처벌이 효과적이려면 일관되게 적용해야 한다. 부모가 같은 행동에 대해 하루는 묵인하고 다음 날에는 처벌해서는 안 된다. 그리고 부모 모두가 같은 행동에 대해 같은 방식으로 대응해야 한다. 처벌의 가능성이 높을수록 바람직하지 못한 반응은 더 효과적으로 억제될 것이다. 백미러에 경찰차가 보이는데 과속을 하고 싶겠는가?

문화와 처벌 간통을 저지른 사람에게 돌을 던지는 것이 적절한 처벌이라고 생각하는가? 아마 당신이 그런 처벌이 통용되는 사회에 속해 있지 않는 한 그렇게 생각하지 않을 것이다. 처벌은 어느 사회에서나 사람의 행동을 조절하고 억제하기 위해 이용되어 왔으며, 중요한 가치, 규칙, 법률을 위반할 때 집행되었다. 하지만 모든 문화가 행동을 규제하는 가치나 법률은 동일하지 않다. 미국 시민이 다른 나라를 여행할 때는 그 나라의 문화에서 처벌을 바라보는 시각이나 그것을 집행하는 방식이 얼마나 다른지 숙지할 필요가 있다. 예를 들어, 마약 판매는 어디에서나 심각한 범죄이지만 미국에서는 교도소 수감으로 끝나는 반면, 몇몇 다른 나라에서는 사형에 처해진다. 이와 비슷하게, 미국에서 종교적 신성모독은 많은 사람에게 모욕감을 주어서 이와 같은 행동은 구두적인 거부반응의 형태로 사회적 처벌을 받는다. 그러나 법적으로는 이것은 표현의 자유에 해당된다. 반대로 어떤 나라에서는 신앙적 대상을 부적절하게 표현하거나 신성한 내용을 담는 저술의 종교적 가치를 깎아내리는 행위는 수감되거나 심지어 사형에 이르게 된다. 이와 비슷하게, 미국 사람들은 배우자를 폭행한 것으로 투옥될 수 있으나 몇몇 다른 사회에서는 이러한 행동을 법적 문제로 간주하지 않는다.

5.12 탈출학습과 회피학습은 어떻게 일어나는가?

탈출학습과 회피학습

당신은 연체료를 물지 않기 위해 세금을 제때 납부하는가? 어떤 행동이 혐오적인 사건을 막아 주거나 종결시키기 때문에 학습하는 것을 **탈출학습**이라 하는데, 이는 부적 강화의 위력을 보여 준다. 처벌을 받는 상황에서 도망치거나 두통을 덜기 위해 진통제를 먹는 행동이 탈출행동의 예다. 이런 상황에서는 혐오적인 사건이 먼저 시작되고, 그것에서 탈출하고자 하는 시도가 이루어진다.

이와는 대조적으로 **회피학습**(avoidance learning)은 두 종류의 조건형성에 의해 좌우된다. 고전적인 조건형성에서는 사건이나 조건이 피하고자 하는 상황의 전조로 나타난다. 음주와 운전은 자동차 사고와 죽음으로 연결될 수 있다. 그런 관련성 때문에 사람은 예측되는 혐오적인 결과를 피하기 위한 행동에 열중할 것이다. 술을 마신 운전자의 차에 절대로 탑승하지 않는 것은 적절한 회피행동이다.

그러나 대부분의 경우 회피학습은 부적응적이며 공포증을 유발한다. 학급 친구들 앞에서 이야기할 때 좋지 않은 경험을 한 학생은 여러 사람 앞에서 말해야 하는 모든 상황을 두려워하게 될 수 있다. 그런 학생은 발표가 필요한 수업을 회피하고 대중 앞에서 연설해야 하는 지도자적 역할을 맡지 않으려고 할 것이다. 그들은 그런 상황을 회피함으로써 예상되는 두려운 결과에 의한 고통을 받지 않아도 된다. 하지만 그런 회피행동은 부적으로 강화되고, 그래서 조작적 조건형성을 통해 강화된다. 이런 행동은 또 바람직하지 않는 자극을 피하거나 종료시킴으로써 부적으로 강화된다.

마찬가지로 미루는 습관도 많은 학생이 겪는 부적응적 회피행동이다. 미루는 버릇에 영향을 끼치는 행동 패턴은 학생이 공부하는 동안 겪는 혼란, 불안, 지루함을 회피할 수 있도록 해 주기 때문에 부적으로 강화된다. 이런 종류의 부적응적인 행동 패턴은 근절시키기 어렵지만 극복하는 것은 가능하다. 아래의 〈적용〉에서는 미루는 버릇을 극복할 수 있는 여러 가지 유용한 조언을 제시하고 있다.

인간과 동물이 싫어하는 상황에서 탈출하고 그것을 피하도록 학습하는 능력에는 중요한 예외가 있

적용 미루는 버릇과 싸워서 이기는 방법

시간만 더 있다면 더 좋은 성적을 받을 수 있을 거라는 생각을 자주 하는가? 종종 벼락치기로 시험공부를 하거나 학기말 과제를 막판에 완성하는가? 만약 그렇다면 다른 무엇보다 시간을 잡아먹는 버릇을 극복하는 방법을 배워야 할 것이다. 미루는 습관 말이다. 연구에 따르면, 공부를 미루는 버릇은 기대치를 충족하는 자신의 능력에 대한 자신감의 부족에서 어느 정도 비롯된다. 다른 연구들에서는 장기간이 아닌 단기간에 얻은 만족감에 대한 선호가 원인이라고 본다(Knipe, 2010) 다시 말해서, 학생들이 미룰 때, 그들은 학구적인 목표를 이루어 미래에 그들이 얻게 될 만족감보다는 텔레비전을 보거나 친구들과 수다 떠는 것과 같은 행동에서 얻은 즉각적인 기쁨을 선택한다. 일단 미루는 습관이 행동 패턴으로 굳어지면 몇 년이나 지속되기도 한다(Lee, Kelly, & Edward, 2006). 그럼에도 불구하고 행동수정 기법을 적용하면 누구나 미루는 습관을 극복하고 자신감을 되찾을 수 있다. 미루는 습관이 당신의 공부를 방해하는 것을 막기 위해 다음의 제안을 조직적으로 적용해 보라.

- '공부를 지속적으로 방해하는 환경적인 요인을 찾아내라.' 텔레비전, 컴퓨터나 비디오게임, 심지어 음식도 소중한 공부시간을 낭비하게 만드는 강력한 방해물이 될 수 있다. 그러나 이런 방해물은 공부를 마치고 나서는 즐길 수 있는 유용한 긍정적인 강화물이 될 수 있다.
- '공부시간을 계획하고 그것을 지키도록 노력하라.' 일단 계획을 세우면, 직장에서 직원이 고용주의 계획에 따라 움직이는 것처럼 그 계획에 충실하라. 그리고 공부시간 바로 다음에 무언가 즐길 거리를 계획해 두는 것을 명심하라.
- '시작하라.' 시작하는 것이 가장 힘들다. 정시에 시작했다면 스스로에게 더 큰 보상을 주고 늦게 시작했다면 처벌을 주라.
- '상상력을 동원하라.' 많은 경우 미루는 버릇은 그것의 부정적인 결과를 고려하지 못하는 데에서 비롯된다. 공부를 하지 않는 것의 결과, 예를 들어 충분히 준비를 하지 못한 채 시험에 통과하려고 애쓰는 것 등을 상상하는 것은 미루는 습관과 싸우는 데 있어서 효과적인 수단이 될 수 있다.
- '과제에서 어려운 부분이 나왔을 때 다른 일로 넘어가는 것을 조심하라.' 이런 미루는 습관의 작전은 바쁘고 뭔가를 성취하고 있다는 기분을 느끼게 하지만 회피하는 방법일 뿐이다.
- '지나치게 준비하는 것을 조심하라.' 미루는 습관을 가진 사람은 실제로 일 자체를 하는 것보다 그 일을 준비하는 데 더 많은 시간을 쓰곤 한다. 예를 들어, 다섯 페이지의 학기말 과제를 하기 위해 책 한 권을 써도 될 만큼 많은 자료를 찾는 식으로 과제를 미루는 것이다.
- '스스로 공부나 중요한 과제의 완성을 미루는 이유를 기록하라.' 만약 즐겨 쓰는 합리화가 '할 기분이 들 때까지 기다리는 것'이라면 일주일에 몇 번이나 공부를 하고 싶은 열망에 사로잡히는지 세어 보라. 공부할 기분은 보통 공부하기 전이 아니라 공부를 시작하고 난 다음에 찾아온다.

미루지 말라! 지금 시작하라! 여기에 요약한 단계를 적용해서 자신의 행동에 통제력을 가지고 미루는 버릇과의 싸움에서 이겨라.

다. **학습된 무력감**(learned helplessness)은 혐오조건에 대한 수동적인 단념이고, 탈출하거나 회피할 수 없는 혐오적 사건에 반복적으로 노출됨으로써 학습되는 것이다. 오버마이어와 셀리그만(Overmeier & Seligman, 1967)은 학습된 무력감에 대한 선구적인 실험을 실시하였다. 이 실험에서는 실험집단의 개를 탈출하지 못하도록 줄에 묶어 둔 채로 전기충격에 노출시켰다. 그런 다음 같은 개를 낮은 울타리로 두 칸이 분리된 상자에 넣었다. 그러고 나서 개들에게 경고 신호에 뒤이어 상자의 바닥에 전기충격을 가하는 일련의 실험을 실시하였다. 그러나 전기는 한쪽 바닥에만 통했고, 단순히 낮은 울타리를 뛰어넘으면 전기충격에서 탈출할 수 있었다. 놀랍게도 개들은 그렇게 하지 않았다. 반면 통제집단에 속한 개들은 이전에 탈출할 수 없는 전기충격을 경험한 적이 없었기에 완전히 다른 방식으로 행동했다. 경고 신호가 울리면 울타리를 뛰어넘어 전기충격을 피하는 방법을 빠르게 학습한 것이다. 셀리그만(1975)은 후에 회피하거나 탈출할 수 없는 고통스러운 경험을 겪었던 인간 역시 학습된 무력감을 경험할 수 있다고 주장했다. 예를 들어, 학교에서 지속적으로 성적이 낮은 학생은 공부를 그만둘지도 모른다. 왜냐하면 자신들이 제대로 학업을 지속해 내는 것이 불가능하다고 믿기 때문이다. 마찬가지로, 배우자에게 학대받은 사람들은 스스로가 그런 대우를 받는 것이 마땅하다는 생각을 하게 되어 상대방의 공격적 행동에 저항하지 않게 된다. 그렇게 되면 그들은 쉽게 포기해 버리고 피동적인 태도를 취하게 되거나 사람을 피하고 우울에 빠진다(Seligman, 1991).

5.13 조작적 조건형성의 원리는 일상생활에 어떻게 적용되는가?

조작적 조건형성의 적용

지금까지 살펴본 내용으로 조작적 조건형성이 우리가 매일 경험하는 중요한 학습 과정이라는 것을 깨달았을 것이다. 또한 조작적 조건형성은 타인의 행동을 변화시키기 위해 개인이 의도적으로 이용하기도 한다.

스트레스에 대한 신체반응을 제어하도록 자신을 단련할 수 있는가? 수년간 과학자는 심장박동이나 뇌파 패턴, 혈류와 같은 체내반응은 조작적 조건형성의 영향을 받지 않는다고 믿어 왔다. 현재는 사람들이 이러한 신체적 반응에 대한 매우 정확한 피드백을 받게 되면 그것을 제어하는 능력을 학습할 수 있는 것으로 알려져 있다. **바이오피드백**(biofeedback)은 체내의 생물학적 상태에 대한 정보를 얻는 방법이다. 바이오피드백 장치의 센서는 이런 작은 신체적 변화반응을 감지하고 해석해서 시각 혹은 청각 신호로 변환한다. 그래서 사람은 체내의 생리적 과정의 증거를 보거나 듣고, 다양한 전략(생각, 감정, 심상)을 시도함으로써 어떤 것이 특정 수준의 활동을 일상적으로 증가시키거나 감소 혹은 유지시키는지를 학습할 수 있다.

▶▶▶ 사람은 바이오피드백 장치를 사용하여 내면의 생리학적 상태를 보거나 듣고 다양한 정신적 전략을 통해 어떻게 제어하는지 학습할 수 있다.

바이오피드백은 심장박동을 조절하고 편두통과 긴장성 두통, 위장장애, 천식, 불안 · 긴장 상태, 간질, 성기능장애 그리고 뇌성마비, 척추 손상, 뇌졸중 같은 신경근 장애를 제어하기 위해 이용되어 왔다(Gauchet et al., 2012).

조작적 조건형성은 더 좋은 성적을 받게 해 줄 수 있을까? 학습행동에 조작적 조건형성 원리를 적용한다면 아마 가능할 것이다. **행동수정**(behavior modification)은 고전적 조건형성, 조작적 조건형성, 관찰학습(우리가 곧 다룰)의 학습원리에 기초한 조직적인 프로그램을 통해 행동을 변화시키는 방법이다. 행동수정 프로그램의 대다수는 자발적 조건형성의 원리를 이용한다. 아래의 〈시도〉에 제시한 대로 자신의 행동수정 계획을 만드는 데 도전해 보자.

행동수정 프로그램은 자폐아동과 성인의 자해적인 행동을 변화시키기 위해 이용되어 왔다. 이런 프로그램은 고도로 개별화되어 있고 종종 단일 피험자 설계로 연구되었는데, 이는 그 연구의 참가자가 한 사람밖에 없다는 것을 의미하기도 한다. 이러한 연구 중 하나는 자폐증 성인과 그들을 돌보는 이들에게 공통된 문제를 설명하기 위해 설계되었다(Beare et al., 2004). 자폐증이 있는 성인은 주로 수용시설에 거주하고 제한된 근로 조건에 고용된다. 하지만 자폐증 성인의 자해적인 행동은 동료나 상관을 방해하고 직장을 잃게 만들 수 있다. 이 연구에서 연구원들은 행동수정을 성공적으로 활용하여 자폐증을 앓는 41세 남성이 직장에서 자해적 행동을 보이지 않도록 했고, 그래서 그가 직업을 유지할 수 있게 해 주었다.

학교나 정신병원, 교도소와 같은 몇몇 기관에서는 사회적으로 바람직한 행동의 동기부여를 토큰으로 강화하는 **토큰경제**(token economy)를 활용한다. 토큰(포커 칩이나 쿠폰)은 나중에 사탕이나 자유시간 혹은 원하는 활동에 참여할 수 있는 기회와 같은 원하는 대상으로 교환할 수 있다. 그 프로그램에 참여하는 사람은 정확하게 어떤 행동이 강화될 것이고 어떻게 강화될 것인지를 미리 알고 있다. 토큰경제는 정신병원에서 환자로 하여금 몸을 단장하고 다른 환자와 교류하고 가사를 수행하도록 북돋는 데 효과적으로 이용되었다(Swartz et al., 2012). 때로는 교도소에서도 수감자들이 친사회적 행동을 하도록 격

시도 행동수정의 사용

자신의 행동을 변화시키기 위해 조건화를 사용하라

1. 목표행동을 확인하라. 목표행동은 관찰하고 측정할 수 있어야 한다. 예를 들어, 당신은 공부에 할당된 시간을 증가시키는 것을 선택할 수 있다.
2. 기초자료를 모으고 기록해라. 한 주 동안 당신이 목표행동에 대해 얼마나 많은 시간을 보냈는지 매일 기록해라. 또한 그 행동을 어디에서 취했는지, 그리고 목표행동이 느슨해지면 어떠한 환경적 단서가 선행되었는지를 기록해라.
3. 당신의 행동수정 프로그램을 계획하라. 목표 행동을 줄이거나 증가시킬 계획을 공식화하고 목표를 세워라.
4. 강화물을 선택하라. 당신을 더욱 신나게 할 활동은 즐거움이 감소되는 활동에 대한 강화물로 사용할 수 있다. 예를 들어 일정 기간의 공부를 한 후에 영화를 감상하면서 스스로에게 보상을 줄 수 있다.
5. 강화조건을 설정하고 기록을 시작하고 향상에 강화하라. 강화 목표가 너무 높아서 보상을 받기가 거의 불가능한 설정은 피해라. 바라는 결과를 향해 조금 전진하면 보상을 주는 스키너의 행동조형을 명심해라. 당신 스스로에게 솔직하고, 당신이 목표를 충족시켰을 때만 보상을 주어라. 목표행동을 저지하는 것을 더욱 통제하여 목표를 달성할 수 있게 당신의 진척을 기록해라.

려하는 데 토큰경제가 활용된다(Seegert, 2004). 학령기 아동의 행동도 그 나이 또래에 맞는 바람직한 행동의 진술을 기반으로 하여 잘 설계된 토큰경제로 조절할 수 있다(Reitman et al., 2004). 예를 들어, "손을 들고 선생님이 허락할 때까지 기다려라."와 같은 명령은 토큰경제를 사용하여 저학년 초등학생들에게 적절하게 쓰일 수 있다. 토큰이 계속 주어지지 않으면 보통 긍정적인 행동은 멈춘다 할지라도, 이 프로그램이 의미가 없는 것은 아니다. 사실 피고용인은 월급을 받지 않으면 일을 그만두지 않는가.

많은 학교 교사와 부모는 잘못한 아동을 짧은 시간에 긍정적인 강화의 원천에서 차단하는 행동수정 기법인 타임아웃을 사용한다(기억하라, 조작적 조건형성에 따르면 더 이상 강화되지 않는 행동은 사라진다). 행동수정은 사업이나 산업에서도 이윤을 늘리고 건강, 안전, 업무 수행에 관련된 노동자들의 행동을 조절하기 위해 성공적으로 활용될 수 있다(Hickman & Geller, 2003). 어떤 회사는 보험료를 낮게 유지하기 위해 자신의 건강보험 계획에서 공제액을 다 쓰지 않은 직원에게 매년 환불해 준다. 자동차 사고와 차량 절도에 관련된 비용을 절감하기 위해 보험회사는 에어백과 도난방지 시스템을 설치한 가입자에게 보험료 할인 혜택을 준다. 어떤 회사는 회사가 승인한 대학 강의를 듣도록 직원들을 독려하기 위해 권고된 학점만큼 강의를 수료한 직원에게 수업료를 상환해 준다. 많은 회사가 직원에게 실적에 따라 보너스, 여행, 그 밖의 다른 상품을 수여해서 판매를 촉진시킨다. 〈복습과 재검토〉는 고전적 조건형성과 조작적 조건형성의 원리를 정리해 놓은 표다.

복습과 재검토 고전적 조건형성과 조작적 조건형성 비교

특징	고전적 조건형성	조작적 조건형성
연합유형	두 자극 간의 연합	하나의 반응과 그에 따른 결과
피험자 상태	수동적	능동적
주의의 초점	반응 이전에 발생하는 것	반응 후에 따르는 것
전형적인 반응 형태	불수의적 또는 반사 반응	수의적 반응
전형적인 신체반응	내적 반응: 정서와 내분비선	외적 반응: 근육과 골격근 운동
반응의 범위	비교적 간단	간단한 것에서 복잡한 것까지
반응 학습	정서적 반응: 공포, 싫음, 좋음	목표 지향적 반응

기억하기 본문 내용을 떠올리며 다음 퀴즈를 풀어 보라.

1. 행동을 점진적으로 강화시키는 과정은 _____로(으로) 알려져 있다.
2. 강화물이 주어지지 않을 때는, 반응의 _____이(가) 나타난다.
3. 두통을 없애기 위해 진통제를 먹는 것은 _____의 예다. 좋은 시험 성적을 얻기 위해서 공부하는 것은 _____ 강화의 예다.
4. 글렌과 메건은 세탁소에서 일을 한다. 글렌은 세탁물 한 건당 5달러를 받고 메건은 시간당 5달러를 받는다. 글렌은 _____ 계획에 따라 임금을 받고 메건은 _____ 계획에 따라 임금을 받는다.
5. 부적 강화는 행동의 빈도를 _____시키는 반면에 처벌은 행동의 빈도를 _____시킨다.
6. 배우자의 학대로부터 거듭된 도피 및 회피 시도에도 성공하지 못한 희생자들은 마침내 학대에 수동적으로 굴종하게 되는데

이와 같은 상태를 _____라고(이라고) 한다.
7. 자신의 생리적 처리기제를 의식적 통제하에 둘 수 있도록 하는 과정을 모니터링하기 위해 민감한 전자제어 장치를 사용하는 것을 _____라고(이라고) 한다.
8. 바람직하지 않은 행동을 제거하거나 혹은 바람직한 행동을 촉진시키기 위해 학습의 원리를 구사하는 것은 _____이다.

인지학습

지금까지의 내용으로 보아 아마 고전적·조작적 조건형성이 모두 효과적이라는 것을 확신하게 되었을 것이다. 하지만 이런 조건형성이 독서와 같은 복잡한 정신 작용을 어떻게 학습하는지 설명할 수 있을까? 스키너와 왓슨 같은 행동주의자는 어떤 종류의 학습이라도 내면의 정신 작용과 관계없이 설명할 수 있다고 믿었다. 그러나 오늘날에는 점차 많은 심리학자가 정신 작용의 역할을 강조한다. 그들은 학습에 대한 연구를 사고, 지식, 문제 해결, 기억, 표상 형성 등과 같은 **인지 과정**(cognitive processes)까지 포함시켜 확장하였다. 인지 이론가는 학습을 더 완전하고 포괄적으로 파악하기 위해서는 이런 작용을 이해하는 것이 필수적이라고 한다. 우리는 인지학습 분야에서 중요한 세 사람의 연구자인 쾰러, 톨먼, 반두라의 연구를 살펴볼 것이다.

통찰학습

5.14 통찰은 학습에 어떤 영향을 미치는가?

어떤 문제 때문에 고민하다가 갑자기 번뜩이는 해결책이 머릿속에 떠오른 적이 있는가? 만약 그렇다면 볼프강 쾰러(Wolfgang Köhler, 1887~1967)가 처음 주창한 중요한 인지학습을 경험한 것이다. 쾰러는 그의 저서 『유인원의 정신(*The Mentalty of Apes*)』(1925)에서 우리 안에 갇힌 침팬지를 대상으로 한 실험에 대해서 설명했다. 한 실험에서 쾰러는 침팬지들의 손이 닿지 않는 우리 천장에 한 무더기의 바나나를 매달아 놓고 주변에는 상자와 막대기를 늘어놓았다. 그는 침팬지가 뛰어오르거나 막대기를 휘둘러서 바나나를 따려다 실패하는 모습을 관찰했다. 그러나 마침내 침팬지는 상자를 높이 쌓아올린 다음 기어 올라가는 방법으로 바나나를 얻는 데 성공했다.

쾰러는 때로 침팬지가 바나나를 얻으려는 시도를 포기한 것처럼 보이는 모습을 관찰했다. 그러나 침팬지는 시간이 흐르자 마치 그들에게 한순간 **통찰**(insight)이 이뤄진 것처럼 문제의 해결책을 가지고 돌아왔다. 침팬지는 막대기나 상자와 바나나 사이의 상관관계에 대해서 갑자기 깨달은 것처럼 보였다. 쾰러는 침팬지의 성공을 시행착오를 통한 학습보다는 통찰로 설명해야 한다고 주장하였는데, 이는 침팬지가 이런 해결책을 쉽게 반복하고 유사한 다른 문제를 해결하는 데 적용할 수 있었기 때문이다. 인간의 경우, 통찰에 의한 해결책은 기계적으로 암기한 해결책보다 쉽게 학습되고 잘 잊히지 않으며 새로운 문제에 쉽게 적용된다(Rock & Palmer, 1990). 예를 들면, 비슷한 유형의 수학문제를 계속 풀다 보면 많은 학생들은 '아하'라는 느낌을 갖게 되는데, 이때 바로 문제 해결의 실마리를 얻게 되며 그 결과로 나머지 문제들은 더 신속히 풀게 되어 오류의 빈도도 감소한다. 뇌영상 연구는 통찰학습이 몇몇 다른 뇌 영역이 상호작용하는 특수한 패턴과 관계 있다는 것을 보여 준다(Jing, 2004).

5.15 톨먼은 강화의 필요성에 대해 무엇을 발견했는가?

잠재학습과 인지 지도

에드워드 톨먼(Edward Tolman, 1886~1959)도 쾰러처럼 학습에 대해 보편적인 생각과는 다른 관점을 견지했다. 먼저, 톨먼(1932)은 학습이 강화 없이도 이루어질 수 있다고 믿었으며, 학습과 수행을 구별했다. 또한 그는 **잠재학습**(latent learning)이 이루어질 수 있다고 주장했다. 즉, 학습은 가시적인 강화 없이도 가능하며 유기체에게 그러한 동기가 생기기 전까지 드러나지 않는 것이라고 주장했다. 톨먼과 혼지크(Tolman & Honzik, 1930)의 고전적인 연구가 이런 견해를 뒷받침한다.

이 연구에서는 세 집단의 쥐를 17일간 매일 미로에 넣었다. 첫 번째 집단은 항상 미로의 끝에서 먹이를 보상으로 받았다. 두 번째 집단은 전혀 보상을 받지 않았고, 세 번째 집단은 11일째까지 보상을 받지 않았다. 그 결과, 첫 번째 집단은 17일 동안 꾸준한 수행 발전을 보였다. 두 번째 집단은 근소하고 점진적인 발전을 보였다. 11일째에 보상을 준 세 번째 집단은 그다음 날 놀라운 발전을 보였으며, 그때부터 매일 보상을 받았던 쥐를 능가했다([그림 5-7] 참조). 세 번째 집단의 급격한 발전은 톨먼에게 잠재학습이 이루어졌다는 것을 보여 주었다. 세 번째 집단의 쥐는 처음 11일간 실제로 미로를 학습했지만 보상을 주기 전까지는 학습한 것을 드러내지 않았다. 톨먼은 쥐가 미로에 대한 인지 지도, 즉 정신적인 표상이나 그림을 형성하는 법을 학습했지만 강화되기 전까지는 배운 것을 드러내지 않았다고 결론 내렸다. 그리고 이후의 연구에서는 어떻게 쥐가 **인지 지도**(cognitive map)를 재배열하는 법을 빠르게 학습하고, 점점 더 복잡해지는 미로 속에서 빠져나가는 길을 찾는지를 보여 주었다.

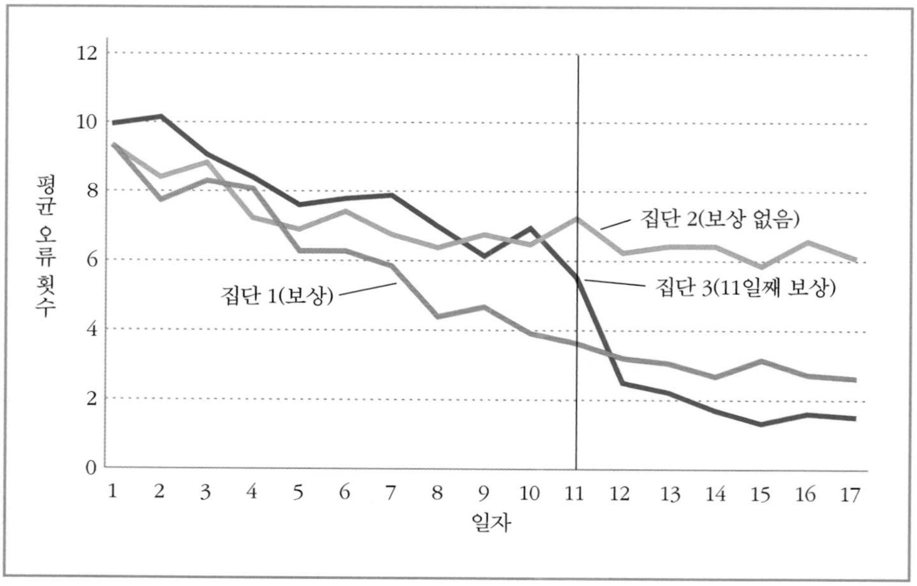

[그림 5-7] 잠재학습
집단 1의 쥐는 미로를 제대로 빠져나갔을 때 매일 보상을 받았다. 반면 집단 2의 쥐는 전혀 보상을 받지 않았다. 집단 3의 쥐는 11일째에만 보상을 받았는데, 그 이후에는 집단 1의 쥐를 능가했다. 쥐가 미로를 '학습했으나' 보상받을 때까지 수행할 동기가 없었다는 것인데, 이는 잠재학습이 일어났다는 사실을 보여 준다.

관찰학습

5.16 우리는 다른 사람을 관찰함으로써 어떻게 학습할 수 있는가?

다른 운전자가 과속 딱지를 받는 것을 보면 왜 자신이 속도를 줄이게 되는지 생각해 본 적이 있는가? 이런 상황에서는 누구도 당신에게 속도를 낮추는 것에 대한 강화를 하지는 않을 텐데, 왜 그렇게 하는 걸까? 심리학자 앨버트 반두라(Albert Bandura, 1986)는 많은 행동이나 반응이 관찰학습 혹은 사회적 인지학습을 통해 습득된다고 주장했다. **관찰학습**은 사람이 타인의 행동을 지켜보고 그 행동의 결과에 주목할 때 이루어진다. 그러니까 다른 운전자가 과속으로 딱지가 떼이는 것을 보고 속도를 늦추는 것은 그 사람에게 일어난 결과가 당신에게도 일어날 수 있다고 추측하기 때문이다. 다른 사람이 자동판매기의 옆 부분을 두드려서 무료로 음료수를 얻는 모습을 봤을 때도 같은 과정이 일어난다. 우리도 기계를 두드리면 무료로 음료수를 얻을 수 있다고 추측한다.

행동을 보여 주는 사람 혹은 어떤 행동에 대해 본보기가 되는 사람을 **모델**이라고 한다. 부모, 영화배우, 운동선수는 종종 아동의 강력한 모델이 된다. 모델의 효과는 모델의 신분, 능력, 권력과 관련이 있다. 그 밖의 다른 중요한 요인은 모델의 나이, 성별, 매력, 민족성이다. 거기에 관찰자 자신의 특성도 모델로부터 학습하는 정도에 영향을 미친다. 예를 들어, 자신의 외모에 불만을 가진 여성은 자신의 외모에 만족하는 여성에 비해 육체적으로 매력적인 모델에게 더 관심을 가지고 따라 하기 쉽다.

학습된 행동이 실제 행동으로 연결되는가는 관찰된 모델이 그 행동 때문에 보상 또는 처벌을 받는지, 그리고 관찰자가 그 행동에 의해 보상받을 것을 기대하는지에 따라 크게 좌우된다(Bandura, 1969, 1977). 모델이 꼭 사람일 필요는 없다. 예를 들어, 반두라가 1장에서 SQ3R 방법을 사용해 이 교재를 공부하는 방법을 보여 준 것은 '조립식' 가구의 설명서처럼 중요한 모델이라는 데 동의할 것이다.

교사가 학생에게 문제 푸는 방법을 가르치기 위해 모델링을 사용하는 수학, 화학, 물리 혹은 다른 과목의 수업에서 배웠듯이 단지 모델을 지켜보기만 한다고 해서 반드시 학습의 결과를 얻는 것은 아니다. 반두라는 다음의 네 가지 단계가 관찰학습의 발생 여부를 결정짓는다고 말했다.

- 주의: 관찰자는 모델에 주의를 기울여야 한다.
- 기억: 관찰자는 모델의 행동에 대한 정보를 기억에 저장해야 한다.
- 재생산: 관찰자는 행동을 학습하기 위해서 신체적 · 지적으로 그 행동을 수행할 수 있어야 한다. 즉, 로저 페더러가 테니스를 치는 모습을 많이 지켜보거나 비욘세의 노래를 아무리 많이 들어도 그들과 같은 재능이 없다면 동일한 기술을 얻을 수는 없을 것이다. 마찬가지로 유치원생이 고등학교에 다니는 누나가 숙제하는 모습을 지켜본다고 해서 지리학을 배우기는 어려울 것이다.
- 강화: 최종적으로 관찰을 통해 학습한 행동을 드러내기 위해서는 관찰자가 자발적으로 그 행동을 연습하고 수행하도록 동기가 유발되어야 한다.

관찰자가 모델을 통해 학습할 것인지의 여부를 결정짓는 요인이 있듯이, 모델과 관찰자 사이에도 여러 유형의 학습이 존재한다. 이런 다양한 유형의 학습은 모델이 관찰자의 행동에 영향을 끼치는 여러 방식을 보여 주기 때문에 '효과'라고 불린다. 우리가 지금까지 설명한 예는 다음 중 어떤 효과에 해당하는지 생각해 보자.

- 모델링: **모델링 효과**는 새로운 행동을 학습하는 것과 관련된다.
- 촉진: 관찰자는 모델의 행동과 유사한 행동을 **촉진 효과**를 통해 학습한다.
- 억제: 모델이 사회적으로 용인할 수 없는 행동의 대가로 처벌받는 것을 관찰자가 목격했을 때 그런 행동을 억제하는 경향을 **억제 효과**라고 한다.
- 탈억제: 모델이 사회적으로 용인할 수 없는 행동을 저지르고도 처벌을 면하거나 보상받는 것을 관찰자가 봤을 때 **탈억제 효과**가 발생한다.

우리의 예는 이렇게 분류할 수 있다. 모델링 효과는 교사의 시범을 보고 성공적으로 수학문제를 푸는 방법을 학습했을 때 나타난다. 천부적인 운동선수나 예술가가 공연하는 모습을 보고 그들을 모방하려고 시도할 때는 촉진 효과를 보이는 것이다. 동료 운전자가 과속 딱지가 떼이는 것을 보고 속도를 줄이는 것은 억제 효과의 한 예다. 마지막으로 당신의 직장 동료가 근무시간에 인터넷 서핑을 하고도 걸리지 않는 것을 보고 따라 하는 것은 탈억제 효과라고 할 수 있다.

〈복습과 재검토〉에서는 이 절에서 논의했던 인지적 학습의 원리를 복습할 것이다. 이제 학습의 다양한 원리에 대해서 배웠으니, 〈설명〉을 읽고 담배를 피우는 행동을 어떻게 설명하는지 알아보자.

복습과 재검토 인지적 학습

학습의 유형	특징	주요한 기여자	대표적 연구
통찰	문제 해결하는 방법을 갑작스럽게 깨달음	볼프강 쾰러	우리의 천장에 매달린 바나나를 얻기 위한 침팬치의 시도를 관찰
잠재학습	강화가 있기까지는 숨겨져 있는 학습	에드워드 톨먼	미로를 통과한 뒤 보상받을 쥐와 미로를 자유롭게 탐색할 수 있었지만 보상받지 않은 쥐를 비교
관찰학습	다른 이의 행동을 보면서 학습	앨버트 반두라	성인 모델의 공격적 행동을 관찰한 아동들과 공격적 행동을 보이지 않은 성인 모델을 관찰한 아동들을 비교

설명 학습의 원리는 담배를 피우는 행동을 어떻게 설명하는가

이제 학습의 모든 주요 원리를 공부했으니, 건강을 위협하는 흡연행동을 설명하기 위해 그 원리를 활용할 수 있을 것이다. 그러면 학습 단계, 유지 단계, 금연 단계를 통해 담배 피우는 행동을 그만두고 담배를 끊을 수도 있다. 다음으로 넘어가기 전에 고전적 조건형성, 조작적 조건형성, 관찰학습의 원리가 어떤 식으로 이런 단계들을 형성하는지 잠시 생각해 보자. 당신의 분석은 다를 수도 있지만, 우리의 생각은 다음과 같다.

학습 단계

관찰학습은 흡연을 시작하는 데 중요한 역할을 한다. 비흡연자는 자신이 능력 있고 성공적이라고 생각하는 모델(예, 인기 있는 친구, 영화의 등장인물, 잡지 광고의 모델)이 담배를 피우는 모습을 보고 그 행동을 함으로써 친구를 사귀는 데 도움이 되거나 세련되고 매력적으로 보일 것이라고 생각한다. 신참 흡연자가 니코틴이 뇌를 가볍게 자극하는 효과를 보상으로 경험하면 조작적 조건형성이 일어난다. 동시에 담배 연기에 점차 더 많이 노출됨에 따라 담배를 싫어하는 폐의 혐오반응이 줄어든다. 결과적으로 사회 영향에 대한 반응으로 시작된 행동이 이제 생리적인 요인에 의해 유지되게 된다.

유지 단계

흡연 습관이 자리를 잡으면 그것을 계속하기 위해 몇몇 다른 학습원리가 함께 작용한다. 예를 들어, 많은 흡연자는 식사 직후에 담배를 피운다. 고전적 조건형성의 결과로 배가 부를 때의 생리적인 느낌이 니코틴 효과와 결합되고, 배부른 느낌은 담배에 대한 욕망을 촉발하는 자극이 된다. 대부분의 사람이 담배를 피우는 사회적 상태에서는 흡연자가 타인과 같은 습관에 열중할 때 더 편하게 느끼는 관찰원리가 표면화된다. 게다가 부적 강화, 조작적 학습원리가 흡연행동을 유지하는 데 작용한다. 즉, 담배를 피움으로써 흡연자의 니코틴에 대한 갈망은 사라진다.

금연 단계

금연 단계에서는 학습의 원리를 통제하는 데 성공 여부가 달려 있다. 우선 금연하고자 하는 사람은 식사 후에 배부를 때처럼 고전적 조건형성에 의한 욕구를 억제해야 한다. 마찬가지로 흡연자는 많은 사람이 담배를 피우는 사회적 상황을 피하고, 흡연을 금지하거나 저지하는 상황에서 더 많은 시간을 보냄으로써 관찰학습의 위력을 이용할 수 있다. 마지막으로, 담배를 끊고자 하는 사람은 담배를 피우면서 발생하는 부적 강화(즉, 갈망의 완화)가 지속적인 강화계획으로 조작된다는 사실을 이용할 수 있다. 변동계획보다 연속계획이 특정 행동을 더 쉽게 학습하도록 하지만 더 쉽게 소거된다는 것을 상기하라. 그러므로 금연을 원하는 사람은 처음 사흘 정도는 자신의 갈망을 부정하는 것이 매우 괴롭지만 그다음에는 갈망이 상당히 줄어든다는 사실을 인식해야 한다.

매체를 통한 학습

5.17 매체를 통한 학습에 대한 연구로부터 알 수 있는 것은 무엇인가?

당신은 하루에 전자 매체로부터 흘러 들어오는 많은 정보에 얼마나 노출되어 있는가? 대부분의 사람은 깨어 있는 시간 동안 정보를 접한다. 심지어 아이들을 위한 TV 채널도 항상 존재한다("Round-the-clock baby TV⋯," 2006). 이렇게 매체의 지속적인 노출은 학습에 어떠한 영향을 미칠까?

다중작업 환경의 효과 오늘날에 흔히 접하는 다양한 전자 정보매체들은 한꺼번에 여러 가지의 정보 소스를 다루는, 소위 다중작업 환경이다(Rideout, Roberts, & Foehr, 2005). 대학생들이 참가한 연구에서 학생들은 자신들 앞에 있는 스크린을 보며 동시에 여러 가지 일을 수행하게 되는데, 스크린의 한 쪽에는 자신들이 읽을 논문이 제시되며 다른 한쪽에는 게임이나 SNS 사이트가 주어진다(Jones, 2003; Junco & Cotton, 2012). 또한 학생들은 노래를 듣거나 친구들과 문자 메시지를 교환한다. 다중작업 환경에서의 학습 효과를 검증하려는 연구들은 아직 초기 단계여서 결론을 내릴 수는 없지만 이러한 연구들에서 검토하고자 하는 질문들은 다중정보 자원을 바탕으로 하루 일과를 곡예하듯이 보내는 사람들에겐 상당히 흥미로울 것 같다. 그러한 연구과제 중 한 가지는 뇌가 주의 전략을 변화시켜서 다중자원의 정

▶▶▶ 반두라의 관찰학습 연구에서 아동은 성인 모델이 보보 인형에게 공격적으로 행동하는 것을 관찰함으로써 공격성을 모방하는 것을 학습했다.

보에 적응해 나가는지에 관한 것이다(예, Zhang et al., 2005). 또 연구자들은 중다정보 소스에 동시에 접하는 것이 그중 어느 한 가지 소스로부터의 정보에 대한 학습의 질을 저하시킬 것인가 하는 문제를 살펴보고 있다(예, Law, Logie, & Pearson, 2006). 그 외에도 연구자들은 정보가 다양한 경로에서 유입되는 것을 받아들임으로써 불안감을 유도하거나 학업 수행의 저하를 가져오지는 않을까 하는 가정에도 관심을 가진다(예, Bailey& Konstan, 2006; Junco & Cotton, 2012). 연구자들은 또한 다중과제 수행이 중다과제 환경을 벗어난 상황에서 우리의 인지적 능력에 어떤 영향을 미칠지에도 관심을 보이고 있다. 놀랍게도 이와 관련된 연구들은 사람들이 다중과제 수행에 빠질수록, 중다과제 수행을 하지 않을 때 사고 과정의 조절능력이 감소하는 것을 보여 준다(Ophir, Nass, & Wagner, 2009). 심리학자들은 이 결과에 대하여 다중작업은 관련된 것과 무관한 것의 차이를 탐지하는 능력을 줄인다고 제안한다. 다시 말해서, 다중작업은 중요하지 않은 정보를 걸러 내는 것이 아니라 환경의 모든 것에 주의를 기울이는 습관을 발전시키는 원인이 된다.

텔레비전과 여러 오락매체 40여 년 전 앨버트 반두라(Albert Bandura)는 일련의 고전적 연구를 통해 텔레비전의 폭력적인 프로그램이 아동에게 미치는 영향에 대한 관심을 불러일으켰다. 반두라는 만화를 포함한 텔레비전 프로그램의 폭력과 공격성이 아동의 공격적인 행동을 증가시키는 것으로 생각했다. 반두라의 선구적인 연구는 이러한 주제에 대한 현재의 견해에 큰 영향을 끼쳤다. 몇몇 고전적인 실험에서 반두라는 아동이 공격적인 모델에 노출되었을 때 어떤 영향을 받는지를 보여 주었다. 한 연구는 세 집단의 미취학 아동을 참가시켰다. 한 집단의 아동들은 한 명씩 개인적으로 성인 모델이 공격적인 말을 하면서 풍선 인형 '보보'를 주먹으로 치고 발로 차고 망치로 때리는 것을 관찰했다(Bandura, Ross,

& Ross, 1961, p. 576). 두 번째 집단의 아동들은 보보 인형을 무시하고 조용히 앉아 조립식 장난감을 만드는 비공격적인 모델을 관찰했다. 통제집단의 아동들은 성인이 없는 동일한 상황에 두었다. 그런 다음 편면거울(one-way mirror) 뒤에서 각 아동을 관찰했다. 공격적인 모델에 노출된 아동은 공격성을 상당히 흉내 냈고 다른 두 집단의 아동보다 비모방적인 공격성을 훨씬 더 많이 보이기 시작했다. 비공격적인 모델을 관찰한 집단은 통제집단보다 덜 공격적인 행동을 보였다.

그다음 연구는 (1) 실제 상황의 공격적인 모델, (2) 같은 상황의 촬영된 버전, (3) 환상적인 배경에서 공격적인 만화 캐릭터가 같은 공격적인 행동을 하는 영상에 각각 노출된 아동의 공격성 정도를 비교하는 것이었다(Bandura, Ross, & Ross, 1963). 통제집단 아동들은 이 세 가지 공격성 중 어느 것에도 노출되지 않았다. 결과적으로 공격적인 모델에 노출된 집단들은 통제집단보다 훨씬 더 높은 공격성을 보였다. 연구자들은 "세 가지 실험 조건 중에서 실제 사람이 공격성을 표현하는 영상에 노출된 경우 공격적인 행동을 유도하고 형성하는 영향력이 가장 컸다."(p. 7)고 결론을 내렸다.

반두라의 연구는 다른 오락 매체에서 묘사하는 폭력과 공격성의 영향에 대한 연구에 불을 지폈다. 예를 들면, 연구자들은 아동, 청소년과 젊은 성인들을 대상으로 한 잘 통제된 실험실 연구를 포함해서 여러 가지 방법으로 폭력적인 비디오게임이 공격행동을 증가시킨다는 것을 보여 주었다(Anderson & Carnagey, 2009). 더구나 음악이나 뮤직 비디오, 광고 혹은 인터넷에 포함된 폭력도 마찬가지라는 것이 증명되었다(Villani, 2001). 이러한 연구 결과는 부모들이 아이들을 위해 매체를 선택할 때 참고하는 등급체계에 혼란을 가져왔다. 반면 연구자들은 다양한 등급체계가 프로그램에 나오는 폭력적 행동의 강도나 빈도에 대해 각기 다르게 판정하는 것을 발견했다(Linder & Gentile, 2009). 더욱이 '폭력적'이라는 꼬리표가 붙은 매체는 아동, 특히 11세 이상 남자아이들에게 보고 싶은 욕망을 높일 수도 있음이 밝혀졌다(Bushman & Cantor, 2003).

하지만 텔레비전에서 보이는 폭력이 체포되는 것과 같은 적절한 결과로 끝난다면 실제로 아동에게 공격적인 행동을 하지 않도록 가르칠 수 있다는 주장을 할 수 있다. 그러나 실험 연구에 따르면, 아동은 성인과 같은 방식으로 결과에 대한 정보를 처리하지 않는다(Krcmar & Cooke, 2001). 미취학 아동은 공격적인 행동의 결과를 관찰함으로써 폭력이 도덕적으로 용인될 수 없다는 것을 배우는 듯하다. 반대로 학교에 다닐 만한 나이의 아동은 폭력적인 행동의 옳고 그름에 대해 독자적으로 판단하는 것처럼 보인다. 즉, 폭력이 복수의 맥락에서 이루어졌을 때는 공권력에 의해 처벌받는다 하더라도 도덕적으로 용인할 수 있다고 믿는다.

종단 연구에서는 어린 시절 폭력에 노출된 경험이 성인이 된 후에도 지속된다는 점을 잘 보여 준다(Bushman &

▶▶▶ 텔레비전 시청을 통해서 사람들이 배울 수 있는 것은 공격적인 행동만이 아니다. 레이첼 레이(Rachael Ray)는 수백만 명의 시청자에게 가정에서의 음식 준비와 같은 일상적인 활동에 창조성을 가미할 수 있음을 보여 주면서 유명해졌다.

Huesmann, 2012). 심리학자 로웰 휴스먼과 동료들(L. Rowell Huesman et al., 2003)은 유년기에 폭력적인 텔레비전 프로그램을 많이 시청한 사람이 청소년기에 실제 폭력적인 행동을 저지를 가능성이 상당히 높다는 사실을 발견했다. 이 연구는 유년기에 매체를 통해 폭력을 관찰하는 것이 성인이 된 후의 실제 폭력적인 행동과 연결된다는 점을 처음으로 밝혀냈다. 뇌영상 연구는, 이런 장기간의 효과는 아동이 폭력적인 프로그램을 보는 동안 학습한 정서행동 스크립트의 기초가 되는 신경 활동의 패턴이 가져오는 결과일 수 있다고 제안한다(Murray et al., 2006).

아동은 텔레비전에서 관찰하는 공격적인 행동을 모방하는 것과 마찬가지로, 텔레비전에 나오는 친사회적이고 선량한 행동도 따라 한다. 〈호랑이 다니엘의 이웃(Daniel Tiger's Neighborhood)〉이나 〈세서미 스트리트(Sesame Street)〉와 같은 프로그램은 아동에게 긍정적인 영향을 끼쳐 왔다. 그리고 휴스먼과 동료들의 연구 결과 역시 텔레비전의 긍정적인 효과에도 적용되기를 기대해 본다.

전자오락 최근 들어 미디어 폭력에 대한 우려는 텔레비전에서 전자오락으로 관심이 옮겨 갔다. 이런 변화는 아동과 청소년이 이제 텔레비전을 보는 것보다 전자오락을 하는 데 더 많은 시간을 소비하기 때문이다(Cummings & Vandewater, 2007). 성인 또한 상당량의 시간을 게임에 소비한다([그림 5-8] 참조). 비디오게임과 공격적인 행동 간의 연관성을 밝힌 종단 연구들이 다수 보고되었다(Willoughby, Adachi, & Good, 2012). 더욱이 어떤 연구는 폭력적인 게임을 함으로써 적개심이 증가하고 폭력적인 이미지에 대한 감수성이 감소한다는 것을 보여 준다(Carnagey, Anderson, & Bushman, 2007). 반면 폭력적인 비디오게임이 호전성을 증가시키거나 감수성을 떨어뜨리지도 않는다는 증거도 있다(Valadez & Ferguson, 2012). 그러므로 심리학자들은 폭력적인 비디오게임이 게임을 하는 사람의 감정 상태에 어떻게 영향을 주는지에 대한 명확한 답을 하기 전에 좀 더 많은 연구를 할 필요가 있다. 일부 심리학자는 폭력적인 전자오락이 사람들, 특히 청소년과 젊은 남성이 사회적으로 용인될 수 없는 감정을 사회적으로 용인 가능하고 안전한 방식으로 표출할 수 있게 해 준다고 주장한다(Jansz, 2005). 그들은 이런 게임들

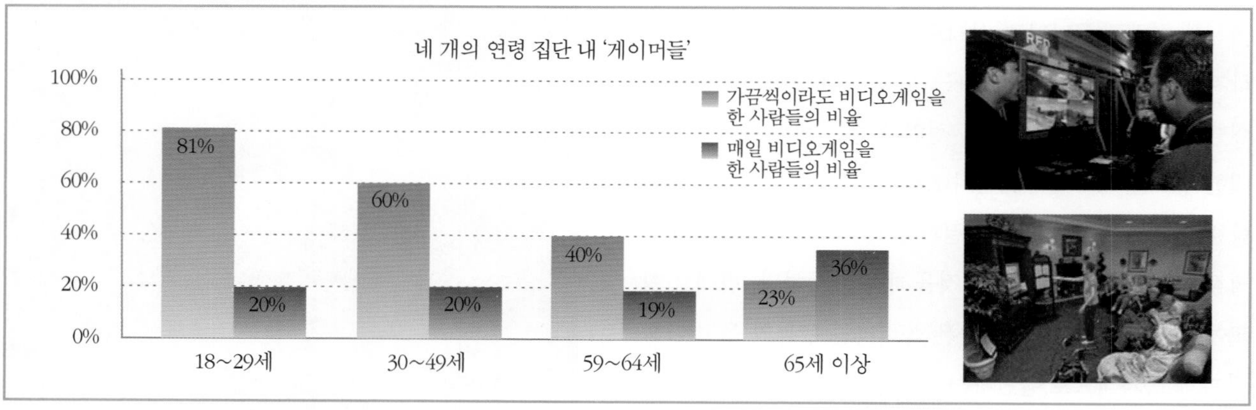

[그림 5-8] 네 개의 연령 집단 내 게이머들

Pew Internet과 American Life Project의 연구자들은 미국 내 어린이들과 성인들의 모든 종류의 매체 사용을 추적하였다. 그들이 발견한 것 중 하나는 가끔씩이라도 비디오게임을 하는 사람의 비율은 젊은 성인들이 더 높다는 것이었다. 그러나 비디오게임을 하는 사람들만으로 한정하면, 65세 이상의 고령자는 매일 비디오게임을 하는 경우가 다른 연령층보다 상대적으로 많았다.

출처: Lenhart, Jones, & Macgill(2008).

을 대부분 집단으로 하게 되며, 많은 젊은 남성은 게임이 또래와 사귀는 데 핵심적인 역할을 하는 활동이라는 사실을 지적한다(Jansz & Martens, 2005). 결과적으로 공격적인 충동을 친구 간의 경쟁적인 놀이로 전환하는 법을 배우는 것은, 설사 그 놀이가 가상의 폭력을 포함하고 있다고 해도 청년의 사회적 발전에 필수적인 부분이 된다. 마찬가지로 비디오게임을 하는 것은 아마도 여성보다는 남성들 사이에 더 일반적인 상호작용의 한 형태인 디지털 방식의 거칠고 저돌적인 신체적 놀이일 수도 있다.

텔레비전과 마찬가지로 비디오게임도 긍정적인 메시지와 기술을 가르치는 데 활용될 수 있다(Greitmeyer & Osswald, 2010). 예를 들어, 미시간 대학교의 연구자들은 비디오게임이 10대 청소년들에게 안전운전을 교육하는 데 효과적인 매체라는 사실을 발견했다(University of Michigan Transportation Research Institute, 2003). 또한 비디오게임을 즐기는 것은 전형적으로 남성에 비해 취약한 영역인 여성의 공간 지각력을 향상시켜 주는 것으로 나타났다(Spence & Feng, 2010).

인터넷 교육자들은 인터넷이 가르치는 도구로서 커다란 이점이 있다는 데 동의한다(Schofield, Ward, 2006). 그럼에도 연구자들은 교사들이 전통적인 방식에 비해 여러 가지 매체의 활용이 가능한 인터넷 기반의 교육이 당연히 더 효율적이라고 단정하지는 말아야 한다고 지적한다(Mayer, 2010). 즉, 교재가 온라인으로 제시될 때 영상과 소리가 학생들의 주의를 끄는 데 도움이 되지만 이런 것이 학습의 효과로 이어지는 것은 아니다(Liu, Liao, & Pratt, 2009). 더구나 타이핑이나 마우스를 움직이는 것과 같은 컴퓨터 자체의 물리적 조작은 온라인 독자의 주의를 흩트리고, 읽은 것을 이해하고 기억하는 능력을 저해한다(Mangen, 2008). 또한 잘 설계된 연구들은 어려운 내용을 배우는 데는 전통적인 교실에서의 강의와 교재가 다중 매체를 활용한 것만큼이나 유용하다는 것을 보여 준다(Mayer, Hegarty, Mayer, & Campbell, 2005). 그러나 가장 훌륭한 방법은 디지털 매체와 전통적 학습 자료를 함께 사용하는 것이다(Fiorella & Mayer, 2012).

교육자들이 아동을 대상으로 인터넷 기반 교육을 실시할 때는 특별히 조심해야 한다고 연구자들은 제안한다. 한 가지 이유는 5세 정도면 텔레비전 광고를 인식하는데도 10세 정도가 되기 전까지는 인터넷 광고가 '광고'라는 것을 알지 못하기 때문이다(Ali, Blades, Oates, & Blumberg, 2009; Kunkel & Castonguay, 2012). 결과적으로 웹 기반의 교재를 사용할 때 나이가 어릴수록 더 광고에 마음을 빼앗길 수 있다. 티나 윌러비(Teena Willoughby)와 동료들은 심지어 대학생 간 배경지식 차이가 위키피디아와 같은 온라인 참고문헌을 바탕으로 학습을 하는 데 있어서도 상당한 개인차를 유발하고 있음을 밝혀냈다(Willoughby, Anderson, Wood, Mueller, & Ross, 2009). 그러므로 이런 자료들은 성인에 비해 일반적으로 배경지식이 덜 발달된 아동에게는 별로 유용하지 않다. 그래서 온라인 독서현상을 연구하는 교육자들은 아동들은 온라인 교재를 접하기 전에 전통적인 교재를 읽는 기술과 배경지식 모두를 키우는 시간이 필요하다고 제안한다(Ali et al., 2009; Mangen, 2008).

기억하기 본문 내용을 떠올리며 다음 퀴즈를 풀어 보라.

1. 문제 장면에서 그 문제의 해결책을 찾을 수 있는 요소들 사이의 관계를 문득 깨닫게 되는 것을 _____이라고 한다.
2. 유기체가 행동을 수행하도록 동기화될 때까지 드러나지 않는 학습을 _____학습이라고 한다.
3. 철수는 매우 오래전부터 쥐를 무서워하고 그의 엄마도 같은 공포증을 가지고 있다. 철수는 아마 _____학습을 통해 공포감을 가지게 되었을 것이다.

되돌아보기

이 장을 시작하면서, 우리는 왜 어떤 활동들이 다른 것보다 더 마음을 끄는지를 설명하기 위해 학습 원리를 적용할 수 있다는 것을 배웠다. 그리고 이 장 전체를 읽으면서 고전적 조건형성, 조작적 조건형성, 인지학습에 관련된 여러 가지 일상적인 경험의 예를 접했다. 이 시점에서 아마 이 장에서 다루는 다양한 주제가 기억이나 문제 해결과 같이 우리가 보통 학문적인 학습과 연관 지어 생각하는 정신 작용과 어떻게 관련되는지 궁금해질 것이다. 그 답은 이 장에서 설명한 원리들이 일상생활에서 경험하는 수많은 학습의 종류 중 소수에 지나지 않는다는 것이다. 기억과 문제 해결에 관련된 학습의 다른 측면들은 이어지는 6장과 7장에서 다룰 것이다.

CHAPTER

6 기억

인간의 기억 구조

6.1 정보처리 이론은 기억을 어떻게 설명하는가?

6.2 감각기억의 특징은 무엇인가?

6.3 단기기억의 정보에 어떤 일이 일어나는가?

6.4 장기기억의 하위체계는 무엇인가?

인출을 더 자세히 들여다보기

6.5 인출 측정에 사용하는 회상, 재인 및 재학습의 차이점은 무엇인가?

6.6 계열위치 효과, 맥락 효과 및 상태의존 기억 효과는 인출에 어떻게 영향을 미치는가?

기억의 재구성

6.7 '기억은 재구성된 것이다'의 의미는 무엇인가?

6.8 출처기억, 섬광기억 및 자서전적 기억에 관한 연구들은 무엇을 알려 주는가?

6.9 전문 지식과 문화는 재구성적 기억에 어떻게 영향을 미치는가?

망각

6.10 에빙하우스가 망각에 관해 발견한 것은 무엇인가?

6.11 망각은 왜 일어날까?

생물학과 기억

6.12 기억과 관련된 뇌 영역은 무엇인가?

6.13 장기증강은 왜 중요한가?

6.14 호르몬은 기억에 어떻게 영향을 미치는가?

6.15 기억상실증이나 치매에서 어떤 종류의 기억상실이 발생하는가?

기억과 관련된 법률적 · 치료적 문제

6.16 목격자 증언의 신뢰도에 영향을 미치는 요인은 무엇인가?

6.17 '억압된 기억에 관한 논쟁'은 무엇인가?

생각해보기

당신의 기억은 얼마나 좋은가? 테스트를 해 보고 싶은가? 그렇다면 아래에 있는 글자 묶음들을 1초에 하나 정도의 속도로 각각 읽은 다음 그것들을 되뇔 수 있는지를 보라.

N-F L-C-B S-U-S A-D-V D-F-B I

얼마나 잘 했는가? 과제가 어려웠는가? 아마도 그러했을 것이다. 왜냐하면 15개의 서로 다른 글자들이 있는데, 이는 대부분의 사람들이 정보를 처리하는 용량을 초과하는 수이기 때문이다. 하지만 절망하지는 말라. 위의 글자 묶음들을 아래와 같이 재정렬한다면 훨씬 더 기억하기 쉽게 만들 수 있다.

N-F-L C-B-S U-S-A D-V-D F-B-I

이 활동이 제안하는 것처럼, 정보의 의미와 그것이 어떻게 조직화되어 있는가는 기억하는 능력에 영향을 준다. 따라서 명백히 인간의 기억체계는 카메라처럼 기능하지 않는다. 대신 기억체계는 사건에 대한 표상을 생성하기 위해 단순히 그것을 복사하는 것이 아니라 새로운 입력을 이전에 저장된 정보와 결합한다. 이 장에서 당신은 인간의 기억을 구성하는 대단히 흥미로운 과정에 관하여 읽게 될 것이다.

인간의 기억 구조

우리의 마음은 어떻게 기억들을 만들어 내는가? 심리학자들은 한 세기가 넘는 동안 기억에 관해 연구해 왔다. 그러나 현대적 컴퓨터의 발명과 컴퓨터 프로그래밍으로 인해 필요해졌던 기억 과정을 개별 부분들로 분류해야 했던 필요성이 심리학자들에게 어떻게 인간의 기억체계가 작동하는지를 이해할 수 있는 단서를 제공해 주었다. 컴퓨터가 어떻게 정보를 저장하는가에 관해 생각하는 것은 기억이 무엇이고 또 어떻게 작동하는지를 이해하는 데 도움이 될 것이다. 컴퓨터가 여러 부분으로 이루어진 것처럼, 우리의 기억도 여러 구조로 이루어져 있고, 이 중 일부는 일시적인 저장을 담당하고 다른 부분들은 정보의 영구적인 저장에 초점을 둔다는 것을 마음에 새겨 두자. 이러한 구조들을 이해하기 전에 기억의 정의 자체부터 시작할 필요가 있다.

6.1 정보처리 이론은 기억을 어떻게 설명하는가?

기억이란 무엇인가

인간의 기억을 이해하기 위한 현재의 연구들 대부분은 **정보처리 이론**(information-processing theory)으로 알려진 이론적 틀 안에서 수행된다(Mayer, 2012). 이 접근법은 심리학자들이 기억에 관여하는 처리 과정을 이해하도록 돕는 모델을 제공하기 위하여 현대의 컴퓨터 과학과 관련 분야를 이용하도록 한다. 컴퓨터 은유를 유지하면서, 정보처리 이론가들은 때때로 하드웨어(예, 기억에 관여하는 뇌 구조)와 소프트웨어(예, 학습된 기억 전략)와 같은 용어들을 인간의 기억체계의 다양한 측면에 적용한다.

기억에 관한 정보처리 접근의 일반적 원리는 기억이 세 가지 구별되는 처리 과정을 수반한다는 개념을 포함하고 있다. 첫 번째 처리 과정인 **부호화**(encoding)는 정보를 기억 속에 저장될 수 있는 형태로 변환하는 것이다. 두 번째 처리 과정인 **저장**(storage)은 정보를 기억 속에 보유하거나 유지하는 것을 수반한다. 부호화된 정보가 저장되기 위해서는 뇌에서 어떤 생리학적 변화가 반드시 일어나야 하는데, 이를 응고화(consolidation)라고 부른다. 마지막 처리 과정인 **인출**(retrieval)은 기억 속에 저장된 정보를 마음속으로 떠올릴 때 일어난다. 당신이 어떤 것을 기억하기 위해서는 정보를 부호화하고, 저장하고, 그런 다음 인출하는 이 세 가지 과정 모두를 수행해야만 한다. 따라서 **기억**(memory)은 정보의 부호화, 저장, 인출을 포함하는 인지적 처리 과정이다([그림 6-1] 참조). 예를 들어, 당신이 교통사고를 목격한다면 마음속으로 짧은 '이야기'를 만들어 낼 것인데, 이것이 부호화 과정이다. 다음으로 당신은 스스로에게 또는 다른 목격자에게 다시 말을 함으로써 다소 일시적으로 기억 속에 그 이야기를 저장할 것이다. 이렇게 다시 말하는 과정은 당신의 뇌가 그 이야기를 영구적인 기억으로 응고화하도록 야기할 것이다. 인출은 경찰관이 당신에게 무엇을 보았는지 물을 때 역할을 할 것이다.

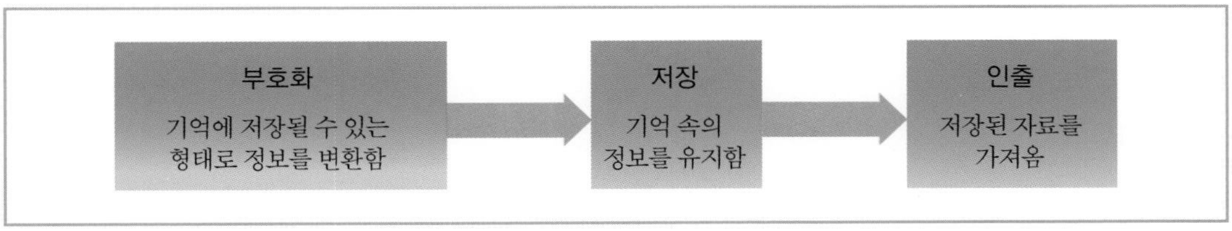

[그림 6-1] 기억 과정
기억하기 위해서는 부호화, 저장, 인출이라는 세 가지 과정에서 모두 성공적인 수행이 필요하다.

정보처리 이론은 어떤 한 이론가의 영향만 받은 것은 아니다. 하지만 몇몇 이론가들은 특별히 큰 영향을 미쳤다. 이러한 이론가들 중 두 명이 리처드 앳킨슨(Richard Atkinson)과 리처드 쉬프린(Richard Shiffrin)이다. 이들은 거의 모든 연구자가 적용하는 기억 모델을 제안했다(Atkinson & Shiffrin, 1968; Shiffrin, 1999). 그들의 모델은 세 개의 서로 다른, 하지만 상호작용하는 기억체계들(감각기억, 단기기억, 장기기억)로 기억의 특성을 묘사한다. 우리는 [그림 6-2]에 보이는 이 세 가지 기억체계들의 각각을 자세히 살펴볼 것이다.

감각기억

6.2 감각기억의 특징은 무엇인가?

우리가 보고 듣거나 다른 방식으로 감각하는 사실상의 모든 것은 **감각기억**(sensory memory)에 유지되는데, 각각의 정보는 매우 짧은 시간 동안만 저장된다. [그림 6-2]에 나타난 바와 같이, 감각기억은 보통 시각적 이미지를 몇 분의 1초 동안, 소리를 약 2초 동안 유지한다(Crowder, 1992;

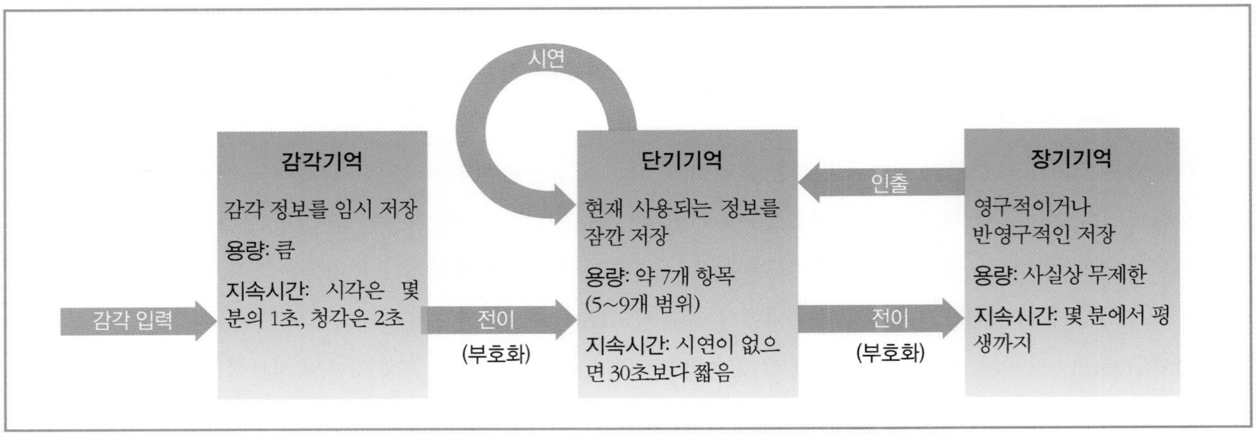

[그림 6-2] 앳킨슨-쉬프린의 세 가지 기억체계의 특성과 과정
세 가지 기억체계는 어떤 정보를 얼마나 많이 유지하는가와 지속시간에서 차이가 있다.

Klatzky, 1980).

시각적 감각기억은 정확히 얼마나 오래 지속될까? 다음에 제시된 세 줄의 글자들을 몇 분의 1초 내로 잠깐 훑어보고 난 다음 눈을 감는다. 몇 개의 글자를 회상할 수 있는가?

X B D F
M P Z G
L C N H

대부분의 사람은 글자 목록이 짧게 제시될 때 4~5개만을 정확히 회상할 수 있다. 이것이 시각적 감각기억이 한 번에 겨우 4~5개의 글자를 유지한다는 것을 나타내는 것일까? 이를 알아보고자 조지 스펄링(George Sperling, 1960)은 이러한 예와 같은 12개의 글자를 참가자들에게 짧게 제시했다. 화면이 사라지고 난 직후에 그는 고음, 중음, 저음 중 하나를 들려주었데, 이는 참가자들에게 위, 중간, 혹은 아래에 있는 글자열만을 보고하라는 신호로 작용했다. 참가자들은 그 음을 듣기 전에는 어느 열을 보고해야 하는지 알 수 없었다. 스펄링은 참가자들이 15/1000~1/2초 동안 볼 수 있었음에도 어느 열에 있는 항목이라도 거의 100% 정확히 보고할 수 있음을 발견하였다. 그러나 이 항목들은 매우 빨리 감각기억에서 사라지기 때문에 참가자들이 3~4개의 철자를 보고하는 데 걸리는 시간 동안 나머지 8~9개의 글자는 이미 사라져 버린다. 따라서 감각기억은 굉장히 많은 양의 정보를 취할 수 있지만, 아주 짧은 시간 동안만 유지할 수 있다.

극히 일부분의 개인(대부분은 아동임)은 영상이 감각기억에 존재하는 시간을 연장시키는 특출한 능력을 가지고 있다(Haber, 1980). 이러한 능력을 **직관적 심상**(eidetic imagery)이라 부르며, 이는 '사진기억(photographic memory)'이라는 대중적인 개념에 매우 가까운 기억현상이다(Solso, MacLin, & MacLin, 2008). 직관적 심상 능력을 지닌 사람들은 그림과 같은 시각자극이 시야에서 사라진 후 수분 동안 그 영상을 유지할 수 있으며, 그 시각자극에 대한 질문에 답을 하는 데 이 유지된 영상을 사용한다. 그러나 일반적으로 그들은 다른 사람들보다 더 우수한 장기기억을 보유하고 있지 않으며, 사실상 거의 모든 아동이 성인이 되기 전에 직관적 심상을 잃어버린다.

단기기억

6.3 단기기억의 정보에 어떤 일이 일어나는가?

아마도 당신은 만약 거의 모든 것이 감각기억에서 빠져나가 버린다면 우리가 어떻게 무언가를 기억할 수 있을까라고 생각하고 있을 수 있다. 다행히도 주의를 기울이는 우리의 능력은 우리가 일부 감각 정보를 붙들고, 그다음 처리 단계인 **단기기억**(short-term memory)으로 보낼 수 있게 해 준다. 당신이 바로 지금 생각하는 것이 무엇이든 그것은 단기기억 안에 있다([그림 6-2] 참조). 단기기억은 일반적으로 소리에 따라서 정보를 부호화한다. 예를 들어, 글자 T는 그 형태로서가 아니라 소리 'tee'로 부호화된다. 우리의 단기기억에 저장된 정보는 여러 요인에 의존적이다.

용량 단기기억의 용량은 한 번에 약 7(±2)개의 서로 다른 항목 혹은 정보 단위로, 매우 제한되어 있다. 이는 전화번호나 일반적인 우편번호 정도만을 위해서는 충분하다(아홉 자리의 우편번호는 대다수의 사람의 단기기억 용량을 무리하게 사용하도록 한다). 단기기억 용량이 꽉 차면 치환이 일어날 수 있다. **치환**(displacement)이 되면 새로운 항목은 기존에 있던 항목을 밀어내고, 기존 항목은 망각된다. 책상 위가 매우 혼잡해질 때 어떤 일이 생길지 생각해 보라. 어떤 물건들은 다른 물건 밑에서 '사라지기' 시작하고, 심지어 어떤 항목들은 책상 아래로 떨어진다. 그래서 단기기억을 책상 위와 관련지어 생각해 보면 그것이 기억체계의 제한된 성분인 것을 기억할 수 있다. 책상은 크기가 제한되어 있어서 혼잡하게 되면 물건들을 잃어버리게 될 것인데, 단기기억도 마찬가지다(다음 페이지의 〈설명〉 참조).

7개 정보 단위라는 한계를 극복하는 방법 중 한 가지는 기억 연구의 선구자인 조지 밀러(George Miller, 1956)가 **군집화**(chunking)라고 부른 전략이다. 군집화란 개별적인 정보의 단위를 보다 큰 단위나 군집으로 조직화하거나 묶는 것이다. 군집은 음절, 단어, 첫 머리 글자, 숫자와 같이 쉽게 식별할 수 있는 단위다(Cowan, 1988). 예를 들어, 5 2 9 7 3 1 3 2 5와 같은 아홉 자리 숫자는 529 73 1325(미국의 사회보장번호 형태)와 같은 더 쉽게 기억되는 세 개의 군집으로 나뉠 수 있다(우리는 작업기억에 대한 논의 부분에서 몇몇 다른 기억 전략에 관해서 배울 것이다).

▶▶▶ 이 운전자와 통화하고 있는 사람이 방향을 알려 주고 있다고 가정하라. 당신이 알 수 있듯이, 이 운전자는 그 방향을 적을 수 있는 방법이 없고, 단기기억은 운전하기와 통화하기라는 과제들을 잘하려고 노력하고 있고, 그러는 동안 또한 그 방향을 이해하고 기억하려고 노력하고 있다. 당신이 이러한 상황에 놓였던 적이 있다면, 제한된 단기기억 때문에 최소한 두 과제들 중의 하나에 대해서는 어려움을 겪었다는 것을 아마도 배웠을 것이다.

장기기억에 저장된 지식을 기반으로 정보를 군집화할 때마다(즉, 정보를 의미와 연합한 것에 의해) 당신은 단기기억의 실질적인 용량을 증가시킨다(Baddeley, 2009). 그 결과로서 군집화는 전화번호와 같은 짧은 단위의 자료를 기억하는 것과 마찬가

설명 왜 벼락치기 공부는 비효율적인 공부방법일까

당신도 이런 상황에 놓여 있던 적이 있는가? 심리학 시험 전날 밤, 시험 범위에 포함되는 세 단원을 아직 읽지 않은 상황이다. 선택의 여지가 없어 보이고, 결국은 시험을 위해 벼락치기로 밤을 지새운다. 최선의 노력을 다했음에도 불구하고, 다음 날 시험에 직면하게 되자 전날 밤 그렇게 애써 공부했던 세 단원 중에 그저 단편적인 내용만 생각난다는 것을 알게 된다. 당신은 단기기억의 특징들이 전날 밤 분명히 공부했던 것을 기억하지 못하는 것에 어떤 관련 있다고 생각하는가? 잠시 단기기억의 특성이 시험을 위해 벼락치기 공부를 할 때 어떻게 작용하는지 생각해 보자.

단기기억의 용량이 제한적이라는 것이 생각나는가? 벼락치기는 그 자체의 속성으로 인해 단기기억에 과부하를 일으키게 된다. 비록 벼락치기 공부가 또한 다양한 방법으로 기억체계를 혹사시키는 것도 있지만 그 비효율성의 근본적 원인은 이렇게 단기기억의 용량을 초과하는 것에 있다.

더 분명하게, 한 가지 예를 생각해 보자. 당신이 이 장 전체에 대한 시험을 위해 벼락치기를 하고 있고, 단기기억의 특징을 외워야 한다고 생각해 보자. 당신은 책을 훑어보고 시험을 대비하여 알아야 할 내용이 다음과 같이 요약될 수 있다고 예측한다.

- 7±2개 정보 단위로 제한된 용량
- 소멸, 치환, 간섭에 의한 정보 상실
- 시연하지 않으면 30초 내에 정보 손실
- 작업기억이라고도 알려져 있음
- 단기기억에서 실행되는 전략들
- 군집화는 용량을 늘릴 수 있음

이 목록에 6개 항목밖에 없기 때문에, 당신은 단기기억의 7개 단위 용량에 쉽게 들어맞는다고 생각하고 있을 수 있다. 만일 기계적인 방식의 암기가 대학 수준 시험의 목적에 충분하다면 이런 관찰은 타당할지도 모른다. 그러나 당신도 아마 알고 있듯이, 대부분의 대학 시험은 단순한 암기 이상의 것을 요구한다.

이 6개 항목으로 된 목록이 실제로 얼마나 복잡한지 단기기억의 관점에서 살펴보자. 첫 번째 항목은 상당히 간단하지만, 두 번째 항목을 보라. 이 항목은 근본적으로 당신이 소멸, 치환, 간섭이라는 용어들을 알아야 할 것을 요구하는 요약된 진술문이다. 이 용어들의 정의는 또한 당신이 이 요약문을 이해하는 데 그 용어들을 사용할 수 있기 전에 기억 속에 저장되기 위해 반드시 이해해야 하는 많은 단위의 정보를 포함한다. 따라서 이 단일 항목은 수많은 정보 단위를 포함하고 있다. 전체 목록은 수십 개 정도의 정보 단위를 포함하고 있는데, 이 모든 것을 이해해야만 하고, 또한 이것들은 장기기억에 의미적 연결망으로 저장되어야만 당신이 시험을 칠 때 접근하기가 쉽다.

단기기억의 제한성을 고려하면, 복잡한 재료를 학습하기 위한 유일한 방법은 군집화 전략을 적용하는 것이다. 정보를 군집화하는 것을 시작할 수 있기 전에 기초적인 지식을 쌓는 것은 시간과 노력이 필요하다. 따라서 단기기억의 특징을 학습하는 것만으로도 한 시간 이상이 걸릴 수 있다. 그리고 여기서 예를 든 당신의 시험은 단지 단기기억의 특성만이 아니라 이 장 전체였다는 것을 기억하라.

결론적으로, 당신의 정보처리 체계에 그 한계를 초과하는 부담을 주는 과제를 수행하는 것뿐만 아니라, 피곤하고 불안한 밤샘 벼락치기는 대학 교재의 단 하나의 단원이라 할지라도 그것을 학습하기에는 부족한 접근법이다. 그리고 한 단원만 공부하면 되는 시험이 얼마나 있는가? 대부분의 경우에, 대학 시험은 몇 개의 주 교재 단원들과, 종종 부교재와 강의 노트까지도 공부해야 한다. 그러므로 공부에 관한 충고는 대개 시간 관리에 대해 실현 가능한 통제된 방법을 개발하여 벼락치기가 필요하지 않도록 하라는 훈계로 시작한다.

지로 다량의 정보를 기억하는 데 유용하다. 예를 들어, 이 책의 제목, 부제목, 제목 옆의 질문들은 당신으로 하여금 정보를 다루기 쉬운 군집으로 분류하도록 돕는다. 그러므로 노트를 작성하거나 시험공부를 할 때 정보를 회상하는 단서로 이러한 군집을 사용한다면 책의 내용을 더 잘 기억할 것이다.

지속시간 아마도 짐작하였겠지만, 군집화만이 유일한 전략은 아니다. 사실 단기기억의 항목들은 여러 번 반복하여 되뇌지 않으면 30초 이내로 사라진다. 이 과정을 **시연**(rehearsal)이라고 한다. 하지만 시연은 쉽게 무너진다. 실제로 시연은 몇 초간의 방해자극에도 정보를 상실할 정도로 깨지기 쉬운 것이다. 일련의 초기 연구에서 참가자들은 세 개의 자음(예, H, G, L)을 짧게 보았고 그다음에는 주어진 숫자에서 3씩 빼는 계산(738, 735, 732, …)을 수행하였다(Peterson & Peterson, 1959). 3~18초의 지연시간 후에, 참가자들은 빼기 계산을 멈추고 제시되었던 3개의 글자를 회상할 것을 지시받았다. 9초의 지연 후, 참가자들은 평균적으로 3개의 글자 중에서 1개만을 회상할 수 있었다. 18초 후에는 실질적으로 아무것도 회상하지 못했다. 18초 동안의 방해가 단기기억으로부터 3개의 글자를 완전히 지워 버린 것이다.

단기기억과 작업기억 앨런 배들리(Allan Baddeley, 2012)는 단기기억은 **작업기억**(working memory)으로 알려져 있는, 일시적인 저장과 처리를 하는 더 넓은 체계의 한 요소라고 제안했다. 간단히 말해, 작업기억은 이해하거나 기억하거나 문제를 해결하는 데 사용하거나 혹은 다른 사람과 의사소통하는 데 필요한 정보에 대해 작용하는 기억의 하위체계다. 배들리는 단기기억이 주로 말하기에 기반을 둔다고 주장한다. 그 결과, 단기기억이 언어적 정보를 처리하는 데 관여하는 동안 정보처리 과제를 수행하는 데 필요한 다른 종류의 정보(예, 시각 정보)는 일시적인 저장을 위해 작업기억 체계의 다른 요소들로 보내진다. 연구들은 우리가 작업기억을 사용할 때 전전두피질이 활성화되는 것을 보여 준다(Schreppel et al., 2008).

그렇다면 작업기억에서 어떤 '작업'이 이루어지는가? 작업기억 처리 과정에서 가장 중요한 한 가지는 군집화와 같은 기억 전략의 적용이다. 기억 전략을 사용하는 것은 정보를 기억하기 쉽게 만드는 방식으로 정보를 조작하는 것을 수반한다. 우리는 거의 자동적으로 몇몇 기억 전략을 사용하지만 다른 전략들은 더 많은 노력을 필요로 한다. 예를 들어, 때때로 우리는 정보를 쉽게 회상할 수 있을 때까지 계속해서 반복적으로 암송한다(초등학교에서 구구단을 배우던 것을 기억해 보라). **유지시연**(maintenance rehearsal)이라 불리는 이런 전략은 특히 정보가 잠시 동안만 필요할 때, 예를 들어 전화번호와 차량번호를 기억하는 데 유용하게 쓰인다. 그러나 유지시연은 교재에서 찾는 것과 같은 보다 복잡한 정보를 기억하기 위한 최선의 방법이 아니다. 이런 유형의 정보를 위한 최선의 전략은 당신이 이미 알고 있는 정보와 새로운 정보를 관련짓는 **정교화 시연**(elaborative rehearsal)이다. 예를 들어, 당신이 프랑스어 수업을 듣고 있는데 영어로 'stairs(계단)'의 의미를 가진 단어 'escaliers'를 배워야 한다고 생각해 보자. 아마도 당신은 영어 단어 'escalator(에스컬레이터)'와 연관지어 'escaliers'의 의미를 기억할 것이다.

작업기억의 처리 수준 유지시연과 정교화 시연은 기억 연구자 퍼거스 크레이크와 로버트 록하트(Fergus Craik & Robert Lockhart, 1972)의 **처리수준 모델**의 맥락에서 처음 제시되었다(Baddeley, 1998).

이 모델은 유지시연이 '얕은' 처리(단어의 소리와 같은 정보의 표면적인 특징에 근거한 부호화)를 수반하는 반면, 정교화 시연은 '깊은' 처리(정보의 의미에 근거한 부호화)를 수반한다고 주장했다. 크레이크와 록하트는 깊은 처리가 얕은 처리보다 장기 파지가 더 잘된다고 가정했다. 이 가설은 크레이크와 툴빙(Craik & Tulving, 1975)의 고전적 연구에서 검증되었다. 연구자들은 참가자들에게 1/5초 동안 보여 준 단어에 대한 질문에 '예' 또는 '아니요'로 답하게 했다. 참가자들은 다음의 세 가지 방법으로 그 단어를 처리해야 했다. (1) 시각적으로(단어가 대문자입니까?), (2) 청각적으로(다른 특정 단어와 운율이 맞습니까?), (3) 의미적으로(특정 문장에 사용되었을 때 뜻이 통합니까?). 다시 말해, 첫 번째 질문에서는 얕은 처리, 두 번째 질문에서는 깊은 처리, 세 번째 질문에서는 훨씬 더 깊은 처리가 요구되었다. 파지검사에서 처리 수준이 깊을수록 기억의 정확도가 높은 것으로 나타났다.

자동성 기억 전략과 반복 회상의 결합된 효과는 일부 정보에 대해 **자동성**(automaticity)의 발달을 이끌어 낼 수 있다. 예를 들어, 아날로그 시계를 보고 시간을 말하는 것을 처음 배웠을 때, 시계의 작은 바늘과 큰 바늘의 위치를 해석하는 과정은 큰 정신적 노력을 요구한다. 그러나 연습을 통해 당신은 그저 시계를 흘끗 바라보는 것만으로도 시간을 즉각적으로 알 수 있게 된다. 정보가 자동적으로 인출될 수 있을 때, 작업기억 공간은 다른 과제들을 위해 자유로워진다. 그러므로 자동성 덕분에 당신은 시계를 보고 당신이 수업에 늦을 것을 깨달을 수 있으며, 그리고 그곳에 가능한 한 빠르게 도착하기 위한 계획을 순식간에 짤 수 있다.

일부 사람은 '엄청난 기억력'을 갖고 있는가 당신은 불가능해 보이는 기억술, 예컨대 파이(pi) 값을 수천 자리까지 기억하는 것과 같은 능력을 가진 사람들에 대한 이야기를 들어 보았을지도 모른다. 그러한 모든 경우에서 연구는 그러한 사람들이 당신이 방금 읽었던 전략들과 다음 페이지의 〈적용〉에서 볼 전략들을 사용한다는 것을 보여 주었다(Guenther, 2002). 더욱이 특별한 기억능력을 가진 많은 사람은 기억기능에 긍정적이기도 하고 부정적이기도 한 영향을 미치는 신경적 조건을 가진다. 예를 들면, 영화 〈레인맨(Rainman)〉에서 더스틴 호프만이 연기한 킴 픽이라는 남자는 복잡한 암산을 신속하게 수행할 수 있었고 수백 페이지의 문서들을 기억할 수 있었다. 그러나 자폐증이라는 그의 발달장애는 사람들이 세상을 이해하기 위해서 흔히 사용하는 해석적 정보 유형의 장기기억을 형성하는 것을 방해하였다. 따라서 픽은 새로운 정보는 기억할 수 있더라도 그것을 이해하기 위해 필요한 지식은 부족하였다. 연구는 좋은 기억력을 가지는 것이 어떤 사람은 가지고 어떤 사람은 부족한 수수께끼 같은 재능의 유형이 아니라는 것을 제안한다. 그것은 아무나 적용할 수 있는, 훈련이라는 효율적인 전략을 사용하는 것의 결과다.

6.4 장기기억의 하위체계는 무엇인가?

장기기억

정보는 단기기억에서 효과적으로 처리된 경우 장기기억으로 넘어간다. **장기기억**(long-term memory)은 영구적이거나 비교적 영구적인 기억의 거대한 저장고다([그림 6-2] 참조). 장기기억

적용 기억 향상시키기

노트 작성하기, 목록 만들기, 달력에 적어 두기, 수첩을 가지고 다니기 등은 우리의 기억을 믿는 것보다 종종 더 신뢰할 만하고 정확하다(Intons-Peterson & Fournier, 1986). 그러나 외적 보조물이 없을 때, 예기치 않은 순간에 어떤 정보가 필요하다면 어떻게 될까? 여러 기억술(mnemonics)이나 기억장치 그리고 학습 전략이 기억을 돕기 위해 오랜 기간에 걸쳐 개발되어 왔다.

기억술

운율은 다른 방법으로는 회상하기 어려운 재료를 기억하는 데 사용되는 흔한 보조물이다. 아마 어릴 때 모음 조합이 들어 있는 단어의 철자를 쓰려고 할 때, 'I before E except C'를 암송하는 것을 배웠을지 모른다.

장소법(method of loci)은 식료품 목록을 기억하거나, 노트 없이 연설이나 학급 발표를 하면서 당신의 주장을 순서대로 진행하고자 할 때 사용할 수 있는 기억장치다. 'loci('LOH-sye'로 발음됨)'라는 단어는 'locus'의 복수형으로, 위치나 장소를 의미하는 단어다. 당신의 집과 같은 어떤 친숙한 장소를 선택하고, 기억해야 할 항목들을 그 장소와 관련지어 놓는다. 어떤 순서대로 진행한다. 예를 들어, 기억하길 원하는 첫 번째 항목이나 생각을 진입로에 놓고, 두 번째는 차고에, 세 번째는 현관문 앞에 놓는 등, 기억하고 싶은 각각의 항목을 특정 장소와 연합할 때까지 시각화한다. 항목을 회상하고 싶을 때, 첫 번째 장소에서 시작하는 상상의 걸음을 걷기 시작한다. 그러면 첫 번째 항목이 머릿속에 갑자기 떠오를 것이다. 두 번째 장소를 생각하면 두 번째 항목도 계속해서 연상될 것이다. 장소법은 이러한 방식으로 진행된다.

또 다른 유용한 기술은 기억해야 할 각 항목의 첫 글자를 따서 이 글자를 단어, 구, 혹은 문장의 형태로 만드는 것이다. 예를 들어, 가시광선 스펙트럼의 일곱 가지 색깔을 순서대로 기억해야 한다고 가정해 보자.

Red
Orange
Yellow
Green
Blue
Indigo
Violet

각 색깔의 첫 글자를 이용하여 'Roy G. Biv'라는 이름의 형태로 이 과제를 더 쉽게 만들 수 있다. 세 개의 군집은 일곱 개의 서로 다른 항목보다 기억하기가 더 쉽다.

학습 전략

기억술은 몇몇 유형의 정보에는 도움이 되지만, 당신이 교재에서 배워야 하는 대부분은 더 종합적인 전략을 요구한다. 예를 들어, 조직화(organization)는 매우 효과적인 학습 전략이다. 당신이 기억하고자 하는 항목들을 알파벳 순서로, 또는 범주나 역사적 흐름, 혹은 중요한 사람들에 따라, 또는 당신이 회상하기 쉬운 다른 방법으로 조직화해 보라.

과잉학습(overlearning)은 실수 없이 한 번에 자료를 암송할 수 있는 지점을 넘어서 연습하고 공부하는 것이다. 과잉학습은 망각에 대해 더욱 내성을 갖도록 해 준다. 그래서 다음번 시험공부를 할 때는 그 자료를 안다는 생각이 들자마자 곧바로 공부를 중단하지는 않도록 하라. 이 교재의 제목 옆 질문과 같은 교재의 특성을 활용하여 한 시간 정도 더 시간을 보내라. 당신이 얼마나 더 많이 기억할 수 있는지에 놀라게 될 것이다.

대부분의 학생은 시험을 위해 벼락치기를 하는데, 이는 심리학자들이 집중 연습(massed practice)이라고 부르는 전략이다.

그러나 중간에 휴식기간이 있고 짧게 여러 번 학습하는 분산학습(spaced practice)으로 공부하는 것이 일반적으로 더 효과적이다. 장시간에 걸친 암기는 특히 망각이 일어나기 쉽고 피로가 쌓이며 응고화도 저하시킨다.

연구는 공부할 때 암송(recitation)을 많이 할수록 더 잘 회상한다는 것을 보여 준다. 예를 들어, 한 페이지나 몇 단락을 읽고 난 다음, 읽었던 부분에서 당신이 기억하는 것을 암송하는 것이 좋다. 그런 다음 읽기를 계속하다가 멈추고 또다시 암송하고, 이를 반복한다.

마지막으로, 기억 연구자 헨리 로디거(Henry Roediger)와 동료들은 반복 시험보다 나은 학습 전략이 없다는 것을 수많은 연구들에서 보여 주었다(Karpicke, Butler, & Roediger, 2009). 로디거의 연구는 퀴즈를 풀고 문제를 왜 틀렸는지 확인하기 위해 책을 다시 찾아보는 것을 반복하는 것이 학생들이 시험에서 성공하기 위해 반드시 숙달해야 하는 세부 정보에 관한 접근이 쉬운 장기기억을 형성하는 데 매우 효과적인 전략이라는 것을 보여 준다. 이는 많은 노력을 요구하지만, 로디거의 연구는 시험에서 더 나은 수행을 보일 것이라는 것을 보여 준다.

체계의 저장 용량의 한계는 알려져 있지 않으며, 수년 또는 평생 동안 지속될 수 있다. 시각적 심상, 소리, 냄새도 장기기억에 저장될 수 있으나, 장기기억의 정보는 대체로 의미적인 형태로 저장된다.

서술기억 일부 전문가는 장기기억 내에 두 가지 중요한 하위체계가 있다고 생각한다. 첫 번째, **서술기억**(declarative memory, 혹은 외현기억[explicit memory]이라고도 함)은 언어적으로 혹은 심상의 형태로 떠올릴 수 있고 서술되거나 명시될 수 있는 사실, 정보, 개인적인 인생 사건을 저장한다. 서술기억은 우리가 의도적이고 의식적으로 상기하는 정보를 보유한다. 서술기억에는 일화기억과 의미기억이라는 두 유형이 있다. **일화기억**(episodic memory)은 개인이 주관적으로 경험한 것으로서의 사건들을 기록하는 서술기억의 한 유형이다(Wheeler, Stuss, & Tulving, 1997). 이것은 당신이 알아 왔던 사람, 가 본 적이 있는 장소, 개인적으로 겪었던 경험 등 삶의 일화에 대한 기록으로, 마치 마음의 일기와 같은 것이다. 일화기억을 이용하여, 어떤 사람은 다음과 같은 문장을 만들 수도 있다. '나는 작년 봄 휴가 때 플로리다에 있었고, 백사장에 누워 햇볕을 받으며 해변에 부딪히는 파도소리를 들었던 것을 기억한다.' 다른 유형의 서술기억인 **의미기억**(semantic memory)은 일반적인 지식이나 객관적인 사실과 정보에 대한 기억이다. 의미기억은 플로리다가 동쪽의 대서양과 서쪽의 멕시코만의 경계에 있다는 것을 회상할 때 관여한다. 이 사실을 알기 위해 플로리다를 직접 방문할 필요는 없다. 그러므로 의미기억은 개인적인 일기라기보다 백과사전 같은 것이다.

기억 연구자 엔델 툴빙(Endel Tulving, 1995)은 두 유형의 서술기억이 독립적으로 기능하지 않는다고 주장했다. 예를 들어, 플로리다 해변에 누워 있던 기억(일화)은 해변이 무엇인가에 대한 이해(의미)에 의존한다. 마찬가지로 실제로 그곳에 있었다는(일화) 경험은 의심의 여지없이 플로리다 주에 대한 그 사람의 일반적 지식(의미)을 향상시켰다.

비서술기억 기억의 두 번째 유형인 **비서술기억**(nondeclarative memory, 암묵기억[implicit memory]이라고도 함)은 절차 및 운동 기술, 습관, 단순한 고전적 조건반응을 저장하는 장기기억의 하위체계다

(Squire et al., 1993). 운동 기술은 포크로 음식 먹기, 자전거 타기, 운전하기와 같은 반복적인 연습을 통하여 습득된다. 비록 이 기술은 천천히 학습되지만 한 번 익히고 나면 습관이 되어 의식적 노력이 거의 없이 혹은 전혀 없이도 수행할 수 있다. 예를 들어, 아마도 당신은 컴퓨터 키보드의 각 열에 있는 키들을 왼쪽에서 오른쪽까지 그 이름을 의식적으로 부르지 않고도 사용할 것이다. [그림 6-3]은 장기기억의 두 가지 하위체계를 보여 준다.

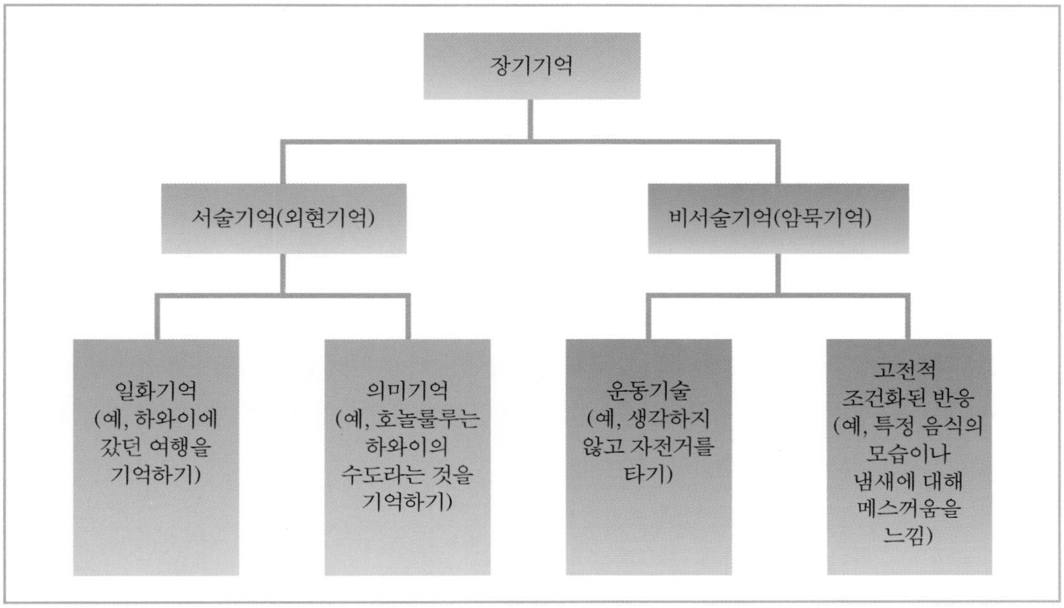

[그림 6-3] 장기기억의 하위체계

서술기억은 두 하위체계, 즉 개인적으로 경험한 사건들에 대한 기억을 저장하는 일화기억과 사실과 정보를 저장하는 의미기억으로 나눌 수 있다. 비서술기억은 반복적인 연습을 통해 습득한 운동기술과 단순한 고전적 조건반응으로 구성된다.

기억하기 본문 내용을 떠올리며 다음 퀴즈를 풀어 보라.

1. 기억을 구성하는 세 가지 과정은 _____, _____, _____이다.
2. _____은(는) 시야에서 사라진 이후 몇 분 동안 _____기억에 시각 자극에 대한 이미지를 유지하는 능력이다.
3. _____기억에 저장된 정보는 처리되지 않으면 잃어버릴 것이다.
4. 서술기억은 _____의 형태로 저장될 수 있는 정보를 포함한다.
5. 자전거 타기에 사용하는 정보는 _____기억에 저장된다.

인출을 더 자세히 들여다보기

당신은 정보가 어떻게 정보처리 체계를 통해서 흘러가는지에 대해 알게 되었으므로, 이제 우리는 장기기억으로부터 정보를 인출하는 처리 과정에 대해 더 자세히 살펴볼 것이다. 캐나다의 신경외과 의사인 윌더 펜필드(Wilder Penfield)는 인출이 심적 기억 녹음기에 시작 버튼을 누르는 것을 수반한다고 하면서 기억을 녹음으로 흥미롭게 비유하였다. 다음 내용을 읽어 보면 알겠지만, 인출의 과정은 펜필드가 제시한 은유보다 조금 더 복잡하다.

6.5 인출 측정에 사용하는 회상, 재인 및 재학습의 차이점은 무엇인가?

인출을 측정하기

이전에 언급하였듯이, 인출(retrieval)은 심적으로 부호화되고 저장된 정보를 이끌어 내는 처리 과정이다. 일반적으로, 기억 연구자들은 인출을 측정하는 데 세 가지 유형의 과제를 사용한다. **회상**(recall)에서, 참가자는 요구된 정보를 순수하게 기억 탐색을 통하여 산출해야 한다. 어떤 사람의 이름, 쇼핑 목록의 품목, 발표문이나 시에 나온 단어를 기억하려고 하는 것이 회상과제다. 다음 문제 중에서 어느 것이 더 쉽다고 생각하는가?

- 세 가지 기본적인 기억 처리 과정은 무엇인가?
- 다음 중 어떤 것이 세 가지 기본적인 기억 처리 과정에 해당하지 않는가?
  a. 인출 b. 부호화 c. 재학습 d. 저장

첫 번째 질문이 회상을 요구하는 반면 두 번째 질문은 재인을 요구하기 때문에, 대부분의 사람은 두 번째 질문이 더 쉽다고 생각한다.

단서가 제공되어 기억을 일깨워 준다면 회상과제는 조금 더 쉬울 것이다. **인출단서**(retrieval cue)는 특정 기억을 인출할 수 있도록 도와주는 자극이나 정보다. 다음 두 가지 시험 문항에 어떻게 답할지 생각해 보라.

- 네 가지 기본적인 기억 과정은 무엇인가?
- 기억에 포함되는 네 가지 과정은 약______, 저______, 응______, 인______이다.

두 문항 모두 정보 회상을 요구한다. 그러나 대부분의 학생은 두 번째 문항이 네 가지의 인출단서를 포함하고 있기 때문에 답하기가 더 쉽다는 것을 알아차릴 것이다.

재인(recognition)은 그 이름이 뜻하는 그대로다. 우리는 얼굴, 이름, 맛, 멜로디 등의 친숙한 어떤 것을 그냥 알아본다. 선다형, 짝짓기형, 진위형 등이 재인에 근거한 시험 문항의 예다. 회상과 재인의 가장 큰 차이는 재인과제가 정보를 끌어오도록 요구하지 않고 과제를 볼 때 단지 알아차리기만 하면 된다는 것이다. 재인 문항에서 정답은 다른 항목들과 함께 포함되어 있다.

기억을 측정하는 더 민감한 또 다른 방법이 있다. **재학습법**(relearning method)에서 파지는 어떤 재료를 최초로 학습할 때 걸린 시간에 비하여 재학습할 때 절약되는 시간의 백분율로 나타낸다. 어떤 단어 목록을 기억하는 데 40분이 걸렸고, 한 달 후 회상과 재인을 사용하여 그 단어들에 대한 시험을 본다고 생각해 보라. 만약 한 단어도 회상하거나 재인할 수 없다면 그 목록에서 아무것도 기억하지 못한다는 것을 의미하는가? 아니면 그것이 저장했을지도 모르는 적은 양의 정보를 측정하기에 회상이나 재인 과제가 충분히 민감하지 않다는 것을 의미하는가? 연구자는 어떻게 이전에 학습한 것의 나머지 흔적을 측정할 수 있을까? 재학습법을 사용하면 단어 목록을 재학습하는 데 걸리는 시간을 측정할 수 있다. 만약 목록을 재학습하는 데 20분이 걸린다면, 최초 학습시간인 40분보다 50%가 절약된 것을 나타낸다. 이렇게 절약된 시간(절약점수)이 얼마만큼의 재료가 장기기억에 남아 있는가를 반영한다.

▶▶▶ 당신은 이름보다 얼굴을 더 잘 기억하는가? 왜 그런지 궁금했던 적이 있는가? 그 이유는 얼굴 기억하기가 회상 과제가 아닌 재인과제이기 때문이다. 이름은 기억해야 하지만 얼굴은 그저 알아볼 뿐이다.

대학생은 종합적 기말시험에 대비해 공부할 때 매 학기 재학습법을 증명해 주는 셈이다. 기말시험에서 재학습하는 데 걸리는 시간은 처음 공부할 때 걸리는 시간보다 짧다.

인출에 대한 영향

6.6 계열위치 효과, 맥락 효과 및 상태의존 기억 효과는 인출에 어떻게 영향을 미치는가?

매일의 경험을 통해 당신이 아마 알 수 있듯이, 인출은 때때로 효과적이고 효율적으로 일어나기도 하지만 잘 일어나지 않을 때도 있다. 연구들은 이 과정에 영향을 주는 많은 요인을 보여 준다.

계열위치 효과 파티에서 10여 명의 사람을 소개받았다면 어떤 일이 일어날까? 처음 만난 몇 사람과 마지막에 본 한두 사람의 이름은 기억할 수 있겠지만, 그 중간의 많은 사람의 이름은 잊어버릴 것이다. 이는 **계열위치 효과**(serial position effect) 때문이다. 즉, 연속적으로 학습되는 정보에 대해 그 계열의 처음이나 끝 부분에 있는 항목이 중간 항목보다 더 잘 회상된다.

계열의 처음에 있는 정보는 **초두 효과**(primacy effect)의 영향을 받는다. 즉, 계열의 처음 항목들이 중간 항목보다 더 쉽게 회상되는 경향이 있다. 처음 항목은 이미 장기기억에 자리 잡기 때문에 회상될 가능성이 높다. 계열의 끝에 있는 정보는 **최신 효과**(recency effect)의 영향을 받는다. 즉, 계열의 끝 항목들이 중간 항목보다 더 쉽게 회상되는 경향이 있다. 이 정보는 아직 단기기억에 있기 때문에 회상될 가능성이 더 높다. 계열의 중간에 있는 정보를 회상하는 것이 저조한 것은 정보가 더 이상 단기기억에 있지도 않고 아직 장기기억에 저장되지도 못했기 때문이다. 계열위치 효과는 단기기억과 장기기억이 독립된 체계라는 주장을 강하게 뒷받침한다(Postman & Phillips, 1965).

맥락 효과 침실에 있는 어떤 물건이 필요해서 가지러 갔는데 막상 그곳에 가서는 무엇을 가지러 왔는지 잊어버려 거실에 서 있었던 적이 있는가? 거실로 다시 돌아왔을 때 다시 그 물건이 생각난 적이 있는가? 툴빙과 톰슨(Tulving & Thompson, 1973)은 정보를 학습하는 물리적 환경의 많은 구성 요소가 정보와 함께 부호화되고 기억의 일부가 된다고 주장한다. 이 과정을 **맥락 효과**(context effect)라고 부른다. 원래 맥락의 부분이나 전체가 재현된다면 그것은 인출단서로 작용할 수 있다. 그런 이유로 거실로 돌아온 것이 침실로 가지러 갔던 물건에 관한 기억을 끌어낸다. 사실, 그냥 거실에 있는 자신을 시각화하는 속임수를 쓰는 것도 좋다(Smith, Glenberg, & Bjork, 1978). (힌트: 시험을 칠 때 어떤 것이 떠오르지 않아 어려움을 겪고 있다면 공부하던 방에 있는 자신의 모습을 그려 보라.)

고든과 배들리(Godden & Baddeley, 1975)는 대학 다이빙 클럽 회원들과 함께 맥락과 기억에 관한 초기 연구 중 하나를 수행하였다. 참가자들은 수심 3m의 물속, 혹은 육지에서 단어 목록을 암기하였다. 그 후에, 학습한 환경과 동일하거나 다른 곳에서 단어회상검사를 실시하였다. 물속에서 학습한 단어는 물속에서 가장 잘 회상되었고, 육지에서 학습한 단어는 육지에서 가장 잘 회상되었다. 실제로 참가자들이 동일한 맥락에서 단어를 학습하고 회상하였을 때의 점수는 두 맥락이 다를 때의 점수보다 47%나 높았다([그림 6-4] 참조).

냄새 역시 강력하고 지속적인 인출단서를 제공한다. 한 연구에서 연구자들은 바닐라 향이 방에 나도록 하였는데, 그 방에서 참가자들은 위치 기억 과제를 학습하였다. 이 과제는 참가자들이 방 주변에 있는 다양한 위치에 놓여 있던 물건을 기억하는 것이었다(Schwab & Wolf, 2009). 다음 날 피험자에게 그 과제에 대해 측정하였을 때, 바닐라 향이 나는 방에서 측정했던 참가자들이 아무 향이 없는 장소에서 측정했던 참가자들보다 더 높은 수행을 보였다.

상태의존 기억 효과 기억을 형성할 때의 정서적 상태가 기억을 회상하는 데에 영향을 미친다. 심리학자들은 이것을 **상태의존 기억 효과**(state-dependent memory effect)라고 부른다. 이 효과는 의미기억보다 일화기억에 더 큰 영향을 미치는 것으로 보인다(Eysenck & Keane, 2010). 이는 또한 긍정 정서가 관여되었을 때 더 강하게 영향을 미친다. 그러나 동물 연구에서는 불안이 상태의존 기억 효과를 이끌 수 있는 부적 정서 중 하나라는 것을 제시하였다(Packard, 2009).

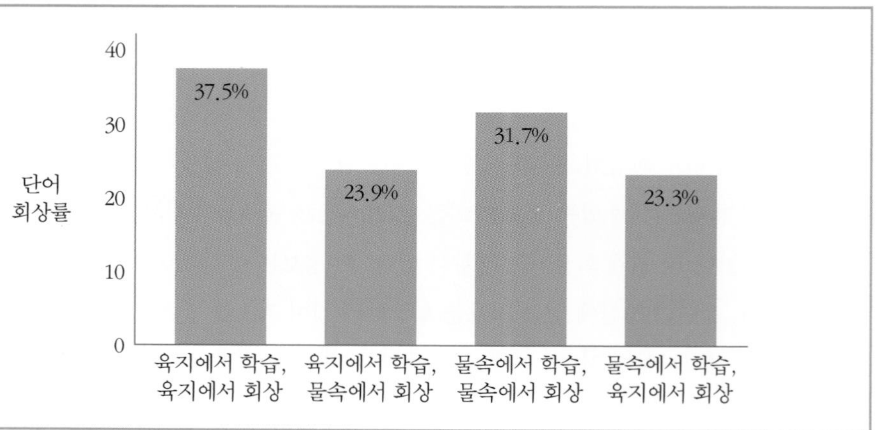

[그림 6-4] 맥락 효과

인간 참가자들을 대상으로 한 연구 또한 불안과 상태의존 기억 효과 간의 연합을 밝혀내었다. 예를 들어, 대학생들이 단어 목록을 학습하는 동안 거미나 뱀을 보았을 때(아마도 불안을 유발하는 경험이었을 것임), 회상검사 동안 그 생물이 있을 때 더 많은 단어를 회상하였다(Lang et al., 2001).

기억하기 본문 내용을 떠올리며 다음 퀴즈를 풀어 보라.

1. 연구자가 이야기에 대한 기억을 연구하기 위해 사용하는 한 가지 방법인 _____은(는) 참가자들에게 짧은 이야기를 읽게 한 후 연구자에게 다시 말해 보라고 요청하는 것이다.
2. 만일 당신이 일련의 사건들을 회상하려고 시도하지만 첫 번째 것과 마지막 것만을 기억할 수 있다면, 당신은 _____을(를) 경험하고 있는 것이다.
3. _____은(는) 개인이 변형된 의식 상태에서 정보를 획득하거나 특정한 정서를 경험할 때 발생한다.

기억의 재구성

기억 연구자 헨리 로디거(Henry Roediger, 1980)는 앳킨슨-쉬프린 모델이나 이와 비슷한 다른 모델들이 기억에서 정보를 꺼내는 것이 심적 옷장으로 가는 문을 열고 필요한 항목을 꺼내는 것보다 조금 더 필요한 과정이라고 제안하는 것처럼 보인다고 지적하였다. 그러나 기억하는 과정은 꽤 자주 하나의 심적인 옷장을 찾는 것보다 다채로운 색상과 여러 질감을 가진 그림을 만드는 것에 더 가깝다(Loftus & Loftus, 1980). 따라서 회상을 포함하여 기억하는 행동은 종종 만들어진 요소를 포함한다.

재구성 과정

6.7 '기억은 재구성된 것이다'의 의미는 무엇인가?

어떤 경우에 저장된 정보를 마음속으로 불러내는 행위는 단편적인 정보에 기초하여 대상이나 사건의 그럴듯한 표상들을 통합하는 것을 포함한다. 이러한 과정을 **재구성**(reconstruction)이라고 부른다(Loftus & Loftus, 1980). 예를 들어, 당신이 절친한 친구를 마지막으로 만난 때를 회상해 보라는 요구를 받았다고 가정해 보자. 당신이 친구를 마지막으로 만난 날짜를 부호화하지는 않을 것이기 때문에, 이 질문에 대한 대답을 실제로 '인출'할 수는 없다. 그러므로 재구성적 기억을 사용해야 할 것이다. 아마도 오늘부터 시작해서 그 전으로 되짚어 가면서 생각할 것이다. 만일 친구를 지난 수일 이내에 만났다면 어제, 며칠 전, 혹은 지난주와 같은 시간 프레임을 상당히 빠르게 회상할 수 있을 것이다. 친구를 본 간격이 길었다면, 요일의 종류(주중, 주말), 특별한 사건(축구 경기), 공휴일(추수감사절)과 같은 서로 다른 날들이 참조점이 되어 시간 프레임을 좁히는 방식으로 시간을 되짚어 갈 것이다. 마침내 최선의 판단에 도달할 때, '몇 주 전'과 같은 대답을 할 것이다. 이때 시간 프레임은 실제로 마지막으로 만난 날짜에 매우 가까울 수도 있고 매우 멀 수도 있다.

선구적인 기억 연구자 프레데릭 바틀릿 경(Sir Frederick Bartlett, 1886~1969)은 재구성 기억 과정은 사람이나 대상, 사건에 대해 우리가 가진 지식이나 추정의 틀인 **도식**(schema)의 영향을 받는다고 제안했다. 도식은 개별 단위의 정보들을 군집화하는 의미 있는 방법을 제공해 주기 때문에 기억에 유용한데, 이런 과정을 통해 작업기억의 효율성을 증가시킨다. 도식 기반의 처리는 우리가 복잡한 유형의 정보를 처리할 때 명백하게 알 수 있다. 예를 들어, 다음의 머리기사를 읽었다고 생각해 보라. '개가 물에 빠진 소년을 구하다.' 본문에는 어떤 사실이 포함되어 있을 것 같은가? 당신은 아마도 그 사건이 발생한 장소에 관해 읽을 것을 기대할 것이다. 아마도 해변이나 이웃집 수영장에서 일어났을 것이다. 반면 욕조에서 발생한 사건이라고 읽을 것을 기대하지는 않을 것이다. 왜 그럴까? 그 이유는 도식이 상황적 평균에 근거하기 때문이다. 물에 빠지는 일은 흔히 사람이 수영할 정도로 물이 많은 곳에서 발생한다. 그래서 머리기사에 의해 유발된 도식은 일어날 가능성이 큰 상황에서 발생하는 사건을 상상하도록 만든다.

한 번 유발이 되면, 도식은 새로운 정보의 중요 성분들에 주의를 기울이게 만들고 그 성분들이 장기기억에 저장될 가능성을 증가시킨다. 동시에 도식 기반의 처리는 중요하지 않은 세부사항을 무시하도록 만든다. 그러므로 '개가 … 소년을 구하다' 이야기에서 사건이 수영장이 아닌 호수에서 일어났다는 사실은 중요 성분일 것이고 호수의 이름은 중요하지 않을 것이다. 결과적으로 당신은 아마 그 일화가 호수에서 발생했다는 것은 기억하겠지만 그 호수의 이름을 기억하는 것은 실패할 것이다. 다음번에 이야기를 다시 자세히 얘기하게 될 때 누군가 호수 이름에 대해 물어본다면 구글과 같은 인터넷 검색 엔진으로 관련 단어를 찾는 것과 같은 그럴듯한 대안들을 고려하여 그 기억을 재구성할 것이다. 당신이 만들어 내는 가능한 이름들은 호수에 대한 당신의 지식에 근거하거나 이야기에서 회상할 수 있는 이름의 일부 특징에 근거할 것이다. 예를 들어, '숲'이라는 단어와 어울리는 나무 이름이 호수의 이름이었다고 기억할 수도 있을 것이다. 결과적으로 호수 이름으로 적당한 '참나무 숲'이나 '소나무 숲'과 같은 조합을 시도함으로써 기억을 검색할 것이다. 즉, '참나무 숲'은 그럴듯하여서 받아들이지만 '야자수 숲'은 그럴듯하지 않아서 기각할 것인데, 왜냐하면 야자수 숲은 호수보다는 바다와 연합되어 있기 때문이다. 이러한 재구성적 전략을 사용한 결과로 결정 내린 이름이 무엇이든 그것은 정확할 수도 있고 그렇지 않을 수 있지만 그럴듯할 이름일 것이다.

당신이 알 수 있듯이, 물론 기억을 재구성하기 위해 도식을 사용하는 것은 부정확한 기억으로 이끌 수 있다(다음 페이지의 〈시도〉 참조). 바틀릿(1932)은 참가자들에게 이야기를 읽게 하고 다양한 시간 간격 후 이야기를 재현해 보라는 요구를 함으로써 재구성의 왜곡 효과에 대해 연구하였다. 정확한 보고는 매우 드물었다. 참가자들은 이야기를 보다 짧게 얘기하였고, 이야기에서 제시된 독특한 물건을 친숙한 물건으로 대체하였다. 이러한 기억의 오류는 시간 경과에 따라 증가했고, 참가자들은 재현된 이야기의 부분들 중에서 자신이 실제로 기억하고 있던 부분과 지어낸 부분을 구분할 수 없었다.

6.8 출처기억, 섬광기억 및 자서전적 기억에 관한 연구들은 무엇을 알려 주는가?

출처기억, 섬광기억 그리고 자서전적 기억

우리의 기억 내용을 왜곡할 가능성 때문에 당신은 아마도 재구성적 기억 과정을 피해야 한다고 생각할지도 모른다. 아마도 우리는 경험한 것의 모든 세부사항을 기억에 남기기 위한 노력을 해야 할 것이다. 이런 연습이 부정확한 기억을 일으킬 가능성을 줄여 줄 수 있을 것이지만, 우리는 그 처리 과정에서 엄청난 효율성을 잃어버릴 것이다. 따라서 재구성적 기억 과정은 일상에서 흔히 일어난다. 더욱이 출처기억, 섬광기억 그리고 자서전적 기억과 같은 몇몇 유형의 기억들은 재구성적 과정의 기능으로 가장 잘 이해될 수 있다.

출처기억 **출처기억**(source memory)은 기억을 형성할 때 있던 상황에 대한 기억이다. 대부분의 기억들은 출처 정보를 포함하지 않는다. 예를 들어, 파리가 프랑스의 수도라는 것은 알고 있다. 그러나 정확히 언제 또는 어떻게 그 정보를 얻었는지는 전혀 기억나지 않을 것이다. 그러므로 어떤 기억의 출처를 알아야 할 때, 우리는 대체로 반드시 그것을 재구성해야 한다(Johnson, Hashtroudi, & Lindsay, 1993). 예를 들어, 당신이 상점 선반에 놓여 있는 새로운 브랜드의 샴푸를 보고, 그 브랜드가 들어 본 것이라고 재인하지만, 그것에 대해 어떻게 알게 되었는지는 기억할 수 없다는 것을 생각해 보라. 만약 출처에 대해서 정말로 궁금하다면 당신은 가장 그럴듯한 출처를 찾기 위해 당신의 '제품에 대한 학습방법들' 도식을 사용하여 기억을 탐색해 볼 수 있다. 당신은 아마도 텔레비전 광고, 팝업 광고 등을 고려할 것이다. 그리고 모든 도식 기반의 처리가 그러하듯이, 당신이 떠올린 출처는 정확하지 않을 수 있다.

출처 정보를 기억에 함께 부호화하기 위해서는 반드시 들어오는 정보의 출처를 의도적으로 추적하는 훈련인 **출처 감시**(source monitoring)를 활용해야 한다. 출처 감시는 특히 연구 논문을 쓸 때 중요하다. 이는 기억체계가 특히 의미적 기억을 형성할 때 정보의 출처가 아닌 그 의미에 초점을 두는 경향이 있기 때문이다. 그래서 논문이나 다른 참고도서에서 본문의 한 구절을 읽었고 미래에 사용하기 위해 의미적 기억으로 저장할 때 재구성적 기억 과정들은 논문을 작성할 때 잘못하여 그 구절이 당신 스스로의 생각이라고 믿게 만들 수도 있다(이러한 현상을 잠복기억[cryptomnesia]이라 부른다). 그 결과, 당신은 잘해야 필요한 인용 하나를 생략하게 되는 것이고 최악의 경우에는 자신도 모르는 표절을 저지르는 것이다(Carroll & Perfect, 2002). 다행히도, 연구는 우리가 출처 감시를 의식적으로 연습했을 때 이러한 종류의 왜곡으로부터 우리의 기억을 지킬 수 있음을 보여 준다.

시도 오기억 만들기

당신은 오래전에 일어났던, 하지만 실제로는 일어나지 않았다고 판명된 어떤 사건을 갑자기 '기억'하는 사람들에 대해 들어 본 적이 있을 것이다. 그러한 '오기억(false memory)'은 기억의 정확성에 대해서 의문을 가지게 한다. 그러한 기억을 형성하는 것이 얼마나 쉬운 것인가? 다음의 단어들을 1초당 1단어 정도로 소리 내어 읽어 보라. 그리고 책을 덮고 당신이 기억할 수 있는 단어를 써 보라.

침대	꿈	낮잠	휴식
잠을 깨다	하품	깨어 있는	졸다
코를 골다	피곤한	겉잠	선잠

이제 적은 것을 확인해 보자. '자다'는 단어를 '기억'했는가? 비록 단어가 목록에 없었지만, 많은 사람은 기억했다(Deese, 1959). 여기서 알 수 있듯이, 오기억을 형성하는 것은 실제로 전혀 어려운 것이 아닐뿐더러 누구에게나 일어날 수 있는 일이다.

섬광기억 당신은 2001년 9월 11일의 테러리스트 공격에 대해서 어떻게 알게 되었는지를 기억하는가? 정보를 어디에서 얻었는지의 출처 정보를 포함하는 충격적이고, 정서 유발적인 사건에 대한 기억을 **섬광기억**(flashbulb memories)이라고 부른다. 이 용어는 그러한 사건들의 충격적인 면들이 카메라 플래시처럼 시간의 한 순간을 고정시키는 것과 비슷하다는 초기 연구자들의 가설을 반영한다(예, Brown & Kulik, 1977). 그들은 섬광기억이 사진과 같고, 매우 상세하고, 잘 변하지 않는다고 믿었다. 그러나 1990년대 초 이후로는 심리학자들은 섬광기억이 출처기억의 하위 범주라고 생각해 왔다. 출처 정보의 포함이 섬광기억을 다른 유형의 기억들과 구분해 주는 주요 특징임을 보여 준 연구들이 이러한 변화를 주도하였다(Brewer, 1992).

연구는 또한 섬광기억이 사실상 재구성적임을 보여 주었다(Curci, 2009). 즉, 우리는 회상할 때 심적 스냅사진을 뽑아내지 않는다. 대신, 우리는 섬광기억들을 하나씩 하나씩 재구성한다. 게다가 어떤 기억들은 충격적인 사건에 대한 자기 자신의 기억으로부터 온 것이 아니라, 원인이 되는 대화를 통해 획득한 다른 사람의 기억으로부터 얻어져서 이후에 자신의 기억이라고 착각하게 된 것이다(Hirst & Echterhoff, 2012). 결과적으로, 다른 유형의 재구성적 기억 내용과 같이 섬광기억은 시간이 흐름에 따라 변한다. 윌리엄 허스트(William Hirst)와 동료 연구자들의 결과들은 그러한 형식의 결과들을 보여 준다(Hirst et al., 2009). 허스트와 동료들은 참가자들에게 9월 11일에 대한 기억에 관하여 사건이 있은 지 며칠 후, 1년 이후, 3년 이후에 물었다. 세 가지 모든 시점에서 연구자들은 "사건에 관련된 비행기는 몇 대였나요?"와 같은 사건기억 질문과 함께 "공격에 대해서 어떻게 듣게 되었나요?"와 같은 섬광/출처 기억 질문을 던졌다. 3년의 기간 동안 참가자들은 출처와 사건 세부사항을 일정 비율로 잊어버렸다. 그럼에도 불구하고 참가자들은 자신들의 사건기억보다 섬광기억에 더 큰 확신을 표현하였다. 참가자들이 자신의 섬광기억의 정확성에 대해서 가지는 흔들리지 않는 신념에 대한 연구 결과는 매우 일관성이 있어서, 이제는 대부분의 연구자가 정확성에 대한 높은 확신(정당하든 그렇지 않든)이 섬광기억을 정의하는 하나의 특성이라는 데 동의한다(Talarico & Rubin, 2009).

▶▶▶ 테러리스트들의 세계무역센터 공격을 목격한 사람은 거의 대부분 섬광기억을 형성하였다. 당신은 2001년 9월 11일 그 소식을 들었을 때 어디에서 무엇을 하고 있었는지 기억하는가?

자서전적 기억 자서전적 기억(autobiographical memory)은 한 사람의 삶에 대한 이야기를 포함하는 기억이다(Kelly & Jacoby, 2012). 자서전적 기억은 사실상 재구성적이고, 사실적, 감정적, 해석적인 정보를 포함하고 있다. 예를 들어, 대학생활의 첫날에 대한 자서전적 기억은 어떤 수업에 들어갔는가와 같은 사실, 심리학 교수의 그 학기의 첫 강의를 들었던 강의실과 같은 이미지, 그리고 캠퍼스를 돌아다니며 길을 찾는 것에 대해 당신이 느꼈던 불안과 같은 감정들로 이루어져 있을 것이다. 그날에 대한 당신의 해석은 하루에 일어난 사건들과 하루가 끝났다는 것에 대한 안심을 담은, 당신이 그날 저녁에 친한 친구에게 보냈던 메일의 내용에 담겨 있을 수 있다. 결과적으로 메일의 내용은 장기기억에 있는 그날에 대한 다른 기억들과 연관되고, 대화에서 그 주제가 나오면 매번 말하게 되는 '대학생활 첫날의 이야기'에 대한 줄거리가 될 수 있다. 시간이 흘러, 당신은 자녀들이 대학교에 갈 때에 같은 이야기를 아이들에게 전해 줄 수도 있다(그런데 출처 감시의 실패는 이야기가 친구에게 보낸 메일로부터 시작한다는 것을 당신이 잊게 만들 수도 있다).

흥미롭게도, 연구는 자서전적 기억들이 **긍정 편향**(positive bias)되기 쉽다는 것을 보여 주었다. 긍정 편향은 불쾌한 기억보다 유쾌한 자서전적 기억이 더 쉽게 회상되고 불쾌한 기억들은 시간이 갈수록 점차 긍정적인 것으로 변해 가는 경향을 말한다(Rubin, Boals, & Klein, 2010; Wood & Conway, 2006). 고등학교 성적에 대한 대학생들의 기억을 조사한 긍정 편향에 관한 연구에서, 거의 모든 학생이 A학점을 정확히 기억한 반면, 29%만이 D학점을 기억하였다(Bahrick, Hall, & Berger, 1996). 연구자들은 정서적 안녕에 대한 현재의 욕구가 있을 때 긍정 편향이 불쾌한 기억들을 재구성할 때 쓰이는 도식으로 작용한다고 추측한다(Kennedy, Mather, & Carstensen, 2004). 즉, 현재의 정서적 건강을 유지하기 위해 불쾌하고 충격적인 사건에 대한 기억들을 좀 더 긍정적인 관점으로 재구성하기를 요구할 때, 우리의 기억은 정서적 안녕을 위해 약간의 정확성은 기꺼이 희생하는 것처럼 보인다.

재구성적 기억에 미치는 영향

6.9 전문 지식과 문화는 재구성적 기억에 어떻게 영향을 미치는가?

이전에 배웠듯이 뉴스의 머리기사와 같은 정보의 어떤 특징들은 도식을 불러내어 재구성적 기억 처리 과정에 영향을 준다. 경험에서 얻는 다른 정보들처럼 도식은 장기기억에 저장되어 있다. 따라서 도식 기반 처리에 관한 연구는 사전 지식이 재구성적 기억 처리 과정에 영향을 미친다는 것을 보여 준다. 사전 지식의 두 가지 중요한 출처는 전문 지식과 문화다.

전문 지식 만일 당신이 방대한 양의 관련 배경지식이나 **전문 지식**(expertise)을 가지고 있다면, 재구성적 기억과제에서 당신의 수행은 관련 지식이 적은 다른 사람들보다 뛰어날 것이다. 고전적 연구에서 체이스와 시몬(Chase & Simon, 1973)은 체스 챔피언들과 체스에 거의 또는 아무런 지식이 없는 참가자들에게 체스 판에 체스 말의 배열들을 제시하였다. 일부 배열은 체스 룰에 적합한 배열이었지만 다른 배열들은 무작위로 놓인 것이었다. 참가자들이 몇 초 동안 각 배열을 본 후에 연구자들은 체스를 치우고 참가자들에게 방금 본 모양을 재구성하라고 지시했다. 연구자들은 배열이 체스 룰에 적합한 배열이었을 때 챔피언들이 다른 참가자들보다 그럴듯한 배열을 재구성하는 것을 체스를 치운 직후나 시간이 더 지난 후에도 훨씬 더 잘 수행한다는 것을 발견하였다. 즉, 전문가들은 비전문가가 하는 것보다 재구성과제에서 더 적은 재구성적 왜곡을 보였다. 반면 무작위 배열에서는 그룹 간의 차이가 없었다. 체이스와 시몬은 체스 챔피언들이 오랜 세월 동안에 걸쳐 게임을 하면서 얻은 전문 지식이 그 사람들로 하여금 개개의 체스 말들을 의미 있는 군집들로 통합하는 것을 가능하게 해 주어, 그 배열들에 대한 재구성적 기억을 비전문가보다 더 효율적이고 더 정확하게 할 수 있었다고 결론 내렸다.

연구자들은 야구부터 식당 서빙까지 다양한 지식 영역에서 재구성적 기억에 미치는 전문 지식의 영향을 조사하였다. 이러한 연구들의 모든 결과는 체이스와 시몬의 고전적 결과와 일치한다. 즉, 야구에 대해서 많이 아는 사람은 잘 모르는 사람보다 야구 게임의 사건에 대해 더 정확하게 재구성할 수 있다(Ricks & Wiley, 2009). 이와 유사하게, 전문적인 레스토랑 웨이터들은 복잡한 음식 주문을 정확하게 기억할 수 있는 반면, 웨이터가 아닌 사람은 과제 수행이 저조하다(Bekinschtein, Cardozo, & Manes, 2008). 연구자들은 재구성적 기억에 대한 전문 지식의 영향은 증가된 작업기억의 효율성에 있다고 추정한다(Ricks & Wiley, 2009). 그러므로 재구성적 기억 과제에서 관련 지식을 많이 알고 있는 것은 과제에 관련 지식이 없는 것보다 당신이 더 많은 정보를 받아들이고, 더 효율적으로 부호화하고, 더 정확하게 응용하게 해 줄 수 있다.

문화 전문 지식의 영향은 재구성적 기억에 대한 문화적 영향을 조사하는 연구에서도 분명하다. 한 고전적 연구에서, 프레데릭 바틀릿 경(Sir Frederik Bartlett, 1932)은 아프리카 스와지족(Swazi)이 소의 개별적인 특징들 간의 사소한 차이를 기억하는 놀라운 능력이 있음을 기술하였다. 스와지족의 한 목동은 작년에 돌봐 준 모든 소의 세부특징을 기억할 수 있었다고 한다. 전통적인 스와지 문화의 핵심 요소가 사람들이 돌보는 소떼이며 이에 생계가 달려 있다는 것을 고려한다면 이런 재주가 있는 것이 놀랍지는 않을 것이다. 스와지족은 뛰어난 기억력을 갖고 있는가? 바틀릿은 젊은 스와지족 사람과 젊은 유럽 사람에게 25개의 단어로 구성된 메시지를 회상하도록 하였다. 이 경우 스와지족이 유럽인보다 더 좋은 회상을 보이지는 않았다.

재구성적 기억에 대한 문화적 도식의 영향은 동족의 사진을 다른 민족의 사진보다 더 빨리 알아보는 것과 마찬가지로, 자신이 속한 문화를 바탕으로 한 이야기 형식을 다른 문화의 이야기 형식보다 더 쉽게 기억한다는 연구에서도 드러난다(Corenblum & Meissner, 2006). 초기의 이런 연구 중 하나에서, 연구자들은 미국 여성과 호주 원주민 여성에게 아픈 아이에 관한 이야기를 들려주었다(Steffensen & Calker, 1982). 참가자들은 이야기 결말이 다른 집단에 무선 할당되었다. 한 이야기에서는 소녀가 의사에게 치료를 받은 후 회복되었다. 다른 이야기에서는 전통적인 민간 치료사가 소녀의 치료를 도왔다. 원주민 참가자는 민간 치료사가 등장하는 이야기를 더 잘 회상한 반면, 미국 여성은 의사가 그 소녀를 치료한 이야기에 대한 회상이 더 정확했다. 분명, 이런 결과는 문화적인 바탕이 깔린 도식의 영향을 반영한다. 원주민 참가자의 도식은 민간 치료사가 등장하는 아픈 아이에 대한 이야기를 기대하게 만들고, 자신의 기대와 일치하는 이야기는 그들이 이야기를 더 잘 이해하고 기억하기 쉽게 해 준다. 서구 참가자의 경우에는 그 반대로 적용된다.

▶▶▶ 많은 전통문화에서 연장자는 집안의 혈통에 관한 자료 외에도 부족의 전통과 신화에 대한 상세한 내용을 기억하고 전달해 주는 구두 역사가다.

덧붙여 문화적 가치는 구술 역사가들이 중요한 정보를 자세히 이야기할 때 출처 감시를 사용하도록 촉진함으로써 반드시 축어적으로(즉, 정확히 말한 그대로) 전달되어야 하는 정보를 재구성적 기억의 잠재적인 왜곡 효과로부터 보호할 수 있다. 출처 감시는 구술 역사가들이 노인집단 구성원들로부터 습득한 원래의 정보를 스스로의 해석적인 생각이나 다른 사람들로부터 제기된 견해로부터 구분할 수 있게 해 줌으로써 그러한 보호적 기능을 제공한다.

예를 들어, 아프리카의 많은 부족 사람들 사이에 그들의 역사는 방대한 분량의 역사적 자료를 부호화, 저장, 인출할 수 있는 특별한 사람들에 의해 구두로 전승된다(D'Azevedo, 1982). 뉴기니의 이아트물족(Iatmul)의 연장자들 또한 여러 세대에 걸쳐 뻗어 올라간 민족의 다양한 씨족에 대한 가계도를 암기했다고 한다(Bateson, 1982). 그 민족들의 혈족관계에 대한 연장자의 정확한 기억은 재산권 분쟁을 해결하는 데 사용된다(Mistry & Rogoff, 1994).

문화심리학의 대가인 바바라 로고프(Barbara Rogoff)는 이런 놀라운 기억력과 같은 현상이 문화적 맥락에서 가장 잘 설명되고 이해된다고 주장한다(Rogoff & Mistry, 1995). 부족의 연장자가 뛰어난 기억력을 가지게 된 것은 그것이 그 부족이 살아가는 문화에서 필수적이고 결정적으로 중요한 부분이기 때문이다. 분명, 의미 없는 정보를 기억하는 그들의 능력은 당신과 다르지 않을 것이다.

기억하기 본문 내용을 떠올리며 다음 퀴즈를 풀어 보라.

1. 어떤 사람이 정보를 처리하기 위해 _____을(를) 사용할 때, 부호화와 인출이 모두 영향을 받을 수 있다.
2. 당신이 특정 유형의 정보를 어떻게 학습하였는가를 기억하는 것은 _____기억으로 알려져 있다.
3. _____기억은 개인이 특별히 극적인 사건을 언제, 어디서 학습하였는가에 대한 선명한 기억이다.
4. _____기억은 정적으로 편향되기 쉽다.
5. 어떤 문화의 역사에 대한 수백 년 동안의 기억을 하는 구술 역사가들은 그러한 역할을 하지 않는 사람들보다 뛰어난 기억 능력을 소유하고 있다. (예/아니요)

망각

이제까지 살펴본 바와 같이, 인출과 재구성은 기억 실패와 어느 정도 관련이 있다. **망각**(forgetting)은 이전에 기억하고 있던 정보를 불러내지 못하는 것으로, 기억 실패의 또 다른 형태를 나타낸다. 기억 연구의 선구자인 헤르만 에빙하우스(Hermann Ebbinghaus, 1850~1909)는 기억에 관하여 광범위하게 연구하였다. 에빙하우스 시대로부터 기억 연구자들은 망각에 관해 다양한 설명을 제시하였다.

에빙하우스와 망각곡선

6.10 에빙하우스가 망각에 관해 발견한 것은 무엇인가?

헤르만 에빙하우스는 학습과 기억에 관한 최초의 실험적 연구를 수행하였다. 그는 2,300개의 무의미 철자를 실험 재료로 사용하였고, 자신이 직접 유일한 피험자로 참여하여 기억에 관해 연구하였다(1885/1964). 그는 모든 가능한 방해물을 제거한 동일한 환경에서 하루 중 같은 시간에 모든 실험을 수행하였다. 에빙하우스는 메트로놈이나 똑딱거리는 시계로 시간을 확인하며 초당 2.5개의 철자를 일정한 비율로 몇 번이고 되풀이하는 것으로 무의미 음절(LEJ와 XIZ와 같은 일련의 철자) 목록을 학습하였다. 에빙하우스는 실수 없이 목록을 두 번 회상할 수 있을 때까지(그는 이를 '숙달'이라고 불렀음) 학습을 반복했다.

에빙하우스는 목록을 숙달된 수준으로 기억하는 데 걸린 시간이나 시행 횟수를 기록하였다. 그런 다음 서로 다른 기간이 지나 망각이 일어난 후, 동일한 목록을 숙달된 수준까지 재학습하는 데 필요한 시간과 시행 횟수를 기록하였다(앞서 논의하였던 재학습법을 기억하라). 에빙하우스는 재학습에 걸린 시간과 시행 횟수를 최초 학습의 시간과 시행 횟수와 비교하여 시간 절약률을 계산했다. 이 절약 점수는 기억에 남아 있는 최초 학습의 백분율을 나타내었다.

에빙하우스는 망각이 얼마나 빠르게 일어나는지 알아보기 위해 1,200개 이상의 무의미 철자 목록을 학습하고 재학습하였다. [그림 6-5]는 유명한 에빙하우스의 **망각곡선**(curve of forgetting)인데, 이는 최초 학습이 있은 후에 다양한 시간 간격에 대한 절약 점수로 구성된다. 이 망각곡선은 학습 직후에 망각의 크기가 가장 크고 급격히 일어나며, 이후 망각은 서서히 줄어드는 것을 보여 준다. 하루나 이틀 뒤 남은 정보의 양은 한 달 후에 망각된 것보다 조금 더 많은 정도였다. 그러나 분명히 알아야 할 것은 이 망각곡선은 무의미 철자에 대한 것이라는 것이다. 의미 있는 자료는 보다 주의 깊게 부호화되고 깊게 처리되고 자주 시연되기 때문에 망각이 대체로 이보다는 더 천천히 일어난다.

에빙하우스가 망각률에 대해 배운 것은 모든 사람에게 관련된다. 당신도 대부분의 학생처럼 중요한 시험 전에 벼락치기 공부를 하는가? 만일 그렇다면 월요일에 모든 것을 기억할 수 있다고 해서 그것이 화요일까지 그대로 기억될 것이라고 기대해서는 안 된다. 엄청난 양의 망각이 처음 24시간 내에 일어나므로 시험 당일에 적어도 몇 시간은 자료를 복습하는 것이 현명하다. 의미가 적은 자료일수록 망각이

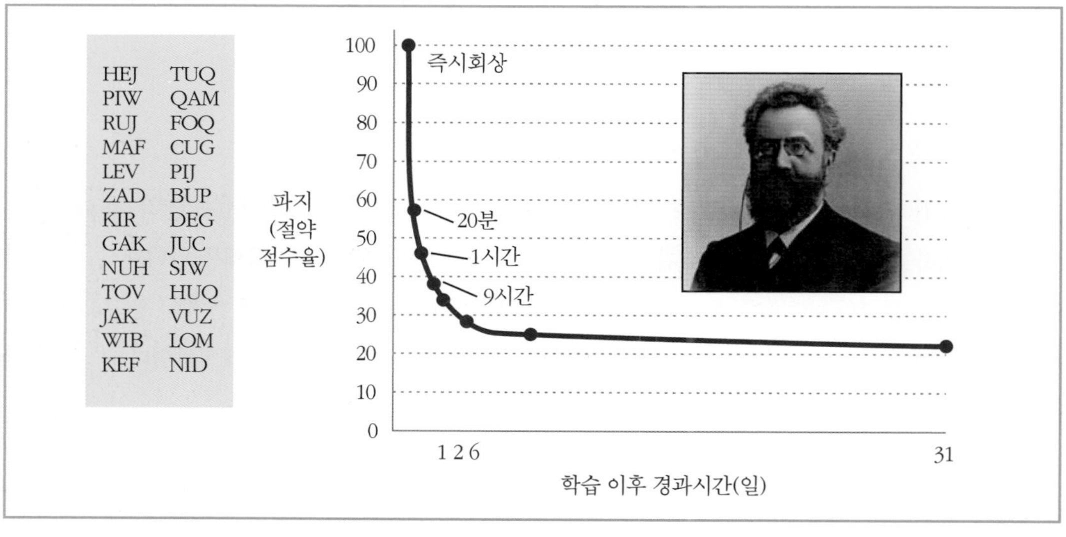

[그림 6-5] 에빙하우스의 망각곡선

왼쪽에 보이는 것과 유사한 무의미 철자 목록을 기억한 다음, 에빙하우스는 재학습에 걸리는 시간 간격을 다양하게 한 후 그의 파지를 측정했다. 망각은 맨 처음이 가장 빨랐고 20분 후에는 58%, 한 시간 후에는 44%의 파지를 보였다. 그런 다음 하루 뒤에는 34%, 6일 후에는 25%, 31일 후에는 21%의 파지를 보이며 점차 줄어들었다.

더 잘 일어나고, 따라서 더 많은 복습이 필요하다. 공부와 시험 사이에 취하는 수면의 양과 질 역시 당신이 얼마나 많이 기억할 수 있는가에 영향을 미친다는 4장의 내용을 떠올려 보라.

망각은 왜 일어날까

6.11 망각은 왜 일어날까?

기억하기 위해 많은 노력을 기울였음에도 우리는 왜 기억에 실패할까? 심리학자들은 여러 설명을 제시하였다. 이러한 여러 설명에 관한 연구들은 연구자들로 하여금 망각을 야기하는 여러 다른 원인들이 있다는 결론을 도출하게 하였다.

부호화 실패 기억을 할 수 없는 것이 **부호화 실패**(encoding failure)의 결과일 경우가 있다. 즉, 정보가 처음부터 장기기억에 들어오지 않았다는 것이다. 우리가 매일 마주치는 많은 것 중에서 실제로 부호화하는 것이 매우 적다는 것은 놀라운 일이다. 당신은 이전에 수천 번 본 적이 있는 어떤 물건을 정확하게 회상하거나 재인할 수 있는가? 이를 알기 위해 아래의 〈시도〉를 읽어 보라.

당신은 살아오면서 동전을 수천 번 보았겠지만 동전 수집가가 아니라면 동전의 세부사항을 부호화하지는 않았을 것이다. 이와 관련된 다음의 〈시도〉에서 당신의 수행이 저조했다면 당신의 친구들도 마찬가지였을 것이다. 니커슨과 애덤스(Nickerson & Adams, 1979)는 겨우 몇 사람만이 동전을 정확히 모사할 수 있었다고 보고했다. 또한 동전이 틀린 그림들과 함께 제시되었을 때 단지 소수의 참가자만이 정확한 동전 그림을 재인할 수 있었다(〈시도〉에서 정답은 A다).

소멸 **소멸 이론**(decay theory)은 망각에 대한 가장 오래된 이론으로서, 기억이 사용되지 않으면 시간이 지남에 따라 희미해지고 결국 완전히 사라진다고 가정한다. '소멸'이라는 단어는 경험을 기록하는 뉴런들의 물리적 변화를 함축한다. 이 이론에 따르면, 뉴런의 기록은 몇 초나 며칠 또는 더 오랜 기간 내에 사라지거나 희미해진다. 소멸이나 기억의 흐려짐은 감각 및 단기 기억에서 망각의 원인일 수 있으나, 장기기억에서 단계적이고 필연적인 소멸은 나타나지 않는다. 한 연구에서 해리 바릭과 동료들(Harry Bahrick et al., 1975)은 고등학교를 졸업한 지 35년이 지난 참가자가 동창생의 이름과 사진을 90% 재인할 수 있었고, 대학 동창생에 대해서도 같은 비율로 재인할 수 있음을 발견했다.

시도 당신의 생각 속에 있는 페니 동전

종이 한 장에 미국의 페니 동전을 회상하여 그려 보라. 그릴 때 링컨 대통령이 향하고 있는 방향과 날짜가 적힌 위치, 그리고 동전의 머리 쪽에 있는 모든 단어도 포함하도록 하라. 또는 더 쉬운 재인과제를 시도해 보고, 당신이 그림에서 실제 페니 동전을 재인할 수 있는지를 확인해 보라(Nickerson & Adams, 1979).

힌트: 다음에 당신이 아는 사람이 '사진기억'을 가지고 있다고 주장할 때, 그 사람을 테스트하기 위해 이 〈시도〉를 사용해 보라.

간섭 일상생활에서 사람들에게 영향을 주는 망각의 한 가지 중요한 원인은 **간섭**(interference)으로, 특정 기억 이전이나 이후에 저장된 정보가 그 특정 기억을 방해할 수 있다. 예를 들어, 심리학에서 잘 알려진 스트룹 과제라고 불리는 실험은 참가자에게 색이 칠해진 색상 단어를 기억하라고 요구한다([그림 6-6] 참조). 당신이 아마도 추측할 수 있듯이, 글자 색깔이 노란색인 것보다 빨간색일 때 빨강이라는 단어를 기억하는 것이 훨씬 더 쉽다. 글자의 색깔은 참가자들이 단어의 의미보다 색깔의 이름을 인출하는 것을 점화시키거나 유도하기 때문에, 단어의 색깔은 단어 의미를 인출하는 데 간섭을 일으킨다.

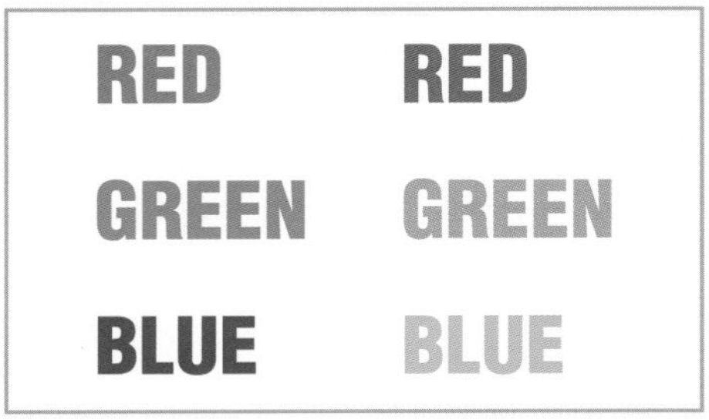

[그림 6-6] 스트룹 과제
어떤 단어 목록이 기억하기 더 쉬울 것이라고 생각되는가?

어떤 기억을 회상하려고 노력할 때 언제나 두 가지 유형의 간섭이 그 노력을 방해할 수 있다. 특정 기억의 이전이나 이후에 저장된 정보 또는 연합은 그것을 기억하는 능력에 간섭을 일으킬 수 있다([그림 6-7] 참조). 또한 회상하려는 정보와 간섭하는 정보가 유사할수록 그 정보의 회상이 더 어려워진다(Underwood, 1964).

순행간섭(proactive interference)은 이미 장기기억에 저장된 정보나 경험이 새로운 정보의 기억을 방해할 때 일어난다(Underwood, 1957). 예를 들어, 로라는 토드라는 새로운 남자친구와의 데이트 중에 실수로 그를 전 남자친구 이름인 '데이브'로 불렀다. 순행간섭에 대한 한 가지 설명은 오래된 반응과 새로운 반응 간의 경쟁이다(Bower, Thompson-Schill, & Tulving, 1994).

역행간섭(retroactive interference)은 새로운 학습이 이전에 학습한 정보를 기억하는 능력을 간섭할 때 일어난다. 새로운 재료가 이전에 배운 것과 유사할수록 간섭은 더 잘 일어난다. 예를 들어, 심리학 수업 시간에 사회학과 심리학에서 함께 다루지만 그 응용과 해석이 다른 이론(예, 정신분석학)에 관해 배울 때, 심리학 내용은 이전에 사회학에서 무엇을 배웠는지를 기억하는 능력을 간섭할 수 있다. 그러나 연구는 역행간섭의 영향은 종종 일시적이라는 것을 보여 준다(Lustig, Konkel, & Jacoby, 2004). 사실, 일정

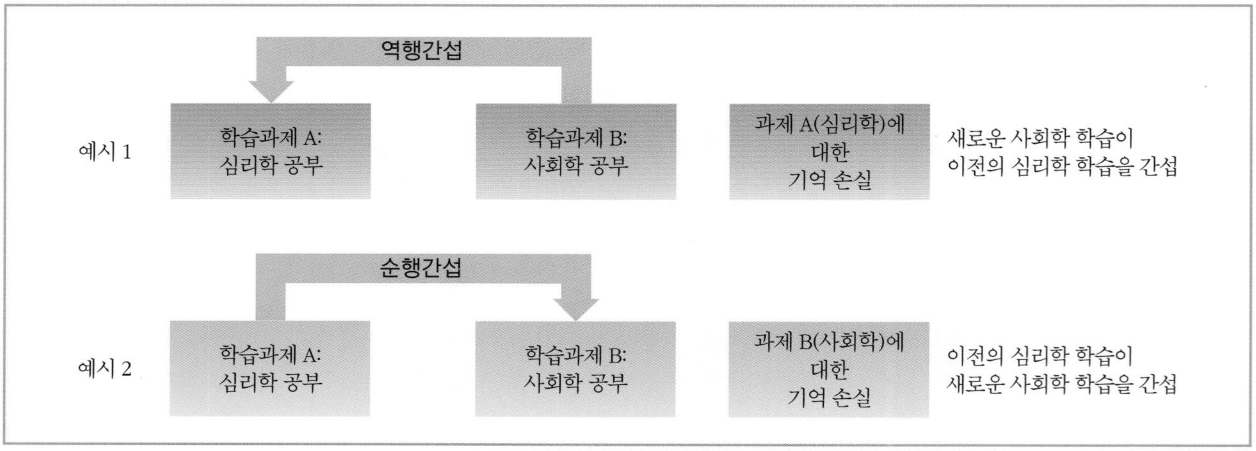

[그림 6-7] 역행간섭과 순행간섭
예시 1은 새로운 학습이 이전에 배운 정보를 기억하는 능력을 방해할 때 일어나는 역행간섭을 보여 준다. 예시 2는 이전에 학습한 것이 새로운 학습을 방해할 때 일어나는 순행간섭을 보여 준다.

시간이 지난 후 오래된 정보는 보다 최근에 배운 정보보다 더 잘 기억될 것이다. 따라서 이전에 사회학 과목에서 배운 것은 나중에 관점은 약간 달라도 유사한 정보를 심리학 과목에서 배웠을 때 그 내용이 흐려질 수 있다. 그러나 오랜 시간이 지나면 먼저 배운 사회학 지식이 심리학에서 배운 것보다 오래 갈 것이다.

응고화 실패 응고화란 부호화된 정보를 기억에 저장하는 생리적인 과정이다. **응고화 실패**(consolidation failure)는 응고 과정을 방해하는 어떤 것으로부터도 나타날 수 있는데, 이는 자동차 사고, 머리에 가한 충격, 간질 발작, 또는 심각한 우울증에 처방되는 전기충격 요법과 같이 전형적으로 의식을 잃게 만드는 사건을 포함한다. 더욱이 4장에서 배웠듯이 기억 응고화에는 렘수면(REM sleep)이 중요하다(Walker & Stickgold, 2006). 결과적으로 충분한 렘수면을 취하지 않을 때 당신은 하루 동안 배운 정보를 응고화 실패로 인해 잊어버리게 될 것이다(Fogel, Smith, & Beninger, 2010).

동기화된 망각 지금까지 망각을 피하는 방법에 대해 논의하였지만, 기억하고 싶지 않고 잊고 싶은 순간도 있다. 성폭행이나 신체적 학대의 피해자, 참전군인, 비행기 추락이나 지진의 생존자는 모두 오랫동안 자신을 따라다니며 괴롭힐지 모르는 끔찍한 경험을 가지고 있다. 이런 피해자는 확실히 그들의 충격적인 경험을 잊기 위해 동기화되어 있지만, 외상을 겪지 않은 사람조차 고통스럽고 위협적이거나 기타 불쾌한 경험으로부터 스스로를 보호하기 위하여 **동기화된 망각**(motivated forgetting)을 사용한다. 동기화된 망각의 한 형태인 '억제'를 이용하면, 고통스럽고 혼란스러우며 불안이나 죄의식을 유발하는 기억을 마음에서 밀어 내기 위해 의식적으로 노력하지만 여전히 그 고통스러운 사건이 일어났다는 것을 알아차린다. 동기화된 망각의 또 다른 형태인 '억압'을 사용하면, 그 사람은 글자 그대로 불쾌한 기억을 의식에서 지워 버리고, 그런 사건이 일어났다는 것을 더 이상 알아차리지 못한다(Freud, 1922).

미래 망각 **미래 망각**(prospective forgetting)은 어떤 의도한 행동을 기억하지 못하는 것이다(예, 치과 예약을 잊어버리는 것). 사람들은 중요하지 않거나 불쾌하거나 성가시다고 생각되는 일을 하는 것을 잊어버릴 가능성이 높다. 반대로 즐겁거나 중요한 것은 잊어버릴 가능성이 낮다(Winograd, 1988). 그러나 당신이 아마도 알 수 있듯이, 미래 망각이 항상 어떤 것을 피하려고 하는 욕구에 의해 동기화되는 것은 아니다. 당신은 이미 집에 도착하고 나서 갑자기 월급수표를 입금하기 위해 은행에 가려고 했던 것을 기억한 적이 있는가? 이러한 경우라면 당신은 개인적으로 미래 망각을 경험한 것이다.

인출실패 당신은 이런 경험을 얼마나 많이 해 보았는가? 시험을 보는데, 분명히 알고 있는 문제의 답을 기억할 수 없다. 종종 사람들은 어떤 것을 분명히 알고 있지만 필요할 때 그 정보를 인출하지 못한다. 이런 유형의 망각을 **인출실패**(retrieval failure)라고 한다. 인출실패의 일반적인 경험은 **설단현상**(tip-of-the-tongue[TOT] phenomenon)으로 알려져 있다(Brown & McNeil, 1966). 당신은 이름이나 단어, 혹은 다른 형태의 일부 정보를 회상하려고 노력하지만 여전히 알고 있다는 것만 알 뿐 원하는 정보를 떠올리지 못하는 경험을 분명히 경험해 보았다. 그 단어나 이름을 회상할 수 있는 위치의 거의 가장자리에 있어서, 어쩌면 단어의 음절 수와 처음 또는 끝 글자는 알아차렸을 수 있다. 인출하려는 정보가 혀끝에 맴돌지만 단지 밖으로 나오지는 않는다.

설단현상은 우리의 일상적인 기억 경험에 관하여 가장 철저히 연구된 것 중 하나다(Gollan & Brown, 2006). 이와 유사한 지단현상(tip-of-the-fingers[TOF] phenomenon)은 의사소통에 수화를 사용하는 사람에게서 일어난다. 이 두 경우 모두에서 고유명사는 다른 종류의 단어보다 더 자주 인출실패를 일으킨다(Thompson, Emmorey, & Gollan, 2005). 연구 결과에 따르면, 설단현상의 대상에 관계없이 이런 종류의 인출실패를 극복하는 최고의 전략은 잠시 주의를 다른 데로 돌렸다가 나중에 다시 생각하는 것이다(Choi & Smith, 2005). 이 결과는 많이 들어 본 한 가지 시험 비결을 뒷받침해 준다. 즉, 답이 즉시 생각나지 않는 문제는 건너뛰고 확실히 알고 답할 수 있는 문제를 모두 답한 후에 그 문제를 다시 푸는 것이다.

복습과 재검토 망각

망각의 유형	설명	예시
부호화 실패	정보가 기억에 전혀 저장되지 않았다.	동전과 같은 일상의 대상들에 대한 세부사항을 기억하는 데 실패함
소멸	사용되지 않는 정보는 시간이 지남에 따라 흐릿해진다.	감각기억의 정보가 단기기억으로 전이되지 않으면 사라진다.
간섭	하나의 정보가 다른 것으로 치환된다.	새 전화번호를 회상하려고 할 때, 이전 전화번호가 떠오른다.
응고화 실패	응고화의 붕괴가 장기기억에 정보가 저장되는 것을 방해한다.	머리에 구타를 당하는 것은 그 구타 직전의 몇 분 내에 발생한 모든 일들을 잊어버리게 한다.
동기화된 망각	정서적으로 불쾌한 정보의 손실	한 군인이 전투에서 가장 친한 친구의 죽음을 목격한 것에 관해 잊어버린다.
미래 망각	의도한 행동을 수행하는 것을 망각	어떤 학생이 다음 날 세탁기가 젖은 빨래로 꽉 차 있는 것을 발견하기까지 그 빨래를 세탁기에서 건조기로 옮기는 것을 잊어버린다.
인출실패	알고 있다고 확신하는 어떤 것을 망각	시험이 끝난 후, 특정 문제에 답했던 것을 기억하기

기억하기 본문 내용을 떠올리며 다음 퀴즈를 풀어 보라.

1. _____은(는) 무의미 철자를 고안하여, 기억 유지에 관한 재학습법을 고안하여, 망각곡선을 그렸다.
2. _____은(는) 왜 '빨강'이라는 단어가 다른 색이 아닌 빨간색으로 써졌을 때 더 기억하기 쉬운지를 설명한다.
3. _____이론은 기억이 사용되지 않으면, 시간이 지남에 따라 흐릿해지고, 궁극적으로 사라지게 된다고 가정한다.

생물학과 기억

인간의 광대한 기억 저장고는 분명히 뇌의 어딘가에 물리적으로 존재해야 한다. 신경적 처리 과정 또한 뇌에서의 정보 저장에 관여한다. 뇌 구조나 신경적 건강 또는 둘 다에 영향을 미치는 정신적 외상과 장애는 기억기능을 심각하게 손상시킬 수 있다.

해마와 해마 영역

6.12 기억과 관련된 뇌 영역은 무엇인가?

연구자들은 뇌에서 기억의 기능과 처리 과정을 중재하는 특정한 영역들을 계속해서 확인하고 있다(Rissman & Wagner, 2012). 이에 대한 한 가지 중요한 정보의 출처는 특정한 뇌 영역의 손상으로 인한 기억상실을 경험한 사람에게서 나온다. 특히 중요한 사례는 H. M.의 사례인데, 그는 심각한 간질을 앓고 있었으며, 이를 치료하기 위한 극단적인 수술 절차에 동의하였다. 의사는 H. M.의 발작에 원인이 되는 것으로 추정되는 뇌 영역을 제거하였는데, 이 영역은 편도체와 **해마 영역**(hippocampal region)을 포함하는 귀 바로 위의 양측 측두엽의 중앙 부분이었고, 해마 그 자체뿐만 아니라 그 아래의 피질 영역들도 포함하였다([그림 6-8] 참조). 당시는 1953년이었으며, H. M.의 나이는 27세였다.

수술 이후에도, H. M.은 여전히 지적으로, 심리적으로 안정적이었다. 그리고 그의 발작은 극적으로 감소하였다. 그러나 불운하게도 H. M.의 뇌로부터 잘려 나간 뇌조직은 발작에만 관여하는 것이 아니었다. 해당 영역은 작업기억을 사용하여 장기기억으로 새로운 정보를 저장하는 능력 또한 포함하고 있었던 것이다. 비록 그의 단기기억과 수술 전에 형성된 일상생활의 기억은 손상되지 않았으나, H. M.은 수술 이후에 일어난 어떠한 사건에 대해서도 기억할 수 없었다. H. M.이 2008년에 82세의 나이로 세상을 떠났을 때, 그의 의식적인 장기기억은 여전히 1953년이었고, 여전히 27세로 기억하고 있었다.

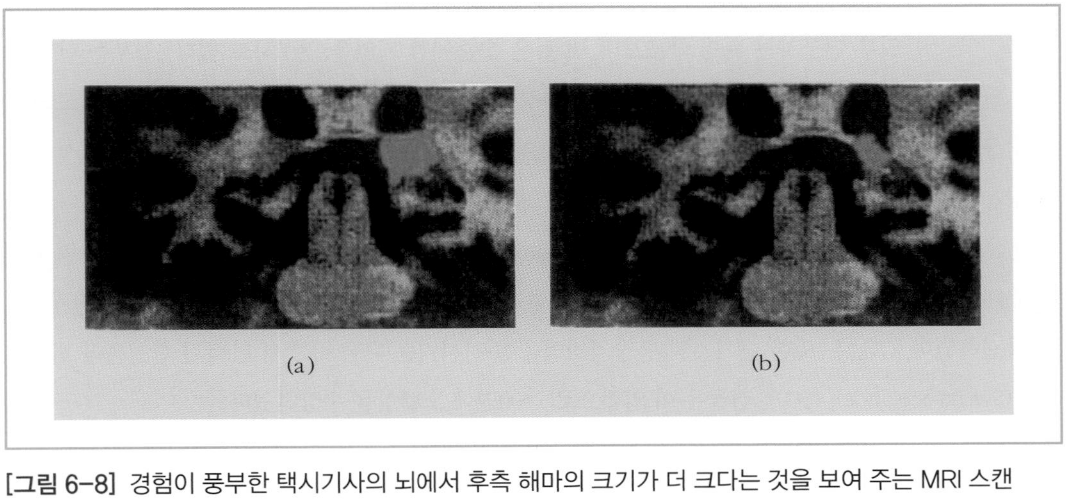

[그림 6-8] 경험이 풍부한 택시기사의 뇌에서 후측 해마의 크기가 더 크다는 것을 보여 주는 MRI 스캔
경험이 풍부한 런던의 택시기사의 후측 해마(왼쪽 MRI 스캔에서 빨간색으로 표시됨)는 택시기사가 아닌 연구 참가자의 후측 해마(오른쪽 그림에서 빨간색으로 표시됨)보다 유의미하게 더 크다.

절제 수술은 H. M.의 서술적 장기기억, 즉 사실이나 개인적 경험, 이름, 얼굴, 전화번호, 좋아하는 것 등을 저장하는 능력에만 영향을 주었다. 그러나 연구자들은 H. M.이 여전히 비서술기억을 형성할 수 있다는 것을 발견하고는 매우 놀라워했다. 즉, 비록 그 연습을 하였다는 것을 기억해 내지 못하였지만, 그는 여전히 반복적인 연습을 통하여 기술을 습득할 수 있었다. 예를 들어, 수술 후에 H. M.은 테니스를 배웠고 향상되었지만, 그는 테니스를 쳤다는 것에 대하여 전혀 기억하지 못했다(Milner, 1966, 1970; Milner et al., 1968).

대부분의 연구는 해마가 특히 일화기억 형성에 중요하다는 가설을 지지한다(Redish & Ekstrom, 2013). 그러나 의미기억은 해마뿐만 아니라 해마 영역의 다른 부분에도 의존한다(Wolk & Budson, 2010). 일단 저장되면 기억은 해마의 관여 없이 인출될 수 있다(Gluck & Myers, 1997; McClelland, McNaughton, & O'Reilly, 1995). 그런 까닭에 많은 연구자는 일화기억과 의미기억의 신경학적 기전이 완전히 구분된다고 주장한다(예, Tulving, 2002). 그러나 일부 신경과학자는 일화기억 및 의미기억과 연합된 뇌 과정이 분명하게 구별되는 정도에 대해서 의문을 제기하고 있다. 전두엽 손상으로 의미치매에 걸린 노인을 대상으로 한 연구는 그들이 일화기억의 결함으로 고통받는 것을 보여 준다(Nestor et al., 2002). 게다가 다른 연구들은 측두엽과 후두엽의 손상이 일화기억에 영향을 미칠 수 있다고 한다(Wheeler & McMillan, 2001).

2장에서 간단히 언급한 일련의 흥미로운 연구들(Maguire, Nannery, & Spiers, 2006; Maguire et al., 2000)에서는 해마가 이미 알려진 것과 더불어 특별한 기능을 수행한다고 주장한다. 해마의 일부분은 뒤얽힌 신경공간 지도의 생성을 도와줌으로써 길 찾기 기술에 분명히 전문화되어 있다. 연구자들은 MRI 스캔을 사용하여 런던 택시기사의 해마 후측 영역이 길 찾기 기술에 의존하지 않고 살아가는 통제집단의 참가자들보다 유의하게 더 큰 것을 발견했다([그림 6-8] 참조). 게다가 더 오랜 시간 일을 했던 택시기사일수록 해마 후측 영역의 크기가 더 컸다.

6.13 장기증강은 왜 중요한가?

신경적 변화와 기억

일부 연구자는 뇌의 구조보다 더 깊은 수준에서 기억을 연구하고 있다. 일부는 단일 뉴런의 활동을 조사하고, 일부는 기억을 등록하고 저장하는 과정을 시작하는 뉴런과 시냅스, 그리고 화학적 작용을 하는 신경전달물질들의 묶음을 들여다본다(Carriba et al., 2012). 기억이 단일 뉴런에서 어떻게 작용하는지를 처음으로 살펴본 사람은 에릭 캔들(Eric Kandel)과 동료들이었는데, 그들은 바다 달팽이인 군소의 학습과 기억의 효과를 추적하였다(Dale & Kandel, 1990). 이 달팽이 내부의 여러 단일 뉴런들에 미세전극을 삽입하는 방법을 이용하여 동물이 학습과 기억을 할 때 형성되고 유지되는 신경회로를 발견하였다. 그들은 또한 단기기억과 장기기억을 촉진시키는 다른 유형의 단백질 합성물을 발견하였다(Sweatt & Kandel, 1989). 캔들은 이 업적으로 2000년에 노벨상을 수상하였다.

군소의 학습과 기억 연구는 비서술기억의 한 유형인 단순한 고전적 조건형성을 반영한다. 포유류를 연구하는 다른 연구자들은 물리적 변화가 서술기억과 관련된 뇌 영역의 뉴런과 시냅스에서 일어난다고 보고한다(Lee & Kesner, 2002).

1940년대로 거슬러 올라가서 캐나다의 심리학자 도널드 헵(Donald O. Hebb, 1949)은 학습과 기억이 반드시 뉴런 간 시냅스에서의 전송 증강을 수반한다고 주장했다. 뉴런 수준의 학습과 기억에 대해 광범위하게 연구된 모델 대부분은 헵이 주장했던 메커니즘의 요건을 만족시킨다(Fischbach, 1992). **장기증강**(long-term potentiation: LTP)은 시냅스에서 한 시간 이상 지속되는 신경전달 효율성의 증가를 말한다(De Roo et al., 2008). (여기서 증강이라는 말은 '강력하게 하다' 또는 '강화하다'는 뜻이다.) 장기증강은 송신 뉴런과 수신 뉴런 모두가 강한 자극에 의해 동시에 활성화되지 않으면 발생하지 않는다. 또한 수신 뉴런은 자극이 일어날 때 반드시 탈분극(발화할 준비)되어 있어야 하는데, 그렇지 않으면 장기증강은 일어나지 않을 것이다. 장기증강은 서술기억 형성에 필수적인 해마 영역에서 흔히 볼 수 있다(Eichenbaum & Otto, 1993). 이 과정에서 방해가 일어나면 장기기억은 대체로 형성되지 못한다.

만일 장기증강에 의해 생성된 시냅스에서의 변화가 학습이 일어나는 동안의 변화와 동일하다면, 장기증강을 차단하거나 방해하는 것은 학습에 지장을 주어야 한다. 그리고 실제로 그러하다. 데이비스와 동료들(Davis et al., 1992)은 쥐의 미로 찾기 과제를 방해하기 위하여 특정 수용기를 차단하는 약을 투여했을 때, 쥐 해마의 장기증강도 붕괴된 것을 발견하였다. 반대로 리델(Riedel, 1996)은 이와 동일한 수용기를 흥분시키는 약을 미로훈련 직후에 투여하였을 때 장기증강이 강화되고 쥐의 기억도 향상되는 것을 발견하였다.

호르몬과 기억

6.14 호르몬은 기억에 어떻게 영향을 미치는가?

가장 강렬하고 오래가는 기억들은 보통 정서에 영향을 받은 것들이다. 맥고프와 케이힐(McGaugh & Cahill, 2009)은 기억 형성에 두 가지 경로가 있을 것이라고 주장하는데, 하나는 보통의 정보에 관한 것이고 다른 하나는 정서로 흥분되는 기억에 관한 것이다. 정서적으로 각성될 때, 부신은 에피네프린(아드레날린)과 노르에피네프린(노르아드레날린) 호르몬을 혈류로 방출한다. 이 호르몬들은 오랫동안 '투쟁-도피 반응'과 관련 있다고 알려져 있으며(2장 참조), 인간이 생존할 수 있도록 하고 또 상황을 위협하는 주변 환경에 대한 강력하고 영속적인 기억을 각인시킨다. 이렇게 정서적으로 적재된 기억은 편도체(정서에 핵심 역할을 하는 것으로 알려짐)와 기억체계의 다른 부분들을 활성화한다. 이런 광범위한 뇌의 활성화는 섬광기억의 강도와 영속성을 설명하는 가장 중요한 요인일 수 있다.

다른 호르몬들도 기억에 중요한 영향을 미친다. 예를 들어, 코르티솔 분비기관인 부신에 이상이 생긴 환자의 경우 스트레스 호르몬인 '코르티솔'의 과도한 분비가 기억을 방해하는 것으로 나타났다(Jelicic & Bonke, 2001). 더욱이 억지로 공공 연설을 해야 하는 것과 같이 실험자가 유도한 스트레스원에 대한 신체의 반작용을 보이는 사람들은 코르티솔이 평균 수준보다 많이 분비됨으로 인해 동일한 상황에서 평균 수준보다 적게 분비되는 사람보다 기억검사에서 수행이 저조했다(Al'absi et al., 2002). 대조적으로 연구자들이 참가자들에게 며칠 전에 공부하였던 학문적 정보에 대하여 회상하도록 하였을 때, 적정 수준의 코르티솔은 기억을 강화시키는 것 같다(Hupbach & Fieman, 2012). 결과적으로 대학 수업에서의 시험에 대하여 다소 스트레스를 경험하는 학생은 걱정하지 않는 학생에 비하여 교과서나 강의의 내용을 더 잘 기억할 수 있을 것이다.

여성 호르몬인 에스트로겐은 작업기억 효율성을 향상시키는 것으로 보인다(Epperson et al., 2012). 이 호르몬은 난소에서 만들어지는 다른 호르몬들과 함께 기억과 관련된 것으로 알려진 뇌 영역(예, 해마)의 시냅스 발달과 유지에 어느 정도의 역할을 한다. 이러한 이유로 연구자들은 호르몬 대체요법이 알츠하이머병의 영향을 막거나 되돌릴 수도 있다고 가정한다(Dohanich, 2003). 그러나 연구에 의하면, 월경주기를 조절하는 두 가지 호르몬인 합성 에스트로겐과 프로게스테론의 화합물로 치료받은 폐경 후의 여성에게 사실상 발병의 위험이 증가될 수 있다고 한다(Espeland et al., 2009). 언뜻 보기에 이런 모순적인 결과에 대해 일부 연구자는 에스트로겐 대체 시기가 기억기능에 대한 효과에 있어 가장 중요한 요인이라고 주장한다(Marriott & Wenk, 2004). 그러나 대부분의 연구자는 노화와 관련된 기억상실의 예방과 치료에서 호르몬 치료의 분명한 역할을 확인하기 위해 더 많은 연구가 필요하다는 것에 동의한다.

6.15 기억상실증이나 치매에서 어떤 종류의 기억상실이 발생하는가?

기억상실

모든 사람은 때때로 기억 착오를 경험하지만 이 절의 처음에 보았던 H. M.의 사례와 비슷한 기억상실은 일상생활에서 지속적인 특성이 있다. 이런 사례는 생리적 · 심리적 외상 또는 뇌의 질병 경과에 따른 것이다. 이런 종류의 기억상실을 수반하는 두 가지 넓은 범주가 '기억상실증'과 '치매'다.

기억상실증 **기억상실증**(amnesia)은 기억의 일부나 전체의 상실을 나타낼 수 있는 일반적인 용어다. 당신이 바로 다음에 보게 될 일부 노인이 경험하는 기억장애와는 다르게 기억상실증은 어떤 연령에서도 발생할 수 있다. H. M.과 같은 일부의 경우에 기억상실증은 새로운 정보를 저장하는 능력이 없는 형태를 보인다. 이런 종류의 기억상실증을 **순행성 기억상실증**(anterograde amnesia)이라고 한다.

기억상실증에 걸린 사람들 중 일부는 새로운 기억을 형성할 수는 있지만 과거를 기억할 수 없기도 하는데, 이를 **역행성 기억상실증**(retrograde amnesia)이라고 한다. 그러나 역행성 기억상실증은 전형적으로 의미기억보다는 일화기억을 수반하기 때문에, 이 기억상실증을 가진 사람들은 대체로 자신을 둘러싼 주변 세계에 대한 명확한 이해를 하고 있다. 역행성 기억상실증에 걸린 사람들이 종종 결손을 보이는 것은 자기 자신, 또는 기억상실이 발생한 사건을 둘러싼 지식이다. 『본 아이덴티티』 『본 슈프리머시』 『본 얼티메이텀』 등의 유명한 책과 영화 속의 '제이슨 본'이라는 인물은 이런 종류의 기억상실증을 겪고 있다.

대부분의 기억상실증 사례는 소설이나 영화에서 보는 것보다는 훨씬 덜 극적이다. 예를 들어, 심각한 교통사고나 다른 외상적 사건의 직전 및 직후에 일어난 사건에 대해 역행성 기억상실증과 순행성 기억상실증이 모두 생긴 사례가 이례적인 것은 아니다. 이러한 사례에서 연구자들은 외상에 의해 유발된 두려움과 공포가 장기증강 과정을 방해하기 때문에 피해자가 '망각한' 사건에 대하여 실제로 어떤 기억도 저장하지 못했다고 생각한다. 역설적으로 이런 기억 결함과 관련된 생화학적 과정은 또한 피해자의 차에 부딪혔던 열차나 버스의 크기를 그 환경 속의 다른 대상에 비해 훨씬 큰 시각적 심상으로 기억하는 것처럼, 사건의 다른 측면들에 대한 피해자의 기억을 강화한다(Strange, Hurlemann, & Dolan, 2003). 그

▶▶▶ 영국 음악가인 클라이브 웨어링(Clive Wearing)은 순행성 기억상실증과 역행성 기억상실증 모두를 경험하고 있다. 그러나 그의 질병 이전에 저장된 기억은 그대로 남아 있다. 결과적으로, 그가 이전에 학습한 것들에 대해서는 그가 이전에 했던 것만큼 능숙하게 수행할 수 있다.

러므로 정서는 기억상실증을 일으킨다기보다는 기억 왜곡의 출처로 간주하는 것이 더 낫다.

일부 사례에서는 쇠약해지는 순행성 기억상실증과 역행성 기억상실증이 동일한 개인에게 나타난다. H. M.은 수술 직전 2년 정도에 관한 역행성 기억상실증을 보였다. 그의 상황에 대한 이 측면이 때로 그를 괴롭혔으나 순행성 기억상실증에 의한 불편함보다는 일상생활에서의 지장이 훨씬 적었다. 반면 기억상실증의 또 다른 사례로 잘 알려진 영국의 음악가 클라이브 웨어링(Clive Wearing)의 경우 순행성 기억상실증과 역행성 기억상실증이 결합되어 그를 심리적으로 현재에 완전히 정지된 상태로 만들었다. 웨어링은 오래전 뇌 양측의 해마 영역을 훼손시킨 심각한 감염으로 새로운 기억을 형성할 수도 없었고 감염 전의 장기기억에 저장된 정보를 인출할 수도 없었다. 자기 관리와 언어, 읽기 능력, 음악 연주와 같은 숙련된 기술은 여전히 웨어링의 뇌에 보존되어 있었다. 그러나 종종 가족의 이름을 회상하지 못했고 자신이 한때 유명한 음악가였다는 사실을 알지 못했다. 그는 정기적으로 음악 연주를 계속하고 있지만 연주를 할 수 있냐고 물어보면 평생 동안 한 음절도 연주해 본 적이 없다고 단호하게 답할 것이다.

치매　클라이브 웨어링의 삶에서 매우 극적으로 나타났던 자신의 과거와의 단절은 **치매**(dementia)의 두드러진 특징이다. 뇌의 퇴행 과정에서 나타나는 신경학적 질환군인 치매는 기억력과 정보처리 능력을 감소시킨다. 치매는 대뇌동맥경화증(뇌동맥이 굳어짐), 만성 알코올중독, 연속되는 경미한 뇌졸중에 의한 회복 불가능한 손상과 같은 상황 때문에 발생할 수 있다. 치매는 70세 이상 노인의 약 14%가 걸릴 정도로 노인에게 매우 흔하다. 하지만 연령 증가와 함께 이 질환의 발병률은 극적으로 증가한다. 71~79세 연령에서는 5%만이 걸리지만, 90세가 넘어가면 37%에 육박한다(Plassman et al., 2007). 그러나 HIV 또는 AIDS와 같은 병은 젊은 사람도 치매에 걸리게 하는 원인이 될 수 있다.

치매에 걸린 사람은 자신의 일화기억과 의미기억 모두와 단절된다. 대부분은 새로운 기억을 형성하는 것도 어렵다. 같은 질문을 반복적으로 물어보거나 장소와 시간에 관하여 혼란스러움을 보이는 것은 치매에 걸린 사람이 많이 보이는 행동이다. 대부분은 요리하기, 금융거래와 같은 일상적 활동과 혼자서 옷 입기와 같은 자기 관리 능력을 완전히 상실하게 된다.

모든 치매 사례의 약 50~60%는 알츠하이머병으로 생긴다. **알츠하이머병**(Alzheimer's disease)에서는 뇌세포의 광범위한 변성에서 비롯되는 지적 능력 및 성격의 진행성 악화가 나타난다. 맨 먼저 환자는 기억, 추론에서, 그리고 일상의 과제들을 수행하는 효율성에서 점진적인 손상을 보인다(Salmon & Bondi, 2009). 대부분 친숙한 장소 근처에서 길을 찾는 데 어려움을 보인다. 병이 진행될수록 알츠하이머병 환자는 혼란스러워하고 화를 잘 내게 되고, 집에서 떨어진 곳에서 배회하는 경향이 있고, 자기 관리 능력이 점점 더 없어지게 된다. 결국 환자의 말은 이해할 수 없게 되고, 방광과 장 기능을 통제할 수 없게 된다. 환자가 더 오래 산다면 그들은 어떤 말에도 반응할 수 없고 배우자와 자녀조차 알아보지 못하는 단계에 이르게 된다.

연령과 가족력이 알츠하이머병과 일관성 있게 연관된 것으로 나타난 두 가지 위험 요인이다(Farrer & Cupples, 1994; Payami et al., 1994; Williams, 2003). 알츠하이머병을 늦출 수 있을까? 뇌 보존 이론(brain reserve theory)에 따르면, 평생의 지적 활동과 더불어 높은 지능은 알츠하이머병의 위험 요인이 있는 사람의 증상을 지연시키거나 줄일 수 있다(Fratiglioni & Wang, 2007). 그러나 불행하게도 알츠하이머병의 예방이나 치료법을 찾고자 한 연구에서 긍정적인 결과는 매우 적다. 비타민과 항염증제, 여성 호르몬 에스트로겐은 모두 알츠하이머병에 대한 잠재적 치료 또는 예방제로서 제외되었다. 그러나 뇌 심부 자극술(deep brain stimulation)을 이용한 실험적 연구가 고무적인 결과를 보고하였는데, 이 방법에서는 뇌에 심어진 장치가 기억에 결정적인 뇌 부위에 전기적 충동을 전달한다(Fontaine et al., 2013).

기억하기 본문 내용을 떠올리며 다음 퀴즈를 풀어 보라.

1. _____은(는) 일화기억을 형성하는 데 특히 중요하다.
2. _____이(가) 붕괴되면, 장기기억이 형성되지 않는다.
3. 투쟁-도피 반응을 이끌어 내는 기억은 _____을(를) 활성화시킨다.
4. 머리에 가격을 받아 그 직전과 상해를 받는 동안의 사건을 회상하는 데 어려움을 겪는 사람은 _____ 기억상실증을 지니고 있다.
5. 알츠하이머병은 _____(으)로 알려진 장애군의 한 가지 유형이다.

기억과 관련된 법률적 · 치료적 문제

대부분의 경우, 기억의 실패는 성가신 것이다. 그러나 심각한 결과를 초래하는 경우가 있을 수 있다. 예를 들어, 당신은 잘못된 목격자 증언에 의하여 기소되었지만 이후에 DNA의 증거로 무죄로 밝혀진 사람들에 관한 뉴스를 들어 본 적이 있을 것이다. 마찬가지로, 뉴스 매체는 때때로 성인들이 어릴 적 학대에 대한 몇 십 년 전의 기억을 '회복'하는 사례를 보도하곤 한다. 앞으로 살펴보겠지만 기억, 망각, 그리고 기억의 생물학에 대한 연구는 목격자 증언과 '회복된' 기억을 둘러싼 논란에 대하여 이해하는 데 도움을 줄 수 있다.

6.16 목격자 증언의 신뢰도에 영향을 미치는 요인은 무엇인가?

목격자 증언

미국 법무부는 1999년에 목격자 증거의 수집에 대한 국제적 가이드라인을 처음 제시하였다(Wells et al., 2000). 이런 가이드라인의 필요성은 그러한 증언의 부정확성을 증명한 연구와 증언의 낮은 신뢰성으로 인해 발생한 무고한 유죄판결의 사례 때문에 증대되었다(Laney & Loftus,

2009). 이 분야의 선도적 연구자 중의 한 사람인 엘리자베스 로프터스(Elizabeth Loftus)에 따르면, 기억의 재구성적 특성에 대한 연구들은 목격자 증언이 오류를 범하기가 매우 쉽기 때문에 항상 신중하게 조사해야 한다고 주장한다(Loftus, 1979).

어떤 이유로 목격자 증언의 신뢰성이 도마 위에 올랐는가? 한 가지는 생물학적인 이유다. 범죄를 목격하는 것은 생리학적인 스트레스를 유발하고, 이전에도 언급하였듯이 스트레스 호르몬은 기억의 기능을 방해한다(Wolf, 2009). 그러나 여전히 공포가 기억을 향상시킬 수 있다는 것 또한 사실이다. 스트레스와 공포의 결합된 효과는 목격자에게 해당 사건에 대한 핵심적인, 대부분의 위협적 세부사항을 기억할 수 있도록 하지만 반대로 덜 정서 유발적인 세부사항의 부호화에는 실패하도록 할 수 있다(Burke, Heuer, & Reisberg, 1992; Christianson, 1992). 결과적으로 증인은 보통 기억 누락을 경험한다(Yovell, Bannett, & Shalev, 2003). 이러한 누락이 바로 조사관이 필요한 정보의 종류일 수 있는데, 예를 들면 차량 번호, 주소, 가해자가 입고 있었던 옷 등이다.

당신이 어렴풋이 알아챌 수 있듯이, 목격자가 기억 누락을 경험하였을 때 누락된 정보를 채우기 위하여 재구성적인 과정이 발생한다. 결과적으로, 기억이 왜곡되거나 심지어는 잘못된 기억이 때때로 그 누락을 대체할 수 있다. 예측할 수 있듯이 해당 사건에 대한 목격과 질문 사이의 시간적 간격이 증가할수록, 범죄와 가해자에 대한 기술이 실제 기억보다는 재구성된 것들이 포함되기 쉽다(Pansky, 2012).

조사관이 질문을 하는 과정에서 한 목격자에 의해 무심코 제공된 허위 정보가 실제 사건에 대한 잘못된 기억을 발생시킬 수 있다. 이 현상을 **거짓 정보 효과**(misinformation effect)라 한다(Laney & Loftus, 2009). 흥미롭게도, 거짓 정보 효과는 파티에 손님으로 참여하는 것과 같이 정서적으로 긍정적인 사건보다 범죄를 목격하는 것과 같은 부정적인 사건에 대하여 더 강하게 나타나는 것으로 보인다(Porter et al., 2010).

다음의 예가 거짓 정보 효과가 어떻게 작동하는지에 대한 이해를 도울 수 있다. 당신이 다가올 시험에 대해 생각하면서 캠퍼스를 걷고 있는데, 어떤 남자가 당신에게 말을 걸며 다가오고 당신의 가방을 훔친다고 생각해 보라. 범죄의 대상이 되었다는 스트레스 때문에, 당신은 가해자의 인상착의에 대해 단지 희미한 기억만을 해마에 기록한다. 당신의 기억은 키, 몸무게, 인종을 포함하지만, 그 사람의 얼굴에 대해서는 확실히 기억하지 못한다. 당신이 경찰관에게 말할 때, 유사한 종류의 범죄를 여러 번 저지른 것으로 의심되는 한 남자의 사진을 보여 주면서 "이 사람이 당신의 가방을 훔친 남자인가요?"라고 말한다. 사진과 질문은 역행 간섭(새로운 정보가 오래된 정보를 대체함)의 과정으로 들어가게 되고, 사진과 '가방을 훔친 남자'라는 언어적 라벨이 그 남자의 겉모습에 대한 당신의 불완전한 기억에서 누락을 채우게 된다(Chan, Thomas, & Bulevich, 2009). 또한 출처 감시는 우리가 평상시에 하지 않는 것이라는 점을 기억한다면, 당신은 당신의 기억이 사진과 경찰관의 질문에 의해 제안된 정보로 대체되었다는 것을 망각하기가 쉬울 것이다. 결과적으로 가해자의 얼굴에 대한 불완전한 기억 위에 그 사진을 정신적으로 겹쳐 놓고, 그것을 그 사건 당시에 실제로 보았던 것으로 믿을지도 모른다. 게다가 조사 과정에서 또는 친구와 이야기하면서, 당신은 그 이야기를 여러 번 반복해서 말하게 될 것이다. 이 과정에서 당신의 이야기는 이제 그 사건에 관한 기억의 일부가 된 잘못된 정보에 근거한 가해자에 대한 언어적 묘사를 포함할 수 있다. 연구는 목격자가 정보를 반복해서 회상한 후에, 정보가 정확하든 아니든 그 정보의 정확성에 대해 더 강한 확신을 가지게 된다는 것을 보여 준다(Shaw, 1996). 즉, 반복을 통한 당신의 왜곡된 기억에 대해 '연습'함으로써 당신은 그 정보의 정확성에 대해서 더 확신하게 되고, 당신이 잘못된 사람을 가해자로 지목하고 있다는 견해를 더욱 부정하게 되는 것이다.

게다가 목격자가 증언에 확신을 갖는다는 것이 정확성에 대한 지표는 아니다(Laney & Loftus, 2009). 실제로 정확성과는 상관없이 스스로 더 객관적이라고 생각하는 목격자가 자신의 증언을 더 확신하고 법정에서 부정확한 정보를 포함할 가능성이 더 크다(Geiselman et al., 2000). 목격자가 확실성을 크게 갖고 부정확한 증언을 한다면 판사와 배심원 모두에게 설득력이 있을 수 있다.

다행히도 목격자 실수는 줄일 수 있다. 예를 들어, 질문을 하기 전에 목격자에게 먼저 해당 사건에 대한 세부사항을 회상하도록 할 수 있다. 이렇듯 재구성된 기억의 효과를 최소화하는 전략적인 질문을 하도록 조사관을 훈련시키는 것이 거짓 정보 효과를 방지할 수 있다(LaPaglia & Chan, 2012; U.S. Department of Justice, 1999). 이러한 인터뷰 전략은 대체로 특정한 질문을 하기 전에, 먼저 목격자가 해당 사건에 대하여 스스로 이야기할 수 있도록 촉진하는 개방형 질문을 포함한다. 더욱이 조사관은 전형적으로 목격자들을 분리시켜서 그들의 이야기가 다른 사람들의 재구성된 기억에 의해 최대한 영향을 받지 않게 한다.

만일 목격자가 실제 용의자들을 만나기 전에 어떤 용의자의 사진을 본다면 해당 용의자가 친숙해 보이기 때문에 여러 용의자들 중에 그 용의자를 가해자로 지목할 수도 있다. 연구자들은 목격자가 사진들을 먼저 보고 가해자와 용의자들의 유사성에 대한 판단을 하게 하는 것보다 목격자에게 가해자를 먼저 기술하도록 하고 그 후에 그 기술과 일치하는 사진을 찾는 것이 더 낫다고 제언한다(Pryke, Lindsay, & Pozzulo, 2000). 추가적으로 목격자에게 용의자들 각각에 대한 확신의 정도를 평정하게 하는 것(예, 90% 확신, 80% 확신 등)이 각 용의자에 대해 '예/아니요' 결정을 하게 하는 것보다 더 정확한 식별을 할 수 있게 해 주는 것으로 보인다(Brewer, Weber, Wootton, & Lindsay, 2012).

용의자 열의 구성도 중요하다. 용의자 열에서 용의자의 연령, 체격, 특히 인종이 유사해야 한다. 그럼에도 불구에도 용의자 열에 가해자가 없다면 목격자는 가해자와 가장 비슷한 사람을 지목할 수 있다 (Gonzalez, Ellsworth, & Pembroke, 1993). 만일 순차적 정렬을 사용한다면, 즉 용의자 열의 사람들을 동시에 보여 주는 것이 아니라 한 사람씩 교대로 보여 준다면 목격자의 실수를 줄일 수 있다(Loftus, 1993). 일부 경찰관과 연구자는 목격자가 한 번에 한 사람씩 보고 그 사람이 가해자인지 아닌지 알아보는 방식을 더 선호한다. 이러한 방식에서는 오인은 줄어들지만 확실한 신원 확인을 하는 데 있어 더 많은 실패를 할 수 있다(Wells, 1993).

▶▶▶ 자동차 사고와 같은 사건을 회상할 때, 사람들은 전반적으로 정확할 수도 있고 그렇지 않을 수도 있는 정보의 조각들을 종합하여 기억에서 그 사건을 재구성한다.

억압된 기억의 회복

6.17 '억압된 기억에 관한 논쟁'은 무엇인가?

기억 왜곡은 완전한 오기억으로 밝혀진 '기억'과 함께 일부 심리치료사가 내담자의 아동학대에 관한 기억 회복에 대한 주장과 관련하여 논쟁의 주제가 되었다(Haaken & Reavey, 2010). 이 심리치료사들은 이전의 프로이트나 다른 정신분석학자들과 같이 동기화된 망각의 한 형태인 **억압**(repression)이 외상적 기억을 개인의 무의식 속에 깊이 묻어 버려서 전혀 알아차리지 못하도록 할 수 있다고 주장한다. 1988년 엘렌 배스(Ellen Bass)와 로라 데이비스(Laura Davis)는 베스트셀러 『아주 특별한 용기(*The Courage to Heal*)』를 출판하였다. 이 책은 성적 학대 피해자에게는 '성서'가 되었고, 그들을 치료하는 전문적인 일부 심리치료사에게는 '교과서'가 되었다. 배스와 데이비스는 성적 학대로 고통받은 기억이 있는 피해자를 도울 뿐만 아니라 성적 학대에 대한 기억이 없는 사람들에게 접근하여, 그들이 학대를 받은 적이 있는지 아닌지를 판단하는 것을 돕고자 했다. 그들은 "어떤 구체적인 예를 기억할 수는 없지만…… 여전히 뭔가 학대적인 어떤 일이 당신에게 일어났다는 느낌이 있다면, 그 일은 아마도 일어났을 것이다."(p. 21)라고 제안하였다. 그들은 분명한 결론을 제시하였다. "만약 당신이 학대받았고 살아오면서 그 증상을 보인다고 생각한다면, 실제로 그런 일이 있었다."(p. 22) 이와 더불어 "당신은 자신이 학대받았다는 것을 증명할 책임이 없다."(p. 37)라고 말함으로써 성적 학대의 잠재적 피해자들을 증거 입증에 대한 책임으로부터 자유롭게 했다.

그러나 많은 심리학자는 그러한 '회복된' 기억에 관해 회의적인데, 그들은 그러한 기억들이 실제로는 심리치료사의 제안에 의해 만들어진 오기억이라고 주장한다. 비평가들은 성적 학대의 회복된 기억이 실제로는 심리치료사가 그것을 밝히기 위해서 흔히 사용하는 기술, 즉 최면술과 유도된 심상에 의한 것이기 때문에 의심스러운 것이라고 비난한다. 앞서 배웠듯이(4장), 최면술은 기억의 정확성을 향상시키지는 않으며 단지 기억하는 것이 정확하다는 확신만을 증가시킬 뿐이다. 그리고 유도된 심상을 사용하는 심리치료사는 환자에게 웬디 몰츠(Wendy Maltz, 1991)가 자신의 책에서 주장한 것과 유사한 어떤 것을 말하게 할지도 모른다.

> 정확성에 관한 걱정이나 어떤 것을 증명하거나 혹은 당신의 생각이 납득이 가는지는 생각하지 말고, 그저 당신이 성적으로 학대받았던 상상을 하면서 시간을 보내라……. 스스로에게 다음과 같은 질문을 하라……. 몇 시일까? 어디에 있나? 실내인가 아니면 실외인가? 어떤 종류의 일이 일어나고 있나? (p. 50)

단지 이런 방식으로 상상한 경험이 사람들로 하여금 그 경험들이 그들에게 실제로 일어났다고 믿게 할 수 있을까? 몇몇 연구에 따르면 그렇다. 목격자 증언 전문가 엘리자베스 로프터스의 거짓 정보 효과에 관한 연구는 이러한 기법이 어떻게 오기억과 왜곡된 기억으로 이끄는지 심리학자들과 대중의 이해에 도움을 주었다. 허구의 이야기가 실제로 발생했다고 상상하도록 지시받은 많은 연구 참가자가 그 상상의 사건에 대한 오기억을 형성한다(Laney & Loftus, 2009; Mazzoni & Memon, 2003).

아동기에 관한 오기억도 인위적으로 만들 수 있다. 오기억에 관한 한 고전 연구에서, 게리와 로프터스(Garry & Loftus, 1994)는 18~53세의 참가자들 중 25%의 사람에게 5세 때 쇼핑몰에서 미아가 된 적이 있다는 오기억을, 그들의 친척으로부터 그 허구의 경험을 확인받은 후, 심을 수 있었다. 오기억적 암시에 대한 반복적인 노출은 그러한 기억들을 만들어 낼 수 있다(Zaragoza & Mitchell, 1996). 게다가 연구자들은 아동기 학대 또는 외계인에 의한 납치에 관한 기억을 회복하였다고 주장하는 성인들은 그렇지 않은 사람에 비하여 실험적으로 유도된 오기억에 더 취약하다는 것을 발견하였다(McNally, 2003). 따라서 암시성에 대한 개인차가 기억의 회복에 어떠한 역할을 하는 것으로 보인다.

비평가들은 생애 초기 몇 년간 일어난 사건의 회복된 기억에 대해 특히 회의적이다. 왜냐하면 그때는 일화기억 형성에 필수 기관인 해마와 기억을 저장하는 피질 영역이 아직 충분히 발달하지 않았기 때문이다(Squire, Knowlton, & Musen, 1993). 더구나 언어능력이 여전히 제한적인 어린 아동은 의미기억을 그들이 이후에 접근할 수 있는 범주로 저장할 수 없다. 청소년과 성인이 생애 초기 몇 년간의 사건을 상대적으로 잘 회상하지 못하는 것을 **유아기 기억상실증**(infantile amnesia)이라고 한다.

이런 발달적 한계에 비추어 볼 때 일부 개인이 아동기의 성적 학대 사건을 기억하지 못하는 것이 가능한가? 위덤과 모리스(Widom & Morris, 1997)는 어릴 적 성적 학대를 받았던 여성의 64%가 20년 후 두 시간의 면접에서 학대받은 기억이 없다고 보고하는 것을 발견했다. 윌리엄스(Williams, 1994)는 성적 피해의 과거력이 있는 여성에 대한 추적 연구에서 약 17년이 지난 후 그들의 38%가 성적 학대를 기억한다고 보고하지 않았다는 것을 발견했다. 학대에 관한 기억은 그 학대가 생애 초기 6년 이내에 일어났을 때보다 7~17세에 일어났을 때 더 우수했다. 그러나 그들 중 일부는 학대를 기억하고 있음에도 불구하고 어떤 이유에서든 그 사실을 인정하지 않았을 가능성을 고려해야 한다. 외상을 받은 사람들은 잠재적으로 불쾌한 자극으로부터 자신을 혼란시키는 주의 양식을 발달시킨다는 일부 증거도 있다(DePrince & Freyd, 2004; Goodman, Quas, & Ogle, 2010). 몇몇 연구자는 이 주의 양식이 쉽게 회상될 수 있는 학대에 대한 기억 형성을 막아 준다고 주장한다.

미국심리학회(Amerrican Psychological Association, 1994), 미국정신의학회(American Psychiatric Association, 1993a) 그리고 미국의학회(American Medical Association, 1994)는 아동기 학대의 기억에 관한 현황 보고서를 냈다. 세 학회의 입장은 현재의 증거는 억압된 기억이 존재할 가능성과 학대에 대한 암시에 대한 반응으로 오기억이 구성될 가능성 둘 다를 지지한다는 것이다. 더욱이 오기억을 가진 사람은 종종 그 기억이 포함하는 세부사항과 그 기억에 연합된 강한 정서 때문에 스스로 정확하다고 강하게 확신한다(Dodson, Koutstaal, & Schacter, 2000; Gonsalves et al., 2004; Henkel et al., 2000; Loftus, 2004; Loftus & Bernstein, 2005; McNally et al., 2004). 뇌영상 연구들은 오기억을 시각적으로 생생하게 재생하는 행위가 그 오기억을 더 강력하게 만드는 데 기여할 수 있다고 제안한다(Lindsay et al., 2004). 이 절의 앞에서 당신이 이미 배웠듯이, 기억이 정확하다고 확신하는 것은 실제로도 그렇다는 것을 의미하지 않는다. 전문가들은 회복된 기억을 보고하는 개인들은 종종 해리(자기 자신을 현실로부터 정신적으로 분리하는 경향)증상을 보인다고 지적한다. 실제로, 한 연구는 회복된 기억을 보고한 참가자들이 과거에 해리적 일화를 더 많이 경험하였다는 것을 확인하였는데, 억압된 기억의 지지자들이 주장하는 그러한 유형의 외상적 사건들이 그들로 하여금 실제로 경험한 것이었다고 믿도록 유발한다(Chiu et al., 2012). 이러한 이유로 많은 전문가는 학대에 관한 회복된 기억을 사실로 받아들이기 전에 독립적으로 검증해야 한다고 권고한다.

기억하기 본문 내용을 떠올리며 다음 퀴즈를 풀어 보라.

1. 목격자 증언은 _____ 효과에 의해 영향을 받을 수 있다.
2. _____ 논쟁은 일부 회복된 기억이 실제로는 심리치료사에 의해 만들어진 오기억이라는 것을 보여 주는 연구로부터 발생하였다.

되돌아보기

때때로 심리학자들은 우리의 정신 과정이 예상된 바와 같이 기능할 때보다 잘못 기능하는 상황으로부터 정신 과정에 대하여 더 많이 배운다. 인간 기억에 관하여서는 특히 더 그러하다. 예를 들어, 목격자들이나 오랫동안 잊었던 기억을 회복하였다고 주장하는 사람들의 잘못된 기억을 세분화하여, 심리학자들은 일부 결점에도 불구하고 어떻게 재구성이 기억의 효율성에 기여하는지에 대한 우수한 견해들을 발달시켜 왔다. 게다가, H. M.이나 클라이브 웨어링과 같이 생리적 외상이나 조건이 광범위한 기억 실패를 초래한 사례들은 신경과학자들이 기억의 생물학에 대하여 더 나은 설명을 하는 데 도움이 되었다. 그리고 기억에 관한 과학적 연구의 선구자인 헤르만 에빙하우스는 망각을 연구함으로써 기억에 대해 많은 것을 알아냈다. 다음에 당신이 기억 실패를 경험한다면, 기억 연구의 역사로부터 단서를 찾을 수 있을 것이다. 기억하고자 하는 당신의 노력이 어디에서 엇나갔는지를 알아내기 위해서 이 장에서 배웠던 내용을 이용해 보라. 당신의 분석은 미래에 유사한 기억 실패를 피하기 위해 필요한 지식을 당신에게 제공할 것이다.

CHAPTER 7

인지와 언어, 지능

인지

7.1 심상과 개념은 어떻게 우리의 사고를 돕는가?

7.2 우리는 어떻게 의사결정을 하는가?

7.3 문제 해결에 대한 기본적 접근들과 장애물은 무엇이고, 그것들의 차이는 무엇인가?

7.4 컴퓨터 과학자들의 연구는 인공지능 분야에 어떻게 적용되었는가?

언어

7.5 언어의 구성 요소는 무엇인가?

7.6 동물의 의사소통과 관련된 증거는 무엇인가?

7.7 언어는 어떻게 사고에 영향을 미치는가?

7.8 이중언어 사용이 사고와 언어의 발달에 미치는 영향은 무엇인가?

지능

7.9 지능에 관한 스피어먼과 서스톤, 가드너, 스턴버그의 견해차는 무엇인가?

7.10 좋은 인지능력 검사의 특성은 무엇인가?

7.11 비네와 터먼, 웩슬러는 지능 연구에 어떤 공헌을 했는가?

7.12 지능지수의 양극단에 있는 사람들은 중앙에 위치한 사람들과 어떻게 다른가?

지능의 차이

7.13 지능지수 논쟁에서 천성과 양육을 지지하는 증거는 각각 무엇인가?

7.14 인종 간 지능지수의 차이를 설명하기 위해 어떤 논쟁이 진행되어 왔는가?

7.15 남성과 여성의 인지적 능력은 어떻게 다른가?

지능을 넘어서

7.16 감성지능의 구성 요소는 무엇인가?

7.17 창의성은 다른 인지유형과 어떻게 다른가?

생각해보기

1(별로 중요하지 않음)에서 100(매우 중요)까지의 척도에서 다음 항목들은 당신의 장기적 행복에 얼마나 중요한가?

안정적인 애정관계를 유지하는 것
편안하게 살 수 있을 만큼의 충분한 돈을 가지는 것
직업상의 목표를 성취하는 것

이 세 가지 주제를 다른 관점에서 바라보자. 10년 후 당신의 삶을 상상하고 그 시점에서 당신이 100%, 혹은 완벽하게 행복하다고 가정해 보자. 이 세 가지 요소는 당신이 전체적으로 행복하다고 느끼는 데 얼마나 기여하는가? 각 요소가 기여하는 정도를 비율로 나타내 보자.

_____%의 사랑 +
_____%의 돈 +
_____%의 직업상의 목표 =
100%의 행복

각 요소를 개별적으로 생각할 때와는 달리 모든 요소를 동시에 놓고 고려할 때 각각의 요소에 대한 비중이 달라졌다는 것을 알아챘는가? 이것이 여러 결정 요소로부터 하나의 요소를 분리해서 생각할 때 혹은 그 과정에 의해서 우리의 생각이 왜곡되는 이유다(Tversky & Kahneman, 1974). 그 결과 우리는 특정 시점에서 고려하게 되는 어떤 요소에 대해서는 그 중요성을 가끔 과대평가한다. 사실, 돈에 대한 욕망과 같은 단일 요소에 초점을 맞추는 것은 가진 것보다 부족한 것을 더 강조하도록 만들기 때문에 우리를 매우 비참하게 만들 수 있다(Kahneman et al., 2006)

이 장의 시작에서 닻 내리기와 같은 왜곡을 소개하고 정보처리 체계가 그것을 어떻게 다루고 보상하는지를 알아본다. 세상을 지각하는 일반적인 인지 도구인 추론, 심상, 개념을 소개하고 의사결정이나 문제 해결, 그리고 우리 자신의 생각 과정을 반영하는 과학적 책략들을 개발하는 데 이러한 도구들을 어떻게 이용하는지에 관해서도 살펴보자. 다음으로는 또 다른 중요한 인지 도구인 언어를 다룰 것이다. 마지막으로 지능과 창의성, 그리고 사람마다 다른 인지기능의 여러 면을 살펴보면서 끝낼 것이다.

인지

우리 모두는 '사고'의 정의에 대해 궁금증을 가진다. 우리는 "나는 비가 올 거라고 생각해."(예측), "저는 이것이 정답이라고 생각합니다."(결정)라고 말한다. 그러나 일상생활에서 사고라는 단어를 사용할 때는 실제로 사고가 수많은 하위 과정으로 구성되어 있다는 사실이 불분명하다. 심리학자들은 이러한 처리를 설명하기 위해서 **인지**(cognition)라는 용어를 사용하는데, 그것은 습득과 저장, 인출, 정보의 사용 과정을 포함한다. 당신은 앞 장에서 이미 인지처리의 일부(감각과 지각, 기억)를 배웠다. 여기에서는 인지처리의 다른 부분에 대해 알아보고자 한다.

심상과 개념

7.1 심상과 개념은 어떻게 우리의 사고를 돕는가?

당신이 좋아하는 음악을 듣거나 누군가 당신의 이름을 부르는 것을 상상할 수 있는가? 그렇게 할 때 당신은 감각적 경험을 표상하고 상상하는 정신적 **심상**(imagery)을 사용하는 능력을 이용한다.

심리학자 스티븐 코슬린과 동료들(Kosslyn, Tompson, & Ganis, 2009)에 따르면 우리는 물체의 이미지를 정신적으로 동시에 한 부분으로 구성한다. 완벽한 이미지를 형성하기 위해 물체의 부분이 어떻게 보이는지에 대해, 저장된 기억은 작업기억에서 인출되고 조합된다. 그러한 이미지는 실제 세계와 유사하거나 만들어진 것일 수 있다. 6장의 〈적용〉에서 심상에 의지하는 여러 기억술에 대해 읽었을 것이다. 예를 들면, 당신은 실험자에 의해 조작되는 실험에서 독립변인이 하나라는 것을 기억하기 위해서 꼭두각시를 조작하는 사람의 이마에 커다란 'I'가 있는 것을 상상할 수 있다.

▶▶▶ 많은 전문 운동선수가 수행을 향상시키기 위해 시각화를 사용한다.

이미지는 또한 학습이나 운동기술의 유지에 도움이 될 수 있다. 일반적으로 뇌영상 연구를 통해서 피험자가 주어진 과제를 실제로 수행할 때, 그리고 동일한 과제를 심상을 통해 정신적으로 시연할 때 뇌의 동일한 영역이 활성화됨을 알 수 있다(Fourkas, Bonavolonta, Avenanti, & Aglioti, 2008). 그래서 연주자나 운동선수처럼 반복적인 신체 활동을 하는 전문가는 심상을 효과적으로 사용하고 있다. 중국의 문화혁명기에 7년 동안 감금되었던 피아노 연주자 류 치 쿵(Liu Chi Kung)의 예를 통해 심상의 놀라운 힘을 알 수 있다. 그는 알고 있는 모든 곡을 매일 정신적으로 시연했고 석방 후에 바로 그 곡들을 연주할 수 있었다(Garfield, 1986).

개념을 형성하는 능력도 사고를 도와주는 데 중요하다. **개념**(concept)은 공통의 특징이나 속성을 공유하는 물체, 사람, 조직, 사건, 상황, 관계 등의 부류나 집단을 표상하기 위해 사용하는 정신적 범주다. '가구, 나무, 학생, 대학, 결혼'은 개념의 좋은 예다. 개념은 사고의 기본적인 단위로서, 우리가 세상을 정리하고 빠르고 효과적으로 생각하고 의사소통하도록 돕는 유용한 방식이다.

개념을 사용하는 능력 덕분에 우리는 확인하기 전에 아주 자세하게 모든 것을 고려하고 설명하지 않아도 된다. 혀를 내민 채 꼬리를 흔들고 있는 갈색과 흰색 털이 많은 네 발 달린 짐승을 본다면, 당신은 즉각적으로 그것을 '개'라는 개념의 표상으로 인지한다. 심지어 '개'는, 명확하게는 다를지라도 비슷한 특징이나 속성을 공유하는 동물의 부류를 의미하는 개념이다. 당신은 그레이트 데인과 닥스훈트, 콜리, 치와와 등 다양한 품종을 '개'라는 개념에 맞추어 인지한다. 게다가 개념은 단독으로 존재하지 않고 위계적이다. 예를 들면, 동물은 '생물'의 하위개념이며 개는 동물의 하위개념 중 하나를 표상한다. 따라서 개념 형성에는 나름의 논리가 있다.

심리학자는 개념을 형식적 개념과 자연적 개념의 두 가지 기본적인 형태로 구분한다. **형식적 개념**은 일련의 규칙, 형식적 정의, 위계 수준에 따라 분명히 구분되는 것이다. 예를 들어, 삼각형이 세 변을 가지고 있다는 것은 정사각형이 똑같은 네 변을 가지고 있다는 것과 마찬가지로 형식적 개념이다. 우리가 형성하고 사용하는 개념은 대부분 정의에 의해서가 아니라 일상생활의 지각과 경험에서 온 **자연적 개념**이다. 인지 연구가인 엘리노어 로쉬(Eleanor Rosch)와 동료들은 개념 형성을 자연적인 상황에서 연구한 후 실생활에서 나타나는 '과일, 채소, 새'와 같은 자연적 개념은 뚜렷하거나 체계적이지 못하고 불분명하다고 결론지었다(Gabora, Rosch, & Aerts, 2008; Rosch, 1973; Rosch & Lloyd, 1978).

형식적 개념의 대부분은 학교에서 습득된다. 예를 들면, 우리는 정삼각형은 세 변의 길이가 같은 도형이라고 배운다. 우리는 경험이나 개념의 정적인 예를 통해 자연적 개념을 많이 습득한다. 아이가 어릴 때, 부모는 가족의 자동차와 이웃의 자동차, 거리의 자동차, 책 속의 자동차 그림을 통해 차에 대해 가르칠 것이다. 그러나 아이가 다른 형태의 움직이는 차를 가리키며 '자동차'라고 말한다면, 부모는 "아니, 그것은 트럭이야." 혹은 "이것은 버스야."라고 말할 것이다. '트럭'과 '버스'는 자동차의 개념에 대한 부적인 예이거나 예가 아니다. 아이는 개념의 정적 · 부적인 사례를 경험한 후에 바퀴가 달린 다른 종류의 차와 자동차를 구분하는 자동차의 속성을 이해하기 시작한다.

우리는 일상적 사고에서 개념을 어떻게 사용하는가? 한 가지 관점은 우리가 자연적 개념을 사용할 때 개념의 **원형**(prototype), 즉 가장 공통적이고 전형적인 특징이 구체화된 예를 상상하는 것 같다고 제안한다. '새'에 대한 당신의 원형은 날 수 없는 펭귄이나 칠면조보다 날 수 있는 개똥지빠귀나 참새에 더 가까울 것이다. 그렇지만 펭귄과 칠면조도 새다. 그래서 자연적 개념의 모든 예가 똑같이 잘 들어맞지는 않는다. 이것이 자연적 개념이 형식적 개념보다 불분명한 이유다. 그럼에도 원형은 주어진 자연적 개념에 가장 잘 맞고, 자연적 개념의 다른 예도 다른 개념의 원형보다 그 원형과 공통적 특성이 더 많다.

개념 형성에 관한 최근의 많은 이론에 따르면, 개념은 개인적 경험을 통해 기억에 저장된 개념에 대한 개별적 예인 본보기에 의해 표상된다(Estes, 1994). 그래서 당신이 일상생활을 펭귄이나 칠면조와 함께한다면 '새'에 대한 **본보기**(exemplars)는 실제로 펭귄이나 칠면조일지도 모른다. 반대로 대부분의 사람은 새라면 펭귄이나 칠면조(다양하게 구운 칠면조는 제외하고!)보다 개똥지빠귀나 참새를 떠올린다.

▶▶▶ 원형이란 어느 개념의 가장 전형적인 특징을 구현하는 하나의 예시다. 위에 제시된 것들 중 어떤 동물이 '새'라는 개념에 대한 당신의 원형에 가장 잘 들어맞는가?

그래서 대다수 사람에게 개똥지빠귀나 참새는 새라는 개념의 본보기다.

앞에서 언급한 것처럼 우리가 형성한 개념은 분리되어 있지 않고 위계나 연결망 범주 속에 존재한다. 그러므로 '의사결정' 과정이 그러하듯 개념 형성 역시 적어도 가끔은 어떤 순서가 존재한다.

의사결정

7.2 우리는 어떻게 의사결정을 하는가?

당신은 중요한 결정을 내린 순간을 기억하는가? 결정을 하기 위해 당신이 사용하는 과정을 논리적으로 설명할 수 있는가? 심리학자는 **의사결정**을 여러 대안을 고려하고 그중에서 선택하는 과정이라 정의한다. 의사결정에 관심이 있는 심리학자와 경제학자는 인간이 가능한 모든 대안을 체계적으로 검토한 후 자신에게 가장 이익이 될 대안을 선택한다고 주장한다(Loewenstein, Rick, & Cohen, 2008).

심리학자 허버트 사이먼(Herbert Simon)은 1956년 자신의 논문에서 '제한된 합리성'에 대해 밝히면서 의사결정이 항상 이런 방식으로 진행된다는 의견을 제기하였다. 제한된 합리성이란 의사결정 과정을 둘러싼 경계 혹은 제한이 의사결정을 완전히 논리적으로 하지 못하게 한다는 뜻이다. 중요한 제한점 중 하나는 작업기억의 크기다. 우리가 항상 많은 생각을 할 수 있는 것은 아니다. 더구나 우리가 의사결정을 할 때는 그것이 미래의 결과에 미치는 영향을 예측해야 한다. 즉, 중요한 결정을 할 때 우리는 자신에게 "5년 후에 나는 이렇게 한 것을 후회하지 않을까 또는 이렇게 했기 때문에 기뻐할까?"라고 묻는다. 심리학자들은 우리가 의사결정과 관련한 개인적인 불확실성이나 인지적 한계를 다룰 수 있도록 몇 가지 전략을 발견했다.

덧셈 전략 당신이 다음 학기부터 필요한 임대 아파트를 구한다고 가정해 보자. 여러 아파트 중에 어떻게 결정을 할 것인가? 각각의 대안을 결정에 영향을 주는 중요한 요인별로 점수화하고 전체적으로 가장 높은 점수를 받은 대안을 선택하는 의사결정 과정인 **덧셈 전략**(additive strategy)을 사용할 수 있을 것이다. 아래의 〈시도〉를 보면 덧셈 전략이 어떻게 사용되는지 알 수 있을 것이다.

덧셈 전략이 유용하긴 하지만 어떤 요인이 다른 것보다 얼마나 더 중요한지를 알려 주진 않는다. 대신 한 요인에서의 높은 점수는 다른 요인에서의 낮은 점수를 상쇄한다고 가정한다. 이것은 때때로 효율적이지만 요인들의 우선순위를 뚜렷하게 설명하기를 원한다면 다른 전략이 필요하다.

시도 아파트를 선택하기 위한 덧셈 전략의 사용

아파트 선택을 위한 덧셈 전략을 사용하기 위해 우선 지불할 용의가 있는 목표 월세를 정하고, 아래와 같은 표에 다른 중요한 요인들의 목록을 만들어야 한다. 다음으로 −5에서 +5까지와 같은 점수 간격을 정하고 원하는 아파트들의 점수를 매긴다. 당신의 실제 중요도를 반영해서 아파트 A, B, C에 시험 삼아 점수를 매겨 보라. 당신은 어느 아파트를 선택했는가?

A. 목표 월세보다 15% 저렴하고 캠퍼스에서 한 블록 떨어져 있으며 위험한 지역이지만 경찰서가 가깝고 문화 시설은 없다.

B. 목표 월세와 같고 캠퍼스로부터 5km 떨어져 있지만 버스 노선이 있고 안전한 지역이며 수영장이 있다.

C. 목표 월세보다 20% 비싸고 캠퍼스로부터 두 블록 떨어져 있으며 전자 카드 열쇠와 안전요원이 있는 고층 건물이고 수영장과 체력 단련장, 게임방, 사교활동 지도자가 있다.

요인	A	B	C
목표 월세			
편의성			
안전			
부대시설			
합계			

속성에 따른 배제 이러한 흐름에 따라 의사결정에 관한 초기 연구에서 심리학자 아모스 트버스키(Amos Tversky, 1972)는 인간이 **속성에 따른 배제**(elimination by aspects)라는 전략을 사용하여 의사결정 과정의 제한점에 대처한다고 주장했다. 이러한 접근에서 대안의 평가 요인은 그 중요도에 따라 최대에서 최소로 순서가 정해진다. 가장 중요한 요인을 만족시키지 못하는 대안은 자동적으로 배제된다. 배제의 과정은 순차적으로 각각의 요인에 적용될 때까지 계속되며, 마지막까지 남아 있는 하나의 대안이 선택된다. 예를 들어, 아파트 구하기의 가장 중요한 요인이 최고 800달러의 월세라면, 당신은 자동적으로 그 임대료보다 비싼 아파트를 배제할 것이다. 만일 두 번째로 중요한 요인이 주차라면, 당신은 매달 800달러 이하의 비용이 드는 아파트 목록을 주시할 것이고 그중 주차장이 없는 아파트는 배제할 것이다. 그리고 아파트 목록이 줄어들 때까지 세 번째, 네 번째로 중요한 요인을 계속 적용할 것이다.

발견법 물론 우리의 의사결정은 트버스키의 모델처럼 체계적이지 않을 때가 많다. 당신은 교통정체를 피하기 위해 정해진 시간보다 조금 더 일찍 출발한 적이 있는가? 그런 결정은 종종 경험에 근거한 실용적 방법인 **발견법**(heuristic)에 기초한다. 심리학자들에 따르면 우리는 발견법을 근거로 하는 결정의 단점을 어느 정도 알고 있음에도 불구하고 의사결정을 빨리 하기 위해 이를 사용한다(Brighton & Gigerenzer, 2012). 즉, 결정을 빨리 하면 가끔 중요한 정보를 놓친다는 것을 알지만, 특히 비교적 중요하지 않은 결정을 내릴 때 우리의 인지체계는 속도와 정확성 중에서 속도를 더 선호하는 것 같다.

발견법에는 몇 가지 종류가 있다. 그중 가장 많이 연구된 것이 **가용성 발견법**(availability heuristic)인데, 이는 사건의 발생 확률은 그 사건이 마음에 쉽게 떠오르는 정도와 일치한다는 것이다. 그러므로 당신은 마음속에 남아 있는 최근 경험을 통해 예상되는 교통정체를 피하기 위해 일찍 집을 출발할지도 모른다. 가용성 발견법에 따라 우리는 일상생활 속에서 확률을 과대평가할 수 있다(다음 페이지의 〈설명〉 참조). 또 다른 유형은 **대표성 발견법**(representativeness heuristic)으로 새로운 상황이 친숙한 상황과 얼마나 유사한지에 기초한 결정 전략이다. 예를 들면, 당신이 방금 만난 사람과 함께 밖으로 나갈 것인가는 그 사람이 당신이 알고 있는 다른 사람과 얼마나 많이 닮았느냐에 달려 있다.

재인 발견법(recognition heuristic)이란 결정 요인을 인지하자마자 결정 과정이 끝나는 전략으로, 이 또한 연구가 많이 이루어지고 있다. 당신이 투표를 한다고 가정해 보자. 당신은 이에 대한 정보가 선거에 출마한 후보자들의 이름밖에 없다. 당신이 어떤 한 후보자의 이름을 여자 이름으로 인지하고 여성 후보자가 관공서에 더 많이 선출되는 것을 본 경향이 있다면 재인 발견법에 의해 여성 후보자에게 투표할지도 모른다. 그러나 연구에 따르면 관련 정보가 부족할 때만 재인 발견법에 의존해 결정을 내린다(Newell, 2011; Newell, Lagnado, & Shanks, 2007). 그러므로 선거에 대한 관심을 갖고 투표 전에 정보를 많이 가질수록, 단지 후보자의 이름이 특정 성별을 연상시킨다거나 또 다른 뭔가가 특정 인종집단을 암시한다거나 혹은 라디오 광고에서 들어 봤다거나 투표를 하러 가는 길에 광고를 봤다는 이유로 그 후보자에게 투표하는 일은 줄어든다.

설명 *왜 우리는 드문 사건의 가능성을 과대평가하는가*

복권을 샀지만 당첨되지 않은 사람에 관한 이야기를 마지막으로 읽은 것이 언제인가? 뉴스의 특성상 특이한 것이 주목을 받는다. 그래서 복권 당첨자의 행운은 뉴스매체를 통해 알려지는 반면 나머지는 무시된다. 그런 뉴스는 일상생활에서 가능성을 평가하는 능력에 어떤 영향을 주는가? 이 글을 읽기 전에 발견법이 그런 효과와 어떻게 연관되는지 생각해 보라.

만일 당신이 복권에 대해 우호적인 대다수의 사람과 같은 생각을 갖고 있다면 아마 복권 구입을 결정할 때 도박에 대한 개인적 경험의 결과에 대해 생각하지 않을 것이다. 대신에 1달러짜리 파워 볼 티켓으로 3천만 달러를 딴 대학생에 관한 이야기를 인터넷에서 읽은 것이 생각날 것이다. 이런 사고 과정이 가용성 발견법의 예다.

복권 구입과 연합된 이익에 초점을 맞추면 당첨 확률을 과대평가하도록 만들 수 있다(Griffiths, 2003). 이런 불합리성은 단지 복권을 구입하는 데 국한되지 않는다. 이와 같은 불합리한 사고는 숫자 뽑기 전략에도 쉽게 적용된다. 예를 들어, 실제로 그 확률은 언제나 같은데도 정기적인 복권 구입자의 21%는 매번 같은 숫자를 선택하면 복권 당첨 기회가 높아진다고 믿는다(BBC World Service, 2007). 이런 종류의 잘못된 사고는 우리가 한 번에 많은 것을 고려할 수 없음을 반영한다(Griffiths, 2003). 게다가 뇌영상 연구를 통해 우리가 결정과 관련된 모든 사실을 해석하고 통합하는 데 어려움이 있을 때 정서에 의존하는 경향이 있음이 밝혀졌다(De Martino et al., 2006). 대부분의 사람이 1달러가 수백만 달러로 되돌아올 가능성과 비교하면서 1달러의 낭비를 중요하게 생각하지 않는다는 사실은 그런 결정의 한 원인이 된다(Camerer, 2005). 그래서 우리는 '복권에 당첨되기만 하면 얼마나 멋질까?' 라는 생각에만 푹 빠져서 복권 값으로 1달러를 쉽게 지출한다.

복권에 돈을 낭비하는 것이 사활이 걸린 문제는 아니다. 그렇지만 가용성 발견법은 때로는 비극적 결과를 낳는다. 예를 들어, 2001년 9월 11일 테러 공격 직후에 연구자들은 미국의 교통정체 때문에 다가오는 몇 주간에 사망자 수가 급격히 증가할 것이라고 추정하였다(Gigerenzer, 2004). 연구자들이 테러 공격에 대한 기억 때문에 사람들이 이동수단으로 비행기보다 차를 선택할 것이라는 가용성 발견법을 사용하리라 믿었기 때문이다. 연구자들의 가설은 사람의 결정이 테러 공격의 목표물이 될 가능성이 자동차 사고의 가능성에 비해 훨씬 낮다는 지식보다 가용성 발견법에 의존하는 경향성을 보일 것이라는 점에 기반을 둔 것이다. 이 가설을 검증하기 위해 연구자들은 2001년 9월과 10월, 11월의 자동차 사고 사망에 대한 경찰 자료를 1996년부터 2000년까지 같은 기간의 자료와 비교하였다. 그들은 2001년 9월 11일 직후 몇 달 동안에 이전 5년 동안의 같은 기간과 비교해 교통사고가 상당히 증가했음을 발견했다.

서투른 의사결정을 하지 않기 위해 우리는 가용성 발견법을 인식하고 그것을 경계할 필요가 있다. 이를 위해 우리는 의사결정 과정에 관한 생각 중에 먼저 떠오르는 결과들보다는 실제적인 통계적 확률에 주의를 돌리도록 의식적으로 노력해야 한다. 따라서 어렵게 번 돈을 복권에 낭비하고 싶지 않다면 당첨되지 않은 복권을 쓰레기통에 던지는 심상을 개발하여, 복권을 사고 싶을 때마다 마음속에 생겨나는 당첨자의 영상 대신 그 심상을 사용하는 습관을 붙이라.

프레이밍 우리가 발견법 혹은 시간이 더 많이 필요한 전략을 사용할 때는 정보 제시방법이 의사결정 과정에 영향을 끼칠 수 있다는 것을 인식해야 한다. 예를 들면, **프레이밍**(framing)은 결과로서 나타날 수 있는 이득과 손실 중 하나를 강조하여 정보를 제시하는 방법이다. 카너먼과 트버스키(Kahneman & Tversky, 1984)는 의사결정에서 프레이밍 효과의 영향을 연구하기 위해 참가자에게 다음의 선택사항을 제시했다. 당신은 어느 프로그램을 선택할 것인가?

> 미국은 위험한 질병의 발생에 대비하고 있으며, 질병으로 600명이 사망할 것으로 예상하고 있다. 그 질병에 대처하는 두 가지 대안 프로그램이 설계되었다. 프로그램 1이 채택된다면 200명의 생명을 구할 것이다. 프로그램 2가 채택된다면 600명 전체를 구할 확률은 1/3이며 모두 죽을 확률은 2/3다.

연구자는 참가자의 72%가 '위험한' 프로그램 2에 비해 '확실한' 프로그램 1을 선택했음을 발견했다. 이제 프레이밍을 통해 대안을 제시해 보라.

> 만일 프로그램 3이 채택된다면 400명이 사망할 것이다. 프로그램 4가 채택된다면 어느 누구도 죽지 않을 확률이 1/3이고 600명 전체가 죽을 확률은 2/3다.

▶▶▶ 당신이 음식을 신속하게 먹고 싶을 때 어떤 패스트푸드점을 이용할지는 어떻게 결정하는가? 음식을 받기까지는 얼마나 걸릴지, 그리고 맛은 어떠할지에 대한 당신의 기대를 이끄는 원형인 대표성 발견법을 사용함으로써 결정하게 된다. 훗날 고객들이 즉석 음식의 구매 결정을 하는데 있어서 지침서 역할을 하는 그들의 대표성 발견법을 유지하기 위해서 패스트푸드 체인점들은 모두 동일한 재료와 동일한 제조법을 사용한다.

당신은 어느 프로그램을 선택했는가? 두 번째 문제 유형을 제시받은 참가자의 78%는 프로그램 4를 선택했다. 그런데 주의 깊게 읽으면 프로그램 4가 앞서 제시된 프로그램 2의 결과와 같다는 것을 알게 될 것이다. 이런 결과를 어떻게 설명할 수 있을까? 첫 번째 문제 유형은 구할 수 있는 생명의 수에 관심의 초점을 맞춰서 틀이 짜였다. 그리고 사람들이 이득(생명 구하기)을 얻는 것에 우선적으로 동기화되었을 때는 참가자의 72%가 선택한 것처럼 위험한 선택에 비해 안전한 선택을 할 경향성이 더 많다. 두 번째 유형은 사망할 400명에 초점이 맞춰져 틀이 짜였다. 손실을 피하기 위해 노력할 때는 78%의 참가자가 선택한 것처럼 위험한 선택을 훨씬 더 선호한다.

직관 누군가가 "직감대로 해 봐."라고 조언하는 것을 얼마나 자주 들어봤는가? 심리학자들은 **직관**(intuition)이라는 용어를 '직감' 혹은 '본능적인 감정'을 바탕으로 빠르게 판단하는 것을 가리킬 때 사용한다. 직관에 대한 믿음에도 불구하고, 그것이 감정의 영향을 많이 받는다는 것을 이해하는 것이 중요하다. 그래서 때때로 직관은 논리적 추론을 방해한다. 연구자들은 사람들이 심지어 주어진 문자열이 문법적으로 정확한지와 같은 감정 중립적인 문제에 대해 판단을 요청받았을 때조차도 이런 경우가 생긴다는 것을 발견했다(Topolinski & Strack, 2009). 문자열에 감정을 불러일으키는 단어가 포함된 경우(예를 들면, 싸움, 죽음) 그것의 문법성을 판단할 때 참가자의 정확도에 영향을 미친다.

직관은 가능한 선택 중에 어느 것이 우리에게 어떤 종류의 이득을 주는지 어느 정도 중요한 결정을 하는 근거를 제공하기도 한다. 예를 들면, 만약 당신이 1만 7,000달러에 차를 살지 1만 8,000달러에 사면서 1,000달러 환급을 받을지를 지금 당장 결정해야 한다면 어떻게 하겠는가?

정보처리 연구자는 이런 결정을 하게 될 때 직관이 사실적 세부사항보다 정보의 주요 요지에 대한 심적 표상에 기초한다고 주장한다(Reyna, 2004). 자동차 판매자가 1만 8,000달러의 자동차를 1,000달러 할인해 준다는 광고의 요점은 '당신이 여기에서 자동차를 구입한다면 돈을 절약할 것이다.'이지 '18,000달러−1,000달러=17,000달러이므로 당신이 자동차를 어디에서 구입하는지는 문제가 아니다.'가 아니다. 게다가 연구자는 직관이 자동차 구입의 예시보다 위험이 더 큰 결정의 추론에서 틀릴 수 있음을 발견했다. 직관적 사고 처리로 의사가 성 매개 감염의 위험을 감소시키는 콘돔의 효과를 과대평가한다는 것은 연구를 통해 확인되었다(Adam & Reyna, 2005). 콘돔을 사용하는 성행위와 사용하지 않는 성행위의 위험을 비교한 연구는 성교 외의 경로를 통한 감염(예, 클라미디아)을 무시하는 경향이 있다.

닻 내리기 결정과 관련 있는 하나의 요소에 집중하면 다른 요소에 비해 그것의 중요성이 과장될 수 있다는 **닻 내리기**(anchoring)의 개념을 이 장을 시작하면서 소개했다. 일련의 연구에서 영국의 심리학자 닐 스튜어트(Neil Stewart)는 신용카드 청구서에서 요구하는 최소 지불의 닻 내리기가 카드빚을 갚는 것에 관한 결정에 어떻게 영향을 미치는지를 조사했다(Stewart, 2009). 먼저, 연구자들은 참가자들에게 가장 최근의 신용카드 이용대금 청구서에 관해 설문조사를 했다. 응답자들은 그들의 카드 이용금액과 계좌에서 요구하는 최소 결제금액, 그리고 실제 결제금액을 보고했는데 최소 요구액이 작을수록 실제 결제금액이 작은 것으로 나타났다. 뿐만 아니라 카드 이용금액과 실제 결제금액은 아무런 상관도 없었다. 다시 말하면, 설문 참가자들은 이용금액이 아닌 최소 요구액의 크기에 따라 결제금액을 결정하고 있었다.

실험실에서의 후속 연구에서 스튜어트는 참가자들에게 총 이용 금액이 900달러 정도인 카드 대금 청구서를 제시했는데 그중의 반은 최소 요구액이 있는 조건이고 나머지 반은 없었다. 참가자들에게 만약 이 청구서가 자신의 것이고 어느 정도 금액이면 지불할 용의가 있는지 생각해 본 다음 연구자들에게 말해 달라는 요청을 했더니, 최소 요구액이 없는 조건일 때가 있을 때보다 평균적으로 거의 2배나 더 지불하겠다고 답했다. 스튜어트는 이러한 결과로부터 은행이나 여러 금융 기관들이 소비자들에게 최소 요구액만 지불했을 때의 이자 증가에 대한 경고를 하지 않고 최소 요구액을 작게 설정함으로써 신용카드 평균 잔고(약 4,000달러)에서 두 배로 이자 수익을 내고 있다고 예측했다. 그는 만약 각기 다른 결제액에 따라 달라지는 이자를 나타내는 표를 신용카드 청구서에 넣는다면 닻 내리기의 효과를 줄일 수 있을 거라고 제안했다. 이러한 연구 덕분에 신용카드의 책임과 의무, 그리고 발표에 관한 조례가 2009년에 통과되었다. 이 법에 따르면, 최소 요구액을 지불할 때 소비자가 궁극적으로 부담해야 하는 이자가 얼마나 증가하는지에 대해 대해서 신용카드 회사가 소비자에게 경고해야 한다. 덧붙여서 회사는 만약 소

복습과 재검토 의사결정하는 방법들

접근법	특징
속성에 따른 배제	대안이 가지고 있는 요소들을 중요도에 따라 나열한 후, 가장 중요한 요소를 만족시키지 못하는 대안을 제거한다. 선택할 대안이 하나만 남을 때까지 계속 대안들을 제거한다.
가용성 발견법	최근에 경험했기 때문에 마음에 쉽게 와 닿는 정보가 무언가를 결정하는 데 영향을 준다.
대표성 발견법	대상이나 상황이 원형과 얼마나 비슷한가를 바탕으로 결정한다.
재인 발견법	대안 중의 하나를 인지하면 바로 결정된다.
프레이밍	대안과 관계 있는 잠재적 손실과 이득이 강조되고 결정에 영향을 미친다.
직관	이익을 볼 것이라는 생각의 영향을 받았을지도 모르는 직감에 의해 동기화된 결정
닻 내리기	중요성을 과대평가한 단일 요소에 집중한 영향으로 한 결정

비자가 최소 요구액만을 지불한다면 빚을 모두 갚는 데 얼마나 오래 걸리는지도 알려야만 한다.

7.3 문제 해결에 대한 기본적 접근들과 장애물은 무엇이고, 그것들의 차이는 무엇인가?

문제 해결

의사결정의 과정은 희망하는 목표를 달성하기 위한 사고와 행동, 즉 **문제 해결**과 공통점이 많다. 그중에서도 특히 발견법은 의사결정과 마찬가지로 문제 해결에서도 중요하다.

문제 해결에서의 발견법과 알고리듬 **유추발견법**(analogy heuristic)에서는 예전에 우연히 맞닥뜨렸던 문제와 지금의 문제를 비교한다. 만일 어떤 전략이 예전에 비슷한 문제에 효과적이었다면 새로운 문제를 해결하는 데 효과적일 것이라는 생각이다.

문제 해결에서 또 다른 효과적인 발견법은 작업역행으로, **역행탐색**(working backward)이라고도 한다. 이 접근은 조건, 해답을 이미 알고 있는 상태에서 문제를 통해 거꾸로 작동한다. 일단 역행탐색이 밟아야 할 단계와 그 순서를 드러내기만 하면 문제는 해결될 수 있다. 다음 페이지의 〈시도〉에서 수련문제를 해결하기 위해 작업역행을 해 보라.

또 다른 대중적인 발견법 전략은 **수단-목표 분석**(mean-end analysis)으로, 현재의 위치와 목표를 비교해서 둘 간의 간격을 줄이기 위해 일련의 단계를 형식화하고 시행하는 것이다(Sweller & Levine, 1982). 대부분의 문제는 크고 복잡하여 해법을 찾기 전에 더 작은 단계나 하위문제들로 분류해야 한다. 예를 들어, 학기말 보고서를 제출해야 한다면 단순히 앉아서 쓰지는 않는다. 처음에 어떻게 주제에 접근할지 결정하고, 주제를 찾고, 골격을 만든 다음, 일정 기간 내에 글을 써야 한다. 마침내 최종 보고서를 제출해서 A를 받기 전에 당신은 기말보고서를 완성하기 위해 자료들을 정리하고 초안을 여러 번 써 보고 최종 형식으로 완성작을 만들 준비를 할 것이다.

발견법 전략을 채택할 때는 그것이 정확한 해법인지 아닌지 모른다. 반대로 알고리듬은 적절히 응용한다면 항상 정확한 해법으로 가는 문제 해결 전략이 된다. 예를 들면, 사각형의 넓이(가로×세로)를 구

시도 수련문제

수련은 24시간마다 2배로 번식한다. 초여름 연못에 수련 한 포기가 있다. 60일 후 연못은 수련으로 뒤덮였다. 연못의 반이 수련으로 덮이는 데는 며칠이 걸리는가(Fixx, 1978)?

정답 가장 중요한 사실은 수련이 24시간마다 2배가 된다는 것이다. 60일째에 연못이 수련으로 가득하다면 59일째에 연못의 반이 덮여야 한다.

하기 위해 학교에서 배운 공식이 **알고리듬**(algorithm)이다. 뒤에서 인공지능을 살펴볼 때 알고리듬에 대해서 더 이야기할 것이다.

문제 해결의 장애 우리는 때로는 **기능적 고착**(functional fixedness) 때문에 일상생활에서 문제를 해결하려는 노력이 방해받는다. 기능적 고착이란 친숙한 사물을 문제 해결을 위해 새로운 방법으로 사용하지 못하는 것이다. 우리는 사물을 단지 관습적인 기능으로만 보는 경향이 있다. 일상적으로 사용하는 모든 일상용품, 예를 들어 도구, 가정용품, 장비 등에 대해 생각해 보라. 우리는 이 용품들을 사용해서 어떤 기능을 수행한다. 종종 이런 사물의 통상적인 기능은 사고 속에 고착되어서, 우리는 사물을 새롭고 창의적인 방식으로 사용할 생각을 하지 못한다(McCaffrey, 2012).

커피 한 잔을 마시고 싶지만 커피메이커의 유리 용기가 깨져 버렸다고 가정하자. 기능적 고착에 얽매인다면 그 순간 해결책이 없다고 결론지을 수도 있다. 그러나 현재 갖고 있지 않은 사물이나 기구보다는 사용에 필요한 기능을 생각해 보라. 필요한 것은 커피를 담을 수 있는 것이지 커피메이커에 딸린 특정한 형태의 유리 용기가 아니다. 큰 사발이나 요리도구, 하다못해 머그잔으로도 커피를 담을 수 있지 않는가?

문제 해결의 또 다른 장애는 마음 갖춤새다. **마음 갖춤새**(mental set)는 더 좋은 다른 접근이 있음에도 불구하고 기존의 동일한 방법을 계속해서 사용하는 경향이다. 과거에 우연히 발견한 문제 해결법의 효과가 크지 않더라도 비슷한 상황에서는 같은 방법을 계속해서 사용하게 된다. 사람들은 문제 해결에 특별한 것이 요구될 때 마음 갖춤새를 더 사용하게 된다. 즉, 마음 갖춤새는 "February에는 2번, March와 April에는 1번, May에는 없는 게 뭘까?"와 같은 가벼운 수수께끼를 접했을 때 우리의 사고에 편승한다. 이 질문은 즉시 각각의 달에 일어나는 사건들을 찾아보도록 마음 갖춤새를 만든다. 답이 '영문자 r'이라는 것을 들으면 질문의 의미의 적당한 틀이 우리가 짐작한 것과 좀 다르다는 것

▶▶▶ 우리는 때로 기능적 고착 때문에 일상생활에서 문제를 해결하려는 노력이 방해받는다. 기능적 고착이란 친숙한 사물을 문제 해결을 위해 새로운 방법으로 사용하지 못하는 것이다.

을 알게 된다.

사람은 왜 비효과적인 문제 해결 전략에 매달리는 경향이 있는가? 기능적 고착과 마음 갖춤새의 기초가 되는 인지 과정은 **확증편향**(confirmation bias)으로, 자신의 신념을 확증하는 정보에 선택적으로 주의를 기울이고 모순되는 자료는 무시하는 경향이다. 예를 들면, 컴퓨터 운영체계가 '충돌'을 일으킬 때 대부분의 사용자는 재부팅을 먼저 해 봐야 한다는 것을 알고 있다. 매번 재부팅이 컴퓨터 문제를 해결한다면 재부팅에 대한 확증편향은 더 강해진다. 그 결과 우리는 재부팅으로 해결할 수 없는 문제에 부닥치더라도 몇 번 더 재부팅을 한 뒤에야 이 방법이 문제 해결책이 될 수 없음을 인정하게 된다. 즉, 확증편향("이전에는 이 방법이 통했어.")은 우리가 재부팅이 문제 해결책이란 신념을 버리고 다른 방도를 찾아보기 전까지 여러 번 재부팅을 하게 하는 이유인 셈이다.

7.4 컴퓨터 과학자들의 연구는 인공지능 분야에 어떻게 적용되었는가?

인공지능

앞에서 수학 공식이 항상 정확한 문제 해결 전략인 알고리듬이라는 것을 알았다. 다른 종류의 알고리듬은 모든 가능한 해결법을 시험하고 나서 최상의 방법을 실행하는 것이다. 그런 알고리듬을 사용하는 것이 가능해도 인간의 제한된 작업기억 때문에 대부분 그렇게 하기가 어렵다. 반대로 컴퓨터는 그러한 알고리듬을 완성하고 바로 처리할 수 있다. 컴퓨터 '사고'의 특별한 속성은 체스 같은 게임에서 인간 전문가의 기술에 도전하도록 설계된 **인공지능** 프로그램에서 찾을 수 있다. 유명한 체스선수 게리 카스파로프(Garry Kasparov)가 '딥 블루'와 '딥 쥬니어'란 이름의 IBM 컴퓨터와 겨룬 체스 게임에 대해 들어봤을 것이다. 그 경기에서 카스파로프가 보인 최고의 성적은 컴퓨터와 비기는 것이었다.

컴퓨터가 체스에서 인간을 이길 수 있다면 컴퓨터가 정확하게 인간의 뇌가 하는 방식으로 정보를 처리한다는 것을 의미하는가? 꼭 그런 것은 아니다. 그러나 컴퓨터 과학자는 그런 목표를 달성하는 인공지능을 설계하고자 한다. 인간의 뇌 기능을 모방한 프로그램은 **인공신경망**이라 불린다. 컴퓨터 프로그램에서 매우 유용하다고 입증된 이 인공신경망은 **전문가 시스템**(expert system)으로 알려진 제한된 영역 안에서 고도로 특수한 기능을 수행하도록 설계되었다. 초기 전문가 시스템의 하나로 의사가 혈액질환과 뇌막염을 진단하기 위해 사용하는 프로그램이 MYCIN이다. 이러한 시스템은 인터넷의 정보전파력과 결합하여 지구촌의 가장 오지에 있는 의료종사자들도 신속한 진단과 치료계획을 세우는 데 의료혁신의 최첨단 정보들을 사용하는 것이 가능해졌다. 전문가 시스템이 의사들을 위해 결정을 내리는 것은 아니라는 데 주목할 필요가 있다. 다만 그들은 인간의 '보조자'로서의 역할을 한다.

▶▶▶ 세계 챔피언 카스파로프가 최고 수준의 체스 경기에서 인공지능 IBM 컴퓨터인 딥 블루에 맞서 수를 고심하고 있다.

예를 들어, 의학진단 프로그램은 의사의 가설을 확증하거나 의사가 생각하지 못한 진단을 내리는 데 대부분 사용된다(Brunetti et al., 2002). 또한 어떤 전문가 시스템이든 인간 전문가의 축적된 지식에 의

존함을 기억해야 할 것이다. 그러므로 컴퓨터가 인간 전문가를 전부 대체한다는 것은 불가능하다.

게다가 인간이 비교적 수행하기 쉬운 많은 인지과제를 컴퓨터가 하도록 가르치기는 실제로 어렵다. 한 예로 언어처리의 많은 양상은 컴퓨터가 관리하기에는 매우 어렵다(Kwong, 2013). 예를 들어, 'majestic'이라는 단어를 들었을 때 어떤 장면이 떠오르는가? 아마 눈 덮인 산을 떠올릴 것이다. 컴퓨터 과학자는 모호하고 추상적인 단서로 컴퓨터가 이미지를 인출하게 하는 프로그램을 현재 개발 중이다(Araujo, 2009). 우리가 언어를 별다른 노력 없이 사용할지라도, 다음에 제시된 내용처럼 인간의 언어는 매우 복잡한 현상이다.

기억하기 본문 내용을 떠올리며 다음 퀴즈를 풀어 보라.

1. 행동을 심상화하면 그 행동을 실제로 했을 때와 동일한 뇌 영역이 활성화된다. (예/아니요)
2. _____은(는) 개념의 가장 전형적인 예다.
3. 발견법은 의사결정에 있어서 바람직하거나 바람직하지 못한 결과 모두를 가져온다. (예/아니요)
4. _____은(는) 정확한 답을 보장해 주는 문제 해결 계획이다.
5. 인간의 뇌기능을 모방한 컴퓨터 시스템을 _____이라 한다.

언어

언어는 사회적으로 공유되고 일련의 문법규칙에 따라 배열된 임의의 상징(소리와 신호, 문자화한 상징)을 사용해서 생각과 감정을 교류하는 수단이다. 언어는 우리가 물리적 대상으로 표현하지 못하는 정의와 같은 추상적 개념을 생각할 수 있도록 해 주기 때문에 우리의 사고 능력을 확장시킨다. 게다가 언어 덕분에 우리는 지식과 사고를 매우 효율적인 방법으로 다른 사람과 공유할 수 있다. 그러므로 언어는 말하든 쓰든 신호하든 간에 가장 중요한 인지 도구다. 8장에서는 유아가 언어를 어떻게 습득하는지에 대해 논의할 것이다. 여기에서는 인간의 놀라운 의사소통 형태의 성분과 구조를 살펴보고자 한다.

언어의 구조

7.5 언어의 구성 요소는 무엇인가?

우리는 항상 언어를 사용한다. 그러나 그것의 성분을 나누어 생각해 본 적이 있는가? 그것이 바로 언어심리학자가 하는 일이다. **언어심리학**(psycholinguistics)에서는 언어가 어떻게 습득, 생산, 사용되는지와 언어의 소리와 상징이 어떻게 의미로 바뀌는가에 대해 연구한다. 언어심리학자는 언어의 다섯 가지 기본 성분에 대해 각각 특수한 용어를 사용한다.

음소(phonemes)는 영어의 b나 s와 같이 구어상에서 소리의 가장 작은 단위다. 3개의 음소 'c(k와 같은 소리가 난다), a, t'가 합쳐서 cat이라는 단어를 형성한다. 또한 특정한 소리를 형성하는 문자의 조합, 즉 the의 'th'나 child의 'ch'와 같은 것도 음소다. Stay의 'a'와 Sleigh의 'ei'처럼 동일한 음소라도 다른 단어에서는 다른 글자로 표현되는 경우가 있다. 그리고 동일한 글자라도 다른 음소가 될 수 있다. 예를 들어, 글자 'a'는 day, cap, watch, law에서 4개의 다른 음소로 소리를 낸다.

형태소(morphemes)는 언어에서 의미를 갖는 가장 작은 단위다. 관사 'a'나 인칭대명사 'I'처럼 몇 개의 단일 음소는 형태소로 쓰인다. 영어에서 단어에 복수의 의미를 주는 '–s'도 형태소다. 'book' 'word' 'learn' 'reason' 등 영어의 많은 단어는 단일 형태소다. 형태소에는 단어의 어근뿐 아니라 relearn의 're–' 같은 접두사나 learned의 '–ed'처럼 과거형을 보여 주기 위한 접미사도 있다. 'reason'은 단일 형태소지만 그 활용형인 'reasonable'은 두 개의 형태소로 되어 있다. 'book'은 단일 형태소지만 그 복수형인 'books'는 두 개의 형태소로 되어 있다.

통사론(syntax)은 구와 문장을 만들기 위해 단어를 정렬 · 결합하는 규칙을 규정하는 문법 영역이다. 단어 정렬 규칙 혹은 통사는 언어마다 다르다. 예를 들어, 영어에서 중요한 통사규칙은 형용사가 대개 명사 앞에 온다는 것이다. 그래서 영어를 말하는 사람은 미국 대통령의 거주지를 'White House'라고 부른다. 반면에 스페인어에서 명사는 항상 형용사 앞에 온다. 그래서 스페인어로 말하는 사람은 'la Casa Blanca' 혹은 'House White'라고 부른다.

의미론(semantics)은 음운과 단어, 문장에서 파생한 의미를 다룬다. 'I don't mind.' 'Mind your manners.' 'He has lost his mind.'에서 동일한 단어가 각기 다른 의미로 사용된다. 또한 'Loving to read, the young girl read three books last week.'와 같은 예를 생각해 보라. 여기에서 단어 read는 두 가지로 발음되는데 그중 하나가 과거형이다.

마지막으로 **화용론**(pragmatics)은 의미를 표현하는 데 사용하는 상승 및 하강 패턴인, 억양 같은 언어의 양상을 설명하기 위해 언어심리학자가 사용하는 용어다. 예를 들어, 'Do you want a cookie?' 혹은 "What a delicious looking cookie!' 'That's a cookie.'에서 각 의미를 표현하기 위해 단일 단어 cookie를 어떻게 말할지 생각해 보라. 미묘한 차이가 화용론적 규칙에 대한 당신의 지식을 반영한다. 예를 들어, 의문문은 상승조로 끝나는 반면에 진술문은 하강조로 끝난다. 화용론적 규칙은 또한 친구와 교수에

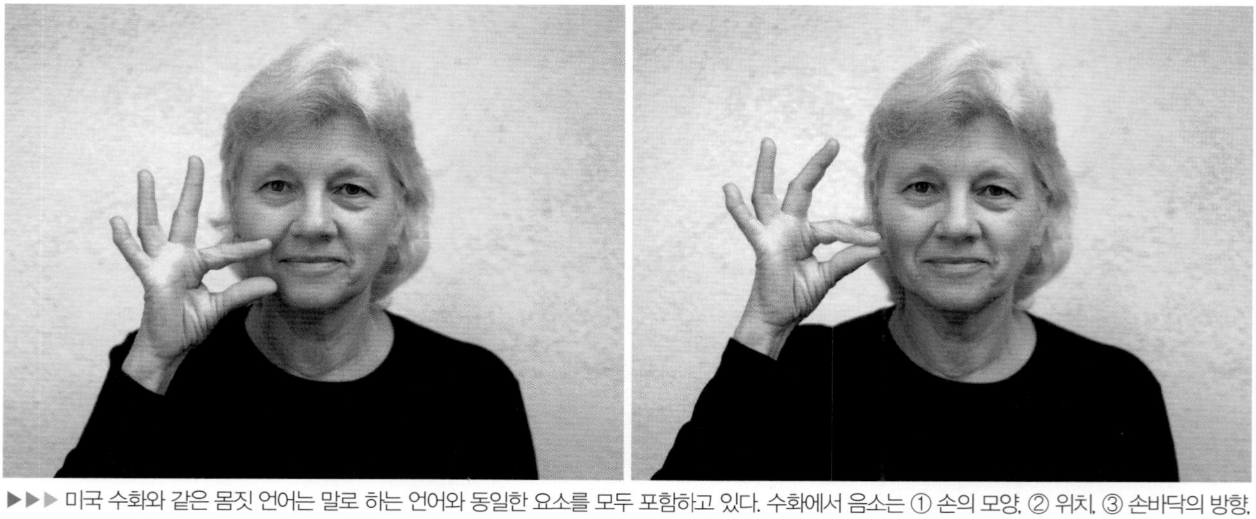

▶▶▶ 미국 수화와 같은 몸짓 언어는 말로 하는 언어와 동일한 요소를 모두 포함하고 있다. 수화에서 음소는 ① 손의 모양, ② 위치, ③ 손바닥의 방향, ④ 움직임, ⑤ 잡는 법이다. 그러므로 어떠한 수화라도 소리로 표현되는 말처럼 그것들의 요소를 분석할 수 있다. 예들 들면, 수화의 'cat'은 말하는 것과 동일하게 k/a/t의 세 개 음소를 포함하고 있다.

게 말할 때 다르게 적용된다. 즉, 언어 사용과 관련된 사회적 규칙 역시 화용론에 포함된다. 마찬가지로 'break a leg'(무대연출을 하는 사람에게 행운을 비는 말), 'when pigs fly'(가능성이 극히 희박한 것을 의미함)와 같은 표현의 차이와 동반하는 문자의 차이는 화용론의 영역에 해당된다.

동물의 언어

7.6 동물의 의사소통과 관련된 증거는 무엇인가?

인간이 다른 동물과 구별되는 능력은 무엇인지 질문해 보라. 그러면 대부분은 '언어'라고 대답할 것이다. 적절한 답이다. 그리고 인간은 과학자가 알고 있는 한 이렇게 진보된 의사소통 체계를 가지는 유일한 종이다. 더욱이 언어학자는 인간의 언어가 우리가 알고 있는 모든 동물의 의사소통 체계에서는 찾아볼 수 없는 몇 가지 요소를 가지고 있다고 본다. 언어학자들은 인간 언어의 고유한 요소가 어떤 것인지에 대한 다소간 입장의 차이를 보인다. 그러나 다음의 핵심적 구성 요소에 대해서는 대부분 동의한다.

- 이원적 체계: 음소는 단어생성을 위해 규칙에 의한 패턴으로 결합된다. 단어는 문장생성을 위해 규칙에 의한 패턴으로 결합된다.
- 생산성: 한정된 수의 소리로 무수히 많은 독특한 발화를 만들 수 있다.
- 자의성: 사물, 사건, 생각을 음운적으로 표현하기 위한 임의적 연계성은 없다.
- 상호교환성: 들을 수 있는 어떠한 소리도 재생산할 수 있다.
- 특수성: 언어의 소리는 오직 의사소통을 위해서만 사용된다.
- 대치성: 우리의 지각세계에 존재하지 않는 사물이나 사건들에 대한 발화도 가능하다.
- 문화적 전승: 사회환경은 언어학습에 필수적이다. 언어는 자생적으로 발달하는 것이 아니다.
- 궤설성: 언어는 거짓을 표현할 수 있다.
- 재귀성: 언어는 언어를 묘사할 수 있다.

동물들이 비록 한계를 가지고 있다 하더라도 다른 개체와 의사소통을 하는 것은 분명하다. 더욱이 연구자들은 몇몇 종의 동물들에게 인간과의 의사소통이 가능하도록 가르쳤다.

1933년과 1951년, 연구자들은 집에서 침팬지를 키우면서 말을 가르쳤다. 이 실험에서 연구자들은 침팬지와 유인원의 성대가 인간의 말에 적응하지 못했기 때문에 수화를 가르쳤다. 심리학자 앨런 가드너와 베아트릭스 가드너(Allen Gardner & Beatrix Gardner, 1969)는 워슈란 이름의 1년생 침팬지를 데리고 수화를 가르쳤다. 워슈는 '꽃, 나에게 줘, 오다, 열다, 더 많이'와 같이 대상과 명령어에 관한 수화 몇 가지를 배웠다. 5세 말에 침팬지는 약 160개의 수화를 배웠다(Fleming, 1974).

심리학자 데이비드 프리맥(David Premack, 1971)은 '사라'라는 침팬지에게 그가 개발한 인공언어를 사용하도록 언어의 상징부호를 가르쳤다. 그 상징언어는 [그림 7-1]처럼 다양한 모양, 크기, 색깔의 자석 칩으로 구성되었다. 프리맥은 사라가 과일을 나타내는 자석 칩을 골라서 자석판 위에 붙이도록 가르치는 데 조작적 조건 기법을 사용하였는데, 훈련자는 사라가 요구한 과일을 보상으로 주었다. 사라는

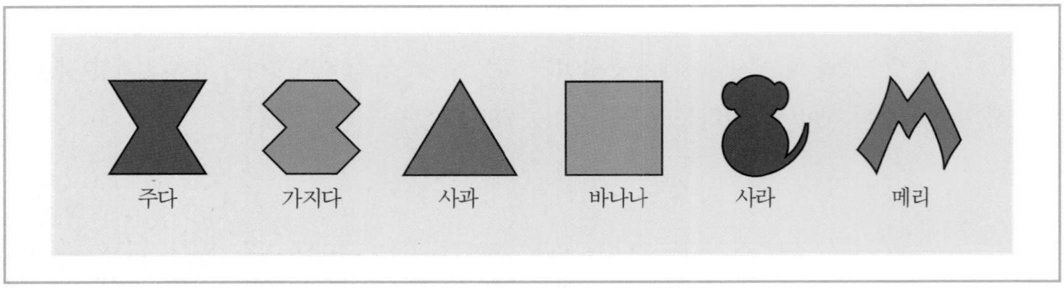

[그림 7-1] 사라의 상징물

사라라는 침팬지는 훈련사 프리맥이 개발한 인공언어로 단어를 표현하기 위해 다양한 모양, 크기, 색깔로 이루어진 플라스틱 칩을 사용하여 의사소통하도록 학습했다.

출처: Premack(1971).

유사점과 차이점의 개념을 터득했고, 결국에는 두 물체가 같은지 혹은 다른지를 거의 정확하게 기호화할 수 있었다(Premack & Premack, 1983).

에머리 대학교의 여크스 유인원 연구소(Yerkes Primate Research Center)에서는 '라나'라는 침팬지에게 컴퓨터 조절 언어훈련 프로그램을 실시하였다. 라나는 여키시(Yerkish)라고 이름 붙인 인공언어의 단어를 나타내는 기하학적 상징이 있는 버튼을 누르도록 학습받았다. 새비지-럼바우와 동료들(Savage-Rumbaugh et al., 1986; Rumbaugh, 1977)은 버튼의 위치, 색깔, 밝기를 다양하게 했다. 그래서 라나는 상징이 어디에 놓여 있든 상관없이 어느 상징을 사용해야 할지를 학습해야 했다. 어느 날 훈련자 팀이 라나가 원하는 오렌지를 가지고 있었다. 라나는 사과, 바나나 등 많은 과일의 상징을 사용할 수 있었으나 오렌지에 대한 상징은 없었다. 그러나 오렌지 색깔에 대한 상징은 있었다. 그래서 라나는 "팀(Tim)이 오렌지색 사과를 주다."라는 신호를 즉석에서 만들었다. 게다가 허버트 테라스(Herbert Terrace, 1979, 1981)와 그의 공동 연구자들은 저명한 언어학자 노암 촘스키(Noam Chomsky)의 이름을 따서 님 침스키(Nim Chimpsky)라고 불린 침팬지에게 수화를 가르치면서 생후 2주부터 4년까지 님의 발달 과정을 보고했다. 테라스(1985, 1986)에 따르면, 님은 놀랍게도 상징 125개를 학습했으나 결국 언어습득 수준에는 이르지 못했다. 테라스는 님, 워슈와 같은 침팬지가 언어의 법칙이 아닌 조작적 조건형성의 법칙에 따라서 훈련자를 단순히 모방하고 강화를 받는 반응을 보인다고 믿었다. 마지막으로, 테라스는 영장류 연구가 아마도 실험자 편향의 영향을 받았을 것이라고 했다. 훈련자는 침팬지의 행동을 실제로 일어난 그대로 관찰하기보다는, 무의식적으로 그것이 언어발달의 진행을 나타내는 것이라고 해석하려는 경향이 있었다. 그러나 테라스가 회의론적 견해를 밝혔을 때는 '칸지'에 대해서 아직 알지 못한 상태였다.

▶▶▶ 침팬지와 다른 동물을 대상으로 한 의사소통 연구에서 연구자들은 언어의 본질에 관한 유용한 통찰을 얻었다. 보노보 침팬지 칸지는 특수한 상징판을 사용해서 의사소통하도록 기술을 익혔다.

워슈와 사라, 재주 있는 다른 영장류의 공헌이 강한 인상을 주었지만, 칸지라는 이름의 보노보 침팬지가 습득한 언어기술은 다른 침팬지들을 능가했다.

1980년대 중반, 연구자들은 칸지의 어미에게 상징판에서 단어를 표상하는 상징의 버튼을 찾아 누르도록 가르쳤다. 칸지의 어미는 수행이 두드러지게 향상되지는 않았으나 훈련 동안 옆에서 어미를 관찰한 어린 수컷 칸지는 학습이 빨랐다(5장에서 논의한 관찰학습 덕분에). 칸지가 상징판을 사용하게 되었을 때는 어미뿐 아니라 다른 침팬지들의 수행을 급속도로 앞질렀다.

칸지는 침팬지가 구어를 이해한다는 것을 증명해 주었고, 심지어 "강에 공을 던져라."나 "냉장고에 가서 토마토를 꺼내라."와 같은 새로운 명령에 정확하게 반응할 수 있었다(Savage-Rumbaugh, 1990; Savage-Rumbaugh et al., 1992). 칸지는 여섯 살 때 1만 3,000개 이상의 '표현'을 할 수 있었고 200개의 다른 기하학적 상징을 사용해서 의사소통을 할 수 있었다(Gibbons, 1991). 칸지는 누군가에게 자기와 추적놀이를 할 것을 요구하고, 심지어 두 사람에게 자기 앞에서 추적놀이를 하라고 요구하기 위해 상징을 누를 수 있었다. 칸지는 누군가에게 '추적하다'와 '숨다'를 신호하라고 지시한 후 첫 번째 명령인 '추적하다'를 먼저 수행하라고 요구했다(Gibbons, 1991). 칸지는 옆에 있는 훈련자의 행동이나 몸짓을 모방하면서 반응하는 것이 아니었다. 방 안의 어느 누구도 의도적으로 혹은 무심코 칸지에게 신호할 수 없도록 이어폰을 통해 요구할 때도 잘 반응했다.

언어 연구자들은 대부분의 동물에서 수화, 몸짓, 자석 상징 사용, 상징판에서 버튼 누르기와 같은 운동반응에 제한하여 연구하였다. 이러한 제한은 앵무새 같은 새에게는 적용되지 않았는데, 이런 새는 인간의 말소리를 낼 수 있기 때문이다. 주목할 만한 예는 알렉스라는 아프리카 회색 앵무새다. 알렉스의 뛰어난 능력은 1977년 애완동물 가게에서 그 새를 구입한 대학생 아이린 페퍼버그가 발견하였다. 페퍼버그는 동물행동과 인지를 연구하는 하위영역인 비교심리학 분야에 종사하게 되었는데 알렉스는 그녀의 주요 연구 대상이었다. 알렉스는 인간의 말을 모방할 뿐 아니라 매우 지적으로 말하는 것 같았다. 알렉스는 다양한 색깔과 사물, 모양을 인지하고 이름을 말할 수 있었으며 질문에 영어로 대답했다. "어느 것이 초록이지?"라고 질문했을 때, 알렉스는 쉽게 초록색 사물의 이름을 말했다(Pepperberg, 1991, 1994b). 그리고 수를 셀 수도 있었는데, "빨간 것이 몇 개지?"라고 질문하면 알렉스는 거의 80% 정확하게 대답했다(Pepperberg, 1994a). 최근 연구에 따르면, 알렉스는 덧셈을 할 수 있다(Pepperberg, 2006). 알렉스에게 기술을 가르치는 것에 대한 성공은 다른 회색 앵무새를 대상으로 한 연구를 이끌었는데, 이를 통해 이 종이 이전에 알려진 것보다 훨씬 더 지적임이 밝혀졌다.

고래와 돌고래 같은 바다 포유동물 연구에 따르면, 바다 포유동물은 같은 종끼리 의사소통하기 위해 끽끽거리는 소리, 휘파람 소리, 딸각하는 소리 등 복잡한 소리체계를 사용하는 것 같다(Quick & Janik, 2008; Schulz, Whitehead, Gero, & Rendell, 2008). 하와이 대학교의 연구자들은 방향과 관계 개념의 이해가 필요한 꽤 복잡한 지시에 반응하도록 돌고래를 훈련시켰다. 예를 들어, 돌고래는 사물을 식별하여 바구니의 왼쪽 혹은 오른쪽에 두는 것을 학습할 수 있고, '바구니 안' 혹은 '바구니 아래'와 같은 명령을 학습할 수 있게 되었다(Chollar, 1989).

여러 종의 동물들이 훈련을 통해 의사소통 능력을 가질 수 있음을 보여 주는 연구들에도 불구하고 인간과 동물의 의사소통에서는 중요한 차이점이 있다. 그중 한 가지는 인간은 새로운 표현을 만들어 내기 위해 폭넓게 언어를 사용한다는 점이다. 상징부호를 사용하여 의사소통하는 것을 배운 동물들이라 할지라도 그것을 이용해 새로운 표현을 하는 경우는 거의 드물다. 그들의 의사소통은 훈련된 상징-사물의 연합의 종류에만 한정되어 있었다. 또 다른 중요한 차이점은 인간의 언어에서는 동일한 상징부호가 중의성을 띠는 경우가 허다하며, 우리는 특정 상징부호가 사용되는 언어적 및 상황적 맥락에 따라 그 부호가 어떤 의미를 나타내는 것인지를 쉽게 알아챈다. 이에 비해 동물은 특정 부호를 하나 이상의 대상과 연합하는 능력이 없는 것 같다. 동물의 의사소통이 진정한 언어인지에 대한 논쟁은 계속되고 있다. 그러나 동물들이 진정한 언어체계를 갖추고 있지 않다고 믿어 왔던 과거와 달리, 오늘날에는 동물들이 정교한 의사소통 전략을 사용하고 있다는 점에 많은 이가 동의하는 것 같다.

7.7 언어는 어떻게 사고에 영향을 미치는가?

언어와 사고

언어가 인간에게 유일하다면 언어는 인간의 사고를 유도하는가? 영어를 말하는 사람은 스페인어 또는 중국어, 스와힐리어를 말하는 사람과는 다르게 세계를 추론, 사고 및 인식하는가? 약 50년 전에 소개된 한 가설에 따르면 그렇다. 벤자민 워프(Benjamin Whorf, 1956)는 사람이 말하는 언어는 그 사람의 사고 특성을 결정한다는 **언어상대성 가설**(linguistic relativity hypothesis)을 주장했다(Tohidian, 2009). 이 가설에 따르면, 사람의 세계관은 사용하는 언어의 단어에 따라 일차적으로 구성된다. 워프는 그 증거로 다음의 예를 들었다. 에스키모인이 사용하는 언어에는 눈에 대해 여러 가지 단어, 즉 '아피캭(첫눈), 아니브(흩어지는 눈), 푸캭(물 머금은 눈)'이 있는 반면, 영어권에서는 단지 하나의 단어 '눈'이 있다(Restak, 1988, p. 222). 워프는 에스키모인이 눈의 형태와 조건에 따라 풍부하고 다양한 단어를 선택함으로써 단어의 범위가 좁은 언어를 사용하는 사람과는 다르게 눈에 대해 생각하게 된다고 주장했다.

엘리노어 로쉬(Eleanor Rosch, 1973)는 색깔 이름이 많은 언어의 사용자는 색깔 이름이 적은 언어의 사용자보다 색깔에 대한 생각과 변별을 잘하는지를 실험했다. 참가자는 영어 사용 미국인과 뉴기니의 오지에 사는 대니족(Dani, 어둡고 차가운 색깔은 '밀리', 밝고 따뜻한 색깔은 '몰라'의 두 가지 이름으로만 색깔을 구분)이었다. 로쉬는 두 집단의 사람들에게 11개 색깔(검은색, 흰색, 빨간색, 노란색, 초록색, 파란색, 갈색, 자주색, 분홍색, 주황색, 회색)의 단색 칩을 각각 5초 동안 보여 주었다. 그리고 30초 후에 참가자에게 40개의 색깔 칩 중에서 전에 보았던 11개의 색깔을 선택하도록 했다. 갈색, 검은색, 자주색, 파란색을 '밀리' 혹은 어두운 색으로 표현하는 대니족 참가자보다 미국인이 더 잘 구별하는가? 대답은 '아니요'다. 로쉬는 11개의 기본 색깔을 변별, 기억, 사고하는 데 있어서 대니족과 미국인 간에 유의한 차이를 발견하지 못했다. 로쉬의 연구는 언어상대성 가설을 지지하지 않았다.

그렇지만 언어가 인간의 사고에 영향을 주지 않는다고 가정하는 것은 분명 잘못된 것이다. 사고는 언어와 영향을 주고받고, 언어는 문화적 차이를 결정한다기보다는 반영하는 것 같다(Pinker, 1994; Rosch, 1987).

7.8 이중언어 사용이 사고와 언어의 발달에 미치는 영향은 무엇인가?

제2언어 배우기

당신은 두 가지 이상의 언어를 말할 수 있는가? 미국에서 출생한 사람들 중 대부분은 영

▶▶▶ 이중언어 학습은 청소년기와 성인기에 분명한 이점을 제공한다. 미국에서 스페인어와 영어는 다수의 이중언어 사용자가 쓰는 언어다.

어만 말할 수 있다. 그러나 많은 나라의 시민 대다수는 두 가지 이상의 언어를 사용할 수 있다(Snow, 1993). 대부분의 유럽 학생은 자국의 주변국 언어 외에 영어까지 학습한다. 네덜란드어는 네덜란드의 모국어다. 그러나 네덜란드의 학생은 독일어, 프랑스어, 영어까지 배운다. 또한 대학에 진학하려는 독일 학생은 일반적으로 세 가지 언어를 학습한다(Haag & Stern, 2003). 언어발달 과정에서 두 가지 언어학습의 효과는 무엇인가? (이에 대해서는 8장에서 자세하게 학습할 것이다.)

연구에 따르면 생애 초기에 두 가지 언어를 학습하는 데에는 장단점이 있다. 장점 중 하나로 학령 전 및 학령기 아동은 최소 두 가지 언어를 유창하게 사용할 경우 언어과제에서 더 나은 인지적 집행통제 기술을 보였다(Morales, Calvo & Bialystok, 2013). 집행통제 기술은 이중언어를 구사하는 아동들이 언어과제에서 충동반응을 참을 수 있게 하여, 결과적으로 더 신중한 사고력을 구사할 수 있게 한다. 그러므로 인지적 통제 기술은 읽기와 쓰기 학습에 중요하다. 반면에 이중언어 사용자는 성인기에 이르러서도 어휘에 관한 기억 과제 수행의 저하와 연관된다(Craik & Bialystok, 2010). 그러나 이중언어 사용자는 이런 비효율성을 채우는 보상 전략을 발달시킨다. 결과적으로 이중언어 사용자가 반응은 더 느릴지라도 단일언어 사용자만큼 과제를 정확하게 수행한다. 그러나 두 가지 언어의 유창성으로 인한 장점이 여러 인지적 효율성을 포기할 가치가 있는지에 대해서는 많은 사람이 논쟁할 것이다.

그렇다면 이중언어 사용자로 성장하는 행운이 없었던 사람은 어떠한가? 성인기 이후에도 제2언어가 유창해질 수 있는가? 연구자들은 새로운 언어의 습득이 불가능한 나이는 없다고 한다. 초기에 시작한 사람이 실력이 더 좋은 것은 사실이지만 연령이 유일한 결정 요인은 아니다. 하쿠타와 동료들(Hakuta et al., 2003)은 중국어와 스페인어를 사용하는 이민자의 영어 실력, 미국으로 이민 온 당시의 연령, 교육 정도 간의 관계를 알아보기 위해 인구조사 자료를 사용했다. [그림 7-2]에 연구 결과가 제시되어 있다. 그림에서 볼 수 있듯이, 이민자들이 성인 중기와 후기에 미국으로 갔을 때 그들의 영어 학습 능력은 교육 연수로 예측할 수 있었다. 그리고 다른 연구에 따르면, 모국어의 철자규칙, 문법 구조, 어휘에 대해 많이 알고 있을수록 다른 언어를 학습하기가 더 쉬웠다(Sparks, Patton & Ganschow, 2012).

아동은 성인보다 제2언어를 더 많이 연습하기 때문에 쉽게 유창해질 수 있다. 나이가 많은 사람들은 새로운 언어를 획득하기 위해 다른 사람의 대화를 경청하거나 텔레비전 시청과 같은 수동적 전략에 더 의존할 수 있다. 연구를 통해 우리는 수동적 경청이 새로운 어휘 학습에 도움이 될 수 있으나 문법 학습에는 도움이 되지 않는다는 것을 알고 있다(Van Lommel, Laenen, & d'Ydewalle, 2006). 사실 다른 사람이 말하는 것을 듣는 것은 실제로 우리가 이미 가지고 있는 문법적 지식을 잊게 한다. 이는 자연스러운 대화가 완벽한 문장보다 단편적인 표현에 속하기 때문이다. 예를 들어, 친구가 "넌 심리학 시험공부를 얼마나 했니?"라고 하면 아마 "난 심리학 시험공부를 3시간 정도 했어."라고 하지 않고 "3시간 정도."라고 대답할 것이다. 그래서 외국어 수업을 받을 때 어떤 연습은 우스꽝스러워 보일 수 있다. (어느 누가

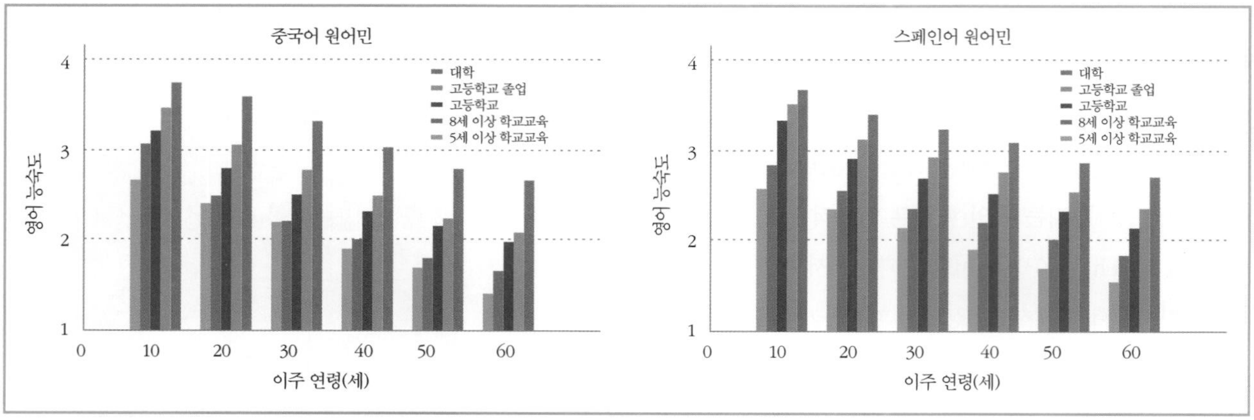

[그림 7-2] 미국 중국어와 스페인어 사용 이민자의 영어 능숙도

이 연구는 2백만 명 이상의 인구조사 자료를 바탕으로 한 결과다. 제2언어를 배우기 위해 너무 늦은 나이는 없다는 것을 보여 주고 있다.

출처: Hakuta et al.(2003).

실생활에서 '여기에 우리 이모의 크고 노란 연필이 있다.' 혹은 '루시의 예쁜 파란색 모자가 있다.'와 같은 표현을 자주 쓰겠는가?) 그럼에도 불구하고 이렇게 하는 것이 언어 문법 습득에 필수적이다.

그러나 생애 초기에 두 가지 언어를 학습하는 것은 확실히 장점이 있다. 새로운 언어를 학습할 때 나이 어린 사람은 적절한 억양으로 말할 가능성이 높다(McDonald, 1997). 초기와 만기 언어 학습자 간의 이런 차이에 대한 이유는 언어 산출을 통제하는 뇌 영역인 브로카 영역의 경미한 신경처리 변화와 관련이 있을 수 있다. 김과 동료들(Kim et al., 1997)에 따르면, 10세나 11세 이전에 제2언어를 학습한 이중언어 사용자는 두 가지 언어 사용 시 브로카 영역의 같은 조직을 사용한다. 나이가 더 들어서 제2언어를 학습한 사람은 언어과제를 수행하는 동안 브로카 영역의 다른 부분이 활성화되었다. 즉, 한 부분은 모국어 사용에 활성화되고, 나머지 부분은 제2언어에 활성화된다. 그러나 두 부분은 매우 가까워서 불과 0.8cm밖에 떨어져 있지 않다.

기억하기 본문 내용을 떠올리며 다음 퀴즈를 풀어 보라.

1. 억양은 _____라고(이라고) 불리는 언어 구성 요소 중 하나의 특징이다.
2. 침팬지는 상징 또는 _____을(를) 이용하여 인간과 의사소통할 수 있다.
3. _____에 따르면 사고는 언어에 의해 한정될 수 있다.
4. 아동은 어른에 비해 더 적절한 _____을(를) 사용해 외국어를 구사할 수 있다.

지능

사람을 '지적'이라고 할 때 당신은 실제로 어떤 근거로 그렇게 말한 것인지를 생각해 본 적이 있는가? 언어 능력의 개인차는 바로 이러한 판단에 영향을 준다. 대개 우리는 어휘력이 뛰어난 사람을 다른 사람들보다 '더 똑똑하다'고 본다. 그리고 어휘력은 대부분의 공식적인 지능검사의 중요한 요소다. 하지만 보통 우리가 다른 사람을 '지적이다'라고 표현할 때는 언어 영역 이상의 능력을 가리킨다. 즉, 그 사람이 다른 사람보다 빨리 학습하거나 다른 사람이 어려워하는 문제를 해결할 때 총명하다고 여긴다. 이런 식으로 지능에 대해 생각해 보면 지능을 측정할 수 있는 방법으로 정의하는 것은 어렵다고 느낄 것이다.

지능의 성질

7.9 지능에 관한 스피어먼과 서스톤, 가드너, 스턴버그의 견해차는 무엇인가?

미국심리학회의 전문가들은 **지능**(inteligence)을 "복잡한 개념을 이해하는 능력, 환경에 효과적으로 적응하는 능력, 경험으로 학습하는 능력, 다양하게 추론하는 능력, 사고함으로써 장애를 극복하는 능력"(Neisser et al., 1996, p. 77)이라는 몇 가지 기본적인 측면을 포함한 것으로 정의했다. 그러나 앞으로 살펴볼 내용처럼 지능은 단순히 정의에서 말하는 것 그 이상이다.

지능에 대한 미국심리학회의 정의는 복잡한 개념들을 이해하는 능력과 환경에 적응하는 능력과 같은 여러 요인을 포함한다. 그러나 이는 단일의 총체적 능력인가 아니면 분리된 독립적 능력인가? 심리학자들은 지난 한 세기 이상 이 질문에 답하려 노력했다.

영국의 심리학자 찰스 스피어먼(Charles Spearman, 1983~1945)은 특정한 영역에서 뛰어난 사람은 보통 다른 영역에서도 뛰어나다는 것을 관찰했다. 다시 말해서, 뛰어난 사람은 일반적으로 지적인 경향이 있다. 스피어먼(1927)은 지능이 모든 지적 기능의 기초가 되는 일반적 능력으로 구성된다고 했다. 그리고 지능검사로 일반지능인 **g요인**(*g* factor)과 특수지능인 여러 가지 s요인(*s* factor)을 얻는다고 결론지었다. 스피어먼의 영향은 스탠퍼드-비네(Stanford-Binet) 같은 지능검사에서 볼 수 있는데, 이는 하나의 지능지수가 일반지능의 수준을 나타낸다. 스피어먼의 첫 번째 연구가 발표되고 난 뒤 수십 년 넘게 많은 연구가 g요인의 존재를 입증하였으며, 그의 연구는 우리가 세상으로부터 어떻게 정보를 획득하는지를 이해하는 데 강하게 영향을 끼쳤다.

심리검사 분야의 또 다른 초기 연구자인 루이스 서스톤(Louis L. Thurstone, 1938)은 일반지능에 대한 스피어먼의 개념을 인정하지 않았다. 그는 쉰여섯 가지로 분리된 능력검사에서 참가자들의 점수를 분석한 후, 언어 이해력과 계산력, 공간관계, 지각 속도, 단어 유창성, 기억, 추론이라는 일곱 가지 **기본 정신능력**(primary mental abilities)을 확인했다. 그는 모든 지적 활동이 하나 이상의 기본 정신능력을 포함한다고 했다. 서스톤과 그 아내(Thelma G. Thurstone)는 일곱 가지 능력을 측정하기 위해 기본 정신능력 검사(Primary Mental Abilities Test)를 개발했다. 그들은 단일 지능지수는 드러나는 것보다 더 모호하다고 믿었으며 일곱 가지 기본 정신능력의 상대적인 강약을 보여 주는 프로파일이 개인의 지능을 더 정확하게 묘사한다고 주장했다.

하버드 대학교의 심리학자 하워드 가드너(Howard Gardner; Gardner & Hatch, 1989; Gardner, 2011) 또한 일반지능의 존재를 부인한다. 대신에 그는 [그림 7-3]처럼 여덟 가지 지능의 독립된 형태 혹은 '마음의 틀'을 포함한다는 **다중지능 이론**(theory of multiple intelligence)을 제안했다. 마음의 틀은 언어, 논리-수학, 공간, 신체-운동, 음악, 대인관계, 개인이해, 자연친화의 여덟 가지로 구성된다. 게다가 가드너는 자신의 모델을 계속해서 재정립했으며, 최근에는 '존재론적 지능'이라 부르는 아홉 번째 유형의 지

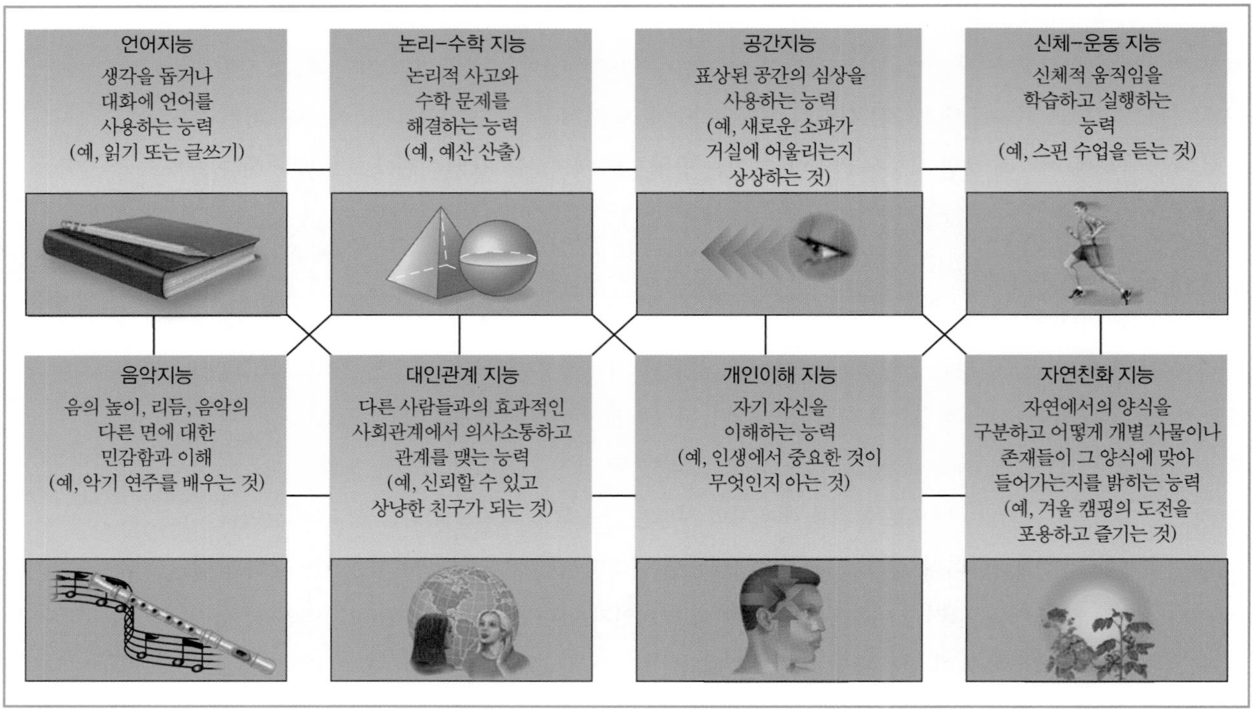
언어지능
생각을 돕거나
대화에 언어를
사용하는 능력
(예, 읽기 또는 글쓰기)
논리-수학 지능
논리적 사고와
수학 문제를
해결하는 능력
(예, 예산 산출)
공간지능
표상된 공간의 심상을
사용하는 능력
(예, 새로운 소파가
거실에 어울리는지
상상하는 것)
신체-운동 지능
신체적 움직임을
학습하고 실행하는
능력
(예, 스핀 수업을 듣는 것)
음악지능
음의 높이, 리듬, 음악의
다른 면에 대한
민감함과 이해
(예, 악기 연주를 배우는 것)
대인관계 지능
다른 사람들과의 효과적인
사회관계에서 의사소통하고
관계를 맺는 능력
(예, 신뢰할 수 있고
상냥한 친구가 되는 것)
개인이해 지능
자기 자신을
이해하는 능력
(예, 인생에서 중요한 것이
무엇인지 아는 것)
자연친화 지능
자연에서의 양식을
구분하고 어떻게 개별 사물이나
존재들이 그 양식에 맞아
들어가는지를 밝히는 능력
(예, 겨울 캠핑의 도전을
포용하고 즐기는 것)

[그림 7-3] 가드너의 여덟 가지 마음의 틀

출처: Campbell, Linda C.; Campbell, Bruce; Dickinson, Dee, Teaching and Learning Through Multiple Intelligence, 3rd Ed., © 2004.

능을 제안했다. 존재론적 지능은 정신적 영역을 다루고 삶의 의미를 깊이 생각할 수 있게 한다(Halama & Strízenec, 2004).

가드너(1983)는 어떤 형태의 지능에는 영향을 미치지만 다른 형태의 지능은 온전한 여러 유형의 뇌 손상 환자를 연구함으로써 자신의 이론을 처음 개발했다. 그는 또한 지적장애와 비범한 재능을 함께 보이는 '서번트 증후군'이 있는 사람에 대한 보고를 연구했다(이 장의 후반에 이러한 현상이 자세히 설명되어 있다). 마지막으로, 가드너는 다른 문화와 역사 속에서 다양한 능력과 기술이 얼마나 다르게 평가되었는지를 고찰했다.

가드너의 이론에서 가장 논쟁이 되는 측면은 지능의 모든 형태가 똑같이 중요하다는 것이다. 사실 문화가 다르면 지능 유형에 대한 중요도도 다르다. 예를 들어, 미국과 서구 문화권에서는 언어와 논리-수학지능이 높게 평가되는 반면, 생존을 위해 사냥에 의지하는 문화권에서는 신체-운동지능이 높게 평가된다.

심리학자 로버트 스턴버그(Robert Sternberg, 2000)는 지능을 측정하기 위한 스피어먼의 지능지수를 매우 신뢰하는 것에 대해 비판적이다. 그러나 스턴버그는 단순한 비판에 그치지 않고 자신의 지능 이론을 개발했다. 스턴버그(1985, 1986a)는 **지능의 삼원 이론**(triachic theory of intelligence)을 명료하게 설명했다. 이 이론에서는 지능에 세 가지 유형이 있다고 제안했다([그림 7-4] 참조). 첫 번째 유형인 '성분지능'은 전통적인 지능지수와 성취검사의 성공과 가장 밀접하게 관련된 정신적 능력을 말한다. 스턴버그에 따르면, 전통적인 지능검사는 단지 성분지능 혹은 분석지능을 측정한다.

두 번째 유형인 '경험지능'은 창조적 사고와 문제 해결에서 반영된다. 경험지능이 높은 사람은 새로운

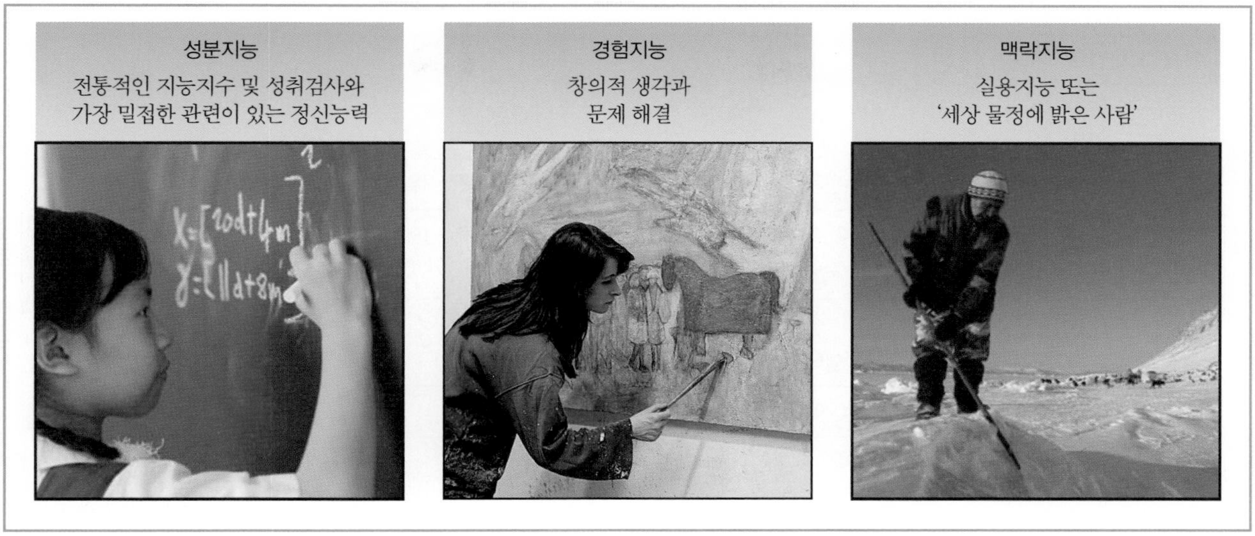

성분지능
전통적인 지능지수 및 성취검사와
가장 밀접한 관련이 있는 정신능력
경험지능
창의적 생각과
문제 해결
맥락지능
실용지능 또는
'세상 물정에 밝은 사람'

[그림 7-4] 스턴버그의 지능의 삼원 이론
스턴버그에 따르면 지능에는 성분지능, 경험지능, 맥락지능이 있다.

문제를 해결하고, 색다르고 예상하지 못한 문제를 다룰 수 있다. 경험지능의 다른 측면은 평범한 일상적인 과제를 더 능률적이고 효과적으로 수행하기 위한 창조적인 방법을 발견하는 것이다.

세 번째 유형인 '맥락지능' 혹은 실용지능은 상식 혹은 '살아남는 지혜'와 같다고 볼 수 있다. 맥락지능이 높은 사람은 자신의 강점을 이용하고 약점을 보상하는 생존자다. 생존자는 환경에 잘 적응하고 환경을 변화시켜서 성공할 수 있고, 혹은 새로운 환경을 찾을 수 있다.

스턴버그와 동료들(1995)은 지능지수 수행과 실제 사회의 성공이 형식적 학문 지식과 암묵적 지식을 기반으로 한다고 주장한다. 우리가 학교에서 습득하는 지식인 형식적 학문 지식과는 달리, 암묵적 지식은 활동 지향적이고 타인의 직접적 도움 없이 습득된다. 예를 들면, 방금 소개받은 사람과는 어느 정도 거리를 두고 서 있을 것인가는 우리가 성장한 문화로부터 습득한 암묵적 지식이다. 스턴버그에 따르면, 암묵적 지식은 현실 사회에서 성공적인 수행을 위해 더 중요하다. 일부 연구는 두 가지 형태의 지식이 다르다는 스턴버그의 주장을 지지한다(Grigorenko et al., 2004; Taub et al., 2001). 그러나 연구자들은 전통적인 지능지수 검사처럼 형식적 학문 지식의 측정이 실용지능에 대한 스턴버그의 검사보다 사회적 성공을 더 잘 예측함을 확인했다. 스턴버그와 지지자들은 그러한 결과는 검사 자체의 결함 때문이라고 주장한다. 그래서 최근에 스턴버그와 동료들은 지능의 세 가지 가설 유형을 각각 측정하는 신뢰성 있고 타당한 지능검사를 개발하는 데 집중하였다(Chart, Grigorenko, & Sternberg, 2008).

스턴버그의 개념은 교육자들에게 널리 보급되어 있다. 지능의 세 가지 유형을 반영하도록 설계된 교수방법들은 성취수준이 낮은 학생에게 효과적일 수 있다는 것이 여러 연구에서 입증되었다(Jarvin et al., 2008). 그러한 교육에서 교사는 형식적 학문 지식의 실제적 관련성을 강조하고 학생이 현실 문제에 그 지식을 적용하도록 돕는다.

다음의 〈복습과 재검토〉에서는 지능에 관한 여러 이론을 요약하고 있다.

복습과 재검토 지능 이론

이론	설명
스피어먼의 g요인	지능은 일반적인 지적 능력을 표상하는 g라고 알려진 단일 요인으로 구성되어 있다.
서스톤의 기본 정신능력	지능은 언어 이해력, 계산력, 공간관계, 지각 속도, 단어 유창성, 기억, 추론이라는 일곱 가지 요인으로 나뉜다.
가드너의 마음의 틀	언어, 논리-수학, 공간, 신체-운동, 음악, 대인관계, 개인이해, 자연 친화라는 지능의 여덟 가지 독립된 형태가 있다.
스턴버그의 삼원 이론	성분, 경험, 맥락이라는 지능의 세 가지 유형이 있다.

7.10 좋은 인지능력 검사의 특성은 무엇인가?

인지 능력의 측정

심리학자가 어떻게 지능을 측정하는지를 더 잘 이해하면 다양한 종류의 인지능력 검사에 대한 통찰력을 갖는 데 도움이 된다. 우려하는 것처럼 검사 점수는 다소 중복되는 경향이 있다. 즉, 한 사람이 어떤 검사에서 좋은 점수를 받는다면, 그 사람은 다른 검사에서도 마찬가지로 좋은 점수를 받는다. 그러나 연구에 따르면, 다음에 나올 세 가지 종류의 검사는 인지의 구별된 측면을 측정한다.

아마도 초등학교 시절에 매년 혹은 2년마다 **성취검사**(achievement test)를 했을 것이다. 이 검사는 검사를 치르는 때까지 공교육을 통해 습득한 지식과 기술을 요구한다. '규준 참조' 성취검사는 개인의 점수를 같은 학년 내 전체 평균점수와 비교한다. '준거 참조' 성취검사는 개인 혹은 집단의 수행을 미리 정해진 기준과 비교한다. 예를 들어, '4학년 학생은 두 자릿수 곱셈을 70%의 정확도로 수행할 것이다.'라는 목표가 그러한 기준이 된다.

적성검사(aptitude test)는 개인이 미래에 특정한 상황에서 혹은 특수한 과제에 대해 가능한 성취나 수행을 예측하기 위해 고안된 규준 참조검사다. 예를 들어, 많은 대학은 입학 결정을 위한 기준으로 SAT나 미국 대학검사 프로그램(ACT)과 같은 적성검사 점수를 이용한다. 이 검사들은 1학년 평점과 성취도처럼 대학 생활의 성공 지표에 대한 편차를 예측하므로 유용하다(Schmitt et al., 2009). 다른 친숙한 적성검사는 미국 군대에 자원한 사람들에게 실시하는 군대어휘적성종합검사다. 군대어휘적성종합검사의 검사점수는 군 장교가 가장 성공할 가능성이 있는 교육 프로그램에 징집병을 배치하는 데 유용하다. 이와 유사하게, 회사에서도 기계적 능력이 중요한 직책을 원하는 지원자에게 그런 능력검사를 시행할 때 목적에 맞게 특별히 고안된 적성검사를 사용한다.

지능검사(intelligence test)는 일반적인 지능을 측정하는 것이다. 개인 점수는 동일 연령의 다른 사람과 비교하여 결정된다. 그래서 지능검사는 규준 참조검사다. 지능검사는 앞서 언급하였던 지능의 모든 관점을 측정한다. 이제부터는 적절한 검사를 구별하는 방법에 대해 살펴보자.

인지 능력을 측정하는 다양한 유형의 검사를 포함하여 모든 심리검사는 동일한 기준에 따라 판단된다. 첫째, 심리검사는 일관된 결과를 제공해야 한다. 만일 시계가 하루는 6분 빨리 가고 다음 날은 3분 혹은 4분이 느리다면 어떨까? 그 시계는 신뢰할 수 없다. 매일 정확한 시간을 알려 주는 신뢰할 만한 시계가 필요하다. 시계처럼 **지능검사**(reliability)는 신뢰성이 있어야 한다. 즉, 검사는 한 사람에게 검사를 한 후 동일한 검사로 재검사를 하든 그 검사의 다른 유형으로 재검사를 하든 거의 같은 점수가 일관되게 산출되어야 한다. 두 점수 간에 상관관계가 높을수록 검사는 신뢰할 수 있다.

검사가 신뢰성이 높으나 타당성이 낮다면 가치가 없다. **타당성**(validity)은 측정하려고 하는 것을 측정하는 검사의 힘이다. 예를 들어, 온도계는 온도를 측정하는 데 타당하고 체중계는 몸무게를 측정하는 데 타당하다. 그러나 체중계가 얼마나 신뢰성이 있는가에 상관없이 체중계가 체온을 측정하지는 않을 것이다. 체중계는 단지 몸무게 측정에만 타당하다. 또한 지능지수가 타당성을 가질려면 반드시 지능과 관련된 영역에서 개인의 수행을 측정해야 한다. 예를 들어, 대부분의 사람이 지능이 학업성취와 관련된 몇 개의 중요한 요인 중 하나인 것에 동의하였다면 지능지수는 반드시 학업성취를 예측해야 한다. 그러므로 검사를 출판하는 사람들은 전형적으로 지능검사의 타당도의 증거로써 지능지수와 학업성취 점수 사이 상관의 정도를 인용한다.

검사가 타당하고 신뢰할 수 있을 때, 그다음 요건은 규준 참조 **표준화**(standardization)다. 검사 시행과 채점에 대한 표준 절차가 있어야 한다. 모든 피검자에게 글이나 구두로 정확하게 동일한 지시를 주어야 하고 동일한 제한 시간을 주어야 한다. 그러나 더 중요한 것은 표준화는 모든 점수를 해석하는 확립된 **규준**(norms)을 의미한다는 것이다. 검사는 미래에 검사를 수행할 사람을 대표하는 대규모 표집에게 검사를 시행함으로써 표준화된다. 집단점수가 분석되어 평균, 표준편차, 백분위 순위 등이 계산된다. 이 비교점수들은 측정된 모든 점수의 기준인 규준이 된다.

때로 지능검사 점수를 기반으로 한 결정이 중대한 결과를 가져올 수 있기 때문에 지능검사에서 신뢰성, 타당성, 표준화는 특히 중요하다. 예를 들어, 몇 년 전 미국연방배심원은 '지적장애'로 고통받는 사람에게 법률을 집행하는 것은 위헌이라고 규정했다. 따라서 심리학자는 지능검사 점수를 기초로 사형 여부가 결정될 사람에게 지능검사를 시행해야 하는 책임이 있고, 시행할 검사가 신뢰할 만하고 타당하며 적절하게 표준화되었다는 것을 보증해야 한다. 마찬가지로 매우 현실적인 의미에서 아동의 검사점수는 그 아동을 특수학교 프로그램에 참가시키는 데 종종 사용된다. 사실 이런 목표는 초기의 표준화된 지능검사 개발을 위한 원동력이었다.

지능지수검사 신봉자들을 끊임없이 불편하게 하는 비판은 영어를 제2언어로 사용하는 소수의 아동이 종래의 검사를 받았을 때 불이익이 있다는 것이다. 왜냐하면 그들은 지능검사를 만든 사람들과 문화적 배경이 다를 것으로 추정되기 때문이다. 이에 문화적 편향을 최소화하기 위해서 **문화-공평성 지능검사**(culture-fair intelligence test) 개발이 시도되었다. 이러한 검사의 문항들은 소수의 아동이 그들의 문화적 경험과 언어(모국어)가 주류 또는 지배적인 문화가 아니므로 겪게 되는 불이익을 당하지 않도록 구성된다. [그림 7-5]는 문화-공평성 검사 항목 유형의 예다. 연구자들은 이러한 검사들이 SAT와 같은 지적인 능력을 측정하는 다른 검사와도 어느 정도 상관이 있음을 보여 준다. 마찬가지로 이와 같은 검사를 사용하게 되면 높은 지능지수를 가진 소수 아동은 영재 프로그램 운영을 위해 학교에서 사용하는 전통적 지능검사를 사용했을 때보다 영재아로 발탁될 가능성이 훨씬 더 높다. 그러나 로버트 스턴버그(2012)는 지능검사는 학업성취와 같은 문화적 가치를 인정받는 산물과 반드시 관련이 있기 때문에 진정

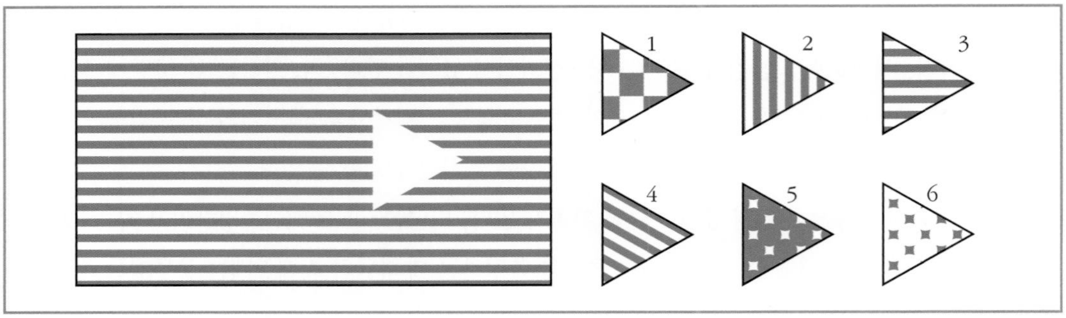

[그림 7-5] 문화-공평성 검사 항목의 예

이 문화-공평성 검사 항목은 피검사자들이 중 · 상류층 도시민 출신과는 다른 언어 혹은 문화적 경험 차이로부터 차별을 받지 않도록 한다. 피검사자들은 오른쪽의 6개 보기 중 하나를 골라 붙여 패턴을 완성한다. 정답은 3번이다.

출처: Raven Standard Progressire Matrices Test.

한 '문화-공평성'은 불가능하다고 지적한다. 결론적으로 이러한 결과의 요인들은 반드시 검사에 포함된다. 그러므로 스턴버그에 따르면, 문화적 편향을 줄일 수는 있지만 결코 완벽하게 제거할 수는 없다.

7.11 비네와 터먼, 웩슬러는 지능 연구에 어떤 공헌을 했는가?

지능검사: 과거와 현재

지능을 측정하기 위한 첫 번째 성공적인 노력은 이론적 접근이 아닌 실제적인 문제 해결 수단 때문이었다. 1903년에 프랑스 정부는 학령기 아동의 지적 능력을 평가하기 위해 특별 위원회를 구성했다. 위원회의 목적은 교육적인 지지가 추가로 필요한 아동을 선별하는 방법을 발견하는 것이었다. 위원회의 위원인 알프레드 비네(Alfred Binet, 1857~1911)는 그의 동료인 심리학자 테오도르 시몽(Theodore Simon)의 도움을 받아 다양한 검사를 개발하였으며, 그 검사들은 결국 최초의 지능검사인 '비네-시몽 지능검사'로 1905년에 처음 출판되었다.

비네-시몽 척도는 '정신연령'이라 불리는 점수 형태를 사용했다. 정신연령은 아동의 정반응 수를 다양한 연령대 아동의 평균 정반응 수와 비교하여 결정한다. 다시 말해서, 아동의 점수가 8세 아동의 평균과 같다면 생활연령에 관계없이 정신연령은 8세가 된다. 비네는 아동이 영리한지, 평균인지 혹은 지체인지를 알기 위해 아동의 정신연령과 생활연령을 비교했다. 생활연령에 비해 정신적으로 2세 앞선 아동은 영리하다고 간주되는 반면, 2세 뒤처진 아동은 지체아동으로 간주되었다. 그러나 비네의 점수체계에는 결점이 있었다. 그것은 정신연령이 2세인 4세 아동은 정신연령이 10세인 12세 아동보다 더 지체되었다는 것이다. 다른 연령대에서 지체의 유사 정도를 어떻게 표현할 수 있는가?

이에 대한 답은 독일인 심리학자 윌리엄 스턴(William Stern, 1914)이 제공했다. 1912년에 그는 지능 지표인 '지능지수'를 계산하기 위해 간단한 공식을 고안했다. 그러나 지능검사의 새로운 채점방식을 완성한 사람은 스탠퍼드 대학교의 미국인 심리학자 루이스 터먼(Lewis M. Terman)이었다. 1916년에 터먼은 미국 아동용으로 구성한 비네-시몽 척도를 전반적으로 개정하여 출판했다. 터먼은 또한 수많은 아동의 점수를 기반으로 한 새로운 규준 혹은 연령 기반 평균을 만들었다. 3년 만에 미국 아동 400만 명에게 '스탠퍼드-비네 지능검사'로 알려진 터먼 개정판의 지능검사를 시행하였다. 이 검사는 **지능지수**

(intelligence quotient: IQ)에 대한 스턴의 개념을 적용한 첫 번째 검사였다. 터먼은 또한 지능지수의 약어(IQ)를 도입했다. 지능지수를 계산하기 위한 터먼의 공식은 다음과 같다.

$$\frac{\text{정신연령}}{\text{생활연령}} \times 100 = \text{지능지수}$$

예를 들면 다음과 같다.

$$\frac{14}{10} \times 100 = 140(\text{상위 지능지수})$$

매우 주목받은 스탠퍼드-비네 검사 점수는 성취검사 점수와 상관이 높다(Laurent, Swerdik, & Ryburn, 1992). 지능검사는 1920년대와 1930년대 미국에서 점차 대중화되었다. 그러나 스탠퍼드-비네 검사는 성인을 대상으로 검사하기에는 유용하지 않다는 것이 분명해졌다. 원래의 지능지수 산출공식은 성인에게 적용될 수 없었다. 사람은 특정 연령이 되면 지능이 성숙하기 때문이다. 원래의 지능지수 산출공식에 따르면 지능지수가 20세의 평균점수와 같은 40세는 지능지수가 50으로 지적장애가 된다. 그 공식을 모든 연령의 사람에게 적용하는 것은 분명 뭔가 잘못되었다.

이 문제를 설명하기 위해 심리학자 데이비드 웩슬러(David Wechsler, 1939)는 최초로 16세 이상을 위한 개인 지능검사를 개발하였다. '웩슬러 성인지능척도'의 점수는 정신연령과 생활연령에 따라서가 아니라 개인의 점수가 성인의 평균점수에서 얼마나 많이 떨어져 있느냐에 기초한다. 웩슬러의 새로운 지능은 긍정적으로 받아들여져, 후에 '웩슬러 아동지능검사'와 '웩슬러 유아지능검사'가 출판되었다.

터먼 검사와 웩슬러 검사는 심리검사 중에 가장 많이 사용되며, 심리학자들에 의해 여러 번 개정되었다. 스탠퍼드-비네 검사는 현재 다섯 번째 개정판이 사용되고 있다. 웩슬러 척도의 현재 버전은 성인용 3판, 아동용 4판, 유아용 3판이다. 이 척도들은 처음 소개된 이래 다소 바뀌었으며, 지금은 여러 유형의 점수를 산출한다. 아동용 4판은 이러한 현대 지능검사의 특징을 가장 잘 예증해 준다.

▶▶▶ 비네는 아동의 지능을 평가하는 검사를 개발하기 위해 심리학자 시몽과 작업한 후에 1904년에 파리 학생들을 검사하기 시작했다.

학교에서 근무하는 심리학자는 특정한 아동이 학습장애를 보이는 이유를 찾아야 할 때 아동의 지적 강점과 약점을 결정하는 지침으로 대부분 아동용 4판을 사용한다. 척도는 15개의 개별 하위검사로 구성된다. '언어이해지수'를 구성하는 5개의 검사는 어휘와 같은 언어 기술을 측정한다. 나머지 10개 검사는 이야기하기를 위한 그림 정렬하기와 숫자 거꾸로 따라 하기 같은 비언어적 사고 유형을 요구한다. 비언어성 검사는 '지각추론지수' '처리속도지수' '작업기억지수'로 분류되며 각각의 지수는 다른 종류의 비언어성 지능을 측정하고 각기 지능지수를 산출한다.

아동용 4판은 한 번의 평가로 네 가지 유형의 검사를 참작하는 포괄적인 '전체 척도 지능지수'를 제공한다. 많은 심리학자는 아동의 학습장애에 대한 통찰을 얻는 데에 아동용 4판으로 산출된 다른 종류의 지능지수들을 비교하는 것이 도움이 된다고 본다.

스탠퍼드–비네 검사와 웩슬러 척도와 같은 개인 지능검사는 심리학자 혹은 교육진단 전문가가 한 번에 한 사람에게만 실시해야 한다. 대개 재정적 한계로 인해 짧은 기간에 많은 사람을 검사해야 할 때는 집단 지능검사를 시행할 수 있다. 여기에는 '정신성숙도 캘리포니아 검사' '인지 능력검사' '오티스–레넌(Otis-Lennon) 정신능력검사'와 같은 집단지능검사가 널리 쓰이고 있다.

7.12 지능지수의 양극단에 있는 사람들은 중앙에 위치한 사람들과 어떻게 다른가?

지능의 범위

당신은 정규분포의 종형곡선(bell curve)이라는 용어를 듣고 그것이 정확하게 무엇을 의미하는지 궁금할 것이다. 대규모 모집단에서 지능 혹은 신장, 체중과 같은 신체적 특성을 측정했을 때 다양한 점수 혹은 측정치의 빈도는 보통 '정규곡선(normal curve)'으로 알려진 '종 모양 분포'를 이룬다. 그래서 종형곡선이라는 용어를 사용한다. 점수 대부분은 평균 주위로 모인다. 점수가 평균에서 위나 아래로 더 벗어날수록(즉, 평균에서 더 멀어질수록) 점수의 수는 점차 줄어든다. 그리고 정규곡선은 완벽하게 대칭을 이룬다. 즉, 수많은 사례가 평균의 위와 아래에 똑같이 있다. 동일 연령집단의 모든 사람에 대한 평균 지능지수는 임의로 점수 100에 할당된다. 웩슬러 지능검사에서 점수의 대략 50%는 90~110으로 평균 범위 안에 있다. 점수의 약 68%는 85~115이며, 약 95%는 70~130이다. 점수의 상위 2%는 130 이상이며, 하위 2%는 지적장애의 범위인 70 이하다([그림 7–6] 참조).

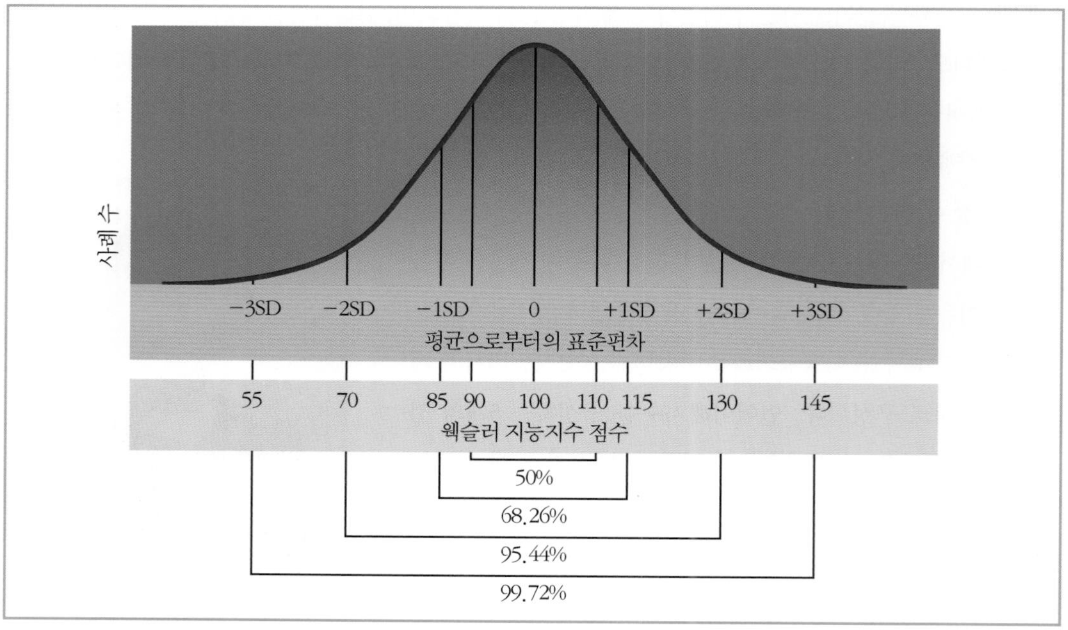

[그림 7–6] 정규곡선

수많은 검사점수가 수집되면 그 점수들은 전형적으로 정규분포(종 모양)를 이룬다. 웩슬러 척도에서 지능지수 점수의 평균은 100이다. 그림에서 알 수 있듯이, 점수의 약 68%는 100을 기준으로 지능지수 15점(1표준편차) 위아래인 85~115점에 속하고, 약 95.5%는 30점(2표준편차) 위아래인 70~130점에 속한다.

그렇다면 '상위' 지능지수에 해당한다는 것은 무엇을 의미하는가? 이 문제에 대한 해답을 얻기 위해 1921년에 터먼(1925)은 종단 연구를 실시했다. 지금은 고전이 된 이 연구에서 1,528명의 천재학생을 선택하여 생애를 통해 여러 나이에 측정하였다. 스탠퍼드-비네 검사 결과, 남자 857명과 여자 671명의 참가자는 지능지수가 135~200의 범위였고 평균 지능지수는 151로 대단히 높았다. 터먼의 초기 연구 결과는 정신적으로 우수한 사람이 신체적으로 열등한 것 같다는 미신을 종식시켰다. 실제로 터먼의 천재 참가자들은 지적, 신체적, 정서적, 도덕적, 사회적 능력이 거의 모두 탁월했다. 터먼은 또한 천재에 관한 여러 미신도 탐색했다(Terman & Oden, 1947). 예를 들어, 당신은 '천재와 둔재는 종이 한 장 차이다.'라는 속담을 들은 적이 있을 것이다. 실제로 터먼의 천재집단은 일반인보다 정신건강이 더 좋았다. 터먼의 참가자는 학업점수가 더 높았고, 직장 내 직위와 연봉이 더 높았으며, 개인적으로나 사회적으로 적응을 더 잘했다. 그리고 정신적 재능이 덜한 동료보다 더 건강했다. 그러나 그 시대에 대부분의 여성은 직장생활을 하지 않았다. 그래서 직업적 성공과 관련된 결과는 일차적으로 남성에게 적용되었다. 터먼(1925)은 "천재가 지적으로 우수하다고 비지적인 면이 열등하다는 법칙은 없다."(p. 16)라고 결론지었다. 오늘날 터먼의 연구는 생존하고 있는 80대 혹은 90대의 참가자를 대상으로 계속되고 있다. 터먼의 연구보고서에서 쉬나이드먼(Shneidman, 1989)은 "비범한 정신과 활기찬 신체, 비교적 적응적인 성격은 전혀 모순되지 않는다."(p. 687)라는 기본 결과를 설명한다.

터먼의 표본에서 연속선상의 반대 극에는 지능지수가 **지적장애**(intelligence disability) 또는 정신지체에 해당하는 사람이 있는데, 미국 인구의 2%가 여기에 해당된다. 그들은 지능지수가 70 이하이고 동일 연령의 다른 사람이 쉽게 하는 일상 활동의 수행에 문제가 있다(Sattler, 2008). 지적장애에는 뇌 손상, 다운증후군 같은 유전자 이상, 화학물질 결핍, 태아 발달 동안의 위험 등 많은 원인이 있다. 그리고 초기 노출에 의한 영구적 정신 손상에 관한 연구 보고는 계속되고 있다(CDC, 2008). 지체의 정도는 경도에서 최중도까지 나뉜다(American Psychiatric Association, 2000a). 지능지수 55~77은 경도 지적장애라 한다. 지능지수 40~54는 중등도 지체, 지능지수 25~39는 중도 지적장애라 한다. 또 지능지수 25 미만은 최중도 지적장애로 진단된다. 경도 지적장애인은 약 초등학교 6학년 수준까지의 읽기 같은 학문 기술을 습득할 수 있고 경제적으로 자립할 수 있다. 중등도 지적장애인의 학문 기술은 보통 초등학교 1~2학년 수준에 한한다. 그들은 자기관리 기술을 배울 수 있고 한정된 작업환경에서 종종 잘 기능할 수 있다. 중도 지적장애인은 전형적으로 학문적 기술을 습득할 수 없으나 언어적으로 의사소통할 수 있고 양치질과 같은 습관을 학습할 수 있다. 최중도 지적장애인은 대개 단지 기본 운동기술과 혼자 음식 먹기와 같은 한정된 자기관리 기술을 학습할 수 있다.

1960년대 후반 이전에 미국의 지적장애 아동은 거의 분리되어 특수학교에서 교육받았다. 그 후 일반학교에서 지체아동을 교육하자는 **통합교육**(inclusion) 운동이 일어났다. '주류화 운동(mainstreaming)'이라고도 부르는 이런 통합교육에서는 일반학교 내에서 장애아동 등 특수아동을 특수학급에 배치하거나 하루 중 일정 시간 동안 비장애아동 학급에 배치하기도 한다. 지적장애 학생을 위한 훈련 프로그램에 쓰이는 자원은 효과적인 투자인 것으로 밝혀지고 있다. 훈련 프로그램은 행동수정 기법에 매우 의존하고 있으며, 지적장애인이 최저임금 이상을 받을 수 있도록 교육하고 있다. 이는 장애를 가진 개인과 그 가족, 사회 전체에 이득이 된다.

기억하기 본문 내용을 떠올리며 다음 퀴즈를 풀어 보라.

1. _____은(는) 지능은 g라고 알려진 하나의 요인에 의해서 강하게 영향을 받는다고 제시하였다.
2. 일관적인 검사결과를 보여 주는 검사는 _____이(가) 높은 검사이며, 반면에 측정하려는 것을 올바르게 측정하는 검사는 _____이(가) 높은 검사다.
3. _____은(는) 최초로 광범위하게 사용되는 표준화된 지능검사를 개발하였다.
4. 웩슬러 지능검사에서 IQ 점수는 _____에 기반을 두고 있다.
5. _____의 연구는 높은 IQ를 가진 사람이 다른 이들보다 신체적으로 열등하다는 견해를 반박하였다.
6. 일상적 기능에 분명한 손상이 있고 IQ 점수가 _____ 이하라면 지적장애가 있다고 할 수 있다.

지능의 차이

지적으로 우수하다고 믿는 사람을 표현하는 데 '영리한, 총명한, 지적인, 현명한'과 같은 여러 단어를 사용한다. 마찬가지로 지적으로 열등한 사람에 대해서 표현하는 단어도 많다. 사실 우리의 어휘에서 이런 용어가 있다는 것은 지적 기능의 광범위한 차이가 다른 사람과 일상적으로 상호작용하는 데 쉽게 드러난다는 것을 증명해 준다. 그 차이는 무엇을 설명하는가?

7.13 지능지수 논쟁에서 천성과 양육을 지지하는 증거는 각각 무엇인가?

유전과 양육, 지능

많은 경우에 특별한 유전자의 존재와 같은 생물학적 요인은 지적장애의 원인이 된다. 그러나 지능에서 정상 변이는 무엇인가? 정상 변이는 어느 정도로 생물적 혹은 유전적 영향의 결과인가? 이 질문은 일차적으로 지능이 유전 혹은 환경의 결과물이라는 논쟁인 **유전–양육 논쟁**(nature–nurture dubate)에서 반대의 목소리를 가장 많이 불러일으킨다. 영국의 프랜시스 골턴(Francis Galton, 1874)이 이러한 논쟁을 시작했으며 100년 이상 계속되어 그 용어가 만들어졌다. 골턴은 영국의 많은 저명한 가족을 연구한 후에 지능은 유전된다고 결론지었다. 유전주의자들은 지능이 주로 유전에 의해 대물림된다는 골턴의 주장에 동의한다. 반대로 환경주의자들은 지능이 우선적으로 환경에 의해 영향을 받는다고, 즉 환경의 결과라고 주장했다. 현재 대부분의 심리학자는 유전과 양육 모두가 지능에 기여한다는 의견에 동의하지만, 지능에 유전과 양육 각각이 기여하는 비율에서는 논쟁이 계속되고 있다.

유전성 2장에서 배웠듯이, '행동유전학'은 인간 행동과 정신 과정에 대한 유전과 환경의 상대적 영향에 관한 학문이다. 행동유전학자는 연구 결과를, 특성이 유전의 영향으로 평가되는 정도를 나타내는 지표인 **유전성**(heritability)이라는 용어로 표현한다. [그림 7–7]은 지능에 대한 유전 요인과 환경 요인의 상대적 기여에 대한 평가를 보여 준다. 입양된 아동을 입양부모 및 생물학적 부모와 비교하는 입양아 연구방법을 사용한 몇몇 연구도 유전자가 지능지수에 강한 영향을 준다는 주장을 지지한다.

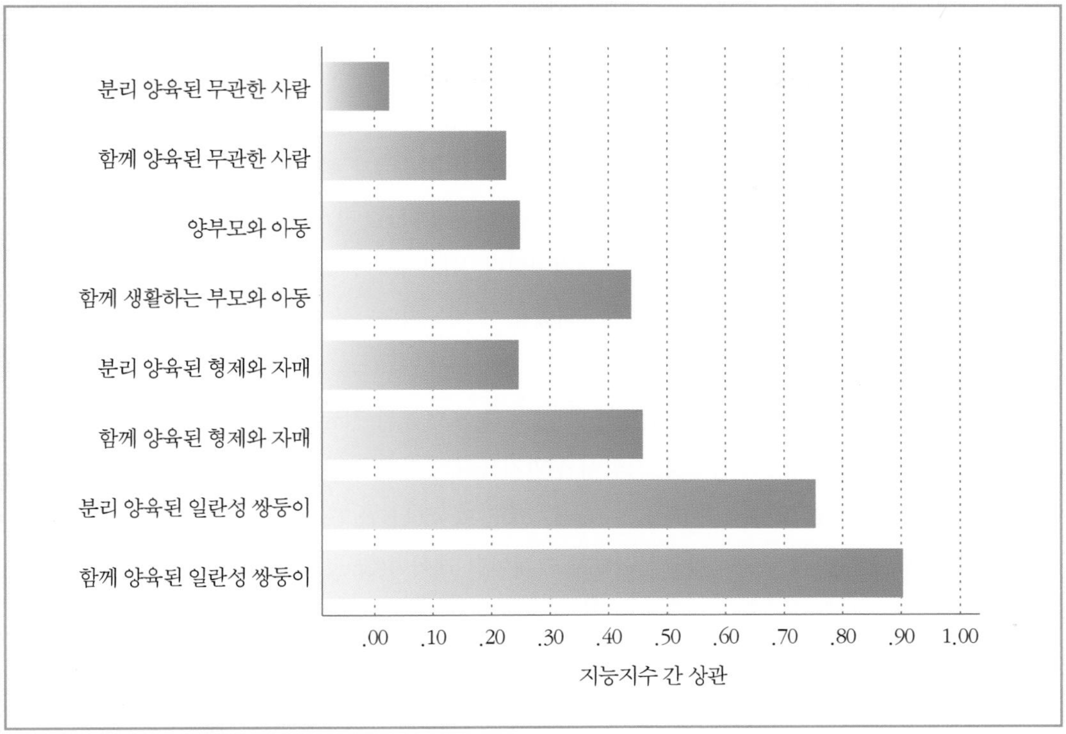

[그림 7-7] 다양한 관계에 있는 사람의 지능지수 상관관계
두 사람이 더 친밀하게 관련될수록 지능지수는 더 유사해지는 경향이 있다. 따라서 유전은 지능에 강하게 기여한다.

미네소타는 미국 내에서 일란성 쌍둥이와 이란성 쌍둥이에 대한 연구가 가장 많이 이루어진 지역이다. 미네소타 대학교의 미네소타 쌍둥이 및 입양아 연구센터는 1980년대 초부터 유전과 환경이 지능을 포함한 심리학적 변인들에 미치는 영향을 알아보려는 연구를 위해서 일란성과 이란성 쌍둥이들을 모집하고 있다. 1997년, 최초의 센터장인 토머스 부샤드(Thomas Bouchard)는 센터에서 그때까지 진행된 지능에 대한 모든 연구를 요약하였다. 부샤드는 모든 연구를 종합해 볼 때 유전성 계수는 .60~.70 사이라고 보고했다(유전성 계수 1.00은 지능의 모든 변인이 유전 때문이라는 것을 의미한다). 센터의 더 최근 연구들에서도 유사한 추정치들을 제시하고 있다(예, Johnson et al., 2007).

다른 쌍생아 연구에서는 미네소타 대학 연구자들이 지능의 유전성 계수를 높게 추정하였다고 본다. 예를 들어, 쌍생아 초기 발달 연구(Twins Early Development Study)라는 또 다른 큰 규모의 쌍생아 연구를 한 영국의 연구자들은 7, 9, 10세 나이의 쌍둥이들을 대상으로 한 연구에서 유전성 계수를 .34에서 .42로 추정하였다(Kovas, Haworth, Dale, & Plomin, 2007). 다른 종단적 쌍생아 연구에서도 비슷한 유전성 계수 추정치가 발견되었다. 이는 오하이오 주 북동부 이리호 남안 지역 독해 프로젝트(Western Reserve Reading Project in Ohio)에서 6, 7, 8세 쌍둥이들을 대상으로 하였다(Hart, Petrill, Thompson, & Plomin, 2009).

입양과 조기 개입 여러 연구에 따르면 지능지수는 고정된 것이 아니라 다양한 환경에 따라 변화할 수 있다. 수십 년 전에 산드라 스카와 리처드 와인버그(Sandra Scarr & Richard Weinberg, 1976)는 고등교육을 받은 중상류층의 백인 가정으로 입양된 아프리카계 미국인 아동과 다른 인종의 아동 140명을 연구했다. 그중 99명의 아동은 생후 1년 안에 입양되었다. 입양아들은 중산층의 문화적 경험과 어휘, '검사와 학교의 문화'(p. 737)를 충분히 접했다. 아동은 지능지수와 수행검사에서 어떠했는가? 입양아 130명의 평균 지능지수는 106.3이었다. 그들의 수행검사 점수는 국가 평균보다 약간 높았으며, 낮지 않았다. 평균적으로 아동이 일찍 입양될수록 지능지수는 더 높았다. 초기 입양아 99명의 평균 지능지수는 미국 백인의 평균보다 약 10점이 더 높은 110.4점이었다. 이와 유사한 프랑스의 연구들은 하류층 환경의 아동이 중류층이나 중상류층 가정으로 입양되었을 때 지능지수와 성취가 실제로 더 높다는 것을 보여 준다(Duyme, 1988; Schiff & Lewontin, 1986).

이런 고무적인 입양아 연구와 더불어, 불우한 가정 출신 아동의 지능지수에 대한 초기 아동기 개입 효과를 검증하는 연구에서는 초기 교육 경험이 성인기까지의 지적 발달에 영향을 줄 수 있다고 지적한다(Campbell et al., 2012; Ramey, Ramey, & Lanzi, 2007; Reynolds & Temple, 2008). 그중 몇몇 유명한 개입은 노스캘리포니아 대학교의 발달심리학자 크레이그 레이미(Craig Ramey)가 시행하였다. 그리고 조기 개입에 대한 많은 연구와 달리, 레이미의 연구는 실제 실험을 실시하였으므로 그 결과는 개입에 의한 것이 분명하다.

레이미의 프로그램 중 하나(Campbell & Ramey, 1994)에서는 지능지수가 낮고 수입이 낮은 어머니의 6~12개월 된 유아들은 취학 전까지 몇 년 동안 계속되는 주 40시간 집중 주간보호 프로그램 집단과 의료치료, 영양 공급만을 받는 통제집단 중 하나에 무선 배정되었다. 아동이 취학연령이 되었을 때 다시 무선 배정하여 각 집단의 1/2은 방과 후 특별 프로그램에 등록하도록 했다. 이 프로그램은 아동의 가족을 대상으로 가정에서 교육 활동을 통해 아동의 학교학습을 돕는 방법을 가르치는 것이다. 레이미는 아동이 12세가 될 때까지 여러 시기에 지능검사를 실시하며 네 집단의 아동 발달을 추적했다. [그림 7-8]

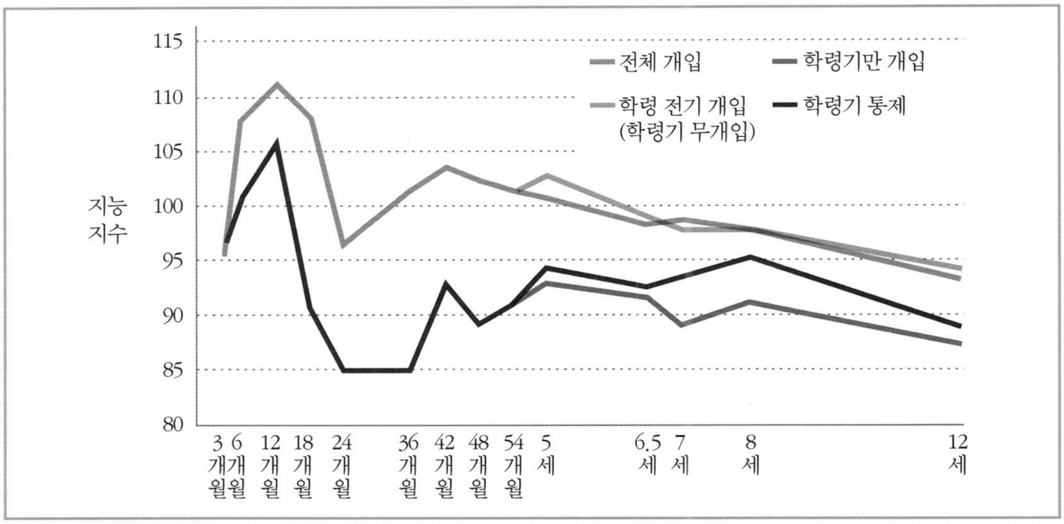

[그림 7-8] 레이미의 유아 중재

레이미의 연구에서 아동은 유아기에 특별한 주간보호('완전한 중재' 집단)를 받는 실험집단이나 비교집단으로 무선 배정되었다. 아동은 유치원부터 초등학교 3학년까지였는데, 각 집단의 반은 추가적으로 가족에 대한 지지를 받았고 나머지 반은 그렇지 않았다. 중재집단과 비교집단 간의 지능지수의 차이는 아동이 12세가 되어서도 통계적으로 유의하게 남았다.

을 보면, 유아기에 취학 전 프로그램에 참여한 아동은 개입을 하지 않거나 학령기에 개입을 받은 또래보다 지능지수가 더 높았다. 더 중요한 것은 초등학교 시절에 통제집단의 참가자는 약 40%가 지능지수 85 이하로 경계성 혹은 지체로 분류된 점인데, 이는 유아 프로그램에 참여한 아동에서의 단 12.8%라는 수치와 비교되었다. 최근 연구에서는 유아 개입집단이 누렸던 인지적 장점은 성인기까지 지속됨을 보여 주었다(Campbell et al., 2012). 레이미의 연구는 환경이 지능점수에 커다란 영향을 줄 가능성이 있다는 것을 명확하게 보여 준다. 교육은 성인의 지능지수에도 비슷한 영향을 주는가? 아래의 〈적용〉에서의 논의는 이 물음에 답하고 있다.

적용 어휘력 강화법

연구자들은 어휘검사와 지능지수 간에 높은 상관관계가 있다는 결론을 얻었다(Lichtenberger & Kaufman, 2012). 이러한 상관은 학습이 타고난 능력만큼 지능발달에 중요하다는 견해를 지지하는 주장의 근거가 되었다. 게다가 우리가 가진 모든 인지기술 중에 사고의 명료성과 학문적 성공을 위해 어휘보다 더 중요한 것은 없다는 것도 분명하다. 그러므로 실질적인 면에서 어휘 향상으로 당신은 더 현명해질 수 있다. 이러한 목표를 어떻게 달성할 수 있는가? 가장 좋은 방법은 거의 모든 단어가 더 큰 의미망에 속해 있다는 것을 깨닫고, 우리의 사고는 정보를 의미로 조직화하도록 되어 있다는 것을 이해하는 것이다. 그러므로 뇌가 이미 하고 싶어 하는 학습을 지지함으로써 적은 노력으로 어휘를 크게 증가시킬 수 있다.

이렇게 하는 데에는 몇 가지 기법이 있다.

당신이 이미 알고 있는 단어에 대해 분석적으로 생각하고 새로운 단어와 관련시키는 것을 학습하라

소독제(antiseptic)와 정화조(septic tank)라는 단어는 어떤 공통점이 있는가? 소독제는 상처의 세균 감염을 예방하기 위해 사용되며, 정화조는 인간의 오물에서 해로운 세균을 제거하기 위해 사용된다. 논리적인 결론은 부패(septic)는 세균과 관련이 있다는 것이다. 이를 알고 있을 때, 의사가 환자에게 패혈증(sepsis)이라고 한다면 그 의미는 무엇인가? 패혈증(septsis)을 정화조(septic tank) 및 소독제(antiseptic)와 연결함으로써 의사가 일종의 세균 감염을 언급하고 있다는 것을 추측할 수 있다.

철자 차이에 의해 숨겨진 단어의 연결을 생각하라

당신은 '카이사르(Caesar)'와 '차르(Czar)'가 모두 지배자 또는 지도자와 관련된 단어임을 알고 있을 것이다. 그러나 이 두 가지 단어가 같은 의미와 어원을 갖고 있으며 단지 발음과 철자가 약간 다를 뿐이라는 사실은 몰랐을 것이다(고대 로마어로는 Caesar, 러시아어로는 Czar). 만일 당신이 세계사 시간에 제1차 세계대전 동안 독일을 통치했던 카이저 빌헬름(Kaiser Wilhelm)에 대해 배웠다면, 그의 칭호에 대해 분석적으로 생각해 보고 Kaiser가 Caesar 혹은 Czar와 같은 의미의, 철자만 다른 독일어 단어임을 알 수 있을 것이다. 다른 예로, Ecuador(에콰도르)와 철자 배열이 유사한 다른 단어를 떠올려서 이 국가의 위치와 기후에 대해 추측할 수 있겠는가?

새로운 단어를 적극적으로 찾기 위해 단어 일부분에 대한 지식을 활용하라

새로운 단어를 한 번에 하나씩 학습하지 말라. 대신 '어족', 즉 어근, 어간, 어미를 살펴보라. 중요한 어근 중의 하나인 spect는 여러 단어 속에서 보인다. spect는 'look, look at, watch, see'의 의미를 갖는다. 그리고 spect는 inspect와 같은 수많은 다른 단어 속에 존재한다. 뭔가를 조사(inspect)할 때 당신은 어떻게 하는가? 그 대상을 면밀히 본다(look). 이런 지식을 알고 있으면 다른 'spect 단어'들(spectacular, spectator, spectacle, spectacles, perspective, prospect, respect, disrespect, retrospect, suspect 등)을 그 의미에 대해 전적으로 새롭게 생각하는 방식으로 떠올릴 수 있다. circumspect라는 단어는 생소할 수 있다. 그 단어를 사전에서 찾아서 문어적 의미('look around')가 이 단어가 자주 사용되는 방식에 어떻게 연관되는지 생각하라. 그리고 1장을 읽을 때 단어의 spect 부분을 생각했다면 내성법(introspection)인 분트 연구방법의 의미를 이해하고 기억하기가 더 쉬웠겠는가? 아마 그랬을 것이다.

어근, 어간, 어미에 기초한 어휘는 여러 방법으로 어휘력 증가에 도움이 될 것이다.

또한 환경적 요인들이 지능지수에 강한 영향을 준다는 역사적 증거가 있다. 1940년 이래로 10년마다 미국인, 그리고 그들과 조건이 비슷한 전 세계 사람들에게서 세 가지의 지능지수를 수집했다. 제임스 플린(James Flynn, 1987, 1999; Dickens & Flynn, 2001; Must, te Njienhuis, Must, & van Vianen, 2009; Nisbett et al., 2012)은 12~48세의 참가자 7,500명을 대상으로 한 73개의 연구를 분석하여 "1932~1978년의 비네와 웩슬러의 모든 '표준집단'은 이전의 피검자보다 수행이 더 좋다."(Flynn, 1987, p. 225)는 것을 발견했다. 케냐와 수단과 같은 개발도상국에서의 연구에서는 생활 수준이 획기적으로 향상될 때 지능지수 상승이 단기간 내에 이루어진다는 것을 보여 주었다(Daley et al., 2003; Khaleefa, Abdelwahid, Abdulradi, & Lynn, 2008). 이처럼 시간이 지나면서 지능지수가 시종일관 향상되는 것을 '플린 효과'라 한다.

풍족한 환경이 유전 가능성이 높은 특질을 변화시킨다는 것은 놀라운 일이 아니다. 미국과 영국의 청소년은 150년 전의 조상보다 평균적으로 약 15cm 더 크다는 사실을 생각해 보라(Tanner, 1990). 오늘날 신장에 대한 유전성(.90)은 19세기 중반의 유전성과 동일하다. 15cm라는 평균 신장의 엄청난 증가는 전적으로 건강, 영양 등이 양호해진 것에 기인한다. 지능에 대한 유전성 평가는 신장보다는 훨씬 낮다. 따라서 환경이 지능과 성취에 대해 영향력이 있다는 것은 분명하다. 예를 들어, 부는 영양 상태에 영향을 주고, 특히 생애 초기의 영양실조는 지적 발달에 분명히 해로울 수 있다(Grigorenko, 2003).

7.14 인종 간 지능지수의 차이를 설명하기 위해 어떤 논쟁이 진행되어 왔는가?

인종과 지능지수

유전-양육 논쟁은 지능검사 점수의 인종 차에 대한 논의에서도 중요하게 되었다. 대부분의 연구에 따르면, 역사적으로 미국의 표준화된 지능검사에서 평균적으로 흑인이 백인보다 약 15점 더 낮았다(예, Loehlin, Lindzey, & Spuhler, 1975; Rushton & Jensen, 2005). 다른 나라의 흑인과 백인 사이에서도 비슷한 차이가 있다(예, Rushton & Jensen, 2003). 그 이유는 무엇일까?

1969년 심리학자 아서 젠슨(Arthur Jensen)은 인종 간 지능지수 차이는 유전에 의한 것이라는 논문을 발표했다. 게다가 그는 지능에 대한 유전적 영향은 너무 강해서 환경이 유의한 차이를 주지 못한다고 주장했다. 젠슨은 심지어 흑인과 백인은 질적으로 다른 종류의 지능을 가진다고까지 주장했다.

젠슨의 신념은 앞에서 읽은 레이미 등의 연구 결과와는 상반된다. 그 연구들에 따르면, 인종 차가 유전보다는 부와 교육 기회의 결핍 때문일 가능성이 더 많다. 게다가 '역동적 평가'라는 새로운 검사 기법은 환경적 설명을 지지한다(Murphy, 2011). 역동적 평가의 피검자는 실제로 검사를 받기 전에 각각의 하위검사 시행의 목적과 형식에 대해 사전 교육을 받는다. 이러한 절차를 사용하는 이유는 중류층 배경의 아동은 검사를 접하는 경험이 많아서 검사의 목적이 능력을 증명하기 위한 것임을 더 잘 이해한다고 보기 때문이다(Haywood & Lidz, 2007). 그러나 몇몇 전문가는 역동적 평가가 지능검사의 대체물보다는 효과적인 교수법을 찾아내는 도구로서의 잠재성이 더 크다고 주장한다(Elliott, 2003; Jeltova et al., 2007). 그러므로 심리학자들이 지능검사에 대한 역동적 평가의 타당도에 대한 확정적 답변을 내놓기 전에 좀 더 많은 연구가 이루어져야 한다.

최근에 심리학자는 지능지수에서 인종 간 차이를 설명해 줄 수 있는 '고정관념 위협'이라 불리는 또 다른 변수를 연구하기 시작했다. 이 고정관념 위협 이론은 심리학자 클로드 스틸(Claude Steele)이 처음 제안하였다(Steele & Aronson, 1995). 스틸에 따르면, 소수민족 사람은 지능지수의 집단차에 대한 논의를 들을 때, 자신의 지적 능력이 다수집단의 지적 능력보다 열등하다고 추측할 수 있다. 그러므로 소수민족 사람은 지능검사를 접하게 되면 지적 능력이 한정적이라고 정형화되는 위협을 피하기 위해 지능검사를 할 때 '포기해 버린다'. 이런 포기는 자기충족적 예언을 실현하게 한다. 즉, 낮은 점수를 받아서 고정관념을 확인하게 된다. 인지능력 검사를 할 때 고정관념 위협을 느끼는 정도를 말하고 극복하도록 설계된 프로그램은 고득점을 얻도록 돕는다(Abrams et al., 2008; Alter et al., 2010). 다른 심리학자들은 비록 고정관념 위협의 존재가 연구를 통해 드러났다 하더라도 인종 간 전체 평균점수 차의 일부분만을 설명한다고 지적했다(Sackett & Ryan, 2012).

인종과 지능에서 화제를 돌리기 전에, 어떤 집단은 평균 지능지수가 높고 또 어떤 집단은 정서를 분발시킨다는 결과에 따라 논쟁이 일어나는 이유를 생각해 보라. 한 가지 이유는 미국과 같은 서구 사회에서는 지적 능력이 매우 중요시된다는 것이다. 반대로 아시아인은 백인이나 다른 집단보다 인지 능력의 점수가 높다 하더라도 지적 능력에 가치를 덜 부여한다(Li, 2003; Lynn, 2006). 대신에 아시아인은 학문적 성공이나 인생의 어떤 성공으로 가는 데 필요한 성실과 인내를 강조한다(Stevenson, 1992). 대조적으로, 미국인은 11세나 12세가 되면 대부분 자신의 성취가 노력보다 능력에 기인한다고 믿는다(Altermatt & Pomerantz, 2003; Heyman, Gee, & Giles, 2003). 심리학자들은 이러한 믿음으로 미국 학생, 심지어 능력이 높은 사람까지도 학문적 성취를 위한 노력의 중요성을 알지 못한다고 주장한다. 이를 통해 호주 학교에서 아시아계 아동의 성취검사 점수를 영국/아일랜드계 아동의 성취검사 점수와 비교한 두 연구자의 연구를 설명할 수 있다(Dandy & Nettelbeck, 2002). 호주의 아시아계 학생은 지능지수를 대응시켰을 때조차 영국/아일랜드계 또래보다 성취검사 점수가 더 높았다(Dandy & Nettelbeck, 2002). 실제로 이 결과는 교사와 부모가 각 학생의 지능지수보다 지적 잠재력을 충분히 달성하도록 학생을 돕는 일에 더 많은 관심을 가져야 함을 시사한다.

인지 능력의 성차

7.15 남성과 여성의 인지적 능력은 어떻게 다른가?

심리학자 자넷 쉬블리 하이드(Janet Shibley Hyde)는 30년 이상 성차에 대해 연구해 왔다. 그녀에 따르면, 남성과 여성 간에 매우 다른 신체적 특징(예, 팔 힘)이 약간 있으나 인지적 변수에서는 성차가 아주 작다(Hyde, 2005). 따라서 성에 대한 고정관념을 발달시킬 정도로 성차를 과장하지 않는 것이 중요하다. 성차에 관한 논의를 읽으면서 고정관념이 생기지 않도록 계속 유의하라.

남성 혹은 여성이 더 뛰어난 기량을 보이는 영역이 있음은 분명하다. 그러나 두 가지 사항은 분명히

▶▶▶ 여자는 회로판을 제작하기 같은 세밀한 운동 협응이 필요한 과제에서 남자보다 수행을 더 잘한다. 남자는 다트 던지기와 같은 목표 지향적 운동 기술이 필요한 과제에서 여자보다 수행을 더 잘한다.

기억하여야 한다. 첫째, 일반적으로 성별 내의 차이는 성별 간의 차이보다 크다. 둘째, 일반적으로 인지 능력의 성차는 작다 할지라도 여성 간보다 남성 간 인지 능력의 변이가 큰 경향이 있다. 즉, 전형적으로 검사점수의 범위가 남성의 경우 더 크다. 〈표 7-1〉은 연구자들이 성별 간 차이가 0 혹은 거의 0에 가까운 것으로 보고 있는 변인들 중 일부를 소개하고 있다.

평균적으로 18개월의 여아는 같은 연령의 남아보다 어휘력이 더 우수하며, 이러한 차이는 아동기 동안 유지된다(Wallentin, 2009). 자주 인용되는 대규모 연구에서 헤지스와 노웰(Hedges & Nowell, 1995)은 매년 9, 13, 17세 아동 7만~10만 명을 표집해서 읽기이해, 쓰기, 수학, 과학을 전국적으로 검사한 국립교육 과정평가(NAEP)의 결과를 분석했다. 연구자들은 1971년에서 1992년까지의 17세 아동의 성취를 비교했는데, 그 결과 소녀는 읽기와 쓰기에서 소년보다 기량이 뛰어난 반면에 소년은 과학과 수학에서 소녀보다 더 뛰어났다.

그러나 흥미롭게도 소녀는 모든 연령집단에서 소년보다 수준이 더 높았다(Duckworth & Seligman, 2006; Kenney-Benson et al., 2006). 연구자는 이러한 결과가 학업에 대한 소녀들의 접근법 때문이라고 생각한다. 즉, 소녀가 학업에 대해 노력을 더 많이 기울이는 듯하며, 결과적으로 소년보다 학습 전략을 더 효과적으로 발달시킨다(Kenney-Benson et al., 2006). 또한 소녀가 소년보다 대체로 자기훈련을 더 많이 하는 경향이 있다는 연구도 있다(Duckworth & Seligman, 2006; Else-Quest et al., 2006).

언급한 것처럼, 국립교육 과정평가 자료의 분석으로 소년이 소녀보다 수학에서 더 높은 성취를 보인다는 것을 알 수 있다. 더 최근 연구들에서도 같은 패턴을 보인다(Liu & Wilson, 2009). 일부 자료에서는 수학 성취의 성차는 남성과 여성의 호르몬 차이에 따른 것으로 추정한다(Josephs et al., 2003). 또 다른 연구에서는 뇌 구조와 기능의 차이가 그 원인인 것처럼 보인다고 제시한다. 예를 들어, 어떤 연구자들은 이러한 성차가 청소년기에 처음 나타나거나 혹은 급격하게 증가하는 이유는 남성의 뇌 발달 속도가

〈표 7-1〉 **성차 메타분석**

성차가 없거나 0에 가까운 변인들	
수학 개념들	자기노출
수학 문제 해결	충동성
이해력	외향성
어휘력	생활만족도
언어 추론	행복
관념 추론	자존감
비교적 큰 차이로 남성의 수행이 우월한 변인들	
기계적 추론	컴퓨터 자기효능감
심적 회전	자기주장
과학 성취도	누군가 자신을 볼 때 도와주는 행동
거슬리는 방해	신체적 공격성
학업 부정행위에 대한 관대함	언어적 공격성
비교적 큰 차이로 여성의 수행이 우월한 변인들	
받아쓰기	미소 짓기
지각 속도	간접적 공격성
언어 능력	신뢰
말 산출	동의성

출처: Hyde(2005).

여성보다 느리기 때문으로 보고 있다. 그러나 대부분의 연구자는 사회적 영향이 더 중요하다는 데 동의한다.

수학 성취에서의 차이에 영향을 줄 수 있는 사회적 요인은 부모가 수학에서 소녀보다 소년에게 기대를 더 많이 한다는 것이다(Tiedemann, 2000). 이러한 부모의 기대가 소녀들이 수학 능력에 자신감을 잃고 고급수학 과정을 이수하지 않도록 하게 하는 자기충족적 예언이 될 수 있는가? 성차 연구자 재클린 에클스(Jacqueline Eccles)는 그렇다고 확신한다. 에클스의 종단 연구에서 6세 때 아동의 재능에 대한 부모의 확신은 17세 때 아동 자신의 능력에 대한 확신을 예측한다고 설명한다(Fredricks & Eccles, 2002). 그러나 에클스의 연구는 수학 능력에 대한 확신의 성차는 오늘날 고등학생 사이에서 과거보다 다소 감소했으며, 이는 수학에 대한 소녀의 흥미와 성공을 증가시키려는 교육자의 노력이 효과가 있음을 제안한다.

부모가 수학 능력에 대한 자녀의 생각에 영향을 미치는 다른 방법은 성적이 좋은 소녀를 '노력형'으로, 성적이 좋은 소년을 '재능형'으로 보는 경향이다(Ratty et al., 2002). 따라서 표준수학검사에서 높은 점수를 받은 10대 소녀가 일반적으로 자신의 성취를 노력의 결과로 설명하는 반면 소년은 자신의 우수한 수학 재능 때문이라고 믿는 이유는 부모의 믿음으로 설명할 수 있다(Rebs & Park, 2001). 그래서 수학 성취 수준이 비범한 소녀조차도 자신이 능력이 부족하다고 생각할 수 있다. 수학적 재능이 있는 소녀가 재능이 비슷한 소년보다 수학 관련 직업을 더 적게 선택하는 것은 놀라운 일이 아니다(Park, Lubinski, & Benbow, 2013; Perez-Felkner, McDonald, Schneider, & Grogan, 2012).

일반적으로 연구자들은 일부 과제를 제외한 공간 과제에서 남성이 여성보다 다소 수행이 더 좋은 경향이 있다는 것을 발견했다(Casey, 2013). 무엇이 이러한 차이를 설명해 주는가? 일부 연구자는 태아 때 높은 수치의 안드로겐에 노출됨으로써 공간 능력이 향상되는 것 같다고 설명한다(Berenbaum, Korman, & Leveroni, 1995). 게다가 남성의 경우, 테스토스테론의 높은 혈중 수치는 경로학습 같은 공간 과제의 좋은 수행과 연관된다(Choi & Silverman, 2002). 그러나 이러한 결과는 아동의 능력과 흥미를 조성하는 데 있어서 사회적 경험과 기대의 역할을 과소평가하지 않는다. 또한 여성은 일부 공간 과제에서 남성보다 기량이 우수하다.

기억하기 본문 내용을 떠올리며 다음 퀴즈를 풀어 보라.

1. 쌍생아 연구에서, IQ 점수의 분산은 _____에 의해서 강하게 영향을 받는다는 점을 보여 주었다.
2. 입양아 연구는 IQ 점수가 _____에 의해 영향을 받는다는 것을 시사하고 있다.
3. _____은(는) 생활수준의 향상에 뒤이은 평균 IQ 점수의 역사적 변화를 일컫는다.
4. 비교문화 연구들은 미국인들보다 아시아인들이 성공을 천부적 재능 덕분으로 귀인하는 경향이 있다는 것을 보여 준다. (예/아니요)
5. 태내에 있을 동안 뇌가 _____에 노출된 까닭에 공간 능력에서 성별 차이가 생기게 되는 것이다.

지능을 넘어서

아마 지능의 중다요인 모델을 제안한 가드너와 스턴버그 등의 가장 중요한 공헌은 표준지능검사로 파악하지 못하는 인지기능의 측면이 많다는 의견을 강조하는 것이다. 예를 들어, 그러한 검사로는 우리가 타인과 어떻게 관계를 잘 맺는지를 측정할 수 없다. 지능검사는 또한 현실적 한계를 피하기 위해 우리가 상상을 이용하는 능력을 평가할 수 없다.

7.16 감성지능의 구성 요소는 무엇인가?

감성지능

남성이든 여성이든, 우리 자신과 타인의 정서에 대한 이해는 자신을 어떻게 생각하고 타인과 어떻게 상호작용해 나가는지에 영향을 준다. **감성지능**(emotional intelligence)은 정서에 대한 지식을 일상생활에 적용하는 능력이다(Salovey & Pizarro, 2003). 이 분야의 선도적 연구자인 피터 살로비(Peter Salovey)와 데이비드 피자로(David Pizarro)에 따르면, 감성지능은 지능검사로 측정된 지능처럼 선택된 상황에서 어떻게 살아갈지를 포함한 많은 중요한 결과 변수만큼 중요하다. 연구는 이러한 견해를 지지하여 감성지능이 지능지수와 관련이 없다는 것을 보여 준다(Mayer, Caruso, Panter, & Salovey, 2012). 동시에 감성지능은 학문적 성공이나 사회적 성공 모두와 연관된다(DiFabio & Palazzeschi, 2009).

감성지능은 두 세트의 구성 요소들로 되어 있다. 첫째는 감성지능의 개인적 측면으로 알려진 것으로서 자기 정서의 인식과 관리다. 감정이 일어날 때 모니터할 수 있는 사람은 감정의 지배를 덜 받는 것 같다. 그러나 정서 관리는 억제하는 것을 의미하지 않으며, 그렇다고 모든 감정을 자유롭게 드러내는 것을 의미하지도 않는다. 그보다 정서의 효과적 관리는 정서를 적절히 표현하는 것이다. 또한 정서 관리는 우리가 불안할 때 스스로를 격려하고 상처를 어루만지며 안심시키는 활동을 하는 것이다.

둘째 구성 요소는 감성지능의 대인 간 측면에 관한 것들이다. 감정이입 혹은 타인의 감정에 대한 민감성이 그러한 요소다. 공감의 핵심적 지표는 타인의 동작, 말의 억양, 음색, 얼굴 표정 같은 비언어적 행동을 읽는 능력이다. 또 다른 대인 간 구성 요소는 관계관리 능력이다. 그러나 그것은 감성지능의 개인적 측면 및 공감과 관련이 있다. 다시 말해서, 우리는 사회적 관계가 포함된 정서 교환을 효과적으로 관리하기 위해서 우리 자신의 감정을 관리하고 타인의 감정에 민감할 수 있어야 한다.

최근 연구에서 남성은 정서, 특히 정적 정서를 뇌의 좌반구에서 주도적으로 처리하는 반면에, 여성은 정서 처리를 위해 양쪽 반구를 균등하게 사용하는 것으로 밝혀졌다(Coney & Fitzgerald, 2000). 이 결과로 성별 간 정서 차를 설명할 수 있다. 당신도 아래의 〈시도〉를 해 봄으로써 스스로의 감성지수를 구할 수 있다.

시도 당신의 감성지수 발견하기

감성지능은 당신이 선택한 직업에서 성공하는 데 직무 능력만큼 중요할 수 있다. 각 항목에서 하나의 반응을 선택하여 당신의 감성지수를 평가하는 짧은 테스트를 해 보라.

1. 나는 미묘한 감정이 생길 때 그것을 항상 인식할 수 있다.
______ 항상 ______ 보통 ______ 때때로 ______ 거의 ______ 전혀
2. 나는 충동에 이끌리는 대신에 내 목표 추구를 위해 만족을 지연시킬 수 있다.
______ 항상 ______ 보통 ______ 때때로 ______ 거의 ______ 전혀
3. 나는 차질 혹은 실망으로 인해 포기하지 않고 희망적이고 긍정적으로 지낸다.
______ 항상 ______ 보통 ______ 때때로 ______ 거의 ______ 전혀
4. 다른 사람의 감정에 대한 나의 예리한 느낌은 다른 이들의 역경에 대해서 측은하게 여기게 한다.
______ 항상 ______ 보통 ______ 때때로 ______ 거의 ______ 전혀
5. 나는 한 무리 집단이나 관계에 대해서 속속들이 느낄 수 있고, 말할 수 없는 감정들을 진술할 수 있다.
______ 항상 ______ 보통 ______ 때때로 ______ 거의 ______ 전혀
6. 싫은 감정을 누그러뜨리거나 억누를 수 있고 이러한 감정들은 내가 필요한 일들을 하는 것을 막을 수 없다.
______ 항상 ______ 보통 ______ 때때로 ______ 거의 ______ 전혀

체크한 반응에 다음과 같이 점수를 매기라. 항상 = 4점, 보통 = 3점, 때때로 = 2점, 거의 = 1점, 전혀 = 0점.
총 점수가 24점에 가까울수록 당신의 감성지수는 더 높다.

7.17 창의성은 다른 인지유형과 어떻게 다른가?

창의성

당신은 지적으로 영리하지만, 창의성은 부족한 사람을 알고 있는가? **창의성**(creativity)은 독창적이며 적절하고 가치 있는 생각을 해내는 능력, 그리고 문제 해결 능력이라고 할 수 있다. 연구에 따르면, 창의성과 지능지수 간에는 상관관계가 약하다(Lubart, 2003). 터먼이 연구한 천재들을 기억하는가? 그중 어느 누구도 창의성이 뛰어난 일을 하지는 못했다(Terman & Oden, 1959). 노벨상 수상자도, 퓰리처상 수상자도 없었다. 천재는 맞으나 창의적 천재는 아니다. 그러므로 높은 지능이 반드시 높은 창의성을 의미하지는 않는다.

만화가는 종종 통찰의 번뜩임과 같은 창의적 사고를 마음속에 갑자기 켜지는 백열전구로 묘사한다. 그러나 유용하고 천재적인 창의성은 좀처럼 갑작스러운 섬광의 형태로 나타나지 않는다(Haberlandt, 1997). 대체로 의식으로 인식되는 창의적인 생각은 일정 시간 동안 부화되는 것이다. 창의적 문제 해결 과정에는 기본적으로 다음 네 가지 단계가 있다(Goleman, Kaufman, & Ray, 1992).

- 준비: 문제 해결을 도울 수 있는 정보 탐색
- 부화: 관련 정보가 정리되는 동안 문제를 잠시 놔두는 것, 종종 의식 수준 아래에 있음
- 조명: 옳은 해결이 갑자기 떠오름
- 전환: 통찰을 유용한 행동으로 전환하는 것

창의적 사고는 무엇이 독특한가? 수십 년간 창의성을 연구한 길포드(J. P. Guilford, 1967)에 따르면, 창의적으로 생각하는 사람은 확산적 사고에 매우 숙달되어 있다. **확산적 사고**(divergent thinking)는 해답이 일치되지 않은 문제에 대해 다양한 사고나 해답, 해결을 산출하는 능력이다(Guilford, 1967). 더 포괄적으로 말하면, 확산적 사고는 새롭거나 독창적이며 특이한 연합 사고의 종합을 의미한다. 즉, 확산적 사고는 유연하고 한 가지 사고의 흐름이나 일련의 생각에서 빠르고 부드럽게 다른 것으로 전환하며 풍부한 사고를 형성하는 능력이나 유창성을 요구한다(Benedek, Konen, & Neubauer, 2012; Csikszentmihalyi, 1996). 예를 들면, 확산적 사고는 '선진국에서 증가하는 잉여 농작물을 개발도상국의 배고픈 이들에게 가장 효과적으로 분배할 수 있는 방법은 무엇인가?'와 같은 질문에 새로운 대답을 제시하여 정책 결정을 도울 수 있다. 길포드는 확산적 사고와 대비하여 '수렴적 사고'를 지능검사와 성취검사로 측정되는 정신 활동의 유형으로 정의했다. 수렴적 사고는 정확한 해답이 알려져 있는 엄밀하게 정의된 논리적 문제를 해결하는 것으로 구성된다. 예를 들면, 수렴적 사고는 '선진국에서는 잉여 식량이 얼마나 재배되고 있는가?'와 같은 질문에 대답하는 것을 요구하는 것일 수 있다.

그러나 확산적 사고와 수렴적 사고는 항상 분리되는 현상은 아니다. 두 현상 모두 가장 인지적인 과제에서 요구된다. 예를 들어, 사람은 창의적이기 위해 확산적 사고를 발달시켜야 하지만 수렴적 사고는 좋은 생각과 나쁜 생각을 구별해야 한다(Csikszentmihalyi, 1996). 이와 유사하게, 엄밀하게 정의된 문제 해결은 가능한 해결책을 생각하려고 노력할 때 확산적 사고를 포함할 수 있다.

연구자들은 수렴적 사고와 확산적 사고에 관여하는 뇌 영역이 다르다는 것을 확인하고 있다. 일반적

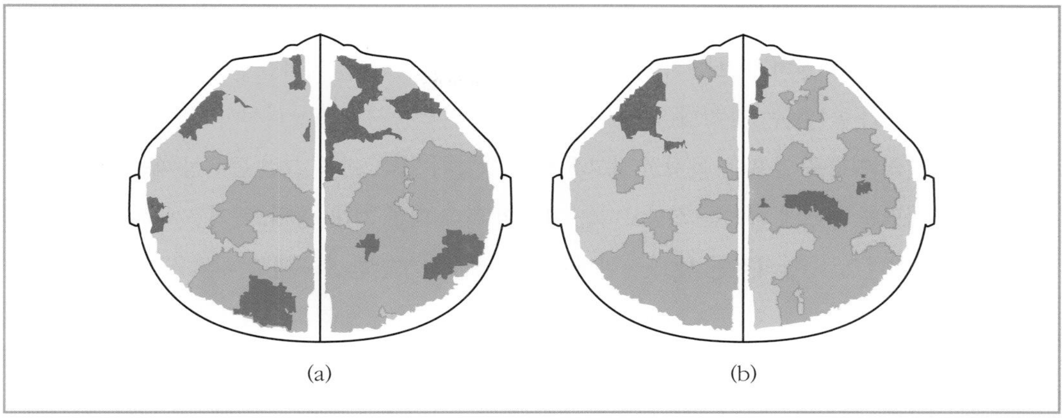

[그림 7-9] 국지적 대뇌 혈류량의 지도

(a) 창의성이 높은 사고는 양측 대뇌반구의 활성화와 관련되나 우반구에서 활성화 수준이 유의하게 더 크다(색 부분은 활성화를 가리킨다). (b) 창의적이지 않은 사고를 하는 동안에는 활성화가 주로 좌반구에 한정된다.

출처: Carlsson et al.(2000)에서 수정함.

으로 수렴적 사고는 좌측 전두피질에서 활성화 수준이 높은 반면, 확산적 사고는 우측 전두피질에서 활성화 수준이 높은 것이 특징이다(Razoumnikova, 2000). 사건의 패턴 탐색과 같은 수렴적 사고에 관련된 처리는 좌반구에서 수행된다는 연구도 있다(Wolford, Miller, & Gazzaniga, 2000). 국지적 대뇌 혈류량을 측정한 칼손과 동료들(Carlsson et al., 2000)은 매우 창의적인 사고를 하는 사람과 그렇지 않은 사람 사이에는 전두엽 활성에서 현저한 차이가 있음을 밝혔다. [그림 7-9]의 (a)는 매우 창의적인 사고를 하는 동안의 전두엽 활성화를 나타낸다. 뇌의 활성화는 양측 대뇌반구에서 있었으나 우측 전두피질의 활성화가 유의하게 더 컸다. 대조적으로 [그림 7-9]의 (b)는 창의적 사고가 일어나지 않는 동안 좌측 전두엽은 활성화되지만, 우반구에서는 활성화가 거의 없다.

창의성의 개인차는 어떻게 측정될 수 있는가? 창의성을 측정하기 위해 설계된 검사는 개방형 문제의 해결이나 예술작품의 창작을 위한 독창적 접근을 강조한다(Piffer, 2012). 창의성 검사인 특이사용검사(Unusual Uses Test)는 응답자에게 벽돌 같은 평범한 대상에 대해 되도록 많은 용도를 말하도록 요구한다. 또 다른 창의성 검사인 결과검사(Consequences Test)는 피검자에게 세상을 기본적으로 변화시킬(예, 50%로 감소한 중력) 결과를 되도록 많이 열거하도록 한다. 연구자 메드닉과 메드닉(Mednick & Mednick, 1967)은 원격연상검사(Remote Associates Test)를 고안했는데, 그들은 창의적으로 생각하는 사람의 경우 비창의적으로 생각하는 사람에게는 무관한 것으로 보이는 생각을 조합하는 능력이 있으며, 이런 능력이 창의성의 핵심을 구성한다고 추론했다. 원격연상검사 항목 중 어떤 것은 보기에 서로 연관성이 없어 보이는 세 가지 물체 혹은 생각을 하나의 단어로 묶도록 요구한다. 예를 들면, gold, tender, attorney를 이어 주는 하나의 단어는 무엇인가? 정답은 bar(막대기, 바텐더, 변호사의 의미를 모두 가지고 있다)다. 그렇다면 office, fence, modern은 무엇일까? 그럴듯한 정답은 post(직책, 말뚝, 후기의 의미를 모두 가지고 있다)다.

창의성이 매우 높은 사람을 연구하는 심리학자(예, Bloom, 1985)는 창의적인 사람에게는 그렇지 않은 사람과 구별되는 수많은 특성이 있다고 설명한다. 한 예로, 창의적인 사람은 다년간의 훈련학습과 연습으로 특정 영역에서 상당한 전문성을 가진다. 창의적인 사람은 또한 새로운 경험과 사고에 개방적이며, 다른 사람이 꽤 이상하게 보는 사람에게도 개방적이다. 게다가 창의적인 사람은 유전적으로 호기심이 강하고 캐묻기 좋아하는 것 같다(Sternberg, 1985). 창의적인 사람은 창의성이 낮은 사람에 비해 다른 사람의 의견의 영향을 덜 받는 독립적 사고를 하는 경향이 있다. 아마 그런 독립성 때문에 창의적인 사람은 다른 사람을 기쁘게 하려는 희망보다는 자신의 일에 대한 기대, 흥미, 즐거움에 의해 동기화되는 것 같다. 마지막으로, 창의적인 시도는 실패에도 불구하고 부단한 노력과 인내력을 요구한다. 예를 들어, 아인슈타인의 상대성 이론은 248개라는 방대한 양의 논문을 출간하고서야 완성되었다. 그리고 모차르트는 35세에 요절하기까지 609곡을 작곡했다(Haberlandt, 1997).

기억하기 본문 내용을 떠올리며 다음 퀴즈를 풀어 보라.

1. 감성지능의 각 요소들이 속하는 범주를 찾으라.
   a. 개인적
   b. 대인 간
   _____(1) 공감
   _____(2) 스스로의 정서를 자각
   _____(3) 자기 동기
   _____(4) 관계를 다루는 능력
2. 확산적 사고는 뇌의 _____의 활성화와 관련 있다.

되돌아보기

이 장은 우리가 생각하고, 결정을 내리고, 문제를 해결하는 데 필요한 인지적 전략들에 대해서 배우는 것으로 시작하였다. 그런 다음, 인간 언어와 동물의 의사소통에 대해서 다루었다. 인지와 언어, 방대한 양의 지식과 기술들을 감안해 본다면 과거에 지능을 측정했던 몇몇 방식의 편협함을 알 수 있다. 즉, 모든 인간은 인지 그리고 언어와 관련한 놀라운 능력들을 가지고 있다. 하지만 지능검사는 우리가 가진 능력들의 차이에 초점을 둔다. 그러므로 지능검사는 인간 능력의 하나의 측면만을 측정한다는 것을 기억할 필요가 있다.

인간 발달

CHAPTER

8

생각해보기

이때까지 당신의 인생에서 가장 힘든 시기는 언제였는가? 많은 사람이 생각하는 가장 힘든 시기는 심리학자들이 성인기 진입기라고 부르는 18세에서 20세 중반까지의 청소년기에서 성인기로 가는 전환기다. 심리학자들이 이 시기를 어떻게 정리하는지 감을 잡기 위해서 성인기 진입기에 대한 당신의 경험에 대해 생각해 보면서 다음 질문에 답해 보라.

- 친구관계를 유지하기 위해 고등학교 시절에 사용하였던 전략과 성인기 진입기에 사용하였던 전략은 어떻게 다른가?
- 고등학교 시절에 사용했던 학습 전략은 대학에서 얼마나 효과적이었나?
- 고등학교 시절에 이성관계를 시작하고 유지하기 위해 사용했던 전략은 성인기 진입기의 전략과 어떻게 차이가 나는가?
- 대학을 졸업하고 인턴십이나 직장을 구할 때 고등학교 시절에 시간제 일을 구하기 위해 사용했던 방법은 얼마나 유용했나?

연구들에 의하면 성인기 진입기는 인생에서 어려운 시기다. 왜냐하면 상당히 짧은 시간 동안 이전에 획득했던 기술들을 변화시키고 새로운 기술을 획득해야 하기 때문이다. 예를 들어, 학업기술과 친구관계 기술에 대한 처음 두 질문에 답하면서 당신은 청소년기와 성인기 진입기의 요구가 상당히 중복된다는 사실을 깨달았을 것이다(Roisman et al., 2004). 따라서 성인기 진입기에는 이전 기술을 약간만 손을 보면 된다. 이와는 대조적으로 성인기 진입기의 이성관계는 훨씬 더 어려워진다. 왜냐하면 아마도 그 관계가 더 중요하고 인생에 중요한 영향을 미친다고 보기 때문일 것이다. 그리고 청소년기에 일을 찾는 것보다 성인기 진입기에 직장을 찾는 것이 훨씬 더 복잡하다. 이러한 이유들로 이 시기에 있는 대부분의 성인은 이 두 영역의 문제에서 어쩔 수 없는 불안과 흥분을 동시에 경험하게 된다. 그러나 이러한 어려움을 극복해야 완전하게 독립된 성인으로서의 지위를 보상으로 얻게 된다.

인생의 요구가 복잡하게 증가하지만 감사하게도 이를 관리할 수 있는 우리의 능력도 또한 증가한다. 사실, 인간 발달이란 사람들이 새로운 능력을 개발하고 이미 획득한 능력을 연마하게끔 만드는 도전의 연속이다. 모든 일을 감당할 수 있다고 여기는 순간 새로운 문제들이 생기고 우리는 이러한 문제에 대처한다. 이 장에서 보겠지만 성인기 진입기뿐 아니라 인생의 모든 시점에서 그러하다.

이 장을 **발달심리학**(developmental psychology)—일생 동안 인간이 어떻게 성장하고 발달하고 변화하는지에 대한 과학적 연구—에 가장 크게 영향을 끼친 여러 이론에 대한 논의로 시작하겠다. 그러고 나서 각 발달 단계의 주요 도전과 변화를 살펴보겠다. 신체적 영역에 대해 논할 때에는 신체에서 일어나는 변화를 다룰 것이고, 인지적 영역에 대해 논할 때에는 사고, 기억 등의 변화를 다룰 것이며, 심리사회적 영역을 논할 때에는 우리가 다른 사람들과 관계를 맺고, 사회적 세계를 이해하는 방식에서의 변화를 다룰 것이다. 이 모든 영역에서의 변화는 동시에 일어나며 서로 영향을 미친다는 사실을 명심하는 것이 중요하다. 예를 들어, 아이는 점점 더 잘 걷게 되고 언어기술이 발달하면서 다른 또래들과 상호작용을 더 잘하게 된다. 이 장에서 보겠지만 어떤 발달도 다른 발달과 분리된 채 독립적으로 일어나지 않는다는 사실을 잊지 말라.

발달 이론

미처 깨닫지 못했겠지만, 우리는 이미 여러 발달 이론에 대해 공부하였다. 예를 들어, 5장에서 공부한 학습 이론은 연령에 따른 변화를 조건화된 자극, 강화, 벌, 관찰학습 등으로 설명할 수 있다. 학습 이론은 앞 장에서 공부하였던 본성-양육 논쟁에서 양육을 지지한다.

모든 발달 이론은 본성-양육 논쟁에서 어떤 입장을 지지한다. 또한 발달이 연속적으로 일어나는지 또는 단계적으로 일어나는지에 대해 어떤 입장을 지지한다. 학습 이론에서는 발달이 환경적 영향의 결과로서 연속적으로 일어난다고 가정하는 데 반해, 단계 이론에서는 발달이 서로 구분되는 단계별로 일어난다고 가정한다. 가장 중요한 단계 이론인 피아제의 이론으로 발달 이론에 대한 논의를 시작하겠다.

피아제의 인지발달 이론

8.1 피아제 이론은 인지발달을 어떻게 설명할까?

스위스의 심리학자인 장 피아제(Jean Piaget, 1896~1980)의 노력으로 심리학자들은 아동의 인지발달 과정에 대한 통찰을 얻게 되었다. 다음에는 그의 인지발달 이론과 네 발달 단계에 대해 알아보겠다.

발달은 어떻게 일어날까 피아제에 따르면, 인지발달은 소수의 기본 **도식**(schemes)—유사한 상황에서 사용되는 활동계획—으로 시작된다. 예를 들어, 패스트푸드 음식점에서 자동차를 타고 일련의 활동을 거쳐 음식을 한 번 사 보고 나면 그에 대한 도식이 생겨서 어떤 패스트푸드 음식점에 가더라도 적용할 수 있다. 다른 음식점에서 이 도식을 사용할 때에는 이전 음식점에서의 경험과 약간 차이는 있겠지만 기본적으로 따라야 하는 활동계획은 유사하다. 경험으로 인해 따라야 하는 일반적 활동계획, 즉 도식이 형성되기 때문에 새로운 음식점에 갈 때마다 새롭게 시작하지 않아도 된다.

피아제의 인지발달의 핵심은 도식의 발전이다. 예를 들어, 고무공으로 놀아 본 경험이 있는 영아는 공과 같은 물체를 만날 때마다 사용하는 도식을 구성한다. 이 도식으로 인해 공처럼 생긴 물체들을 보면 튈 것을 기대하게 된다. 따라서 자두를 보면 공 도식(공처럼 생긴 물체에 적용되는 정신적 활동계획)이 작용하여 자두를 마루에 던지면서 튀기를 기대하게 된다. 피아제는 기존의 도식에 새로운 물체, 사건, 경험과 정보를 통합하는 정신 과정을 **동화**(assimilation)라고 불렀다.

영아가 자두가 튀지 않는 것을 보게 되면 공 도식이 변화한다. 이러한 도식의 변화로 인해 세상에 더 잘 적응하게 된다. 수정된 도식에는 공처럼 생긴 어떤 물체는 튀지만 어떤 물체는 튀지 않는다는 지식이 포함된다. 피아제는 기존의 도식을 수정하여 새로운 물체, 대상, 경험과 정보를 통합하는 새로운 도식을 만드는 과정을 **조절**(accommodation)이라고 불렀다.

피아제에 의하면(1963, 1964; Piaget & Inhelder, 1969), 도식의 변화에 따라 네 가지 인지발달 단계가 나타나는데 각 단계에서는 세상에 대해 질적으로 다른 방식으로 추리하고 이해한다. 단계들은 정해진 순서에 따라 발생하는데 한 단계는 그다음 단계의 기초가 된다. 세상 모든 아동이 네 단계를 같은 순서로 통과하지만, 그 속도에는 개인차가 있다. 그 속도는 성숙과 학교교육과 같은 경험의 영향을 받는다. 한 단계에서 다음 단계로의 이행은 갑작스럽기보다는 점진적으로 일어나며, 이런 이행이 진행되는 동안 아동은 종종 두 단계의 특징을 모두 보인다. 피아제의 인지발달의 네 단계를 좀 더 상세하게 살펴보겠다.

감각운동기 피아제의 첫 번째 단계인 감각운동기(출생~2세)에 영아는 감각과 신체 활동(동작이나 신체 움직임)을 통해 세상을 이해한다. 출생 시에는 영아의 행동이 대부분 반사적이지만, 이런 행동들은 점점 더 복잡해지고 점진적으로 지적 행동으로 변한다. 이 단계에서 사고란 실재하는 대상이나 직접적으로 지각할 수 있는 사건에 한정된다.

감각운동기의 중요한 성취는 **대상영속성**(object permanence)의 발달인데, 이는 (사람을 포함하여) 대상이 보이지 않을 때에도 계속적으로 존재한다는 사실에 대한 이해다. 예를 들어, 영아가 공을 가지고 놀다가 가구 밑으로 들어가 보이지 않게 되었을 때 대상영속성이 없으면 공을 찾지 않는다. 이 개념은 점진적으로 발달하며 아동이 물체가 없을 때에도 정신적으로 표상하게 되면서 완성된다. 대상영속성의 획득은 곧 감각운동기의 종료를 의미한다.

전조작기 피아제에 따르면 아동이 **상징적 기능**(symbolic function), 즉 한 대상이 다른 대상을 나타낼 수 있다는 사실에 대한 이해를 나타내 보이면 전조작기에 들어간다. 아동들은 전형적으로 2~7세 사이인 이 단계 동안에 상징적 도식의 발달에 도움이 되는 방식으로 세상에 대해 활동을 한다. 아동은 상징적 기능을 두 가지 방식으로 나타내는데 하나는 사물을 표상하기 위해 단어를 사용하는 것이고 다른 하나는 블록을 차로, 인형을 실제 아기로 상상하는 것과 같은 가장놀이다. 아동은 상징의 사용을 연습하면서 대상을 점점 말과 심상으로 표상할 수 있게 된다.

전조작기 동안 아동은 피아제가 말하는 자기중심성을 보인다. 그들은 모든 사람이 자신이 보는 것을 보고, 자신이 생각하는 것을 생각하고, 자신이 느끼는 것을 느낀다고 믿는다. 그 결과, 아동의 사고는 비논리적인 경우가 많다. 게다가 대상에 대한 사고가 외양의 지배를 많이 받는다. 예를 들어, 3세 아동은 쿠키를 부수면 못 먹게 된다고 생각한다. 성인들이 그렇지 않다고 말해 주어도 이해하지 못한다. 성인의 사고는 외양이 변해도 물체의 본질은 변하지 않는다는 가정에 기초하는 데 반해, 이 단계의 아동은 아직 그것을 이해하지 못한다.

구체적 조작기 세 번째 단계인 구체적 조작기(7~11세 또는 12세)에는 새로운 도식에 의해 아동이 무엇을 더하거나 빼지 않는 한, 대상을 재배치하거나 그들의 외양이 변해도 물체의 양은 변하지 않는다는 사실을 이해하게 된다. 피아제는 이를 **보존**(conservation)이라고 부른다. 보존은 이 단계의 아동이 새로운 도식에 따라 **가역성**(reversibility)의 개념을 이해하게 되면서 발달하는데, 가역성이란 모양, 위치나 순서의 어떤 변화를 정신적으로 되돌릴 수 있다는 사실에 대한 이해다. 그 결과, 그들은 부서지기 전이나 부서진 다음의 쿠키에 대해 생각할 수 있어서 외양의 변화가 쿠키를 구성하는 물질을 변화시키지 않는다는 사실을 이해하게 된다. 다음의 〈시도〉에서 이런 문제에 대해 어린 아동과 좀 더 나이 든 아동

시도 양 보존

학령전기 아동에게 크기가 같은 두 개의 컵을 보여 주고 같은 양의 주스로 채우라. 아동이 그 둘의 양이 같다고 동의하고 나면, 한 컵에 있는 주스를 높이가 높고 가는 컵에 옮겨 붓고 그 컵을 다른 컵 옆에 놓으라. 이제 다시 아동에게 두 컵에 있는 주스의 양이 같은지를 물어보라. 이 단계의 아동은 아무것도 더하거나 빼지 않았다고 동의하면서도 높고 가는 컵에 주스가 더 많다고 고집할 것이다. 이제 학령기 아동에게 동일한 시도를 해 보라. 나이가 많은 아동은 높은 컵에 주스가 많은 것처럼 보이지만 주스를 다른 용기에 붓는다고 해서 양이 변하지 않는다고 설명할 수 있을 것이다.

* 시도를 하기 전에는 반드시 부모의 동의를 받아야 한다.

이 어떻게 다르게 사고하는지를 볼 수 있을 것이다.

수, 양(액체량이나 질량), 길이, 면적, 무게 및 부피의 보존은 동시에 획득되지 않고 정해진 순서로 또 특정한 연령에 획득된다([그림 8-1] 참조). 게다가 구체적 조작기 아동은 가설적 상황에 논리를 적용할 수 없다. 예를 들어, 성인이 되어서 추구할 직업에 대해 논리적으로 생각하기가 어렵다. 또한 여러 변인에 대해 체계적으로 생각해야 하는 문제를 어려워한다. 예를 들어, 이 시기의 아동은 다음과 같은 문제를 풀지 못한다. '영희가 철수보다 크고, 철수가 지연이보다 크다면, 지연이가 영희보다 작을까?' 또는 'A, B, C, D로 서로 다른 두 글자, 세 글자, 네 글자 조합을 몇 개 만들 수 있을까?' 이러한 생각은 다음 단계가 되어야 가능해진다.

형식적 조작기 형식적 조작기(11세 또는 12세 이상)는 피아제의 네 번째 단계이자 마지막 단계다. 이 단계에서 사춘기 이전과 사춘기 청소년은 추상적·언어적·가설적 상황과 과거, 현재와 미래의 문제에 논리적 사고를 적용할 수 있게 된다. 피아제는 이를 **가설-연역적 사고**(hypothetic-deductive thinking)라고 부른다. 10대 청소년은 철학과 정치학과 같은 추상적 주제를 이해할 수 있으며 자신의 이론을 만들기 시작하면서 생각의 세상에 대해 흥미를 보이게 된다. 그러나 모든 사람이 완전한 형식적 조작 사고를 획득하는 것은 아니다(Keller, 2011).

형식적 조작 사고는 초기 청소년에게 가능성에 대해 생각할 수 있게 한다. 따라서 그들은 세상의 문제와 자신의 문제에 대해 '완벽한' 해결책을 생각하기 시작한다. 예를 들어, 이혼가정의 10대 청소년은

보존 과제	전형적 획득 연령	원래 제시	변환
수 보존	6~7세	 두 원에 있는 공깃돌의 수는 같은가?	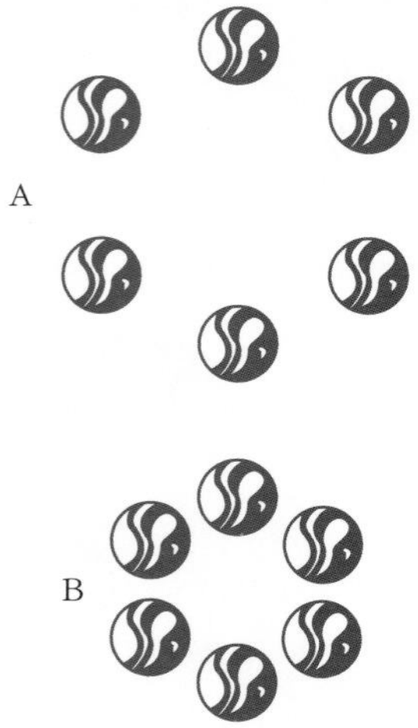 이제 두 원에 있는 공깃돌의 수는 같은가? 또는 어느 한 쪽에 더 많은가?
액체량 보존	6~7세	 두 컵에 있는 주스의 양은 같은가?	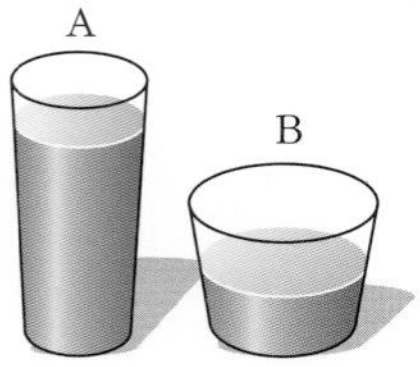 이제 두 컵에 있는 주스의 양은 같은가, 아니면 어느 한쪽에 더 많은가?
질량 보존	6~7세	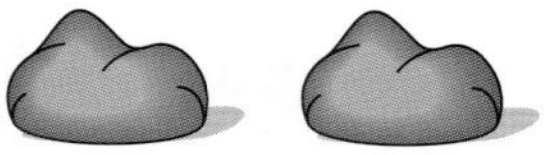 두 덩어리의 찰흙의 양은 같은가?	 이제 두 덩어리의 찰흙의 양은 같은가, 아니면 어느 한쪽에 더 많은가?
면적 보존	8~10세	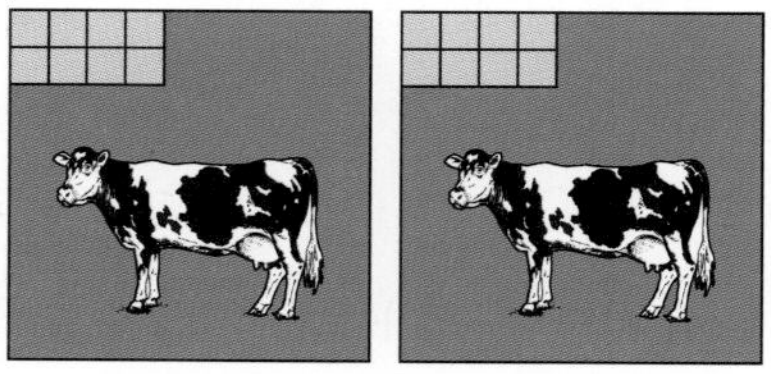 두 소가 먹을 풀의 양은 같은가?	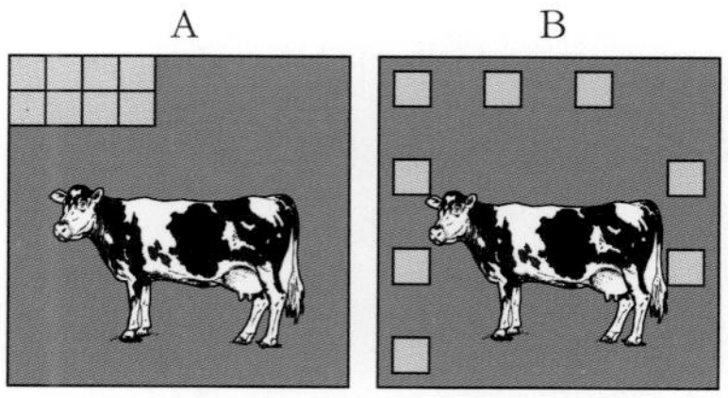 이제 두 소가 먹을 풀의 양은 같은가, 아니면 어느 한쪽에 더 많은가?

[그림 8-1] 피아제의 보존 과제

피아제의 연구에서는 여러 가지 보존 과제를 사용하였다. 그는 아동이 특정 과제를 정확하게 풀고 자신의 답을 구체적 조작 수준에서 설명하였을 때 구체적 조작기로 분류하였다. 예를 들어, 아동이 "공깃돌을 옮길 때 다른 공깃돌을 더하거나 빼지 않았으면 두 원에 있는 공깃돌의 수는 같아요."라고 한다면 이 반응은 구체적 조작 수준이다. 반대로 아동이 "두 원에 있는 공깃돌의 수는 같지만 왜 그런지 모르겠어요."라고 한다면 이 반응은 구체적 조작 수준이 아니다.

출처: Bee & Boyd, *The Developing Child*, 11e.

같이 살지 않는 부모를 이상화하고 그 부모와 산다면 인생이 더 행복할 것이라고 믿는다. 피아제는 이런 종류의 사고를 **순진한 이상주의**(naive idealism)라고 부른다.

심리학자인 데이비드 엘킨드(David Elkind, 1967, 1974)는 10대 초기에는 또 다른 비현실적 사고인 청소년기 자기중심성이 나타난다고 주장했는데, 이는 상상의 관중과 개인적 우화의 두 가지 형태로 나타난다. **상상의 관중**(imaginary audience)이란 청소년이 만들어 낸 상상 속에만 존재하는 찬미자나 비판자다. 청소년은 마음속으로는 항상 무대 위에 있으며, 청중을 즐겁게 하기 위해 거울 앞에서 몇 시간을 보낸다. 그들은 또한 엘킨드가 **개인적 우화**(personal fable)라고 부르는 개인적 독특성과 불멸성에 대한 과장된 느낌을 가진다. 많은 청소년이 원하지 않는 임신이나 약물 과다복용과 같은 불행이 자신을 파괴하지 못하고, 또 자신은 그것들로부터 안전하다고 믿는다. 아래 〈복습과 재검토〉에서는 피아제의 네 단계에 대해 다시 설명하고 있다.

비교문화 연구 비교문화 연구는 피아제가 주장한 추론의 유형과 단계의 순서가 보편적임을 보여주었다. 그러나 비교문화 연구는 또한 여러 영역에서 일어나는 인지발달의 속도에 차이가 있음을 보여주었다. 피아제가 관찰한 아동은 5~7세에 보존 개념을 획득했는데, 호주 원주민 아동은 10~13세에 이러한 변화를 보였다(Dasen, 1994). 그러나 원주민 아동은 수 과제보다 공간 과제에서는 더 일찍 구체적 조작 수준을 보였는데, 서양 아동은 그 반대였다. 이러한 차이는 원주민이 공간기술을 아주 중요하게 여기지만 수량화는 별로 중요하게 여기지 않는다는 점을 고려하면 이해할 수 있다. 원주민은 호주 사막

복습과 재검토 피아제의 인지발달 단계

단계		특징
감각운동기 (0~2세)		영아는 세상을 감각, 활동과 신체 움직임을 통해 경험한다. 이 단계의 말기에는 대상영속성이 나타나서 대상이 보이지 않아도 머릿속에 표상할 수 있다.
전조작기 (2~7세)	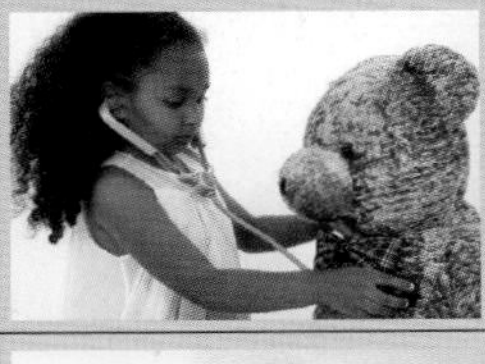	아동은 단어와 심상으로 대상이나 사건을 표상할 수 있다. 어떤 물체를 나타내기 위해 다른 물체를 사용하는 가장(상상)놀이를 할 수 있다. 사고는 자기중심적이어서 다른 사람의 관점을 이해하지 못한다.
구체적 조작기 (7~11 또는 12세)		이 단계의 아동은 구체적 상황에서는 논리적으로 생각할 수 있게 된다. 보존과 가역성의 개념을 획득하고, 대상을 서열화할 수 있고, 여러 차원에 따라 분류할 수 있다.
형식적 조작기 (11 또는 12세와 그 이후)		이 단계의 청소년은 추상적 상황에서 논리적으로 사고하고, 가설을 체계적으로 검증하는 것을 배우고, 아이디어의 세상에 관심을 보이게 된다. 그러나 모든 사람이 완전한 형식적 조작 사고를 하게 되지는 않는다.

에서 이곳저곳으로 옮겨 다니고, 사냥하고, 수집하고, 물을 찾지만 소유물이 별로 없어서 수를 많이 세지 않는다. 그들의 수 단어는 5까지밖에 없고, 다섯 이상은 모두 '많은'이라는 단어로 표현된다.

인지발달에 기여하는 또 다른 중요한 문화적 변인은 공식적 교육이다. 발달심리학자는 공식적 교육을 받을 수 있는 문화에서 성장하는 아동은 학교에 다니지 않거나 교육의 기회가 없는 아동에 비해 발달 단계를 더 빠르게 통과한다는 사실을 알고 있다(Mishra, 1997). 게다가 형식적 조작 사고가 공식적 교육과 아주 강한 상관을 보여서, 어떤 심리학자는 형식적 조작 사고는 피아제가 주장했듯이 보편적 발달 과정의 결과가 아닌 특수한 학습 경험의 결과라고 본다(Keller, 2011).

8.2 신피아제 이론과 비고츠키 이론은 인지발달을 어떻게 설명할까?

피아제 이론에 대한 대안 이론

피아제가 아주 천재적이고 또 인지발달에 대한 지식에 커다란 공헌을 하였음에도 불구하고 그의 방법과 일부 발견은 비판을 받아 왔다(Beins, 2012). 이제는 아동은 피아제가 주장했던 것보다 인지적으로 더 발달했고 성인은 덜 발달했다는 사실이 밝혀졌다(Flavell, 1985, 1992; Mandler, 1990; Siegler, 1991). 그럼에도 불구하고 피아제의 발견에 도전하기 위해 이루어졌던 대부분의 연구는 인지발달이 피아제가 기술하였던 순서로 이루어진다는 사실을 강력하게 지지하고 있다(Morra, Gobbo, Marini, & Sheese, 2008). 그러나 연령과 관련된 인지적 변화의 과정에 대한 많은 질문은 여전히 남아 있고, 다른 이론들이 그 문제들에 해답을 시도하고 있다.

신피아제 접근 신피아제 학파라고 불리는 일부 발달심리학자들은 피아제 연구에 사용된 과제들에서 연령에 따라 수행에 차이가 나는 것은 작업기억 사용의 변화 때문이라고 설명하였다(Morra et al., 2008). 예를 들어, 아동은 어릴수록 정보를 더 느리게 처리한다(Kail, 2007). 그들이 정보를 느리게 처리하기 때문에 작업기억 내의 정보를 장기기억에 저장하기 전에 새로운 정보가 들어와서 그 정보를 작업기억에서 몰아낼 가능성이 크다(6장에서 살펴본 망각에 대한 간섭 이론을 생각해 보라). 앞의 [그림 8-1]에서 설명한 수 보존 과제에서 이런 과정이 아동의 수행에 어떻게 영향을 미치는지를 생각해 보라. 신피아제 학자들이 맞다면, 6세 또는 7세 이하 아동은 동전들의 배열이 변화되고 나면 이전의 배열을 기억하지 못할 것이다. 따라서 원래의 배열과 변화된 배열을 정신적으로 비교할 수 없다. 그러나 나이가 많은 아동은 정보를 빨리 처리하고 작업기억이 더 능률적이므로 이전 배열과 변화된 현재 배열뿐 아니라 이런 변환에 사용된 과정도 기억할 수 있다. 따라서 나이가 많은 아동은 작업기억 내에 있는 관련된 모든 정보를 더 잘 통합할 수 있기 때문에 정답을 할 수 있다.

비고츠키의 사회문화적 접근 러시아의 발달심리학자 레프 비고츠키(Lev Vygotsky, 1896~1934)는 피아제의 인지발달 이론이 아동 내부의 힘을 너무 강조한다고 주장했다. 비고츠키는 대부분의 인지발달은 주로 아동이 언어라는 매체를 통해 사회적으로 획득한 정보를 내면화함으로써 이루어진다고 생각했다.

예를 들어, 아동이 퍼즐을 맞추거나 그림을 그릴 때 자기에게 말하는 것을 본 적이 있는가? 비고츠키는 아동이 보이는 이러한 자발적 언어 행동이 인지발달 과정에서 중요하다고 주장했다. 비고츠키(1936/1986)는 인간 영아는 동물과 마찬가지로 지각, 주의, 기억과 같은 기초적인 기술을 가지고 태어난다고 주장했다. 출생 후 첫 두 해 동안 이런 기술은 직접적 경험과 아동의 사회문화적 세계와의 상호작용을 통해 성장하고 발달한다. 아동은 말을 통해 생각, 활동 등을 표상하는 능력이 발달하면서 종종 자기 자신에게 말하곤 한다. 비고츠키는 자신에게 말하는 것, 즉 사적 언어가 인지발달의 핵심적 요소라고 생각했다. 아동은 어려운 활동이나 상황에서 작업을 할 때에는 사적 언어를 사용하여 문제의 요소들을 명확하게 하고 어려운 문제나 상황을 해결하는 것을 도와주는 문제 해결 과정에 포함된 단계들을 언어화한다. 어린 아동의 능력이 증가하면서 사적 언어는 겨우 들릴 정도의 중얼거림과 웅얼거림으로 변하고 마지막에는 사고로 변한다.

▶▶▶ 딸에게 자전거 타기를 가르치는 이 아버지는 비고츠키의 발판화 기법을 사용하고 있다. 부모나 교사는 처음 학습을 시작할 때에는 직접적이고 지속적으로 지시를 하지만 아동이 새로운 과제나 기술에 익숙해지면서 이러한 지시를 점점 줄여 나간다. 발판화는 아동들이 읽기와 같은 인지적 기술을 학습하는 데 어떤 도움을 줄까?

비고츠키는 사회적 경험, 말하기와 인지발달 사이에 강한 연결이 있다고 보았다. 그는 또한 아동들의 학습 준비성이 **근접발달영역**(zone of proximal development, 여기서 근접은 '잠재적'을 의미한다) 내에 있다고 믿었다. 비고츠키에 따르면, 이 영역은 아동이 혼자 수행할 수 없지만 부모, 교사, 더 나은 또래의 지시와 지도를 받아서 수행할 수 있는 범위의 인지과제들이다. 교사나 부모가 아동의 현재 능력이나 수행 수준에 맞추어 지시와 지도의 질이나 정도를 조정하는 도움의 유형을 **발판화**(scaffolding)라고 부른다. 발판화에서는 처음에는 친숙하지 않는 과제에 대해 직접적으로 지시를 한다(Maccoby, 1992). 그러나 아동의 능력이 점점 발달하면서 교사나 부모는 직접적이고 능동적인 교수를 점진적으로 철회하고, 아동은 과제를 혼자 힘으로 숙달하게 된다. 예를 들어, 아동이 읽기를 배울 때 점점 힌트가 덜 필요하게 되고 마침내 혼자서 읽을 수 있게 된다. 물론 글자와 소리에 대한 기초 지식을 아직 획득하지 못한 아동에게는 힌트가 도움이 되지 않는다. 다시 말하면 아동이 간단한 단어들을 혼자 힘으로 읽게 되면 읽기의 근접발달영역에 들어가게 되고 이제는 힌트나 발판화로 인해 혼자 읽을 때보다 훨씬 더 많은 내용을 읽을 수 있게 된다. 비고츠키는 아동의 근접발달 수준에 완벽하게 맞추어진 이런 발판화 에피소드는 부모-아동 관계에서 자주 일어나며 아동의 인지발달에 결정적으로 중요하다고 가정한다.

콜버그의 도덕성 발달 이론

8.3 콜버그 이론은 도덕성 발달을 어떻게 설명할까?

로렌스 콜버그(Lawrence Kohlberg, 1927~1987)는 도덕성 발달 연구에서 가장 영향력이 있는 도덕적 추론의 단계 이론을 제안하였다. 콜버그의 연구가 시작되기 오래전에 비고츠키와 피아제도 그들의 이론을 도덕성 발달에 적용하였다. 비고츠키(1926, 1992)는 모든 문화에서는 언어와 종교적 교육을 통하여 개인이 사회가 용납하는 행동기준에 동조하도록 만든다고 주장하였다. 피아제는 도덕성 발달에서 문화의 역할을 부정하지는 않았지만 아동의 인지발달 수준이 그들에게 도덕적 가치를 심어 주려는 사회의 노력과 상호작용하므로 도덕적 추론은 인지발달 단계와 유사하게 단계적으로 발달한다고 주장하였다(Piaget, 1927, 1965). 다음에는 콜버그의 이론과 그가 제안한 단계를 살펴보겠다.

도덕적 추론 평가하기 콜버그는 아래의 〈시도〉에 제시된 이야기와 같은 도덕적 딜레마를 제시하여 전 생애에 걸친 도덕성 발달을 연구하였다. 참가자가 이런 이야기를 들은 후 콜버그는 "하인즈가 어떻게 해야 한다고 생각합니까?" 같은 개방형 질문을 하였다. 참가자가 의견을 밝히고 나면 그렇게 생각하는 이유를 물어보았다. 질문에 대한 참가자들의 반응을 분석하여서 콜버그는 도덕적 추론을 세 수준으로 구분하였고 각 수준에는 두 단계를 두었다.

수준과 단계 콜버그의 도덕성 발달의 첫 번째 수준은 **전인습 수준**(preconventional level)이다. 이 수준에서 도덕적 추론은 옳고 그름에 대한 내면화된 기준이 아닌 다른 사람의 기준에 의해 지배된다. 행동은 그 물리적 결과에 따라 옳은지 그른지가 판단된다. 이 수준의 단계 1에서는 벌을 피할 수 있는 행동은 무엇이든 '옳다'. 그리고 단계 2에서는 개인에게 보상이나 이익을 가져오거나 타인에게 칭찬을 얻을 수 있는 행동은 무엇이든 '옳다'. 단계 2에서 나타나는 전형적인 사고 유형은 '당신이 내 등을 긁어 주면 나도 당신 등을 긁어 줄 것이다.'라고 할 수 있다. 아동은 보통 10세 정도까지 전인습 수준에 속한다.

콜버그의 도덕성 발달의 두 번째 수준인 **인습 수준**(conventional level)에서는 개인이 다른 사람의 기준을 내면화하고 그 기준에 따라 옳고 그름을 판단한다. '착한 소년–소녀 지향'이라고도 불리는 단계 3에서는 도덕적 판단은 사회적 인정에 중점을 둔다. 도덕적으로 받아들일 수 있는 행동은 사회집단이 인정하는 행동이다. 사회집단이 인정하지 않는 행동은 비도덕적이다. 예를 들어, 종교집단에 속해 있는 어떤 사람은 그 집단에서 음주를 비난하기 때문에 음주는 비도덕적이라고 본다. 집단과의 유대를 유지하기 위해서는 음주가 비도적적이라는 견해를 받아들여야 한다. 어떤 사람은 친구들이 모두 마리화나를 피우는 것이 도덕적으로 문제가 없다고 생각하기 때문에 자신도 마리화나를 피우는 것이 도덕적이라고

시도 하인즈 딜레마

콜버그는 참가자들에게 다음과 같은 이야기를 제시하여 도덕적 발달을 연구하였다.

유럽에서 한 여자가 암으로 거의 사경을 헤매고 있었다. 의사가 보기에 그녀를 구할 수 있는 약은 오직 하나였다. 그 약은 일종의 라듐으로, 그 도시에 살고 있는 한 약사가 최근에 발명하였다. 그 약을 제조하는 데 비용이 많이 들기는 하였지만, 약사는 약값으로 제조 비용의 10배를 요구했다. 그는 라듐을 200달러의 비용을 들여 만들었지만, 매우 적은 양의 약을 팔면서 2,000달러나 달라고 했다. 병든 여자의 남편인 하인즈는 아는 사람에게 돈을 빌리려 하였지만 약값의 반인 1,000달러밖에 구할 수 없었다. 그러나 약사는 "아니, 내가 그 약을 발명하였으니 돈을 벌어야겠소."라고 말했다. 하인즈는 절망한 나머지 결국 아내를 위하여 약국에 침입하여 그 약을 훔치고 말았다(Colby et al., 1983, p. 7).

하인즈가 상점에 침입하기 전에 당신에게 조언을 구했더라면 그의 결정에 동의했겠는가? 왜 그런가?

본다. 사회적 유대를 유지하기 위해서는 개인은 자신이 속한 집단의 도덕적 기준을 채택해야 한다.

단계 4에서는 관심이 사회집단을 넘어서서 사회집단이 내재되어 있는 더 큰 사회적 규칙의 유지와 권위에 대한 순종으로 변화한다. 그러나 단계 4는 권위에 맹목적으로 순종하지 않고 그 대신 규칙이 필요하고, '모든 사람이 자기만을 위해서 사는' 세상이 되지 않도록 하기 위해 개인과 하위집단의 필요와 바람보다 더 큰 집단의 필요와 바람이 더 중요하게 고려되어야 한다는 인식에 기초한다. 의무와 책임감이 단계 4의 중요한 주제이며 또한 권위에 대한 도전이 필요할 때에는 도덕적으로 수용될 수 있는 방법으로 이루어져야 한다는 생각도 중요하다. 예를 들어, 과속위반 딱지를 받았지만 과속하지 않았다는 증거가 있다고 가정해 보라. 단계 4의 추론은 이 문제를 법정으로 가지고 감으로써 경찰관의 권위에 도전하고 당신의 권리를 지키라고 할 것이다. 그러나 법정에서 진다면 법정의 평결을 받아들이고 항상 정당한 판결을 내리지는 않음에도 불구하고 사회질서를 유지하는 과정을 존중하라고 할 것이다.

콜버그의 도덕성 발달에서 가장 높은 수준은 **후인습 수준**(postconventional level)으로, 피아제의 형식적 조작 단계에서 사고하는 능력을 요구한다. 이 수준에서는 개인이 단순히 다른 사람의 기준을 내면화하지 않는다. 대신 도덕적 대안들을 비교하여 때로는 법률이 인간의 기본권과 상충된다는 사실을 깨닫는다. 단계 5에서는 법률이 사회와 개인을 보호하기 위해 만들어졌고, 따라서 그런 역할을 하지 못할 때에는 바꾸어야 한다고 생각한다. 이처럼 단계 4에서는 질서를 유지할 필요성을 강조한다면 단계 5에서는 개인의 기본 권리보다 질서를 더 중요하게 여기는 것은 도적적으로 부적절한다고 생각한다. 예를 들어, 아프리카계 미국인이 특정한 학교에 입학하거나 백인들에게만 허락되는 시설을 사용하는 것을 금지하는 인종차별적 법률은 단계 4의 기준은 만족시키지만 인간의 기본권리를 강조하는 단계 5의 기준에는 위배된다. 따라서 단계 5의 추론은 1950년대와 1960년대에 일어났던 시민인권운동의 핵심이었다. 단계 5의 추론은 미국독립선언서의 기초이기도 한데, 이 선언서에서는 영국법이 미국의 권리를 침범했기 때문에 더 이상 그 법을 지킬 수 없다고 선언하고 있다.

단계 6에서는 윤리적 결정이 인간 생명, 정의, 평등, 인간 존엄성을 강조하는 보편적인 윤리적 원칙에 기초한다. 이 단계에서 추론하는 사람은 법률에 저촉되더라도 양심에 따라 행동해야한다고 믿는다.

연령, 단계와 문화 다음 페이지의 〈복습과 재검토〉에는 콜버그의 도덕성 발달의 여섯 단계가 잘 요약되어 있다. 콜버그는 사람이 정해진 순서에 따라 한 단계도 빼먹지 않고 더 높은 단계로 진행한다고 믿는다. 게다가 각 수준의 도덕적 추론에는 반드시 특정한 인지발달 단계가 전제되어야 한다. 인습 수준의 도덕적 추론에는 구체적 조작 사고가 요구되고 피아제의 형식적 조작기에 이를 때까지 후인습적 추론은 거의 불가능하다. 그러나 연구자들은 도덕적 추론이 콜버그가 처음에 생각했던 것과 달리 인지발달 수준에 비해 훨씬 더 뒤처진다는 사실을 발견했다(Smith, 1978). 따라서 인습 수준의 추론은 구체적 조작보다 형식적 조작과 더 강하게 연관된다. 이와 비슷하게, 후인습적 추론은 성인기 이전에는 거의 나타나지 않는다.

인지발달과 도덕성 발달의 괴리는 도덕적 추론의 발달에는 인지발달만으로는 부족하다는 것을 보여준다. 전제조건이 되는 인지발달 수준과 더불어, 개인의 환경에서 추론기술을 도덕적 문제에 적용할 기회가 많아야 한다. 도덕적 원리를 직접 가르치는 것도 한 단계에서 다음 단계로 이동하는 것을 돕는데,

복습과 재검토 콜버그의 도덕성 발달 단계

수준	단계
수준 1: 전인습 수준 도덕적 추론은 행동의 물리적 결과에 지배를 받는다. 행동은 그 결과, 즉 벌을 받는지 또는 상을 받는지에 따라 좋은지 나쁜지가 결정된다.	**단계 1** 벌을 받지 않는 행동이 옳은 단계. 아동은 벌을 받을까 무서워서 복종한다.
	단계 2 자기 이익의 단계. 자신에게 유익하거나 호의를 되돌려 받을 수 있는 행동이 옳은 행동이다. '당신이 내 등을 긁어 주면 나도 당신의 등을 긁어 줄 것이다.'
수준 2: 인습 수준 아동은 다른 사람들의 기준을 내면화하고 이 기준에 따라 옳고 그름을 판단한다.	**단계 3** 상호적 관계의 도덕성. '착한 소년-착한 소녀' 지향. 아동은 다른 사람을 기쁘게 하거나 돕기 위해 행동한다.
	단계 4 사회체계와 양심의 단계. 권위 지향. 도덕성은 자신의 의무를 다하고, 권위를 존경하고, 사회질서를 유지하는 것이다.
수준 3: 후인습 수준 도덕적 행동이 내적 통제를 받는다. 가장 최상의 수준이며 진정한 도덕성을 나타낸다.	**단계 5** 계약의 도덕성. 개인의 권리와 민주적으로 결정된 법에 대한 존중. 다수의 바람과 일반적 복지에 대한 합리적 평가. 시민이 법을 준수하면 사회가 원만하게 돌아간다는 신념.
	단계 6 가장 높은 수준의 가장 높은 단계. 보편적인 윤리적 원칙의 도덕성. 사람은 법적 제재나 다른 사람의 의견과는 무관한 자신의 내적 기준에 따라 행동한다.

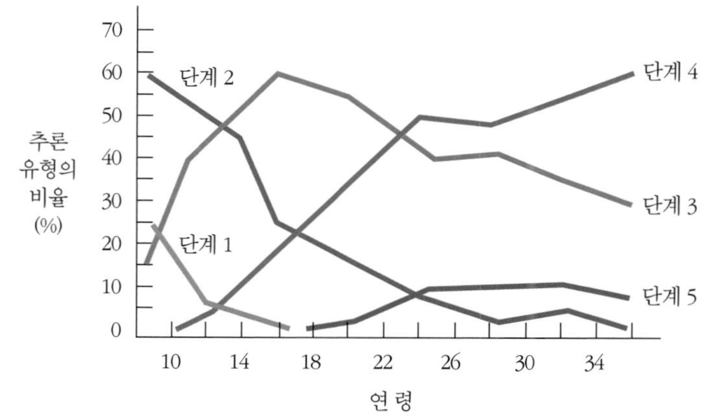

[그림 8-2] 도덕성 발달에 대한 종단 연구

이 도표는 한 집단의 남아들에게 10세부터 초기 성인기까지 콜버그의 도덕적 딜레마에 대해 질문하였던 콜비와 콜버그의 종단 연구에서 나온 결과다. 후인습 수준 추론이나 보편적 · 윤리적 원칙에 근거한 추론이 성인기에도 별로 나타나지 않았다.

출처: Colby et al.(1983).

특히 부모와 교사가 아동과 청소년에게 그런 원리를 명시적으로 설명하고 그것을 자신의 삶의 문제와 관련시키도록 해 줄 때 더 도움이 된다(Narvaez, 2002; Weinstock, Asoor, & Broide, 2009). 따라서 [그림 8-2]에 제시되어 있듯이 도덕성 발달은 인지발달보다 뒤떨어진다. 대부분의 아동이 6세 또는 7세가 되어야 전제조건이 되는 인지발달 수준(즉, 구체적 조작기)에 이르지만 인습적 도덕 추론은 12세 이후에도 잘 나타나지 않는다. 마찬가지로 후인습적 추론은 대부분의 성인이 형식적 조작 사고를 처음 보이고 몇 년이 지난 후에도 나타나지 않는다. 후인습적 추론은 30대 성인에게서는 잘 나타나지 않는다. 이런 결과들은 도덕성 발달이 일생 동안 계속되는 과정임을 보여 준다.

콜버그의 도덕 추론 단계는 모든 문화에서 나타난다는 증거가 많다. 27개국에서 이루어진 콜버그 이론에 대한 45개 연구의 개관에서 스네어리(Snarey, 1985)는 단계 1에서부터 단계 4의 보편성과 이 단계들의 순서의 불변성에 대한 증거를 발견하였다. 아주 드물지만, 단계 5는 도시나 중산층 집단의 모든 표본에서 발견되었고 시골이나 촌락에 사는 사람에서는 거의 발견되지 않았다. 20개국 이상에서 이루어진 많은 연구에 대한 스네어리와 동료들의 좀 더 최근에 이루어진 개관도 스네어리의 이전 결과를 지지한다(Gibbs, Basinger, & Grime, & Snarey, 2007). 그러나 단계 6은 아주 드물다. 콜버그와 다른 연구자들이 인용한 단계 6의 추론에 대한 거의 모든 예는 역사적 인물이다. 그러나 이 수준의 추론은 어떤 특정 문화와 연관이 있어 보이지도 않는다.

콜버그 이론의 문제점 콜버그 이론에 대한 논쟁 가운데 하나는 성적 편향의 가능성이다. 콜버그는 대부분의 남성은 단계 4에 있지만 여성은 단계 3에 있다고 주장하였다. 남성이 여성보다 더 높은 수준의 도덕적 추론을 하는가? 캐럴 길리건(Carol Gilligan, 1982)은 콜버그의 이론은 성적으로 편향되어 있다고 주장하였다. 그녀는 콜버그는 여성을 연구에 포함시키지 않았을 뿐만 아니라 도덕성을 단지 도덕적 갈등 상황에 대한 추론으로 한정 지었다고 지적하였다. 최고 수준인 단계 6에서 콜버그는 정의와 평등을 강조하였고, 자비, 동정, 사랑과 다른 사람에 대한 배려는 강조하지 않았다. 길리건은 여성은 남성보다 도덕적 행동을 동정, 돌봄, 다른 사람에 대한 배려라는 관점에서 본다는 점을 지적하였다. 따라서 그녀는 도덕 추론의 내용이 성별에 따라 다르지만 남성과 여성은 도덕 추론의 수준에서는 차이가 없다고 주장한다.

일부 증거는 남성이 도덕적 갈등 상황에서 정의를 강조하거나 적어도 돌봄과 정의에 비슷하게 무게를 두지만 여성은 돌봄과 동정을 강조하는 경향이 있음을 보여 준다(Garmon et al., 1996; Wark & Krebs, 1996). 콜버그 이론은 다른 사람에 대한 배려보다 권리와 정의를 더 강조하지만, 그럼에도 불구하고 연구자들은 도덕 추론에서 여성이 남성만큼 점수를 받는다는 사실을 발견하였다(Walker, 1989). 이런 이유로 길리건과 그녀의 영향을 받아 연구를 수행하였던 다른 사람들은 배려와 정의의 윤리를 남성과 여성이 옳고 그름의 문제에 대해 생각하는 데 기여하는 도덕적 추론의 다른 차원으로 생각하게 되었다(Jorgensen, 2006).

마지막으로, 어떤 비판자는 도덕적 추론과 도덕적 행동은 같지 않다는 점을 지적한다. 콜버그는 사람이 성숙한 수준의 도덕적 추론을 할 수 있지만 도덕적으로 살지 못할 수 있음을 인정하였다(Kohlberg, 1968). 그러나 연구자들은 도덕적 행동이 극단적으로 차이가 나는 집단을 비교하였을 때 도덕적 추론에 차이가 있음을 발견하였다. 예를 들어, 다른 사람의 관점에서 상황을 보는 능력이 또래들보다 떨어지는 청소년들이 범죄행동을 많이 한다(Marshall, Marshall, & Serran, 2009). 그러나 비판자들은 이와 같은 발견이 도덕성 발달의 차이가 사원들이 직장에서 인터넷 검색을 해서 안 된다는 고용자의 규칙을 어길지 여부와 같은 도덕적 행동에 대한 일상적 결정에 영향을 미치는지에 대해서는 아무것도 알려 주지 못한다고 지적하였다. 학습 이론가들은 이런 종류의 결정은 추상적인 도덕적 추론보다는 규칙의 위반으로 얻을 수 있는 보상, 잡힐 가능성과 그 결과, 다른 사람의 행동(즉, '누구나 그렇게 한다.')의 영향을 더 많이 받는다고 본다(Bandura, 1977, 1989). 이런 견해를 지지하면서, 심리학자 데니스 크렙스와 캐시 덴튼은 사람들이 콜버그 연구에서 사용된 것과 같은 가상적 상황보다는 현실 상황에 대해 더 낮은 수준의 추론을 보인다는 사실을 발견하였다(Krebs & Denton, 2005). 콜버그의 견해에 동의하건 하지 않건 간에 우리 모두는 도덕적 추론과 도덕적 행동이 인간 발달에서 결정적으로 중요하다고 생각한다. 도덕적 인간이 도덕적 사회를 만든다.

8.4 에릭슨 이론은 심리사회적 발달을 어떻게 설명할까?

에릭슨의 심리사회적 발달 이론

피아제, 비고츠키와 콜버그의 이론은 지적 발달을 다룬다. 물론 도덕적 추론도 사회적 세계에 대한 추론을 포함하지만, 사람이 자신이 살고 있는 가족, 이웃 및 문화의 일부로 느끼게 되는 과정을 다루지 않는다. 그러나 1장에서 언급한 정신분석 이론은 이런 측면의 발달에 초점을 맞추고 있다. 우리는 11장에서 정신분석 이론의 창시자인 프로이트의 발달 이론에 대해 논할 것이다. 그러나 프로이트 이론을 수정하였던 이론가들 가운데에서 에릭 에릭슨(Erik Erikson, 1902~1994)이 유일하게 전 생애를 포함하는 주요한 발달 이론을 제안하였다. 에릭슨에 따르면 개인은 여덟 개의 **심리사회적 발달 단계**(psychosocial stages)를 거쳐 발달하는데, 각 단계는 개인과 사회적 환경 사이에서 일어나는 갈등으로 정의된다. 이런 갈등이 만족스럽게 해결되어야 발달이 건강하게 이루어진다(Erikson, 1980).

에릭슨의 견해에 따르면, 성인이 되었을 때의 성격은 아동기의 네 발달 단계에서 그 기초가 형성된다. '기본적 신뢰감 대 기본적 불신감'으로 명명되는 첫 단계에서 영아(출생~1세)는 어머니나 주 양육자의 돌봄, 사랑과 애정의 정도에 따라 신뢰감이나 불신감을 발달시킨다. 에릭슨(1980)은 "기본적 신뢰감은 건강한 성격의 기초"(p. 58)라고 보았다. '자율감 대 수치감과 의심'으로 명명되는 두 번째 단계에서는 1~3세 아동이 독립성을 나타내기 시작하고("아니!"라는 말을 많이 한다) 신체적 · 정신적 능력이 발달한다. '주도감 대 죄책감'으로 명명되는 세 번째 단계에서는 3~6세 아동이 단순히 자율감을 표현하는 수준을 넘어서 주도감을 발달시키기 시작한다. '근면감 대 열등감'으로 명명되는 네 번째 단계에서는 학령기 아동(6세~사춘기)이 무엇인가를 만들고, 하는 것을 즐기고 자랑스럽게 생각하기 시작한다.

에릭슨의 나머지 단계들은 사춘기와 더불어 시작하지만 아동기에 나타나는 단계들만큼 연령과 강하게 연결되어 있지는 않다. 대신 청소년과 성인 단계는 성인의 삶에서 중요한 문제들을 보여 준다. 에릭슨은 각 단계의 해결은 이전 단계가 얼마나 잘 해결되었는지에 달려 있기 때문에 이런 주제들이 정해진 순서로 나타난다고 주장했다.

이 단계 가운데 첫 단계는 '정체감 대 역할 혼란'이라고 부르는데, 이 기간 동안 청소년은 에릭슨이 말하는 정체감 위기를 경험한다. 정체감 위기 동안에 청소년은 어떻게 성인의 세계에 들어갈지에 대해 생각해야 한다. 에릭슨은 건강한 정체감은 '친밀감 대 고립감'으로 명명되는 다음 단계(18세경에 시작)에 결정적으로 중요하다고 주장했다. 이 단계 동안에 젊은 성인은 인생의 동반자를 발견하거나 또는 독신으로 사는 것을 건강하게 받아들이게 된다. 다음 단계의 중요한 주제는 '생산감 대 침체감'으로 중년기에 정점에 이른다. 에릭슨에 따르면, 생산감이란 양육하고 가르치고, 지도자가 되어서 다음 세대를 키우려는 욕망이다. 중년의 사람은 다음 세대를 위하여 일하지 않으면 침체된다. 마지막으로, 그 이후에 성인은 '자아통합감 대 절망감'을 경험한다. 이 단계의 목표는 죽음을 받아들이고 준비하는 것이다. 자기 수용을 하지 못하면 절망감과 무망감을 느끼게 된다. 아래의 〈복습과 재검토〉에 에릭슨의 심리사회적 발달 단계가 정리되어 있다.

에릭슨 이론에 대한 대부분의 연구는 영아기의 신뢰감, 청소년기의 자아정체감, 중년기의 생산감에 집중되어 있다. 이 세 단계에 대한 에릭슨 이론의 특수한 예측들은 연구에 의해 지지되기도 하였지만 부정되기도 하였다. 긍정적 측면을 살펴보면 영아기에 신뢰하는 양육자와의 관계는 나중의 발달에 중요하다는 데 대한 증거는 상당히 많이 있다.

대조적으로 정체감 발달을 살펴보는 대부분의 연구는 이 과정이 청소년기에 시작되지만 초기 성인

복습과 재검토 에릭슨의 심리사회적 발달 단계

단계	연령	특징
기본적 신뢰감 대 기본적 불신감	출생에서 1세	영아들은 부모나 양육자의 돌봄, 사랑과 관심의 정도와 일관성에 따라 신뢰감이나 불신감을 학습한다.
자율감 대 수치감과 의심	1~3세	아동들은 자신의 의지와 독립성을 표현하고, 약간씩 통제하고, 선택하는 것을 학습한다. 그렇지 못하면 수치감과 의심을 경험한다.
주도감 대 죄책감	3~6세	아동들은 활동을 시작하고, 과제를 계획하고 수행하며, 운동능력과 그 밖의 능력을 발달시키는 것을 좋아한다. 주도하지 못하게 하거나 어리석다고 느끼게 하고 골칫거리라고 느끼게 하면 죄책감을 갖게 된다.
근면감 대 열등감	6세~사춘기	아동들은 근면감을 형성하고 과제를 완수하고, 무엇을 만드는 데에서 자긍심을 느낀다. 부모나 교사가 격려하지 않거나 저지하면 열등감을 갖게 된다.
정체감 대 역할 혼란	청소년기	청소년들은 아동기에서 성인기로 가고, 정체감을 형성하고, 자기 개념을 발달시키고, 장래의 직업적 정체성도 확립해야 한다. 그렇지 않으면 역할 혼란이 일어난다.
친밀감 대 고립감	초기 성인기	젊은 성인들은 다른 사람과 무엇을 나누고, 다른 사람을 돌보고, 다른 사람에게 헌신하는 능력인 친밀감을 발달시켜야 한다. 친밀감을 회피하게 되면 고립감과 외로움을 느끼게 된다.
생산감 대 침체감	중기 성인기	중년기 성인들은 다른 세대의 발달에 기여할 수 있는 방법을 찾아야 한다. 그렇지 못하면 자기만 생각하게 되고, 정서적으로 위축되고, 침체에 이르게 된다.
자아통합감 대 절망감	후기 성인기	사람들은 자신의 삶을 되돌아본다. 자신의 삶에 만족하고 성취감을 느끼면 자아통합감을 경험하게 된다. 만족하지 못하면 절망감으로 빠져든다.

기가 되어야 완성된다고 밝혔다(Marcia, 2002; Waterman, 1985). 예를 들어, 많은 대학생은 처음에는 장래에 어떤 전공이나 직업을 가질지 결정하지 않고 있지만, 첫 몇 학기 동안의 경험을 통해 중요한 결정에 이르게 된다. 이처럼 결정이 지연되는 이유 가운데 하나는 피아제의 형식적 조작기와 연관된 논리적 추론의 발달이 정체감 형성과 밀접하게 관련되기 때문이다(Klaczynski, Fauth, & Swanger, 1998). 형식적 조작 사고는 청소년기를 통해 천천히 발달한다. 따라서 사람은 성인기 초기가 되어야 정체감 발달에 필요한 사고를 할 수 있는 능력을 갖추게 된다. 생산성과 관련해서는 젊은 여성, 중년기 여성과 노년기 여성에 대한 연구들이 에릭슨 이론이 예측한 대로 생산성이 중년기에 증가한다는 사실을 밝혔다(Warburton, McLaughlin, & Pinsker, 2006; Zucker, Ostrove, & Stewart, 2002). 그러나 노년기가 된다고 해도 생산성이 감소하지는 않는다. 생산성은 에릭슨이 말한 것처럼 초기 성인기보다 중기 성인기의 특징이라고 볼 수 있지만 노년기에도 여전히 중요하다.

발달 이론을 살펴보았으므로 각 발달 단계의 중요한 사건들을 살펴보자. 태내 발달은 출생 이전의 기간을 말하고, 첫 2년은 영아기, 2~6세의 기간은 초기 아동기, 6세부터 사춘기까지는 중기 아동기다. 청소년기는 사춘기에 시작되어 그 사회가 성인으로 받아들이는 시점에서 종료된다. 마지막으로 성인기는 보통 초기 성인기(18~40 또는 45세), 중기 성인기(40 또는 45~65세) 그리고 후기 성인기(65세 이상)로 구분된다.

기억하기 본문 내용을 떠올리며 다음 퀴즈를 풀어 보라.

1. 피아제는 모든 사람은 같은 발달 단계를 같은 순서로 통과한다고 주장한다. (예/아니요)
2. 피아제에 의하면, _____은(는) 유사한 환경에서 사용될 수 있는 활동의 계획이다.
3. 콜버그는 참가자들에게 _____을(를) 제시하고 그들의 응답의 이면에 있는 생각을 엄밀하게 조사함으로써 인간의 일생 동안 일어나는 _____의 변화를 연구하였다.
4. 에릭슨에 따르면 각 심리사회적 발달 단계와 연관된 갈등이 만족스럽게 해결되어야 다음 단계에서 건강한 발달이 이루어진다. (예/아니요)
5. 에릭슨 이론에 대한 대부분의 연구는 그의 _____와(과) _____ 개념에 집중되어 있다.

태내 발달과 영아기

일생 중 변화가 가장 빠르게 일어나는 기간은 언제인가? 난자와 정자가 결합하는 수정 이후 첫 8주간이라는 사실을 알면 놀랄지 모른다. 곧 배우겠지만 출생 이후 첫 2년 동안에도 변화가 아주 빠르게 일어난다.

8.5 태내 발달의 각 단계에서 어떤 일이 일어날까?

수정에서 출생까지

많은 사람은 임신 9개월을 3분기, 즉 3개월씩 세 기간으로 나눈다. 그러나 임신기간을 3분기로 나누는 것은 임의적이며, 태내 발달과 아무 연관이 없다. 사실 **태내 발달**(prenatal development)의 마지막 단계는 첫 3분기가 끝나기 전에 시작된다.

태내 발달 단계 물론 수정은 태내 발달의 시작이며, 보통 어느 한쪽 나팔관에서 일어난다. 다음 2주 동안 난자와 정자의 결합으로 형성된 세포인 **접합체**(zygote)는 자궁으로 이동하여 자궁벽에 안착한다. 이 단계를 접합체 단계 또는 접합기라고 부른다. 이 단계 말기에 접합체의 크기는 이 문장 끝에 찍힌 마침표 크기만 하다. 두 번째 단계는 배아기로 신체의 주요한 시스템, 기관 및 구조가 발달한다. 3주에서 8주까지 지속되는 이 기간은 뼈세포가 처음으로 형성되면서 종료된다. **배아**(embryo)의 길이는 약 2.5cm이고 무게는 약 28g이며, 사지, 손가락, 발가락이 형성되기 시작하여 사람처럼 보인다. 태내 발달의 마지막 단계는 태아기로 임신 2개월 말부터 출생까지의 기간이다. **태아**(fetus)가 빠르게 성장하고 신체 구조, 기관과 시스템이 더 발달한다. 〈표 8-1〉에 태내 각 발달 단계의 특징이 기술되어 있다.

태내 발달의 마지막 수주 동안 태아는 외부 세계의 자극, 특히 소리에 반응할 수 있다. 게다가 신생아는 출생 전에 노출된 자극도 기억한다(Granier-Deferre et al., 2011). 태내 학습에 대한 고전적 연구에서 드캐스퍼와 스펜스(DeCasper & Spence, 1986)는 16명의 임산부에게 임신 마지막 6주 동안 매일 두 번씩 태아에게 『모자 속의 고양이(*The Cat in the Hat*)』 동화를 읽어 주게 하였다. 출생 며칠 후 영아들은 어머니가 『모자 속의 고양이』 동화나 이전에 들은 적이 없는 『임금님, 생쥐와 치즈(*The King, The Mice, and The Cheese*)』 동화를 들려주자 고무젖꼭지를 빠는 행동을 조정할 수 있었다. 영아는 빨기 행동으로 친숙한 이야기에 대한 선호를 분명하게 나타내 보였다.

〈표 8-1〉 **태내 발달 단계**

단계	수정 이후 기간	주요 특징
접합기	1~2주	접합체가 자궁벽에 착상한다. 2주 때 접합체의 크기는 문장 끝의 마침표 정도다.
배아기	3~8주	신체의 주요 기관, 조직과 구조가 발달한다. 뼈세포가 나타나면서 배아기는 종료된다. 9주 때 배아의 길이는 2.54cm 정도이고 무게는 4g이다.
태아기	9주~출생(38주)	신체 주요 기관, 조직과 구조가 빠르게 성장하고 더 발달한다.

태내 발달에 대한 부정적 영향 태내 발달 과정이 불가사의한 만큼, 발달하고 있는 배아와 태아가 여러 가지 해로운 요인들의 영향을 쉽게 받는다는 증거가 많이 있다. 하나는 출생 전 관리의 부족이고, 다른 하나는 어머니의 건강이다. 당뇨와 같이 만성적인 문제를 가지고 있는 여성의 아기는 태내 발달이 지체되거나 촉진된다(Moore, 2012). 어머니가 풍진, 수두나 HIV와 같은 바이러스성 질병을 가지고 있으면 신체적·행동적으로 이상이 있는 아기를 낳게 된다(Gowen, 2011).

기형발생물질(teratogens)은 태내 발달에 부정적으로 영향을 미칠 수 있는 물질로 선천성 장애와 또 다른 문제들을 일으킨다. 기형발생물질의 강도와 출현시기에 따라 태아 발달에 미치는 영향은 달라진다. 기형발생물질은 배아기에 가장 영향을 크게 미친다. 이 기간은 신체 구조가 발달하는 **결정적 시기**(critical period)다. 약이나 다른 해로운 물질이 결정적 시기 동안 발달을 방해하면 신체 구조가 정상적

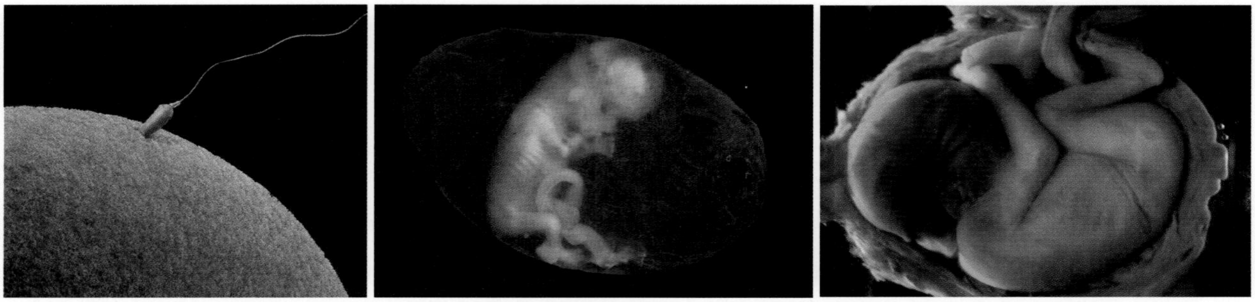

▶▶▶ 이 사진들은 정자가 난자를 수정시키는 것(왼쪽), 7주 된 배아(가운데), 22주 된 태아(오른쪽)를 보여 준다.

으로 형성되지 않거나 나중에 발달하지 않는다(Draper, 2011). 발달에 대한 결정적 시기가 있음을 기억하라. 나중에 언어발달에 대한 부분에서 또 다른 예를 만나게 될 것이다.

임신 중에 헤로인, 코카인, 크랙을 사용하면 유산, 조산, 저체중 출산, 호흡 곤란, 신체 기형, 태아 사망이 나타날 수 있다. 알코올은 태반장벽을 통과하고, 태아의 알코올 수준은 어머니의 혈액 속의 알코올 수준과 거의 비슷하다(Vaux, 2012). 임신 중에 음주를 과하게 한 여성은 **태아알코올증후군**(fetal alcohol syndrome)을 가진 아기를 낳을 가능성이 높다. 이 증상을 가지고 태어난 아기는 정신지체를 보이고, 두 눈 사이가 넓고, 코가 짧고, 얼굴이 작다. 그들은 또한 과잉행동과 같은 행동상의 문제를 보인다(Julien, 1995). 태내에 있을 때 알코올에 노출된 아동은 '태아알코올 효과'를 보이는데, 그들은 태아알코올증후군의 일부를 보이지만 그 정도가 덜 심각하다(Vaux, 2012). 공중보건당국자들은 임신 중에는 알코올을 조금도 섭취하지 말도록 권장한다(Vaux, 2012).

흡연은 태반장벽을 통과하는 산소의 양을 감소시키고 이산화탄소의 양을 증가시킨다. 배아나 태아는 니코틴과 수천 가지의 화학물질에도 노출된다. 임신 중의 흡연은 아기가 조산이 되거나 저체중으로 태어날 가능성을 증가시킨다(Jain, 2012). 게다가 카페인을 많이 섭취하는 것이 태아에게 나쁜 영향을 미치는지에 대해서 아직 합의가 이루어지지 못했으므로 일일 카페인 섭취량을 300mg(3컵) 이하로 제한하는 것이 현명하다.

출생 3장에서 임신 말기가 가까워지면 자연진통제인 엔도르핀의 수준이 증가하면서 산모의 신체는 출산으로 인한 신체적 고통에 대비하기 시작한다는 사실을 배웠다. 동시에 진통 과정에서 자궁이 수축하는 것을 촉진하는 옥시토신의 수준도 증가한다(Smith & Brennan, 2009). 흥미롭게도 옥시토신은 여성의 정서에도 영향을 미쳐서 산모가 출산에 대한 불안에 대비하고 태어날 영아와의 유대감을 형성하게끔 도와준다(Neumann, 2008).

어느 시점이 되면 자궁과 태아로부터 오는 생화학적 신호와 산모 신체의 생리적 요인이 작용하여 세 단계 과정인 진통이 시작된다. 단계 1에서는 자궁이 수축하고, 자궁경부가 평평해지면서 지름이 10cm 정도로 천천히 증가한다. 단계 2에서는 태아가 질을 통과하여 세상으로 나온다. 마지막으로 단계 3에서는 자궁에서 태반이 나온다.

출생 직후 건강관리 전문가들이 **신생아**(neonate, 새로 태어난 아기)의 건강상태를 평가한다. 신생아의 체중, 임신령과 임신기간이 중요한 요인이다. **저체중아**(low-birth-weight babies)는 체중이 2.5kg 이

하인 아기다. 이 정도의 체중으로 37주 또는 그 이전에 태어난 아기는 **조산아**(preterm infants)가 된다. 아기가 더 작고 더 미성숙할수록 경미한 학습과 행동상의 문제에서부터 심각한 지적 및 신체적 지체의 문제를 가질 가능성이 더 커진다(Furdon, 2012). 신생아들의 기본 욕구는 양육자들이 해결해 주지만 영아들은 일부 능력을 생득적으로 가지고 태어난다.

지각과 운동 발달

8.6 생후 첫 18개월 동안 영아들의 능력은 어떻게 변할까?

신생아는 놀라울 정도로 다양한 **반사**(reflex)를 가지고 태어나는데, 반사란 새로운 환경에서 생존하게 해 주는 특정 자극에 대한 생득적 반응이다. 빨기, 삼키기, 기침하기, 눈 깜빡이기는 신생아가 출생 즉시 바로 행할 수 있는 필수적 행동들이다. 신생아는 고통스러운 자극을 피하기 위해 팔, 다리, 다른 신체 부분을 움직이고, 얼굴을 덮고 있는 담요나 헝겊을 제거하려고 노력한다. 아기의 뺨을 가볍게 건드리면 젖 찾기 반사를 보여서 입을 벌리고 열심히 젖을 찾는다. 게다가 아직 더 발달하여야 하지만 출생 시부터 다섯 감각이 모두 각각의 기능을 한다.

신생아는 이미 특정 냄새, 맛, 소리와 시각적 형태에 대한 선호를 가지고 있다. 신생아는 청각이 시각보다 훨씬 더 발달해 있다(Busnel, Granier-Deferre, & Lecanuet, 1992). 또한 신생아는 소리가 나는 방향으로 머리를 돌릴 수 있고, 여성의 목소리를 선호한다. 그들은 특정한 냄새와 맛을 구별할 수 있고, 또 선호한다(Bartoshuk & Beanchamp, 1994; Leon, 1992). 그들은 단맛을 좋아하고 짠맛, 쓴맛과 신맛을 구별할 수 있다. 신생아는 또한 고통에도 민감하고(Porter, Porges, & Marshall, 1988), 접촉에 특히 민감하여 쓰다듬어 주는 것과 껴안아 주는 것을 아주 좋아한다(Field, 2002).

로버트 판츠(Robert Fantz, 1961)는 아기가 대상을 응시하는 시간으로 대상에 대한 흥미를 평가할 수 있음을 밝힘으로써 커다란 돌파구를 마련하였다. 이 방법으로 판츠는 영아가 인간의 얼굴 이미지를 흑백의 추상적 패턴과 같은 다른 이미지보다 더 좋아한다는 사실을 보여 주었다. 판츠의 연구와 다른 연구는 신생아가 분명한 선호와 변별 능력, 심지어 재인기억과 학습 능력까지 가지고 있음을 보여 주었다.

출생 시에 영아의 시력은 20/600이고 2세가 되어야 20/20에 도달한다(Courage & Adams, 1990; Held, 1993). 신생아는 23cm 정도 떨어진 대상을 가장 잘 보고 천천히 움직이는 물체를 따라갈 수 있다. 태어난 지 22~93시간밖에 안 된 신생아도 낯선 여성보다는 어머니 얼굴을 더 선호한다(Field et al., 1984). 신생아는 회색 자극보다는 색깔 있는 자극을 선호하지만, 4개월이 되어야 성인이 구별하는 색깔들을 모두 구별한다(Franklin, Pilling, & Davies, 2005).

▶▶▶ 시각벼랑에 올려놓으면 대부분의 6개월 이상 영아는 깊은 쪽으로 기어가지 않는데, 이는 그들이 깊이를 지각할 수 있음을 보여 준다.

하나의 유명한 실험이 영아와 동물의 깊이 지각을 연구하기 위해 고안되었다. 깁슨과 워크(Gibson & Walk, 1960)는 **시각벼랑**(visual cliff)이라고 부르는 장치를 만들었는데, 이 장치의 한쪽에는 바로 밑에 판자가 놓여 있고 다른 쪽에는 수십 센티미터 밑에 판자가 놓여 있다. 그리고 판자 위에 모양이 있는 천을 덮어서 한쪽이 마치 낭떠러지처럼 보이게 되어 있다. 어머니가 유인하면 대부분의 6~14개월 된 아기는 얕은 쪽으로 기어 왔지만, 그중에서 3명만이 깊은 쪽으로 기어 왔다. 깁슨과 워크는 대부분의 아기가 기어 다니기 시작하면 깊이를 지각할 수 있다고 결론을 내렸다(p. 64).

지각기술과 마찬가지로 영아의 운동기술도 처음 18개월 동안 점점 더 발달한다. 운동기술은 주로 성숙 때문에 빠르게 변한다. **성숙**(maturation)은 유전적으로 정해진 발달 시간표에 따라 자연스럽게 일어난다. 앉기, 서기와 걷기와 같은 많은 운동 변화는 ([그림 8-3]에 제시하였듯이) 중추신경계가 성장하고 발달하면서 일어난다.

경험도 운동기술의 발달에 영향을 미친다. 예를 들어, 특정 운동 변화는 영아가 영양실조, 모성실조 및 자극 박탈과 같이 극단적으로 부적절한 환경에서 성장할 때 느리게 일어난다. 게다가 비교문화 연구에 따르면, 우간다와 케냐의 어떤 문화에서는 어머니가 특수한 방법을 사용하여 운동훈련을 하는데, 이들의 영아가 미국의 영아보다 특정 운동발달이 더 빨랐다(Kilbride & Kilbride, 1975; Super, 1981). 그러나 운동기술이 빠르게 획득되게 만들어도 발달에 지속적으로 영향을 미치지는 못하였다. 아기는 자신의 고유한 발달 일정표에 따라 걷고 말하고 대소변을 가리게 된다.

8.7 기질이 영아들의 행동에 어떻게 영향을 미칠까?

기질

영아는 개인적 행동방식이나 환경에 특별하게 반응하는 양식, 즉 **기질**(temperament)을 가지고 태어날까? 1956년에 실시된 뉴욕 종단 연구에서는 기질과 기질이 발달에 미치는 영향이 검토되었다. 토머스, 체스와 버치(Thomas, Chess, & Birch, 1970)는 관찰, 부모와 교사 면접, 심리검사를 통해 2~3개월 영아를 사춘기와 성인기까지 추적하여 연구하였다. 이 연구에서 세 가지 유형의 기질이 발견되었다.

'쉬운' 아기—연구된 집단의 40%—는 일반적으로 기분이 즐겁고, 적응을 잘하고, 새로운 상황과 사람에게 적극적으로 접근하고, 수면, 먹기, 배변 패턴이 규칙적이었다. '까다로운' 아기—연구된 집단의 10%—는 일반적으로 기분이 불쾌하고, 새로운 상황과 사람들에게 부정적으로 반응하고, 정서적으로 강렬한 반응을 보이고, 신체기능이 불규칙하였다. '더딘' 아기—연구된 집단의 15%—는 위축되는 경향이 있고, 적응이 느리고, '기분이 약간 부정적'이었다. 나머지 35%의 아기는 너무 일관성이 없어서 하나의 유형으로 분류하기가 어려웠다.

연구에 따르면, 영아의 기질 차이는 유전의 영향을 강하게 받고, 나중의 성격 차이를 어느 정도 예측하였다(예, Saudino, 2012). 따라서 기질을 연구하는 대부분의 심리학자는 환경이 생득적 행동 경향성을 강화 또는 약화하거나 수정할 수 있지만, 성격은 기질과 환경 사이의 끊임없는 상호작용에 의해 만들어진다고 생각한다. 아동의 적응은 부분적으로는 개인의 기질과 개인의 행동 스타일에 대한 가족과 환경의 반응 사이의 궁합에 달려 있다. 까다로운 아동은 부모와 다른 사람의 적대성과 분노를 자극하기 때문에 결과적으로 아동의 부정적 행동이 지속된다. 반면 쉬운 아동은 보통 부모와 다른 사람의 긍정적 반응을 유발하기 때문에 결과적으로 아동의 행동이 강화되고 그 행동방식이 지속될 가능성이 증가된다.

2개월:
엎드려서 고개를 든다.
3개월:
뒤집는다.
3개월:
잡아 주면 앉는다.
6개월:
도와주지 않아도 혼자서 앉는
7개월:
잡고 선다.
9개월:
잡고 걷는다.
10개월:
잠깐 동안 혼자 서 있는다.
11개월:
혼자 서 있는다.
12개월:
혼자 걷는다.
14개월:
뒤로 걷는다.
17개월:
계단을 오른다.
18개월:
공을 앞으로 찬다.

[그림 8-3] 운동기술의 발달 과정

대부분의 유아는 이 그림과 같은 운동기술의 발달 과정을 거친다. 제시된 월령은 단지 평균치일 뿐이다. 정상적이고 건강한 유아는 이보다 더 빨리 혹은 더 더디게 발달할 수도 있다.

출처: Frankenburg et al.(1992).

8.8 영아-양육자 애착의 원인, 특성과 결과는 무엇일까?

애착

거의 대부분의 영아는 어머니와 주 양육자에게 강한 **애착**(attachment)을 형성한다. 그러나 주 양육자(보통 어머니)와 영아를 결합시키는 것은 정확하게 무엇일까?

레서스 원숭이의 애착에 대한 해리 할로우(Harry Harlow)의 일련의 연구는 발달심리학자들이 영아-양육자 애착을 이해하는 데 크게 기여하였다. 할로우는 두 개의 대리모(인공모)를 만들었다. 하나는 뭉툭한 나무 머리가 달린 평범한 철사로 만든 원통이었고, 다른 하나는 철사로 만들었지만 천으로 덮여 있고 머리가 더 원숭이처럼 보이는 원통이었다. 젖병은 두 대리모 가운데 어느 대리모에도 달 수 있었다. 새로 태어난 원숭이를 독방 우리에 넣었는데, 그 우리에서 원숭이는 천 대리모와 철사 대리모에게 모두 접근할 수 있었다. 누구에게서 젖을 먹었는지는 중요하지 않았다. "원숭이는 천 어머니에게 강한 애착을 형성하였으나 철사 어머니에게는 전혀 또는 거의 애착을 형성하지 않았다"(Harlow & Harlow, 1962, p. 141). 할로우는 아기 원숭이가 어머니에게 애착을 형성하게 만드는 주요 원인은 먹이가 아닌 접촉 위안—신체적 접촉으로 제공되는 위안—이라고 보았다. 이상한 물체가 나타났을 때 천 어머니가 없으면 원숭이는 구석에 박혀서 머리를 끌어안고, 몸을 앞뒤로 흔들었고, 손가락이나 발가락을 빨면서 고통으로 흐느꼈다. 그러나 천 어머니가 있을 때에는 처음에는 어머니에게 매달렸지만 나중에는 이상한 물체를 탐색하며 가지고 놀았다.

많은 연구는 애착 과정이 인간 영아에서도 유사함을 보여 주었다(Posada et al., 2002). 어머니는 아기를 안고, 흔들고, 아기에게 이야기하고, 아기의 요구에 반응한다. 아기는 어머니를 바라보고, 어머니의 말을 듣고, 심지어 어머니의 목소리에 맞추어 움직인다(Condon & Sander, 1974; Lester, Hoffman, & Brazelton, 1985). 일단 애착이 형성되면, 영아는 분리불안을 보여서 부모가 떠나면 공포와 고통을 나타내 보인다. **분리불안**(separation anxiety)은 약 8~24개월에 나타나며, 12~18개월에 정점에 이른다(Fox & Bell, 1990). 6개월 또는 7개월 된 영아는 낯선 사람 불안을 보이는데, 첫 생일이 될 때까지 그 강도가 증가하다가 두 번째 해에는 감소한다(Marks, 1987). **낯선 사람 불안**(stranger anxiety)은 부모가 가까이 있지 않고 낯선 사람이 아동에게 갑자기 접근하거나 신체적으로 접촉하는 상황에서 더 크게 나타난다.

▶▶▶ 할로우에 따르면, 어린 원숭이는 천으로 덮인 대리모에게 강한 애착을 형성하였지만 철사 대리모에게는 애착을 전혀 또는 거의 형성하지 않았고, 철사 대리모가 젖을 주었을 때에도 그러하였다.

애착의 질에는 중요한 차이가 있다. 어머니-영아 애착에 대한 고전적 연구에서 메리 에인스워스(Mary Ainsworth, 1973, 1979)는 처음 일 년 동안 영아의 집에서 그리고 12개월에는 실험실에서 어머니-영아 상호작용을 관찰하였다. 짧은 분리 에피소드 후에 어머니에 대한 반응에 기초하여 에인스워스와 동료들(1978; Main & Solomon, 1990)은 네 가지 유형의 애착을 확인하였다.

첫 번째 유형은 '안정애착'(미국 영아의 약 65%)이다. 어머니와 떨어지면 보통 고통스러워하지만, 안정애착 영아는 적극적으로 관계를 재

확립하려 하고 그런 다음 다시 놀이에 관심을 보인다. 그들은 어머니를 안전 기지로 삼아서 탐색을 하고, 보통 다른 영아보다 반응적이고 순종적이고 협동적이며 더 만족한다. 게다가 안정애착은 영아를 가난과 같은 위험 요인의 나쁜 영향에서 보호하는 것 같다(Belsky & Fearon, 2002). 영아기에 안정애착이었던 학령전기의 아동은 그렇지 않았던 아동에 비해 또래관계를 유지하는 능력과 같이 더 발전된 사회적 기술을 보인다(McElwain & Volling, 2004).

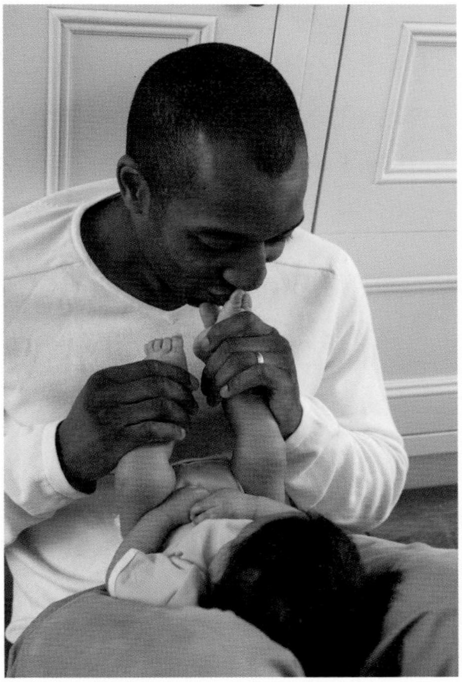

▶▶▶ 아버지는 어머니보다 자녀와 신체적 놀이를 더 많이 한다. 그러나 오늘날 많은 아버지는 먹이기와 기저귀 갈기 같은 아기 양육의 기본적 책임을 어머니와 같이 나눈다.

'회피애착' 영아(미국 영아의 약 20%)는 보통 어머니에게 반응적이지 않고, 어머니가 떠나도 고통을 느끼지 않는다. 부모가 되돌아오면 영아는 어머니와의 접촉을 적극적으로 회피하거나 적어도 어머니를 맞이하는 데 별로 적극적이지 않다. 간단하게 말하면, 이런 영아는 낯선 사람보다 어머니에게 더 애착되어 있는 것처럼 행동하지 않는다. 회피애착 영아의 어머니는 별로 애정을 표현하지 않고, 일반적으로 영아의 요구와 울음에 반응을 보이지 않는다.

'저항애착' 영아(미국 영아의 10~15%)는 분리기간 이전에 어머니와 밀접한 접촉을 추구하고 좋아한다. 그러나 안정애착 영아와 달리 활동 반경을 넓혀서 탐색하는 경향을 보이지는 않는다. 분리기간 이후에 어머니가 다시 돌아오면 저항애착 영아는 화를 내고 어머니를 밀쳐내거나 때린다. 어머니가 안아도 쉽게 달래지지 않고 계속 운다.

'혼란애착' 영아(미국 영아의 5~10%)는 가장 곤혹스러운 유형으로, 가장 덜 안정적인 유형이다. 어머니와 재회하면 혼란애착 영아는 모순되고 혼란에 빠진 반응을 보인다. 안겨 있을 때 어머니를 바라보지 않고 의도적으로 다른 곳을 쳐다보거나, 무표정하거나 우울한 행동으로 어머니에게 접근한다. 어머니가 진정시킨 후에 멍하고 공허한 얼굴 표정과 이상하고, 꼼짝하지 않는 자세를 보이는 것이 특징이다.

전통적으로 아버지-아동 애착관계보다는 어머니-아동 애착관계가 연구의 관심이 되었지만, 아버지도 어머니만큼 반응적이고 유능할 수 있고(Roberts & Moseley, 1996), 아버지와의 애착도 어머니와의 애착만큼 강할 수 있다. 실제 아버지-아동 상호작용은 아동에게 지속적으로 여러 가지 긍정적 영향을 미친다(Stein, Milburn, Zane, & Rotheram-Borus, 2009; Verissimo et al., 2011). 아버지와 규칙적으로 상호작용을 경험하는 아동은 그렇지 못한 아동에 비해 지능이 더 높고, 학교에서 더 잘하고, 좌절을 잘 극복한다. 그들은 또한 더 오랫동안 문제 해결에 집중하는 경향이 있고, 충동적이거나 폭력적인 성향을 보일 가능성은 더 낮다. 긍정적인 아버지-아들 관계는 또한 성장하여 아버지가 되었을 때 더 높은 수준의 양육행동과 관련이 있다(Shears, Robinson, & Emde, 2002).

어머니와 아버지가 영아와 상호작용하는 방식이 다르기 때문에 아버지와의 상호작용은 영아의 발달에 중요하다. 아버지는 자녀와 더 흥분되고 자극적인 신체놀이를 많이 한다(Paquette, 2004). 어머니는 과잉자극과 가능한 상해로부터 자녀를 보호하는 역할을 많이 한다. 대조적으로 아버지는 어머니가 보통 허락하는 두 배 정도 멀리 영아가 기어가도 그대로 둔다. 새로운 자극과 상황을 탐색할 때 멀리서 가만히 지켜본다. 물론 이상적으로는 아동에게 두 가지가 모두 필요하다.

기억하기 본문 내용을 떠올리며 다음 퀴즈를 풀어 보라.

1. 이 시기는 많은 신체 구조의 발달에 결정적인 기간이므로 _____ 단계 동안에는 기형발생물질이 기형을 일으킬 가능성이 가장 크다.
2. _____은(는) 유전적으로 결정된 발달 시간표에 따른다.
3. 신생아의 시력은 20/20이다. (예/아니요)
4. 기분이 긍정적이고 새로운 상황이나 사람에 대해 긍정적 태도를 가진 영아는 _____ 기질이다.
5. 양육자에게 애착을 형성한 영아들은 양육자가 떠나면 _____을(를) 보인다.

초기와 중기 아동기

출생 시에 영아가 의사소통할 수 있는 유일한 수단은 울음이지만 11세 정도가 되면 보통 아동의 단어 수가 6만 개 이상이 된다는 사실은 놀라운 일이다(Anglin, 1995). 구어와 문어의 숙달은 초기와 중기 아동기에 일어나는 여러 가지 중요한 발달 과정 가운데 단지 하나에 불과하다.

8.9 언어는 어떤 단계를 거쳐 발달하고 여러 학자는 그것을 어떻게 설명할까?

언어발달

처음 몇 달 동안 영아는 울음을 통해 고통이나 불쾌감을 전달한다. 그러나 그 이후에는 언어를 빠르게 획득한다. 언어발달은 신체적 성숙, 특히 뇌의 성숙, 환경으로부터 오는 언어적 자극에 달려 있다. 출생 후 첫 2년 동안 사람의 언어를 경험하지 못하면 언어와 다른 인지기술을 획득하는 능력이 영구히 손상된다(Baird, 2010). 따라서 이 기간을 언어발달의 결정적 시기라고 부른다(299쪽에서 기술한 결정적 시기에 대한 논의를 기억해 보라).

언어발달 단계 처음 2~3개월에 영아는 목 울리기를 시작하는데, 이는 '아'와 '우' 같은 모음 소리를 반복적으로 내는 것이다. 약 4개월에서 6개월 정도가 되면 영아는 **옹알이**(babbling)를 시작한다. 그들은 음소를 말하는데, 음소는 단어를 구성하는 언어의 기본 말소리로서 이 음소가 결합되어 단어가 만들어진다. 처음 나타나는 옹알이에서 영아는 세상 모든 언어에서 나타나는 기본 말소리를 모두 사용한다. 전 세계의 모든 영아, 심지어 듣지 못하는 영아도 같은 범위의 말소리를 내기 때문에 이 시점까지는 언어가 생물학적으로 결정되는 것 같다.

8개월 정도의 아기는 주변에서 사용하는 언어에 흔하게 나타나는 말소리(음소)와 그 언어의 리듬과 억양에 관심을 기울인다. 1년쯤 되면 옹알이 단계에서 한 단어 단계로 변한다. 첫 단어는 보통 움직이거나 영아가 어떤 활동을 하거나 상호작용할 수 있는 대상을 나타낸다. 13~18개월에는 아동의 어휘가 갑작스럽게 증가하고(Woodward, Markman, & Fitzsimmons, 1994), 2세가 되면 약 270단어를 말한다(Brown, 1973).

처음에는 단어에 대한 아동의 이해가 성인과 다르다. 옳은 단어를 모르면 아동은 공통 특성에 기초하여 단어를 실제 그 단어가 지시하는 대상보다 더 많은 대상에 사용한다. 이를 **과잉확장**(overextension)이라고 한다. 예를 들어, 어떤 남자도 '아빠'라고 부르고 어떤 네 발 달린 동물도 '강아지'라고 부른다. **과잉축소**(underextension)도 일어난다. 이는 아동이 한 유목에 속하는 모든 구성원에게 그 단어를 사용하지 않는 것이다. 집에 있는 푸들은 '개'라고 하지만 이웃집에 있는 독일산 세퍼드는 '개'라고 하지 않는다.

어휘가 약 50개 정도 되는 18~20개월의 아동은 명사, 동사와 형용사를 엮어서 두 단어 문장이나 구를 만들기 시작한다. 이 단계에서는 아동이 의미를 전달하기 위해 몸짓, 음조와 맥락을 많이 이용한다(Slobin, 1972). 억양에 따라 문장은 질문, 진술, 소유를 나타낸다. 아동은 단어 순서를 엄격하게 지킨다. 'mama drink, drink milk, mama milk'라는 말을 하지만 'drink mama, milk drink, milk mama'라고 말하지는 않는다.

2~3세의 아동은 짧은 문장을 사용하기 시작하는데, 그 문장에는 세 개 이상의 단어가 포함된다. 로저 브라운(Roger Brown, 1973)이 **전보식 말**(telegraphic speech)이라고 이름 붙인 이 짧은 문장에는 단어 순서가 엄격하게 정해져 있고, 복수, 소유격, 접속사, 관사, 전치사는 모두 빠지고 중요한 내용어만 포함된다. 전보식 말은 아동의 통사에 대한 이해를 나타내는데, 통사란 문장에서 단어들을 배열하는 규칙이다. 문장에 제3의 단어가 첨가될 때에는 보통 이전에 사용하던 두 단어 문장에서 빠졌던 단어를 채워 넣는다(예, 'mama drink milk'). 전보식 문장을 한동안 사용하다가, 아동은 문장을 정확하게 만들기 위해 수식어를 점점 더 집어넣기 시작한다.

아동은 직관적으로 문법규칙을 파악하여 그것을 엄격하게 적용한다. **과잉일반화**(overregularization)는 문법적 규칙이 불규칙 복수형이나 과거형을 가진 단어에 잘못 적용되는 것이다(Marcus, 1996). 따라서 'went, came, did'를 바르게 사용했던 아동이 과거형에 이 규칙을 잘못 적용하여 각각 'goed, comed, doed'라고 말하기 시작한다. 부모의 눈에는 퇴행으로 보이지만, 이는 실제로는 아동이 문법규칙을 획득했음을 나타낸다.

언어발달 이론 학습 관점을 취하는 발달심리학자들은 오랫동안 언어도 다른 행동과 마찬가지로 강화와 모방을 통해 학습된다고 믿어 왔다. 스키너(B. F. Skinner, 1957)는 부모가 잘못된 말을 선택적으로 비판하고 바른 말은 칭찬, 승인과 주의를 통해 강화한다고 주장했다. 따라서 아동의 말은 점차 문법적으로 정확해진다. 또 다른 이론가들은 아동이 주로 모방을 통해서 어휘와 문장 구성을 획득한다고 믿는다(Bandura, 1977). 그러나 모방으로는 전보식 말이나 과잉일반화와 같은 체계적 오류를 설명할 수 없다. 그리고 부모는 문법적 정확성보다는 말의 내용에 기초해 아동을 강화하는 것 같다(Brown,

▶▶▶ 듣지 못하는 어머니가 수화를 사용하여 어린 자녀와 의사소통하고 있다. 그러나 그들의 수화도 느리고, 반복이 많이 되는 '아기말'이다.

Cazden, & Bellugi, 1968).

노암 촘스키(Noam Chomsky, 1957)는 언어발달에 대한 학습 이론가들의 설명에 크게 반대하였다. 그는 뇌에 언어습득장치(language acquisition device: LAD)가 있어서 아동이 언어를 획득하고 문법규칙을 쉽고 자연스럽게 발견하게 된다고 보는 생득론적 입장을 주장하였다(Chomsky, 1968). 그의 연구와 다른 연구들은 언어는 정해진 순서대로 나타나는 단계에 따라 발달하고 대부분의 정상 아동에게서 비슷한 시기에 발달한다는 사실을 발견했다(MacWhinney, 2011). 신체와 운동 발달에 생물학적 성숙이 기초가 되듯이 언어발달의 기초도 생물학적 성숙인 것 같다.

생득론적 입장은 전 세계의 아동이 동일한 언어발달 단계를 거친다는 사실을 학습 이론보다 더 잘 설명한다. 또한 처음으로 복수, 과거시제와 부정문을 만들 때 모든 아동이 보이는 비슷한 오류, 즉 모방이나 강화로는 설명할 수 없는 오류도 설명한다. 앞에서 공부했듯이 이런 오류에는 과잉일반화가 포함되어 있어서 모방과 강화를 통해서는 획득이 불가능하다. 어떤 부모도 "Yesterday we wented to the store."라고 말하지 않는다. 그러나 학령전기 아동들의 언어에는 이러한 표현이 많이 나타난다. 생득론적 입장에서는 이런 오류는 언어에서 규칙을 추출하고 아동들이 이를 자신의 말에 적용하는 능력을 반영한다고 주장한다.

그럼에도 불구하고, 환경적 요인도 언어발달에 기여한다. 예를 들어, 부모가 옹알이에 반응적인 영아가 그렇지 않은 영아보다 발성을 더 많이 한다(Whitehurst et al., 1989). 게다가 부모는 영아의 발달 수준에 맞추어 말을 함으로써 언어 획득을 촉진할 수 있다. 부모는 아기말을 많이 사용하는데, 이 말에는 짧은 구나 문장과 단순한 어휘가 사용되며, 높은 음조로 억양을 과장하여 많이 반복하면서 천천히 말을 한다(Fernald, 1993; R. Jones, 2003). 듣지 못하는 어머니도 비슷한 방식으로 의사소통하여 더 천천히, 더 과장된 손과 팔의 움직임을 사용하고 반복을 많이 한다(Masataka, 1996). 이처럼 대부분의 연구자는 언어발달을 설명하는 데 상호작용적 접근을 옹호한다. 이 접근에서는 언어를 획득하기 위해 영아가 생득적으로 가지고 태어난 능력의 결정적 역할을 인정할 뿐 아니라 환경적 영향도 인정한다(MacWhinney, 2005).

문해력 산업화된 세계의 모든 곳에서는 아동이 구어뿐 아니라 문어를 학습해야 한다. 우리가 생각하는 것처럼 구어발달의 많은 측면은 읽기를 학습하는 과정에 결정적으로 중요하다. 음운 인식이나 언어의 말소리에 대한 민감성과 그것이 어떻게 글자로 표현되는지가 특히 중요하다. 4세경에 'b를 빼면 bat가 어떻게 될까?'와 같은 질문에 바르게 대답할 수 있는 아동은 그렇지 못한 아동보다 읽기를 더 빠르게 학습한다(Pearson & Cerbetti, 2013). 게다가 모국어에서 음운 인식이 뛰어난 아동은 제2외국어 읽기도 훨씬 쉽게 학습한다(Mumtaz & Humphreys, 2002; Quiroga et al., 2002).

아동은 말놀이를 통해 음운 인식 기술을 학습하는 것 같다. 영어를 말하는 아동에게는 전래동요의 학습이 이런 기술의 발달을 돕는다(Layton et al., 1996). 일본 부모는 아동과 일종의 끝말잇기인 '시리토리

(shiritori)'라는 놀이를 같이 하면서 아동의 음운 인식을 발달시킨다(Serpell & Hatano, 1997). 부모와 아동이 이야기를 읽거나 쓰기 위해 같이 하는 활동도 음운 인식의 발달을 돕는다(Aram & Levitt, 2002). 언어의 발달은 아동이 사회화가 잘 되도록 만든다. 초기와 중기 아동기에 일어나는 사회성 발달을 살펴보도록 하자.

사회화

8.10 부모의 양육방식과 또래관계는 사회화에 어떻게 영향을 미칠까?

사회적으로 용납될 수 있는 행동, 태도와 가치를 학습하는 과정을 사회화라고 부른다. 부모는 아동의 사회화에 중요한 역할을 하지만 또래도 또한 영향을 미친다.

부모의 양육방식 부모가 아동의 행동을 통제하기 위해 사용하는 방법은 사회화에도 기여한다. 다이앤 바움린드(Diane Baumrind, 1971, 1980, 1991)는 부모 통제에 대해 연구하여 권위주의적 · 권위적 · 허용적 양육방식의 세 가지 양육방식을 발견하였다. 각 양육방식은 아동의 행동에 서로 다르게 영향을 미친다.

권위주의적 부모(authoritarian parents)는 규칙을 만들고, 자녀에게 무조건 복종을 기대하고, 잘못된 행동을 벌주고(종종 신체적으로), 권위에 대한 복종을 중요하게 본다. 규칙을 설명하기보다는 '내가 그렇게 말하니까'를 자녀의 복종의 가장 중요한 이유로 본다. 이런 부모는 의사소통을 잘하지 못하고, 반응적이지 않고, 자녀와 거리감이 있는데, 바움린드(1967)는 이렇게 양육을 받은 학령전기 아동은 위축되고 근심과 걱정이 많고 불행하다는 사실을 발견하였다. 특히 남아는 지적 성취도 떨어지고 사회적 기술도 부족하였다(Maccoby & Martin, 1983). 그러나 연구에 따르면, 아동의 발달에 권위주의적 방식이 도움이 되는 상황도 있다. 예를 들어, 열악한 이웃들과 사는 경우에는 허용적 부모의 자녀보다 권위주의적 부모의 자녀 발달이 더 양호하였다(Steinberg, Blatt-Eisengart, & Cauffman, 2006).

권위적 부모(authoritative parents)는 높지만 현실적이고 타당한 목표를 제시하고, 감독하고, 동시에 개방적 의사소통과 독립성을 강조한다. 그들은 규칙을 잘 설명하고 규칙에 대한 이유를 알려 준다. 왜 규칙이 필요한지를 이해하면 아동이 규칙을 내면화하여 부모가 있든 없든 그 규칙을 따르기가 더 쉽다. 권위적 부모는 일반적으로 따뜻하고, 애정을 가지고 돌보고, 지지적이고, 반응적이며, 자녀 및 자녀의 의견을 존중한다. 자녀는 또래보다 더 성숙하고, 행복하고, 독립적이고, 자기를 잘 통제하고, 자기주장을 하고, 사회적으로 유능하며, 책임감이 있다. 이 양육방식은 중기 아동기와 청소년기의 높은 학업 성취도, 독립성, 높은 자기존중감, 내면화된 도덕적 기준과 관련이 있다(Lamborn et al., 1991; Steinberg, Elman, & Mounts, 1989).

허용적 부모(permissive parents)는 규칙을 만들거나 요구도 하지 않고, 보통 자신이 만든 규칙도 잘 따르지 않는다. 그들은 자녀가 스스로 결정하게 하고, 자신의 행동을 통제하게 내버려 둔다. 그들은 허용성이 자녀들에게 사랑을 표현하거나 자녀들의 사랑을 유지하는 방법이라고 생각한다. 이렇게 자란 아동은 가장 미성숙하고, 충동적이고, 의존적일 뿐 아니라 자신을 통제하지 못하고, 독립적이지 못하다(Steinberg et al., 2006).

허용적 부모 가운데에서 허용적-방임적 하위범주에 속하는 부모는 따뜻함이 부족하다. 그들은 아이들에게 관심이 없거나 그들의 발달을 돕는 데 관심이 없기 때문에 아동들이 하는 대로 내버려 둔다(Maccoby & Martin, 1983). 이런 양육방식은 청소년기의 음주문제, 문란한 성, 비행, 낮은 학업 성취도와 관련이 있다.

권위적 양육방식의 긍정적 효과는 미국에 사는 모든 인종집단에서 발견되었다(Querido, Warner, & Eyberg, 2002; Sorkhabi & Mandara, 2013; Steinberg & Dornbusch, 1991). 한 가지 예외는 1세대 아시아계 미국 이민자인데, 그들의 경우 권위주의적 양육방식과 학업 성취도가 더 강하게 연관되어 있었다(Chao, 2001). 발달심리학자 루스 차오(Ruth Chao)는 이런 결과가 자녀를 복종하게 만드는 것은 사랑의 행동이라는 동양문화의 전통적 생각으로 설명할 수 있다고 보았다(Chao & Aque, 2009). 게다가 엄격한 양육은 아시아 가족에서 정서적 따뜻함 때문에 완화되는 경향이 있어서 아동은 부모가 자신을 사랑하기 때문에 무조건적 복종을 요구한다고 생각한다. 그러나 연구에 따르면, 1세대 이민자들이 미국에 오래 살았을수록, 권위주의적 양육방식과 사회적 유능성 사이의 관련성의 형태가 다른 집단과 점점 더 유사해졌다(Kim & Chung, 2003).

또래관계 친구관계는 3, 4세가 되면 발달하기 시작하고, 또래와의 관계는 점점 더 중요해진다. 초기의 또래관계는 대개 활동을 같이 하는 것에 기초한다. 두 명의 아동은 같이 놀면 서로를 친구로 생각한다. 초등 학령기에는 친구관계가 상호 신뢰에 기초하게 된다(Dunn, Cutting, & Fisher, 2002). 중기 아동기가 되면 또래집단에 소속되는 것이 아동의 행복에 아주 중요한 요인이 된다. 또래집단은 일반적으로 인종, 성별, 사회계층이 같은 아동으로 구성된다(Schofield & Francis, 1982). 또래집단은 행동, 옷, 언어의 모델을 제공함으로써 사회화 기능을 담당하며, 아동이 자신의 특성을 비교하여 평가할 수 있는 객관적 잣대를 제공한다. 또래집단은 또한 계속하여 적절한 행동은 강화하고 부적절한 행동은 벌주는 역할을 한다. 실제 또래로부터 거부당하면 공격성이 과도하게 증가하였다(Wood, Cowan, & Baker, 2002). 연구들에 따르면 또래에게 거부당하는 아동들은 사회적으로 수용되는 또래들보다 집단괴롭힘을 저지르게 될 가능성이 크다(Smith et al., 2012).

8.11 이론가들은 성역할 발달을 어떻게 설명할까?

성역할 발달

전통적으로 사회는 남성은 독립적이고 경쟁적이기를 기대하고, 여성은 따뜻하고 양육적이기를 기대한다. 심리학자들은 이러한 기대를 **성역할**(gender roles)이라고 부른다. 아동은 아주 어려서부터(2세 정도부터) 성역할에 일치하는 놀이행동을 보인다. 심리학자들은 여러 가지 입장에서 성역할 발달을 설명한다(성역할은 9장에서 다루게 될 성적 지향과는 다르다는 사실을 유념하라).

생물학적 입장에 따르면, 유전자와 태내 성 호르몬이 성역할 발달에 중요한 역할을 한다. 태내 안드로겐(남성 성 호르몬)의 효과에 대한 연구의 개관에서 콜레르와 하인스(Collaer & Hines, 1995)는 이런 성 호르몬들이 아동의 놀이행동에 상당히 강하게 영향을 미친다는 사실을 발견하였다. 쌍둥이 남매의 경우 남자 형제와 태내에 같이 있어서 태내 안드로겐에 노출된 여아는 그렇지 않은 여아보다 트럭, 차,

소방차와 같이 남아가 좋아하는 장난감을 가지고 놀기를 좋아하였다(Berenbaum & Snyder, 1995). 태내 안드로겐은 또한 인간과 다른 동물들의 뇌 발달과 기능에 영향을 미치는 것으로 알려져 왔다(Beyenburg et al., 2000).

▶▶▶ 이론가들은 놀이 선호에서 나타나는 성차를 서로 다르게 설명한다. 학습 이론가들은 모델의 역할을 강조하고, 인지발달 이론가들은 성역할 발달이 일반적 인지발달의 결과라고 제안하며, 성도식 이론가들은 이런 차이를 정보처리 접근으로 설명한다. 당신은 어떻게 생각하는가?

물론 성역할 발달에 미치는 생물학적 영향은 환경적으로 진공에서 작용하는 것은 아니다. 예를 들어, 영아기부터 아동이 받는 대부분의 선물은 성과 일치한다. 여아는 인형과 소꿉놀이 세트를 선물로 받고, 남아는 트럭과 운동기구를 선물로 받는다. 여아는 누가 '남자 같은 여자(말괄량이)'라고 부르면 칭찬으로 느낄지 모르지만, 대부분의 남아는 '여자 같은 남자'라는 말에 모욕감을 느낀다(Doyle & Paludi, 1995).

이미 짐작하겠지만, 사회학습 이론가들은 성역할 발달을 설명하는 데에서 환경적 영향이 생물학적 영향보다 더 중요하다고 본다(Mischel, 1966). 이들 이론가는 아동이 보통 모방을 통해 성에 적절한 행동을 하면 강화를 받는다는 점을 지적하였다. 아동의 행동이 적절하지 않으면(남아가 립스틱을 바르거나 여아가 면도하는 시늉을 내는 것처럼), 성인은 즉각적으로 꾸짖는 어투로 남자나 여자는 그렇게 해서는 안 된다고 말해 준다. 그러나 아동은 성 유형화된 행동을 아주 어린 나이에 보이기 시작하는데, 부모가 그렇게 일찍부터 성에 적합한 여아와 남아의 행동을 강화한다는 증거는 별로 없다(Fagot, 1995). 따라서 모방과 강화가 성역할 발달에서 역할을 하지만 그것을 완벽하게 설명하지는 못한다.

콜버그(1996; Kohlberg & Ullian, 1974)가 제안한 '인지발달 이론'에서는 성에 대한 이해가 성역할 발달의 선행 조건이라고 주장한다. 콜버그에 따르면, 아동은 일련의 단계를 거쳐 성에 대한 개념을 획득한다. 2~3세 아동은 '성 정체성'을 획득하는데, 이는 자신이 남성인지 여성인지를 아는 것이다. 4~5세 아동은 '성 안정성' 개념을 획득하는데, 이는 남자는 일생 동안 남자이고 여자는 일생 동안 여자라는 사실을 아는 것이다. 마지막으로 6~8세 아동은 '성 항상성'을 이해하는데, 이는 성이란 사람이 하는 활동이나 입는 옷에 의해 변하지 않는다는 사실을 아는 것이다. 게다가 콜버그에 따르면, 아동은 성이 영구적이라는 사실을 깨닫게 될 때 같은 성의 모델을 찾아서 자신의 성에 적합하다고 인정되는 방식으로 행동하는 것을 학습하게 된다.

비교문화 연구에 따르면, 콜버그의 성 정체성, 성 안정성, 성 항상성의 단계는 사모아, 케냐, 네팔, 벨리즈와 같은 다양한 문화에서 동일한 순서로 나타났다(Munroe, Shimmin, & Munroe, 1984). 게다가 연구자들은 아동이 성 안정성과 성 항상성 단계로 가면서 성 유형화에 대한 지식과 남성이나 여성이 되는 것에 부여하는 가치가 증가함을 보여 주었다(Ruble et al., 2007). 그러나 이 이론은 왜 많은 성에 적합한 행동과 선호가 성 항상성이 획득되기 훨씬 이전인 2~3세 정도의 어린 아동에게서 관찰되는지를 설명하지 못한다(Bussey & Bandura, 1999; Jacklin, 1989; Martin & Little, 1990).

산드라 벰(Sandra Bem, 1981)이 제안한 '성도식 이론'은 성역할 발달을 더 완전하게 설명한다. 사회학습 이론과 마찬가지로, 성도식 이론에서는 어린 아동은 자신의 문화에서 성에 적합하다고 보는 기준이나 고정관념에 주의를 기울이고 그에 따라 행동하려 한다고 제안하였다. 인지발달 이론과 마찬가지로 성도식 이론은 아동이 성을 사용하여 정보를 조직화하고 처리하기 시작한다는 점을 강조한다(Bussey & Bandura, 1999; Martin & Ruble, 2002). 그러나 성도식 이론은 이런 과정은 일찍, 즉 성 항상성보다는 성 정체감이 획득될 때 일어나며, 아동은 성에 적합한 장난감과 옷을 강하게 선호하고 다른 성의 또래보다 같은 성의 또래를 더 좋아한다고 주장한다(Powlishta, 1995). 아동의 자기 개념, 자아존중감은 그들의 능력, 행동과 그 문화에서 특정 성에 무엇이 바람직하다고 정의하는지 사이의 일치에 달려 있다. 따라서 성도식 이론에 따르면, 아동은 자아존중감을 유지하려는 욕망 때문에 자신의 행동을 문화적으로 정의된 성역할에 맞추려고 노력하게 된다.

기억하기 본문 내용을 떠올리며 다음 퀴즈를 풀어 보라.

1. 언어발달에 대한 스키너의 접근에서는 언어능력도 크게는 _____와(과) _____에 의해 획득된다고 본다.
2. 언어발달에 대한 촘스키의 접근에서는 _____이 언어발달의 기초라고 본다.
3. 연구에 의하면 _____ 양육방식이 자기 통제와 같은 긍정적 발달적 결과와 관련이 있다.
4. _____에 따르면 성역할 발달은 일련의 단계에 따라 일어난다.

청소년기

청소년기—아동기에서 성인기로 전환되는 시기—의 개념은 1904년 스탠리 홀(G. Stanley Hall)이 그의 책에서 처음으로 사용할 때까지는 존재하지 않았다. 그는 인생에서 이 단계를 이 기간에 일어나는 생물학적 변화에 의한 피할 수 없는 결과, 즉 '질풍과 노도'의 시기로 그렸다.

8.12 사춘기는 청소년의 신체, 자기 개념과 행동에 어떻게 영향을 미칠까?

사춘기와 성행동

청소년기는 신체적 성장과 변화가 빠르게 일어나서 성적 성숙이 완성되는 기간인 **사춘기**(puberty)에서 시작된다. 사춘기가 시작되는 평균 연령은 여아는 10세, 남아는 12세이며, 여아는 7~14세에, 남아는 9~16세에 시작된다(Tanner, 1990). 사춘기는 호르몬이 많이 생산되면서 시작되고, 그 후에는 청소년 성장급등이라고 부르는 성장의 가속화가 일어난다. 평균적으로 성장급등은 여아는 10~13세에 일어나고 남아는 그보다 2년 정도 후인 12~15세에 일어난다(Tanner, 1990). 그리고 여아는 16~17세에 최고 신장에 이르고, 남아는 18~20세에 최고 신장에 이른다(Tanner, 1990).

사춘기 동안에는 남성과 여성의 생식기관이 성숙하고 **2차 성징**(secondary sex characteristics)이 나타나는데, 이는 직접적으로 생식에 관여하지 않지만 성인 남성과 성인 여성을 구별해 주는 신체적 특징이다. 여아는 가슴이 발달하고 엉덩이가 둥글어진다. 남아는 음성이 변하고 얼굴과 가슴에 털이 생긴다. 그리고 남성과 여성 모두에서 음모와 겨드랑이 털이 생긴다. 남아에게 사춘기가 왔음을 알리는 중요한 사건은 첫 사정으로, 이는 평균 13세경에 일어난다(Jorgensen & Keiding, 1991). 여아의 경우는 **초경**(menarche, 월경의 시작)으로, 평균 12세와 13세 사이에 나타나며 9~16세에 시작되면 정상으로 본다(Blake & Davis, 2011).

사춘기가 오는 시기는 또래와 같아진다는 데에서 오는 안정감 때문에 심리적으로 중요한 의미를 가질 수 있다. 많은 연구에 따르면, 또래보다 키가 크고 강한 조숙한 남아는 스포츠에서 유리한 긍정적 신체상을 가지게 되고, 자신감을 가지고, 안정되고, 독립적이며, 행복하고, 공부도 잘할 가능성이 크다(Susman & Dorn, 2009). 그러나 조숙한 남아는 또한 만숙한 남아에 비해 더 적대적이고 공격적일 수 있다(Arim & Shapka, 2008). 게다가 조숙은 비행 또래들과 어울리는 것과 약물남용과 상관이 있다(Westling, Andrews, Hampton, & Peterspn, 2008).

또래보다 키가 크고 조숙한 여아는 성장하는 신체와 키 때문에 남의 이목을 더 의식하게 된다. 따라서 만숙한 여아에 비해 섭식장애를 가질 가능성이 크다(Katiala-Heino et al., 2001). 만숙한 여아보다 일찍 성 경험을 하며, 원하지 않는 임신을 할 가능성이 큰 것과 더불어, 조숙한 여아는 알코올과 약물에 노출될 가능성도 더 크다(Caspi et al., 1993; Cavanaugh, 2004). 만숙한 여아는 또래와 같이 발달하지 않아서 상당히 스트레스를 느끼지만, 나중에는 조숙한 여아들보다 키가 더 크고 더 날씬해질 가능성이 크다.

사춘기가 오면서 성적 욕망이 각성된다. [그림 8-4]에서 알 수 있듯이, 미국 청소년의 성행동의 발생 빈도는 9학년에서 12학년 사이에 급격하게 증가한다(Eaton et al., 2012). 특히 놀라운 통계치 가운데 하나는 고등학교 졸업하기 전에 성적 상대자가 여러 명인 청소년의 비율인데, 성적 상대자가 많을수록(청

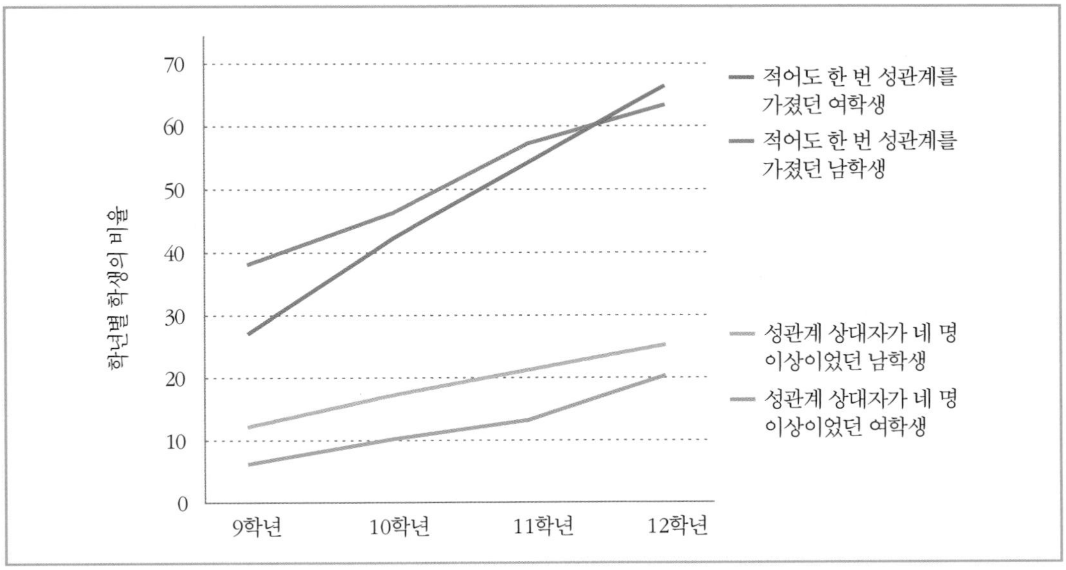

[그림 8-4] 미국 고등학생들의 성활동

이 도표는 9학년에서 12학년 사이에 성적으로 활동적인 남학생과 여학생의 비율이 크게 증가하고 있음을 보여 준다.

출처: Eaton et al.(2012).

소년이든지 성인이든지) 성병에 걸릴 가능성이 높아진다.

게다가 10대 임신의 비율은 미국이 다른 어떤 나라보다 더 높다. 예를 들어, 미국에서는 매해 1,000명의 10대 소녀 가운데 약 34명이 출산을 하는 데 비해 일본, 한국, 스위스, 네덜란드와 스웨덴에서는 1,000명 가운데 7명 이하다(Hamilton & Ventura, 2012; Kmietowicz, 2002). 그러나 대부분의 10대 임신은 16세 이후에 일어나며, 1960년대부터 미국에서 10대 임신의 빈도가 감소하고 있음을 기억할 필요가 있다. 증가한 것은 미혼의 청소년 어머니가 출산하는 수다. 1960년대에는 10대 어머니들의 80%가 결혼한 것에 비해, 1990년대 후반에는 단지 20%만이 결혼하였다(Martin et al., 2003).

성적 경험이 적은 10대 청소년은 대체로 종교적 집회에 자주 참석하고 지나치게 허용적이지도, 지나치게 엄격하지도 않은 친부모와 살고 있다(Blinn-Pike et al., 2004; Miller et al., 1998; White & DeBlassie, 1992). 일찍 성 경험을 하는 것은 학업 성적이 평균 이상인 청소년과 스포츠를 하는 청소년에게서는 평균보다 덜 나타난다(Brooks-Gunn & Furstenberg, 1989; Savage & Holcomb, 1999).

8.13 부모와 또래는 청소년의 발달에 어떻게 영향을 미칠까?

사회적 관계

대부분의 청소년은 부모와 관계가 좋다(Morris, Cui, & Steinberg, 2013). 사실 연구에 따르면, 부모와의 좋은 관계는 청소년들의 자아존중감의 발달에 중요하다(Wilkinson, 2004). 게다가 이 장의 앞에서 논의한 세 가지 양육방식 가운데 청소년에게는 권위적 양육방식이 가장 효과적이고 허용적 양육방식이 가장 나쁘다(Baumrind, 1991; Sorkhabi & Mandara, 2013; Steinberg et al., 1994). 약 2,300명의 청소년에 대한 연구에서 부모가 허용적인 청소년은 권위주의적 부모나 권위적 부모의 청소년 자녀보다 알코올과 약물을 사용하고 행동상 문제를 가질 가능성이 더 컸고, 학업에서의 성공에 대한 관심이 더 적었다(Lamborn et al., 1991). 권위주의적 양육방식은 청소년의 심리적 고통과 정적 상관을 보였고, 독립성과 자기 신뢰와는 부적 상관을 보였다.

부모와 관계가 좋은 청소년도 보통은 어느 정도 부모와 떨어져 있고 싶어 한다. 그 결과, 그들에게는 친구가 정서적 지원과 승인을 제공하는 중요한 원천이 된다. 또래와의 상호작용은 청소년이 자신의 정체감을 형성하는 동안 중요하다. 청소년은 여러 역할을 시험해 보면서 자신의 외모와 행동에 대한 친구의 반응을 살핀다. 또래집단은 청소년에게 자신을 평가하기 위한 비교의 기준을 제공할 뿐 아니라 사회적 기술을 발달시킬 수 있는 수단이 된다(Berndt, 1992). 다음 페이지의 〈설명〉을 읽으면 또래집단의 중요성에 대해 더 많은 것을 알게 될 것이다.

8.14 성인기 진입기의 특징은 무엇일까?

성인기 진입기

신체는 18세가 되면 완전히 성숙한다. 성인기에 대해 투표권을 행사하는 연령, 술을 마실 수 있는 연령 등 다양한 법적 정의가 있다. 그러나 청소년과 성인을 구분하는 심리적 · 사회적 준거는 무엇일까? 이 질문에 대답하기 위해 발달심리학자 제프리 아네트(Jeffrey Arnett)는 현대 문화의 교육적 · 사회적 · 경제적 요구 때문에 새로운 발달 단계인 **성인기 진입기**(emerging adulthood)라는 개념을

설명 *청소년에게 또래집단은 왜 중요할까*

수년 전에 텍사스 휴스턴 교외의 부유층이 사는 지역의 10대 여학생들이 총으로 무장을 하고 편의점에 쳐들어간 사건이 알려져 지역주민들이 경악을 금치 못했다. 여학생들은 체포되자 '재미'로 강도짓을 했다고 진술했고, 자기 집단의 이름이 '무장강도의 여왕들'이라고 말했다. 적어도 물질적 측면에서 원하거나 필요한 것을 모두 가진 청소년들이 왜 재미를 위해 무장강도로 돌변했을까? 잠시 에릭슨 이론의 정체감 대 역할 혼란 단계의 특징을 생각해 보면서 10대 여학생이 갱에 매력을 느낀 이유를 설명해 보자.

전통적 사회에서 10대는 사춘기에 들어감과 동시에 형식적 통과의례를 치르면서 성인의 역할을 하게 된다. 그 이후에는 남아는 성인의 직업을 가지거나 도제가 되었고, 여아는 결혼을 하거나 결혼을 준비하기 위해 가사기술을 배웠다. 그런 사회에서 살았던 10대는 자신의 성인 역할과 어떻게 성인이 되는지에 대해 전혀 의심하지 않았다. 대조적으로 산업사회에서는 그런 공식적인 통과의례가 없고 10대는 스스로 개척하여 성인이 되어야 한다. 게다가 사회는 그들에게 어떤 공식적 역할도 주지 않는다. 그들은 어떤 역할에는 너무 어리고, 어떤 역할에는 너무 나이가 많다. 그 결과, 대부분의 10대 청소년은 다른 모든 연관된 불안과 더불어 에릭슨이 '역할 혼란'이라고 부르는 상태를 매일 일상적으로 경험한다.

에릭슨(1968)은 또래집단이 10대에게 일시적 해결책, 일시적 정체감을 부여함으로써 역할 혼란에서 비롯되는 스트레스에 적응하도록 돕는다고 보았다. 이런 일시적 정체감을 촉진하기 위해 집단 구성원은 옷을 비슷하게 입고, 같은 음악을 듣고, 같이 몰려 다니고, 다른 집단을 같이 비판하고, 용납할 수 있는 미래의 계획에 대한 기준을 만든다. 어떤 집단들은 'jocks, nerds, preps'와 같은 비공식적 이름까지 가지고 있다.

대부분의 10대 청소년은 집단 구성원이 됨으로써 아동기에서 성인기가 될 때까지 주변인으로서 느끼는 불안을 피하는 건설적 목표를 달성할 수 있게 된다. 그러나 어떤 청소년들에게는 집단 구성원이 되어서 정체감을 얻으려는 욕구가 오히려 그들을 파멸의 길로 인도하여 성인세계로 진입해 들어가는 것을 방해하기도 한다. 약물남용을 통해 구성원들 사이의 유대를 이어 가는 집단이 그 예다. 마찬가지로 청소년이 범죄행동을 통해 다른 청소년과의 유대를 이어 갈 때에는 그들의 현재 지위와 안녕뿐 아니라 미래의 성인 역할도 위험에 빠질 수 있다. 텍사스 형법에서는 성인으로 간주하는 17세의 '무장강도의 여왕들'의 구성원들은 이런 메시지가 전하는 바를 뼈저리게 느꼈을 것이다. 그들은 '재미'로 벌인 범죄 행각 때문에 수년 동안 교도소에서 보내야 할 것이다. 따라서 이 여학생들이 즐긴 역할 혼란으로부터의 잠깐 동안의 해방은 성인기로 가는 그들의 여정을 망쳐 놓았다.

물론 동일한 심리사회적 이유로 성인기로 가는 여정뿐 아니라 현재의 삶까지도 위험에 빠뜨리는 폭력 갱으로 붙잡힌 다른 청소년과 비교해 본다면 이들의 경험은 오히려 양호한 편이다. 에릭슨은 사회가 다른 유형의 10대 집단과 달리 청소년 범죄집단을 개인이 아닌 집단으로 보기 때문에 청소년이 역할 혼란을 피하기 위해 갱에 가담한다고 제안하였다(Erikson & Erikson, 1957). 에릭슨은 청소년들이 평생 범죄자의 정체감을 가지고 살지 않도록 하기 위해서 사회는 관련된 전문가들이 갱 활동을 그 구성원 개인의 수준에서 다루는 정책을 개발해야 한다고 주장하였다. 따라서 에릭슨은 학교 관리자, 판사, 다른 권위자들에게 어느 정도 재량권을 주어 개개 청소년 범법자를 어떻게 다루어야 하는지를 결정할 수 있게 하는 정책을 권장하였다.

제안하였다. 이 기간은 10대 후반부터 20대 초반까지로 개인이 성인 역할을 하기 전에 여러 가지 대안을 시험해 보는 기간이다(Arnett, 2011). 아네트와 다른 연구자들의 연구에 따르면, 적어도 미국에서는 청년이 25세가 될 때까지는 자신이 완전한 성인기에 도달했다고 생각하지 않는다(Galambos, Turner, & Tilton-Weaver, 2005).

뇌영상 연구는 성인기 진입기가 인생에서 독특한 시기임을 지지한다. 이 연구들은 합리적인 의사결정, 충동 통제, 자기 조절과 관련되는 뇌 부위가 이 시기 동안 성숙함을 시사한다(Crone et al., 2006; Gogtay et al., 2004). 그 결과, 사람은 이 뇌 부위가 완전히 성숙하는 20대 초기~중기보다 충분히 성숙하지 못한 성인기 진입기 초기에 위험감수 행동(예, 예방책을 강구하지 않은 성행동)과 같은 문제에 대해 잘못된 결정을 내린다.

성인기 진입기의 신경학적 변화는 문화적 요구와 더불어 이 시기의 심리사회적 특징을 형성하게 된다. 로이스먼과 동료들(Roisman et al., 2004)은 성인기에 진입하는 성인들은 다섯 영역, 즉 학업, 친구, 행동, 일과 사랑에서 발달 과업을 해결해야 한다고 가정하였다. 로이스먼의 연구에 따르면, 처음 세 영역의 기술은 청소년기에서 성인기로 쉽게 전이된다. 그러나 성인기에 진입하는 성인은 청소년 때와는 달리 일과 사랑의 영역에 접근해야 한다. 물론 많은 청소년들은 직업이 있고 사랑도 한다. 그러나 사회는 성인기에 진입하는 성인이 가족에게서 경제적으로 완전하게 독립하도록 유망한 직업을 가지기를 바란다. 마찬가지로 성인기에 진입하는 성인은 현재와 미래의 삶에서 장기적인 사랑의 관계에 대해 결정해야 할 뿐 아니라 그런 관계에 참여해야 한다. 그의 가설이 예측하듯이, 로이스먼과 다른 연구자들의 결과는 성인기 진입기에 있는 성인은 다른 세 영역보다 이 두 영역과 관련하여 적응상의 어려움을 더 많이 경험함을 보여 준다(Korobov & Thorne, 2006).

기억하기 본문 내용을 떠올리며 다음 퀴즈를 풀어 보라.

1. ______ 성적 특징은 생식과 직접적으로 관련이 있는 신체적 특징이다.
2. ______은(는) 대부분의 청소년에게 중요한 지원과 승인의 근원이다.
3. 연구에 의하면 ______, ______와(과) ______을(를) 통제하는 뇌 부위는 성인기 진입기 동안에 성숙한다.

초기와 중기 성인기

앞에서 지적하였듯이, 성인기로 알려진 50년 이상의 긴 기간은 일반적으로 초기 성인기(20~40 또는 45세), 중기 성인기(40 또는 45~65세), 후기 성인기(65 또는 70세 이상)의 세 기간으로 구분된다. 어떤 기간의 시작과 끝을 명확하게 정의하는 생물학적 또는 심리적 사건이 없으므로 이 연령 구분은 단지 대략적이다. 성인은 여러 가지 면에서 여전히 이전 시기와 비슷하지만 분명히 무엇인가가 변한다. 가장 분명한 변화는 신체적 변화다.

8.15 초기와 중기 성인기에 신체와 마음은 어떻게 변할까?

신체적 및 인지적 변화

대부분의 사람은 20대와 30대에 일반적으로 건강하고 힘이 넘치지만, 처음 10여 년에는 신체 조건이 최상이며 신체적 힘, 반응시간, 생식 능력, 손의 기민함이 모두 최고에 이른다.

그러다 30세가 넘으면 신체적 능력이 약간 쇠퇴하지만 전문 운동선수 이외의 대부분의 사람은 그것을 알아차리지 못한다. 중년기 사람은 신체적 활력과 지구력이 줄어들었다고 불평한다. 그러나 그러한 상실은 나이가 드는 것보다는 운동, 식사와 건강 습관과 더 밀접한 관련이 있다(Boul, 2003). 40대 중기에서 후기에 일어나는 피할 수 없는 변화는 **노안**(presbyopia)으로, 눈의 수정체가 가까운 곳을 볼 때에는 더 이상 조절이 되지 않아서 돋보기나 다초점 렌즈를 써야 한다.

중년기 여성에게 일어나는 중요한 생물학적 사건은 **폐경**(menopause)으로, 보통 45~55세에 일어난다. 이는 출산 능력이 없어졌음을 의미한다. 폐경과 에스트로겐 수준이 급격하게 떨어지면서 나타나는 가장 흔한 증상은 일과성 열감으로 갑자기 불편할 정도로 더운 것이다. 어떤 여성은 불안, 예민함, 기분의 변화도 경험한다.

남성에게는 폐경과 유사한 신체적 사건은 없지만, 20세부터 60세까지 테스토스테론이 점차 감소한다. 중년 후기에는 많은 남성이 정자의 생산에 영향을 미치는 전립선 기능의 저하를 경험한다. 테스토스테론과 정자 생산이 감소함과 동시에 성욕도 감퇴된다. 그렇지만 여성과 달리 남성은 일생 동안 아이를 낳을 수 있다. 다만 나이가 들면서 정자로 전달되는 DNA의 분절이 증가한다(Wyrobek, 2006). 과학자는 이런 유형의 손상이 남성의 생식 능력이나 임신 결과와 관련이 있는지, 만약 그렇다면 어떻게 관련되는지를 아직 알아내지 못했다.

지적 능력의 변화도 초기와 중기 성인기에 일어난다. 이런 변화는 일반적으로 생각하는 것보다 더 복잡하다. 예를 들어, 젊은 성인은 속도나 단순기억을 요구하는 검사에서 중년과 노년의 성인보다 더 잘한다. 그러나 일반적 정보, 어휘, 추론 능력과 사회적 판단을 측정하는 검사에서는 나이가 많은 참가자가 일반적으로 경험이 더 많고 교육을 더 많이 받았기 때문에 젊은 참가자들보다 더 잘한다(Salthouse, 2004). 실제로 성인은 살아가면서 계속적으로 지식과 기술을 얻게 되는데, 이러한 경향은 지적으로 활동적인 인생을 사는 경우에는 특히 더 그렇다.

샤이에와 동료들(Gerstorf et al., 2011; Schaie, 2005)은 5,000명의 참가자의 지적 능력을 평가하는 시애틀 종단 연구의 자료를 분석하였다. 많은 참가자가 50년 동안 여섯 번 측정되었다. 샤이에는 성인기 초기에서 중기로 가면서 언어 의미, 공간, 귀납 추론, 수와 단어 유창성의 다섯 영역에서 점수가 약간 증가함을 발견하였다. 평균적으로 60세가 될 때까지 감퇴가 일어나지 않았고, 그 이후에도 80세가 될 때까지 감퇴는 적게 일어났다. 81세에도 참가자들의 반수는 초기의 성취 수준보다 감퇴를 보이지 않았다. 이 연구는 또한 여러 가지 성차를 보여 주었다. 여성은 언어 의미와 귀납 추론 검사에서 더 잘하였고, 남성은 수와 공간 검사에서 더 잘하였다. 20대 중기부터 80대까지 계속적으로 감퇴하는 능력은 지각 속도였다.

성인기에 일어나는 지적 변화를 더 잘 이해하기 위해서 연구에서는 보통 두 종류의 지능을 구분한다(Horn, 1982). 언어적 능력과 축적된 지식을 나타내는 **결정성 지능**(crystallized intelligence)은 일생 동안 증가하는 경향을 보이고 추상적 추론 능력과 정신적 융통성을 나타내는 **유동성 지능**(fluid intelligence)은 나이가 들면서 감소한다.

8.16 초기와 중기 성인기의 사회적 발달의 주요 주제는 무엇일까?

사회적 발달

지나간 시대에서 성인기의 중요한 사회적 과제는 결혼과 가족을 만드는 것이었다. 여전히 대부분의 성인이 결혼하고 자녀를 갖지만 요즈음에는 그 시기가 아주 다양해졌다. 1960년대에는 초혼연령의 중앙치가 여성은 20세이고 남성은 23세였다. 그런데 오늘날에는 여성은 26세이고 남성은 28세다(U.S. Census Bureau, 2010).

가족 유형 정부 조사에 따르면, 미국의 가구는 이제 결혼한 사람들로 이루어지는 가구와 다른 종류의 관계로 이루어지는 가구가 반반 정도다(Lofquist et al., 2012). 결혼하지 않은 가구의 대부분은 한 사람의 성인이 가구주다. 불행하고 배우자를 찾기에 여념이 없다는 일반적인 통념과 달리, 대부분의 성인 독신자는 자신의 지위에 만족하고 이를 바꿀 의사가 없다(Davies, 2003).

결혼하는 연령이 증가하는 한 가지 중요한 이유는 동거의 인기 때문이다. 미국에서는 7% 정도의 가구가 동거하는 이성이 가구주이고(Lofquist et al., 2012) 1% 정도는 동거하는 동성이 가구주다. 어떤 연구에 따르면, 동거하던 커플이 결혼하면 결혼하기 전에 동거하지 않았던 커플보다 이혼할 가능성이 더 높다. 그러나 이 연구들에서는 커플의 결혼하려는 의도의 확고함을 고려하지 않았기 때문에 결과가 약간 잘못된 것일 수 있다. 더 철저한 연구를 살펴보면, 양쪽 모두 동거가 결혼을 위한 것임을 분명히 이해하고 동거를 하였을 때에는 결혼 전에 동거하지 않은 사람과 관계의 만족도나 안정성에서 큰 차이가 없었다(Kline et al., 2004; Teachman, 2003).

이성 커플처럼 동성 커플은 독신자보다 자신의 성생활에 더 만족한다(Home & Biss, 2005). 게다가 동성 커플은 이성 커플과 비슷한 문제로 다투고 상대방이 두 사람의 관계에 서로 비슷한 정도로 헌신할 때 높은 수준의 만족도를 보고하였다(Baucom et al., 2010; Solomon, Rothblum, & Balsam, 2004). 따라서 성인의 삶에서는 성적 상대자와의 친밀한 관계가 중요하다는 에릭슨의 주장은 성적 지향에 관계없이 사실인 듯하다.

결혼과 이혼 오늘날 초혼연령과 가족 유형의 다양성에도 불구하고 대부분의 성인은 일생 동안 언젠가는 결혼한다. 연구에 따르면, 80% 이상의 성인이 일생에 적어도 한 번은 결혼을 한다(Whitehead & Popenoe, 2005). 경제적 이득 이외에도 결혼을 하면 남성과 여성이 모두 많은 신체적 · 정신적 도움(예, 우울증 비율의 감소)을 받는다(Bierman, Fazio, & Milkie, 2006; Umberson et al., 2006). 연구에 따르면, 이런 효과는 부부가 서로의 건강과 관련된 행동들에 영향을 주기 때문에 나타난다(Reczek & Umberson, 2012). 예를 들어, 부부는 서로에게 운동을 하고 건강한 음식을 먹고 낙관적 태도를 가지라는 격려나 잔소리를 한다.

어떤 연구는 불행하고 스트레스에 가득 찬 결혼은 부부 중 한 사람이나 두 사람 모두의 건강에 나쁜 영향을 미친다고 밝히고 있다(Umberson et al., 2006). 그래서 가족 내의 갈등은 이혼으로 이어진다. 전체적으로 가장 실패하기 쉬운 결혼은 10대의 결혼, 종교가 없으며 혼전에 임신한 남녀의 결혼, 부모가 이혼한 남녀의 결혼이다(Popenoe & Whitehead, 2000).

이혼은 성인의 삶, 특히 여성의 삶을 많이 변화시킨다. 자녀가 있는 여성은 이혼하고 나면 생활 수준이 떨어진다. 또한 남성과 여성 모두 새로운 친구뿐 아니라 살아갈 장소를 물색하여야 한다.

부모 되기 사람이 결혼하는 연령이 늦어짐에 따라 많은 부부가 30대까지 출산을 늦춘다. 그러나 부모가 되는 것은 인생에서 가장 힘들지만 또 보람 있는 일이다. 어려움 가운데 하나는 어머니와 아버지가 모두 부모가 된 이후에 자신들의 성에 따른 전형적 행동을 그 이전보다 더 많이 보인다는 점이다(Katz-Wise, Priess, & Hyde, 2010). 예를 들어, 남자들은 직업에서의 발전에 더 신경을 쓰는 데 반해 여자들은 집안일에 더 신경을 쓴다. 그러나 이런 차이는 직장으로부터 자유로운 시간의 정도나 다른 현실적 요인들 때문이지 어머니나 아버지의 선호 때문은 아니다. 게다가 출산 이전의 관계에 대한 만족도가 출산 이후의 만족도를 예측한다. 예를 들어, 출산 이전에 낮은 갈등 수준은 부모가 되는 과정 동안 높은 수준의 관계 만족도를 유지하는 데 도움이 된다(Kluwer & Johnson, 2007).

▶▶▶ 가정과 직장의 요구 사이의 갈등은 일하는 어머니들 대부분이 겪는 어려움이다.

직업 일과 직업은 성인의 삶에서 중요한 문제다. 다음 페이지의 〈적용〉에서 논의한 것처럼, 직업 발달에 대한 심리학자의 연구는 성격변인과 직업을 찾아가는 단계에 집중되어 왔다. 성격과 단계 이외에도 직업 상황에 대해서 어떻게 느끼는지, 즉 직업 만족도가 우리가 직업에서 얼마나 행복하고 생산적인지뿐 아니라 인생의 다른 측면에 대해 얼마나 긍정적으로 느끼는지를 잘 예측한다. 예를 들어, 직업 만족도는 사람이 이성관계에서 얼마나 만족스럽게 느끼는지와 밀접한 관련이 있다(Sonnentag, 2003). 따라서 성인의 삶에서 이 두 가지 중요한 문제는 서로 연관되어 있다. 개인이 자신에게 만족할수록 다른 사람에게 만족할 가능성은 더 크다.

성인의 삶의 다른 측면도 직업과 관련이 있다. 예를 들어, 일하는 여성의 삶에서 자녀양육은 핵심적인 문제다. 1960년대에는 아이가 있는 어머니의 18%만이 직업을 가지고 있었지만, 오늘날에는 6세 이하의 자녀를 가진 어머니의 68%와 학령기 자녀를 가진 어머니의 80%가 직업을 가지고 있다(U.S. Census Bureau, 2012). 게다가 요즈음에는 남성과 여성이 모두 직업이 만족스러운 인생의 중요한 요소라고 생각하고 있다.

적용 당신은 진로발달 과정에서 어디에 있는가

당신은 자신이 어떤 종류의 일에 가장 맞는지 생각해 본 적이 있는가? 그렇다면 진로발달, 즉 특정 직업을 선택하고 그 직업에 적응하는 과정에 대한 다음의 두 모델을 살펴보면서 질문에 대답해 보자. 두 모델에서 이상적 직업을 잘 찾으려면 어떻게 해야 하는지에 대한 조언을 얻을 수 있다. 그러나 궁극적으로 자신의 직업에 만족하는 정도는 인생 전체에 일을 어떻게 통합하느냐에 달려 있다.

홀랜드의 성격 유형

존 홀랜드(John Holland)의 연구는 성격과 직업에 대한 심리학자들의 생각에 지대한 영향을 미쳤다. 홀랜드는 현실적 · 탐구적 · 예술적 · 사회적 · 설득적 · 관습적 유형의 여섯 가지 성격 유형을 제안하였다. 그의 연구에 따르면, 각 성격 유형이 선호하는 직업이 있다. (〈표 8-2〉에 성격 유형과 각 성격 유형이 선호하는 직업이 요약되어 있다.) 홀랜드 이론이 예측하듯이, 성격과 직업이 잘 맞는 사람들은 직업에 더 만족한다. 따라서 성격을 측정하면 적합한 직업을 선택하는 데 도움이 되며 결정에 대한 확신을 얻을 수 있다(Francis-Smyth & Smith, 1987).

슈퍼의 진로발달 단계

심리학자 도널드 슈퍼(Donald Super, 1971, 1986)는 직업발달이 영아기에서 시작하여 단계적으로 진행된다고 제안하였다. 처음은 성장 단계(출생~14세)로 자신의 능력과 흥미에 대해 알게 된다. 다음은 탐색 단계(15~24세)로 시행착오가 많이 일어나면서 직업이 자주 바뀐다. 다음은 확립 단계(안정화 단계, 25~45세)로 직업에서 하는 일, 조직의 문화, 경력 경로의 초기 단계에서의 진행에 대해 배우는 것으로 시작된다. 때로는 부가적이고 공식적인 훈련이 필요하다. 이 단계에서는 목표를 설정하는 것도 중요하다. 그 직업에서 어느 정도 갈지, 또 어떻게 갈지를 결정해야 한다. 경험이 있는 동료가 지도해 주면 이 단계를 성공적으로 통과할 수 있다. 일단 직업이 안정되고 나면 유지 단계(45~은퇴기)로 들어가는데, 이 단계의 목표는 이전에 얻은 것들을 보호하고 유지하는 것이다. 물론 경제가 급격하게 변하는 오늘날에는 사람이 직업을 많이 바꾸기 때문에 언제라도 탐색 단계로 들어갈 수 있다. 다른 모든 단계 이론가처럼 슈퍼의 진로발달 단계에서도 발달 단계의 순서는 연령보다 더 중요하다.

〈표 8-2〉 **홀랜드의 성격 유형과 직업 선호**

유형	성격 특성	직업 선호
현실적	공격적이고 남성적임, 신체적으로 강인함, 언어적 또는 대인관계 기술이 떨어지기도 함	기계적 활동과 도구를 사용함, 기계공이나 전기기술자나 검사관과 같은 직업을 선택함
탐구적	생각하기(특히 추상적 사고), 조직화하기, 계획하기를 좋아함, 사회적 기술이 떨어짐	모호하고 도전적인 과제, 과학자나 엔지니어
예술적	비사회적	비구조화된 아주 개인적인 활동, 예술가
사회적	외향적임, 사람을 좋아하고, 붙임성이 있고, 관심을 받고 싶어 함, 지적 활동을 피하고, 아주 규칙적인 일을 싫어함	간호 및 교육과 같은 서비스 직업에서 사람들과 같이 일함
설득적	아주 말을 잘하고 지배적임, 다른 사람을 조직하고 지시하는 것을 좋아함, 설득을 잘하고 강한 지도자임	영업직을 많이 선택함
관습적	구조화된 활동과 종속적 역할을 좋아함, 분명한 안내지침을 좋아함, 정확하고 명확함	부기나 서류 정리 같은 직업을 선택함

출처: Holland(1973, 1982).

중년기의 신화 장성한 자녀가 집을 떠나면 부모는 빈 둥지 증후군을 경험한다는 말을 들었을 것이다. 이런 일반적 통념과 달리, 부모는 자녀가 집을 떠남으로써 얻게 되는 자신의 정체감을 재조명할 수 있는 기회를 즐긴다(Noriko, 2004). 게다가 분석에 따르면, 빈 둥지는 중년기 우울증과 같은 정신장애의 출현과 별로 또는 전혀 무관하다(Schmidt et al., 2004). 따라서 빈 둥지 증후군은 현실적으로 별 의미가 없다.

중년기 위기라는 용어는 잃어버린 젊음에 대해 중년 성인이 느끼는 공포를 기술하기 위해 많이 사용되어 왔다. 그러나 연구에 따르면, 모든 중년 성인이 그런 위기를 경험하는 것은 아니다. 더 젊은 사람이나 더 늙은 사람에 비해 40~60대 성인은 심리학자 데이비드 알마이다(David Almeida)가 말하는 스트레스원을 과도하게 경험할 가능성이 더 크다(Clay, 2003; Friedman et al., 2012). 이는 중년 성인이 10대나 성인기 초기인 자녀를 지도해야 하고 나이 든 부모를 돌보고, 자기 직업을 관리하고, 부부가 서로를 위해 시간을 내고, 은퇴를 준비해야 하는 문제 사이의 균형을 맞추어야 하기 때문이다. 그러나 놀랍게도 알마이다는 이런 도전들을 성공적으로 관리하게 되면 중년 성인의 유능감이 증진된다는 사실을 밝혔다(Serido, Almeida, & Wethington, 2004).

기억하기 본문 내용을 떠올리며 다음 퀴즈를 풀어 보라.

1. 20대에서 40대까지 지적 수행은 _____한다.
2. 대학에 다니는 동안 대학생들은 사회적 지지의 주요 근원이 되는 _____을(를) 형성한다.
3. 결혼은 _____와(과) _____에서의 이점과 연관이 있다.

후기 성인기

20세기 초반에는 미국인의 기대수명이 49세에 불과했다. 그러나 20세기 말에는 기대수명이 76세가 되었다. 대부분의 최근 인구조사에 따르면, 65세 이상의 성인은 미국 인구의 13% 정도다. 그리고 2030년이 되면 그 비율이 20%로 증가할 것으로 예측된다(FIFARS, 2012). 노인들 가운데 상당수는 100세 이상까지 생존하게 될 것이다. 당신은 65세 이후의 인생에 대해 어떻게 생각하는가? 다음 페이지의 〈시도〉에 제시한 통계치를 보면 아마 놀랄 것이다.

신체적 및 인지적 변화

> 8.17 후기 성인기에 신체와 마음은 어떻게 변할까?

뇌에 있는 뉴런의 수가 성인기 후기에 급격하게 감소한다고 오랫동안 생각해 왔지만 이런 가정은 잘못된 것 같다(Gallagher & Rapp, 1997). 연구에 따르면, 나이가 들어 대뇌피질의 부피가 감소하는 것은 회백질을 구성하는 뉴런이 사라져서라기보다는 뉴런을 둘러싸고 있는 수초가 사라지기 때문인데, 이 과정은 30대 초기에 시작된다(Bartzokis et al., 2004; Peters et al., 1994;

시도 후기 성인기에 대한 스테레오타입

65세 이상인 미국 노인들 가운데 다음의 특징을 보이는 사람들의 비율을 추정해 보라.

1. 혼자 또는 배우자와 같이 사는 것
2. 빈곤선 이상의 수입이 있는 것
3. 적어도 두 주에 한 번은 가족들과 만나는 것
4. 다른 사람의 도움 없이 일상생활을 하는 것
5. 보조기구(예, 지팡이, 휠체어)를 사용하지 않는 것
6. 적어도 두 주에 한 번은 외식하는 것
7. 규칙적으로 예배에 참석하는 것
8. 성적으로 활동적인 것

정답 1. 94%, 2. 90%, 3. 90%, 4. 89%, 5. 85%, 6. 60%, 7. 50%, 8. 50%

Wickelgren, 1996). 2장에서 제시하였듯이, 수초는 신경충동이 빠르게 전달되게 한다. 따라서 수초가 사라지는 것은 노화의 가장 예측 가능한 특성 가운데 하나인 행동의 **일반적 둔화**(general slowing)를 잘 설명한다. 이 과정은 신경전달 속도의 둔화로 신체와 정신의 기능이 둔화되는 것이다(Birren & Fisher, 1995). 수초의 퇴화에 따라 뇌가 정보를 처리하는 데 더 오래 걸리고 반응시간이 더 느려진다.

연령이 증가하면서 노인은 보통 더 원시가 되고, 밤에 더 못 보게 되고, 고주파수의 소리를 더 못 듣게 된다(Long & Crambert, 1990; Slawinski, Hartel, & Kline, 1993). 또 관절이 굳어지고, 뼈의 칼슘이 줄어서 부서지기 쉬워지므로 넘어지면 골절이 될 가능성이 점점 커진다.

65세 이상 미국인의 약 80%는 하나 이상의 만성적 질환을 앓고 있다. 가장 흔한 것이 고혈압으로, 65세 이상 여성의 57%와 남성의 54%가 앓고 있다(FIFARS, 2012). 다음은 관절염인데, 이는 관절을 뻣뻣하게 하는 염증성 질환으로 여성의 56%와 남성의 45%가 앓고 있다. 그러나 이 두 질환은 약으로 통제할 수 있고 그것을 앓고 있는 많은 노인이 잘 이겨 낸다.

연구에 따르면, 운동은 노인의 신체적 건강 수준을 증진시켜 준다(Small, 2005). 한 연구에서 평균 87세의 허약한 양로원 거주자 100명에게 일주일에 세 번 45분 동안 대퇴부와 엉덩이 운동을 열심히 하게 하였다. 10주가 지나자 참가자들이 계단을 올라가는 힘이 28.4% 증가하였고, 걷기 속도는 12% 증가하였으며, 네 명 가운데 한 명은 보행기를 지팡이로 바꿀 수 있었다(Fiatarone et al., 1994). 즉, 나이가 들어도 신체적으로 건강할 수 있는지는 자신에게 달려 있다.

일반적 둔화가 앞에서 살펴보았던 속도를 필요로 하는 인지과제에서 나타나는 연령차를 설명해 줄 수 있다. 그러나 후기의 지적 감퇴는 불가피한 일이다. 신체적으로나 정신적으로 활동적인 노인은 신체가 건강한 동안은 정신적 기술을 유지하는 경향이 있다(Langdon & Corbett, 2012). 그들은 어휘, 이해, 일반 정보 검사에서 잘하고, 현실적 문제를 해결하는 능력도 젊은 성인에 비해 높다. 실험실 기억과제에서 노인들은 젊은 사람들과 비슷한 수준으로 재인하였고(Hultsch & Dixon, 1990), 자신의 전문

분야에 관한 정보들을 회상하였다(Charness, 1989). 그들은 또한 새로운 인지 책략도 젊은 성인만큼 구사할 수 있다(Saczynski, Willis, & Schaie, 2002). 노인들의 좋은 인지 기능과 정적 상관을 보이는 다른 요인들은 높은 교육 수준, 복잡한 작업환경, 똑똑한 배우자와의 오랜 결혼생활과 높은 수입이었다(Schaie, 2005; Van der Elst et al., 2006).

▶▶▶ 노인들은 새로운 기술을 배우는 데 더 오래 걸리지만 일단 기술을 배우고 나면 젊은 사람들과 마찬가지로 정확하게 사용한다.

사회적 적응

8.18 노인이 당면하는 적응상 문제는 무엇일까?

앞에서 지적하였듯이, 대부분의 노인은 신체적으로나 정신적으로 건강하다. 그러나 노년이 되면 잃는 것도 많다. 이러한 상실에 적응하는 것은 늙어 가면서 해결해야 할 중요한 문제 가운데 하나다. 다행히, 미국의 대부분의 노인은 잘 적응할 수 있다. 예를 들어, 미국에서 65~69세 노인의 63%와 70세 이상 노인의 85%가 직장에서 은퇴하였다(FiFARS, 2012). 고정관념에 관계없이, 대부분은 일을 그만두는 것을 행복해하고 은퇴에 적응하는 데 커다란 어려움을 느끼지 않는다. 일반적으로 가장 은퇴하기 싫어하는 사람은 교육을 많이 받았고, 급여가 높은 고위직에 있고, 일에서 만족을 찾고, 신체가 건강한 사람들이었다(von Bonsdorff et al., 2010).

노인의 삶의 만족도에 영향을 미치는 또 다른 중요한 요인은 배우자를 잃는 것이다. 대부분의 사람에게는 배우자를 잃는 것이 인생에서 가장 고통스러운 일이다. 배우자를 잃고 나타나는 신체적 문제 가운데 하나는 수면 패턴이 깨어지는 것이다(Steeves, 2002). 이런 신체적 문제는 배우자를 잃은 노인에게 영향을 미쳐서 지치고 불안하게 만든다. 게다가 아내나 남편을 잃은 노인은 배우자가 생존해 있는 노인에 비해 면역체계가 활동적이지 못해 건강에 문제를 보일 가능성이 크다(Khanfer, Lord, & Philliips, 2011).

배우자의 사망과 더불어 40%의 여성 노인과 13%의 남성 노인은 또 다른 문제에 직면한다(FIFARS, 2012). 즉, 그들은 사는 방식을 바꾸어야 할지를 결정해야 한다. 미국에서는 모든 인종집단의 노인이 가능할 때까지 독립적으로 살기를 원한다(FIFARS, 2004; Martinez, 2002). 그 결과, 여성 노인의 18%와 남성 노인의 6%만이 친척과 같이 산다(FIFARS, 2012). 유럽 국가의 노인이 사는 방식도 미국과 비슷하다(Hellstrom & Hallberg, 2004; Osborn et al., 2003). 이들 사회에서는 혼자 사는 능력이 노인의 삶의 만족도를 유일하게 예측하는 중요한 요인이다(Osborn et al., 2003).

다른 나라에서는 상황이 정반대다. 예를 들어, 멕시코에서는 여성 과부의 90%가 친척, 특히 자녀들과 같이 산다(Varley & Blasco, 2003). 다른 라틴아메리카계 국가에서도 여러 세대가 같이 사는 가구가 많다(De Vos, 1990). 아시아 국가에서도 노인이 친척과 같이 사는 경우가 미국이나 유럽 국가보다 더 많다(Sung, 1992). 이와 비슷하게, 미국에서는 백인이 아닌 노인들이 백인 노인들보다 친척들과 함께 사는 비율이 거의 세 배 정도 높다(FIFARS, 2012). 백인 가운데에서 13%만이 가족과 살고, 아프리카계, 아시아계와 히스패닉계 노인들은 각각 33%, 35%, 39%가 친척과 산다. 따라서 성인 자녀와 같이 사는 것이 일반적이라고 생각되는 인종집단에서는 혼자 사는 노인들이 가족과 같이 사는 노인들에 비해 삶의 만족도가 떨어졌다(Yeh & Lo, 2004).

8.19 성공적 노화의 요소는 무엇일까?

성공적 노화

알다시피, 노인이 삶이 만족스럽다는 느낌을 유지하기 위해서는 신체적 · 사회적 변화에 모두 적응할 수 있어야 한다. 그렇기에 노인의 약 91%가 만성적 질환을 앓고 있음에도, 대부분은 자신의 건강 상태가 좋다고 평가한다는 사실에 놀라서는 안 된다([그림 8-5] 참조; Anderson, 2002; FIFARS, 2012). 이와 같이 모순처럼 보이는 현상이 나타나는 이유 가운데 하나는 나이가 들면서 인생에 대해 전반적으로 낙천적 전망을 갖는 경향이 증가하기 때문이다(Charles, Mather, & Carstengen, 2003). 게다가 대부분의 노인은 자신의 인생을 상대적으로 이해하는 것을 배운다. 즉, 대부분은 다른 사람이 자신보다 더 어렵다고 믿는다(Heckhausen & Brim, 1997). 다른 말로 하면, 노인은 자신의 건강을 다른 사람과 비교하여 상대적으로 평가한다.

연구자들은 나이가 들면서 신체적 건강, 정신적 능력, 사회적 능력과 인생에 대한 전체적 만족도를 유지하는 것을 **성공적 노화**(successful aging)라고 부르는데, 성공적 노화의 핵심적 요인 가운데 하나는 낙천적 전망이다(Rowe & Kahn, 1998). 성공적 노화라는 주제는 노화와 관련된 최근의 많은 연구에서

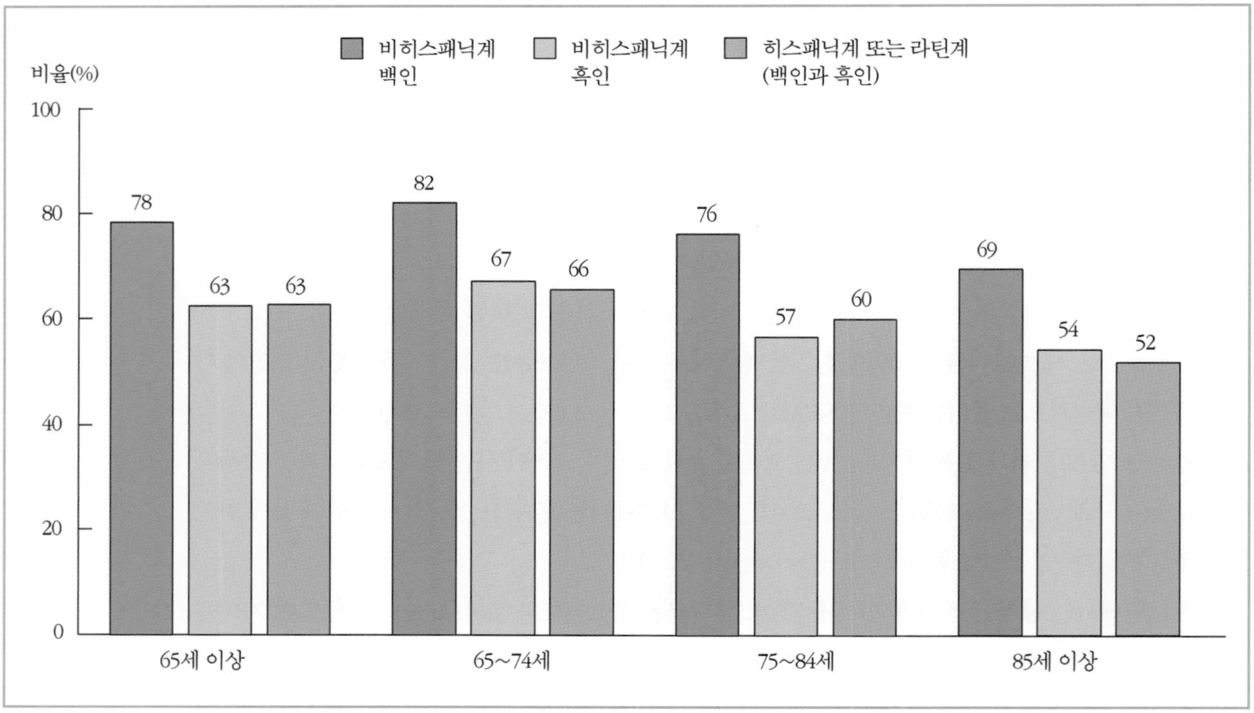

[그림 8-5] 연령 집단, 인종과 히스패닉계 여부에 따라 건강이 좋거나 우수하다고 보고한 65세 이상 노인의 비율(2008~2010)

출처: FIFARS(2012).

관심의 대상이었다. 존 로우와 로버트 칸(John Rowe & Robert Kahn, 1998)이 정의하였듯이, 성공적 노화란 신체적 건강, 인지 능력의 유지, 사회적 및 생산적 활동에 계속 참여하는 것의 세 가지 요소로 구성된다.

물론 나이가 들면서 일어나는 많은 일은 어느 정도는 사람의 통제 밖에 있다. 그러나 성공적 노화에는 건강한 식단을 유지하고 정신적으로나 신체적으로 활동적인 것과 같이 노화 과정을 벗어나게 하는 행동과 노화에 필수적으로 수반되는 도전에 대한 적응적 반응도 포함된다. 예를 들어, 뇌졸중으로 쓰러지고 난 다음 어떤 노인은 상실한 능력을 회복하기 위해 부지런히 운동을 하지만 어떤 노인은 실망하여 의사와 치료사가 처방해 준 재활 프로그램에 노력을 기울이지 않는다(Ushikubo, 1998). 당연히 적절한 기능을 회복하기 위해 기꺼이 노력하는 사람이 재활에서 가장 많은 도움을 받는다. 뇌졸중과 같이 무서운 사건을 경험하고도 회복되기 위해 노력하는 개인을 동기화하는 태도는 로우와 칸이 말하는 성공적 노화 개념의 정신을 잘 나타낸다.

죽음과 임종

8.20 사람들은 다가오는 죽음과 사별에 어떻게 반응할까?

모든 노인의 발달 과업 가운데 하나는 죽음의 불가피성을 받아들이고 죽음을 준비하는 것이다. 그러나 나이에 상관없이 말기 질병에 걸렸을 때보다 죽음의 문제가 더 절실한 때는 없다. 엘리자베스 퀴블러-로스(Elisabeth Kübler-Ross, 1969)는 병으로 죽음을 앞둔 200명을 면접하여 사람이 임박한 죽음에 대해 공통적인 반응을 보인다는 사실을 발견했다. 저서 『죽음과 임종(*On Death and Dying*)』에서 그녀는 사람이 죽음을 받아들이면서 통과하는 다섯 단계를 제안하였다.

첫 번째 단계인 부정에서는 대부분의 사람이 말기 질병으로 진단을 받으면 충격을 받고 거부한다('의사의 진단이 틀린 게 분명해.'). 두 번째 단계인 분노에서는 분노, 분개와 젊고 건강한 사람에 대한 질투를 보인다. 세 번째 단계인 거래에서는 '착하게 행동'할 것을 약속하는 것에 대한 보상으로 죽음을 지연시키려고 노력한다. 사람은 신에게 자녀의 결혼을 보거나 손자녀의 졸업식에 참석할 때까지 살게 해 주면 그 보답으로 특별한 서비스나 특별한 종류의 삶을 살 것을 약속한다. 네 번째 단계인 우울에서는 상실감이 크게 나타난다. 우울은 두 가지 형태를 취한다. 하나는 과거의 상실에 대한 우울이고, 다른 하나는 다가올 상실에 대한 우울이다. 시간이 충분이 있으면 마지막 단계인 인정으로 간다. 이 단계에서는 죽음과 싸우는 것을 포기하고 공포나 실망감 없이 죽음에 대해 생각하게 된다. 퀴블러-로스는 가족도 환자와 비슷한 단계를 거치게 된다고 주장하였다.

비판가들은 퀴블러-로스가 제안한 단계의 보편성과 그 순서의 불변성을 부정하였다(Konigsburg, 2011). 사람은 서로 다르기 때문에 모든 말기 질병을 가진 환자의 반응이 순서가 정해진 단계에 일치할 수는 없다.

이와 유사하게, 사람이 죽음을 어떻게 대하는지에 문화적 차이가 있다(Westerhof et al., 2001). 서양 사회에서는 죽음에 대한 개인의 자율성을 지켜 주는 것을 가장 중요하게 여긴다. 게다가 죽음을 어떤 희생을 치르더라도 싸워야 할 적으로 생각하는 경우가 많다. 대조적으로, 미국 원주민 문화에서는 죽음을 자연스러운 흐름의 일부로 보고 두려워하거나 싸울 필요가 없다고 본다(DeSpelder & Strickland,

1983). 멕시코 문화에서는 죽음이 삶의 반영이라고 본다. 따라서 한 개인이 죽어 가는 과정에서 보이는 행동은 그 사람이 어떤 사람이었는가에 대해 많은 것을 보여 준다고 믿는다. 게다가 멕시코 문화에서는 죽음에 대해 이야기를 많이 하고 심지어 죽음의 날을 두어 죽음을 기리기도 한다(DeSpelder & Strickland, 1983). 따라서 퀴블러-로스의 부정, 분노, 거래 등의 단계는 그런 문화에서는 존재하지 않을 수 있다.

죽음은 대부분의 사람에게 너무 빨리 오지만 어떤 사람에게는 그렇지 않다. 말기 질병을 앓고 있어서 고통이 너무 심한 사람은 고통을 빨리 끝내고 싶어 할 수 있다. 죽어 가는 환자를 아무런 선택의 여지없이 끝까지 고통을 받도록 내버려 두어야 하는가? 오늘날 대부분의 의학윤리학자는 두 가지 유형의 안락사를 구분한다. 즉, 소극적 안락사와 적극적 안락사다. 소극적 안락사는 사람(보통 의사)이 환자의 생명을 연장할 수 있는 생명지원체계나 약물을 사용하지 않거나 또는 환자를 생존하게 하는 생명지원체계나 다른 처치를 철수함으로써 죽음('도움을 받는 자살'이라고 부르는)을 재촉하는 것이다. 적극적 안락사는 (환자의 요구에 의해) 의사나 다른 사람이 치명적인 약물을 사용하는 것과 같이 적극적 방법으로 환자의 죽음을 재촉하는 것이다.

적극적 안락사에 대해서는 현재 논쟁이 계속되고 있다. 오리건 주에서는 1997년에 의사가 도와주는 자살을 합법화하였다. 죽기를 원하는 대부분의 환자는 신체기능을 통제할 수 없고, 자율성을 잃고, 인생을 즐겁게 하는 활동에 참여할 수 없어서 죽기를 원한다고 말한다(Sullivan, Hedberg, & Fleming, 2000). 그러나 오리건 주의 의사들이 그런 환자에게 치명적인 양의 약을 처방해 주면 종종 환자가 그것을 따르지 않는데, 이는 고통과 괴로움에서 벗어나기를 원하는 환자들도 살려는 욕구가 강함을 보여 준다(Quill, 2007).

병원과 사설 요양원에 대한 대안으로 빠르게 증가하고 있는 것이 호스피스다. 호스피스는 병원에서보다 더 인간적으로 존엄하게 죽어 가고 싶은 사람의 욕구를 충족해 주는 기관으로, 특수한 시설을 이용하기도 하고 때로는 환자의 집을 이용하기도 한다. 호스피스는 병원이나 사설 요양원보다 환자의 개인적 욕구와 선호를 더 많이 고려한 일련의 안내지침을 따른다.

마지막으로, 우리 가운데 많은 사람은 사랑하는 사람을 잃은 다음에 애도의 과정을 경험한다. 어떤 경우에는 사랑하는 사람을 잃은 다음 그 과정이 아주 오랫동안 지속된다. 많은 사람이 믿는 것과는 반대로, 연구(Bonanno et al., 1995)에 따르면 처음에 가장 강렬한 슬픔을 경험한 사람, 위로할 수 없을 정도로 울면서 깊은 고통을 느끼는 사람들이 그렇지 않은 사람보다 애도기간을 더 오래 끈다. 그리고 다른 연구(Folkman et al., 1996)에 따르면 파트너가 에이즈로 사망한 남성 보호자의 애도 과정도 배우자가 경험하는 것과 아주 유사하였다.

죽음과 임종은 유쾌한 주제는 아니다. 하지만 인생 자체에 끝이 있다는 점을 기억하라. 그래서 인생의 하루하루를 귀중한 선물처럼 귀하게 여겨야 한다.

기억하기 본문 내용을 떠올리며 다음 퀴즈를 풀어 보라.

1. 일반적 둔화는 나이에 따라 나타나는 신경계의 _____의 쇠퇴 때문에 일어난다.
2. 성공적 노화에는 _____ 전망이 핵심적인 요소다.
3. _____은(는) 죽음에 이르는 과정에서 사람들이 거치게 되는 다섯 단계를 발견하였다.
4. _____은(는) 죽음을 앞둔 사람들을 위한 병원이나 양로원이 아닌 대안시설이다.

되돌아보기

죽음과 임종에 대한 논의로 우리는 생애의 마지막까지 왔다. 앞에서 살펴보았듯이 인생의 모든 단계에는 얻는 것과 잃는 것이 있다. 노인은 축적된 경험을 가지고 있지만 신체적 · 심리적 속도가 가장 많이 떨어지고 다른 기능도 약화된다. 중기 성인기에는 많은 사람의 생식 능력은 감소하지만 동시에 사회에서 중요한 역할을 맡게 된다. 젊은 성인은 성인으로서의 책임을 감당해야 하기 때문에 젊음의 기쁨을 뒤로하게 된다. 이와 비슷하게, 청소년도 새롭게 획득한 정신적 · 신체적 능력을 사용하여 인생에 대한 중요한 결정을 할 수 있게 되지만, 노는 데 많은 시간을 보냈던 아동기를 아쉽게 되돌아보게 된다. 학령기 아동은 어렸을 때보다 더 논리적으로 생각하지만 동시에, 예를 들어 슈퍼 영웅인 것처럼 가장하고 지냈던 날들의 기쁨을 영원히 뒤로해야 한다. 학령전기에는 무엇인가를 상징적으로 표상하기 위해 자신의 신체를 사용하는 중요한 능력을 획득하지만 이제는 더 이상 부모에게 의지하는 것이 용납되지 않는다. 마지막으로, 영아들은 바깥 세상의 빛과 소리를 경험하고 어떤 목표를 향해 기간을 알 수 없는 여행을 시작할 기회를 얻는 대신에 자궁에서 느꼈던 따뜻함과 안전함을 버려야 한다.

CHAPTER 9

동기와 정서

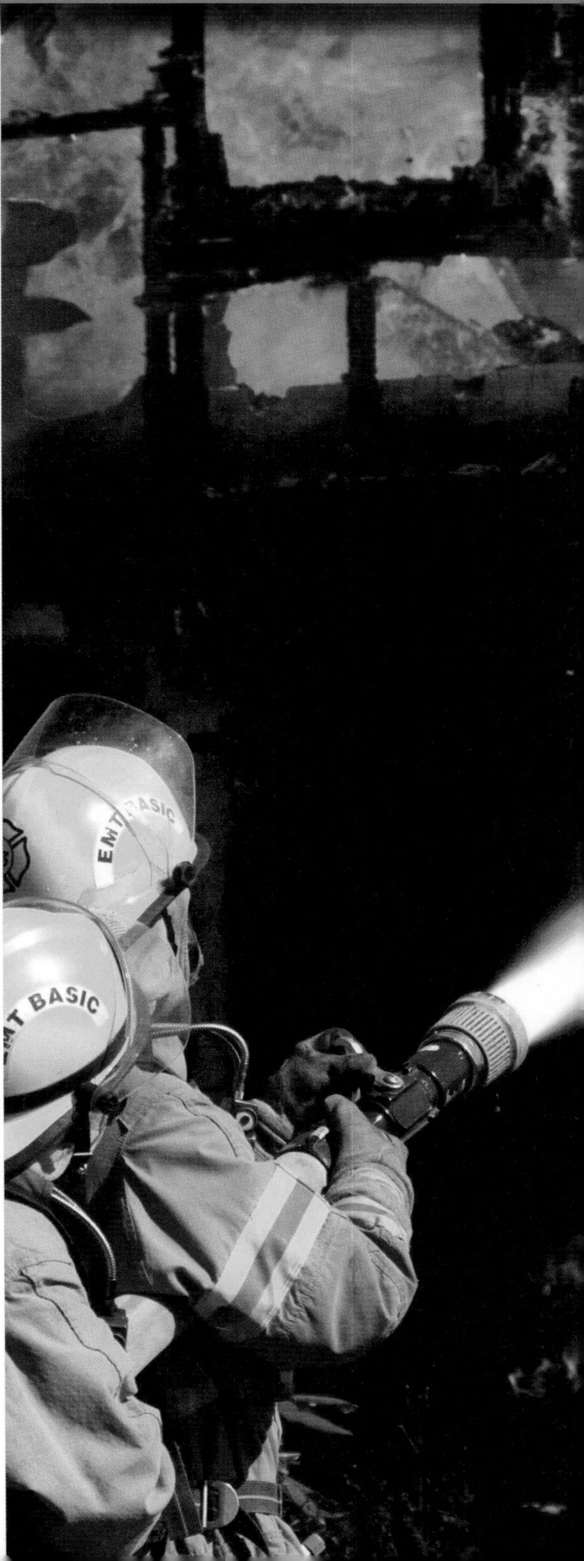

동기에 대한 설명

9.1 심리학자들은 동기를 어떻게 정의하고 분류하는가?

9.2 추동감소 이론과 각성 이론은 동기를 어떻게 설명하는가?

9.3 행동적 이론과 사회인지적 이론은 작업동기와 성취동기를 어떻게 설명하는가?

9.4 동기에 대한 매슬로의 관점은 무엇인가?

배고픔

9.5 내적 단서와 외적 단서는 섭식행동에 어떻게 영향을 미치는가?

9.6 몸무게 개인차의 원인이 되는 요인은 무엇인가?

9.7 비만과 다이어트에 관한 연구들은 무엇을 제안하는가?

9.8 섭식장애의 특성은 무엇인가?

성적 동기

9.9 성적 태도와 행동은 문화와 성별에 따라 어떻게 다양하게 나타나는가?

9.10 인간의 성적 반응주기 단계는 무엇인가?

9.11 성적 지향성과 관련된 연구들은 무엇을 보여 주는가?

9.12 최근 10년간 동성애에 대한 태도는 어떻게 변화되었는가?

정서

9.13 정서를 설명하기 위해 제안된 이론들은 무엇이 있는가?

9.14 정서신경과학자들은 정서와 뇌에 관해 무엇을 알게 됐는가?

9.15 정서에 있어 남자와 여자는 어떻게 다른가?

9.16 사람들은 어떻게 정서를 표현하고 정서의 영향을 받는가?

생각해보기

만약 당신의 연인이 누군가와 바람피우고 있는 것을 발견했다고 상상해 볼 수 있는가? 당신은 화가 나거나 질투가 나는가? 진화심리학자들은 우리가 연인관계를 형성하고, 유지하고, 연인관계나 짝짓기 전략에 관해 생각하는 방법을 연구해 왔다. 그들이 연구했던 것과 같은 종류에 대한 아이디어를 얻기 위해, 다음 퀴즈에 답하면서 관계에 있어 당신의 관점에 대해 생각해 보자.

1. 다음 주어진 상황 각각에 대해 가장 정확한 반응에 응답하라.

   a. 당신은 진지하고 헌신적인 연인관계에 있고, 당신의 연인이 누군가와 바람피우고 있음을 발견했다. 당신은 얼마나 질투를 느끼겠는가?

   _____ 전혀 질투하지 않는다 _____ 조금 질투한다
   _____ 보통 질투한다 _____ 매우 질투한다
   _____ 극심하게 질투한다

   b. 만약 당신이 누군가와 바람을 피운다면, 당신의 연인은 얼마나 질투하겠는가?

   _____ 전혀 질투하지 않는다 _____ 조금 질투한다
   _____ 보통 질투한다 _____ 매우 질투한다
   _____ 극심하게 질투한다

2. 다음 주어진 상황이 당신을 화나게 하거나 상처받게 하는가?

   a. 당신은 진지하고 헌신적인 연인관계에 있고, 최근 당신의 연인이 다른 사람과 정서적 관계를 가지고 있음을 알았다. 두 사람은 성적으로 관련이 없고 키스조차 하지 않았으나, 함께 많은 시간을 보냈고, 매우 친밀해 보였으며, 자주 대화했다.

   b. 당신은 진지하고 헌신적인 연인관계에 있고, 당신은 최근 당신의 연인이 다른 사람과 성관계를 가졌으나 두 사람 간에 정서적 연결이나 진지한 열정은 없음을 알게 되었다.

   어떤 상황이 더 심리적으로 당신을 괴롭게 하는가?
   a. 정서적 외도 b. 성적 외도

3. 당신은 여성인가 남성인가?
   (이 마지막 질문에 대한 이유는 당신이 본문을 계속해서 읽으면 명확해진다.)

심리학자 데이비드 버스(David Buss)는 진화심리학자로 잘 알려진 사람이다. 그의 연구는 많은 문화에 걸쳐, 남성과 여성은 동일한 정도의 질투를 느끼고 있음을 보여 줬다(Buss et al., 1990). 그러나 무엇이 그들을 질투하게 만드는가에서는 차이가 있었다. 남자에게 있어 성적 외도는 정서적 외도보다 더 중요했다. 여성에게는 전 애인과 계속해서 얘기하고 믿음을 공유하는 것과 같은 정서적 외도가 더 많이 질투를 느끼게 했다. 또한 흥미롭게도, 이 결과들은 두 가지 다른 종류의 증거에 기초했다. 첫 번째 발견은 당신이 방금 대답한 질문을 사용한 연구에서 발견되었다(예, Buss et al., 1990; Buss et al., 1992). 또 하나는 남성과 여성이 외도에 대해 생각할 때 심리학적 스트레스 수준을 측정한 연구에서 나타났다(예, Buss et al., 1992). 남자들은 성적 외도를 생각할 때 더 높은 스트레스 수준을 보였으나, 여성은 정서적 외도에 대해 생각할 때 더 높은 수준을 나타냈다.

이 장의 마지막에서, 우리는 진화심리학자들과 그들의 비판자들이 제공하는 발견들에 대한 설명을 탐구할 것이다. 그러나 이를 알기 전에 우리는 동기란 무엇인가에 대한 논의와 함께 우리의 동기와 정서를 탐구해 보아야 한다.

동기에 대한 설명

어떤 사람이 '동기부여가 되었다'고 이야기할 때 이는 무엇을 의미하는가? 중요한 목표를 열심히 추구하는 사람을 가리키는 것인가? 만약 그렇다면 당신은 '동기화'의 중요한 측면들 중 하나를 맞힌 것이다. 이제 당신은 일상적 대화보다 더 넓고 우리가 보통 인식하지 못하는, 목표를 추구하게 만드는 여러 요인을 포함하여 정의된 개념을 배울 것이다.

동기의 발견

9.1 심리학자들은 동기를 어떻게 정의하고 분류하는가?

어떤 이론의 과학적 연구에서 첫 단계는 이를 작업 가능한 정의로 만드는 것이다. 심리학자들에게 있어, **동기**란 행동을 시작하게 하고 향하게 하고 유지시키는 모든 과정을 아우르는 매우 넓은 단위의 용어이며, 많은 정신적/행동적 영역을 포함한다. 동기의 연구를 더 용이하게 할 과제를 만들기 위해, 우리는 이 주제를 여러 구성 요소로 나누고 여러 종류의 동기로 범주화할 것이다.

동기의 구성 요소 일반적으로 심리학자들은 동기가 활성화, 지속성, 강도의 세 가지 구성 요소를 가지고 있다고 생각한다. 각 요소를 이해하기 위해서 시험공부를 할 때 동기의 역할에 대해 생각해 보자. 활성화 단계에서, 당신은 시험을 준비하고자 하는 목표를 성취하기 위해 요구되는 첫 단계를 밟을 것이다. 교과서, 노트, 그 외 다른 자료들에서 시험에 적합한 자료들을 찾아내고, 공부계획을 짤 것이다. 지속성은 목표를 향해 충실하고 지속적으로 노력하는 것을 말한다. 즉, 동기에서 이 단계는 방해물에 직면해도 계획을 실행하고 지속하게 하는 것을 요구한다. 강도는 목표를 성취하기 위해 집중된 에너지와 주의를 말한다. 당신은 공부를 할 때 성공/실패 가능성에 대해 생각하면서 생겨난 주관적 문제나 정서적 스트레스 때문에 흥미가 방해받은 적이 있는가? 어떤 방향으로든, 이는 공부할 때 동기의 구성 요소인 강도라 할 수 있다.

동기의 구성 요소를 나누는 것에 추가적으로, 연구자들은 좀 더 좁은 의미를 가진 **동기**(motive)의 정확한 정의를 통해 '동기부여(motivation)'를 이해했다. 동기는 목표를 향한 활발하고 직적접인 행동에 대한 필요나 욕구다. 학생이 시험공부를 하도록 만드는 동기들은 많이 있다. 학생은 좋은 성적을 통해 자존감을 얻기 위해서 또는 성적이 떨어질 때의 불안감에서 벗어나고 싶어서 공부를 한다. 두 동기 모두 위에서 언급한 동기부여의 단계를 거쳐 공부하도록 만든다. 그래서 매우 다른 두 동기에 있는 사람들은 동일한 행동을 나타낸다.

일차적 추동과 사회적 동기 대부분의 사람은 때때로 생리적 욕구가 우리의 주의를 필요로 한다는 것에 동의한다. **일차적 추동**(primary drive)은 이러한 욕구들을 충족하려는 우리의 행동을 말한다. 일차적 추동은 학습되지 않은 것, 즉 목마름, 배고픔, 성적 욕구를 포함한다. 이 장의 뒤에서 우리는 이들에 대해 더 살펴볼 것이다.

일차적 추동과는 반대로, 사회적 동기는 경험과 타인과의 상호작용을 통해 학습된 것이다. 이 동기들은 직장이나 학교와 같은 사회적 환경에서 우리의 행동에 영향을 미치는 것들을 모두 포함한다. 사회적 동기 중 하나인 **작업동기**(work motivation)는 직장에서 근로자의 각성, 노력의 방향, 강도, 유지를 결정하는 조건과 과정들을 말한다. 또 다른 하나인 **성취동기**(achievement motivation)는 학문 분야에서 사람들이 성공을 추구하도록 만드는 요인들을 포함하는 사회적 동기다.

내적 동기와 외적 동기 당신이 어떤 과목에 흥미를 느껴 계속해서 공부하는 것처럼, 동기는 스스로의 안에 있는 무언가로부터 발생할 수 있다. 그러한 활동들은 외적 보상과 관련되어 있어서가 아니라 단순히 즐겁기 때문에 목표를 추구하게 된다. 이러한 동기 유형은 **내적 동기**(intrinsic motivation)로 알려져 있다.

다른 동기는 외부에서 나오며, 어떤 외적인 자극이나 **유인책**(incentive)이 행동을 이끌 때 발생한다. 좋은 성적을 받으려 하거나 나쁜 성적을 피하려는 욕구는 공부를 하게 만들며, 여기서 성적은 외적 요인이 된다. 우리가 어떤 외적인 보상을 받거나 원하지 않는 결과를 피하기 위해서 행동할 때, 우리는 **외적 동기**(extrinsic motivation)에 이끌린 것이다.

스키너(B. F. Skinner)에 따르면, 강화인은 행동의 빈도를 증가시킨다(5장 참조). 일단 행동과 강화인 사이의 관계가 성립되면, 다시 강화인을 받을 것이라는 기대가 행동의 수행에 대한 유인가로서 작용한다. 예를 들어, 넉넉한 팁을 받을 것이라는 기대는 식당 종업원이 고객들에게 신속하고 정중하게 서빙하도록 이끄는 유인가가 될 것이다.

▶▶▶ 포커에서는 성공적 전략을 생각해 내는 것에서 오는 만족감(내적 동기)과 이겼을 때 얻는 돈(외적 동기) 중 어떤 것이 더 강력한 동기가 될까? 많은 다른 활동처럼, 포커는 내적 동기 및 외적 동기와 연관이 있는 매력적인 취미(또는 당신의 기술 수준에 따라 전문직)다.

실제 삶에서 많은 행동의 동기는 내적이기도 하고 외적이기도 하다. 당신은 당신의 직업을 사랑하겠지만, 만약 가장 중요한 외적 동기인 당신의 월급이 감봉된다면 이직에 대한 동기가 발생할 수도 있다. 성적이 외적인 동기일지라도, 어려운 과제나 시험을 통해 얻은 뛰어난 성적은 보통 일을 잘하게 하는 자신감이라는 내적 동기를 가져다주기도 한다. 〈표 9-1〉은 내적 동기와 외적 동기의 예시를 보여준다.

〈표 9-1〉 **내적 동기와 외적 동기**

	설명	예
내적 동기	활동이 즐겁고 보상적이기 때문에 그 자체가 목표로서 추구되는 것	• 대학생들에게 장학금을 주기 위해 큰돈을 익명으로 기부 • 독서가 재미있어서 매주 여러 권의 책을 읽는 아이
외적 동기	활동이 외적 보상을 얻거나 원치 않는 결과를 피하기 위해 추구되는 것	• 자신의 성을 따서 대학 건물의 이름을 짓는 조건으로 거액의 건축비를 기부하는 것 • TV 시청권을 잃지 않기 위해 매주 두 권의 책을 읽는 아이

동기에 대한 생물학적 접근

9.2 추동감소 이론과 각성 이론은 동기를 어떻게 설명하는가?

아마 당신은 왜 거미가 거미줄을 치는지 또는 새가 겨울에 남쪽으로 나는지 설명하기 위해 사용되는 '본능'이라는 단어를 들어봤을 것이다. 본능은 한 종의 모든 구성원의 특성이자 유전학적으로 프로그래밍된 고정된 행동 패턴을 말한다. 심리학자들은 전반적으로 본능이 사람의 행동에 동기부여를 하는 것은 아니라는 데 동의한다. 그러나 대부분은 생물학적 힘이 몇몇 인간 행동에 기저를 이루고 있다는 데 동의한다.

동기부여의 생물학적 접근 중 하나인 **추동감소 이론**(drive-reduction theory)은 클라크 헐(Clark Hull, 1943)에 의해 알려졌다. 헐에 따르면, 살아 있는 모든 유기체는 살아남기 위해 반드시 충족되어야 하는 생물학적 욕구를 가지고 있다. 이 욕구는 **추동**(drive)이라 불리는 내적 상태에 의해 나타나며, 사람이나 생물체는 이를 감소시키려는 동기를 갖게 된다. 예를 들어, 당신이 굶거나 오랫동안 물을 마시지 않으면 당신의 생물학적 욕구는 배고픔이나 목마름 같은 긴장 상태를 일으킨다. 따라서 당신은 음식이나 물을 찾도록 동기화되고 생물학적 욕구를 만족시키게 된다.

추동감소 이론은 주로 **항상성**(homeostasis)이라는 생물학적 개념에서 발생되었다. 항상성은 신체적 생존을 보장하기 위해 균형 잡힌 내적 상태를 유지하려는 신체의 경향을 말한다. 체온, 혈당 수준, 수분 균형, 혈중 산소 농도 등 신체적 유지를 위한 모든 것은 평형 또는 균형 상태를 유지시켜 준다. 이러한 상태가 흐트러지면, 추동은 [그림 9-1]과 같이 균형을 재고하기 위해 만들어진다.

추동감소 이론은 인간이 언제나 긴장을 감소시키는 데 동기화되어 있음을 가정한다. 다른 이론가들은 반대로, 인간은 가끔씩 긴장을 증가시키도록 동기화된다고 주장했다. 이 이론가들은 사람의 각성 상태와 정신적·신체적 활동을 **각성**(arousal)이라는 용어를 사용하여 설명하였다. 각성 수준은 무각성(혼수상태일 때)에서부터 중간 정도의 각성(일상적인 활동), 높은 각성(흥분되고 자극받았을 때)까지의 범위를 갖는다. **각성 이론**은 사람들이 최적이라 생각되는 각각의 각성 수준을 유지하도록 동기화되어 있다고 말한다. 만약 각성이 최적 수준보다 낮으면, 우리는 각성 수준을 자극할 무언가를 하게 된다. 만약 각성이 최적 수준을 초과한다면, 우리는 자극을 줄이고자 한다(335쪽의 〈설명〉 참조).

만약 각성이 너무 낮으면, 호기심, 물체의 탐구, 조작, 놀이 등의 **자극동기**(stimulus motives)가 사람이나 동물들에게 자극을 증가시키도록 유도한다. 공항이나 버스 정류장과 같은 사람들이 기다리는 장소에 앉아 있다고 생각해 보라. 스마트폰이나 노트북으로 게임을 하는 사람들이 얼마나 보이는가? 기다리

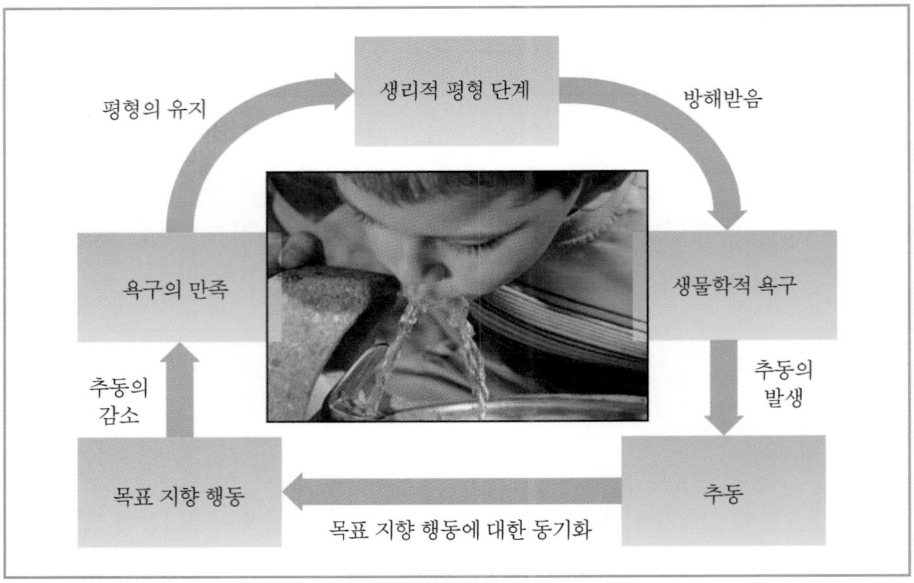

[그림 9-1] 추동감소 이론
추동감소 이론은 내적 평형 또는 균형 상태를 유지하기 위한 유기체의 자연스러운 경향인 항상성이라는 생물학적 개념을 기반으로 하고 있다. 평형 상태가 목마름과 같은 생물학적 욕구에 의해 흐트러지면, 내부의 각성 상태인 추동이 발생한다. 그러면 유기체는 욕구를 만족시키기 위한 행동을 취하게 되고, 이것이 추동을 감소시키고 다시 평형을 유지한다.

는 것은 지루하다. 즉, 어떤 각성도 주지 않는다. 그렇기 때문에 사람들은 각성 수준을 높이기 위해 비디오게임에 의지하는 것이다.

각성과 수행 간에는 밀접한 연관이 있다. **여크스-도슨**(Yerks-Dodson) 법칙에 따르면, 개인의 각성 수준이 과제의 난이도에 적합할 때 과제의 수행이 가장 최적으로 나타난다. 단순한 과제의 수행은 각성 수준이 비교적 높을 때 더 낫다. 적절히 어려운 과제는 각성 수준이 중간쯤일 때 가장 잘 수행된다. 복잡하고 어려운 과제는 각성 수준이 낮을 때 수행이 좋다([그림 9-2] 참조). 그러나 각성 수준이 과제에 비해 너무 높거나 너무 낮을 때는 과제 수행에 어려움을 겪게 된다. 각성과 수행의 관계는 주로 주의라는 용어에 의해 설명된다. 낮은 각성은 생각을 떠돌도록 하기 때문에 시험과 같은 집중을 요하는 과제에서 수행이 감소하게 된다. 반대로 높은 각성은 작업기억에서 사용 가능한 모든 공간을 모두 사용하기 때문에 집중을 방해하게 된다. 그래서 시험을 칠 때 이상적인 각성 수준은 돌아다니는 생각을 잡아 두

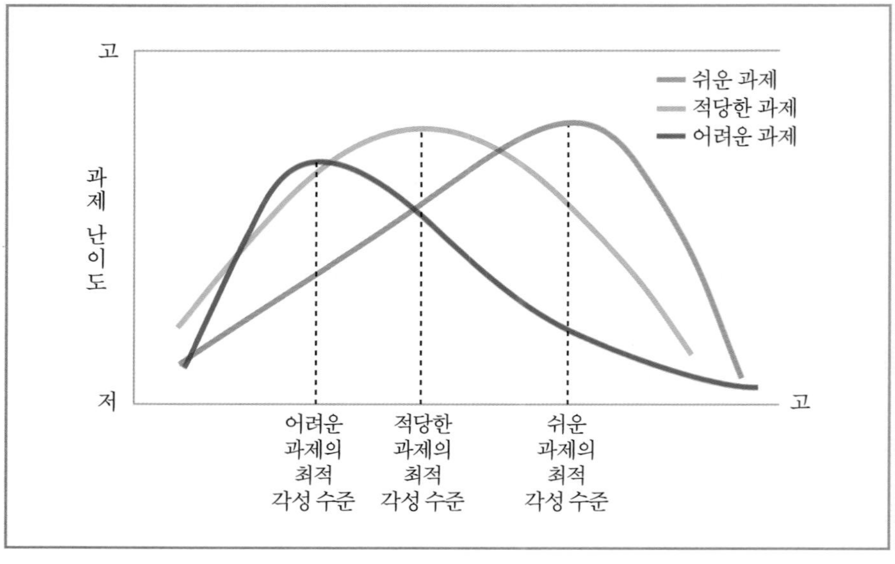

[그림 9-2] 여크스-도슨 법칙
최적의 각성 수준은 과제의 어려움에 따라 달라진다. 최적의 각성 수준은 쉬운 과제에서는 비교적 높고, 적당한 과제에서는 중간 정도이며, 어려운 과제에서는 비교적 낮다.

설명 *왜 어떤 사람들에겐 위험한 취미가 매력적일까*

당신이 꿈꾸던 취미생활을 하기 위한 무한정의 시간과 돈을 가지고 있다고 가정해 보자. 스카이다이빙? 정원 가꾸기? 당신은 무엇을 선택할 것인가? 추동감소 이론과 각성 이론이 당신의 취미 선택을 어떻게 설명할지 생각해 보자.

추동감소 이론은 우리가 긴장을 감소시키기 위해 동기화되어 있다고 제안한다는 것을 회상하라. 비행기에서 뛰어내리는 것만큼 긴장을 유발시키는 것이 있는가? 아마도 어떤 사람들은 그런 스릴을 즐기는 것처럼 보인다. 마찬가지로, 당신이 끈기 있게 가꾼 밭에서 과일과 야채를 수확하는 것보다 더 평화로운 것은 무엇인가? 취미로 정원을 가꾸는 사람들은 이에 동의할 것이나, 스카이다이빙을 선호하는 사람들에게 정원에서 시간을 보내도록 한다면 몹시 지루해할 것이다. 결과적으로, 추동감소 이론은 왜 사람들이 다양한 레저 활동을 선택하는지 설명하지 못한다.

반면 각성 이론가들은 취미의 선택이 개인의 감각추구 성향을 반영한다고 주장한다. 감각추구는 각성 수준이 낮을 때 자극을 찾는 경향을 반영하는 변인이다. 심리학자들은 감각추구 성향의 차이가 활동 선택과 상관이 있음을 발견했다. 즉, 당신이 정원 가꾸기보다 스카이다이빙을 더 선호한다면 감각추구 성향이 강한 것이다. 만약 정원 가꾸기가 더 매력적으로 보인다면 감각추구 성향이 약한 것이다. 만약 당신이 감각추구 성향이 어느 정도인지 확신할 수 없다면, 당신의 결정을 도와줄 수 있는 몇 가지 질문이 여기 있다. 당신이 느끼기에 A와 B 중 더 나은 문장을 골라라.

1. A. 나는 차갑고 상쾌한 날에 활기 있다.
   B. 나는 추운 날에 실내에 있고 싶다.
2. A. 나는 같은 얼굴을 오래도록 보는 것이 지겹다.
   B. 나는 친구와의 매일의 친숙함이 좋다.
3. A. 나는 때로 나를 약간 놀라게 하는 것이 좋다.
   B. 분별 있는 사람은 위험한 활동을 피한다.
4. A. 인생의 가장 중요한 목표는 가능한 한 많은 경험을 쌓는 것이다.
   B. 인생의 가장 중요한 목표는 평화와 행복을 찾는 것이다.
5. A. 나는 낙하산 점프를 하고 싶다.
   B. 나는 낙하산이 있건 없건 결코 비행기에서 뛰어내리고 싶지 않다.
6. A. 나는 차가운 물에 서서히 들어가 스스로 적응할 시간을 준다.
   B. 나는 바다나 차가운 물에 다이빙하거나 점프하고 싶다.
7. A. 좋은 그림은 감각적 충격을 줘야 한다.
   B. 좋은 그림은 평화와 안정을 줘야 한다.
8. A. 오토바이를 타는 사람들은 스스로에게 상처를 주려는 무의식을 가진 사람들이다.
   B. 나는 오토바이를 운전하거나 타는 것을 좋아한다.

다음 중 당신이 동그라미 친 것의 개수를 세라. 1A, 2A, 3A, 4A, 5A, 6B, 7A, 8B. 개수를 세고 기준과 비교해 보라. 0~1, 매우 낮음; 2~3, 낮음; 4~5, 평균; 6~7, 높음; 8, 매우 높음.

만약 당신의 점수가 낮다면, 당신은 아마 쓸 만한 정원 도구를 위해 당장 저축하고 싶어 할지도 모른다. 그러나 알아 둘 것은 낮은 수준의 감각추구는 약물남용이나 '빨간불이 켜졌을 때 횡단보도를 건너는 것'과 같이 잠재적으로 건강을 해치는 행동을 피하도록 돕는다는 것이다(Rosenbloom, 2006; Sterling et al., 2013). 그리고 높은 감각추구 성향은 더 재미있어 보일 수 있으나, 높은 각성 수준을 포함한 위험에 더 자발적일 수 있다.

기에 충분하면서도 시험을 칠 때 요구되는 기억을 방해할 정도로 크지 않아야 한다. 이 이론의 비판자들은 각성이 주의에 영향을 미치는 수많은 요인 중 하나일 뿐이라고 주장했다(Hanoch & Vitouch, 2004; Landers, 2007). 또 여크스–도슨 법칙은 동물 연구에 기초해 있다는 것을 지적했다. 이러한 이유로 그들은 인간의 주의 할당에 영향을 미칠 수 있는 다른 요인들을 고려하지 않은 채 시험 성적과 같은 복잡한 인간 행동을 각성 이론으로 일반화해서는 안 된다고 경고했다.

9.3 행동적 이론과 사회인지적 이론은 작업동기와 성취동기를 어떻게 설명하는가?

동기에 대한 행동적 접근과 사회인지적 접근

지금까지 당신이 읽은 생물학적 접근은 신체적 수준의 동기에 대해 이해하는 데 용이하나, 그것이 더 복잡한 사회적 동기에 관한 질문에 답을 주지는 못한다. 직장과 학교에서의 동기를 더 잘 이해하기 위해서 우리는 행동적 접근과 사회인지적 접근을 고려해야 한다. 당신은 5장에서 배웠던 내용, 즉 행동적 이론은 결과를 통해 학습되는 것을 설명하고 사회인지적 이론은 행동 결정에 영향을 미치는 모델, 결과, 그리고 다른 요인들에 대해 어떻게 생각하는지에 초점을 맞추었다는 것을 기억해 내야 한다.

작업동기 무엇이 작업자들의 수행을 더 잘하도록 동기화하는가? 직업 분야에 그들의 지식을 적용한 심리학자들을 **산업 및 조직 심리학자**(industrial/organizational psychologist)라고 한다. 산업 및 조직 심리학자들은 작업 수행을 향상시키기 위해 작업자에게 동기를 부여할 수 있는 감독관의 칭찬, 보너스, 추가 근로시간 면제와 같은 강화인을 사용한 행동수정 계획을 설계했다. 그들은 이를 **목표 설정**(goal setting)이라 불리는 전략으로 사용했는데, 이는 판매원에게 그들이 최고로 잘한다고 말할 수 있는 것보다 더 높은 수준의 수행으로 이끌 수 있는 판매 개수나 금액 등 목표를 제시하는 것과 같이, 상사가 직원에게 제공하는 특정한 목표를 말한다(Seitjs & Latham, 2012). 조직은 (1) 목표 설정에 직원을 참가시키고, (2) 목표는 구체적이고, 매력적이며, 어렵지만 이룰 수 있게 설정하며, (3) 수행에 대한 피드백을 제공하고, (4) 목표를 달성했을 때 보상하도록 함으로써 직원의 노력을 강화시킬 수 있다(Katzell & Thompson, 1990).

몇몇 사회인지적 이론은 작업동기에 연구를 적용하였다. 그중 하나는 **기대 이론**(expectancy theory)으로, 주어진 활동에 대한 동기화는 (1) 많이 노력하는 것이 개선된 수행으로 나타난다는 개인의 신념인 기대(expectancy), (2) 일을 잘하는 것은 알려지고 보상받게 된다는 개인의 신념인 도구성(instrumentality), (3) 제공되는 보상에 대한 개인의 가치 정도인 유인가(valence)에 의해 결정된다. 여러 연구는 직원들이 열심히 노력하면 수행이 나아진다고 믿을 때, 좋은 수행은 널리 알려지고 보상받는다고 믿을 때, 그리고 제공되는 보상이 가치 있게 여겨질 때 더 열심히 일한다는 것을 보여 줌으로써 기대 이론을 지지했다.

성취동기 초기 연구에서, 사회인지 이론가 헨리 머레이(Henry Murray, 1938)는 모호한 상황에 대한 일련의 그림으로 구성된 주제통각검사(Thematic Apperception Test: TAT)를 개발했다(당신은 이 검사를 11장에서 배울 수 있다). 검사를 받는 사람은 각 그림에 대해 무슨 일이 일어날지, 그림 속 사람은 무엇을 생각하고 있는지, 어떤 기분일지, 그리고 상황의 결과가 어떨 것 같은지에 관한 이야기를 만들어 내도록 요청받는다. 이 이야기들은 피검자의 욕구와 그 욕구들의 강도를 드러낸다고 추정된다. 머레이가 확인한 동기들 중 하나는 **성취욕구**(need for achievement: *n* Ach)로, 어려운 무언가를 성취하고 수행의 높은 기준을 유지하려는 동기다. 성취욕구는 성취에 의해 충족된다기보다는, 성취를 양분으로 삼아 자라나는 것처럼 보인다. 연구자인 데이비드 매클리랜드(David McClelland)와 존 앳킨슨(John Atkinson)은 성취욕구에 관한 많은 연구를 수행했다(McClelland, 1958, 1961, 1985; McClelland et al., 1953). 높은 성취욕구를 가진 사람은 어려운 작업, 능력, 결정, 지속성을 통해 이룰 수 있는 도전적인 목표를 추구한다. 쉽고 누구나 도달할 수 있는 목표는 도전이 아니며 성공이 보상으로 작용하지 않기 때문에 흥미를 느끼지 못한다(McClelland, 1985). 극단적으로 높은 목표와 높은 위험은 성공의 기회가 적고 시간 낭비라고 생각되기 때문에 추구하지 않는다. 높은 성취욕구를 가진 사람들의 목표는 자기 결정적이며 지각된 능력들과 연결되어 있다. 그렇기 때문에 이 목표들은 현실적인 경향이 있다(Roberts, Treasure, & Conroy, 2007). 예를 들어, 높은 성취욕구를 가진 고등부 농구 선수는 그의 기술에 대해 정직하게 평가하는 경향이 있고, 그의 능력에 가장 적합한 수준의 대학생 팀과 경기하여 장학금을 얻길 바란다.

반대로, 대학 팀과 승부하길 원하는 낮은 성취욕구의 고등부 농구 선수는 '상위권 대학에서 주는 장학금이 아니라면 절대 경기를 하지 않을 것이다.'라는 목표를 가질 것이다. 연구자들에 따르면, 그 이유는 낮은 성취욕구를 가진 사람들은 그들의 기술과 능력을 시험할 기회가 왔을 때 그 기회를 잡을 의지가 없기 때문이다. 그들은 성공에 대한 희망과 기대보다는 실패의 두려움에 더욱 동기화되어 있다. 그렇기 때문에 그들은 불가능할 정도로 높거나 누구나 쉽게 얻을 수 있는 낮은 목표를 설정하게 된다(Geen, 1984). 결국, 거의 모든 사람에게 불가능한 목표에 도달하는 데 실패하게 된 사람을 누가 나무라겠는가? 성취욕구가 낮은지 높은지 알려 줄 게임을 설명하는 다음 〈시도〉를 완수해 보라.

시도 성취욕구란 무엇인가

고리 던지기 게임에 참여하고 있다고 상상해 보라. 당신은 세 개의 고리를 그림에 나온 것과 같은 여섯 개의 말뚝에 걸 수 있다. 말뚝에 고리를 걸 때마다 동전 몇 개를 얻을 것이다.

어떤 말뚝에 고리를 던질 것인가? 1번과 2번 말뚝은 당신과 가깝고, 3번과 4번 말뚝은 중간 정도의 거리에 있으며, 5번과 6번 말뚝은 멀리 떨어져 있다.

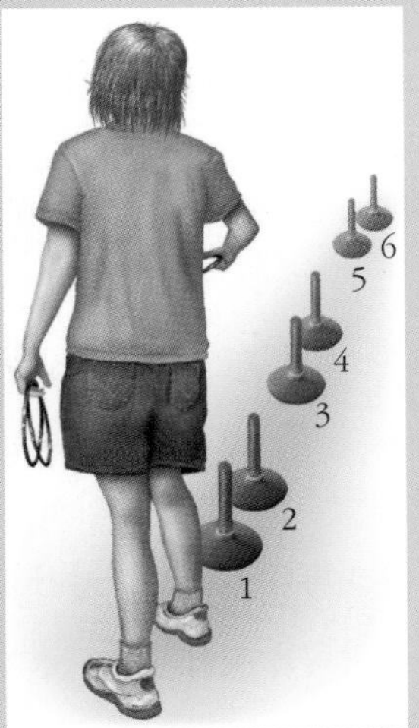

성취 욕구가 낮은 사람들은 〈시도〉에 설명된 고리 던지기 게임에서 어떤 말뚝을 선택할 것 같은가? 만약 당신이 1, 2번이나 5, 6번 말뚝이라고 추측했다면 정답이다. 낮은 성취욕구를 가진 사람들은 아마 절대 실패하지 않기 위해 바로 앞에 있는 1번 말뚝을 선택할 것이다. 또는 가장 먼 6번 말뚝에 던지고 운이 좋기를 바랄 수도 있다. 만약 실패하더라도, 거의 불가능한 목표를 성취하는 데 실패한 그들을 탓할 사람은 없을 것이다. 높은 성취욕구를 가진 사람들에게 동전 몇 개를 얻을 기회는 거의 어떤 자극도 되지 못할 것이고, 그들은 도전을 가져다줄 수 있는 적당한 거리의 3번이나 4번 말뚝을 선택할 것이다.

다른 사회인지 이론으로 알려진 **목표 지향성 이론**(goal orientation theory)은 성취동기에 대한 다소 다른 관점을 제공해 준다. 이 관점에 따르면, 네 가지 목표 지향성 가운데 어떤 것을 채택하는지에 따라 사람들의 성취동기가 달라진다고 한다(Wolters, 2004). 각 지향성이 대학생에게 어떤 영향을 미치는지 알아보자. 지배/접근 지향성은 지식을 증대시키고 도전을 극복하기 위해 공부하는 등의 여러 행동을 보일 것이다. 지배/회피 지향성을 가진 사람들은 학습의 실패(성적의 실패와는 다른 성과)를 피하기 위해 필요한 어떤 행동이라도 나타낼 것이다. 수행/회피 지향성을 가진 학생들은 그들의 수행을 다른 학생들의 성적에 맞대어 측정하고 최소한 그들의 동료와 동등한 위치에서 일하도록 동기화되어 있다. 마지막으로, 수행/접근 지향성을 가진 사람들은 자기 가치를 높이려는 노력에서 동료의 수행을 뛰어넘으려고 노력한다. (〈표 9–2〉에 네 가지 목표 지향성을 요약해 놓았다. 잠시 멈추고 당신을 가장 잘 기술하는 지향성이 어떤 것인지 생각해 보라.) 연구는 수행/접근 지향성을 가진 사람들이 다른 사람들에 비해 높은 성적과 더 강하게 연합되어 있음을 알려 준다(Anderman & Patrick, 2012).

〈표 9–2〉 **목표 지향성**

지배/접근 자신이 결정한 내적인 가치를 얻기 위해 노력(예, 지식)
지배/회피 자존심을 위협하는 결과를 피하기 위해 노력(예, 새로운 것을 배우고 싶어 하지 않음)
수행/회피 다른 사람의 수행을 뛰어넘는 것을 피하기 위해 노력을 제한(예, 또래와 비슷한 평범한 성적)
수행/접근 자신의 수행이 다른 사람의 수행보다 뛰어날 것이라는 것을 확신하기 위해 충분히 노력하는 것(예, 다른 사람들보다 뛰어남을 느끼기 위해 상급반에서 A를 받기 위해 노력하거나 대부분의 학생이 실패했기 때문에 D에 만족하는 것)

* 지배는 개인적으로 의미 있는 목표를 향해 노력하는 것을 의미한다. 수행은 사회적 비교에 의해 정의된 목표를 향해 노력하는 것을 의미한다. 접근은 바람직한 무언가를 향해 움직이도록 돕는 것을 의미한다. 회피는 원하지 않는 무언가를 피하도록 돕는 것을 의미한다.

9.4 동기에 대한 매슬로의 관점은 무엇인가?

매슬로의 욕구위계

인본주의적 성격 이론과 연관된 에이브러햄 매슬로(Abraham Maslow)의 동기 관점은, 심리적 동기는 소위 고차적 동기의 기초가 된다는 것이다(Maslow, 1970). 그는 동기화라는 것은 그들의 욕구 충족을 찾아가는 과정이라고 제안했다. 매슬로는 사실상 인간의 욕구는 위계적이며, 음식과 거주지에 대한 욕구는 하위에 있으며 자기실현 욕구는 상위에 있다고 주장했다. **자기실현**(self-actualization)

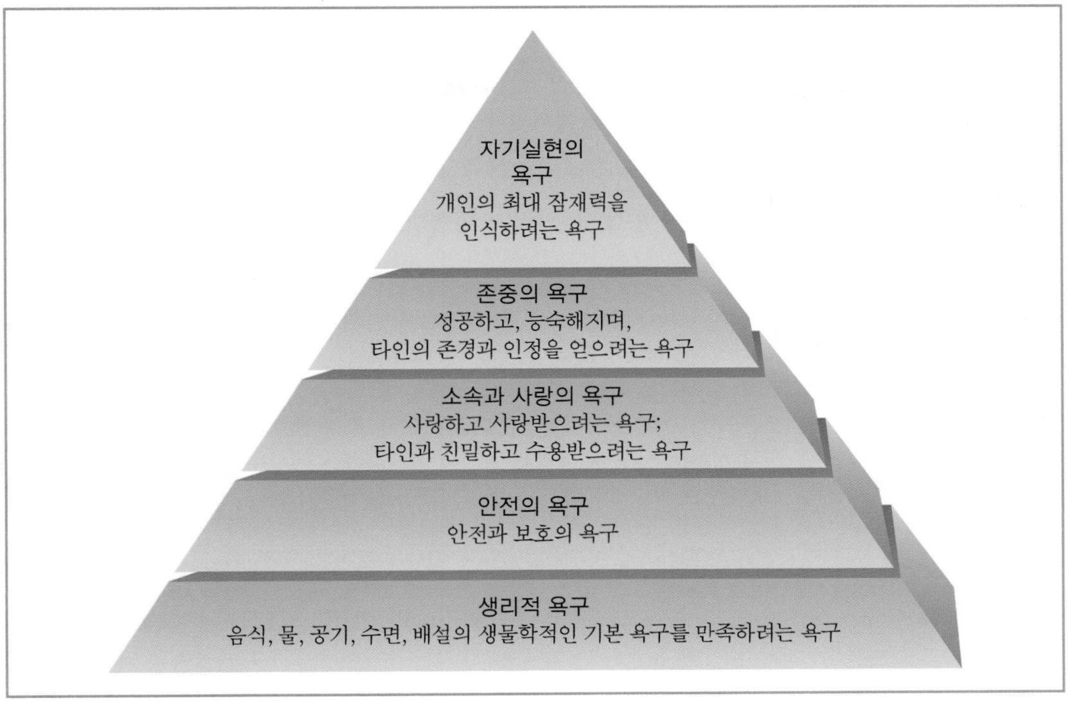

[그림 9-3] 매슬로의 욕구위계

인본주의 심리학자인 에이브러햄 매슬로에 따르면, 사랑의 욕구와 같이 상위의 동기는 안전의 욕구와 같은 하위의 동기가 충족되지 못했을 때 무시된다.

은 개인적 성취와 성장을 위해 스스로가 정의한 목표를 추구하는 것이다. 예를 들어, 자선 사업에 자신의 시간을 투자하기 위해 일찍 은퇴한 성공적 경영자는 자기실현 목표를 추구하고 있다. 그래서 [그림 9-3]에서 보이는 것처럼, 매슬로의 관점에 따르면 위계의 낮은 수준의 욕구들을 충족하지 않고서는 자기실현을 얻는 것은 불가능하다.

매슬로의 이론의 한 가지 시사점은, 개인적 성장 그 자체에서 비롯되는 성취감을 경험하기 위해선 우선 더 낮은 욕구를 충족시켜야 한다는 것이다. 그러나 이 위계는 또한 인간들이 성취하지 못한 가장 낮은 욕구에 의해 동기화되기도 한다는 것도 시사해 준다. 예를 들어, 학생들이 왜 매슬로의 존중의 욕구를 성취하는 데 실패하느냐고 묻는다면, 그것은 아마 그 학생이 그보다 더 낮은 욕구를 충족하지 못해서일 수 있다. 그 학생은 배고프거나(생리적 욕구), 학교환경에서 위협받고 있다고 느끼거나(안전의 욕구), 친구들의 거부에 대해 고민하고 있을 수 있다(소속감의 욕구). 결과적으로, 매슬로의 이론은 교육자들이 학생들에게 충분한 영양분을 제공하고, 학교에서의 안전을 확신하게 해 주며, 사회적 발달을 돕는 것들이 교육 자료와 교수 전략만큼이나 성취에 중요할 수 있다는 것을 이해하도록 돕는다.

매슬로의 이론에 실용적 시사점이 있음에도 불구하고, 비판자들은 종종 자기실현이 규정하기 힘든 개념이라며 반론을 제기했다. 매슬로는 이에 어느 정도 동의했고, 스스로의 재능과 능력을 최대한으로 사용했다고 여겨지는 사람들을 연구해 이론을 더 잘 설명하려 했다. 그는 에이브러햄 링컨이나 토머스 제퍼슨과 같은 역사적 인물과 일생 동안 뛰어난 업적을 남긴 알베르트 아인슈타인, 엘리노어 루스벨트, 알베르트 슈바이처와 같은 인물들을 연구했다. 매슬로는 이 자기실현자들이 정확히 현실을 인식하고 정직하게 판단할 수 있으며, 거짓과 부정직함을 빠르게 발견할 줄 안다는 것을 발견했다. 그들 대부분은 성취할 과제가 있거나 어떤 좋은 일에 인생을 투자할 필요가 있다고 믿었다. 결국 자기실현자들의 특징은 깊은 의미, 통찰, 우주와의 또는 우주 내에서의 조화를 경험하는 절정 경험(peak experiences)을 자주 겪게 된다는 것이다.

이 절에서 우리가 논의했던 동기의 이론적 접근방법이 다음의 〈복습과 재검토〉에 요약되어 있다.

복습과 재검토 동기에 대한 접근법

접근	설명	예
추동감소 이론	행동은 내적 긴장이나 각성 상태를 줄이려는 욕구에 의해 나타난다.	배고픔을 줄이기 위해 먹는 것
각성 이론	행동은 각성의 최적 수준을 유지하려는 욕구에 의해 나타난다.	흥분을 위해 산을 오르거나 안정을 위해 클래식 음악을 듣는 것
목표설정	행동은 구체적이고 어려운 목표를 설정함으로써 나타난다.	결근을 줄이기 위해 출근 보너스 기준을 정하는 과정에 직원을 참여시키는 것
기대 이론	행동은 기대, 도구성, 유인가에 의해 나타난다.	직원들이 노력한 만큼 성과가 나오고 그것이 상사에게 알려질 것이며, 상사의 인정이 가치 있다고 믿을 때 열심히 일하는 것
성취 욕구	행동은 어려운 것을 성취하고 우수한 수행을 하기 위해 나타난다.	의대 졸업자가 더 높고 어려운 목표에 도전하고 싶다는 이유로 6년의 전속 기간이 필요한 전공을 선택하는 것
목표 지향성 이론	행동은 네 가지 목표 지향성 중 어떤 것을 취하는가에 따라 달라진다.	수행/접근 지향성의 학생이 다른 모든 학생이 D나 F를 받은 시험에서 C를 받은 것에 만족을 느끼는 것
매슬로의 욕구위계	높은 욕구가 행동을 동기화하기 전에 반드시 낮은 욕구가 충족되어야 한다.	초등학생이 배고프거나 안전하지 않다고 느낄 때 성취에 집중하지 않는 것

기억하기 본문 내용을 떠올리며 다음 퀴즈를 풀어 보라.

1. 독서의 즐거움은 _____ 동기의 한 예라고 할 수 있다.
2. 추동감소 이론은 _____을(를) 유지하려는 욕구가 인간의 행동을 동기화한다고 주장했다.
3. _____ 법칙은 각성과 수행의 관계를 설명한다.
4. 성취 욕구가 높은 사람은 _____ 어려운 목표를 설정한다.
5. 매슬로의 관점에서, 생리적 욕구와 안전의 욕구가 충족된 사람들은 그 이후 _____, _____, _____ 욕구를 충족하려 한다.
6. _____ 심리학자들은 작업동기에 영향을 미치는 요인들을 연구했다.

배고픔

초기에 우리는 일차적 추동이 생물학적 욕구를 만족시키기 위한 학습되지 않은 동기라고 했다. 예를 들어, 갈증은 기본적인 생물학적 추동이다. 마시도록 동기화되는 것은 주로 신체의 세포 내 염도와 같은 생리학적 변인에 의해 지배된다. 그러나 배고픔은 어떠한가? 이 절에서 우리는 배고픔, 체중, 섭식장애와 관련된 동기들을 살펴볼 것이다.

내적 단서와 외적 단서

9.5 내적 단서와 외적 단서는 섭식행동에 어떻게 영향을 미치는가?

갈증, 배고픔과 같은 것들은 생리학적 과정의 영향을 받는다. 예를 들어, 4장에서 먹는 것은 뇌의 즐거움 체계를 자극한다고 읽었던 것을 상기해 보라. 그래서 우리가 먹는 이유는 즐겁기 때문이라고도 할 수 있다. 그러나 일부 연구자는 술처럼 어떤 음식들은 음식이 기쁨을 유발시키는 능력을 잃어버리게 해 뇌의 즐거움 체계를 훼손시킬 수 있으며, 대신 강박적 행동을 일으키는 대상이 될 것이라고 추측했다(Berridge, 2009). 결과적으로, 사람이 배가 고픈 것과 관계없이 늘 먹으려 하거나 배고파도 먹지 않으려고 하게 되면, 즐거움이 더 이상 먹는 것과 연합되지 않거나, 강박적 소비를 하거나, 음식을 피하게 된다.

지나친 음식의 거부나 소비는 뇌의 섭식/포만 체계에 생긴 기능장애로 나타났을 가능성이 높다. 오래전 연구자들이 발견해 온 것처럼, **외측 시상하부**(lateral hypothalamus: LH)는 먹도록 유도하는 섭식 중추로서 작용한다. 섭식 중추가 자극되면 동물들은 배부른 상태일지라도 먹게 된다(Delgado & Anand, 1953). 그리고 섭식 충추가 파괴되면 본능적으로 먹는 것을 거부하게 된다(Anand & Brobeck, 1951). **복내층 시상하부**(ventromedial hypothalamus: VMH)는 먹지 않도록 억제시키는 포만 중추로서 작용한다(Hernandez & Hoebel, 1989). 시술을 통해 복내측 시상하부를 제거하면, 동물들은 계속 먹게 되어 비만해진다(Hetherington & Ranson, 1940; Parkinson & Weingarten, 1990). 또한 소화되는 동안 포만 신호를 주는 콜레시스토키닌 호르몬 같은 물질들이 소화관에서 분비된다(Geary, 2004).

그러나 좀 더 최근 연구에서는 외측 시상하부가 배고픔의 중추이고 복내측 시상하부가 포만의 중추라고 단정 지어 말할 수 없다는 결과를 보여 준다(King, 2006; Pinel, 2007). 그 이유 중 하나로, 동물들은 결국 외측 시상하부의 손상을 회복하고 다시 먹는다(Teitelbaum, 1957). 이와 유사하게, 복내측 시상하부의 손상 효과도 영구적이지 않다. 복내측 시상하부에 손상을 입은 쥐는 결국 과식하는 것을 멈췄다. 또한 복내층 시상하부의 손상은 그 쥐들이 음식을 얻기 위해 일하려는 의지를 감소시켰고, 특히 그들이 먹으려 했던 음식 종류에 관해서 더더욱 그랬다. 그래서 이를 감안했을 때, 복내측 시상하부의 손상만으로는 어떻게 과식을 이끄는지 살펴보기 어렵다. 결국 시상하부가 섭식행동에서의 역할을 하는 것이 분명함에도 불구하고, 연구자들은 아직도 시상하부의 세포와 신체의 배고픔을 관리하는 체계 내 생화학적 신호들이 모두 어떤 역할을 하는지 정확하게 정의하지 못하고 있다.

혈당 수준의 변화와 이를 조절하는 호르몬 또한 배고픈 감각의 원인이 된다. 포도당(glucose)이라고도 불리는 혈당 수준은 영양을 탐지하고 정보를 뇌로 보내는 간에 의해 감시된다(Friedman, Tordoff, & Ramirez, 1986). 배고픔은 뇌가 혈당 수준이 낮다는 메시지를 받았을 때 나타나게 된다. 이와 유사하게, 췌장에서 만들어 내는 호르몬인 인슐린은 화학적으로 포도당을 세포에 유용한 에너지로 변환시킨다. 인슐린의 상승은 배고픔, 음식 섭취, 단것에 대한 욕구를 증가시킨다(Rodin et al., 1985). 사실상, 인슐린의 만성적 과분비는 배고픔을 자극시키고 비만을 불러오게 된다.

당신이 일상 경험에서 배워 왔던 것처럼, 배고픔은 외적 단서나 특정 음식과 연합된 기쁨에 의해 자극될 수도 있다(Harrold et al., 2012). 예를 들어, 그릴 위에 스테이크가 지글거리는 냄새나 오븐에 초코칩 쿠키를 굽는 냄새를 맡을 때 당신은 어떻게 되는가? 오후 12시를 표시하는 시계의 신호는 음식을 먹고 싶어 하도록 만들기에 충분하다. 〈표 9-3〉에 섭식을 자극하거나 억제하는 요인을 요약해 두었다.

〈표 9-3〉 **섭식을 억제하고 자극하는 생물학적/환경적 요인들**

	생물학적	환경적
섭식 억제 요인	복내측 시상하부에서의 활동 증가된 혈당 수준 위의 팽창 CCK(포만 신호로서 작용되는 호르몬) 감각 특정 포만감	식욕을 저하시키는 음식 냄새, 맛, 외형 습득된 맛 혐오 학습된 식습관 마른 몸매에 대한 욕구 스트레스, 불쾌한 감정 상태의 반응
섭식 자극 요인	외측 시상하부에서의 활동 낮은 혈당 수준 인슐린의 상승 위의 수축 비워진 위	식욕을 돋구는 음식 냄새, 맛, 외형 학습된 맛 선호 주위에 먹는 사람이 있는 것 지방과 당의 함량이 높은 음식들 학습된 식습관 지루함, 스트레스, 불쾌한 감정 상태에 대한 반응

9.6 몸무게 개인차의 원인이 되는 요인은 무엇인가?

체중 변화에 대한 설명

건강관리 전문가들은 키에 비례한 몸무게를 측정하는 **체질량지수**(body mass index: BMI)를 이용해 사람들의 체중을 분류했다. BMI가 18.5보다 작으면 저체중, 25를 초과하면 과체중으로 분류된다. 당신의 BMI를 계산하려면 다음 공식을 사용하거나 온라인에서 BMI 계산기를 찾으면 된다.

$$\text{BMI} = [\text{체중} \div (\text{키} \times \text{키})] \times 703$$

체중의 변화는 왜 일어나는가? 유전은 그 요인들 중 하나다(Hamdy, 2012). 10만 명 이상의 참가자가 포함된 연구들의 중요한 결론 중 하나는 일란성 쌍둥이의 74%가 체중이 유사하다는 것이다. 그러나 이란성 쌍둥이는 오직 23%만이 유사한 체중을 나타냈다. 연구자들은 체중의 유전성을 0.50~0.90으로 추정했다(Barsh, Farooqi, & O'Rahilly, 2000). (만약 유전성에 대한 환기가 필요하다면 7장으로 돌아가라.)

40개 이상의 유전자가 체중 조절과 관련이 있는 것으로 나타났다(Barsh et al., 2000).

하지만 사람들이 물려받는 것 중 무엇이 체중에 영향을 주는가? 프리드먼(Friedman)과 그 동료들은 렙틴(leptin)이라는 호르몬이 시상하부에 영향을 주고 체중 조절의 기본 요소가 될 수 있음을 확인했다(Smucny et al., 2012). 렙틴은 신체의 지방조직에서 만들어진다. 체지방의 감소는 신체 내 렙틴의 수준을 낮추도록 만든다. 렙틴의 수치가 낮아지면 신체는 이를 굶주림의 위험이라고 '생각'하게 되고 음식을 섭취하도록 자극한다. 렙틴 수준이 충분히 증가하면 이로 인해 식욕 억제 효과가 나타나 몸무게를 줄이려 하게 된다. 한 연구에서, 렙틴을 주사받은 비만 쥐는 2주 만에 체중의 30%를 감량했다(Halaas et al., 1995). 그러나 비만인 사람의 신체는 렙틴 효과에 대한 저항을 일으키는 것으로 나타났다. 결국 연구자들은 현재 렙틴에 기초한 비만 치료약을 개발하기 위해 이 저항에 대응하는 방법을 찾고 있다(Ozcan et al., 2009).

신체가 에너지를 만들어 내기 위해 칼로리를 태우는 것을 **대사율**(metabolic rate)이라 부르는데, 이는 유전자에 의해 영향을 받는다. 또한 고정점 이론(set-point theory)은 개인들 각각이 특정 체중으로 이끌도록 유전적으로 프로그램되어 있음을 제안한다(Keesey, 1978). **고정점**(set point)이란 사람이 몸무게를 늘리거나 줄이려고 노력할 때 신체가 유지하려는 몸무게로, 이는 지방세포의 수와 대사율에 의해 결정되며, 두 요인 모두 유전자의 영향을 받는다(Gurin, 1989).

연구자들은 지방세포가 시상하부에 에너지가 얼마나 저장되어 있는지를 알리는 생화학적 메시지를 보낸다고 생각한다(Hallschmid et al., 2004). 아마 유전자는 시상하부가 적합하다고 '생각되는', 저장된 에너지의 양에 영향을 줄 것이다. 이 영역에서 연구의 현재 중요한 흐름 중 하나는 이 생화학적 메시지를 확인하고 비만인 사람들의 고정점을 낮추는 방법으로 영향을 주는 것이다(Hallschmid et al., 2004).

비만과 체중 감량

9.7 비만과 다이어트에 관한 연구들은 무엇을 제안하는가?

심장질환이나 관절염처럼 과체중과 건강문제의 상관으로 인해 최근 몇 년간 체중 변화는 공식적으로 중요한 건강 주제로 떠올랐다(Hamdy, 2012). [그림 9-4]에서 보이듯 과체중(BMI 25~29.9)과 **비만**(BMI 30 이상)의 유병률은 과거 30년 전부터 급격히 증가했다. 미국 성인의 1/3

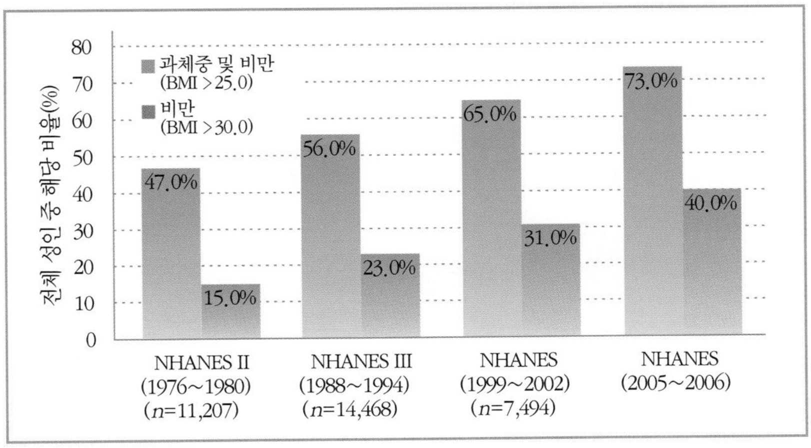

[그림 9-4] 미국 성인(20~74세) 내 과체중과 비만의 연령 조정* 유병률

*직접적 방법에 의한 연령 조정은 2000년 미국 인구통계국에서 20~39, 40~59, 60~74세의 연령 집단을 이용해 추정했다.
NHANES는 National Health and Nutrition Examination Survey(전미보건영양실태조사)의 약자다.

출처: National Center for Health Statistics(2012).

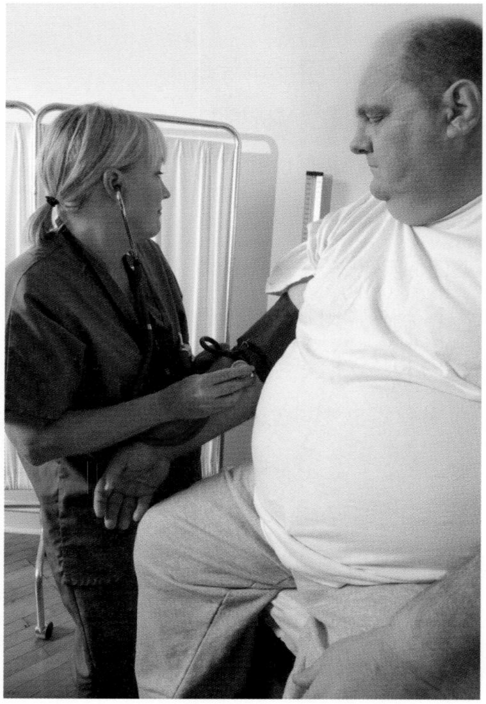

▶▶▶ 개인의 소화 시스템을 다뤄서 음식의 양을 제한하는 외과적 기술(예, 위장우회 절제술)들은 비만인 일부 개인에게는 마지막 방책이다. 수술 후에 대부분의 환자는 체중을 감량한다. 그들에게는 건강한 체중을 유지하기 위한 육체적인 활동과 건강한 식단의 채택이 필수적이다.

이상이 비만이다.

비만인 사람들의 대부분은 건강한 체중을 갖기 위해 의사의 도움을 받아야 한다. 그 이유 중 하나로, 많은 사람이 당뇨처럼 복잡한 방식으로 체중문제에 영향을 주는 다른 건강문제를 겪고 있다. 이 사람들에겐 음식의 소비량을 줄이기 위해 위의 용량을 줄이는 위절제 수술이 유일한 방법이라 할 수 있다(Saber, 2012). 위절제 수술은 BMI가 40을 초과하는 사람만이 받을 수 있다. BMI가 35에서 39 사이인 사람들은 당뇨나 고혈압과 같은 체중 관련 건강문제를 겪고 있을 때 수술을 고려할 수 있다. 환자의 80% 이상이 위장우회 절제술로 알려진 위절제 수술 기법으로 비만 수준 이하로 체중을 줄이고, 체중 관련 건강문제가 개선되었다(Schauer et al., 2000). 그러나 의사는 환자가 수술 후에 건강한 다이어트와 식이요법 같은 생활양식의 변화를 수용하려는 의지가 있어야 한다고 강조한다(Saber, 2012). 위 용량이 줄었다 하더라도 수술기간 동안 줄었던 몸무게가 이후 비만 상태로 돌아올 수 있기 때문에 이런 변화들이 필요하다. 게다가 위절제 수술은 수술 후 감염과 같은 위험성이 따른다. 일반적으로, 몸무게가 많이 나가는 환자일수록 수술 후 합병증의 위험이 더 크다(Livingston et al., 2002).

비만이 아닌 사람들에게 성공적인 다이어트의 원리란 매우 간단하

〈표 9-4〉 마요 클리닉에서 전하는 체중 감량의 여섯 가지 전략

계속 해야 한다는 것을 염두에 두라. 몇 가지 차질이 생길 수 있는, 노력이 필요한 과제로서 체중 감량에 접근하라. 당신의 체중 감량 목표를 향해 나아가기 위해 마음을 먹으라.
지지를 얻으라. 당신의 목표를 지인들에게 공유하면 지지와 격려를 얻게 된다. 가능하다면, 체중 감량을 서로 돕는 모임에 참가하거나 당신처럼 체중을 줄이고 싶어 하는 친구에게 책임이 되는 협력자가 될 것을 제안하라.
이룰 수 있는 것을 목표로 하라. 당신의 체형과 적합한 목표 체중을 설정하기 위해 조사하라. 현실적인 시간 범위 또한 중요하다. 영구적인 체중 감량은 당신이 투자할 수 있는 합리적인 다이어트와 운동 프로그램이 오랜 기간 동안 성취되어야 가장 잘 이루어진다.
식습관을 바꾸라. 일상의 식단에 영구적인 변화를 주는 것은 당신이 다이어트를 통해 줄인 몸무게가 보통의 식습관으로 돌아가자마자 다시 늘어나지 않을 것임을 보증하는 최고의 방법이다. 또한 마요 클리닉에서는 극도의 칼로리 제한(하루 여성 1,200kcal 이하, 남성 1,400kcal 이하)은 건강에 해롭다고 말한다.
운동하라. 어떤 체중 감량 계획이라도 활동량을 늘이는 것이 성공에 필수적이다. 당신에게 즐거운 신체적 활동이나 칼로리를 태우는 동안 할 수 있는 무언가를 찾아 운동에 스스로 동기화하라.
장기간의 변화에 초점을 맞추라. 당신의 전반적 계획, 식사, 운동 그리고 모든 것을 체중 유지의 평생 전략을 설계한다는 마음으로 고안하라.

출처: Mayo Clinic(2010).

다. 특정 음식이나 건강보조식품, 최근 유행하는 다이어트 등에 애써 돈을 소비할 필요가 없다. 미네소타 주 로체스터 시의 마요 클리닉은 체중 감량을 위해 알아야 하는 모든 것을 인터넷에 게시해 놓은 건강관리기관 중 하나다(Mayo Clinic, 2010). 〈표 9-4〉에 건강한 체중을 달성하고 유지하기 위해 병원에서 추천하는 전략들을 요약해 놓았다.

식욕 조절과 에너지 대사에 관한 과정의 복잡성은 왜 다이어트가 실패하는지 설명해 준다(Campbell & Dhand, 2000). 효율적인 다이어트를 위해서는 어떤 체중 감량 프로그램이라도 사람들이 에너지를 덜 섭취하거나, 에너지 소비를 더 많이 하거나, 또는 둘 다 하도록 도와야 한다(Bray & Tartaglia, 2000). 불행하게도, 대부분의 사람은 오직 칼로리를 줄이는 데에만 집중해 체중을 줄이려고 노력하고 있다.

섭식장애

9.8 섭식장애의 특성은 무엇인가?

섭식장애는 일상적인 식사를 하는 행동을 넘어서서 매일 극단적인 과식과 다이어트를 하는, 많은 사람이 경험하는 정신질환의 한 범주다. 섭식장애 중 하나인 **신경성 식욕부진증**(anorexia nervosa) 또는 거식증은 체중이 늘거나 비만해지는 것에 대한 강력하고 비합리적인 두려움, 굶으며 하는 강박적인 다이어트, 지나친 체중 감량 등으로 특징지어진다. 거식증을 앓고 있는 사람들은 원래 체중의 20~25%가 줄어든다. 보통 청소년기에 발병되고, 대부분 여성이 겪는다. 여성의 1~4%가 이 장애를 진단받았다(America Psychiatric Association, 2006a). 여성에게서 섭식장애의 유병률이 더 높게 나타나는 것은 문화 특정적이라기보다는 일반적인 현상으로 보인다. 예를 들어, 노르웨이 성인의 대표본에서 섭식장애를 가진 여성은 남성의 약 2배였다(Augestad, 2000).

다이어트(강박적 다이어트)와 거식증은 중요한 차이점이 있다. 거식증을 겪는 사람들은 신체 사이즈의 지각이 극도로 왜곡되어 있다(Castellini et al., 2013). 그들이 얼마나 쇠약해졌는가와 관계 없이, 그들은 계속해서 스스로를 뚱뚱하다고 여긴다. 연구자들은 이러한 비현실적인 지각이 왜곡된 생각의 일반적 경향을 낳는다는 것을 알게 됐다(Tchanturia et al., 2001). 게다가 거식증을 앓는 사람들은 대부분이, 특히 어떤 연구들에서는 88% 이상이 섭식장애와 함께 우울증과 같은 다른 종류의 정신질환을 진단받았다(Swanson et al., 2011). 이러한 발견들은 거식증을 가진 사람들에게 섭식장애란 더 큰 정신적 문제

▶▶▶ 빅토리아 베컴은 거식증으로 고통받고 있는 젊은 여성 중 한 명이다. 거식증을 가진 사람은 자신이 위험할 정도로 말라도 스스로가 과체중이라고 믿게 되는 왜곡된 신체상을 갖고 있다.

의 한 요소에 불과할 수 있다는 것을 제안한다.

종종, 거식증을 가진 사람들은 스스로 굶을 뿐 아니라 체중을 더 빨리 감량하기 위해 집요하게 운동을 하기도 한다. 게다가 그들은 음식을 어쩔 수 없이 피하거나 습관적으로 먹지도 않는다. 사실 거식증을 앓는 사람들의 대부분은 음식과 음식의 준비 과정에 매혹된다(Faunce, 2002). 대부분은 음식을 먹는 것처럼 보이지만 사실 삼키지는 않는 데 숙련되어 있다. 이를 위해서 어떤 사람들은 같이 밥 먹는 사람들이 주목하지 않을 때 습관적으로 음식을 씹고 뱉어 내기도 한다(Kovacs, Mahon, & Palmer, 2002).

거식증을 가진 어린 여성에게서는 급격한 체중 감소가 결국 생리 중단으로 나타나는 경우도 있다. 또 어떤 사람들은 혈압이 낮아지고, 심장기능이 손상되며, 탈수, 전해질 장애, 불임이 나타나기도 한다(American Psychiatric Association, 2006a). 뿐만 아니라 뇌의 회백질 용적도 감소된다(Mainz et al., 2012). 게다가 장기간 굶는 것은 위벽의 변화를 일으켜 이후 정상적으로 먹게 됐을 때도 소화체계의 정상적인 기능을 회복하기 매우 어렵게 만든다(Ogawa et al., 2004). 불행하게도, 거식증을 겪은 사람들의 약 6%는 결국 굶주림이나 장기 이상으로 발생된 합병증에 의해 사망한다(Arcelus, Mitchell, Wales, & Nielsen, 2011).

이 장애의 원인을 정확히 기술하는 것은 어렵다. 거식증을 가진 사람들은 대부분 품행이 바르고 교육적으로 우수하다(Vitousek & Manke, 1994). 섭식장애의 위험 요인은 지나치게 신체적 외형에 신경 쓰고, 지각된 매력에 대해 걱정하며, 날씬함에 대한 사회적 압박을 느끼는 것을 포함한다(Whisenhunt et al., 2000). 일부 연구자는 먹는 것에 대해 거부하는 어린 여자아이는 삶의 다른 측면에서는 스스로를 통제할 수 없다고 느껴 일부분을 통제하려고 노력한다고 믿고 있다.

거식증은 치료하기 매우 힘들다. 거식증을 가진 사람들의 대부분은 잘못된 것이 없음을 고집하며 먹는 것을 거부한다. 그렇기 때문에 치료의 주요점은 그들이 체중을 늘리려고 하도록 만드는 것이다. 그러한 환자는 병원에 수용될 것이며, 조절된 식단에 따라 음식을 먹고, 약간이라도 체중이 증가할 경우 보상을 받으면서 음식 섭취를 늘려 간다. 이 치료는 보통 심리치료나 자조집단(self-help group)에 포함된다. 일부 연구는 항우울제가 거식증 치료를 도울 수 있음을 보여 준다(Barbarich et al., 2004). 다른 연구들은 고단백질 보조식품이 정상적인 식욕을 다시 얻도록 도와준다고 제안했다(Latner & Wilson, 2004). 약물, 영양 치료, 정신치료를 결합한 다차원적인 치료 프로그램은 가장 성공적인 접근으로 입증될 것이다(Godart et al., 2012).

거식중 환자의 50%는 **폭식증**(bulimia nervosa) 또한 함께 갖고 있다. 폭식증은 반복적이고 통제되지 않으며 종종 비밀스러운 폭식 삽화로 특징지어지는 만성적 질병이다(American Pschiatric Association, 2006a). 그리고 거식증이 없는 사람이 폭식증만 가질 수도 있다. 많은 폭식중 환자가 타인의 신체적 외모에 대해 부정적인 언급을 자주 하는 가족 구성원으로 인해 발생된다(Crowther et al., 2002).

폭식 삽화는 다음과 같은 두 가지 주요 특징을 가진다. (1) 동일한 시간 동안 대부분의 사람이 소화하기 힘든 양의 음식을 먹고, (2) 먹는 것을 멈출 수 없거나 먹는 양을 통제할 수 없다고 느낀다. 과자, 케이크, 사탕과 같이 주로 탄수화물이 풍부한 음식과 관련된 폭식 뒤에는 빈번히 제거가 일어난다. 제거(purging) 방법은 스스로 유발한 구토나 다량의 설사제 또는 이뇨제 사용으로 나뉜다. 폭식증을 가진 사람들은 또한 과도한 다이어트와 운동을 하기도 한다. 운동선수들이 특히 이 질병에 취약하다.

폭식증은 여러 가지 심리적 문제를 일으킬 수 있다. 구토 시 위액은 치아를 부식시키고 썩게 만들며, 섬세한 균형의 신체적 화학 작용이 설사제와 이뇨제의 과다 사용으로 인해 파괴된다. 폭식증을 가진 사람들은 만성적 인후염뿐 아니라 탈수, 침샘의 부종, 신장 손상, 탈모와 같은 다양한 증상이 나타난다. 또한 이 질병은 강한 정서적 요소를 가지고 있다. 폭식증을 가진 사람들은 식습관이 비정상적이라는 것을 인식하고 이를 통제할 수 없다고 느낀다. 우울, 죄책감, 수치심이 폭식/제거와 함께 동반된다. 일부 증거는 세로토닌과 도파민이라는 신경전달물질의 기능 감소가 이 질병이 발생하는 데 기여한다고 제안했다(Avena & Bocarsly, 2012).

폭식증은 10대 후반에 나타나는 경향이 있으며 여성의 1~2%에서 나타난다(Osterhout, 2011). 거식증 환자와 마찬가지로, 폭식증 환자들은 다른 정신질환을 가지고 있을 확률이 높다(Milos et al., 2002). 게다가 그들 중 1/3은 스스로를 칼로 긋는 등 다른 종류의 자해행동을 나타내기도 한다(Paul et al., 2002).

전체 폭식증 환자의 10~15%는 남자로, 동성애자나 양성애자의 경우 폭식증의 위험이 증가하는 것으로 보인다(Carlat, Camargo, & Herzog, 1997). 게다가 연구자들은 폭식증의 문화적 요소에 대한 추가적인 증가를 발견해 냈다. 예를 들어, 연구자들의 말에 따르면 터키의 서구화된 태도는 국가의 전통적 가치와 충돌했고, 폭식증의 사례가 증가하도록 만들었다. 들리는 바에 의하면 일부 터키 시민은 마른 몸매를 가진 서구의 매체에 압도되었다고 한다.

거식증과 마찬가지로 폭식증도 치료하기 어렵다. 일부 행동수정 프로그램은 폭식행동을 없애도록 돕고(Traverso et al., 2000), 인지행동치료는 폭식증 환자의 식습관과 체형과 체중에 대한 비정상적인 태도를 고치도록 돕는 데 성공적으로 사용되고 있다(Wilson & Sysko, 2006). 특정 항우울제는 일부 사람에게서 폭식과 제거의 빈도를 감소시킨다는 것이 발견되기도 했다.

기억하기 본문 내용을 떠올리며 다음 퀴즈를 풀어 보라.

1. 혈류에서 _____의 낮은 수준은 배고픔 신호들 중 하나다.
2. _____은(는) 키에 비례한 체중의 측정방법이다.
3. 섭식장애를 가진 사람들은 전형적으로 그들의 _____에 대한 왜곡된 지각을 가졌다.

성적 동기

앨프레드 킨제이(Alfred Kinsey)와 공저자들의 『남성의 성적 행동(*Sexual Behavior in the Human Male*)』(1948)과 『여성의 성적 행동(*Sexual Behavior in the Human Female*)』(1953)은 성에 관해 널리 알려진 많은 신념을 깨뜨렸다. 킨제이의 연구는 비록 이론적 영역과 방법론적 영역 모두에서 다른 많은 연구자에게 의문을 일으켰으나, 오늘날은 킨제이의 기념비적 연구가 널리 알려지기 이전에 비해 성적 주제가 개방적으로 다뤄질 수 있게 되었다는 것에 대해서는 대부분의 사람들이 인정한다. 우리는 성적 태도와 행동에서 문화적 차이와 성차에 대해 토론함으로써 중요한 동기의 영역에 대해 고찰할 것이다.

9.9 성적 태도와 행동은 문화와 성별에 따라 어떻게 다양하게 나타나는가?

성적 태도와 행동

당신은 아마 전 세계 성인들의 대부분이 성적인 활동을 한다는 사실에 대해 그리 놀라지 않을 것이다. 당신이 〈표 9-5〉에서 볼 수 있듯이, 성관계의 평균 빈도는 문화마다 상당히 다양하다(Durex, 2008). 적어도 일주일에 한 번 성관계를 맺는 성인의 비율은 일본에서 34%로 가장 낮고 그리스에서 87%로 가장 높다. 물론 이 평균에는 개인차도 상당하다. 어떤 사람들은 매일 여러 번의 관계를 할 것이고, 또 어떤 사람은 전혀 관계를 하지 않을 것이다. 아마 성행위의 높은 비율이 드러나지 않은 이유는 단순할 것이다. 사람들은 성을 즐기며, 자유롭게 즐길 수 있다는 식으로 태도가 변화했다. 그러나 일본의 낮은 성행위 비율에 대해서는 어떻게 설명할 것인가? 도시의 급락하는 출생률과 노년인구의 증가로 고심하던 일본 정부는 긴 노동시간, 높은 양육비, 엄마가 되기보다는 직업을 가지려는 여성들의 수 증가를 그 원인으로 돌렸다(Reuters, 2006). 물론 이러한 추세는 산업화된 세계 도처에서 발견되므로, 그것은 일본이 왜 다른 나라보다 성행위의 비율이 낮은지 설명할 수 없을 것이다.

당신이 8장에서 배웠듯, 성행위는 생애에 걸쳐 계속된다. 13개 국가의 40~80세 사람들을 대상으로 한 한 대규모 조사에서, 남성의 83%와 여성의 66%는 지난해 적어도 한 번의 성관계를 가진 것으로 밝혀졌다(Gingell et al., 2003). 여성의 성관계 빈도가 더 낮은 이유 중 하나는 연구에 참여한 대부분의 여성 노인이 상대방이 없는 과부였기 때문이다. 그럼에도 불구하고 접근 가능한 상대가 동등하게 존재할 때를 포함한 전 연령에서 성적 태도와 행동에 관련해 성차가 나타났다.

평균적으로, 남자는 여성보다 더 성에 관심이 많고 더 자주 생각한다(Peplau, 2003). 그리고 그들은 여성보다 더 전적으로 육체적 성에 관심 있고 성에 더 관대한 태도를 가지는 경향이 있다(Thompson & O'Sullivan, 2012; Dantzker & Eisenman, 2003). 그러나 성차는 20세기 중반 이후로 상당히 좁혀졌다. 심리학자 브루크 웰스(Brooke Wells)와 진 트웬지(Jean Twenge)는 1958부터 1987년까지의 태도 조사 결

〈표 9-5〉 **듀렉스 전 세계 성생활 조사(Durex Global Sex Survey) 결과**

국가	지난주에 한 번 이상 성관계를 맺은 비율	성생활에 만족한 비율
그리스	87%	51%
브라질	82%	42%
러시아	80%	42%
중국	78%	42%
이탈리아	76%	36%
남아프리카	71%	50%
독일	68%	38%
캐나다	59%	48%
영국	55%	40%
미국	53%	48%
나이지리아	53%	67%
일본	34%	15%

출처: Durex(2008).

과를 분석했다(Wells & Twenge, 2005). 그들은 젊은 여성들(12~27세)의 혼전 성경험에 대한 찬성률이 극적으로 증가하여, 초기 연구에서 30%였던 것이 1987년 91%까지 상승했음을 발견했다. 행동 또한 변화했다. 그들의 분석은 1950년대에는 10대 소녀의 13%가 성행위에 대해 인정했음을 보여 주었다. 1990년대에 와서는 그 비율이 47%로 증가했다. 즉, 최근 연구에서도 여전히 성적 태도와 행동 모두에서 성차가 존재함에도 불구하고, 역사적 관점은 시간이 지남에 따라 성차가 상당히 줄어들었음을 알려 준다. 그러나 이러한 연구의 비판자들은 진짜 변한 것은 사람들의 실제 성적인 행동과 태도라기보다는 성적 경험에 대해 기꺼이 얘기하려는 정도일 것이라고 말했다(Dobson & Baird, 2006).

왜 성차가 존재하는가? 진화심리학자들은 이 차이가 주로 남성과 여성의 짝짓기 행동에 대한 진화의 영향 때문이라고 설명한다. 많은 학자가 부모가 쏟아야 하는 노력과 시간의 양을 의미하는 **양육투자**(parental investment)라는 용어를 사용한다. 양육투자 이론에 따르면, 남성과 여성은 육아에 대한 각자의 투자에 상응하는 짝짓기 전략을 사용한다(Shackelford et al., 2012). 남성은 육아에서 오직 단기간의 생물학적 투자인 생산에만 관심이 있다고 추정되고, 그래서 그들은 전형적으로 젊고 건강하며(신체적 매력은 좋은 건강의 신호로 받아들여진다) 출산에 적합한 여성을 찾게 된다. 양육은 여성의 투자를 더 많이 필요로 하기 때문에(아홉 달의 출산과 오랜 의존 기간), 그들은 다소 나이가 있고 더 안정적이며 충분한 자원, 관대함, 정서적 애착을 가지고 있고 가족을 보호하기에 충분히 강한 남자를 더 선호하는 경향이 있다. 이러한 성차는 37개국에서 발견되었기 때문에 문화 특정적인 것은 아니라고 여겨진다(Buss, 1994).

1장에서 본 것처럼, 그리고 이 장 서두의 〈생각해보기〉에서처럼, 버스(1994)의 연구에서는 주로 남성이 상대의 성적 정절에 대해 염려하는 것으로 나타났는데, 이는 아마 아이들이 자신의 소유라는 것을 확신하고 싶어 하기 때문인 것으로도 보인다. 반대로 여성은 정서적 정절에 더 관여되어 있는데, 그것은 파트너 남성이 심리적 관계와 사회적 관계에 충실하다는 것을 확신하려는 생각 때문일 것이다. 다른 연구자들은 더 최근 연구에서 이 발견을 반복 검증하기도 했다(Sagarin et al., 2012). 또한 버스와 동료들은 평균 67세의 노인과 평균 20세의 젊은 성인들을 표본으로 하여 이를 반복 검증했다(Shackelford et al., 2004).

진화 이론에서 예측했던 것처럼, 여성은 아이를 가질 수 있는 배란기에 성적 욕구가 가장 강해지는 것으로 드러났다(Durante et al., 2012). 이와 유사하게, 오스트리아 빈의 연구자 카를 그래머(Karl Grammar)(Holden, 1996에서 재인용)가 수행한 연구 결과에 따르면, 남성의 테스토스테론 수치의 증가는 냄새를 만들어 내는 호르몬이자 배란기 여성의 질 분비물에서 발견되는 페로몬과 관련이 있는 것으로 보인다. 그렇기 때문에 남성은 배란기인 여성 상대가 존재할 때 가장 빠르게 흥분한다.

또 다른 연구자들은 여성의 보고된 배우자 선호와 정서적 신의가 전적으로 생물학적인 이유에서인지 의문을 제기했다. 연구자 우드와 이글리(Wood & Eagly, 2012)는 21세기 선진국에서처럼, 남성과 여성의 경제적·사회적 조건이 동등할 때는 짝짓기 전략에서의 성차가 상당히 작게 나타남을 증명하는 연구를 언급했다. 즉, 여성이 남성에게 경제적으로 의존할 때, 진화심리학자가 기술한 짝짓기 '법칙'은 적용될 것이다. 그러나 짝짓기 선호에서의 성차는 여성이 독립함에 따라 감소한다. 연구자들은 동등하다는 조건하에, 짝짓기에서의 신체적 매력은 남성에게만큼이나 여성에게 중요하며, 여성의 경제적 능력과 지적 능력도 남성에게 큰 가치를 가지고 있다는 것을 발견하였다(Zentner & Mitura, 2012).

우드와 이글리가 옳은 것 같다. 연구자들에 따르면 성역할에 대해 평등주의인 사회에서 혼인 여부와 수입은 상관이 있다. 전향적인 종단 연구는 여성의 경제적 지위가 높을수록 결혼했을 가능성이 크다는 것을 보여 준다(Ono, 2003). 게다가 성적/정서적 정절의 구분은 대학생보다는 여성 노인에게서 더 크게 나타날 것이며, 어린 여성집단일수록 정절에 대한 신념이 남성과 유사하게 될 것이다(Shackelford et al., 2004). 오늘날의 남성은 여전히 더 출산에 유리하고 보기 좋은 외모를 가진 짝을 찾을 것이고, 오늘날의 여성은 어머니나 할머니에 비해 성적 정절에 관심을 덜 기울일 것이다.

9.10 인간의 성적 반응 주기 단계는 무엇인가?

성적 동기와 각성

윌리엄 매스터스(William Masters) 박사와 버지니아 존슨(Virginia Johnson) 박사는 1954년 인간의 성적 반응에 대한 첫 실험 연구를 진행했다. 그들은 전자감지 장치에 연결된 동안 성행위를 하는 자원 참가자들을 관찰했다. 매스터스와 존슨(1966)은 남성과 여성이 네 단계의 **성적 반응주기**(sex response cycle)를 경험한다고 결론 내렸다.

흥분기는 성 반응의 시작이다. 옷을 벗는 상대를 바라보는 것과 같은 시각적 단서로 흥분기를 시작하는 경향은 여성보다 남성에게서 나타난다. 사랑의 언어적 표현과 함께 나타나는 부드럽고 사랑이 담긴 손길은 시각적 자극보다 더 쉽게 여성을 흥분시킨다. 그리고 남성은 거의 순식간에 흥분될 수 있는 반면 여성의 흥분은 더 점진적으로 쌓이는 과정을 거친다. 두 사람 모두 근육의 긴장이 증가하고, 심장박동이 빨라지며 혈압이 상승한다. 추가적인 혈액은 성기로 주입되어 남성의 성기는 발기하게 되고, 여성은 음핵이 팽창함을 느낀다. 질의 2/3가 벌어지고 음순이 확대되면서 질액이 나타난다. 특히 여성에게서 유두가 단단해지고 꼿꼿이 서게 된다.

흥분기 이후에는 흥분이 서서히 증가하는 고조기에 들어선다. 혈압과 근육 긴장은 계속해서 더 증가하고, 호흡이 무거워지고 더 빨라진다. 남성의 고환이 부풀고 살아 있는 정자가 포함된 액체를 성기에서 분비하게 된다. 혈액의 증가로 여성의 질 바깥 부분이 부어오르고 충혈된다. 덮여 있던 음핵은 음핵 덮개 아래에서 돌출되고, 가슴 또한 혈액으로 인해 부풀어 오른다. 흥분은 고조기 동안 지속적으로 만들어진다.

가장 짧은 단계인 절정기는 축적되어 온 성적 긴장이 갑자기 방출됨으로써 나타나는 성적 쾌락의 정점을 말한다. 절정기 동안 무의식적 근육 수축이 전신에 나타나며, 성기가 역동적으로 수축하게 된다. 남성이 경험하는 절정기는 두 단계로 나타난다. 첫 번째는 남성이 사정이 가까워졌고 이를 더 이상 멈출 수 없다고 인식하는 단계다. 두 번째 단계는 정액이 강력한 분출로 남근에서 나올 때인 사정 그 자체가 된다. 여성의 절정 경험은 남성과 비슷한 방식으로 만들어진다. 강력하고 역동적인 수축에 의해 만들어지는 여성의 절정기는 보통 남성보다 오래 지속된다. 여성의 약 40~50%는 성관계 동안 주기적으로 절정을 경험한다(Wilcox & Hager, 1980).

절정기는 신체가 흥분되지 않았던 상태로 돌아올 때 점점 흥분이 줄어드는 기간인 쇠퇴기로 넘어가도록 만든다. 남성은 쇠퇴기에서 또 다른 절정으로 갈 수 없는 불응기를 경험한다. 불응기는 사람마다 몇 분에서 길게는 몇 시간 동안 지속된다. 여성은 불응기가 없으며, 만약 다시 자극이 되면 바로 다시 절정을 경험하게 된다.

성적 반응주기는 호르몬에 강한 영향을 받는다. 생식선(sex glands), 즉 정소와 난소는 각각 안드로겐과 에스트로겐, 프로게스테론 호르몬을 생산한다. 부신(adrenal glands)에서도 남성과 여성 모두 적은 양의 각 호르몬을 생산해 낸다. 여성은 남성보다 훨씬 많은 양의 에스트로겐과 프로게스테론을 가지고 있으며, 이 호르몬들은 여성 호르몬으로 알려져 있다. 남성은 안드로겐을 훨씬 많이 가지고 있으며, 이 호르몬은 남성 호르몬으로 알려져 있다.

▶▶▶ 심리적 요소는 성적인 매력과 각성에 중요한 역할을 한다. 그러한 요인에는 우리가 우리의 문화에서 학습한 선호와 태도가 포함되기도 한다.

안드로겐에서 가장 중요한 테스토스테론은 성 동기와 같은 남성의 성적 특성을 발달시키고 유지하는 데 영향을 준다. 남성이 성에 대한 관심을 유지하고 발기하기 위해서는 테스토스테론 수치가 충분해야 한다. 마찬가지로, 여성은 성적 관심과 민감성을 유지하기 위해 필요한 혈류 내 테스토스테론의 양이 작다(Andersen & Cyranowski, 1995). 남녀 모두 성적 관심과 활동에 대한 결핍은 때로 테스토스테론 패치나 연고의 사용으로 달라질 수 있다(Meyer, 1997). 그러나 연구자들은 다른 많은 호르몬이 테스토스테론과 협력하여 성적 반응주기를 조절한다는 것을 지적하며, 테스토스테론의 약학적 조절만으로도 성기능 문제를 해결하는 데 충분하다는 가정에 대해 경고했다(Halaris, 2003). 성적 역기능에 대해서는 12장에서 더 배울 것이다.

심리적 요인은 성적 흥분에 큰 역할을 한다. 성행위의 심리적 속성들 중 일부는 사람들이 그들의 문화에서 학습한 선호와 관례에서 발생한다. 그리고 성행위에 대한 문화적 규준은 매우 폭넓고, 첫 성행위의 적절한 나이부터 배우자, 조건, 환경, 자세, 그리고 허용 가능한 구체적 행동까지 영향을 미친다.

성적 환상 또한 성적 흥분에 영향을 미친다. 남성과 여성 모두 성관계 동안 환상을 가지는 경향이 있다. 대부분 성적 환상은 현재 또는 과거의 연인이나 상상 속 상대방에 관한 평범한 상상을 포함한다. 환상 역시 성차가 존재한다(Schmitt et al., 2012). 남성의 환상은 보통 좀 더 구체적인 시각적 상상을 포함한다면, 여성은 감정적이고 로맨틱한 내용을 가지고 있다.

성적 지향성

9.11 성적 지향성과 관련된 연구들은 무엇을 보여 주는가?

이제 우리는 개인의 성적 선호, 성적 느낌, 성행위에 대한 방향을 의미하는 **성적 지향성**(sexual orietation)에 대해 집중해 볼 것이다. 이성애자의 성적 반응은 이성을 향해 있고, 동성애자의 경우에는 동성을 향해 있다. 그리고 양성애자의 성적 반응은 이성과 동성 모두를 향한다.

발생률 동성애 인구를 측정하는 것은 어렵다. 한 가지 문제점으로, 1장에서 배웠던 것처럼 사람들은 개인적 문제로 인해 때때로 연구자의 질문에 정확하지 않은 대답을 한다. 그러나 가장 큰 난관은 동성애의 정의 그 자체다. 동성의 누군가를 매력적으로 느꼈다면 그 사람은 동성애자로 분류되는가? 또 연구자가 동성과의 성행위만을 동성애로 제한한다면, 동성애의 인구는 실제보다 적게 나타날 것인가? 이 의문점들은 두 가지로 설명할 수 있다. 먼저, 성적 지향성은 엄격한 범주의 문제가 아니다. 예를 들어, 성적 표현은 동성관계에 대한 흥미와 관여가 0에서부터 최고점까지의 연속선으로 여겨질 수 있다. 두 번째로, 동성애 행동에 대한 연구 자료를 이해하려고 노력할 때, 연구자들이 동성애를 어떻게 정의했는지, 설문 문항은 어떤 것들을 사용했는지, 그리고 어떻게 자료를 분석했는지를 알아내야 한다. 성적 지향성에 대한 정의는 사람들이 꺼리는 개인의 삶에 대한 구체적이고 사적인 정보들을 공유하는 것과 결부되어 있기 때문에, 동성애 인구에 관한 신뢰성 있는 연구들은 흔치 않다. 그래서 연구자들은 구체적인 백분율보다는 동성애 인구 추세를 알아보기 위해 십여 년 전에 행해진 연구들을 계속해서 살펴보고 최근 연구와 비교하고 있다. 일례로, 킨제이와 동료들(1948, 1953)은 남성의 4%가 생애 동안 동성관계만을 가졌으며, 여성의 2~3%는 관계의 대부분 또는 모두가 동성과의 관계였다고 추정했다. 흥미롭게도, 미국의 성인 12만 명을 대상으로 한 최근 연구도 킨제이의 조사와 유사한 동성애 비율을 발견했다. 응답자의 3.4%는 자신이 게이이거나, 레즈비언이거나, 양성애자이거나, 성전환자라고 보고했다(Gates & Newport, 2012). 반면 미국 질병관리센터에서 2만 명을 대상으로 수행한 조사에서는 남성의 1.8%, 여성의 1.2%만이 동성애자이며, 남성의 1.2%와 여성의 3.9%는 양성애자라고 보고했다(Centers for Disease Control, 2012).

원인 어떤 종류의 유전적 소인은 남성과 여성 모두에게 동성애 성향을 증가시킨다는 가설에 대해 충분한 근거가 존재한다(Dawood, Bailey, Martin, & Kim, 2009). 쌍생아 연구는 게이의 이란성 쌍둥이 중 50~60%가 게이이며, 레즈비언의 이란성 쌍둥이 중 약 50% 정도가 레즈비언임을 보여 준다(Bailey & Pillard, 1991; Bailey et al., 1993; Whitam, Diamond, & Martin, 1993). 그러나 연구자들은 성적 지향성을 설명해 주는 특정 유전자 세트나 유전자가 성적 지향성에 영향을 미칠 수 있다는 분자적 기제에 대해 아직 확인하지 못하고 있다(Dawood et al., 2009).

지난 몇 년간, 연구자들은 태아기 호르몬과 성적 지향성 사이의 관계에 대해 검증해 왔다(Balthazart, 2012). 이 연구들의 대부분은 신체의 왼쪽/오른쪽의 불일치와 이 호르몬 사이의 연관성에 초점을 맞추었다. 그런 차이점들 중 하나가 바로 왼손과 오른손의 검지와 약지의 비율이다(Grimbos et al., 2010). 태내환경에서 안드로겐 호르몬 수치의 변동이 이러한 불일치를 만들어 낼 수 있다는 것은 오래전부터 알려진 사실이다. 그렇기 때문에 연구자들은 태내 안드로겐의 수준이 성적 지향성에 영향을 미친다면 이런 신체적 불일치가 이성애자보다는 동성애자에게 더 잘 일어날 것이라고 생각했다. 연구들은 이것이 진짜라는 것을 보여 주었다(Grimbos et al., 2010). 신경과학자 사이먼 르베이(Simon LeVay, 1991)는 성적 행동을 지배하는 시상하부의 특정 영역이 동성애자보다 이성애자가 2배 더 크다고 보고했다. 그러나 비판자들은 르베이의 표본에 포함된 남성 동성애자들이 전부 에이즈(AIDS)로 사망했다는 것을 지적했다. 많은 연구자는 르베이가 발견한 뇌의 차이가 성적 지향성과 관련 있다기보다는 에이즈의 결과로 인한 것은 아닌지 의심했다(Byne, 1993). 그러나 더 최근의 동물 연구도 또한 시상하부와 성적 지향성 간의 연결을 제안했다. 사육된 양 중 숫양의 10%가 동성애 행위를 보였다. 르베이와 유사하게, 동성애자인 숫양은 이성애자인 숫양보다 시상하부가 더 작았다(Roselli et al., 2004).

결과적으로, 많은 심리학자는 이러한 현상들을 설명하기 위해 발달심리학자들이 사용한 것과 유사한 이론적 모델을 이용하여 성적 지향성을 유전과 환경의 복잡한 상호작용에 의한 것으로서 연구해야 했다(Dawood, Bailey, & Martin, 2009). 그 예로 발달 연구가들은 종종 가족 특성이 아동의 특성과 행동의 발달에 기여한다는 방식으로 연구했다. 이러한 관점에서 동성애를 연구한 초기 연구에서 벨, 와인버그와 해머스미스(Bell, Weinberg, & Hammersmith, 1981)의 연구는 979명의 동성애자(여 293, 남 686)와 통제집단인 477명의 이성애자에게 대규모의 대인면접을 시행했다. 연구자들은 가족 내 어떤 조건도 그 자체가 동성애나 이성애 발달의 요인으로 나타나지는 않음을 발견했다.

게이와 레즈비언에 대한 사회적 태도

9.12 최근 10년간 동성애에 대한 태도는 어떻게 변화되었는가?

성적 지향성에 대한 논의는 동성애자들이 마주해 오던 사회적 도전과 동성애 관계에 대한 사회적 수용의 증가에 대한 고려 없이 마칠 수 없다. 일례로, 미국정신의학회는 1973년까지 동성애를 질병으로 분류하였으나, 현재는 개인이 그것을 문제라고 여길 뿐이다. 이러한 변화 덕분에, 더 많은 동성애자가 자신의 성적 지향성을 알리고 표현하는 이른바 '커밍아웃'을 하게 되었다. 그럼에도 불구하고 동성애에 대한 태도는 문화마다 매우 다양하다. 북미와 유럽의 대부분은 동성 간 결혼이 가능하다. 이 스펙트럼의 정반대쪽인 사우디아라비아, 이란, 수단, 모리타니아와 같은 국가에서는 동성애적 행동에 관련된 사람들은 사형을 선고받을 수도 있다.

동성애공포(Homophobia)는 동성애자를 차별하거나 격렬한 반대를 하도록 이끄는, 동성애자에 대한 극단적이고 비합리적인 적개심이나 두려움을 말한다. 다행히도, 동성애자에 대한 부정적 관점은 완고한 동성애공포를 가진 사람들을 제외한 대부분의 사람에게서 사라졌다. 일반적으로, 남성들은 이러한 믿음을 더 표현하는 편이다. 그 예로 어떤 조사에서 여성의 54%는 동성애가 도덕적으로 수용 가능하다고 믿고 있는 반면 남성은 오직 45%만이 동성 간의 관계를 수용했다(Pew Research Center, 2006).

더욱이 가장 중요하게는 대부분의 사람이 성적 지향성에 의한 차별에 반대하고 있다(게다가 그러한 차별은 불법이다). 연구들은 미국인의 3/4 이상이 동성애가 교사 임용에 작용하는 요인이 되어서는 안 된다고 믿고 있음을 보여 준다(Herek, 2002). 이와 유사하게, 동성애 행동에 강력히 반대하는 사람들도 포함하여, 미국인의 대부분은 동성애자가 공공정책에 영향을 미치도록 주장하고 노력할 권리에 대해 단호하게 지지한다. 그렇기 때문에 동성애에 대한 반대는 행동 그 자체가 초점이 되는 것으로 나타

▶▶▶ 동성애에 대한 사회적 태도는 전 세계적으로 다양하다. 미국에서는 매사추세츠의 법원 판결이 동성애 커플의 결혼에 길을 닦아 놓았다. 동성애 커플은 버몬트에서 합법적으로 동성애 결혼을 할 수 있다. 캐나다에서는 네덜란드와 스페인, 벨기에처럼 동성애 결혼이 전국적으로 합법적이다. 반면 아프리카의 많은 나라와 남아시아에서는 동성애적 행동이 불법이다. 그리고 사우디아라비아, 이란, 수단, 모리타니아에서는 그런 행위를 한 사람을 사형에 처하고 있다.

나며 그들을 억압하지는 않는다.

기억하기 본문 내용을 떠올리며 다음 퀴즈를 풀어 보라.

1. _____은(는) _____보다 혼전관계에 대해 더 관대한 태도를 갖고 있다.
2. _____ 이론은 짝짓기 전략에서 성차의 진화론적인 설명이다.
3. 인간의 성적 반응주기를 처음으로 기술한 사람은 _____와(과) _____이다.
4. 연구는 동성애가 _____보다 _____에서 더 일반적임을 제시한다.

정서

행동에 대한 동기의 대부분은 정서에 의해 유발된다. 실제로 emotion(정서)이라는 단어의 어원은 '움직인다(to move)'는 뜻을 가지고 있어, 동기와 정서가 밀접한 관계임을 알려 준다. 심리학자들은 생리적 각성, 정서 상태를 유발하는 자극에 대한 인지적 평가, 상태를 표현하는 외적 행동을 모두 포함하여 정서를 정의한다. 그러나 정서란 정확히 무엇인가?

9.13 정서를 설명하기 위해 제안된 이론들은 무엇이 있는가?

정서의 이론

전형적으로, 심리학자들은 세 요소—신체적, 인지적, 행동적—를 통해 정서에 대해 연구해 왔다(Frijda, 2012). 이 세 구성 요소는 상호 독립적인 것으로 보인다. 예를 들어, 한 연구에서 심박률의 변화(신체적 요소)가 더 큰 참가자들은 상대적으로 덜 변하는 참가자들에 비해 정서의 주관적 경험(인지적 요소)을 더 극적으로 평가했다(Wilken et al., 2000). 그러나 신체적 요소나 인지적 요소 모두 정서가 어떻게 표현되는지(행동적 요소)를 완전히 결정해 주는 것은 아니다. 게다가 여기에는 어떤 구성 요소가 전반적인 정서의 경험에 우선적인지에 관해 심리학자들 사이에 오랜 기간의 논쟁이 있었다.

미국의 심리학자인 윌리엄 제임스(William James, 1884)는 한 사건이 생리적 각성과 신체적 반응을 일으키면, 개인은 신체적 반응을 정서로 지각하게 된다고 주장했다. 제임스가 제안한 이론과 거의 동시에, 덴마크의 생리학자이자 심리학자인 카를 랑게(Carl Lange)가 단독적으로 이와 유사한 이론을 발표했다. 정서의 **제임스-랑게 이론**(Lange & James, 1922)에 따르면 자율신경계에서의 서로 다른 각성 패턴이 각각 다른 정서를 만들어 내며, 생리적 각성은 정서가 지각되기 전에 나타난다([그림 9-5] 참조).

제임스-랑게 이론에 도전하는 정서의 또 다른 초기 이론은 투쟁-도피 반응과 항상성의 개념이라는 새로운 분야를 개척한 월터 캐넌(Walter Cannon, 1927)이 제안하였다. 캐넌은 다양한 정서를 야기하는 신체적 변화들이 여러 정서를 구분할 수 있을 만큼 충분히 다양하지 않다고 주장했다. 캐넌의 이론은 이후 심리학자 필립 바드(Philip Bard, 1934)에 의해 확장된다. **캐넌-바드 이론**에서는 정서를 경험했을

[그림 9-5] 정서의 제임스-랑게 이론

정서의 제임스-랑게 이론은 주관적인 경험이 말해 주는 것과는 정반대다. 만약 개가 당신을 향해 짖는다면, 제임스-랑게는 개가 짖을 때 당신의 심장이 요동치며, 이 심장의 요동을 당신이 지각한 후에야 두렵다는 결론을 내린다고 해석한다.

때 다음과 같은 사건의 연결들이 나타난다고 주장했다. 즉, 감각을 통해 정서를 유발하는 자극이 받아들여지고, 동시에 대뇌피질로 전달되는데 이것이 정서의 의식적인 경험을 제공한다. 또 이러한 정서 유발 자극은 교감신경계로도 전달이 되는데 여기서 생리학적 각성 상태를 만들어 낸다. 즉, 정서의 경험(예, 두려움)이 일어남과 동시에 생리학적 각성(예, 심장의 요동)을 경험하게 된다. 둘 중 어떤 것이 하나의 원인이 되는 것이 아니다. 따라서 캐넌-바드 이론의 지지자들은 [그림 9-5]가 세 단계가 아닌 두 단계로 구성되어야 한다고 주장한다. 첫 번째로 개가 짖고, 두 번째로는 두려운 사람의 신체적 반응과 인지적 반응이 모두 함께 나타나야 할 것이다.

스탠리 샥터(Stanley Schachter)는 정서의 초기 이론들이 중요한 요소 한 가지, 즉 왜 각성 상태가 일어나는가에 대한 주관적인 해석을 빠뜨렸다고 생각했다. 샥터와 싱어(Schachter & Singer, 1962)는 2요인 이론을 제안했다. **샥터-싱어 이론**에 따르면, 사람들이 정서를 느낄 때는 반드시 두 가지가 나타난다. (1) 처음에는 생리적 각성을 경험하고, (2) 이 각성을 특정 정서로 분류하기 위한 인지적 해석이나 설명이 나타난다. 그렇기 때문에 샥터는 진정한 정서란 오직 신체적으로 각성되고 이에 대한 이유를 찾았을 때만 발생할 수 있다고 결론을 내렸다. 생리적 각성 상태에 있지만 왜 그런지 알지 못할 때, 사람들은 상황에 적합한 정서로서 상태를 명명하려는 경향이 있다. 예를 들어, 불안을 겪지만 왜 그런지 모르는 사람은 이 감정이 치과의사에게 어금니의 신경치료를 받기 시작할 때 느꼈던 감정과 동일하다고 생각할 수 있다. 신경치료를 받을 때 경험했던 감정을 '불안'으로 정의했기 때문에, 그녀는 현재의 느낌을 동일하게 불안이라 정의할 것이다.

정서를 대부분 인지적 측면으로 설명한 이론은 리처드 라자루스(Richard Lazarus, 1991a, 1991b, 1995)가 제안하였다. **라자루스 이론**에 따르면, 인지적 평가는 정서적 반응의 첫 단계로, 생리적 각성을 포함한 정서의 모든 측면은 인지적 평가에 의존한다. 이 이론은 오래전 윌리엄 제임스가 뒤집었던 일련의 사건에 대한 정서의 주관적 경험과 양립한다. 사람은 어떤 자극이나 사건에 마주치면 우선 이를 평가한다. 이 인지적 평가는 정서적 반응을 가질 것인지, 만약 그렇다면 어떤 종류의 반응을 보일 것인지를 결정한다. 생리적 각성과 정서의 다른 모든 측면들은 평가에서 나온다. 라자루스는 사건이나 상황에 대한 인지적 평가가 긍정적이거나 부정적일 때 정서가 유발되며, 중립적일 때는 정서가 나타나지 않는다고 주장했다.

라자루스 이론의 비판자들은 일부 정서적 반응은 인지적 평가를 거칠 수 없을 만큼 빠르고 즉각적이라는 점을 지적했다(Zajonc, 1980, 1984). 라자루스(1984, 1991a)는 일부 정신적 처리 과정은 의식적 인식 없이도 일어난다고 대답했다. 그러나 짧게나마 여기에는 반드시 어떤 형태의 인지적 자각이 있을 것이며, 그렇지 않으면 어떤 정서(두려움, 행동, 당황 등)를 느끼는지 모를 것이라고 답했다. 또한 연구자들은 정서적 자극에 대해 재평가하거나 생각을 바꾸는 것이 생리적 반응의 감소와 연관이 있음을 발견했다(Gross, 2002).

아래의 〈복습과 재검토〉에서 정서의 네 가지 주요 이론(제임스-랑게, 캐넌-바드, 샥터-싱어, 라자루스)을 요약해 두었다. 어떤 것이 맞는지 궁금할 것이다. 1장에서 이론을 '진실' 혹은 '거짓'으로 생각하는 것에 대해 제시했던 조언들을 다시 생각해 보라. 이론의 진실 그 자체보다는 이론이 증거를 지지해 주는지에 대해 생각해 보는 것이 좋다. 정서 이론의 경우 네 이론 모두 지지하는 증거들이 존재하고, 정서를 포괄적으로 설명하는 결과들이 네 가지 이론의 요소들을 모두 포함한다. 또한 정서를 진정으로 이해하기 위해서 우리는 신경학적 발견들을 검증한 최근 연구들을 고려해야 할 것이다.

복습과 재검토 정서의 이론

이론	관점	예
제임스-랑게	사건이 생리적 각성을 야기한다. 오직 신체적 반응에 대해 해석한 뒤에야 정서를 경험한다.	밤늦게 귀가하던 중 뒤에서 나는 발자국 소리를 들었다. 심장이 요동치고 몸이 떨린다. 당신은 이를 두려움에 대한 신체적 반응으로 해석했다.
캐넌-바드	사건은 생리적, 정서적 반응을 동시에 일으킨다. 어떤 하나가 다른 것의 원인이 되지 않는다.	밤늦게 귀가하던 중 뒤에서 나는 발자국 소리를 들었다. 심장이 요동치고 몸이 떨리기 시작하며, 두려움을 느꼈다.
샥터-싱어	사건은 생리적 각성을 일으킨다. 이 각성에 대해 반드시 정서로 명명해야 한다.	밤늦게 귀가하던 중 뒤에서 나는 발자국 소리를 들었다. 당신은 밤늦게 혼자 걷는 것은 위험할 수 있다는 것을 알기 때문에 두려움을 느꼈다.
라자루스	사건이 발생하면 인지적 평가가 이뤄지고, 이때 정서와 생리적 각성이 따라온다.	밤늦게 귀가하던 중 뒤에서 나는 발자국 소리를 들었다. 두려움을 느꼈기 때문에, 심장이 요동치고 몸이 떨리기 시작한다.

정서와 뇌

9.14 정서신경과학자들은 정서와 뇌에 관해 무엇을 알게 됐는가?

정서신경과학(affective neuroscience)이라 불리는 영역에서 연구자들은 정서의 신경학적 증거를 찾기 위해 2장에서 배웠던 EEG, MRI, fMRI, PET 등 많은 기법을 사용했다(Dalgleish, Dunn, & Mobbs, 2009). 그들이 알게 된 한 가지는, [그림 9-6]에서 보여 주듯 각 정서는 뇌 안의 구분된 반응체계들을 가지고 있다는 것이다(Dalgleish, 2004). 또한 연구자들은 여러 뇌 구조가 정서적 경험에서 핵심적 역할을 하고 있음을 확인했다.

2장에서 편도체가 변연계의 한 부분이며 공포와 밀접한 연관이 있다고 말했다(LeDoux, 2000). 오감에서부터 오는 정보들은 직접적으로 편도체에 전달되며, 대뇌피질의 일차 사고 영역에서의 개입 없이 즉각적으로 작용한다. 그러나 반사 작용과 마찬가지로, 피질은 곧 편도체에 개입하게 된다(Ledoux, 2000). 그 후 피질은 공포를 유발하는 상황에 대한 해석과 함께 편도체의 공포반응을 완화시킨다. 공포를 유발하는 기억의 수정을 통해 편도체의 공포를 조절하는 피질의 능력은, 이전에 학습했던 공포를 극복하는 능력에도 필수불가결하다(LeDoux & Droyere, 2011). 따라서 중요한 시험을 칠 때 나타나는 불안을 가까스로 이겨 냈을 때, 그들은 편도체를 조절하는 피질의 능력에 감사해야 할 것이다.

공포라는 정서와 처음으로 맞닥뜨렸을 때, 뇌의 처리 과정의 대부분은 무의식적이다. 그 이후에는 의식적으로 받아들이게 되는데, 이는 피질이 심박률과 같이 정서와 함께 동반되는 생리적 신호들을 감지하기 때문이다. 피질은 기억에 저장된 정서 유발 경험들을 현재 상황과 연결시키기 위해 이 신호들을 사용한다(Dalgleish, 2004). 피질의 감시기능은 논리와 정보가 불충분한 상황에서 의사결정을 하기 위해 정서의 의미에 관해 저장되어 있는 정보들을 사용하는 능력에 기여한다(Damasio, 1995). 결과적으로, 감시기능을 수행하는 피질의 일부가 손상된 사람들은 이와 같은 결정을 내리는 데 어려움을 겪는다. 이런 사람들은 7장에서 육감이나 예감 등으로 기술되었던 직감이 필요한 게임을 수행하기 위한 효과적 전

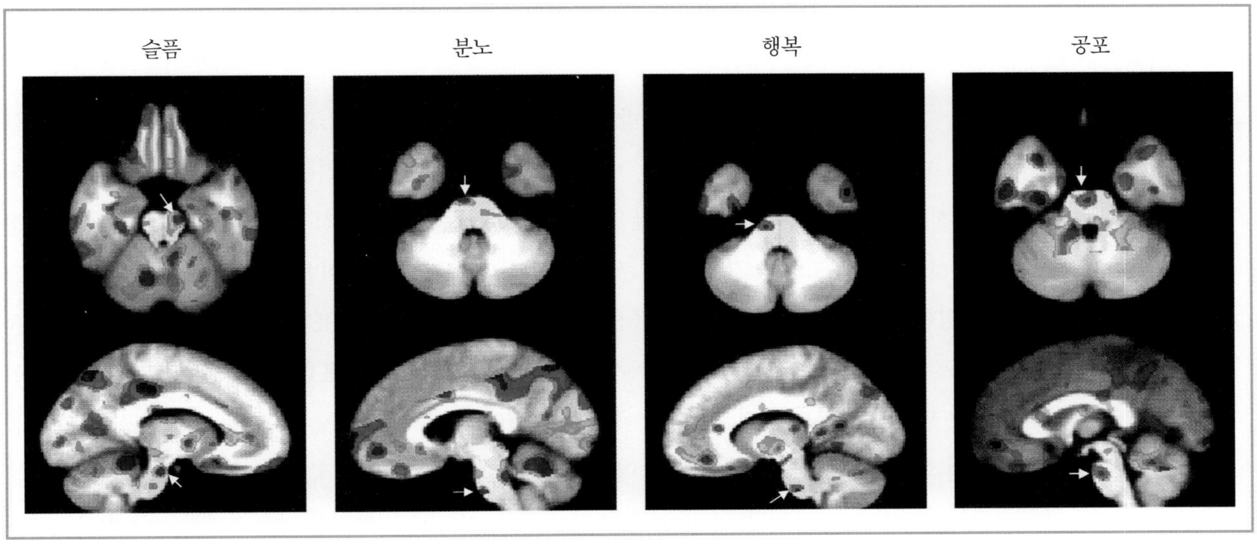

[그림 9-6] 정서의 신경영상

뇌영상 연구는 정서가 다른 종류의 경험과 연관된 다양한 뇌활동 패턴을 유발한다는 것을 발견했다.

략을 발전시키는 능력이 매우 한정적이었다(예, Clark et al., 2008). 어떤 연구인지 이해할 수 있도록 예시를 들어 보겠다. 빠르게 결정을 내려야 하는 비디오게임을 하고 있다고 가정해 보라. 캐릭터 왼쪽이나 오른쪽으로 돌거나, 문을 통과하거나, 새로운 단계로 넘어갈 것을 결정하는 등, 당신이 통제하고 있는 캐릭터에게 주어지는 선택에 대해 당신은 '예/아니요'로 결정을 해야 한다. 게임의 속도는 이 행동을 선택했을 때 가능한 모든 결과에 대한 논리적으로 분석할 시간을 허용해 주지 않는다. 결과적으로, 당신은 선택을 하기 위해 직관에 의존할 수밖에 없다(Kuo et al., 2009). 피질의 정서-감시 체계는 과거의 선택과 유발된 감정에 대한 기억에서 저장된 정보들을 통해 이 결정을 안내한다. 이는 먹구름이 꼈다는 것을 알아차렸을 때 학교에 우산을 가져갈지 빠르게 결정해야 하는 것과 같이, 일상에서 빠르게 결정해야 하는 상황에 직면하는 것과 동일하다.

물론 장기적 목표를 성취하기 위해 당장의 보상에 대한 유혹을 억제해야 할 때처럼, 의사결정 과정이 좀 더 효율적이기 위해서 정서를 무시해야 할 때도 있다. 이러한 경우에 정서신경과학자들은 뇌량을 둘러싼 띠의 앞부분인 전측 대상회 피질이 즉각적 보상과 관련된 정서적 단서를 억제하는 역할을 한다고 말했다(Tullett et al., 2013). 결과적으로, 우리는 장기적 목표에 집중할 수 있으며 충동적이지 않고 깊게 생각하여 행동할 수 있게 되는 것이다. 따라서 사춘기 이전의 소년들에게 전측 대상회 피질의 지연된 성숙과 심각한 행동문제 사이에 연결이 있다는 연구 결과는 별로 놀라운 사실이 아니다(De Brito et al., 2009). 이와 유사하게, 한 동물 연구는 전측 대상회의 손상이 동물의 사회적 관계에 지장을 준다는 것을 발견했다(Rudebeck et al., 2007). 이 발견은 충동의 억제가 사회적 관계에 얼마나 중요한지 이해하도록 해 준다. 예를 들어, 대부분의 사람은 상사에게 화가 날 때마다 질책하는 것을 삼가는 것이 장기적으로 더 나을 것이라는 데 동의한다. 당신이 '상사에게 화를 낸다면 얼마나 기분이 좋아질까?'와 같은 단기적 관점의 유혹에서 벗어나 '직업 유지'라는 장기적 관점을 채택할 수 있는 것은 바로 전측 대상회 피질 덕분이다.

9.15 정서에 있어 남자와 여자는 어떻게 다른가?

정서에서의 성차

남성과 여성의 정서 표현 방식은 확실히 다른가? 진화적 관점에 따르면, 이 질문에 대한 답은 아마 '다르다'일 것이다. 배신을 당하거나 귀에 거슬리는 비난을 들었다면 당신이 처음 느낄 감정은 무엇인가? 이 질문에 대답을 하도록 요청했을 때, 고전적 연구에서 남성 참가자들은 분노를 느낄 것이라고 보고하는 경향이 더 큰 반면, 여성 참가자들은 상처받고, 슬프고, 실망할 것이라고 응답하는 경향이 더 컸다(Brody, 1985). 물론 남성과 여성 모두 분노를 표현하겠지만, 같은 방식인 것은 아니다. 여성은 개인적인 공간(또는 집)에서는 남성만큼이나 분노를 표현하지만, 직장과 같은 공적인 장소에서는 남성보다 분노를 덜 표현하는 경향이 있다(Cupach & Canary, 1995; Sloan, 2012). 여성이 공공장소에서 화내지 못하는 이유는, 아마 여성들이 일반적으로 부정적 정서는 억제하고 긍정적 정서는 표현한다고 기대되기 때문이다(Simpson & Stroh, 2004). 이 기대의 패턴은 남성에게서는 정반대로 나타난다.

또한 연구자들은 생물학적 기초를 가진 정서 반응의 강도에서도 성차에 대한 증거를 발견했다. 이 효름과 관련된 한 흥미로운 연구에서, 연구자들은 부부에게 그들의 관계에서 긍정적 사건이나 부정적 사건에 대해 토론하게 한 후, 정서적 각성과 함께 증가하는 스트레스 호르몬인 코르티솔의 수치를 남편과 아내 각각에게 측정했다(Kiecolt-Glaser, 2000). 연구자들에 따르면 여성의 코르티솔 수치는 부정적 사건에 대한 토론 후 증가하는 반면, 남성의 경우 변함이 없었다. 이 발견은 여성이 남성에 비해 부정적 정서에 심리적으로 더 예민하다는 것을 제안한다.

▶▶▶ 정서 표현에서의 성차가 남녀 간의 갈등에 영향을 미친다고 생각하는가? 만일 그렇다면 어떻게 영향을 미칠까?

정서의 표현

9.16 사람들은 어떻게 정서를 표현하고 정서의 영향을 받는가?

정서의 표현은 숨을 쉬는 것만큼이나 인간에게 자연스러운 일이다. 정서의 선두적 연구자인 폴 에크먼(Paul Ekman, 1993)과 캐럴 이저드(Carroll Izard, 1992)는 기본적 정서의 수가 제한되어 있다고 주장했다. **기본적 정서**(basic emotions)는 학습되지 않으며 보편적인 것이다. 즉, 이 정서들은 모든 문화에서 발견되며, 동일한 얼굴 표정을 반영하고, 발달의 생물학적 시간표에 따라 아이들에게 나타난다. 공포, 분노, 혐오, 놀라움, 즐거움/행복, 슬픔/짜증 등은 보통 기본적 정서로 생각된다. 이저드(1992, 1993)는 각 기본적 정서에 기저한 구분된 신경회로가 존재한다고 주장했으며, 레빈슨과 동료들(Levenson et al., 1990)은 기본적 정서와 관련된 특정 교감신경계 활동에 대해 언급했다.

정서의 범위에 대한 연구에서, 에크먼(1993)은 집단을 구성함으로써 정서를 고려하는 것을 제안했다. 화(anger) 집단은 귀찮음부터 짜증, 화, 성남, 마지막으로 격분까지의 범주를 갖는다. 또한 에크먼(1993)에 따르면, 화 집단의 감정이 존재하게 되면 정서가 표현되는 다양한 형태들 또한 여기에 포함이 될 것이다. 예를 들어, '분개'는 '불만스러운 감정'이 존재할 때의 화의 형태다(p. 386). 어떤 정서의 범위든 그 변화를 기술할 수 있는 영어 단어는 굉장히 많기 때문에, 에크먼과 프리슨(Ekman & Friesen, 1975)은 어떤 감정에 따라 얼굴 표정에서 나타나는 미묘한 차이가 그 감정의 강도를 나타내 준다고 주장했다.

찰스 다윈(Charles Darwin, 1872/1965)은 대부분의 정서와 이를 나타내는 얼굴 표정은 유전적으로 물려받은 것이며 인간이라는 종 전체의 특성이라고 주장했다. 만약 다윈의 말이 맞다면, 모든 사람은 다음 페이지의 〈시도〉에서 각각의 표정들을 동일한 방식으로 명명할 것이다. 당신의 답에 대해 다른 사람들도 동의하는가? 다윈은 그의 신념을 검증하기 위해, 다양한 문화의 사람들과 선교사들에게 기본적 정서에 수반되는 얼굴 표정들을 기록해 달라고 요청했다. 이 자료들에 기초해, 그는 얼굴 표정이 문화마다 비슷하다는 결론을 내렸다. 현대 연구자들도 다윈이 옳다는 사실에 동의한다.

다른 연구자들은 문화적 다양성뿐 아니라 보편성에 대한 증거들을 발견했다. 쉬어러와 월봇(Scherer

시도 기본적 정서 인식

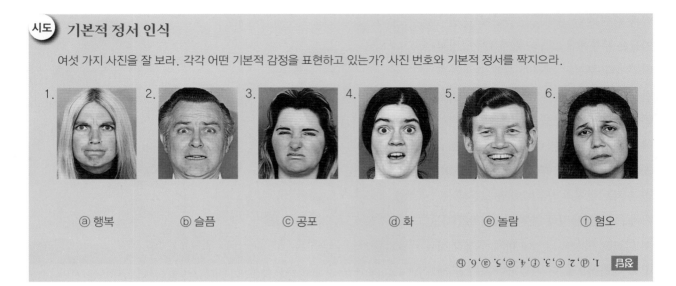

여섯 가지 사진을 잘 보라. 각각 어떤 기본적 감정을 표현하고 있는가? 사진 번호와 기본적 정서를 짝지으라.

1. 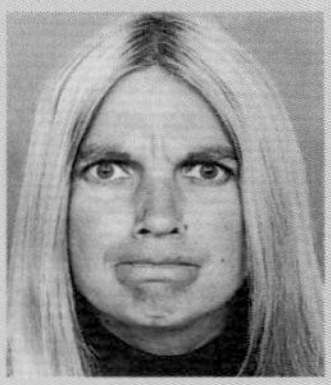
2. 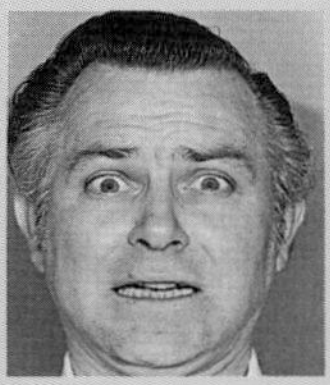
3. 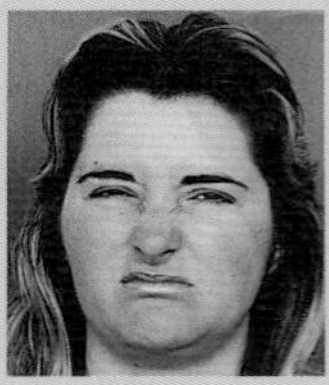
4. 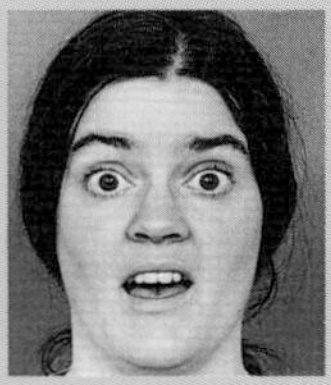
5. 
6. 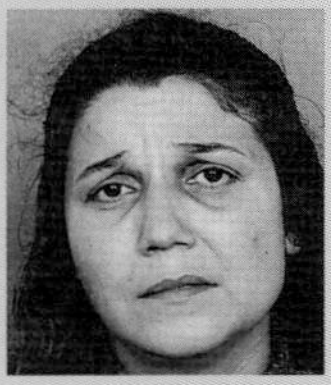

ⓐ 행복 ⓑ 슬픔 ⓒ 공포 ⓓ 화 ⓔ 놀람 ⓕ 혐오

정답 1. ⓓ, 2. ⓒ, 3. ⓕ, 4. ⓔ, 5. ⓐ, 6. ⓑ

& Wallbott, 1994)은 5대륙의 37개 나라의 문화에서 보고한 정서적 경험 패턴들이 매우 광범위하게 일치한다는 것을 발견했다. 그들은 또한 정서가 나타나고 조절되는 방식과 사회적으로 어떻게 공유하는지에서의 중요한 문화적 차이를 발견했다. 최근 연구는 아시아 사람들이 서양 사람들에 비해 목소리 톤과 같은 정서 지표에 더 많이 주의한다고 주장했다(Ishii, 2011).

또한 각 문화는 얼굴 표정에 '억양'이 있는 것으로 보인다(Marsh, Elfenbein, & Ambady, 2007). 이 억양이란 특정한 얼굴 표정을 드러낼 때 한 문화의 구성원들 대부분이 사용하는 미세한 근육의 움직임 패턴을 말한다. 즉, 일본인이 행복한 표정을 짓는 것과 미국인이 행복한 표정을 짓는 것은 다소 다르며, 독일인 또한 이 둘과는 다르다. 실제로, 매우 유사한 문화적 배경을 가진 사람일지라도 이러한 차이들은 정서 지각에 영향을 줄 수 있다. 한 고전적 연구에서 연구자들은 미국의 백인은 유럽 백인에 비해 같은 미국 백인의 얼굴 표정을 더 빠르게 인식한다는 것을 발견했다(Izard, 1971).

각 문화는 매우 다양한 **표현법칙**(display rules)을 가지고 있다. 표현법칙이란 일반적으로 정서를 어떻게 표현해야 하는지, 그 표현이 언제 어디에 적합한지를 결정하는 문화적 법칙이다(Ekman, 1993; Ekman & Friesen, 1975; Scherer & Wallbott, 1994). 한 사회의 표현법칙은 종종 실제 경험하지 않은 감정을 있는 것처럼 하거나 실제 정서를 위장하도록 요구하기도 한다. 예를 들어, 미국인은 장례식에서 슬픈 것처럼 보여야 하고, 패배에 대한 실망을 감추어야 하며, 음식이 맛없을 때 불쾌한 표정을 짓지 않도록 요구된다. 일본 문화에서의 표현법칙은 타인 앞에서 부정적 정서를 숨기도록 만든다(Ekman, 1972; Triandis, 1994). 동아프리카의 전통 마사이 사회에서 젊은 남성은 근엄하고 냉랭한 모습을 보이도록 기대되며, 멀고 길게 응시해야 한다(Keating, 1994).

동일한 문화 내일지라도 집단마다 표현법칙의 다양성이 존재한다. 예를 들어, 연구자들은 대부분 직장에서 상사는 근로자들이 부정적 정서보다는 긍정적 정서를 더 많이 표현할 것이라 기대한다는 것을 발견했다(Diefendorff & Richard, 2003). 이와 유사하게, 미국에서 연구자들은 청소년들이 공공연한 정서 표현을 막는 또래 친구들로부터 얻은 무언의 표현법칙을 따른다는 것을 알아냈다. 정서 표현의 억제에 따른 결과로 아이들은 냉담하고 무신경하며 부모나 다른 어른들에게 무례한 것처럼 여겨질 수 있다

(Salisch, 2001). 심리학자들은 이러한 또래 기반의 표현 규칙에 대한 순응이 부모님이나 선생님과의 잘못된 의사소통에 대한 기초가 될 수 있다고 추측했다.

얼굴 표정의 통제는 정서 조절의 도구가 될 수 있는가? 특정한 표정에 수반되는 근육의 움직임이 그에 상응하는 정서를 만들어 낸다는 생각을 **안면 피드백 가설**(facial-feedback hypothesis)이라고 부른다(Strack, Martin, & Stepper, 1988). 이를 지지하는 증거들이 몇 가지 있다. 고전적 연구에서, 에크먼과 동료들(1983)은 심박수나 근육의 긴장과 같은 정서의 생리적 측정치가 참가자의 표정 변화에 따라 달라짐을 확인했다. 더 최근에는 얼굴 표정이 개인의 상태를 변화시킬 수 있을 뿐만 아니라 실제로 느끼는 정서의 강도도 변화시킨다는 것을 발견했다(Soussignan, 2002; Lewis, 2012). 즉, 화가 나서 화난 표정을 지었다면, 당신은 더욱 화나게 될 것이다. 또한 감정이 위험하다고 생각되는 방향으로 흘러갈 때 표정을 최대한 중화시키는 것은 스스로를 통제하도록 하는 첫 단계일 것이다.

▶▶▶ 언제 어떻게 기분을 표현할지를 규정하는 문화적 표현 양식에 따르기 위해 사람들이 자신의 정서를 숨겨야 할 경우가 있다. 예를 들어, 운동선수들에게는 훌륭한 스포츠맨십을 보여 주어야 할 의무가 있다(그런 스포츠맨십이 위선에 불과할지라도).

우리가 스스로의 감정을 조절할 수 있다면, 이는 좋은 생각이지 않은가? 당신은 아마 화를 표출하는 것이 기분을 더 좋게 해 준다는 이야기를 들어 본 적이 있을 것이다. 그러나 이런 관점을 지지하는 증거는 없으며, 실제로 화를 표출하는 것은 기분을 더 나쁘게 만들 것이다(Lohr et al., 2007). 또 공격적 행동으로 이끌 수도 있다. 결과적으로, 연구들은 화를 조절하고 다스리는 법을 배우는 것이 화내는 것보다 더 좋은 선택이라고 주장한다.

1장에서 배웠던 것처럼, 오늘날 가장 영향력 있는 임상심리학자인 마틴 셀리그만(Martin Seligman)은 사람들이 긍정적 정서를 유지하고 부정적 정서는 피하기 위해 스스로의 감정을 조절할 수 있으며 또 그렇게 해야 한다는 생각을 열렬히 지지하였다(Seligman, 2011). 또한 그는 삶에 대한 긍정적 관점을 의미하는 낙관주의와 같은 인간의 강점과 심리적 장애와 같은 단점에 대한 시간과 에너지를 쏟아 연구하는 **긍정심리학**(positive psychology)을 통해 심리학이라는 분야가 사람들을 도울 수 있다고 주장했다(Seligman & Csikszentmihalyi, 2000). 바바라 프레드릭슨(Barbara Fredrickson, 2009)과 같은 긍정심리학자들은 긍정적 정서가 과거에 성공적이었던 대처 전략을 적용하고 수정하여 새로운 도전에 집중하도록 돕는다고 제안했다. 반면 부정적 정서는 스스로의 문제에 집중하게 만든다. 다음 페이지의 〈적용〉에서 긍정적 관점을 유지하기 위한 중요한 조언들을 알려 줄 것이다.

적용 행복의 탐색

행복은 삶의 만족과 밀접하게 관련되어 있다. 즉, 행복한 사람은 스스로의 삶에 만족하는 경향이 있다. 물론 모든 인생에는 변하지 않는 요소들이 존재하고, 이 중 일부는 불행을 야기할 수도 있다. 그러나 사람들은 삶에 감정적으로 반응하는 방식을 통제하기 위한 어떤 전략들을 사용할 수 있다.

장밋빛 견해를 버리라

일반적으로 삶에 대해 긍정적 관점을 갖는 것은 행복과 웰빙을 유지하는 데 중요한 요소다. 그러나 당신은 '세상을 장밋빛으로 바라보는 것'의 의미가 무엇인지 아는가? 이 표현은 프랑스의 은유인 'voire la vie en rose(분홍색으로 삶을 바라보라)'에서 유래한 것으로, 있는 그대로보다 더 좋게 바라보라는 의미다. 심리학자 다니엘 길버트(Daniel Gilbert)는 의사결정과 행복 사이의 관계에 대해 연구했다(Gilbert, 2006). 그는 우리가 행복하게 해 줄 것이라는 믿음에 따라 의사결정을 했을 때 자주 실망하게 된다는 것을 지적했다. 예를 들면, 새집으로 이사하면 행복해질 것이라는 믿음은 절약하려는 동기를 만들어 주고, 집을 찾기 위한 시간을 소비하며, 이사에 대한 스트레스 경험을 겪게 한다. 순식간에 우리는 새로운 집이 기대했던 대로 더없는 행복을 가져다주지는 않는다는 것을 발견한다. 길버트는 관계 또한 마찬가지라고 말했다. 우리는 행복을 추구하기 위해 데이트, 결혼, 바람, 이혼, 출산, 재결합, 연락의 단절, 그리고 새로운 상대를 찾기 위해 모임에 가입하는 등 많은 것을 반복하지만, 결국 원래의 정서 상태로 되돌아간다는 것만을 발견하게 된다.

행복을 계산하라

아마 우리는 길버트가 기술했던 희망-좌절 주기를 피하기 위해 이미 가지고 있는 것에 더 감사하려 하는지도 모른다. 심리학자 마틴 셀리그만(2011)은 경험의 긍정적 측면에 집중시켜 행복감을 증가시키는 데에 맞추어진 몇 가지 훈련을 사용해 왔다. 이러한 훈련방법 중 하나는 '좋은 것 세 가지'다. 셀리그만은 연구 참가자들에게 그날그날 일어나는 세 가지 긍정적인 것을 기록하는 일기장을 쓰도록 지시했다. 그들은 참가자들이 '좋은 것 세 가지' 일기장을 단지 일주일만 썼음에도 행복을 더 많이 느낀다고 보고했음을 발견했다. 게다가 이 연구에 참가했던 후에도 이 훈련을 지속한 사람들은 지속적인 효과를 보고했다.

바빠지라

주위 환경을 의식하지 못하게 되는 활동에 사로잡히게 된다면, 당신은 아마 더 행복해질 것이다. 심리학자들은 이 상태를 '몰입'이라고 말한다. 몰입 상태가 되기 위해서는 이기적이지 않은 마음에 의식적으로 빠져들어야 한다(Csikszentmihalyi et al., 2005). 그것이 일이든, 놀이든, 또는 단순히 차를 운전하는 것이든 간에, 기술이 관여되는 어떤 행동에 사로잡힌 사람들은 더 긍정적인 감정을 보고했다.

당신이 인생의 모든 측면을 통제할 수 있는 것은 아니지만, 어떻게 반응하는가를 조절할 수는 있다.

기억하기 본문 내용을 떠올리며 다음 퀴즈를 풀어 보라.

1. 정서는 _____, _____ 그리고 _____의 요소들로 이루어져 있다.
2. _____ 이론은 정서의 느낌과 정서적 상황에 대한 생리적 반응이 동시에 일어난다고 주장했다.
3. _____ 이론은 생리적 각성과 정서가 정서를 유발하는 사건에 대한 인지적 평가에 의해 나타난다고 주장했다.
4. 두려움이 엄습할 때, (편도체/피질)이 (편도체/피질)보다 먼저 활성화된다.
5. 문화적 _____ 때문에, 때로 사람들은 실제로 느끼지 않는 감정을 표현한다.

되돌아보기

이제 당신은 동기와 정서에 대한 이 장의 내용을 모두 읽었을 것이다. 당신은 이 장에서 논의하는 다양한 경험의 영역을 진술하는 정서적인 기준점에서 어떻게 개인차가 있는지 알 수 있다. 작업동기와 관련하여 예를 들면, 낙관적인 사람은 새로운 도전을 성취하기 위해 더 강하게 동기화되기 때문에 비관적인 사람보다 더 많은 기회를 얻을 수 있다. 마찬가지로 로맨틱한 관계에서 좋은 결과가 있을 것이라는 자신의 능력에 대한 믿음, 긍정적 사고로의 전환은 그 사람으로 하여금 상대방에게 다가갈 때 수반되는 거절이라는 위험을 감수할 수 있게 해 주는 것 같다. 결과적으로 긍정적인 사람은 부정적인 사람보다 관계를 맺을 기회를 더 많이 가질 것이다. 그러므로 당신이 낙관성과 비관성의 연속선상에서 비관적인 측면을 향하는 경향이 있다면 긍정심리학으로 접근하거나 삶을 더 긍정적으로 보는 방법을 제시해 줄 수 있는 상담가의 도움을 받는 것이 좋을 것이다.

CHAPTER

10

건강과 스트레스

스트레스원

10.1 생활사건 접근법에서는 스트레스를 어떻게 설명하는가?

10.2 일상적인 문제, 즐거운 경험 및 선택의 문제는 스트레스에 어떤 영향을 미치는가?

10.3 근로자들의 최적 범위의 업무환경에 기여하는 변인들은 무엇인가?

10.4 스트레스의 사회적 원인에는 어떤 것들이 있는가?

건강과 스트레스

10.5 생물심리사회적 모델에서는 건강과 질병을 어떻게 설명하는가?

10.6 투쟁-도피 반응은 건강에 어떠한 영향을 미치는가?

10.7 이론가들은 생리적 · 심리적 스트레스 반응에 대해 어떻게 설명하는가?

10.8 스트레스 상황에서 회복을 촉진하는 요소들은 무엇인가?

건강과 질병

10.9 생활방식과 유전, 성격은 관상동맥성 심장질환에 어떤 영향을 미치는가?

10.10 심리적 요인들은 암 환자들의 삶의 질에 어떤 영향을 주는가?

10.11 건강에 대한 태도에 어떠한 성차가 나타나는가?

10.12 연구자들은 건강에서의 인종차를 어떻게 설명하는가?

생활방식과 건강

10.13 흡연은 건강에 어떤 영향을 미치는가?

10.14 알코올 남용은 건강에 어떠한 문제를 일으키는가?

10.15 세균성 성병과 바이러스성 성병 간의 차이점은 무엇인가?

10.16 다이어트와 운동은 건강에 어떠한 영향을 주는가?

10.17 대체의학의 이점과 위험 요인은 무엇인가?

생각해보기

당신에게 '스트레스를 주는' 것들은 어떤 일들인가? 당신이 여느 학생들과 마찬가지라면, 시간이 충분하지 않다는 느낌은 당신을 짜증스럽게 만드는 일들 중 하나일 것이다. 실제로, 해야 할 일은 너무 많은데 시간이 부족하다는 것은 대학생들을 대상으로 개인의 스트레스 수준을 측정하기 위해 사용한 '일상생활 스트레스 척도(Hassles Scale)'에 포함된 항목 중 하나였다(Kanner et al., 1981). 연구자들은 학생들에게 스트레스가 될 만한 상황 목록을 제시하고 현재 어떠한 것이 스트레스원으로 작용하는지 알아보고자 하였다. 아래에 제시한 도표는 연구자들이 제시한 질문 항목들과 학생들이 각 문항에 대해 현재의 스트레스원이라고 응답한 비율을 보여 준다. 제시된 항목들 중 당신에게 스트레스를 주는 일들은 얼마나 되는가?

그림에 나열된 스트레스원의 목록들을 살펴봄으로써 당신이 일상생활에서 얼마나 많은 스트레스를 경험하고 있는지 깨닫게 될 것이다. 이 장에서는 스트레스에 대처하기 위한 몇 가지 전략을 제시할 것이다. 또한 스트레스가 우리의 삶에 어떤 의미를 갖는지, 스트레스에 어떻게 대처해야 할지, 그리고 스트레스가 우리의 건강에 어떤 영향을 미치는지 이해하는 데 도움이 될 만한 이론과 연구들을 소개할 것이다.

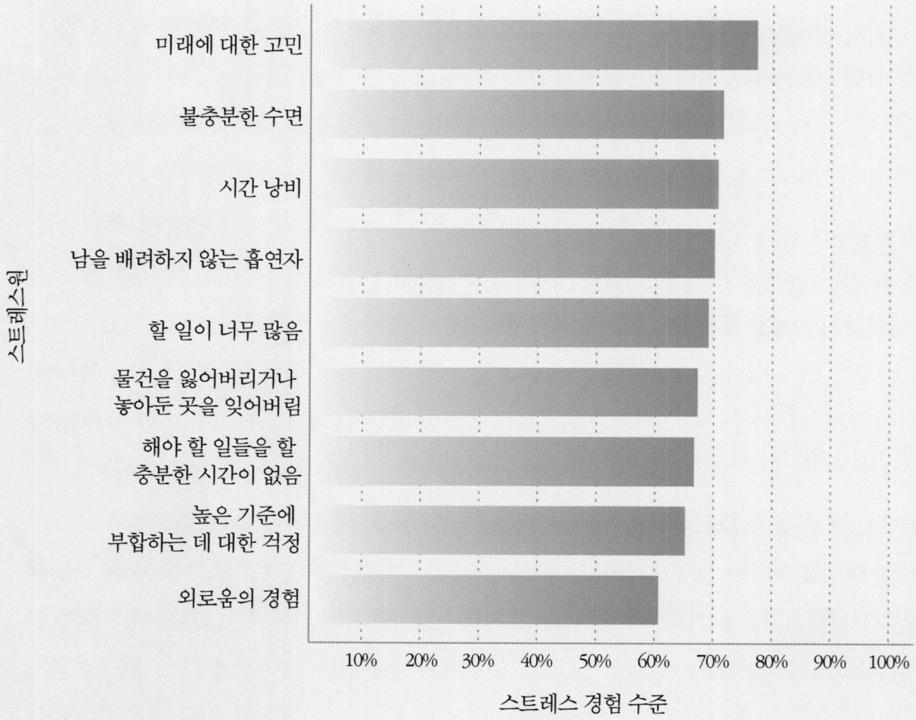

스트레스원

심리학자들은 **스트레스**(stress)를 위협이나 도전적 상황에 처한 개인이 보이는 심리적 · 신체적 반응으로 정의하면서, 적응 및 조절에 필요한 것으로 보았다. **스트레스원**(stressor)은 스트레스 반응을 일으킬 수 있는 자극 혹은 사건이다. 직업의 변화, 친밀한 관계의 시작, 친밀한 대상과의 이별, 대학 졸업 등과 같은 주요한 생활사건들을 경험하는 것이 스트레스가 된다는 사실에 모두들 동의할 것이다. 단, 부정적 생활사건뿐만 아니라 긍정적 생활사건 또한 스트레스원이 된다는 사실에 주목하라. 긍정적이든 부정적이든 변화를 일으키는 것은 모두 스트레스를 유발할 수 있는 위험 요소가 된다. 그러나 앞서 살펴본 〈생각해보기〉에서처럼 일상적 스트레스원보다 주요 생활사건들이 더 큰 스트레스를 유발할까? 예상한 바대로, 두 관점 모두를 지지하는 증거가 있다.

생활사건 접근법

10.1 생활사건 접근법에서는 스트레스를 어떻게 설명하는가?

스트레스를 기술·측정·설명하는 방법 중 하나인 **생활사건 접근법**은 개인의 안녕감이 주요한 생활상의 변화로 인해 위협받을 수 있다고 보는 관점이다. 이 접근법에는 연애의 시작이나 끝과 같이 대부분의 사람이 살아가면서 한 번쯤은 경험하게 되는 사건뿐만 아니라 복권 당첨, 전투 참여나 자연재해 등 직접 경험할 가능성이 희박한 일들도 포함된다.

사회재적응 평정척도

토마스 홈스와 리처드 라헤(Thomas Holmes & Richard Rahe)는 이 접근법의 대표적 연구자들이다. 홈스와 라헤(1967)는 각기 다른 생활사건들을 가장 스트레스가 높은 수준부터 낮은 순으로 배열하고 각각의 사건들에 서로 다른 점수를 부여함으로써 스트레스를 측정하는 **사회재적응 평정척도**(Social Readjustment Rating Scale: SRRS)를 개발하였다. 삶에서 큰 변화를 초래하며 상당한 적응상의 노력을 요하는 생활사건들은 그 경험이 긍정적이든 부정적이든 관계없이 강한 스트레스를 주는 것으로 간주된다. 척도에는 배우자의 사망(스트레스 점수 100점)에서부터 주차위반 딱지를 떼는 것과 같은 사소한 법률 위반(스트레스 점수 11점)에 이르는 총 43개의 사건이 포함되어 있다. 다음 페이지의 〈시도〉에서 당신의 생활 스트레스 점수를 확인해 보라.

홈스와 라헤는 생활 스트레스 수준과 주요 건강상의 문제는 서로 연관된다고 주장하였다. 사회재적응 평정척도에서 300점 이상을 받은 사람은 향후 2년 이내에 주된 건강상의 문제를 겪게 될 위험성이 무려 80%에 이르며, 150~300점 사이일 경우 2년 안에 질병을 앓게 될 확률이 50%에 달한다(Rahe et al., 1964). 보다 최근의 연구에서 홈스와 라헤가 나열한 생활사건들은 북미 지역 성인에게 여전히 적용되며, 사회재적응 평정척도 점수는 다양한 건강 지표와 상관이 있다는 것이 밝혀졌다(Blasco-Fontecilla et al., 2012; Dohrenwend, 2006; Thorsteinsson & Braun, 2009).

사회재적응 평정척도의 중요한 결점 중 하나는 개인이 스트레스원에 대처하는 방식을 고려하지 않고 각각의 생활 변화에 대한 점수를 부여하였다는 점이다. 한 연구에서 사회재적응 평정척도 점수는 다발성 경화증 환자의 질병 진행을 신뢰성 있게 예측하였다(Mohr et al., 2002). 그러나 동일한 스트레스원에 대해 효과적인 적응 전략을 사용하는 집단은 미숙한 적응 전략을 사용하는 집단에 비해서 질병으로 진행되는 비율이 더 낮았다.

▶▶▶ 심지어 결혼과 같은 긍정적인 생활사건들도 스트레스를 유발할 수 있다.

시도 생활 스트레스 점수를 확인해 보기

생활 변화의 수준을 평가해 보기 위해 지난 몇 년 동안 당신에게 일어난 사건들을 모두 체크하라. 각 점수들의 총점이 당신의 생활 스트레스 점수다(Holmes & Masuda[1974]를 토대로 함).

순위	생활사건	생활 변화 점수	점수	순위	생활사건	생활 변화 점수	점수
1	배우자의 사망	100	___	23	자녀의 분가	29	___
2	이혼	74	___	24	법적인 문제	29	___
3	별거	65	___	25	독보적인 개인적 성취	28	___
4	교도소 수감	63	___	26	배우자의 구직 및 실직	26	___
5	가족의 사망	63	___	27	입학 및 졸업	26	___
6	개인적 부상, 질병	53	___	28	생활환경의 변화	25	___
7	결혼	50	___	29	개인적 습관의 수정	24	___
8	직장에서의 해고	47	___	30	상사와의 갈등	23	___
9	부부 화해	45	___	31	근무 시간 및 조건의 변화	20	___
10	은퇴	45	___	32	주거지 변화	20	___
11	가족의 건강 상태 변화	44	___	33	전학	20	___
12	임신	40	___	34	여가 활동의 변화	19	___
13	성생활 곤란	39	___	35	교회 활동의 변화	19	___
14	새로운 가족 구성원의 획득	39	___	36	사회 활동의 변화	18	___
15	새로운 업무에의 적응	39	___	37	덜 주요한 구매(예, 자동차나 텔레비전)를 위한 대출	17	___
16	재정 상태의 변화	38	___				
17	가까운 친구의 사망	38	___	38	수면 습관의 변화	16	___
18	근무부서의 이동	36	___	39	함께 사는 가족 수의 변화	15	___
19	배우자와의 말다툼	35	___	40	식습관의 변화	15	___
20	주요 구매(예, 집)를 위한 대출	31	___	41	휴가	13	___
21	저당이나 대부금의 회수 불능	30	___	42	명절	12	___
22	직장 내 책무의 변화	29	___	43	사소한 위법	11	___
					생활 스트레스 점수		___

재난적 사건 전쟁, 테러 공격, 지진, 허리케인, 비행기 사고 등과 같은 재난적 사건들은 사건을 경험한 당사자들이나 미디어를 통해 간접적으로 경험한 사람들 모두에게 스트레스를 야기한다. 대부분의 사람은 이러한 참사와 관련한 스트레스를 견뎌 낼 수 있다. 그러나 어떤 사람들에게 이러한 사건들은 **외상후 스트레스 장애**(posttraumatic stress disorder: PTSD)를 유발하는데, 이는 재난적 사건에 대한 장기적이고 극심한 스트레스 반응 혹은 전쟁에 참전한 군인들이 경험하는 것과 같은 심각하고 만성적인 스트레스를 말한다(North & Surris, 2012).

연구에 따르면 이처럼 외상을 주는 사건들의 영향은 몇 년에 걸쳐 장시간 지속될 수 있는데, 특히 외상 사건에 개인적 관련성이 있는 경우에는 더욱 그러하다. 예를 들어, 뉴욕 시 거주자들을 대상으로 한 조사에서 일부 시민은 2001년 9·11 테러 이후 6년이 지나서도 여전히 PTSD 증상으로 고통받고 있었다(Brackbill et al., 2009). 더욱이 PTSD는 사건 경험 후 수년이 지난 후에야 나타나는 경우도 있고, 해마다 외상사건이 발생했던 날에 증상이 촉발되기도 한다. 예를 들어, 미국의 정신건강 전문가들은 1945년 제2차 세계대전 종전 50주년이 되는 해에 전쟁과 관련한 PTSD 증상을 치료받고자 하는 재향군인들이 상당히 증가하였다고 보고하였다(Johnston, 2000). 연구자들은 노화에 따른 뇌의 변화가 일부 연로한 재향군인의 외상적인 전투 경험과 관련된 정서 조절 능력을 감소시키며, 특히 치매를 앓고 있는 재향군인에게서 이런 측면이 두드러진다고 가정하였다.

PTSD 환자들은 종종 플래시백, 악몽 또는 침투적 기억을 통해 외상사건을 실제로 재경험하는 것처럼 느낀다. 전쟁이나 재난적 사건에 노출되었던 많은 생존자는 도덕적 부상이라고 알려진 변인군집의 한 요소인 '살아남은 자의 죄책감'을 경험하는데, 그 이유는 다른 사람들이 죽어 가는 동안 자신은 살아남았기 때문이다(Litz et al., 2009). 이들 중 일부는 자신이 다른 사람들을 구하기 위해 좀 더 노력했어야 한다고 느끼는 것 같다. 또 다른 이들에 있어 도덕적 부상은 타인의 목숨을 빼앗은 것에 대한 깊은 애도와 후회를 포함한다. 전쟁과 관련된 극심한 죄책감은 자살이나 다른 정신건강 문제에 대한 위험 요소가 된다(Hendin & Haas, 1991; Stein et al., 2012). PTSD는 물질남용과도 연관된다(Najavits, Highley, Dolan, & Fee, 2012). PTSD 환자들은 주의집중 능력의 결핍과 같은 인지적 어려움 또한 경험한다(Vasterling et al., 2002).

일상생활의 스트레스

10.2 일상적인 문제, 즐거운 경험 및 선택의 문제는 스트레스에 어떤 영향을 미치는가?

주요 생활사건과 일상에서 흔히 경험하게 되는 사소한 좌절과 문제들 중 어느 것이 더 큰 스트레스를 유발할까? 리처드 라자루스(Richard Lazarus)는 그가 **일상적인 문제들**(hassles)이라고 명명한 일상의 스트레스원이 주요 생활사건들보다 더 많은 스트레스를 유발한다고 보았다(Lazarus & DeLongis, 1983). 일상의 사소한 문제들 중에는 줄을 서서 기다리거나, 교통체증에 시달리거나, 전화로 문제를 해결하는 도중에 기다려야 하는 상황 등과 같이 짜증스럽고 불만족스러운 일들이 포함된다. 다른 사람의 오해를 사거나 대하기 까다로운 직장 동료 혹은 고객과의 관계문제 또한 흔히 일상적인 문제가 되곤 한다. 이와 유사하게, 교통 소음, 공해와 같은 환경적 요인들도 도시 거주자들이 보고하는 일상적인 문제들 중 하나다(Moser & Robin, 2006).

라자루스식 접근법의 유용성을 설명하기 위해 캐너와 동료들(Kanner et al., 1981)은 이 장의 서두에서 제시한 〈생각해보기〉에서 살펴본 바와 같이 다양한 범주의 일상적인 문제들을 평가하기 위한 일상생활 스트레스 척도(Hassles Scale)를 개발하였다. 홈스와 라헤의 척도와 달리 이 척도는 각 항목들이 개인에게 있어 스트레스원이 될 수도 있고 안 될 수도 있다는 점과 각 항목에 제시된 스트레스 점수가 개인에 따라 다를 수 있음을 고려하였다. 응답자들은 그들에게 일상적인 문제가 되었던 항목들을 표시하고 그 항목들을 심각도에 따라 3점 척도로 평가하게 된다.

75명의 미국인 커플을 6개월간 추적 연구한 결과에 따르면(DeLongis, Folkman, & Lazarus, 1988), (일상생활 스트레스 척도를 통해 측정한) 일상적인 사소한 문제들은 현재와 미래의 "감기, 인후염, 두통, 요통과 같은 건강문제들"(p. 486)과 뚜렷한 관련성을 보인다. 사회재적응 평정척도에서 측정한 바와 같이, 연구 결과 스트레스 정도가 심한 주요 생활사건 자체보다는 그에 동반되는 사소한 문제들이 개인의 심리적 고통 수준을 더 잘 예측해 주는 요인일 가능성이 제시되었다(Pillow, Zautra, & Sandlar, 1996).

라자루스에 따르면, 기대 수준보다 높은 과제 점수를 받는 것과 같은 **즐거운 경험**(uplifts) 혹은 긍정적인 경험들은 일상적인 문제로 인한 효과들을 상쇄시킬 수 있다. 라자루스와 동료들은 일상생활 즐거움 척도(Uplifts Scale)를 고안해 내기도 하였다. 일상생활 스트레스 척도와 마찬가지로 이 척도의 응답자들은 그들을 기분 좋게 하는 것들에 대해 인지적으로 평가하였다. 연구 결과, 일상적인 사소한 문제들, 즐거운 경험들 그리고 개인의 안녕감이 서로 연관된다는 사실이 입증되었다. 소모적인 일상 스케줄은 일상적인 사소한 문제들을 증가시키고 즐거움은 감소시키며, 행복에 대한 주관적 느낌을 저하시키는 것으로 나타났다(Erlandsson & Eklund, 2003).

일상생활 스트레스 및 즐거움이 우리가 일상에서 경험하는 스트레스원의 전부는 아니다. 선택의 문제 또한 스트레스가 된다. 동일한 매력을 지닌 대안들 중 하나를 선택해야만 하는 상황은 스트레스를 야기한다. 이러한 딜레마를 **접근-접근 갈등**(approach-approach conflict)이라고 부른다. 접근-접근 갈등은 어떤 영화를 볼지 결정하는 것과 같은 사소한 문제와 관련될 수도 있지만 어떤 경우에는 탁월한 직업적 경력과 육아 중 어느 하나를 선택해야 하는 상황처럼 중대한 결과를 초래하기도 한다. **회피-회피 갈등**(avoidance-avoidance conflict)에 처한 개인은 원치 않은 대안들 중에서 어느 하나를 선택해야만 한다. 예를 들어 당신은 시험공부를 하지 않으면서 동시에 낙제 또한 면하고 싶을지 모른다. **접근-회피 갈등**(approach-avoidance conflict)은 매력적인 특징과 혐오적인 특징을 모두 가진 하나의 선택을 수반한다. 이러한 형태의 갈등에 처한 개인은 선택에 따른 매력에 끌리는 동시에 불쾌감을 느끼는데, 예를 들어 환상적인 휴가를 보내고 싶지만 그러기 위해선 저축해 둔 돈을 써야만 하는 것과 같은 경우다.

10.3 근로자들의 최적 범위의 업무환경에 기여하는 변인들은 무엇인가?

직무 스트레스

당신은 함께 일하기 까다로운 상사와 일해 본 경험이 있는가? 만약 그렇다면, 당신은 앞서 살펴보았던 주요 생활사건이나 일상적 스트레스에 어떻게 접근하는가에 따라 다양해지는 직무 관련 스트레스 경험에 대해 잘 알고 있을 것이다. 직무 관련 스트레스는 특정 생활사건이나 일상 스트레스가 누적되어 나타나는 효과보다는 개인이 몸담고 있는 직무환경 특성과 더 밀접한 관계가 있다는 측면에서 각기 고유한 특성을 지닌다.

알브레흐트(Albrecht, 1979)는 개인이 효율적으로 일하고 직무에 만족을 느끼려면 다음의 아홉 가지 변인이 최적 범위 내에 해당되어야 한다고 제안하였다([그림 10-1] 참조).

- 업무량: 너무 많거나 적은 업무량은 불안감, 좌절, 보상받지 못한다는 느낌을 갖게 할 수 있다.
- 직무에 관한 설명과 평가기준의 명확성: 불안은 직무책임과 수행에 관한 불명확한 기준 혹은 개인적인 독창성의 여지를 남겨 두기에는 지나치게 엄격하게 규정된 직무설명 등에 의해 발생할 수 있다.
- 물리적 변인: 온도, 소음, 습도, 오염, 작업 공간의 크기 그리고 직무 수행을 위해 필요한 신체자세(서 있거나 앉아 있기)가 개인의 최적 범위 내에 포함되어야 한다.
- 직무 지위: 매우 낮은 임금이나 낮은 지위의 대우를 받는 사람은 심리적으로 불만족스러울지 모른다. 유명인사가 그런 대우를 받는다면 명성에 걸맞지 않는 대우에 대한 스트레스를 처리하는 데 종종 어려움을 느낀다.

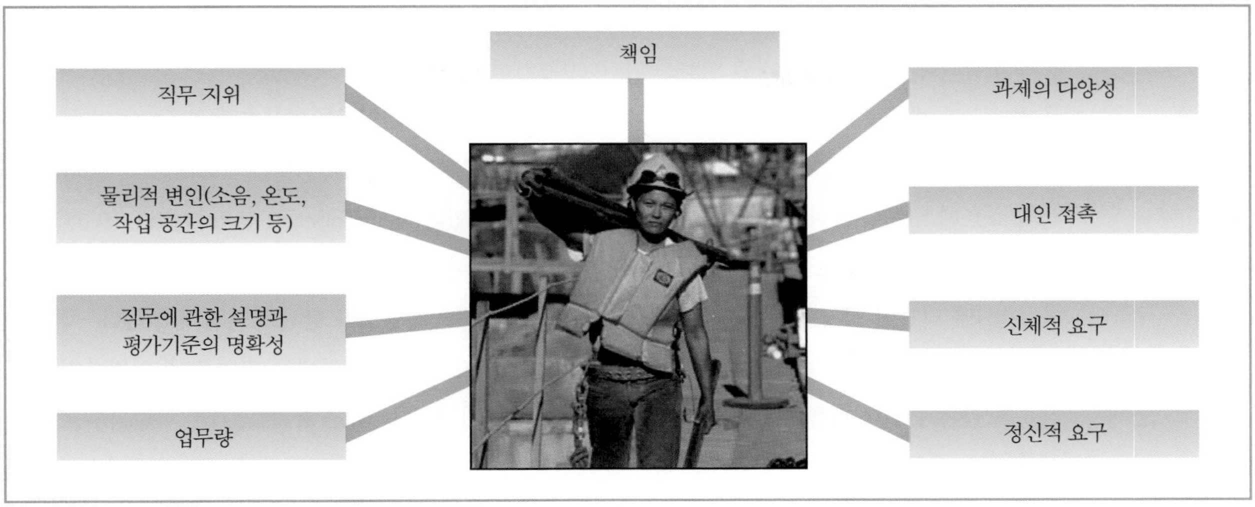

[그림 10-1] 직무 스트레스의 변수
사람들이 효율적으로 기능하고 직장에서 만족을 느끼려면 이 아홉 가지 변수가 최적 범위 내에 포함되어야 한다.
출처: Albrecht(1979).

- 책임: 제한된 환경(예, 항공관제사, 응급실 간호사와 의사)에서 타인의 신체적 혹은 심리적 안녕을 책임지게 될 때 지나치게 막중한 책임이 발생한다. 반면 근로자가 자신의 직업에 대해 무의미하다고 느낄 때 책임감의 저하가 나타난다.
- 과제의 다양성: 업무를 잘 해내려면 적당한 변화와 자극이 필요하다.
- 대인 접촉: 어떤 직업은 업무 특성상 대인 접촉이 전혀 없다(예, 산불감시원). 또 다른 직업에서는 거의 끊임없이 대인 접촉이 이루어지기도 한다(예, 복지사업이나 사무직). 대인 접촉을 즐기거나 억지로 견디는 정도는 개인에 따라 다양하다.
- 신체적 요구: 직종에 따라 신체적 요구가 많은 일(예, 건설노동자, 프로 운동선수)에서부터 신체적 활동이 거의 없는 일까지 다양하다. 어떤 직종(예, 소방관, 경찰관)에는 신체적 위험 요소도 존재한다.
- 정신적 요구: 무리한 정신능력을 요구하는 업무뿐만 아니라 지나치게 정신능력을 필요로 하지 않는 일 모두 좌절감을 경험하게 할 수 있다.

▶▶▶ 항공관제사는 극도로 스트레스가 높은 직업이다. 그들이 경험하는 직무 스트레스는 관상동맥성 심장질환과 뇌졸중의 위험성을 높인다.

직무 스트레스는 남성보다는 여성이 직장 내 성차별이나 성희롱을 더 빈번히 겪기 때문에 특별히 더 문제가 될 수 있다. 이와 유사하게, 많은 여성이 일과 가정이라는 두 가지 상황에서의 역할을 병행해야 하는 어려움 때문에 특히 상대적으로 더 심한 스트레스에 노출된다고 한다

(Pedersen & Minotte, 2012). 이러한 스트레스원이 가중되므로 일하는 여성은 직무 관련 스트레스가 건강과 주관적 안녕에 보다 부정적 영향을 미친다(Buchanan & Fitzgerald, 2008).

직무 스트레스는 다양한 결과를 낳을 수 있다. 가장 흔한 예로 업무효율의 저하를 들 수 있다. 또한 직무 스트레스는 결근, 지각, 사고, 물질남용, 의욕 감소로 이어질 수도 있다(Wilhelm et al., 2004). 만성적 스트레스는 업무 관련 **탈진**(burnout)을 초래할 수도 있다(Freudenberger & Richelson, 1981). 탈진 상태의 개인은 정서적으로 녹초가 된 느낌을 가지며 자신이 처한 상황의 변화 가능성에 대해 비관적이다. 자신의 직업이 인정받지 못한다고 느끼는 사람들은 다른 사람보다 탈진될 가능성이 높다. 예를 들어, 한 조사에서 영국의 사회복지사 중 거의 절반이 탈진으로 인해 고통받고 있었으며, 인정받지 못한다는 느낌은 탈진 상태를 가장 확실하게 예측해 주는 요인이었다(Evans et al., 2006). 마찬가지로 식물인간 상태의 환자를 돌보는 간호사는 다른 환자를 돌보는 의사보다 높은 정서적 피로와 탈진을 경험했다(Gosseries et al., 2012).

10.4 스트레스의 사회적 원인에는 어떤 것들이 있는가?

스트레스의 사회적 원인

직무 관련 스트레스와 마찬가지로, 사회적 스트레스는 개인이 살아가면서 당면하는 전반적인 상황에서 폭넓게 작용한다. 예를 들어, 소수인종 집단의 구성원은 지금껏 거의 침해당한 바 없는 지배집단의 구성원에 비해 상대적으로 더 많은 스트레스원에 노출된다. 마찬가지로 빈곤이나 실직 같은 경제적 상태 역시 각기 독특한 스트레스원이 될 수 있다.

인종차별주의 몇몇 이론가는 소위 역사적 인종차별—히스패닉계 미국인, 북미 원주민, 아프리카계 미국인과 같이 억압의 역사를 지닌 집단의 구성원들이 경험하는—이라 불리는 현상이 사회적 스트레스의 원인이 될 수 있다고 제안해 왔다(Alamilla, Kim, & Lam, 2010; Belcourt-Dittloff & Stewart, 2000; Troxel et al., 2003). 역사적 인종차별의 영향에 관한 연구자들의 관심은 주로 아프리카계 미국인에 집중되었다. 많은 연구자는 아프리카계 미국인의 높은 고혈압 발병률이 이러한 역사적 인종차별과 관련되어 있을 수 있다고 주장한다(Gee, Walsemann, & Brondolo, 2012). 연구 결과에서는 아프리카계 미국인들이 다른 소수인종 집단 구성원들보다 인종과 관련된 스트레스를 더 많이 경험한다고 한다(Utsey et al., 2002). 인종차별과 관련한 표현을 가장 많이 하는 아프리카계 미국인은 다른 참가자들에 비해서 실험에서 유발된 스트레스원들(갑작스러운 큰 소리 등)에 더 높은 심혈관계 반응을 보였다(Bowen-Reid & Harrell, 2002). 적어도 하나 이상의 연구는 인종차별에 대한 아프리카계 미국인의 인식과 고혈압 사이의 상관관계를 보여 준다(Din-Dzietham et al., 2004). 연구자들은

▶▶▶ 민족 정체성에 대한 강한 인식은 아프리카계 미국인이 인종차별로 발생하는 스트레스에 대처하는 데 도움이 된다.

직장에서 인종차별 관련 스트레스원을 가장 많이 호소하는 아프리카계 미국인이 스트레스를 별로 호소하지 않는 사람에 비해 혈압이 더 높음을 발견했다.

아프리카계 미국인들은 또한 다른 소수민족에 비해서 민족 정체성에 대한 강한 인식을 가지고 있는데, 이는 인종차별 스트레스를 경감시킬 수 있다(Tovar-Murray et al., 2012). 그러나 어떤 연구는 적개심과 같은 개인적 특성이 인종차별 스트레스 효과를 가중시킬 수 있음을 보여 준다(Fang & Myers, 2001; Raeikkoenen, Matthews, & Saloman, 2003). 따라서 역사적 인종차별과 심혈관계 건강 간의 관계는 매우 복잡할 가능성이 있으며 개인차 또한 클 것이다.

사회경제적 지위 사회경제적 지위(socioeconomic status)라는 용어는 종종 소득 수준의 차이를 나타내는 데 사용되지만 여기에는 경제적 요인 이상의 것이 포함된다. 사회적 지위의 보다 주관적 변인인 직업과 교육 수준 또한 사회경제적 지위의 중요한 요소다. 이러한 변인들은 개인에게 부여된 지위에 영향을 주는 방식으로 상호작용하며, 이러한 상호작용은 상황에 따라 달라질 수 있다. 예를 들어, 어떤 지역에서 경찰은 높은 교육과 소득 수준에도 불구하고 그 지역의 다른 사람에 비해 낮은 사회경제적 지위에 해당될 수 있지만, 또 다른 지역에서는 그 지역의 다른 사람보다 더 낮은 교육과 소득 수준에도 불구하고 높은 사회경제적 지위로 평가될 수 있다. 따라서 사회경제적 지위는 상당히 복잡한 변인이다.

이러한 복잡성에도 불구하고, 수입과 교육 수준에 따라 개인의 사회경제적 지위를 분류한 자료를 바탕으로 건강과 다른 변인에 대한 대규모 연구가 이루어져 왔다. 예상할 수 있듯이, 이러한 기법이 사용될 경우 낮은 사회경제적 지위의 개인은 감기나 독감 같은 스트레스 관련 건강문제를 더 자주 겪는 것으로 보인다. 더욱이 이들에게서 높은 수준의 저밀도 콜레스테롤(심장질환과 관련되는 나쁜 콜레스테롤)과 같은 건강 위험 요인이 더 자주 발견되었다(Goodman et al., 2005).

사회경제적 지위와 관련된 변인에 관한 보다 면밀한 조사를 통해 사회경제적 지위와 건강 간의 상관관계를 해석하는 데 유용한 몇몇 다른 요인을 확인해 볼 수 있다. 예를 들어, 사회경제적 지위가 높은 사람보다는 낮은 사람들이 높은 수준의 스트레스 호르몬을 나타낸다는 사실이 자주 발견된다(Cohen, Doyle, & Baum, 2006). 연구자들은 이러한 관계에 대한 추가적 분석을 통해 사회경제적 지위와 스트레스 호르몬 간의 관계를 설명하는 데 도움을 주는 일부 행동적 · 사회적 요인들을 확인하였다. 즉, 높은 수준의 사회경제적 지위의 사람에 비해 낮은 사회경제적 지위의 사람에게서 높은 흡연율, 제한된 사회적 관계, 불규칙한 식습관 등이 나타났다. 낮은 사회경제적 지위 전체에서 이러한 요인이 관찰되는 것은 아니지만, 사회경제적으로 박탈된 사람들에서 더 자주 발견되는 것은 사실이다. 이러한 요인들은 낮은 소득집단의 평균 건강변인에 영향을 주기 때문에 사회경제적 지위와 이들 변인 간의 상관관계가 형성되는 것이다.

실직 그리 놀라운 사실은 아닐 테지만, 실업률이 증가함에 따라 '스트레스'나 '고통'과 같은 주요 용어에 대한 관심 또한 증가한다(Ayers et al., 2012). 이것은 아마도 실직, 혹은 실직에 대한 두려움이 스트레스 및 건강과 관련된 사회경제적 지위의 또 다른 측면이기 때문일 것이다. 직장에서 해고된 사람은 이후 몇 달간 스트레스 관련 질환을 앓게 될 위험성이 증가한다(Isaksson et al., 2004). 그런데 이러한 결과는 모든 사회경제적 지위에서 나타난다. 이러한 일치는 경제적 부담, 수입의 감소, 새로운 직업을 구해야 하는 데서 비롯된 미래에 대한 불확실성에 기인한다. 실직의 이러한 측면은 개인이 이전 직장에서 얼마를 벌었든 간에 스트레스를 야기하며, 개인에게 일어나는 일에 대한 통제감의 저하를 가져오기 때문에 스트레스를 일으키게 된다.

문화적응 스트레스 예상할 수 있듯이, 새로운 문화권에 적응한다는 것은 극도의 스트레스를 야기할 가능성이 있으며, 이러한 현상을 문화적응 스트레스라고 부른다(Berry, Kim, Minde, & Mok, 1987). 일부 이론가는 기존에 소속되어 있던 문화권과의 연결고리를 유지하면서 새로운 문화권의 사회구조 속으로 들어갈 수 있을 것이란 믿음, 즉 통합 지향성을 발휘하는 이민자들은 한 문화권에서 다른 문화권으로의 이행에 따르는 스트레스에 대처해 나갈 준비도가 높다고 제안한다(Motti-Stefanidi et al., 2012). 또한 이민에 대해 기존의 문화를 완전히 외면하는 것과 같은 태도를 보이는 것보다는 통합 지향성을 지닐수록 자신의 삶에 더 만족한다고 한다(Peeters & Oerlemans, 2009). 문화심리학자들에 따르면, 학교 및 기타 기관에서는 이민자들이 새로운 환경에 적응하는 데 필요한 기술을 습득하는 동안 본래 문화와의 유대를 유지하도록 권장하고 있다.

기억하기 본문 내용을 떠올리며 다음 퀴즈를 풀어 보라.

1. 홈스와 라헤에 따르면, 어떤 사람이 짧은 기간 안에 많은 _____ 스트레스를 경험한다면 건강에 부정적인 영향을 미칠 수 있다.
2. 라자루스에 따르면, 일반적으로 주요 생활사건보다 _____이(가) 더 많은 스트레스를 초래한다.
3. 리치는 해변이나 산 중 어느 곳에서 봄 방학을 보낼 것인지 여부를 결정하지 못하고 있다. 이것은 _____ 갈등의 한 예다.
4. 상황을 _____할 수 있다는 믿음은 스트레스로 인한 영향을 상쇄시킬 수 있다.
5. 직무 관련 스트레스를 설명하기 위해 알브레히트가 제안한 아홉 가지 변인은 _____, _____, _____, _____, _____, _____, _____, _____, _____이다.
6. _____은(는) 재난 사건을 경험함으로써 발생할 수 있는 장기적이고 심각한 스트레스 반응이다.
7. 몇몇 연구자는 아프리카계 미국인들에게서 나타나는 _____와(과) 고혈압 간의 관계를 밝혔다.
8. 사회경제적 지위는 _____와(과) _____, _____을(를) 포함한다.

건강과 스트레스

스트레스가 삶의 질에 영향을 미친다는 것은 의심할 여지가 없는 사실이지만, 실제로 스트레스가 우리의 건강까지도 위협하는가? 이 질문에 대한 대답은 적어도 부분적으로는 우리가 건강에 관한 정의를 어떻게 내리느냐에 달려 있다. 또한 스트레스의 생리적 · 심리적 효과와 스트레스로부터 우리의 심신을 보호하는 요인들에 대한 주의 깊은 분석에 달려 있기도 하다.

건강과 질병에 관한 생물심리사회적 모델

10.5 생물심리사회적 모델에서는 건강과 질병을 어떻게 설명하는가?

수 세기 동안 연구자들은 질병이 없는 상태를 건강이라고 정의하는 설명 모델에 집중해 왔다. **생물의학적 모델**(biomedical model)이라고 알려진 이러한 접근법은 오로지 생물학적 요소의 측면에서만 질병을 설명한다. 결과적으로 그것은 건강 자체보다는 질병에 초점을 두는 것이다.

생물의학적 모델은 예를 들어 연쇄구균이 다양한 호흡기 감염을 일으키는 과정을 잘 설명해 준다. 호흡기 감염 환자는 연쇄구균을 없애는 항생제를 복용하면 대개 빠르고 완벽하게 회복된다. 그러나 연쇄구균에 노출된 모든 사람이 병에 걸리지 않는 이유는 무엇일까?

병원균(질병을 일으키는 미생물)에 대한 반응에서의 개인차는 건강에 대해 생물의학적 모델이 제시하는 그 이상의 것이 있음을 시사한다. 이런 맥락에서 연구자들과 의사들은 생물의학적 모델에 비해 건강을 보다 포괄적으로 설명해 줄 수 있는 **생물심리사회적 모델**(biopsychosocial model)—질병의 신체적 원인뿐 아니라 심리적 · 사회적 요인들을 포함한—을 그들의 연구에 사용하기 시작하였다. [그림 10-2]에서 볼 수 있는 것처럼, 이 모델은 종종 심리학적 요인들을 포함한다. 더욱이 생물심리사회적 모델은 우리가 무엇 때문에 병드는가에 대한 문제뿐 아니라 우리의 건강을 유지시켜 주는 요인들이 무엇인가에 대한 답 또한 추구한다.

심리학자들 사이에서 건강 및 질병에 기여하는 심리학적 요인에 대한 관심은 이러한 측면을 전문적으로 다루는 건강심리학(health psychology) 분야의 발전으로 이어졌다. 건강심리학자들은 질병을 예방하고 아픈 사람들의 건강을 회복시키는 데 심리학적 원리를 사용한다. 건강심리학자들에게 있어서 건강의 개념은 단순히 질병이 없는 상태 이상을 의미한다. 즉, 건강이란 신체적, 심리적 그리고 사회적 영역에서의 안녕에 관한 모든 측면을 포함한다(Brannon & Feist, 2010). 따라서 건강심리학은 꽤 광범위한

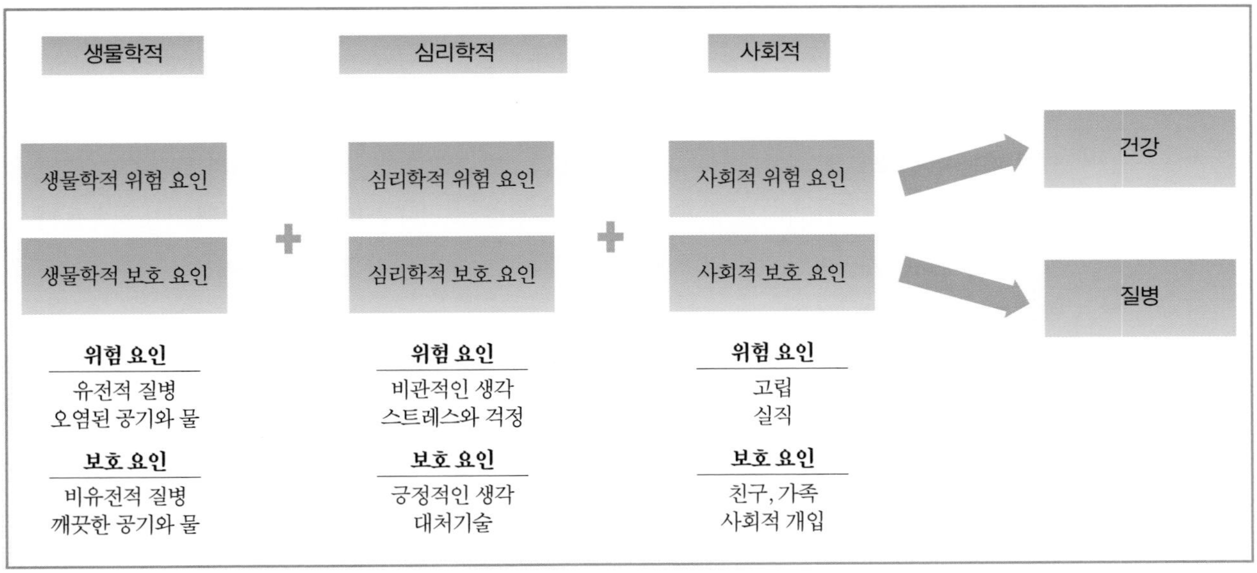

[그림 10-2] 건강과 질병에 관한 생물심리사회적 모델
생물심리사회적 모델에 따르면, 위험 요인과 보호 요인의 결합 효과가 건강과 질병 모두를 결정짓는다. 위험 요인은 시스템을 질병으로 이끄는 반면, 보호 요인은 위험 요인의 효과를 상쇄시키고 건강 상태가 유지될 가능성을 증가시킨다.

영역을 다룬다. 건강심리학의 한 가지 중요한 목표는 의사들과 일반인 사이의 의사소통을 개선시킬 수 있는 방법을 찾는 것이다. 또 하나는 만성 통증이나 천식, 심장질환, 당뇨, 암 등과 같이 건강 상태에 기여하는 심리적, 행동적, 사회적 요인들을 밝히는 것이다. 또한 건강심리학자들은 개인의 건강을 향상시킬 수 있는 행동 변화를 위한 전략을 설계하기도 한다.

건강심리학자들은 스트레스가 이들 영역에서의 개인차에 기여한다는 사실을 발견하였다. 예를 들어, 어떤 환자들은 자신의 건강 상태로 인해 상당한 스트레스를 경험한다는 것을 호소하기 위해 의사를 찾는다(Cruess et al., 2010). 연구자들은 환자들이 스트레스로 인해 의사들이 전하고자 했던 정보를 얻지 못하게 되고 혼란스러워한다고 가정하였다. 그 결과, 환자들이 의사와 의사소통하는 방식은 그들의 스트레스를 덜어 주기보다는 오히려 약물치료와 다른 치료 측면에 대한 지시에 덜 순응하도록 만들 가능성이 높다. 따라서 환자들이 자신의 스트레스 반응을 보다 효과적으로 다룰 수 있는 방법을 알게 된다면, 치료자의 지시에 대한 환자의 순응도가 더 높아질 가능성이 있다.

건강심리학에서의 또 다른 중요한 발견은, 개인에게 스트레스 관리에 관한 교육과 훈련을 제공하는 것이 건강을 향상시키는 데 보다 직접적인 전략이 될 수 있다는 것이다. 가령 만성질환 환자의 치료에 있어 명상과 같은 스트레스 관리 기술을 포함시킨다면, 그는 고통을 더 효과적으로 다룰 수 있는 방법을 배우게 될 것이다(Rosenzweig et al., 2010). 마찬가지로, 금연과 같이 건강과 관련된 행동을 변화시키는 것과 관련된 스트레스를 견디기 힘들어하는 개인을 돕는 데 있어 이러한 훈련은 대단히 중요하다(Libby et al., 2012). 그렇다면 건강에 영향을 미치는 스트레스란 무엇인가?

10.6 투쟁-도피 반응은 건강에 어떠한 영향을 미치는가?

건강과 스트레스의 관계에 대한 생리학적 설명

교감신경계가 위협(스트레스원)에 맞서 우리의 신체를 저항 혹은 도망칠 준비태세로 이끈다는 점은 이미 2장에서 다룬 바 있다. 이때 소화기계통과 같이 불필요한 기능은 정지시키는 동시에 심장박동 수, 혈압, 호흡 수는 증가시킨다. 이러한 일련의 반응을 **투쟁-도피 반응**(flight-or-flight response)이라 하는데, 그 이유는 이러한 반응을 통해 우리가 스트레스원과 싸우거나 도망갈 수 있기 때문이다. 스트레스원이 더 이상 존재하지 않으면 부교감신경계가 작동해서 투쟁-도피 반응을 뒤바꾸고 우리의 신체를 다시 정상으로 돌아오도록 한다. 그러나 스트레스원이 오랜 기간 지속될 때 그것을 조절하려는 개인의 노력은 실패하게 되고, 투쟁-도피 반응 상태를 유지하려는 신체적 경향은 우리의 건강을 위협할 수 있다.

지속된 투쟁-도피 반응은 건강에 두 가지 방식으로 영향을 미치게 된다. 첫째, 투쟁-도피 반응과 관련된 생화학적 물질이 어떻게 신체기능에 직접적인 영향을 미치는지는 연구를 통해 확인할 수 있다. 예를 들어, 스트레스원에 노출될 때 우리의 신체는 신경펩티드 Y(neuropeptide Y: NPY)라 불리는 다량의 물질을 만들어 낸다(Hirsch & Zukowska, 2012). NPY는 불안을 감소시킴으로써 우리가 스트레스에 적응하도록 돕는다(Bowers, Choi, & Ressler, 2012). 그러나 동시에 NPY는 심장과 뇌로 이어지는 혈관을 수축시키기도 한다. 따라서 NPY의 작용으로 혈관이 더 쉽게 막히게 됨으로써 심장마비와 뇌졸중이 일어날 가능성이 증대된다(Hirsch & Zukowska, 2012).

둘째, 투쟁-도피 반응은 신체의 면역체계를 억제함으로써 건강에 간접적으로 영향을 미친다. 고도로 분화된 세포와 장기들로 구성된 면역체계는 세균, 바이러스, 균류, 기생충이나 신체 내부로 침입할지 모를 이물질들을 식별하고 찾아내서 파괴하는 일을 한다. 면역체계의 주요 구성 요소는 **림프구**(lymphocytes)라고 알려진 백혈구들로, B세포와 T세포로 이루어진다. B세포는 골수(bone marrow)에서, T세포는 흉선(thymus gland)에서 생성되기 때문에 생성기관의 첫 자를 딴 명칭으로 불리게 되었다. 세균이나 바이러스 등 이질적인 모든 세포를 항원이라 부른다. B세포는 혈류와 체조직을 둘러싼 유동액 내에 존재하는 항원을 파괴하는 데 효과적인 항체라 불리는 단백질을 생산한다(Paul, 1993). 체세포 안에 자리 잡은 유해한 이질적 침입자를 물리치는 데는 T세포가 매우 중대한 역할을 한다. 이와 같이 신체 내부에서 저절로 일어나는 투쟁-도피 반응은 건강에 유해하지 않으며, 스트레스원으로부터 신체를 보호하는 세포들의 간접적인 효과를 통해 건강에 영향을 미친다.

정신신경면역학(psychoneuroimmunology)은 심리학자, 생물학자, 의사들이 투쟁-도피 반응의 기제를 통해 면역체계에 관한 심리학적 요소들—스트레스, 정서, 사고 및 행동—의 효과를 알아보기 위해 각자의 전문 분야를 결합한 학문 분야다(Fleshner & Laudenslager, 2004; Robles, Glaser, & Keicolt-Glaser, 2005). 이 분야의 연구들은 장기간 지속된 높은 수준의 스트레스는 다양한 조직에서의 염증을 악화시킬 뿐 아니라 구강 및 음부 포진, 단핵구증, 감기, 독감 등 많은 전염성 질병의 증상과 관련됨을 보여 준다(Cohen et al., 2012; Gouin et al., 2012). 또한 스트레스는 특정한 유형의 백신이 갖는 치료적 효과를 감소시킬 수도 있다(Miller et al., 2004; Moynihan et al., 2004).

또한 상황이 종료된 후라 할지라도 스트레스는 한동안 면역체계를 억제할 만한 힘을 가지고 있다. 한 연구에서는 중요한 시험으로 인해 압박감을 경험하는 의대생과 그러한 부담감이 없는 휴가 중인 의대생을 각기 실험집단과 통제집단으로 배치하여 질병에 대항하는 항체의 생성 여부를 비교하였다. 그 결과, 실험집단에서는 항체가 발견되었으나 통제집단에서는 발견되지 않았고, 통제집단과 달리 실험집단의 항체 수는 스트레스 때문에 큰 감소를 보였다. 줄어든 항체의 수는 시험이 끝난 14일 후에도 여전히 지속되었는데, 이때 학생들은 심지어 스트레스가 남아 있지 않으며 거의 느끼지 못한다고 보고했다(Deinzer et al., 2000).

공부에 대한 압박감뿐 아니라, 좋지 못한 부부관계나 수면 부족도 낮은 면역반응과 관련이 있다(Kiecolt-Glaser et al., 1987; Maier & Laudenslager, 1985). 마찬가지로, 배우자와 사별한 지 몇 달이 지난 후 남겨진 배우자는 면역체계의 약화로 고통받으며, 사망 위험률 또한 더 높다. 사별은 배우자의 사망 후 2년 동안 면역계통을 약화시키며 심리적, 신체적 질환을 경험할 가능성을 증가시킨다(Khanfer, Lord, & Phillips, 2011).

스트레스 반응에 관한 이론들

10.7 이론가들은 생리적·심리적 스트레스 반응에 대해 어떻게 설명하는가?

이미 살펴보았듯이, 장기간 지속되는 스트레스는 건강을 위협한다. 그러나 우리의 신체는 그렇게 쉽게 스트레스원들에 굴복하지는 않는다. 우리의 신체는 스트레스원들의 잠재적이고 파괴적인 영향으로부터 스스로를 방어하기 위해 다양한 자원을 동원한다. 스트레스 반응 이론은 신체가 어떻게 스트레스에 대처하는지 설명한다. 이들 중 주된 한 이론에서는 신체의 생리적 반응에 초점을 맞추는 동시에 스트레스에 대한 심리적 반응을 강조한다.

일반적응증후군 스트레스 연구의 기반을 확립한 한스 셀리에(Hans Selye, 1907~1982)는 건강에 미치는 스트레스의 효과에 관한 한 가장 저명한 연구자다. 스트레스에 관한 셀리에의 핵심 개념은 유기체가 스트레스에 대한 반응을 보일 때 나타나는 예측 가능한 일련의 반응 연쇄인 **일반적응증후군**(general adaptation syndrome: GAS)이다. 이 증후군은 경고 단계, 저항 단계, 소진 단계라는 세 단계로 구성된다(Selye, 1956; [그림 10-3] 참조).

스트레스에 대한 신체의 첫 번째 단계는 **경고 단계**(alarm stage)다. 이 단계에서는 부신피질에서 글루코코르티코이드라는 호르몬이 분비되는데, 이 호르몬은 심장박동 수, 혈압, 혈당 수준을 증가시켜서 스트레스 상황, 즉 투쟁-도피 기제에 대처하는 에너지를 공급한다(Pennisi, 1997). 다음으로 유기체는 **저항 단계**(resistance stage)에 들어가는데, 부신피질이 글로코코르티코이드 호르몬을 계속 분비하는 동안 신체가 스트레스에 저항할 수 있도록 돕는다. 저항 단계의 지속기간은 스트레스의 강도와 신체의 적응 능력에 달려 있다. 만약 유기체가 궁극적 저항에 실패한다면 저장된 에너지가 모두 고갈되고 해체되어 죽음에 이르는 **소진 단계**(exhaustion stage)로 들어간다.

셀리에는 스트레스의 가장 유해한 효과는 글루코코르티코이드의 지속적인 분비에 기인한다는 것을 발견했다. 이는 영구적인 혈압 상승, 면역체계의 억제, 근육의 약화, 심지어 해마의 손상을 야기한다(Stein-Behrens et al., 1994). 셀리에의 기여로 의학 전문가들은 극단적이고 지속적인 스트레스와 특정 질병의 연관성을 보편적으로 받아들이게 되었다.

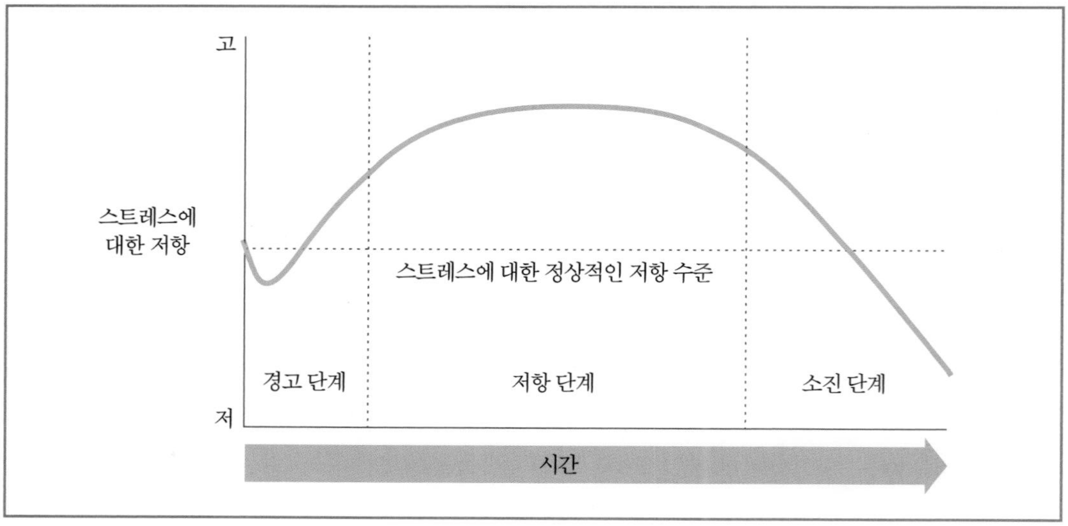

[그림 10-3] 일반적응증후군

셀리에의 일반적응증후군의 세 단계는 ① 정서적 각성과 투쟁-도피 반응에 대한 신체의 방어체계를 구축하는 경고 단계, ② 스트레스를 방어하거나 적응하기 위해 강력한 생리학적 노력을 하는 저항 단계, ③ 유기체가 스트레스에 대한 저항에 실패하는 소진 단계다.

스트레스에 대한 라자루스의 인지 이론 스트레스 자체와 우리가 그것을 생각하는 방식 중 어떤 것이 더 해로울까? 9장에 소개된 리처드 라자루스의 인지적 접근에 따르면 정서에 대한 인지적 해석은 우리가 어떻게 반응할지를 결정한다. 라자루스(1966; Lazarus & Folkman, 1984)는 스트레스를 유발하는 것은 스트레스원이 아니라 그것에 대한 개인의 해석이라고 주장했다. 그에 따르면, 개인은 스트레스 가능성이 있는 사건에 직면했을 때 일차적 평가와 이차적 평가를 포함하는 인지 과정에 몰두한다. **일차적 평가**(primary appraisal)는 상황의 의미와 중요성에 대한 평가—자신의 안녕에 긍정적인지, 관계가 없는지, 혹은 부정적인지—를 뜻한다. 어떤 사건이 스트레스가 된다고 평가하는 것은 (1) 손해나 실패(즉, 이미 일어난 손상), (2) 위협, 혹은 손해나 실패의 가능성, (3) 도전(즉, 성장이나 성취의 기회)으로 평가하는 것이다. 위협, 손해나 실패에 대한 평가는 우리에게 중요한 어떤 것—우정, 신체 일부분, 소유물, 재산, 자존감—과도 관련될 수 있다. 개인이 상황을 위협, 손해나 실패로 평가할 때는 불안, 공포, 분노, 적개심 등의 부정적 정서를 경험한다(Folkman, 1984). 반면에 도전으로 평가한다면 대개 흥분, 희망, 열정과 같은 긍정적 정서가 수반된다.

이차적 평가(secondary appraisal)에서 만약 상황이 우리 자신의 통제하에 있다고 느낀다면, 우리는 사용 가능한 자원들—신체적(건강, 에너지, 체력), 사회적(조력자), 심리적(기술, 의욕, 자존감), 물질적(돈, 도구, 장치) 그리고 시간—에 대해 평가할 것이다. 그리고 선택 가능한 사항을 고려하고 스트레스원을 어떻게 다룰지를 결정한다. 우리가 느끼는 스트레스 수준은 우리의 자원이 스트레스에 대처하기에 충분한지, 그리고 어느 정도 수준으로 자원들이 그 과정에 할당되는지에 의해 결정된다. [그림 10-4]

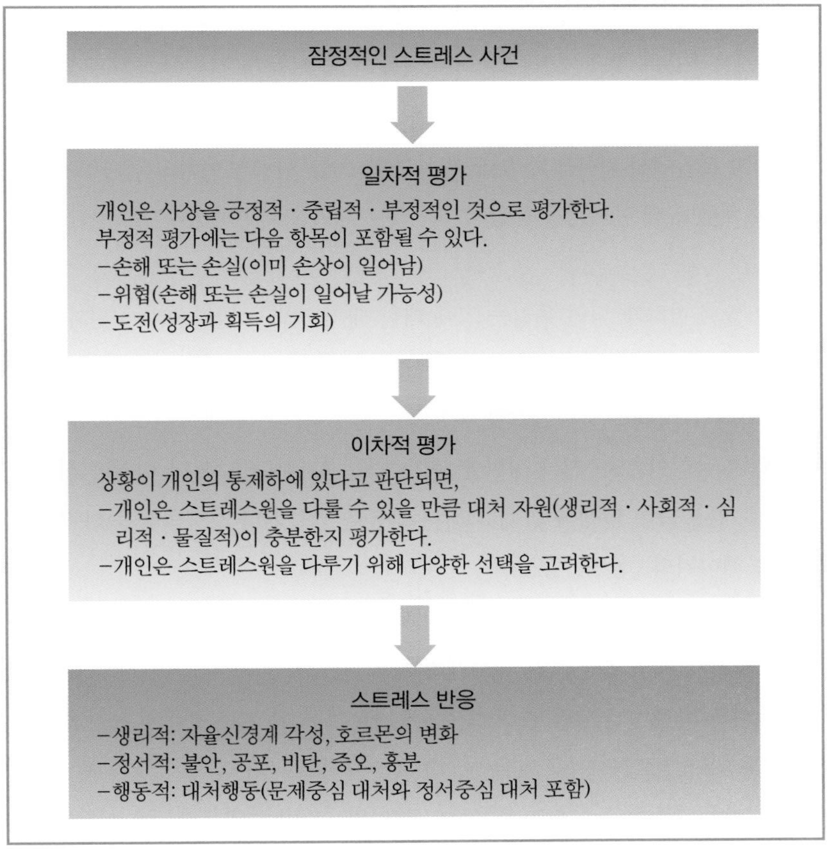

[그림 10-4] 라자루스와 포크먼의 스트레스에 대한 심리적 모형
라자루스와 포크먼은 스트레스원에 대한 개인의 지각과 대처의 중요성을 강조하였다. 스트레스 반응은 개인의 대처 자원이 위협에 대처할 만큼 충분한지, 그리고 스트레스 과정에서 자원이 얼마나 사용되어야 할지와 관련된 일차적 · 이차적 평가 결과에 의존한다.

출처: Folkman(1984).

는 라자루스와 포크먼(Folkman)의 스트레스에 대한 심리적 모델을 요약한 것이다. 이 모델에서는 스트레스에 대한 심리적 · 정서적 · 행동적 반응은 부분적으로 스트레스에 대한 평가(도전적인가 혹은 위협적인가) 양상에 달려 있다고 가정하는데, 이는 많은 연구에서 지지되고 있다.

다음의 〈복습과 재검토〉에는 우리가 논의했던 스트레스 반응 이론들이 재정리되어 있다.

복습과 재검토 스트레스 반응에 대한 이론

이론	기술
셀리에의 일반적응증후군(GAS)	3단계: 경고, 저항, 소진
라자루스의 인지 이론	일차적 평가(스트레스원의 평가)에 따라 이차적 평가(자원과 선택의 평가)가 이루어진다.

10.8 스트레스 상황에서 회복을 촉진하는 요소들은 무엇인가?

위험과 탄력성

스트레스원과 그에 따른 반응들은 우리 몸이 스트레스에 어떻게 반응하는지 결정하는 요소가 아니다. 스트레스와 다른 요인들이 우리의 건강에 어떠한 방식으로 상호작용하여 영향을 미치는지를 이해하기 위한 효과적인 방법은 스트레스를 **위험/탄력성 모델**(risk/resilience model)의 관점에서 생각해 보는 것이다. 이 관점은 위험 요인과 보호 요인이 질병을 일으키거나 그로부터 우리를 보호하는 방식으로 상호작용한다는 것을 제안한다. 병원균에의 노출, 특정 질병에 대한 유전적 소인, 그리고 스트레스와 같은 위험 요인은 질병에 걸릴 가능성을 더욱 증가시킨다. 보호 요인은 위험 요인의 영향에 대응해 우리가 위험 요인에서 회복될 수 있도록 하는데, 이를 '탄력성'이라고 한다(Almeida, 2005). 연구자들은 스트레스에 처했을 때 탄력성을 증진시키는 몇몇 요인을 확인하였다.

대처 전략 특정 스트레스를 경험하게 되면 우리는 그에 대한 대처 전략을 발달시키게 된다. **대처**(coping)란 사고와 행동을 통해 부담스럽거나 과중하게 인식되는 요구 상황을 처리하려는 노력을 말한다. **문제중심 대처**(problem-focused coping)는 직접적인 과정으로, 스트레스원 자체를 감소시키고 수정하거나 제거하는 과정이다. 만일 당신이 낮은 역사 성적을 위협으로 평가한다면, 아마 더 열심히 공부하고, 교수와 문제를 상의해 보거나, 다른 학생과 함께 스터디 그룹을 만들거나 보충학습을 하거나 혹은 수강을 취소할 것이다(다음 페이지의 〈설명〉 참조).

정서중심 대처(emotion-focused coping)는 스트레스에서 비롯되는 정서적 영향을 재평가하는 과정이다. 어떤 연구는 정서중심 대처가 매우 효율적인 스트레스 관리 전략임을 보여 준다(Austenfeld & Stanton, 2004). 직장을 잃었더라도 그것이 그렇게 큰 비극이 아니며, 대신 더 높은 봉급의 새로운 직장을 구할 수 있는 기회로 볼 수도 있다. 당신이 어떤 말을 들었건 간에 스트레스원을 무시하는 것—정서중심 대처의 한 가지 방략—은 스트레스를 조절하는 효율적인 방법일 수 있다. 연구자들은 심장발작을

설명 왜 쪽지시험이 학습을 촉진하는가

교수가 강의실로 들어와 명랑한 목소리로, "안녕하세요, 오늘은 쪽지시험으로 수업을 시작해 볼까요?"라고 말한다면 어떻겠는가? 이 말을 듣는 순간, 당신은 예습할 시간에 텔레비전으로 포커 경기를 보기로 결정한 것을 떠올릴 것이고, 심장 박동 수가 극적으로 증가할 것이다. 이것은 당신의 교감신경계가 흥분하고 투쟁-도피 반응이 나타난다는 확실한 신호이며, 당신은 스트레스 경험의 고통에 빠져든 것이다. 그러나 당신은 그 수업을 절대 소홀히 하지 않겠다고 결심하면서 강의실을 뛰쳐나가고 싶은 욕구를 억제한다. 다음부터 당신은 저녁에 텔레비전의 유혹으로부터 멀어질 것이며, 억지로라도 공부를 할 것이다. 이 일련의 사건에서는 어떤 유형의 전략이 사용되고 있는가?

앞서 살펴보았듯이, 정서중심 대처는 우리가 할 수 있는 일이 별로 없는 스트레스에 직면했을 때 사용되는 전략이다. 준비 없이 쪽지시험에 직면하는 것이 바로 그런 상황이다. 투쟁-도피 반응에 직면하면, 당신은 자신이 경험하고 있는 혼란스러운 감정을 종식시키기 위해서 그 상황에 대한 당신의 생각을 수정한다. 그것이 다음번에 더 잘 준비하기로 결정함으로써 마음을 편하게 만들어 주는 이유다.

문제중심 대처는 실제 스트레스원에 대처하고 그것을 수정하고자 한다. 분명히 더 잘 준비하기로 결정하는 것이 그 일을 끝내는 것이 될 수는 없다. 당신은 실제로 당신의 목표를 실행해야 한다. 그렇게 한다면 당신은 문제중심 대처를 하고 있는 것이다. 그렇게 해서 미래에 나타날 특정 스트레스원을 어느 정도 조절하고자 노력하는 것이다. 이 장의 앞부분에서 논의한 통제 가능성에 대해 기억해 보라. 우리는 스스로 통제할 수 있다고 믿는 스트레스원에 효율적으로 대처할 수 있다.

학습에서는 이러한 대처 전략들이 어떤 역할을 하는가? 이를 확인하기 위해서 당신이 미리 수업 준비를 하기로 결정했다고 가정하고, 당신의 교수가 쪽지시험에 대해 얘기했을 때 어떤 일이 벌어지는지 검토해 보라. 당신이 만약 미리 공부할 분량을 읽었다면 준비하지 않았을 때보다 긴장이 덜할 것이다. 그렇지만 당신이 실제로 공부하지 않는 이상 쪽지시험을 잘 치지는 못할 것이다. 다시 말해, 쪽지시험은 예습한 학생에게 그들의 학습 전략에 대한 피드백을 제공해 준다. 아마도 당신이 준비할 시간이 있었는데도 시험 성적이 만족스럽지 못하다면, 당신은 예습뿐만 아니라 효율적인 학습을 하고 있는지에 대해서도 확인하고자 할 것이다. 물론 이것이 바로 교수가 교육 전략으로 쪽지시험을 활용할 때 학생들에게 기대하는 것이다. 그리고 많은 연구에서 쪽지시험은 교수가 그것을 성적에 반영하든 그렇지 않든 간에 학생들이 예습하도록 동기부여를 하고 학습에 도움을 주는 효율적인 방법임을 제안한다(Ruscio, 2001; Thorne, 2000).

일으킨 경험이 있는 116명의 환자를 대상으로 연구했다(Ginzburg, Soloman, & Bleich, 2002). 모든 참가자는 또 다른 심장발작이 일어날까 봐 두려워하고 있었다. 그러나 이러한 걱정에 무관심하려고 노력했던 사람은 악몽이나 플래시백과 같은 불안 관련 증상들을 더 적게 나타냈다. 감사 일기를 작성하는 것과 같은 또 다른 정서중심 대처 전략은 훨씬 더 효과적일 수 있다(Flinchbaugh et al., 2012).

문제중심 대처와 정서중심 대처를 병용하는 것은 가장 훌륭한 스트레스 관리 전략이 될 것이다(Folkman & Lazarus, 1980). 예를 들어, 심장병 환자는 자신의 불안에 관심을 기울이지 않는(정서중심 대처) 동시에 운동량을 늘리는 방식 등으로 생활습관을 변화시킬 수 있다(문제중심 대처). 정서중심 대처나 문제중심 대처로 스트레스원을 처리하거나 또는 두 가지 대처방식을 병행하는 사람들은 폭식이나 절식, 약물과 알코올의 사용 및 사회적 철회를 통해 스트레스에 대처하는 사람들보다 더 건강한 경향이 있다(Wang et al., 2009).

어떤 스트레스 상황은 **주도적 대처**(proactive coping)라 불리는 전략을 사용함으로써 사전에 예견될 수 있는데, 이러한 전략은 사건을 방지하거나 사건의 결과를 최소화하기 위해 잠재적 스트레스 상황에 앞서 행하는 노력이나 행동을 의미한다(Greenglass & Fiksenbaum, 2009).

주도적 대처를 하는 개인은 다가오는 스트레스 사건과 상황을 예상한 후 준비한다. 예를 들어, 대학생에게 있어 학기 초에 대학 서점이 매우 붐빈다는 것은 특정 스트레스원이 될 수 있다. 이러한 스트레스를 주도적으로 다루기 위해, 즉 무거운 책들을 들고 줄을 서며 스트레스를 경험하는 것을 피하기 위해 당신은 인터넷으로 책을 주문하거나 학기 시작 전에 미리 서점에서 책을 구입할지도 모른다. 친척집이나 병원에서 자녀가 배고픔을 경험하거나 불안해할 것을 예상하는 부모는 자녀가 좋아하는 과자와 장난감을 준비해 감으로써 주도적으로 스트레스에 대처한다. 한 연구에서는 주도적 대처를 통해 이와 같이 매일 경험하는 스트레스원들과 관련된 불안을 감소시킬 수 있음을 보여 주었다(Sheikhiani & Nair, 2012). 더욱이 PTSD 증상을 주도적으로 대처하는 법을 배운 외상 생존자는 다른 유형의 정서적 문제를 경험할 가능성이 더욱 낮다(Vernon, 2012; Wagner & Martin, 2012).

낙관주의 일반적으로 낙관적인 사람들은 스트레스를 더 효과적으로 극복하는 경향이 있으며, 질병의 위험도 줄일 수 있다(Low, Bower, Moskowitz, & Epel, 2011). 낙관주의자들이 지닌 중요한 특성은 대체로 좋은 결과를 예상한다는 것이다. 이러한 긍정적인 기대는 나쁜 결과를 예상하는 경향이 있는 사람보다 스트레스에 더 잘 저항할 수 있도록 한다. 마찬가지로, 낙관주의자들은 암울한 환경에서조차 긍정적인 것들을 찾을 수 있다(Rini et al., 2004). 특별히 문제시되는 비관주의의 측면은 바로 절망감이다. 다수의 핀란드 남성을 대상으로 한 종단 연구에서는 중등도에서 심도에 이르는 절망감을 보고한 참가자들이 경도 혹은 절망감을 전혀 느끼지 않았다고 보고한 참가자들에 비해 2~3배 정도 더 높은 사망률을 나타내었다(Everson et al., 1996).

강인함 **강인함**(hardiness)이라는 일련의 특성은 건강에 대한 스트레스의 영향을 완화시켜 준다(Maddi, 2013). 강인함이란 책임감, 통제감 및 도전정신이라는 세 가지 성격적 특징을 통칭하는 용어다(Suzanne Kobasa, 1979; Kobasa, Maddi, & Kahn, 1982). 수잔 코바사(Suzanne Kobasa)와 동료들은 높은 스트레스를 경험하고 있는 남성 회사 간부들을 대상으로 시행한 고전적 연구에서, '강인한' 사람이 자신의 일과 개인적 삶에서 강한 책임감을 느낀다는 것을 발견하였다. 그들은 삶의 결과와 결과물들에 통제당하는 일반인과 달리 자신을 인생의 희생자라고 생각하지 않는다. 그들은 자신의 문제를 해결하기 위해 자발적으로 행동하고, 삶의 도전을 받아들이며, 도전을 위협이 아닌 성장과 발전을 위한 기회로 파악한다.

연구자들은 강인함과 건강 사이의 중요한 연관성을 확인하였다. 예를 들어, 한 연구에서 연구자들은 높은 수준의 강인함을 가진 성인들이 낮은 수준의 강인함을 가진 성인들보다 운동으로 인한 부상에서의 회복과 관련된 스트레스에 보다 효율적으로 적응한다는 것을 발견하였다(Wadey et al., 2012a). 그 결과, 강인함 수준이 높은 참가자들은 부상 회복 과정에서 더 긍정적으로 반응했다. 연구자들은 추적 연구를 통해 이들이 강인함 수준이 낮은 참가자보다 정서중심 대처와 문제중심 대처 전략을 더 효율적으로 사용한다는 것을 확인하였는데, 바로 이러한 차이가 두 집단 간의 결정적 차이임을 발견하였다(Wadey et al., 2012b). 높은 수준의 강인함을 보이는 참가자들은 과거부터 성공적인 스트레스 대처 경험들을 해 온 결과 이와 같은 전략들을 발전시켜 온 것으로 보인다. 따라서 강인함의 요인 중 도전정신은 개인이 스트레스 경험으로부터 학습하고, 이를 또 다른 문제들에 적용할 수 있는 능력에 있어 매우 중요한 요소로 가정된다. 또한 이러한 결과들은 보호 요인이 서로 관련된다는 점을 보여 준다. 요컨대, 강인함은 효율적인 대처 전략으로 이끌며, 효율적인 대처 전략은 또한 강인함을 향상시킨다.

종교와 사회적 관여 탄력성에 기여하는 또 다른 개인적 요인은 종교다(Gall & Guirgis-Younger, 2013). 예를 들어, 42개의 서로 다른 연구 결과를 통해 얻은 12만 6,000명의 개인 자료들을 메타분석을 통해 분석한 결과, 종교는 신체건강 지표와 암, 심장질환 그리고 뇌졸중의 낮은 발병률과 정적 상관을 나타내었다(McCullough et al., 2000). 종교는 건강과 어떠한 관련성이 있을까? 많은 연구에서 현재 이와 관련된 많은 가설을 검토하고 있다(Gall & Guirgis-Younger, 2013). 한 가지 가설은 종교행사에 참여함으로써 건강한 습관과 긍정적인 정서를 경험한다는 것이다(Koenig & Vaillant, 2009). 예를 들어, 교회에 정기적으로 다니는 사람은 다른 성인에 비해 담배도 덜 피고 술도 덜 마시는 경향이 있다. 더욱이 교회에 다니는 사람들은 그렇지 않은 사람들에 비해 자신의 삶에 만족한다고 보고하는 경향이 더 강하다.

종교는 사회적 관여의 다양한 기회를 제공하기 때문에 건강에도 기여한다. 건강심리학자들은 이러한 입장을 지지하면서, 사회기관에서 자원봉사를 하는 것과 같은 다른 형태의 사회적 관여가 건강을 증진시킨다는 연구 결과를 제시하였다. 한 연구에서, 연구 참가자에게 감기 바이러스가 함유된 코감기 약을 주었다. 며칠 이내에 연구에 참가한 125명의 남성과 151명의 여성 참가자에게서 바이러스 감염 증세가 급격히 나타났지만, 다른 참가자들에게서는 감염이 거의 나타나지 않거나 전혀 없었다. 감염 증세를 보이지 않은 참가자들은 타인—배우자, 자녀, 부모, 동료, 친구, 자원봉사자, 종교집단—과 잦은 사회적 상호작용을 하는 사람들로서 바이러스 감염에 대항하는 강력한 방어막을 지니고 있는 것으로 보인다. 이러한 보호 작용의 패턴은 연령과 인종, 성, 교육 수준, 혹은 일 년 중 어떤 계절이냐에 관계없이 나타났다(Ader, 2000; Cohen et al., 1997).

사회적 지지 종교와 사회적 관여는 다른 사람들보다 더 강한 형태의 사회적 지지를 제공받게끔 한다(Graham & Roemer, 2012). **사회적 지지**(social support)는 흔히 도움이 필요할 때에 배우자, 가족, 친구, 이웃, 동료, 지지집단, 그 밖의 다른 사람이 제공한다. 사회적 지지는 음식이나 돈, 정보, 조언과 같은 실질적인 도움뿐만 아니라 정서적 지지와 같은 것들도 포함한다. 사회적 지지는 또한 우리가 은의(恩義)를 느끼는 이들로부터 사랑받고 있고 가치 있게 여겨지고 보살핌을 받는다는 느낌을 제공한다.

사회적 지지는 심혈관과 내분비계와 같은 신체의 면역체계에 긍정적인 영향을 미친다(Kiecolt-Glaser, Gouin, & Hantsoo, 2010). 또한 건강을 증진시키는 행동들을 촉진시키고, 스트레스를 감소시켜 흡연이나 음주와 같은 건강하지 못한 행동의 가능성을 감소시킨다. 나아가 사회적 지지는 우울증상을 감소시키고 신장질환과 같은 만성적인 질병이 있는 사람의 자기존중감을 향상시킨다(Symister & Friend, 2003).

연구들은 개인이 도움을 필요로 할 때 타인으로부터 도움을 받을 수 있다고 믿는 정도인 지각된 지지와 다른 사람으로부터 받은 실질적 도움인 제공된 지지의 구분을 강조한다(Newman & Roberts, 2013).

▶▶▶ 강력한 사회적 지지망은 개인이 질병에서 회복되는 것을 도울 수 있다.

흥미롭게도 많은 연구에서 지각된 지지가 제공된 지지보다 더 중요하다는 것이 밝혀졌으며(Reinhardt et al., 2006), 지각된 사회적 지지가 높을수록 우울증상이 완화된다는 결과도 제시되었다(Sheets & Mohr, 2009). 지각된 지지에 있어 자신에게 도움을 줄 수 있는 가족과 친구들의 실질적 유용성보다는 개인적 특성이 보다 중요한 역할을 한다. 한 종단 연구에서는 사교적 성격을 가진 대학생 참가자들이 성인후기에 높은 수준의 지각된 사회적 지지를 경험하게 된다고 보고했다(Von Dras & Siegler, 1997). 이러한 결과는 건강에 대한 심리적 변인의 중요성을 강조한다.

지각된 통제 개인이 자신의 삶을 통제할 수 있다고 느끼는 정도를 의미하는 지각된 통제가 탄력성에 영향을 미친다는 연구 결과의 객관적 측면은 개인이 스트레스 유발 상황을 어떻게 지각하는가만큼이나 중요할 것이다(Rodin & Salovey, 1989). 랭거와 로딘(Langer & Rodin, 1976)은 한 고전적 연구에서 지각된 통제가 요양시설 거주자들에게 미치는 영향을 확인해 보았다. 이들은 한 집단의 참가자들에게 자신의 방을 정리하고 영화 시청시간을 결정하는 것과 같은 일상생활에 대한 통제를 스스로 할 수 있도록 하였다. 이들 참가자는 어떠한 통제도 할 수 없었던 다른 집단에 비해 더 건강해졌고 사망률 또한 더 낮았다. 자신의 삶에 대한 영향력을 가졌던 거주자 중 15%만이 18개월 이내에 사망한 것과는 대조적으로, 영향력이 없었던 거주자의 경우 무려 30%가 18개월 이내에 사망하였다. 자신의 통제력을 인식하는 것은 암 환자들에게도 중요한 의미를 갖는다. 몇몇 연구자는 질병 그 자체의 과정에 대한 통제보다 신체적 증상과 정서적 반응에 대한 통제가 암 환자들에게 더 중요하다고 말한다(Thompson et al., 1993).

힘의 행사 여부와는 관계없이 우리가 어떤 것을 행할 때 영향력을 가지고 있다는 것은 스트레스에 대한 보호 요인으로 작용할 가능성이 있다(John, 2004). 글래스와 싱어(Glass & Singer, 1972)는 한 실험에서 두 집단에게 같은 크기의 소음을 들려주었다. 한 집단의 참가자들에게는 필요시 스위치를 눌러 소음을 멈출 수 있음을 알려 주었다. 이 집단의 참가자들은 심지어 그들에게 주어진 통제력을 실행하지 않았음에도 불구하고 스트레스를 보다 덜 경험한 것으로 나타났다. 프리들랜드와 동료들(Friedland et al., 1992)은 스트레스원으로 인해 통제 불가능한 상황에 처해진 개인은 스트레스 상황에 대한 통제를 재시도하고자 동기부여된다고 하였다. 만일 이러한 시도가 실패한다면 우리는 종종 삶의 다른 영역에서 통제감을 향상시키고자 노력한다. 예를 들어 실직과 같은 거의 통제할 수 없는 불가피한 스트레스 상황에 처한 사람은 목표 지향적인 운동요법을 시작할지도 모른다. 목표를 향한 이행은 스트레스에 직면한 삶에 대한 통제력을 되찾도록 도와준다.

시도 당신은 스트레스로부터 얼마나 잘 회복하는가

당신의 삶에서 회복력을 증가시키는 요인은 어느 정도인가? 각 요인에 대해 1부터 10까지의 점수를 부여하라.

1. 나는 정서중심 대처 전략과 문제중심 대처 전략을 효율적으로 사용한다. _____
2. 나는 종종 낙관적인 견해를 주장한다. _____
3. 강인함의 세 가지 요소(책임감, 통제감, 도전정신)로 스트레스를 관리한다. _____
4. 나는 종교적 또는 사회적 단체에 적극적으로 참여한다. _____
5. 나는 친척과 친구들에게 지지적 관계로 다가간다. _____
6. 나는 나에게 일어나는 것에 대해서 많은 통제를 하고 있다고 본다. _____

5점 이하의 점수를 받은 요인들을 증가시키는 방법이 있는가? 만약 있다면 간단히 적어 보라. 만약 없다면 효과를 상쇄시키는 다른 회복 요인들을 어떻게 사용할 수 있을지 생각해 보라.

복습과 재검토 회복을 증진시키는 요인

요인	기술
대처	문제중심 대처(스트레스 문제에 초점을 두는 대처), 정서중심 대처(스트레스원에 대한 정서반응에 초점을 두는 대처), 주도적 대처(다가올 스트레스 상황을 예방하는 행동)
낙관주의	미래에 대한 긍정적 기대
강인함	일과 개인적 삶에 대한 책임감; 결과에 대한 통제감; 스트레스원을 도전으로 바라보는 관점
종교적 신념	건강한 습관, 긍정적 정서, 사회적 관여
사회적 지지	가족, 친구, 다른 사람에게 받는 실질적 · 정서적 지지; 실제적 지지보다 더 중요한 지각된 지지
지각된 통제	스트레스원에 대한 통제력을 가지고 있다는 믿음

기억하기 본문 내용을 떠올리며 다음 퀴즈를 풀어 보라.

1. 건강과 질병에 대한 _____ 모델은 신체적 · 심리적 · 사회적 변인을 포함한다.
2. 투쟁-도피 반응은 우리 몸의 _____ 체계를 손상시킬 수 있다.
3. GAS의 각 단계와 그에 대한 설명을 짝지으라.
   a. 저장된 에너지의 소모 _____ (1) 경고 단계
   b. 스트레스에 적응하려는 강력한 생리적 활동 _____ (2) 저항 단계
   c. 정서적 각성과 투쟁-도피 태세 준비 _____ (3) 소진 단계
4. _____ 평가 동안 사건이 긍정적인지, 부정적인지 또는 중립적인지 결정한다.
5. _____ 대처는 스트레스를 다루기 위해 감정을 조절하는 것과 관련되는 반면, _____ 대처는 특정 스트레스를 조절하거나 없애는 것과 관련된다.
6. 강인함은 _____, _____, _____을(를) 포함한다.

건강과 질병

앞서 언급하였듯이 건강심리학자들은 특정 질병의 예방과 치료를 더 잘 이해하기 위해 생물심리사회적 모델을 적용하여 생명을 위협하는 질병인 심장질환과 암을 연구해 왔다. 또한 생물심리사회적 모델을 통해 건강과 질병에 있어서의 성별 및 인종 간 차이를 설명할 수 있었다.

10.9 생활방식과 유전, 성격은 관상동맥성 심장질환에 어떤 영향을 미치는가?

관상동맥성 심장질환

생존을 위해 심장 근육은 혈액을 통해 운반되는 안정되고 충분한 산소와 영양분의 공급을 필요로 한다. 관상동맥성 심장질환은 심장 근육으로 혈액을 공급하는 관상동맥이 좁아지거나 막히는 것이다. 앞서 살펴보았듯이 스트레스와 관련된 생화학 물질은 이 과정에서 중요한 역할을 한다. 비록 관상동맥성 심장질환이 미국인의 사망률의 25%를 차지하는 가장 주된 사망 원인으로 알려져 있기는 하지만 지난 40여 년 동안 이 질환에 의한 사망률은 무려 50%나 감소되었다(Heron, 2012).

현대인의 건강문제 중 특히 관상동맥성 심장질환은 생활방식과 밀접한 관련이 있으므로 건강심리학자들의 중요한 연구 분야가 될 수 있다. 좌식 생활방식—대부분의 시간을 앉아서 보내는 직업으로 일주일에 3회 미만, 20분 이하의 운동을 하는—은 관상동맥성 심장질환에 의한 사망 위험 요인 중 일차적으로 개선이 가능한 것이다(Pereira, Ki, & Power, 2012). 그 밖의 개선 가능한 위험 요인으로는 높은 혈중 콜레스테롤 수준, 흡연, 비만 등이 있다.

비록 변화시키기가 불가능하지만 또 다른 중요한 위험 요인은 가족력이다. 가족력과 관상동맥성 심장질환 간에는 유전적 · 행동적 관련성이 있다. 예를 들어, 부모가 고혈압을 가지고 있지만 아직 장애가 발생하지 않은 사람은 그들의 부모와 같은 종류의 정서적 반응성과 빈약한 적응 전략을 보인다(Frazer, Larkin, & Goodie, 2002).

성격 유형 또한 개인의 심장질환 위험성과 관련된다. 오랜 연구 끝에 심장 전문의인 마이어 프리드먼과 레이 로젠먼(Meyer Friedman & Ray Rosenman, 1974)은 두 가지 종류의 성격 유형이 있다고 결론지었다. 그것은 관상동맥성 심장질환과 상당한 관련성이 있는 A 행동 유형과 일반적으로 심장질환을 거의 나타내지 않는 B 행동 유형이다.

A 행동 유형(type A behavior pattern)인 사람은 시간 압박에 매우 민감하다. 대부분 짧은 시간에 가능한 한 많이 성취하려고 노력한다. 이와 대조적으로 **B 행동 유형**(type B behavior pattern)인 사람은 편안하고 느긋해하며 시간에 쫓기는 듯한 압박감을 경험하지 않는다. 그들은 조급하거나 적대적이지 않으며, 죄책감 없이 휴식을 취할 수 있다. 또한 다른 사람과의 경쟁보다는 오히려 재미와 긴장 완화를 위해 놀이를 즐긴다. 그러나 B 행동 유형의 사람도 A 행동 유형의 사람처럼 영리하고 야망이 클 수 있으며, 큰 성공을 거둘 수 있다.

시간에 대한 압박과 더불어 A 행동 유형인 사람은 과도하게 경쟁적이고 적대적이며 쉽게 화를 낸다.

한 연구에서는 A 행동 유형이 심장질환과 강한 연관성을 보인다는 것을 밝혀냈다(Williams, 1987). 또한 이 연구에서는 여러 문화권과 성별에 걸쳐 이러한 연관성이 나타남을 입증하였다(Mohan, 2006; Olson et al., 2005). 요컨대, 성격과 심장질환에 관한 최근 연구는 일반적으로 A 행동 유형 그 자체보다는 적개심과 심장질환 간의 관계에 특히 더 초점을 두고 있다(Allan, 2011).

적개심과 심장질환 간의 관계에 대한 연구에서는 적개심이 정서적 스트레스의 다른 형태를 포함하는 좀 더 크고 복잡한 요인 중 일부라고 보았다(Kubzansky et al., 2006; Olson et al., 2005). 분노와 적개심은 단일 변인으로도 관상동맥성 심장질환의 예측인으로 밝혀졌다. 그러나 통계적 분석 결과들은 분노 혹은 적개심이라는 단일 변인만으로 심장질환을 예언하는 것보다는 불안과 냉소적 태도와 같은 다른 스트레스 변인들이 더해진 부정적 정서의 복합체가 심장질환을 더욱 잘 예언해 줄 수 있음을 보여준다.

단일 변인보다 부정적 감정의 복합체가 관상동맥성 심장질환을 더 잘 예언한다는 연구 결과는 몇몇 연구자가 새로운 분류체계인 **D 행동 유형**(type D behavior patter)을 제안하도록 이끌었다('D'는 부정적 스트레스[distress]의 첫 글자임; Denollet, 1997). 이 유형은 부정적인 감정을 억제하는 경향과 결합된 만성적인 정서적 스트레스를 보인다. 많은 연구는 D 행동 유형과 심장질환의 관련성을 밝혀냈다(Grande, Romppel, & Barth, 2012). 심장발작을 보인 후 재활치료 프로그램에 등록한 남성들에 관한 한 연구에서는 프로그램에 참여한 다른 환자들보다 D 행동 유형 환자의 사망 위험률이 4배나 더 높은 것으로 나타났다(Sher, 2004b). 그러나 D 행동 유형과 심장질환 간의 상관관계가 충분히 이해되기 위해서는 더 많은 연구가 필요하다. 또한 이 연구는 표집 인원이 충분치 않았다는 점과 유전과 식습관 및 운동과 같은 요인에 비해 성격 요인이 심장질환을 분명하게 예측하고 설명하지 못한다는 점 등의 제한점을 갖는다(de Voogd, Sanderman, & Coyne, 2012).

성격과 심장질환 간의 관계는 성격이 건강한 행동 습관과 사회적 지지에 미치는 영향을 통해 설명될 수 있다. 예를 들어, D 행동 유형과 더불어 부정적인 인생관을 갖는 경향이 있는 사람은 금연 프로그램을 완료하고도 담배를 끊지 못할 가능성이 높다(Hooten et al., 2005). 또한 연구자들은 관상동맥성 심장질환을 가진 환자의 배우자가 D 행동 유형일 때 지지 능력이 부족하다는 점을 발견하였다(Pedersen, van Domburg, & Theuns, 2004). 이처럼 심장질환에 대한 성격의 영향은 상당히 복합적인 것으로 보인다.

▶▶▶ 운전 중의 분노 표출과 같은 적개심은 A 행동 유형의 핵심적 요소다.

암

10.10 심리적 요인들은 암 환자들의 삶의 질에 어떤 영향을 주는가?

암은 미국인 사망률의 23%를 차지하는 주된 사망 원인이다. 암은 미국 성인인구에서 빈번하게 나타나며, 약 30%가 일생 동안 암이 발생할 가능성을 갖는다. 소아 · 청소년이라 해서 암 발생과 관련해 더 안전한 것은 아니다. 3~14세의 경우도 암으로 인한 사망률이 다른 어떤 질병보다 높기 때문이다.

암이란 단일 질병이라기보다는 살아 있는 유기체(사람, 다른 동물, 심지어 식물) 내의 어떠한 부위의 세포에라도 침입하여 생겨날 수 있는 질병들을 통칭하는 것이다. 정상 세포는 신체의 모든 부분에서 분열하지만 다행히도 언제 분열을 중지해야 할지가 정해져 있다. 정상 세포들과는 달리 암세포들은 분열을 멈추지 않는다. 그리고 적정 시기에 발견되어 파괴되지 않는 한, 세포가 자라고 번식하여 결국에는 유기체를 죽음으로 몰고 간다. 건강심리학자들은 건강하지 못한 식이요법, 흡연, 음주, 무분별한 성적 행동과 어린 나이의 성관계(특히 여성)가 암을 유발시키는 요소임을 지적한다. 스트레스가 암을 유발한다는 확실한 증거는 없지만 암 환자가 암을 받아들이고 치료하는 데 있어 영향을 미친다(Garssen, 2004; Pedersen et al., 2009).

▶▶▶ 이 암환자 모임은 심각한 질병과 연관되는 스트레스 수준을 낮춰 줄 것이라 기대되는 미술치료에 참여하고 있다.

미국에서 매년 암으로 진단받는 백만 명 이상의 사람들은 삶에 위협적일 수 있는 질병과 관련된 만성적인 스트레스에 대한 적응으로 인해 어려움을 겪는다(American Cancer Society, 2009). 따라서 연구자들은 암 환자에게는 의학적인 치료 이상의 개입이 필요하다고 주장한다. 암 환자의 치료에 있어서는 삶의 질에 영향을 줄 수 있는 심리학적이고 행동적인 요인을 향상시킬 수 있는 요소들이 포함되어야 한다. 카버와 동료들(Carver et al., 1993)에 따르면, 수술 후 3~6개월에 낙천적인 모습을 유지한 유방암 환자는 자신의 상황을 현실로 받아들이고 주관적 고통을 덜 느끼면서 유머감각을 유지한 반면, 암에 대해 부인—자신의 상황을 현실로 받아들이는 것을 거부하는 것—과 포기의 태도를 보인 환자는 더 높은 수준의 고통을 경험한다. 던켈 쉐터와 동료들(Dunkel-Schetter et al., 1992)은 암에 대처하기 위한 방법 중 가장 효과적인 요소는 사회적 지지(예, 자조집단을 통한), 긍정적 측면에 초점을 맞추는 것과 기분 전환이라는 점을 발견하였다. 예를 들어, 공상, 부인, 사회적 철수와 같은 회피적인 대처방법은 보다 강한 정서적 고통과 관련된다.

10.11 건강에 대한 태도에 어떠한 성차가 나타나는가?

성과 건강

과거 대부분의 의학적 연구들은 미국 정부의 지원을 받았고, 참가자로서 남성을 더 선호하고 여성을 제외하였다(Matthews et al., 1997). 여성의 건강 관리 필요성은 특히 외과적 심장수술 이후의 사망률을 조사한 연구에서 입증되었다. 여성은 수술 후 남성보다 사망률이 더 높았다. 지금까지의 연구들은 수술 생존율에서의 성차는 연령에 민감하다는 사실을 보여 주고 있지만, 여전히 연구자들은 여성이 남성에 비하여 사망률이 더 높게 나타나는 원인을 연구하고 있다(Vaccarino et al., 2002). 이런 차이를 나타내는 주요한 원인은 여성이 당뇨병과 같은 추가적인 만성적 질병을 남성보다 더 많이 나타내며, 이와 같은 질병은 수술 후 회복력을 손상시킨다는 점과 관련된다(Kim et al., 2007). 또 다른 이유는 여성이 남성보다 수술 후 감염률과 발작 비율이 높다는 것이다(Rogers et al., 2006). 여성 환자들이 수혈을 받는 비율이 더 높기 때문에 수술 후 감염에 대한 성차가 나타날 수 있다(Rogers et al., 2007). 심장수술 중 또는 수술 후 수혈을 받은 남성과 여성은 수혈을 받지 않은 환자들보다 감염이 더 잘되는데, 이때 여성이 남성보다 약 50% 수혈을 더 많이 받는다.

그러나 남성은 여성보다 더 건강하다 할지라도 모든 면에서 여성에 비해 사망률이 더 높다. 이러한 역설적 발견들은 10년간 연구자들에게 의문으로 남아 있었다(Rieker, Bird, & Lang, 2010). 여성이 남성에 비해 50% 정도 더 병원을 자주 방문한다는 점은 이러한 차이점의 일부분을 설명할 수 있다(NCHS, 2012). 그러나 병원을 찾는 행동에서의 차이점은 질병과 죽음과의 관련성에서 성차를 충분히 설명해 주지는 못한다.

건강에서의 인종차

10.12 연구자들은 건강에서의 인종차를 어떻게 설명하는가?

성과 마찬가지로 인종에 따라 건강 패턴에서 차이가 나타난다. 앞서 언급했듯이, 건강 관련 통계치를 수집하기 위해 미국 내의 다섯 개 하위 인종집단—백인, 아프리카계, 히스패닉계, 아시아계, 태평양제도 원주민, 북미 원주민들—의 건강 상태에 대한 추적 연구를 시행하여 이러한 차이를 설명할 수 있는 주된 변인을 확인하려는 시도가 있었다. 흔히 우리는 각 집단 내에 주된 변인이 있다는 사실을 간과한 채 집단 평균 차이에만 초점을 두는 경향이 있다. 따라서 우리는 어떤 집단이 다른 집단보다 더 건강하다는 고정관념을 가짐으로써 집단 간의 차이를 과잉일반화하지 않도록 해야 한다. 다음은 연구를 통해 얻은 많은 결과 중 중요 사항들을 기술한 것이다.

건강에서의 집단차 아프리카계 미국인은 높은 혈압과 당뇨병과 같은 만성질환의 비율이 백인보다 더 높게 나타났다(National Center for Health Statistics, 2012). 또한 백인보다 심장병으로 사망한 비율이 40% 이상 더 높았고, 암에 의한 사망은 30% 정도 더 높은 것으로 나타났다. 같은 연령의 백인과 아프리카계 미국인이 유사한 질병에 걸렸다 할지라도 아프리카계 미국인의 사망률이 더 높다(NCHS, 2010). 그리고 AIDS 환자의 비율은 아프리카계 미국인이 백인에 비해 3배나 더 높았다.

비히스패닉계 미국인에 비해 히스패닉계 미국인 사이에서 고혈압은 더 흔히 발생하였지만 심장질환은 덜 발생하였다(NCHS, 2012). 또한 히스패닉계 미국인은 다른 집단들보다 당뇨병 비율이 훨씬 더 높았다(CDC, 2012a).

보통 아시아계 미국인은 다른 인종의 성인들보다 당뇨병과 고혈압과 같은 만성질환을 더 적게 진단받는다. 이는 암에서도 마찬가지다. 그렇지만 아시아계 미국인의 주요 사망 원인은 심장병보다는 암인 것으로 나타났다. 이는 아시아계 미국인이 타 집단에 비해 특히 치명적인 위암과 간암 발생률이 더 높기 때문이다(Howlader et al., 2012). 이런 차이는 전염성 원인으로 간주된다. 간염을 일으키고 간암으로 악화시키는 다양한 종류의 바이러스와 위암과 관련된 세균인 헬리코박터 파일로리균으로 인한 전염률은 다른 집단들보다 아시아계 미국인과 아시아인들 사이에서 훨씬 더 높다. 연구자들은 아시아인들 사이에서 더 흔히 전염되는 B형 간염과 헬리코박터 파일로리균의 유형 특성, 아시아인들이 이런 병원균에 노출되도록 만드는 문화적 관습, 그리고 유전적 민감성과 같은 요인들을 연구하고 있다(Al-Mahtab, 2010; Fock & Ang, 2010).

당뇨병 환자의 비율은 미국 내 백인보다 원주민에게서 더 높게 나타난다(NCHS, 2012). 북미 원주민들의 알코올 남용의 비율 역시 더 높으며, 이로 인해 간질환 발병률도 높다. 간질환으로 인한 사망은 다른 집단보다 북미 원주민 사이에서 더 빈번하게 발생한다(NCHS, 2012).

집단차에 대한 설명 이러한 차이들은 어떻게 설명될 수 있을까? 앞에서 살펴보았듯이 한 가지 가능한 설명 요인은 역사적 인종주의다. 다른 하나는 사회경제적 지위다. 아프리카계 미국인, 북미 원주민 그리고 히스패닉계 미국인들의 약 1/5은 빈곤한 삶을 영위하고 있다(U.S. Census Bureau, 2012). 따라서 우리는 건강에서의 인종차를 설명할 수 있는 빈곤과 관련된 요인들—예를 들어, 영양 수준, 건강관리에 대한 접근 가능성, 교육 등—을 고려해야 한다. 그러나 사회경제적 요인에 대한 구체적인 연구는 빈곤율의 차이가 건강에서의 집단차를 충분히 설명하지 못한다는 것을 보여 준다. 미국 내 백인과 흑인들은 건강보험을 유지하는 반면, 히스패닉계 미국인들은 겨우 1/3만이 건강보험에 가입되어 있다(NCHS, 2012).

그러나 다양한 측면에서 평균적으로 가난한 미국인들 중 백인이나 히스패닉계 미국인들은 아프리카계 미국인들보다 더 건강하다. 예를 들어, 저소득층 아프리카계 아동은 백인이나 히스패닉계 저소득층 아동보다 천식에 걸릴 확률이 거의 두 배 이상 높다(NCHS, 2012). 반면 가난한 백인 아동들은 또래 아프리카계 아동이나 히스패닉계 아동들보다 주의력결핍 과잉행동장애와 같은 신경심리학적 질병을 나타낼 확률이 더 높다. 비만과 관련하여 빈곤은 백인, 아시아인, 아프리카계 미국인 여성들의 비만 확률을 높이지만, 히스패닉계 미국인이나 아프리카계 미국인 남성들의 비만 확률은 낮춘다(Boykin et al., 2011). 이러한 연구가 설명하는 바와 같이, 사회경제적 요인의 집단차는 건강한 집단의 차이를 완벽히 설명해 주지는 못한다. 그렇다면 다른 요인들로는 어떤 것들이 있을까?

생명윤리학자 필라 오소리오(Pilar Ossorio)와 사회학자 트로이 더스터(Troy Duster)는 이러한 차이의 기저에는 인종적 양식이 있다고 제안하였다. 인종적 양식이란 행동 패턴(예, 식습관, 레저 활동 등)을 공유함으로써 자신들의 집단정체성을 유지하려는 집단 내 구성원들의 경향성을 말한다. 나아가 생활조건을 공유하는 집단(예, 미국 남서부 사막에 집단적으로 거주하는 히스패닉계 미국인)들은 건강 상태도 공유하는 경향이 있다. 결과적으로 서로 다른 집단에서는 서로 다른 비율로 위험 요인과 보호 요인이 발생하게 된다.

기억하기 본문 내용을 떠올리며 다음 퀴즈를 풀어 보라.

1. _____은(는) A 행동 유형과 심장질환 간의 관계에 큰 영향을 미친다.
2. _____와(과) _____ 요인은 암 환자의 삶의 질에 큰 영향을 미칠 수 있다.
3. 일반적으로, 여성은 남성보다 (더/덜) 건강하며, 남성은 대부분 질병으로 (더/덜) 사망하는 경향이 있다.
4. _____라고(이라고) 불리는 현상은 건강에서의 집단차를 설명하기 위해 제기되었다.

생활방식과 건강

전 세계적인 컴퓨터의 발전과 인터넷의 보급으로 산업화된 국가에 살고 있는 사람은 아주 멀리 떨어진 개발도상국의 사람과도 '건강에 관한 정보를 찾기 위해 인터넷을 한다.'는 공통점을 가질 수 있게 되었다(다음 페이지의 〈적용〉 참조; Borzekowski, Fobil, & Asante, 2006; Cohen & Stussman, 2010). 인터넷에서 건강 정보를 찾아보면 수만 개의 웹사이트에서 우리가 이미 알고 있던 건강 관련 용어들을 볼 수 있다. 우리 대부분에게 있어 건강의 최대 적은 바로 습관—운동 부족, 수면 부족, 알코올이나 약물 중독, 건강하지 않은 식습관, 과식 등—이다. 건강하지 않은 생활방식을 변화시키려면 어떻게 해야 할까? 아마 허영심이 바로 그 열쇠가 될 것이다. 연구자들은 사람들이 행동을 변화시킴으로써 얻을 수 있는 건강상의 이점에 대한 정보를 제공받는 것보다 더 멋있거나 어려 보이게 될 것이라고 믿을 때 행동을 더 잘 변화시킨다는 사실을 발견했다(Mahler et al., 2003). 우리 모두가 각별히 주의해야 할 심각한 문제를 일으키는 건강 위협 행동들이 존재한다. 우리는 지금부터 알코올 남용, 성병뿐 아니라 건강에 가장 위협적인 행동인 흡연 등에 대해 논의할 것이다. 또한 다이어트와 운동의 중요성, 건강을 유지하고 병을 치료하는 데 있어 대체의학의 역할에 대해서도 논의할 것이다.

흡연과 건강

10.13 흡연은 건강에 어떤 영향을 미치는가?

미국에서는 여전히 흡연이 예방 가능한 질병과 사망의 가장 주된 원인이다. 미국에서는 약 22%의 남성과 18%의 여성들이 흡연을 한다(NCHS, 2012). 절반 이상의 미국 성인들이 흡연을 하고 1/4는 흡연을 한 경험이 있었던 1960년대에 비해 미국 성인 흡연자들의 수가 급격히 줄어든 것을 보면, 흡연이 건강에 치명적이라는 인식이 점차 뿌리내리고 있는 것으로 보인다(American Lung Association, 2010).

더욱이 흡연은 과거와 달리 사회적으로 용납되지 않는 행위로 간주되고 있다(Chassin et al., 2003). 그러나 성별과 인종에 따라 다양한 흡연습관이 존재한다. 북미 원주민 남성(25%)과 여성(21%)이 가장 높은 흡연율을 보였고, 아시아계 미국인 남성(15%)과 여성(6%)이 가장 낮은 흡연율을 보였다(NCHS, 2012).

흡연은 심장병, 폐암, 기타 흡연 관련 질병 및 폐기종의 위험을 높인다. 이는 흡연이 폐 속의 T세포

적용 인터넷상의 건강 정보 해석하기

인터넷에서 사용할 수 있는 정보는 얼마나 신뢰할 수 있을까? 건강 관련 웹사이트에 대한 대규모 연구에서 연구자들은 정보의 질이 사이트마다 서로 다르다는 것을 발견했다(Eysenbach et al., 2002; North et al., 2012). 이러한 어려움에도 불구하고, 전문의 협회는 인터넷을 통해 환자가 자신의 건강을 관리하는 법을 배우는 것의 잠정적 가치를 인정하고 있다. 그 결과, 국립 의학도서관(National Library of Medicine, 2012)에서는 사용자들이 인터넷상의 건강 정보를 평가할 때 도움을 줄 수 있는 온라인 교수법을 출간하기에 이르렀다. 여기에는 웹상에서 건강 정보 및 조언을 검색할 때 염두에 두어야 할 사항들이 포함되어 있다.

- 무엇이 인터넷에 올라올지 통제하는 규칙은 없다는 것을 기억하라. 전문가가 쓰고 검토하는 과학 저널의 글과는 달리 인터넷상의 글은 아무나 올릴 수가 있으며 어떤 종류의 평가도 받지 않는다. 전문적인 지식이 없으면 해당 정보와 조언들의 근거가 확실한지를 판단하는 것이 매우 어려운 일이다.
- 출처를 확인하라. 의과대학, 정부기관, 공공건강 조직으로부터 지원을 받는 웹사이트들은 일반적으로 신뢰할 만하다. 건강 관련 상품을 광고하는 것과 같은 다른 사이트들은 의심해 보아야 한다.
- 다른 의견들도 들어 보라. 인터넷 기반 정보에 대해서 주치의에게 자문해 보거나 그 주제에 대한 서로 다른 출처들에서 어떤 것들이 사용 가능한지 읽어 보라.
- 인용문을 확인하라. 인터넷 사이트, 도서관 혹은 서점에서 인용문을 제공하는 사이트를 찾게 되는데, 이는 사이트 내용에 관해 인용문을 밝히지 않는 사이트보다 더 믿을 만하다.
- 정보는 얼마나 최신의 것인가? 건강 관련 정보들은 자주 바뀐다. 당신이 읽고 있는 정보가 얼마나 최신의 것이고 얼마나 추천을 많이 받은 것인지 확인하라.
- 실제보다 너무 좋게 들리는가? 어떤 것이 삶의 거의 모든 것에 효과적인 것처럼 너무 좋게만 들린다면(예, 비타민이 암을 치료한다) 그것은 사실과 다를 수 있다. 결과에 대해서 이의를 제기하는 실험적이고 위약 효과를 통제한 연구를 찾아보라.

이러한 지침을 사용한다면 당신은 보다 효율적으로 인터넷 기반 건강 정보를 활용할 수 있을 것이다.

의 움직임을 억제하여, 호흡기 감염과 종양에 대한 민감성을 높이기 때문이라고 알려져 있다(McCue et al., 2000). 흡연의 다른 부정적인 결과로는 만성 기관지염을 비롯한 호흡기 질병, 담뱃불 때문에 발생한 화재에 의한 사망과 부상, 흡연 여성에게서 나타나는 저체중아 출산과 태아 발달지연 등이 있다. 또한 수백만 명의 비흡연자는 공기 중의 담배 연기를 통해 간접흡연을 하게 되는데, 이는 건강에 유해한 영향이 있다고 밝혀진 바 있다. 간접흡연에 주기적으로 노출된 비흡연자들은 그렇지 않은 비흡연자들보다 심장마비에 걸릴 확률이 두 배로 높다는 연구 결과가 있다(National Center for Chronic Disease Prevention and Health Promotion, 2006). 마찬가지로, 간접흡연은 아동들의 천식, 기관지염, 폐렴 등의 폐질환 위험률을 높인다(CDC, 2012b).

금연을 위한 많은 방법이 있다. 하지만 이런 방법으로 금연에 성공할 확률은 그리 높지 않다. 금연하고자 하는 의지가 강하고, 스스로 금연하는 방법을 선택한다 해도 금연에는 많은 변수가 작용한다. 따라서 어떤 연구에서 패치나 껌과 같은 니코틴 대체제를 사용한 흡연자의 20%가 금연에 성공하였을 경우, 니코틴 중독의 물리적 측면 이외의 이유가 원인이 될 수 있다(Rose, 2006).

흡연자의 생활환경은 금연 결과에 영향을 끼칠 수도 있다. 600명 이상의 대학생을 대상으로 한 실험에서, 연구자들은 일상생활에서 스트레스를 덜 느끼는 사람이 더 느끼는 사람보다 금연에 더 성공적이었음을 밝혔다(Norman et al., 2006).

18개월에 걸친 이 연구에서 참가자들의 평균 금연 성공률은 겨우 18%였다. 그러나 스트레스를 덜 느끼는 집단의 금연 성공률을 52%였다. 대조적으로 스트레스를 더 느끼는 집단의 경우 13%만이 금연에 성공했다. 금연하고자 하는 사람을 위한 이 연구의 결과는 소위 '금연 시작일'을 정하는 것이 효율적이라고 조언한다. 시험기간 직후와 같이 스트레스가 낮은 시기를 금연 시기로 정하는 것은 강한 스트레스를 경험하는 시기에 금연하는 것보다 훨씬 효과적일 것이다.

알코올 남용

10.14 알코올 남용은 건강에 어떠한 문제를 일으키는가?

당신은 주기적으로 술을 마시는가? 많은 미국인이 그러하다. 4장에서 이미 보았듯이, 물질남용이란 개인의 집, 학교, 직장, 또는 다른 장소에서의 주요한 삶의 기능을 방해하고, 법적 어려움이나 심리적 문제를 야기할 수 있는 물질의 지속적 사용을 의미한다(Dryden-Edwards, 2013). 알코올은 이 중 가장 빈번하게 남용되는 물질 중 하나로 알코올 남용으로 인한 건강관리 비용—사망, 의료비, 실업, 가족 문제 등과 관련된—은 엄청나다.

알코올을 지나치게 복용하면, 거의 모든 장기기관에 손상을 줄 수 있고, 특히 간에 매우 치명적이다. 또한 전혀 술을 마시지 않았던 사람도 단시간에 너무 많은 양의 술을 마시면 사망할 수 있다(〈표 10-1〉 참조). 4만 명 이상의 노르웨이 남성을 대상으로 한 장기 종단 연구에 따르면, 알코올중독자는 비음주자에 비해 60세 이전의 사망률이 현저히 높았다(Rossow & Amundsen, 1997). 또한 알코올중독자는 교통사고나 심장병으로 사망할 확률이 비음주자보다 세 배나 높았고, 암에 의한 사망률 또한 두 배 더 높았다.

알코올중독에 의한 뇌손상은 MRI 연구(van Eijk et al., 2013)를 통해 밝혀졌다. 알코올중독자들의 CT 스캔에서도 높은 비율의 뇌 수축이 나타나는데, 젊은 사람이나 평균적 인지기능을 가진 중독자들도 마찬가지였다(Lishman, 1990). 더욱이 과도한 음주는 금주 후에도 몇 달간 지속적으로 인지장애를 야기할 수 있다(Sullivan et al., 2002).

최근의 연구에서 유일한 긍정적인 소식은 알코올이 뇌에 미치는 몇 가지 영향은 장기간의 금주를 통해 부분 회복될 수 있다는 사실이다. 실제로 알코올 남용으로 손상된 뇌는 금주 후 며칠 만에 회복하기 시작했다(van Eijk et al., 2013).

1950년대 후반부터 미국의학협회는 알코올중독이 지속기간에 상관없이 질병이라는 견해를 유지해 왔다. 이 견해에 따르면 소량의 알코올만으로도 음주에 대한 심한 갈망을 일으킬 수 있으며, 개인은 이를 통제할 수 없다(Jellinek, 1960). 따라서 아예 술을 마시지 않는 것만이 유일하게 효과적이고 만족할 만한 금주방법이라고 할 수 있다. 익명의 알코올중독자 모임(Alchoholics Anonymous: AA)도 음주가 질병이라는 견해와 금주를 위해서는 아예 술을 마시면 안 된다는 견해를 뒷받침하고 있다. 또한 연구자들은 금주를 어느 정도 도와주는 아캄프로세이트(acamprosate)라는 약이 알코올중독의 재발을 막는 데

〈표 10-1〉 **알코올중독**

얼마나 많은 술을 섭취하면 알코올중독자가 되는가?
이는 체중과 알코올에 대한 저항력에 따라 다양하다.
누구에게나 한 시간에 8~10잔의 술은 알코올에 중독되기에 충분한 양이다.
술을 깨는 어떤 빠른 방법이 있는가?
없다. 체내의 알코올을 빠르게 분해시킬 수 있는 방법은 존재하지 않는다.
커피, 찬물 샤워, 걷기, 수면은 효과가 없다.
알코올중독의 증상은 무엇인가?
혼란, 무감각, 혼수, 혹은 정신을 차릴 수 없게 됨
피부를 꼬집어도 반응이 없음
자면서 구토함
발작
호흡이 느려짐(1분에 8번 미만)
불규칙적인 호흡(호흡 간격이 10초 이상)
저체온, 얼굴이 파랗게 질림, 창백함
알코올중독이라고 생각되는 사람에게 나는 무엇을 해야 하는가?
119에 신고할 것
그와 함께 있을 것
구토 시 기도 유지 및 확보
의료진에게 섭취한 알코올의 양과 종류 진술

출처: National Highway and Traffic Satety Administration(2007).

도움이 될 수 있을 것이라고 보고하고 있다(Rosner et al., 2010).

몇 가지 연구는 알코올중독의 유전적인 영향에 대해 지적하고 있으며, 알코올중독이 질병이라는 이론을 뒷받침하고 있다. 예를 들어, 연구자들은 알코올중독자의 뇌가 비음주자와는 다르게 시청각적 자극에 반응한다는 사실을 제시하는 많은 임상적 증거를 축적해 왔다(Hada et al., 2000, 2001; Prabhu et al., 2001). 나아가 알코올중독자의 가족은 연령 혹은 음주 여부에 관계없이 같은 유형의 반응 패턴을 보이는 경우가 많다(Rangaswamy et al., 2007). 같은 유형의 반응 패턴을 보이는 알코올중독자의 가족은 알코올중독자가 되거나 다른 종류의 중독에 빠질 확률이 높아 보인다(Anokhin et al., 2000; Beirut et al., 1998). 이러한 결과를 통해 연구자들은 앞으로 뇌영상 기법을 통해 유전적으로 중독 성향이 있는 가족을 알아낼 수 있을 것이라고 언급해 왔다(Porjesz et al., 1998).

10.15 세균성 성병과 바이러스성 성병 간의 차이점은 무엇인가?

성병

미국에서 가장 전염성이 강한 질병은 무엇일까? 성병의 일종인 클라미디아(chlamydia)가 그 답이라는 걸 알면 당신은 무척 놀랄지도 모른다(CDC, 2012c). **성병**(sexually transmitted diseases: STDs)은 주로 성적 접촉으로 퍼지는 전염병이다. 지난 30년간 다양한 성병의 발병률이 극적으로 증가해 왔다. 이러한 경향은 성에 대해 묵인하는 태도와 젊은 층의 성행위 증가로 부분적으로 설명될 수 있는데, 젊은 층이 고등학교를 졸업할 때까지 여러 명과 성관계를 맺는 경향이 높아졌기 때문이다([그림 8-5] 참조). 또 다른 요인은 성병의 확산을 막지 못하는 피임약과 같이, 성기 간의 직접적인 접촉을 막지 못하는 피임법이 주로 사용되고 있다는 데 있다. 콘돔처럼 직접적 접촉을 막는 피임법은 성병을 어느 정도 방지해 준다.

클라미디아는 많은 **세균성 성병**(bacterial STDs) 중 하나로서, 항생제로 치료할 수 있다. 클라미디아는 실질적 성교나 생식기와 같은 다양한 종류의 신체적 접촉을 통해 전염될 수 있다(CDC, 2012c). 여성의 경우 남성보다 클라미디아에 감염될 확률이 세 배나 높다고 알려져 있다. 다른 세균성 성병 중 하나인 임질은 아주 보편적인 질병이었으나, 1975년에서 2009년 사이 상당히 감소했다. 유감스럽게도 오늘날 존재하는 임질은 수십 년 전보다 항생제에 대한 저항력이 훨씬 더 강해서, 보건계 종사자들은 다시 치솟는 임질 발병률에 대해 우려를 표하고 있다(CDC, 2012c). 클라미디아와 임질의 장기적인 증상 중 하나는 골반 내 염증질환으로, 이는 여성의 생식기에 감염을 일으켜 불임을 유발한다.

또 다른 세균성 성병인 매독은 심각한 정신적 장애를 초래할 수 있고, 감염 초기에 치료받지 못한다면 사망에 이를 수도 있다. 한때 매독은 완전히 사라진 질병이었다. 그러나 2008년에 약 4만 6,000건의 매독 사례가 미국 질병관리센터에 보고되었다(CDC, 2009). 대부분은 도시 지역에 사는 남성 동성애자에게서 발견되었다(CDC, 2009a). 이들에게 매독의 위험에 대해 교육하는 것과 성병 예방을 위한 대책들은 최근 미국 보건당국의 주된 관심사가 되어 왔다. 다행히도 매독 발병률은 이후 극적으로 감소하였으며, 2011년에는 겨우 1만 3,970건만이 보고되었다(CDC, 2012c).

세균성 성병과는 달리, **바이러스성 성병**(viral STDs)은 항생제로 치료될 수 없는 불치병으로 여겨진다. 그중 하나가 생식기 포진인데, 이는 생식기를 통한 성교나 구강 섹스를 통해 감염된다. 미국 질병관리센터는 미국 성인의 16%가 이 병에 감염되어 있다고 보고한다(CDC, 2012d). 포진으로 인해 생식기에 물집이 생기는데, 이는 바이러스를 가진 모든 사람에게서 주기적으로 발생한다.

가장 심각한 바이러스성 성병은 유두종 바이러스(HPV)의 감염으로 발생하는 생식기 혹이다. 그러나 이 병의 주된 증상, 즉 생식기에 자라는 혹 자체가 치명적인 것은 아니다. 유두종 바이러스는 자궁암과 매우 강한 연관이 있다(CDC, 2012e). 미국에서는 성적으로 왕성한 50%의 남녀가 삶의 어느 시기엔가 유두종 바이러스에 걸린다고 보고하고 있다(CDC, 2012e).

최근 미국 식품의약청은 네 가지의 유두종 바이러스로부터 남녀 모두를 보호해 줄 것이라 여겨지는 백신의 생산을 승인했다(CDC, 2012e). 그러나 연구자들은 아직 이 백신의 효과가 얼마나 지속될지 알지 못한다. 또한 관계자들은 백신이 보호할 수 없는 다른 종류의 유두종 바이러스가 있음을 지적하고 있다. 이러한 이유로 보건당국은 이 백신을 사용하는 사람들이 안전하게 성관계를 하고 주기적인 의학 검진을 받을 것을 당부하고 있다.

가장 위험한 성병은 **인간면역결핍 바이러스**(human immunodeficiency virus: HIV)의 감염에 따른 **후천성 면역결핍 증후군**(acquired immune deficiency syndrome: AIDS)이다. 이 바이러스는 면역체계가 제 기능을 발휘하지 못할 때까지 공격한다. 미국에서 AIDS가 처음으로 발견된 것은 1981년이었지만, 여전히 이 병은 불치병이다. 398쪽의 〈시도〉에서 AIDS에 관한 당신의 지식을 테스트해 보라.

HIV의 효과적인 치료법을 탐색한 종단 연구([그림 10-5] 참조)는 두 가지 중대한 성과를 가져왔다. 첫째, 아지도티미딘(AZT)과 같은 약물들이 임신한 여성으로부터 태아에게 HIV가 전염되는 것을 막

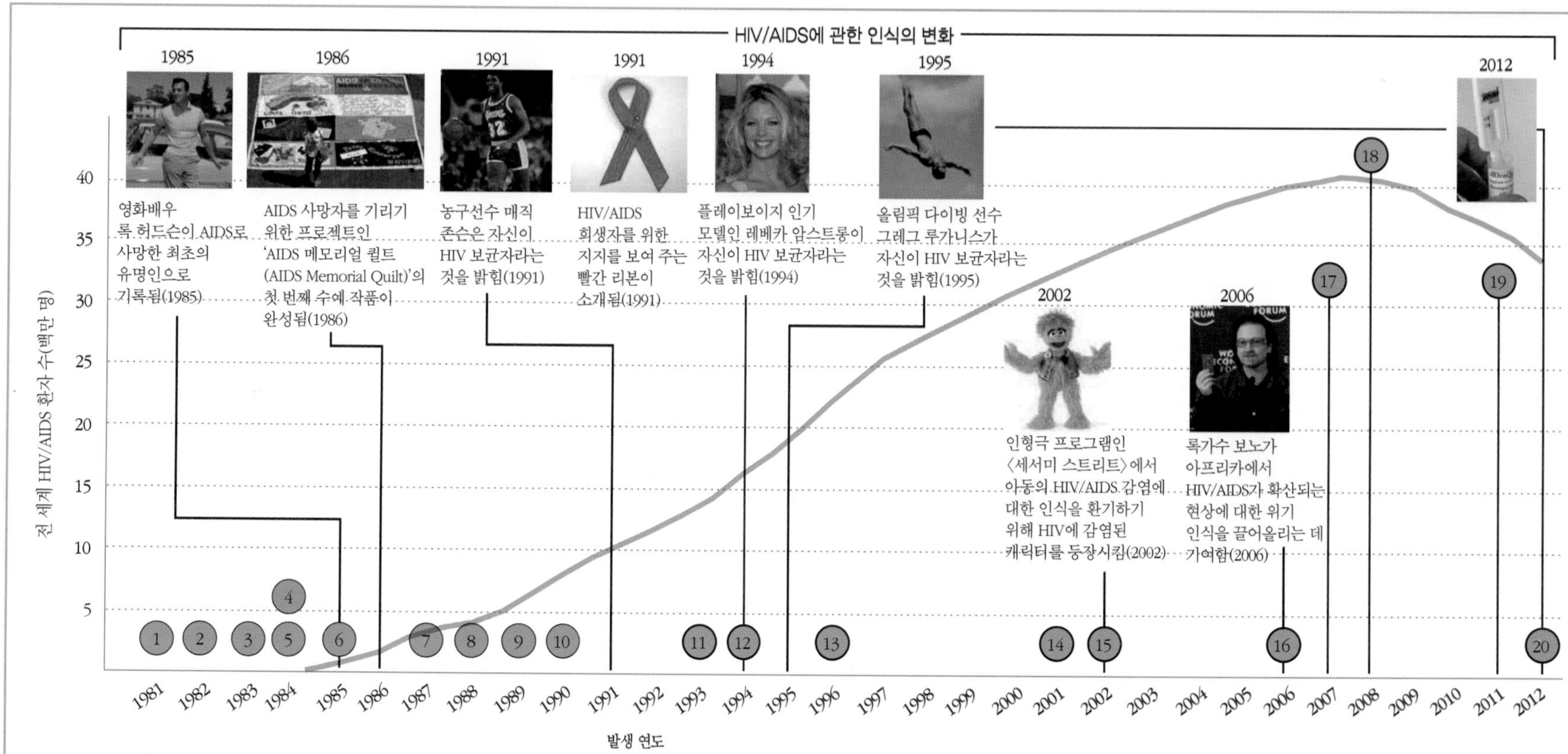

1. 미국 질병관리센터가 젊은 남성 동성애자 사이의 카포지 종양 사례를 보고함
2. 미국 질병관리센터가 AIDS를 명명하고 정의함
3. 정부는 수혈에 의해 초래될 수 있는 감염의 위험성을 경고함
4. 연구자들이 HIV를 AIDS의 원인으로 정의함
5. 정부는 정맥 투여 마약 사용에 의해 초래될 수 있는 감염의 위험성에 대해 경고함
6. 혈액은행이 HIV에 걸린 혈액에 대한 검사를 함
7. 미국 식품의약청이 AIDS에 관한 실험적인 약물을 승인함
8. 미국 질병관리센터가 HIV와 AIDS에 관한 책자를 미국 전역의 모든 가정에 배부함
9. 정부는 약물 승인 절차를 가속화하기 위해 정책을 개편함
10. 미국 식품의약청은 HIV에 감염된 소아를 위한 AZT 치료법을 승인함
11. 정부는 HIV/AIDS에 감염된 여성에 대한 광범위한 연구를 시행함
12. 미국 식품의약청은 HIV에 감염된 산모를 대상으로 한 AZT 치료법을 승인함
13. 미국에서 1982년 이래 최초로 HIV/AIDS의 사례가 감소됨
14. HIV/AIDS을 위한 저가의 상품 등록화되지 않은 약물의 사용이 가능해짐
15. 미국 식품의약청이 HIV 테스트를 위해 최초로 손가락 혈액 채취를 승인함
16. 미국 식품의약청이 3중 약물요법을 승인함
17. 전문가들이 HIV 전염 위험을 감소시키기 위해 포경수술을 추천함
18. 빈곤국가에서 항레트로바이러스 약물을 받은 HIV 보균자인 성인들의 수가 2004년 이후로 7배로 증가함
19. HIV에 대한 주의와 항레트로바이러스 약물의 사용 증가로 인해 2001년 이후 전 세계적으로 HIV 감염률이 21%, AIDS 관련 사망률은 15%가량 감소함
20. 미국을 비롯한 전 세계 곳곳에서 처방전 없이 가능한 HIV 검사가 보편화됨

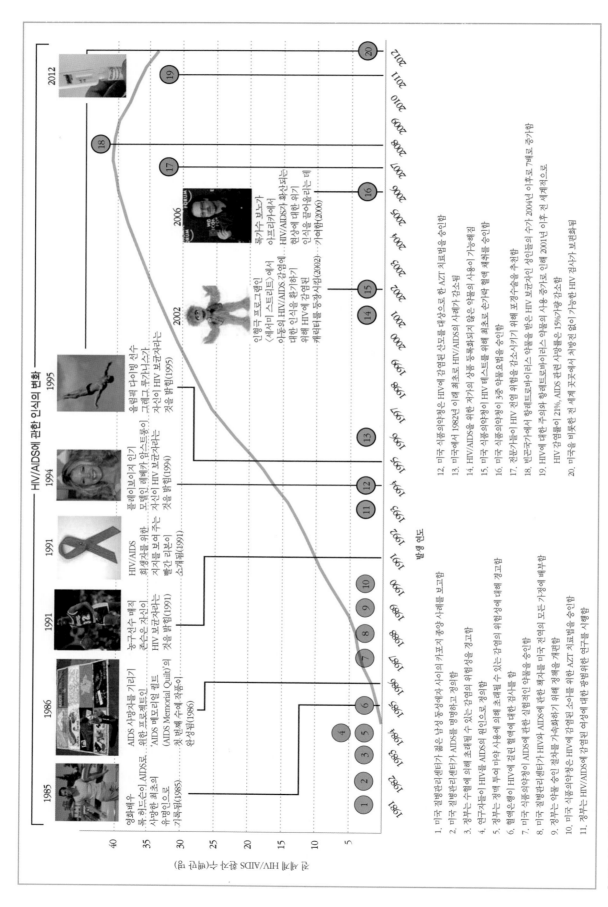

[그림 10-5] HIV/AIDS의 역사에 관한 이정표

출처: Kaiser Family Foundation(2012); UNAIDS(2011).

을 수 있다는 발견은 수천 명의 생명을 구했다. 1990년대에는 매년 거의 2,000여 명의 유아가 HIV에 감염되는 것으로 진단되었다. 널리 보급된 태아기 HIV 검사와 HIV를 막는 약물의 사용으로 2009년에는 100명 이하의 유아들만이 HIV에 감염된 것으로 진단되었다(CDC, 2012f).

둘째, 항레트로바이러스 약물의 출현은 HIV 희생자의 면역체계를 파괴시키는 세포 공격 능력을 저지하여 아마도 수백만 명이 AIDS로 사망하는 것을 방지하였을 것이다. 최근에는 UN, 선진국 정부, 기업, 자선단체 및 저명인사들이 국제은행의 도움을 받아 HIV 감염률이 높은 사하라 사막 일대의 개발도상국 지역에 항레트로바이러스 약물의 보급에 필요한 재정적 후원을 하는 데 노력하고 있다(Global Fund to Fight AIDS, Tuberculosis, and Malaria, 2005; Merson, 2006). 예비 연구 결과들은 이러한 노력이 상당히 효과적임을 보여 주고 있다. 개발도상국 지역에서의 새로운 HIV/AIDS 사례 수가 그대로 유지되거나 혹은 감소하였다(UNAIDS, 2011). 이 프로그램들은 이 지역에서 HIV 관련 유아 사망률뿐만 아니라 모체에서 자녀에게 전염되는 질병의 발병률 또한 감소시켰다(Violari et al., 2008).

연구자들은 HIV가 주로 혈액, 타액, 성교 중의 질 분비물을 통해, 혹은 정맥에 마약을 주사하는 사람이 오염된 주사기나 바늘을 공유할 때 감염된다고 보고 있다. 미국에서 AIDS 감염자의 약 11%는 정맥 마약을 사용하는 사람이지만, HIV 보균자와 AIDS 발병률은 동성애 남성에게서 가장 높게 나타난다(CDC, 212f). 항문 성교는 일반적인 성교보다 더욱 위험한데 항문 성교로 인해 직장의 조직이 파괴되어 HIV가 혈관 속으로 들어올 수 있기 때문이다. 그러나 AIDS를 동성애 남성들만의 질병으로 치부해서는 안 된다. AIDS로 진단된 사람 중 1/4은 여성이다. [그림 10-6]은 2010년 미국에서의 다음 네 가지 유형의 전염으로 인한 감염률을 보여 주고 있다. (1) 남성 간의 성교, (2) 남녀 간의 성교, (3) 정맥 주사, (4) 정맥 주사 사용과 결합된 남성 간의 성교(CDC, 2012a).

최근 연구자들은 포경수술이 HIV 전염 위험을 상당 부분 줄일 수 있다는 것을 발견했다(Siegfried et

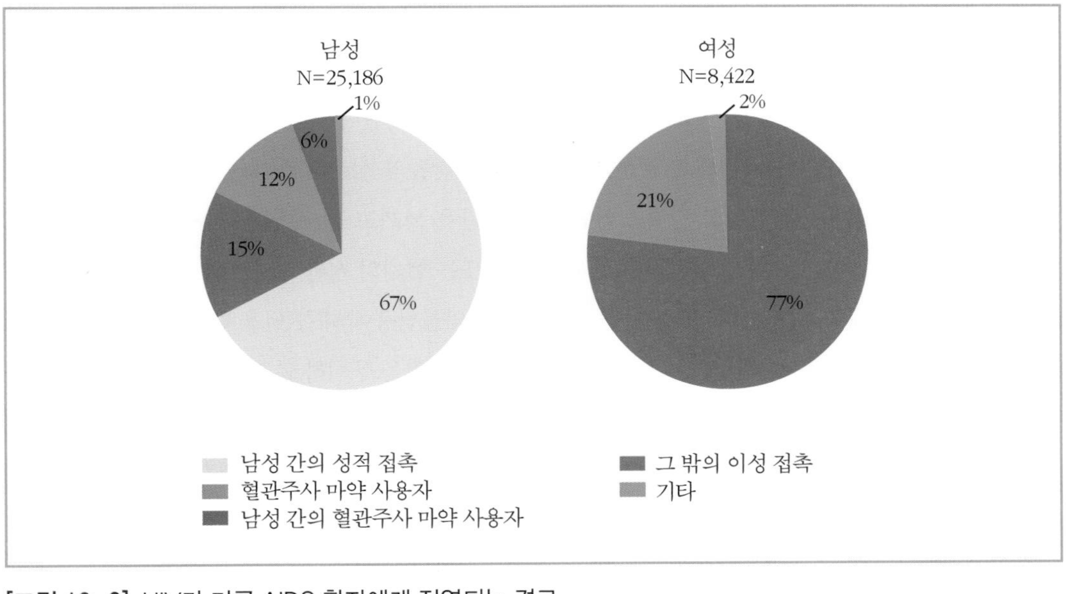

[그림 10-6] HIV가 미국 AIDS 환자에게 전염되는 경로

출처: Centers for Disease Control(CDC)(2012a). HIV Surveillance – Epidemiology of HIV infection (through 2010). 2013년 1월 7일자. http://www.cdc.gov/hiv/topics/surveillance/resources/slides/general/index.htm

시도 AIDS 퀴즈

각 문항에 대해 '참과 거짓' 중 어느 하나로 답하라.

1. AIDS는 합병증이 없는 질병이다.
2. AIDS의 증상은 국가에 따라, 심지어 개인에 따라 다양하다.
3. AIDS에 걸릴 위험이 가장 높은 사람은 콘돔 없이 성관계를 한 사람, 주사바늘을 공유하는 마약 투여자, AIDS에 감염된 여성이 낳은 아기다.
4. AIDS는 가장 전염성이 높은 질병 중 하나다.
5. AIDS 감염을 막는 방법 중 하나는 윤활제를 바른 콘돔을 사용하는 것이다.

정답

1. 거짓. AIDS는 합병증이 있는 질병이다. 더욱이 심각하게 약화된 면역체계는 AIDS에 걸린 사람이 다른 모든 종류의 감염과 질병에 걸리기 쉽게 한다.
2. 참. 미국과 유럽에서 AIDS 환자는 카포지 종양(Kaposi's sarcoma, 피부암의 특이한 형태)과 폐렴 및 결핵에 감염될 수 있다. 아프리카에서는 AIDS 감염자들이 고열, 설사 및 결핵 등의 증상으로 사망하고 있다.
3. 참. 이런 사례가 가장 위험하다. 헌혈자에 관한 조사와 기부된 혈액들의 검사는 수혈 과정에서 AIDS 감염의 위험률을 크게 줄여 왔다. 오늘날 전 세계적으로, 특히 아프리카에서 이성 간의 성관계를 가진 여성이 가장 빠른 AIDS 감염 추세를 보이고 있다.
4. 거짓. AIDS는 전염성이 가장 강한 질병이 아니다. AIDS 감염자와의 키스나 악수, 그들의 물건들에 접촉하는 것으로는 전염이 되지 않는다.
5. 거짓. 콘돔 안으로 스며들 수 있는 윤활제를 사용하지 마라. 효과적인 피임을 할 수 있는 라텍스 콘돔이 더 안전하다. 성관계를 가질 파트너의 HIV 감염 여부 테스트 결과를 포함하여 성관계 경험에 관해 조사하라. 매춘부와 관계를 가지지 말라.

al., 2009). 이로 인해 우간다와 같이 남성 HIV 보균자가 많은 여러 개발도상국의 보건당국은 감염 위험을 낮출 수 있는 절차에 대해 공교육을 실시하였다(Cassell et al., 2006). 다른 종류의 성병을 찾고 치료하는 것도 HIV를 막는 데 중요하다(CDC, 2009a). 연구자들은 다른 종류의 성병을 가지고 있는 HIV 감염자들은 체액 내에 또 다른 감염성 바이러스를 갖고 있을 확률이 높다는 것을 보여 주었다. 그래서 이런 사람과 성관계를 맺은 사람들은 HIV에 감염되었을 확률이 증가한다.

이 무서운 질병에 대처하기 위해 고군분투하고 있는 사람들의 심리적 상태는 어떠할까? HIV 양성 반응에 대해 사람들은 충격적이고 당혹스러워하며, 혼란을 느끼고 이 사실을 믿지 못한다(Bargiel-Matusiewicz et al., 2005). 또 다른 일반적인 반응은 과거 또는 현재의 성관계 파트너, 가족, 의료 전문가들, 혹은 사회 전체에 대한 분노다. 종종 자신의 동성애나 약물남용에 대한 벌을 받는다며 죄책감을 느끼는 사람들도 있다. 또 다른 사람들은 부정하거나 의학적 조언을 무시하고, 자신의 삶에 어떠한 일도 일어나지 않은 것처럼 평범하게 행동한다. 물론 여기에는 죽음에 관한 두려움이 자리 잡고 있다. 또한 정신과 육체 기능의 저하, 친구, 가족, 동료로부터의 거부, 성관계의 거절, 삶을 포기하는 것에 대한 두려움 또한 존재한다. 충격에서 분노, 죄책감에 걸쳐 두려움에 이르는 급격한 감정적 변화는 개인을 심각한 우울이나 무감동 상태로 만들 수 있다(Tate et al., 2003). 일단 무감동 상태가 되면 HIV 보균자는 치료에 순응하지 않을 수도 있다(DiIorio et al., 2009).

AIDS가 발병하면 40% 정도의 환자에게서 뇌손상이 발생한다(Thompson et al., 2005). 병이 환자의 면역체계를 공격함에 따라 대뇌피질이 천천히 가늘어진다. 운동 및 언어 기능과 관련된 뇌 부위가 천천히 파괴되어 가면서 환자에게 운동 및 언어 능력 장애를 가져온다. AIDS로 인한 피질의 축소는 알츠하이머병과 비슷한 장애인 AIDS 관련 치매를 일으키기도 한다. 연구자들은 HIV 보균자 중 AIDS가 아직 발병하지 않은 사람들도 어느 정도의 대뇌피질 축소를 경험할 수 있다고 말한다. 따라서 최근의 연구들은 바이러스의 이러한 특징에 접근할 수 있는 최선의 방안에 초점을 맞추고 있다.

적절한 심리적 대처를 위해 HIV에 감염된 AIDS 환자 및 주변 인물에게 병에 대한 교육과 정보를 제공할 필요가 있다. 그들은 심리학적 치료와 자조집단, 항우울제와 항불안제 같은 의약품의 도움을 받을 수 있다. 자조집단과 집단치료는 일부 환자에게 가족이 주는 기능을 제공할 수도 있다.

다이어트와 운동

10.16 다이어트와 운동은 건강에 어떠한 영향을 주는가?

9장에서 우리는 비만이 배고픔이라는 일차적 동기와 관련된다는 것과 BMI 지수 30을 초과할 경우 비만으로 간주한다는 것을 학습하였다. 비만은 몇몇 만성질환의 발병 가능성을 증가시킨다(CDC, 2006e). 이런 질환에는 고혈압, 제2유형 당뇨, 쓸개질환, 호흡기 질환 등이 포함된다. 게다가 비만인 사람은 심장혈관 질환에 걸릴 위험성이 컸고 LDL 콜레스테롤(심장질환과 연관된 나쁜 콜레스테롤) 수치가 높았다.

건강문제는 특정 영양분이 부족한 상태에서 다이어트를 하는 사람에게서도 발생할 수 있다(CDC, 2006e). 예를 들어, 다이어트를 하는 사람 중 철분이 부족한 경우에는 빈혈이 일어나고, 결과적으로는 산소를 몸의 장기로 운반하는 혈액기능이 손상되고 만다. 마찬가지로 다이어트는 칼슘의 부족으로 뼈의 노화를 일으킬 것이다. 그리고 임신한 여성의 다이어트는 엽산의 부족으로 영아의 척수 결함을 유발할 수 있다.

정기적으로 패스트푸드를 섭취하는 사람은 비만과 특정 영양소 결핍의 위험에 처한다. 따라서 영양 전문가들은 이런 음식을 가끔씩만 섭취하거나 아예 먹지 말 것을 추천한다. 다이어트 목표달성을 위해 전문가들은 몇 가지 전략을 소개한다. 한 가지 간단한 방법은 '하루 5번' 계획인데, 하루에 적어도 5번은 과일이나 채소를 섭취하도록 시도하는 것이다. 또 다른 방법은 가공식품 포장에 기록된 식품성분 표시를 읽고, 포화지방산, 트랜스 지방, 염분 등 LDL 콜레스테롤과 관련된 음식이라면 구입하지 않는 것이다. 성분 표시들은 소비자가 HDL 콜레스테롤(좋은 콜레스테롤)을 증가시키는 모노포화지방산을 구입하도록 안내할 수 있다.

규칙적인 운동이 신체와 정신 건강에 기여한다는 연구들도 있다. 그러나 많은 사람은 여전히 마지못해 운동을 한다. 절반가량의 미국인들은 어떠한 종류의 신체적 활동에도 참여하지 않는다(CDC, 2012b). 어떤 사람들은 단순히 신체적으로 활발하게 움직이는 것을 좋아하지 않는다. 또 어떤 사람들은 헬스클럽 비용을 부당하게 여기거나 운동에 지장을 주는 예측 불가능한 날씨의 변덕을 탓하기도 한다(Salmon et al., 2003). 이런 사람들은 가장 간단하고 효과적으로 자신의 건강을 증진시킬 수 있는 방법을 놓치고 만다.

유산소 운동(aerobic exercise, 달리기, 수영, 산책, 자전거, 조정/노 젓기, 줄넘기 등)은 계속해서 되풀

▶▶▶ 규칙적인 유산소 운동은 모든 연령대에서 심혈관계의 건강을 증진시킨다.

이되는 동작을 통해 근육을 사용하고, 산소 흡입, 숨쉬기, 심장박동 수를 늘려 주는 운동이다. 심장혈관의 건강과 지구력, 그리고 심장발작의 위험을 줄이기 위해서는 유산소 운동을 규칙적(주 5일 약 20~30분간)으로 실시해야 한다(CDC, 2006b). 매주 3시간 이상 유산소 운동을 하는 사람들은 성공적으로 체중 감량을 한 뒤 그 체중을 유지할 확률이 운동하지 않는 사람들보다 높다(Votruba, Horvitz, & Schoeller, 2000).

여전히 확신하기 힘들다면, 다음과 같은 운동의 이점을 고려해 보라(Mayo Clinic, 2009).

- 기분을 좋게 만든다.
- 고혈압, 당뇨, 골다공증과 같은 만성질환을 방지한다.
- 체중 조절에 도움이 된다.
- 에너지 수준을 높인다.
- 숙면을 돕는다.
- 성관계 개선에 도움이 된다.
- 삶의 즐거움을 향상시킨다.

또한 운동은 신체의 노화를 막는 데 상당한 기능을 하는 것으로 보인다. 예를 들어, 근력운동은 노화에 따라 근력이 감소하는 근육감소증을 감소시키는 것으로 알려졌다(CDC, 2006b). 이러한 운동은 골밀도 손실이나 골다공증을 예방하기도 한다. 또한 운동은 노년기의 균형, 협응, 체력에 도움이 된다.

10.17 대체의학의 이점과 위험 요인은 무엇인가?

대체의학

미국인들은 매년 다양한 질병을 치료하기 위해 수백만 달러를 비전통적 치료수단—약초, 마사지, 자조집단, 대량의 비타민, 민간요법, 동종요법 등—에 지불한다. 국제과학기금(NSF, 2002)에 따르면, 88%의 미국인은 의사들이 알지 못하는 효과적인 치료 및 예방 전략이 있다고 믿는다. 따라서 절반이 넘는 미국 성인 및 아동이 질병을 예방하기 위해 비타민을 하루 한 알 이상 먹는다는 사실은 전혀 놀라운 일이 아니다(Consumer Reports, 2012). 또한 38%의 성인과 12%의 아동은 의학적 증상을 치료하기 위해 비의학적 치료법을 사용하기도 한다(Barnes, Bloom, & Nahin, 2008). 〈표 10-7〉은 가장 인기 있는 치료법을 보여 준다. '기타' 범주에는 침술, 바이오피드백, 심상요법, 점진적 이완, 최면, 필라테스, 주술요법 및 다른 대안적 치료법이 포함된다.

미국 국립과학재단(National Science Foundation, 2002)은 **대체의학**(alternative medicine)을 과학적으로 효과가 있다고 입증되지 않은 치료 또는 요법으로 정의한다. 심지어 가끔 비타민을 먹는 습관도 여

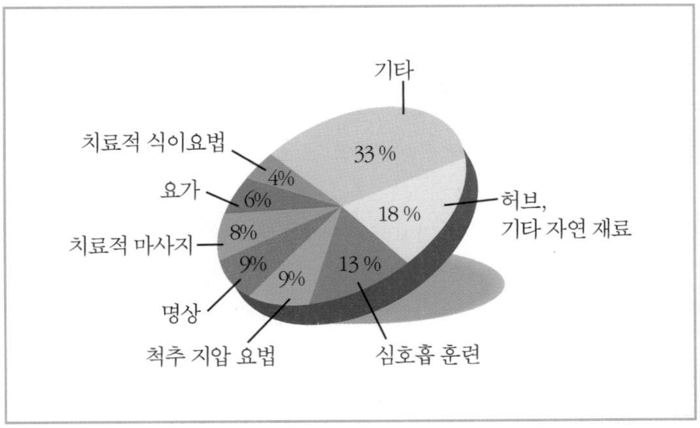

[그림 10-7] 대체의학

대체의학은 미국에서 성인 38%, 아동 12%가 하나 이상을 사용하며, 대체의학으로 치료되거나 질병을 예방한다. '기타' 범주에는 심상요법, 점진적 이완법, 최면, 필라테스, 전통적 주술요법과 바이오피드백도 포함된다.

출처: Barnes et al.(2007).

기에 해당된다. 예를 들어, 당신이 감기를 예방하고자 비타민 C를 섭취한다면 대체의학을 이용하는 것이다. 이는 비타민 C가 감기 예방에 도움이 된다는 사실이 과학적으로 입증되지 않았기 때문이다.

대체의학에 의존하는 대부분의 환자는 주치의에게 그 사실을 알리지 않는다. 건강 전문가는 이것이 대체의학의 매우 중요한 문제라고 본다(Yale-New Haven Hospital, 2003). 전문가는 식품보조제 등을 섭취하는 것과 같은 많은 요법이 의사가 처방한 치료를 약리학적으로 방해할 수 있다고 지적한다. 그래서 대체의학을 사용하는 환자는 주치의에게 그 사실을 반드시 이야기해야 한다. 의사들이 이러한 치료방법의 유용성에 대해 회의적이기는 하지만 그들은 자신의 환자가 전통적 치료방법 등을 효과적으로 이용할 수 있도록 이 정보들을 알 필요가 있다. 따라서 의학 교육자들은 의사들이 표준적 치료를 시작하기에 앞서 환자들이 대체의학에 대해 갖고 있는 믿음을 개방적이면서도 진지하게 의논할 필요가 있다고 주장한다(George, 2012).

질병을 치료하고 예방하는 것에서 대체의학이 효과가 있을지는 모르지만, 대부분의 건강 전문가는 생활방식의 개선이 이러한 기법보다는 더 효과적이라는 데 동의한다. 불행히도 많은 사람은 생활방식을 개선하여 효과를 보기까지 너무 오랜 시간이 걸리거나, 실행에 옮기는 것이 너무 어렵기 때문에 생활방식을 개선하려고 노력하지 않는다. 그러나 〈표 10-2〉는 생활방식의 개선(일부는 성공하기 꽤 쉬움)이 주는 이점과 이들이 노력할 만한 가치가 있음을 보여 준다.

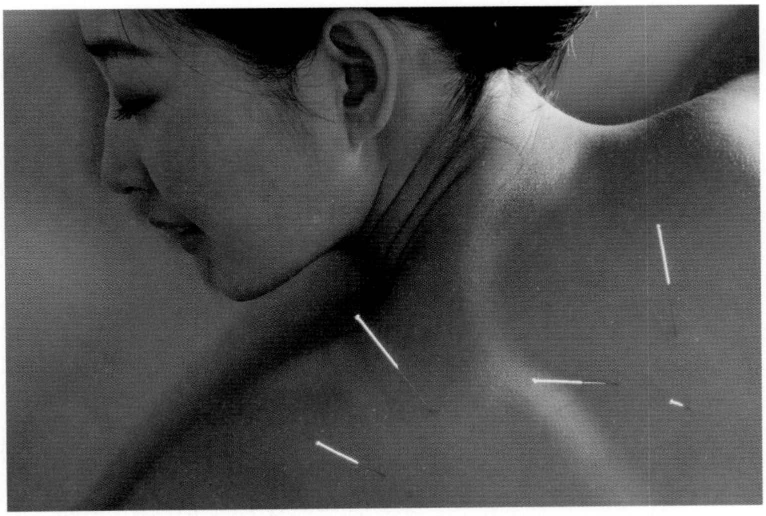

▶▶▶ 많은 사람은 건강을 증진시키고 질병과 싸우기 위해 대체치료를 선택한다.

〈표 10-2〉 **생활방식 개선의 이점**

생활방식 개선	이점
과체중의 경우 4.5kg만 줄이라.	중성 지방 34% 감소, 전체 콜레스테롤 수치 16% 감소, 유익한 콜레스테롤인 HDL 18% 증가, 상당 수준의 혈압 감소, 당뇨, 수면무호흡증 및 관절염 위험 감소(Still, 2001)
매일 식단에 섬유질 30g을 더 늘리라.	장기능의 개선, 소화기관 장애 혹은 대장암 등의 위험 감소, 당뇨병 환자와 비당뇨병 환자 모두에게서 개선된 인슐린 기능
매일 알맞은 운동을 하라(예, 15분 동안 계단을 오르락내리락하기, 30분 동안 세차하기).	짜증과 우울증의 감소, 골밀도 증가, 당뇨병 · 심장병 · 고혈압 그리고 생명을 단축시키는 다른 많은 질병 위험을 줄여 줌
모든 연령대를 막론하고 금연하라.	즉각적인 효과: 혈액순환 개선, 혈중 일산화탄소량의 감소, 맥박과 혈압의 안정, 후각과 미각의 개선, 심폐기능 개선, 폐렴과 기관지염과 같은 폐 감염 위험의 감소 장기적 효과: 폐암의 위험 감소(금연한 연수에 따라 더 경감함), 기타 흡연 관련 질병(기종이나 심장질환 등)에 걸릴 위험 감소, 다양한 유형의 암 치료를 받은 사람의 재발 위험의 감소(National Cancer Institute, 2000).
해당 연령대부터 매년 또는 5년마다 건강검진을 실시하라.	여성: (21세) 성행위를 하는 경우 클라미디아, 자궁경부암 검사, (35세) 콜레스테롤 검사, (50세) 유방암 엑스레이검사, 결장 검사, (65세) 시력 및 청력 검사 남성: (30세) EKG, 콜레스테롤 검사, (40세) 전립선암 검사를 위한 PSA 검사, (50세) 결장 검사, (65세) 시력 및 청력 검사

기억하기 본문 내용을 떠올리며 다음 퀴즈를 풀어 보라.

1. 미국인들의 건강과 수명에 가장 큰 위협이 되는 것은 _____이다.
2. _____은(는) 예방 가능한 가장 대표적인 병과 죽음의 원인이다.
3. 한 번의 알코올 과다 섭취는 건강에 손상을 가져올 수 있다. (예/아니요)
4. 치료받지 않을 경우 세균성 성병인 _____은(는) 치명적일 수 있다.
5. 백신은 _____을(를) 막을 수 있다.
6. 심혈관 기능과 지구력은 _____을(를) 통해 단련할 수 있다.
7. _____은(는) 대체의학보다 건강을 증진시킬 수 있는 더욱 효과적인 방법이다.

되돌아보기

스트레스를 다룬 이 장에서, 우리는 통제 가능한 스트레스원을 조절하는 것이 도움이 된다는 사실을 학습하였다. 이는 건강에서도 마찬가지다. 또한 〈표 10-2〉에 제시된 내용이 부담스러울 수도 있지만 우리가 그 모든 것을 행할 필요는 없다. 일단 하나라도 시작해 보는 것이 좋다. 그것이 또 다른 변화를 만들지 못한다 할지라도 아무것도 하지 않는 것보다는 건강한 삶을 영위하는 데 훨씬 도움이 될 것이다.

CHAPTER

11

성격 이론과 평가

정신분석 이론

- 11.1 성격을 설명하기 위해 프로이트가 제안한 개념은 무엇인가?
- 11.2 프로이트의 이론에서 심리성적 발달 단계의 역할은 무엇인가?
- 11.3 현대 심리학자들은 프로이트의 이론을 어떻게 평가하는가?
- 11.4 신프로이트 학파의 관점은 프로이트의 관점과 어떻게 다른가?

인본주의 이론

- 11.5 인본주의 이론가들은 성격을 어떻게 설명하는가?
- 11.6 심리학자들이 자기존중감에 대해 알게 된 것은 무엇인가?

특질 이론

- 11.7 초기 특질 이론가들이 제안한 특질에는 어떤 것들이 있는가?
- 11.8 5요인 모델은 성격을 어떻게 설명하고 있는가?
- 11.9 유전과 환경이 성격 특질에 미치는 영향에 대해 관련 연구에서는 어떻게 설명하는가?
- 11.10 성격 특질은 문화에 따라 어떻게 다른가?

사회인지 이론

- 11.11 미쉘과 반두라는 상황 대 특질 논쟁에 대해 어떻게 말하고 있는가?
- 11.12 자기효능감과 통제 소재가 성격에 기여하는 바가 어떤 영향을 미치는가?

성격평가

- 11.13 심리학자들은 관찰, 면접, 평정척도를 어떻게 사용하는가?
- 11.14 MMPI-2, CPI 그리고 MBTI는 성격에 대해 무엇을 밝혀 주고 있는가?
- 11.15 투사적 성격검사는 어떻게 성격에 대한 통찰을 주는가?

생각해보기

당신의 성격은 어떤가? 이 질문에 응답하는 한 방법은 성격심리학자들이 '기술어(descriptors)'라고 부르는 낱말을 사용하는 것이다. 성격에서 개인차를 기술하기 위해 심리학자들이 쓰는 기술어가 무엇인지 감을 얻기 위서 아래 제시된 수식어들 가운데 당신을 가장 잘 설명하는 것이 무엇인가 생각해 보라. 당신의 어머니를 잘 나타내는 단어는 무엇인가? 당신의 아버지는?

단호한	외향적인	관대한	근면한
재미있는	억제된	엉성한	기만적인
똑똑한	신앙심이 깊은	느긋한	협조적인
체계적이지 못한	오만한	반항적인	무모한
수줍은	충성심이 강한	침착한	요령이 없는
두려워하는	경쟁적인	온화한	정직한
시기하는	자유로운	신경질적인	행복한
통제하는	친절한	심각한	이기적인
책임감이 강한	강박적인	겸손한	정돈된
고지식한	재빠른	게으른	조용한

어떤 사람의 특징 있는 행동, 사고 그리고 감정 양식인 **성격**을 연구, 설명 및 평가하기 위해 기술어를 사용하는 것은 당신이 이 장의 후반부에서 배우게 되는 특질 접근이라는 성격 이론에서 취하는 방법이다. 특질 접근에서는 상황이 바뀌더라도 사람들은 책임감, 정직, 무모함, 유머와 같은 일관된 특성을 보이는데 이러한 특성이 그 사람의 성격을 이룬다고 주장한다. 그러나 당신이 곧 보게 되겠지만 성격을 과학적으로 연구하는 데 기여할 수 있는 접근법은 여러 가지다.

정신분석 이론

당신은 1장에서 중요한 성격 이론 가운데 하나를 이미 배웠는데 그것은 바로 정신분석이다. 당신은 정신분석이라는 용어가 프로이트(Freud)의 치료에 대한 접근법일 뿐만 아니라 프로이트가 제안한 영향력 있는 성격 이론이기도 하다는 사실을 떠올릴 것이다. 정신분석 이론의 주된 생각은 무의식적 힘이 인간의 사고와 행동을 좌지우지한다는 것이다.

11.1 성격을 설명하기 위해 프로이트가 제안한 개념은 무엇인가?

프로이트의 성격 이론

프로이트는 인식에는 세 수준, 즉 의식, 전의식, 무의식이 있다고 믿었다. **의식**은 사람이 특정 순간에서 인식하고 있는 모든 것—사고, 감정, 감각, 기억—이다. **전의식**은 장기기억과 같다. 즉, 우리가 특정 순간에 인식하고 있지는 않지만 쉽게 인식으로 가져올 수 있는 '모든 기억, 감정, 경험, 지각'을 말한다.

세 수준 중 가장 중요한 것은 인간 행동을 일차적으로 동기화하는 힘이라고 프로이트가 믿었던 **무의식**이다. 무의식은 한때는 의식에 있었지만 매우 불쾌하거나 불안을 유발하기 쉽기 때문에 억압되었던(자기도 모르는 사이에 의식에서 추방되었던) 기억들이다. 예를 들면, 너무 창피스러운 상황은 무의식으로 밀어 넣어져 '망각'될 수도 있다. 무의식은 의식으로 들여보내지는 것이 허락되지 않은 모든 본능(성적, 공격적), 소망, 욕구를 포함한다. 프로이트는 이러한 욕구와 억압된 기억에서 심리적 장애의 뿌리를 밝혀냈으며 무의식, 전의식 그리고 의식이 어떻게 상호작용하는지 설명하기 위해 구조 모델을 제안하였다.

▶▶▶ 지그문트 프로이트(1856~1939)와 그의 딸 안나 프로이트(1895~1982). 안나 프로이트는 자신의 아버지가 사망한 이후 유명한 정신분석치료 지지자가 되었다. 안나 프로이트는 지그문트 프로이트의 이론과 치료 기법을 아동과 청소년의 정서 문제에 적용한 것으로 유명하다.

원본능, 자아, 초자아 프로이트는 성격의 세 체계도 제안하였다. [그림 11-1]은 성격의 세 체계와 인식의 세 수준인 의식, 전의식, 무의식이 어떻게 관련되어 있는지를 보여 준다. 세 체계는 물리적으로 존재하는 것이 아니라 성격을 보는 방법 혹은 개념이다.

원본능(id)은 출생 시에 존재하는 유일한 성격 부분으로 '자라지 않은 상태의 신생아'에 비유된다. 원본능은 물려받은 것이며, 원시적이고, 인식할 수 없으며, 완전히 무의식적이다. 원본능에는 첫째, 배고픔이나 갈증과 같은 생물학적 충동과 성 본능으로 구성되는 삶의 본능, 둘째, 공격적이고 파괴적인 충동으로 나타나는 죽음의 본능이 있다(Freud, 1933/1965). 쾌락원리에 따라 작동하는 원본능은 기쁨을 추구하고, 고통을 피하고, 원하는 것에 대한 즉각적 만족을 추구한다. 원본능은 리비도의 원천이고, 전체 성격에 연료를 공급하는 심리적 에너지다. 그렇지만 원본능은 '현실이 아닌 환상' 속에서 움직이며 요구하기만 한다.

자아(ego)는 논리적이고 합리적이며 현실적인 부분이다. 자아는 원본능에서 발달하고 원본능으로부터 에너지를 끌어온다. 자아기능 중 하나는 원본능의 요구를 만족시키는 것이다. 그러나 자아는 대부분이 의식적이며, 현실원리에 따라 움직인다. 자아는 원본능 욕망의 충족을 위해 적절한 시간, 장소, 대상을 결정하는 데 있어 현실세계의 제한을 고려한다. 자아의 초점은 매우 실용성이 있다. 자아가 초점을

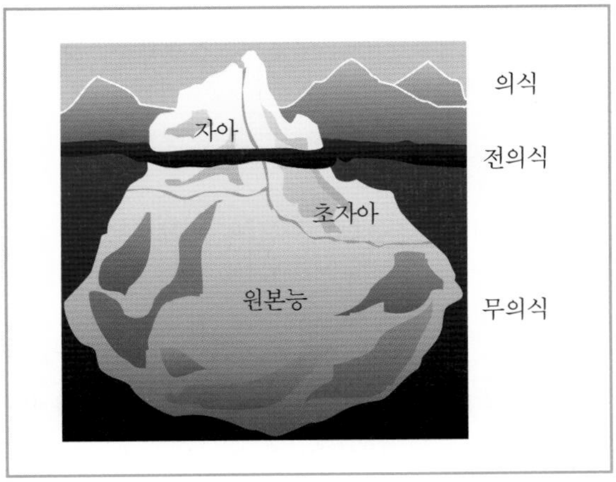

[그림 11-1] 프로이트의 성격 구조

프로이트는 '성격을 거대한 빙산에 비유하면서' 원본능, 자아, 초자아라는 3개의 구조로 구성된다고 하였다. 완전한 무의식인 원본능은 표면에 나타나지 않고 물속에 완전히 잠겨 있다. 자아는 대개 의식되어 표면에 드러나지만 일부는 의식되지 않기도 한다. 초자아는 의식 수준에서도 작동하고 무의식적 수준에서도 작동한다.

맞추는 것은 이상적인 결과보다는 가능성 있는 결과이며 이것을 바탕으로 움직인다. 결과적으로 종종 절충안을 만들기도 한다. 쇠고기나 바닷가재 대신에 패스트푸드로 만족해야 하는 경우처럼 말이다.

5~6세가 되면 성격의 도덕적 요소인 **초자아**(superego)가 형성된다. 초자아는 두 부분으로 구성되어 있다. 첫째, 양심은 처벌을 받았던 것 혹은 죄책감을 느꼈던 것과 관련 있는 모든 행동이고, 둘째 자아 이상은 칭찬을 받았거나 자부심 또는 만족감을 느꼈던 것과 관련된 모든 행동이다. 초기의 초자아는 무엇이 좋고 옳은지에 대한 부모의 기대만을 반영하지만 시간이 지나면서 넓은 사회로부터의 가르침을 통합해 간다. 도덕적 완벽을 위해 초자아는 자아의 유연성을 규정하고 제한하는 지침을 만든다. 초자아는 부모나 어떤 외부의 권위자보다 더 엄격히 심판하며, 외현적 행동뿐만 아니라 사고, 감정, 욕망에 대해서도 심판한다.

방어기제　원본능, 자아, 초자아의 목표가 공존 가능할 때에는 문제가 없다. 그러나 원본능의 쾌락 욕구는 초자아의 완전한 도덕 욕구와 충돌하는 경우가 많다. 자아는 원본능의 지나친 욕구와 초자아의 엄격한 심판 때문에 야기된 불안에 대항하여 스스로를 방어하기 위한 방법을 찾는다. 직접적으로 문제를 해결하지 못할 때, 자아는 불안에 반항하고 자기존중감을 유지하기 위해 방어기제를 사용하게 된다. 모든 사람은 어느 정도의 방어기제를 사용한다. 그러나 연구들은 과도한 **방어기제** 사용은 정신건강에 악영향을 끼칠 수 있고 치료를 방해할 수 있다는 프로이트의 관점을 지지하고 있다(LaFarge, 2012; Watson, 2002). 〈표 11-1〉은 여러 가지 방어기제를 예와 함께 제시한 것이다.

프로이트에 따르면, 우리가 가장 많이 사용하는 방어기제는 억압이다(6장을 다시 보기 바란다). 억압은 고통스럽거나 위협적인 기억, 사고, 지각을 의식에서 무의식으로 밀어 넣어 버리는 것이다. 또 무의

〈표 11-1〉 **프로이트의 방어기제**

방어기제	설명	예
억압	불쾌한 기억, 사고, 지각이나 불안한 성 충동, 공격성을 의식하지 못하게 하는 것	유년기 시절의 외상적 사건을 잊어버렸다.
투사	바람직하지 않은 특성, 사고, 행동, 충동을 다른 사람에게 귀착시키는 것	아주 외로운 이혼 여성이 '모든 남자는 그것밖에 생각 안 한다.'고 비난한다.
거부	위협적 상황 또는 위험한 존재를 의식하지 않으려고 하는 것	폭풍 주의보를 가볍게 생각했다. 그래서 심하게 다쳤다.
합리화	행동이나 사건에 대한 진짜 이유보다 논리적 · 합리적 · 사회적으로 그럴싸한 이유를 만들어 내는 것	친구에게 자신이 직업을 잃은 것은 연줄이 없어서라고 말했다.
퇴행	불안을 감소시키기 위해 발달 전 단계의 행동을 하는 것	비난을 받으면 언제나 엉엉 울어 버린다.
반동형성	불안한 무의식적 충동이나 욕구에 대해 정반대의 과장된 생각이나 감정을 보이는 것	전에는 포르노를 구매했지만, 이제는 열성적인 포르노 추방 운동가가 되었다.
치환	성욕이나 공격적 충동을 본래의 대상보다 덜 위협적 대상이나 사람에게로 향하게 하는 것	아버지에게 맞은 후에 어린 동생을 때렸다.
승화	성적 에너지나 공격 에너지를 사회적으로 수용되거나 바람직한 성취나 수행으로 발산하는 것	적대심이나 좌절감을 느끼면 그런 감정을 떨쳐 버리기 위해 늘 체육관에 간다.

식의 성적 충동과 공격적 충동이 의식으로 들어오지 못하도록 하는 역할도 한다. 중요한 시험을 앞두고 시험을 치는 것을 잊는 경우도 있을 수 있는데 이처럼 사람들이 불쾌한 사고를 억압하기 위해 노력하고 또 실제로 억압한다는 것을 보여 주는 연구들도 있다(Koehler, Tiede, & Thoens, 2002). 프로이트는 억압된 사고가 무의식 속에 잠재되어 있다가 성인기 심리장애의 원인이 될 수 있다고 믿었다. 그는 심리적 장애를 치료하기 위해서는 억압된 내용을 의식으로 가져와야 한다고 생각했는데, 이것이 그의 치료 체계, 즉 정신분석의 기초가 되었다.

심리성적 발달 단계

11.2 프로이트의 이론에서 심리성적 발달 단계의 역할은 무엇인가?

프로이트에 따르면 성 본능은 성격에 영향을 주는 매우 중요한 요인이다. 성 본능은 태어날 때부터 존재하며, 일련의 **심리성적 발달 단계**를 통해 변화한다. 그 단계는 유쾌한 감각을 주고 갈등을 야기하는 신체의 특정 부위(성감대)에 따라 결정된다(Freud, 1905/1953b, 1920/1963b). 갈등을 적절히 해결하지 못하면 아이는 고착된다. **고착**은 리비도(심적 에너지)의 일부가 특정 단계에 머물러 있어서 다음 단계에 도전할 에너지가 부족한 것을 의미한다. 각 단계에서의 지나친 불만족은 개인을 채워지지 않은 욕구를 채우는 데 묶어 두고, 지나친 만족은 개인을 다음 단계로 이동하지 않으려고 하도록 할 수 있다. 프로이트는 '어떤 성격 특성은 특정 단계에서의 어려움의 결과로 생겨난다.'고 믿었다. 다음 페이지의 〈복습과 재검토〉에 프로이트의 심리성적 발달 단계를 설명하였다.

프로이트 이론에서 매우 논쟁이 되는 특징 중 하나는 남근기의 중심 주제인 **오이디푸스 콤플렉스**다. 프로이트는 소포클레스가 쓴 고대 그리스 비극 〈오디프스 왕〉의 주인공 이름을 따서 콤플렉스 이름을 지었는데, 이 비극에 등장하는 비운의 왕은 자신과 결혼한 왕비가 다름 아닌 자신의 생모라는 사실을 알게 된다. 여성의 경우에는 유사한 연극의 여자 주인공 이름을 붙여 **엘렉트라 콤플렉스**라고 한다. 이 두 연극은 19세기 후반 동안 유럽에서 상당히 유행했는데 프로이트는 이 두 연극이 매우 인기 있었던 것은 두 연극의 주제, 즉 이성 부모에 대한 사랑이 모든 사람이 초기 발달에서 해결해야 할 보편적 갈등이기 때문이라고 생각했다(Freud, 1900/1953a).

이 보편성 가정을 근거로 프로이트는 남근기 단계 동안 아들은 어머니의 주의를 끌려고 하고 아버지에 대해서는 적대적으로 행동한다고 주장하였다. 아들은 일반적으로 아버지와 동일시하고 어머니에 대한 성적 느낌을 억압함으로써 오이디푸스 콤플렉스를 해결한다. 동일시를 통해 아동은 아버지의 행동, 버릇, 초자아 기준을 받아들인다. 이렇게 하여 초자아가 발달한다(Freud, 1930/1962).

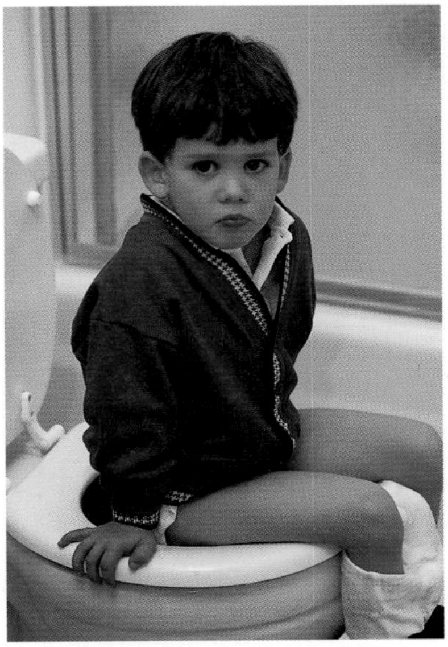

▶▶▶ 프로이트는 강압적인 부모의 압력에 기인한 항문기 단계에서의 고착은 항문 보유적 성격을 야기할 수 있다고 믿었다. 항문 보유적 성격이란 지나친 완고함, 경직성, 청결함 등으로 특징지을 수 있다.

프로이트는 남근기의 소녀들에게도, 논쟁의 여지가 있기는 하지만, 비슷한 발달 과정이 있다고 제안했다(엘렉트라 콤플렉스). 자신에게 남근이 없다는 사실을 알게 되었을 때, 이 단계의 소녀에게는 '남근 선망'이 생기고 '자기는 없는 남근을 가지고 있는 아버지'를 좋아하게 된다. 소녀는 아버지에게 성욕을

복습과 재검토 프로이트의 심리성적 발달 단계

단계		신체 부위	갈등/경험	각 단계별 문제와 관련된 성인 특성
구강기 (출생~1세)		입	젖떼기 빨고 먹고 깨무는 데서 오는 구강 만족감	낙천성, 잘 속음, 의존성, 비관성, 수동성, 적대감, 비꼼, 공격성
항문기 (1~3세)		항문	배변훈련 똥을 배출하거나 참는 데서 오는 만족감	과도한 청결, 정리정돈 인색함, 불결함, 반항, 파괴
남근기 (3~5, 6세)		성기	오이디푸스 갈등 성에 대한 호기심 자위	시시덕거리기, 허영심, 난잡함, 자만, 순결 또는 정조
잠복기 (5, 6세~사춘기)		없음	성에 대한 관심은 잠재됨 학교, 취미, 동성 친구에 대한 관심	없음
생식기 (사춘기 이후)		성기	성에 대한 호기심이 살아남 성숙한 성관계 확립	성기능장애

느끼고 어머니에 대해서는 질투심과 경쟁심을 발달시킨다. 그러나 소녀도 자신의 적대적 느낌에 대해 불안을 경험한다. 아버지에 대한 성적 느낌을 억압하고 어머니와 동일시함으로써 초자아라는 구조를 형성한다(Freud, 1930/1962).

프로이트에 따르면, 이런 갈등 해결의 실패는 소년과 소녀 모두에게 심각한 결과를 초래한다. 너무 큰 죄책감이나 불안은 성인기까지 이어질 수 있고, 성 문제나 이성교제 문제 또는 동성애를 일으킬 수도 있다.

프로이트의 공헌에 대한 평가

11.3 현대 심리학자들은 프로이트의 이론을 어떻게 평가하는가?

사람은 자신도 알지 못하는 충동에 의하여 동기화될 수 있는가? 또 현재의 문제들이 오랫동안 잊고 있던 유년 시절의 정서적 갈등과 외상의 결과라고 보는가? 그렇게 생각한다면 당신은 서구 문화에 관한 프로이트의 정신분석 이론에 오랫동안 영향을 받으며 살아왔다고 봐도 될 것이다. 심리학자들은 프로이트주의의 생각들이 사회에 이익을 주었거나 해를 끼쳤는지에 대해서는 일치된 견해를 보이지 않는다. 풀러 토레이(E. Fuller Torrey)와 같은 비평가들은 서구 문화는 정신분석 개념들의 주입으로 성적 기쁨을 과도하게 강조하게 되었다고 주장한다. 프로이트 지지자들은 프로이트 이론의 대중화를 통해 성이 삶에서 중요하고 유년 시절의 성 경험이 차후 발달에 중대한 영향을 미치게 된다는 사실을 인식하게 되었다고 주장한다. 지지자들은 비판자들이 대중매체와 대학에서 프로이트의 생각들을 잘못 말하고 있다고 한다(Knafo, 2009).

프로이트 이론의 과학적 위치는 어떠한가? 프로이트의 방어기제는 인지적 평가가 정서 경험을 형성한다는 라자루스(Lazarus) 이론의 전조가 되었다고 하는 사람들도 있다(Knafo, 2009). 또한 프로이트가 가족역동을 강조했던 것처럼 정신역동의 일부 관점(예를 들면 Clark, 2009)은 우울과 같은 심리장애를 설명하는 데 여전히 중요하다. 더욱이 오늘날의 정신역동치료는 프로이트의 기법에서 나왔다(Borden, 2009). 13장에서 이 부분과 다른 치료자에 대해서 자세하게 보게 될 것이다.

그러나 4장에서 신경학상의 개념들이 꿈에 대한 프로이트의 상징적 의미보다 낫다는 것을 배웠다. 6장에서는 프로이트의 주장과는 달리 일반적으로 사람이 외상적 기억을 억누르지 않는다는 사실을 배웠다. 정신분석 이론에 대한 이러한 도전은 상관 연구와 실험 연구에서 정신분석의 주요 개념을 검증하지 못한 것에 기인한다. 정신분석가들은 사례연구법에 전적으로 의존하는데 당신이 1장 내용을 기억하겠지만 이 방법은 연구자들이 잘못된 해석을 할 수 있다(Grünbaum, 2006). 더욱이 20세기 초 수십 년간 많은 치료자가 프로이트 이론을 아무런 의심 없이 수용하였는데, 이는 다른 과학적 이론들과 같이 자신의 이론도 과학적으로 검증되어야 한다는 프로이트의 입장과 상치한다고 몇몇 연구자는 주장한다.

프로이트의 가설에 대한 검증 결과는 몇몇 있으나 결과는 일관되지 않다. 예를 들어, 갇혀 있던 감정의 표출인 정화가 건강에 좋다는 프로이트의 생각은 '노여움과 같은 부정적인 감정의 표출은 감정을 강하게 한다.'는 반박에 부딪혔다(Farber, Khurgin-Bott, & Feldman, 2009). 유년 시절의 외상이 성인기의 심리적 장애 발달에 영향을 준다는 그의 주장은 부분적으로 지지를 받고 있다. 한 연구에서는 아동기 성폭력 피해자의 70% 이상이 성인기에 문제가 있다고 밝히고 있다(Katerndahl, Burge, & Kelloss, 2005). 그러나 피해자(외상 경험자) 간의 개인차가 피해 경험 자체보다 더 잘 예언한다는 연구도 있다(Eisold, 2005). 이와 같이 성학대의 많은 피해자(외상 경험자)는 정신분석 이론이 예측하는 것보다 큰 회복력(외상으로부터의 손상을 극복하는 능력)을 나타낸다.

신프로이트 학파

11.4 신프로이트 학파의 관점은 프로이트의 관점과 어떻게 다른가?

프로이트 이론의 단점을 보완하고 장점을 살리는 성격 이론을 만드는 것이 가능한가? 신

▶▶▶ 카를 구스타프 융(Carl Gustav Jung, 1875~1943)은 성격발달의 이면에 있는 추진력으로 성적 동기를 강조한 프로이트와 의견을 달리했다.

프로이트 학파의 성격 이론가들은 그렇게 하려고 하였다. 신프로이트 학파에 속한 학자들의 경력은 프로이트 추종자들로 시작되었지만, 성격 이론에 관한 기본 원리에서 의견이 틀어지기 시작하였다. 당신은 8장에서 가장 뛰어난 신프로이트 학파의 인물 가운데 한 명인 에릭 에릭슨(Erik Erikson)의 이론에 대해 읽어 보았다. 에릭슨과 같이 신프로이트 학파에 속한 학자들 대부분은 프로이트의 추종자로 출발하였으나 정신분석 이론의 기본 원리 가운데 몇몇에 반대하기 시작하였다.

신프로이트 학파의 인물 중 가장 중요한 학자인 카를 구스타프 융(Carl Gustav Jung, 1875~1961)은 주요인 중 하나인 성 본능을 인정하지 않았으며, 초기 유년 시절이 성격을 완전하게 결정한다고 믿지도 않았다. 융(1933)은 중년을 '성격발달에서 중요한 기간'으로 보았다. 그는 세 구조로 구성되어 있는 성격을 구상하였다. [그림 11-2]에 제시된 것처럼 자아, 개인무의식, 집단무의식이 그것이다. 자아는 일상생활을 영위하는 '성격의 의식 부분'이다. 프로이트와 마찬가지로, 융은 자아가 무의식보다 덜 중요하다고 보았다.

개인무의식은 자기 자신의 경험을 통해 발전하기 때문에 사람마다 독특하다. 이에는 억압기억, 충동, 경험과 의식될 수 있는 모든 소망, 생각, 지각이 포함된다. **집단무의식**은 무의식 가운데 가장 접근하기

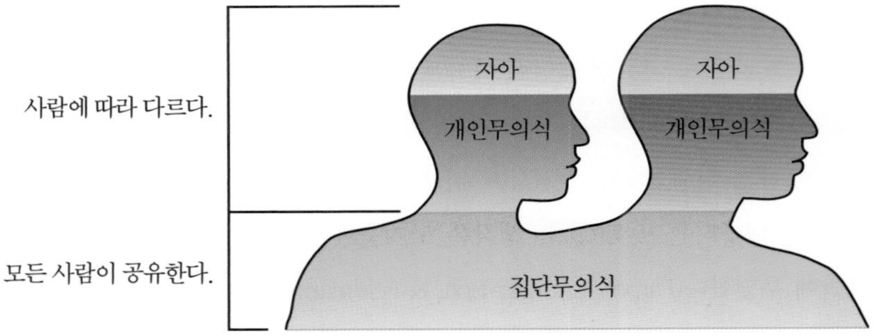

구조	특성
자아	성격의 의식적 부분, 정상적인 일상생활을 수행한다.
개인무의식	의식세계로 가져올 수 있는 기억, 사고, 감정과 억압했던 모든 기억, 소망, 충동, 프로이트의 전의식과 무의식 모두를 말한다.
집단무의식	의식세계로 가져오기가 매우 어려우며, 모든 사람에게 공통적인 것, 원형처럼 진화 과정에서 인류가 공통적으로 경험했던 것을 포함한다.

[그림 11-2] 융의 성격 개념

프로이트와 마찬가지로 융도 성격에는 세 요소가 있다고 보았다. 자아와 개인무의식은 사람에 따라 다르다. 집단무의식은 각 문화에서 신화나 종교가 비슷한 것을 말한다.

어려운 층으로 인류가 동굴에 살았던 때의 일상생활과 같은 인류의 보편적인 경험이 있는 곳이다. 이를 통해 융은 매우 동떨어져 있는 문화의 신화, 꿈, 상징, 종교적 신념의 유사성을 설명한다. 더욱이 집단무의식은 보편적 인간에 대한 공통적 반응 경향들인 **원형**(archetype)을 포함한다. 융에 따르면, 인류의 공통된 경험을 반영하는 원형은 신, 귀신, 악마, 영웅들을 믿게 만들었다.

신프로이트 학파의 또 다른 주요 인물인 알프레드 아들러(Alfred Adler, 1870~1937)는 각기 분리되어 서로 투쟁하는 요소인 원본능, 자아, 초자아보다는 성격의 통합을 강조하였다. 아들러(1927, 1956)는 또한 유년 시절의 열등감을 극복하려는 추동이 대부분의 우리 행동을 동기화한다고 하였다. 그는 초년의 아이는 생활양식을 개발하고 성인이 되어서는 우월을 추구한다고 하였다(Dreikurs, 1953). 아들러의 이론이 우월성을 추구하는 개인의 노력을 강조하였기 때문에, 그리고 개인 성격의 의식적 부분인 '창조적 자기'를 언급하였기 때문에 그것은 개인심리학으로 알려졌다.

신프로이트 학파에 속한 여성 학자인 카렌 호나이(Karen Horney, 1885~1952)는 신경증적 성격(Horney, 1937, 1945, 1950)과 여성심리학(Horney, 1967)이라는 두 주제에 대해 많은 관심을 가졌다. 호나이는 신경증적 성격을 정의하기를, 다른 사람에 대해 적개심과 조종하고자 하는 욕구가 있는데 이와 함께 계속해서 지지를 받고자 하는 욕구가 있다고 하였다. 호나이는 여성 심리학은 여성의 성격을 형성하는 문화의 압력과 사회의 압력에 초점을 맞추고 있다고 제안하였다. 호나이는 심리성적 발달 단계, 오이디푸스 콤플렉스와 남근 선망의 개념을 단호히 거부하였다. 더욱이 호나이는 프로이트가 성격을 원본능, 자아, 초자아로 구분하는 것을 인정하지 않았다. 또한 그녀는 프로이트가 성 본능의 역할을 과도하게 강조하고 성격에 대한 문화적 · 환경적 영향을 소홀히 하였다고 생각하였다. 호나이도 유년 시절의 경험을 중요시했지만, 성격이 일생 동안 발달하고 변화한다고 생각하였다(Horney, 1939).

호나이는 '아이를 가지고 남자를 가지려는 여성의 욕망은 남근을 가지려는 소망'일 뿐이라는 프로이트의 주장에 대하여 강하게 반대하였다. 호나이(1945)는 여성심리학의 어려움 중의 대부분은 이상적으로 생각하였던 것이 부합되지 않게 일어나는 것이라고 생각하였다. 아울러 심리적으로 건강하기 위해서는 여성이나 남성이나 완벽이라는 비합리적 신념을 극복할 수 있어야 한다고 하였다. 호나이의 영향은 현대 인지행동치료에서 볼 수 있는데, 이에 대해서는 13장에서 다룬다. 호나이가 여성주의가 태동하기 전에 사망했으나 그녀가 제시한 단초들은 1960년대에 나타나기 시작한 성에 대한 심리사회 이론 대부분의 주요 요소였다.

기억하기 본문 내용을 떠올리며 다음 퀴즈를 풀어 보라.

1. _____은(는) 심리장애를 치료하기 위한 성격 이론이자 치료 이론이다.
2. 프로이트는 _____을(를) 인간 행동의 동기가 되는 중요한 힘으로 보았다.
3. 당신은 어두운 극장에서 금시계를 발견하였다. 당신의 _____은(는) 그 시계를 그 자리에 되돌려 놓으라고 한다.
4. 프로이트가 생각하기에 생물학적인 욕구를 어떻게 충족시킬 것인가를 결정하는 성격의 부분은 _____이다.
5. 융의 이론에서 모든 인간의 기억이 저장되어 있는 집단무의식은 (내재된 것이다/학습된 것이다).
6. _____은(는) 기본적인 인간 욕동은 극복되어야 하며 열등감은 보상되어야 한다고 생각하였다.
7. _____은(는) 프로이트의 남근 선망 개념이 틀렸다고 생각하였다.

인본주의 이론

인본주의 심리학에서는 '사람은 강력한 성장 경향과 강력한 실현 경향을 타고난다.'고 가정한다. 따라서 인본주의 성격 이론은 프로이트의 정신분석 이론보다 낙천적이다. 그러나 프로이트 이론과 마찬가지로 과학적 검증이 어렵다는 것이 비판의 대상이다.

11.5 인본주의 이론가들은 성격을 어떻게 설명하는가?

두 개의 인본주의 이론

인본주의 심리학자 에이브러햄 매슬로(Abraham Maslow, 1908~1970)에게는 동기가 성격의 뿌리다. 당신은 매슬로의 욕구위계에 대한 9장의 설명을 기억할 것이다. 욕구위계란 욕구의 계층을 말한다. 즉, 가장 낮은 생리적 욕구, 안전의 욕구, 소속과 사랑의 욕구, 존중의 욕구, 그리고 가장 상위에 있는 자기실현의 욕구다([그림 9-3] 참조). 매슬로는 생리적 안전과 소속의 욕구는 존중의 욕구와 자기실현의 욕구를 추구하기 이전에 충족되어야 하는 것인데 이 욕구들은 성격발달의 기초가 된다고 주장한다.

존중의 욕구는 학문상의 성취, 대인관계상의 성공, 전문 영역상의 성취 등에 관한 것이다. 각 예를 보면, 학문상의 성취 사례로는 대학 졸업이 있고 대인관계상의 성공 사례로는 오랜 기간 동안 친밀한 관계를 유지하는 것이 있다. 그리고 전문 영역상의 성공 사례로는 취업이 있다. 매슬로에 따르면 생리적 욕구, 안전의 욕구 그리고 소속의 요구가 충족되지 않는 사람들은 존중의 욕구를 충족하는 데 방해를 받는다고 한다. 아동을 대상으로 한 연구는 매슬로의 이론을 지지하고 있다. 생리적 욕구와 안전의 욕구 그리고 소속의 욕구를 가정과 학교가 뒷받침해 준 아동은 그렇지 못한 아동보다 학업성적이 더 좋았다(Noltemeyer et al., 2012). 그러나 성인의 경우 존중의 욕구는 하위 단계의 욕구보다 더 중요할 수도 있다(Majercsik, 2005). 이는 하위 욕구를 어느 정도 희생시키지 않고서는 존중의 욕구를 채우는 것이 (불가능하지는 않더라도) 어렵기 때문이다. 예를 들어, 청년이 집을 떠나 모험을 할 때는 생리적 욕구, 안전의 욕구 그리고 소속의 욕구에서 결핍을 느끼게 되는 것을 감수해야 한다. 사실상 그들이 살아오는 동안 안전을 보장해 준 삶의 지지체계를 넘어서도록 하는 것이 바로 존중의 욕구인 것이다. 따라서 매슬로의 성격 이론은 단순히 하위 위계에서 상위 위계로 진행된다고 보기는 어렵다. 이 이론은 개인의 심리사회적 성장을 이루기 위해 여러 욕구의 상호 연계가 어떻게 함께 작동하고 있는가에 대해 설명하고 있는 것이라고 할 수 있다.

존중의 욕구를 충족하게 되면 **자기실현의 욕구**로 나아가게 되는데 이 욕구는 사람이 자신의 잠재력을 최대한 발휘하는 발달 단계다. 매슬로에 따르면 자기실현하는 사람의 성격 특성은 자신이 될 수 있는 최선의 자신이 되기 위해 노력하기 때문에 계속해서 변화하고 성장하며 성숙한다(Bauer et al., 2011). 매슬로의 연구에 따르면 자기실현한 사람들은 보다 많은 사람의 행복을 위해 자신의 삶을 헌신하고자 하는 욕구를 성취하고 표현해야 하는 의무가 있다고 생각하는 것으로 나타났다. 예를 들어, 성공한 사업가들을 대상으로 한 연구에 따르면 이들 가운데 상당수는 자신이 사업을 통해 매슬로의 모든 욕구위계를 충족하고 있다고 생각하는 것으로 나타났다(Stoll & Ha-Broookshire, 2012). 자신이 매력을 느끼던 여러 단체에 자신의 재산과 재능을 기부하기 위해 천문학적인 성공을 이룬 회사를 2008년도에 떠난 빌 게이츠를 생각해 보라.

모든 사람이 매슬로의 자기실현 단계에 이르는 것은 아니다. 그렇다면 왜 어떤 사람만이 이 단계에 이르는 것인가? 여기에는 여러 가지 이유가 있겠지만 한 가지는 인본주의 심리학자인 칼 로저스(Carl Rogers, 1902~1987)의 성격 이론에서 찾을 수 있다. 로저스에 따르면 그 답은 양육에 있다. 부모는 **가치의 조건**, 즉 긍정적 관계에 대한 조건들을 설정해 준다. 가치의 조건은 아동으로 하여금 자신의 가치보다는 다른 사람의 가치에 따라 살고 행동하도록 한다. 긍정적인 존중을 얻기 위해 노력하는 가운데 아동들은 자신의 행동을 억제하고, 자신의 지각을 거부하거나 왜곡하며, 자신의 경험을 차단함으로써 진정한 자기를 부인하는 것이다. 이렇게 하여 아동들은 스트레스와 불안을 경험하게 되고 총체적 자기 구조가 위협받게 된다. 로저스에 따르면 더욱이 이러한 패턴은 성인기로 이어져서 자신의 가치와 행동을 판단할 때 다른 사람의 평가를 기준으로 삼는 것이 습관이 된다. 이러한 결과로 이들은 목표를 스스로 정하지 못하는데 목표를 스스로 정하는 것은 자기실현에 초석이 된다.

로저스에 따르면, 심리치료의 주요 목표는 긍정적 관심을 받기 위해 다른 사람의 가치에 따라 경험하고 살아가는 것이 아니라 자신의 가치에 따라 경험하고 사는 것을 시작하는 것이다. 그는 환자라는 말을 사용하지 않았고, 자신의 치료를 인간중심치료라고 명명하였다. 13장에서는 로저스의 치료에 대해 상세히 다룰 것이다. 로저스에 따르면 치료자는 내담자에게 **무조건적인 긍정적 존중**을 주어야 한다. 즉, 내담자가 무엇을 말하든지, 무슨 행동을 하든지, 무슨 행동을 했든지, 무슨 행동을 생각하든지 무조건적인 보호와 무비판적인 수용을 해야 한다는 것이다. 무조건적인 긍정적 존중은 위협감을 줄이고, 가치의 조건을 제거하여 진정한 자기로 돌아갈 수 있도록 돕는다. 치료가 성공하면, 로저스가 말하는 '자발적으로 자신의 내면 가치체계에 따라 최적의 수준에서 완전히 기능하는 인간'이 되도록 내담자에게 도움을 줄 수 있을 것이다.

인본주의자들은 인간의 정신 안에서 어떤 악도 보지 않고 듣지 않고 찾지 않으며 비과학적이라는 비판을 받았지만 이타주의, 협력, 사랑, 타인의 수용, 자기존중감 등 인간의 긍정적인 성격 특성에 관한 연구를 불러일으켰다. 우리 대부분은 능력의 한 영역에 기초하여 우리 자신에 대한 포괄적인 개념을 형성하지는 않는다. 대신 우리는 우리의 장점과 단점을 같이 본다.

자기존중감

11.6 심리학자들이 자기존중감에 대해 알게 된 것은 무엇인가?

당신은 자신이 가치 있다는 느낌인 **자기존중감**이 정신건강에 중요하다는 말을 들어 보았을 것이다. 여러분의 현재 자기존중감 수준을 알아보기 위해 다음 페이지의 〈시도〉를 읽어 보기 바란다.

자기존중감은 실제 특성과 바라는 특성을 비교함으로써 발달할 수 있다. 예를 들면, 음치가 유명한 음악가가 되기를 바란다면 자기존중감은 매우 낮을 것이다. 하지만 우리 대부분은 자기 가치를 한 가지 능력만으로 판단하지는 않는다. 그보다는 장점과 단점을 모두 고려하여 우리 자신을 바라본다. 자신이

시도 당신의 자기존중감은 얼마나 높은가

다음 각 문항에 대해 당신의 느낌을 가장 잘 나타내는 정도를 선택하라.

a. 매우 동의한다 b. 동의한다 c. 보통이다

d. 동의하지 않는다 e. 전혀 동의하지 않는다.

_____ 1. 대부분의 대인관계 상황에서 자신감이 있다.

_____ 2. 살아오면서 뭔가 의미 있는 일을 했다고 생각한다.

_____ 3. 다른 사람들이 내 의견을 존중한다고 느낀다.

_____ 4. 나는 내가 아는 대부분의 사람과 견줄 만하다.

_____ 5. 대체로 다른 사람들이 나를 좋아한다고 느낀다.

_____ 6. 나는 다른 사람들의 사랑과 존경을 받을 만하다.

a는 4, b는 3, c는 2, d는 1, e는 0으로 계산하라.

20~24: 높은 자기존중감을 가지고 있음

15~19: 대체로 괜찮음

10~14: 무난함

10 이하: 자기존중감을 향상시킬 필요가 있음

생각하기에 가치 있고 중요한 영역에 장점을 가지고 있을 때 자기존중감은 높아진다. 이와는 반대로 큰 성취는 하였지만 그 영역에 별로 가치가 없다고 한다면 자기존중감은 떨어진다. 그래서 뛰어난 배관공이지만 이런 사실이 별로 중요하지 않다면 자기존중감은 낮은 것이다. 만일 어떤 사람이 금이 간 수도꼭지를 수리하는 데 상당한 액수를 내야 하기 때문에 자신이 미숙하다고 느낀다면 이 사람은 배관공의 기술이 부러울 것이다.

발달심리학자들은 자기존중감이 아동기에서 중년기에 이루기까지 상당히 안정된 특성이 있다는 사실을 발견하였다(Robins & Trzesniewski, 2005). 그래서 우리가 아동기에 습득하는 자기 가치에 대한 믿음은 평생 영향을 미칠 수 있다. 아동과 청소년은 학업, 운동, 미술과 같은 여러 영역에서 자신이 얼마나 잘하는지 나름대로 생각을 하게 되는데 이 생각은 초등학교와 중학교를 거치면서 점차 안정이 되어간다(Harter, 2012). 7세까지 대부분의 아동은 전반적인 자기존중감을 가지게 된다. 이러한 판단은 실제 경험과 주변 사람의 평가에 의거한다. 따라서 자기존중감을 높이기기 위해서 아동들은 자기가 중요하다고 생각하는 영역에서 성공하는 경험이 필요하고 자기 자신이 가치 있다는 느낌을 느끼기 위해서 부모, 교사 그리고 친구들에게서 칭찬을 받는 것이 필요하다.

기억하기 본문 내용을 떠올리며 다음 퀴즈를 풀어 보라.

1. _____은(는) 인간은 자기실현하고자 하는 성향이 있다고 한다.
2. _____은(는) 완전히 기능하는 인간이 되기 위해서 무조건적인 긍정적인 존중이 필요하다고 믿고 있다.
3. 자기존중감은 _____와(과) _____의 특성을 비교한 결과다.

특질 이론

특질이란 개인의 일반적인 자질이나 특징을 말한다. 특질은 우리의 다양한 상황적 요구를 해결하고 예상 밖의 환경들을 다룬다(De Raad & Kokkonen, 2000). 예를 들어, 끈기는 우리가 역경을 극복하는 것을 돕는 특질이다. 특질 이론에서는 개인 특질이라는 개념으로 상황이 변해도 안정적인 성격과 사람들 사이의 차이를 설명한다.

초기 특질 이론

11.7 초기 특질 이론가들이 제안한 특질에는 어떤 것들이 있는가?

초기 특질 이론가 가운데 한 명인 고든 올포트(Gordon Allport, 1897~1967)는 사람이 특정한 특질의 본성을 타고나며 그 본성은 경험에 의해 다듬어진다고 주장했다(Allport & Odbert, 1936). 주 특질(cardinal trait)은 그 사람의 삶의 주된 주제다. 사람들의 행동 거의 대부분은 이 주 특질에서 나오는 것으로 보인다(Allport, 1961). 주 특질은 성격에서 아주 강하게 두드러지는 부분이기 때문에, 한 사람이 주 특질과 동일시되거나 주 특질이 그 사람을 상징하게 될 수도 있다. 예를 들어, 당신은 아인슈타인이라는 이름을 들으면 무엇이 생각나는가? 아마도 당신은 이 이름을 천재와 결부시킬 것이다. 실제로 아인슈타인은 천재와 동의어로 사용되고 있다. 이와 같이 아인슈타인에게는 천재가 주 특질이다. 이와 마찬가지로 아브라함 링컨은 그의 도덕적인 품성 때문에 '정직한 아브라함'이라고 알려져 있다. 반대로 중심 특질(central trait)은 자기 자신이나 다른 사람을 기술할 때 언급하는 전반적인 특성이다. 따라서 이 장 서두의 〈생각해보기〉에 제시된 수식어들은 중심 특질로 분류된다.

또 다른 중요한 특질 이론가인 레이먼드 카텔(Raymond Cattell)은 관찰할 수 있는 성격 특성을 표면 특질(surface trait)이라고 하였다(Cattell, 1950). 관찰과 설문지를 사용하여 성격 특질을 연구했는데, 그는 겉으로 드러나서 쉽게 관찰되는 특징인 표면 특질에 주목했다. 카텔은 수천 명의 사람을 연구하여 시간이 지나도 몇 번이고 다시 나타나는 확실한 표면 특질의 군집을 발견하였다. 카텔은 표면 특질에 비해 겉으로 드러나지 않고 더 일반적이며 안정적인 성격의 핵심을 이루는 성격 요인을 근원 특질(source trait)이라고 불렀다. 사람은 저마다 근원 특질을 소유하고 있는 정도가 다르다. 그 예로 카텔은 지능을 근원 특질이라고 주장했다. 모든 사람이 지능을 가지고 있지만 지능의 양은 사람마다 다르다.

카텔은 보통의 사람에게서 23개의 근원 특질을 발견했다. 그는 이 중 16개의 근원 특질을 집중적으로 연구했다. 일반적으로 16PF라고 불리는 카텔의 16성격 요인검사는 열여섯 가지 성격 수준을 산출해 낸다(Cattell, 1950; Cattell, Eber, & Testsuoka, 1977). 이 검사는 연구, 직업상담, 학교, 고용에서 광범위하게 사용되고 있다(Cattell & Mead, 2008; Morey, 2013). 16성격 요인검사의 결과는 일반적으로 [그림 11-3]과 같이 도식화된다.

카텔의 말을 근거로, 영국 심리학자 한스 아이젱크(Hans Eysenck, 1916~1997)는 정신병-외향성-신경증 모델로 불리는 3요인 모델을 제안하였다(Eysenck, 1990)([그림 11-4] 참조). 특질에서 첫 번째 차원은 정신병 성향이다. 정신병 성향은 현실과의 연계 정도를 의미한다. 한 극단적 예는 환각과 망상

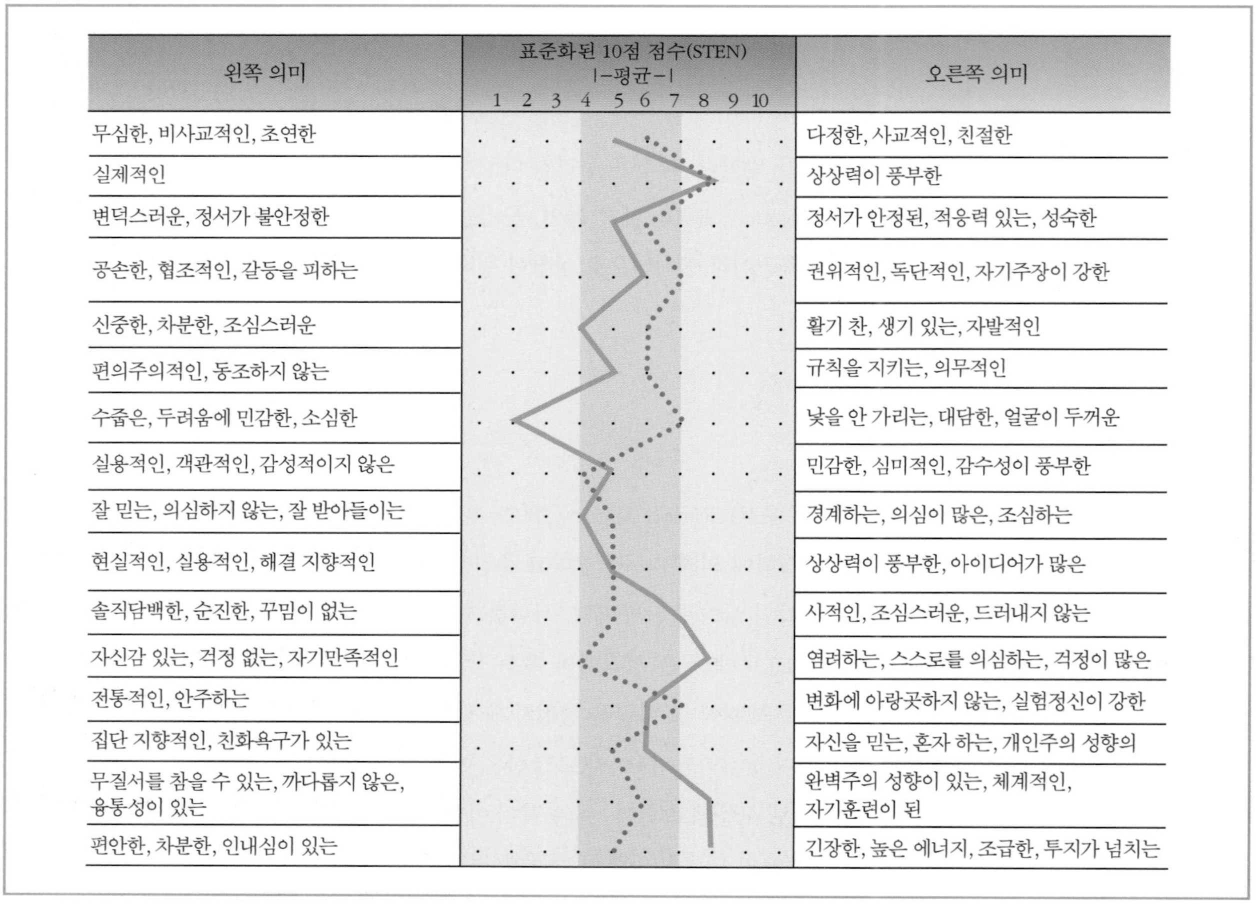
왼쪽 의미
표준화된 10점 점수(STEN)
|–평균–|
1 2 3 4 5 6 7 8 9 10
오른쪽 의미
무심한, 비사교적인, 초연한
다정한, 사교적인, 친절한
실제적인
상상력이 풍부한
변덕스러운, 정서가 불안정한
정서가 안정된, 적응력 있는, 성숙한
공손한, 협조적인, 갈등을 피하는
권위적인, 독단적인, 자기주장이 강한
신중한, 차분한, 조심스러운
활기 찬, 생기 있는, 자발적인
편의주의적인, 동조하지 않는
규칙을 지키는, 의무적인
수줍은, 두려움에 민감한, 소심한
낯을 안 가리는, 대담한, 얼굴이 두꺼운
실용적인, 객관적인, 감성적이지 않은
민감한, 심미적인, 감수성이 풍부한
잘 믿는, 의심하지 않는, 잘 받아들이는
경계하는, 의심이 많은, 조심하는
현실적인, 실용적인, 해결 지향적인
상상력이 풍부한, 아이디어가 많은
솔직담백한, 순진한, 꾸밈이 없는
사적인, 조심스러운, 드러내지 않는
자신감 있는, 걱정 없는, 자기만족적인
염려하는, 스스로를 의심하는, 걱정이 많은
전통적인, 안주하는
변화에 아랑곳하지 않는, 실험정신이 강한
집단 지향적인, 친화욕구가 있는
자신을 믿는, 혼자 하는, 개인주의 성향의
무질서를 참을 수 있는, 까다롭지 않은, 융통성이 있는
완벽주의 성향이 있는, 체계적인, 자기훈련이 된
편안한, 차분한, 인내심이 있는
긴장한, 높은 에너지, 조급한, 투지가 넘치는

[그림 11–3] 16PF 성격 프로파일

굵은 선은 '에릭'이라는 남성의 16PF 프로파일을 나타낸다. 점선은 기업체 간부의 평균적인 16PF 프로파일이다.

출처: Cattell & Schuerger(2003).

의 세계에 사는 '정신병 환자들'이다. 다른 극단에 있는 사람은 사고 과정이 물질세계에 묶여 있어 창조성이 결핍되어 있다. 외향성은 나서기를 좋아하거나 수줍어하는 정도다. 신경증적 성향은 정서적 안정의 정도다. 한쪽은 정서적으로 매우 안정적인 사람인 반면, 다른 한쪽은 매우 불안하고 초조해하는 사람이다.

아이젱크는 정신병–외향성–신경증 모델의 세 가지 차원은 모두 뇌의 신경학적인 작용에 뿌리를 두고 있다고 제안했다. 그 결과, 그의 이론은 성격에 관한 신경학적인 연구를 위한 유용한 구조를 제공해 왔다. 한 예로, 연구진은 뇌의 도파민 활동과 외향성의 관계를 발견했다(Munafó et al., 2008). 신경증이 뇌파 활동의 특징적인 패턴과 관련이 있다는 연구도 있다(Knyazev, 2009). 또한 아이젱크가 만든 성격 검사들은 지금도 연구자와 임상가들에게 폭넓게 사용하고 있다(Morey, 2013).

11.8 5요인 모델은 성격을 어떻게 설명하고 있는가?

5요인 모델

오늘날 가장 중요한 특질 접근은 5요인 모델이다. 이 모델에서는 성격이 다섯 가지 광

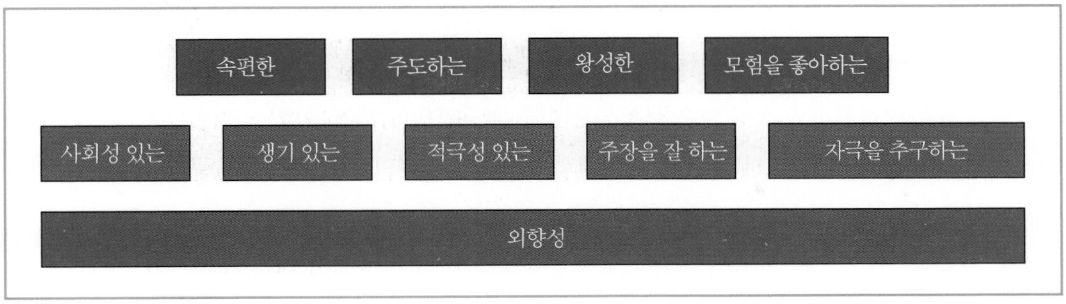

[그림 11-4] 아이젱크의 성격 3요인 모델에서 외향성의 특질 구조

아이젱크의 연구는 세 가지 주요 특질에 초점을 맞춘다. 외향성과 같은 특질은 그림에 나타난 것과 같이 몇 가지 다른 특질을 포괄한다. 아이젱크의 연구에 바탕을 둔 이 모델은 세 가지 주요 특질에 초점을 맞추었다.

범위한 차원으로 되어 있는데 각 차원은 성격 특질군으로 되어 있다고 본다(McCrae, 2011). 아이젱크의 3요인 모델에 대립하여 5요인 이론이 성격을 설명하기 시작한 것은 1960년대 초로 거슬러 올라간다(예, Norman, 1963). 그러나 20년간 이 모델은 폴 코스타와 로버트 맥크레(Paul Costa & Robert McCrae, 1985)의 연구에 집중되어 있었다. 이들의 요인 측정을 위한 접근방식과는 다소 차이가 있는 다른 중요한 5요인은 심리학자 루이스 골드버그(Lewis Goldberg, 1993)가 제안하였다. 그러나 이 두 모델을 기반으로 한 연구에서는 성격이 5요인의 측면에서 잘 설명될 수 있다는 가설이 지지된다(McCrae, 2011). 당신은 이 요인의 이름은 약자 OCEAN(Openness[개방성], Conscientiousness[목표 추구성], Extraversion[외향성], Agreeableness[친화성], Neuroticism[신경증])을 이용하여 쉽게 기억할 수 있다는 것을 알 것이다.

개방성 당신은 새로운 일을 하고 새로운 아이디어를 수용하는가? 그렇다면 개방성에서 높은 점수를 얻을 것이다. 이 차원은 다양한 경험을 추구하고 상상력이 풍부하고 지적 관심이 넉넉한 사람을 관심이 편협한 사람과 대비시킨다.

개방성은 새로운 상황에 적응하는 중요 요인이다. 4년간의 연구에서 연구진은 이 요인에 관해 높은 점수를 기록했던 대학 신입생이 낮은 점수의 동년배들보다 대학생활에 더 쉽게 적응한다는 것을 발견했다(Harms, Roberts, & Winter, 2006). 분명히 개방성이 높은 학생은 낮은 또래보다 대학환경의 요구에 자신의 성격 특질을 잘 적응할 수 있었다.

목표 추구성 당신은 세탁물을 보내기 전에 항상 잘 정리해서 보내는가? 목표 추구성이 높은 사람은 낮은 사람보다 이처럼 사소한 일에도 주의를 기울인다. 그들은 신뢰할 수 있다. 대조적으로 목표 추구성 차원의 반대 극단에 있는 사람은 게으르고 신뢰할 수 없다. 그렇지만 그들은 이 차원에서 높은 점수를 얻은 사람보다 자발적인 경향이 있다.

연구자들은 목표 추구성의 구성 요소로 질서와 자제심, 근면이 있다고 한다(Jackson et al., 2009) 따라서 목표 추구성과 건강 간에 상관이 있다는 것은 놀랄 일이 아니다. 예를 들어, 목표 추구성이 높은 초등학생과 낮은 또래들을 장기간 연구한 결과, 높은 학생이 흡연자가 덜 되었거나 중년기에 비만이 비교적 낮았다(Hampson et al., 2006). 이처럼 장기적인 목표 추구 경향성은 중년기 비만을 피하는 것과 같은 건강 보호 요인으로 작용한다는 것을 보여 준다(Sutin et al., 2011).

목표추구 성향은 또한 초등학교에서 대학교까지의 학업 성취도를 예언한다(Corker et al., 2012). 초등학생 가운데 목표 추구성이 높은 아이들은 이후 고등학생이 되었을 때 성적이 높은 경향이 있다(Shiner, 2000). 이와 마찬가지로 학부와 대학원의 경우에도 첫해의 목표 추구성 수준은 학업을 끝까지 할지 여부를 예측하는 것으로 나타났다(Chamorro-Premuzic & Furnham, 2003).

외향성 당신은 자유로운 저녁시간에 작은 파티에 가겠는가, 아니면 집에서 책을 읽거나 영화를 감상하겠는가? 외향성이 높은 사람은 다른 사람 주위에 있는 것을 좋아한다. 외향성의 반대 차원에 속하는 사람은 혼자 있는 시간을 편안하다고 느낀다.

연구자들은 외향성이 직업과 관련된 여러 변수와 강하게 연관되어 있다는 사실을 발견하였다. 이런 변수들에는 일에서 느끼는 행복감, 직업 만족도, 그리고 동료들과 함께 하는 일에 대한 몰두 정도가 있다(Bono, Davies, & Rasch, 2012). 더욱이 외향적인 사람은 동년배의 내향적인 사람보다 더 쉽게 취업할 수 있다(Tay, Ang, & Dyne, 2006). 연구자들은 내향적인 사람보다 외향적인 사람이 면접을 하고 나서 더 많은 일자리 제안을 받는 것을 발견했다. 그러나 외향적인 사람은 내향적인 사람보다 문란한 성관계와 같은 위험한 행동을 더 많이 하는 경향이 있을 수 있다(Miller et al., 2004).

친화성 주변 사람들이 당신을 친절한 사람이라고 말하는가? 친화성이 높은 사람은 친절함을 특질로 가지고 있다. 친화성 차원은 특질의 집합체로 구성되어 있다. 그것은 타인에 대한 동정부터 적대에 이르기까지 다양하다. 친화성이 낮은 사람은 친절하게 보이지 않는다. 대신 불친절하고 논쟁적이며 냉소적이고 적대적으로 기술될 것이다.

목표 추구성과 마찬가지로, 친화성은 정서적인 안녕감과 관련된 건강을 예언한다. 친화성이 높은 사람은 치료자와 효과적인 관계를 수립하고 이 결과 이들은 친화성이 낮은 사람보다 치료에서 더 높은 이득을 얻는 것으로 보인다. 짐작대로, 친화성이 높은 사람은 업무능력은 물론이고 소속 팀과 잘 어울린다(Stewart, Fulmer, & Barrick, 2005). 그러나 친화성이 높은 사람은 폭음과 같은 위험행동을 할 것인지 결정할 때 친구들의 영향을 더 잘 받는 것으로 보인다(van Schoor, Bott, & Engels, 2008).

신경증 만일 당신이 100cc의 물이 들어 있는 200cc짜리 컵을 본다면 컵의 반이 비었다고 생각하겠는가, 아니면 컵의 반이 물로 차 있다고 생각하겠는가? 신경증적 성향이 강한 사람은 비관적이고 부정적인 측면을 보는 경향이 있다. 삶의 반이 비어 있다고 해석하는 것이다. 동시에 그들은 정서적 불안정의 경향이 있다. 예를 들면, 신경증적 성향이 강한 사람은 교내 서점에서 대기하는 줄이 천천히 줄어들 때 자신이 느끼는 좌절감이 쉽게 나타날 수 있다. 텔레비전 쇼에서 신경증이 있는 사람이 보이는 이러한 행동에 대해 시청자들이 재미있다고 지각하기도 하고 다른 참가자들이 동정하기도 한다. 그러나 실제 생활에서 신경증적 성향이 있는 사람들은 인간관계를 유지하는 데 어려움을 느끼며 여러 심리장애를 겪을 위험성이 더 높다(Korten et al., 2012; Shiner & Masten, 2012).

5요인에서의 성차 다양한 특질에 대한 논의에서 읽은 것처럼, 당신은 아마도 그것들에서 남성과 여성의 차이가 있는지를 깊이 생각하게 될 것이다. 연구자들에 따르면, 여성은 일반적으로 목표 추구성, 친화성, 신경증적 성향에서 남성보다 높은 점수를 받는 반면, 남성은 경험에 대한 개방성의 특질에서 비교적 높은 점수를 받는 경향이 있었다(Soto, Oliver, Gosling, & Potter, 2011). 호르몬과 사회적인 요소 모두가 세 가지의 차이에 대한 설명을 제안하고 있다. 중요하게도, 5요인에 관계된 성차는 그래도 작다. 더욱이 가장 유용한 진실은 그것들이 남성과 여성의 해부학적인 차이와 직접적으로 연결되어 있지 않다는 것인데, 동성 내 개인차가 남녀 간의 차이보다 훨씬 크다(Hyde, 2005)

본성, 양육 그리고 성격 특질

11.9 유전과 환경이 성격 특질에 미치는 영향에 대해 관련 연구에서는 어떻게 설명하는가?

5요인 모델 비판자들은 5요인 모델이 성격을 잘 설명할지는 모르나 개인차를 설명하지 않는다는 사실을 지적한다. 이러한 비판에 대해 맥크레와 코스타(2003)는 '성격 5요인 이론'으로 알려진 행동유전 이론을 제안하였다. 이 이론에서는 양육과 문화와 같은 환경 요인이 개인차에 영향을 미치기는 하지만 유전이 개인차를 설명한다고 주장한다. 맥크레와 코스타는 자신들의 이론을 뒷받침하는 연구로 쌍생아 연구와 입양아 연구를 들고 있다.

또 다른 고전적 쌍생아 연구에서 루시턴과 동료들(Rushton et al., 1986)은 배려, 공감, 자기 표현이 대체로 유전의 영향을 받는다는 것을 발견하였다. 심지어 부모의 양육에 의해 큰 영향을 받을 것이라 예상되는 특질인 이타주의와 공격성도 실제로 유전에 의해 더 큰 영향을 받음을 밝혔다. 마일스와 캐리

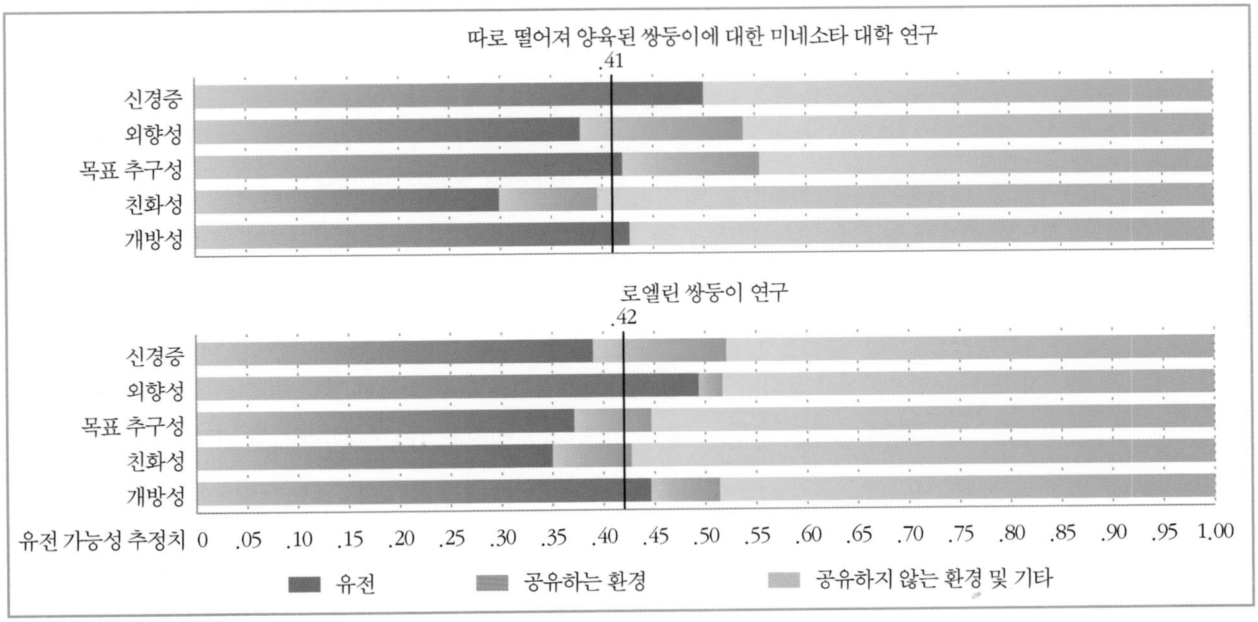

[그림 11-5] 유전과 환경이 성격 5요인 차원에 미치는 영향 추정치

따로 떨어져 양육된 쌍둥이를 연구한 미네소타 연구에서는 성격 5요인 요소에 유전이 평균 41% 정도 영향을 끼치는 것으로 추정되었다. 이 연구에서 쌍둥이가 공유한 환경은 7% 정도만 영향을 미치는 것으로 나타났다. 나머지는 서로 공유하지 않은 환경 영향과 측정오차를 나타낸다.

출처: Bouchard(1994). AAAS의 허가를 얻어 수록함.

(Miles & Carey, 1997)의 메타분석에서는 공격적인 성향의 유전성이 .50(또는 50%)에 달하는 것으로 밝혀졌다('유전성'이 유전에 기인한 특질 변량의 추정치라는 7장의 내용을 회상해 보기 바란다).

게다가 많은 종단 연구는 [그림 11-5](South et al., 2013)에 나타나듯이, 유전이 성격 5차원에서 개인차에 기여함을 나타낸다. 이러한 연구들은 유전이 다른 차원들보다 신경증과 외향성에 더 큰 영향을 미친다는 것을 나타낸다. 따라서 성격에서 모방보다 유전에 의해서 우리의 삶이 부모의 삶과 닮게 된다고 할 수 있다.

입양아 연구에서도 유전이 성격에 강한 영향을 주는 것을 보여 준다. 로엘린과 동료들(Loehlin et al., 1987)은 태어나자마자 입양된 17세들의 성격을 평가하였다. 입양된 아동은 가족과 함께 있던 아동과 비교하였을 때 가족환경이 성격에 거의 영향을 주지 않았다. 또 다른 연구에서는 로엘린과 동료들(1990)이 10년에 걸쳐 양자의 성격 변화를 측정하였고 그들의 생물학적 부모의 성격 쪽으로 평균이 변화하는 경향이 있음을 발견하였다. 행동유전학자들 사이의 우세한 견해는 환경이 성격 형성에서 거의 역할을 하지 못한다는 것이다.

물론 이런 관점에 반대하는 연구도 있다. 유전은 성격에 분명히 영향을 준다. 그러나 성격이 혈액형이나 눈동자 색깔과 같은 신체적 특질과 똑같은 정도로 유전자에 의해서 결정되지 않는다는 것도 분명하다. 대신에 많은 심리학자에 따르면, 유전은 환경이 성격에 영향을 미치는 방식에 제한을 가한다(Kagan, 2003). 예를 들어, 수줍어하는 유전적 경향성을 가진 소년은 사교적인 부모에 의해 격려받을 수 있다. 결과적으로 그는 그러한 격려가 없는 경우보다 더 외향적일 수 있다. 그러나 여전히 유전적으로 외향적인 아동보다는 덜 사교적일 수 있다.

11.10 성격 특질은 문화에 따라 어떻게 다른가?

성격과 문화

5요인 모델을 지지하는 사람은 그 요인들이 보편적이라고 한다. 그러나 연구들은 이런 주장을 지지하는가? 5요인의 보편성에 관한 증거는 전 세계 국가에서 심리학자들이 성공적으로 측정한 연구에서 나온다(McCrae, 2011). 그러나 연구들은 문화가 5요인 모델로 설명되지 않는 방식으로 성격에 영향을 준다는 것도 제안한다. 고전적 연구에서 호프스테드(Hofstede, 1980, 1983)는 전 세계적으로 53개 국가의 10만 명 이상의 IBM 고용인의 직업 관련 평가를 측정하는 반응질문지를 분석하였다. 요인분석에서 문화와 성격과 관련된 4개의 분리된 척도가 밝혀졌다. 여기서는 그중 **개인주의/집단주의 차원**에 관심을 가지고 다룬다. 미국이나 캐나다 그리고 대부분의 유럽 국가와 같은 개인주의 문화에서 강조하는 것은 집단 성취보다 개인 성취다. 높은 성취 지향인은 개인주의적 문화에서는 명성과 명예에 관심이 있다. 반면 집단주의 문화의 사람은 의존적인 경향이 있고 자신과 흥미를 집단이라는 차원에서 규정한다. 예를 들어, 아시아 사람은 높은 집단주의 문화를 가지고 있는데, 집단주의는 많은 아시아 문화에서 발견되는 윤리체계이자 철학체계인 유교와 일치하는 부분이 많다. 사실 유교의 가치에 따르면, 개인적 결과는 큰 집단의 일부로서 상호관계 안에서 확인된다. 게다가 이런 상호관계는 아시아인의 행복의 중요한 구성 요소다(Kitayama & Markus, 2000).

성격에서 문화적 차이를 지나치게 강조하지 않도록 주의해야 한다고 주장하는 심리학자들도 있다.

예를 들어, 콘스탄틴 세디키데스(Constantine Sedikides)와 동료들은 문화 맥락에 상관없이 모든 사람의 목표는 자기존중감을 높이는 것이라고 주장했다(Sedikides, Gaertner, & Toguchi, 2003; Gaertner, Sedikides, & Chang, 2008). 즉, 집단주의 문화에서도 문화를 따르는 과정은 자기존중감을 높이려는 개인주의적 관심에 의해 동기화된다. 더욱이 한 문화에서 다른 구성원과 구별되는 개인 정체성의 발달은 모든 문화에서 적극 추구하는 목표다(Becker et al., 2012). 결과적으로 최소한 어느 정도의 개인주의 경향은 범문화적이다. 더구나 서로 다른 문화의 사람은 개인주의적 철학의 정도에서는 다르지만 자신의 삶은 자신이 결정한다는 자율성이 모든 문화에서 행복을 예언한다(Ryan, Kim, & Kaplan, 2003).

▶▶▶ 알래스카 원주민의 경우 전통적인 '담요 헹가래'는 지역사회와 협동에 관련된 문화적 가치의 표현이다.

기억하기 본문 내용을 떠올리며 다음 퀴즈를 풀어 보라.

1. 고든 올포트에 따르면 _____ 특질은 자기 자신이나 다른 사람을 설명할 때 사용된다.
2. 레이몬드 카텔에 따르면 _____ 특질은 _____ 특질의 군이다.
3. _____은(는) 심리학자들은 정신병, 외향성 그리고 신경증이라는 세 차원에서 성격을 가장 잘 이해할 수 있다고 한다.
4. 로버트 맥크래와 폴 코스타는 _____을(를) 제안한 사람이다.
5. 집단주의 문화에 속해 있는 사람들은 개인주의 문화에 속해 있는 사람보다 _____하는 경향이 있다.

사회인지 이론

5요인 모델이 유용함에도 불구하고, 심리학자들은 5요인 모델이 성격의 개인차에 대한 완전한 설명을 제공하지 못한다고 생각한다. 예를 들어, 심지어 매우 외향적인 사람도 왜 때때로 활기가 없이 조용하며 긴장되어 있는가? 혼란형의 사람은 어떻게 행동하는가? 목표 추구성이 낮은 사람은 주의를 요하는 대학의 연구보고서를 어떻게 수행하는가? 성격에 대한 학습의 영향을 조사하는 연구자들은 심리학자에게 이러한 질문에 답할 단서를 제공한다. 대개 그들의 가설들은 사회인지 이론에서 왔으며, 사회인지 이론에서는 성격을 타인과의 상호작용을 통해 습득한 학습된 행동의 집합으로 본다.

11.11 미쉘과 반두라는 상황 대 특질 논쟁에 대해 어떻게 말하고 있는가?

상황 대 특질 논쟁

지난 수십 년간, 사회인지 이론가인 월터 미쉘(Walter Mischel)은 일반적인 특질 이론이나 5요인 모델에 가장 혹독한 비난을 한 사람이었다. 미쉘은 **상황 대 특질 논쟁**을 불러일으켰으며, 심리학자들 사이에서 사람의 행동을 선별하기 위한 상황 요인과 사람 요인의 상대적 중요성에 관한 논의를 진행하였다(Rowe, 1987). 예를 들어, 당신은 가게에서 돈을 훔치지는 않을 것이다. '하지만 낯선 사람이 만 원을 떨어뜨리는 것을 보았다면?' 미쉘과 그외 지지자들은 말한다. 상황이 당신의 행동에 지시를 내리는 것이지, 정직이라는 특질이 지시를 내리는 것이 아니다. 가게에서 훔치려면 일을 꾸미고 복잡한 행동을 해야 하며, 잡히면 무거운 대가를 치러야 한다. 그러므로 당신은 정직을 선택하게 된다. 반면에 만 원을 줍는 것은 쉬운 일이고 또 잡혀도 조금 난처할 뿐이므로 그렇게 행동할 것이다. 나중에 미쉘(1973, 1977)은 행동이 사람과 상황 모두에 의해 영향을 받는 것으로 자신의 원래 입장을 수정했다. 미쉘은 특질을 구체적 상황에서 구체적 행동을 야기할 조건적 가능성으로 보았다(Wright & Mischel, 1987).

상황에 걸쳐서 내적 특질이 행동에 강한 영향을 준다는 관점을 많은 증거가 뒷받침하고 있다(Costa & McCrae, 2009). 하지만 상황적 변수들은 성격 특질에 영향을 끼친다. 이에 따라 사회인지 이론가 앨버트 반두라(Albert Bandura, 1977, 1986)는 5장에서 배운 관찰학습을 연구하였고, 특질과 상황 둘 다를 근거로 하는 종합적인 성격 이론을 제안했다. 더욱이 반두라의 모델은 단기기억의 제한된 용량과 같은 인지변인을 포함시켰다. 이 모델은 많은 변수를 포함하며 그것들의 상호작용이 어떻게 일어나는지에 대한 조직적인 설명을 제공하기에 연구들을 촉발하였고, 심리학자들로 하여금 성격 내에서의 일치성과 불일치성을 더 잘 이해하도록 돕는다.

반두라는 내적 변수, 환경변수, 행동변수가 상호작용하여 성격에 영향을 준다고 제안하였다. 그는 이런 상호작용을 상호결정론이라 불렀는데, 이 개념은 세 변수가 서로 간에 영향을 미칠 것이라고 가정한다([그림 11-6] 참조). 내적 변수 또는 개인변수에는 5요인과 같은 특질, 즉 단기기억 전략 등의 정보처리 변수, 지능에서의 개인차, 인지와 사회 발달의 단계, 행동에 따라 환경이 어떻게 반응할 것이라는 학습된 기대, 그리고 신경학적인 기능과 같은 신체적인 요인이 포함된다. 환경변수에는 사회적 정보, 우리 행동에 의해 야기되는 여러 결과, 구체적 환경 특징 등이 포함된다. 행동변수는 우리의 실제 행동을 말한다.

▶▶▶ 연구에 따르면, 친화성 등 일부 특질은 나이에 따라 실제로 증가하는 것 같다.

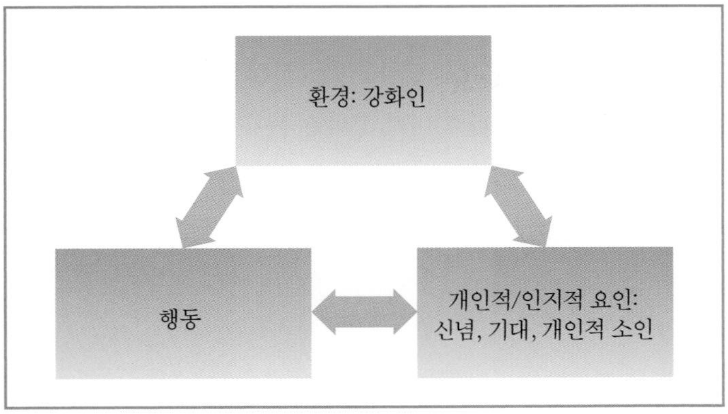

[그림 11-6] 반두라의 상호결정론

반두라는 성격의 사회-인지적인 관점을 취했다. 그는 외적인 환경, 개인적인 행동 그리고 인지적인 요소의 3요소를 제안했다. 신념, 기대, 그리고 성격적인 기질은 서로 영향을 주며 성격이 결정되는 데 있어서 상호적인 모델로 작용한다.

자기효능감과 통제 소재

11.12 자기효능감과 통제 소재가 성격에 기여하는 바가 어떤 영향을 미치는가?

인지적 요소의 하나로, 반두라(1997a, 1997b)는 특별히 **자기효능감**을 중요하게 생각했다. 그는 자기효능감이 있는 사람은 자기가 시도하는 것은 무엇이든지 수행할 수 있다고 여긴다. 비교문화 연구자들은 자기효능감을 25개의 지역에서 고찰한 결과, 그들 모두에서 중요한 개인적 차이가 있다는 것을 발견하였다(Scholz et al., 2002). 반두라에 따르면, 자기효능감이 높은 사람은 새로운 상황에 접근할 때 자신감이 있고, 높은 목표를 설정하며, 지속적이며 끈기 있게 노력을 한다. 그들은 스스로 성공할 것이라고 여기기 때문이다. 반면에 자기효능감이 낮은 사람은 실패를 기대한다. 결과적으로 그들은 도전을 회피하고, 그들이 과제 수행에서 어려움을 발견했을 때 대개 포기해 버린다. 반두라의 연구에 따르면, 높은 자기효능감을 가진 사람은 낮은 자기효능감을 가진 사람에 비해 거의 우울증을 경험하지 않는다(Bandura, 1997b).

이와 유사하게, 줄리언 로터(Julian Rotter)는 **통제 소재**(locus of control)라는 성격 요인이 자기효능감과 비슷하게 성격에 영향을 미친다고 제안하였다. 자기 자신을 행동과 그에 따른 결과의 주원인으로 보는 사람이 있다. 그렇게 생각하는 것을 로터(1966, 1971, 1990)는 내적 통제 소재라 하였다. 다른 사람은 자신에게 일어나는 일이 무엇이든지 운명, 행운, 기회에 달려 있다고 인식한다. 이런 사람은 외적 통제 소재를 갖고 있다. 그들은 어차피 일어날 일이 일어나기 때문에 자기 행동은 문제가 되지 않는다고 생각한다. 로터는 외적 통제 소재의 사람은 강화를 해도 행동 변화가 거의 없는데, 그들이 강화물과 자기 행동을 연합시키지 못하기 때문이다. 외적 통제 소재의 학생은 내적 통제 소재의 학생보다 성적이 낮을 가능성이 높은데 그 이유는 노력과 결과는 별로 관련이 없다는 그들의 믿음이 공부 전략의 효율성에 영향을 미치기 때문이다(Kesici, Sahin, & Akturk, 2009). 마찬가지로, 내적 통제 소재의 건축 노동자는 외적 통제 소재의 노동자에 비해 위험한 작업을 하기 전에 안전 절차에 더 많은 시간을 사용한다(Kuo & Tsaur, 2004). 외적 통제 소재의 사람은 생활 만족도가 낮다(Kirkcaldy, Shephard, & Furnham, 2002). 당신의 통제 소재는 어디에 있는가? 알고 싶다면 다음 페이지의 〈시도〉가 답을 줄 것이다.

▶▶▶ 자기효능감이 높은 사람은 도전할 만한 목표를 설정하고 목표를 달성할 때까지 계속 노력한다.

이즈음 당신은 이 장에서 배운 여러 성격 이론으로 과부하가 되었을지도 모르겠다. 당신이 배운 것을 더 잘 이해하기 위해 아래의 〈설명〉에서는 어떤 사람들의 경우 양심을 발달시키지 못하는지 각 이론을 적용해 볼 것이다. 그리고 〈복습과 재검토〉에서는 성격에 대해 다시 정리할 것이다.

시도 당신의 통제 소재는 무엇인가

다음 제시문을 보고 '그렇다'인지 '그렇지 않다'인지 표시해 보라.

1. 사람의 성격은 대부분 유전으로 결정된다.
2. 운명은 당신의 성공을 좌우한다.
3. 당신이 어떤 획을 세우건 무엇인가가 항상 방해할 것이다.
4. 당신이 인생에서 원하는 것을 가지기 위해서는 정해진 장소에 정시에 있어야 한다.
5. 지적 능력은 타고난 것이어서 향상될 수 없다.
6. 성공적으로 과업을 수행하게 된다면 그것이 필시 쉬운 것이었을 것이다.
7. 당신은 운명을 바꿀 수 없다.
8. 학업에서의 성공은 대부분의 사람의 사회경제적인 배경의 결과일 것이다.
9. 사람은 새로운 사람을 만날 기회가 없어서 외롭다.
10. 당신 자신을 위해 목표를 설정하는 것은 별로 유용하지 않은데 미래에 그것을 방해하는 어떤 일이 반드시 일어날 것이기 때문이다.

당신의 대답 중 '그렇다'에는 1점을 '그렇지 않다'에는 0점을 매기라. 당신의 총 점수가 10점에 가까울수록 외적 통제 소재에 해당한다.

설명 '어떤 사람에게는 왜 양심이 발달하지 못했는가?'라는 의문에 대해 성격 이론은 어떻게 답하는가

당신은 '6개의 다리가 있는 친구인 지미니 크리켓이 피노키오에게 집을 떠날 때에는 항상 양심을 따르라고 충고했던 것'을 기억할 것이다. 거의 모든 사람이 듣는 충고이지만, 전 인구의 약 1%에 해당하는 이른바 정신병질자들은 양심이 결핍되어 있다(Hare, 1998). 성격 이론은 양심의 부재를 어떻게 설명할까? 더 읽기 전에, 이 장의 앞에서 보았던 프로이트와 다른 이론가들이 이 물음에 대해 어떻게 답을 할 것인지 잠깐 생각해 보라.

프로이트가 부모-자녀 관계의 맥락에서 초자아 발달을 주장한 것을 회상해 보라. 프로이트의 관점에서는 관계의 파괴가 양심발달의 과정을 붕괴시켰을 가능성이 높다. 인본주의 이론가는 부모에게서 무조건적인 긍정적 존중을 제공받지 못한 아동은 양심이 발달할 가능성이 낮다고 하였다. 반면 사회인지적 관점에서는 부모의 훈육과 모범을 강조하는 가설을 내세울 것이다. 놀랍게도 이 모든 이론이 아동의 양육에서 중요하고 영향력 있는 요인을 언급한다. 그러나 왜 '어떤 성인이 양심이 전혀 없고, 그 결과 타인에게 해를 입히고도 죄책감을 느끼는 능력이 전혀 없는 것처럼 보이는지'를 완벽하게 설명할 수 있는 이론은 없다(Aksan & Kochaska, 2005).

양심발달 실패에 관한 설명에서는 특질 접근법이 가장 도움이 되는 것 같다. 여러 해 동안, 뉴올리언스 대학교의 폴 프릭(Paul Frick)과 동료들은 아동의 무감각적 · 무정서적 특질을 연구했다(Thornton et al., 2013; Frick et al., 2003). 이 특질을 지닌 아동은 공감이나 죄책감을 느끼는 능력이 결핍되어 있었다. 프릭과 동료들은 4세 아동에게서 무감각적 · 무정서적 특질을 확인하였다(Dadds et al., 2005). 게다가 종단 연구들은 이러한 아동이 '무감각적 · 무정서적 특질이 없는 친구들'보다 타인을 괴롭히는 행동을 할 위험이 더 크다는 사실을 확인하였다.

성격의 5요인 모델과 관련된 특질들은 분명한 사실이기 때문에 쌍생아 연구는 무감각적 · 무정서적 특질이 환경적 영향의 산물이기보다 물려받은 것이라는 제안을 한다(Larsson, Andershed, & Lichtenstein, 2006; Viding et al., 2005). 양심이 없는 사람은 다른 심리적 장애를 가진 사람에 비해 훨씬 더 고통받을 수 있다(Assadi et al., 2006). 이러한 결과를 종합해 보면, 양심발달의 실패는 유전된 위험 요소가 환경적 요소들에 의해서 약간 강화되거나 완화될 수 있다는 유전적 취약성 모델로 매우 잘 설명할 수 있다.

이와 같은 결과가 어떤 인간은 양심 없게 성장하도록 운명 지어져 있다는 것을 의미하는가? 무감각적 · 무정서적 특질의 아동을 도울 수 있는 치료방법들을 확인한 연구들이 있으므로 반드시 그렇다고 할 수는 없다. 치료가 가능하다면 성인이 되었을 때 사회적 어려움이 따르거나 교도소에 갈 수도 있는 이러한 특징을 아동기에 막을 수 있는 양육방법도 있을 것이다. 해답은 무감각적 · 무정서적 특질의 정서적 제한이 있는 아동에게 맞는 치료적 접근과 양육방식을 찾는 것이다. 폴 프릭과 동료들은 적절한 해결책을 알아내기 위하여 전념하였다.

복습과 재검토 성격 이론

이론	주요 골자
정신분석 이론	
프로이트의 심리성적 이론	무의식 세력이 성격을 이룬다. 성격 요소는 원본능, 자아, 초자아다. 방어기제는 자기존중감을 보호해 준다. 성격 단계는 각기 다른 신체부위에 초점을 맞추는 것이 특징이다.
신프로이트 학파	융은 개인무의식과 집단무의식을 구분했다. 아들러는 열등감과 우월을 향한 추구를 강조했다. 호나이는 신경증 성격과 여성심리학을 강조했다.
인본주의 이론	
매슬로와 로저스 이론	매슬로는 자기실현을 강조하였고 로저스는 무조건적 긍정적 존중이 개인 잠재력을 발현하는 데 도움이 된다고 믿었다.
자기존중감	인본주의 이론에서는 자기존중감에 대한 연구를 많이 했는데 연구에 따르면 자기존중감은 전 생애에 걸쳐 변하지 않는 속성이 있다. 일반적인 존중감과 영역별 존중감이 있다.
특질 이론	
초기 이론	올포트는 주 특질과 중심 특질을 제안하였다. 카텔은 근원 특질을 측정하기 위해 16요인 성격검사를 개발하였다. 아이젱크의 3요인 모델에는 정신증, 외향성 그리고 신경증이 있다.
5요인 모델	5요인 모델(Big Five)에는 개방성, 목표 추구성, 외향성, 친화성, 신경증이 있다(OCEAN). 특질은 유전과 환경의 영향을 받는다. 특질은 아동기에서 성인기까지 크게 변화하지는 않으며 중요한 결과들을 예측한다.
사회인지 이론	
상황 대 특질 논쟁	특질 이론가들은 특질이 환경보다 행동에 더 큰 영향을 준다고 주장한다. 사회인지 이론가들은 상황이 특질보다 더 중요하다고 주장한다.
상호결정론	반두라는 성격/인지 요소(특질, 사고), 환경(강화) 그리고 행동이 상호작용하여 성격을 이룬다고 주장한다.
자기효능감/통제 소재	성격에 영향을 미치는 두 요소는 자기효능감(반두라)과 통제 소재(로터)다.

기억하기 본문 내용을 떠올리며 다음 퀴즈를 풀어 보라.

1. 월터 미쉘은 성격 특질이 _____에 따라 다양하다고 제안하였는데 이는 논쟁이 되고 있다.
2. 반두라의 _____ 모델에서 성격은 개인/인지 요소, 행동 요소, 그리고 환경 요소 간 상호작용으로 형성된다.
3. 어떤 과제에서 성공할 수 있다고 믿는 사람은 _____.
4. 자신에게 일어난 일들은 운이 결정한다고 믿는 사람들은 _____ 통제 소재가 있는 것이고 반면 운보다는 자기 자신의 노력이 더 중요하다고 믿는 사람들은 _____ 통제 소재가 있는 것이다.

성격평가

성격검사를 받아 본 적이 있는가? 당신은 구직 과정 등에서 성격검사를 받아 본 적이 있을 것이다. 성격평가는 주로 사업이나 산업에서 고용주의 고용 결정을 도와주는 데 쓰인다. 성격을 검사하는 다양한 방법은 임상심리학자, 정신과 의사, 상담자들이 병을 진단하고 치료 과정을 추정하는 데 사용하고 있다.

11.13 심리학자들은 관찰, 면접, 평정척도를 어떻게 사용하는가?

관찰, 면접 그리고 평정척도

심리학자는 다양한 환경(병원, 진료소, 학교, 직장)에서 성격평가를 위해 관찰을 사용한다. 행동주의자는 다른 성격평가 방법보다 관찰을 특히 선호한다. 심리학자는 '행동평가'라고 알려진 관찰 기법을 사용함으로써 구체적 행동의 빈도를 기록할 수 있다. 이 방법은 정신병원과 같은 행동을 제한하는 프로그램에 사용될 수 있는데, 정신병원에서 심리학자는 환자의 공격행동이나 다른 바람직하지 않거나 비정상적인 행동을 줄일 때까지 환자의 진전도를 기록할 수 있다. 하지만 행동평가는 많은 시간을 필요로 하고 행동이 잘못 해석될 소지도 있다. 가장 심각한 문제는 관찰자의 존재가 관찰 대상의 행동을 바꿀 수도 있다는 것이다.

임상심리학자와 행동주의자는 심리장애가 있는 환자들의 진단과 치료를 돕기 위해서 면접을 사용한다. 면접관은 대학이나 특정 과정에 입학하고자 하는 지원자들은 걸러 내기 위해서 면접을 사용하고, 고용주는 구직이나 승진을 평가하기 위해서 면접을 사용한다. 면접관은 질문에 대한 대답뿐만 아니라 피면접자의 억양, 말하는 능력, 특징, 몸짓, 일반적인 외모까지 평가한다. 질문의 내용이나 심지어 질문하는 방식까지 미리 계획된 '구조적 면접'을 사용하는 경우가 많다. 면접관은 다양한 주제 사이에서 믿을 만한 비교를 하기 위해서 그 구조에서 벗어나지 않으려고 노력한다. 다음 페이지의 〈적용〉에서 볼 수 있듯이, 면접은 구직 과정에서 없어서는 안 될 존재다. 〈적용〉에는 면접을 유리하게 보기 위한 주의사항이 제시되어 있다.

관찰자는 면접이나 관찰의 결과를 기록하기 위해서 가끔 '평정척도'를 사용한다. 그러한 평정척도는 특징의 목록이나 평가할 행동 등에 대한 표준화된 형식을 제공하기 때문에 유용하다. 평정척도는 과대 혹은 과소 평가하지 않도록 하기 위해서 평가해야 할 모든 특징에 관심을 갖도록 도와준다. 평정척도

적용 성공적인 면접지침

면접을 성격평가라고 생각해 본 적이 있는가? 당신은 그렇게 생각했을 것이다. 왜냐하면 면접은 바로 정확히 성격평가이기 때문이다. 면접관은 심리학자가 하듯이 당신의 성격을 평가하지는 않는다. 그러나 당신이 그 단체의 요구에 적합한지와 그곳의 동료들과 잘 융화할 수 있는지를 평가한다. 다음에 성공적인 면접을 위한 몇 가지 지침이 있다.

인상 관리

잠재적인 고용자에게 특정한 인상을 만드는 기회라는 생각으로 면접을 생각하라. 하지만 당신의 자격 요건이나 경험을 과장하는 것은 삼가야 한다. 경험이 많은 면접관은 그러한 과장을 알아차리는 데 능숙하고, 과장하는 이를 좋지 않게 본다.

자신을 교육시키라

당신이 지원하고 일하고자 하는 기업이나 사업에 대해서 되도록 많이 알아 두라. 당신이 구하는 직업의 자격 요건에 대해 공부하고 요구사항 등에 대해서 알아 두라. 가능하면 당신의 요건과 조화시킬 방법에 대해 고민하라.

인상적인 이력서를 준비하라

당신이 지원하는 직업이 이력서를 요구하지 않는다 하더라도 이력서를 준비해서 지참하는 것이 좋다(여분의 사본을 준비해서). 좋은 이력서는 당신의 근로 경력을 알고 그에 기초해 면접관들에게 빠른 양질의 정보를 전달해 준다. 대부분의 단과대학과 종합대학교는 이력서에 관련된 조언이나 관련 업무를 지원하는 직업센터를 가지고 있다.

연습하라

친구와 함께 면접 질문에 대한 연습을 하라. 많은 대학 직업상담소는 빈번히 묻는 질문들의 목록을 가지고 있고, 당신은 '면접관이 질문할 법한 질문의 목록'을 항상 만들어 두는 것이 좋다.

직업에 맞게 옷을 입으라

구직 면접을 할 때는 당신의 의상, 외모, 얼마나 잘 차려입었는가, 심지어는 풍기는 향기까지도 면접의 일부가 될 수 있다. 당신의 외모는 당신이 일하려는 환경을 파악하고 있다고 면접관에게 전달해야 한다. 당신의 외모가 자신감에 영향을 준다는 것을 명심하라. 연구자들은 '의상이 단정할수록 면접관들이 더 긍정적으로 본다.'는 것을 발견했다.

시간을 엄수하라

다른 사람이 약속시간에 늦을 때 기분이 언짢은가? 면접관도 지각에는 감정적으로 반응한다. 따라서 일찍 도착하는 것이 최선이다. 그리고 당신이 어쩔 수 없이 늦는다면 연락을 해서 시간을 조정하라.

면접관에게 적절하게 인사하라

당신의 인사도 면접에서 중요한 역할을 한다. 미국에서는 자세를 바르게 하여 면접관의 눈을 응시하고, 절도 있게 악수를 하며, 면접관의 이름을 정확하게 말하는 것이 최선의 방법이다.

면접 이후

면접이 끝나면 감사하다는 짧은 인사를 하는 것은 좋다. 면접관이 두 사람 이상이라면 한 사람 한 사람에게 당신이 흥미롭다고 느꼈던 특정 요소를 언급하라. 이것은 당신이 그 대화에 충분히 참여하였고, 신중하게 들었으며, 그 회사와 공개석상에서의 면접관의 지식에 관심을 보였다는 것을 알려 준다. 그 인사는 면접관에게 시간을 내주어 감사하다는 뜻과 당신이 그 직업에 관심이 많다는 것도 표현한다.

의 주된 한계점은 그 설정이 주관적일 수 있다는 것이다. 이와 관련된 문제가 '후광 효과'—한두 개의 호감적 또는 비호감적 특질에 의해 전반적으로 영향을 받는 평가자의 경향성—다. 신체적 호감이나 평가자와의 공통점 등 평가 항목이 아닌 특징이나 속성이 평가자의 평가에 중대한 영향을 끼치는 경우도 많다. 이러한 한계점을 극복하기 위해서 두 사람 이상의 평가자가 평정하도록 하는 경우가 많다.

11.14 MMPI-2, CPI 그리고 MBTI는 성격에 대해 무엇을 밝혀 주고 있는가?

성격 지필검사

관찰, 면접, 평정척도만큼이나 유용하고 더 많은 객관성을 부여하는 성격평가 방법은 목록법인데 종이와 연필로 하는 객관식 문제들로 이루어진 것이다. 이 문제들은 성격의 여러 범주를 측정하고 정해진 절차에 의해 점수화될 수 있는 사고, 감정, 행동에 관한 것이다. 특징 접근을 좋아하는 심리학자는 목록법이 사람이 다양한 성격 범주 중 어디에 속하는지를 보여 주고 성격 유형을 제공해 주기 때문에 이를 선호한다.

가장 광범위하게 사용되는 성격 목록법은 **미네소타 다면적 인성검사**(Minnesota Multiphasic Personality Inventory: MMPI) 혹은 그 다른 버전인 미네소타 다면적 인성검사 2(MMPI-2)다. 미네소타 다면적 인성검사는 1930년대 후반과 1940년대 초반에 찰리 맥킨리(J. Charnley Mckinley)와 스타크 헤서웨이(Starke Hathaway)가 만들었으며, 원래는 다양한 종류의 심리적 장애에 대한 성향을 정의하고자 개발되었다. 그들은 장애진단을 받은 적이 없는 통제집단과 특정 장애로 명백한 진단을 받은 미네소타 주립 정신병원의 환자집단에게 태도, 감정, 증후에 관한 1,000개 이상의 질문을 실시하였다. 그들은 이 과정에서 정신병 환자집단과 정상 집단을 구분하는 550항목을 발견했다.

미네소타 다면적 인성검사 2는 1989년에 발표되었다. 구 버전의 대부분의 검사가 유지되었는데, 알코올중독과 약물남용, 자살충동, 섭식장애, A 행동 유형 패턴과 같은 영역을 더 적절하게 설명하기 위한 몇 가지 항목이 추가되었다. 새로운 기준은 국가적 인구조사 자료를 반영하도록 만들어졌고 지역적·인종적·문화적으로 더 잘 균형 잡히게 되었다(Ben-Porath & Bucher, 1989).

〈표 11-2〉는 미네소타 다면적 인성검사 2의 열 가지 임상적 평정척도를 보여 준다. 다음은 '참, 거짓,

〈표 11-2〉 미네소타 다면적 인성검사 2 임상척도

척도명	설명
1. 건강염려증(Hs)	점수가 높은 자는 신체적 건강에 대한 지나친 염려를 나타낸다.
2. 우울증(D)	점수가 높은 자는 주로 우울하고 의기소침하고 번민한다.
3. 히스테리(H)	점수가 높은 자는 명백히 기질적 원인이 없는 신체적 증후에 대해 자주 불평한다.
4. 반사회성(Pd)	점수가 높은 자는 사회적·도덕적 기준을 경시한다.
5. 남성성/여성성(Mf)	점수가 높은 자는 전통적인 남성답거나 여성다운 태도와 가치를 보여 준다.
6. 편집증(Pa)	점수가 높은 자는 의심과 피해의 감정이 많다.
7. 강박증(Pt)	점수가 높은 자는 염려가 많고, 융통성이 없고, 긴장하고, 걱정한다.
8. 조현병(Sc)	점수가 높은 자는 사회적으로 소외당하고 기괴하고 비정상적인 생각에 사로잡히는 경향이 있다.
9. 경조증(Ma)	점수가 높은 자는 대개 감정적이고, 쉽게 흥분하고, 에너지가 넘치고, 충동적이다.
10. 내향성(S)	점수가 높은 자는 조용하고, 자신을 숨기고, 부끄럼이 많은 편이다.

대답 불가'라는 답변이 가능한 검사 항목의 예다.

섹스에 관한 생각에 사로잡히지 않았으면 좋겠다.

지루할 때 나는 흥미로운 일을 만들어 낸다.

걸어갈 때 나는 보도의 틈을 밟지 않는다.

사람이 나에게 앙심을 품지 않았다면 나는 훨씬 더 성공했을 것이다.

이러한 질문에 긍정을 많이 했다고 해서 그 사람이 반드시 문제가 있거나 정신적 장애가 있는 것은 아니다. 오히려 심리학자들은 미네소타 다면적 인성검사 프로파일—질문에 대한 답변의 패턴—을 보고 정상인과 정신장애가 있는 사람을 구분한다.

하지만 누군가가 정신적으로 건강하게 보이려 한다거나 일부러 정신적 장애를 꾸며내려 한다면 어떻게 하는가? MMPI-2에는 심리학자가 수검자의 진실성을 평가하는 데 도움이 되는 질문들이 있다. 총괄하면, 이런 질문은 미네소타 다면적 인성검사 2(MMPI-2)의 타당도 척도다. 타당도 척도가 측정하는 하나의 변수는 '사회적 바람직성' 혹은 '좋은 사람'으로 보이려는 정도다. 예를 들어, 사회적 바람직성의 영향을 받은 사람은 거짓말을 한 적이 없다고 주장할 것이다. 더욱이 타당도 척도는 범죄성이 아닌 정신병 때문이라고 판결받기를 원하는 사례처럼 정신병을 가장하는 사람을 찾아내야 한다. 그것은 또한 정신병원에서 퇴원하기 위해 실제보다 건강해 보이려고 하는 사람을 찾는 것도 도와준다. 따라서 미네소타 다면적 인성검사 2의 임상적 평정척도는 타당도 척도의 점수를 고려하여 해석해야 한다.

청소년용 미네소타 다면적 인성검사(MMPI-A)는 1992년 청소년용으로 개발되었다. 이 검사는 약물 남용, 섭식장애, 학교 및 가족 문제 등 특히 청소년에게 관련이 있는 항목들을 포함하고 있다. 미네소타 다면적 인성검사 2는 65개국 이상의 115개 이상 언어로 번역되었다.

미네소타 다면적 인성검사 2의 중요한 제한점은 비정상을 평가하기 위해 특별히 고안된 검사라는 점이다. 대조적으로, **캘리포니아 성격검사**(California Personality Inventory: CPI)는 13세 이상의 일반인용으로 개발되었다. 미네소타 다면적 인성검사 2와 마찬가지로, 캘리포니아 성격검사도 같은 질문을 많이 하고 있지만 어떤 질문이 정신과 질환을 구별하는지 알 수 있도록 구성되어 있지는 않다(Gough, 1987). 캘리포니아 성격검사는 행동을 예측할 수 있다는 점이 높이 평가된다. 그리고 "대규모 표준화 집단과 성별 규준을 사용하고 있으며, 기술적 역량 면—조심스러운 발전, 교차검증, 추수검사—에서 높은 평가를 받아 왔다"(Domino, 1984, p. 156). 1987년 개정판 캘리포니아 성격검사는 고등학교 이후의 학업성취, 지도력과 집행력, 경찰 · 군인 · 교사의 지도력과 업무 성공을 예측하는 데 유용하다(Gregory, 1996; Miller, Watkins, & Webb, 2009; Weiss & Weiss, 2011).

마이어스-브릭스 성격유형검사(Myers-Briggs Type Indicator: MBTI)는 일반 개인의 차이를 측정하는 데 유용하다. 이 검사는 융의 성격 이론에 기초하고 있다. 마이어스-브릭스 성격유형검사는 다음과 같이 4개의 독립적인 차원으로 되어 있다.

외향(extraversion: E)	내향(introversion: I)
감각(sensing: S)	직관(intuition: V)
사고(thinking: T)	감정(feeling: F)
판단(judging: J)	인식(perceptive: P)

개인은 4개의 차원 각각에 대한 연속선 중의 점수를 얻게 되는데, 차원점수는 보통 성격 유형의 체계에 따라 요약할 수 있다. 4개의 독립적인 차원 연속선상에서 나타나는 점수에 따라 열여섯 가지 성격 유형이 나온다. 예를 들어, 어느 한 사람이 외향, 직관, 감정, 인식 쪽에 있으면 ENFP 성격 유형으로 다음과 같다.

> 에너지의 방향이 내부 세계보다 외부 세계로 향해 있다(E). 알려진 사실이나 전통적인 방법보다 사물에 대한 새로운 가능성을 선호한다(N). 결정을 하게 하고 문제를 해결하는 방식이 논리적 사고 및 분석이 아닌 개인의 가치와 감정에 근거한다(F). 그리고 계획과 질서보다는 융통성 있고 자발적인 생활을 선호한다(P)(Gregory, 1996).

마이어스-브릭스 성격유형검사는 기업체와 교육 현장에서 널리 사용되고 있다(Wilde, 2011). 이 검사를 비판하는 사람들은 MBTI와 관련된 엄격하고 통제된 타당도 연구가 없다는 점을 지적한다(Pittenger, 2005). 하지만 많은 연구들은 MBTI 성격 유형이 직업 선택과 직업 만족과 관련이 있음을 입증해 왔다. 예를 들어, 다른 전문 분야(소아과, 외과)를 선택한 의사의 마이어스-브릭스 성격유형검사(MBTI) 결과는 서로 다른 경향을 보인다(Stilwell et al., 2000). 이에 따라 마이어스-브릭스 성격유형검사는 직업 상담사들에게 인기가 있다.

11.15 투사적 성격검사는 어떻게 성격에 대한 통찰을 주는가?

투사적 성격검사

면접과 설문에서의 반응은 의식적 반응이므로 내담자의 무의식을 깊게 탐색하고 싶은 치료사는 그것을 잘 사용하지 않는다. 이런 치료사들은 투사적 성격검사라는 완전히 다른 기법을 이용한다. **투사적 성격검사**(projective test)는 잉크반점으로 되어 있거나, 모호한 상황이 그려져 있거나, 정답/오답이 없는 모호한 문장으로 된 성격검사다. 사람은 검사에 자기 내면의 생각, 감정, 두려움을 투사한다.

가장 오래되고 인기 있는 투사적 성격검사는 스위스의 정신과 의사인 헤르만 로르샤하(Hermann Rorschach)가 1921년에 개발한 **로르샤하 잉크반점검사**(Rorschach Inkblot Method)다. 이 검사는 10장의 잉크반점 카드로 구성되어 있으며, 피검자는 검사자에게 카드에 대해 어떻게 생각하는지를 묻는다([그림 11-7] 참조). 로르샤하는 수천 장의 카드를 서로 다른 집단에게 실험한 결과 10장의 잉크반점 카드가 양극성장애, 정신분열병, 그리고 다른 심각한 장애 등을 판별할 수 있음을 알아냈다. 이 10장의 잉크반점 카드(5장의 흑백카드와 5장의 색채카드)는 표준화되어 지금도 널리 사용되고 있다.

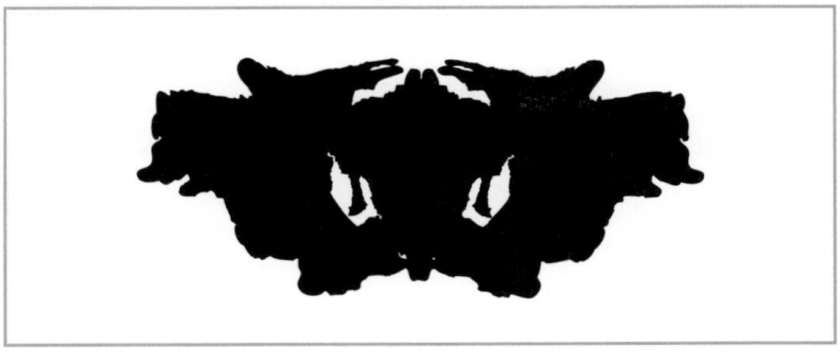

[그림 11-7] 로르샤하 잉크반점검사의 것과 비슷한 잉크반점

로르샤하 검사는 성격기술, 진단, 치료 계획과 평가, 행동 예측에 사용된다(Ganellen, 1996; Erdberg, 2012; Weiner, 1997, 2004). 이 검사는 한 세기 전에 개발되었지만 여전히 성격을 측정하는 데 가장 흔하게 사용되는 검사 중 하나다(Choca, 2013). 이 검사는 피검자에게 잉크반점 카드를 보여 주고 각각의 잉크반점에 대해 어떤 생각이 드는지를 이야기하도록 한다. 피검자의 반응 내용을 기록한 후, 다시 카드를 보여 주며 반응에 대해 자세히 묻는다. 이 검사의 채점은 잉크반점 전체에 대해 반응했는지, 부분에 대해서 반응했는지로 이루어진다. 잉크반점의 모양, 색깔, 그 밖의 것이 답을 야기했는지 묻는다. 피검자에게 잉크반점에서 운동, 인간 형태 또는 부분, 동물 형태 또는 부분, 다른 형태의 여부를 보고 반응했는지 묻는다.

1990년대까지 로르샤하 검사의 중요한 문제는 결과가 검사자의 해석이나 판단에 의존한다는 점이었다. 이러한 비판에 대하여 엑스너(Exner, 1993)는 믿을 수 있고 안정적인 종합적인 채점체계를 개발했다. 엑스너 체계는 피검자의 검사반응을 타인의 성격 특성과 비교할 수 있는 몇 가지 기준 자료를 제공한다. 이 체계를 이용해서 어떤 연구자들은 같은 반응을 해석하는 다른 평정자 간에 일치율이 높다는 사실(평정자 간 일치도)을 밝혀내기도 했다(McDowell & Acklin, 1996). 또 다른 연구자들은 이 체계가 신뢰할 수 있고 타당한 결과를 도출한다는 결론을 내리기에는 연구가 아직 부족하다고 생각한다(Wood, Nezorski, & Stejskal, 1996).

또 다른 투사검사는 헨리 머레이(Henry Murray)와 동료들이 1935년에 개발한 **주제통각검사**(Thematic Apperception Test: TAT)다(Morgan & Murray, 1935; Murray, 1938). 당신은 9장에서 연구자들이 주제통각검사를 성취욕구 연구에도 활용하고 성격의 다른 측면을 평가하는 데에도 활용했다는 사실을 기억할 것이다. 그리고 그 유용성과 연구 결과에 대한 학습의 필요성을 기억할 것이다. 주제통각검사는 한 장의 백지카드가 있고, 다른 19장의 카드는 다양한 상황에 있는 애매한 흑백의 사람 형태로 구성되어 있다. 주제통각검사를 시행할 때의 설명은 다음과 같다.

▶▶▶ 주제통각검사에서는 다양하게 해석할 수 있는 그림을 보여 주고 수검자가 추론하도록 한다. 주제통각검사에 활용되는 그림은 대체로 다양한 상황 속의 인물들을 묘사하고 있다. 투사기법에 대한 감을 얻기 위해 위에 제시된 사진 속의 두 사람이 무엇에 대해 대화하고 있는지에 관한 이야기를 만들어 보기 바란다.

> 이것은 독창적 상상력을 측정하는 검사입니다. 당신에게 그림을 보여 줄 것입니다. 그림을 보고 이야기를 만들어 보세요. 그림 속 사람들의 관계는 무엇인 것 같습니까? 무슨 일이 일어나는 것 같습니까? 현재의 생각이나 감정은 무엇일 것 같습니까? 어떤 결과가 될 것 같습니까?(Morgan & Murray, 1962, p. 532)

주제통각검사는 상당한 시간이 걸리고 실시와 채점이 어렵다. 또한 연구에서 광범위하게 사용되고는 있지만 다른 투사 기법과 같은 약점을 가지고 있다. 즉, 첫째, 검사자의 해석능력에 많이 의존하고, 둘째, 사람의 일시적인 동기나 감정 상태를 강하게 반영하고 성격의 영속적인 측면을 나타내지 못한다. 아래의 〈복습과 재검토〉에서는 이 장에서 논의된 세 가지 성격평가 방법에 대해 설명하고 있다

복습과 재검토 성격평가에 대한 세 가지 접근

방법	예	내용
관찰과 평정	관찰	수행(행동)은 구체적인 상황에서 관찰되고 성격은 관찰에 근거해서 평가된다.
	면접	면접에서 질문에 대한 응답은 성격 특성을 드러낸다.
	평정척도	평정척도는 특질이나 행동 또는 면접 결과에 기초해서 수검자를 평정하는 데 사용된다. 평가는 주관적이며 정확성은 평가자의 능력과 경험에 달려 있다.
검사	MMPI-2	수검자는 자신의 생각, 느낌, 행동 그리고/또는 지필검사에 대한 자신의 생각을 드러낸다.
	CPI	채점절차가 표준화되어 있고 수검자의 반응을 집단 규준과 비교한다.
	MBTI	융의 성격 이론에 근거하여 개인차를 측정한다.
투사 검사	로르샤하 잉크반점검사 주제통각검사	수검자는 모호한 검사 자극에 대해 응답한다. 수검자가 잉크반점에서 봤다고 보고한 것, 그리고 갈등이 묘사된 장면을 보고 작성한 내용은 수검자 자신의 성격을 드러낸다고 가정된다.

기억하기 본문 내용을 떠올리며 다음 퀴즈를 풀어 보라.

1. _____에서는 성격을 평가하기 위해 표준화된 질문을 한다.
2. _____은(는) 원래 정신과 문제 정도를 측정하기 위해 개발되었다.
3. _____검사는 무의식적인 성격 과정에 대한 정보를 이끌어 내기 위해 고안된 것이다.

되돌아보기

신뢰할 만하고 타당한 성격 측정의 발달은 이 중요 영역에서 개인차를 정의하고 설명하려는 심리학자의 노력 덕분이다. 종합적인 성격의 이론도 이러한 노력이 필요하다. 다시 살펴보면, 정신분석 이론은

개인의 무의식적 힘을 강조하였고, 인본주의 접근은 자신을 개선하고 수용하려고 한다. 특질 이론은 보편적 차원의 개인차라는 관점에서 성격을 기술한다. 사회인지 이론은 성격 특질이 학습의 영향을 받으며 상황에 따라 달라진다고 주장한다. 이러한 각각의 관점은 정신건강에서 다양성이 발생하는 방식과 이유를 설명하는 데 사용된다. 이런 사실을 염두에 두고 다음 장에 기술된 심리장애에 대해 읽어 보라.

CHAPTER

12

심리장애

생각해보기

미래에 어떤 일이 일어날지 걱정해 본 적이 있는가? 누군들 생각해 보지 않았겠는가? 앞으로 무슨 일이 닥칠지 염려하고 있는 상태를 불안이라고 하며, 이는 우리 모두가 경험하는 것이다. 그러나 불안이 빈번하게 발생하거나 강하게 일어나면 개인의 삶은 방해받게 되고 심지어 삶을 이어 나가지 못하게 된다. 자신 혹은 가까운 누군가가 혹 이런 상태가 아닐지 궁금하다면 다음에 제시되는 문항들을 읽고 생각해 보라. 각 문항을 읽고 자신 또는 주변 사람의 상태와 같다고 생각되는 문항 옆에 체크하라.

_____ 1. 걱정할 일이 없을 때도 항상 무언가를 걱정한다. 신체적 질병이나 부상이 없는데도 자주 다치고 아프다. 쉽게 지치지만 잠을 잘 못 잔다. 몸이 늘 긴장되어 있다.

_____ 2. 갑자기 심장이 두근거리는 상황을 피하기 위해 집 밖으로 나설 수 없다. 현기증과 호흡 곤란이 발생한다. 곧 죽을 것 같다고 느낀다.

_____ 3. 매일 당황스러운 경험을 하게 될까 두렵다. 새로운 사람을 만나는 것이 두려워 모임에 나가는 것을 그만두었다. 사람들이 쳐다볼 때 땀이 나고, 감당하기 힘들 정도로 떨린다. 직원회의에서 자신의 이름이 불리는 게 두려워 출근하지 않고 집에 있다.

이 장의 뒤에서 이 설명들과 일치하는 조건들을 공부하게 될 것이다. 가장 먼저 범불안장애를 소개하고 있고 다음으로 공황장애를, 마지막으로는 사회불안장애를 설명하고 있다. 심리학자들은 무엇이 심리장애를 일으키는지, 심리장애를 앓고 있는 환자들을 어떻게 도울 것인지에 대한 많은 연구를 해 왔다. 이 장에서는 이와 같은 연구 결과들을 다룰 것이다. 먼저 한 가지 질문을 해 보겠다. 이상행동이란 무엇인가?

심리장애의 정의

심리장애(psychological disorders)란 정서적 고통과 더불어 기능상의 상당한 손상을 야기하는 정신적 과정이자 행동 패턴을 의미한다. 당신은 앞선 장들에서 이미 몇몇 심리장애에 대해 살펴보았다(〈표 12-1〉 참조). 이 장에서는 더 많은 장애들을 살펴볼 것이다. 우리는 지금까지 다루지 않았던 '이상행동이란 무엇인가?'라는 기본적 물음을 시작으로 심리장애에 대해 검토해 볼 것이다.

12.1 이상행동을 결정짓는 기준은 무엇인가?

이상행동이란 무엇인가

개인의 행동은 매우 잘 적응된 행동에서부터 부적응 행동에 이르는 연속선상에 놓여 있으며, 부적응 행동은 특정 상황이나 기능에 적합하지 않은 행동을 의미한다. 예를 들어, 시험 전날 밤까지 잠을 자지 않는 습관은 부적응 행동이라 할 수 있다. 물론 많은 학생이 이런 행동을 한다. 따라서 모든 부적응 행동이 이상행동에 해당하는 것은 아니다. 이상행동이 되기 위해서는 개인의 행동이 부적응적이어야 할 뿐만 아니라 다른 특정 기준에 부합하여야 한다. 이러한 기준은 정신건강 전문가와 연구자들이 정상행동과 이상행동에 이르는 연속선을 결정하는 데 도움을 줄 수 있다. 다음의 몇 가지 질문은

〈표 12-1〉 **다른 장에서 논의된 심리장애**

장	심리장애
4	24시간 주기 리듬 수면장애(circadian rhythm sleep-wake disorder)
	수면장애(sleep-wake disorders)
	호흡관련 수면장애(breathing-related sleep disorders)
	사건수면(parasomnias)
	물질관련 중독장애(substance related and addictive disorders)
6	알츠하이머병(alzheimer's disease)
7	지적장애(intellectual disability)
8	성 불쾌감(gender dysphoria)
9	섭식장애(eating disorder)
10	외상후 스트레스 장애(PTSD)

이상행동의 준거를 이해하는 데 유익하다.

- 개인의 이상행동은 어느 정도인가? 정상행동과 이상행동의 차이를 구별하는 가장 좋은 방법은 개인의 기능을 손상시키는 정도를 고려하는 것이다. 먹기 전에 손을 씻는 것은 적응적이다. 더러운 물건을 다룰 때 당신이 다른 사람들에 비해 더 자주 씻는다고 할지라도 그것 또한 적응적이다. 반면에 당신이 오염에 대한 비합리적 공포 때문에 하루에 100번씩 손을 씻는다면 그것은 부적응적이며 비정상이다. 왜 그럴까? 하루에 100번씩 손을 씻는 사람은 그 일 외에는 아무것도 할 수 없기 때문이다.
- 그 행동이 개인이 속한 문화 내에서 이상하다고 여겨지는가? 한 문화에서 비정상으로 여겨지는 행동이 다른 문화에서도 반드시 그렇게 여겨지는 것은 아니다. 예를 들어, 어떤 문화에서는 여성이 공개적으로 가슴을 드러내고 다니는 것이 정상이지만, 산업화된 문화권에서 여성 간부가 그런 모습으로 출근하면 비정상적이라고 여겨질 것이다.
- 동일한 연령대의 사람들에게서 드물게 나타나는 행동인가? 어떤 연령에서는 정상으로 여겨지는 많은 행동이 다른 연령에서는 이상하다고 여겨질 수 있다. 두 살짜리 아이가 바닥에 드러누워 떼를 쓰는 것을 비정상이라고 보지는 않지만, 성인이 그런 행동을 하는 것은 비정상적으로 볼 수 있다. 마찬가지로, 10세 아동이 2세 아동이 하듯 짜증을 부리는 것 역시 비정상으로 여겨질지 모른다.
- 그 행동이 개인에게 고통을 주는가? 납득할 만한 이유 없이 상당한 정서적 고통을 경험할 때 심리장애라는 진단을 내릴 수 있다. 어떤 사람들은 슬프고 우울해하며, 또 어떤 사람들은 불안해할 수 있으며 위협을 느끼거나 심지어 망상이나 환각으로 인해 끔찍한 두려움을 경험할 수 있다.
- 자신 혹은 타인에게 위협이 되는가? 또 하나 주의할 점은 특정 개인이 자신 혹은 타인에게 위협이 되는지 여부다. 병원에의 입원 여부는 정신적 질환의 유무뿐 아니라 증상으로 인해 자신 및 타인에게 해가 될 수 있다고 판단할 수 있는지에 따라 결정된다.
- 개인이 법적으로 자신의 행동에 책임을 질 수 있는가? 정신이상(insanity)이라는 용어는 개인의 행동이 비정상이라고 여겨질 때 사용되지만 정신건강 전문가들은 이 용어를 사용하지 않는다. 정신

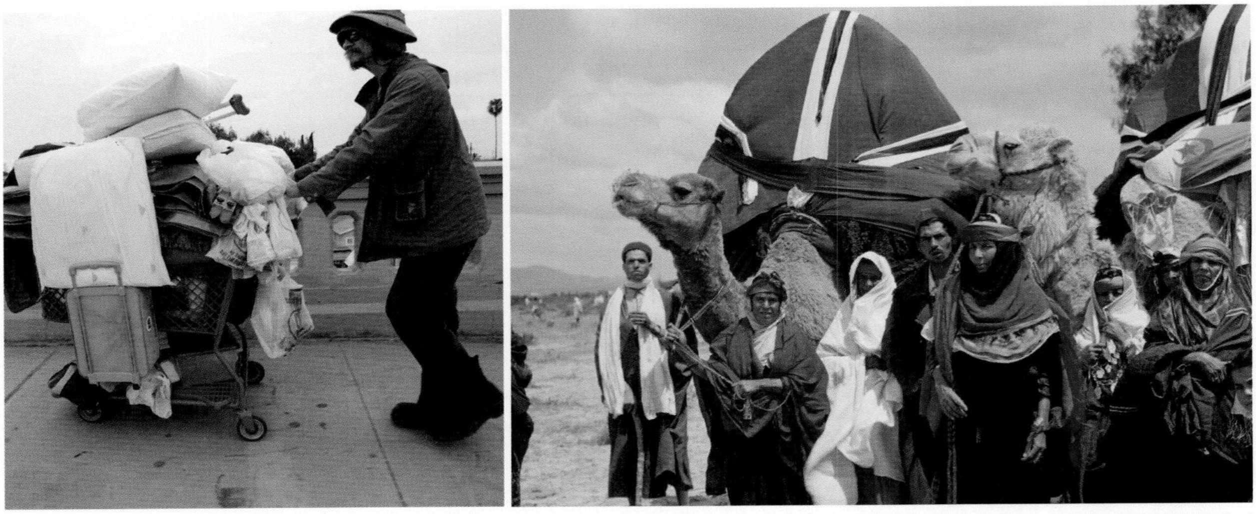

▶▶▶ 이상행동은 문화에 따라 다르게 규정된다. 예를 들어, 어떤 문화권에서는 유랑민이 비정상적인 것으로 간주되지만 다른 문화권에서는 지극히 정상적이라 간주된다.

이상이란 용어는 개인이 자신의 행동에 대해 법적 책임이 없음을 증명하기 위해 법정에서 사용하는 용어다. 1장에서 범죄심리학자들이 심리학의 법적 측면에 전문화된 임상심리학자라고 설명했던 점을 기억해 보라. 이들은 피의자가 범죄를 저지를 당시 정신이상 상태였음을 주장할 때 이를 검증하기도 한다.

12.2 임상가는 DSM-5를 어떻게 사용할까?

심리장애의 분류

1952년, 미국정신의학회가 심리장애들을 기술 및 분류하기 위해 진단체계를 제시하는 편람을 제작하였다. 편람은 수년에 걸쳐 여러 차례 개정되었다. 통상 DSM-5라 불리는 최신 개정판인 『정신질환의 진단 및 통계 편람 제5판(*Diagnostic and statistical Manual of Mental Disorder, 5th Edition*)』은 2013년에 출판되었다. DSM-5 제작 과정에 참여한 정신의학 전문가들이 DSM-IV 진단기준을 변화시키기기 위한 방안을 결정하는 데 사용하였던 주요 지침 중 몇 가지를 〈표 12-2〉에 제시하였다.

DSM-5에는 수백 개에 달하는 심리장애에 관한 기술 및 특정 진단을 내리기 위해 충족해야 할 기준들이 나열되어 있다. 또한 DSM-5는 장애들을 비슷한 증상을 기반으로 하여 범주적으로 조직화하였다. 예를 들어, 이 장 서두의 〈생각해보기〉에 기술된 장애들은 불안장애라고 불리는 범주 내에 속해 있다. 비합리적인 공포는 불안장애 범주의 특징적 증상이지만, 이러한 공포는 불안장애 범주 내의 다양한 장애에서 차별적으로 드러난다. DSM-5 체계는 연구자, 치료자, 정신건강 종사자 및 대부분의 보험회사에서 사용되고 있으며, 이를 통해 다양한 심리장애에 대한 공통용어로의 진단, 치료 및 전문가들 간의 의사소통이 가능해졌다(Clark, Watson, & Reynolds, 1995).

정신건강 전문가들의 광범위한 DSM 매뉴얼 사용은 신체장애와 마찬가지로 다양한 범주와 각각의 장애가 진단되는 빈도를 파악하는 것을 가능케 한다. 역학조사에 의하면 심리장애가 신체장애보다 더 흔한 것으로 나타났다. 예를 들어, 미국에서 매해 성인의 1% 이하, 약 160만 명 정도가 생애 첫 번째 암 진단을

〈표 12-2〉 **DSM-5를 위한 가이드라인**

변화해야 하는 것	예
정신장애를 가진 개인에게 이익이 되어야 한다.	진단을 위해 수정된 기준에서는 개인이 DSM-IV 기준에서는 제공되지 않았던 정신건강 서비스에 대해 접근 권한을 갖게끔 한다.
정신건강 전문가들에게 도움이 되어야 한다.	새로운 진단은 임상가가 DSM-IV에서 충분히 해결되지 않았던 개인의 문제에 대한 적절한 치료를 결정하도록 돕는다.
연구자들의 지지를 받아야 한다.	각 증상이 출현하는 연령은 DSM-IV의 발행 이후 수행된 연구에 기초하여 변경한다.
DSM-IV 진단의 신뢰성과 타당도를 유지 혹은 증가시켜야 한다.	정신건강 전문가인 임상가 간의 진단 일치성의 증대를 통해 특정 장애의 진단이 다른 장애의 진단으로부터 변별될 수 있도록 개정되어야 한다.
변해서는 안 되는 것	**예**
정신장애 환자에게 해를 끼치지 않아야 한다.	개정판은 개인이 DSM-IV 기준하에서 가능했던 정신의료 서비스에 접근하지 못하도록 유도한다.
임상가가 실수로 정상행동을 비정상적인 것으로 간주할 가능성을 증대시키지 말아야 한다.	진단기준의 변화로 인해 종교적 행동이 정신장애 증상으로서 잘못 이해된다.

출처: Kendler et al.(2009).

받으며 전체 성인의 4%는 현재 암을 가진 채 살아가고 있다(U.S. Cancer Statistics Working Group, 2013). 대조적으로 26% 혹은 4,400만 명 이상의 성인들이 다양한 심리장애로 진단된다(Reeves et al., 2011).

질병의 빈도에 대한 또 다른 고려사항은 일생 동안 개인이 특정 장애로 얼마나 진단되는지 검토하는 것이다. 미국에서 암의 평생 유병률은 여성의 경우 38%이고 남성의 경우는 44%다. 즉, 미국인 여성의 38%, 남성의 44%가 삶의 어느 순간에 암으로 진단받게 된다(American Cancer Society, 2012). 그러나 심리장애는 남녀 모두 평생 50%에 근접한 유병률을 나타내며 암보다 더 보편적이다(Reeves et al., 2011). 심리장애와 관련한 유병률은 [그림 12-1]에 제시되어 있다. 심리장애는 또한 많은 개인과 사회의 생산성에 저해 요인으로 작용한다. 따라서 연구자들이 정신장애의 원인과 치료방법을 확인하는 것은 신체장애의 원인과 치료방법을 검증하는 것만큼이나 중요하다.

심리장애에 대한 설명

12.3 심리학자들이 심리장애를 설명하는 데 사용하는 다섯 가지 관점은 무엇인가?

심리장애의 원인은 무엇이며, 어떻게 치료할 것인가? 심리학자들은 이러한 질문에 답하기 위해 다섯 가지 이론적 관점을 활용한다. 각각의 접근은 심리장애의 기술, 분석 그리고 치료에 대한 고유한 입장을 가지고 있다.

생물학적 접근은 이상행동이 유전적 특질, 생화학적 불안정성, 뇌의 구조적 기형 또는 감염과 같은 신체적 원인에 의해 일어난다고 본다. 따라서 이 접근에서는 약물치료와 같은 생물의학적 치료를 지지한다.

생물심리사회적 접근에서 연구자들은 신체적 원인도 중요한 부분으로 가정하지만, 심리장애에 대한 연구, 검증 및 치료에 대한 심리적 요인과 사회적 요인의 영향을 함께 고려한다. 그 결과 생물심리사회적 접근에서는 종종 약물과 심리치료 모두를 포함한 치료 전략을 지지한다.

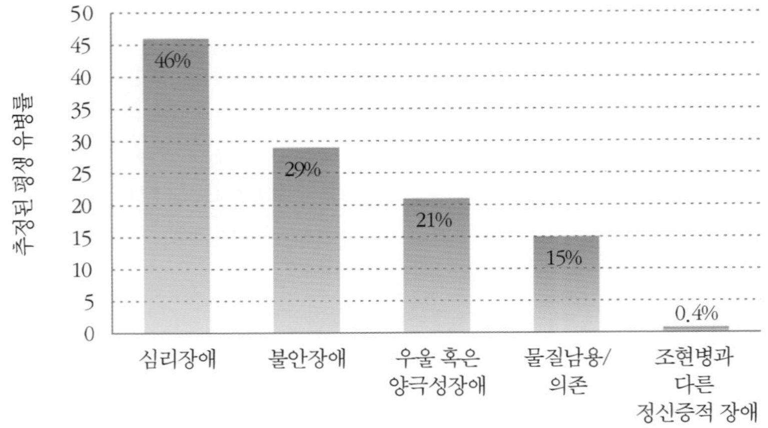

[그림 12-1] 심리장애의 평생 유병률

미국의 NCS(National Comorbidity Survey)에 근거한, 미국인이 일생 동안 경험하는 다양한 심리장애의 비율

출처: Bhugra(2005); Freeman et al.(2010).

프로이트가 최초로 제안한 정신분석적 접근은 심리장애가 유년기의 경험과 미해결된 성적 혹은 공격적 본능에 의해 발생한다고 주장한다. 정신분석적 접근에서는 무의식적 갈등을 해결하기 위해 프로이트가 고안한 정신분석을 사용한다.

학습적 접근에 따르면 심리장애는 다른 행동과 같은 방식으로 학습되고 유지되는 것으로 여겨진다. 이 관점에서 이상행동은 부적절한 학습의 결과 혹은 사고나 행동의 적절한 패턴을 학습하는 데 실패한 결과 중 하나다. 행동치료는 문제시되는 행동을 제거하고 그 상황에 맞는 보다 적절한 행동을 획득하도록 하기 위해 고전적 조건형성 혹은 조작적 조건형성과 같은 학습원리를 사용한다.

인지적 접근은 잘못된 사고와 왜곡된 지각이 다양한 심리장애의 원인이 될 수 있다고 제안한다. 인지적 관점에서는 행동의 변화를 이끄는 사고의 변화를 목표로 한다. 더욱이 인지적 관점은 심리장애의 예방과 관련된 조언을 제공한다. 예를 들어, 건강한 사고로 나아가는 첫 번째 단계는 다음과 같은 다섯 가지 인지적 오류를 재구조화하고 방지하는 것이다. (1) 비현실적 기준을 세우는 것(만약 하버드 대학에 못 간다면 나는 어떤 대학도 가지 않을 것이다), (2) 부정적인 가정, 즉 '~하면 어쩌지'('만약 내가 직업을 잃으면 어쩌지?'), (3) 좋지 못한 성적을 받은 것과 같은 한 가지 부정적 사건을 근거로 파국적 결말로 이끄는 것('나는 이 수업을 절대로 통과하지 못할 것이다.'), (4) 완벽하지 않은 모든 것을 실패로 판단하는 것('케이크가 다소 한쪽으로 치우쳐져서 버리고 새로 하나를 구웠다.'), (5) 자신 혹은 타인에게 완벽을 요구하는 것('그와 헤어졌다. 왜냐하면 그는 적어도 하루에 한 번 내 전화를 거절했기 때문이다.'). 만약 이러한 상황에 의존하고 있다면, 당신은 아마도 낙심하거나 우울한 상황에 빠져 버릴 것이다.

다음 페이지의 〈복습과 재검토〉에는 각 이론적 접근에 따른 주요 관점과 치료법이 제시되어 있다. 1장에서 우리는 많은 심리학자들이 융통성 없이 하나의 관점만 추구하기보다는 절충적인 접근을 선호한다는 것을 배웠다. 따라서 대체로 정신건강 전문가들은 각 개인의 상황에 가장 도움을 줄 수 있다고 간주되는 관점과 치료방법을 선택한다.

복습과 재검토 심리장애에 대한 다섯 가지 관점

관점	심리장애의 원인	치료
생물학적 접근	심리장애는 뇌의 구조적 또는 생화학적 이상, 유전적 특질 또는 감염에 의한 신체적 원인에 기인하는 증상이다.	다른 신체적 장애처럼 진단하고 치료한다. 약물치료, 전기충격치료 또는 정신외과적 수술
생물심리사회적 접근	심리장애는 생물학적, 심리적, 사회적 원인의 총체적 결과다.	약물치료와 심리치료 둘 다를 포함한 절충적 방법을 사용한다.
정신분석적 접근	심리장애는 유년기 경험과 미해결된 무의식적 성적 또는 공격적 갈등에 의해 일어난다.	불안을 일으키는 억압의 요소를 의식화하고 환자가 무의식적 갈등을 훈습하도록 돕는다. 정신분석
학습적 접근	역기능적 사고, 감정 그리고 행동은 다른 행동들처럼 학습되고 유지된 결과 혹은 적절한 행동을 학습하는 것에 실패한 결과다.	이상행동을 없애고 적응행동을 증가시키기 위해 고전적 조건형성, 조작적 조건형성과 모델링을 사용한다. 행동치료 행동수정
인지적 접근	잘못된 생각 또는 왜곡된 지각이 심리장애의 원인이 될 수 있다.	역기능적이고 비합리적인 부정적인 사고를 변화시킨다. 벡의 인지치료 합리적 정서치료

기억하기 본문 내용을 떠올리며 다음 퀴즈를 풀어 보라.

1. 이상행동으로 정의되기 위해서는 개인의 행동이 발생하는 _____에 있어서 특이하다고 고려되어야 한다.
2. _____은(는) 심리장애를 진단하기 위한 기준이다.
3. 미국인의 거의 _____이(가) 일생 중 어느 한 시점에는 심리장애를 나타낼 것이다.
4. _____ 관점은 이상행동이란 생물, 심리, 사회적 요인의 상호작용의 결과라고 설명한다.

불안장애

당신이 일평생 바라던 음악가의 꿈이 현실화된다면 어떨까? 당연히 너무나 행복해서 어쩔 줄 몰라 하겠지만, 만일 무대공포로 인해 즐거움을 잃어버리고, 공연을 할 많은 기회를 잃게 된다면 어떻게 하겠는가? 놀랍게도 이것은 꽤 많은 성공한 음악가들에게서 일어나는 일이다. 예를 들면, 바브라 스트라이샌드는 무대공포로 인해 27년 동안 청중들 앞에서 공연하지 못했다. 이와 비슷하게 배우 스칼렛 요한슨은 8세 때 자신감을 가지고 배우로 데뷔했지만 10세쯤 될 무렵 무대공포를 가지게 되었다.

▶▶▶ 배우 스칼렛 요한슨은 무대공포로 인해 2010년 초까지도 브로드웨이의 공연 섭외를 거절하였다.

그녀는 다시 청중 앞에서 공연을 할 수 있을지 두려워하였다. 그녀는 성공적인 연기 활동을 했지만, 2010년 초반에 브로드웨이 공연에서 주연을 맡으며 무대공포를 극복하기 전까지만 해도 수많은 작품을 거절했다. 그러나 관객들을 직접 대면하는 상황에서만 무대공포 증상이 나타나는 것은 아니다. 유명 영화배우인 휴 그랜트는 카메라 앞에서 얼어붙어서 당황하기도 하고 촬영이 지연되기도 했다.

무대공포는 심리학자가 불안이라 부르는 두려워하는 마음 상태가 발현된 것이다. 불안 수준이 상당히 높아서 개인의 학업적 혹은 직업적 기능이 손상될 정도가 되면 심각한 심리장애가 발생하게 된다. **불안장애**(anxiety disorders)는 심리장애 중 가장 흔한 장애로 미국 성인의 18%가 경험한다고 한다(NIMH, 2013).

12.4 공황발작과 광장공포증 그리고 공황장애의 특징은 무엇인가?

공황발작, 광장공포증, 공황장애

불안한 감정을 느끼는 것은 지극히 정상적인 경험이다. 심지어 이유를 모르거나 비합리적으로 일어나는 불안한 감정들 또한 심리장애가 아니다. 이 장의 초반에서 설명한 내용들을 고려해 보면, 비정상적인 상태로 간주되려면 극도로 심각한 상태여야 한다. 사람들로 하여금 전문가의 도움을 구하게 만드는 두 가지 불안 경험, 즉 공황발작과 광장공포증은 모두 공황장애와 관련이 있다.

공황발작 **공황발작**(panic attack)은 갑작스러운 심장박동, 진전, 질식할 것 같은 감각을 동반한 두려움을 경험하게 되는 것을 말한다. 과거 교차로에서 교통사고를 경험했던 사람이 그곳을 통과할 때 갖게 되는 느낌처럼 단서에 의해 일어나는 두려움은 공황발작과 유사하게 보이지만 심리장애의 징후라기보다는 학습된 결과로 간주된다. 반면 단서 없이 일어나는 발작은 심리장애의 증상에 보다 더 가깝다.

단서 없이 일어나는 발작은 뇌가 정상적인 신체기능상의 변화를 위험 신호로 오지각하여 역기능적인 자율신경계의 투쟁-도피 반응체계를 일으키는 것으로 간주된다(National Alliance for Mental Illness, 2003). 예를 들어, 심장박동률은 카페인이 함유된 음료를 섭취한 후에 정상적으로 증가한다. 그러나 어떤 이유에서인지 공황발작으로 괴로워하는 사람들의 뇌는 이러한 정상적인 변화를 위험 신호로 탐지하기 때문에 교감신경계가 신체의 자율신경계를 각성시키는 것이다.

이렇게 되면 상위 인지기능은 '이제 심장발작이 올 거야! 난 죽고 말 거야!'라는 식으로 활성화되고,

따라서 위험에 대한 감각이 증폭된다. 이런 인지적 해석은 교감신경계가 신체기능에 미치는 영향을 상쇄하는 부교감신경계의 기능을 차단함으로써 공황발작을 지속시킨다. 따라서 많은 임상가는 발작에 동반되는 감각에 대한 이러한 인지적 반응을 통제하는 방법을 가르침으로써 공황발작을 치료하고자 한다(Teachman, Marker, & Smith-Janik, 2008).

광장공포증 **광장공포증**(agoraphobia)을 경험하는 사람은 즉각적인 도피가 어려운 상황에 처하거나 압도적인 불안을 경험하는 상황에서 주위의 도움을 받을 수 없을 것이라는 강렬한 공포를 갖는다. 일부 환자는 일생 동안 붐비는 거리나 가게, 레스토랑, 복잡한 대중교통과 같은 두려운 상황을 피하고자 애쓴다. 많은 광장공포증 환자는 친구나 가족이 동행하지 않으면 집을 나서지 않을 것이며, 극단적인 경우 아예 집 밖으로 나오려 하지 않는다.

비록 광장공포증은 공황발작 없이 발생할 수 있지만, 흔히 반복적인 공황발작을 보이는 성인기 초기에 시작된다(American Psychiatric Assiciation, 2000a). 환자는 또다시 발작이 일어날 것이라는 강렬한 공포로 발작이 일어났던 특정 장소나 상황을 피하게 된다. 따라서 임상가는 광장공포증 자체가 심리장애는 아니라 할지라도 개인의 일상적 삶에 심각한 곤란을 일으킨다면 불안장애로 발전된 사람이 경험하는 악화된 증상 중 하나라고 간주한다.

공황장애 반복되는 공황발작으로 고통받는 사람은 **공황장애**(panic disorder)로 진단될 수 있다. 공황장애 환자는 반복되는 발작뿐만 아니라 더 심한 발작이 일어날지 모른다는 불안으로 고통을 받는다. 이러한 불안으로 공황장애 환자에게는 광장공포증이 동반된다. 광장공포증은 공황장애 환자를 도우려는 임상가의 노력을 복잡하게 만드는데, 그 이유는 공황발작이 일어날지도 모를 상황에 부딪히는 것이 이런 끈질긴 장애를 안고 살아가는 법에 대한 학습 과정의 일부이기 때문이다. 분명 임상가는 광장공포증을 가진 환자를 치료할 때 이러한 도전적인 측면을 다루기가 매우 어렵다고 여긴다. 이런 이유로, 모든 심리장애 중 광장공포증을 동반한 공황장애는 예후가 매우 좋지 못하다. 그러나 환자의 대부분은 약물치료와 심리치료를 병행하였을 때 비교적 좋은 예후를 나타낸다(Lamplugh et al., 2008).

공황장애에 대한 설명 5장에서 부적 강화가 불쾌한 어떤 것을 회피할 수 있게 하는 행동을 증가시킨다고 했던 것을 기억해 보라. 공황장애를 나타내는 개인이 공황발작을 막거나 차단시킬 수 있는 행동을 할 때마다 그들의 행동은 불안과 관련된 불쾌한 감각(예, 빨리 뛰는 심장, 빠른 호흡, 당장이라도 죽을 것 같은 느낌)으로부터 벗어날 수 있게 하기 때문에 강화된다. 시간이 지나면서 공황발작은 회피행동의 빈도를 증가시켜 개인은 반드시 필요한 상황에 한해서만 외출하게 되며, 심지어 의사와의 약속과 같은 매우 중요한 외출에서도 갑자기 집으로 되돌아갈 가능성이 높아진다. 그 결과, 불안, 회피와 탈출이라는 악순환이 이들의 삶 속에 깊숙이 자리 잡게 된다.

이러한 악순환을 깨뜨리기 위해, 대부분의 치료자는 공황장애를 나타내는 개인이 공황발작을 경험할 수 있는 상황에 맞서도록 격려한다. 이들이 이러한 상황에 직면할 수 있게 되면 공황발작 발생 시 경험했던 불안이 결국 스스로 가라앉게 된다는 것을 알게 된다(Lamplugh et al., 2008). 이처럼, 불안은 불안 유발 상황에 대한 회피가 아닌 직면에 의해 감소된다.

12.5 범불안장애, 사회불안장애 그리고 특정공포증은 어떤 차이가 있는가?

범불안장애, 사회불안장애, 특정공포증

이 절의 서두에서 당신은 다양한 장애 중 사회불안장애의 발현증상의 하나인 무대공포를 극복하기 위한 여러 연예인의 분투에 대해 살펴보았다. 수백만 명이 이들과 유사한 장애에 맞서 고군분투한다.

범불안장애 **범불안장애**(generalized anxiety disorder: GAD)는 과도한 걱정이 만성적으로 오랜 기간 지속되는 사람에게 내리는 진단이다. 범불안장애 환자는 최악을 예상한다. 그들은 근거가 없거나 과도한 걱정을 하며, 불안을 통제하기 어렵다고 느낀다. 이러한 지나친 염려 때문에 긴장과 피로를 느끼며, 매사에 예민해지고 집중력과 수면에도 문제가 발생한다. 또한 몸의 떨림, 심계항진, 발한, 현기증, 메스꺼움, 설사 또는 빈번한 배뇨 등의 증상도 경험한다. 범불안장애는 남성보다 여성에게 2배가량 흔하며, 상당한 스트레스와 기능상의 손상을 유발한다(Brawman-Mintzer & Lydiard, 1996, 1997; Kranzler, 1996).

사회불안장애(사회공포증) **사회불안장애**(social anxiety disorder, 사회공포증[social phobia])를 나타내는 사람들은 다른 사람 앞에서 당황하거나 창피를 당할 것 같은 사회적 상황이나 수행 상황에서 몸을 떨고, 얼굴을 붉히고 땀을 흘리거나 어리석고 무능하게 행동하는 등 몹시 두려워한다. 사회불안장애는 흔히 '무대공포증'이라 불리는 특정한 형태의 수행불안을 동반할 수 있다. 예를 들어, 사회불안장애를 가진 사람들의 약 1/3 정도는 단순히 대중 앞에서 발표하는 것에 두려움을 느낀다(Kessler, Stein, & Berglund, 1998). 만일 당신 또한 공석에서 말하는 것에 두려움을 느낀다면 다음 페이지에 제시되어 있는 두려움을 극복하기 위한 〈적용〉의 조언이 도움이 될 것이다.

사회불안장애는 개인을 무력화하는 장애일 수 있다(Yates, 2008). 극단적인 형태에서, 이 장애는 개인의 직업적 수행에 심각한 영향을 미칠 수 있고, 경력을 쌓거나 학업을 지속하는 것을 방해하며 사회적 활동을 제한할 수 있다(Bruch, Fallon, & Heimberg, 2003; Stein & Kean, 2000; Yates, 2008). 사회불안장애를 지닌 사람들은 사회적 상황에서 경험되는 불안을 줄이기 위해 종종 알코올이나 신경안정제를 사용한다.

특정공포증 **공포증**(phobia)은 어떤 실제적 위험이 없는(또는 그 위험성이 그리 크지 않은) 특정 대상, 상황 또는 활동에 대한 지속적인 비합리적 공포다. 대부분의 사람은 그들의 공포증이 비합리적이라는 것을 알지만, 그럼에도 불구하고 두려워하는 상황 또는 대상을 회피한다. **특정공포증**(specific phobia)은 특정 대상 또는 상황에 대한 현저한 두려움이다. 이 진단은 광장공포증이나 사회공포증을 제외한 어떤 공포증에도 적용될 수 있다. 두려워하는 대상이나 상황에 직면할 때, 특정공포증 환자는 강렬한 불안을 경험하며 심지어 부들부들 떨거나 비명을 지른다. 가장 흔한 특정공포증 유형의 범주는 순

적용 대중 앞에서 말하는 것에 대한 두려움을 극복하는 것

대중 앞에서 말해야 할 때 식은땀이 나고 떨린 적이 있는가? 만약 그렇다면 그것은 당연한 일이니 기운을 내라. 조사에 따르면, 많은 사람 앞에서 말하는 것에 대한 두려움은 미국 성인들이 밝힌 두려움 중 가장 흔한 것이었다. 개인은 비행, 병에 걸리는 것, 심지어 파산하는 것보다도 많은 사람 앞에서 말하는 것을 더욱 두려워한다(Dwyer & Davidson, 2012).

원인은 무엇일까?

대중 앞에서 말하는 데 대한 두려움은 사회불안장애의 일반적 유형으로, 수행불안의 한 형태다. 대중 앞에서 말하는 것에 대한 두려움의 상당 부분은 창피를 당하거나 부정적 피드백을 받을지도 모른다는 두려움에서 기인한다. 몇몇 사람은 대중 앞에서 말하는 것을 요구하는 상황을 회피함으로써 이런 두려움을 처리하고자 한다. 보다 실제적인 접근은 대중연설에 대한 두려움을 유발하는 잘못된 신념을 검토하여 그것을 극복하기 위한 구체적 절차를 마련하는 것이다. 다음에 대중 앞에서 말하는 것과 연합된 잘못된 신념들(Orman, 1996)이 제시되어 있다.

- 성공적인 수행을 위해서는 완벽하게 이야기해야만 한다. → 아니다. 청중은 완벽을 기대하지 않는다.
- 훌륭한 발표를 위해서는 주제에 대해 가능한 한 많은 사실과 세부사항을 전달해야만 한다. → 아니다. 당신에게 필요한 것은 핵심적인 두서너 가지 요점들이다.
- 만약 청중 중 일부가 주의를 기울이지 않는다면 발표자는 뭔가를 해야만 한다. → 아니다. 당신은 모든 사람을 기쁘게 할 수 없고 그렇게 하려는 시도는 시간만 낭비할 뿐이다.

무엇을 할 수 있을까?

아래의 지침은 대중 앞에서 이야기하는 두려움을 관리하는 데 사용될 수 있다. 일부는 청중을 어떻게 다룰 것인가와 관련되고, 또 다른 일부는 당신 내면에서 진행되고 있는 것들에 초점을 맞춘 것이다. 다음에 제시한 것은 사람들이 대중 앞에서 말하는 기술을 향상시키는 데 일조한 토스트마스터스 인터내셔널(Toastmasters International, 2013)이 제안한 것 중 일부다.

- 이야기 소재를 잘 파악하라. 필요하다면 크게 그리고 반복적으로 말하기 연습을 하라.
- 당신의 연설을 심상화하라. 확신에 차고 명확한 태도로 말하는 것을 상상하라.
- 이완하라. 심호흡을 하거나 이완운동을 함으로써 긴장을 줄이라.
- 연설할 장소에 익숙해지라. 일찍 도착해서 마이크를 사용해 연습하고 사용하기로 계획한 다른 장비들도 미리 사용해 보라.
- 청중과 결부시켜 생각하라. 청중이 오면 반갑게 인사하라. 그런 다음 청중이 마치 당신의 친구라고 생각하고 연설하라.
- 자세를 통해 자신감을 전달하라. 청중에게 미소를 보이고 시선을 접촉하며 자신감 있는 태도로 행동하라.
- 자기 자신이 아닌 말하고자 하는 내용에 집중하라. 연설하는 동안 청중에게 전달하고자 하는 내용에 집중하고 내면의 불안에 주의를 기울이지 말라.
- 청중은 당신이 완벽하길 기대하지 않는다는 점을 기억하라. 연설 과정에서 당신이 실수했다고 여기는 어떠한 문제에 대해서도 사과하지 말라. 있는 그대로의 모습을 보이라.

당신은 이런 단순한 조언들을 적용해 봄으로써 불안과 과민함을 극복할 수 있을 것이며, 심지어 어떤 주제에 대해서도 어느 순간 자신감 있게 연설할 수 있게 될 것이다.

서대로, (1) 상황형(엘리베이터, 비행기, 밀폐된 장소, 높은 곳, 터널, 다리 등에 대한 두려움), (2) 자연환경형(폭풍이나 물에 대한 두려움), (3) 동물형(개, 뱀, 곤충, 쥐 등에 대한 두려움), (4) 피-주사-상해형(피를 보는 것, 상해 또는 주사를 맞는 것에 대한 두려움)이다(Fredrikson et al., 1996). 상황형 공포증—폐쇄공포증(폐쇄된 공간에 대한 두려움), 고소공포증(높은 곳에 대한 두려움)—은 치료자가 가장 많이 다루는 특정공포증이다(아래의 〈시도〉 참조).

범불안장애, 사회불안장애 및 특정공포증에 대한 설명 심리학자 티모시 브라운(Timothy Brown)은 범불안장애와 사회불안장애는 성격 5요인 중 신경증적 성향의 징후라고 설득력 있게 주장했다. 11장에서는 신경증적 성향이 강한 사람들이 삶에 대한 부정적 조망을 가지고 있을 뿐 아니라 정서적으로 불안정한 경향이 있음을 제시하였다. 즉, 신경증적 성향이 강한 사람들은 다른 사람들과 동일한 방법으로 스트레스원에 반응하는 경향이 있지만, 그들의 반응은 더 강렬하고 극단적이다. 예를 들면, 우리 모두는 중요한 시험이 다가올 때 걱정하게 된다. 그러나 신경증 성향이 강한 사람들은 시험에 대해 지나치게 걱정한 나머지 잠을 자거나 먹을 수 없고, 끊임없이 자신이 시험 때문에 얼마나 스트레스를 받는지에 대하여 이야기함으로써 주변 사람들을 짜증나게 할 수 있다. 브라운의 연구는 이러한 반응이 범불안장애 또는 사회불안장애로 발전할 수 있다고 제안한다(이 장의 뒷부분에서 보게 될 우울증으로도 발전될 수 있다). 더욱이 브라운은 신경증적 성향이 강한 개인은 그렇지 않은 개인에 비해 치료 효과가 낮다는 것을 발견했다. 신경증적 성향은 또한 특정공포증 발현의 위험 요인이다(Bienvenu et al., 2007). 그러나 중립자극과 공포 유발 상황이나 대상 사이의 연합을 나타내는 고전적 조건형성 또한 중요하다. 고전적 조건형성의 간단한 예를 들면 다음과 같다. 개가 3세 된 바비에게 위협적으로 짖는다(공포 유발 상황). 바비는 모든 개(중립자극)를 이러한 경험과 연관시킨다. 그 결과, 바비는 개를 볼 때마다 울고 도망

시도 공포증 명칭

그리스어 단어 phobia는 '공포'를 의미한다. 따라서 여러 가지 공포증은 두려워하는 대상에 '-phobia'를 붙여 복합어를 만듦으로써 명명된다. 예를 들면, 광장공포증은 글자 그대로 '시장에 대한 공포'(광장=시장)를 의미하고, 개인의 집이 아닌 개방된 공간에서 두려움을 느끼는 것에서 비롯되었다. 마찬가지로, 폐쇄공포증은 '감옥'을 의미하는 라틴어 단어를 '공포증'과 결합시켜 밀폐된 장소의 공포를 나타낸다. 다음의 공포증들을 각각의 정의에 맞게 연결시킬 수 있는지 생각해 보라.

____(1) 목욕공포증(ablutobphobia)	a. 붉은색에 대한 공포
____(2) 발언공포증(glossophobia)	b. 공석에서 말하는 것에 대한 공포
____(3) 여성공포증(gynephobia)	c. 세정 또는 목욕에 대한 공포
____(4) 우유공포증(lactophobia)	d. 낯선 사람에 대한 공포
____(5) 구취공포증(haptephobia)	e. 여성에 대한 공포
____(6) 혈액공포증(hemophobia)	f. 피에 대한 공포
____(7) 외국인공포증(xenophobia)	g. 접촉되는 것에 대한 공포
____(8) 적면공포증(erythrophobia)	h. 우유에 대한 공포

정답 (1) c, (2) b, (3) e, (4) h, (5) g, (6) f, (7) d, (8) a

치게 되었다. 따라서 특정공포증을 치료하는 데는 학습원리가 흔히 사용된다. 치료자는 공포증을 가진 사람들이 즐거운 감정을 두려워하는 대상 또는 상황과 연합시키도록 가르치기 위해 고전적 조건형성 원리를 사용할 수 있다. 예를 들면, 개를 두려워하는 아동은 개가 있는 방에서 아이스크림을 먹을 수 있도록 한다. 공포증을 가진 사람들의 행동을 공포 자극에 노출된 상황에서 수정하는 기법은 유용할 수 있다. 공포증을 지닌 개인이 두려워하는 대상 혹은 상황에 대해 공포반응을 보이지 않는 모델을 관찰하는 것 또한 효과적 치료 기법이 된다.

강박장애

12.6 강박장애의 증상은 무엇인가?

만약 당신이 집을 나설 때마다 문단속을 제대로 했는지 너무 불안하여 계속해서 다시 돌아가 확인해야 한다면 어떨지 상상해 보라. **강박장애**(obsessive-compulsive disorder: OCD)란 강박사고나 강박행동 또는 둘 다를 반복적으로 경험함으로써 고통스러워하는 불안장애를 말한다.

강박사고와 강박행동 **강박사고**(obsession)는 의식에 침투하는 불수의적 사고, 심상 또는 충동들로서, 개인은 이런 것들 때문에 심한 고통을 경험한다. 강박사고를 가진 사람은 문을 닫았는지 또는 가스 밸브를 잠갔는지 등과 같은 특정 행동의 수행 여부나 세균에 의해 오염되었는지에 관해 흔히 염려한다 (Greenberg, 2009). 강박사고의 또 다른 유형들은 공격, 신성모독, 성적 충동 또는 중요한 대상들과 관련된다. 예를 들면, 저장장애(hoarding disorder)를 나타내는 개인은 지나친 불안으로 인해 불필요한 물품을 처분할 수 없다. 이들은 물건을 저장하지 못할 경우 고통스러운 불안을 경험하기 때문에 필요로 하지 않은 대상을 구입하거나 수집한다.

저장장애 환자들은 심리학자들이 강박행동(반복되는 행동 또는 의식의 지속적인, 억제할 수 없는 비합리적 충동)이라 부르는 경험의 결과로 필요치 않은 것들을 모은다. 개인은 그와 같은 행동이 무의미하다는 것을 알고 있지만, 참을 수 없는 불안(강박행동을 포기함으로써 해방될 수 있는)이 지속되는 한 이러한 행동을 막을 수 없다. 많은 사람은 보도블록의 금을 밟지 않으려 하거나 계단의 수를 세고, 때로는 다소 의례화된 행동을 나타내는 것과 같은 강박행동을 드러낼 수 있다. 그러나 이런 강박행동들을 하지 않고는 견딜 수 없거나 지나치게 많은 시간을 사용하며 일상적인 기능과 대인관계에 곤란을 일으킬 경우 심리적 장애라 볼 수 있다. 저장장애를 가진 사람들은 그들의 직업적, 사회적, 학업적 기능에 심각한 어려움을 나타낸다. 더욱이 이들의 지저분한 물리적 생활환경은 건강에도 유해한 영향을 미치게 된다.

▶▶▶ 사진의 여성처럼, 강박장애가 있는 많은 사람은 세균과 먼지로 인한 오염을 피하기 위해 고통을 감수한다.

저장장애 환자와 비교하여 강박장애 환자들은 청소하기, 씻기, 숫자 세기, 확인하기, 물건 만지기, 지나치게 정돈하기 등과 같은 영역에서 억제할 수 없는 충동을 경험한다. 다음 사례에서처럼 강박장애 환자는 자신의 행동이 비정상적이라는 것을 알고 있음에도 불구하고 이를 멈출 수 없다.

> 32세의 마이크는 다른 사람들에게 피해를 주지 않을까 하는 두려움 때문에 의례화된 확인절차를 반복한다. 운전을 할 때 그는 종종 차를 세우고는 자신이 사람들, 특히 아기를 치지 않았는지 되돌아가서 확인한다. 변기의 물을 내리기 전에는 살아 있는 벌레가 변기에 떨어져 있지는 않은지 확인하곤 하는데, 이는 살생에 대한 책임을 원치 않기 때문이다. 집에서는 반복적으로 창문, 가스레인지, 전등 등을 제대로 단속하였는지 확인한다. 마이크는 이러한 행동들과 그 밖의 확인행동에 하루 평균 4시간 정도를 소모한다(Kozak, Foa, & McCarthy, 1988, p. 88).

강박장애에 대한 설명 강박장애를 지닌 개인의 염려나 우려는 이 장애의 중요한 특징 중 하나이며 저장장애의 경우 유사한 물건들에 매력을 느낀다. 청결에 대한 강박적 충동을 느끼는 사람의 경우, 대부분의 사람이 노출되고 싶지 않을 것들에 대한 혐오감을 느낀다. 즉, 이들의 강박행동은 일반적으로 대부분의 사람이 흔히 나타내는 행동의 과장된 형태다. 요컨대, 우리는 보통 물건을 버린 후 후회하게 될까 봐 염려한다. 마찬가지로, 대부분의 사람은 청결한 상태를 원하며 병원균에 노출되지 않을까 우려할 가능성이 있다. 그러나 강박장애의 경우 이와 같은 자연스러운 거리낌을 극단적인 수준으로 경험한다는 점이 문제가 된다(Deacon & Olatunji, 2007). 잠재적으로 혐오스럽거나 불안을 유발할 가능성이 있는 자극에 노출된 강박장애 환자와 비환자 집단을 대상으로 한 실험 연구에서 이러한 사실이 입증되었다(Olatunji et al., 2007).

강박장애 환자의 극단적인 반응 경향성은 무엇에 기인하는가? 연구들은 생애 초기 자가 면역체계의 질환, 연쇄상구균의 감염 및 그에 따른 뇌의 변화가 강박장애의 발병 가능성을 증가시킨다는 점을 보여 주었다(Swedo & Grant, 2004). 또한 쌍생아 가족 연구는 유전적 요소가 강박장애의 발병과 관련이 있음을 제안한다(Hur, 2009; Kirvan et al., 2006). 한 연구에서는 세로토닌 기능 수준에 영향을 주는 유전자가 뇌의 세로토닌 수준을 증가시키는 항우울제 처방을 받는 우울증 환자 일부에게 강박장애를 유발할 가능성이 있음을 보여 주었다(Ravindran et al., 2009).

기억하기 본문 내용을 떠올리며 다음 퀴즈를 풀어 보라.

1. 광장공포증은 _____이(가) 발생하거나 발생하지 않는다.
2. 공석에서 말하는 것에 대한 공포는 _____공포증이며, 높은 곳에 대한 공포는 _____공포증이다.
3. 어떤 치료자들은 공포증 환자를 돕기 위해 _____을(를) 사용하여 유쾌한 자극과 두려운 대상을 연합시키는 것을 학습시킨다.
4. 자가 면역질환과 같은 생물학적 요소는 _____의 발달에 기여한다.

우울장애와 양극성장애

배우이자 코미디언인 짐 캐리는 과장된 익살스러운 얼굴 표정과 유머로 잘 알려져 있다. 따라서 거의 누구도 그가 성공적인 배우로서의 삶을 살아가는 이면에 뿌리 깊은 슬픔이 있을 것이라 추측하지 못했다. 개인의 기능을 저해할 정도로 심한 슬픔을 경험할 경우에는 기분의 극단적이고 심각한 손상으로 특징지어지는 심리장애 범주에 속하는 **우울장애**(depressive disorders) 중 하나로 진단된다. 대조적으로, **양극성장애**(bipolar disorders)는 깊은 슬픔에서부터 극단적 환희에 이르는 급격하고 엄청난 기분 변화가 특징적이다. 물론 누구나 감정적 기복을 경험하지만 우울장애와 양극성장애의 경우 이 장의 앞부분에 제시되었던 것과 같은 이상행동의 기준에 해당되는 감정 경험을 포함한다. 다시 말해, 이들 장애를 경험하는 개인은 정상적 기능을 방해할 정도의 심각한 증상을 나타낸다.

주요우울장애

12.7 주요우울장애의 특징은 무엇인가?

주요우울장애(major depressive disorder) 환자는 압도적인 슬픔, 절망 및 무망감을 느끼며 즐거움을 경험할 수 있는 능력이 상실되어 있다. 이들은 식욕, 체중 또는 수면 패턴의 변화, 에너지 상실 및 사고나 집중의 어려움 또한 경험할 수 있다. 주요우울장애의 가장 주된 증상은 정신운동 기능의 곤란이다(Bhalla, Moraille-Bhalla, & Aronson, 2010). 예컨대, 주요우울장애 환자들의 운동, 반응시간 및 말하기 속도는 너무 느려서 마치 모든 것을 슬로 모션으로 하는 것처럼 보일 수 있다. 반면에 어떤 환자는 대조적으로 계속해서 움직이며 안절부절못하고, 손을 부들부들 떨고, 배회하는 등의 극단적인 행동을 나타낸다. 우울 증상의 지속기간이 길수록 환자는 점점 더 사회적 활동으로부터 유리된다(Judd et al., 2000).

미국정신의학회(2000a)에 따르면, 주요우울장애로 진단된 환자의 40%는 1년 경과 후 증상이 사라졌고, 40%는 계속해서 장애로 고통받고 있었으며, 20%는 우울 증상을 경험하기는 하지만 주요우울장애로 진단될 정도로 심각한 증상을 나타내지는 않았다. 많은 환자가 항우울제의 도움으로 회복되는 것으로 보고되고 있지만 몇몇 연구에서는 심리치료 또한 그에 상응하는 효과가 있는 것으로 밝혀졌다(Hollon, Thase, & Markowitz, 2002). 어떤 환자는 단 한 차례의 주요우울 삽화만을 경험하지만, 거의 50%의 환자에서 재발 가능성이 있다(Halverson, 2012). 재발의 위험성은 여성이나 15세 이전에 우울 증상을 나타낸 사람들에게서 가장 높다(Halverson, 2012). 재발의 빈도는 높을 수도 있고 낮을 수도 있으며, 환자의 20%에서는 주요우울 삽화가 1년 이상 만성적으로 지속되었다. 따라서 우울장애에 대한 연구에서는 재발을 방지할 수 있는 방안을 고안하는 것이 매우 중요하다. 대부분의 연구자는 약물치료, 심리치료, 사회적 지지 그리고 신체적 운동까지도 우울 삽화의 재발을 방지하는 데 나름의 역할을 할 것이라고 제안한다(Halverson, 2012).

12.8 양극성장애 환자가 경험하는 기분의 양극단이란 무엇인가?

양극성장애

이 절의 서두에 제시된 바와 같이, **양극성장애**(bipolar disorders)는 한 개인이 극도의 감정적 기복을 나타내는 질환이다. 이러한 장애를 지닌 대부분의 사람은 감정적 기복 간에 비교적 정상적인 시기를 경험한다. 양극성장애에서 나타나는 기분의 고양된 상태는 조증 삽화(manic episode)라 불리며 지나친 행복감, 고양된 자기존중감, 지나친 낙천주의와 과잉활동이 두드러지게 나타난다. 현실과의 접촉을 상실하여 자기 파괴적 행동으로 이어지는 조증 삽화를 보이는 사람들은 제1형 양극성장애(bipolar I disorder)로 진단된다. 이들은 인터넷에서 읽은 정보를 바탕으로 부동산 개발에 투자하기 위하여 은행에서 돈을 모두 인출한 뒤 급히 출국하기도 하는데, 이렇게 하는 것이 자신을 억만장자로 만들어 줄 것이라 확신하기 때문이다. 제1형 양극성장애로 진단된 많은 사람은 조증 삽화 기간 동안 병원에 입원해야만 하는데, 이는 빈약한 판단력으로 인한 파국적 결과로부터 자신과 타인을 보호하기 위함이다. 개인이 나타내는 조증 삽화가 비교적 심각하지 않거나 심각한 문제를 초래하는 역기능적 행동으로 이어지지 않는다면, 제2형 양극성장애(bipolar II disorder)로 진단된다.

양극성장애는 우울장애에 비해 덜 흔한 질병이며, 매년 미국 인구의 2.6%가 양극성장애를 경험하고, 평생 유병률에서는 성차가 거의 없는 것으로 나타났다(NIMH, 2013). 양극성장애는 후기 청소년기 또는 초기 성인기에 발병하는 경향이 있다. 환자의 90%는 재발 가능성이 있으며, 50%가 회복된 지 1년 내에 또 다른 삽화를 경험한다. 비록 조증 삽화를 동반한 제1형 양극성장애를 지닌 많은 사람이 계획을 세우는 데의 어려움과 같은 경미한 인지적 손상을 나타낸다 할지라도(Chowdhury, Ferrier, & Compson, 2003), 다행스러운 점은 양극성장애 환자의 70~80%는 안정적인 기분 상태로 회복된다는 점이다(American Psychiatric Association, 2000a). 많은 사례에서 제1형 양극성장애 환자들은 리튬(lithium)과 디발프로엑스(divalproex)와 같은 약물의 도움으로 자신의 증상을 관리하고, 정상적인 생활을 할 수 있다. 또한 심리치료는 정신장애를 안고 살아가는 이들이 부딪히는 삶의 스트레스들을 다루어 나가는 데 도움을 줄 수 있다.

이와 대조적으로 제2형 양극성장애는 제1형 양극성장애에 비해 만성적이고 더욱 치료에 저항적인 경향을 보인다(Federman, 2012; Judd et al., 2003). 이는 제2형 양극성장애를 지닌 사람들의 경조증 삽화가 제1형 양극성장애를 지닌 사람들의 삽화보다 훨씬 덜 파괴적이기 때문인 것으로 추측된다. 결과적으로 제2형 양극성장애를 지닌 개인들은 자신이 치료를 필요로 하는 문제를 가지고 있다는 사실을 잘 받아들이지 못한다(Federman, 2012). 또한 제2형 양극성장애에서는 우울 삽화의 기간이 경조증 삽화의 기간보다 더욱 빈번하다. 결과적으로 제2형 양극성장애는 종종 주요우울장애로 오진되며, 이로 인해 장애에 부합되는 적절한 치료를 받지 못할 가능성이 있다(Judd et al., 2003).

12.9 우울장애와 양극성장애를 일으키는 위험 요인은 무엇인가?

우울장애와 양극성장애에 대한 설명

기분장애의 발현에 영향을 미치는 많은 위험 요인이 존재한다. 그중 생물학적 요인이 가장 주된 것으로 보인다. 그러나 개인의 생활환경, 문화적 요인과 성역할 또한 매우 중요하다.

기분장애의 신경학적 요인 양전자방출 단층촬영(PET) 스캔과 자기공명영상(MRI)을 활용한 연구들은 우울장애와 양극성장애를 지닌 사람들의 뇌 활동에서 비정상적 패턴을 발견했다(Drevets, Price, & Furey, 2008; Victor et al., 2012). 드리베츠와 동료들(Drevets et al., 1997)은 주요우울장애의 슬픔과 양극성장애의 조증을 일으킬 가능성이 있는 뇌의 특정 부위를 발견했다. 전전두엽(콧대의 5~7.5cm 뒷부분) 아래쪽에 골무 크기만한 작은 부분이 있는데, 주요우울장애 환자의 40~50%는 이 부위의 크기가 현저하게 작았다. 이전 연구들에서는 이 영역이 정서 조절에 중요한 역할을 한다는 점을 제안하였다.

또한 신경증적 성향(neuroticism)이라 불리는 성격 특성(11장 참조)은 우울 증상과 뇌의 세로토닌 수준에서의 비정상성과 관련된다(Fanous et al., 2002; Lesch, 2003). 연구들은 또한 세로토닌 수준의 이상이 우울 증상 및 자살사고(suicidal thought)와 강력하게 연결되어 있다는 것을 발견했다(Oquendo et al., 2003; Roise et al., 2012). 따라서 성격 5요인 차원에서 높은 신경증적 성향을 보이는 개인들은 우울 증상을 호소하며 자살사고를 나타낼 가능성이 있다.

연구자들은 또한 우울장애와 양극성장애 환자의 도파민, GABA 및 노르에피네프린의 생성, 이동 및 재흡수 패턴이 정상인들과 차이가 있음을 발견하였다(Kalidindi & McGuffin, 2003). 신경전달물질의 이상은 유전학적인 변화를 반영하기 때문에 기분장애의 높은 유전 가능성을 설명하는 데 도움을 준다.

유전 양극성장애에서는 유전적 영향이 매우 강하다. 쌍생아를 대상으로 시행된 한 연구에서는 일란성 양극성장애 쌍생아의 50%가 기분장애로 진단받은 반면, 이란성 쌍생아의 경우는 불과 7%로 나타났다(Kalidindi & McGuffin, 2003). 많은 증거는 양극성장애에 대한 유전과 신경학적 기반에 대한 설명력이 주요우울장애와 조현병보다 더 높다는 것을 시사한다(Molnar et al., 2003). 이러한 발견은 양극성장애 환자의 가족은 다양한 정신장애로 발전될 위험성이 높은 반면 주요우울장애 환자의 가족은 단지 주요우울장애의 위험률만 높은 이유가 무엇인지를 설명해 줄 수 있을 것이다(Kalidindi & McGuffin, 2003).

스트레스원 생활 스트레스 또한 우울과 관련된다. 첫 번째 우울 삽화는 주요 생활 스트레스 이후에 대부분 발생한다(Brown, Harris, & Hepworth, 1994; Frank et al., 1994; Tennant, 2002). 40년 이상 계속된 하버드 대학교 졸업생의 종단 연구 결과, 가족력뿐만 아니라 부정적인 생활사건이 기분장애의 발달에 중요한 역할을 한다는 점이 밝혀졌다(Cui & Vaillnt, 1996). 이러한 관련성은 특히 우울 증상의 발병 직전에 심각한 부정적 생활사건을 경험한 여성들의 경우에 두드러진다(Welsh, 2009). 그러나 생물학적 소인을 가진 사람들의 경우에는 심각한 생활 스트레스가 없어도 우울증이 재발되는 경우가 흔하다(Monroe & Reid, 2009).

문화 우울증—또는 다른 어떤 정신장애의 경우라도—에 대한 연구에서 비정상을 규정하기 위해서는 문화적 맥락이 반드시 고려되어야 한다. 실제로 다양한 문화에 걸쳐서 정신장애들을 측정하기 위한 타당한 도구 및 척도를 만드는 것은 매우 어려운 일이다(Girolamo & Bassi, 2003). 그럼에도 불구하고 소수의 연구자는 제한적이기는 하지만 우울과 양극성장애에서의 문화 간 차이에 대한 일련의 자료와 정보를 만드는 데 주력하고 있다(Girolamo & Bassi, 2003). 세계보건기구의 조사에 따르면, 우울증의 발병과 관련된 전 생애 위험률(lifetime risk)은 국가에 따라 다양한 것으로 나타났다(Kessler et al., 2007; [그림 12-2] 참조). 연구자들은 이러한 차이를 바람직한 정서 상태에 대한 문화 간 차이로 설명한다(Tsai, Knutson, & Fung, 2006). 아시아 문화권이 아닌 곳에 사는 개인의 우울 경험은 우리가 어떻게 느껴야만 하는가에 대한 문화적 관념의 영향을 받는데, 심리학자 다니엘 길버트(Daniel Gilbert, 2006)는 이것이 행복에서의 개인차에 중요한 요인이라고 주장하였다(아래의 〈설명〉 참조).

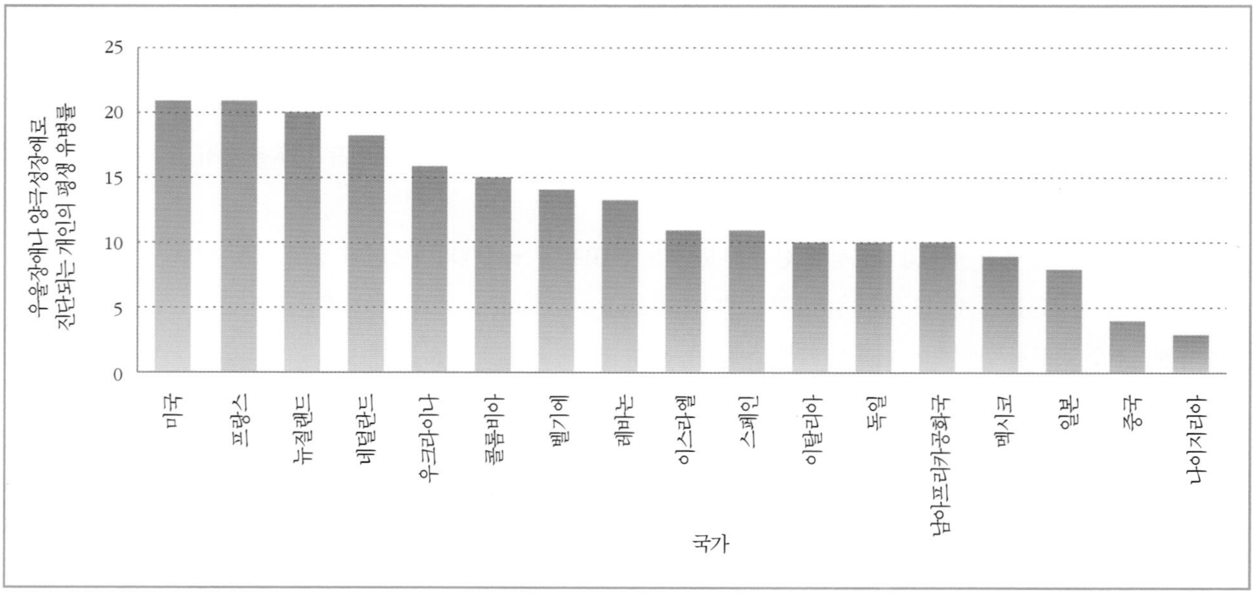

[그림 12-2] 우울장애와 양극성장애의 국가 간 평생 유병률

출처: Kessler et al.(2007).

설명 *바람직한 감정 상태에 대한 문화적 신념이 어떻게 우울증을 야기하는가*

비교문화 연구자는 어떻게 사람들이 느껴야 하는지에 대한 문화적 신념의 차이가 우울증에서의 문화적 차이로도 이어질지 모른다고 주장한다. 개인이 자신의 감정 상태를 그가 속한 문화적 가치에 반대되는 것으로 지각할 때 그러한 사고 패턴이 어떻게 우울증을 야기하는지 생각해 보라. 예를 들면, 당신은 [그림 12-2]에서 우울장애의 평생 유병률이 다른 곳보다 아시아, 아프리카 그리고 라틴아메리카 국가에서 매우 낮다는 것을 눈치챘는가? 연구자들은 대부분의 시간이 행복해야 한다는 믿음을 가진 문화권의 사람들이 이러한 연구 결과에 기여했다고 보았다(Uchida, Norasakkunkit, & Kitayama, 2004). 결과적으로 이러한 문화권의 사람들은 일상생활의 일부인 불편한 감정 상태의 대처에 어려움을 느끼며 결과적으로 우울증의 위험성이 증가한다. 또한 이들은 미래의 행복이 보장될 것이라 믿고 성과를 추구하는 데 자신의 에너지를 쏟는다. 대조적으로 연구진은 우울장애의 유병률이 낮은 나이지리아와 중국과 같은 국가의 사람들은 긍정적이고 부정적인 감정 상태 사이의 균형을 유지하는 데 더 초점을 맞춘다는 가설을 세웠다(Uchida et al., 2004). 이러한 믿음은 이들 문화권의 사람들이 행복을 추구하는 것보다 그들의 감정적 고통을 적절히 지지해 주는 사회적 관계를 유지하는 데 더 많은 에너지를 집중하도록 유도한다.

심리학자인 다니엘 길버트는 『행복의 걸림돌(*Stumbling on Happiness*)』이라는 저서에서, 서양 문화의 사람들이 어떻게 지속적인 행복을 얻을 수 있을지에 대한 신념에 근거해 자신의 인생 목표를 설정한다는 관점을 지지하는 증거를 제공하였다. 그는 개인이 행복해질 것이라는 지나친 낙관적 예언에 근거하여 의사결정을 할 때 흔히 좌절감을 경험한다는 점을 지적하였다(Gilbert, 2006). 예를 들어, 드라마, 영화 및 발렌타인데이 카드 광고들은 우리의 삶 속에서 낭만적인 상대를 찾을 수 있을 것이라는 믿음을 가지도록 한다. 그런 낭만적 상대를 구해서 많은 사람은 데이트를 하고, 결혼을 하고, 외도를 하고, 관계를 맺고, 이혼을 하고, 다시 데이트를 하고, 결혼을 한다. 무엇 때문일까? 그들이 생각하는 완벽한 감정은 그 감정이 변화한다는 점 때문에 결코 실현될 수 없는 것이다. 그 결과, 사람들은 끊임없이 다음번 관계는 완벽할 것이라 기대한다.

동전의 양면에 대한 비현실적 기대는 상상된 손실의 정서적 영향을 과대 추정하는 것이다(Kermer et al., 2006). 완벽한 사람을 찾기 위해 상대를 바꾸는 사람들처럼 어떤 사람은 혼자 남겨진 결과로 경험할 정서적 외상을 두려워한 나머지 만족스럽지 못한 현재의 관계를 유지한다. 이런 종류의 정서적 예언 오류는 위험 감수를 회피토록 한다. 결과적으로 우리는 늘 불행하다고 느끼게 된다. 그 이유는 우리가 유지하기로 선택한 관계의 특질, 그리고 위험을 감수하는 용기를 가졌더라면 경험했을지도 모르는 긍정적 결과에 대한 생각들 때문이다. 서구 문화에서 정의된 바처럼 바람직한 감정 상태를 유지할 필요가 있다는 개인의 믿음은 길버트의 관점에서 밝힌 사고에서의 근본적인 오류라는 점을 다시 한 번 확인할 수 있다.

성별 대부분의 국가에서 여성의 우울증 유병률은 남성에 비해 두 배 더 높다(WHO, 2010). 사춘기 이전에는 소년이 소녀보다 우울할 가능성이 더 높지만, 사춘기 이후에는 성별에 따른 차이가 극적인 반전을 보인다(Cyranowski et al., 2000). 여성은 남성보다 우울증을 경험할 가능성이 높을 뿐만 아니라, 부정적 예후의 가능성 또한 더 높다. 예를 들어, 이른 나이에 발병하는 주요우울장애는 여성의 경우 교육 수준 및 수입과 반비례하지만 남성의 경우는 그렇지 않다(Berndt et al., 2000). 여성과 우울증에 대한 국가 특별전문위원회(National Task Force on Women and Depression)는 여성 우울증의 상당 부분이 사회문화적 요인에 기인한다는 점을 제안하였다. 여성은 많은 역할들—어머니, 아내, 애인, 친구, 딸, 이웃 등—을 만족시키는 데 자신의 욕구보다는 타인의 욕구를 우선시하는 경향이 있다(Schmitt, Fuchs, & Kirch, 2008).

자살과 인종, 성별 및 연령

12.10 자살을 일으키는 위험 요인에는 어떤 것들이 있는가?

일부 우울증 환자는 절망의 최종 행위로 자살을 선택한다. 모든 연령층에서 조현병, 약물남용, 우울장애, 양극성장애는 자살의 주된 위험 요인이다(NIMH, 2013). 자살 위험은 또한 배우자의 사망과 같은 극단적인 생활 스트레스를 경험할 경우에 증가한다(Ajdacic-Gross et al., 2008). 자살행동이 가족으로부터 이어진다는 증거 또한 있다(Brent et al., 1996, 2002). 자살 시도의 가족력을 가진 양극성장애에서처럼 심각한 기분장애 환자들의 자살 가능성은 가족력이 없는 사람에 비해 훨씬 더 높다(Tsai et al., 2002).

미국에서는 매년 3만 2,000명이 자살한다는 보고가 있다. [그림 12-3]에 제시된 바와 같이, 미국의 자살 비율은 연령, 성별, 인종에 따라 차이가 난다(NIMH, 2013). 그림을 통해 알 수 있는 것처럼 백인이 다른 인종집단에 비해 자살할 가능성이 더 높다. [그림 12-3]의 자살 비율에서 여성이 남성보다 낮다는 점을 주의 깊게 살펴보아야 할 것이다. 그러나 연구들은 여성이 남성에 비해 4배나 더 많이 자살 시도를 한다는 것을 보여 준다(Anderson, 2002). 남성의 경우 여성에 비해 자살에 성공할 확률이 더 높은 이유는 남녀가 사용하는 자살방법에 기인한다. 응급실 기록에 따르면 총기를 사용하여 자살한 비율이 여성에 비해 남성에서 10배나 더 높은 반면, 음독자살을 시도한 비율은 여성에서 더 높게 나타났다(Centers for Disease Control and Prevention, 2002). 이러한 이유로, 남성의 자살 성공 가능성이 더 높게 나타나게 된다.

▶▶▶ 자살행동에는 가족력이 존재한다는 많은 증거가 있다. 청소년을 위한 자살 방지단체인 샤카 프랭클린 재단(Shaka Franklin Foundation)을 설립한 레스 프랭클린은 아들 샤카가 자살한 아픈 기억을 가지고 있다. 10년 후, 그의 또 다른 아들인 제이먼 또한 자살하였다.

비록 청소년기의 자살 비율이 지난 10년간 증가해 왔지만, 여전히 성인의 자살 위험이 청소년에 비해 훨씬 더 높다. 85세 이상 백인 남성의 경우, 10만 명당 51명이 자살하였는데, 이는 미국 전체 인구의 자살 비율이 10만 명당 12명인 것에 비하면 5배나 높은 수치다(National Center for Health Statistics, 2006a; NIMH, 2013). 전반적 건강 상태의 불량, 심각한 질병, 외로움(주로 배우자의 사망에 기인한) 및 사회경제적 지위의 하락은 많은 미국 노인, 특히 75세 이상 노인의 자살 시도를 부추기는 주된 요인들이다.

자살을 시도하는 사람들 중 약 90%는 단서를 남긴다(NIMH, 2009). 그들은 이런 말을 할지도 모른다. "당신은 다시는 나를 만나지 못할 거예요." 그들은 자신의 중요한 물건을 타인에게 주거나 친구, 가족 및 동료들과 멀어지고, 불필요한 위험을 감수하거나 성격 변화를 보일 수 있으며, 우울해 보이거나 좋아하던 활동에 대한 흥미를 상실하는 것과 같은 행동 단서를 나타낼 수 있다. 이러한 위험 신호들은 심각하게 받아들여야만 한다. 만약 이러한 자살 징후가 의심

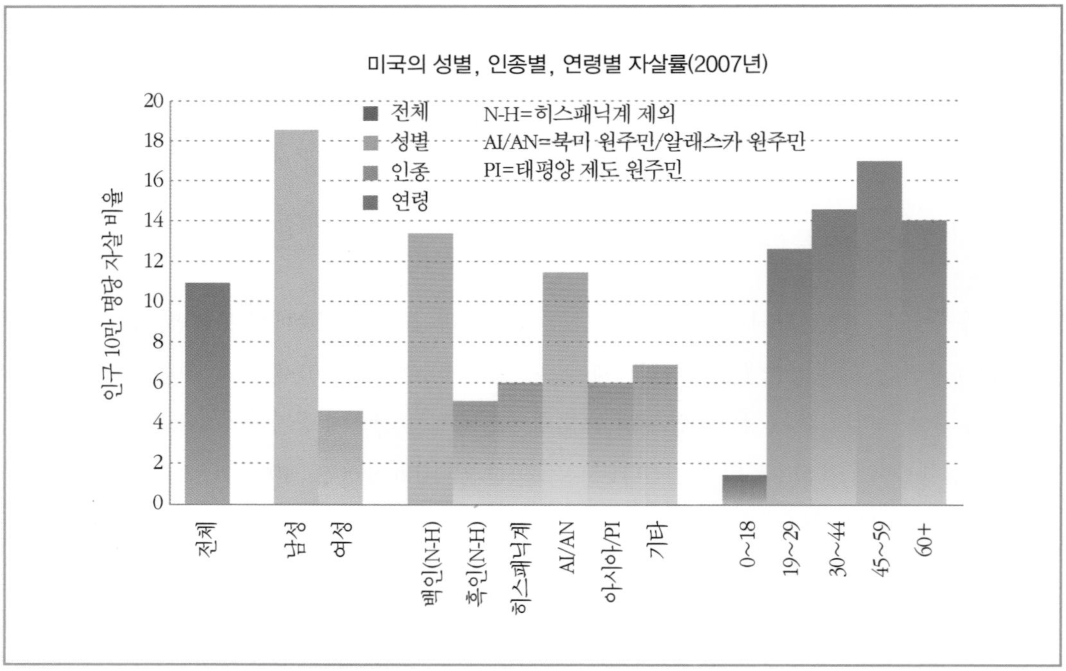

[그림 12-3] **인종, 성별, 연령에 따른 자살 비율 차이**

일반적으로 남성이 여성보다, 백인이 다른 인종보다 자살할 가능성이 높음을 알 수 있다.

출처: National Institute of Mental Health(2013).

되는 사람을 본다면 전문적 도움을 받도록 하는 것이 바람직하다. 여러 국가에서 24시간 자살예방 긴급 전화를 운영하고 있다. 이런 전화 한 통이 생명을 구할 수도 있다.

기억하기 본문 내용을 떠올리며 다음 퀴즈를 풀어 보라.

1. 양극성장애는 우울과 _____ 기간이 번갈아 가며 나타나는 것이 특징이다.
2. 심각한 _____에 노출되면 우울 삽화가 뒤따른다.
3. 미국의 소수인종 중 자살은 _____에서 가장 흔하게 나타난다.

조현병

고등학교 졸업 후, 트레이시 무어는 가수의 꿈을 이루기 위해 미니애폴리스 음악 전문대학교에 입학하였다(Roberts, 2006). 학기가 시작된 지 얼마 지나지 않아, 무어는 어떤 음성을 듣기 시작하였고 점차 외계인이 자신의 몸을 점령했다는 확신을 갖게 되었다. 이런 증상은 심리학자들이 **정신증**(psychosis)이라고 부르는 상태다. 의사들은 그녀를 현실 검증력이 상실된 심각한 정신장애인 **조현병**(schizophrenia, 과거에는 정신분열증이라고 불렸음)으로 진단하였다. 그녀는 약물치료를 통해 2003년 TV 프로그램 〈아메리칸 아이돌〉의 오디션에 참여할 수 있을 정도로 증상이 호전되었다. 지금도 무어는 노래를 계속하고 있는데, 많은 시간을 조현병에 대한 대중적 인식을 높이고 장애로 고통받는 많은 사람들의 회복력을 알리고자 노력하고 있다.

조현병의 증상

12.11 조현병의 양성 증상과 음성 증상이란 무엇인가?

조현병의 양성 증상은 이 장애를 지닌 환자가 나타내는 이상행동들이다(여기서 양성이란 '좋은'의 의미가 아닌 '없던 것이 생겨난'의 의미다). 조현병의 가장 명백한 양성 증상 중 하나는 **환각**(hallucination) 혹은 가상적 감각 경험이다. 조현병 환자는 실제 자극이 없는 상황에서도 보고 듣고 느끼고 맛보고 이상한 냄새를 맡을 수 있지만, 그중에서도 특히 목소리가 들리는 환청의 보고가 두드러진다. 그들은 또한 극단적으로 두렵거나 고통스러운 신체감각을 경험하거나, 성적 폭력 또는 화상 및 폭행을 당하는 느낌을 경험할 수 있다.

망상(delusion)을 가지고 있거나 개인이 속한 문화에서 일반적으로 공유되지 않는 잘못된 믿음을 가지는 것은 조현병의 또 다른 양성 증상이다. **과대망상**(delusion of grandeur)이 있는 사람은 자신이 유명하거나(예, 대통령이나 모세처럼) 강력하고 중요한 인물이거나 엄청난 지식, 능력 또는 권위를 갖고 있다고 믿을 수 있다. 피해망상(delusion of persecution)이 있는 사람은 타인이나 정부기관이 자신을 괴롭히거나 사기를 치거나 염탐하거나 음모를 꾸미거나 해치거나 죽이거나 혹은 어떤 방법으로든 그들에게 피해를 끼치려 한다는 잘못된 생각을 가지고 있다.

▶▶▶ 가수가 되고자 했던 트레이시 무어의 꿈은 그녀가 대학에 입학한 후 조현병 증상이 나타나면서 잠시 좌절되었다. 그러나 의사가 효과적인 약물치료 방법을 찾게 되면서, 그녀는 〈아메리칸 아이돌〉의 오디션에 참여하는 꿈을 실현할 수 있게 되었다.

조현병의 또 다른 양성 증상으로는 글을 쓰거나 대화를 할 경우 주제가 모호하게 옮겨 가며 사고가 일관되지 않게 흘러가는 연상의 이완 또는 탈선이 있다. 또 다른 양성 증상인 지리멸렬한 혼란스러운 행동에는 어린애와 같은 미성숙한 행동, 부적절한 성적 행동(남들 앞에서 자위행위를 하는 것), 단정치 못한 외모, 이상한 복장과 같은 행동들이 포함된다. 또한 고함을 치거나 욕설을 퍼붓는 등의 예측할 수 없는 흥분을 나타내고, 이상한 몸짓, 얼굴 표정 혹은 기이한 자세를 취하는 등 기괴하거나 부적절한 행동을 보일 수도 있다. 조현병 환자는 또한 부적절한 정서를 나타낸다. 즉, 환자는 특정 상황에서 예상할 수 있는 것과는 다른 부적절한 얼굴 표정, 어조 및 몸짓을 나타낸다. 예를 들어, 코미디 프로를 보면서 울거나 치명적인 교통사고로 인해 피투성이가 된 시체들을 보여 주는 기사를 보았을 때 흥미를 보일 수도 있다.

조현병의 음성 증상은 정상적 기능의 사고와 행동에서의 손상이나 결핍과 관련된다. 음성 증상에는 사회적 철회, 무관심, 동기 상실, 목표 지향적 활동의 부족, 매우 제한된 언어, 둔한 동작, 불량한 위생 상태, 청결치 못한 외모, 결핍된 문제 해결 능력, 왜곡된 시간 감각 등이 포함된다(Davalos, Kisley, & Ross, 2002; Hatashita-Wong et al., 2002; Skrabalo, 2000). 또 다수는 새로운 기억들을 구성하고 기억 전략을 사용하는 데 어려움을 겪는다(Matthews & Barch, 2004; Peters et al., 2013). 둔마된 정서를 나타내는 일부 조현병 환자는 정서를 느낄 수 있다고 보고할지라도 실제적으로는 어떠한 감정반응도 보이지 않는다. 그들은 일정한 톤으로 말하고, 무의미하게 시간을 보내며, 사람보다는 로봇에 더 가까운 무표정하고 경직된 행동을 나타낸다.

조현병 환자 모두가 음성 증상을 나타내는 것은 아니다. 음성 증상을 보이는 조현병 환자의 예후는 매우 나쁜 것으로 보인다(Guse et al., 2013). 음성 증상을 가진 사람은 정상적인 사회적 접촉에서 철회하고 자신만의 세계로 물러나는 경향이 있다. 또한 사람과 관계하는 것이 어렵고, 직업을 구하거나 자신을 관리하는 기능에서조차 어려움을 보인다.

12.12 어떤 요인들이 조현병의 발병 가능성을 증가시키는가?

조현병의 원인론

100년간 지속된 연구에도 불구하고, 조현병의 원인은 아직 명확하지 않다. 조현병 연구자인 워커와 동료들(Walker et al., 2004)은 최근 연구들에서 얻어진 기본적 가정은 조현병이 단일 요인에 의해 발생하는 것으로 볼 수 없다는 점이라고 보고하였다. 위험 요인은 복잡한 방법으로 상호작용하는데, 조현병이 발생하지 않은 개인이라 할지라도 관련 위험 요인을 모두 가지고 있을지도 모른다. [그림 12-4]에 이와 관련된 구성 요소를 포함한 워커의 모델이 제시되어 있다. 워커와 동료들에 따르면 주된 요인들은 다음과 같다.

선천적 취약성 선천적 취약성은 개인의 타고난 위험 요인이 조현병의 발현에 관련되는 측면을 말한다. 그중 하나가 성별이며 여성보다 남성에서 조현병이 더 많이 발생한다. 또한 과학자들은 유전적 요인이 조현병의 원인이 된다는 것을 발견해 왔다(Cannon et al., 1998; Gottesman, 1991; Kendler & Diehl, 1993; Owen & O'Donovan, 2003). [그림 12-5]는 조현병 환자와의 혈연관계에 따라 발병 가능성

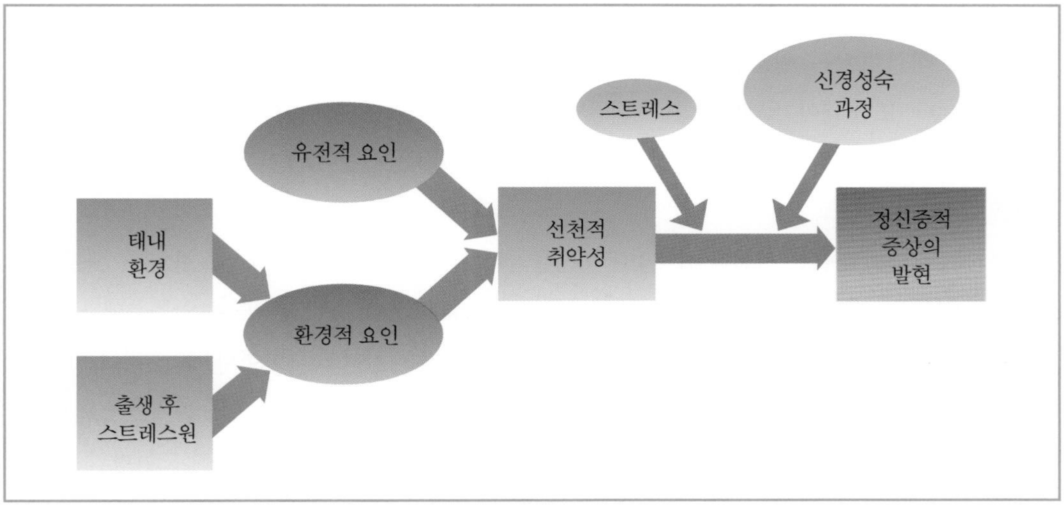

[그림 12-4] 위험 요인은 어떻게 조현병을 발생시키는가

이 그림은 오늘날 연구자들이 다양한 조현병의 위험 요인을 상정하고 있음을 보여 준다. 이들 위험 요인의 중심축에는 '선천적 취약성' 요인이 있다. 유전 및 환경과 관련된 태아기와 영아기의 요인들은 어떤 사람이 다른 사람보다 스트레스에 더 취약한 상태로 태어나게 한다. 스트레스와 신경성숙 과정은 선천적 취약성과 상호작용하여 조현병 증상을 발생시킨다.

출처: Walker et al.(2004).

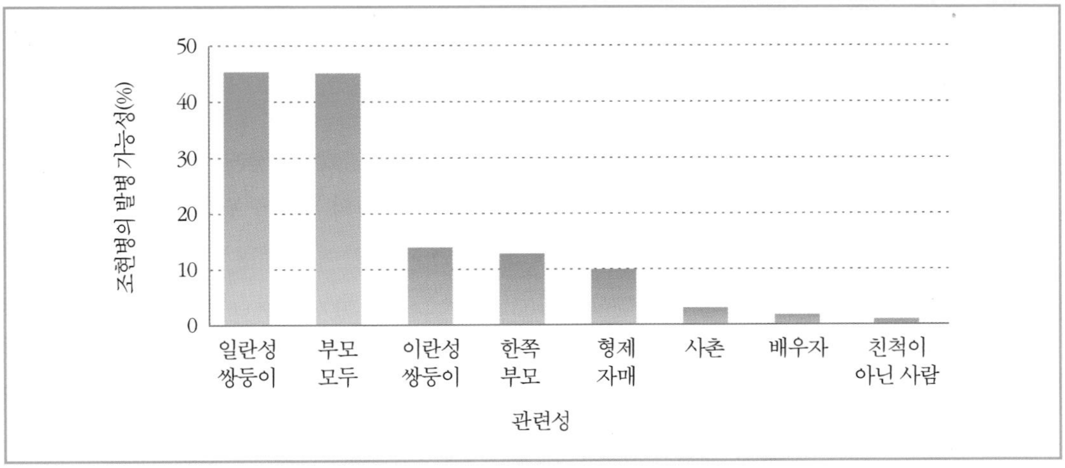

[그림 12-5] 유전적 유사성과 조현병의 발병 가능성

연구들은 조현병과 연관된 강한 유전적 요인을 보여 준다. 일란성 쌍둥이는 동일한 유전자를 가지는데, 만약 쌍둥이 중 한쪽에서 조현병이 발병한다면 다른 한 명의 발병 가능성은 46%다. 반면 이란성 쌍둥이에서는 단지 14%다. 또한 한쪽 부모가 조현병 환자인 경우 발병 가능성은 13%이지만, 부모 모두가 조현병 환자라면 46%의 가능성이 있다.

출처: Nicol & Gottesman(1983).

에 어떠한 차이가 있는지를 보여 준다.

그러나 연구자들은 개인의 선천적 취약성이 정확히 무엇인지는 아직 모른다. 유전자가 발달하고 있는 태아의 뇌 구조에 영향을 미쳐 조현병의 원인이 될 수도 있다. 한편 유전자가 보다 후기의 발달 과정이나 전 생애에 걸쳐 도파민과 같은 신경전달물질의 활동에 영향을 줄 수도 있다. 아울러 유전적 요인은 조현병 환자의 항정신병 약물에 대한 치료 예후에도 영향을 미친다(Yasui-Furukori et al., 2006). 선천적 취약성의 몇몇 측면은 태내기 혹은 출생 동안의 경험에 의해 형성된다. 예를 들어, 태내기 동안 어머니의 스트레스 호르몬, 알코올과 같은 물질 및 어머니가 섭취한 약물 등에 노출되는 것이 이러한 경험에 포함된다. 또한 태아가 태반을 거쳐 제공받는 영양소에는 어머니의 바이러스와 세균도 포함된다. 출생 당시의 스트레스원은 출생 시 외상과 출생 직후에 일어나는 신생아의 건강을 위협하는 다른 요인들을 포함한다.

마찬가지로, 연구자들은 선천적 취약성에 미생물들이 미치는 영향에 대해서 검토하였다. 예를 들어, 조현병은 인플루엔자 바이러스와 연관되어 있다(Perron et al., 2008). 최근 연구들은 인플루엔자 바이러스가 휴면기 상태인 HERV-W 바이러스라 불리는 원소를 활성화한다고 제안한다. 그 결과, HERV-W 바이러스는 뇌 영역 중 조현병에 영향을 미치는 염증 작용을 촉발시킨다. 다른 연구들에서는 헤르페스 바이러스의 일종인 시토메갈로와 고양이 배설물들에 있는 기생충인 톡소플라스마가 조현병의 위험 요소가 된다고 제안하였다(Yolken & Torrey, 2008).

스트레스 워커와 동료들은 조현병 환자가 정상인에 비해 더 많은 스트레스를 경험한다는 증거는 없다고 지적한다. 대신 그들은 앞서 언급한 기질적인 요인으로 인해 다른 사람에 비해 스트레스에 보다 취약할 수 있다고 믿는다.

연구자들은 선천적 취약성을 가진 조현병 환자의 경우 스트레스 상황에서 일어나는 생화학적 변화에 대해 신경학적 민감성이 있을 것이라 가정한다. 이러한 가정을 좀 더 직접적 비유를 들어 설명하자면, 스트레스 호르몬은 정상인의 뇌에서는 스위치로 작동하지 않지만 기질적으로 조현병에 취약한 사람의 뇌에서는 스위치로 작동한다고 볼 수 있다.

신경성숙 과정 워커는 많은 연구가 조현병 환자의 뇌와 정상인의 뇌가 구조적으로나 기능적으로 서로 다르다는 것을 제시해 왔다고 보고한다(Gee et al., 2012). 예를 들어, 조현병 환자의 경우 정상인에 비해 전두엽 신경 활동 수준이 더 낮은 경향이 있다(Glantz & Lewiz, 2000; Kim et al., 2000). 2장에서 읽었던 피니어스 게이지의 사례를 떠올려 보면, 그는 쇠막대로 두개골이 관통되어 전두엽이 손상되었을 때 극단적으로 성격이 변하였다. 조현병 환자들은 성격에서 그와 유사한 변화를 보인다. 더욱이 많은 조현병 환자는 감정과 사고를 조절하는 뇌 영역인 변연계와 대뇌피질 간의 신경회로에 결함을 보인다(Rasetti, et al., 2009). 게다가 조현병 환자는 일반적으로 대뇌반구 사이의 정보 교환이 정상인보다 더 느린 경향이 있다(Florio et al., 2002).

조현병은 10대 후반과 20대 초반에 가장 많이 진단되기 때문에, [그림 12-4]에 제시된 이론적인 모델은 조현병의 신경학적 요인이 사춘기 후기에 정상적으로 일어난 신경성숙 과정과 어떤 방식으로든 연

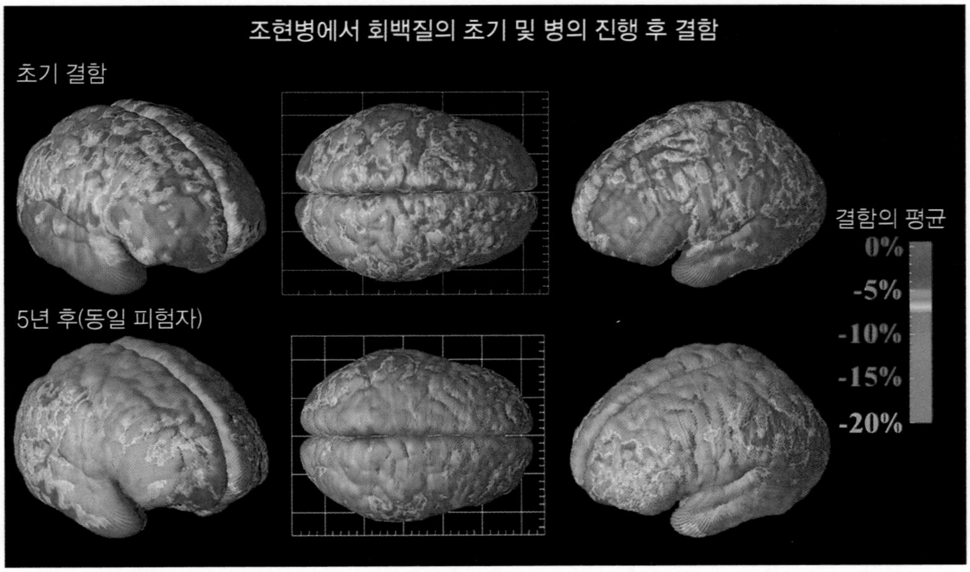

[그림 12-6] 조현병 진단을 받은 청소년의 파괴된 뇌 회백질

이 사진은 뇌의 회백질에 나타난 조현병의 파괴적인 효과를 극적으로 보여 준다. 첫 번째 줄의 사진은 12~15세에 조현병으로 진단받은 15명의 청소년의 뇌에서 회백질 부족을 보여 준다. 두 번째 줄의 사진은 이들 청소년에게 조현병이 발병한 후 5년 후에 감소된 회백질의 양을 보여 준다.

출처: Thompson et al.(2001).

결된다고 추정한다. 일단 조현병이 발병하면, 점진적으로 뇌의 신경학적 퇴화 과정이 나타난다. 이런 변화에는 회백질 감소([그림 12-6] 참조)와 함께 대뇌피질과 해마의 퇴화에 따른 전체적인 뇌 크기의 감소가 포함된다. 이와 같이 장애를 조기 진단하는 것이 조현병과 관련된 뇌 손상을 예방하는 데 결정적인 역할을 한다(Dell'Osso et al., 2013).

워커와 동료들(2004)에 따르면, 조현병 환자의 사후 뇌부검 결과 조현병은 뉴런의 손상과도 관련이 있었다. 손상의 대부분은 2장에서 보았던 뇌의 신경전달물질체계를 구성하는 뉴런에서 발견된다. 몇몇 연구자는 이 손상이 뇌의 정서적 영역과 인지적 영역 사이의 정보 교환을 저해한다고 제안한다. 다른 연구자들은 손상된 뉴런이 뇌의 다양한 기능적 하위체계의 전체 협응 과정을 비효율적으로 관장한다고 주장한다.

워커는 많은 연구에서 도파민에 작용하는 것으로 알려진 약물이 일반적으로 정신증 치료에 유용한 것으로 밝혀졌기 때문에 도파민이 조현병과 관련하여 중요한 역할을 할 것이라고 주장하였다(Müller et al., 2006). 그러나 대뇌의 신경전달물질체계는 결핍, 과다, 기능부전 등의 양상을 보일 수 있기 때문에 조현병의 복잡한 특징을 단일 신경전달물질만으로 충분히 설명할 수는 없다. 워커는 다른 많은 신경전달물질, 특히 글루타메이트와 GABA 또한 조현병상의 기저에 작용하는 신경학적 과정과 관련되어 있다고 한다.

기억하기 본문 내용을 떠올리며 다음 퀴즈를 풀어 보라.

1. 환각과 부적절한 성적 행동처럼 독특한 경험과 행동은 조현병의 _____ 증상이다.
2. 다른 사람들과 시선을 맞추는 것과 같은 일반적인 행동이 결여되는 것은 조현병의 _____ 증상이다.
3. 연구자들은 조현병의 원인이 단일하지 않다는 점에 동의한다. (예/아니요)

신체증상장애, 해리장애, 성장애 및 성격장애

2005년 8월, 한 남성 노숙자는 자신이 누구였는지, 어떻게 자신이 그 도시에 와서 자기 신원을 알고 시카고 경찰에 도움을 호소하였는지 기억할 수 없었다. 그는 자신의 이름을 제이 타워라고 믿고 있었지만 더 이상 자신에 대해 아는 것은 아무것도 없었다. 경찰은 미국 연방수사국에 그의 지문을 보내고 도움을 요청해 보았지만 소용이 없었다. 수개월 후, 타워와 같은 노숙자 수용소에 거주했던 한 사람이 2006년 2월에 실종자를 찾는 TV 프로그램에 나온 사진을 보고 그를 알아보았다. 프로그램에 따르면, 그가 바로 2005년 1월 행방불명된 뉴욕의 한 변호사 레이 파워였다. 파워는 뒤에서 설명할 몇 가지 장애 중 하나인 해리성 기억상실의 한 형태를 보여 주고 있다.

12.13 신체증상장애란 무엇인가?

신체증상장애

정신신체(psychosomatic)라는 용어는 증상과 질환 중 어디에 적용되는 말인가? 일반인은 흔히 심리적인 문제가 원인이 되는 신체적 장애를 나타낼 때 이 용어를 사용할 것이다. DSM-5에서는 이러한 상태에 따라 신체증상장애라는 용어를 사용한다. **신체증상장애**(somatic symptom disorders)는 특정 의학적 상태에 기인한 것이 아닌 심리적 원인 때문에 발생한 신체적 증상과 관련된다. 비록 증상은 심리적 원인에 기인하지만, 환자는 그 증상이 신체적 문제로 나타난 것이라 확신한다. 신체증상장애 환자는 자신의 업무나 활동을 모면하기 위해 의도적으로 증상을 호소하는 꾀병과는 다르다.

신체증상장애 환자들은 건강과 몇몇 심각한 질환의 신호로 간주할 수 있는 신체 증상에 대한 과도한 두려움을 갖는다. 예를 들어, 그들은 사소한 소화불량과 같은 증상을 위암의 신호라고 해석한다. 신체증상장애를 가진 몇몇 환자는 여러 의사를 찾아다니며 진료를 받고('doctor shop') 그들이 가장 두려워하는 것을 탐색하고 확인받으려 한다.

신체적 원인에 기인하지 않는 특정 신체 부위의 운동실조 또는 감각마비 증상으로 인해 어떠한 심리적 문제가 해결된다면 **전환장애**(conversion disorder)로 진단된다(Powsner & Dufel, 2009). 예를 들어, 운전공포증이 있는 사람이 운전할 때마다 두통이 심해져 운전을 할 수 없다면 이러한 행동은 사회적으로 용인되고 고통에서 벗어날 수도 있게 된다. 그들은 눈이 멀거나, 귀가 들리지 않거나, 말을 하지 못하게 되거나, 특정 신체 부위에 마비가 발생할 수도 있다. 프로이트(Freud)의 환자 중 많은 수가 전환장애를 앓고 있었는데, 프로이트는 그들의 신체적 증상이 무의식적인 성적 혹은 공격적 갈등을 해결하기 위

▶▶▶ 의사가 심지어 어떠한 신체적 문제를 발견하지 못하였음에도 불구하고 다양한 신체 증상을 끊임없이 호소하며 의료적 도움을 구하는 사람은 신체증상장애로 고통받고 있다고 볼 수 있다.

한 방법으로 발생된 것이라 믿었다.

연구자들은 신체증상장애가 불안장애에서 발생하는 신경학적 후유증과 유사한 결과를 보인다고 제안한다(Bryant & Das, 2012). 전문가들은 흔히 신체증상장애 환자가 범불안장애로 진단된 사람들과 구분되기 어렵다고 지적한다. 더욱이 동일한 약물이 강박장애와 우울장애뿐 아니라 신체증상장애에도 영향을 미친다는 점에서, 결과적으로 이 장애들이 공통된 기원을 가진다는 연구 결과도 존재한다.

이와 유사하게, 전환장애와 불안장애는 서로 중첩되는 측면들이 있다(Bryant & Das, 2012). 심리학자들은 견디기 힘든 불안 상태를 벗어나기 위한 무의식적인 방어의 결과가 전환장애로 표출된 것이라고 여긴다. 예를 들어, 엄청나게 두려운 전쟁에 참여해야만 하는 군인은 불안을 벗어나기 위해서 신체 마비 증상이 나타나거나 다른 신체기관의 역기능이 나타날 수도 있다. 이러한 가설을 뒷받침하는 하나의 근거는 전환장애 환자들이 나타내는 '기분좋은 무관심(la belle indifference)' 증상으로, 이는 환자들이 자신의 증상에 대해 냉담하고 침착하게 반응하는 것을 의미한다.

해리장애

12.14 해리장애는 행동에 어떠한 영향을 미치는가?

만약 당신이 자신의 다리를 인식할 수 없다면 얼마나 당황스러울지 상상해 보라. 신경과 전문의 올리버 삭스(Oliver Sacks, 1984)는 자신의 저서 『잃어버린 다리(*A Leg to Stand On*)』에서 자신의 다리 감각을 느낄 수 없거나 심지어 인지할 수조차 없었던 입원환자의 사례를 소개했다. 이 환자는 다리가 자신의 몸에 연결되어 있지 않다고 주장했고, 자신의 침대에서 다리를 움직이려는 시도 때문에 수없이 침대에서 굴러 떨어졌다. 이 불운한 남성은 신체적 자기와 심리적 자기 간의 심한 분열로 고통받고 있었다. 정신건강 전문가들은 이러한 과정을 해리—자기의 모든 요소를 자신의 일관된 정체감으로 통합하는 능력을 상실한 것—라고 부른다. 이 환자의 경우, 해리의 원인은 신체적 질환이었다. 그러나 다른 많은 사례에서는 신체적인 원인보다 정신적인 원인에 의해 해리현상이 발생한다.

견디기 힘든 스트레스에 반응하여 일부 사람은 자신의 인격체를 의식적으로 통합할 능력을 잃어버리는 **해리장애**(dissociative disorder)를 발전시키게 된다. 그들의 의식은 자신의 정체성이나 중요한 개인적인 사건 또는 둘 모두의 기억으로부터 해리된다. 예를 들어, **해리성 기억상실증**(dissociative amnesia)은 개인의 정보를 회상하거나 과거의 경험들을 확인할 능력을 완전히 또는 부분적으로 상실한 것이다(건망증이나 약물 사용에 의한 것이 아니어야 함). 즉, 감당하기 힘든 불안을 만드는 외상적 경험(말하자면, 심리적 충격)이나 상황이 발생하였을 때 그것을 '망각해 버림'으로써 불안에서 벗어나려 할 때 이러한 증상이 발생한다.

해리성 기억상실증보다 더 이해하기 어려운 장애는 앞에서 소개한 레이 파워가 갖고 있었던 **해리성 둔주**(dissociative fugue)다. 해리성 둔주 상태인 사람은 자신의 정체성을 상실하는 것뿐만 아니라 파워처럼 갑작스럽게 주거지를 떠나게 된다. 어떤 사람은 이전 성격보다 보통은 더 외향적이거나 떠들썩한 새로운 인격을 만들어 내기도 한다.

이런 둔주는 몇 시간, 며칠 또는 여러 달 지속될 수 있다. 둔주는 자연재해, 심각한 가족 갈등, 심한 개인적 상처, 전시의 군복무와 같이 대개 심한 정신적인 스트레스 사건에 대한 반응으로 나타난다. 비록 그들이 둔주 상태를 야기했던 최초의 스트레스원을 기억하지 못할지도 모르지만, 다행히 대부분의 사람은 해리성 둔주에서 빠르게 회복된다. 둔주에서 회복되면 사람은 종종 둔주 상태 동안 일어났던 사건에 대해 전혀 기억하지 못할 수도 있다.

해리성 정체감 장애(dissociative identity disorder: DID)에서는 적어도 두 개 이상의 별개의 독특한 인격이 한 개인 안에 존재하고, 다른 인격의 개인적 정보로부터 기억이 심각하게 분열된다. 한 인격으로부터 다른 인격으로의 변화는 일반적으로 스트레스 상황에서 갑자기 발생한다. 이들이 공통적으로 호소하는 문제는 '잃어버린 시간'—해당 인격이 당시에 자신의 신체를 통제하고 있지 않았기 때문에 기억하지 못하는 기간—이다.

해리성 정체감 장애를 가진 사람들 중 상당수는 어린 시절에 심각한 신체적 또는 성적 학대를 경험했던 것으로 보고되고 있다(Bremner & Vermetten, 2007). 결과적으로 많은 연구자와 임상의는 초기 외상의 경험이 해리성 정체감 장애를 발달시키는 데 기여한다고 주장하고 있으며 이는 정신분석적 관점과 일치한다. 하지만 학대와 해리성 정체감 장애는 절대적인 관련성이 있다고 보기는 힘들다(Brenner, 2009). 즉, 모든 또는 대부분의 해리성 정체감 장애가 학대로 유발되는 것은 아니다. 마찬가지로, 학대의 경험이 없는 많은 사람에게서도 해리성 정체감 장애가 발생한다.

이와 같이 장애와 관련해 다양한 의견이 제기되었다. 예를 들어, 다수의 연구 결과는 4장에서 다뤘던 수면-각성 주기의 붕괴가 해리성 정체감 장애의 원인이 된다고 보고하였다(van der Kloet et al., 2012). 또 다른 접근에서는 해리성 정체감 장애의 원인이 사회적, 인지적 측면과 관련된다고 간주한다(Lynn et al., 2012). 이 접근에 대한 옹호자들은 치료자들과 언론 매체의 미묘한 묘사로 인해 해리성 정체감 장애와 관련한 행동 패턴이 유도된다고 주장한다. 해리성 정체감 장애는 정신분석, 인지치료 및 수면-정상화 치료를 통해 성공적으로 치료할 수 있다(Brand et al., 2012; van der Kloet et al., 2012).

12.15 다양한 성기능장애의 특징은 무엇인가?

성기능장애

심리학자들은 성적 욕구와 성적 흥분, 섹스나 절정감과 관련된 쾌감을 포함하는 지속적이고 반복적이며 괴로운 문제들을 **성기능장애**(sexual dysfunctions)라 정의한다(9장 참조). 성기능장애에 대한 약물치료 방법은 남녀 모두에서 성공적이었다. 남성의 경우에 실데나필 시트레이트(비아그라)가 발기기능의 회복에 효과가 있음이 입증되었다.

치료에서 고려해야 할 또 다른 중요한 점은 남성과 여성 모두에서 보이는 우울 증상과 성기능장애 사이의 관련성이다(Seidman, 2002). 우울 증상은 성기능장애의 원인이자 결과다. 따라서 연구자들은 건강 전문가들이 성적인 어려움을 겪는 환자에게 잠재적 우울 요인들에 대해 질문하도록 제안한다. 그러나 항우울제 사용은 종종 성기능에서의 문제를 증가시킨다(Lahon et al., 2011). 따라서 전문가들은 약물치료와 심리치료를 병행하여 우울한 환자들의 정서와 성기능 모두에 개입하기를 제안한다(Montejo et al., 2001).

성도착장애(paraphilic disorders)는 아동, 동의하지 않은 사람, 인간이 아닌 대상, 자기 혹은 상대방에게 고통이나 수치를 주는 것 등에 대한 반복적인 성적 충동, 환상 또는 행동을 나타내는 장애를 의미한다. 성도착장애로 진단되는 사람은 삶의 중요한 영역에서 상당한 정신적 고통이나 기능장애를 경험한다.

성격장애

12.16 다양한 성격장애들 간의 유사점과 차이점은 무엇인가?

당신은 다른 사람과 함께 어울리는 것이 불가능하고 언제나 자신의 문제로 다른 사람을 비난하는 누군가를 알고 있는가? 이런 사람은 **성격장애**(personaility disorder)일 가능성이 있는데, 성격장애란 일반적으로 유년기나 사춘기에 시작되어 만성적으로 지속되는 역기능적이고 경직된 대인관계와 행동 패턴을 특징적으로 나타낼 때 진단된다(NIMH, 2013). 주로 우울장애 또는 양극성장애로 진단된 사람들이 성격장애로도 진단되는 경향이 있다(Kopp et al., 2009; Valtonen et al., 2009). 대부분의 성격장애의 원인은 지금껏 밝혀지지 않고 있다.

성격장애를 지닌 사람은 가까이하기가 매우 어렵고, 종종 자신의 문제로 다른 사람들을 비난한다. 그 결과로 대부분 직업 및 사회생활이 불안정하다. 약물치료가 성격장애의 치료에 유용하다는 것이 증명되지 않았기 때문에 선택할 수 있는 치료방법이 별로 없다. 결국 치료방법을 찾고 치료 효과를 보기 위

〈표 12-3〉 **성격장애의 유형**

성격장애	증상
편집성	의심이 많고, 불신, 신중성, 과민함을 보이며, 쉽게 경멸하고, 메마른 정서가 특징적. 원한을 품음
분열성	다른 사람들로부터 스스로를 격리시킴. 정서적 친근감을 형성하는 것이 불가능해 보이며, 자폐아동의 행동과 유사함
분열형	아주 독특한 스타일로 옷을 입으며 사회적 기술이 부족하고 조현병의 망상과 비슷한 기괴한 사고를 나타냄
자기애성	과대한 자기존중감과 권리의식, 자기중심성을 나타냄. 거만하고 까다로우며 요구하거나 착취적임. 시기심이 강하고 관심과 칭찬을 갈망하며 공감이 결여되어 있음
연극성	관심과 주의를 추구함. 지나치게 극적이며 자기중심적임. 피상적이고 요구가 많으며 타인을 조종하려 함. 쉽게 지루해하며, 피암시성이 높고 잘 흥분하며, 종종 매력적이고 성적으로 유혹적임
경계성	정서, 행동, 자기상, 사회적 관계가 불안정함. 버림받는 것에 대한 강렬한 공포를 느끼고, 충동적이고 무모한 행동과 부적절한 분노를 나타냄. 자살 및 자해행동을 나타냄
반사회성	타인의 권리와 정서를 무시함. 남을 속이고 충동적, 이기적, 공격적, 무책임함, 무모함, 개인적 이득을 위해 양심의 가책 없이 법을 어기고 거짓말을 하거나 속이며 타인을 착취하는 특징을 보임. 직업 유지에 실패함
강박성	정확한 방법에 집착함. 대체로 완벽주의자이며 감정적으로 얕은 대인관계를 유지함
회피성	비판과 거부에 대한 두려움을 가지며, 타인으로부터의 평가를 피하기 위해 사회적 상황을 회피함
의존성	타인의 조언과 지지에 지나치게 의존하며, 연인이나 친구에게 집착하고 유기공포를 느낌

해서는 자신이 문제를 가지고 있다는 것을 인식하고 치료자와 협력할 필요가 있다.

〈표 12-3〉에 제시된 것처럼 다양한 유형의 성격장애가 존재한다. 가장 많이 진단되는 세 종류의 성격장애는 강박성, 경계성 및 자기애성 성격장애다(Sansone & Sansone, 2011). 자기애성 성격장애를 가진 사람은 주변의 관심과 존경받기를 원하며, 흔히 지나치게 극적인 반응을 보이고, 사회적 관계는 날마다 기복이 매우 심하다. 경계성 성격장애를 가진 사람들은 강렬한 유기 공포를 느끼고 특히나 자살사고(suicidal thought)와 자해의 가능성이 높다(Joiner et al., 2009). 이들은 흔히 아동기 학대 경험을 보고하거나 관계에서 버림받는 것에 대한 강렬한 공포를 경험한다(Allen, 2008).

다양한 장애가 높든 낮든 대체로 일관된 유병률을 나타내는 것과는 달리, 성격장애의 유병률은 비일관된 패턴을 보여 준다(Sansone & Sansone, 2011). 더욱이 다양한 심리장애의 유병률은 지난 수십 년간 상당한 변화를 보였고, 문화에 따른 차이 또한 상당한 것으로 보고되었으나(Sancone & Sansone, 2011), 이와 대조적으로 성격장애는 전체 범주에서 평균적으로 약 10%의 유병률 변화만을 나타내었다. 이러한 발견은 각 심리장애의 진단기준을 다양하게 해석하는 치료자들과 문화 인식 정도에 따라 행동이 다르게 정의된다는 점을 반영하는 것으로 볼 수 있다. 그럼에도 불구하고 임상가들은 다른 정신적 문제와 유형에 동일하게 존재하는 특징과 성격장애는 서로 다르다는 것에 동의한다.

성격장애는 특히 치료에 대한 강한 저항을 나타낸다(Bienenfeld, 2013). 성격장애를 가진 사람들은 약물치료에 반응하지 않고, 심리치료로 자신의 문제를 통찰하는 것도 어렵다. 성격장애는 외견상 경직된 패턴을 보이지만, 많은 연구 결과는 시간의 경과에 따라 그 특성이 점차 변화됨을 보여 준다. 청소년기에 성격장애로 진단된 사람들이 대체로 10년 동안은 매우 안정적인 양상을 보인다는 종단적 연구 결과가 보고되었다(Durbin & Klein, 2006). 그러나 이 연구에서 10년 후 추적조사 결과 많은 사람이 더 이상 성격장애 진단기준에 부합하지 않았다. 물론 이러한 결과가 청소년기에 잘못된 진단에 기인할 수도 있지만, 이 연구는 성격장애를 앓는 사람들이 보이는 높은 신경증 이환율과 같은 특징들은 점차 감소함을 확인하였다. 이런 경향들은 일부 환자에서 그들을 성격장애로 진단하게 만든 심리적 · 행동적 요인이 시간이 지남에 따라 어느 정도 해결되거나 덜 심각해질 것이라는 관점을 지지해 준다.

성격장애의 특징이 개인의 일반적인 성격 요인과 밀접한 유사성이 있기 때문에, 성격장애를 고려할 때는 이 장의 처음에 논의된 비정상성에 대한 기준을 기억하는 것이 특히 중요하다. 만일 당신의 친구가 이웃사람이 자신의 고양이에게 독을 먹인다는 근거 없는 의심을 한다고 해서 친구를 편집성 성격장애라고 성급하게 결론 내려서는 안 된다. 의심이 많은 이러한 경향은 단지 당신 친구의 성격적 특징일 가능성도 있기 때문이다.

기억하기 본문 내용을 떠올리며 다음 퀴즈를 풀어 보라.

1. _____장애는 심리적인 원인을 가진 신체적 증상을 나타낸다.
2. _____로(으로) 진단된 사람은 두 개 이상의 상이한 성격을 가진다.
3. 각 증상과 성격장애를 연결하라.

_____(1) 반사회성 _____(2) 편집성 _____(3) 분열성 _____(4) 경계성

a. 지나친 의심 b. 사회적 고립 c. 버림받는 것에 대한 극심한 공포 d. 다른 사람을 학대함

아동기 장애

▶▶▶ 템플 그랜딘 박사는 콜로라도 주립대학의 동물과학 교수로 어린 나이에 자폐 스펙트럼 장애 진단을 받았다. 그녀는 자신이 장애를 극복할 수 있었던 이유는 다른 사람과 의사소통하는 방법을 가르치고자 했던 어머니의 끈질긴 노력 때문이라고 하였다.

콜로라도 주립대학교의 템플 그랜딘 박사에 대해 알고 있는가? CSU 웹사이트에서는 그랜딘이 동물 행동 연구에 있어 획기적인 발견을 했을 뿐만 아니라 "세계적으로 저명한 자폐인이면서 가장 많은 업적"을 이루었다고 소개하였다. 자폐증을 이겨 낸 그랜딘의 이야기는 『나는 그림을 통해 생각한다: 자폐인의 내면세계에 관한 모든 것(*Thinking in Pictures: My Life with Autism*)』이라는 그녀의 자서전을 통해 소개되었는데, 자폐증은 이 장에서 다루는 장애 중 하나이기도 하다. 그랜딘이 2세 되던 해, 의사들은 뇌 손상으로 인해 희망이 없다며 어머니에게 그녀를 시설로 보낼 것을 조언하였다. 그랜딘 박사는 딸을 위해 최고의 교사와 학교를 찾기 위해 노력하고, 의사의 조언을 거절했던 어머니의 결정이 자신의 업적에 도움이 되었다고 하였다.

공중보건 관계자들은 미국 아동의 대략 14%가 심리장애를 가지고 살아가고 있다고 추정한다(National Institue of Mental Health[NIMH], 2013). 이러한 아동들 중에서는 이미 이 장에서 다루었던 다른 장애로 진단되는 사례도 있다. 예를 들면, 불안장애의 경우 성인과 아동의 진단기준이 동일하다. 그러나 아동기에 처음 진단되거나 아동에게만 적용되는 독특한 몇몇 장애가 있다. 7장에서 지적장애와 같은 장애들에 대해 이미 학습하였다. 이 장에서는 추가적으로 세 가지 아동기 장애에 대해 학습하게 될 것이다. 파괴적 기분조절곤란장애, 자폐 스펙트럼 장애, 주의력결핍 과잉행동장애(ADHD)가 바로 그것이다.

파괴적 기분조절곤란장애

> 12.17 파괴적 기분조절곤란장애 아동들의 문제행동에는 어떤 것들이 있는가?

대부분의 아동은 가끔 짜증을 낸다. 그러나 정신건강 전문가에게 심각하게 짜증을 내고 예민하다고 문의해야만 하는 사례 또한 존재한다. 이렇게 화를 잘 내는 아동들은 학업 및 사회적 상황에서 요구되는 능력들이 심각하게 손상되어 있다(Stingaris, 2011; Wozniak et al., 2005). 이러한 문제를 보이는 아동들에게 진단될 수 있는 장애가 다양하기 때문에 얼마나 많은 아동들이 이러한 행동을 나타내는지를 확인하기란 쉽지 않다. 그러나 DSM-5 저자들은 이 문제에 대한 해결책을 찾았다.

소아 양극성장애와 관련된 논쟁 과거 일부 전문가는 격렬한 분노 증상을 드러내는 아동들이 지나치게 불안정한 경우에 소아 양극성장애(pediatric hipolar disorder: PBD)로 진단할 수 있다고 하였다. 전문가들은 성인에게서 나타나는 조증과 이러한 아동들이 드러내는 격렬한 분노가 동일하다고 말한다.

이들이 진정한 양극성장애라면 평생 동안 장애가 지속되어야 하지만, 종단 연구에 따르면 PBD로 진단된 아동들이 성인이 된 후 제1형 양극성장애 및 제2형 양극성장애의 진단기준 중 어느 것도 충족하지 않음을 발견하였는데, 바로 이러한 측면이 PBD 진단에 대한 논쟁점이 될 수 있다(Harris, 2005). 또한 PBD의 진단기준과 관련된 또 다른 논쟁점은 진단을 내림으로써 정신과적 약물이 필요 없는 많은 아동에게 약물 처방을 유도한다는 점이다(Raven & Parry, 2012).

PBD와 관련된 이와 같은 논쟁점들로 인해 DSM-5 저자들은 **파괴적 기분조절곤란장애**(disruptive mood dysregulation disorders: DMDD)라는 새로운 진단기준을 만들었다. DMDD로 진단된 아이들은 부적절한 상황에서 일주일에 세 번 이상 학업 및 사회적 기능을 방해할 정도의 극단적인 분노를 나타낸다. DMDD 아동들은 화가 절정에 이르렀을 때 공격적이거나 파괴적인 행동을 드러낸다. 선행 연구에서 DMDD 진단기준으로 인해 양극성장애로 잘못 진단되었던 많은 아동의 비율이 감소되었다고 한다(Margulies et al., 2012). 그 결과 극단적인 분노 증상으로 인해 정신과 약물을 복용했던 아이들의 수 또한 감소했다고 한다.

파괴적 기분조절곤란장애에 대한 설명 DMDD로 진단된 아동들은 정서 조절 전략의 발달에 있어 또래보다 뒤처져 있다. 예를 들면, 대부분의 아동은 자신의 요구가 거부되면 잠시 동안 화를 내거나 실망을 하지만 이내 다른 것에 다시 집중을 할 수 있다. 그러나 DMDD로 진단된 아동들은 매우 격분할 뿐 아니라 이들을 진정시키려는 어른들의 노력에 강력히 저항할 수도 있고, 분노와 같은 자극으로 주의를 돌릴 수도 있다. 이러한 삽화는 보통 일주일에 3회 이상 나타나며, 이들의 정서적 변화는 가정이나 학교에서 일상적으로 흔히 일어나므로 부모와 교사는 강한 무력감을 경험하고 이들로부터 멀어지게 된다(West & Weinstein, 2012).

어떤 연구자들은 DMDD의 유전적 원인이 있다고 주장한다. 유전적 가설을 뒷받침하는 증거로 DMDD로 진단된 아동들은 유아기에 까다로운 기질을 나타낸다고 한다(West, Schenkel, & Pavuluri, 2008). DMDD로 진단된 형제가 있는 아동 또한 DMDD로 진단받을 확률이 높다는 연구들 또한 이러한 가설을 뒷받침해 준다(Papolos et al., 2009). DMDD로 진단된 아동들에서 정서를 조절하는 뇌의 영역의 성장 속도가 지연된다고 한다. 이것은 유전적인 요인을 통해서 DMDD 증상이 발현된다는 것을 시사한다(Bitter et al., 2011). 그러나 학습 또한 DMDD의 원인이 될 수 있다는 점에서, 많은 연구에서는 DMDD를 치료하는 데 효과적인 행동수정법을 제시하고 있다.

12.18 자폐 스펙트럼 장애는 아동의 발달에 어떤 영향을 미치는가?

자폐 스펙트럼 장애

자폐 스펙트럼 장애(autism spectrum disorder: ASD)는 평생 동안 사회적 관계를 유지하고 형성하기 힘들다는 독특한 특징을 가지고 있다. ASD를 나타내는 사람은 사회적 관점에서 상호 간의 '주고받음'을 이해하기가 어렵다. 미국의 경우, 약 1% 이상의 아동들이 ASD로 진단된다(Baio, 2012). 이러한 비율은 유럽과 비슷하다(Lauritsen, Pedersen, & Mortensen, 2004).

사회적 기능의 변화 스펙트럼상에서 기능 수준이 떨어지는 ASD 아동들은 언어적 능력에 한계가 있거나 극단적으로 지체되어 있다. 또한 상호적인 사회적 관계를 맺는 능력이 부족하고, 흥미의 범위가 심각하게 제한되어 있다. 또한 대부분 지적장애를 가지고 있고, 쉽게 주의가 산만해지며, 외부 자극에 느리게 반응하고, 충동성이 높다(Calhoun & Dickerson Mayes, 2005).

일반적으로 ASD로 진단된 많은 아동은 어느 정도 언어적 의사소통이 가능하고, 약간의 인지적 손상을 가지고 있다. 또한 다른 사람의 관점을 통해 상황을 볼 수 있는 능력의 발달에도 문제가 있다(Hughes, 2008). 그 결과, 타인으로부터 들은 문장을 이해하지 못하고 정상적인 대화를 하기가 어렵다. 또한 자신이 처한 상황과는 동떨어진 부적절한 문장을 반복하고, 로봇과 같은 모습을 취하기도 한다.

고기능 ADS 아동들은 DSM-IV-TR에서 아스퍼거 증후군으로 진단되었다. 이들은 연령에 맞지 않는 언어 및 인지적 능력을 보이며, 높은 IQ 점수를 나타내는 경우도 있다. 그러나 일반적으로 다른 사람의 생각, 느낌, 동기를 이해하는 능력이 발달되어 있지 않다. 이러한 아동들은 취학 전에 '대기만성형'이라고 표현되기도 한다. 이들 대부분이 입학 후 독특한 행동을 나타내기 시작한다. 예를 들면, 비행기 시간표와 같은 무의미한 것들을 외우는 데 집착한다. 또한 이들은 체크무늬 식탁보에 그려진 사각형의 수를 반복적으로 세는 것과 같은 강박적인 행동을 보이기도 한다. 학령기가 되면서 또래 아동들과 우정을 나누지 못하는 모습들이 두드러지게 된다. 그 결과, 대부분의 고기능 ASD 아동은 저학년 때 ASD로 진단된다.

자폐 스펙트럼 장애에 대한 설명 이전에는 ASD가 잘못된 양육의 결과로 생겨난다고 믿었다. 하지만 이 장애에 대한 체계적 정립이 이루어지면서 신경학적 이상이 주된 원인이라는 점이 밝혀졌다(Kagan & Herschkowitz, 2005). 따라서 ASD는 DSM-5에서 유년기 또는 청소년기에 신경학적 원인에 의해 진단되는 **신경발달장애**(neurodevelopmental disorders)에 속하는 심각한 장애 중 하나다. 그러나 ASD와 관련된 뇌의 비정상성과 역기능의 원인이 단일한 것은 아니다. 몇몇 사례를 통해 특정한 유전적 결함이 발견되었는데, 이것은 비전형적인 신경발달을 야기하는 것으로 알려져 있다. 다시 말해, 이러한 것들이 ASD의 원인이 된다는 것이다. 예를 들면, 2장에서 살펴본 취약 X 증후군은 ASD의 원인이다. 또한 백신에 관한 증거, ASD 예방법, ASD에 기여하는 위험 요인, 또 다른 신경학적 장애의 유형이 무엇인지에 대해 밝혀진 증거가 없다는 점 또한 중요하다(Orenstein et al., 2013). 이처럼 ASD의 원인 중 대부분은 아직 밝혀지지 않고 있다(Kagan & Herschkowitz, 2005).

ASD에 대한 치료법은 존재하지 않는다. 그러나 장애아동들의 삶에 효과적인 일부 치료방법은 존재한다. 예를 들면 사회기술 훈련, 자해행동에 도움이 되는 행동수정과 같은 방법이 있다. 3세 이전에 이러한 치료법을 시작하면 대부분 성공적이지만(Cohen, Amerine-Dickens, & Smith, 2006; Konstantareas, 2006; Luiselli & Hurley, 2005), 치료에 대한 반응은 아동에 따라 다양하다. 전문가들은 아동의 독특한 욕구에 맞춘 기법의 적용이 성공적 치료의 핵심이라고 말한다.

12.19 주의력결핍 과잉행동장애의 특징은 무엇인가?

주의력결핍 과잉행동장애

아마 **주의력결핍 과잉행동장애**(attention-deficit/hyperactivity disorder: ADHD)라는 신경발달장애에 대해 들어 본 적이 있을 것이다. 이 장애는 아동들이 과제를 수행하거나 완성하는 데 어려움을 겪는 원인이 되기도 한다. 연구자들은 ADHD를 나타내는 아동이 전 세계적으로 약 3~7%에 달하는 것으로 추정하고 있다(NIMH, 2001). 어떤 연구에서는 미국에서의 ADHD 유병률이 9%에 이를 것이라고 추정한다(NIMH, 2013).

ADHD로 진단된 아동들과 일반 아동들을 대상으로 한 주의력 실험 연구에서는 이들의 주의력이 일반 아동들과 크게 다르지 않다는 것을 보여 주었다(Lawrence et al., 2004). 그러나 지루하고 반복되는 과제를 수행할 때 ADHD로 진단된 아동들은 주의 지속 능력에 있어 또래와 유의한 차이를 나타내었다. 또한 또래와 비교했을 때 충동성을 잘 조절하지 못했다. 이러한 이유 때문에 하나의 활동에서 다른 활동으로 자유롭게 옮겨 갈 수 있는 분위기의 가정에서는 기능 수준이 양호하지만 입학한 후에는 부주의, 충동성, 높은 활동성이 두드러지게 드러나게 된다. 따라서 ADHD는 학령기 초기에 대부분 진단된다.

ADHD에 대한 설명 쌍생아 연구나 가족 연구에서 ADHD의 유전적 영향이 확인되었다(Polderman et al., 2009; Thapar, O'Donovan, & Owen, 2005). 또한 담배나 약물을 복용한 어머니에게서 태어난 경우 이러한 약물에 노출되지 않은 경우에 비해 ADHD로 진단될 확률이 더 높다고 한다(Chang & Burns, 2005). 이러한 이유 때문에 대부분의 연구자는 위험 및 보호 요인의 복잡한 상호작용의 결과로 ADHD가 발생한다고 믿는다.

ADHD는 종종 메틸페니데이트와 같은 암페타민으로 성공적인 치료를 하기도 한다. 실제로 미국에서는 ADHD로 진단된 학령기 아동의 절반 이상인 2만 명의 아동이 이 약물을 복용했다(Bloom & Cohen, 2007). 위약 통제 연구에서 이 약물을 복용한 아동의 70~90%에서 긍정적 행동 변화가 지속되었음이 보고되었다(Ridderinkhof et al., 2005). ADHD로 진단된 아동의 행동을 조절하기 위한 교사와 부모들의 학습전략 훈련 프로그램 또한 이들의 증상을 감소시키는 데 효과적이었다(Carr, 2009).

성인 ADHD ADHD로 진단되는 성인들이 늘어나면서 DSM-5 저자들은 이 장애에 성인을 포함시키기 위해 진단기준을 확장시켰다(Friedman, Sadhu, & Jellnick 2012). 한 연구에 따르면 미국 성인의 약 4.4%가 이 장애로 진단된다고 한다(Kessler et al., 2006). 그러나 성인 ADHD의 약물치료에 관한 여러 실험 연구의 결과들은 다양하다. 어떤 연구에서는 아동의 ADHD를 효과적으로 치료하는 약물이 성인 ADHD에도 효과가 있을 것이라고 주장한다(Adler et al., 2009). 한편 다른 연구에서는 성인 ADHD가 실제로 ADHD 약물에 반응하는 것처럼 위약 효과에서도 거의 동일하게 반응한다는 것을 보여 주었다(Carpentier et al., 2005). 따라서 추후 연구에서는 선행 연구에서 성인 ADHD에 가장 좋은 치료제라고 보고된 약물들에 대해 보다 명확히 확인할 필요가 있다.

기억하기 본문 내용을 떠올리며 다음 퀴즈를 풀어 보라.

1. _____로(으로) 진단된 아동들은 지나친 짜증을 보인다.
2. _____을(를) 나타내는 아동들은 사회적 상호작용을 하는 데 어려움이 있다.
3. 고기능 자폐 스펙트럼 장애로 진단된 아이들의 보호 요인은 _____와(과) _____이다.
4. ADHD의 주요 증상은 _____이다.

되돌아보기

이 장에서 당신은 아마 당신 자신의 행동과 유사한 하나 이상의 정신병리를 발견했을 것이다. '인턴 증후군'으로 알려져 있는 이와 같은 현상은 심리학에 입문한 학생들 사이에서 나타나는 공통적인 현상이다. 이 장의 처음에 제시된 정신건강 전문가가 이상행동을 정의할 때 사용하는 기준에 관한 논의를 살펴볼 필요가 있다. 당신의 행동이 몇몇 중요한 영역—학교, 직장, 인간관계 등—에서의 기능을 방해할 정도가 아니라면 심리적 장애의 징후는 아닐 것이다. 그리고 당신이나 주변의 가까운 누군가가 이러한 장애로 고통을 겪고 있다면 우리가 제시한 많은 회복 사례를 통해 용기를 내고, 그 외에도 그런 사례가 수없이 많다는 것을 인식하도록 하라. 많은 사람이 장애를 극복했을 뿐만 아니라, 이런 과정을 통하여 더 강해지고 성장할 수 있었다.

CHAPTER 13

치료

통찰치료

13.1 정신역동치료의 기본 기법은 무엇인가?

13.2 인간중심치료의 목표는 무엇인가?

13.3 형태치료의 주요 장점은 무엇인가?

관계치료

13.4 가족치료와 부부치료의 목표는 무엇인가?

13.5 집단치료의 이점에는 어떤 것들이 있는가?

행동치료

13.6 행동치료자는 내담자의 문제행동을 어떻게 수정하는가?

13.7 고전적 조건형성이나 사회인지 이론에 기초한 행동치료에는 어떤 것들이 있는가?

인지행동치료

13.8 합리정서행동치료의 목표는 무엇인가?

13.9 벡의 인지치료 모델은 심리치료에 어떻게 접근하는가?

생물의학적 치료

13.10 심리장애에 대한 약물치료의 장단점은 무엇인가?

13.11 어떤 증상에 전기충격치료를 사용하는가?

13.12 어떤 문제에 정신외과 수술을 하는가?

심리치료상의 실질적 문제

13.13 여러 가지 심리치료 간의 유사점과 차이점은 무엇인가?

13.14 문화공평치료의 특징은 무엇인가?

13.15 양성평등치료는 왜 중요한가?

13.16 심리치료의 효과에 대해 연구에서 시사하는 것은 무엇인가?

생각해보기

당신은 '좋은 사람'이 되기 위해서 성적을 잘 받아야 한다고 생각하는가? 아니면 당신은 당신이 무엇을 하든 간에 약을 처방받아야 하고 심지어는 안 좋은 성적을 받도록 운명이 정해져 있다고 생각할지도 모르겠다. 어떤 경우든지 성공이나 실패에 대해 현실에 맞지 않는 기대를 하게 되면 불쾌한 기분을 느끼게 될 수도 있고 심지어는 우울증을 갖게 되기도 한다. 간단한 연습으로 그러한 생각이 당신의 정신건강을 얼마나 손상시키는지 알아볼 수 있다. 먼저 당신의 행동이나 미래의 결과에 대해 가지고 있는 현실에 맞지 않는 기대가 무엇인지 찾아보라. 아마도 당신은 좋은 남편이나 아내를 만날 때까지는 행복하지 않다고 생각할지도 모른다. 혹은 당신은 이상적인 신체상을 달성하는 것이 불가능하다고 생각할 수도 있다. 일단 당신이 기대를 파악하고 나면 다음 질문을 읽고 답을 해 보기 바란다.

- 이러한 믿음은 어디서부터 비롯되었는가? 이 믿음이 시작된 때를 알 수 있는가?
- 왜 이런 믿음이 사실이라고 생각하는가? 어떤 증거가 당신의 믿음이 사실이라는 것을 증명한다고 생각하는가?
- 이러한 믿음이 잘못된 것이라는 것을 시사하는 어떤 증거를 생각할 수 있는가? 어떤 증거가 당신의 믿음을 반박하는가? 이러한 믿음에 집착하지 않는 사람을 아는가?
- 이러한 믿음을 가지고 있는 것이 긍정적인 면과 부정적인 면에서 당신의 생활에 어떻게 영향을 미치고 있는가?
- 만일 당신이 이러한 믿음을 내려놓는다면 당신의 생활은 어떻게 달라질까? 당신은 어떻게 다르게 행동할까?

당신은 당신이 바꾸고 싶어 하는 느낌과 행동을 촉발하는 생각에 대해 통찰을 얻고 이 생각을 더 잘 통제할 수 있도록 도와주기 위해 인지행동치료자들이 부여하는 '숙제'를 방금 마쳤다. 하지만 인지행동치료에 대해 더 자세히 설명하기에 앞서 몇몇 다른 심리치료에 대해 설명할 것이다. 심리치료는 심리치료가 처음 시작된 100년 전보다 훨씬 더 원숙해졌고 변화되었는데 이때는 프로이트(Freud)와 동료들이 심리치료를 하기 시작했을 때다. 약물치료자와 신체기반 치료자들은 프로이트 시대보다 현재 더 중요하다.

통찰치료

5장에서 읽은 통찰학습이 생각나는가? 통찰은 몇 가지 **심리치료**의 기본이 되는 학습 형태이며, 이러한 심리치료에서는 정서장애와 행동장애를 치료하기 위해 생물학적 방법이 아닌 심리학적 방법을 사용한다. 이 접근들은 심리적 안녕은 자신의 생각, 동기, 행동, 해결기제에 대한 이해, 즉 자기 이해에 의존한다고 보기 때문에 그것을 포괄적으로 **통찰치료**(insight therapies)라고 부르는 것은 지극히 타당하다.

13.1 정신역동치료의 기본 기법은 무엇인가?

정신역동치료

정신역동치료(psychodynamic therapies)에서는 내담자의 현재 어려움을 설명하기 위해 억압된 유아기 경험의 노출을 시도한다. 이 기법은 프로이트 등의 초기 정신분석가들이 사용하였고, 지금도 일부 정신역동치료자들이 활용하고 있다(Josephs & Weinberger, 2013). 이 기법 중 하나는 사소하거나 당황스럽거나 두렵거나에 관계없이 내담자가 사고, 감각, 이미지를 드러내도록 하는 **자유연상**(free association)이다. 정신분석자는 각 부분을 연결하고 의미를 설명하며 그들을 괴롭히는 사고와 행동에 대해 통찰하도록 돕는다. 그러나 자유연상 중에도 고통스럽거나 당황스러운 내용을 드러내지 않으려는 경우도 있는데, 이를 프로이트는 '저항'이라고 하였다. 저항은 '자유연상 중의 말 중단' '분석시간 결석' '지각' 등으로 나타난다.

▶▶▶ 프로이트는 환자들에게 자유연상을 위해 카우치에 눕도록 하였는데 환자들이 앉아 있을 때보다 누워 있을 때 '검열' 되지 않은 생각의 흐름에 더 잘 몰두할 수 있다는 것을 발견했기 때문이다. 위 사진은 런던의 프로이트 박물관에 전시된, 프로이트가 실제 사용한 카우치를 보여 주고 있다. 프로이트 박물관은 프로이트가 1939년부터 사망할 때까지 실제로 거주하면서 환자를 분석했던 곳이다.

꿈 해석은 정신분석의 또 다른 기법이다. 프로이트는 깨어 있는 동안 억압되었던 정서적 관심 영역이 꿈에서 상징적인 형태로 나타난다고 믿었다. 그는 내담자의 행동이 상징적일 수 있다고 주장했다. 프로이트에 따르면, 정신분석 과정에서 내담자는 어머니나 아버지 등 중요 인물에게 느끼는 감정을 치료자에게 똑같이 느낀다. 환자의 이런 반응을 **전이**(transference)라고 한다. 프로이트는 환자가 전이를 느끼도록 격려하는 것이 심리치료의 핵심 요소라고 믿었다. 그는 '전이는 부모를 대신하는 치료자와 과거의 고통스러운 경험을 다시 경험할 수 있게 하며 숨겨져 있던 갈등을 해결하는 길'이라고 했다.

대상관계치료에서는 고전적 정신분석에 대해 약간 다른 설명을 한다. 그들은 성격의 주요한 목표는 '자기(주체)와 환경(관계 자체의 추구 대상) 사이를 기능적으로 연결하는 것'이라고 본다. 대상관계치료자가 사용하는 기법은 초기 관계는 장래관계를 위한 청사진이 된다는 생각에서 출발한다. 그러므로 초기 관계가 다른 사람이 하는 행동을 무저항적으로 수용하는 것이라면 성인관계까지 그 패턴이 이어질 것이다. 잠재적인 손상에 직면한 내담자를 만나면 대상관계치료자는 내담자의 현재 관계 환경에서 행동하려는 초기 관계의 확인을 시도한다. 게다가 대상관계치료자는 '초기 관계에서 시작된 갈등을 현재 관계에서 재현하려는 부적응적 행동'을 변화시키도록 내담자를 도울 것이다(Martinez, 2006).

오늘날의 많은 치료는 치료 과정에서 드러나도록 기다리지 않고 치료 초기에 탐색할 내용을 결정하는 단기정신역동치료를 한다(Messer, Sanderson, & Gurman, 2013). 치료자는 기존 정신분석에서보다 더 적극적인 역할을 하고 현재를 강조한다. 단기정신역동치료에서는 대략 12~20주 동안 일주일에 한두 번 정도 방문을 한다. 잘 통제된 46개의 연구를 메타분석한 결과에서 타운과 동료들(Town et al., 2012)은 단기정신역동치료가 효과가 있다는 것을 발견하였다. 다른 연구들에서도 단기정신역동치료가 성공적 결과 면에서 심리치료의 다른 형태와 비교할 만하다는 것을 보여 줬다(Crits-Christoph et al., 2008). 단기심리치료는 복합적인 심리적 장애에 걸리지 않은 사람, 심각한 사회관계 문제가 없는 사람, 치료가 효과적일 것이라고 믿는 내담자에서 매우 효과적인 것으로 보인다(Crits-Christoph et al., 2004).

대인관계치료(Interpersoanl therapy: IPT)는 우울증과 양극성장애 그리고 사회불안장애에 매우 효과적이라고 밝혀진 단기정신역동치료 기법이다(Blatt et al., 2009; Bohn et al., 2013; Swartz et al., 2009).

이 치료 기법은 개인치료에서도 집단치료에서도 실행될 수 있다(Mufson et al., 2004). 대인관계치료는 내담자가 주요우울증과 관련된 네 가지 유형의 대인관계 문제를 이해하고 대처하는 것을 돕기 위해 고안되었다.

- 사랑했던 사람의 죽음에 대한 비정상적이거나 심한 반응: 치료자와 내담자는 죽은 사람과 내담자의 친숙한 관계 그리고 죽음과 관련하여 내담자가 느끼는 죄책감과 같은 감정에 대해 논의한다.
- 관계 역할 논쟁: 치료자는 내담자가 다른 사람의 관점을 이해하도록 돕고, 변화를 초래하기 위한 방법을 강구한다.
- 이혼, 직업 변화, 은퇴에 따른 역할 변동 적응의 어려움: 치료자는 내담자가 변화를 위협으로 보지 않고 극복해야 할 도전이나 성장의 기회로 보도록 도와준다.
- 대인관계 기술의 부족: 역할놀이와 내담자의 의사소통 방식의 분석을 통해, 치료자는 내담자가 관계를 시작하고 유지하는 데 필요한 대인관계 능력을 개발하도록 돕는다.

대인관계치료는 비교적 단기이며, 매주 1회, 12~16주 동안 계속된다. 미국 국립정신건강연구소(National Insititute of Mental Health)의 대규모 연구에 따르면, 대인관계치료는 심한 우울증도 치료하며, 탈락률도 낮다(Elkin et al., 1989, 1995). 심한 우울증에서 회복한 내담자는 매월 회기를 계속할 때에는 오랫동안 재발 없이 지낼 수 있었다(Frank et al., 1991).

13.2 인간중심치료의 목표는 무엇인가?

인본주의 치료

인본주의 치료(Humanist therapies)는 사람이 합리적인 삶을 영위하고 합리적인 선택을 하기 위한 능력과 자유를 가지고 있다고 가정한다. 인본주의 치료자가 이 분야에 도입한 혁신 중의 하나는 심리치료 서비스를 받고 있는 사람에 대해 '환자'보다 '내담자'라는 단어를 사용한 것이다. 인본주의 치료자의 관점에 따르면, 환자라는 말은 '단지 기술이 부족할 뿐인 사람'을 전문가의 치료를 받아야 할 질병을 가진 사람으로 바꾸어 버린다. 이와 대조적으로, 내담자라는 말은 심리치료의 목적이 인간적 성장방법을 배우도록 돕는 것이라는 인본주의적 개념과 잘 맞는다.

인본주의 접근의 창시자인 칼 로저스(Carl Rogers, 1951)는 **인간중심치료** 혹은 내담자중심치료를 주창하였다. 그의 접근은 매우 빈번하게 사용되는 인본주의적 치료 기법 중 하나다. 이 견해에 따르면, 사람은 원래 착하며, 발달할 수 있는 환경만 주어지면 내적 잠재력을 실현하는 자기실현의 방향으로 나아간다. 인본주의적 관점에 따르면, 자기실현 경향성이 자기나 다른 사람에 의해 차단되었을 때 심리적 장애가 발생한다. 1940년대와 1950년대에 인간중심치료는 정신역동치료의 결과에 불만족스러워했던 심리학자들이 추종하였고 오늘날에도 계속 인기가 있다.

인간중심치료자는 내담자에 대한 무조건적인 긍정적 존중을 기초로 내담자를 수용하려고 한다(11장에서 설명함). 치료자는 또한 내담자의 관심과 감정에 공감한다. 공감적 이해를 내담자에게 전달하기 위해 로저스는 치료자가 내담자를 판단하고 충고하는 권위자가 아니라 평등관계에 근거한 의사소통,

즉 진솔성과 진실성의 자세를 취해야 한다고 주장했다.

내담자가 말할 때, 치료자는 내담자의 생각과 감정을 다시 말하거나 반영하여 적극적인 경청을 한다. 이 기법을 활용하면 치료자는 내담자가 치료의 방향을 결정하도록 할 수 있다. 로저스는 '치료자가 어떤 것을 규정하는 전문가의 역할을 하고 내담자는 규정받는 환자의 역할을 하는' 어떤 형태의 치료도 모두 거부했다. 그래서 인간중심치료를 **비지시적 치료**라고도 한다.

▶▶▶ 칼 로저스(오른쪽 상단)는 치료집단에서 토론을 촉진시킨다.

형태치료

13.3 형태치료의 주요 장점은 무엇인가?

프리츠 펄스(Fritz Perls, 1969)가 개발한 **형태치료**(Gestalt therapy)에서는 내담자의 완전한 경험, 현재 순간, 감정, 생각과 행동, 그것들에 대한 책임을 강조한다. 형태치료의 목적은 '내담자가 더 통합되고 더 진솔하고 자기를 수용하도록 돕는 것'이다. 덧붙여 내담자가 사회, 과거 경험, 부모 등을 비난하지 않고 자신의 행동에 대해 책임지도록 한다.

형태치료는 **지시적 치료**(directive therapy)이지만, 치료자가 치료 회기의 과정을 결정하고 답을 하고 제안을 한다. '감정과의 접촉'이라는 유명한 말이 형태치료의 주요 목표다. 펄스는 치료할 필요가 있는 사람은 부모, 형제자매, 연인, 고용주 등에 대한 분노, 갈등의 무거운 짐인 미해결 과제를 가지고 있다고 말한다. 그 과제가 해결되지 않으면 현재 관계를 계속 방해한다. 미해결 과제를 해결하는 한 가지 방법은 '빈 의자' 기법이다(Paivio & Greenberg, 1995). 예를 들어, 내담자는 아내, 남편, 아버지, 어머니가 앞에 있는 빈 의자에 앉아 있다고 상상한다. 내담자는 빈 의자에 대고 그 사람에게 느끼는 것을 말한다. 그런 다음 빈 의자로 이동하고, 상상한 사람이 어떤 행동을 할지 역할놀이를 한다. '전화 기법'은 이 기법의 변형인데 내담자는 미해결 과제가 있는 사람과 전화 통화하는 것을 심상으로 떠올린다(Weikel, 2011).

기억하기 본문 내용을 떠올리며 다음 퀴즈를 풀어 보라.

1. 정신분석에서는 내담자의 _____을(를) 탐색하기 위해 다양한 기법이 사용된다.
2. 환자의 현재 문제를 설명하는 아동기 경험을 드러내려고 하는 것은 _____치료의 목표다.
3. 사랑하는 사람의 죽음으로 인해 우울증이 생긴 사람은 대인관계치료(IPT)로 도움을 받을 수 (있다/없다).
4. 로저스에 따르면 _____에 바탕을 둔 수용적인 분위기를 만들어야 한다.
5. 형태치료는 내담자의 과거 경험을 중요시한다. (예/아니요)

관계치료

통찰치료는 자기에 초점을 두는데 이런 접근이 심리문제를 해결하는 데 늘 좋은 방법이 되는 것은 아니다. 가족치료와 부부치료와 같은 **관계치료**(relationship therapy)는 개인 내면의 갈등과 대인관계를 함께 들여다본다. 어떤 유형의 관계치료에서는 의도적으로 새로운 관계를 만들어 내기도 하는데 이렇게 새롭게 만들어진 관계는 내담자들이 자신의 문제를 해결하는 데 도움을 준다. 이에 해당하는 관계치료 유형으로는 집단치료가 있다.

13.4 가족치료와 부부치료의 목표는 무엇인가?

가족치료와 부부치료

가족치료를 전문으로 하는 치료자도 있다. **가족치료**(family therapy)에서는 부모와 자녀가 함께 들어온다. 치료자는 가족 구성원이 어떻게 의사소통을 하고, 서로를 어떻게 대하고, 어떻게 보느냐에 주목한다(Dattilio, 2010). 치료자의 목표는 가족이 자신들의 상처를 치료하고 의사소통 방식을 향상시키고 이해와 조화를 만들어 갈 수 있도록 돕는 것이다(Doherty & McDaniel, 2010).

▶▶▶ 부부치료는 부부가 관계 문제를 해결하는 데 도움이 된다. 부부치료는 또한 심리 문제가 있는 배우자를 더 잘 보살펴 줄 수 있는 방법을 배우는 데도 도움을 준다.

부부치료(couple therapy)는 친밀한 관계의 어떤 단계에서도 할 수 있고, 친밀한 관계의 행동 변화나 정서적 반응 또는 양쪽에 집중할 수 있다. 예를 들어, 결혼 전의 미래 배우자들이 함께 삶을 준비하는 것을 도울 수 있다. 부부치료자는 화해하도록 하기 위해서 혹은 이혼이 자녀에게 미치는 영향을 완화하기 위해서 이혼하려는 부부를 도울 수 있다. 실험 연구에 따르면, 부부치료는 부부관계 만족도를 상승시키는 효과가 있다(Baucom, Epstein, & Sulivan, 2012).

만족감 상승에 덧붙여, 부부치료나 가족치료는 주요우울증과 같은 다양한 장애를 치료하는 데 긍정적인 효과를 보인다(Whisman et al., 2012). 부부치료는 또한 성기능장애 치료에도 유용할 수 있다(Gehring, 2003). 물리치료와 병행할 때, 가족치료는 조현병 치료에 유익할 수 있고 재발률을 감소시킬 수 있다(Snyder et al., 2006).

13.5 집단치료의 이점에는 어떤 것들이 있는가?

집단치료

집단치료(group therapy)는 여러 내담자(보통 7~10명)가 개인적 문제를 해결하기 위해

▶▶▶ '익명의 알코올중독자 모임(Alcoholics Anonymous)'과 같은 자조집단은 약물남용과 같은 자기-파괴 행동을 극복하는 데 필요한 지원을 제공한다.

치료자와 정기적으로 만나는 치료다. 개인치료보다 비용이 저렴하다는 것 외에도, 집단치료는 소속감, 감정 표현, 피드백 받기, 도움이나 정서적 지지 주고받기 등의 기회를 준다. 다른 사람도 같다는 것을 보고, 혼자만 그렇다는 생각을 덜 하고, 덜 부끄럽게 느끼게 된다(Piper & Ogrodniczuk, 2013). 집단치료에 참가한 수감자와 참가하지 않은 수감자를 비교하는 연구의 메타분석에 따르면, 집단치료는 불안, 우울증, 낮은 자기존중감 등 여러 문제에 유용했다(Morgan & Flora, 2002).

집단치료의 변형으로 자조집단이 있다(Lembke & Humphreys, 2012). 대략 1,200만 명의 미국인들이 50만 개 정도의 자조집단에 참여하고 있는데, 이 자조집단들 대부분은 물질남용이나 우울증과 같은 단일 문제에 초점을 맞추고 있다. 자조집단은 전문치료자가 진행하지 않는 경우가 많다. 이러한 집단은 공통 문제를 이야기하고 지원을 주고받는 단순한 집단이다.

가장 오래되고 유명한 자조집단은 전 세계적으로 1,500만 명의 회원이 있는 익명의 알코올중독자 모임(Alcoholics Anonymous: AA)이다. 연구에 따르면 AA나 이와 유사한 집단에 참여한 참가자들은 약물남용과 의존성을 줄일 수 있다. AA 집단이 효과가 있는 핵심 이유는 약물을 사용하지 않는 동료로 구성된 사회 지원체계를 참가자에게 제공한다는 한다는 것이다(Kelly, Stout, & Slaymaker, 2013). 이 자조집단으로부터 파생되어 과식에서 도박중독까지 다양한 중독행동을 극복하기 위해 다양한 자조집단이 형성되었다(Lembke & Humphreys, 2012).

기억하기 본문 내용을 떠올리며 다음 퀴즈를 풀어 보라.

1. _____치료는 행동 변화 또는 한 배우자에 대한 다른 배우자의 정서반응에 초점을 맞춘다.
2. 가족치료에서 치료자는 가족의 _____에 주의를 기울인다.
3. 아래 설명에 해당하는 치료 유형을 선택하라.

_____(1) 구성원에게 소속감을 제공한다.
_____(2) 알코올중독에서 회복되는 사람을 지원하는 데 효과가 있다.
_____(3) 전문치료자가 이끌어 간다.

a. 집단치료 b. 자조집단 c. 집단치료와 자조 집단 모두 해당

행동치료

스스로 문제 습관을 없애고 싶어 하거나 특정 상황에서의 더 나은 반응을 개발하기 위해 정신건강 전문가를 찾는 경우도 있다. 그러한 경우에 심리치료자는 행동 접근을 채택할 수 있다.

행동치료(behavioral therapy)는 이상행동이 학습된다고 보는 견해, 즉 심리적 장애가 학습된다는 견해와 일치하는 치료 접근이다. 행동치료자는 부적응 행동을 잠재된 장애의 증후로 보지 않고, 그런 행동 자체를 장애로 본다. 예를 들어, 어떤 사람이 비행공포로 심리치료자에게 왔다면 비행공포 자체를 문제로 보는 것이다. 행동치료에서는 부적절한 행동 혹은 부적응 행동을 소거하고 적응행동을 유발하기 위해 **행동수정**(behavior modification)이라는 학습원리를 활용한다. 성격 구조를 변화시키려 하거나 문제행동의 근원을 찾는 것이 아니라 문제행동을 변화시킨다.

13.6 행동치료자는 내담자의 문제행동을 어떻게 수정하는가?

조작적 조건형성에 근거한 행동수정 기법

행동수정 기법은 조작적(능동적) 조건형성을 기초로 행동의 결과를 통제하려고 한다. 바람직하지 않은 행동의 소거는 그 행동을 유지시켜 주는 강화의 종료 혹은 중단에 의해 달성된다. 행동치료자는 바람직한 행동의 빈도를 증가시키기 위해 강화를 사용한다(Lerman & Iwata, 1996). 예를 들면, 치료자는 아동이 관심을 얻기 위해 소리를 지른다고 가정하고 부모에게 그 행동을 소거하기 위해 소리를 지를 때 무시하라고 조언할 수 있다. 행동치료자들은 바람직한 행동의 빈도를 증가시키려고 노력한다. 행동수정 기법은 병원, 교도소, 학교 교실 등에서 적합하다. 왜냐하면 행동 결과를 엄격하게 통제할 수 있는 제한된 환경이기 때문이다.

▶▶▶ 타임아웃은 효과적이다. 바람직하지 않은 행동에 대한 강화를 받을 수 없기 때문이다. 아이는 행동이 통제되어야 강화물에 접근할 수 있다는 사실을 알게 된다. 토큰경제 등의 행동 기법은 정신병원 등에 있는 성인에게도 유용하다.

적절한 행동에 대해 포커 칩, 놀이 돈, 별표 등의 토큰으로 보상하는 **토큰경제**(token economy)를 사용하는 기관도 있다. 이러한 토큰은 나중에 물건(사탕, 껌, 담배)이나 혜택(휴가, 재미있는 활동 참여)으로 바꿀 수 있다. 바람직하지 않은 행동에 대해서는 일정 수의 토큰을 압수한다. 환자의 자기 보호 기술과 사회적 상호작용을 개선하기 위해 수십 년 동안 성공적인 토큰경제를 활용한 정신병원도 있다(Kopelowicz, Liberman, & Zarate, 2007). 물질남용 클리닉에서 내담자에게 절제 상태를 동기화할 때에도 이와 비슷한 개입방법이 도움이 된다(Petry et al., 2004; Swartz et al., 2012).

행동치료는 심하게 혼란된 사람들의 행동을 수정

하는 데 효과가 있을 수 있다. 행동치료 기법으로 조현병, 자폐, 지적장애를 치료할 수는 없지만, 바람직한 행동을 증가시키고 바람직하지 못한 행동은 감소시킬 수 있다. 예를 들어, 자폐 스펙트럼 장애(ASD)가 있는 아동은 머리 부딪히기와 피부 벗기기와 같은 자해행동을 보인다. 연구에 따르면 행동수정이 이런 종류의 자해행동을 감소시킬 수 있다(Furniss et al., 2011). 이런 프로그램에서 자해행동을 보이는 아동은 자해행동을 보이지 않을 때 5분마다 먹을 것을 보상으로 받는다. 그 결과 자폐 스펙트럼 장애가 있는 아동의 가족들은 아동을 더 잘 받아들이고 돌봐 줄 수 있게 된다.

특히 아동이나 청년기의 바람직하지 않은 행동을 소거하기 위해 사용되는 또 다른 효과적인 방법으로 **타임아웃**(time out)이 있다(Warzak et al., 2012). 아동에게 바람직하지 않은 행동을 하면 어떤 강화(텔레비전, 책, 장난감, 친구 등)도 없는 장소로 한동안(보통 15분 이내) 보낸다는 말을 사전에 한다. 이론적으로는 관심이나 다른 정적 강화가 따라 주지 않으면 바람직하지 않은 행동은 멈출 것이다.

행동수정 기법은 흡연, 과식 등의 나쁜 습관을 없애거나 규칙적 운동 등의 좋은 습관을 발달시키려는 사람에게 활용될 수 있다. 행동을 수정하려면 바람직한 행동에 대한 보상체계를 고안하고 행동조성의 원리를 기억하라. 최종 목표의 방향에서 단계적 변화에 보상하라. 섭식 습관을 개선하기를 원한다면 나쁜 습관을 한꺼번에 고치려고 하지 말라. 아이스크림 대신 냉동 요구르트를 먹는 등 작은 단계부터 시작하라. 그리고 달성할 수 있는 현실적인 주간 목표를 정하라.

다른 학습 이론에 근거한 행동치료

13.7 고전적 조건형성이나 사회인지 이론에 기초한 행동치료에는 어떤 것들이 있는가?

고전적(수동적) 조건형성에 기초한 행동치료로도 불안 등의 바람직하지 않은 행동을 소거할 수 있다. 치료법에서는 두려워하는 대상 또는 상황에 환자를 노출시키거나 약물남용 등의 행동을 야기하는 자극에 노출시키는 다양한 방법이 있다. 최근 연구에 따르면, 가상현실에 노출하는 것도 표준화된 방법만큼 유용할 수 있다(Hirsch, 2012; Safir, Wallach, & Bar-Zvi, 2012). 여기에는 체계적 둔감법, 홍수법, 노출과 반응 차단, 혐오치료 등이 있다.

체계적 둔감법 고전적 조건형성 기법을 치료에 처음 사용한 정신과 의사 조셉 볼페(Joseph Wolpe, 1958, 1973)는 두려워하는 물건, 사람, 장소, 상황을 생각하면서 긴장을 풀거나 이완되면 두려움을 정복할 수 있다고 하였다. 볼페의 **체계적 둔감법**(systematic deseusitization) 치료에서는 깊은 근육이완을 훈련한다. 그다음 실생활 또는 상상에서 불안 단계에 따라 가장 두려워하는 자극에서도 이완할 수 있을 때까지 직면하게 한다. 이 기법은 동물공포증, 폐쇄공포증, 사회공포증 등 모든 공포증에 사용할 수 있다. 다음 페이지의 〈시도〉에서 그러한 위계표를 만들어 보라.

많은 실험, 논증 및 사례보고서에 따르면, 체계적 둔감법은 비교적 짧은 시간에 불안이나 공포증을 소거하는 매우 성공적인 치료법이다(Kolivas, Rioran, & Gross, 2008; Zinbarg & Griffith, 2008). 시험불안, 무대공포, 성장애 관련 불안 등 구체적 문제에 효과가 있는 것으로 증명되고 있다.

홍수법 **홍수법**(Flooding)은 공포증 치료에 활용되는 행동치료다. 불안이 감소될 때까지 충분히 공

▶▶▶ 홍수법은 비행공포와 같은 공포증에 유용한 치료법이다.

포 대상이나 사건에 노출시켜야 한다(혹은 생생하게 상상하도록 해야 한다). 체계적 둔감법처럼 단계적으로 노출하는 것이 아니라 한꺼번에 완전히 노출한다. 예를 들어, 고소공포증이 있는 사람은 높은 빌딩의 옥상에 올라가서 공포가 가라앉을 때까지 거기에 머물러야 할 수도 있다.

홍수법은 전형적으로 30분부터 2시간까지 실시되며, 두려움이 현저하게 감소될 때까지 지속한다. 만족스러운 수준으로 소거 혹은 감소될 때까지 계속한다. 그런데 6회 이상 필요한 내담자는 거의 없다(Marshall & Segal, 1988). 생체 홍수법, 즉 실생활 경험은 두려운 대상을 단순히 상상하는 것보다 더 효과가 있다. 즉, 홍수법으로 효과를 거두기 위해서는 두려움을 감소시키는 자극이 신체적으로 두려운 반

시도 불안위계

시험공포를 극복할 수 있는 단계적 접근을 하기 위해 체계적 둔감법에 관해 학습한 것을 활용하라. 불안위계표는 시험 요강을 읽는 것으로 시작해서 실제로 시험을 치는 것에서 끝난다. 공포의 위계에 따라 단계적으로 빈칸에 기입하라. 다음에 단계의 예가 제시되어 있다.

정답 1. 나누어 준 유인물을 읽고 부과된 숙제를 다 하면서 수업 준비하기, 2. 결석 안 하고 시험 범위에 속하는 유인물에 필기하기, 3. 한 주마다 새로 적은 필기 내용 보기, 4. 시험 시작 일주일 전 모든 수업자료 살펴보기, 5. 시험 전날 주요 내용 암기하기, 6. 숙면을 취하고 시험 당일 일찍 도착하기.

응이 일어나기에 충분할 정도로 강해야 한다(Siegmund, et al., 2011). 따라서 비행기 공포증을 가진 사람은 실제로 비행기를 타는 것이 단순히 생각하는 것보다 더 많은 도움이 될 수 있는데, 이는 실제로 비행기를 타는 것이 단순히 상상하는 것보다 신체반응을 일으킬 가능성이 더 크기 때문이다.

노출과 반응 차단 **노출**(exposure)과 **반응 차단**(response prevention)은 강박신경증 환자를 치료하는 데 성공적이었다(Alpers, 2010; Baer, 1996; Foa, 1995; Rhéaume & Ladouceur, 2000). 이 기법의 첫째 요소는 노출, 즉 강박의식이나 강박행동을 야기하기 때문에 피했던 대상이나 상황에의 노출이다. 둘째 요소는 반응을 차단하는 시간을 점진적으로 늘리는 것이다. 처음에 치료자는 강박행동을 야기하는 생각, 대상, 상황을 찾는다. 예를 들어, 문손잡이, 씻지 않은 과일, 쓰레기통을 만지는 것은 '오염의 공포 때문에' 화장실에 손을 씻으러 가게 할 수 있다. 이 기법에서는 내담자를 불쾌하고 불안한 자극에 점차적으로 노출시킨다. 각 노출 후에는 약정된 시간 동안 강박행동(손 씻기, 목욕 등)을 실행하지 않아야 한다. 3~7주에 걸친 대략 10회기의 치료 과정은 약 60~70%에 이르는 상당한 개선을 가져온다(Jenike, 1990). 그리고 노출과 반응 차단으로 치료된 내담자는 약으로만 치료할 경우보다 재발률이 낮다(Greist, 1992). 노출과 반응 차단은 외상후 스트레스 장애의 치료에도 유용함이 입증되었다(Gallagher & Resick, 2012).

혐오치료 **혐오치료**(aversion therapy)에서는 고통스럽거나 아프게 하는 등의 혐오자극을 사회적으로 바람직하지 못한 행동과 함께 사용하여 그 행동을 차단한다. 전기충격, 메스꺼움(구토의 원인) 등의 불쾌한 자극과 행동을 짝지음으로써 그 행동을 하지 않도록 하는 것이다. 치료는 나쁜 행동을 하고 싶은 마음이 없어지고 고통이나 불쾌감과 연합될 때까지 계속된다. 혐오치료는 내담자에게 고의로 고통을 가하기 때문에 문제가 있다.

알코올중독자에게 안타부스와 같은 매스꺼움을 일으키는 약물을 줄 수도 있는데, 이 약물은 알코올에 강하게 반응하여 위가 빌 때까지 구역질과 구토를 일으킨다(Abraham, Knudsen, & Roman, 2011). 그러나 대부분의 경우에 혐오치료는 사람을 물리적으로 아프게 만들 정도로 격렬할 필요가 없다. 만성적으로 손톱을 물어뜯는 경우 손톱에 쓴맛을 내는 물질을 바르는 가벼운 혐오치료로도 상당한 개선되었다(Allen, 1996).

앨버트 반두라의 관찰학습에서 유래된 치료에서는 사람이 모방을 통해 불안을 이길 수 있고 사회적 기술을 취득할 수 있다는 신념을 바탕으로 한다. 관찰학습 이론에 근거한 치료의 가장 효과적인 유형은 **참가자 모델링**(participant modeling)이다(Bandura, 1977; Bandura, Jeffery, & Gajdos, 1975; Bandura, Adams, & Beyer, 1977). 참가자 모델링 학습치료에서는 시범자가 위계에 따라 시범을 보일 뿐만 아니라 내담자도 각 단계의 시범자를 따르려고 노력하며, 이때 치료자는 격려와 지지를 보낸다. 대부분의 특정 공포증은 3시간 내지 4시간 정도의 참가자 모델링 치료만으로도 사라질 수 있다. 예를 들어, 참가자 모델링을 통해 개 공포증이 치료될 수 있다. 내담자가 어느 정도 안정되면 함께 참가하도록 격려한다. 또 다른 방법으로는 사람이 개와 함께 노는 비디오를 내담자에게 보여 준 후에 실제로 개와 놀도록 격려하기도 한다.

기억하기 본문 내용을 떠올리며 다음 퀴즈를 풀어 보라.

1. 행동주의 치료는 _____ 이론의 원리에 기초하고 있다.
2. _____은(는) 공황장애가 있는 사람들을 위한 치료다.
3. 다음의 각 치료에 해당하는 문항을 고르라.

_____(1) 홍수법 _____(2) 혐오치료

_____(3) 체계적 둔감법 _____(4) 참가자 모델링 치료

a. 두려운 대상에 조금씩 노출하면서 깊은 근육이완을 함

b. 고통스럽거나 혐오스러운 자극을 바람직하지 않은 행동과 연합시킴

c. 두려운 반응이 감소되거나 제거될 때까지 두려운 대상에 직접 노출시킴

d. 두려운 상황에서 적합하게 반응하는 시범자를 모방함

인지행동치료

이 장 첫 부분에 있는 〈생각해보기〉에서는 자신이 갖고 있는 문제와 관련하여 자신의 신념과 생각하는 방식에 초점을 맞추는 인지행동치료를 소개하였다. 인지행동치료(CBT)에서는 역기능적 행동이 비합리적인 사고, 신념 그리고 견해에서 비롯된다고 가정하는데, 치료자들은 바로 이러한 사고나 신념 또는 견해를 바꾸려고 시도한다(Craighead et al., 2013). 이 접근은 섭식장애(Dalle Grave et al., 2013), 불안장애(Kellett et al., 2004), 약물의존(Babor, 2004) 그리고 우울증(Totterdell & Kellet, 2008)을 포함하여 다양한 심리문제를 치료하는 데 효과가 있는 것으로 나타났다. 가장 잘 알려져 있는 인지행동치료의 두 가지 유형은 앨버트 엘리스(Albert Ellis)의 합리정서행동치료(rational emotive behavior therapy: REBT)와 아론 벡(Aaron Beck)의 인지치료(cognitive therapy: CT)다.

13.8 합리정서행동치료의 목표는 무엇인가?

합리정서행동치료

임상심리학자 앨버트 엘리스(Albert Ellis, 1913~2007)는 1950년에 **합리정서행동치료**(rational emotive behavior therapy: REBT)를 개발했다(Ellis, 1961, 1977, 1993). 엘리스는 불안을 감소시켜서 자기 자신의 문제를 해결하는 수단으로 기법을 개발해 왔다고 주장한다(Ellis, 2004a). 이러한 치료의 유형은 엘리스의 사건-신념-결과(ABC) 이론에 근거를 둔다. 사건(A)은 활성화하는 사건을 나타내고, 신념(B)은 그 사건에 대한 사람의 신념을 나타내며, 결과(C)는 뒤따르는 정서적 결과를 나타낸다. 엘리스는 정서적 결과를 일으키는 것은 사건 자체뿐만 아니라 사건에 대한 사람의 신념임을 주장한다. 바꾸어 말하면, 사건은 바로 결과를 일으키지 않고 신념이 결과를 일으킨다. 신념이 비합리적이면 [그림 13-1]의 설명처럼 정서적인 결과가 심한 고통이 될 수 있다.

합리정서행동치료는 자신과 다른 사람에 대한 비합리적 신념에 도전하도록 고안된 지시적인 심리치료의 한 형태다. 이 치료에서 대부분의 내담자는 치료자를 개인적으로 5~50회기에 걸쳐 일주일에 한

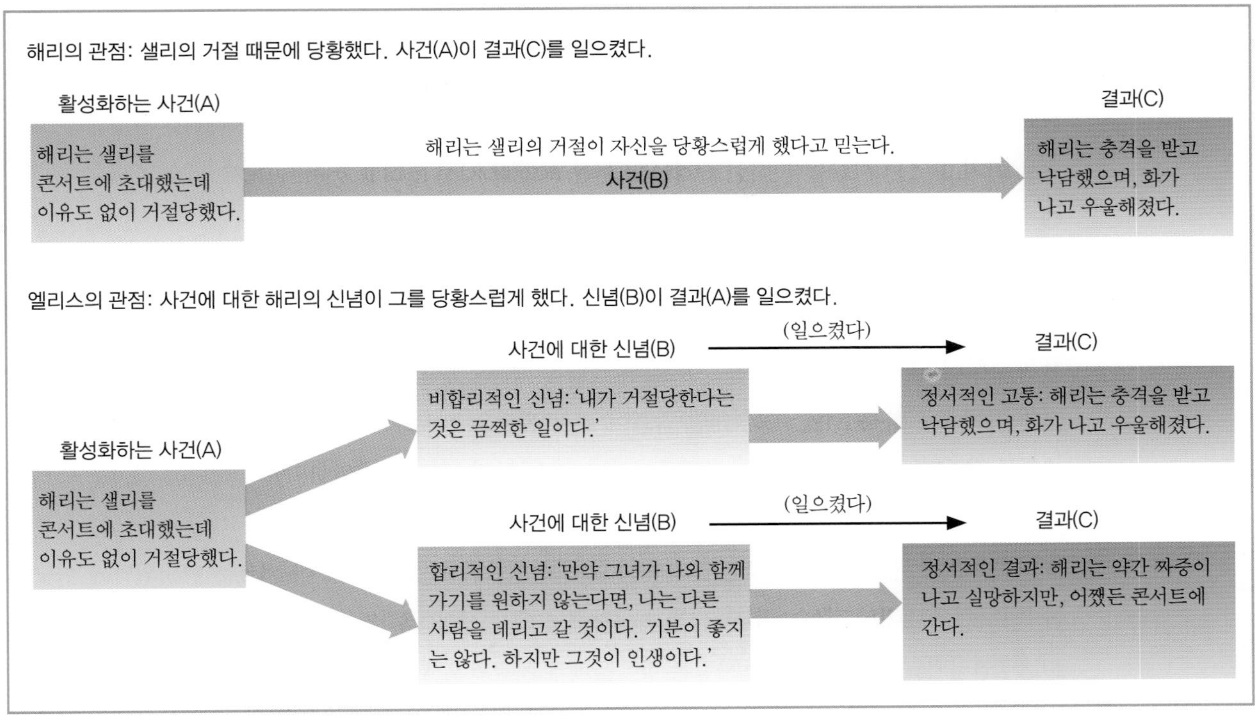

[그림 13-1] 합리정서행동치료에서의 사건-신념-결과(ABC)

합리정서행동치료는 내담자에게 혼란스러운 결과를 일으키는 것이 활성화하는 사건이 아니라고 가르친다. 오히려 활성화하는 사건에 대한 내담자의 신념이 혼란스러운 결과를 일으킨다. 엘리스에 따르면, 비합리적인 신념은 정서적인 고통을 일으킨다. 그래서 이 치료에서는 내담자가 비합리적인 신념을 확인하고 합리적인 신념으로 바꿀 수 있도록 돕는다.

번씩 만난다. 엘리스(2004b)에 따르면, 내담자는 문제 기저의 비합리적인 생각을 다루지 않은 채 기분 좋게 하는 따뜻하고 지지적인 치료적 접근으로부터는 이익을 얻지 못한다. 내담자는 비합리적인 신념을 합리적인 신념으로 바꿈으로써 덜 괴롭고 적절한 정서반응과 건설적인 행동을 배우게 된다. 예를 들어, 내담자는 치료자에게 '상사의 비합리적인 요구 때문에 불안하고 우울한 느낌이 든다.'고 말할 수 있다. 이 경우 엘리스의 합리정서행동치료 모델에서는 치료자가 내담자로 하여금 '상사의 요구와 내담자의 정서적 반응'을 구별하도록 도울 것이다. 목표는 '내담자가 상사의 요구가 아닌 그 요구에 대한 반응이 걱정과 우울의 근원임을 이해하도록' 돕는 것에 있다. 궁극적으로 치료자는 내담자가 상사의 요구를 통제할 수는 없지만 그에 대한 정서적인 반응은 통제할 수 있다는 결론을 내리도록 이끈다. 내담자의 문제 사고를 변화시키려면 치료자가 내담자에게 정서적인 반응을 통제하도록 돕는 긴장이완 기법과 같은 행동적 전략을 가르칠 수 있다. 연구에 따르면 합리정서행동치료는 대학생들이 미루는 행동을 감소시키는 데 효과가 있다(McCown, Blake, & Keiser, 2012)

벡의 인지치료

13.9 벡의 인지치료 모델은 심리치료에 어떻게 접근하는가?

정신과 의사인 아론 벡(Aaron Beck, 1976)은 우울하고 불안한 사람의 많은 고통은 자동적 사고—개인의 삶을 지배하는 비합리적이지만 당연시되는 생각('행복하기 위해서는 모든 사람이 나를 좋아해야 한다.' '사람이 내 생각에 동의하지 않는 것은 곧 나를 좋아하지 않음을 의미한다.')—로 거슬러 올라갈 수 있다고 주장한다. 이런 사람들은 기분을 안 좋게 하는 것에만 주목하고서는 불쾌하다는 결론을 성급하게 내려 버린다. 벡에 따르면 이와 같이 부정적이고 자기 패배적인 사고를 가지고 있는 사람들은 이런 생각들이 만든 왜곡된 정신 필터를 통해서 과거, 현재 그리고 미래를 해석한다.

벡의 인지치료(CT)의 목표는 〈표 13-1〉에 나열된 것과 같은 인지오류(즉, 생각에서의 오류)가 내담자의 정서와 행동에 미치는 영향을 극복하도록 돕는 것이다. 이 접근은 이런 생각들이 발생할 때 그 생각을 다루어 더 객관적인 생각으로 바꿀 수 있도록 고안되었다. 치료자는 비합리적인 사고를 확인하고 그 사고에 도전한 후, 내담자의 개인 경험이 거짓 신념을 반박하는 '현실세계에서의 실제적인 증거'를 제공할 수 있도록 계획을 세우고 안내한다. 그리고 자동적 사고와 그것에 의해 일어나는 감정을 탐색하고 합리적인 사고를 하도록 하는 과제를 부여한다.

인지치료는 단기치료로서 보통 10회에서 20회 진행한다(Beck, 1976). 이 치료는 광범위하게 연구되어 왔으며, 경도에서 중등도 우울을 가진 사람에게 매우 성공적인 것으로 보고되었다(Craighead et al., 2013). 인지치료를 받은 우울한 사람은 항우울제로 치료받은 사람보다 재발률이 낮은 것으로 나타났다(Hallon, Stewart, & Struck, 2006).

인지치료는 공황장애의 치료에도 효과적이다(Clark & Beck, 2010). 내담자로 하여금 증상에 대해 비극적인 해석을 하지 않도록 가르침으로써, 인지치료는 증상이 공황 단계로 진행되지 않도록 돕는다. 연구에 따르면 3개월 후에는 공황장애를 가진 90%의 사람의 공황 증상이 사라졌다.

〈표 13-1〉 **인지오류**

오류	예
흑백논리	'아이비리그 대학에 못 간다면 대학에 가지 않는 게 더 낫다.'
파국화(부정적 예언)	'대학 졸업 때까지 결혼 상대자를 구하지 못한다면 평생 혼자 살게 될 거야.'
강점 깎아내리기	'내가 운이 좋아서 시험에 통화한 거야.'
심정 추론	'그가 나에게 전화를 하지 않았지만 내 마음은 우리가 함께할 운명이라고 말하고 있어.'
이름 붙이기	'그녀는 너무나 도도해서 나 같은 실패자하고는 데이트를 하지 않을 거야.'
의미 확대/축소	'오늘 결석했기 때문에 내가 시험에서 A를 받는다는 것은 가당치도 않아. 교수님이 내가 얼마나 무책임한 학생인가를 봤기 때문에 교수님은 나를 낙제시키실 거야.'
정신 필터	'나는 검은 양복에 어울리는 신발을 찾지 못해서 어떤 면접도 할 수 없어.'
마음 읽기	'내가 언제든 전화하라고 말했으니 그 사람은 분명히 내가 자기를 아주 보고 싶어 한다고 생각할 거야.'
과잉일반화	'면접에서 잘하지 못했어. 나는 사교적인 사람이 아니야.'
개인화	'교수님이 강의실을 급하게 나가시는 것 같다. 교수님은 틀림없이 내 질문이 아주 형편없다고 생각하시는 거야.'
부적절한 '해야 한다' 사용	'착한 딸은 매일 어머니에게 전화해야 하고 하루 동안 있었던 일을 다 말해야 해.'
터널 비전	'이번 학기는 내 최악의 학기였어. 어떻게 해야 할지 모르겠어. 분명히 GPA가 많이 떨어질 거야.'

[그림 13-2] 인지치료 숙제

인지행동치료자들은 내담자들이 바꾸고 싶어 하는 행동에 영향을 미치는 사고를 통제할 수 있는 힘을 기르도록 '숙제'를 하도록 한다. 예를 들면 미루는 행동을 극복하기 위해 상담하는 치료자는 물놀이와 같은 재미있는 활동을 하고 싶어서 공부를 미루고 싶은 충동을 느낄 때마다 각 행동별로 그 결과가 어떨지 상상해 보는 숙제를 부과할 수 있다.

기억하기 본문 내용을 떠올리며 다음 퀴즈를 풀어 보라.

1. 인지행동주의 치료자들은 내담자가 자신의 _____을(를) 바꾸도록 격려함으로써 문제행동을 해결하도록 돕는다.
2. _____ 치료자들은 내담자의 비합리적 신념을 점검하도록 한다
3. 벡의 인지치료의 목적은 내담자가 _____을(를) 더 _____한 사고로 바꾸도록 도와주는 것이다.

생물의학적 치료

당신은 심리적 문제를 극복하는 방법으로 의사 혹은 정신과 의사로부터 처방받은 약을 복용한 사람을 아는가? 아마도 많은 사람이 현재 다양한 약물을 복용하고 있기 때문에 알고 있을 것이다. 약물치료는 **생물의학적 치료**(biomedical therapy)의 초석이다. 심리학적 장애가 신체적인 문제의 증상이라는 생물학적인 관점에 찬성하는 전문가는 보통 생물의학적 치료에 찬성한다. 세 가지 주요 생물의학적 치료로는 약물치료, 전기충격치료, 정신외과적 수술이 있다.

약물치료

13.10 심리장애에 대한 약물치료의 장단점은 무엇인가?

가장 빈번하게 사용되는 생물의학적 치료는 약물치료다. 정신건강 전문가들이 정신장애가 있는 사람들에게 처방하는 약물은 당신이 4장에서 읽은 향정신성 약물의 정의에 들어맞는다. 즉, 이 약물들은 뇌의 신경전달물질에 작용하여 기분과 지각 그리고 사고를 바꾼다. 사실상 487쪽에 있는 〈설명〉에서 지적하는 바와 같이 몇몇 연구자는 정신장애가 있는 사람들은 니코틴과 같은

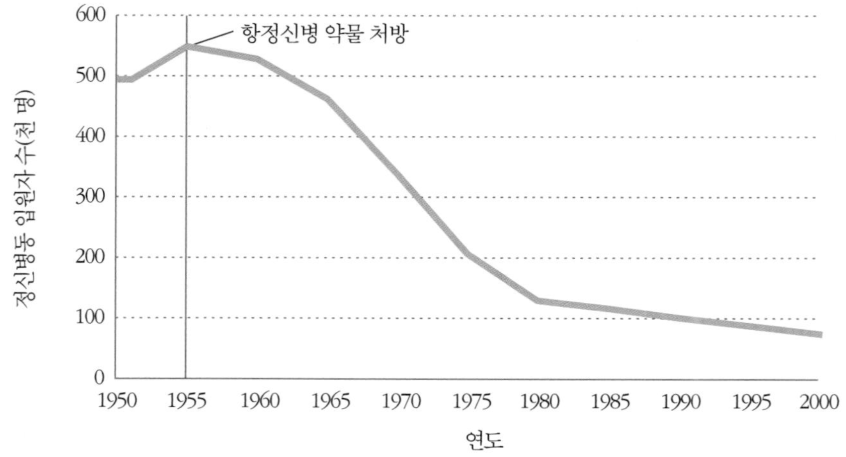

[그림 13-3] 주립 정신병원에서의 환자 수의 감소(1950~2000년)

주립 정신병원 환자 수는 항정신병 약물이 도입된 1955년에 대략 56만 명으로 정점에 도달했다. 이러한 약물은 정신환자의 비자발적인 입원기간을 줄이기 위한 연방정부의 노력과 결합하여 2000년도에는 10만 명 이하로 급격히 감소하였다.

출처: Mandersheid & Henderson(2001).

약물이 자신의 증상을 완화시킨다는 것을 알 때 '자기 처방'을 한다고 생각하고 있다. 그 결과 종종 약물 오남용이 정신장애와 공존한다.

약물치료의 출현은 정신적 환자의 비자발적인 입원을 줄이기 위한 연방정부의 노력과 결부되어 1955년의 56만 명에서 1990년의 10만 명으로 미국에서 정신병원 환자의 수를 감소시켰다([그림 13-3] 참조). 이런 감소 추세는 1990년대에도 계속 유지되었다. 게다가 입원을 요하는 환자의 평균 입원기간도 며칠에 불과하게 되었다.

항정신병 약물 신경이완제로 알려진 **항정신병 약물**(antipsychotics antipsychotic drugs)은 주로 조현병에 처방된다. 당신은 이 약물의 종류인 소라진, 스텔라진, 콤파진, 멜라릴에 대해서 들었을지도 모른다. 그 목적은 환각, 망상, 부자연스러운 말과 무질서한 행동을 제어하는 것이다(Newton, 2012). 신경이완제는 주로 신경전달물질인 도파민의 활동을 금한다. 환자의 약 50%는 표준 항정신병 약물에 좋은 반응을 보인다(Bobes et al., 2003). 그러나 이 약물은 특히 조현병의 초기 증상에는 도움이 되지 못하였고(Meltzer et al., 1997), 다른 증상들에 대해서는 경미한 호전만을 보여 주었다. 전형적인 항정신병 약물을 장기간 복용하는 것은 부작용의 위험이 많은데, 얼굴과 혀가 가만히 있지 못하는 경련이 일어나며 손과 몸의 움찔거림이 일어나는 지연성 운동이상이 생긴다(Brasic, 2012).

비전형적인 신경이완제(클로자핀, 리스페리돈, 올란자핀)와 같은 새로운 항정신병 약물은 환자의 삶의 질을 현저하게 향상시켰으며 조현병의 양성 증상(예, 환청)뿐만 아니라 음성 증상(예, 정서 결여)도 치료할 수 있게 되어 환자의 삶의 질이 매우 개선되었다(Gerstein, 2011). 비전형적인 신경이완제는 도파민과 세로토닌 수용기관 모두를 표적으로 한다(Kawanishi, Tachikawa, & Suzuki, 2000). 클로자핀을 복용한 환자의 약 10%는 다시 태어난 것 같은 느낌의 극적인 결과를 경험하게 된다. 클로자핀은 일반적인 신경이완제보다 부작용이 적고, 복용한 환자들에게 지연성 운동장애를 덜 일으킨다(Soares-Weiser & Fernandez, 2007). 또한 다른 항정신병 약물보다 자살 예방에 더 효과적인 것 같다(Meltzer et al., 2003). 그러나 클로자핀은 매우 비싸고, 주의 깊은 관찰이 없으면 1~2%에서 치명적인 혈액 결함을 보인다. 이러한 이유로 약물 복용 환자는 다양한 간효소 등의 수치를 정기적으로 관찰하여야 한다(Erdogan et al., 2004).

항우울제 **항우울제**(antidepressants, antidepressant drugs)는 우울증이 있는 사람들의 기분을 상승시킨다(Halverson, 2012). 항우울제로 치료받은 환자의 약 65~75%는 스스로가 현저하게 나아졌다고

설명 *조현병을 가진 사람은 왜 흡연 비율이 매우 높은가*

연구에 따르면 조현병이 있는 사람의 58~88%가량은 담배를 피운다(Moss et al., 2009). 조현병을 가진 사람이 정식으로 진단받기 전에 담배를 피우면서 우연히 효과적인 생물의학적 치료를 한다는 것이 가능한가? 심리학 연구자들 사이에서는 이 생각을 자가치료 가설이라 부른다. 동물 연구는 이 가설을 지지한다. 예를 들어, 연구자들이 쥐의 뇌에서 도파민을 생산하는 능력에 손상을 가하면 쥐는 불안해하고 와해된 행동을 보이는데, 이는 조현병 환자들이 보이는 행동방식과 유사하다. 니코틴을 쥐에게 투여했을 때 이런 행동들이 없어졌다는 사실이 실험 연구에서 드러났다.

이 가설에 따르면, 니코틴의 자극성은 조현병 환자의 주의장애, 사고장애, 기억장애에 도움이 된다. 연구에 따르면, 니코틴은 조현병을 가진 사람에서 이 기능을 수행하는 뇌 활동을 촉진한다(Moss et al., 2009; Yip et al., 2009). 또한 항정신병 약물의 부작용인 불쾌감도 없앤다(George & Vessicchio, 2001). 일반적으로 자가치료 가설의 지지자는 또한 일반인의 흡연율이 감소하는 때에도 조현병 유병률이 변하지 않는다면 조현병 흡연자가 비조현병 흡연자보다 더 심하게 담배를 피우는 것임을 인정한다(Kelly & McCreadie, 2000).

자가치료 가설의 비판자는 조현병 환자가 담배를 피우는 것은 담배가 조현병을 유발하기 때문이라고 주장한다(Kelly & McCreadie, 2000). 조현병이 유전, 발달, 환경 요인의 복잡한 상호작용에 의해 생긴다고 연구자들이 믿는 12장의 내용을 상기하라. 니코틴 의존이 조현병을 야기하는 여러 생화학적 변화와 연관이 있는 한 요인일 수 있다고 말하는 연구자들도 있다. 이런 견해의 증거는 조현병 환자들은 대부분 발병되기 훨씬 전에 담배를 피웠다는 것이다(Smith et al., 2009; Zhang et al., 2013). 결과적으로, 그들은 증상을 경감시킬 수 있는 습관을 탐색해 볼 기회조차 없었다.

자가치료 가설에 관한 판단은 아직 미정이다. 한 가지 사실은 확실하다. 예측하였겠지만, 담배를 피우는 것은 조현병 환자나 그 밖의 우리의 건강에 나쁘다. 폐암 등 흡연 관련 질병의 사망률이나 폐기종 등 만성질환의 빈도는 조현병을 가진 사람이 일반인보다 훨씬 높다(Schizophrenia.com, 2006). 따라서 자가치료 가설에 대해서 어떻게 생각하든 대부분의 연구자나 임상가는 담배를 끊는 것이 조현병 환자에게도, 심한 장애가 없는 일반인에게도 중요하다는 사실에 동의한다. 더욱이 조현병 흡연자들도 다른 흡연자들과 마찬가지로 금연하고자 한다. 흡연에서 빠져나오고 싶은 욕망에도 불구하고, 조현병 흡연자는 다른 사람보다 니코틴 중독의 극복이 더 어렵다. 항정신병 약물은 금연과 관련되는 불쾌한 감정을 강화시키는 것처럼 보인다. 또 니코틴은 항정신병 약물의 효과를 완화시키며, 담배를 끊으려는 노력이 약의 효과를 무효화한다(George & Vessicchio, 2001). 그래서 조현병 환자의 금연에 대해 연구한 임상가들은 갑작스러운 금연은 위험할 수 있다고 경고한다. 그들은 니코틴 대치가 금연 성공을 늘릴 뿐만 아니라 금연기간 중의 안정을 위해서도 필요하다고 말한다. 무엇보다 니코틴 때문에 증상이 호전될 수 있기 때문에 조현병 환자들에게 금연을 권하지 않는 것은 그들에게 불리한 차별일 수 있다는 미묘한 문제가 있다.

느끼며, 40~50%는 완치되었다(Frazer, 1997). 항우울제 연구의 대부분은 그것이 심한 우울을 호전시키는 데 큰 효과가 있다고 보고한다(Zimmerman, Posternak, & Chelminski, 2002). 따라서 이러한 연구 결과는 약한 우울을 가진 사람에게는 적용하기가 어렵다. 더욱이 이 연구는 항우울제가 심리치료와 병행할 때 가장 효과가 있다는 것을 보여 주었다(Khan et al., 2012).

항우울제의 첫 세대는 삼환계 항우울제(아미트립틸린, 이미프라민)로 알려져 있다(Nutt, 2000). 삼환계 항우울제는 축색종말 안으로 노르에피네프린과 세로토닌의 재흡수를 차단함으로써 우울증에 반하게 작용하고, 따라서 연접 안에서 이러한 신경전달물질의 기능을 강화시킨다. 대체로 삼환계 우울제는 우울증 증상을 감소시키는 데 매우 효과가 있으나 졸림, 어지러움증, 신경과민, 피로, 구갈(입 안 마름), 건망증, 체중 증가 등의 부작용이 있다(Nelson, 2009). 삼환계 항우울제는 심리학적 증상으로부터 위안을 줌에도 불구하고 체중의 증가(평균 20파운드 이상)를 초래한다는 주된 이유로 그 복용이 금지되고 있다.

항우울제의 두 번째 세대는 신경전달물질인 세라토닌의 재흡수를 막고, 뇌의 시냅스의 유용성을 증가시키는 선택적 세로토닌 재흡수 억제제(SSRI)다(Dayan & Huys, 2008). SSRI(플루옥세틴, 클로미프라민)는 부작용이 적다(Nelson, 1997). SSRI는 많은 장애를 치료하는 데 탁월한 효과가 있다는 사실이 밝혀졌다. 최근 미국 식품의약청(FDA)은 우울증, 강박장애, 폭식증 그리고 공황장애에 SSRI 처방을 허가하고 있다(FDA, 2006). 어떤 연구는 SSRI가 아동과 10대의 자살 위험을 증가시킨다고 보고하고 있어서, FDA는 2004년에 SSRI 치료 시 첫 몇 주간 자세히 관찰할 것을 권고하고 있음을 주목해야 한다(FDA, 2004). 그러나 FDA가 권고한 후 몇 년 지나서 몇몇 연구자는 SSRI가 청소년들의 자살 위험을 증가시킨다고 결론을 내리기에는 증거가 불충분하다고 주장하고 있다(Dudley, Goldney, & Hadzi-Pavolic, 2010).

보고서에 따르면, 여러 가지 SSRI 중 특히 플루옥세틴(프로작)이 자살의 위험을 증가시킨다는 것은 입증되지 않았다(Ham, 2003; Warshaw & Keller, 1996). SSRI는 약을 복용하지 않으면 성기능이 정상으로 돌아오기는 하지만 복용할 때는 성기능장애를 일으킬 수 있다. 연구들에 따르면 새로운 항우울제인 세로토닌-노르에피네프린 재흡수 억제제(SNRIs)는 SSRI보다 더 효과가 있고 부작용도 덜한 것으로 보인다(Ravindran & Ravindran, 2009).

우울증 치료의 또 다른 방법은 모노아민 산화효소(MAO) 억제제를 사용하는 것이다(마르플란, 나르딜, 파르네이트 등의 상품명으로 판매되고 있다). 시냅스에서 노르에피네프린과 세로토닌을 파괴하는 효소의 활동을 차단함으로써, 모노아민 산화효소는 이러한 신경전달물질의 유용성을 높인다. 모노아민 산화효소는 다른 항우울제에 반응하지 않는 우울 환자에게 처방된다(Tobin, 2007). 그러나 모노아민 산화효소는 삼환계 항우울제와 같은 부작용이 있으며, 모노아민 산화효소로 치료받은 환자는 특정 음식 회피나 뇌졸중의 위험을 수반하기도 한다.

리튬과 항경련제 **리튬**(lithium), 즉 자연산 소금은 양극성장애(조울증) 환자의 40~50%에 매우 효과적이다(Thase & Kupfer, 1996). 그것은 5~10일 이내에 조증 상태를 완화시키고 양극성장애가 있는 사람들의 자살 위험을 감소시킨다(Soreff, 2012). 리튬의 적절한 복용은 우울뿐만 아니라 조증도 감소시킨다. 리튬의 임상적 유효성에 대한 30년간의 보고서에 따르면, 리튬은 우울증과 조울증의 치료에 가장 효과적이다(Ross, Baldessarini, & Tondo, 2000). 그러나 완화되었던 환자들의 40~60%는 재발한 것으로 추정된다(Thase & Kupfer, 1996). 더불어 2~6개월마다 환자의 혈액 속 리튬 수치를 확인해야 리튬 중독과 신경계의 영구 손상을 예방할 수 있다(Soreff, 2012).

최근 연구에서는 테파코트(디발프로엑스)와 같은 항경련제(anticonvulsant drug)가 부작용이 적어 리튬처럼 양극성장애 증상을 다루는 데 효과적이라고 한다(Soreff, 2012). 더구나 정신병의 증상을 포함한 조증 상태의 많은 양극성장애 환자는 항경련제와 함께 항정신병 약물을 복용함으로써 효과를 볼 수 있다(Bowden et al., 2004; Vieta, 2003).

항불안 약물(antianxiety drugs) 약한 진정제로 쓰이는 벤조디아제핀의 유명한 약물로는 발륨, 리브리움, 그리고 새로운 고성능 약물 자낙스가 판매되고 있다. 원래 불안 치료제였던 벤조디아제핀은 지금은 항정신병 약물로 처방되는 경우가 더 많다(Cloos & Ferreira, 2009). 이 약물은 공황장애(Davison, 1997; Noyes et al., 1996)와 범불안장애(Lydiard, Brawman-Mintzer, & Ballenger, 1996)의 치료에 효과적인 것으로 밝혀졌다.

자낙스는 정신병 관련 약물 중 가장 잘 팔리며(Famighetti, 1997), 특히 불안이나 우울 치료에 효과가 있는 것으로 보인다. 단점은 있다. 공황발작을 더 이상 경험하지 않게 되었을 때도 많은 사람은 약을 끊을 수 없는데, 이는 약을 끊었을 때 보통에서 강한 정도의 금단증상이 나타나기 때문이다. 이때는 강한 불안을 느낀다(Cloos & Ferreira, 2009). 다음의 〈복습과 재검토〉에는 정신장애 치료에 사용되는 여러 가지 약물의 목록이 정리되어 있다.

약물치료의 단점 불쾌감이나 부작용 외에도 약물치료의 또 다른 단점은 투약량을 정하기가 어렵다는 것이다. 또한 약물은 정신장애를 치료한 것이 아니므로 증상이 없어져서 약물 복용을 멈추게 되면 보통 재발한다는 것이다. 주요우울 삽화에 따른 항우울제의 지속적인 투여는 재발 가능성을 줄여 준다(Boulenger, Loft, & Ferea, 2012). 투약 유지가 불안장애를 유발하거나 증상 재발을 가져오는 것처럼 보

복습과 재검토 정신장애 치료에 사용되는 약물

약물의 종류	상품명	치료하는 증상
neuroleptics	Compazine, Mellaril, Thorazine	환각, 망상
atypical neuroleptics	Clozaril, Olanzapine, Risperdal	환각, 망상, 조현병의 음성 증상
tricyclics	Elavil, Tofranil	우울/불안
SSRIs	Celexa, Paxil, Prozac, Zoloft	우울/불안
SNRIs	Effexor, Pristiq, Remeron	우울/불안
MAOIs	Ensam, Nardil, Parnate, Marplan	우울/불안
lithium	Eskalith, Lithobid	조증
anticonvulsants	Depakote, Depacon, Depakene	조증
benzodiazepines	Librium, Valium, Xanax	불안

일 때도 있다(Hallon et al., 2006). 게다가 항정신병 약물을 사용할 수 없게 되는 '비자발적 퇴원'은 조현병과 같은 만성 정신질환 환자의 노숙자 증가로 이어진다는 연구 결과도 있다(Carson et al., 2000). 유감스럽게도 항정신병 약물에 좋은 반응을 보였기 때문에 조현병을 가진 사람은 퇴원 후에 적절한 사후 처치를 받지 못하는 경우가 많다. 그래서 약물 투여를 멈추면 정신이상 상태로 되돌아가게 되거나 자활할 수 없게 되는 경우도 있다. 마지막으로, 이 점이 가장 중요할 수도 있는데, 비판적인 사람들은 약물치료로 인해 정신장애 환자들이 그 밖의 치료방법을 고려하지 않고 약물치료에 계속 의존하게 된다고 지적하고 있다(Calton & Spandler, 2009).

13.11 어떤 증상에 전기충격치료를 사용하는가?

전기충격치료

항우울제는 상대적으로 효과가 느리게 나타난다. 심한 우울증 환자는 완화되기 위해서는 최소 2~6주 정도 치료해야 하고, 이 가운데 30%에서는 효과가 없다. 이런 상황은 자살 위험이 있는 사람들에게는 너무도 위험하다(Keitner & Boschini, 2009). **전기충격치료**(electroconvulsive therapy: ECT)는 전류를 우반구로 흘려 보내는 치료인데 자살 위험이 있는 심한 우울증 환자에게 사용한다. 전기충격치료는 1940~1950년대에는 오용·남용되었기 때문에 좋지 않은 평판을 가지고 있었다. 그럼에도 불구하고 전기충격치료는 적절히 사용한다면 주요우울증에 매우 효과적이다(Mayur, Byth, & Harris, 2012).

수년 동안, '전류를 대뇌반구 사이로 통과시키는 방법'인 양측 전기충격치료가 사용되었다. 그러나 오늘날 전류는 우반구에만 주어지는데, 이 처치를 편측 전기충격치료라고 한다. 연구에 따르면 편측 전기충격치료는 인지적 부작용이 적고, 더 강한 양측 전기충격치료만큼 효과적이다(Sackeim et al., 2000). 또한 오늘날 전기충격치료를 할 때에는 마취법, 산소통제, 근육이완제를 쓴다.

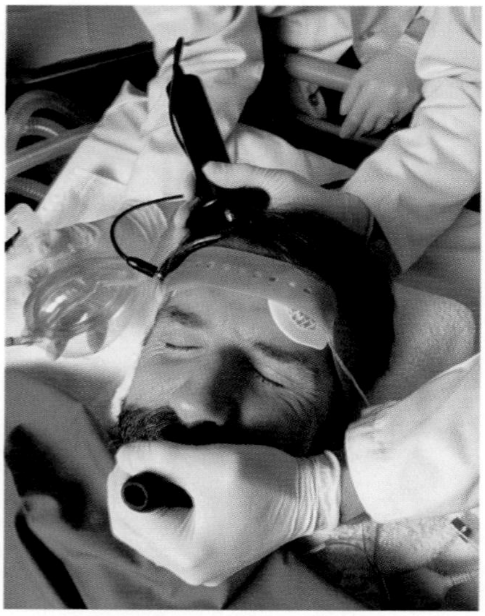

▶▶▶ 전기충격치료에서는 가벼운 전류를 1~2초 정도 우반구에 흐르게 한다. 이때 짧은 발작이 일어난다.

전문가들은 전기충격치료가 뇌의 생화학적 균형을 변화시켜 우울을 경감시킨다고 여긴다. 전기충격치료가 효과적일 때, 전두엽 뇌 혈류가 감소하고 델타파(서파수면과 관련된 뇌파 유형)도 나타난다(Sackeim et al., 1996). 그러나 전기충격치료는 자서전적 기억 손상과 관련이 있는데 이러한 손상은 치료 후 몇 달 동안 지속된다(Verwijk, 2012).

20세기 말, 새로운 뇌자극 치료인 반복경두개자기자극이 개발되었다. 이 자기치료는 부작용이 별로 없다. 진정되지 않은 환자에게 실행하였을 때 발작이나 기억 손상과 같은 부작용이 없다. 이 치료의 가치는 전기충격치료와 같으며 대중이 훨씬 더 잘 받아들인다(Greenberg, 2012; Higgins & George, 2009). 더욱이 이 치료는 조현병의 음성 증상을 치료하는 데 유망한 것으로 보인다(Guse et al., 2013). 이러한 결과는 중요하다. 왜냐하면 당신이 12장에서 배웠다시피 음성 증상이 있는 사람들은 양성 증상이 있는 사람들과 달리 다른 형태의 치료로는 잘 낫지 않기 때문이다.

정신외과 수술

13.12 어떤 문제에 정신외과 수술을 하는가?

전기충격치료보다 더 과감한 처치가 **정신외과 수술**(psychosurgery)—심한 우울, 심한 불안, 강박 혹은 도저히 참을 수 없는 만성 통증의 제거를 위해 시술하는 뇌수술—이다. 최초의 실험적인 전두엽 절제술은 심한 공포, 불안, 강박을 치료하기 위해 1935년 포르투갈의 신경학자 에가스 모니츠(Egas Moniz)가 개발하였다. 전두엽 절제술은 '정서와 관련된 뇌의 부위와 전두엽 사이의 변형 신경'을 자르는 것이다. 그러나 뇌의 어느 부위도 제거하는 것은 아니다. 처음에 이 절차가 엄청난 공헌으로 간주되어서, 모니츠는 1949년에 노벨 의학상을 받았다. 그러나 결국 이 절제술이 환자를 더욱 심하게 악화된 상태로 만든다는 것이 밝혀졌다. 예를 들어, 6장에서 소개했던 H. M.의 사례를 기억할 것이다. 이 수술 후에 H. M.은 새 기억을 형성하는 능력을 잃어버렸다. 전두엽 절제술 및 그와 유사한 수술을 실시한 후 나타나는 환자의 '황폐화'로 인해 이러한 유형의 수술은 점차 사라지게 되었다.

현대 정신외과 수술은 전통적 외과수술과 다르게 전극을 통한 전류로 작은 부분만을 파괴하기 때문에 지적인 손상이 적다. 대상회전 절제술은 뇌의 정서 영역과 뇌질을 연결하는 신경다발인 치대(치아 띠 모양의 것)만을 파괴한다. 이런 수술은 심한 강박신경증 치료에 도움이 된다(Greenberg, 2012). 그러나 정신외과 수술의 결과는 아직 예측 불가이며(긍정적이든 부정적이든) 되돌려 놓을 수 없다. 이러한 이유들로 인해 이 처치는 실험적 수술이라고 할 수 있으며, 최후의 수단으로만 사용된다(Glannon, 2006).

기억하기 본문 내용을 떠올리며 다음 퀴즈를 풀어 보라.

1. 가장 많이 사용하고 있는 생화학치료는 _____이다.
2. 향정신성 약물을 사용하면서 정신병 장애가 있는 사람들 사이에서 _____가 감소하게 되었다.
3. 다른 어떤 형태의 정신과 처방보다 _____ 약물이 더 많이 처방된다.
4. 전기충격치료는 우울장애가 있는 사람에게 _____의 위험을 감소시킨다.
5. 절개술은 _____장애의 극심한 사례 치료에 도움이 된다.

심리치료상의 실질적 문제

배우자를 선택할 때 당신은 전화번호부를 펼쳐서 아무 아름이나 고르는가? 물론 그렇지 않을 것이다. 상담자를 선택하는 것은 배우자를 선택하는 것처럼 그렇게 중요하지는 않다. 하지만 두 경우 모두 관련 정보를 가지고 있는 것이 현명하다. 다양한 상담자와 친숙해지는 것은 그 목적을 달성하는 첫 단계다. 마찬가지로 당신은 상담자의 성이나 출신 문화에 얼마나 편안하게 느끼는가도 고려해야 한다. 마지막으로 어떤 치료가 가장 효과가 있는지 알고 싶을 것이다.

13.13 여러 가지 심리 치료 간의 유사점과 차이점은 무엇인가?

치료자 선택하기

아마도 당신은 치료를 위하여 인터넷 사용을 고려하는 수천만 명의 사람 중 한 명일 수 있다. 그렇다면 493쪽의 〈적용〉에 제시된 정보가 매우 도움이 될 것이다. 온라인상담, 전화상담, 면대면상담에 관계없이 당신의 문제에 가장 적합한 훈련을 받은 치료자를 발견하는 것은 치료 효과에 매우 중요하다. 〈표 13-2〉에 정신건강 전문가들의 다양한 유형이 제시되어 있다. 사람이 혼란스러워하는 전문가들 간의 중요한 차이점 중 하나는 **정신과 의사**는 의학 전문가이며, **심리치료자**는 대개 심리학 분야의 박사학위를 가진 전문인이라는 것이다. 역사적으로 약 처방은 정신과 의사만 할 수 있었다. 그러나 현재 미국에서는 정신약리학 분야에서 약 처방을 위한 특별 훈련을 받은 심리학자들도 약을 처방하기 시작하였다. 지금까지는 미국 군대와 일부 주에서만 심리학자들의 약 처방권을 허가하고 있다.

훈련이나 이론적 배경에 관계없이, 대부분의 치료자는 전문가 협회의 윤리기준과 법률의 통제를 받는다. 각 전문가(심리치료자, 사회복지사 등)는 그들 고유의 윤리기준이 있지만 서로 공통점이 많은데, 미국심리학회(2002)의 윤리규정이 표준이 된다. 미국심리학회의 모든 윤리기준은 치료자들은 내담자의 복지와 권리를 보장하기 위한 조치를 해야 하며 어떤 위해도 해서는 안 된다는 것이다. 중요한 기준 하나는 서면 동의다. 치료자는 치료 개입에 앞서 예상되는 치료 기간이나 비용을 내담자에게 알려야 한다. 더욱이 내담자는 비밀보장의 한계에 대해서도 반드시 들어야 한다. 예를 들어, 내담자가 범죄와 관

〈표 13-2〉 **정신건강 전문가**

전문가 명칭	훈련	제공되는 서비스
정신과 의사	의사(의학박사) 정신의학 실습(레지던트)	정신치료, 약물치료, 심한 심리장애를 위한 입원
정신분석가	의학박사, 철학박사, 심리학박사 정신분석학을 위한 특별 훈련	정신분석치료
임상심리사	철학박사, 심리학박사 임상심리 인턴십	심리장애의 진단이나 치료, 특별한 훈련 후 약 처방, 심리검사
상담심리사	철학박사, 교육학박사 상담심리 인턴십	일상문제에 대한 평가나 치료(예, 이혼), 심리검사
학교심리사	철학박사, 교육학박사, 혹은 석사 이상 학교심리 인턴십	청소년이나 아동의 학교문제 평가 및 치료, 심리검사
정신보건사회복지사 (M.S.W.)	석사 이상 정신보건 사회복지직 인턴십	심리장애에 대한 치료나 진단, 제공되는 지역사회복지 서비스 검증
전문상담가 (L.P.C.)	석사 이상 상담 인턴십	일상문제에 대한 평가 및 치료, 심리검사
전문부부 · 가족치료사 (L.M.F.T.)	석사 이상 부부치료나 가족치료 인턴십	관계문제에 대한 평가나 치료
약물중독 상담가 (L.C.D.C.)	지역에 따른 교육적 요구가 다름 예전의 중독자들이 하는 경우도 있음	약물남용 문제에 대한 치료나 교육

적용 인터넷 치료는 당신에게 적합한가

만약 당신이 알코올중독 문제를 극복하려 하거나 사별 후에 누군가의 도움이 필요하다면 온라인 지지집단에 참여하는 것이 어떻겠는가? 몇몇 연구는 인터넷을 통한 치료가 효과가 있다고 보고한다(Sucala et al., 2012). 사람들은 이 치료의 효과를 증명하는 연구를 기다리지 않고 수천 명 정도가 이미 전문가에게서 인터넷으로 치료를 받고 있다(Warmerdam et al., 2010). 이러한 치료에는 이메일을 주고받는 것에서 화상상담과 전화상담까지 있다(Day & Schneider, 2002). 더 나아가 어떤 치료자들은 가상환경에서 내담자를 보고 있다. 이러한 가상환경에서 치료자와 내담자는 서로 상호작용하고 내담자가 익힌 대처기술을 연습할 상황을 조성하기 위해 아바타와 가상환경을 조작한다(Cho et al., 2008; Gaggioli & Riva, 2007).

인터넷 치료의 장점

인터넷 치료에서 내담자는 면대면 치료에서보다 더 자유롭게 표현할 수 있다. 또한 인터넷 치료는 전통적 치료에 비해 저렴하다(Roan, 2000). 또 다른 이점으로는 치료자와 내담자가 같은 시간에 같은 장소에 있지 않아도 된다는 것이다. 내담자는 자신이 편리할 때 언제든지 기록해 두었다가 다음에 보낼 수도 있다(Bessell, 2012). 치료자도 내담자와의 교류를 정확히 기록할 수 있으며 전화가 불편할 때에는 편한 시간에 내담자의 질문에 답을 쓸 수 있다는 점에서 편리하다(Andrews & Erskine, 2003). 인터넷 치료는 다음과 같은 특징이 있는 사람들에게 심리치료의 대안으로 효과적일 수 있다(Bessell, 2012).

- 집을 떠나 있거나 바쁘다.
- 전통적 치료를 받을 경제적 여유가 없다.
- 정신건강 치료를 받을 수 없는 농촌 지역에 산다.
- 장애가 있다.
- 치료자와 약속을 정하는 것에 대하여 너무 소극적이거나 당황스럽게 여긴다.
- 사고나 감정을 글로 잘 표현할 수 있다.

인터넷 치료의 단점

인터넷 상호 간의 익명성 때문에 치료자를 사칭하는 경우가 있다. 지금까지는 인터넷 치료의 면허가 없다. 게다가 인터넷 치료는 비밀보장 등에서 윤리적 문제를 일으킬 가능성도 있다. 그러나 대부분의 훌륭한 치료자처럼 훌륭한 인터넷 치료자는 누군가에게 직접적 해를 끼치거나 내담자를 보호하기 위한 경우를 제외한 나머지 경우에는 사생활과 비밀보장 면에서 내담자를 보호하기 위해 최선을 다한다(Lee, 2010). 아마도 인터넷 치료의 가장 큰 문제점은 내담자가 화가 나거나 근심을 갖고 있을 때 치료자가 내담자에 관한 시청각적 단서를 사용하지 못하기 때문에 치료를 제대로 할 수 없다는 것이다. 이것은 치료 효과를 감소시킨다(Roan, 2000).

인터넷 치료의 또 다른 중요한 제한점은 그것이 조현병, 조울병 등의 심각한 심리장애를 진단하거나 치료하는 데 유용하지 않다는 것이다(Manhal-Baugus, 2001). 게다가 인터넷 치료는 심각한 위기의 내담자에게 자살 방지, 긴급전화 등의 즉시적인 도움을 주는 데 한계가 있다.

인터넷 치료자 찾기

만약 당신이 치료자를 찾는다면 웹사이트 http://www.metanoia.org를 방문해 보라. 이 웹사이트에는 Mental Health Net에서 보증한 온라인 치료자 명단이 있다. 더불어 치료자들의 위치에 관한 정보와 제공되는 치료 서비스, 비용을 지불하는 방법 등이 제공된다(Roan, 2000).

치료자를 선택할 때는 다음 사항을 확인하라(Ainsworth, 2000).

- 치료자의 자격이 검증된 것인지 확인하라.
- 실제 현실에서 만날 수 있는지의 정보도 알아보라.
- 당신의 메시지에 대해 개인적으로 답을 받을 수 있는지 확인하라.
- 치료비가 얼마인지 알아보라.

당신이 치료자와 접촉하기로 결정하였다면, 다음을 마음에 새기라. 인터넷 치료가 바람직한 길로 가는 시작일지라도, 만약 당신이 오래된 문제를 가지고 있다면 전통적 심리치료를 받는 것이 장기적으로는 현명한 일이다(Roan, 2000).

련된 사건을 이야기하면 대부분의 치료자는 수련감독자에게 보고해야 한다. 게다가 보험회사는 내담자의 비밀보장과는 상관없이 내담자의 치료기록 열람을 요청할 수 있다.

치료관계는 윤리기준을 따라야 한다. 치료자는 내담자 또는 내담자와 가까운 사람과 친밀한 관계를 맺는 것이 금지되어 있다. 이전에 친밀했던 상대에게 치료 서비스를 제공하는 것도 금지되어 있다. 치료관계를 종결할 때에는 종결에 대한 이유와 대안을 상담해 주어야 한다.

치료자는 윤리적으로 신뢰성과 타당성이 있는 검사 사용을 의무화하고 있다. 더구나 자신이 사용하는 검사의 시행, 채점, 해석에 관해 적절한 훈련을 받아야 한다. 또한 검사목적에 대해 내담자에게 설명해 주어야 하며, 적시에 검사 결과를 제공해 주어야 하며, 검사 결과에 대해서는 비밀보장이 되어야 한다.

13.14 문화공평치료의 특징은 무엇인가?

문화공평치료

심리치료자들 사이에서, 심리장애의 치료와 진단에 있어 문화적 다양성을 고려할 필요성이 점차 대두되고 있다(Field, 2009; Thakker, 2013). 사실상 최근 미국심리학회(2003b)는 문화적 쟁점에 대해 심리치료자들이 현명해지도록 돕기 위하여 지침을 제시하였다. 클라이먼과 코헨(Kleinman & Cohen, 1997)에 따르면, 사람은 증상의 의미, 결과, 치료에 대한 반응에 큰 영향을 끼치는 문화적 맥락 안에서 심리장애를 경험하고 고통을 받는다. 그리고 치료자와 내담자 간의 문화적 차이는 효과적인 치료 요소인 치료 동맹을 약화시킬 수 있다(Blatt et al., 1996). 그래서 많은 전문가는 **문화공평치료**(culturally sensitive therapy)라고 하는 접근을 지지하는데 이 치료에서는 내담자의 문화적 배경에 대해 이해하고 이해한 내용을 토대로 어떤 개입방법을 선택할 것인지 그리고 어떻게 활용할 것인지 결정한다(Frew & Spieler, 2013; Kumpfer et al., 2002). 예를 들어, 정신역동치료자는 손위 형제를 존중하는 문화에서 자란 내담자와 가족 문제에 대해 이야기할 때는 그렇지 않은 내담자와 상담할 때보다는 직접 다루는 것이 덜 할 것이다.

문화공평치료자는 치료자와 내담자 간의 언어 차이가 문제를 야기할 수 있다고 본다(Santiago-Rivera & Altarriba, 2002). 예를 들어, 스페인어와 영어를 모두 사용하지만 스페인어를 더 잘하는 내담자의 경우, 영어로 면담을 할 때에는 주저하거나 뒷걸음치거나 질문에 대한 반응이 지연될 수 있다. 그 결과, 치료자는 내담자가 조현병 환자의 사고장애로 고통받고 있다고 잘못 결론을 내릴 수 있다(Martinez, 1986). 언어 차이는 표준화된 검사 결과에도 영향을 미칠 수 있다. 자주 인용되는 한 연구에서 연구자들은 푸에르토리코 내담자가 영어로 주제통각검사를 받았을 때 그들의 침묵이나 단어 선택이 심리적 문제의 지표로 잘못 해석되기도 한다고 지적했다(Suarez, 1983). 그래서 문화공평치료자는 내담자를 면담하고 검사하기 전에 내담자가 평가를 받을 언어의 유창성에 대해 잘 알아본다.

최근에 미국으로 이주해 온 사람과의 치료에서 문화공평치료자는 이주 경험이 내담자의 사고와 정서에 미쳤을 영향을 고려한다(Polanco-Roman & Miranda, 2013). 최근에 이주한 아시아인의 치료자에 대한 반응을 연구한 연구자들은 이주자에게 진단과 치료에 앞서 새로운 사회에 적응하는 것에 대한 불안감뿐만 아니라 고향을 떠나온 경험에서 비롯된 슬픔에 대해서도 말하게 할 것을 제안한다. 이러한 전략을 사용하여 치료자들은 이주와 관련된 내담자의 우울감과 불안감을 실제 정신병리와 구분할 수 있게 된다.

▶▶▶ 치료자와 내담자가 같은 인종적 또는 민족적 배경을 가지고 있을 때, 그들은 문화적 가치와 의사소통 방식이 같아서 치료 결과가 향상될 수 있다.

일부 옹호자들은 문화공평치료가 치료 개입의 모델이 될 수 있다고 한다. 예를 들어, 미국 '원주민 치료집단'은 미국 원주민을 대상으로 하는 정신건강에 종사하는 많은 사람이 이용하고 있다(Garrett, Garrett, & Brotherton, 2001). 치료집단 구성원들은 서로의 신체적 · 정신적 · 정서적 · 심리적 안녕을 보살핀다. 치료집단 참가자들은 전형적으로 토론, 명상, 기도 등의 구성원 중심 활동에 참여한다. 그러나 구조화된 치료집단에서는 공인 원주민 치료자가 전통적 방식으로 집단을 이끈다.

문화공평치료자는 또한 치료 결과에 영향을 줄 수 있는 집단차에 초점을 맞추려는 시도도 한다. 예를 들어, 많은 연구에서 정신장애를 가진 아프리카계 미국인은 같은 장애로 진단된 백인보다 약 처방 지시에 더 잘 따르지 않는 것으로 밝혀졌다(Fleck et al., 2002; Hazlett-Stevens et al., 2002). 이 문제와 관련해서 문화공평치료는 아프리카계 미국인 문화의 친족관계와 사회관계에 대한 치료자의 이해를 바탕으로 이루어진다. 치료자는 내담자와 동일한 질병을 앓고 있고 같은 약을 복용하고 있는 다른 아프리카계 미국인으로 구성된 지지집단에 내담자를 참여시킴으로써 내담자의 적응을 향상시킬 수 있을 것이다(Muller, 2002). 게다가 다른 집단과 비교해 볼 때 아프리카계 미국인 내담자들은 치료자 역시 아프리카계 미국인일 때 심리치료에서 더 많은 도움을 받는 것 같다(Cabral & Smith, 2011).

13.15 양성평등치료는 왜 중요한가?

양성평등치료

많은 심리치료자는 치료자와 내담자의 행동에 모두 영향을 미치는 성별의 효과에 대해 고려하는 치료적 접근인 **양성평등치료**(gender-sensitive therapy) 역시 필요하다고 한다(Gehart & Lyle, 2001). 양성평등치료를 충족하기 위해서, 치료자는 자신의 성 관련 고정관념을 검토해야 한다. 예를 들어, 치료자는 남자는 분석적이고 여자는 감정적이라고 평가할 수 있다. 이러한 고정관념적 믿음은 치료자의 사회화 배경과 성차에 관한 연구 결과에 대한 지식에 기반을 둘 수 있다.

양성평등치료의 지지자는 성차에 대한 진정한 지식이 양성평등치료 실제에 중요하다고 한다. 예를 들어, 남성의 성역할 사회화 때문에 정서에 초점을 맞춘 개입은 여성보다 남성에게 덜 효과적일 수 있다(Danfort, Olle, & Wester, 2012). 더구나 남성은 심리치료자에게 찾아가는 것을 나약한 행동으로 생각하거나 남자다움에 대한 위협으로 느낄 수도 있다(Addis & Mahalik, 2003). 이 때문에 연구자들은 남성 내담자가 방어를 일으키지 않도록 주의해야 한다고 충고한다(Greer, 2005). 어쨌거나 치료자는 남성 내담자나 여성 내담자를 대할 때 고정관념에 근거한 연구 결과를 사용하지 않도록 조심해야 한다. 그들은 성별 간의 차이보다 성별 안에서의 다양성이 많음을 명심해야 하며, 남성이나 여성 내담자를 개별적으로 생각해야 한다.

진심 어린 열정을 가지고 양성평등 상담을 하려는 치료자는 성차에 지나친 관심을 두어서 내담자의 문제를 잘못 해석하게 될 수도 있다(Addis & Mahalik, 2003). 예를 들어 한 연구에 따르면, 치료자들은 여자 기술자나 남자 간호사처럼 전통적인 성역할에 맞지 않는 일을 하는 사람일수록 심리적으로 많은 문제를 겪을 것이라고 기대하는 경향이 있다(Rubinstein, 2001). 그 결과, 치료자는 내담자의 어려움이 실제로는 전혀 다른 원인에 기인한 것인데도 성역할 갈등 때문에 일어난 것으로 가정하게 될 수 있다.

13.16 심리치료의 효과에 대해 연구에서 시사하는 것은 무엇인가?

치료 평가하기

당신이 다음 페이지의 〈복습과 재검토〉에 소개된 다양한 치료 접근법의 요약을 자세히 살펴본다면 접근법들 사이에는 많은 공통점이 있다는 것을 알게 될 것이다. 예를 들어, 몇몇 치료자는 내담자가 자기 자신의 생각과 감정을 되돌아보는 것을 돕는다. 다양한 접근의 상담을 분석한 결과에서는 치료자들의 접근법과는 상관없이 공통된 요소가 있기도 하고 이론에 따라 차이가 나는 요소도 있는 것으로 나타났다(Crits-Cristoph et al., 2008; de Groot, Verbeul, & Trijsburg, 2008).

하지만 다양한 치료들이 효과 면에서 얼마나 차이가 날까? 효과 연구의 고전인 스미스와 동료들(Smith et al., 1980)의 연구에서는 475개의 연구를 분석했다. 이 연구가 대상으로 한 내담자는 총 2만 5,000명이다. 이들의 연구에 따르면 치료를 받지 않는 것보다 치료를 받는 것이 더 나았지만 유의미하게 더욱 효과적인 것으로 밝혀진 치료법은 없었다. 하지만 같은 자료로 분석한 한스 아이젱크(Hans Eysenck, 1994)의 연구에서는 행동치료가 조금 더 효과가 있는 것으로 나타났다. 홀론과 동료들(Hollon et al., 2002)의 연구에서는 우울증이 있는 내담자의 경우 정신역동 상담보다는 인지치료와 대인관계치료가 더 효과적인 것으로 나타났다. 더욱이 사회경제적 지위와 그 밖의 개인 변수가 내담자의 문제와

복습과 재검토 치료법의 요약과 비교

치료 유형	장애 원인	치료 목표	방법	치료하는 주요 장애나 증상
통찰치료				
정신역동	무의식적인 성과 공격 충동과 갈등, 고착, 약한 자아, 대상관계, 생활 스트레스	힘들게 하고 억압된 것을 의식화, 갈등 훈습, 자아기능 강화	정신분석자는 꿈, 자유연상, 저항, 전이, 지난 관계 등을 분석하고 해석함	일반적 불행감, 아동기의 미해결 문제
인간중심치료	자기실현 경향성 차단, 실제 자기와 이상적 자기의 불일치, 긍정적 관심에의 지나친 의존	자기 수용과 자기 이해의 강화, 내담자가 내부 지향적인 사람이 되도록 돕기, 실제 자기와 이상적 자기의 조화, 개인 성숙의 고양	치료자는 공감, 무조건적 존중, 진솔성 등을 보여 주며 내담자의 정서를 반영함	일반적 불행감, 대인관계 문제
형태치료	어려움은 사회, 과거의 경험, 부모 등 다른 사람에 대한 비난에 기인	내담자가 자기 통합과 자기 수용을 이루도록 도움	지시적 치료, 빈 의자 기법, 역할놀이	우울
관계치료				
가족치료와 부부치료	잘못된 의사소통은 비합리적 역할 기대, 약물 및 알코올 남용 등에 기인	관계에서의 창조와 조화, 의사소통 패턴의 개선, 가족 단위의 상처 치료	치료자는 내담자를 개인 혹은 가족 단위로 보며, 의사소통 패턴, 권력 투쟁, 터무니없는 요구나 기대를 탐색	부부관계 등의 가족 문제, 청소년 문제, 학대적 관계, 약물 또는 알코올 문제, 조현병을 가진 가족 구성원
행동치료				
행동치료	나쁜 행동의 학습, 또는 유용한 행동 학습의 부족	나쁜 행동의 소거와 적응적 행동으로의 대체, 필요한 사회적 기술을 배우도록 도움	치료자는 고전적 · 조작적 조건형성과 모방에 기초한 방법, 체계적 둔감법, 홍수법, 노출과 반응 차단, 혐오치료 등을 사용	공포, 공포증, 공황장애, 강박장애, 나쁜 습관
인지치료				
인지치료	자기나 다른 사람에 대한 비합리적 · 부정적 가정이나 생각	잘못된, 비합리적인 부정적인 사고를 변화	비합리적인 부적응적 사고를 합리적 사고로 바꾸도록 도움	우울, 불안, 공황장애, 일반적 불행감
생물의학적 치료				
생물의학적 치료	근본적으로 심리장애의 원인을 뇌의 구조, 생물학적 이상으로 봄, 유전적 기질	이상행동의 생물학적 원인 제거, 신경전달물질의 균형을 본래 상태로 되돌리기	항정신병 약물, 항우울제, 리튬 또는 신경안정제들을 처방, 전기충격치료나 정신외과 수술	조현병, 우울, 양극성 장애, 불안장애

상호작용하고 있으며 이러한 상호작용은 치료 효과에 영향을 미친다(Falconnier, 2009). 예를 들어, 중산층의 사람들에게 효과가 있는 것으로 알려진 기법은 형편이 어려운 사람에게는 효과가 없을 수 있다. 따라서 치료 기법의 효과 여부를 결정하는 중요한 요소는 그 기법이 내담자의 문제와 내담자를 둘러싼 환경에 적합한가다(Crits-Christoph et al., 2008).

하지만 내담자들 자신은 치료를 어떻게 평가하고 있는가? 이 질문에 답하기 위해서 컨슈머 리포트(*Consumer Reports*, 1995)에서는 심리치료에 대한 내담자의 태도에 관한 대규모 조사를 하였다. 이 조사의 컨설턴트였던 마틴 셀리그만(Martin Seligman, 1995, 1996)은 그 결과를 다음과 같이 요약하고 있다.

- 대체로 내담자들은 심리치료에서 많은 도움을 받았다고 생각한다.
- 환자들은 치료를 심리학자에게 받았든, 정신과 의사에게서 받았든, 사회복지사에게 받았든 모두 만족하였다.
- 6개월 이상 치료를 받은 내담자들은 그렇지 않은 내담자들보다 훨씬 더 좋아졌다. 치료를 더 오래 받을수록 더 좋아졌다.
- 프로작이나 자낙스 같은 약물을 복용한 내담자들은 약물이 도움이 되었다고 믿었으나 심리치료와 약물을 병행해서 치료를 받았을 경우와 심리치료만 받았을 경우에 큰 차이는 없었다.

기억하기 본문 내용을 떠올리며 다음 퀴즈를 풀어 보라.

1. 심리학자와 정신과 의사의 차이는 전자는 _____학위를 가지고 있다는 것이다.
2. _____ 변수는 심리학자들이 사용하는 표준화된 검사 결과에 영향을 미칠 수 있다.
3. _____은(는) 치료에서 문화와 관습을 고려하려고 한다.
4. 양성평등치료에서는 치료자가 자기 자신의 _____을(를) 검토하도록 요구한다.
5. 각 문제 혹은 장애와 그 문제 혹은 장애 치료에 자주 사용되는 치료를 짝지으라.

_____ (1) 두려움 _____ (2) 조현병

_____ (3) 불행감, 대인관계의 어려움 _____ (4) 양극성장애

a. 행동치료 b. 통찰치료 c. 약물치료

되돌아보기

지금까지 다양한 치료와 치료관계에서의 중요한 사항 등에 대해 살펴보았다. 당신은 치료가 필요할 때 어떤 치료자를 찾을 것인가? 정신역동적 치료자는 과거의 관계를 주로 다룰 것이고, 인본주의적 치료자는 자기실현을 위한 당신의 탐색을 촉진할 것이다. 또 당신이 당신과 중요한 사람과의 관계 양상을 바꾸고 싶다면 가족치료나 부부치료를 받아야 할 것이다. 행동치료자는 당신의 문제행동을 수정하는 데 도움을 줄 것이고, 인지치료자는 당신이 가진 부적응적 사고를 수정하는 데 도움을 줄 것이다. 치료 기술들은 〈표 13-2〉의 목록에 열거된 어떤 전문가도 사용할 수 있음을 기억하라. 사실 대부분의 치료

자는 저마다 선호하는 접근이 있겠지만, 한 가지 이상의 접근에 숙련되어 있다. 마지막으로, 치료관계에 들어가기 전에 치료 과정에 문화적 · 성별적 주제가 어떻게 영향을 미칠 것인지에 대해 생각해 봐야 한다. 이 장을 공부하면서 얻은 정보는 인생에서 언젠가 받게 될 심리치료적 서비스에서 당신이 현명한 소비자가 되도록 도움을 줄 것이다.

CHAPTER

14

사회심리학

사회적 인지

14.1 우리는 타인에 대한 인상을 어떻게 형성하고, 나에 대한 타인의 인상을 어떻게 처리하는가?

14.2 우리는 어떻게 우리와 타인의 행동을 설명하는가?

매력

14.3 매력에 공헌하는 요소는 무엇인가?

14.4 친밀한 관계의 형성과 유지에 공헌하는 요소는 무엇인가?

동조, 복종과 응종

14.5 애쉬는 동조에 관한 그의 대표적인 실험에서 무엇을 발견했는가?

14.6 밀그램의 대표적인 연구에서 복종에 대해 발견한 것은 무엇인가?

14.7 타인으로부터 응종을 얻기 위한 기술은 무엇인가?

집단의 영향

14.8 사회적 촉진과 사회적 태만은 수행에 어떻게 영향을 미치는가?

14.9 집단은 개인의 의사결정에 어떻게 영향을 미치는가?

14.10 사회적 역할은 개인의 행동에 어떻게 영향을 미치는가?

태도와 태도 변화

14.11 태도의 세 가지 구성 요소는 무엇인가?

14.12 인지 부조화에 영향을 미치는 요인은 무엇인가?

14.13 설득의 요소에는 무엇이 있는가?

친사회적 행동

14.14 타인을 돕고자 하는 동기를 부여하는 것은 무엇인가?

14.15 심리학자들은 어떻게 방관자 효과를 설명하는가?

공격성

14.16 공격성에 영향을 미치는 생물학적 요소는 무엇인가?

14.17 그 밖의 어떤 요소들이 공격성에 영향을 미치는가?

14.18 사회학습 이론은 어떻게 공격성을 설명하는가?

편견과 차별

14.19 어떤 요소가 편견과 차별의 원인이 되는가?

14.20 편견과 차별이 감소한다는 것을 시사하는 증거는 무엇인가?

생각해보기

지금 사진 속의 남자 때문에 교통사고가 났다고 상상해 보라. 그 남자가 뒤에서 당신 차를 들이받았기 때문에 의심할 여지없이 법적으로는 남자의 잘못이다. 그러나 그 남자가 당신 차를 들이받은 이유는 정확히 알 수 없다. 사진만을 보고 아래 표에 제시된 사고 원인 요소들의 가능성을 판단해 보라.

원인이 되는 요인	가능성									
	전혀 아니다						매우 그렇다			
1. 남자는 술에 취한 상태다.	1	2	3	4	5	6	7	8	9	10
2. 남자의 선글라스에 김이 서렸다.	1	2	3	4	5	6	7	8	9	10
3. 남자는 휴대폰으로 통화를 하고 있었다.	1	2	3	4	5	6	7	8	9	10
4. 남자는 자신의 불만을 다른 운전자들에게 화풀이하는 성격이다.	1	2	3	4	5	6	7	8	9	10
5. 남자는 다른 운전자의 변덕스러운 운전 때문에 방해받았다.	1	2	3	4	5	6	7	8	9	10
6. 남자는 타인의 권리에 대해서는 전혀 신경 쓰지 않는 무책임한 사람이다.	1	2	3	4	5	6	7	8	9	10

남자의 외모가 당신의 대답에 영향을 미쳤는가? 우리 모두는 사람에 대해 처음 얻는 정보의 영향을 많이 받는 경향이 있다. 면대면 상호작용에서 사람에 대해 우리가 처음 얻게 되는 정보는 바로 그 사람의 외모다. 따라서 우리는 종종 사람의 외모를 기반으로 성격이나 도덕성과 같은 특성에 대한 가설을 형성한다.

표에 제시된 설명의 특징 또한 당신의 반응에 영향을 미쳤을 수 있다. 2번, 3번과 5번은 상황을 언급하고 있는 반면에 1번, 4번과 6번은 남자의 성격을 언급하고 있음을 주목해 보라. 만약 당신이 사고가 상황적 결과라기보다 남자의 성격에 따른 결과라고 생각하는 경향이 있었다면 당신은 사고에 있어 타인의 실수는 성격으로 인한 것이고 우리 자신의 실수는 우리의 통제 밖에 있는 상황적 요소에 의한 것이라고 생각하는 흔한 오류를 범한 것이다.

첫인상 및 자신과 타인의 행동의 원인에 대해 생각하는 방식은 다른 사람의 실제적인, 상상의, 혹은 암시된 존재가 어떻게 개인의 생각, 감정, 행동에 영향을 미치는지 설명하려는 시도를 하는 하위분야인 **사회심리학**에서 관심을 가지는 주제 두 가지다. 사회심리학자들이 관심을 가지는 주제의 범위는 매우 넓다. 타인에 대해 판단을 내리는 과정, 매력, 복종, 응종, 동조, 집단의 영향, 태도, 타인을 돕거나 해치려는 동기 등의 요소들을 포함한다.

사회적 인지

우리가 다른 사람에 대한 판단을 형성할 때, 우리는 물리적 세상에 대한 정보를 처리할 때처럼 사회적 세상에 대한 정보를 처리하기 위해 앞서 배운 많은 인지 과정—지각(3장), 기억(6장)과 사고(7장)—

을 이용한다. **사회적 인지**(social cognition)는 우리 자신과 다른 사람들에 대한 정보를 기억하고 해석하고 처리하는 과정이다. 사회적 인지 연구의 한 분야에서는 타인에 대한 인상 형성과, 우리가 어떻게 스스로의 인상을 관리하는지 설명한다. 인간 행동의 원인에 대한 추론을 내리는 과정인 귀인(attribution)도 관련 있다.

인상 형성과 관리

14.1 우리는 타인에 대한 인상을 어떻게 형성하고, 나에 대한 타인의 인상을 어떻게 처리하는가?

인상 형성(impression formation)은 다른 사람에 대한 판단을 형성하는 정신적 과정이다. 어떤 사람을 처음 만날 때, 우리는 그 즉시 그들에 대한 인상을 형성하기 시작하며, 그리고 그들도 부지런히 우리에 대한 인상을 형성한다. 자연히 우리는 성별, 인종, 나이, 옷 그리고 신체적 매력과 같은 눈에 띄는 특성들에 먼저 주목한다(Shaw & Steers, 2001). 그런 특성들은 사람의 언어적이고 비언어적인 행동과 연합되고, 첫인상을 형성하는 데 중요한 역할을 한다.

많은 연구에서는 나중에 제시된 정보보다 앞서 제시된 정보가 다른 사람에 대한 전체적인 인상에 더 큰 영향을 미친다는 것을 밝혀냈다(Luchins, 1957). 예를 들어, 심리학자인 스테파니(Stephanie)와 동료들은 교수가 내린 학생의 학기말 평가 점수가 학기 시작 후 2주 만에 내린 평가와 다르지 않다는 것을 발견했다(Buchert, Laws, Apperson, & Bregman, 2008; Laws, Apperson, Buchert, & Bregman, 2010). 이 현상을 **초두 효과**(primacy effect)라 한다. 한 번 인상이 형성되면, 그것은 우리가 나중에 제시된 정보를 해석하는 데 뼈대가 된다(Gawronski et al., 2002). 첫인상과 일치하는 어떤 정보도 수용되는 경향이 있고, 따라서 첫인상은 더욱 강화된다. 이전의 정보와 일치하지 않는 정보는 무시되는 경향이 있다. 예를 들어, 만약에 수업 첫날에 교수가 엄할 것 같다는 인상을 받으면, 수업을 듣는 거의 모든 학생이 탈락하는 어려운 시험은 그 인상을 지지하고 강화시킬 것이다. 그러나 교수가 예상과 다른 모습을 보여 준다고 해도 그 정보를 무시하고 원래의 인상을 유지하려 할 것이다. 당신의 성격 특성이나 자질에 관하여 다른 사람에게 알려야 할 경우 긍정적인 특질을 먼저 보여 주어야 한다는 것을 기억하라. 그러면 그 사람이 당신에 관하여 좋은 인상을 '먼저' 형성하게 될 것이다.

우리들 대부분은 첫인상이 중요하다는 것을 알고 있으며, **인상 관리**(impression management)라는 과정을 통해 의도적으로 첫인상에 영향을 미치고자 한다. 예를 들어, 미국에서는 손을 굳게 잡고 악수하는 것과 상대의 눈을 똑바로 쳐다보는 것이 긍정적인 첫인상과 연합되며, 따라서 누군가를 처음 만날 때 이러한 행동을 보이는 것이 일반적이다(Chaplin et al., 2000). 인상 관리는 직업과 같이 우리가 필요로 하거나 원하는 무언가를 제공해 줄 수 있는 위치의 사람을 만날 때 가장 중요하다. 그런 이유로, 사회심리학자들은 면접관들에게 구직자의 인상 관리 전략의 영향을 줄여 줄 수 있는 인터뷰 기법을 사용하도록 조언한다(Barrick, Shaffer, & DeGrassi, 2009). 한 가지 기법은 모든 구직자에게 표준화된 질문 세트를 사용하는 것이다.

또한 인상 관리는 다른 사람이 우리에 관해 잘못된 판단을 형성했다고 생각될 때 더욱 중요해진다. 이것이 어떻게 이루어지는지 보기 위해 한 학생이 교수님에게 리포트 작성 기한을 연장해 달라고 요청하는 상황을 가정해 보자. 학생은 교수가 자신을 좋은 학생으로 생각해야만 그런 부탁이 받아들여질 수 있다는 것을 경험에 의해 알고 있을 것이다. 만약 학생의 이전 행동이 교수에게 긍정적인 인상을 심어 주기에 부족했다면, 학생은 교수의 견해를 바꾸기 위해 인상 관리 전략을 사용할 것이다. 예를 들어, 학생은 리포트 기한 연장을 부탁하는 것과 함께 자신이 의도했던 만큼 좋은 학생이 될 수 없었던 이유에 대한 설명을 시도할 수 있다.

다른 사람들이 우리에 대해 정확한 인상을 가지도록 노력하는 또 다른 이유는 자신과 일치하는 인상을 가지고 있는 사람과 있는 것이 가장 편하기 때문이다(Goffman, 1959; Swann & Bosson, 2008; Seih et al., 2013). 따라서 우리 스스로의 자아개념(self-concept)과 우리에 대한 다른 사람의 견해 간의 일치를 이끌어 내는 것이 사회적 관계의 발전에 주요한 역할을 수행한다. 예를 들어, 어떤 사람이 스스로를 컴퓨터 전문가라고 생각한다면, 컴퓨터에 대한 설명을 하고 여러 번 친구들의 컴퓨터를 고쳐 줬던 이야기들을 열거하면서 지인에게 그의 관심과 기술에 대해 알리고자 할 것이다. 게다가 연구자들은 '온라인 정체성(online identity)'이 최근 청소년들의 인상 관리에 중요한 역할을 한다는 것을 발견했다(Mazur & Kozarian, 2010). 따라서 '컴퓨터 전문가'가 되는 것이 개인의 자아개념에 중요한 부분이라면 컴퓨터 작업을 하고 있는 사진을 올리거나, 컴퓨터 문제에 관한 토론을 하는 웹사이트, 또는 일반적인 컴퓨터 고장 수리에 관한 블로그 목록을 개인 SNS에 링크할 것이다.

흥미롭게도 인상 관리는 또한 우리가 스스로를 어떻게 바라보는지에도 영향을 미친다. 인상 관리에 대한 우리의 노력을 통해 받은 다른 사람의 피드백은 우리 스스로의 자아개념을 재검토하고 확인하는 데 도움을 준다(Swann, 2012). 그 결과, 자신이 어째서 부족한 학생이었는지 교수에게 설명하고자 하는 학생은 스스로에 대해 더 현실적인 지각을 하게 될 수도 있다. 그리고 만약 '컴퓨터 전문가'가 고장 난 컴퓨터를 고치지 못해서 친구를 실망시키게 된다면, 그의 자아개념에서 컴퓨터 기술의 중요성에 대한 관점이 변할 수 있다.

14.2 우리는 어떻게 우리와 타인의 행동을 설명하는가?

귀인

사람들은 왜 그렇게 행동하는 것일까? 이 질문에 대답하기 위해서 우리는 자신 및 타인의 행동을 설명할 수 있는 원인을 추론하는 **귀인**(attribution)을 한다. 귀인의 한 종류로는 **상황적 귀인**(외부 귀인)이 있는데, 이는 우리가 다른 사람의 행동을 외부적 원인이나 상황적 요인의 탓으로 돌리는 것이다. 시험에 탈락한 후에 우리는 "시험이 공정하지 않았어." 또는 "교수가 시간을 충분히 주지 않았어."라고 말한다. 또는 **성향적 귀인**(내부 귀인)을 하고 행동을 개인적 특질이나 동기 또는 태도와 같은 내부적 원인의 탓으로 돌리기도 한다. 예를 들어, 낮은 성적을 능력 부족이나 나쁜 기억력 탓으로 돌리기도 한다. 귀인은 어느 정도 우리가 사람들과의 상호작용을 통해 관찰해 얻은 '일상적인 심리학적 이론'의 영향을 받는다(Burton & Plaks, 2013). 그러한 이론들 중 하나는 아동의 행동이 부모의 훈육에 의해 결정된다는 것이다. 이런 이론을 가진 사람은 아동이 버릇없게 구는 것이 부모의 잘못된 훈육 때문—상황적 귀인—이라고 생각할 가능성이 크다. 그러나 이런 이론을 가지고 있지 않은 사람의 경우에는 아동의 버릇없는 행동을 그 아동이 지닌 성격 또는 기질 때문—성향적 귀인—이라고 생각할 가능성이 크다. 그럼에도 불구하고 몇몇의 다른 요소가 우리가 상황적 귀인을 할 것인지 성향적 귀인을 할 것인지에 영향을 미친다.

사람들이 스스로의 행동에 대해 귀인하는 것은 다른 사람들의 행동에 대해 귀인하는 것과는 다른 경향이 있다. 스스로에 대해 평가를 내릴 때에 사람들은 성공은 성향적 요인에, 실패는 상황적 요인의 탓으로 돌리는 **이기적 편향**(self-serving bias)을 하는 경향이 있다(Heider, 1958). 예를 들어, 이기적 편향을 하는 학생은 높은 시험 성적을 그 시험을 준비하는 데 들인 자신의 노력의 탓으로 돌리고(성향적 귀인), 낮은 시험 성적을 받았을 때는 혼동의 여지가 있는 시험 문제의 탓을 할 것이다(상황적 귀인). 몇몇 심리학자는 이기적 편향이 우리의 자아개념(self-concept)을 보호하고 실망감과 같은 부정적인 감정을 처리하는 데 도움을 주기 위한 우리의 욕구에 따른 결과로 나타나는 것이라고 말한다(Heider, 1958). 어떤 연구들에서는 우울증과 같은 심리적 장애를 가진 사람들은 그렇지 않은 사람들보다 이기적 편향을 더 적게 한다는 것을 보여 주었다(예, Green et al., 2013; Mezulis, Abramson, Hyde, & Hankin, 2004).

다른 사람에 대한 평가를 할 때에 사람들은 다른 사람의 행동에 대해 자신의 행동보다 성향적 요인의 탓으로 돌리는 일반적인 경향성인 **행위자-관찰자 효과**(actor-observer effect)를 보이는 경향이 있다(Jones & Nisbett, 1971). 행위자-관찰자라는 용어는 우리가 행위자일 때와 관찰자일 때 각각의 귀인을 한다는 것을 의미한다. 행위자 역할일 때 우리는 상황적 요인에 더 많은 주의를 기울이고, 관찰자 역할일 때 우리는 성향적 요인에 더 주의를 기울인다. 그러므로 이 장 서두의 〈생각해보기〉의 교통사고와 같은 상황에서는 다른 운전자의 행동에 대해서는 성격과 약물남용(substance abuse)과 같은 성향적 요인을 탓하고, 자신의 행동에 대해서는 사고 당시의 교통 상황과 같은 상황적 요인을 탓하는 경향이 있다. 그러나 한 연구에서는 사람들이 스스로와 다른 사람의 행동에 대해 가지고 있는 정보의 양이 행위자-관찰자 효과에 영향을 준다고 말한다(Malle, 2006). 즉, 운전자는 자신이 그동안 안전운전을 해 왔다는 것을 잘 알고 있기 때문에 사고의 원인이 교통 상황에 있다고 판단하는 것일 수 있다. 이와 유사하게, 다른 운전자의 성향은 모르지만 교통 상황에 대해서는 알고 있기 때문에 상황적 귀인을 할 수도 있다.

사람들은 종종 다른 사람의 행동과 관련하여 성향적 판단을 하는 또 다른 귀인 편향을 보인다. **기본적 귀인 오류**(fundamental attribution error)는 상황에 적절한 요소보다 성향적 요소에 더 많은 주의를 기울이는 경향을 말한다(Ross, 1977). 예를 들어, 많은 사람은 별다른 생각 없이 뚱뚱한 사람들은 상습적으로 과식을 할 것이라고 생각한다(Sikorski et al., 2012). 다시 말해서, 과체중이 상황적 요인 때문일 수 있다는 지식을 가지고 있음에도 과체중을 부족한 자기 통제와 성향적 요인의 탓으로 여긴다는 것이다. 예를 들어, 어떤 사람은 체중을 조절하기 힘든 질병을 가지고 있을 수도 있다. 이와 유사하게, 많은 사람은 자동적으로 노숙자들이 처한 상황은 무책임함, 정신적 질병, 약물중독 등의 성향적 요인에 따른 결과라고 생각한다.

사회심리학자들은 사람들이 관련된 경험이 별로 없는 상황에 직면했을 때 기본적 귀인 오류의 영향을 받을 가능성이 가장 크다고 말한다. 예를 들면, 우리 모두는 자신의 실수에 대해 이기적인 변명을 한다. "생물 시험 날짜랑 헷갈려서 심리학 시험공부를 못했어."라고 말하는 친구를 본 적이 있는가? 만약 그렇다면 당신은 그 친구에게 책임감에 대한 비난을 하지는 않을 것인데, 왜냐하면 그런 실수를 할 수 있다는 것을 이해하고 친구의 곤경에 공감할 수 있기 때문이다. 그에 반해서 범죄를 저지른 사람이 법을 위반하게 된 요인을 설명하려고 한다면, 많은 사람은 범죄행위에 대한 변명을 늘어놓는 것으로 생각

▶▶▶ 이 상황을 가장 잘 설명해 주는 진술은 무엇이라고 생각하는가? (A) 운전자가 교통 법규를 준수하지 않았다. (B) 이 운전자는 회사나 학교에 서둘러 가려고 했을 것이다. 당신은 (A)는 성향적 귀인이고 (B)는 상황적 귀인이라는 것을 인식했을 것이다. 또한 당신은 아마 두 가지 중에서 하나를 선택하기에는 정보가 부족하다는 결론을 내릴 수도 있을 것이다. 그러나 실제 상황에서는 흔히 다른 사람의 실수에 관해서는 성향 탓을 하고(기본적 귀인 오류), 스스로의 실수에 관해서는 상황 탓을 한다(행위자–관찰자 효과).

한다(Maruna & Mann, 2006). 그 범죄자에 대해서 주변 사람들은 "그 사람이 자기가 한 일에 변명을 늘어놓는 일은 그만두고 책임을 지기 전에는 정상적인 생활을 할 수 없을 거야."라고 말한다. 이런 말은 기본적인 귀인 오류를 반영하는 것이다(범죄자가 실제로 책임을 회피할 수도 있겠지만). 왜냐하면 그런 말은 범죄자가 저지른 행동의 원인으로서 개인적 성향을 지나치게 강조하는 것이며, 그로 인해 그 범죄자가 미래에 거둘 수도 있는 성공에 장애물이 되기 때문이다. 현실에서 그 범죄자가 미래에 성공을 거둘지는 성향을 바꾸는 것보다는 교육 수준을 향상시킴으로써 학위를 취득하는 것과 같은 상황적 요인에 의해 좌우될 것이다.

문화도 귀인 편향에 영향을 미친다. 어느 일련의 연구에서 연구자들은 한국인과 미국인의 상황적 및 성향적 귀인을 바람직하거나 바람직하지 않은 행동을 통해 비교하였다(Choi et al., 2003). 연구자들은 어떤 행동에 대한 설명인지에 상관없이 한국인들이 평균적으로 미국인들보다 상황적 귀인을 더 많이 한다는 것을 발견했다. 연구자들에 따르면, 이런 차이가 나타나는 이유는 귀인하기 전에 한국인들이 미국인들보다 더 많은 정보를 고려하기 때문이다.

중국인과 미국인 올림픽 금메달 수상자들의 귀인을 분석한 연구자는 조금 다른 결론에 도달했다(Hua & Tan, 2012). 중국 운동선수들이 코치, 훈련 기회, 부모님의 지원 등과 같은 상황적 요소를 성공의 원인으로 돌리는 경향이 있음을 발견한 것이다. 그에 반하여 미국 운동선수들은 자제력, 개인적 목표, 동기 부여와 같은 성향적 요소를 성공의 원인으로 돌리는 경향이 있었다. 연구자들은 이런 차이점은 인지적 처리 과정의 차이라기보다는 중국인과 미국인의 개인 및 사회와 관련된 문화적 규범의 차이와 일치한다고 말했다.

기억하기 본문 내용을 떠올리며 다음 퀴즈를 풀어 보라.

1. _____ 때문에, 사람들은 타인에 대해 최근에 얻은 정보보다 초기에 얻은 정보에 주의를 기울인다.
2. 자신의 행동에 대해서는 상황적 요인으로, 타인의 행동에 대해서는 성향적 요인으로 귀인하는 경향성을 _____라(이라) 한다.
3. 어떤 사람의 좋은 성적을 그 사람의 선생님의 능력으로 귀인하는 것은 _____ 귀인이다.

매력

당신의 친구들에 관해 잠시 생각해 보자. 무엇이 누군가를 좋아하고 혹은 사랑에 빠지게까지 하고, 다른 사람은 무시하거나 부정적으로 반응하게 하는가? 이 절에서는 왜 우리가 다른 사람에게 끌리는지에 영향을 미치는 요소들을 살펴보고 서로 다른 종류의 사랑에 관해서 배워 볼 것이다.

매력에 영향을 미치는 요소

14.3 매력에 공헌하는 요소는 무엇인가?

여러 요소가 매력에 영향을 미친다. 하나는 **근접성**(proximity), 즉 물리적 또는 지리적 가까움이다. 명백하게도 가까이에 있는 사람과 친해지는 것이 훨씬 쉽다. 근접성이 중요하게 작용하는 원인 중 하나는 반복된 노출로 인해서 그 자극을 더 긍정적으로 생각하게 되는 경향성인 **단순노출 효과**(mere-exposure effect)다. 사람, 음식, 노래 그리고 옷 입는 스타일은 우리가 그것에 더 많이 노출될수록 더 괜찮다고 느끼게 된다. 광고주들은 사람들의 제품에 대한 선호와 심지어는 정치 후보자들에 대한 선호를 높이기 위해 반복된 노출의 긍정적인 효과에 의지한다.

우리의 기분과 감정은 긍정적이건 부정적이건 간에 우리가 만나는 사람들에 대해 얼마나 매력을 느끼는지에 영향을 미칠 수 있다. 사람들은 단지 자신에게 좋은 일 또는 나쁜 일이 발생할 때 다른 사람이 있었기 때문에 그 사람에 대한 긍정적이거나 부정적인 감정을 발달시킬 수도 있다. 게다가 우리는 우리를 좋아하는—또는 우리를 좋아한다고 생각되는—사람을 좋아하는 경향이 있는데, 이는 상호성(reciprocity) 또는 상호적 애호(reciprocal liking)라는 현상이다.

초등학교를 입학하고 삶을 살아가면서 사람들은 같은 나이, 성별, 인종 그리고 사회경제적 지위의 친구를 선택하게 될 가능성이 높다. 우리는 중요한 많은 것에 대해 비슷한 관점을 가진 사람들을 친구와 연인으로 선택하는 경향이 있다. 취미생활에 대한 비슷한 관심과 태도는 같이 보내는 시간이 더 보람있도록 해 준다.

아마 신체적 매력보다 매력에 더 큰 영향을 주는 요소는 없을 것이다. 모든 연령대의 사람들이 신체적으로 매력적인 사람들을 더 선호하는 경향을 보인다(Langlois et al., 2000). 생후 6개월의 유아도 매력적이거나 매력적이지 않은 여자, 남자 또는 유아의 사진을 볼 수 있는 기회가 주어졌을 때 매력적인 얼굴을 보는 데 더 많은 시간을 할애한다(Ramsey et al., 2004). 입고 있는 옷, 심지어는 운전하는 차의 종류와 같은 맥락적 요소들도 그들의 매력도에 대한 다른 사람의 인식에 영향을 미친다(Elliot et al., 2013; Guéguene & Lamy, 2012). 그러나 신체적 외모 역시 중요하다.

대칭적인 얼굴과 신체는 더욱 매력적인 것으로 인식된다(Green et al., 2008). 매력에 관한 비교문화 연구의 11개 메타분석에 관한 개관에서 랑로이스와 동료들(Langlois et al., 2000)은 여러 문화에 걸쳐서 남성과 여성이 반대 성별의 구성원의 신체적 매력에 관해 비슷한 생각을 가지고 있음을 발견하였다. 아시아계, 히스패닉계, 백인으로 이루어진 남학생들에게 아시아계, 히스패닉계, 아프리카계, 백인 여성의 사진을 보여 주고 매력도를 평가하게 한 후 커닝엄과 동료들(Cunningham et al., 1995)은 인종집단 간에

▶▶▶ 비교문화 연구에 따르면, '발리우드(Bollywood)' 스타인 아크샤예 칸나(왼쪽)는 모든 문화권의 사람들로부터 매력적인 것으로 지각될 것이다.

매우 높은 평균적 상관관계(.93)가 있었다고 보고했다. 아프리카계와 백인 남성들에게 흑인 여성의 사진을 보여 주고 매력도를 평가하게 했을 때도 평균적 상관관계는 매우 높게 나타났다(.94). 진화심리학자들은 이런 비교문화적 유사성이 잠재적 배우자의 건강 지표를 찾기 위한 자연선택으로 인해 존재하는 경향성이라고 설명했다(Fink & Penton-Voak, 2002).

신체적 매력은 왜 중요할까? 사람들이 우리가 매우 감탄하거나 싫어하는 특성을 가지고 있을 때, 우리는 또 다른 긍정적이거나 부정적인 특성을 가지고 있을 것이라고 가정하는데, 이는 **후광 효과**(halo effect)라는 현상이다(Nisbett & Wilson, 1977). 디온, 버쉬드와 월스터(Dion, Berschied, & Walster, 1972)는 사람들이 대체적으로 매력적인 사람에게 추가적인 호의적 특성을 귀인한다는 것을 발견하였다. 매력적이지 않은 사람보다 매력적인 사람은 더 즐겁고, 재미있고, 사회적으로 바람직한 사람으로 여겨진다. 결과적으로, 면접관들은 특히 기업의 고객과 마주해야 하는 직위의 지원자에 대해서는 더 매력적인 사람들을 추천하는 경향이 있다(Tsai, Huang, & Yu, 2012). 이와 유사하게, 직업적 성공 가능성과 관련하여 여성의 사진을 평가하도록 했을 때, 실험 참가자들은 과체중이거나 비만인 사람보다 날씬한 여성에게 더 높은 점수를 주었다(Wade & DiMaria, 2003).

이것은 매력적이지 않은 사람은 기회조차 없다는 의미일까? 다행히도 그렇지 않다. 이글리와 동료들(Eagly et al., 1991)은 신체적 매력의 영향이 낯선 사람을 지각하는 데 있어 매우 강력하다고 설명한다. 그러나 일단 사람들을 알고 나면 다른 특성이 더 중요해진다. 사실 우리가 누군가를 좋아하게 되면 그 사람이 우리에게 더 매력적으로 보이게 되는 반면 바람직하지 못한 개인 특성들을 가진 사람들은 덜 매력적으로 보이게 된다.

14.4 친밀한 관계의 형성과 유지에 공헌하는 요소는 무엇인가?

친밀한 관계

신체적 매력과 같이 호감에 영향을 주는 대부분의 요소는 로맨틱한 관계 형성에도 영향을 준다. 그러나 사랑은 어떤가? 우리가 앞으로 배우겠지만, 친밀한 연인들이 경험하는 것과 같은 사랑은 그들의 관계에 전반적으로 영향을 미친다.

낭만적 끌림

당신은 아마 상반된 매력에 대해 들어봤을 텐데, 이것은 정말일까? **맞춤 가설**(matching hypothesis)은 신체적 매력이나 다른 자원이 유사한 사람과 사랑에 빠지는 경향이 있다고 설명한다(Berscheid et al., 1971; Burriss et al., 2011; Feingold, 1988; Walster & Walster, 1969). 게다가 매력도가 어울리지 않는 커플들의 관계는 끝날 가능성이 높다(Cash & Janda, 1984).

우리는 우리가 가진 사회적 자원의 양을 예상하고, 현실적으로 비슷한 자원을 가진 누군가를 끌어당

길 것으로 기대한다. 이는 거절에 대한 두려움이 많은 사람들로 하여금 자신보다 훨씬 더 매력적인 사람을 추구하지 못하게 한다. 그럼에도 불구하고 일단 관계가 형성되고 나면, 남성과 여성 모두 다른 파트너의 매력을 차단하는 능력을 발전시킨다(Maner, Gailliot, & Miller, 2009). 따라서 연인의 매력에 주의를 기울이는 것과 함께, 다른 잠재적 파트너의 매력을 무시하는 것 역시 관계의 안정과 지속을 위해 중요하다.

▶▶▶ 당신은 당신과 반대인 사람보다 당신과 비슷한 사람에게 끌릴 가능성이 높다.

많은 연구자들은 관계에 있어서 유사성이 주된 매력 요소임을 지적했다(Buss, 1984; Phillips et al., 1988). 성격, 신체적 특성, 지적 능력, 교육, 종교, 윤리, 사회경제적 지위 그리고 태도의 유사성은 파트너 선택과 밀접한 관련이 있다(Escorial & Martin-Buro, 2012; Luo & Klohnen, 2005; O'Leary & Smith, 1991). 그리고 욕구와 성격에 있어서의 유사성이 결혼의 선택뿐만 아니라 결혼의 성공과도 관련이 있는 것으로 보인다(O'Leary & Smith, 1991; Rammstedt et al., 2013). 유사성은 오래간다. 인생의 동반자를 선택한다고 한다면, 어떤 특성에 끌리겠는가? 아래의 〈시도〉를 완성하고 당신의 선호를 평가해 보라.

〈시도〉에서의 당신의 순위를 전 세계 33개국과 5개 섬의 남성과 여성의 순위와 비교해 보라. 일반적으로 여러 문화의 남성과 여성은 인생의 파트너 선택에서 다음 네 가지의 특성을 가장 중요하다고 평가했다. (1) 상호 간의 매력/사랑, (2) 의지할 수 있는 성격, (3) 정서적 안정성과 성숙함, (4) 즐거운 기질(Buss et al., 1990). 그러나 우선적인 이 네 가지 특성 외에도 남성과 여성은 선호하는 속성에 차이가 있

시도 인생의 동반자를 선택하기

당신이 인생의 동반자를 선택할 때 가장 중요한 특성과 가장 사소한 특성은 무엇인가? 잠재적인 인생의 동반자의 18가지 특성에 대하여 '가장 중요함(1)'에서부터 '가장 사소함(18)'까지 순서를 정해 보라.

_____ 야망과 부지런함
_____ 순결(이전 성 경험 없음)
_____ 가정과 아이에 대한 욕구
_____ 지성
_____ 감정적 안정성과 성숙함
_____ 바람직한 사회적 위상과 평가
_____ 요리 및 집안일 솜씨
_____ 유사한 정치적 관점
_____ 유사한 종교적 배경
_____ 건강
_____ 외모
_____ 유사한 교육 수준
_____ 유쾌한 성향
_____ 정리 정돈
_____ 사교성
_____ 건전한 재정적 전망
_____ 의지할 만한 성격
_____ 상호적 매력/사랑

다. 진화심리학자 버스(Buss, 1994)가 발견한 바에 따르면, 여성은 경제적 자원과 사회적 지위가 있는 남성을 선호하는 반면, 남성은 신체적 매력을 추구하는 경향이 있다. 그에 의하면 이러한 선호는 인간 진화 역사에 의해 조정되어 왔다. 남성에게는 미모와 젊음이 건강함과 생식력(그의 유전자를 다음 세대로 전달할 수 있는 최고의 기회)을 의미한다. 여성에게는 자원과 사회적 지위가 그녀와 그녀의 아이들에게 안전을 제공한다(Buss & Shackelford, 2008). 9장에서 언급된 것처럼, 사회적 역할 이론가들은 선호도의 성차는 진화적 압력뿐만 아니라 사회적, 경제적 압력의 영향을 받는다고 주장한다(Wood & Eagly, 2007).

스턴버그의 사랑의 삼각형 이론 서구 문화에서 애정은 우정을 포함해 거의 모든 관계에서 중요한 부분이고, '사랑에 빠지게' 되는 것은 장기적인 연인 관계의 형성에도 중요한 요소다. 그러나 사랑이라는 것은 무엇일까? 7장에서 언급한 지능의 삼원 이론을 주장했던 로버트 스턴버그(Robert Sternberg, 1986b, 1987)는 **사랑의 삼각형 이론**을 제안했다. 그 세 가지 구성 요소는 친밀함, 열정 그리고 헌신이다. 스턴버그는 친밀함을 그 관계에서 두 파트너 모두에게 연결된 느낌을 촉진하는 정서와 연관되어 있다고 설명한다. 열정은 성적 친밀함과 관련된 관계로 이끄는 것을 의미한다. 헌신은 (1) 한 사람이 다른 사람을 사랑하고자 하는 결정의 단기적 측면, (2) 그 사랑을 오랜 시간 동안 유지하기 위한 헌신의 장기적 측면으로 구성되어 있다.

스턴버그는 이 세 가지 구성 요소가 단독으로 혹은 다양한 조합으로 일곱 가지의 서로 다른 종류의 사랑을 만들어 낸다고 제안한다.

1. 좋아함(liking)은 친밀함이라는 오직 한 가지의 사랑의 구성 요소를 포함한다. 이 경우에 좋아함은 사소한 것이 아니다. 스턴버그는 좋아함은 한 사람이 다른 사람에게 유대감, 따뜻함, 친밀감을 느끼지만 강렬한 열정이나 장기적인 헌신은 아닌, 진실한 우정으로 규정지을 수 있다고 하였다.
2. 도취적 사랑(infatuated love)은 오직 열정으로 구성되고 '첫눈에 반하는' 것처럼 느껴지기도 한다. 그러나 친밀감과 헌신 없이는 도취적 사랑은 갑자기 사라질 수 있다.
3. 공허한 사랑(empty love)은 친밀감 혹은 열정 없이 헌신으로만 구성되어 있다. 때때로 강렬한 사랑의 헌신만 남고 친밀감과 열정이 없어져서 공허한 사랑으로 악화된다. 정략결혼이 흔한 문화에서는 관계가 공허한 사랑에서 시작된다.
4. 낭만적 사랑(romantic love)은 친밀감과 열정의 혼합이다. 낭만적 사랑은 정서적으로(좋아함에서처럼) 그리고 열정적 흥분을 통해 신체적으로 연결되어 있다.
5. 얼빠진 사랑(fatuous love)은 열정과 헌신은 있지만 친밀감은 없다. 이러한 유형의 대표적인 예로는 안정적인 친밀감 없이 주로 열정과 헌신에 의해 이루어지는 갑작스러운 구애와 결혼을 들 수 있다.
6. 동반자적 사랑(companionate love)은 친밀함과 헌신으로 구성되어 있다. 이 유형의 사랑은 관계에서 열정이 사라졌지만 깊은 애정과 헌신은 남아 있는 결혼에서 찾을 수 있다.
7. **완전한 사랑**(consummate love)은 친밀감, 열정, 헌신의 세 구성 요소를 모두 포함하는 유일한 유

형의 사랑이다. 완전한 사랑은 가장 완벽한 형태의 사랑이고, 많은 사람이 원하지만 소수의 사람만 성취하는 이상적인 사랑의 관계를 반영한다. 스턴버그는 완전한 사랑을 유지하는 것은 성취하는 것보다 어려울 수 있다고 경고한다. 그는 사랑의 구성 요소를 행동으로 옮기는 것이 중요하다고 강조한다. 즉, "표현 없이는 가장 위대한 사랑도 사라질 수 있다."고 경고한다.

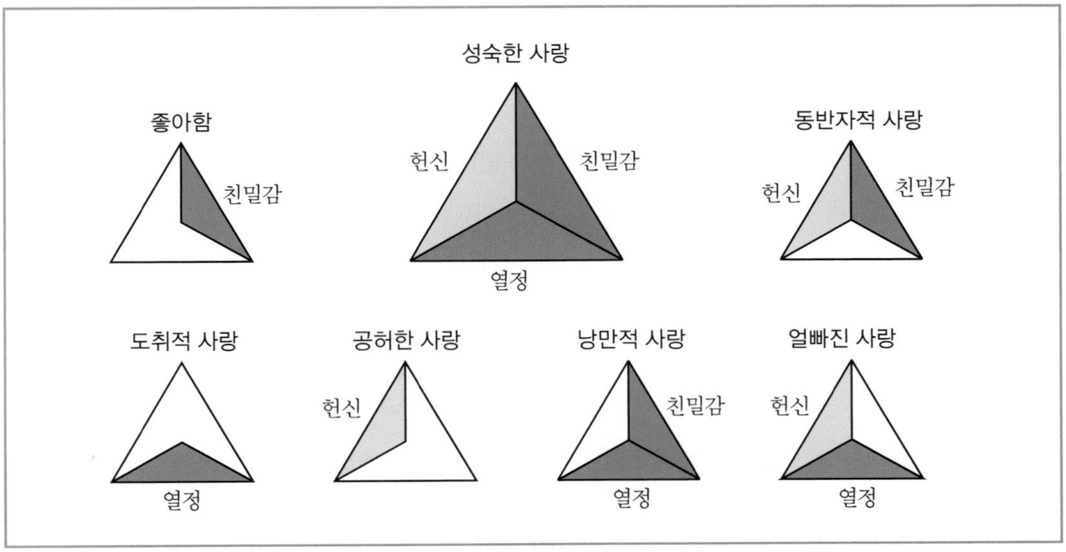

[그림 14-1] 스턴버그의 사랑의 삼각형 이론

스턴버그는 사랑을 열정, 친밀감, 헌신의 세 가지 요소로 나누고, 어떻게 이 세 가지 요소가 단독으로 그리고 다양하게 조합되어 일곱 가지 다른 사랑으로 나타나는지를 보여 준다. 사랑의 유형 중 가장 성숙한 사랑은 세 가지 요소가 모두 포함되어 있다.

출처: Sternberg(1986b).

기억하기 본문 내용을 떠올리며 다음 퀴즈를 풀어 보라.

1. 신체적으로 매력적인 사람이 긍정적인 특성이 있다고 보는 경향성을 _____이라고 한다.
2. 사람들은 대개 그들 자신과 _____한 사람에게 빠진다.
3. 다양한 문화권의 남성과 여성이 장래의 배우자에게서 가장 중요하게 생각하는 네 가지 특성은 _____이다.
4. '첫눈에 빠지는 사랑'이라고 할 수 있는 유형의 사랑은 _____이다.

동조, 복종과 응종

당신은 스스로가 독립적으로 사고한다고 생각하는가? 대부분의 사람은 그렇지 않다. 특히 서구 문화에서 개성과 독립적인 사고는 매우 중요하다. 그러나 누군가 당신에게 정말 하고 싶지 않은 일을 하도록 강요했을 때 당신의 독립적인 마음에는 어떤 일이 생길까. 그동안의 경험을 통해 배운 것처럼 우리는 어떤 식으로든 사회적 영향을 받는 대상이다. 앞으로 우리는 동조, 복종 그리고 응종의 세 가지 유형의 사회적 영향력을 살펴볼 것이다.

14.5 애쉬는 동조에 관한 그의 대표적인 실험에서 무엇을 발견했는가?

동조

동조(conformity)는 행동이나 태도를 집단의 사회적 규범 혹은 타인의 기대와 일치하도록 변화시키거나 수정하는 것이다. **사회적 규범**(social norms)은 특정한 집단의 구성원들에게 기대하는 행동과 태도의 기준이다. 사회를 유지하기 위해서는 어느 정도의 동조가 꼭 필요하다. 우리가 하고 싶다고 해서 운전을 반대 방향으로 할 수는 없다. 또한 우리는 존경 혹은 인정, 우정 혹은 사랑, 심지어는 회사를 위해서 다른 사람들의 기대를 따른다(Christensen et al., 2004).

동조에 관한 가장 잘 알려진 실험은 [그림 14-2]에 나오는 간단한 실험을 고안한 솔로먼 애쉬(Solomon Asch, 1955)에 의해 이루어졌다. 8명의 남성 참가자가 큰 테이블에 둘러앉아, 한 사람씩 '세 선 중 어떤 선이 기준선과 일치하는가?'라는 질문을 받았다. 그러나 8명 중 오직 한 사람만이 실제 참가자였고 다른 사람들은 실험자를 도와주는 공모자들이었다. 연구자들은 한 사람 혹은 그 이상의 공모자(심리학 실험에서 참가자인 척하지만 실제로는 연구자를 돕는 사람)가 필요할 때가 있다.

▶▶▶ 위의 사진에서 볼 수 있는 애쉬의 동조 실험 장면에서, 피실험자들 중 한 사람을 제외한 나머지는 실제로는 실험자를 도와주는 공모자들이었다. 그들은 순진한 피실험자(오른쪽에서 두 번째)가 다수의 의견을 따르게 만들기 위해 의도적으로 잘못된 선을 선택했다.

18회의 총 시행 중에서 12회의 시행 동안 공모자들은 모두 똑같이 틀린 대답을 해서 실제 참가자들을 혼란시켰다. 실제 참가자들은 실험에 참여하는 것에 동의했지만 속임수가 있다는 것은 알지 못하는 사람이다. 놀랍게도, 애쉬의 실험 결과에서는 5%의 참가자가 항상 틀린 답에 동의했고, 대부분

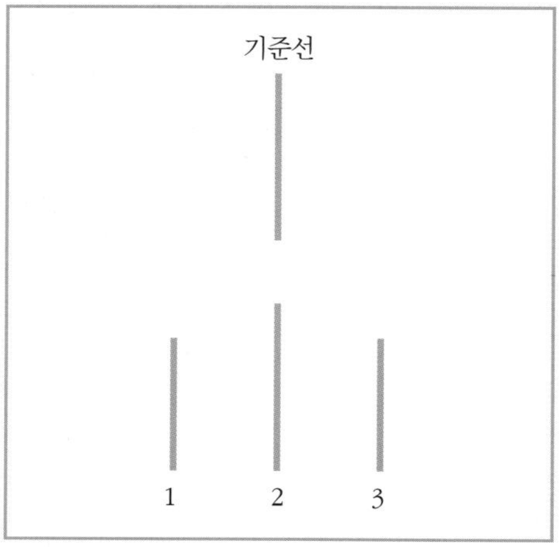

[그림 14-2] 애쉬의 동조에 대한 고전적 연구

만약 당신이 애쉬의 실험에서 다른 사람들보다 먼저 기준선과 같은 선을 1, 2, 3번 중에서 선택하라고 요구받은 8명의 참가자 중 한 사람이라면 어떤 선을 선택할 것인가? 만약 다른 참가자들이 모두 3번 선을 선택했다면 당신도 3번 선을 선택할 것인가?

출처: Asch(1955).

인 70%의 참가자가 가끔 틀린 답에 동조했으나, 25%의 참가자는 집단에 의해 흔들리지 않고 완전히 독립적이었다.

다양한 크기의 집단을 사용한 다양한 실험에서, 애쉬는 오직 3명의 동조자만 있을 때에도 다수의 의견에 따르는 경향성이 나타난다는 것을 발견했다. 흥미롭게도, 동조자들이 15명일 경우일지라도 3명일 때보다 만장일치의 빈도가 더 높아지지는 않았다. 애쉬는 또한 단 한 사람만 반대 의견을 내더라도 동조 경향성이 낮아진다는 것을 발견했다. 집단 내에서 단 한 명의 동조자가 대다수의 틀린 답에 동의하지 않을 때, 실제 참가자들이 동조하는 비율은 32%에서 10.4%로 급격하게 떨어졌다.

동조와 성격 5요인(11장에서 언급한)에 관한 다른 연구에서는 신경증적 성향이 약하고 친화성과 성실성이 두드러지는 사람들이 그 반대의 사람보다 동조할 가능성이 높다는 것을 발견했다(DeYoung, Peterson, & Higgins, 2002). 게다가 자유의지를 믿지 않는 개인이 다른 사람보다 동조하는 경향이 더 강하다(Alquist, Ainsworth, & Baumeister, 2013). 그렇기는 하지만 어떤 사안에 관해 소수의 의견을 견지하는 사람이 만약 잘 정리되고 깔끔하게 진술된 논거를 제시하고 자신의 의견을 일관되게 주장한다면 다수의 관점을 바꾸는 데 더 큰 영향력을 끼친다.

복종

14.6 밀그램의 대표적인 연구에서 복종에 대해 발견한 것은 무엇인가?

규칙을 지키지 않으며 권위를 존중하지 않고 누구나 자기가 원하는 대로만 행동하는 세상을 상상할 수 있겠는가? 우리는 그냥 그러고 싶을 때나 아니면 바쁘지 않을 때에만 빨간불에 멈출 것이다. 누군가는 당신의 차가 자신의 차보다 더 마음에 들어서 그냥 가져가 버릴 수도 있다. 아니면 더 끔찍하게도 당신의 애인이 마음에 든다는 이유로 당신을 살해할지도 모른다.

명백히, **복종**(obedience)—규칙이나 권위자의 명령에 따라 행동하는—은 사회의 유지에 도움을 준다. 그러나 무조건적인 복종은 상상하기 힘든 끔찍한 행동을 저지르도록 할 수도 있다. 유태인과 다른 '바람직하지 않은' 사람들을 몰살하라는 아돌프 히틀러의 명령을 나치 독일이 수행함으로써 역사적으로 가장 어두운 시기가 시작되었다는 것을 상기해 보자.

나치 수용소의 보초들이 그들의 상관에게 복종하도록 만든 것이 무엇인지에 대한 질문에 관심을 가진 스탠리 밀그램(Stanley Milgram)이 심리학 역사에서 가장 놀라운 실험 중 하나를 1960년대 초에 실시했다. 코네티컷 뉴헤이븐 지역의 여러 신문에 '공고: 예일 대학에서 수행하는 기억과 학습에 관한 실험에 참여하기를 원하는 지원자'라는 광고를 냈다. 많은 사람이 그 광고에 응답했고, 20~50세 사이의 남성 40명이 참여했다. 그러나 실제로는 기억 실험이 아니라 연출된 드라마가 계획되었다. 등장인물은 다음과 같다.

- 실험자: 실험용 가운을 걸치고 단호하고 진지한 태도를 보이는 31세 고등학교 생물학 교사
- 학생: 중년 남성(연기자와 실험자의 공모자)
- 교사: 지원자 중 한 명

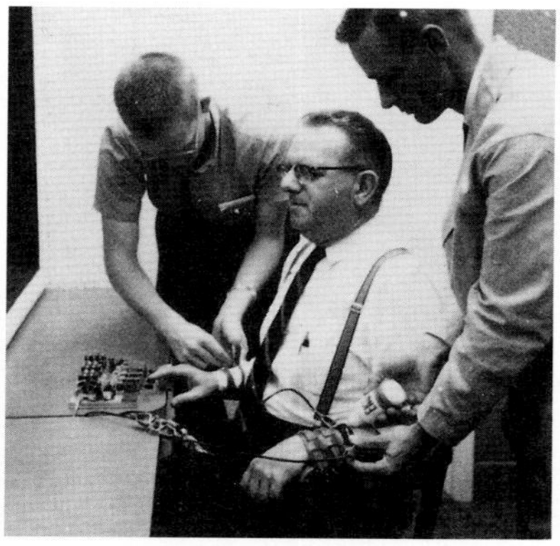

▶▶▶ 스탠리 밀그램의 복종에 관한 실험에서, '교사'들은 그림에 보이는 것처럼 장치에 묶인 '학생'들에게 전기충격을 가한다고 믿도록 만들었다.

실험자는 교사와 학생을 한 방에 데리고 간 후, 학생을 전기의자에 앉혀 끈으로 묶었다. 교사는 장비의 테스트와 학생이 어떻게 느낄지를 보여 주기 위한 목적이라는 명목으로 45볼트의 전기충격을 받았다. 실험자는 강한 전기충격이 고통을 줄 것이라고 인정하면서도 "매우 고통스러울 수 있지만, 영구적인 조직 손상이 발생하지는 않을 것이다."라고 덧붙였다(Milgram, 1963, p. 373).

그러고 나서 실험자는 교사를 인접한 방으로 안내해 수평으로 배열된 30개의 레버 스위치가 달린 기계 패널 앞에 앉혔다. 왼쪽의 첫 번째 스위치는 15볼트만을 전달하지만, 각각의 연속적인 스위치는 그 전의 것보다 15볼트씩 강해지며, 마지막 스위치는 450볼트를 전달한다는 안내를 받았다. 기계 패널에 있는 스위치들은 '약한 충격'부터 '위험: 심각한 충격' 'XXX'까지 배열된 라벨이 붙어 있었다. 실험자는 교사에게 단어 쌍 목록을 학생에게 읽어 주고 학생의 기억을 테스트하도록 했다. 학생이 정확한 대답을 할 때 교사는 다음 쌍으로 넘어간다. 만약 학생이 틀린 답을 하면 교사는 스위치를 눌러 학생에게 충격을 주고 학생이 또다시 틀린 답을 할 때마다(15볼트씩 충격이 증가하는) 오른쪽으로 스위치를 옮겨 가도록 했다.

학생은 처음에는 잘하는 듯했으나 갈수록 평균 네 가지 질문 중 세 가지 문제를 틀리기 시작했다. 교사는 스위치를 누르기 시작했다. 교사가 주저할 때마다 실험자는 계속 진행하도록 재촉했다. 만약 그가 계속 주저하면 실험자는 "실험을 위해서는 당신이 계속 진행해야 합니다." 또는 더 강력하게 "당신에게 다른 선택은 없습니다. 계속 진행해야만 합니다."라고 말했다(Milgram, 1963, p. 374). 300볼트인 20번째 스위치에서 대본은 학생이 벽을 두드리면서 "여기서 나가게 해 줘요, 나가게 해 달란 말이에요, 심장이 괴로워요, 나가게 해 줘요!"라고 소리 지르도록 했다(Meyer, 1972, p. 461). 이 시점부터 학생은 더 이상 질문에 대답하지 않았다. 만약 교사가 걱정하거나 실험을 중단하고자 한다면 실험자가 "학생이 좋아하건 아니건 간에 당신은 계속 해야만 합니다."라고 대답했다(Milgram, 1963, p. 374). 315볼트인 다음 스위치에서 교사는 학생의 신음소리만을 들었다. 또다시 교사가 계속 진행하기를 꺼리면, 실험자는 "당신에게 다른 선택은 없습니다. 계속 진행해야만 합니다."라고 말했다(Milgram, 1963, p. 374). 만약 교사가 여기서 멈추기를 고집한다면 실험자가 실험을 멈출 수 있도록 했다.

밀그램의 연구에서 40명의 참가자 중 얼마나 많은 사람이 마지막인 450볼트까지 실험자에게 복종했을까? 의외로 단 한 명의 참가자도 학생이 벽을 두드리기 시작하는 300볼트, 즉 20번째 스위치 전에 멈추지 않았다. 놀랍게도, 65%인 26명의 참가자가 끝까지 실험자에게 복종했고 최고 전압 수준까지 가서야 중단했다. 그러나 이 실험으로 인해 참가자들은 끔찍한 고통을 겪어야만 했다. 그들은 입술을 깨물고, 신음하고, 말을 더듬었으며, 밀그램은 이것이 참가자들이 심리적 고통을 겪었음을 나타낸다고 해석했다(Milgram, 1963). 게다가 더 심한 전기충격을 주는 것을 피하기 위해 어떤 교사들은 학생들에게 빨리 대답하도록 애원하기도 했다. 신기하게도 어떤 참가자들은 실험이 진행되고 '학생'의 고통의 정도가 증가하는 것을 보면서 웃기 시작했다. 얼마 후 웃음은 발작으로 바뀌었다. 밀그램은 타인에게 해를 끼치고 싶지 않은 욕구와 적합한 권위를 가진 사람의 명령에 따라야 하는 것 간의 갈등이 참가자들에게 심리적 고통을 발생시킨 것이라고 설명했다.

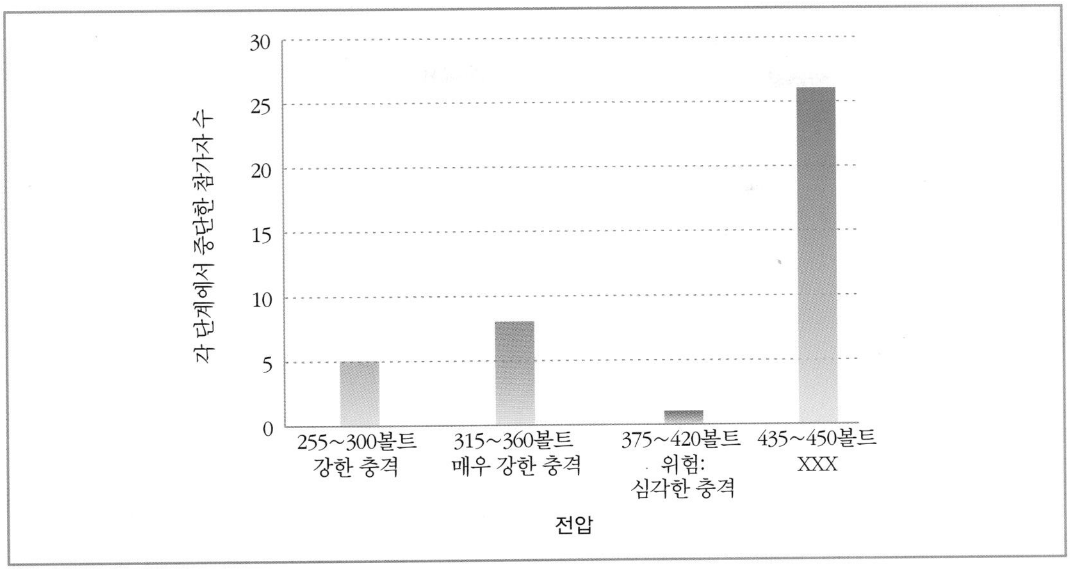

[그림 14-3] 밀그램의 복종 실험

밀그램의 실험에서 '교사'의 65%가 '학생'들에게 가능한 최대의 전기충격을 전달하였다.

출처: Milgram(1963).

밀그램의 뒤이은 연구에서는 복종의 한계를 실험했다. 그 연구들 중 하나에서 밀그램(1965)은 원래 실험의 절차를 달리했다. 각 시행마다 세 명의 교사가 참여했는데, 2명은 공모자였고 한 명만 실제 참가자였다. 한 명의 공모자는 150볼트 이후에, 다른 공모자는 210볼트 이후에 계속 진행하기를 거부했다. 원래의 실험에서 40명 중 14명이 저항했던 것과 달리 이 상황에서는 40명의 실제 참가자 중 36명(90%)이 최대치의 전기충격을 가하기 전에 실험자에게 저항했다. 애쉬의 동조 연구에서처럼 밀그램의 실험에서 계속 진행하기를 거부하는 다른 사람의 존재가 참가자들로 하여금 권위에 저항할 용기를 주었다.

많은 심리학자가 참가자들에게 고통을 준 실험방법과 실험 내에서 속임수 절차가 중요한 역할을 했다는 점에서 밀그램의 실험을 비판했다(King, Viney, & Woody, 2009). 사실 밀그램의 방법에 대한 비판은 결국 그의 실험과 같은 연구는 금지하도록 하는 윤리적 기준을 발전시키는 중요한 역할을 했다. 속임수의 한계가 이런 기준의 중요한 구성 요소가 되었다. 그럼에도 불구하고 속임수는 사회심리학자들의 연구에 중요한 요소다.

응종

14.7 타인으로부터 응종을 얻기 위한 기술은 무엇인가?

당신은 얼마나 자주 다른 사람이 원하는 일을 하는가? 사람들은 다른 사람의 직접적인 요구에 부합되게 행동하는 경우가 많다. 이런 유형의 행동을 **응종**(compliance)이라고 한다. 사람들이 다른 사람의 응종을 얻기 위해 사용하는 방략 중 하나는 호의적인 대답을 얻기 위해 작은 부탁을 먼저 하는 **문간에 발 들여놓기 기법**(foot-in-the-door technique)이다. 이것은 이후의 더 큰 부탁(처음부터 원했던 결과)에 대한 동의를 얻을 가능성을 높이기 위한 방법이다. 예를 들어, 당신의 룸메이트가, 나중에는 자연스럽게 자신의 빨래를 같이 해 주기를 바라면서, 당신이 빨래를 하는 동안 자신의 몇 개의 작은 빨래들도 같이 해 달라고 부탁할 수 있다.

문간에 발 들여놓기 기법에 관한 전통적인 연구에서 연구자는 많은 가정에 전화를 걸어 그들이 사용하고 있는 비누에 관한 몇 가지 질문에 대답해 줄 수 있는지 물었다. 그리고 며칠 후에 같은 사람이 이전 설문에 동의했던 가정에 다시 전화를 걸어 그들 가정에 있는 물품 목록을 만들기 위해 5~6명의 사람을 보내도 되겠냐고 물었다. 물품 조사는 2시간 정도 걸릴 것이고, 조사 팀은 집 안의 모든 서랍, 수납장, 옷장을 살펴보아야 할 것이라고 말했다. 큰 부탁만 받았던 사람들 중의 22%에 비해, 이전에 질문을 받았던 사람들 중에는 거의 53%가 더 큰 부탁에 동의했다(Freedman & Fraser, 1966).

50달러를 빌려 달라는 친구의 부탁에 당신은 어떻게 반응할 것인가? 당신이 그만큼 빌려 줄 돈이 없다고 대답하자 친구가 금액을 낮추어 20달러만 빌려 달라고 말했다고 가정해 보자. 만약 당신이 승낙했다면, 크고 말도 안 되는 부탁을 먼저 하는 기법인 **문간에 머리 들이기 기법**(door-in-the-face technique)이라고 부르는 방략을 통해 당신의 응종을 얻어 낸 것이다. 거절할 것이지만 그 후의 조금 작은 부탁(처음부터 원했던 결과)에는 호의적으로 대답할 가능성이 클 것이라는 기대를 한다. 문간에 머리 들이기 기법에 관한 전통적인 연구에서 연구자들은 캠퍼스에서 대학생에게 접근했다. 그들에게 최소 2년 동안 일주일에 2시간씩 비행청소년을 대상으로 보상 없이 상담봉사를 하는 것에 동의하는지 물어보았다. 예상할 수 있듯이 한 사람도 동의하지 않았다(Cialdini et al., 1975). 그러고 나서 연구자들은 훨씬 작은 부탁을 제시했는데, 청소년들을 2시간 동안 동물원에 데려다 줄 수 있는지 물어보았다. 그리고 학생들 중 거의 반수가 동의했다. 연구자들은 통제집단으로 다른 대학생들에게 작은 부탁인 동물원 소풍만을 부탁했다. 작은 부탁만 제시했을 때는 오직 17%만이 동의했다.

응종을 얻기 위한 또 다른 방법은 **낮은 공 기법**(low-ball technique)이다. 매우 매력적인 제안을 처음에 해서 사람들이 어떤 행동을 하도록 약속을 얻어 내고, 다음 조건은 덜 호의적이게 한다. 예를 들어, 당신이 고급 레스토랑의 무료 저녁식사권을 얻어서 그 레스토랑에 갔는데, 저녁을 주문하려면 한 금융회사와 1시간 동안 상담을 해야 한다는 것을 알게 되었다고 가정해 보자. 당신은 방금 낮은 공 기법에 당한 것이다.

이 기법에 관한 전통적 연구에서는 대학생들에게 학점을 받을 수 있는 실험에 등록하도록 부탁했다. 학생들의 참여 동의를 받은 후, 아침 7시에 모이도록 공지했다. 통제집단의 참가자들은 동의를 받기 전에 처음부터 몇 시에 모여야 하는지를 공지했다. 낮은 공 기법 집단에서는 50% 이상이 참여에 동의했지만, 통제집단에서는 25%만 동의했다(Cialdini et al., 1978).

기억하기 본문 내용을 떠올리며 다음 퀴즈를 풀어 보라.

1. 솔로먼 애쉬의 전통적 실험은 _____의 실험으로 가장 잘 알려져 있다.
2. 밀그램의 원래의 복종 실험에서 얼마나 많은 참가자가 '학생'들이 고통을 호소하자마자 전기충격을 진행하는 것을 멈추었는가?
3. _____ 기법은 작은 부탁에 대한 허락을 얻기 위해 더 큰 부탁을 먼저 제시하는 것이다.
4. 한 집단의 구성원이 의사결정에서 가능한 모든 대안을 고려하기 전에 집단의 결속을 더 중요하게 생각할 때, _____가 발생한다.

집단의 영향

당신은 집에 있고 싶었지만 친구들 때문에 해변에 가거나 별로 보고 싶지 않은 영화를 본 적이 있는가? 집단의 일원이 된다는 것은 다소의 개성을 포기하는 대신 집단의 지지와 동지애를 얻는 것이다. 명백히도 우리는 작거나 큰 집단의 일원일 때 여러 방식으로 다르게 행동한다. 우리가 속해 있는 집단이 낯선 사람들로 구성되어 있을 때는 어떤 일이 일어나는가? 그러한 집단은 우리의 행동에 영향을 주는가? 이 절에서는 집단의 영향에 대한 질문들에 대한 답을 알아보고자 한다.

사회적 촉진과 사회적 태만

14.8 사회적 촉진과 사회적 태만은 수행에 어떻게 영향을 미치는가?

어떤 경우에는 단순히 타인의 물리적 존재에 의해 개인 수행이 도움을 받거나 방해를 받을 수 있다. **사회적 촉진**이라는 용어는 긍정적이건 부정적이건 타인의 존재로 인해 수행에 있어 영향을 받는 것을 의미한다. 이 현상에 관한 연구에서는 다음의 두 가지 효과에 초점을 맞추었다. (1) 수행에 대한 수동적인 관중의 영향인 **청중 효과**(audience effect), (2) 같은 작업에 관여한 다른 사람들의 존재에 의해 야기되는 수행에 대한 영향인 **협력자 효과**(coaction effect).

최초의 사회심리학 연구 중 하나에서 노먼 트리플렛(Norman Triplett, 1898)은 협력자 효과에 주목했다. 그는 자전거 경주자들이 다른 경주자들과 경쟁할 때가 공식 기록이 더 짧은 것을 관찰했다. 이런 패턴은 자전거 경주에만 두드러진 것일까? 또는 혼자 일할 때보다 다른 사람이 있을 때 더 빠르고 열심히 일하는 좀 더 일반적인 현상의 한 부분일까? 트리플렛은 40명의 아동이 두 가지 조건, 즉 (1) 혼자, (2) 같은 과제를 하는 다른 아동이 있을 때에 최대한 빠르게 낚싯줄을 감도록 하는 실험을 설계했다. 그는 아동이 다른 아동과 함께 있을 때 낚싯줄을 더 빨리 감는 과제를 더 빨리 수행한다는 것을 발견했다. 그러나 이후의 사회적 촉진에 관한 연구들에서 다른 사람의 존재가 쉬운 과제에서는 수행을 향상시키지만

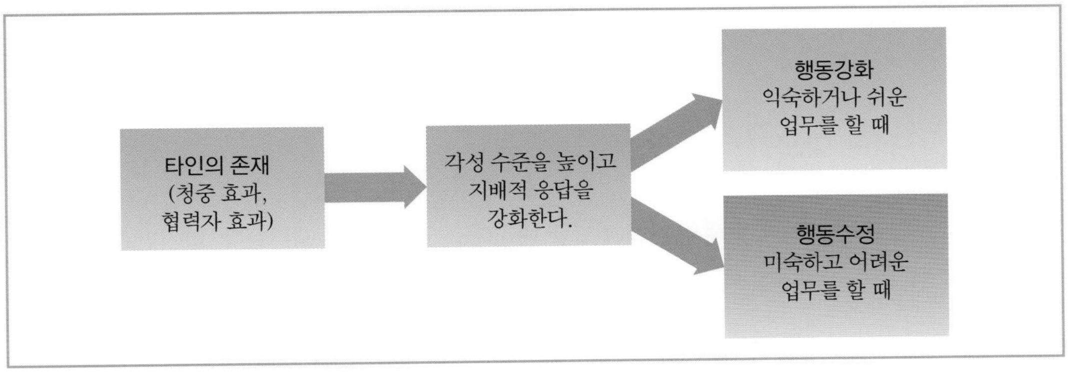

[그림 14-4] 사회적 촉진: 타인의 앞에서 일하라

청중으로서 아니면 공동작업자로서 같은 작업을 하는 타인의 존재는 개인의 수행을 돕거나 방해하는 상반된 효과를 나타낸다. 왜 그런가? 첫 번째로, 다른 사람의 존재는 긴장을 고조시킨다. 두 번째로, 고조된 긴장은 개인이 잘하는 일에는 좋은 결과를 만들 수 있고, 잘 못하는 일에는 더 나쁜 결과를 만들 수 있다.

출처: Zajonc & Sales(1966).

▶▶▶ 함께 공부하는 것은 책임감 분산 효과를 통해 사회적 태만에 이르게 할 수 있다.

어려운 과제에서는 더 나빠지는 것을 발견했다.

당신은 선생님이나 교수님이 배정해 준 그룹 과제에서 프로젝트가 끝날 때 공평한 작업량보다 더 많은 일을 했다고 느낀 적이 있는가? 비브 라타네(Bibb Latané)는 사람들이 혼자 일할 때보다 다른 사람과 함께 공동 과제를 할 때 노력을 훨씬 덜 기울이는 것을 가리켜 **사회적 태만**(social loafing)이라고 명명했다(Latané, Williams, & Harkins, 1979). 사회적 태만은 한 사람이 집단에 기여한 정도를 확인할 수 없거나 개인이 훌륭한 수행을 한다고 해서 칭찬을 받지도 않고 나쁜 수행에 대해 비난받지도 않는 상황에서 발생한다(Mefoh & Nwanosike, 2012). 그러나 성격 5요인 특성에서 높은 성실성을 가진 사람이나 강한 노동윤리를 가진 사람들은 다른 동료들보다 사회적 태만이 적게 나타나는 경향이 있다(Ferrari & Pychyl, 2012; Smrt & Karau, 2011).

이와 유사하게 성취동기(9장 참조)도 사회적 태만에 영향을 준다(Hart et al., 2004). 연구자들은 참가자들의 성취동기 수준을 테스트하고 쌍으로 배정했다. 각 쌍에게 칼의 용도를 가능한 한 많이 생각해 내도록 했다. 성취동기가 낮았던 참가자들이 나타낸 노력의 양은 그의 상대방의 노력에 달려 있었다. 열심히 한 사람과 한 쌍이 되었을 때 성취동기가 낮은 사람들은 거의 기여하지 않았다. 즉, 사회적 태만을 나타냈다. 그러나 열심히 하지 않은 사람과 쌍이 되었을 때는 그 반대로 행동하였다. 대조적으로, 성취동기가 높은 사람은 파트너의 참여 수준과 관계없이 열심히 했다.

사회적 태만에 대한 약 80개의 실험적 연구가 대만, 일본, 태국, 인도, 중국 그리고 미국을 포함한 다양한 문화에서 실시되었다. 다양한 과제에서 사회적 태만은 모든 문화에서 어느 정도씩 분명히 나타났다. 그러나 미국과 같은 개인주의적인 서구 문화에서 더 일반적으로 나타났다(Hong, Wyer, & Fong, 2008; Karau & Williams, 1993).

14.9 집단은 개인의 의사결정에 어떻게 영향을 미치는가?

집단 의사결정

집단이 개인에 비해 온건한 결정을 내린다고 일반적으로 생각한다. 하지만 연구에 따르면, 집단 구성원들은 자신의 의견에 강력히 동의를 표하는 집단 구성원들과의 토의에 참여한 후에 더 극단적인 입장을 갖게 되는 경우가 있는데, 이런 현상을 **집단 극화**(group polarization)라고 한다(Kerr & Tindale, 2004). 한 예를 살펴보자. 당신이 사형제도에 대해 지지할지 반대할지 확실히 결정을 내리지는 못했지만 찬성하는 쪽으로 기울고 있는 상황이라고 생각해 보자. 집단 극화에 관한 연구들은 사형제도를 강하게 지지하는 사람과 그 이슈에 대해 논의하게 된다면 당신 역시도 사형제도를 지지하게 될 것이라고 말한다. 반면에 당신이 아직 확실히 결정하진 못했지만 사형제도에 반대하는 방향으로 기울고 있는 상황이었다면 오히려 사형제도에 반대하는 의견을 더 강력하게 주장하게 될 것이다.

한 연구에서 마이어스와 비숍(Myers & Bishop, 1970)은 집단 극화의 결과로 인종문제에 대한 집단 토의가, 토의를 시작할 때 집단이 가지고 있는 '성향'의 평균에 따라, 편견을 증가시키거나 감소시킬 수 있다는 것을 발견했다. 그러나 한 문제에 대한 두 의견이 균형적으로 제시되었을 때는 낮은 정도의 극화가 나타났다는 것도 관찰할 수 있었다(Kuhn & Lao, 1996). 게다가 집단에 서로 다른 의견을 지지하는 둘 이상의 파벌 또는 하위집단이 있는 경우에는 극화보다는 타협이 발생할 가능성이 크다.

집단사고(groupthink)는 사회심리학자 어빙 제니스(Irving Janis, 1982, 2007)가 긴밀한 유대감을 가진 집단에서 때때로 나타나는 의사결정의 종류를 나타낸 용어다. 예를 들어, 대학교 남학생 동아리의 코스튬 파티에 대해 몇몇 민족집단이 매우 불쾌하게 생각했다는 뉴스를 들었을 수 있다. 사회심리학자들은 집단사고가 그런 파티를 열도록 하는 의사결정 과정에 중요한 역할을 했다고 말할 것이다. 즉, 구성원이 그런 파티를 계획하고 있을 때, 대부분은 그게 재미있을 거라고 생각할 것이다. 그런 파티가 부적절하며 다른 사람을 불쾌하게 할 수 있다는 생각이 든 구성원들은 집단 내 다른 구성원들이 재미있어 하는 것을 망치고 싶지 않고, 관계를 유지하기 위해 그런 생각을 속으로만 할 것이다.

긴밀한 유대감을 가진 집단은 객관적으로 모든 가능한 대안을 평가하는 것보다 집단의 연대와 통일성을 유지하는 데에 더 많은 관심을 가지고 있으며, 개인 구성원은 이의를 제기하는 것을 주저한다. 집단에 저항한 개인은 그들의 행동에 대한 앙갚음을 당할 수 있다(아래의 〈설명〉 참조). 집단은 외부인의 의견은 듣지 않게 되고, 점차 자신들이 실수를 할 리가 없다고 생각하기 시작한다.

설명 *어째서 유대가 긴밀한 모든 집단에서 집단사고가 나타나지 않을까*

고등학교 2학년 여학생들이 서로에게 우리는 항상 친구일 거라 약속한다고 가정해 보자. 그들은 그 약속을 확실히 하기 위해, 같은 대학에 진학할 것이라는 엄숙한 서약을 했다. 이것은 집단사고의 예인가? 이 여학생들이 집단사고에 굴복되었는지 판단하기 위해서 만약 한 구성원이 생각을 바꾸고 다른 학교에 진학하면 어떤 일이 생길지 예측해 보라. 당신은 다른 여학생들이 그 여학생에게 보복할 것이라고 생각하는가?

당신은 아마 다른 여학생들이 실망하기는 했지만 집단의 약속을 지키지 않았다고 어떤 심각한 복수를 하지는 않을 것이라고 예측할 것이다. 집단사고는 전형적으로 집단에 동조시키기 위해 매우 높은 수준의 개인 간 압력, 심지어는 협박을 하는 집단에서만 발생한다. 뿐만 아니라 집단사고는 구성원들에게 충성을 원하는 권위적 지도자가 있는 경우 나타나는 경향이 있다. 일단 집단사고가 형성되면, 각각의 개인은 그들 자신의 도덕적 가치를 유지하거나 더 큰 사회를 만들기보다는 집단에 충성하는 것에 더 큰 무게를 두도록 기대된다. 어떤 구성원이 그러지 못한다면 집단에 의해 처벌될 가능성이 있다. 결과적으로 집단에 반하는 구성원에 대한 보복은 집단사고의 또 다른 측면이다. 인터넷 검색을 통해 알 수 있는, 집단사고로 야기된 보복을 경험한 개인에 대한 많은 실제 상황에서의 예들이 있다.

- 조 다비: 이라크의 아부 그라이브에서 동료 간수들이 수감자를 폭행하는 것을 보고했다.
- 제프리 위건드: 그가 일하는 담배회사가 담배의 중독성을 늘리고 흡연과 폐질환에 대한 연구 결과를 숨기려 한다는 것을 폭로했다.
- 프랭크 서피코: 뉴욕 경찰인 자신의 많은 동료가 범죄자로부터 뇌물을 받고 있다는 것을 폭로했다.
- 존 딘: 닉슨 대통령의 직원으로서 '워터게이트'로 알려진 스캔들에서 백악관 직원들과 대통령이 어떤 역할을 했는지

밝혔다.

이런 사례들을 조사하는 것은 어떻게 집단사고가 발달하고 그것이 어떻게 집단 구성원들에게 영향을 미치는지에 대한 통찰을 얻는 데 도움이 될 것이다. 당신은 또한 용기의 중요성을 깨달을 것이다. 이 사람들은 자신이 떠난 친구들에게 상처를 준 것을 후회했고 보복을 두려워했다. 게다가 모든 사람이 다양한 정도의 보복을 경험했다. 그러나 이 사람들은 집단 충성보다 옳은 일을 하는 것이 더 중요하다는 것을 알았기 때문에 자신이 한 행동을 후회하지 않았다.

집단사고를 억제하기 위해, 제니스(Janis, 1982)는 대안적 관점에 대한 열린 토론과 모든 이의와 의혹의 표현을 장려해야 한다고 제안한다. 그는 또한 외부 전문가가 집단의 관점에 이의를 제기하는 것을 권했다. 정책 대안을 평가할 때 적어도 한 명의 집단 구성원은 비판자 역할을 수행해야 한다. 작업환경에서 집단사고를 피하기 위해 문제 해결책과 의사결정 방략이 고려될 때 지도자는 자신의 의견을 자제해야 한다(Bazan, 1998).

집단 의사결정이 개인보다 더 나은 경우도 있다. 한 연구에서 대학생들의 음주운전과 같은 위험한 행동에 대한 태도를 (1) 혼자 술 마시기, (2) 집단으로 술 마시기, (3) 혼자 가짜 술 마시기, (4) 집단으로 가짜 술 마시기와 같은 실험 조건에 학생들이 참여하게 한 후 측정하였다(Abrams et al., 2006). 그 결과, 혼자 술을 마신 학생들이 다른 조건의 학생들보다 위험한 행동을 할 경향성이 더 높게 나타났다. 연구자들은 소규모 집단에서 술을 마시는 것이 위험한 행동에 대해 어리석은 결정을 하는 것을 막는 데 도움이 된다고 결론을 내렸다.

14.10 사회적 역할은 개인의 행동에 어떻게 영향을 미치는가?

사회적 역할

사회적 역할(social roles)은 개인이 집단에서 차지하고 있는 위치에 맞는 행동을 사회적으로 정의한 것이다. 이 역할은 우리의 행동을 종종 빠르고 극적으로 형성한다. 필립 짐바르도(Philip Zimbardo, 1972)가 실험한 고전적 실험(스탠퍼드 교도소 실험)을 생각해 보자. 대학생 자원봉사자들은 교도관 또는 수감자로 무선 배정되었다. 이후 교도관은 유니폼을 입고 작은 곤봉을 들고 다니면서 엄격한 법을 강하게 집행하였다. 수감자는 발가벗겨지고 수색당하고 위생검사를 당했다. 그러고 나서 수감자에게는 죄수복을 주고 번호를 배정하고 작은 방에 가두었다. 한 교도관은 수감자들에게 맨손으로 화장실을 청소하도록 강요했다. 그리고 수감자들은 품위가 저하되고 굴종하기 시작했다. 역할극은 지나치게 진짜처럼 되어 갔다. 너무 심해서 연구자들이 6일 만에 실험을 종료해야만 했다.

짐바르도는 사회심리학자 레온 페스팅거(Leon Festinger)의 **몰개성화**(deindividuation) 개념으로 연구결과를 설명했다(Festinger, Pepitone, Newcomb, 1952; Zimbardo, 1969). 몰개성화는 개인이 집단에 동일시되면서 독립된 개체로서 개성을 잃어버릴 때 발생한다. 많은 사회심리학자는 약탈의 경우에서 볼 수 있듯, 개인이 큰 집단의 일부가 되면 혼자라면 지켰을 규범을 위반하는 현상을 설명할 수 있다고 보았다.

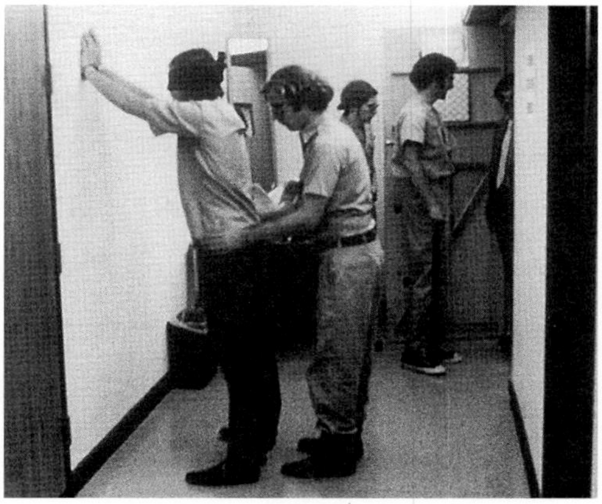

▶▶▶ 짐바르도의 실험에서는 교도관 혹은 수감자의 사회적 역할에 무선적으로 할당하여 교도소와 같은 환경을 조성하였다. 그 사회적 역할은 참가자들의 행동에 영향을 주었다. 수감자는 진짜 수감자들처럼, 교도관은 진짜 교도관들처럼 행동하기 시작했다.

그러나 영국 심리학자인 알렉산더 헤슬램과 스티븐 라이처(Alexander Haslam & Stephen Reicher, 2008)는 몰개성화 이론에 도전했다. 그들은 스탠퍼드 교도소 실험 결과는 역할에 대한 **사회적 정체성**(social identity)에 의해 발생하였다고 주장하였다. 즉, 스탠퍼드 교도소 실험의 참가자들은 교도소 '관리자'로서 짐바르도가 부여한 지침에 의해 강하게 영향을 받은 것이라고 말한다(Haslam & Reicher, 2006). 짐바르도는 교도관들에게 필요할 경우 위해를 가하거나 그 밖의 어떤 행동을 해서라도 수감자들이 자신들의 무기력함을 받아들이게 만들라고 지시했다.

스탠퍼드 교도소 실험과 유사한 BBC 교도소 실험에서, 헤슬램과 라이처는 교도관과 수감자 중 어느 쪽과도 제휴하지 않았다(Haslam & Reicher, 2004; www.bbcprisonstudy.org). 교도관들에게 수감자들의 물리적 환경, 일정 등에 대한 통제권을 주었지만, 연구자들은 두 집단 모두에게 다른 집단을 어떻게 대우할 것인지에 대해서는 아무런 지시를 내리지 않았다. 이런 조건에서 교도관은 수감자를 학대하지 않았다. 왜 수감자들을 인간적으로 대했는지 물어보았을 때, 교도관들은 수감자들을 함부로 대할 수 있는 상황이 닥쳤을 때 부모와 같이 자신들에게 중요하고 권위 있는 인물들이 자신들의 행동을 어떻게 판단할지 상상하는 것이 수감자들을 인간적으로 대하도록 동기를 부여했다고 설명했다.

BBC 실험의 수감자들 또한 스탠퍼드 연구의 수감자들과는 다르게 행동했다. 연구를 시작한 지 며칠 후, 연구자들은 노사 협상 경험이 있는 새로운 죄수를 투입했다. 집단의 새 구성원이 소개한 의견의 결과로, 수감자들은 교도관과의 관계에서 자신의 지위에 대한 생각이 바뀌었다. 게다가 새로운 죄수는 그들의 요구에 교도관들이 동의하도록 설득할 수 있는 집단적 협상 방략의 사용법을 가르쳤다. 그 결과, 교도관들이 스스로의 역할에 대한 문제점을 인식하게 되었다. BBC 교도소 실험의 결과는 스탠퍼드 교도소 실험 결과에 대한 역할 기반 설명에 의문점을 제기했다. 그들은 또한 개인이 사회적 역할을 맡을 때 발생하는 몰개성화의 정도가 집단이 받게 되는 리더십에 따라 좌우된다는 것을 보여 주었다. 게다가 사회적 역할의 또 다른 중요한 점은 행동에 긍정적인 영향을 줄 수 있다는 것이다. 학습장애가 있는 청소년들을 관찰한 전통적인 연구에서 팰린스카와 브라운(Palinscar & Brown, 1984)은 학생들의 학습 행동이 집단 활동에서 맡게 되는 역할이 '교사'이냐 '학생'이냐에 크게 영향을 받는다고 보고했다. 학생들은 교사 역할을 수행할 때 학생 역할을 수행할 때보다 독해 과제를 더 효과적으로 요약했고, 더 많은 것을 배웠다.

기억하기 본문 내용을 떠올리며 다음 퀴즈를 풀어 보라.

1. _____은(는) 쉬운 과제에는 향상된 수행을, 어려운 과제에는 형편없는 수행을 야기한다.
2. 사회적 태만은 _____을(를) 확인할 수 없을 때 발생할 가능성이 더 크다.
3. 짐바르도에 따르면 _____ 과정은 스탠퍼드 교도소 실험 참가자들의 행동에 영향을 미친다.

태도와 태도 변화

우리는 태도라는 단어를 매우 자주 사용한다. 예를 들면, 우리는 어떤 사람이 '나쁜 태도'를 가졌다고 말한다. 그런데 태도란 무엇일까? 태도가 서로 모순되거나 태도와 행동이 일관적이지 않다면 어떻게 될까? 당신은 다른 사람에게 당신의 의견에 동의하거나 그들에게 어떤 것을 해 달라고 설득해 본 적이 있는가? 이 절에서는 태도, 인지 부조화(cognitive dissonance) 그리고 설득에 대해 배워 보고자 한다.

14.11 태도의 세 가지 구성 요소는 무엇인가?

태도

근본적으로 **태도**(attitude)는 긍정적인 것부터 부정적인 것에 걸쳐 사람, 물체, 상황, 혹은 이슈에 대한 상대적으로 안정적인 평가다(Bohner & Dickel, 2011). 대부분의 태도는 다음의 세 가지로 구성된다. (1) 태도 대상에 대한 사고와 믿음으로 이루어진 인지적 요소, (2) 태도 대상에 대한 감정으로 이루어진 정서적 요소, (3) 대상에 관련된 행동 경향으로 구성된 행동적 요소. 태도는 사람, 사물 그리고 상황을 평가하고 사회적 환경에 대해 체계와 일관성을 제공할 수 있게 한다.

어떤 태도는 사람, 사물, 상황, 문제에 대해 처음 경험했을 때 형성된다. 다른 태도들은 아동이 부모, 가족, 친구 그리고 선생님이 특정한 이슈나 사람에 대해 긍정적이거나 부정적인 태도를 보일 때 얻어진다. 광고를 포함한 대중매체는 사람들의 태도에 영향을 주고, 그런 노력 때문에 매년 막대한 수익을 거두어들인다. 그러나 당신이 예상할 수 있듯이, 직접적인 경험을 통해 얻어진 태도가 대리학습으로 획득된 태도보다 더 강하고 변화에도 더 잘 견딘다(Nieto-Hernandez et al., 2008). 그러나 한 번 형성된 태도는 같은 태도를 가진 사람들과 어울릴 때 더 강해지는 경향이 있다(Mercier & Landemore, 2012).

논쟁적인 주제에 대한 적극적인 논의는 심지어 의견이 일치하는 사람들끼리만 있을 때에도 우리의 태도에 대해 분석적으로 생각하는 능력을 향상시킬 수 있다. 연구자 조셉 라오와 디나 쿤(Joseph Lao &

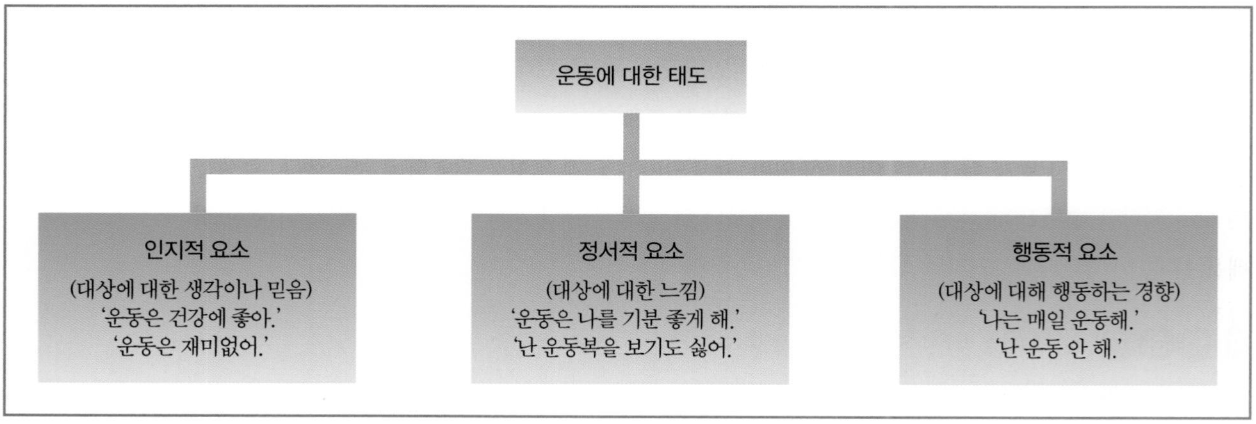

[그림 14-5] 태도의 3요소

태도는 사람이나 사물, 상황 또는 행동에 대해 연속적이고 일관적으로 평가하는 것이다. 우리의 태도는 ① 인지적 요소, ② 정서적 요소, ③ 행동적 요소를 포함한다.

Deanna Kuhn, 2002)은 대학생들에게 논쟁적인 주제에 대한 다른 학생들과의 여섯 번의 토론에 참여하도록 요청하였다. 참가자들은 세 가지 실험 조건에 배정되었다. 첫 번째 조건에서는 토론의 상대가 모두 참가자와 같은 의견을 가진 사람들이었다. 두 번째 조건에서는 참가자와 다른 의견을 가진 사람들만 있었다. 세 번째 조건에서는 참가자의 의견에 찬성하는 사람이 3명이었고, 반대하는 사람도 3명이었다. 6주 후, 라오와 쿤은 참가자들이 자신의 의견에 동의하거나 같은 수의 동의자와 반대자가 있던 경우에 주제에 대한 비판적인 사고가 가장 많이 향상된 것을 발견했다. 이런 결과로부터 논쟁적인 이슈에 대해 자신의 의견과 불일치하는 사람들과 논의하는 것은 자신의 의견에 동의하는 사람들과의 논의로 균형을 맞출 수 있을 때 도움이 된다고 추론하였다. 연령에 대한 고정관념에도 불구하고 많은 연구는 노인이 중년층 성인들보다 태도를 더 잘 변화시킨다는 것을 발견했다(Visser & Krosnick, 1998).

우리는 종종 태도 변화는 행동 변화에 있어 중요하다는 말을 듣는다. 그러나 많은 연구가 태도는 행동을 오직 10%정도밖에 예측하지 못한다는 것을 보여 주었다(Wicker, 1969). 예를 들어, 사람들은 환경을 보호하고 자연을 보호하는 것에 강하게 동의하는 태도를 보이지만, 재활용이나 카풀은 하지 않는다(Knussen & Yule, 2008). 그러나 매우 강한 태도를 가지고 있고, 쉽게 기억할 수 있고, 즐거운 정서 상태와 연합되었을 때는 행동을 더 잘 예측한다(Bassili, 1995; Bissing-Olson et al., 2013; Fazio & Williams, 1986; Kraus, 1995).

인지 부조화

14.12 인지 부조화에 영향을 미치는 요인은 무엇인가?

심리학자 레온 페스팅거(Leon Festinger, 1957)에 따르면, 사람들은 자신의 태도가 갈등을 일으키거나 태도와 행동이 일치하지 않을 때 불쾌한 상태를 경험할 가능성이 높은데, 이를 **인지 부조화**(cognitive dissonance)라 한다. 심리학자들은 인지 부조화는 자존감을 유지하기 위한 욕구의 결과라고 생각한다(Jordan et al., 2012; Stone, 2003). 사람들은 대체로 행동이나 태도를 바꾸거나 불일치의 이유를 찾거나 그것의 중요성을 최소화하는 것으로 부조화를 감소시키려 한다(Crano & Prislin, 2006; Matz & Wood, 2005). 태도를 바꿈으로써 개인은 자존감을 유지하고 부조화로 인한 불편감을 감소시킨다(Elliot & Devine, 1994).

흡연은 완벽한 인지 부조화의 상황을 자아낸다. 흡연이 많은 질병에 관련되어 있다는 엄청난 양의 증거를 마주하였을 때 흡연자들은 무엇을 하는가? 가장 건강하면서도 인지 부조화를 감소시킬 수 있는 쉽지 않은 방법은 행동을 변화시키는 것, 즉 금연이다. 다른 방법은 흡연이 다들 말하는 것처럼 그렇게 위험하지 않다고 스스로를 설득하며 태도를 바꾸는 것이다. 흡연자들은 영구적 손상을 입게 되기 전에 담배를 끊거나 의학이 빠르게 발전해서 암이나 폐기종에 대한 치료법이 곧 발견될 것이라고 스스로에게 말할지도 모른다. [그림 14-6]은 흡연자들이 이용할 수 있는 인지 부조화 감소 방법을 보여 주고 있다.

전통적 연구에서 페스팅거와 칼스미스(Festinger & Carlsmith, 1959)는 연구 참가자에게 방에서 혼자 지루한 게임을 하도록 했다. 게임을 완수했을 때 다음 참가자에게 게임이 재미있었다고 말하도록 지시했다. 참가자들은 두 실험집단에 무선적으로 배정되었다. 한 그룹은 지시를 따르는 조건으로 1달러를 받았고, 다른 그룹은 20달러를 받았다. 페스팅거와 칼스미스는 참가자들의 자존감과 거짓말하는 행동

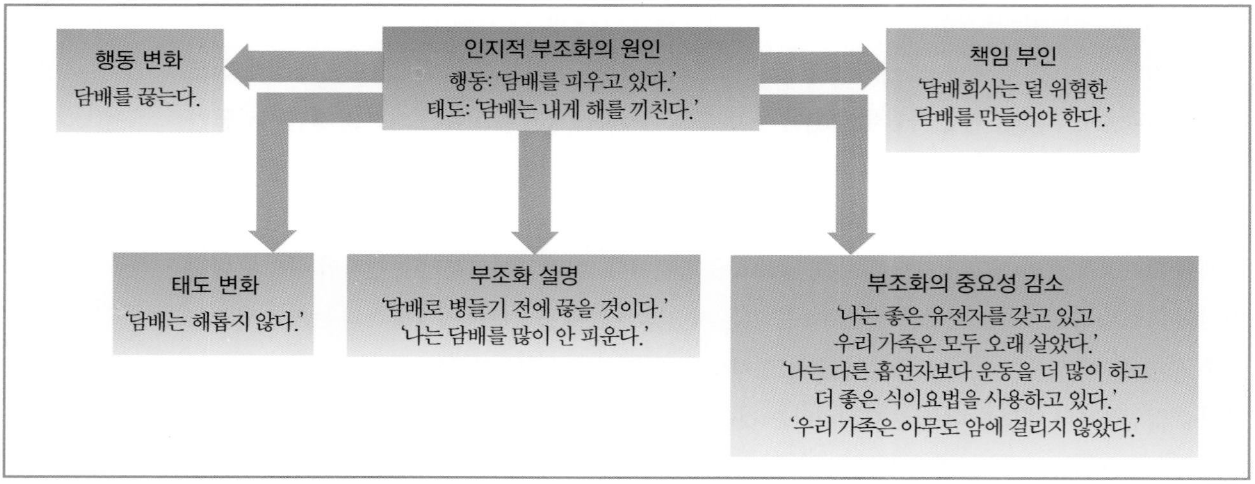

[그림 14-6] 인지 부조화를 줄이는 방법

인지 부조화는 사람의 태도 혹은 태도와 행동 간의 불일치에 의해 일어난다. 사람은 부조화를 줄이기 위해 ① 행동을 수정하거나, ② 자신의 태도를 바꾸거나, ③ 부조화를 설명하거나, ④ 그것의 중요성을 줄이는 방법을 사용한다. 흡연가는 이런 방법을 통해 인지 부조화를 감소시키고 자신의 습관을 만든다.

간의 갈등이 인지 부조화를 일으킬 것이라고 가정했다. 참가자들이 어떻게 이 부조화를 해결하고 거짓말하는 것으로 인한 자존감 위협을 없앨 수 있을까? 페스팅거와 칼스미스는 1달러를 받은 참가자들은 그 게임이 실제로 재미있었다는 식으로 태도를 바꿀 것이라고 가정했다. 반대로 20달러를 받은 참가자들은 다음 참가자에게 거짓말을 하는 노력에 대해 꽤 큰 금액을 받았다고 합리화하는 것으로 갈등을 해소했다. 결론적으로, 그들은 거짓말을 하는 것이 자존감에 위협을 준다고 생각하지 않았다.

14.13 설득의 요소에는 무엇이 있는가?

설득

설득(persuasion)은 타인의 태도와 행동에 영향을 주고자 하는 의도적인 시도다. 우리는 직장에서, 사회 속에서 그리고 심지어 가정에서도 누군가를 설득하기 위해 노력한다. 연구자들은 설득의 다음과 같은 네 가지 구성 요소를 발견했다. (1) 의사소통의 출처(누가 설득하고 있는가), (2) 청중(누가 설득당하고 있는가), (3) 메시지(무엇을 말하고 있는가), (4) 매체(메시지가 전달되는 수단).

출처(전달자)를 더 설득적으로 만드는 몇몇 요소는 신뢰도, 매력, 호감도다(Klucharev, Smidts, & Fernandez, 2008). 신빙성 있는 전달자는 전문 지식(관련 주제에 대한 지식)과 신뢰성(진실성과 성실성)을 가진 사람이다. 출처의 다른 특성들(신체적 매력, 유명한 지위, 청중과의 유사성 등) 역시 설득적 메시지의 출처에 대한 우리의 반응에 기여한다.

청중 특성은 설득에 대한 반응에도 영향을 미친다. 일방향 메시지는 대체로 청중이 주제에 대해 충분한 정보를 갖고 있지 않거나, 지능이 높지 않거나, 또는 이미 그 관점에 동의하고 있을 때 가장 설득적이다. 양방향 메시지(주제의 긍정적, 부정적 측면 모두 언급되는)는 청중이 주제에 대해 많은 정보를 가지고 있거나, 지능이 높거나, 또는 처음부터 그 관점에 반대하고 있을 때 효과가 가장 좋다. 양방향 메시지는 대개 일방향 메시지보다 사람들의 마음을 더 많이 흔든다(Hovland, Lumsdaine, & Sheffield, 1949;

McGuire, 1985). 그리고 사람들은 자신의 신념에 반대될 때 논점을 더 자세히 조사하고 반박에 더 많은 노력을 기울이는 경향이 있다(Edwards & Smith, 1996).

메시지는 사리에 맞고 논리적이고 감정적이지 않을('오직 사실만') 수도 있고, 지극히 감정적일 수도 있고('겁주기'), 또는 그 두 가지의 조합일 수 있다. 공포감을 조성하는 것은 금연을 하게 하고, 흉부 엑스레이를 찍게 하고, 안전벨트를 매게 하고, 독감 예방주사를 맞게 하고, 암 검진을 받게 하도록 설득하는 데 효과적인 방법이다(Dillard & Anderson, 2004; Umeh, 2012). 공포감에 근거한 설득은 청중이 두려운 결과를 피할 수 있는 확실한 행동의 윤곽을 보여 주는 설명일 때 가장 효과적이다(Buller et al., 2000; Stephenson & Witte, 1998). 그러나 잘못된 식단의 해로운 결과보다는 식단 변경으로 인한 이득에 관하여 설명할 때 영양성분표의 효과가 더 크다(van Assema et al., 2002).

최근 사람들이 점점 정보를 얻기 위해 TV, 라디오, 인쇄매체에서 인터넷으로 넘어가면서 연구자들이 설득에 있어 매체의 역할에 대해 많은 관심을 기울이고 있다. 그렇지만 놀랍게도 실험적 연구들은 설득적 메시지를 전달하기 위해서는 여전히 TV가 가장 효과적인 매체라는 것을 보여 주었다(Dijkstra, Buijtels, & van Raaij, 2005). 마케팅 연구자들의 조사에서는 온라인 영상 광고의 효과성이 곧 TV 광고의 효과성을 능가할 것이라고 설명한다(BrightRoll, Inc., 2012). 광고회사들이 더 정확하게 소비자를 겨냥할 수 있고 TV 광고의 경우보다 훨씬 낮은 비용으로 광고할 수 있다는 이유 때문에 이런 추세가 부각되고 있다.

또한 입소문(viral) 마케팅 전략은 최근 TV 광고의 우위에 도전하고 있다. 따라서 입소문 마케팅에서는 TV와 같은 전통적인 대중매체가 유포할 수 있는 것보다 수용자가 친구들에게 전송하도록 하여 더 빠르게 메시지를 퍼뜨릴 수 있는 온라인 비디오, 인터넷 팝업 광고, 문자 메시지, 메신저, 소셜 네트워킹 사이트, 블로그, 팟캐스트, 이메일 등을 사용한다. 한 연구에서는 입소문 전략과 함께 TV 광고와 같은 전통적 접근을 늘리면 제품 판매가 올라간다는 것을 보여 주었다(Dhar & Chang, 2009). 그러나 어떤 메시지에 관한 입소문을 내려면 어떻게 해야 할까? 한 연구에서 특히 온라인 비디오에서 나타나는 메시지의 감성품질이 결정적인 요소라고 말한다(Berger & Milkman, 2012). 경외심과 분노의 강렬한 감정을 불러일으키는 메시지는 소셜 네트워크를 통해 확산될 가능성이 크다. 또한 흥미롭게도, 온라인 비디오가 입소문을 타기 위해서는 정서를 유발하는 콘텐츠가 제품의 품질 소구보다 더 중요하다.

▶▶▶ 새로운 제품, 영화, 심지어는 선거 후보자에 관한 '좋아요'와 '트윗'은 스마트폰 네트워크를 통해 친구들과 가족들 사이에서 빠르게 퍼진다. 그런 메시지들은 입소문 마케팅 전략의 핵심이다.

기억하기 본문 내용을 떠올리며 다음 퀴즈를 풀어 보라.

1. 태도의 세 가지 구성 요소는 _____, _____, _____이다.
2. 태도를 바꾸는 것은 인지 _____을(를) 줄일 수 있다.
3. 설득의 네 가지 구성 요소는 _____, _____, _____, _____이다.

친사회적 행동

심리학자들은 **친사회적 행동**을 돕기, 협동, 연민과 같이 타인에게 이로운 행동이라고 정의하였다. 친사회적 행동의 예는 일상생활에 흔히 볼 수 있다. 편의점에서 손님이 계산할 때 몇 백 원이 모자라는 걸 발견하고 옆 사람이 그 돈을 보태 주기도 한다. 유모차를 끌고 가는 엄마가 매장 문이 너무 무거워서 지나가지 못하고 있을 때 어떤 손님이 다가와서 문을 잡아 줄 수도 있다. 그리고 큰 사고가 일어났을 때 사람들은 많은 돈과 물품을 기부하고 헌혈을 하는 등 놀랄 만한 후원을 하기도 한다. 그러나 어려움에 처한 사람을 못 본 척하는 것은 또 어떤 의미인가? 예를 들어, 2003년 초에 몇몇 사람이 주유소에서 총에 맞아 쓰러져 있는 사람을 보고도 아무것도 하지 않은 것이 비디오에 포착되었다(CNN.com, 2003). 심지어 한 사람은 피해자를 몇 분 동안이나 쳐다보다가 태연하게 주유를 계속했다. 무엇이 도움 행동에 있어서 이런 극단적인 변화를 일으키는 것일까?

14.14 타인을 돕고자 하는 동기를 부여하는 것은 무엇인가?

도움의 이유

많은 종류의 사회적 행동과 그런 충동들이 생애 초기에 발달하기 시작한다. 연구자들은 유아가 보통 두 번째 생일을 맞이하기도 전에 괴로움에 빠진 친구에게 동정 어린 반응을 한다는 것에 동의한다(Hoffman, 2007). **이타주의**(altruism)라는 용어는 타인을 돕기 위해 어느 정도의 자기 희생을 감수하고 개인적 이익과 무관한 행동을 하는 것을 의미한다. 뱃슨(Batson, 2010)은 우리가 공감(empathy)—다른 사람의 입장에서 생각할 수 있는 능력—에 의해 다른 사람을 돕는다고 믿는다.

헌신(commitment)은 이타주의에 영향을 주는 또 다른 요소다. 우리는 우리가 매우 헌신하고 있는 관계에서 이타적인 행동을 할 가능성이 크다(Powell & Van Vugt, 2003). 헌신의 영향은 이타주의로 인한 희생이 클 때 가장 강력하다. 예를 들어, 당신이 신장을 기증한다고 가정한다면, 낯선 사람보다는 가족에게 기증할 가능성이 더 클 것이다.

어떤 사회가 이타주의를 가치 있게 생각하는 정도는 이타주의적 행동에 대한 개인의 의사결정에 영향을 미칠 수 있는 또 다른 변수다. 문화에 따라 타인을 돕는 규범—즉, 그들의 사회적 책임 규범—이 다르다. 밀러와 동료들(Miller et al., 1990)에 따르면, 미국에 있는 사람들은 생사가 걸린 상황에서는 가족, 친구, 심지어 낯선 사람을 도와야 한다는 의무감을 느끼지만, 중간 정도로 위험한 상황에서는 친척들에 대해서만 그렇게 느낀다. 그에 반해서 인도에서 사회적 책임 규범은 중간 정도로 위험하거나 혹은 그보다도 덜 위험할 때에도 낯선 사람까지 포함한다.

이타주의에 대한 동기가 무엇이건 간에, 타인을 돕는 행동을 주기적으로 하는 사람은 상당한 이익을 얻는다(Poulin & Cohen Silver, 2008). 흥미로운 한 가지 이익은 사람을 도울수록 더 이타주의적이 된다는 것이다. 다른 말로 하면, 이타주의적으로 행동하는 것이 개인의 이타주의적 태도를 발생시키거나 향상시킨다는 것이다. 이런 태도 변화와 함께 삶에 대해 감사하는 마음도 늘어난다. 따라서 이타주의적 행동의 비용은 도움을 받는 사람과 주는 사람 모두에 있어 그 이익과 균형을 이룬다.

▶▶▶ 저소득층을 위한 집짓기를 돕는 것과 같은 이타주의적 행동은 사회적 책임 규범에 의해 동기가 부여될 수 있다.

방관자 효과

14.15 심리학자들은 어떻게 방관자 효과를 설명하는가?

다양한 사회적 상황이 타인을 도울지에 대한 결정에 기여한다. 하나의 예는 **방관자 효과**(bystander effect)다. 위급 상황에서는 방관자들이 많아질수록 피해자가 그들에게서 도움을 받을 가능성은 줄어들고, 만약 도움을 받더라도 지체되는 경향이 있다.

고전적 연구에서 달리와 라타네(Darley & Latané, 1968a)는 작은 방에 참가자를 혼자 두고 인터폰을 이용해 토의에 참여하게 될 것이라고 알려 주었다. 몇몇 참가자에게는 오직 한 명의 다른 참가자와 의사소통할 것이라고 알려 주었고, 다른 몇몇 참가자에게는 다른 두 명의 참가자와 함께 할 것이라고 했고, 나머지 참가자에게는 다섯 명의 다른 참가자가 함께 참여할 것이라고 알려 주었다. 사실은 그 실험에 다른 참가자들은 없고, 공모자가 사전 녹음한 목소리만 있었다. 토의를 시작하고 잠시 후에 간질발작을 일으키고 있다고 도움을 요청하는 한 공모자의 목소리가 인터폰 너머로 들렸다. 혼자만이 피해자의 목소리를 듣고 있다고 믿었던 참가자들은 85%가 발작 이후 도우러 갔다. 그러나 4명의 다른 사람이 위급 상황에 대해 알고 있다고 믿었던 참가자는 오직 31%만이 도우러 갔다. [그림 14-7]에서 방관자 수가 반응 속도와 도우려는 사람의 수에 미치는 영향을 보여 주고 있다.

달리와 라타네(1968a)에 따르면, 위급 상황에 직면한 방관자는 도와줄 책임은 자신뿐만 아니라 다른 사람들도 함께 지는 것이라고 느끼는데, 이것이 바로 **책임분산**(diffusion of responsibility)이라고 불리는 현상이다. 결과적으로, 주변에 도와줄 사람들이 여러 명 있을 때는 자신이 전적인 책임을 져야 한다고 생각될 때보다 행동의 필요성을 덜 느끼게 된다. 방관자들은 저마다 이렇게 생각할 것이다. '다른 사람이 뭔가 하고 있을 거야.' 방관자 효과의 다른 원인은 다른 방관자가 침착해 보이는 것의 영향이다. 다른 사람들이 침착해 보일 때, 사실은 아무 문제가 없고 개입이 필요하지 않다고 결론을 내릴 수도 있다(Darley & Latané, 1968b). 아이러

▶▶▶ 왜 사람들은 인도에 쓰러져 있는 사람을 못 본 척하는 것일까? 책임분산으로 이를 설명할 수 있다.

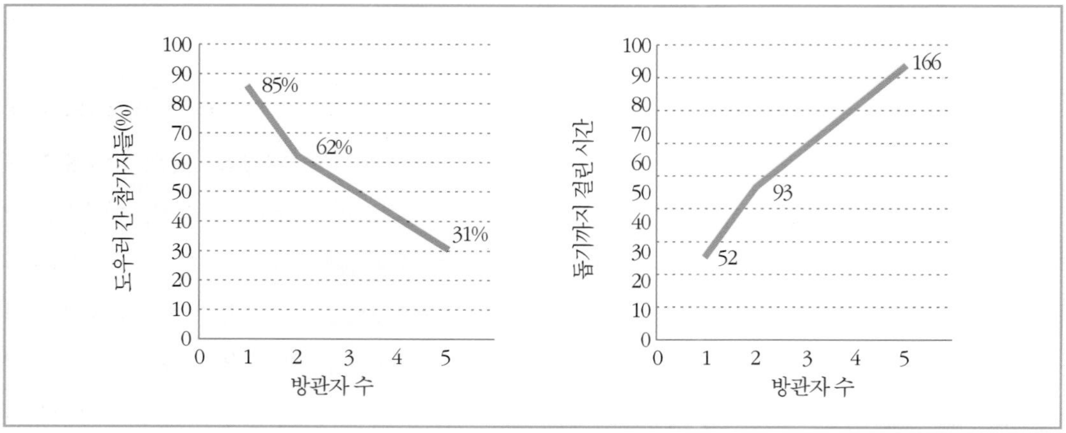

[그림 14-7] 방관자 효과

인터폰 실험에서 달리와 라타네는 위급 상황에 사람이 더 있다고 믿을수록 고통받는 사람에게 반응할 시간이 지연된다는 것을 보여 주었다.

출처: Darley & Latané(1966a).

니하게도, 테러 공격과 자연재해와 같은 재앙에 관해서는 방관자 효과가 크게 감소한다. 사실, 그런 상황에 있는 사람들을 돕기 위해 오히려 더 많은 힘을 들인다. 우리는 폭풍이 상륙하고 나서 첫 며칠 만에 피해자들에게 사람들이 얼마나 많은 돈을 기부하는지 알고 있다. 이러한 현상은 그런 사건과 같은 맥락에서 수많은 개인적인 이타주의적 행동에서도 나타난다. 또한 종종 매체를 통해 사건을 접한 직접적으로 도움을 줄 수 없는 사람들은 피해자의 가족에게 기부금을 전달하기도 한다. 대중의 반응에 관한 연구에서 규모가 큰 재해는 그런 반응들을 예측한다(Iredale & Van Vugt, 2012).

기억하기 본문 내용을 떠올리며 다음 퀴즈를 풀어 보라.

1. _____은(는) 보상을 바라지 않고 다른 사람을 돕기 위한 희생을 하는 것을 포함한다.
2. _____에 관한 연구에서 혼자 있을 때보다 여러 명이 사고 현장을 목격했을 때 고통에 빠진 사람들을 돕는 경향이 줄어든다.

공격성

사회심리학에서 수년 동안 지속적인 연구 주제 중 하나는 공격성에 관한 연구다. **공격성**은 타인에게 물리적 혹은 심리적 손상을 의도적으로 가하는 것이다. 공격성은 많은 형태를 가지고 있고 다양한 상황—집, 직장, 심지어 도로 위—에서 발생한다. 공격적 행동의 표적이 되는 것은 매우 일반적인 경험이다. 하지만 왜 사람은 다른 사람을 의도적으로 해칠까?

공격성의 생물학적 요소

14.16 공격성에 영향을 미치는 생물학적 요소는 무엇인가?

지그문트 프로이트(Sigmund Freud)는 인간이 안으로는 자기 파괴, 혹은 밖으로는 타인을 향한 폭력으로 나타날 수 있는 공격적 본성을 가지고 있다고 믿었다. 이 관점을 거부하는 많은 심리학자들은 공격성과 생물학적 요소 사이에 관련이 있다고 인정한다. 24쌍의 쌍둥이와 입양아를 대상으로 다양한 성격 측정을 실시하고 이를 메타분석한 결과 공격적 성향의 유전성은 .50 정도로 나타났다(Miles & Carey, 1997). 또한 쌍둥이 및 입양아 연구들의 결과에 따르면 범죄행동과 유전적 요인 사이에 관련성이 있는 것으로 밝혀졌다(Baker et al., 2007). 클로닝거와 동료들(Cloninger et al., 1982)은 범죄자인 양부모를 가진 입양아가 범죄를 저지를 가능성이 일반 인구 집단의 2배 정도인 반면, 범죄자인 생물학적 부모를 가진 입양아는 범죄를 저지를 가능성이 일반 인구 집단의 4배나 된다고 보고했다. 생물학적 부모와 양부모 모두가 범죄자인 경우에는 범죄 가능성이 일반 인구 집단의 14배에 달했는데, 이는 유전과 환경의 결합이 얼마나 큰 영향을 미치는지를 보여 준다. 공격적인 행동을 야기하는 유전자를 가진 사람은 주변 인물이 나타내는 공격성의 영향을 받기 쉽다는 것이 많은 연구자들의 공통된 견해다(Rowe, 2003).

공격성에 매우 밀접하게 관련되어 있는 것으로 보이는 하나의 생물학적 요소는 자율신경계의 낮은 각성 정도다(Caramaschi, de Boer, & Koolhaas, 2008; Gower & Crick, 2011). 낮은 각성 정도(낮은 심박률과 낮은 반응성)는 반사회적이고 폭력적인 행동과 연관되어 왔다(Herpetz et al., 2007). 낮은 각성 정도를 가진 사람들은 자극과 흥분을 찾게 되고, 심지어 죽음에 맞서도 공포를 보이지 않는다.

남자가 여자보다 물리적으로 더 공격적이고(Hyde, 2005), 높은 테스토스테론 수치와 공격적 행동 간의 상관관계가 남성들에게서 발견되어 왔다(Montoya et al., 2012). 그러나 테스토스테론과 공격성은 우리가 앞서 살펴본 것처럼 낮은 정도의 각성 유형을 보이는 개인과 더 강하게 관련되어 있다(Popma et al., 2007). 게다가 테스토스테론과 공격성의 연결은 사회적 요소를 가지고 있다. 높은 테스토스테론 수치와 화낼 이유가 없는데도 욕을 하는 것과 같은 공격성으로 이어질 수 있는, 위험을 감수하는 경향성을 가진 청소년기 남자는 비슷한 호르몬적, 행동적 프로파일을 가진 동료들과 어울리는 것을 선호한다(Vermeersch et al., 2008). 연구자들은 위험한 행동과 공격성의 순환이 그런 남자들의 높은 수준의 테스토스테론 분비를 유지한다고 추측한다. 뿐만 아니라 폭력적인 행동은 신경전달물질인 세로토닌의 약한 분비와 연합되어 왔다(Montoya et al., 2012). 술과 공격성은 매우 밀접한 관련이 있다. 30개의 실험적 연구의 메타분석에서 술은 공격성과 관련 있다는 것이 나타났다(Foran & O'Leary,

▶▶▶ 술은 뇌의 정보처리 능력을 손상시키고, 좋지 않은 결정을 내리도록 유도한다. 이런 이유로 술은 공격적인 행동과 자주 관련된다.

복습과 재검토 공격성의 가능한 생물학적 원인

원인	증거
유전	일란성 쌍둥이 중 한 명이 공격적일 경우, 다른 한 명 역시 공격적일 가능성은 50%다. 입양된 아이의 공격적 경향성은 입양된 부모보다 생물학적 부모와 더 비슷하다.
낮은 각성 수준	낮은 각성 수준의 사람들은 각성을 증가시키기 위해 자극과 흥분을 찾는다.
높은 테스토스테론 수치	높은 수치의 테스토스테론은 남자와 여자 모두에게 친밀한 파트너 폭력과 같은 어떤 공격성의 형태와 상관이 있는 것으로 밝혀졌다.
신경학적 장애	뇌종양과 다른 신경학적 장애는 공격적인 행동과 연관되어 왔다.
알코올 남용	취한 사람들이 다수의 살인과 대부분의 다른 폭력 범죄를 저지른다.

2008). 술과 다른 약물의 사용은 두뇌 전두엽에 영향을 미치고 사람과 동물의 정상적인 집행기능을 방해하고 공격적인 행동을 일으킬 수 있다(Lyvers, 2000). 어떤 사법적 조사에서는 술이나 약물의 영향을 받은 가해자들이 모든 폭력 범죄의 40%를 차지한다고 추정한다(National Council on Alcoholism and Drug Dependence, 2013).

위의 〈복습과 재검토〉에서는 공격성의 가능한 생물학적 원인을 요약했다.

14.17 그 밖의 어떤 요소들이 공격성에 영향을 미치는가?

공격성에 대한 다른 영향

생물학적 요소를 넘어서 어떤 다른 변수들이 공격성에 기여할까? **좌절-공격 가설**(frustration-aggression hypothesis)은 좌절이 공격성을 낳는 경우가 많다고 설명한다(Dollard et al., 1939; Miller, 1941). 만약 교통체증 때문에 약속에 늦어 좌절했다면, 당신은 경적을 누르고 창문 너머로 욕을 할 것인가, 아니면 그냥 참을성 있게 앉아서 기다릴 것인가? 좌절이 항상 공격성을 야기하는 것은 아니지만, 별다른 이유가 없고 극심한 좌절은 공격성을 야기할 가능성이 높다(Doob & Sears, 1939; Pastore, 1950). 버코위츠(Berkowitz, 1988)는 타당한 이유가 있고 특정한 개인을 향하지 않는 좌절도 그것이 부정적인 감정을 불러일으킨다면 공격성을 유발할 수 있다고 지적했다.

좌절에 의한 공격성은 항상 그 좌절의 실제 원인에 초점을 맞추는 것은 아니다. 그 대상이 너무 위협적이거나 만날 수 없을 때는 그 공격성이 다른 사람을 향하게 된다. 예를 들어, 자신의 부모에게 화가 난 아이는 자신의 좌절을 어린 동생에게 퍼부을 수 있다. 때때로 불만스러운 상황에 아무 책임이 없는 소수집단의 구성원들 혹은 다른 무고한 대상이 옮겨진 공격성의 대상이 되는데, 이때 **희생양**을 찾게 된다(Koltz, 1983).

사람들은 종종 아플 때 또는 시끄러울 때 또는 악취 때문에 공격적으로 변하기도 한다(Rotton et al., 1979). 찌는 듯한 더위 또한 여러 연구에서 공격성과 연관되어 왔다(Anderson & Anderson, 1996; Rotton & Cohn, 2000). 사회적 배제(social exclusion) 또한 공격적인 행동을 일으킬 수 있다(van Beest et al., 2012). 이들과 다른 연구들은 버코위츠가 발표한 인지-신연합 모델(cognitive-neoassociationistic model)을 지지한다. 그는 분노와 공격성이 원치 않는 사건과 슬픔, 비탄, 우울과 같은 불쾌한 정서 상태로 인한 결과라고 설명했다. 버코위츠 모델의 인지적 요소는 화난 사람이 기피하는 상황을 인지하고 그 원인에 관련된 사람에 귀인할 때 발생한다. 인지적 평가의 결과로 분노의 최초의 반응은 격렬해지거나 감소하거나 혹은 억제된다. 이 과정이 사람을 더 혹은 덜 공격적인 경향으로 행동하게 한다.

개인 공간은 자신의 한 부분이라고 간주되고 다른 사람과의 상호작용에서 친소관계를 조절하는 데 사용되는, 각 개인을 둘러싼 공간을 말한다. 개인 공간은 사생활을 보호하고 다른 사람과의 친밀성을 조절하는 데 쓰인다. 개인 공간의 크기는 상호작용하고 있는 사람과 상호작용의 속성에 따라 다양하다. 개인 공간이 줄어들면 공격성이 나타날 수 있다.

밀집(crowding)—제한된 공간에 너무 많은 사람이 있다는 주관적인 판단—은 공격성과 관련되어 왔다. 연구자들은 밀집과 공격성의 상관관계에 대해 인도 가정의 가장, 대학생, 미국의 교도소 수감자, 런던의 나이트클럽에 있는 사람들 등 다양한 집단을 대상으로 연구하였다. 모든 연구에서 연구자들은 밀집되지 않은 환경보다 밀집된 환경에서 싸움이 더 많이 발생한다는 것을 발견했다.

마침내, 연구자 로이 아이델슨과 주디 아이델슨(Roy Eidelson & Judy Eidelson, 2003)은 집단 외 사람들에게 공격적으로 행동하게 하는 몇 가지 신념을 알아냈다. 그중 하나는 특정 과제에 있어 '선택받음'과 함께 집단 내의 구성원이 다른 사람들보다 뛰어나다는 확신이다. 한 집단이 집단 외 사람들에게 정당한 불만을 갖고 있다는 관점 역시 공격성을 유발할 수 있다. 마지막으로, 공격성이 불만을 표출하거나 그들을 보호할 수 있다고 믿는 집단 구성원들은 폭력에 의존할 수도 있다. 집단의 지도자가 집단 구성원들 사이의 그런 신념들을 부추기거나 억제하는 데 중요한 역할을 한다. 예를 들어, 적극적인 리더십은 집단 사이의 공격성을 가능하게 할 수도 있다.

공격성의 사회학습 이론

14.18 사회학습 이론은 어떻게 공격성을 설명하는가?

공격성의 사회학습 이론(the social learning theory of aggression)은 사람들이 공격적인 모델을 관찰하고 그들의 공격적인 반응이 강화받음으로써 공격적으로 행동하는 것을 학습한다고 생각한다(Bandura, 1973). 폭력적인 행동을 용인하고 공격적인 구성원에게 높은 지위를 부여하는 집단과 하위문화에서 공격성 수준이 더 높게 나타난다는 것은 잘 알려져 있다. 공격성의 사회학습 이론의 대표적인 지지자인 앨버트 반두라(Albert Bandura, 1976)는 하위문화, 가족, 매체에서 공격적인 모델이 사회에서 공격성의 수준을 높이는 데 중요한 부분을 차지한다고 주장한다.

어른들이 풍선인형을 때리고 발로 차는 영상을 본 아동이 역시 그런 행동을 한다는, 5장에서 소개한 유명한 반두라의 '보보 인형' 실험을 기억할 것이다. 결과적으로 반두라의 연구는 모델이 공격적인 행동에 큰 영향을 미친다는 그의 주장이 어느 정도 사실임을 시사한다. 학대받은 아동은 분명히 공격성을 경험했고 매일 그것을 모방한다. 게다가 어릴 때 학대를 받은 경험은 자신의 아이를 학대하는 사람으로 자랄 위험성을 증가시킨다(Burton, 2003). 그럼에도 불구하고 원래의 연구와 60개의 다른 연구의 분석을 기반으로 올리버(Oliver, 1993)는 학대받은 경험이 있는 사람의 1/3만 학대하는 사람이 되고, 1/3은 그렇지 않으며, 나머지 1/3은 극심한 스트레스를 받는 경우에만 학대하는 사람이 된다고 결론지었다. 그러나 더 최근의 연구에서는 어릴 때 학대를 받았던 사람의 양육행동에 관한 연구들 간에 일정한 패턴을 찾을 수 없다는 것을 발견했다(Thornberry et al., 2012). 결과적으로, 현재는 학대받은 아동이 자라서 자신의 아이를 학대하게 된다는 의견과 관련해서 심리학자들 간에 공감대가 형성되어 있지는 않다.

연구 결과들은 TV 프로그램의 폭력성과 시청자의 공격성 간의 관계를 강력히 지지한다(Coyne et al., 2004; Eron, 1987; Huesmann et al., 2003). 그리고 TV 프로그램의 폭력성의 부정적인 영향은 높은 공격적인 성향을 가진 사람들에게는 더 심각하다(Bushman, 1995). 연구자들은 또한 폭력적인 비디오게임을 하는 것과 공격성 간의 상관관계를 발견했다(Anderson & Dill, 2000; Carnagey & Anderson, 2004). 더구나 공격성은 비디오게임을 하는 시간에 비례하여 증가하는 것으로 나타났다(Colwell & Payne, 2000). 네덜란드에 있는 연구자들은 공격적인 비디오게임을 선택하는 남자아이들이 더 공격적이고, 덜 지적이고, 친사회적인 행동을 덜 하는 경향이 있다는 것을 발견했다(Weigman & van Schie, 1998). 그러나 비디오게임 연구의 비판자들은 많은 연구가 방법론적으로 결함이 있고 비디오게임의 부정적인 영향을 과장한다고 지적한다(Ferguson & Kilburn, 2010). 이들은 종단적인 연구에서는 폭력적인 비디오게임을 하는 것이 적대감이나 공격성과 같은 부정적인 발달적 결과를 이끄는 것은 아님을 보여 준다고 지적한다(Ferguson et al., 2012). 어쩌면 공격성과 비디오게임 간의 상관관계가 나타나는 이유는 공격적인 특징을 가진 오락매체를 선호하는 공격적인 개인의 경향성 때문일 수도 있다.

기억하기 본문 내용을 떠올리며 다음 퀴즈를 풀어 보라.

1. 공격성은 높은 수준의 남성 호르몬 _____와(과) 관련 있다.
2. 교통체증에 몇 시간 동안 발이 묶여 있는 것으로 인해 나타나는 유형의 공격성은 _____ 이론으로 가장 잘 설명될 수 있다.
3. 공격성의 _____ 이론은 공격적인 행동이 모델로 인해 학습되었다고 주장한다.

편견과 차별

편견과 차별은 어떻게 다를까? **편견**(prejudice)은 타인에 대한 (부정적인) 태도라고 할 수 있으며 성, 종교, 인종, 소속 집단과 밀접한 관련이 있다. 편견은 증오로 확대될 수 있는 믿음과 감정(행위가 아니라)을 포함한다. **차별**(discrimination)은 타인에 대한 (부정적인) 행동이라고 할 수 있으며 역시 성, 종교, 인종, 소속 집단과 밀접한 관련이 있다. 많은 미국인들은 민족, 성별, 연령, 장애, 동성애, 종교와 관련된 편견과 차별을 경험하고 있다. 편견과 차별의 근원은 무엇일까?

14.19 어떤 요소가 편견과 차별의 원인이 되는가?

편견과 차별의 근원

사회심리학자들은 편견과 차별에 대한 심리학적 기저를 설명하기 위해 몇 개의 이론을 제안했다. 게다가 많은 연구가 그 기원에 대한 통찰을 제공해 왔다.

편견이 다양한 사회 집단 간의 경쟁을 발생시키는지에 대한 가장 오래된 설명 중 하나는 부족한 자원—좋은 직장, 집, 학교 등—을 획득하기 위해 서로 적대적으로 싸워야만 한다는 것이다. 일반적으로 **현실적 갈등 이론**(realistic conflict theory)이라고 부르는 이 관점은 경쟁하는 집단들 간에 경쟁이 증가할수록 편견, 차별, 적대감도 증가한다고 설명한다. 몇몇 역사적인 증거가 현실적 갈등 이론을 지지한다. 편견과 적대감은 서부 개척 시대에 땅을 차지하기 위해 싸웠던 미국 이민자들과 미국 원주민들 간에 높게 나타났다. 1830년대와 1840년대 미국으로 건너온 아일랜드와 독일 이민자들의 다수가 경제적 결핍에 직면한 미국인들로부터 따가운 편견과 적대감을 느꼈다. 그러나 편견과 차별은 단지 경제적 갈등과 경쟁만으로 설명하기에는 너무나도 복잡한 태도와 행위다.

또한 편견은 '우리 대 그들' 사고방식을 이용해 세상을 나누는 사람들의 사회적 범주화로부터 발생할 수 있다(Turner et al., 1987). **내집단**은 다른 사람들은 배척하고, 강한 유대감을 가진 사회적 집단이다. 대학교의 남/여학생 전용 동아리 구성원들은 강한 내집단 정서를 보인다. **외집단**은 내집단에 속하지 않는 것으로 명확히 확인될 수 있는 개인으로 구성되어 있다. 예를 들어, 다른 많은 사람처럼 당신 학교의 고등학생들이 '범생이' '날라리'와 같은 집단의 구성원이 될 수 있다. 만약 당신이 '범생이'라면 '날라리'에 속한 사람은 외집단 구성원이라고 생각할 것이다. 이와 마찬가지로, '날라리'는 당신이 외집단 구성원이라고 생각할 것이다. 이런 유형의 '우리 대 그들' 사고는 과도한 경쟁, 적대감, 편견, 차별, 심지어는 전쟁으로까지 이어질 수 있다.

셰리프와 셰리프(Sherif & Sherif, 1967)의 유명한 연구에서는 어떻게 내집단/외집단 갈등이 비슷한 집단들 사이에서도 빠르게 편견과 적대감으로 상승될 수 있는지 보여 준다. 연구자들은 로버스케이브 여름 캠프에서 실험을 계획했다. 참가자들은 오클라호마 출신의 똑똑하고 정서적으로 안정된 11~12세의 중산층 남학생 22명이었다. 그들을 두 집단으로 나누어 분리된 오두막에 묵게 했고, 모든 하루 일과와 게임들을 따로 떨어져서 하도록 했다. 첫째 주 동안 내집단 결속, 우정, 협동이 각 그룹에서 발생했다. 한 집단은 스스로를 '방울뱀'이라고 불렀고 다른 집단은 '독수리'라는 이름을 지었다.

실험 두 번째 주 동안 경쟁적인 사건이 의도적으로 추가되었고 '오직 다른 집단을 희생시켜야' 목표를 달성할 수 있었다(Sherif, 1958, p. 353). 두 집단은 서로 경쟁하는 것을 즐거워했고 집단 간 갈등이 빠르게 생겨났다. 욕하기 시작했고, 싸움이 일어났고, 서로 고자질을 했다. 실험 세 번째 주 동안 연구자들은 적개심을 없애고 경쟁심을 협동심으로 바꾸려고 했다. 그들은 단순히 두 집단이 식사를 하거나 영화를 보는 것과 같은 즐거운 활동을 함께 하도록 했다. 그러나 이런 상황들은 협동하기보다 서로 언어적, 물리적으로 공격하는 기회가 되었다(Sherif, 1956). 마침내 실험자들은 모든 학생이 서로 힘을 합치고 협동해야만 해결할 수 있는 위기를 만들었다. 협동이 필요한 여러 개의 활동을 한 주가 지나고, 치열한 경쟁은 협동적인 교환으로 변했다. 집단 간에 우정이 생겨났으며, 실험이 끝나기 전에 평화가 찾아왔다. 공통된 목표를 위해 함께 협력하는 것이 적대감을 우정으로 바꾸었다.

사회인지 이론(social-cognitive theory)에 따르면, 사람은 모델링과 강화를 통해 편견과 적대감의 태도를 배운다(다른 태도를 배울 때와 마찬가지로). 만약 아동의 부모, 선생님, 동료 등이 공공연히 다른 인종, 민족 또는 문화 집단에 대한 편견을 표출한다면, 아동은 그런 태도를 빠르게 학습할 것이다. 그리고 만약 부모, 동료 등이 그들의 편견을 따라 하는 아동에게 미소와 찬성으로 보상한다면(조작적 조건형성), 아동은 그런 편견을 더욱 빠르게 학습할 것이다. 고전적 조건형성 역시 한몫을 한다. 편견을 가진 사람들은 자신의 편견에 반대하는 집단의 구성원이 있을 때 부정적인 정서 상태를 경험할 가능성이 크다. 그 결과 그런 집단의 구성원들은 편견을 가진 사람에게 부정적인 정서 반응을 일으키는 조건화된 자극이 되는 것이다(Conger et al., 2012). 부정적인 정서 경험을 피하기 위해 편견을 가진 사람은 편견 대상과의 접촉을 피한다.

이 장의 앞부분에서 우리는 사람이 전형적으로 사회적 정보를 처리하는 방법을 말하는 사회적 인지에 대해 언급했다. 사회적 세계를 단순화하고 분류하고 정리하는 방법은 기본적으로는 우리의 관점을 왜곡하는 것과 과정이 같다. 따라서 편견은 다른 사회집단에 대한 과열된 부정적 감정과 적대감으로부터뿐만 아니라 우리가 사회적 정보를 생각하고 처리하며 제어하는 차분한 인지 과정에서부터 발생할 수도 있다(Kunda & Oleson, 1995).

사람들이 세상을 단순화하고 분류하고 정리하는 한 방법은 고정관념을 사용하는 것이다. **고정관념**(stereotype)은 '그들'은 보통 다들 비슷하다는 가정을 포함해 다양한 사회집단(인종, 민족, 또는 종교)의 구성원들에 대한 특징적인 특성, 태도, 행동에 대해 널리 공유된 믿음이다. 일단 고정관념이 형성되면 사람들은 자신의 믿음에 이의를 제기하는 정보보다 그것을 확증하는 정보에 더 주의를 기울이는 경향이 있다(Wigboldus, Dijksterhuis, & Van Knippenberg, 2003).

고정관념을 형성하는 것은 사람들이 타인에 대해 더 빠르고 자동적인(생각 없이) 판단을 하고 다른 활동에 정신적 자원을 이용할 수 있게 한다(Verhaeghen, Aikman, & Van Gulick, 2011). 그러나 편견을 가진 개인은 주어진 집단의 모든 구성원에게 똑같이 고정관념을 적용하지는 않는다. 그 이유 중 하나는 사람들은 낯선 사람보다 개인적으로 알고 있는 사람에게 고정관념을 적용할 가능성이 적다는 것이다(Turner et al., 2008). 그리고 고정관념을 낯선 사람에게 적용할 때도 다른 관련된 정보에 의해 완화되거나 증폭될 수 있다. 예를 들어, 셰릴 카이저와 제니퍼 프랫-하야트(Cheryl Kaiser & Jennifer Pratt-Hyatt, 2009)는 백인 대학생들에게 몇몇의 가상 동료의 성격검사 결과에 근거하여 '호감도'를 평가하도록 했다. 검사 결과와 함께, 연구자들은 참가자들에게 가상 동료의 민족과 "내가 속한 인종/민족 집단은 내가 누군지에 대한 중요한 반영이다."와 같은 질문에 대한 그들의 대답도 알려 주었다. 카이저와 프랫-하야트는 참가자들이 인종/민족 정체성의 중요도가 높은 아프리카계 미국인과 히스패닉계 가상 동료의 첫인상을 부정적으로 보고하는 경향이 있음을 발견했다.

▶▶▶ 사진의 아이들의 차이점을 찾을 수 있겠는가? 연구에 따르면, 전형적으로 사람은 친숙하지 않은 집단의 구성원들은 더 유사하다고, 자신이 속한 집단의 구성원들은 더 다양하다고 지각한다는 것을 보여 주었다.

몇몇 연구자는 사람들이 자신이 속한 집단(내집단)의 다양성이나 가변성이 더 큰 것으로, 다른 집단(외집단)의 경우에는 유사성이 더 큰 것으로 지각하는 경향이 있다는 것을 밝혔다(Ostrom, Carpenter, & Sedikides, 1993). 예를 들어, 백인은 그들 사이에서 더 많은 다양성을 보았지만, 아프리카계 미국인이나 아시아계 미국인들의 집단 내에서는 더 많은 동일성을 본다. 이런 패턴은 3세 정도의 어린아이에게서도 발견되었다(Tuminello & Davidson, 2011).

다른 집단 구성원들 사이의 다양성에 덜 민감한 경향성은 그들의 인종이나 문화적 집단의 입장에서 사람과 상황을 바라보는 일반적인 경향성에서 발생하는 것일 수 있다. 이런 경향성은 종종 **자민족중심주의**라고 불린다. 직장에서 자민족중심주의는 다른 배경을 가진 동료가 같은 사건을 다르게 받아들일 수 있다는 것을 인식하지 못하도록 한다. 예를 들어, 아프리카계 미국인은 서로 다른 인종의 상사와 부하직원 사이에 마찰이 생길 경우 그것이 본질적으로 인종적인 문제라고 인식하는 경향이 백인에 비해 강한 것으로 보고되었다(Johnson et al., 2003). 문제를 더욱 복잡하게 만드는 것은 각 인종집단의 구성원들이 갖고 있는 흑백논리다. 자민족중심주의로 인해 백인들은 자신들의 관점이 옳다고 주장하고 아프리카계 미국인 역시 자신들의 관점을 고수하는 경향이 있다. 이 문제를 해결하기 위해 많은 조직에서는 직원들에게 '다름'이 곧 '틀림'을 의미하는 것은 아님을 이해하도록 돕기 위한 교육을 제공한다. 모든 사람의 관점은 다른 사람에게 존중받아야 한다.

편견은 감소하고 있는가

14.20 편견과 차별이 감소한다는 것을 시사하는 증거는 무엇인가?

자신이 편견을 가지고 있다고 쉽게 인정하는 사람은 거의 없다. 편견에 관한 연구의 선구자인 고든 올포트(Gordon Allport, 1954)는 "지적으로 패배하면 편견은 감정적으로 머무른다."(p. 328)라고 말했다. 심지어 편견에 대해 지적인 면에서 진심으로 반대하는 사람도 여전히 어떤 편파적인 감정을 품을 수 있다(Devine, 1989). 그러나 대부분의 사람은 자신이 편파적 사고를 가지고 있거나 차별적인 행동을 한다는 것을 깨달으면 죄책감을 느낀다(Amodio, Devine, & Harmon-Jones, 2007).

미국 사회에서 편견이 줄어들고 있다는 증거가 있는가? 한 가지 긍정적인 지표는 버락 오바마(Barack Obama)의 2008년 당선과 2012년 재선이다. 오바마 대통령이 처음으로 국가의 가장 높은 지위에 당선된 아프리카계 미국인이라는 것뿐만 아니라, 대부분의 미국 사람이, 특히 아프리카계 미국인들이 그의 당선을 인종과 관련해서 매우 큰 도약이라고 인식한다(Rasmusenreports.com, 2009). 게다가 갤럽 조사에서 백인들이 20세기 말에 인종적으로 더 관대해졌다는 것을 밝혀냈다(Gallup & Hugick, 1990). 백인들에게 아프리카계 미국인들이 옆집으로 이사 온다면 이사를 갈 것이냐고 물었을 때, 1965년도에 65%가 아니라고 대답한 것과 비교해 1990년도에는 93%가 아니라고 대답했다. 백인과 아프리카계 미국인 모두가 최근 몇 년 동안 미국의 소수민족들에 대한 환경이 향상되었다는 사실에 동의한다는 조사 결과가 추가적인 뒷받침을 제공한다(Public Agenda Online, 2002). 그러나 미국에서 인종차별이 계속해서 문제가 되고 있는지에 대한 민족집단 간의 의견 차이는 여전히 존재한다. 백인의 22%에 비해, 아프리카계 미국인의 약 44%가 인종차별이 교육, 고용, 주거에 중요한 요소라고 믿는다(ABC News/Washington Post, 2009). 게다가 연구들은 사람들이 거절의 두려움 때문에 다른 인종 사람들과 사회적 접촉을 더 많이 하지 않는다는 것을 보여 주었다(Shelton & Richeson, 2005).

태도가 항상 행동을 예측하지는 않는다는 것을 상기하라. 한 연구에서는 참가자들에게 가상의 여성이 학부모회의 회장으로서 적합한지 판단하도록 했다(Lott & Saxon, 2002). 참가자들은 그 여성의 직업과 교육에 대한 정보를 제공받았다. 그리고 그들에게 임의로 그 여성의 민족적 혈통이 히스패닉인지, 앵글로색슨인지, 또는 유태인인지를 말해 주었다. 실험자들은 그 여성이 히스패닉이라고 믿는 참가자가 앵글로색슨이거나 유태인이라고 생각하는 참가자보다 해당 여성이 그 지위에 적합하지 않다고 대답하는 경향이 강하다는 것을 발견하였다. 이런 연구들은 미국에서 여전히 인종적 고정관념이 뚜렷하다는 것을 시사한다. 그러나 아래의 〈적용〉에 논의된 것처럼 우리의 편견과 차별을 없앨 수 있는 많은 방법이 있다.

적용 편견의 '탈학습'

오늘날의 대학생 인구는 그 어느 때보다 더 다양하다. 미국에서 소수집단의 구성원들이 점점 더 많이 대학에 입학하고 있다. 그리고 전 세계 문화권에서 교육 수준을 높이기 위해 미국으로 온다. 결과적으로 많은 젊은이에게 대학생활은 다른 인종, 민족, 혹은 문화 집단의 사람들과 상호작용할 수 있는 독특한 기회로 인식되고 있다. 어떻게 학생들이 이런 대학에 초래된 편견에 대해 '탈학습'할 수 있는 기회를 최대한 활용할 수 있을까?

집단 간 접촉

로버스케이브 실험(Sherif & Sherif, 1967)에서 배웠던 것처럼, 집단 간 관계는 고정관념의 증가를 유발할 수 있다. 그러나 적절한 상황 아래서 집단 간 관계는 편견을 줄일 수 있다. 대학은 다양한 배경을 가진 학생들이 함께 공부하고, 같은 어려움을 참아 내고 시험을 치고, 공통의 애교심을 발전시키고, 같은 목표를 공유하는 서로 다른 배경의 구성원들이 있는 클럽에 가입하는 등의 조건을 제공할 수 있다. 따라서 적절한 상황 아래에서 집단 간 관계는 편견을 줄일 수 있다(Page-Gould, Mendoza-Denton, & Tropp, 2008).

다양성 교육

많은 대학교에서 학생들과 교직원들에게 인종차별을 방지할 수 있는 세미나와 워크숍에 참여할 수 있는 기회를 제공하고 있다. 그런 환경에서 참가자들은 자신의 것과는 다를 수 있는 인종적, 문화적 관점에 대해 배운다(Haldeman, 2012). 그들은 또한 그들이 의도하지 않았지만 다른 사람들이 인종차별로 느낄 수 있는 행동을 찾는 방법을 배운다. 연구자들은 그런 프로그램들이 참가자들 사이에서 자동적 고정관념을 줄일 수 있다는 것을 발견했다(Hill & Augoustinos, 2001; Rudman, Ashmore, & Gary, 2001).

편견과 차별에 대한 열린 논의

아마 대학 캠퍼스에서 편견과 차별을 감소시킬 수 있는 가장 큰 가능성은 대학의 지적인 풍토와 분위기에서 찾을 수 있을 것이다. 전통적으로, 클럽 모임, 식당에서의 모임, 카페에서의 밤샘공부, 늦은 시간 기숙사에서의 토론뿐만 아니라 대학 수업은 다양한 주제의 활발한 토론으로 특징지어질 수 있다. 그리고 인종 갈등, 성 차별, 그리고 다른 유형의 불평등에 관해 다른 사람이 열정적으로 말하는 것을 들을 때, 우리는 더 관대한 태도를 가지게 될 수 있다.

따라서 다음번에 당신이 누군가 인종차별적이거나 성차별적이거나 어떤 식으로든 편파적인 얘기를 하는 것을 듣는다면 나서서 말하라! 당신의 의견이 큰 영향을 미칠 수 있을지도 모른다.

기억하기 본문 내용을 떠올리며 다음 퀴즈를 풀어 보라.

1. 내집단 구성원들은 대개 _____의 사람들을 싫어한다.
2. 사회인지 이론은 편견이 _____와(과) _____을(를) 통해 발전하고 유지된다고 설명한다.
3. 백인들과 다른 집단의 구성원들은 미국에서 편견과 차별이 여전히 문제가 되고 있다는 것에 대해 (동의한다/동의하지 않는다).

되돌아보기

이 장의 첫 부분에서 당신은 사람들이 종종 다른 사람과 그들 자신에 대해 잘못된 평가를 내린다는 것을 배웠다. 이와 마찬가지로, 이 장의 끝부분에서 당신은 인종적 편견과 차별의 근원에 대해 배웠다. 사회심리학자들은 많은 연구에서 그런 것과 같은 인간적 실패를 설명하고 그 해결책을 찾으려 했다. 예를 들어, 밀그램의 훌륭한 실험은 유태인 대학살과 같은 이해할 수 없는 사건들을 이해하고자 하는 노력에서 시작했다. 밀그램을 비롯한 여러 사회심리학자들의 연구는 심리학이 실제 세계와 대단히 밀접한 관련이 있는 분야임을 증명했다. 그 세계가 중요한 역사적 사건으로 이루어져 있든, 일상생활의 평범한 사건으로 이루어져 있든 말이다.

부록 A: 통계적 방법

어떤 사람이 얼마나 키가 큰지를 알고 싶으면 줄자를 구하면 된다. 그러나 어떤 사람이 외향적인지, 문제를 얼마나 잘 푸는지, 또는 어휘를 얼마나 많이 아는지 알고 싶으면 심리학자에게 꼭 필요한 도구인 조작적 정의를 사용해야 한다. **조작적 정의**(operational definition)란 직접적으로 관찰할 수 없는 변인에 수치를 부여하는 방법이다. 검사는 질문지 결과와 마찬가지로 일종의 조작적 정의다. 이러한 조작적 정의에서 연구자가 얻고자 하는 수적 정보를 **자료**라고 한다. 그리고 자료를 분석하기 위해 사용하는 모든 수학적 기법을 **통계**라고 부른다. 심리학자와 다른 과학자들은 통계를 사용하여 연구의 양적 결과를 정리하고 기술하고 또 결론을 내린다. 여기에서는 심리학자가 사용하는 두 종류의 통계, 즉 기술통계와 추론통계에 대해 알아보고자 한다.

기술통계

기술통계(descriptive statistics)는 자료를 정리하고 요약하고 기술하기 위해 사용되는 통계다. 쉽게 이야기하면 기술통계는 대상의 수를 세고 그 결과를 기술하는 복잡한 방법이다. 예를 들어, 당신은 돈을 세어서 총액, 지폐나 동전의 수를 말할 수 있다. 당신이 가지고 있는 1달러 지폐, 5달러 지폐, 25센트짜리 동전, 10센트짜리 동전의 수를 도표로 그릴 수도 있다. 매일 가지고 있는 돈을 세어서 "나는 이번 주에 매일 평균 22.43달러를 가지고 있었다. 월요일에는 거의 50달러가 있었지만 금요일에는 5달러밖에 없었다."라고 말할 수 있다. 이 모든 활동들, 즉 돈을 세고, 지폐와 동전을 분류하고, 결과를 도표로 그리고 매주 가지고 있었던 돈의 평균을 산출하고, 일주일 동안 주초에는 돈이 얼마였고 주말에는 얼마인지 말하는 이 모든 활동이 기술통계다. 연구자들은 실험과 다른 종류의 연구에서 수집한 자료를 기술하기 위해 비슷한 전략을 사용한다. 보통은 자료를 표나 도표로 제시한다. 자료에 대해 더 깊이 알기 위해서는 집중경향치, 변산성, 상관계수 같은 기술통계치를 산출한다. 심리학자들은 이런 방법을 사용하여 학급에서 실시된 시험뿐 아니라 7장과 11장에서 배운 검사의 결과를 정리한다.

표와 도표로 자료를 기술하기

자료를 표와 도표로 시각적으로 제시하면 정리된 형태로 볼 수 있다. 예를 들어, 한 연구자가 100명의 사람에게 20개의 새로운 단어 목록을 학습하게 하고 24시간 지난 후에 얼마나 기억하는지를 연구했다.

연구자는 점수를 **빈도분포**(frequency distribution)로 정리하였는데, 이 분포는 각 점수가 나타난 횟수를 보여 준다. 다시 말하면, 빈도분포는 각 점수를 얼마나 많은 학생이 얻었는지를 보여 준다. 100개의 점수를 정리하기 위해 연구자는 점수를 2점 급간으로 정리하기로 결정했다. 그다음에는 각 점수 급간에 대한 빈도(점수의 수)를 계수한다. 〈표 A-1〉에 빈도분포의 결과가 제시되어 있다.

그러고 나서 연구자들은 막대도표를 만드는데, 빈도분포의 각 급간에 해당하는 점수의 빈도를 그린다. 급간을 수평축에 그리고 각 급간에 해당하는 빈도는 수직축에 그린다. [그림 A-1]은 100개의 검사 점수에 대한 막대도표다.

빈도 자료를 나타내는 데 많이 사용되는 또 다른 방법은 **절선도표**(frequency polygon)다. 막대도표처럼 절선도표에서도 급간을 수평축에 그리고, 빈도는 수직축에 그린다. 그러나 절선도표에서는 각 급간의 중간점을 표시하기 때문에 수평축으로부터 수직 거리가 그 급간의 빈도를 나타낸다. [그림 A-2]에서처럼 점들을 연결하는 선을 긋는다. 막대도표와 절선도표는 자료를 제시하는 두 가지 방법이다.

〈표 A-1〉 **100개 어휘검사 점수에 대한 빈도분포**

급간	각 급간에 해당하는 점수의 계수	각 급간에 해당하는 점수의 수(빈도)
1~2	|	1
3~4	||	2
5~6	~~||||~~ |	6
7~8	~~||||~~ ~~||||~~ ~~||||~~ |||	18
9~10	~~||||~~ ~~||||~~ ~~||||~~ ~~||||~~ |||	23
11~12	~~||||~~ ~~||||~~ ~~||||~~ ~~||||~~ |||	23
13~14	~~||||~~ ~~||||~~ ~~||||~~ ||	17
15~16	~~||||~~ |||	8
17~18	|	1
19~20	|	1

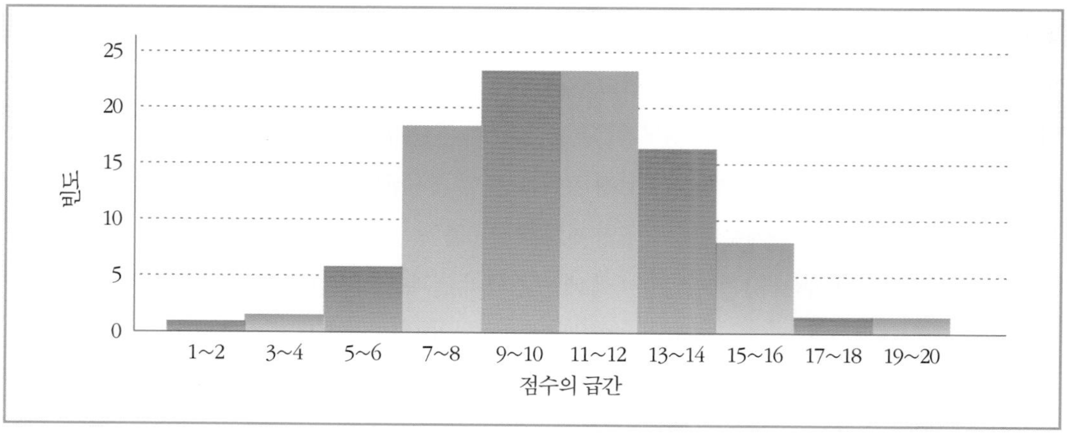

[그림 A-1] 빈도 막대도표

〈표 A-1〉의 빈도분포에 제시된 어휘검사점수를 빈도 막대도표로 제시하였다. 수평축에는 점수가 2점 급간으로 표시되어 있다. 각 급간에 해당되는 점수의 빈도는 수직축에 그려져 있다.

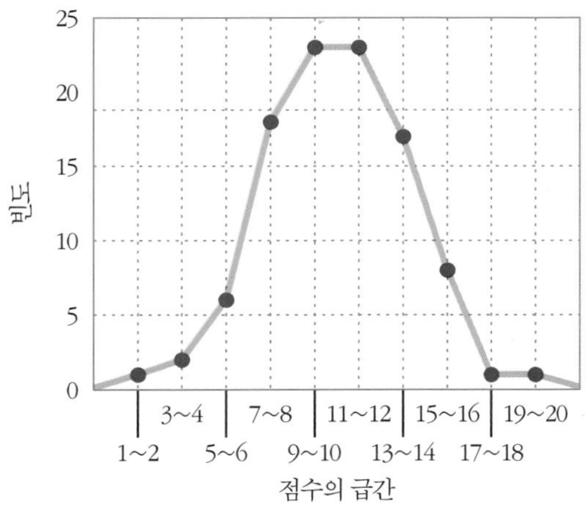

[그림 A-2] 절선도표

〈표 A-1〉의 빈도분포에 제시된 어휘검사점수를 절선도표로 제시하였다. 수평축에는 점수가 2점 급간으로 표시되어 있다. 각 급간에 해당되는 점수의 빈도는 수직축에 그려져 있다.

집중경향치

집중경향치(measure of central tendency)는 점수분포의 중앙이나 가운데를 나타내는 측정치 또는 점수다. 가장 많이 사용되고 가장 친숙한 집중경향치는 모든 점수의 산술평균인 **평균**(mean)이다. 평균은 모든 점수를 더한 것을 점수의 수로 나누어서 얻는다.

예를 들어, 칼의 경우를 생각해 보자. 칼은 때로는 학급에서 잘하지만 때로는 잘하지 못한다. 〈표 A-2〉에는 칼이 지난 학기 일곱 번의 심리학 시험에서 얼마나 잘했는지가 제시되어 있다. 칼은 자신의 모든 점수를 더한 다음 시험의 총 횟수로 나누어 평균을 구했다. 평균은 80점이었다.

〈표 A-2〉 **칼의 심리학 시험 점수**

시험 1	98
시험 2	74
시험 3	86
시험 4	92
시험 5	56
시험 6	68
시험 7	86
총합:	560
평균: 560 ÷ 7 = 80	

평균은 많이 사용되는 중요한 집중경향을 나타내는 통계치이지만, 한 개나 몇 개의 극단적인 점수가 포함되어 있을 때에는 쉽게 왜곡된다. 〈표 A-3〉에는 10명의 연수입이 순서대로 제시되어 있다. 다른 평범한 수입과 더불어 백만 달러 수입을 포함시켜서 평균을 구하면 평균이 이 집단의 진정한 경향성을 나타내지 못한다. 따라서 집단의 가운데 범위에 해당하는 점수보다 훨씬 크거나 작은 극단적인 점수가 하나 또는 몇 개 포함되어 있을 때에는 집중경향에 대한 다른 측정치를 사용한다. **중앙치**(median)는 점수를 가장 높은 것에서부터 낮은 것으로 순서대로 배열하였을 때 가운데 있는 점수 또는 값이다. 점수의 수가 홀수일 때에는 가운데 있는 점수가 중앙치다. 점수의 수가 짝수일 때에는 가운데 있는 두 점수의 평균이 중앙치다. 〈표 A-3〉에서 가장 높은 수입부터 순서대로 제시된 10개 수입의 중앙치는 가운데 있는 26,000달러와 28,000달러의 평균인 27,000달러다. 수입의 중앙치인 27,000달러는 수입의 평균인 124,7000달러보다 이 집단의 수입을 더 잘 나타내 준다.

또 다른 집중경향치는 **최빈치**(mode)다. 최빈치는 점수의 집단에서 가장 많이 나타난 점수이기 때문

〈표 A-3〉 **10명의 사람의 연수입**

사람	연수입	
1	$1,000,000	
2	$50,000	
3	$43,000	
4	$30,000	
5	$28,000	$27,000 = 중앙치
6	$26,000	
7	$22,000	최빈치
8	$22,000	
9	$16,000	
10	$10,000	
총합	$1,247,000	
평균: $1,247,000 ÷ 10 = $124,700		
중앙치: $27,000		
최빈치: $22,000		

에 찾기가 쉽다. 〈표 A-3〉에 제시된 수입의 최빈치는 22,000달러다.

변산성의 측정치

연구자들은 집중경향치와 더불어, 점수의 **변산성**(variability), 즉 점수가 평균으로부터 얼마나 퍼져 있는지에 대한 측정치를 필요로 한다. 〈표 A-4〉에 제시된 두 집단은 평균과 중앙치가 모두 80이다. 그러나 집단 II의 점수는 평균을 중심으로 집중되어 있는 데 반해 집단 I의 점수는 평균으로부터 넓게 퍼져 있다.

변산성에 대한 가장 간단한 측정치는 **범위**(range)로 점수의 분포에 있는 가장 높은 점수와 가장 낮은 점수의 차이다. 〈표 A-4〉를 보면, 집단 1의 범위는 47로 변산성이 큰 데 비해, 집단 2의 범위는 단지 7로 변산성이 적다. 안타깝게도 범위는 가장 높은 점수와 가장 낮은 점수의 차이이기 때문에 가운데 있는 점수에 대해서는 알려 주지 못한다.

표준편차(standard deviation)는 분포에 있는 점수가 평균으로부터 떨어져 있거나 평균과 차이나는 정도의 평균을 나타내는 기술통계치다. 표준편차가 클수록 점수분포의 변산성이 크다. 〈표 A-4〉에 제시된 두 점수분포의 표준편차를 비교해 보라. 집단 1에서는 표준편차가 18.1로 그 분포의 변산성이 큼을 의미한다. 대조적으로 집단 2의 표준편차는 2.14로 변산성이 적음을 의미하는데, 점수들이 평균을 중심으로 집중되어 있는 것을 볼 수 있다.

〈표 A-4〉 **평균과 중앙치가 동일한 두 집단의 범위와 표준편차의 비교**

집단 1		집단 2	
시험	점수	시험	점수
1	99	1	83
2	99	2	82
3	98	3	81
4	80 중앙치	4	80 중앙치
5	72	5	79
6	60	6	79
7	52	7	76
총합	560	총합	560
평균: 560 ÷ 7 = 80		평균: 560 ÷ 7 = 80	
중앙치: 80		중앙치: 80	
범위: 99 − 52 = 47		범위: 83 − 76 = 7	
표준편차: 18.1		표준편차: 2.14	

정규곡선

7장에서 [그림 A-3]에 제시된 **정규곡선**(normal curve)을 소개하였다. 심리학자나 다른 과학자들은 중요한 빈도분포와 연결하여 기술통계를 자주 사용한다. 많은 사람을 대상으로 여러 가지 특성(키나 지능점수와 같이)을 측정하였을 때, 대부분의 점수는 가운데 있고 극단으로 갈수록 점수가 더 적어진다. 정규분포에서는 68%보다 약간 많은 점수들이 평균의 1 표준편차 내에 있다(34.13%는 평균과 +1 표준

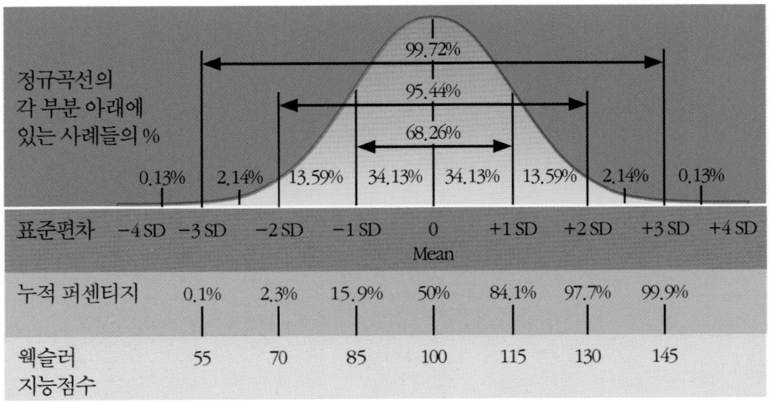

[그림 A-3] 정규곡선

정규곡선은 대칭인 종 모양의 곡선으로 모집단에서 점수가 어떻게 분포되는지를 나타낸다. 정규분포에서 평균으로부터 ±1 표준편차 사이에 68%보다 약간 많은 점수가 분포한다. 평균으로부터 ±2 표준편차 사이에는 95.5%의 점수가 분포하고 평균으로부터 ±3 표준편차 사이에는 99.75%의 점수가 분포한다.

편차 사이에 있고 34.13%는 평균과 −1 표준편차 사이에 있다). 정규분포에서 약 95.5%의 점수들은 평균으로부터 ±2 표준편차 내에 있다. 정규분포에서 대부분의 점수(99.72%)는 평균으로부터 ±3 표준편차 내에 있다.

정규곡선의 비율을 사용하고 평균과 표준편차를 알면 어떤 점수가 분포에 있는 다른 점수들과 비교하여 어디에 있는지(얼마나 높거나 낮은지)를 알 수 있다. 예를 들어, 웩슬러 지능검사에서 지능지수의 평균은 100이고 표준편차는 15이다. 따라서 모집단에서 지능지수의 99.72%는 평균으로부터 ±3 표준편차에 해당하는 55점에서 145점 사이에 포함된다.

상관계수

1장에서 보았듯이 **상관계수**(correlation coefficient)는 두 변인 사이의 관계의 정도와 방향을 나타내는 수치다. [그림 A-4]에 제시하였듯이, 상관계수는 +1.00(완전한 정적 상관)에서 −1.00(완전한 부적 상관) 사이이다. **정적 상관**은 두 변인이 같은 방향으로 변한다는 사실을 나타낸다. 한 변인의 점수가 증가하면 다른 변인의 점수가 증가하거나, 한 변인의 점수가 감소하면 다른 변인의 점수가 감소한다. 대학생이 공부한 시간과 성적 사이에는 정적 상관이 있다. 공부를 더 많이 할수록 성적이 더 높아진다. **부적 상관**은 한 변인이 증가하면 다른 변인이 감소함을 의미한다. 대학생이 텔레비전을 시청한 시간과 공부한 시간 사이에는 부적 상관이 있다. 텔레비전을 많이 시청할수록 공부를 덜할 것이다.

상관계수에서 부호(+ 또는 −)는 두 변인이 같은 방향 또는 반대 방향으로 변하는지를 알려 준다(부호가 없으면 상관은 정적이다). 상관계수의 수치는 두 변인 사이의 관계의 상대적 강도를 나타내므로 수

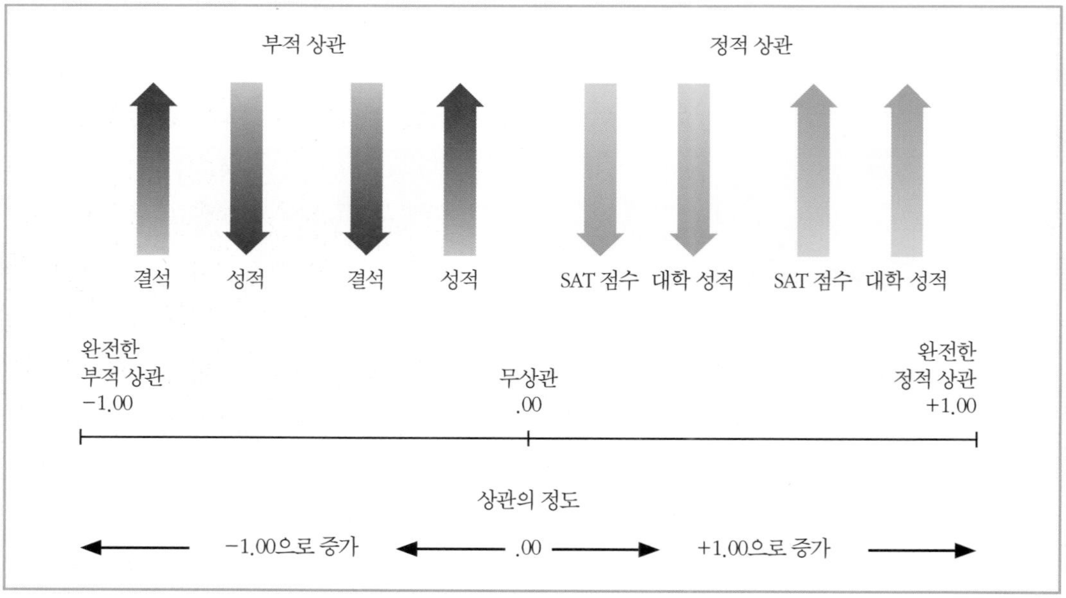

[그림 A-4] 상관계수 이해하기

상관계수는 −1.00(완전한 부적 상관)에서 0(무상관)을 거쳐 +1.00(완전한 정적 상관)의 수치를 가진다. 화살표가 보여 주듯이 한 변인이 증가하면 다른 변인이 감소할 때 부적 상관이 나타난다. 두 변인이 모두 증가하거나 감소하면 정적 상관이 나타난다.

〈표 A-1〉 **11명 학생의 고등학교와 대학교 성적**

학생	고등학교 성적(변인 X)	대학교 성적(변인 Y)
1	2.0	1.8
2	2.2	2.5
3	2.3	2.5
4	2.5	3.1
5	2.8	3.2
6	3.0	2.2
7	3.0	2.8
8	3.2	3.3
9	3.3	2.9
10	3.5	3.2
11	3.8	3.5

치가 클수록 관계가 강하다. 예를 들어, −.70의 상관은 +.56의 상관보다 더 크고, −.85의 상관은 +.85의 상관과 동일하다. 0의 상관은 두 변인 사이의 관련성이 없음을 나타낸다. IQ와 신발 크기 사이에는 상관이 없다.

〈표 A-5〉에는 두 변인, 즉 고등학교 성적과 대학교 성적이 제시되어 있다. 자료를 보면, 11명의 학생 가운데 6명이 고등학교 성적이 더 높고 5명은 대학교 성적이 더 높다. 실제 관계에 대해 더 분명한 그림은 [그림 A-5]의 산포도에 나타나 있다. 고등학교 성적(변인 x)은 수평축에 그려져 있고, 대학교 성적(변인 y)은 수직축에 그려져 있다.

개별 학생에 대해 변인 x인 고등학교 성적과 변인 y인 대학교 성적이 교차하는 지점에 하나의 점이 그려져 있다. 예를 들어, 첫 번째 학생은 수평축의 고등학교 성적 2.0과 수직축의 대학교 성적 1.8이 교차하는 지점에 하나의 점으로 표시되어 있다. [그림 A-5]의 산포도에서는 점들이 대각선을 중심으로 모여 있어서 고등학교와 대학교 성적 사이의 상관이 비교적 높음을 보여 준다. 또한 점들이 대각선을 중심으로 왼쪽에서 오른쪽으로 올라가고 있어서 상관이 정적임을 보여 준다. 학생 11명의 고등학교 성적과 대학교 성적 사이의 상관은 .71이다. 상관이 완전하다면(1.00) 모든 점이 정확하게 대각선 위에 있어야 한다.

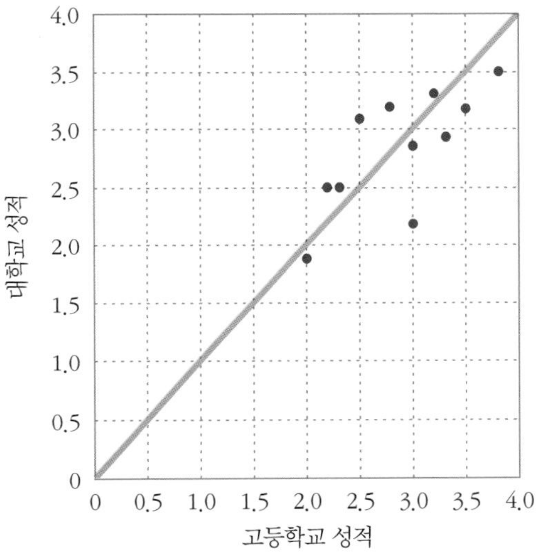

[그림 A-5] 산포도

산포도는 〈표 A-5〉에 제시된 11명 학생의 고등학교와 대학교 성적 사이에 비교적 높은 정적 상관이 있음을 보여 준다. 각 점은 학생 한 명의 고등학교 성적(수평축)과 대학교 성적(수직축)이 교차하는 지점에 그려져 있다.

산포도를 보면 상관이 낮은지, 중간 정도인지, 혹은 높은지뿐만 아니라 상관이 정적인지 혹은 부적인지도 알 수 있다. 왼쪽에서 오른쪽으로 대각선을 따라 올라가는 산포도는 정적 상관을 나타낸다. 왼쪽

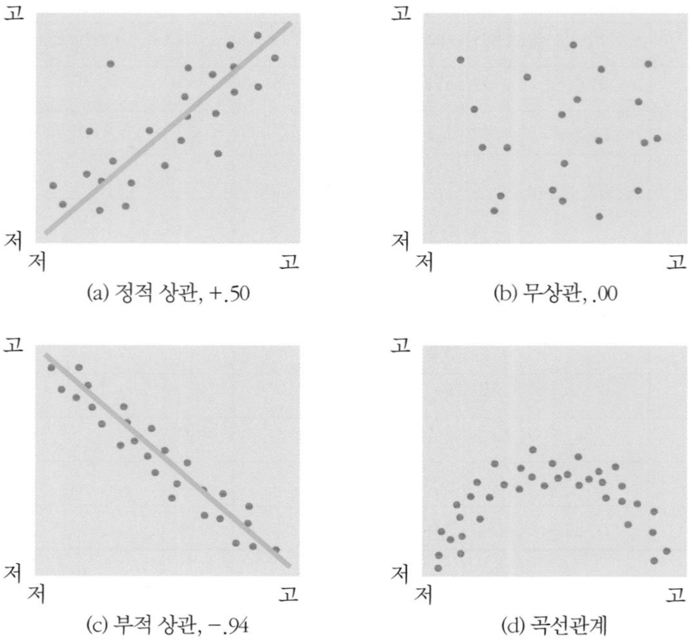

[그림 A-6] 다양한 산포도

(a)에서처럼 산포도가 왼쪽에서 오른쪽으로 대각선을 따라 위쪽으로 움직이면 정적 상관을 나타낸다. (c)에서처럼 산포도가 왼쪽에서 오른쪽으로 대각선을 따라 아래쪽으로 움직이면 부적 상관을 나타낸다. 점들이 대각선 쪽으로 모일수록 상관이 더 높다. 산포도 (b)는 상관이 없음을 나타낸다. 산포도 (d)는 어떤 지점까지는 정적 상관을 보이다가 그 이후에는 부적 상관을 보이는 곡선관계를 보여 준다. 연령과 악력의 강도는 곡선관계를 보인다. 악력은 40세까지는 증가하지만 그 이후에는 연령에 따라 감소한다.

에서 오른쪽으로 대각선을 따라 내려가는 산포도는 부적 상관을 나타낸다. 점들이 대각선에 가까울수록 상관이 높다. [그림 A-6]에 제시된 산포도는 다양한 상관을 보여 준다. 상관계수는 인과관계를 보여주지 않는다는 사실을 기억하는 것이 중요하다. 상관이 완전해도(+1.00 또는 −1.00) 한 변인이 다른 변인의 원인이라는 의미는 아니다. 상관은 두 변인이 관련되어 있다는 사실만을 나타낸다.

두 변인 사이의 상관은 항상 정적이거나 부적이지는 않다. 어떤 변인 사이의 관계는 곡선적이다. 곡선적 관계는 두 변인이 어떤 점까지는 정적 관계를 가지다가 그 이후 관계의 방향이 바뀔 때 나타난다. 예를 들어, 신체적 힘과 연령은 약 40세 또는 45세까지는 정적 관계를 보인다. 아동기에서 중년기까지 연령이 증가할수록 악력(handgrip strength)도 증가한다. 그러나 성인기 중기 이후에는 신체적 힘과 연령이 부적 관계를 보이므로 연령이 증가할수록 오히려 악력이 감소한다. [그림 A-6]의 (d)에는 이런 곡선적 관계의 산포도가 제시되어 있다.

추론통계

이미 배웠듯이 기술통계는 다른 사람들과 자료에 대한 정보를 나누기 위해 수를 세고, 표를 만들고,

그 밖의 방법으로 수를 사용하는 것이다. 대조적으로 **추론통계**(inferential statistics)는 확률에 근거한다. 예를 들어, 동전을 던졌을 때 앞면이 나올 확률은 1:2, 즉 50%이다. 그렇기 때문에 동전을 무수히 던졌을 때 앞면이 나오는 경우는 전체의 1/2이라고 추론할 수 있다. 이렇게 하는 것이 바로 추론통계다.

연구자들은 자신이 연구에서 얻은 결과가 연구가 이루어지지 않은 상황에서 발생할 확률을 결정하기 위해 추론통계를 사용한다. 예를 들어, 한 참가자가 검사에서 어떤 평균점수를 얻었다면 연구자는 이 점수가 다른 참가자들을 모두 검사했을 때 나올 평균점수와 일치하는지를 알기를 원한다. 추론통계는 연구자들이 (1) 표본을 관찰하고 측정하여 더 큰 전집의 특징을 추론하고, (2) 그런 추론을 신뢰하거나 믿을 수 있는 정도에 대한 추정치를 얻을 수 있게 해 준다. 통계이론에서 **모집단**(population)은 연구자가 관심을 갖는, 다시 말해 연구자가 연구 결과를 적용하기를 원하는 전체 집단을 말한다. 예를 들어, 모집단은 미국의 등록된 모든 유권자를 말한다. 많은 경우에 연구자들은 관심을 가지고 있는 모집단을 직접 측정하고 연구할 수는 없다. 따라서 그들은 모집단에서 선택된 비교적 작은 **표본**(sample)을 사용하여 모집단에 대해 추론을 한다. 연구자들이 더 큰 모집단에 대해 결론을 내리기 위해서는 표본이 대표적이어야 한다. 즉, 표본의 특징이 더 큰 모집단을 잘 반영하여야 한다(대표적 표본에 대한 상세한 정보는 1장을 참고하라).

통계적 유의도

200명의 학생들이 심리학을 새로운 방법으로 지도할 실험집단이나 전통적 방법으로 지도할 통제집단에 무선적으로 할당되었다. 학기말에 연구자들은 실험집단의 시험점수의 평균이 통제집단의 평균보다 더 높다는 사실을 발견했다. 그 차이가 교수방법 때문이라고 결론을 내리기 전에, 연구자들은 실험결과가 우연에 의해 발생하였는지를 추정하기 위해 **통계적 유의도**(statistical significance)를 검증해야 한다. 통계적 유의도 검증에서 나온 추정치는 확률로 진술된다. 확률 .05는 실험 결과가 우연에 의해 발생할 확률이 100번 가운데 5번 이하임을 의미한다. 유의도 수준 .05는 연구 결과가 통계적으로 유의하다고 결론을 내리는 데 요구되는 최소한의 수치다. 실제 도달한 유의도 수준은 .01과 같이 훨씬 더 인상적인 경우도 많다. .01 수준은 실험 결과가 우연히 발생할 확률이 100번 가운데 1번 이하임을 의미한다.

이러한 연구자들의 추론은 절대적이지 않고 확률적이다. 그 추론은 확률에 근거한다. 따라서 실험결과가 우연에 의해 발생할 가능성이 적기는 하지만 항상 존재한다. 주어진 결과를 신뢰할 수 있는지를 알아보기 위해서는 1장에서 지적하였듯이 다른 연구자가 다른 참가자들을 이용하여 연구를 반복해 보는 것이 필요하다.

부록 B: 용어 정리

4단계 수면(stage 4 sleep) 비렘수면의 가장 깊은 단계. 50% 이상의 델타파의 EEG 패턴이 특징

24시간 주기 리듬(circadian rhythms) 매 24시간 내에 일어나는 육체적 기능과 행동의 높은 점에서 낮은 점까지의 규칙적인 변화

5요인 모델(five-factor model) 다섯 개의 폭넓은 차원을 사용하여 성격을 설명하는 특성 이론. 각 차원은 여러 성격 특성으로 이루어짐

A 행동 유형(Type A behavior pattern) 시간 압박에 대한 민감성, 성급함, 과도한 경쟁성, 적개심, 분노가 특징인 행동 유형으로, 관상동맥성 심장질환의 위험 요인이라고 여겨짐

B 행동 유형(Type B behavior pattern) A 행동 유형에서 나타나는 시간에 대한 압박감, 성급함 및 적개심을 드러내지 않으며 삶에 대해 이완되고 느긋한 행동 유형

D 행동 유형(Type D behavior pattern) 부정적 정서를 억압하는 경향성을 보이면서 동시에 만성적으로 정서적 고통을 보이는 행동 유형

g요인(g factor) 모든 정신적 조작의 기반이 되는 일반지능에 대한 스피어먼의 용어

SQ3R 방법(SQ3R method) ① 훑어보기, ② 질문하기, ③ 자세히 읽기, ④ 되새기기, ⑤ 다시 보기의 다섯 단계로 이루어지는 학습방법

가설(hypothesis) 특정 행동이나 정신 과정이 일어나는 조건에 대한 검증 가능한 예측

가설-연역적 사고(hypothetico-deductive thinking) 가설적 전제를 바탕으로 논리적으로 추론하는 능력

가소성(plasticity) 뇌손상과 같은 변화에 적응하는 뇌의 역량

가시 스펙트럼(visible spectrum) 사람의 눈으로 볼 수 있는 좁은 범위의 광파

가역성(reversibility) 모양, 위치 또는 순서의 변화를 정신적으로 되돌릴 수 있다는 깨달음

가용성 발견법(availability heuristic) 기억 속에 저장된 이전 확률에 기초하여 사건의 확률이나 중요성을 추정하는 인지적 규칙

가족치료(family therapy) 전체 가족이 참여하는 치료로서 가족 구성원이 가족 전체를 치료하도록 돕고, 의사소통 문제를 개선하고, 가족이 더 이해하고 잘 지내기 위한 변화에 동의하도록 도움

가지치기(pruning) 뇌가 발달하는 과정에서 불필요하거나 과다한 시냅스가 제거되는 과정

가치의 조건(conditions of worth) 다른 사람을 긍정적으로 존중하게 되는 조건

각막(cornea) 눈의 전면부를 덮고 있는 질기고 투명한 보호막으로, 동공으로 내부에 들어오는 빛을 굴절시킴

각성 이론(arousal theory) 사람은 최적의 각성 수준을 유지하기 위해 동기화된다는 이론

각성(arousal) 사람의 정신적 또는 신체적 활성의 상태

간상체(rods) 가느다란 실린더처럼 보이며 겨우 다섯 개의 광자에도 눈이 반응하도록 만드는 망막에 있는 빛에 민감한 수용기 세포

간섭(interference) 기억의 전후에 저장된 정보나 연상이 기억을 방해하는 현상. 망각의 원인이 됨

감각 순응(sensory adaptation) 감각수용기들이 오랫동안 일정하고 변하지 않는 자극의 수준에 익숙해지는 과정

감각(sensation) 감각기관이 시각자극, 청각자극, 그리고 다른 감각자극을 받아들여서 뇌로 보내는 과정

감각기억(sensory-memory) 감각에서 들어오는 정보를 수분의 1초에서 약 2초 동안 보유하는 기억체계

감각수용기(sensory receptors) 감각자극(빛, 소리, 냄새 등) 가운데 한 유형을 탐지하고 반응하며, 자극을 신경 충격으로 전환시키는 감각기관 내의 매우 전문화된 세포

감성지능(emotional intelligence) 일상생활 속에서 정서에 대한 지식을 적용하는 능력

갑상선(thyroid gland) 티록신을 생산하고 신진대사를 조절하는 내분비샘

강박사고(obsession) 의식에 침투하는 불수의적 사고, 심상 또는 충동

강박장애(obsessive-compulsive disorder: OCD) 강박사고나 강박행동 또는 둘 다를 반복적으로 경험함으로써 고통을 겪는 불안장애

강박행동(compulsion) 특정 행동이나 의례화된 행동을 반복적으로 수행하려는 지속적이고 어떻게 할 수 없는 비합리적인 충동

강인함(hardiness) 높은 수준의 스트레스를 이겨내고 건강을 지키는 사람들이 공유하고 있는 세 가지 심리적 요인들(책임감, 통제감, 도전정신)을 결합한 용어

강화(reinforcement) 반응에 뒤따라 일어나서 그 반응이 반복될 개연성을 증가시키거나 강화시키는 사건

강화계획(schedule of reinforcement) 강화를 실시하기 위한 체계적

과정

강화물(reinforcer) 반응에 뒤따라 와서 그 반응을 강화시키고 반응이 일어날 개연성을 증가시키는 것

개념(concept) 공통의 특징이나 속성을 공유하는 물체, 사람, 조직, 사건, 상황, 혹은 관계의 부류나 집단을 표상하기 위해 사용하는 정신적 범주

개인 공간(personal space) 눈에 보이지 않는 비눗방울과 같이 개인을 둘러싸고 있는 공간. 사람들은 자신의 일부로 생각하고 다른 사람들과의 상호작용의 친밀감을 조절하는 데 사용함

개인무의식(personal unconscious) 융 이론에서 의식할 수 있는 소망, 생각, 경험들과 억압된 기억, 충동, 경험들을 포함하는 무의식의 층

개인적 우화(personal fable) 개인적 독특성과 불멸성에 대한 과장된 느낌. 청소년의 위험감수 행동의 원인이 됨

개인주의/집단주의 차원(individualism/collectivism dimension) 어떤 문화에서 개인적 성취나 사회적 관계가 강조되는 정도

거울신경계(mirror neuron system: MNS) 뇌가 운동활동과 정서관련 행동을 해석하고 산출하기 위해 사용하는 세포망

거짓 정보 효과(misinformation effect) 어떤 일이 일어난 다음 알게 된 정보로 인해 목격한 사건을 틀리게 기억하는 현상

건강심리학(health psychology) 건강, 질병 및 회복에 영향을 주는 심리학적 요인에 관심을 두는 심리학의 하위 분야

게슈탈트(Gestalt) 사람이 지각하는 전체 모양과 형태 또는 윤곽을 일컫는 독일어

결정성 지능(crystallized intelligence) 일생 동안 증가하는 지능의 측면으로서 언어적 능력과 축적된 지식을 포함함

결정적 시기(critical period) 해로운 환경적 영향이 신체구조가 정상적으로 발달하지 못하게 하거나 나중의 지적·사회적 발달을 손상시키는 발달에 중요한 특정 기간

경고 단계(alarm stage) 스트레스 상황에 대처하는 데 도움을 주는 에너지가 분출되는 일반적응증후군의 첫 번째 단계

계열위치 효과(serial position effect) 연속적으로 학습되는 정보 가운데 중간 항목보다 처음과 마지막 항목이 더 잘 회상되는 현상

고전적 조건형성(classical conditioning) 유기체가 한 자극을 다른 자극과 연합하는 것을 배움으로써 일어나는 학습의 한 유형

고정간격계획(fixed interval schedule: FI) 일정한 시간이 경과한 후 나타나는 첫 번째 정확 반응에 대해 강화물이 주어지는 강화계획

고정비율계획(fixed-ratio schedule: FR) 일정한 수만큼의 정확한 비강화 반응이 일어난 다음에 강화물이 주어지는 강화계획

고차 조건형성(higher-order conditioning) 조건자극이 일련의 연속적 신호들에 연결될 때 나타나는 조건형성 과정

고착(fixation) 어떤 심리성적 발달 단계에서 성적 욕구가 지나치게 충족되거나 좌절됨으로써 일어나는 발달 정체

공감각(synesthesia) 보편적 감각과 비일상적 감각을 동시에 경험하는 능력

공격성(aggression) 의도적으로 다른 사람에게 신체적으로나 정신적으로 해를 끼치는 것

공포증(phobia) 별로 위험하지 않은 특정한 대상, 상황 및 활동에 대한 지속적이고 비합리적인 두려움

공황발작(panic attack) 압도적인 불안, 두려움, 공포 삽화

공황장애(panic disorder) 예측할 수 없는 압도적인 공포, 두려움, 불안 삽화가 반복적으로 경험되는 불안장애

과대망상(delusion of grandeur) 자신이 엄청난 지식, 능력 또는 권위를 지닌 유명인, 중요한 사람이거나 혹은 굉장한 권력을 지니고 있다는 잘못된 믿음

과잉일반화(overregularization) 복수를 만들거나 과거형을 만들기 위해 불규칙 명사와 동사에 문법적 규칙을 부적절하게 적용하는 것

과잉축소(underextension) 단어를 어떤 범주의 모든 대상이 아니라 단지 일부 대상에만 사용하는 것

과잉확장(overextension) 공유된 특성에 기초하여 실제 그 단어가 사용되지 않는 대상에도 단어를 적용하는 것

과학적 방법(scientific method) 연구자들이 연구문제를 결정하고, 그 문제를 검토하기 위해 연구를 설계하고, 자료를 수집하여 분석하고, 결론을 내린 다음, 그 결과를 대중에게 알리는 일련의 체계적인 절차

관계치료(relationship therapies) 환자의 대인관계를 증진시키거나 심리적 문제를 해결하려는 환자의 노력을 지원하기 위해 새로운 인간관계를 만들어 주는 치료

관찰학습(observational learning, 사회적 인지학습) 타인의 행동과 그 행동의 결과를 관찰함으로써 이루어지는 학습 또는 모방에 의한 학습

광장공포증(agoraphobia) 즉각적으로 도피하기 어려운 상황에 처하거나 압도적인 불안이나 공황발작을 경험하는 상황에서 주변의 도움을 받을 수 없을 것이라는 강렬한 공포

교감신경계(sympathetic nervous system) 자율신경계의 일부로서 스트레스와 응급 상황에 대한 행동을 준비하기 위해 신체 자원을 동원함

교세포(glial cell) 뉴런을 유지하고, 죽은 뉴런과 같은 폐기물을 제거하고, 다른 세포의 생산과 영양의 공급 및 정화를 수행하는 뇌와 척수의 전문화된 세포

교차양상 지각(cross-modal perception) 뇌가 하나 이상의 감각을 통해 받은 정보를 통합하는 처리 과정

구성주의(structuralism) 의식적 정신 경험의 기본 요소와 내용을 분석하는 것을 목적으로 하였던 최초의 심리학파

군집화(chunking) 기억하기 쉬운 더 큰 단위로 정보를 무리 짓거나 조직하는 기억전략

권위적 부모(authoritative parents) 높지만 실현 가능한 목표를 세우고, 자녀와 함께 생각하고, 감독하고, 개방적 의사소통과 독립성을 강조하는 부모

권위주의적 부모(authoritarian parents) 임의적인 규칙을 만들고, 자녀가 무조건 복종하기를 기대하고, 위반하면 벌을 주고, 권위자에 대한 복종을 중요하게 생각하는 부모

귀인(attribution) 다른 사람이나 자신의 행동의 원인을 추론하는 과정

규준(norms) 연령에 기초한 평균

근접발달영역(zone of proximal development) 아동이 혼자 할 수 없지만 나이가 많은 아동이나 성인의 지도를 받으면 학습할 수 있는 인지 과제의 범위

근접성(proximity) 신체적 혹은 지리적 근접성으로 매력 형성에 중요한 영향을 미침

금단증상(withdrawal symptoms) 규칙적으로 사용되던 약물이 중지되면 일어나고, 약물이 다시 복용되면 멈춰지는 신체적 · 심리적 증상

긍정심리학(positive psychology) 역경에도 불구하고 개인과 지역사회가 잘 성장하고 발전할 수 있게 하는 심리적 특성에 대한 과학적 연구. 긍정심리학의 관점에 따르면, 심리학자들은 낙관주의 같은 인간의 강점을 연구하고 고취해야 한다.

긍정 편향(positive bias) 유쾌했던 일화기억이 불쾌했던 일화기억보다 더 쉽게 회상되고, 불쾌했던 기억이 시간이 가면서 정서적으로 점점 더 긍정적으로 변하는 경향성

기능적 고착(functional fixedness) 친숙한 물건을 통상적 기능으로만 보는 경향 때문에 문제를 해결하기 위해 그 물건을 새로운 방식으로 사용하지 못하는 것

기능적 자기공명영상(functional MRI: fMRI) PET보다 더 정확하고 빠르게 뇌의 구조와 활성화 정도를 보여 주는 뇌영상 기술

기능주의(functionalism) 인간과 동물이 환경에 적응하기 위해 정신 과정을 어떻게 사용하는지를 연구했던 심리학 초기 학파

기대 이론(expectancy theory) 업무동기를 사람들이 직업에 투자하는 노력의 효과성과 가치로 설명하는 입장

기면발작(narcolepsy) 낮 동안의 과도한 졸림과 통제할 수 없는 렘수면의 엄습이 특징인 치료할 수 없는 수면장애

기본 정신능력(primary mental abilities) 서스톤이 제시한 개념으로, 단독 혹은 연합하여 모든 지적 활동에 관련되는 7개의 능력을 가리킴

기본적 정서(basic emotions) 학습된 것이 아니고 보편적이며, 문화에 관계없이 동일한 얼굴 표정으로 표현되고, 생물학적 발달 시간표에 따라 아동에게 나타나는 감정. 일반적으로 공포, 분노, 혐오, 놀람, 행복, 슬픔이 해당됨

기본적 귀인 오류(fundamental attribution error) 주어진 상황에서 필요 이상으로 성향적 요인에 주의를 기울이는 경향

기술적 연구법(descriptive research methods) 행동의 기술이 목적인 연구법

기억(memory) 정보의 부호화, 저장, 인출 과정

기억상실증(amnesia) 의식상실, 뇌손상 또는 심리적 원인에 의해 기억의 일부 또는 전체가 상실되는 것

기질(temperament) 환경에 대한 개인의 특징적 행동방식이나 반응양식

기초연구(basic research) 새로운 지식을 발견하고 일반적인 과학적 이해를 더 발전시키기 위해 수행되는 연구

기형발생물질(teratogens) 태내 환경에 있으며, 태내 발달에 부정적인 영향을 미치거나 심지어 선천성 기형을 일으키는 해로운 물질

깊이 지각(depth perception) 3차원 시각세계를 지각하고 거리를 정확하게 판단하는 능력

꿈의 인지 이론(cognitive theory of dreaming) 꿈을 꾸는 것이 잠이 든 동안에 생각하고 있는 것이라고 보는 견해

꿈의 진화 이론(evolutionary theory of dreaming) 사람들은 생생한 렘수면의 꿈을 통해 위협과 약탈자를 막는 데 필요한 기술을 연습할 수 있다는 견해

꿈의 활성–통합 가설(activation–synthesis hypothesis of dreaming) 꿈은 렘수면 동안 일어나는 무선적인 뇌세포의 활성화를 이해하려는 뇌의 시도라고 보는 가설

낮은 공 기법(low–ball technique) 어떤 사람이 행동을 하게 만들기 위해 처음에는 아주 매력적인 제안을 하고, 그런 다음에는 덜 매력적인 제안을 하는 전략

낯선 사람 불안(stranger anxiety) 6개월 영아에게서 많이 나타나는 낯선 사람에 대한 공포. 약 12개월까지 강도가 증가하지만 생후 2년이 되면 감소함

내담자중심치료(person–centered therapy) 로저스가 개발한 비지시적, 인본주의적 치료. 치료자는 수용적 분위기를 만들고, 감정이입을 보여 주고, 내담자가 자신이 될 수 있도록 자유롭게 해 주며, 자기실현의 경향성을 드러내도록 함

내분비계(endocrine system) 신체의 다양한 부분에 있는 관이 없는 선(샘)체계로서 호르몬을 생산하고 혈류에 분비하여 신체의 다른 부분에 있는 세포에 영향을 줌

내이(inner ear) 달팽이관, 세반고리관을 포함하고 있는 귀의 가장 안에 있는 부분

내적 동기(intrinsic motivation) 단순히 재미있거나 그 자체가 만족스럽기 때문에 어떤 행동을 하려는 열망

내집단(in–group) 타인을 배척하고 집단 구성원 간의 강한 연대성을 지닌 사회적 집단

노안(presbyopia) 40대 중기부터 말기에 눈앞에 가까이 있는 것을 볼 때 눈의 수정체가 잘 조절되지 않아서 나타나는 현상. 돋보기와 다초점 렌즈를 써서 교정함

노출과 반응 차단(exposure and response prevention) 강박신경증 환자를 강박사고와 강박적 의례행위를 유발하는 자극에 노출시켜 점점 오랜 기간 동안 그런 의례행위를 하지 않도록 만드는 행동치료

뇌간(brainstem) 척수가 뇌로 들어가면서 확대되는 지점에서 시작되는 구조로 연수, 뇌교, 망상체를 포함하며 신체적 생존에 결정적인 기능을 함

뇌교(pons) 연수와 소뇌를 연결하는 다리 같은 구조

뇌량(corpus callosum) 두 개의 대뇌반구를 연결하는 신경섬유로 된 두꺼운 띠로, 두 반구 사이에 정보가 서로 전달되게 하고, 두 반구의 활동이 동시에 이루어질 수 있게 함

뇌전도(electroencephalogram: EEG) 뇌파계로 기록한 뇌의 파동

뇌졸중(stroke) 혈전이나 지방 덩어리가 뇌의 특정 부위로 가는 동맥을 막아서 혈액공급이 차단될 때 발생하는 심혈관계 질병

뇌하수체(pituitary gland) 뇌에 위치하는 내분비선으로서 성장 호르몬을 포함하여 다른 내분비선을 활성화시키는 호르몬을 방출하며 종종 '우두머리 분비선'으로 불림

뉴런(neuron) 신경계를 통해 충격을 전달하는 데 전문화된 세포

다요인성 유전(multifactorial inheritance) 한 특성이 유전자와 환경 모두의 영향을 받는 유전 양식

다원 유전(polygenic inheritance) 여러 개의 유전자가 하나의 특성에 영향을 미치는 유전형태

다중지능 이론(theory of multiple intelligences) 여러 독립된 형태의 지능이 있다고 하워드 가드너가 제안한 이론

단기기억(short-term memory: STM) 시연 없이 30초 동안에 약 7개(5~9개)의 항목을 보유할 수 있는 기억체계로 작업기억이라고도 함

단순노출 효과(mere-exposure effect) 반복된 노출의 결과로 특정 자극을 더 긍정적으로 느끼는 경향

단안 깊이 단서(monocular depth cues) 한쪽 눈만으로 지각되는 시각적 깊이 단서

달팽이관(cochlea) 내이에 있는 체액으로 차 있고, 달팽이 모양이며, 뼈로 된 방으로 기저막과 유모세포(청각수용기)가 들어 있음

닻 내리기(anchoring) 한 요인에 집중하고 다른 관련된 요인을 무시함으로써 한 요인의 중요성을 과대평가하는 것

대뇌(cerebrum) 대뇌피질로 덮여 있고, 뇌량으로 연결되는 두 개의 대뇌반구로 이루어지는 인간 뇌의 가장 큰 구조

대뇌반구(cerebral hemispheres) 왼쪽과 오른쪽으로 이등분되어 있는 반구. 대뇌피질로 덮여 있고, 뇌량으로 연결되며, 각각 몸의 반대쪽에 해당되는 운동과 감각을 통제함

대뇌피질(cerebral cortex) 언어, 기억, 생각과 같이 고차 정신 과정을 가능하게 하는 대뇌반구의 주름진 회색 표피

대립과정 이론(opponent-process theory) 제시되는 색깔에 따라 세 종류의 세포의 발화율이 증가되거나 감소된다는 색깔지각 이론

대사율(metabolic rate) 신체가 에너지를 만들기 위해 칼로리를 태우는 속도

대상영속성(object permanence) 물체가 지각되지 않을 때에도 계속 존재한다는 깨달음

대인관계치료(interpersonal therapy: IPT) 우울한 사람이 자신의 대인관계 문제를 더 잘 이해하고 다룰 수 있도록 돕기 위해 고안된 단기 심리치료

대처(coping) 사고와 행동을 통해 부담스럽거나 과중하게 인식되는 요구 상황을 처리하려는 노력

대체의학(alternative medicine) 과학적으로 그 효과가 입증되지 못한 모든 종류의 치료 혹은 요법

대표성 발견법(representativeness heuristic) 새로운 상황이 친숙한 상황과 유사한 정도에 기초하여 의사결정하는 전략

대표적 표본(representative sample) 관심의 대상이 되는 전집을 잘 대표하는 표본. 전집에서 발견되는 하위 집단이 동일한 비율로 포함되어야 함

덧셈 전략(additive strategy) 결정에 영향을 미치는 모든 중요한 요인을 고려하여 각 대안을 점수화하고 그 가운데에서 가장 높은 점수를 받은 대안을 선택하는 의사결정과정

데시벨(decibel dB) 소리의 크기를 측정하는 단위

도식(schemas) 우리가 사람, 대상과 사건에 대한 가지고 있는 지식과 가정의 틀

도식(schemes) 경험에 의해 형성되어 비슷한 상황에서 사용되는 행동계획

독립변인(independent variable) 실험에서 다른 행동이나 조건에 변화를 일으키는지 알아보기 위해 의도적으로 조작되는 요인이나 조건

동기(motive) 목표를 향해 행동을 활성화하고 방향지어 주는 요구나 욕구

동기화(motivation) 행동을 시작하게 하고, 행동의 방향을 결정하고 행동을 지속하게 하는 모든 과정

동기화된 망각(motivated forgetting) 고통스럽고 위협적이거나 불쾌한 사실로부터 자기 자신을 보호하기 위해 억제나 억압을 통해 망각하는 것

동성애공포(homophobia) 동성애자들에 대한 비합리적 적대감이나 공포

동조(conformity) 집단의 사회적 규준이나 다른 사람의 기대에 부응하기 위해 자신의 행동이나 태도를 바꾸거나 채택하는 것

동화(assimilation) 새로운 대상, 사건, 경험이나 정보를 기존의 도식 속으로 통합하는 과정

두정엽(parietal lobes) 체성 감각피질(촉감, 압력, 온도, 고통을 처리하는 곳)과 신체 자각과 공간 지남력을 담당하는 영역을 포함하는 엽

라자루스 이론(Lazarus theory) 인지적 평가가 정서반응의 첫 단계이며 생리적 각성을 포함한 정서의 다른 모든 측면이 평가에 달려 있다고 주장하는 이론

렘 반등(REM rebound) 렘 박탈 후에 일어나는 렘수면의 증가

렘수면(REM sleep, rapid eye movement sleep) 빠른 안구운동, 마비, 빠르고 불규칙한 심장박동과 호흡, 뇌파 활동의 증가와 생생한 꿈이 특징인 수면상태

렘수면의 꿈(REM dream) 각 렘수면 동안 거의 항상 나타나며 이야기의 내용이 있고 비렘수면의 꿈보다 일반적으로 더 생생하고 시각적이고 감정적인 유형의 꿈

로르샤하 잉크반점검사(Rorscach Inkblot Method) 10개의 잉크반점에 반응하도록 구성된 투사적 검사. 성격을 측정하고, 변별적 진단을 하고, 치료를 계획하고, 평가하고, 행동을 예측하는 데 사용됨

리튬(lithium) 양극성장애를 치료하는 약물. 적절한 양을 복용하면 조증과 울증 삽화를 감소시킴

림프구(lymphocytes) 면역체계의 핵심 구성 요소인 B세포와 T세포를 포함하는 백혈구

마음 갖춤새(mental set) 문제의 특별한 점에 주의를 기울이지 않고 문제 해결을 위해 친숙한 전략을 사용하는 경향

마이어스-브릭스 성격유형검사(Myers-Briggs Type Indicator: MBTI) 융의 성격 이론을 근거로 개발된 정상인의 개인차를 측정하는 데 유용한 성격검사

마취제(narcotics) 양귀비에서 추출되는 고통을 경감시키고 안정시키는 효과가 있는 진정제의 일종

말초신경계(peripheral nervous system: PNS) 중추신경계와 신체의 나머지 부분을 연결하는 신경세포

망각(forgetting) 이전에 기억했던 정보를 다시 기억할 수 없는 것

망각곡선(curve of forgetting) 에빙하우스가 발견한 망각의 형태. 망각은 학습이 일어난 직후에 가장 많이 일어나고 시간이 가면서 점점 줄어듦

망막(retina) 안구 내부 표면에 위치하고 있고, 시각을 위한 감각수용기가 있는 조직층

망상(delusion) 개인이 속한 문화에서 일반적으로 공유되지 않는 잘못된 믿음

망상체(reticular formation) 연수와 소뇌를 연결하는 구조

맞춤 가설(matching hypothesis) 사람이 신체적 매력과 다른 장점이 유사한 사람과 사랑에 빠지는 경향

맥락 효과(context effect) 학습된 정보와 더불어 정보가 학습되었던 물리적 상황의 특징들을 부호화하는 경향

맹점(blind spot) 망막에서 추상체나 간상체가 없는 지점

명상(meditation) 모든 주의 산만을 차단하고, 안녕감을 증진시키며, 의식전환 상태에 이르려는 노력으로, 어떤 대상, 단어, 호흡 및 신체의 움직임에 주의를 집중하는 것을 포함하는 일련의 기술

명시적 내용(manifest content) 꿈꾸는 사람이 회상하는 꿈의 내용을 지칭하는 프로이트의 용어

모델(model) 행동을 보여 주거나 행동이 모방의 대상이 되는 개인

모델링 효과(modeling effect) 모델로부터 새로운 행동을 학습하는 것

목표설정기법(goal setting) 직무동기에 대한 한 접근으로 구체적 목표가 없이 단순히 사람들에게 잘하라고 말하는 것보다 구체적이고 도전적인 목표의 설정을 강조함

목표 지향성 이론(goal orientation theory) 성취동기가 개인이 채택하는 4개의 목표 지향성에 달려 있다는 이론(지배 접근, 지배 회피, 수행 접근, 수행 회피)

몰개성화(deindividuation) 집단 동조로 개인이 독립된 개체로서의 개성을 잃어버리는 사회심리학적 과정

무선할당(random assignment) 참가자가 실험 및 통제집단에 할당될 확률이 동일하도록 하기 위해 우연 절차를 사용하여 참가자를 선택하는 과정으로 선택적 편향을 통제함

무의식(unconscious) 프로이트가 제안한 인간 행동의 주요한 동기적 힘. 본능, 소망, 의식하지 못하는 욕망뿐 아니라 억압된 기억으로 구성됨

무조건반응(unconditioned response: UR) 선행학습이 없이도 무조건자극에 의해 유도되는 반응

무조건자극(unconditioned stimulus: US) 선행학습이 없이도 특정한 무조건반응을 이끌어 내는 자극

무조건적인 긍정적 존중(unconditional positive regard) 다른 사람에 대한 무조건적이고 판단하지 않는 존중

무주의 맹시(inattentional blindness) 하나의 대상에서 다른 대상으로 초점을 바꾸는 과정에서 직접적으로 주의하지 않은 대상의 변화를 알아채는 데 실패하는 현상

문간에 머리 들이기 기법(door-in-the-face technique) 사람들이 나중에 작은 요구에 호의적으로 반응하도록 하기 위하여 처음에는 사람이 거절할 것으로 예상되는 크고 불합리한 요구를 하는 전략

문간에 발 들여놓기 기법(foot-in-door technique) 사람들이 나중에 더 큰 요구에 동의하도록 만들기 위해 처음에는 작은 요구를 하여 호의적 반응을 얻는 전략

문제 해결(problem solving) 쉽게 달성할 수 없는 목표를 이루기 위한 생각과 행동

문제중심 대처(problem-focused coping) 스트레스의 원인을 제거·조정하거나 감소시키기 위한 직접적인 반응

문화공평치료(culturally sensitive therapy) 환자의 문화적 배경에 대한 지식을 사용하여 치료적 중재를 선택하는 치료적 접근

문화-공평성 지능검사(culture-fair intelligence test) 피검사자의 문화가 주류문화와 다르더라도 불리하지 않도록 질문을 구성한 지능검사

물질남용(substance abuse) 물질의 사용이 개인의 일, 교육, 대인관계에 부정적인 영향을 미치는 경험을 한 후에도 물질을 계속 사용하는 것

미각(gustation) 맛에 대한 감각

미각혐오(taste aversion) 메스꺼움이나 불쾌감과 연합된 특정 음식에 대한 강한 혐오나 회피

미네소타 다면적 인성검사(Minnesota Multiphasic Personality Inventory: MMPI) 다양한 심리적 문제 및 장애를 진단하기 위해 가장 많이 사용되고 연구되어 온 성격검사

미래 망각(prospective forgetting) 어떤 행동을 하기로 의도한 것을 기억하지 못함

미뢰(taste buds) 미각을 위한 60~100개에 이르는 수용기 세포들로 이루어진 혀 속 유두에 있는 구조

미세전극(microelectrode) 단일 신경 내의 전기적 활동을 감시하거나 활동을 자극하기 위해 사용되는 작은 침

밀집(crowding) 좁은 공간에 사람이 너무 많다는 주관적 평가

바이러스성 성병(viral STDs) 바이러스에 의해 발생하며 불치로 간주

되는 성병

바이오피드백(biofeedback) 민감한 장비를 사용하여 사람에게 체내의 생리적 과정에 대한 피드백을 제공하는 절차. 연습을 통해 체내 생리적 과정을 통제하는 것을 학습할 수 있음

반고리관(semicircular canals) 머리의 위치를 감지하는 내이에 있는, 체액으로 채워진 세 개의 도관

반복관찰(replication) 연구 결과를 확증하기 위해 연구를 반복하는 절차

반사(reflexs) 신생아가 생득적으로 가지고 있는, 세상에서 생존하는 데 필요한 특정 자극에 대한 반응

발견법(heuristic) 정확성이나 유용성에 대한 보증은 없지만 경험을 바탕으로 의사결정, 문제 해결을 하는 방법

발달심리학(developmental psychology) 인간이 전 생애에 걸쳐 어떻게 성장하고 발달하고 변화하는지를 연구하는 심리학 분야

발판화(scaffolding) 성인이 아동의 현재 능력 수준에 맞추어 지도의 양을 조정하는 교수 유형

밝기(brightness) 표면에서 반사되는 빛의 강도에 의해 결정되며, 빛의 파장의 크기에 해당하는 시감각 차원

방관자 효과(bystander effect) 친사회적 행동에 영향을 미치는 요인. 긴급 상황에서 방관자가 늘어날수록 피해자가 도움을 받을 가능성이 줄어드는 현상. 도움이 주어질 때에도 지연될 가능성이 높음

방어기제(defense mechanism) 자아가 불안을 방지하고 자기존중감을 유지하기 위해 사용하는 수단

배아(embryo) 주요 신체 구조, 기관과 시스템이 발달하는 3~8주의 인간 유기체

벌(punisher) 반응 뒤에 따라와서 반응을 약화하거나 발생할 확률을 감소시키는 것

범불안장애(generalized anxiety disorder: GAD) 과도한 걱정이 6개월 혹은 그 이상의 기간 동안 만성적으로 지속되는 불안장애

베르니케 실어증(Wernicke's aphasia) 베르니케 영역이 손상되어 나타나는 실어증. 발음이 명확하고 똑똑하고 말을 유창하게 하지만, 듣는 사람에게는 의미가 없음

베르니케 영역(Wernicke's area) 왼쪽 측두엽에 있는 언어 영역으로, 말하는 것을 이해하고 일관성 있는 대화와 쓰기에 관여함

베버의 법칙(Weber's law) 모든 감각의 최소가지차가 고정된 변화량보다는 자극 변화량의 비율에 달려 있음을 나타내는 법칙

베타파(beta waves) 정신활동과 관련된 뇌파 패턴

벡의 인지치료(Beck's cognitive therapy: CT) 환자들이 인지적 오류를 범하지 않도록 또는 더 객관적인 사고로 대체하도록 돕기 위해 아론 벡이 개발한 치료법

변동간격계획(variable-interval[VI] schedule) 평균시간을 중심으로 변동적인 시간 동안에 행동을 비강화한 다음, 처음으로 나타나는 정확한 반응에 강화물이 주어지는 강화계획

변동비율계획(variable-ratio[VR] schedule) 평균 비율을 중심으로 변동적인 횟수만큼 반응을 비강화한 다음, 처음으로 나타나는 반응에 강화물이 주어지는 강화계획

변별(discrimination) 원래의 조건자극에만 조건반응을 보이고 유사한 다른 자극에는 반응을 보이지 않도록 유사한 자극을 분별하는 학습된 능력

변별자극(discriminative stimulus) 특정 반응이나 행동이 보상받을지 혹은 무시되거나 처벌받을지를 알리는 신호가 되는 자극

변연계(limbic system) 편도와 해마를 포함하는 뇌에 있는 일군의 구조로 감정 표현, 기억, 동기와 같은 기능을 담당함

변인(variable) 조작되고 통제되거나 측정되는 어떤 조건이나 요인

변환(transduction) 감각수용기들이 감각자극을 신경 충격으로 변환시키는 과정

보존(conservation) 무엇을 더하거나 빼지 않는 한 재배치되거나 외양이 변하여도 주어진 물체의 양은 동일하다는 개념

복내측 시상하부(ventromedial hypothalamus: VMH) 배고픔을 억제하는 만복(충만) 중추로 작용하는 시상하부의 부위

복종(obedience) 권위를 가지고 있는 사람의 규칙과 지시에 따라 행동하는 것

본보기(exemplars) 개인적 경험의 결과로 기억 속에 저장된 특정 개념의 개별 실례나 예제

본성-양육 논쟁(nature-nurture debate) 지능과 다른 특성들이 유전의 결과인지 환경의 결과인지에 대한 논쟁

부갑상선(parathyroid glands) 몸이 음식에서 미네랄을 흡수하도록 돕는 부갑상선 호르몬(PTH)을 생산하는 내분비선

부교감신경계(parasympathetic nervous system) 응급 상황이 끝난 후 고양된 신체반응이 정상으로 돌아가도록 만드는 자율신경계의 일부

부부치료(couple therapy) 친밀한 관계의 부부를 위한 치료. 부부의 서로에 대한 행동과 정서적 반응의 변화나 두 사람 모두가 치료의 대상이 됨

부분강화 효과(partial reinforcement effect) 변동비율강화의 전형적 효과로 초기에는 학습이 느리게 이루어지나 일단 반응이 학습되면 소거가 잘되지 않는 현상

부신(adrenal glands) 긴급 상황과 스트레스 상황에 대해 신체를 준비시켜 주는 호르몬과 코르티코이드와 적은 양의 성 호르몬을 나오게 하는 내분비선의 한 쌍

부적 강화(negative reinforcement) 반응이 있은 후에 불쾌한 조건을 종결시켜 줌으로써 그 반응이 반복될 가능성을 증가시키는 것

부적 처벌(negative punishment) 결과를 제거함으로써 행동을 감소시키는 것

부호화 실패(encoding failure) 정보가 장기기억에 들어오지 못한 것으로 망각의 원인이 됨

부호화(encoding) 기억에 저장될 수 있는 형태로 정보를 변환하는 과정

분리불안(separation anxiety) 부모가 떠날 때 걸음마기 아동이 보이는 공포와 고통. 8~24개월에 나타나고 12~18개월에 절정에 도달함
분할뇌 수술(split-brain operation) 간질이 심한 경우 치료를 위해 뇌량을 절제하여 대뇌반구를 분리하는 외과적 수술
불면증(insomnia) 잠이 들거나 계속 잠자기가 어렵고, 매우 일찍 깨고, 잠이 얕게 들고 편치 않으며, 수면의 질이 떨어지는 수면장애
불안장애(anxiety disorders) 미래에 일어날지도 모르는 일에 대해 빈번하게 두려운 생각을 갖는 것이 특징인 심리장애
브로카 실어증(Broca's aphasia) 구어 생성을 위한 신체적 능력의 손상 또는 극단적인 경우 말을 전혀 하지 못하는 무능력으로 브로카 영역의 손상에 의해 일어남
브로카 영역(Broca's area) 보통 구어 생성을 통제하는 좌반구의 전두엽 영역
비교문화 연구(cross-cultural research) 서로 다른 문화권에 살고 있는 사람들의 정신과정과 행동을 비교하는 연구
비렘수면(NREM sleep) 호흡과 심장박동이 느리고 규칙적이며, 몸의 움직임이 거의 없고, 혈압과 뇌 활동은 24시간 중 가장 낮은 네 수면 단계
비렘수면의 꿈(NREM dream) 비렘수면 동안 일어나는 꿈. 전형적으로 렘수면 동안의 꿈보다 덜 빈번하고 덜 기억나는 유형의 꿈
비만(obesity) 체질량지수가 30 이상인 상태
비서술기억(nondeclarative memory) 운동기술, 습관, 단순 고전적 조건반응을 저장하는 장기기억의 하위체계로 암묵기억이라고도 함
비지시적 치료(nondirective therapy) 치료자가 치료 회기의 방향을 내담자가 통제하도록 하는 모든 유형의 치료(예, 내담자중심치료)
비판적 사고(critical thinking) 주장, 명제, 결론이 논리적으로 제시된 증거로부터 나오는지를 객관적으로 평가하는 과정
사건수면(parasomnias) 보통 걸어 다니는 상태에서만 일어나는 행동과 생리적인 상태가 잠자는 동안 발생하는 수면장애
사랑의 삼각형 이론(triangular theory of love) 친밀감, 열정과 헌신의 세 요소가 조합하여 7가지 유형의 사랑을 만든다는 스턴버그의 이론
사례연구(case study) 개인이나 집단을 깊이 연구하는 기술적 연구 방법
사춘기(puberty) 급격한 신체적 성장과 변화의 기간으로 성적 성숙으로 종료됨
사회경제적 지위(socioeconomic status) 사회 내에서 개인의 지위를 결정하는 경제적, 직업적 및 교육적 요인을 집합적으로 나타내는 용어
사회문화적 접근(sociocultural approach) 행동과 정신 과정에 영향을 미치는 진화론적 · 생리적 요인만큼 사회적 요인과 문화적 요인이 중요하고 다른 사람들의 행동을 해석할 때 이런 요인을 고려해야 한다고 보는 입장
사회불안장애(사회공포증)(social anxiety disorder-social phobia) 서툴고 바보스럽거나 무능하게 보여서 당황하거나 창피를 당할 수 있는 사회적 상황이나 수행을 비합리적으로 두려워하거나 회피하는 장애
사회심리학(social psychology) 다른 사람의 실제적 · 상상적 또는 함축적 존재가 개인의 생각, 감각 및 행동을 어떻게 좌우하는지를 설명하려고 시도하는 심리학의 하위 분야
사회인지 이론(social-cognitive theory) 성격을 사회적 상호작용을 통해 획득된 학습된 반응의 집합으로 정의하는 입장
사회재적응척도(Social Readjustment Rating Scale: SRRS) 43개의 생활사건 중 가장 큰 스트레스를 일으키는 것부터 가장 낮은 스트레스를 일으키는 것까지를 점수화할 수 있도록 홈스와 라헤가 고안한 척도
사회적 규범(social norm) 특정 집단의 일원으로서 기대되는 마음가짐과 행동에 대한 기준
사회적 동기(social motive) 경험과 다른 사람과의 사회적 상호작용을 통해 획득되는 (유친동기와 성취동기 같은) 동기
사회적 역할(social roles) 개인이 집단에서 차지하고 있는 위치에 적절하다고 여겨지는 사회적으로 정의된 행동
사회적 인지(social cognition) 자신과 다른 사람에 대한 정보에 주의를 기울이고, 해석하고, 기억하는 과정
사회적 정체성(social identity) 개인이 다른 사람들과 함께 집단정체성을 형성하여 스스로를 스트레스원으로부터 보호하려는 사회심리적 과정
사회적 지지(social support) 필요할 때에 가족 구성원, 친구, 그리고 다른 사람들로부터 제공되는 실질적이거나 정서적인 지지. 우리가 은의를 느끼는 사람에게서 사랑받고 있고 가치 있게 여겨지고 보살핌을 받는다는 느낌
사회적 촉진(social facilitation) 청중이나 협력자와 같이 다른 사람의 존재가 수행에 미칠 수 있는 긍정적이거나 부정적인 효과
사회적 태만(social loafing) 혼자 일할 때보다 다른 사람과 공동으로 작업할 때 덜 노력하는 경향
사회조사법(survey) 태도, 신념, 경험 및 행동에 대한 정보를 얻기 위해 면접이나 질문지를 사용하는 기술적 연구방법
사회화(socialization) 사회적으로 적합한 행동, 태도와 가치를 학습하는 과정
산업 및 조직 심리학자(industrial/organizational psychologist) 산업 현장에서 그들의 지식을 사용하는 심리학자로, 특히 작업 동기와 작업 수행에 관심을 가짐
삼원색 이론(trichromatic theory) 망막에 있는 세 가지 종류의 추상체가 파랑, 초록, 빨강의 세 가지 색깔 가운데 하나에 최대한으로 화학적 반응을 보인다는 색깔지각 이론
상관계수(correlation coefficient) 두 변인 사이의 관련성의 정도와 방향을 나타내는 수치로서 +1.00(완벽한 정적 상관)에서 −1.00(완벽한 부적 상관)의 범위를 취함
상관연구법(correlational method) 두 특성, 사건이나 행동 사이의 관련성 정도를 발견하기 위해 사용되는 연구방법
상교차핵(suprachiasmatic nucleus: SCN) 24시간 주기 리듬을 조절하는, 뇌의 시상하부에 있는 한 쌍의 작은 조직

상상의 관중(imaginary audience) 청소년이 만들어 낸 상상 속에만 존재하는 찬미자나 비판자

상징적 기능(symbolic function) 하나의 대상(물체, 단어, 그림)이 다른 대상을 나타낼 수 있다는 것에 대한 이해

상태의존 기억 효과(state-dependent memory effect) 정보를 부호화할 때와 동일한 약물 또는 심리적 상태일 때 정보가 더 잘 회상되는 경향성

상향처리(bottom-up processing) 완전한 지각이 형성될 때까지 자료의 개별적인 구성 요소나 자료의 조각을 결합하는 정보처리 방식

상호결정론(reciprocal determinism) 반두라가 제안한 행동, 인지요인과 환경 사이의 상호 영향을 주는 관계에 대한 개념

상황 대 특질 논쟁(situation-trait debate) 성격에 미치는 특성과 상황의 상대적 중요성에 대한 이론가들 사이의 논쟁

상황적 귀인(situational attribution) 행동을 외부의 원인으로 귀인하는 것 또는 상황적 요인에 귀인하는 것. 외부 귀인

색맹(color blindness) 특정 색깔을 서로 구별하지 못하는 것

색상(hue) 지각된 특정한 색깔을 말하는 빛의 차원

생물심리사회적 모델(biopsychosocial model) 질병뿐만 아니라 건강에도 초점을 맞추며, 질병과 건강은 생물학적 · 심리학적 · 사회적 요인에 의해서 설명될 수 있다고 보는 관점

생물심리학(biological psychology) 개인차를 설명하기 위해 특정 생물학적 요인과 특정 행동 사이의 관련성을 찾는 심리학 분야

생물의학적 모델(biomedical model) 질병을 생물학적 요인으로 설명하는 관점

생물의학적 치료(biomedical therapy) 심리장애가 기저에 있는 신체적 문제의 증상이라고 가정하는 치료(약물치료, 전기충격치료, 정신외과 수술)

생물학적 소인(biological predisposition) 생명에 잠재적으로 위협이 되는 자극에 대해 공포 조건반사를 일으킬 수 있게끔 유전학적으로 내재된 성향

생식선(gonads) 여성의 난소와 남성의 고환으로 성 호르몬을 생산하는 내분비선

생활사건 접근(life events approach) 사람의 행복이 주요한 생활상의 변화에 의해 위협을 받을 수 있다는 입장

샥터-싱어 이론(Schachter-Singer theory) 감정을 일으키려면 ① 생리적 각성과 ② 그 각성에 대한 인지적 해석과 설명이 있어서 생리적 각성상태를 특별한 감정으로 명명해야 한다고 주장하는 이 요인 이론

서술기억(declarative memory) 언어적이거나 심상의 형태로 끌어낼 수 있고 서술되거나 명시될 수 있는 사실, 정보, 개인적 인생사건을 저장하는 장기기억의 하위체계. 외현기억이라고도 불림

서파수면(slow-wave sleep) 깊은 수면으로서 3단계와 4단계 수면과 관련됨

선택편향(selection bias) 실험이 시작되기 전에 두 집단이 체계적으로 차이가 나도록 참가자들을 실험집단과 통제집단에 할당하는 것

설단현상(tip-of-tongue TOT phenomenon) 정보를 학습했다는 사실을 알지만 인출하지 못하는 것

설득(persuasion) 다른 사람의 태도나 행동에 영향을 주기 위한 신중한 시도

섬광기억(flashbulb memories) 충격적이거나 강한 정서적 사건에 대한 소식을 처음 들었을 때 그 주변 상황이 극도로 생생하게 기억되는 것

성격(personality) 한 개인의 특징적인 사고, 감정, 행동의 유형

성격장애(personality disorder) 일반적으로 초기 유년기나 사춘기에 시작되어 오랫동안 지속되고, 경직된 부적응적 행동과 다른 사람과 관계에서 부적응적인 양상을 보이는 장애

성공적 노화(successful aging) 나이가 들면서 신체적 건강, 정신적 능력, 사회적 능력 및 삶에 대한 전체적 만족감을 유지하는 것

성기능장애(sexual dysfunctions) 성적 욕구, 각성이나 성과 관련된 쾌감이나 오르가슴과 관련된 지속적이고 반복적이며 우울한 문제

성도착장애(paraphilic disorders) 사람이 아닌 대상, 아동, 동의하지 않은 사람, 또는 자신이나 상대방에게 고통이나 수치를 주는 것 등의 성적 충동, 환상, 행동을 반복적으로 느끼거나 행하는 성적 장애

성병(sexuality transmitted diseases: STDs) 주로 깊은 성적 접촉을 통해 퍼지는 전염병

성숙(maturation) 유전적으로 결정된 발달의 생물학적 시간표에 따라 일어나는 변화

성숙한 사랑(consummate love) 스턴버그의 이론에 따르면, 사랑의 세 가지 요소—친밀감, 열정, 헌신—를 모두 갖춘 가장 완벽한 형태의 사랑

성역할(gender roles) 각 성에 적합한 행동에 대한 문화적 기대

성인기 진입기(emerging adulthood) 개인이 성인 역할을 하기 전에 여러 가지 대안을 탐색해 보는 10대 후반부터 20대 초반 사이의 기간

성적 반응주기(sexual response cycle) 매스터스와 존슨이 제안한 남성과 여성의 성적 반응을 구성하는 흥분, 고조, 오르가슴, 해소의 네 단계

성적 지향성(sexual orientation) 다른 성별을 가진 사람을 향하거나(이성애), 자신과 같은 성별의 사람을 향하거나(동성애), 양성 모두를 향한(양성애) 성적 관심의 방향

성취검사(achievement test) 인간이 인생의 특정한 시점까지 학습한 내용에 대한 측정치

성취동기(achievement motivation) 학업과 관련된 상황에서 사람들이 성공을 추구하도록 만드는 요인들

성취욕구(need for achievement: *n* Ach) 어려운 무언가를 성취하고 높은 수준을 획득하려는 욕구

성향적 귀인(dispositional attribution) 행동을 개인적 특성, 동기, 또는 태도와 같은 내부적 원인의 탓으로 돌리는 것. 내부 귀인

세균성 성병(bacterial STDs) 세균에 의해 발생하며, 항생제로 치료 가능한 성병

세부특징 탐지기(feature detectors) 특정 시각 패턴에만 반응하는 뇌에 있는 뉴런(예, 선이나 각)

세포체(cell body) 핵을 포함하고 신진대사 기능을 수행하는 뉴런의 한 부분

소거(extinction) 고전적 조건형성에서 조건자극을 무조건자극 없이 반복해서 제시하였을 때 조건반응이 약화되다가 결국 사라지는 현상

소거(extinction) 조작적 조건형성에서 강화가 제시되지 않으면 조건반응이 약해지거나 사라지는 현상

소뇌(cerebellum) 신체가 유연하고 숙련된 동작을 수행하게 하고, 근육의 긴장과 자세를 조절하는 뇌의 구조

소멸 이론(decay theory) 사용되지 않으면 시간이 지남에 따라 기억이 희미해지고 결국 완전히 사라진다는 가장 오래된 망각 이론

소진 단계(exhaustion stage) 스트레스원에 저항하려는 유기체의 노력이 실패로 돌아갈 때 나타나는 일반적응증후군의 세 번째 단계

속성에 따른 배제(elimination by aspects) 대안이 기준에 의해 평가되고 중요도에 따라 순위가 매겨지는 의사결정 방법

송과선(pineal gland) 수면/각성 순환을 조절하는 호르몬을 분비하는 내분비선

수단-목표 분석(means-end analysis) 현재의 위치와 목표를 비교하고 둘 간의 간격을 줄이기 위해 일련의 과정을 계산하고 시행하는 발견법 전략

수면무호흡(sleep apnea) 잠자는 동안에 호흡이 멈추는 기간이 있어서 다시 호흡하도록 하기 위해 짧게 깨워 주어야 하는 수면장애

수면방추(sleep spindles) 고요함과 강한 활동의 발화(flash)가 교류하는 짧은 기간이 특징인 2단계 수면의 뇌파

수면의 24시간 주기 이론(circadian theory of sleep) 수면이 인간을 밤 동안의 해로움에서 지키기 위해 진화했다는 이론. 진화 이론 또는 적응 이론으로도 알려짐

수면의 회복 이론(restorative theory of sleep) 잠의 기능이 몸과 마음을 회복시키는 것이라는 이론

수면이상(dyssomnias) 수면의 시기, 양, 질이 손상되는 수면장애의 한 종류

수면주기(sleep cycle) 약 90분 동안 지속되며 한 번 또는 그 이상의 비렘수면을 포함

수상돌기(dendrites) 다른 뉴런으로부터 신호를 받는 뉴런의 세포체에 있는 가지처럼 생긴 확장 부분

수용기(receptors) 수상돌기와 세포체의 표면에 있는 단백질 분자. 모양이 독특하며, 오직 특정한 신경전달물질하고만 상호작용함

수정체(lens) 홍체와 동공 뒤에 있는 투명 디스크 형태의 구조로 그 형태를 바꾸어서 다양한 거리에 있는 사물에 초점을 맞춤

수초(myelin sheath) 몇몇 축색을 둘러싼 하얀 지방성의 코팅으로 절연제 역할을 하고 충격이 훨씬 더 빠르게 전달되게 함

순진한 이상주의(naive idealism) 청소년이 문제에 대한 이상적 해결책을 만드는 사고유형

순행성 기억상실증(anterograde amnesia) 보통 외상 전에 형성된 기억은 온전하고 단기기억도 영향을 받지 않지만, 뇌손상이나 뇌수술 후에 발생한 사건에 대해 장기기억을 형성하지 못함

스키너 상자(Skinner box) 조작적 조건형성 실험에 사용되는 실험동물에게 음식을 주도록 고안된 방음 기계장치

스테레오타입(stereotypes) 어떤 집단의 사람들의 특징적인 특성, 태도와 행동에 대해 사람들이 공유하고 있는 믿음으로 한 집단에 속한 사람들은 모두 비슷하다는 가정을 포함함

스트레스(stress) 위협받거나 도전받는 상황에 처하거나 적응 및 변화를 요구하는 상황에서 나타나는 심리적 · 신체적 반응

스트레스원(stressor) 신체적 · 정서적 스트레스를 일으킬 수 있는 자극이나 사건

시각벼랑(visual cliff) 영아의 깊이 지각을 연구하기 위한 실험장치

시냅스(synapse) 송신 뉴런의 축색종말과 수신 뉴런이 의사소통하는 접합부

시상(thalamus) 전뇌로 들어가거나 나오는 정보의 중계 장소의 역할을 하는 뇌간 위에 위치하고 있는 구조

시상하부(hypothalamus) 크기가 작지만 배고픔, 목마름, 성적 행동, 체온, 그 밖의 몸의 여러 가지 기능과 폭넓고 다양한 감정을 조절하는 뇌의 구조

시신경(optic nerve) 각 망막에서 양쪽 뇌의 반구로 시각 정보를 전달하는 신경

시연(rehearsal) 단기기억에 정보를 유지하기 위해 의도적으로 반복하는 행동

신경과학(neuroscience) 생물학자, 생화학자, 의학자의 연구를 결합하는 학제 간 분야

신경성 식욕부진증(anorexia nervosa) 체중이 늘어나거나 살이 찌는 것에 대한 압도적이고 불합리한 두려움. 아사에 이를 정도의 강박적 다이어트, 과도한 체중 감량이 특징인 섭식장애

신경전달물질(neurotransmitters) 뉴런 사이에서 이루어지는 충동의 전달을 촉진하거나 억제하는 특수한 화학물질

신뢰성(reliability) 한 사람에게 검사를 한 후 동일한 유형의 검사 또는 다른 유형의 검사로 재검사를 했을 때 점수가 일관성이 있는 정도

신생아(neonate) 출생 후 1개월까지의 아기

신체적 약물의존(physical drug dependence) 약물 사용이 중지되었을 때, 사용자가 불유쾌한 금단증상과 더불어 약물내성을 발달시키게 되는 강박적 경향

신체증상장애(somatic symptom disorders) 의학적 상태가 문제가 아니라 심리적 원인 때문에 신체적 증상이 생기는 장애

실어증(aphasia) 뇌손상의 결과로 언어를 사용하거나 이해하는 능력이 손상된 것

실험법(experimental method) 둘 이상의 조건이나 변인들 사이의 인과관계를 밝히기 위해 사용되는 유일한 연구방법

실험실 관찰(laboratory observation) 실험실 상황에서 행동을 연구하

는 기술적 연구방법

실험자 편향(experimenter bias) 연구자의 선입견이나 기대가 참가자들의 행동과 실험 결과에 대한 연구자의 해석에 영향을 미치는 현상

실험집단(experimental group) 실험에서 독립변인에 노출되는 집단

심리사회적 발달 단계(psychosocial stages) 에릭슨이 제안한 개념으로, 사람의 전 생애에 걸쳐 일어나는 여덟 단계의 발달 과정을 의미함. 각 단계는 건강한 성격 발달을 위해 해결되어야 하는 갈등으로 정의됨

심리성적 발달 단계(psychosexual stages) 성적 욕망이 발달하는 일련의 단계. 각 단계는 갈등이 발생하는 성감대에 의해 정의됨

심리장애(psychological disorders) 정서적 고통과 기능의 상당한 손상을 일으키는 정신 과정 및 행동 패턴

심리적 약물의존(psychological drug dependence) 약물의 쾌락 효과에 대한 열망 또는 저항할 수 없는 충동

심리치료(psychotherpy) 심리장애를 치료하기 위해 생물학적 방법이 아닌 심리학적 방법을 사용하는 모든 치료

심리치료자(psychologist) 심리학 박사학위를 가지고 있는 정신건강 전문가

심리학(psychology) 행동과 정신 과정에 대한 과학적 연구

심리학적 관점(psychological perspectives) 정상이건 비정상이건 사람의 행동과 사고를 설명하기 위해 사용되는 일반적 입장

심상(imagery) 감각(시각, 청각, 미각, 후각, 촉각)의 경험에 대한 마음속의 표상

안면 피드백 가설(facial-feedback hypothesis) 특정한 얼굴 표정과 관련된 근육의 움직임이 특정한 감정을 일으킨다는 가설(예, 웃으면 행복하게 느끼게 된다)

알고리듬(algorithm) 수학 공식과 같이 적절히 적용되고 실행되면 어떤 유형의 문제라도 해결할 수 있는 체계적이고 단계적인 과정

알츠하이머병(Alzheimer's disease) 뇌세포의 광범위한 변성으로 생기는 지적 능력과 성격의 진행성 퇴화가 특징인 불치의 치매 유형

알파파(alpha waves) 깊은 이완과 관련된 뇌파 패턴

애착(attachment) 아동이 어머니나 주 양육자와 형성하는 강한 정서적 유대

약물내성(drug tolerance) 사용자가 점차적으로 약물의 영향을 덜 받게 되고, 동일하거나 그 이상의 약효를 유지하기 위해서는 점점 더 많은 양의 약물을 요하게 되는 상태

양극성장애(bipolar disorder) 보통 조증 삽화와 우울 삽화가 교대로 나타나고 이들 삽화 사이의 기간 동안에는 비교적 정상적인 기분상태가 나타나는 기분장애

양성평등치료(gender-sensitive therapy) 성별이 치료자와 환자 모두의 행동에 미치는 영향을 고려하는 치료적 접근

양안 깊이 단서(binocular depth cues) 양쪽 눈에 의존하는 깊이 단서

양육투자(parental investment) 진화심리학자들이 여성과 남성이 양육에 헌신해야 하는 시간과 노력의 양을 나타내기 위해 사용하는 용어

양전자방출 단층촬영술(PET scan, positron-emission tomography) 혈액의 흐름, 산소 사용, 포도당 소비의 패턴을 사용하여 뇌의 다양한 부분의 활동을 나타내 주는 뇌영상 기술

억압(repression) 외상적 기억을 무의식 속에 묻어 두는 심리적 과정

억제 효과(inhibitory effect) 모델이 어떤 행동을 보여서 처벌받았을 때 그 행동을 억제하는 것

언어(language) 사회적으로 공통된 체계를 사용하지만 임의적인 상징(소리와 신호, 문자)을 문법규칙에 따라 배열하여 생각과 감정을 교류하는 수단

언어상대성 가설(linguistic relativity hypothesis) 사람이 말하는 언어는 그 사람의 사고의 특성을 결정한다는 가설

언어심리학(psycholinguistics) 언어가 어떻게 습득되고, 생산되고 사용되는지와 언어의 소리와 상징이 어떻게 의미로 바뀌는지를 연구하는 분야

엔도르핀(endorphins) 고통을 차단하고 긍정적 기분을 느끼게 만드는 몸에 있는 자연 진통제

여크스-도슨 법칙(Yerkes-dodson law) 각성 수준이 과제가 어려운 정도에 비해 적정할 때, 즉 쉬운 과제에서는 각성 수준이 높고, 중간 정도 과제에서는 각성 수준이 중간 정도이고, 어려운 과제에서는 각성 수준이 낮을 때 과제에 대한 수행이 최고가 된다는 법칙

역하지각(subliminal perception) 역치 이하로 제시된 자극을 지각하고 반응하는 능력

역행성 기억상실증(retrograde amnesia) 의식 상실 직전에 일어났던 경험에 대한 기억의 상실

연수(medulla) 심장박동, 혈압, 호흡, 기침, 삼킴을 관리하는 뇌간의 한 부분

연합영역(association areas) 기억을 저장하고 사고, 지각, 언어에 관여하는 대뇌피질의 영역

염색체(chromosomes) 신체세포의 핵에 있는 막대 모양의 구조. 모든 유전자를 포함하고 인간이 되기 위해 필요한 모든 유전학적 정보를 보유하고 있음

오염변인(confounding variables) 독립변인 외에 집단 간에 동일하게 통제되지 않은 요인들

오이디푸스 콤플렉스/엘렉트라 콤플렉스(Oedipus or Elektra complex) 성기기에 아동이 이성의 부모에게 사랑을, 동성의 부모에게 적대감을 느끼게 되면서 일어나는 갈등(남아는 오이디푸스 콤플렉스, 여아는 엘렉트라 콤플렉스)

옹알이(babbling) 4~6개월에 나타나는 기본 말소리(음소)의 발성

외상후 스트레스 장애(post traumatic stress disorder: PTSD) 재난적 사건들이나 극심한 만성적 스트레스에 대한 지속적이고 심각한 스트레스 반응

외이(outer ear) 귓바퀴와 이도로 구성된 귀의 바깥으로 보이는 부분

외적 동기(extrinsic motivation) 외부적 보상을 얻거나 원하지 않는 결과를 피하기 위해 행동하려는 열망

외집단(out-group) 내집단에 속하지 않은 사람들로 구성된 집단

외측 시상하부(lateral hypothalamus: LH) 배고픔을 일으키는 섭식 중추로 작용하는 시상하부의 일부분

우반구(right hemisphere) 대다수의 사람에게서 시공간 지각에 전문화되어 있고 신체 좌측을 통제하는 반구

우성-열성 양식(dominant-recessive pattern) 하나의 우성 유전자가 있으면 한 가지 특성이 표현되지만 열성 유전자가 반드시 두 개가 있어야 한 특성이 표현된다는 한 세트의 유전법칙

우울장애(depressive disorders) 극단적이고 부적절한 정서나 기분의 혼란이 특징인 장애

운동 감각(kinesthetic sense) 신체 부위의 위치와 움직임에 대한 정보를 제공하는 감각

운동피질(motor cortex) 자발적인 신체 움직임을 통제하고 학습과 인지적 사건에 관여하는 전두엽 뒷부분에 있는 가늘고 긴 조직

원자아(id) 성격의 무의식적 부분으로 삶과 죽음의 본능을 포함하고 쾌락원리에 의해 작동하는 리비도의 근원

원형(archetype) 집단무의식에 존재하고 있는, 보편적인 인간 상황에 특정한 방식으로 반응하려는 유전된 경향성

원형(prototype) 어떤 개념의 가장 공통적이고 전형적인 속성들을 구체화하는 예제

위약(placebo) 실험에서 위약 효과를 통제하기 위해 통제집단에 주어지는 효과가 없고 무해한 약

위약 효과(placebo effect) 실험에서 처치에 대한 참가자의 반응이 처치 자체보다는 처치가 효과가 있을 것이라는 기대 때문에 일어나는 현상

위험/탄력성 모델(risk/resilience model) 위험요인과 보호요인이 상호작용하여 질병을 일으키거나 질병으로부터 우리를 보호한다고 제안하는 입장

유동성 지능(fluid intelligence) 초기 20대에 정점에 달했다가 나이가 들면서 감퇴하는 지능의 측면. 추상적 추론과 정신적 융통성을 포함함

유모세포(hair cells) 달팽이관에 있는 기저막에 부착되어 있는 청각 수용기

유사실험(quasi-experiments) 윤리적 또는 현실적 이유 때문에 조작할 수 없는 변인에 노출된 정도가 다른 집단들을 비교하는 연구법

유산소 운동(aerobic exercise) 지속적이고 반복적으로 대근육들을 움직이고, 산소 섭취량을 증가시키며, 심장박동률을 증진시켜 주는 운동

유아기 기억상실증(infantile amnesia) 청소년과 성인이 생애 초기 몇 년 동안의 사건을 기억하지 못하는 현상

유인책(incentive) 행동을 동기화시키는 외부 자극(예, 명성과 돈)

유전성(heritability) 특질이 유전되는 정도를 나타내는 지표

유전자(genes) 염색체에 위치하고 있고 모든 유전적 특질의 기본 단위인 DNA의 조각

유전자형(genotypes) 한 개인의 유전적 구성

유지시연(maintenance rehearsal) 완전히 회상할 수 있을 때까지 정보를 되풀이하여 반복하는 것. 장기기억에 정보가 저장되게 함

유추발견법(analogy heuristic) 현재의 문제를 공통점이 많은 과거 문제와 비교한 후 예전에 사용했던 문제 해결 방법을 적용하는 것

음색(timbre) 동일한 음고와 음량의 소리를 다른 소리와 구별해 주는 독특한 성질

음소(phonemes) 구어에서 소리의 가장 작은 단위

응고화 실패(consolidation failure) 장기기억이 형성되지 못하게 하는 응고과정에서 일어나는 방해

응용연구(applied research) 현실의 문제를 해결하고 삶의 질을 높이기 위해 수행되는 연구

응종(compliance) 타인의 직접적 요구에 따르는 행동

의미기억(semantic memory) 일반적 지식이나 객관적 사실과 정보를 저장하는 서술기억의 한 유형

의미론(semantics) 음운과 단어, 문장들에서 유래한 의미나 그에 대한 연구

의사결정(decision making) 여러 대안에 대해 생각하고 그 가운데 하나를 선택하는 과정

의식(conscious) 어떤 주어진 순간에 사람이 인식하는 사고, 느낌, 감각이나 기억

의식전환 상태(altered states of consciousness) 수면, 영상, 최면 또는 약물에 의해 일어나는 의식의 변화

이기적 편향(self-serving bias) 자신의 성공을 성향적 요인으로 귀인하고 실패를 상황적 요인으로 귀인하는 경향

이론(theory) 많은 독립적 사실들이 어떻게 관련되는지를 설명하기 위해 제안된 일반적 원칙이나 원칙들의 조합

이중언어(bilingualism) 적어도 두 가지 언어에 유창한 것

이중은폐 기법(double-blind technique) 모든 자료 수집이 끝날 때까지 참가자와 실험자 모두 누가 실험집단이고 누가 통제집단인지를 모르는 절차로 실험자 편향을 통제함

이차 강화물(secondary reinforcer) 다른 강화물과의 연합을 통해 획득되거나 학습되는 강화물

이차 성징(secondary sex characteristics) 생식에 직접 관여하지는 않지만 성숙한 남성과 여성을 구별하는 신체적 특징

이차적 평가(secondary appraisal) 스트레스원에 대처할 방법을 결정하기 전에 가용한 자원과 방식들을 인지적으로 평가하는 것

이타주의(altruism) 다른 사람을 돕는 것에 초점이 맞춰져 있고, 조금의 자기희생이 필요하고, 개인의 이득을 위해 수행되지 않는 행동

인간면역결핍바이러스(human immunodeficiency virus: HIV) AIDS의 원인이 되는 바이러스

인공신경망(artificial neural networks: ANNs) 인간의 인지기능을 모방하도록 프로그램된 컴퓨터 체계

인공지능(artificial intelligence) 문제 해결과 판단, 결정에서 인간의 사고를 모방하도록 컴퓨터 체계를 프로그래밍하는 것

인과관계에 대한 가설(causal hypothesis) 둘 또는 그 이상의 변인들

사이의 인과적 관계에 대한 예측

인본주의 심리학(humanistic psychology) 인간 존재의 독특성과 선택, 성장과 심리적 건강의 능력에 초점을 두는 심리학파

인본주의 치료(humanistic therapies) 인간이 합리적 삶을 살고 합리적 선택을 할 수 있는 능력과 자유를 갖고 있다고 가정하는 심리치료

인상 관리(impression management) 자신에 대한 다른 사람들의 의견에 영향을 미치기 위한 의도적 단계들

인상 형성(impression formation) 다른 사람에 대한 의견을 발달시키는 정신과정

인습 수준(conventional level) 콜버그의 두 번째 도덕발달 수준으로 옳고 그름의 판단이 내면화된 다른 사람의 기준에 기초하고, 다른 사람을 돕거나 다른 사람의 승인을 받는 것, 또는 사회의 법률에 저촉되지 않는 것은 무엇이나 옳다고 판단하는 수준

인지(cognition) 정보의 습득, 저장, 인출, 사용, 그리고 감각, 지각, 심상, 개념 형성, 추론, 의사결정, 문제 해결과 언어를 포함하는 정신 과정

인지 과정(cognitive processes) 사고, 지식, 문제 해결, 기억, 표상 형성과 같은 정신작용

인지 부조화(cognitive dissonance) 태도들 간 혹은 태도와 행동 간 부조화로 발생하는 불편한 상태

인지 지도(cognitive map) 미로와 같은 공간적 배열에 대한 정신적 표상

인지심리학(cognitive psychology) 인간이 환경 속의 능동적 존재라고 보는 심리학파. 기억, 문제 해결, 추론, 의사결정, 지각, 언어와 다른 형태의 사고와 같은 정신 과정을 연구함

인지행동치료(cognitive behavior therapies: CBTs) 부적응적 행동은 비합리적 생각, 신념과 관념때문에 생긴다고 가정하는 치료법

인출(retrieval) 기억에 저장되었던 정보를 가져오는 과정

인출단서(retrieval cue) 장기기억에서 특정 정보를 인출하는 데 도움이 되는 어떤 자극이나 정보

인출실패(retrieval failure) 아는 것이 확실하지만 기억하지 못하는 것

일반적 둔화(general slowing) 신경전달속도의 감소로 인해 신체적 및 정신적 기능이 느려지는 과정

일반적응증후군(general adaptation syndrome, GAS) 유기체가 스트레스에 반응할 때 보이는 예견 가능한 일련의 반응 연쇄(경고 단계, 저항 단계, 소진 단계)

일반화(generalization) 고전적(또는 조작적) 조건형성에서 초기(원래) 조건자극과 유사한 자극에 대해 조건반응을 보이게 되는 경향

일상적인 문제들(hassles) 주요 생활 변화보다 더 많은 스트레스를 유발할 수 있는, 매일 발생하는 짜증나는 일들

일차 강화물(primary reinforcer) 생존을 위한 기본적인 신체 욕구를 충족시켜 주며, 학습에 의존하지 않는 강화물

일차 시각피질(primary visual cortex) 후두엽의 뒤쪽에 있는 시각정보를 처리하는 대뇌피질

일차 청각피질(primary auditory cortex) 양쪽 측두엽에 있는 청각 정보를 처리하는 대뇌피질

일차적 추동(primary drives) 생물학적인 욕구로부터 일어나고 학습되지 않은 긴장의 상태 또는 각성

일차적 평가(primary appraisal) 잠정적인 스트레스 사건이 긍정적인지, 관계가 없는지 혹은 부정적인지를 결정하는 인지적 평가

일화기억(episodic memory) 주관적으로 경험한 사건을 저장하는 서술기억의 한 유형

자각몽(lucid dream) 개인이 꿈을 꾸고 있음을 인식하고 있으며, 꿈이 진행되는 동안 그 내용에 영향을 미칠 수 있는 꿈

자극(stimulus) 유기체가 반응하는 환경의 모든 사건이나 대상

자극동기(stimulus motives) 인간이나 동물들이 각성 수준이 낮을 때 자극을 증가시키려는 동기

자기공명영상(magnetic resonance imagery: MRI) 뇌구조를 높은 해상도의 영상으로 산출하는 진단적 스캐닝 기술

자기효능감(self-efficacy) 시도한 것은 무엇이나 유능하게 수행하고자 하는 자신의 능력에 대한 사람들의 지각

자동성(automaticity) 장기기억에 있는 정보를 의도적 노력이 없이 회상하는 능력

자민족중심주의(ethnocentrism) 개인이 어떤 상황을 자신들의 인종적 또는 문화적 관점으로 보는 경향

자발적 회복(spontaneous recovery) 휴식기 후에 유기체가 원래의 조건자극에 노출되었을 때 소거되었던 반응을 (약하게) 다시 나타내 보이는 현상

자서전적 기억(autobiographical memories) 사람들이 자신의 일생에서 일어난 사건들에 대한 설명에 포함시키는 기억

자아(ego) 성격의 논리적·합리적 부분으로 의식할 수 있으며, 현실원리에 의해 작동

자아실현(self-actualization) 개인이 완성과 성장을 이루기 위해 스스로 설정한 목표를 추구하는 것

자아존중감(self-esteem) 자기 가치에 대한 개인의 느낌

자연관찰(naturalistic observation) 행동에 영향을 주거나 통제하지 않는 자연 상황에서 있는 그대로의 행동을 관찰하고 기록하는 기술적 연구방법

자연적 개념(natural concept) 정의에 의해서가 아니라 일상생활의 지각과 경험에서 획득된 개념. 퍼지개념이라고도 부름

자유연상(free association) 환자가 머릿속에 떠오르는 어떤 생각, 감정이나 심상을 자유롭게 표현하도록 하여 무의식을 탐색하는 정신분석 기법

자폐 스펙트럼 장애(autism spectrum disorder: ASD) 사회적 관계를 형성하고 유지하는 능력의 부재가 특징인 장애

작업기억(working memory) 정보를 이해하고 기억하려고 할 때, 문제를 해결하려고 할 때, 다른 사람과 의사소통할 때 사용하는 기억의 하위체계

작업동기(work motivation) 일에 대한 근로자 노력의 각성, 방향, 크기와 유지에 책임이 있는 조건과 과정들

작업역행(working backward) 원하는 목표를 정의하고, 현재 상태로 역행하여 작업을 해서 문제를 해결하는 데 필요한 단계를 발견하는 발견법 전략

잔상(afterimage) 자극이 철회되고 난 다음에도 남아 있는 시감각

잠재적 내용(latent content) 꿈의 기저에 있는 의미에 대한 프로이트의 용어

잠재학습(latent learning) 분명한 강화 없이 이루어지고, 유기체가 그렇게 할 만한 동기가 부여되기 전까지 드러나지 않는 학습

장기기억(long-term memory: LTM) 영구적이거나 비교적 영구적인 기억의 광대한 저장고로 사실상 용량의 제한이 없는 기억체계

장기증강(long-term potentiation: LTP) 시냅스의 신경 전달의 효율성이 한 시간 이상 지속되는 것

장소 이론(place theory) 사람이 듣는 음고는 기저막에서 가장 많이 진동하는 특정 지점 또는 장소에 따라 결정된다는 청각 이론

재구성(reconstruction) 몇 가지 핵심적인 정보 조각을 합쳐 놓은 사건에 대한 설명

재인(recognition) 단순히 익숙하거나 전에 본 적이 있는 것으로 자료를 확인하는 기억 과제

재인발견법(recognition heuristic) 결정을 하게 만드는 요인을 발견하자마자 의사결정 과정이 종료되는 전략

재학습법(relearning method) 자료를 최초로 학습할 때 걸린 시간과 재학습할 때 걸린 시간을 비교하여 절약된 시간의 백분율로 표현하는 기억 측정법

재흡수(reuptake) 신경전달물질이 나중에 사용되기 위해 시냅스 틈새에서 축색종말로 되돌아오는 과정. 이 과정을 통해 수신 뉴런에서 그들의 흥분성과 억제성 효과는 종료됨

저장(storage) 기억에 정보를 보유하고 유지하는 과정

저체중아(low-birth-weight baby) 체중이 2.5Kg 이하인 아기

저항 단계(resistance stage) 스트레스원에 저항 혹은 적응하기 위해 신체의 강력한 노력이 이루어지는 일반적응증후군의 두 번째 단계

적성검사(aptitude test) 특정한 상황이나 과제에서의 미래 수행을 예측하는 검사

전기충격치료(electroconvulsive therapy, ECT) 우반구로 전류를 흘려보내는 생물의학적 치료. 보통 자살을 시도하는 심한 우울증 환자에게 사용됨

전뇌(forebrain) 많은 운동기능뿐 아니라 인지기능이 수행되는 뇌의 가장 넓은 부위

전두엽(frontal lobes) 운동피질, 브로카 영역, 전두연합 영역을 포함하는 뇌의 엽 중에서 가장 큰 영역

전문가 시스템(expert systems) 제한된 영역 안에서 고도로 특수한 기능을 수행하도록 디자인된 컴퓨터 프로그램

전문 지식(expertise) 재구성 기억과제와 관련되는 막대한 양의 배경지식

전보식 말(telegraphic speech) 어순이 엄격하게 정해져 있고 중요한 내용어만 포함하는 짧은 문장

전의식(preconscious) 개인이 의식하지 못하지만 쉽게 의식으로 불러올 수 있는 사고, 감정, 감각이나 기억

전이(transference) 정신분석이 이루어지는 동안 일어나는 정서적 반응으로, 환자가 다른 중요했던 인간관계에서 나타내 보였던 감정이나 태도를 치료자에게 보이는 것

전인습 수준(preconventional level) 콜버그의 가장 낮은 도덕성 발달 수준. 도덕적 추론이 행동의 물리적 결과에 기초하며, 벌을 피하거나 상을 얻는 것은 무엇이나 '옳다'고 보는 수준

전전두엽(prefrontal cortex) 이마 바로 뒤에 있는 전두엽의 부분으로 인지적 목표를 달성하기 위해 여러 가지 뇌 활동을 통합하는 집행처리를 조절

전정감각(vestibular sense) 공간에서 몸의 방향에 대한 정보를 제공하는 감각

전집(population) 연구자가 관심을 가지는 전체 집단. 연구의 결과를 일반화하고자 하며, 표본이 추출되는 집단

전환장애(conversion disorder) 신체 일부의 마비나 감각기능의 이상으로 고통을 받게 되는 신체증상 장애. 마비는 신체적 원인이 아니고 심리적인 문제에 기인함

절대역(absolute threshold) 50%의 시행에서 탐지될 수 있는 최소한의 감각자극의 양

점진적 접근(successive approximations) 점진적인 일련의 단계로, 각 단계는 최종적으로 원하는 반응과 보다 유사해져 감

접근-접근 갈등(approach-approach conflict) 서로 동일한 매력을 가지는 대안들 사이에서 하나를 선택해야 할 때 발생하는 갈등

접근-회피 갈등(approach-avoidance conflict) 하나의 선택에 매력적인 특징과 혐오적인 특징이 동시에 있을 때 발생하는 갈등

접합체(zygote) 정자와 난자가 만나서 형성된 세포

정교화 시연(elaborative rehearsal) 새로운 정보를 이미 알고 있던 것과 관련짓는 기억전략

정보처리 이론(information-processing theory) 컴퓨터를 인간 사고의 모델로 사용하여 정신 구조와 과정을 연구하는 접근법

정서(emotion) 신체적 각성, 그러한 신체적 상태를 일으킨 상황에 대한 인지적 평가, 그런 상태를 표현하는 행동으로 구성되는 상태

정서신경과학(affective neuroscience) 정서의 신경학적 기초에 대한 연구

정서중심 대처(emotion-focused coping) 스트레스에 대한 정서적 영향을 줄이기 위해 스트레스원을 재평가하는 것을 포함하는 반응

정신과 의사(psychiatrist) 의사인 정신건강 전문가

정신분석(psychoanalysis) 프로이트가 개발한 최초의 심리역동적 치료로서 자유연상, 꿈의 분석과 전이를 사용함

정신분열증(schizophrenia) 현실 검증력의 상실, 환청, 망상, 부적절

하거나 둔마된 정서, 사고장애, 사회적 철수 및 기타 기괴한 행동들이 특징인 심각한 심리장애

정신신경면역학(psychoneuroimmunology) 면역체계에서 심리학적 요소의 효과를 연구하기 위해 심리학자, 생물학자와 의학적 연구자들이 각 분야의 전문성을 연합시키는 학문의 한 분야

정신역동치료(psychodynamic therapies) 환자의 현재 문제를 설명한다고 생각되는 아동기의 억압된 경험을 드러내려고 시도하는 심리치료

정신외과 수술(psychosurgery) 심각한 심리적 장애나 참을 수 없는 만성적 고통을 감소시키기 위해 수행되는 뇌수술

정신질환의 진단 및 통계 편람 제5판(DSM-5, 2013) 미국정신의학회에서 출판한, 정신질환을 분류하고 진단하는 데 사용되는 기준을 기술하는 편람

정신증(psyhosis) 현실 검증력의 상실이 특징인 상태

정신지체(mental retardation) 70 이하의 IQ 점수와 나이에 비해 떨어지는 적응기능이 특징인 보통 이하의 지능

정적 강화(positive reinforcement) 어떠한 반응 뒤에 따라오는 유쾌하거나 유기체가 원하는 결과로서 그 반응이 반복될 가능성을 증가시키는 것

정적 처벌(positive punishment) 어떤 결과가 주어짐으로 인해 나타나는 행동의 감소

제임스-랑게 이론(James-Lange theory) 감정적 느낌은 감정을 일으키는 자극으로 인한 신체적 반응을 인식한 결과라고 보는 이론(예, 전율로 공포를 느낌)

조건반응(conditioned response: CR) 무조건자극과 반복적으로 짝지어진 다음 조건자극에 의해 유도되는 학습된 반응

조건자극(conditioned stimulus: CS) 무조건자극과 반복적으로 짝 지어진 다음 조건반응을 이끌어 내는 중성자극

조산아(preterm infant) 37주 이전에 태어나고 체중이 2.5Kg 이하인 아기. 미성숙아

조작(operant) 우연히 어떤 행위의 결과를 가져오는 수의적 행동

조작적 조건형성(operant conditioning) 학습의 한 유형으로 전혀 새로운 반응을 형성하기 위해 현재 유기체가 보이는 반응의 빈도를 증가시키거나 감소시키는 방법을 통해 어떤 행동의 결과를 조작하는 것

조절(accommodation) 망막 위에 사물의 이미지에 초점을 맞출 때 수정체가 평평해지고 볼록해지는 현상

조절(accommodation) 새로운 대상, 사건, 경험이나 정보를 통합하기 위해 기존의 도식이 수정되거나 새로운 도식이 만들어지는 과정

조증 삽화(manic episode) 지나친 행복감, 고양된 자존감, 과대한 낙천주의와 과잉활동 및 과대망상을 나타내는 기간. 행동이 저지될 때에는 적개심을 드러냄

존중의 욕구(esteem needs) 사람들이 학업성취와 직업에서의 성공 같은 목표를 추구하게 만드는 동기

종속변인(dependent variable) 실험의 마지막에 측정되는 요인이나 조건이며 독립변인이 조작되면 변함

좌반구(left hemisphere) 신체의 오른쪽을 통제하며, 복잡한 운동을 통합하고, 대다수의 사람에게서 언어기능을 담당하는 반구

좌절-공격 가설(frustration-aggression hypothesis) 좌절이 공격성을 유발한다는 가설

주관적인 밤시간(subjective night) 24시간 주기 동안에 생물학적 시계가 자야 할 시간이라고 알려 주는 시간

주도적 대처(proactive coping) 스트레스를 줄 수 있는 상황이 일어나는 것이나 그 영향을 최소화하기 위해 미리 적극적 조치를 취하는 것

주요우울장애(major depressive disorder) 즐거움을 경험하는 능력의 상실뿐 아니라 현저한 슬픔, 절망, 그리고 무망감이 특징적인 기분장애

주의(attention) 감각을 통해 선별하고, 추가적인 처리를 위해 그 가운데 일부를 선택하는 과정

주의력결핍 과잉행동장애(attention-deficit/hyperactivity disorder: ADHD) 주의력결핍과 과제를 마치지 못하는 것을 특징으로 하는 장애

주제통각검사(Thematic Apperception Test: TAT) 모호한 상황에 대한 그림으로 구성되는 투사적 검사로 피검사자들이 그림을 보고 반응하도록 함. 피검사자가 검사 자료에 자신의 내면적 감정, 갈등과 동기를 드러냄

주파수(frequency) 초당 음파의 주기 수로 소리의 높이를 결정하며 헤르츠로 측정됨

주파수 이론(frequency theory) 유모세포가 그것에 도달하는 소리와 초당 같은 수의 진동을 한다는 청각 이론

중뇌(midbrain) 후뇌의 생리적 기능과 전뇌의 인지적 기능을 연결하는 구조를 포함하고 있는 뇌 영역

중심와(fovea) 망막의 중심에 있는 작은 영역. 추상체가 매우 많기 때문에 가장 명확하고 정교한 상을 제공

중이(middle ear) 소골을 포함하는 귀의 부분으로 고막을 난원창과 연결하고 음파를 증폭함

중추신경계(central nervous system: CNS) 뇌와 척수를 포함하는 신경계의 한 부분

즐거운 경험(uplifts) 많은 사소한 문제의 효과를 중화시킬 수 있는 생활 속의 긍정적 경험

지각 항상성(perceptual constancy) 거리나 관점 또는 채광의 변화에도 불구하고 대상의 크기, 모양, 밝기 등이 그대로 유지된다고 지각하는 현상

지각(perception) 뇌가 능동적으로 감각 정보를 조직화하고 해석하는 과정

지각적 세트(perceptual set) 무엇이 지각될 것인가에 대한 기대. 실제로 무엇이 지각되는가에 영향을 미침

지능(intelligence) 복잡한 개념을 이해하는 능력, 환경에 효과적으로 적응하는 능력, 경험으로부터 학습하는 능력, 다양하게 추론을 하는 능

력, 사고를 함으로써 방해물을 극복하는 능력

지능검사(intelligence test) 일반적인 지적 능력에 대한 개인차 검사

지능의 삼원 이론(triarchic theory of intelligence) 지능이 성분(분석)지능과 경험(창조)지능, 맥락(실용)지능의 세 가지 유형으로 이루어진다는 스턴버그의 이론

지능지수(intelligence quotient: IQ) 원래는 정신연령을 생활연령으로 나누고 다시 100을 곱해서 산출했으나 현재는 동일 연령의 다른 사람들의 점수와 개인의 점수를 비교해서 산출하는 지능의 지표

지시적 치료(directive therapy) 치료자가 치료 회기의 방향을 결정하고 환자에게 해답과 제안을 제공하는 모든 형태의 치료(예, 형태치료)

지적장애(intellectual disability) 표준화된 지능검사의 점수가 70 이하이고 적응기능이 동일한 연령의 다른 사람들보다 현저하게 떨어지는 경우

지필검사(inventory) 성격의 여러 차원을 측정하기 위해 사람들의 생각, 감정, 행동에 대한 질문으로 구성되는 검사. 표준화된 절차에 따라 채점됨

직관(intuition) '본능적인 감정' 혹은 '직감'에 기초하여 빠르게 형성되는 판단력

직관적 심상(eidetic imagery) 시각적 자극이 사라진 후에도 수분 동안 시각적 자극상을 유지하고, 그 시각자극에 관한 질문에도 그 유지된 상을 사용하여 답하는 능력

진정제(depressants) 중추신경계의 활동을 감소시키고, 신체기능을 약화시키며, 외부 자극에 대한 민감성을 감소시키는 약물.

진폭(amplitude) 소리의 크기에 대한 측정치. 데시벨로 측정됨

진화심리학(evolutionary psychology) 오랜 진화의 과정동안 생존에 필요한 인간행동이 환경의 압력에 어떻게 적응해 왔는지를 강조하는 심리학파

집단무의식(collective unconscious) 융 이론에서 가장 의식하기 어려운 무의식의 층. 진화 과정을 통한 인류의 보편적 경험을 포함하고 있음

집단사고(groupthink) 응집력이 강한 집단에서 의사결정을 할 때 객관적으로 평가된 대안보다 그룹의 결속력과 동일성을 유지할 수 있는지를 더 고려하는 경향

집단 극화(group polarization) 어떤 문제에 대한 토론에 참여해서 다른 집단구성원이 자신의 의견에 강하게 동의하고 나면 이전보다 더 극단적 입장을 취하는 현상

집단치료(group therapy) 여러 명의 내담자가(보통 7명에서 10명) 개인적 문제를 해결하기 위해 한 사람이나 그 이상의 치료자와 정기적으로 만나는 형태의 치료

차별(discrimination) 성별, 종교, 인종 또는 특정집단에 대한 소속에 따라 사람들에게 보이는 부정적인 행동

차이역(differential threshold) 50%의 시행에서 감각이 차이 나게 만드는 데 필요한 물리적 자극의 최소 증가 혹은 감소치

착시(illusion) 환경 안에 있는 실제 자극에 대한 헛지각이나 오지각

참가자 모델링(participant modeling) 공포자극에 대한 적절한 반응을 단계적으로 모델링하여 참가자가 단계별로 모델의 행동을 모방하는 행동치료. 그 과정에서 치료자의 격려와 지원을 받음

참가자에 의한 편향(participant-related bias) 연구 참가자들이 연구가 일반화될 모집단을 대표하지 않을 때 나타나는 편향

창의성(creativity) 독창적이며 적절하고 가치 있는 생각 혹은 문제를 해결하는 능력

채도(saturation) 색깔의 순도 또는 빛의 파장들의 주파수가 같은 정도

책임분산(diffusion of responsibility) 긴급 상황에서 방관자가 갖는 느낌으로 다른 사람을 도와주어야 하는 책임감을 집단이 공유하므로 혼자 책임감을 느낄 때보다 다른 사람을 덜 돕게 됨

처리수준 모델(levels-of-processing model) 유지시연을 '얕은' 처리로, 정교화 시연을 '깊은' 처리로 기술하는 기억모델

처벌(punishment) 유쾌한 자극을 제거하거나 불쾌한 자극을 이용하여 어떠한 행동이 일어날 개연성을 낮추는 것

척수(spinal cord) 뇌의 기저에서 목과 척주로 가는 뇌의 확장 부분으로 뇌와 말초신경계로 정보를 전달함

청각(audition) 청각과 듣기 처리과정

청소년기(adolescence) 사춘기에 시작하며 아동기 말기부터 성인기 초기를 포함하는 발달 단계

청중 효과(audience effect) 소극적 방관자가 수행에 미치는 영향

체감각피질(somatosensory cortex) 촉감, 압력, 온도, 고통을 처리하는 두정엽 앞에 있는 가늘고 긴 조직

체계적 둔감법(systematic desensitization) 고전적 조건형성에 기초하는 행동치료법. 내담자에게 근육 이완을 깊이 훈련시킨 다음 불안을 유발하는 일련의 상황에 직면하게 하여 가장 두려운 상황에서도 두려움을 느끼지 않고 이완을 할 수 있도록 하는 절차

체중 기준점(set point) 체중을 증가시키거나 감소시키려 하지 않을 때 몸이 일반적으로 유지하는 체중

체질량지수(body mass index: BMI) 키에 비례한 몸무게를 나타내는 측정치

초감각 지각(extrasensory perception: ESP) 감각 경로 이외에 다른 어떤 수단을 통해 대상, 사건 혹은 다른 사람들의 사고에 관한 정보를 얻는 것

초경(menarche) 월경의 시작

초두 효과(primacy effect) 어떤 사람에 대한 전반적인 인상이 그 사람에 대해 나중에 받은 정보보다 처음에 받은 정보의 영향을 더 크게 받는 경향

초두 효과(primary effect) 중간에 제시된 항목보다 처음에 제시된 항목을 더 잘 기억하는 현상

초자아(superego) 성격의 도덕적 체계로, 양심과 자아 이상으로 구성됨

촉진 효과(facilitation effect) 생소한 상황에서 모델이 보여 준 행동을

보이는 것

최면(hypnosis) 최면술사가 암시의 힘을 사용하여 다른 사람의 생각, 느낌, 감각, 지각 또는 행동에 변화를 일으키는 과정

최면의 사회인지 이론(sociocognitive theory of hypnosis) 최면에 걸린 사람의 행동은 최면에 걸리면 어떻게 행동해야 하는지에 대한 그 사람의 기대의 반영이라는 이론

최면의 신해리 이론(neodissociation theory of hypnosis) 최면이 의식을 조절하는 두 가지 측면인 계획기능과 감시기능 사이의 분열을 야기한다고 주장하는 이론

최소가지차(just-noticeable-difference: JND) 50%의 시행에서 탐지할 수 있는 감각상의 가장 작은 변화

최신 효과(recency effect) 중간에 있는 항목보다 마지막 항목이 더 쉽게 회상되는 경향

추동(drive) 각각의 유기체가 감소시키고자 동기화되는 내적 긴장상태 또는 각성상태

추동감소 이론(drive-reduction theory) 생물학적 요구에 의해 추동이라고 불리는 긴장 또는 각성이 생성되고 유기체는 이를 감소시키려 한다는 동기 이론

추상체(cones) 망막에 있는 빛에 민감한 수용기 세포. 충분한 빛이 있을 때 색상과 미세한 세부사항을 볼 수 있게 해 주지만 어두울 때에는 기능하지 못함

축색(axon) 신호를 다른 뉴런의 수상돌기 또는 세포체, 그리고 근육과 샘, 신체의 다른 부분에 전하는 뉴런의 가늘고 꼬리처럼 생긴 확장 부분

축색종말(axon terminal) 뉴런의 축색에서 다른 뉴런의 수상돌기나 세포체로 신호를 전달하는 축색의 둥근 끝 부분

출처 감시(source monitoring) 입력되는 정보의 근원을 의도적으로 추적하는 과정

출처기억(source memory) 기억을 형성할 때의 상황에 대한 기억

췌장(pancreas) 혈류 속의 혈당량을 조정하는 내분비선

측두엽(temporal lobes) 청각 정보를 받아들이고 해석하는 데 관여하는 엽으로 일차 청각피질, 베르니케 영역, 측두연합 영역을 포함함

치매(dementia) 기억과 지능의 손상, 성격과 행동의 변화를 특징으로 하는 정신적 퇴행의 상태

치환(displacement) 단기기억의 용량이 가득 찼을 때 새로 들어오는 항목이 기존의 항목을 밀어내어 망각을 일으키는 사건

친사회적 행동(prosocial behavior) 돕기, 협력, 동정 등과 같이 다른 사람에게 도움이 되는 행동

캐넌-바드 이론(Cannon-Bard theory) 감정을 일으키는 자극이 대뇌피질과 교감신경계로 동시에 전달되어 의식적이고 정신적인 감정에 대한 경험과 신체적 각성을 일으킨다고 보는 이론

캘리포니아 성격검사(California Personality Inventory: CPI) 13세 이상의 정상인을 위해 개발된 성격검사

컴퓨터단층촬영(CT scan, computerized axial tomography) 회전하는, 전산화된 X선 관을 사용하여 뇌 구조의 교차 단면을 산출하는 뇌영상 기술

타당성(validity) 검사가 측정하고자 하는 것을 측정하는 정도

타임아웃(time out) 특히 아동·청소년의 바람직하지 않은 행동을 제거하기 위해 상당 기간 동안 모든 강화인자를 철회하는 행동수정 기법

탈억제 효과(disinhibitory effect) 모델이 특정 행동을 하고도 처벌을 받지 않았기 때문에 이전에 억제했던 행동을 보이는 것

탈진(burnout) 만성적 스트레스로 일어난 활력의 감소, 극도의 피로, 비관주의

탈출학습(escape learning) 혐오자극을 예방하거나 종료시킬 수 있는 행동의 수행을 학습하는 것

태내 발달(prenatal development) 수정부터 출생 사이에 일어나는 발달

태도(attitude) 사람, 사물, 상황 또는 문제에 대한 비교적 안정된 긍정적 또는 부정적 평가

태아(fetus) 9주에서 출생 사이에 주요 신체 구조, 기관과 시스템이 발달하는 기간 동안의 인간 유기체

태아알코올증후군(fetal alcohol syndrome) 임신 기간 중 어머니의 알코올 섭취로 인해 나타나는 문제. 아기가 머리가 작고 얼굴, 기관과 행동이 비정상이며, 정신지체를 보임

토큰경제(token economy) 적절한 행동을 나중에 원하는 물건이나 특권과 바꿀 수 있는 토큰으로 강화하는 행동수정 기법

통사론(syntax) 구와 문장을 만들기 위해 단어를 배열하고 결합하는 규칙을 결정하는 문법의 측면

통제 소재(locus of control) 사람이 자신의 인생에서 일어난 일들을 어떻게 설명하는지를 말해 주는 인지적 요인에 대한 로터의 개념. 사람은 자신이 행동과 그 결과에 일차적으로 책임이 있다고 보거나(내적 통제 소재) 또는 자신에게 일어난 일은 운명, 운 또는 우연이라고 봄(외적 통제 소재)

통제집단(control group) 실험에서 실험집단과 동일한 실험환경에 노출되나 비교의 목적을 위해 처치를 받지 않는 집단

통찰(insight) 해결책을 분명하게 만들어 주는 문제 상황의 요소들 사이의 관련성에 대한 갑작스러운 깨달음

통찰치료(insight therapies) 심리적 안녕감은 개인의 자기 이해에 달려 있다고 가정하는 심리치료 접근

통합교육(inclusion) 지적장애 아동을 정규학급에서 하루 종일 또는 하루 중 일정 시간 동안 교육하는 것. 주류화(mainstreaming)라고도 부름

투사검사(projective test) 피검사자가 잉크반점, 모호한 상황의 그림, 또는 불완전한 문장에 반응하게 하는 성격검사. 피검사자는 자신의 내면적 사고, 감정, 공포나 갈등을 검사 자료에 투사함

투쟁-도피 반응(fight-or-flight response) 스트레스 상황에서 신체가 맞서 싸우거나 도망갈 수 있도록 준비시켜 주는 교감신경 및 내분비선의 반응

특정공포증(specific phobia) 특정 대상이나 상황에 대한 현저한 두려움. 광장공포증과 사회공포증을 제외한 다른 공포증에 쓰이는 일반적인 진단명임

특질(trait) 여러 상황에서 안정적인 개인의 특징. 성격을 기술하거나 설명하기 위해 사용됨

파괴적 기분조절곤란장애(disruptive mood dysregulation disorders: DMDD) 아동이 짜증을 심하게 내고 사회적 및 학업적 기능에 방해가 되는 분노발작을 자주 보이는 장애

파장(wavelength) 한 광파의 정점부터 다음 광파의 정점 사이의 거리 측정치

편견(prejudice) 성별, 종교, 인종이나 특정 집단에 소속되는 것에 근거한 다른 사람에 대한 (대개 부정적인) 태도

편도체(amygdala) 변연계에 있는 구조로 정서, 특히 불쾌하거나 벌이 되는 자극에 대한 반응에 중요한 역할을 함

편재화(lateralization) 대뇌의 어느 한쪽 반구에 기능적인 전문화가 이루어지는 것

폐경(menopause) 45~55세에 월경이 그치는 것으로 생식 능력이 사라짐

폭식증(bulimia nervosa) 반복되고 조절되지 않는(보통은 숨기는) 폭식증상이 특징인 섭식장애

표본(sample) 전체 집단에 대한 결론에 이르기 위해 연구되는 모집단의 일부

표준화(standardization) 미래에 검사를 수행할 사람의 점수를 비교하기 위한 규준을 마련하는 것과 정해진 절차를 사용해서 검사를 실시하는 것

표현법칙(display rules) 어떻게 감정을 드러내야 하며 언제 혹은 어디에서 표현하는 것이 적절한지를 나타내는 법칙

표현형(phenotype) 개인의 밖으로 드러난 특징들

프레이밍(framing) 결과로서 나타날 수 있는 이득과 손실 중 하나를 강조하여 정보를 제시하는 방법

피해망상(delusion of persecution) 어떤 사람 혹은 기관이 자신을 해치려 한다는 잘못된 믿음

하향처리(top-down processing) 이전 지식과 개념적 지식을 적용하여 지각의 전체를 파악하게 되어 전체의 더 단순한 요소를 쉽게 파악하는 정보처리 방식

학습(learning) 질병이나 상해 또는 성숙에 의한 것이 아니라 경험을 통해 획득되는 행동, 지식, 능력, 태도에서의 비교적 영구적인 변화

학습된 무력감(learned helplessness) 탈출하거나 회피할 수 없는 혐오사건에 반복적으로 노출되어서 학습하게 된 혐오조건에 대한 수동적인 포기

합리정서행동치료(rational emotive behavior therapy: REBT) 엘리스가 개발한 지시적 형태의 심리치료. 환자가 자신과 다른 사람에 대해 가지고 있는 비합리적 신념을 다룸

항상성(homeostasis) 신체적 생존을 위해 신체가 내부의 균형을 유지하려는 경향

항우울제(antidepressant drugs) 심각하게 우울한 사람의 기분을 고조시키는 약물. 일부 불안장애를 치료하기 위해서도 사용됨

항정신병 약물(antipsychotic drugs) 도파민의 활동을 억제하여 망상, 환각, 부자연스러운 말, 무질서한 행동과 같이 심각한 정신분열 증상을 통제하는 약물. 신경이완제로도 알려짐

해리성 기억상실증(dissociative amnesia) 개인의 정보를 회상하거나 과거의 경험을 확인할 능력을 완전히 또는 부분적으로 상실하는 해리장애

해리성 둔주(dissociative fugue: FEWG) 자신의 인격에 대한 기억을 완전히 상실하고 주거지를 벗어나 다른 사람으로 행동하기도 하는 해리장애

해리성 정체감 장애(dissociative identity disorder: DID) 한 개인 안에 두 개 이상의 별개의 인격이 존재하고 다른 인격의 개인적 정보를 심각하게 기억하지 못하는 해리장애

해리장애(dissociative disorder) 견디기 힘든 스트레스 상황에서 의식이 개인의 인격이나 중요한 개인적인 사건, 또는 둘 모두에 대한 기억으로부터 해리되는 장애

해리통제 이론(theory of dissociated control) 최면은 의식의 하위체계에 대한 실행기능의 통제를 약화시킨다는 이론

해마(hippocampus) 새롭거나 기대하지 않은 자극, 운전 능력과 같은 새로운 기억을 저장하는 데 중요한 역할을 하는 변연계의 구조

해마 영역(hippocampal region) 해마 자체와 의미기억 형성에 관여하는 그 아래쪽에 있는 피질 영역을 포함하는 변연계의 일부

행동수정(behavior modification) 고전적 조건형성, 조작적 조건형성이나 관찰학습 같은 학습원리에 기초한 체계적 프로그램을 통해 행동을 변화시키는 방법

행동유전학(behavioral genetics) 행동에서 유전과 환경의 상대적 영향력을 연구하기 위해 쌍생아 연구와 입양아 연구를 사용하는 연구의 한 분야

행동조성(shaping) 원하는 방향으로 가는 반응을 강화함으로써 원하는 목표반응을 점진적으로 만들어 내는 조작적 조건형성의 기법

행동주의(behaviorism) 관찰할 수 있고 측정할 수 있는 행동이 심리학의 적합한 연구 대상이라고 보는 심리학파로 인간의 행동에 대한 환경의 역할을 강조함

행동치료(behavior therapy) 이상행동을 학습된 것으로 보고, 부적절하거나 비적응적 행동을 제거하고 그것을 더 적응적 반응으로 대체하기 위해 조작적 조건형성, 고전적 조건형성과 관찰학습을 적용하는 치료적 접근

행위자-관찰자 효과(actor-observer effect) 자신의 결점을 근본적으로 외부적 또는 상황적 요인으로 귀인하고 다른 사람의 결점을 내부적 또는 성향적 요인으로 귀인하는 경향

향정신성 약물(psychoactive drug) 기분, 지각 또는 생각을 변화시키는 약물로 의학적 사용이 승인될 때 규제 약물이라 부름

허용적 부모(permissive parents) 규칙을 만들지 않고 요구도 하지 않고 자녀들이 스스로 결정하고 자신의 행동을 통제하게 내버려 두는 부모

현실적 갈등 이론(realistic conflict theory) 부족한 자원을 차지하기 위해 사회집단 간 경쟁이 증가하는 만큼 편견과 차별 및 증오심도 함께 증가한다는 이론

혐오치료(aversion therapy) 혐오자극을 해롭거나 사회적으로 바람직하지 않은 행동과 연합시켜 행동이 고통이나 불편함과 연합되게 만드는 행동치료

협력자 효과(coaction effects) 같은 과제를 수행하는 다른 사람들의 존재가 수행에 미치는 영향

형식적 개념(formal concept) 일련의 규칙, 형식적 정의 혹은 위계 수준에 의해 분명하게 정의되는 개념.

형태소(morphemes) 언어에서 의미의 가장 작은 단위

형태주의 심리학(gestalt psychology) 사람이 대상과 형태를 전체적으로 지각하며 지각된 전체는 부분의 합 이상임을 강조하는 심리학파

형태치료(Gestalt therapy) 펄스가 개발한 치료로, 내담자가 현재 자신의 감정, 생각과 행동을 완전하게 경험하는 것과 그것들에 대해 책임지는 것을 강조함

호르몬(hormone) 신체의 내부에서 만들어지고 방출되는 신체의 다른 부분에 영향을 주는 화학물질

홍수법(flooding) 고전적 조건형성에 기초한 행동치료. 불안이 사라질 때까지 환자를 상당한 기간 동안 두려운 물체나 사건(또는 그들에게 생생하게 상상하게 하여)에 노출시켜 공포증을 치료

화용론(pragmatics) 언어와 관련된 억양의 패턴과 사회적 역할

확산적 사고(divergent thinking) 합의된 해결책이 없는 문제에 대해 여러 가지 생각, 해답이나 해결책을 산출하는 능력

확증편향(confirmation bias) 문제를 해결하기 위한 최선의 방법에 대해 기존의 신념과 일치하는 정보에 대한 선택적 주의

환각(hallucination) 상상적 감각

환각제(hallucinogens) 시공간에 대한 지각을 바꾸거나 교란시키고 기분을 바꾸고 비현실감을 낳으며 환각을 일으키는 약물. 사이키델릭(psychedelics)이라고도 불림

활동전위(action potential) 갑작스러운 휴지전위의 전도로 인한 뉴런의 발화

회상(recall) 요구된 정보를 기억 탐색으로 산출해야 하는 기억 과제

회피학습(avoidance learning) 혐오적인 결과나 공포증과 관련된 사건이나 상황을 회피하는 방법을 학습하는 것

회피-회피 갈등(avoidance-avoidance conflict) 혐오적인 대안들 사이에서 선택을 해야 할 때 발생하는 갈등

효과의 법칙(law of effect) 손다이크의 학습법칙 중 하나. 어떤 반응의 결과나 효과가 이후에 유사한 방식으로 반응할 경향을 강화 또는 약화시킬지를 결정한다는 법칙

후각(olfaction) 냄새에 대한 감각

후각상피(olfactory epithelium) 각 비강의 상단에 있는 두 개의 6.5cm^2 면적의 조직 조각으로, 후각수용기인 후각 뉴런이 약 1만 개 정도 있음

후광 효과(halo effect) 한 가지 중요한 긍정적 또는 부정적 특성을 가지고 있을 때 다른 긍정적 또는 부정적 특성도 가지고 있을 것으로 가정하는 경향성

후구(olfactory bulbs) 비강 위에 있는 성냥개비 크기만 한 두 개의 구조. 냄새감각을 처음으로 뇌에 등록함

후뇌(hindbrain) 심장박동률, 호흡, 혈압과 같은 생리적 기능을 담당하는 구조를 포함하는 척수와 뇌 사이의 연결부

후두엽(occipital lobes) 시각 정보를 받아들이고 해석하는 데 관여하는 엽으로 일차 시각 피질을 포함하고 있음

후인습 수준(postconventional level) 콜버그 도덕발달 이론에서 가장 높은 수준. 도덕적 추론을 할 때 도덕적 대안으로 고려하며 인간의 기본 권리를 보장하는 것은 무엇이나 '옳다'고 여김

후천성 면역결핍 증후군(acquired immune deficiency syndrome: AIDS) HIV로 인해 발생하고, 점진적으로 면역체계를 약화시켜 감염에 취약하게 만들어 종국에는 죽음에 이르도록 하는 불치병

휴지전위(resting potential) 휴지기에 있는 뉴런의 축색막의 약 70mV의 약한 음전기적 전위

흉선(thymus gland) 면역계 기능에 필수적인 호르몬을 생산하는 내분비선

흑질(substantia nigra) 무의식적 운동 근육의 움직임을 제어하는 중뇌의 구조

흥분제(stimulants) 중추신경계 내의 활동을 가속화하고 식욕을 억제하며 더 각성되고 에너지를 넘치게 만들 수 있는 약물들로 '각성제(uppers)'라고도 함

희생양(scapegoating) 좌절 상황에 책임이 없는 소수집단의 구성원이나 다른 무고한 대상에게로 공격성을 치환하는 것

참고문헌

AAA Foundation for Traffic Safety. (2012). *Distracted driving*. Retrieved October 29, 2012, from http://www.aaafoundation.org/multimedia/Distracteddriving.cfm

Aaltola, E. (2005). The politics and ethics of animal experimentation. *International Journal of Biotechnology, 7,* 234–249.

Abbott, J. D., Cumming, G., Fidler, F., & Lindell, A. K. (2013). The perception of positive and negative facial expressions in unilateral brain-damaged patients: A meta-analysis. *Laterality: Asymmetries of Body, Brain, and Cognition, 18*(4), 437–459.

Abboud, T., Sarkis, F., Hung, T., Khoo, S., Varakian, L., Henriksen, E., Houehihed, R., & Goebelsmann, U. (1983). Effects of epidural anesthesia during labor on maternal plasma beta-endorphin levels. *Anesthesiology*, *59*, 1–5.

ABC News/*Washington Post*. (2009). *ABC News/Washington Post poll: Race relations*. Retrieved February 8, 2013, from http://abcnews.go.com/images/PollingUnit/1085a2RaceRelations.pdf

Abraham, A., Knudsen, H., & Roman, P. (2011). A longitudinal examination of alcohol pharmacology adoption in substance use disorder treatment programs: Patterns of sustainability and discontinuation. *Journal of Studies on Alcohol and Drugs*, *72*, 669–677.

Abrams, D., Crisp, R., Marques, S., Fagg, E., Bedford, L., & Provias, D. (2008). Threat inoculation: Experienced and imagined intergenerational contact prevents stereotype threat effects on older people's math performance. *Psychology and Aging*, *23*, 934–939.

Abrams, D., Hopthrow, T., Hulbert, L., & Firings, D. (2006). Groupdrink? The effect of alcohol on risk attraction among groups versus individuals. *Journal of Studies on Alcohol*, *67*, 628–636.

Achari, K., Venu, P., & Atanu, K. (2007). Morningness-eveningness preference in Indian school students as function of gender, age and habitat. *Biological Rhythm Research*, *38*, 1–8.

Adam, M., & Reyna, V. (2005). Coherence and correspondence criteria for rationality: Experts'estimation of risks of sexually transmitted infections. *Journal of Behavioral Decision Making, 18,* 169–186.

Addis, M., & Mahalik, J. (2003). Men, masculinity, and the contexts of help seeking. *American Psychologist, 58,* 5–14.

Ader, D., & Johnson, S. (1994). Sample description, reporting, and analysis of sex in psychological research: A look at APA and APA division journals in 1990. *American Psychologist*, *49*, 216–218.

Ader, R. (2000). On the development of psychoneuroimmunology. *European Journal of Pharmacology, 405,* 167–176.

Adler, A. (1927). *Understanding human nature.* New York: Greenberg.

Adler, A. (1956). In H. L. Ansbacher & R. R. Ansbacher (Eds.), *The individual psychology of Alfred Adler: A systematic presentation in selections from his writings.* New York: Harper & Row.

Adler, L., Spencer, T., McGough, J., Jiang, H., & Muniz, R. (2009). Long-term effectiveness and safety of dexmethylphenidate extended-release capsules in adult ADHD. *Journal of Attention Disorders*, *12*, 449–459.

Ainsworth, M. (2000). ABCs of "internet therapy."*Metanoia* [Electronic version]. Retrieved 2000 from www.metanoia.org

Ainsworth, M. D. S. (1973). The development of infant-mother attachment. In B. Caldwell & H. Ricciuti (Eds.), *Review of child development research* (Vol. 3). Chicago: University of Chicago Press.

Ainsworth, M. D. S. (1979). Infant-mother attachment. *American Psychologist, 34,* 932–937.

Ainsworth, M. D. S., Blehar, M. C., Waters, E., & Wall, S. (1978). *Patterns of attachment: A psychological study of the strange situation.* Hillsdale, N.J.: Erlbaum.

Ajdacic-Gross, V., Ring, M., Gadola, E., Lauber, C., Bopp, M., Gutzwiller, F., & Rossler, W. (2008). Suicide after bereavement: An overlooked problem. *Psychological Medicine*, *38*, 673–676.

Aksan, N., & Kochanska, G. (2005). Conscience in childhood: Old questions, new answers. *Developmental Psychology, 41,* 506–516.

Al'absi, M., Hugdahl, K., & Lovallo, W. (2002). Adrenocortical stress responses and altered working memory performance. *Psychophysiology*, *39*, 95–99.

Alamilla, S., Kim, B., & Lam, N. (2010). Acculturation, enculturation, perceived racism, minority status stressors, and psychological symptomatology among Latino/as. *Hispanic Journal of Behavioral Sciences*, *32*, 55–76.

Alberts, A., Elkind, D., & Ginsberg, S. (2007). The personal fable and risk-taking in early adolescence. *Journal of Youth and Adolescence*, *36*, 71–76.

Albrecht, K. (1979). *Stress and the manager: Making it work for you.* Englewood Cliffs, NJ: Prentice-Hall.

Ali, M., Blades, M., Oates, C., & Blumberg, F. (2009). Young children's ability to recognize advertisements in web page designs. *British Journal of Developmental Psychology*, *27*, 71-83.

Allan, R. (2011). Type A behavior pattern. In R. Allan & J. Fisher (Eds.). *Heart and mind: The practice of cardiac psychology* (2nd ed.). (pp. 287-290). Washington, DC, USA: American Psychological Association.

Allebrandt, K., Teder-Laving, M., Akyol, M., Pichler, I., Muller-Myhsok, B., Pramstaller, P., Merrow, M., Meitinger, T., Metspalu, A., & Roenneberg, T. (2010). CLOCK gene variants associate with sleep duration in two independent populations. *Biological Psychiatry*, *67*, 1040-1047.

Allen, B. (2008). An analysis of the impact of diverse forms of childhood psychological maltreatment on emotional adjustment in early adulthood. *Child Maltreatment*, *13*, 307-312.

Allen, K. W. (1996). Chronic nailbiting: A controlled comparison of competing response and mild aversion treatments. *Behaviour Research and Therapy, 34,* 269-272.

Allport, G. W. (1954). *The nature of prejudice.* Reading, MA: Addison-Wesley.

Allport, G. W. (1961). *Pattern and growth in personality.* New York: Holt, Rinehart & Winston.

Allport, G. W., & Odbert, J. S. (1936). Trait names: A psycholexical study. *Psychological Monographs, 47*(1, Whole No. 211), 1-171.

Al-Mahtab, M. (2010). State of the globe: Helicobacter pylori and hepatitis C together hamper health. *Journal of Global Infectious Disease*, *2*, 1-3.

Almeida, D. (2005). Resilience and vulnerability to daily stressors assessed with diary methods. *Current Directions in Psychological Science*, *14*, 62-68.

Alpers, G. (2010). Avoiding treatment failures in specific phobias. In M. Otto & S. Hofmann (Eds.). *Avoiding treatment failures in the anxiety disorders*. (pp. 209-227). New York, NY, USA: Springer Science _ Business Media.

Alquist, J., Ainsworth, S., & Baumeister, R. (2013). Determined to conform: Disbelief in free will increases conformity. *Journal of Experimental Psocial Psychology*, *49*, 80-86.

Alter, A., Aronson, J., Darley, J., Rodriguez, C., & Ruble, D. (2010). Rising to the threat: Reducing stereotype threat by reframing the threat as a challenge. *Journal of Experimental Social Psychology*, *46*, 166-171.

Altermatt, E., & Pomerantz, E. (2003). The development of competence-related and motivational beliefs: An investigation of similarity and influence among friends. *Journal of Educational Psychology, 95,* 111-123.

Amado, S., & Ulupinar, P. (2005). The effects of conversation on attention and peripheral detection: Is talking with a passenger and talking on the cell phone different? *Transportation Research, 8,* 383-395.

American Cancer Society. (2009). *Cancer facts & figures*. Retrieved March 12, 2010, from http://www.cancer.org/downloads/STT/500809web.pdf

American Cancer Society. (2012). *Lifetime risk of developing or dying from cancer*. Retrieved January 26, 2013, from http://www.cancer.org/cancer/cancerbasics/lifetime-probability-of-developing-or-dying-from-cancer

American Lung Association. (2010). *Smoking among older adults*. Retrieved January 8, 2013, from http://www.lung.org/stop-smoking/about-smoking/facts-figures/smoking-and-older-adults.html

American Medical Association. (1994). *Report of the Council on Scientific Affairs: Memories of childhood abuse.* CSA Report 5A-94.

American Psychiatric Association. (1993a). *Statement approved by the Board of Trustees, December 12, 1993.* Washington, DC: Author.

American Psychiatric Association. (1994). *Diagnostic and statistical manual of mental disorders* (4th ed.). Washington DC: Author.

American Psychiatric Association. (2000a). *The Diagnostic and Statistical Manual of Mental Disorders* (4th ed., Text Revision). Washington, DC: Author.

American Psychiatric Association. (2013). *Diagnostic and statistical manual of mental disorders* (5th ed.) (*DSM-5*). Arlington, VA, USA: American Psychiatric Association Publishing, Inc.

American Psychological Association (APA). (1994). *Interim report of the APA Working Group on Investigation of Memories of Childhood Abuse.* Washington, DC: Author.

American Psychological Association (APA). (2002). Ethical principles of psychologists and code of conduct. *American Psychologist*, *57*, 1060-1073.

American Psychological Association (APA). (2003b). Guidelines on multicultural education, raining, research, practice, and organizational change for psychologists. *American Psychologist, 58,* 377-402.

American Psychological Association (APA). (2006a). *Practice guidelines for treatment of patients with eating disorders* (3rd edition). Retrieved October 12, 2006, from http://psych.org/psych_pract/treatg/pg/EatingDisorders3ePG_04-28-06.pdf

American Psychological Association. (2008). *2007 APA Early career psychologists survey.* Retrieved January 12, 2010 from

American Psychological Association, Ethics Committee. (2010). Report of the ethics committee, 2009. *American Psychologist*, *65*, 483-492.

Amodio, D., Devine, P., & Harmon-Jones, E. (2007). A dynamic model of guilt: Implications for motivation and self-regulation in the context of prejudice. *Psychological Science*, *18*, 524-530.

Anand, B. K., & Brobeck, J. R. (1951). Hypothalamic control of food intake in rats and cats. *Yale Journal of Biological Medicine, 24,* 123-140.

Anderman, E., & Patrick, H. (2012). Achievement goal theory, conceptualization of ability/intelligence, and classroom climate. In S. Christenson, A. Reschly, & C. Wylie (Eds.) *Handbook of research on student engagement*. (pp. 173-191). New York, NY, USA: Springer Science + Business Media.

Andersen, B. L., & Cyranowski, J. M. (1995). Women's sexuality: Behaviors, responses, and individual differences. *Journal of Consulting and Clinical Psychology, 63,* 891-906.

Anderson, C. A., & Anderson, K. B. (1996). Violent crime rate studies in philosophical context: A destructive testing approach to heat and southern culture of violence effects. *Journal of Personality and Social Psychology, 70,* 740-756.

Anderson, C. A., & Dill, K. E. (2000). Video games and aggressive thoughts, feelings, and behavior in the laboratory and in life. *Journal of Personality & Social Psychology, 78,* 772-790.

Anderson, C., & Carnagey, N. (2009). Causal effects of violent sports video games on aggression: Is it competitiveness or violent content? *Journal of Experimental Social Psychology*, *45*, 731-739.

Anderson, R. (2002). Deaths: Leading causes for 2000. *National Vital Statistics Reports, 50*(16), 1-86.

Anderson, S., & Patrick, A. (2006). *Doctor Dolittle's delusion: Animals and the uniqueness of human language*. New Haven, CT: Yale University Press.

Anderson, G. (2010). *Chronic care: Making the case for ongoing care*. Retrieved December 15, 2012, from http://www.rwjf.org/content/dam/web-assets/2010/01/chronic-care

Andrews, G., & Erskine, A. (2003). Reducing the burden of anxiety and depressive disorders: The role of computerized clinician assistance. *Current Opinion in Psychiatry, 16,* 41-44.

Anglin, J. (1995, March). *Word learning and the growth of potentially knowable vocabulary.* Paper presented at the biennial meetings of the Society for Research in Child Development, Indianapolis, IN.

Anokhin, A., Vedeniapin, A., Sitevaag, E., Bauer, L., O'Connor, S., Kuperman, S., et al. (2000). The P300 brain potential is reduced in smokers. *Psychopharmacology, 149,* 409-413.

Aram, D., & Levitt, I. (2002). Mother-child joint writing and storybook reading: Relations with literacy among low SES kindergarteners. *Merrill-Palmer Quarterly, 48,* 202-224.

Araujo, L. (2009). Stochastic parsing and evolutionary algorithms. *Applied Artificial Intelligence*, *23*, 346-372.

Arcelus, J., Mitchell, A., Wales, J., & Nielsen, S. (2011). Mortality rates inpatients with anorexia nervosa and other eating disorders: A meta-analysis of 36 studies. *Archives of General Psychiatry*, *68*, 724-731.

Archer, J. (1996). Sex differences in social behavior: Are the social role and evolutionary explanations compatible? *American Psychologist, 51,* 909-917.

Arendt, J. (2009). Managing jet lag: Some of the problems and possible new solutions. *Sleep Medicine Reviews, 13,* 249-256.

Arim, R., & Shapka, J. (2008). The impact of pubertal timing and parental control on adolescent problem behaviors. *Journal of Youth and Adolescence*, *37*, 445-455.

Ariznavarreta, C., Cardinali, D., Villanua, M., Granados, B., Martin, M., Chiesa, J., Golombek, D., & Tresguerres, J. (2002). Circadian rhythms in airline pilots submitted to long-haul transmeridian flights. *Aviation, Space, and Environmental Medicine, 73,* 445-455.

Arnett, J. (2011). Emerging adulthood(s): The cultural psychology of a new life stage. In L. Jensen (Ed.). *Bridging cultural and developmental approaches to psychology: New syntheses in theory, research, and policy*. (pp. 255-275). New York, NY, USA: Oxford University Press.

Aronson, E. (1988). *The social animal* (3rd ed.). San Francisco: W. H. Freeman.

Aronson, E., Stephan, W., Sikes, J., Blaney, N., & Snapp, M. (1978). *Cooperation in the classroom.* Beverly Hills, CA: Sage.

Arushanyan, E., & Shikina, I. (2004). Effect of caffeine on light and color sensitivity of the retina in healthy subjects depending on psychophysiological features and time of day. *Human Physiology, 30,* 56-61.

Asch, S. E. (1955). Opinions and social pressure. *Scientific American, 193,* 31-35.

Ashkenazi, S., Rosenberg-Lee, M., Tenison, C., & Menon, V. (2012). Weak ask-related modulation and stimulus representations during arithmetic problem solving in children with developmental dyscalculia. *Developmental Cognitive Neuroscience*, *2*, S152-S166.

Assadi, S., Noroozian, M., Pakravannejad, M., Yahyazadeh, O., Aghayan, S., Shariat, S., et al. (2006). Psychiatric morbidity among sentenced prisoners: Prevalence study in Iran. *British Journal of Psychiatry, 188,* 159-164.

Assefi, S., & Garry, M. (2003). Absolute memory distortions: Alcohol placebos influence the misinformation effect. *Psychological Science, 14,* 77-80.

Atkinson, R. C., & Shiffrin, R. M. (1968). Human memory: A proposed system and its controlled processes. In K. W. Spence & J. T. Spence (Eds.), *The psychology of learning and motivation* (Vol. 2, pp. 89-195). New York: Academic.

Augestad, L. B. (2000). Prevalence and gender differences in eating attitudes and physical activity among Norwegians. *Eating and Weight Disorders: Studies on Anorexia, Bulimia, and Obesity, 5,* 62-72.

Austenfeld, J., & Stanton, A. (2004). Coping through emotional approach: A new look at emotion, coping, and health-related outcomes. *Journal of Personality, 72,* 1335-1363.

Autism Society of America. (2006). *Treatment*. Retrieved July 18, 2006 from http://www.autism-society.org/site/PageServer?pagename=Treatment

Avena, N., & Bocarsly, M. (2012). Dysregulation of brain reward systems in eating disorders: Neurochemical information from animal models of binge eating, bulimia nervosa, and anorexia nervosa. *Neuropharmacology*, *63*, 87-96.

Axel, R. (1995, October). The molecular logic of smell. *Scientific American, 273,* 154-159.

Ayers, J., Althouse, B., Allem, J., Childers, M., Zafar, W., Latkin, C., Ribisl, K., & Brownstein, J. (2012). Novel surveillance of psychological distress during the great recession. *Journal of Affective Disorders*, *142*, 323-330.

Azar, B. (2000). A web of research. *Monitor on Psychology, 31* [Online version]. Retrieved March 13, 2002, from http://www.apa.org/monitor/

Azrin, N. H., & Holz, W. C. (1966). Punishment. In W. K. Honig (Ed.),

Operant behavior: Areas of research and application (pp. 380–447). New York: Appleton-Century-Crofts.

Babor, T. (2004). Brief treatments for cannabis dependence: Findings from a randomized multisite trial. *Journal of Consulting & Clinical Psychology, 72,* 455–466.

Baddeley, A. (1998). *Human memory: Theory and practice.* Boston, MA: Allyn & Bacon.

Baddeley, A. (2009). Working memory. In A., Baddeley, M., Eysenck, & M. Anderson (Eds), *Memory* (pp. 41–68). New York: Psychology Press.

Baddeley, A. (2012). Working memory: Theories, models, and controversies. *Annual Review of Psychology, 63,* 1–29.

Baer, J. (1996). The effects of task-specific divergent-thinking training. *Journal of Creative Behavior, 30,* 183–187.

Bahrick, H. P., Bahrick, P. O., & Wittlinger, R. P. (1975). Fifty years of memory for names and faces: A cross-sectional approach. *Journal of Experimental Psychology: General, 104,* 54–75.

Bahrick, H. P., Hall, L. K., & Berger, S. A. (1996). Accuracy and distortion in memory for high school grades. *Psychological Science, 7,* 265–271.

Bailey, J. M., & Pillard, R. C. (1991). A genetic study of male sexual orientation. *Archives of General Psychiatry, 48,* 1089–1096.

Bailey, B., & Konstan, J. (2006). On the need for attention-aware systems: Measuring effects of interruption on task performance, error rate, and affective state. *Computers in Human Behavior, 22,* 685–708.

Bailey, J. M., Pillard, R. C., Neale, M. C., & Agyei, Y. (1993). Heritable factors influence sexual orientation in women. *Archives of General Psychiatry, 50,* 217–223.

Baio, J. (2012). Prevalence of autism spectrum disorders—autism and developmental disabilities monitoring network, 14 sites, United States, 2008. *Surveillance Summaries, 61,* 1–19.

Baird, A. (2010). The terrible twelves. In P., Zalazo, M., Chandler, & E. Crone (Eds.), *Developmental social cognitive neuroscience,* The Jean Piaget symposium (pp. 191–207). New York: Psychology Press.

Bajic, D., & Rickard, T. (2009). The temporal dynamics of strategy execution in cognitive skill learning. *Journal of Experimental Psychology: Learning, Memory, and Cognition, 35,* 113–121.

Baker, L., Jacobson, K., Raine, A., Lozano, D., & Bezdjian, S. (2007). Genetic and environmental bases of childhood antisocial behavior: A multi-informant twin study. *Journal of Abnormal Psychology, 116,* 219–235.

Balthazart, J. (2012). *The biology of homosexuality: Behavioral neuroendocrinology.* New York, NY, USA: Oxford University Press.

Bandura, A. (1969). *Principles of behavior modification.* New York: Holt, Rinehart & Winston.

Bandura, A. (1973). *Aggression: A social learning analysis.* Englewood Cliffs, NJ: Prentice-Hall.

Bandura, A. (1976). On social learning and aggression. In E. P. Hollander & R. C. Hunt (Eds.), *Current perspectives in social psychology* (4th ed., pp. 116–128). New York: Oxford University Press.

Bandura, A. (1977). *Social learning theory.* Englewood Cliffs, NJ: Prentice-Hall.

Bandura, A. (1986). *Social functions of thought and action: Asocial-cognitive theory.* Englewood Cliffs, NJ: Prentice-Hall.

Bandura, A. (1989). Social cognitive theory. *Annals of Child Development, 6,* 1–60.

Bandura, A. (1997a, March). Self-efficacy. *Harvard Mental Health Letter, 13*(9), 4–6.

Bandura, A. (1997b). *Self-efficacy: The exercise of control.* New York: Freeman.

Bandura, A., Adams, N. E., & Beyer, J. (1977). Cognitive processes mediating behavioral change. *Journal of Personality and Social Psychology, 35,* 125–139.

Bandura, A., Jeffery, R. W., & Gajdos, E. (1975). Generalizing change through participant modeling with self-directed mastery. *Behaviour Research and Therapy, 13,* 141–152.

Bandura, A., Ross, D., & Ross, S. A. (1961). Transmission of aggression through imitation of aggressive models. *Journal of Abnormal and Social Psychology, 63,* 575–582.

Bandura, A., Ross, D., & Ross, S. A. (1963). Imitation of film-mediated aggressive models. *Journal of Abnormal and Social Psychology, 66,* 3–11.

Barbarich, N., McConaha, C., Gaskill, J., La Via, M., Frank, G., Achenbach, S., Plotnicov, K., & Kaye, W. (2004). An open trial of olanzapine in anorexia nervosa. *Journal of Clinical Psychiatry, 65,* 1480–1482.

Bard, P. (1934). The neurohumoral basis of emotional reactions. In C. A. Murchison (Ed.), *Handbook of general experimental psychology* (pp. 264–311). Worcester, MA: Clark University Press.

Bargiel-Matusiewicz, K., Trzcieniecka-Green, A., Krupa, A., & Krzystanek, M. (2005). Reaction phases following HIV positive diagnosis. *Archives of Psychiatry and Psychotherapy, 7,* 63015069.

Barker, L. (2006). Teaching evolutionary psychology: An interview with David M. Buss. *Teaching of Psychology, 33,* 69–76.

Barnes, P., Bloom, B., & Nahin, R. (2008). Complementary and alternative medicine use among adults and children: United States, 2007. *National Health Statistics Reports, 12,* 1–24.

Barrett, D. (2007). An evolutionary theory of dreams and problem-solving. In D. Barrett & P. McNamara (Eds.), *The new science of dreaming, Volume 3: Cultural and theoretical perspectives* (pp. 133–153). Westport, CT: Praeger Publishers.

Barrick, M., Shaffer, J., & DeGrassi, S. (2009). What you see may not be what you get: Relationships among self-presentation tactics and ratings of interview and job performance. *Journal of Applied Psychology, 94,* 1394–1411.

Barsh, G. S., Farooqi, I. S., & O'Rahilly, S. (2000). Genetics of body-weight regulation. *Nature, 404,* 644–651.

Bartlett, F. C. (1932). *Remembering: A study in experimental and social psychology.* London: Cambridge University Press.

Bartoshuk, L. M., & Beauchamp, G. K. (1994). Chemical senses. *Annual Review of Psychology, 45,* 419–449.

Bartzokis, G., Sultzer, D., Lu, P., Huechterlein, K., Mintz, J., & Cummings, J. (2004). Heterogeneous age-related breakdown of white matter structural integrity: Implications for cortical "disconnection"in aging and Alzheimer's disease. *Neurobiology of Aging, 25,* 843–851.

Basco, M. (2006). *The bipolar workbook*. New York: Guilford Press.

Bassili, J. N. (1995). Response latency and the accessibility of voting intentions: What contributes to accessibility and how it affects vote choice. *Personality and Social Psychology Bulletin, 21,* 686–695.

Bates, M., Labouvie, D., & Voelbel, G. (2002). Individual differences in latent neuropsychological abilities at addictions treatment entry. *Psychology of Addictive Behaviors, 16,* 35–46.

Bateson, G. (1982). Totemic knowledge in New Guinea. In U. Neisser (Ed.), *Memory observed: Remembering in natural contexts* (pp. 269–273). San Francisco: W. H. Freeman.

Batson, C. (2010). Empathy-induced altruistic motivation. In M. Mikulincer & P. Shaver (Eds.). *Prosocial motives, emotions, and behavior: The better angels of our nature*. (pp. 15–34). Washington, DC, USA: American Psychological Association.

Baucom, B., McFarland, P., & Christensen, A. (2010). Gender, topic, and time in observed demand-withdraw interaction in cross- and same-sex couples. *Journal of Family Psychology, 24,* 233 -242.

Baucom, D., Epstein, N., & Sullivan, L. (2012). In M. Dewan, B. Steenberger, & R. Greenberg (Eds.). *The art and science of brief psychotherapies: An illustrated guide* (2nd ed.). (pp. 239–276). Arlington, VA, USA: American Psychiatric Publishing, Inc.

Bauer, J., Schwab, J., & McAdams, D. (2011). Self-actualizing: Where ego development finally feels good? *The Humanistic Psychologist, 39,* 121-136.

Baumrind, D. (1967). Child care practices anteceding three patterns of preschool behavior. *Genetic Psychology Monographs, 75,* 43–88.

Baumrind, D. (1971). Current patterns of parental authority. *Developmental Psychology Monographs, 4*(1, Pt. 2).

Baumrind, D. (1980). New directions in socialization research. *American Psychologist, 35,* 639–652.

Baumrind, D. (1991). The influence of parenting style on adolescent competence and substance use. *Journal of Early Adolescence, 11,* 56–95.

Bavelier, D., Tomann, A., Hutton, C., Mitchell, T., Corina, D., Liu, G., & Neville, H. (2000). Visual attention to the periphery is enhanced in congenitally deaf individuals. *Journal of Neuroscience, 20,* 1-6.

Bazan, S. (1998). Enhancing decision-making effectiveness in problem-solving teams. *Clinical Laboratory Management Review, 12,* 272-276.

BBC World Service. (2007). *Figure it out: Winning the lottery—probability and coincidence.* Retrieved January 27, 2007, from http://www.bbc.co.uk/worldservice/sci_tech/features/figure_it_out/lottery.shtml

Beare, P., Severson, S., & Brandt, P. (2004). The use of a positive procedure to increase engagement on-task and decrease challenging behavior. *Behavior Modification, 28,* 28–44.

Bureau of Labor Statistics. (2012). *Employment characteristics of families summary*. Retrieved December 16, 2012, from http://www.bls.gov/news.release/famee.nr0.htm

Beck, A. T. (1976). *Cognitive therapy and the emotional disorders.* New York: New American Library.

Beck, J. (1995). *Cognitive therapy: Basics and beyond*. New York: Guilford Press.

Becker, K., & Wallace, J. (2010). *Central sleep apnea.* Retrieved April 29, 2010 from http://emedicine.medscape.com/article/304967-overview.

Becker, M., Vignoles, V., Owe, E., Brown, R., Smith, P., Easterbrook, M., Herman, G., de Sauvage, I., Bourguignon, D., Torres, A., Camino, L., Lemos, F., Ferreira, M., Koller, S., González, R., Carrasco, D., Cadena, M., Lay, S., Wang, Q., Bond, M., Trujillo, E., Balanta, P., Valk, A., Mekonnen, K., Nizharadze, G., Fülöp, M., Regalia, C., Manzi, C., Brambilla, M., Harb, C., Aldhafri, S., Martin, M., Macapagal, M., Chybicka, A., Gavreliuc, A., Buitendach, J., Gallo, I., Özgen, E., Güner, Ü., & Yamakoğlu, N. (2012). Culture and he distinctiveness motive: Constructing identity in individualistic and collectivistic contexts. *Journal of Personality and Social Psychology, 102,* 833–855.

Beede, K., & Kass, S. (2006). Engrossed in conversation: The impact of cell phones on simulated driving performance. *Accident Analysis & Prevention, 38,* 415–421.

Beins, B. (2012). Jean Piaget: Theorist of the child's mind. In W. Pickren, D. Dewsbury, & M. Wertheimer (Eds.) *Portraits of pioneers in developmental psychology*. (pp. 89–107). New York, NY, USA: Psychology Press.

Beirut, L., Dinwiddie, S., Begleiter, H., Crowe, R., Hesselbrock, V., Nurnberger, J., et al. (1998). Familial transmission of substance dependence: Alcohol, marijuana, cocaine, and habitual smoking: A report from he collaborative study on the genetics of alcoholism. *Archives of General Psychiatry, 55,* 982–988.

Békésy, G. von. (1957). The ear. *Scientific American, 197,* 66–78.

Bekinschtein, T., Cardozo, J., & Manes, F. (2008). Strategies of Buenos Aires waiters to enhance memory capacity in a real-life setting. *Behavioural Neurology, 20,* 65–70.

Belcourt-Dittloff, A., & Stewart, J. (2000). Historical racism: Implications for Native Americans. *American Psychologist, 55,* 1164–1165.

Bell, A. P., Weinberg, M. S., & Hammersmith, S. K. (1981). *Sexual preference: Its development in men and women.* Bloomington: Indiana University Press.

Belsky, J., & Fearon, R. (2002). Infant-mother attachment security, contextual risk, and early development: A moderational analysis. *Development & Psychopathology, 14,* 293–310.

Bem, S. L. (1981). Gender schema theory: A cognitive account of sex typing. *Psychological Review, 88,* 354–364.

Ben-Porath, Y. S., & Butcher, J. N. (1989). The comparability of MMPI and MMPI-2 scales and profiles. *Psychological Assessment: A Journal of Consulting and Clinical Psychology, 1,* 345–347.

Benarroch, E. (2008). Suprachiasmatic nucleus and melatonin: Reciprocal interactions and clinical correlations. *Neurology, 71,* 594–598.

Benedek, M., Konen, T., & Neubauer, A. (2012). Associative abilities underlying creativity. *Psychology of Aesthetics, Creativity, and the Arts*, *6*, 273-281.

Benjafield, J. G. (1996). *A history of psychology*. Boston: Allyn & Bacon.

Benjamin, L., & Crouse, E. (2002). The American Psychological Association's response to Brown v. Board of Education: The case of Kenneth B. Clark. *American Psychologist, 57,* 38-50.

Bennani, O., Bennani, D., Diouny, S., & Boumalif, O. (2012). The application of a telemedicine management system: The case of a Moroccan hospital unit. *Assistive Technology*, *24*, 209-213.

Berckmoes, C., & Vingerhoets, G. (2004). Neural foundations of emotional speech processing. *Current Directions in Psychological Science, 13,* 182-185.

Berenbaum, S. A., & Snyder, E. (1995). Early hormonal influences on childhood sex-typed activity and playmate preferences: Implications for the development of sexual orientation. *Developmental Psychology, 31,* 31-42.

Berger, J., & Milkman, K. (2012). What makes online content viral? *Journal of Marketing Research*, *49*, 192-205.

Bergman, O., Hakansson, A., Westberg, I., Nordenstrom, K., Belin, A., Sydow, O., Olson, L., Holmberg, B., Eriksson, E., & Nissbrandt, H. (2010). PITX3 polymorphism is associated with early onset Parkinson's disease. *Neurobiology of Aging*, *31*, 114-117.

Bergström, M., Kieler, H., & Waldenström, U. (2009). Effects of a natural childbirth preparation versus standard antenatal education on epidural rates, experience of childbirth and parental stress in mothers and fathers: A randomised controlled multicentre trial. *British Journal of Obstetrics and Gynaecology*, *116*, 1167-1176.

Berkowitz, L. (1990). On the formation and regulation of anger and aggression: A cognitive-neoassociationistic analysis. *American Psychologist, 45,* 494-503.

Berkowitz, L. (1988). Frustrations, appraisals, and aversively stimulated aggression. *Aggressive Behavior, 14,* 3-11.

Berndt, E. R., Koran, L. M., Finkelstein, S. N., Gelenberg, A. J., Kornstein, S. G., Miller, I. M., et al. (2000). Lost human capital from early-onset chronic depression. *American Journal of Psychiatry, 157,* 940-947.

Berndt, T. J. (1992). Friendship and friends'influence in adolescence. *Current Directions in Psychological Science, 1,* 156-159.

Bernstein, I. L. (1985). Learned food aversions in the progression of cancer and its treatment. *Annals of the New York Academy of Sciences, 443,* 365-380.

Bernstein, I. L., Webster, M. M., & Bernstein, I. D. (1982). Food aversions in children receiving chemotherapy for cancer. *Cancer, 50,* 2961-2963.

Berridge (2009). "Liking"and "wanting"food rewards: Brain substrates and roles in eating disorders. *Physiology & Behavior*, *97*, 537-550.

Berry, J. W., Kim, U., Minde, T., & Mok, D. (1987). Comparative studies of acculturative stress. *International Migration Review*, *21*, 491-511.

Berscheid, E., Dion, K., Walster, E., & Walster, G. W. (1971). Physical attractiveness and dating choice: A test of the matching hypothesis. *Journal of Experimental Social Psychology, 7,* 173-189.

Bessell, A. (2012). Computer-based psychosocial interventions. In N. Rumsey & D. Harcourt (Eds.). *The Oxford Handbook of the Psychology of Appearance*. (pp. 568-580). New York, NY, USA: Oxford University Press.

Beyenburg, S., Watzka, M., Clusmann, H., Blümcke, I., Bidlingmaier, F., Stoffel-Wagner, et al. (2000). Androgen receptor mRNA expression in the human hippocampus. *Neuroscience Letters, 294,* 25-28.

Bhalla, R., Moraille-Bhalla, P., & Aronson, S. (2010). *Depression*. Retrieved March 15, 2010 from http://emedicine.medscape.com/article/286759-overview

Bhugra, D. (2005). The global prevalence of schizophrenia. *Public Library of Science, 5.* [Online only, no pages.] Retrieved July 18, 2006, from http://medicine.plosjournals.org/perlserv?request=getdocument&doi=10.1371/journal.pmed.0020151

Bienenfeld, D. (2013). *Personality disorders*. Retrieved January 26, 2013, from http://emedicine.medscape.com/article/294307-treatment#aw2aab6b6b3

Bienvenu, O., Hettema, J., Neale, M., Prescott, C., & Kendler, K. (2007). Low extraversion and high neuroticism as indices of genetic and environmental risk for social phobia, agoraphobia, and animal phobia. *American Journal of Psychiatry*, *164*, 1714-1721.

Bierman, A., Fazio, & Milkie, M. (2006). A multifaceted approach to the mental health advantage of the married: Assessing how explanations vary by outcome measure and unmarried group. *Journal of Family Issues, 27,* 554-582.

Birren, J. E., & Fisher, L. M. (1995). Aging and speed of behavior: Possible consequences for psychological functioning. *Annual Review of Psychology, 46,* 329-353.

Bissing-Olson, M., Iyer, A., Fielding, K., & Zacher, H. (2013). Relationships between daily affect and pro-environmental behavior at work: The moderating role of pro-environmental attitude. *Journal of Organizational Behavior*, *34*, 156-175.

Bitter, S., Mills, N., Adler, C., Strakowski, S., & DelBello, M. (2011). Progression of amygdala volumetric abnormalities in adolescents after their first manic episode. *Journal of the American Academy of Child & Adolescent Psychiatry*, *50*, 1017-1026.

Blake, K., & Davis, V. (2011). Adolescent medicine. In K. Marcdante, R. Kliegman, H. Jenson, & R. Behrman (Eds.) *Nelson essentials of pediatrics* (6th ed.). (pp. 265-284). Philadelphia, PA, USA: Saunders/Elsevier, Inc.

Blasco-Fontecilla, H., Delgado-Gomez, D., Legido-Gil, T., de Leon, J., Perez-Rodriguez, M., & Baca-Garcia, E. (2012). Can the Homes-Rahe social readjustment rating scale (SRRS) be used as a suicide risk scale? An exploratory study. *Archives of Suicide Research*, *16*, 13-28.

Blatt, S. J., Sanislow, C. A., III, Zuroff, D. C., & Pilkonis, P. A. (1996). Characteristics of effective therapists: Further analyses of data from the National Institute of Mental Health Treatment of Depression Collaborative Research Program. *Journal of Consulting and Clinical Psychology, 64,* 1276-1284.

Blatt, S., Zuroff, D., & Hawley, L. (2009). Factors contributing to sustained therapeutic gain in outpatient treatments of depression. In R. Levy, & J. Ablon (Eds.), *Handbook of evidence-based psychodynamic psychotherapy: Bridging the gap between science and practice* (pp. 279-301). Totowa, NJ: Humana Press.

Blinn-Pike, L., Berger, T., Hewett, J., & Oleson, J. (2004). Sexually abstinent adolescents: An 18-month follow-up. *Journal of Adolescent Research, 19,* 495-511.

Bloom, B. S. (Ed.). (1985). *Developing talent in young people.* New York: Ballantine.

Bloom, B., & Cohen, R. (2007). Summary health statistics for U.S. children: National Health Interview Survey, 2006. *Vital Health Statistics*, *10*, 1-87.

Bloomer, C. M. (1976). *Principles of visual perception.* New York: Van Nostrand Reinhold.

Bobes, J., Gibert, J., Ciudad, A., Alvarez, E., Cañas, F., Carrasco, J., Gascón, J., Gómez, J., & Gutiérrez, M. (2003). Safety and effectiveness of olanzapine versus conventional antipsychotics in the acute treatment of first-episode schizophrenic inpatients. *Progress in Neuro-Psychopharmacology & Biological Psychiatry*, *27*, 473-481.

Bogen, J. E., & Vogel, P. J. (1963). Treatment of generalized seizures by cerebral commissurotomy. *Surgical Forum, 14,* 431.

Bohannon, R., Larkin, P., Cook, A., Gear, J., & Singer, J. (1984). Decrease in timed balance test scores with aging. *Physical Therapy*, *64*, 1067-1070.

Bohn, C., Aderka, I. M., Schreiber, F., Stangier, U., & Hofmann, S. (2013). Sudden gains in cognitive therapy and interpersonal therapy for social anxiety disorder. *Journal of Consulting and Clinical Psychology, 8*, 177-182.

Bohner, G. & Dickel, N. (2011). Attitudes and attitude change. *Annual Review of Psychology*, *62*, 391-417.

Boivin, D. B., Czeisler, C. A., Dijk, DJ., Duffy, J. F., Folkard, S., Minors, D. S., et al. (1997). Complex interaction of the sleep-wake cycle and circadian phase modulates mood in healthy subjects. *Archives of General Psychiatry, 54,* 145-152.

Bonanno, G. A., Keltner, D., Holen, A., & Horowitz, M. J. (1995). When avoiding unpleasant emotions might not be such a bad thing: Verbal-autonomic response dissociation and midlife conjugal bereavement. *Journal of Personality and Social Psychology, 69,* 975-989.

Bonnefond, A., Härmä, M., Hakola, T., Sallinen, M., Kandolin, I., & Virkkala, J. (2006). Interaction of age with shift-related sleep-wakefulness, sleepiness, performance, and social life. *Experimental Aging Research, 32,* 185-208.

Bono, J., Davies, S., & Rasch, R. (2012). Positive traits. In K. Cameron, & G. Spreitzer (Eds.). *The Oxford handbook of positive organizational scholarship*. (pp. 125-137). New York, NY, USA: Oxford University Press.

Bonson, K., Grant, S., Contoreggi, C., Links, J., Metcalfe, J., Weyl, H., et al. (2002). Neural systems and cue-induced cocaine craving. *Neuropsychopharmacology, 26,* 376-386.

Borbely, A. A., Achermann, P., Trachsel, L., & Tobler, I. (1989). Sleep initiation and initial sleep intensity: Interactions of homeostatic and circadian mechanisms. *Journal of Biological Rhythms, 4,* 149-160.

Borden, W. (2009). *Contemporary psychodynamic theory and practice.* Chicago: Lyceum Books.

Borzekowski, D., Fobil, J., & Asante, K. (2006). Online access by adolescents in Accra: Ghanaian teens'use of the Internet for health information. *Developmental Psychology, 42,* 450-458.

Bouchard, T. J., Jr. (1994). Genes, environment, and personality. *Science, 264,* 1700-1701.

Bouchard, T. J., Jr., & McGue, M. (1981). Familial studies of intelligence: A review. *Science, 212,* 1055-1058.

Boul, L. (2003). Men's health and middle age. *Sexualities, Evolution, & Gender, 5,* 5-22.

Boulenger, J., Loft, H., & Florea, I. (2012). A randomized clinical study of Lu AA21004 in the prevention of relapse in patients with major depressive disorder. *Journal of Psychopharmacology*, *26*, 1408-1416.

Bourassa, M., & Vaugeois, P. (2001). Effects of marijuana use on divergent thinking. *Creativity Research Journal, 13,* 411-416.

Boutwell, B., Franklin, C., Barnes, J., & Beaver, K. (2011). Physical punishment and childhood aggression: The role of gender and gene-environment interplay. *Aggressive Behavior*, *37*, 559-568.

Bowden, C., Myers, J., Grossman, F., & Xie, Y. (2004). Risperidone in combination with mood stabilizers: A 10-week continuation phase study in bipolar I disorder. *Journal of Clinical Psychiatry, 65,* 707-714.

Bowen-Reid, T., & Harrell, J. (2002). Racist experiences and health outcomes: An examination of spirituality as a buffer. *Journal of Black Psychology, 28,* 18-36.

Bower, G. H., Thompson-Schill, S., & Tulving, E. (1994). Reducing retroactive interference: An interference analysis. *Journal of Experimental Psychology: Learning, Memory, and Cognition, 20,* 51-66.

Bowers, K. S. (1992). Imagination and dissociative control in hypnotic responding. *International Journal of Clinical and Experimental Hypnosis, 40,* 253-275.

Bowers, K. S., & Woody, E. Z. (1996). Hypnotic amnesia and the paradox of intentional forgetting. *Journal of Abnormal Psychology, 105,* 381-390.

Bowers, M., Choi, D., & Ressler, K. (2012). Neuropeptide regulation of fear and anxiety: Implications of cholecystokinin, endogenous opioids, and neuropeptide Y. *Physiology & Behavior*, *107*, 699-710.

Boyce, J., & Shone, G. (2006). Effects of aging on smell and taste. *Postgraduate Medical Journal*, *82*, 239-241.

Boykin, S., Diez-Roux, A., Carnethon, M., Shrager, S., Ni, H., & Whitt-Glover, M. (2011). Racial/ethnic heterogeneity in the socioeconomic patterning of CVD risk factors in the United States: The multi-ethnic study of atherosclerosis. *Journal of Health Care for the Poor and Underserved*, *22*, 111-127.

Bozorg, A., & Benbadis, S. (2009). *Narcolepsy*. Retrieved February 5, 2010 from http://emedicine.medscape.com/article/1188433-overview.

Brackbill, R., Hadler, J., DiGrande, L., Ekenga, C., Farfel, M., Friedman, S., Perlman, S., Stellman, S., Walker, D., Wu, D., Yu, S., & Thorpe, L.(2009). Asthma and posttraumatic stress symptoms 5 to 6 years following exposure to the World Trade Center terrorist attack. *JAMA: Journal of the American Medical Association*, *302*, 502-516.

Brain imaging and psychiatry—Part I. (1997, January). *Harvard Mental Health Letter, 13*(7), 1-4.

Brakemeier, E., & Fraw, L. (2012). Interpersonal psychotherapy (IPT) in major depressive disorder. *European Archives of Psychiatry and Clinical Neuroscience*, *262*, 117-121.

Brand, B., McNary, S., Myrick, A., Classen, C., Lanius, R., Loewenstein, R., Pain, C., & Putnam, F. (2012). *Psychological Trauma: Theory, Research, Practice, and Policy*, *4*, 490-500.

Brannon, L., & Feist, J. (2010). *Health psychology: An introduction to behavior and health* (7th ed.). Wadsworth Publishing.

Brasic, J. (2012). *Tardive dyskinesia*. Retrieved January 27, 2013, from http://emedicine.medscape.com/article/1151826-overview

Brasic, R., & Kao, A. (2011). *PET scanning in autism spectrum disorder*. Retrieved October 21, 2012, from http://emedicine.medscape.com/article/1155568-overview#a1.

Brawman-Mintzer, O., & Lydiard, R. B. (1996). Generalized anxiety disorder: Issues in epidemiology. *Journal of Clinical Psychiatry, 57*(7, Suppl.), 3-8.

Brawman-Mintzer, O., & Lydiard, R. B. (1997). Biological basis of generalized anxiety disorder. *Journal of Clinical Psychiatry, 58*(3, Suppl.), 16-25.

Bray, G. A., & Tartaglia, L. A. (2000). Medicinal strategies in the treatment of obesity. *Nature, 404,* 672-677.

Bredemeier, K., & Simons, D. (2012). Working memory and inattentional blindness. *Psychonomic Bulletin & Review*, *9*, 239-244.

Bremner, J., & Vermetten, E. (2007). Psychiatric approaches to dissociation: Integrating history, biology, and clinical assessment. In E. Vermetten, M. Dorahy, & D. Spiegel (Eds.). *Traumatic dissociation: Neurobiology and treatment*. (pp. 239-258). Arlington, VA, USA: American Psychiatric Publishing, Inc.

Brenner, I. (2009). A new view from the Acropolis: Dissociative identity disorder. *Psychoanalytic Quarterly*, *78*, 57-105.

Brent, D. A., Bridge, J., Johnson, B. A., & Connolly, J. (1996). Suicidal behavior runs in families: A controlled family study of adolescent suicide victims. *Archives of General Psychiatry, 53,* 1145-1152.

Brent, D., Oquendo, M., Birmaher, B., Greenhill, L., Kolko, D., Stanley, B., et al. (2002). Familial pathways to early-onset suicide attempt. *Archives of General Psychiatry, 59,* 801.

Bressan, P., & Pizzighello, S. (2008). The attentional cost of inattentional blindness. *Cognition*, *106*, 379-383.

Brewer, W. F. (1992). The theoretical and empirical status of the flashbulb memory hypothesis. In E. Winograd, & U. Neisser (Eds.), *Affect and accuracy in recall* (pp. 274-305). Cambridge, UK: Cambridge University Press.

Brewer, N., Weber, N., Wootton, D., & Lindsay, D. (2012). Identifying the bad guy in a lineup using confidence judgments under deadline pressure. *Psychological Science*, *23*, 1208-1214.

Brighton, H., & Gigerenzer, G. (2012). How heuristics handle uncertainty. In P. Todd & G. Gigerenzer (Eds.) *Ecological rationality: Intelligence in the world*. (pp. 33-60). New York, NY, USA: Oxford University Press, ABC Research Group.

BrightRoll, Inc. (2012). *Digital video 2012*. Retrieved February 22, 2013, from http://marketing.btrll.com/research/reports/agency_survey/us/2012/BrightRollUS_VideoAdvertisingReport_2012.pdf

Britt, R. (2006). *Sound science: Pete Townshend blames headphones for hearing loss*. Retrieved December 13, 2006, from http://www.foxnews.com/story/0,2933.180844,00.html

Brody, L. R. (1985). Gender differences in emotional development: A review of theories and research. *Journal of Personality, 53,* 102-149.

Brooks-Gunn, J., & Furstenberg, F. F. (1989). Adolescent sexual behavior. *American Psychologist, 44,* 249-257.

Brown, G. W., Harris, T. O., & Hepworth, C. (1994). Life events and endogenous depression: A puzzle reexamined. *Archives of General Psychiatry, 51,* 525-534.

Brown, R. (1973). *A first language: The early stages*. Cambridge, MA: Harvard University Press.

Brown, R., & Kulik, J. (1977). Flashbulb memories. *Cognition, 5,* 73-99.

Brown, R., & McNeil, D. (1966). The "tip of the tongue"phenomenon. *Journal of Verbal Learning and Verbal Behavior, 5,* 325-337.

Brown, R., Cazden, C., & Bellugi, U. (1968). The child's grammar from I to III. In J. P. Hill (Ed.), *Minnesota symposium on child psychology* (Vol. 2, pp. 28-73). Minneapolis: University of Minnesota Press.

Brown, T. (2007). Relationships among dimension of temperament and DSM-IV anxiety and mood disorder constructs. *Journal of Abnormal Psychology*, *116*, 313-328.

Bruch, M., Fallon, M., & Heimberg, R. (2003). Social phobia and difficulties in occupational adjustment. *Journal of Counseling Psychology, 50,* 109-117.

Brundage, S. (2002). *Preconception health care*. Retrieved November 30, 2006, from http://www.aafp.org/afp/20020615/2507.html

Brunetti, A., Carta, P., Cossu, G., Ganadu, M., Golosio, B., Mura, G., et al. (2002). A real-time classification system of thalassemic pathologies based on artificial neural networks. *Medical Decision Making, 22,* 18-26.

Bruno-Petrina, A. (2009). *Motor recovery in stroke*. Retrieved January 15, 2010 from http://emedicine.medscape.com/article/324386-overview.

Bryant, R., & Das, P. (2012). The neural circuitry of conversion disorder and its recovery. *Journal of Abnormal Psychology*, *121*, 289-296.

Buchanan, N., & Fitzgerald, L. (2008). Effects of racial and sexual harassment on work and the psychological well-being of African American women. *Journal of Occupational Health Psychology*, *13*, 137-151.

Buchert, S., Laws, E., Apperson, J., & Bregman, N. (2008). First impressions and professor reputation: Influence on student evaluations of instruction. *Social Psychology of Education, 11,* 397–408.

Buckingham, H. W., Jr., & Kertesz, A. (1974). A linguistic analysis of fluent aphasics. *Brain and Language, 1,* 29–42.

Buhusi, C., & Meck, W. (2002). Differential effects of methamphetamine and haloperidol on the control of an internal clock. *Behavioral Neuroscience, 116,* 291–297.

Buller, D. B., Burgoon, M., Hall, J. R., Levine, N., Taylor, A. M., Beach, B. H., et al. (2000). Using language intensity to increase the success of a family intervention to protect children from ultraviolet radiation: Predictions from language expectancy theory. *Preventive Medicine, 30,* 103–113.

Burke, A., Heuer, F., & Reisberg, D. (1992). Remembering emotional events. *Memory and Cognition, 20,* 277–290.

Burriss, R., Roberts, S., Welling, L., Puts, D., & Little, A. (2011). Heterosexual romantic couples mate assortatively for facial symmetry, but not masculinity. *Personality and Social Psychology Bulletin, 37,* 601–613.

Burton, D. (2003). Male adolescents: Sexual victimization and subsequent sexual abuse. *Child & Adolescent Social Work Journal, 20,* 277–296.

Burton, C., & Plaks, J. (2013). Lay theories of personality as cornerstones of meaning. In K. Markman, T. Proulx, & M. Lindberg,(Eds.). *The psychology of meaning.* (pp. 115–133). Washington, DC, USA: American Psychological Association.

Bushman, B. (2002). Does venting anger feed or extinguish the flame? Catharsis rumination, distraction, anger and aggressive responding. *Personality & Social Psychology Bulletin, 28,* 724–731.

Bushman, B. J. (1995). Moderating role of trait aggressiveness in the effects of violent media on aggression. *Journal of Personality and Social Psychology, 69,* 950–960.

Bushman, B., & Cantor, J. (2003). Media ratings for violence and sex: Implications for policymakers and parents. *American Psychologist, 58,* 130–141.

Bushman, B., & Huesmann, L. (2012). Effects of violent media on aggression. In D. Singer & J. Singer (Eds). *Handbook of children and the media* (2nd edition). (pp. 231–248). Thousand Oaks, CA, USA: Sage Publications, Inc.

Busnel, M. C., Granier-Deferre, C., & Lecanuet, J. P. (1992). Fetal audition. *Annals of the New York Academy of Sciences, 662,* 118–134.

Buss, D., Larsen, R., Westen, D., & Semmelroth, J. (1992). Sex differences in jealousy: Evolution, physiology, and psychology. *Psychological Science, 3,* 251–255.

Buss, D. M. (1984). Marital assortment for personality dispositions: Assessment with three different data sources. *Behavioral Genetics, 14,* 111–123.

Buss, D. M. (1994). The strategies of human mating. *American Scientist, 82,* 238–249.

Buss, D. M. (1999). *Evolutionary psychology: The new science of the mind.* Boston: Allyn & Bacon.

Buss, D. M. (2000a). *The dangerous passion: Why jealousy is as necessary as sex and love.* New York: Free Press.

Buss, D. M. (2000b). Desires in human mating. *Annals of the New York Academy of Sciences, 907,* 39–49.

Buss, D. M., Abbott, M., Angleitner, A., Asherian, A., Biaggio, A., Blanco-Villasenor, A., et al. (1990). International preferences in selecting mates: A study of 37 cultures. *Journal of Cross-Cultural Psychology, 21,* 5–47.

Buss, D. M., Shackelford, T., Kirkpatrick, L., & Larsen, R. (2001). A half century of mate preferences: The cultural evolution of values. *Journal of Marriage and the Family, 63,* 491–503.

Buss, D., & Shackelford, T. (2008). Attractive women want it all: Good genes, economic investment, parenting proclivities, and emotional commitment. *Evolutionary Psychology, 6,* 134–146.

Bussey, K., & Bandura, A. (1999). Social cognitive theory of gender development and differentiation. *Psychological Review, 106,* 676–713.

Butcher, J. N., & Graham, J. R. (1989). *Topics in MMPI-2 interpretation.* Minneapolis: Department of Psychology, University of Minnesota.

Butcher, J. N., Dahlstrom, W. G., Graham, J. R., Tellegen, A., & Kaemmer, B. (1989). *Manual for the restandardized Minnesota Multiphasic Personality Inventory: MMPI-2. An administrative and interpretive guide.* Minneapolis: University of Minnesota Press.

Butler, L., Waelde, L., Hastings, T., Chen, X., Symons, B., Marshall, J., Kaufman, A., & Nagy, T. (2008). Meditation with yoga, group therapy with hypnosis, and psychoeducation for long-term depressed mood: A randomized pilot trial. *Journal of Clinical Psychology, 64,* 806–820.

Byne, W. (1993). *Sexual orientation and brain structure: Adding up the evidence.* Paper presented at the annual meeting of the International Academy of Sex Research. Pacific Grove, CA.

Cabral, R., & Smith, T. (2011). Racial/ethnic matching of clients and therapists in mental health services: A meta-analytic review of preferences, perceptions, and outcomes. *Journal of Counseling Psychology, 58,* 537–554.

Caby'oglu, M., Ergene, N., & Tan, U. (2006). The mechanism of acupuncture and clinical applications. *International Journal of Neuroscience, 116,* 115–125.

Cahn, B., & Polich, J. (2006). Meditation states and traits: EEG, ERP, and neuroimaging studies. *Psychological Bulletin, 132,* 180–211.

Calhoun, S., & Dickerson Mayes, S. (2005). Processing speed in children with clinical disorders. *Psychology in the Schools, 42,* 333–343.

Calton, T., & Spandler, H. (2009). Minimal-medication approaches to treating schizophrenia. *Advances in Psychiatric Treatment, 15,* 209–217.

Camerer, C. (2005). Three cheers—psychological, theoretical, empirical—for loss aversion. *Journal of Marketing Research, 42,* 129–133.

Camp, D. S., Raymond, G. A., & Church, R. M. (1967). Temporal relationship between response and punishment. *Journal of Experimental Psychology, 74,* 114–123.

Campbell, F., & Ramey, C. (1994). Effects of early intervention on intellectual and academic achievement: A follow-up study of children from low-income families. *Child Development, 65,* 684–698.

Campbell, F., Pungello, E., Burchinal, M., Kainz, K., Pan, Y., Wasik, B., Barbarin, O., Sparling, J., & Ramey, C. (2012). Adult outcomes as afunction of an early childhood educational program: An Abecedarian Project follow-up. *Developmental Psychology, 48,* 1033–1043.

Campbell, P., & Dhand, R. (2000). Obesity. *Nature, 404,* 631.

Cannon, T. D., Kaprio, J., Lönnqvist, J., Huttunen, M., & Koskenvuo, M. (1998). The genetic epidemiology of schizophrenia in a Finnish twin cohort: A population-based modeling study. *Archives of General Psychiatry, 55,* 67–74.

Cannon, W. B. (1927). The James-Lange theory of emotions: A critical examination as an alternative theory. *American Journal of Psychology, 39,* 106–112.

Cannon, W. B. (1929). *Bodily changes in pain, hunger, fear and rage* (2nd ed.). New York: Appleton.

Cannon, W. B. (1935). Stresses and strains of homeostasis. *American Journal of Public Health, 189,* 1–14.

Capel, B. (2000). The battle of the sexes. *Mechanisms of Development, 92,* 89–103.

Caramaschi, D., de Boer, S., & Koolhaas, J. (2008). Is hyper-aggressiveness associated with physiological hypoarousal? A comparative study on mouse lines selected for high and low aggressiveness. *Physiology & Behavior, 95,* 591–598.

Cardoso, S. H., de Mello, L. C., & Sabbatini, R. M. E. (2000). How nerve cells work. Retrieved June 10, 2007 from http://www.cerebromente.org.br/n10/fundamentos/pot2_i.htm.org.br/cm/n09/fundamentos/transmissao/voo_i.htm

Carlat, D. J., Camargo, C. A., Jr., & Herzog, D. B. (1997). Eating disorders in males: A report on 135 patients. *American Journal of Psychiatry, 154,* 1127–1132.

Carlsson, I., Wendt, P. E., & Risberg, J. (2000). On the neurobiology of creativity. Differences in frontal activity between high and low creative subjects. *Neuropsychologia, 38,* 873–885.

Carnagey, N., & Anderson, C. (2004). Violent video game exposure and aggression: A literature review. *Minerva Psychiatrica, 45,* 1–18.

Carnagey, N., Anderson, C., & Bushman, B. (2007). The effect of video game violence on physiological desensitization to real-life violence. *Journal of Experimental Social Psychology, 43,* 489–496.

Carpenter, S. (2001). Sights unseen. *Monitor on Psychology, 32* [Electronic version]. Retrieved May 13, 2003, from http://www.apa.org/monitor/apr01/blindness.html

Carpentier, P., de Jong, C., Dijkstra, B., Verbrugge, C., & Krabbe, P. (2005). A controlled rial of methylphenidate in adults with attention deficit/hyperactivity disorder and substance use disorders. *Addiction, 100,* 1868–1874.

Carr, A. (2009). The effectiveness of family therapy and systemic interventions for child-focused problems. *Journal of Family Therapy, 31,* 3–45.

Carriba, P., Pardo, L., Parra-Damas, A., Lichtenstein, M., Saura, C., Pujol, A., Masgrau, R., & Galea, E. (2012). ATP and noradrenaline activate CREB in astrocytes via noncanonical Ca2_ and cyclic AMP independent pathways. *Glia, 60,* 1330–1344.

Carroll, M., & Perfect, T. (2002). Students'experiences of unconscious plagiarism: Did I beget or forget? In T., Perfect, & B. Schwartz (Eds.), *Applied metacognition* (pp. 146–166). New York: Cambridge University press.

Carskadon, M., Wolfson, A., Acebo, C., Tzischinsky, O., & Seifer, R. (1998). Adolescent sleep patterns, circadian timing, and sleepiness at a transition to early school days. *Sleep: Journal of Sleep Research & Sleep Medicine, 21,* 871–881.

Carson, R., Butcher, J., & Mineka, S. (2000). *Abnormal psychology and modern life* (11th ed.). Boston: Allyn & Bacon.

Carver, C. S., Pozo, C., Harris, S. D., Noriega, V., Scheier, M. F., Robinson, D. S., et al. (1993). How coping mediates the effect of optimism on distress: A study of women with early stage breast cancer. *Journal of Personality and Social Psychology, 65,* 375–390.

Cary, P. (2006). *The marijuana detection window.* Retrieved November 10, 2012, from http://www.ndci.org/sites/default/files/ndci/THC_Detection_Window_0.pdf

Casey, B. (2013). Individual and group differences in spatial ability. In D. Waller & L. Nadel (Eds). *Handbook of spatial cognition.* (pp. 117–134). Washington, DC, USA: American Psychological Association.

Cash, T. F., & Janda, L. H. (1984, December). The eye of the beholder. *Psychology Today, 46*–52.

Caspi, A., Lynam, D., Moffitt, T. E., & Silva, P. A. (1993). Unraveling girls' delinquency: Biological, dispositional, and contextual contributions to adolescent misbehavior. *Developmental Psychology, 29,* 19–30.

Cassell, M., Halperin, D., Shelton, J., & Stanton, D. (2006). Risk compensation: The Achilles'heel of innovations in HIV protection? *British Medical Journal, 332,* 605–607.

Castellini, G., Polito, C., Bolognesi, E., D'Argenio, A., Ginestroni, A., Mascalchi, M., Pellicanò, G., Mazzoni, L. N., Rotella, F., Faravelli, C., Pupi, A, & Ricca, V. (2013). Looking at my body. Similarities and differences between anorexia nervosa patients and controls in body image visual processing. *European Psychiatry* [in press].

Cattell, H., & Mead, A. (2008). The sixteen personality factor questionnaire (16PF). In G. Boyle, G. Matthews, & D. Saklofske (Eds.). *The Sage handbook of personality theory and assessment, Vol. 2: Personality measurement and testing.* (pp. 135–159). Thousand Oaks, CA, USA: Sage Publications.

Cattell, R. B. (1950). *Personality: A systematic, theoretical, and factual study.* New York: McGraw-Hill.

Cattell, R. B., Eber, H. W., & Tatsuoka, M. M. (1977). *Handbook for the 16 personality factor questionnaire.* Champaign, IL, USA: Institute of Personality and Ability Testing.

Cattell, R., & Schuerger, J. (2003). *Essentials of 16PF assessment.* New York: John Wiley & Sons.

Cattell, R., Cattell, A., & Cattell, H. (2003). *The 16PF select manual.* Champaign, IL: Institute for Personality and Ability Testing.

Cavanaugh, S. (2004). The sexual debut of girls in early adolescence: The intersection of race, pubertal timing, and friendship group. *Journal of Research on Adolescence, 14,* 285–312.

Centers for Disease Control (CDC). (2008). *About the childhood lead poisoning prevention program.* Retrieved May 8, 2009 from http://www.cdc.gov/nceh/lead/about/program.htm

Centers for Disease Control (CDC). (2008). *Youth risk behavior surveillance: United States, 2007.* Retrieved February 27, 2010 from http://www.cdc.gov/mmwr/PDF/ss/ss5704.pdf

Centers for Disease Control (CDC). (2009). *Sexually transmitted diseases surveillance: National Profile.* Retrieved March 12, 2010 from http://www.cdc.gov/std/stats08/surv2008-NationalProfile.pdf

Centers for Disease Control (CDC) (2012a). *HIV surveillance-Epidemiology of HIV infection (through 2010).* Retrieved January 7, 2013, from http://www.cdc.gov/hiv/topics/surveillance/resources/slides/general/index.htm

Centers for Disease Control (2012b). *Second-hand smoke facts.* Retrieved January 8, 2013, from http://www.cdc.gov/tobacco/data_statistics/fact_sheets/secondhand_smoke/general_facts/index.htm

Centers for Disease Control. (2012c). *Sexually transmitted disease surveillance 2011.* Retrieved January 8, 2013, from http://www.cdc.gov/std/stats11/Surv2011.pdf

Centers for Disease Control (2012d). *Genital herpes fact sheet.* Retrieved January 8, 2013, from http://www.cdc.gov/std/herpes/stdfact-herpes.htm

Centers for Disease Control (2012e). *Genital HPV infection fact sheet.* Retrieved January 8, 2013, from http://www.cdc.gov/std/HPV/STDFact-HPV.htm

Centers for Disease Control (2012f). *HIV surveillance report.* Retrieved January 8, 2013, from http://www.cdc.gov/hiv/surveillance/resources/reports/2010supp_vol17no3/pdf/hssr_vol_17_no_3.pdf#page=21

Centers for Disease Control and Prevention (CDC). (1999). *Physical activity and health.* Retrieved January 29, 2003, from http://www.cdc.gov/needphp/sgr/ataglan.htm

Centers for Disease Control and Prevention (CDC). (2002). Nonfatal self-inflicted injuries treated in hospital emergency departments—United States, 2000. *Morbidity & Mortality Weekly Report, 51,* 436–438.

Centers for Disease Control and Prevention (CDC). (2006b). Growing stronger: Strength training for older adults. Retrieved July 7, 2006 from http://www.cdc.gov/nccdphp/dnpa/physical/growing_stronger/index.htm

Centers for Disease Control and Prevention (CDC). (2006e). Quick stats: General information on alcohol use and health. Retrieved July 7, 2006 from http://www.cdc.gov/alcohol/quickstats/general_info.htm

Chabris, C., & Simons, D. (2010). *The invisible gorilla: And other ways our intuitions deceive us.* New York, NY, USA: Crown Publishers/Random House.

Chaitow, L., & DeLany, J. (2002). *Clinical application of neuromuscular techniques.* London: Elsevier Science Limited.

Chamley, C., Carson, P., Randall, D., & Sandwell, M. (2005). *Developmental anatomy and physiology of children.* Edinburgh, Scotland, UK: Elsevier Churchill Livingstone.

Chamorro-Premuzic, T., & Furnham, A. (2003). Personality predicts academic performance: Evidence from two longitudinal university samples. *Journal of Research in Personality, 37,* 319–338.

Chan, J., Thomas, A., & Bulevich, J. (2009). Recalling a witnessed event increases eyewitness suggestibility: The reversed testing effect. *Psychological Science, 20,* 66–73.

Chang, F., & Burns, B. (2005). Attention in preschoolers: Associations with effortful control and motivation. *Child Development, 76,* 247–263.

Chao, R. (2001). Extending research on the consequences of parenting style for Chinese Americans and European Americans. *Child Development, 72,* 1832–1843.

Chao, R., & Aque, C. (2009). Interpretations of parental control by Asian immigrant and European American youth. *Journal of Family Psychology, 23,* 342–354.

Chaplin, W. F., Philips, J. B., Brown, J. D., Clanton, N. R., & Stein, J. L. (2000). Handshaking, gender, personality, and first impressions. *Journal of Personality and Social Psychology, 19,* 110–117.

Charles, S., Mather, M., & Carstensen, L. (2003). Aging and emotional memory: The forgettable nature of negative images for older adults. *Journal of Experimental Psychology, 132,* 310–324.

Charness, N. (1989). Age and expertise: Responding to Talland's challenge. In L. W. Poon, D. C. Rubin, & B. A. Wilson (Eds.), *Everyday cognition in adulthood and old age* (pp. 437–456). New York: Cambridge University Press.

Chart, H., Grigorenko, E., & Sternberg, R. (2008). Identification: The Aurora battery. In J., Plucker & C. Callahan (Eds.), *Critical issues and practices in gifted education: What the research says* (pp. 281–301). Waco, TX: Prufrock Press.

Chase, W. G., & Simon, H. A. (1973). Perception in chess. *Cognitive Psychology, 4,* 55–81.

Chassin, L., Presson, C., Sherman, S., & Kim, K. (2003). Historical changes in cigarette smoking and smoking-related beliefs after 2 decades in a midwestern community. *Health Psychology, 22,* 347–353.

Chee, M., Tan, J., Zheng, H., Parimal, S., Weissman, D., Zagorodnov, V., & Dinges, D. (2008). Lapsing during sleep deprivation is associated with distributed changes in brain activation. *Journal of Neuroscience, 28,* 5519–5528.

Cherry, E. (1953). Some experiments on the recognition of speech with one and two ears. *Journal of the Acoustical Society of America, 25,* 975–979.

Chilosi, A., Cipriani, P., Bertuccelli, B., Pfanner, L., & Cioni, G. (2001). Early cognitive and communication development in children with focal brain lesions. *Journal of Child Neurology, 16,* 309–316.

Chiu, C., Yeh, Y., Ross, C., Lin, S., Huang, W., & Hwu, H. (2012). Recovered memory experience in a nonclinical sample is associated with dissociation rather than with aversive experiences. *Psychiatry Research, 197,* 265–269.

Cho, K. (2001). Chronic "jet lag"produces temporal lobe atrophy and spatial cognitive deficits. *Nature Neuroscience, 4,* 567–568.

Cho, K., Ennaceur, A., Cole, J., & Kook Suh, C. (2000). Chronic jet lag produces cognitive deficits. *Journal of Neuroscience, 20,* RC66.

Cho, S., Ku, J., Park, J., Han, K., Lee, H., Choi, Y., Jung, Y., Namkoong, K., Kim, J., Kim, I., Kim, S., & Shen, D. (2008). Development and verification of an alcohol craving-induction tool using virtual reality: Craving characteristics in social pressure situations. *CyberPsychology & Behavior, 11,* 302–309.

Choca, J. (2013). *The Rorschach Inkblot Test: An interpretive guide for clinicians.* Washington, DC, USA: American Psychological Association.

Choi, H., & Smith, S. (2005). Incubatin and the resolution of tip-of-the-tongue states. *Journal of General Psychology, 132,* 365–376.

Choi, I., Dalal, R., Kim-Prieto, C., & Park, H. (2003). Culture and judgment of causal relevance. *Journal of Personality & Social Psychology, 84,* 46–59.

Choi, J., & Silverman, I. (2002). The relationship between testosterone and route-learning strategies in humans. *Brain & Cognition, 50,* 116–120.

Chollar, S. (1989). Conversation with the dolphins. *Psychology Today, 23,* 52–57.

Chomsky, N. (1957). *Syntactic structures.* The Hague: Mouton.

Chomsky, N. (1968). *Language and mind.* New York: Harcourt, Brace & World.

Chowdhury, R., Ferrier, I., & Thompson, J. (2003). Cognitive dysfunction in bipolar disorder. *Current Opinion in Psychiatry, 16,* 7–12.

Christensen, A., Atkins, D., Berns, S., Wheeler, J., Baucom, D., & Simpson, L. (2004). Traditional versus integrative behavioral couple therapy for significantly and chronically distressed married couples. *Journal of Consulting and Clinical Psychology, 72,* 176–191.

Christianson, S-Å. (1992). Emotional stress and eyewitness memory: A critical review. *Psychological Bulletin, 112,* 284–309.

Church, R. M. (1963). The varied effects of punishment on behavior. *Psychological Review, 70,* 369–402.

Cialdini, R. B., Cacioppo, J. T., Basset, R., & Miller, J. A. (1978). Low-ball procedure for producing compliance: Commitment then cost. *Journal of Personality and Social Psychology, 36,* 463–476.

Cialdini, R. B., Vincent, J. E., Lewis, S. K., Catalan, J., Wheeler, D., & Darby, B. L. (1975). Reciprocal concessions procedure for inducing compliance: The door-in-the-face technique. *Journal of Personality and Social Psychology, 31,* 206–215.

Clark, D., & Beck, A. (2010). *Cognitive therapy of anxiety disorders: Science and practice.* New York: Guilford Press.

Clark, L., Bechara, A., Damasio, H., Atiken, M., Sahakian, B., & Robbins, T. (2008). Differential effects of insular and ventromedial prefrontal cortex lesions on risky decision-making. *Brain: A Journal of Neurology, 131,* 1311–1322.

Clark, L., Watson, D., & Reynolds, S. (1995). Ciagnosis and classification of psychopathology: Challenges to the current system and future directions. *Annual Review of Psychology, 46,* 121–153.

Clark, M. (2009). Suppose Freud had chosen Orestes instead. *Journal of Analytical Psychology, 54,* 233–252.

Clay, R. (2003). Researchers replace midlife myths with facts. *APA Monitor on Psychology, 34,* 36.

Cloninger, C. R., Sigvardsson, S., Bohman, M., & von Knorring, A. L. (1982). Predispositions to petty criminality in Swedish adoptees, II. Cross-fostering analysis of gene-environment interaction. *Archives of General Psychiatry, 39,* 1242–1249.

Cloos, J., & Ferreira, V. (2009). Current use of benzodiazepines in anxiety disorders. *Current Opinion in Psychiatry, 22,* 90–95.

CNN.com. (February 16, 2003). *Fatal shooting caught on tape.* Retrieved February 17, 2003, from http://www.cnn.com/2003/US/South/02/16/gas.shooting.ap/index.html

Codina, C., Pascalis, O., Mody, C., Toomey, P., Rose, J., Gummer, L., & Buckley, D. (2011). Visual advantage in deaf adults linked to retinal changes. *PLoS ONE, 6,* e20417.

Cohen, H., & Amerine-Dickens, M., & Smith, T. (2006). Early intensive behavioral treatment: Replication of the UCLA model in a community setting. *Journal of Developmental & Behavioral Pediatrics, 27,* S145–S155.

Cohen, R., & Stussman, B. (2010). *Health information technology use among men and women aged 18–64: Early release of estimates from the National Health Interview Survey, January-June 2009.* Retrieved March 12, 2010 from http://www.cdc.gov/nchs/data/hestat/healthinfo2009/healthinfo2009.htm

Cohen, S., Doyle, W. J., Skoner, D. P., Rabin, B. S., & Gwaltney, J. M., Jr. (1997). Social ties and susceptibility to the common cold. *Journal of the American Medical Association, 277,* 1940–1944.

Cohen, S., Doyle, W., & Baum, A. (2006). Socioeconomic status is associated with stress hormones. *Psychosomatic Medicine, 68,* 414–420.

Cohen, S., Janicki-Deverts, D., Doyle, W., Miller, G., Frank, E., Rabin, B., & Turner, R. (2012). Chronic stress, glucocorticoid receptor resistance, inflammation, and disease risk. *Proceedings of the National Academies of Science, 109,* 5995–5999.

Colburn, H., Shinn-Cunningham, B., Kidd, G., & Durlach, N. (2006). The perceptual consequences of binaural hearing. *International Journal of Audiology, 45,* S34–S44.

Colby, A., Kohlberg, L., Gibbs, J., & Lieberman, M. (1983). A longitudinal study of moral judgment. *Monographs of the Society for Research in Child Development, 48*(1–2, Serial No. 200).

Cole, R., Smith, J., Alcala, Y., Elliott, J., & Kripke, D. (2002). Bright-light mask treatment of delayed sleep phase syndrome. *Journal of Biological Rhythms, 17,* 89–101.

Collaer, M. L., & Hines, M. (1995). Human behavioral sex differences: A role for gonadal hormones during early development. *Psychological Bulletin, 118,* 55–107.

Colwell, J., & Payne, J. (2000). Negative correlates of computer game play in adolescents. *British Journal of Psychology, 91*(Pt. 3), 295–310.

Condon, W. S., & Sander, L. W. (1974). Neonatal movement is synchronized with adult speech: Interactional participation and language acquisition. *Science, 183,* 99–101.

Coney, J., & Fitzgerald, J. (2000). Gender differences in the recognition of laterally presented affective nouns. *Cognition and Emotion, 14,* 325–339.

Conger, A., Dygdon, J., & Rollock, D. (2012). Conditioned emotional responses in racial prejudice. *Ethnic and Racial Studies*, *35*, 298–319.

Consumer Reports. (1995, November). Mental health: Does therapy help?, 734–739.

Consumer Reports. (2012). *10 surprising dangers of vitamins and supplements*. Retrieved January 8, 2013, from http://www.consumerreports.org/cro/magazine/2012/09/10-surprising-dangers-of-vitamins-and-supplements/index.htm

Corenblum, B., & Meissner, C. (2006). Recognition of faces of ingroup and outgroup children and adults. *Journal of Experimental Child Psychology, 93,* 187–206.

Corker, K., Oswald, F., & Donnellan, M. (2012). Conscientiousness in the classroom: A process explanation. *Journal of Personality*, *80*, 995–1028.

Costa, P. T., Jr., & McCrae, R. R. (1985). *The NEO Personality Inventory.* Odessa, FL: Psychological Assessment Resources.

Costa, P., & McCrae, R. (2009). The five-factor model and the NEO Inventories. In J. Butcher (Ed.), *Oxford handbook of personality assessment*, Oxford Library of Psychology (pp. 299–322). New York: Oxford University Press.

Courage, M. L., & Adams, R. J. (1990). Visual acuity assessment from birth to three years using the acuity card procedures: Cross-sectional and longitudinal samples. *Optometry and Vision Science, 67,* 713–718.

Cowan, N. (1988). Evolving conceptions of memory storage, selective attention, and their mutual constraints within the human information processing system. *Psychological Bulletin, 104*, 163–191.

Coyne, S., Archer, J., & Eslea, M. (2004). Cruel intentions on television and in real life: Can viewing indirect aggression increase viewers' subsequent indirect aggression? *Journal of Experimental Child Psychology, 88,* 234–253.

Craighead, W., Craighead, L., Ritschel, L., & Zagoloff, A. (2013). Behavior therapy and cognitive-behavioral therapy. In G. Stricker, T. Widiger, & I. Weiner. (Eds). *Handbook of psychology, Vol. 8: Clinical psychology* (2nd ed.). (pp. 291–319). Hoboken, NJ, USA: John Wiley & Sons, Inc.

Craik, F., & Bialystok, E. (2010). Bilingualism and aging: Costs and benefits. In L., Bäckman & L. Nyberg (Eds.), *Memory, aging and the brain: A Festschrift in honour of Lars-Göran Nilsson* (pp. 115–131). New York: Psychology Press.

Craik, F. I. M., & Lockhart, R. S. (1972). Levels of processing: A framework for memory research. *Journal of Verbal Learning and Verbal Behavior, 11,* 671–684.

Craik, F. I. M., & Tulving, E. (1975). Depth of processing and the retention of words in episodic memory. *Journal of Experimental Psychology: General, 104,* 268–294.

Crano, W., & Prislin, R. (2006). Attitudes and persuasion. *Annual Review of Psychology*, *57*, 345–374.

Crits-Christoph, P., Gibbons, M., Losardo, D., Narducci, J., Schamberger, M., & Gallop, R. (2004). Who benefits from brief psychodynamic therapy for generalized anxiety disorder? *Canadian Journal of Psychoanalysis, 12,* 301–324.

Crits-Christoph, P., Gibbons, M., Ring-Kurtz, S., Gallop, R., Stirman, S., Present, J., Temes, C., & Goldstein, L. (2008). Changes in positive quality of life over the course of psychotherapy. *Psychotherapy, Theory, Research, Practice, Training*, *45*, 419–430.

Crombag, H., & Robinson, T. (2004). Drugs, environment, brain, and behavior. *Current Directions in Psychological Science, 13,* 107–111.

Crone, E., Wendelken, C., Donohue, S., van Leijenhorst, L., & Bunge, S. (2006). Neurocognitive development of the ability to manipulate information in working memory. *Proceedings for the National Academy of Sciences, 103,* 9315–9320.

Crowder, R. G. (1992). Sensory memory. In L. R. Squire (Ed.), *Encyclopedia of learning and memory.* New York: Macmillan.

Crowther, J., Kichler, J., Shewood, N., & Kuhnert, M. (2002). The role of familial factors in bulimia nervosa. *Eating Disorders: The Journal of Treatment & Prevention, 10,* 141–151.

Cruess, D., Localio, A., Platt, A., Brensinger, C., Christie, J., Gross, R., Parker, C., Price, M., Metlay, J., Cohen, A., Newcomb, C., Strom, B., & Kimmel, S. (2010). Patient attitudinal and behavioral factors associated with warfarin non-adherence at outpatient anticoagulation clinics. *International Journal of Behavioral Medicine*, *17*, 33–42.

Csikszentmihalyi, M. (1996, July/August). The creative personality. *Psychology Today, 29,* 36–40.

Csikszentmihalyi, M., Abuhamdeh, S., & Nakamura, J. (2005). Flow. In A. J. Elliot & C. S. Dweck (Eds.), *Handbook of Competence and Motivation* (pp. 598–608). New York: The Guilford Press.

Cui, XJ., & Vaillant, G. E. (1996). Antecedents and consequences of negative life events in adulthood: A longitudinal study. *American Journal of Psychiatry, 153,* 21–26.

Cunningham, M. R., Roberts, A. R., Barbee, A. P., Druen, P. B., & Wu, CH. (1995). "Their ideas of beauty are, on the whole, the same as ours": Consistency and variability in the cross-cultural perception of female physical attractiveness. *Journal of Personality and Social Psychology, 68,* 261–279.

Cummings, H., & Vandewater, E. (2007). Relation of adolescent video game play to time spent in other activities. *Archives of Pediatrics & Adolescent Medicine*, *161*, 684–689.

Cupach, W. R., & Canary, D. J. (1995). Managing conflict and anger: Investigating the sex stereotype hypothesis. In P. J. Kalbfleisch & M. J. Cody (Eds.), *Gender, power, and communication in human relationships* (pp. 233–252). Hillsdale, NJ: Erlbaum.

Curci, A. (2009). Measurement issues in the study of flashbulb memory. In O., Luminet & A. Curci (Eds.), *Flashbulb memories: New issues and perspectives* (pp. 13–32). New York: Psychology Press.

Cyranowski, J. M., Frand, E., Young, E., & Shear, M. K. (2000). Adolescent onset of the gender difference in lifetime rates of major depression. *Archives of General Psychiatry, 57,* 21-27.

D'Azevedo, W. A. (1982). Tribal history in Liberia. In U. Neisser (Ed.), *Memory observed: Remembering in natural contexts* (258-268). San Francisco: W. H. Freeman.

Dadds., M., Fraser, J., Frost, A., & Hawes, D. (2005). Disentangling the underlying dimensions of psychopathy and conduct problems in childhood: A community study. *Journal of Consulting and Clinical Psychology, 73,* 400-410.

Dahloef, P., Norlin-Bagge, E., Hedner, J., Ejnell, H., Hetta, J., & Haellstroem, T. (2002). Improvement in neuropsychological performance following surgical treatment for obstructive sleep apnea syndrome. *Acta Oto-Laryngologica, 122,* 86-91.

Dale, N., & Kandel, E. R. (1990). Facilitatory and inhibitory transmitters modulate spontaneous transmitter release at cultured *Aplysia* sensorimotor synapses. *Journal of Physiology, 421,* 203-222.

Daley, T., Whaley, S., Sigman, M., Espinosa, M., & Neumann, C. (2003). IQ on the rise: The Flynn Effect in rural Kenyan children. *Psychological Science*, *14*, 215-219.

Dalgleish, T. (2004). The emotional brain. *Nature Neuroscience Reviews*, *5*, 582-589.

Dalgleish, T., Dunn, B., & Mobbs, D. (2009). Affective neuroscience: Past, present, and future. *Emotion Review*, *1*, 355-368.

Dalle Grave, R., Calugi, S., Doll, H., & Fairburn, C. (2013). Enhanced cognitive behavior therapy for adolescents with anorexia nervosa: An alternative to family therapy? *51*, R9-R12.

Damasio, A. (1995). On some functions of the human prefrontal cortex. *Annals of the National Academy of Sciences*, *769*, 241-251.

Damasio, A. R., Grabowski, T. J., Bechara, A., Damasio, H., Ponto, L. L. B., Parvizi, J. and Hichwa, R. D. (2000). "Subcortical and Cortical Brain Activity during the Feeling of Self-Generated Emotions." *Nature Neuroscience*, *3*(10), 1049-1056.

Dandy, J., & Nettelbeck, T. (2002). The relationship between IQ, homework, aspirations and academic achievement for Chinese, Vietnamese and Anglo-Celtic Australian school children. *Educational Psychology, 22,* 267-276.

Danforth, L., Olle, C., & Wester, S. (2012). *Gender-sensitive therapy with male veterans: An integration of recent research and theory*. Paper presented at the annual meeting of the American Psychological Association. Orlanda, FL, USA.

Dang-Vu, T., Schabus, M., Desseilles, M., Schwartz, S., & Maquet, P. (2007). Neuroimaging of REM sleep and dreaming. In D. Barrett & P. McNamara (Eds.), *The new science of dreaming: Volume 1. Biological aspects* (pp. 95-113). Westport, CT: Praeger Publishers.

Danielides, V., Katotomichelakis, M., Balatsouras, D., Riga, M., Tripsianis, G., Simopoulou, M., & Nikolettos, N. (2009). Improvement of olfaction after endoscopic sinus surgery in smokers and nonsmokers. *Annals of Otology, Rhinology, & Laryngology*, *118*, 13-20.

Dantzker, M., & Eisenman, R. (2003). Sexual attitudes among Hispanic college students: Differences between males and females. *International Journal of Adolescence & Youth, 11,* 79-89.

Darley, J. M., & Latané, B. (1968a). Bystander intervention in emergencies: Diffusion of responsibility. *Journal of Personality and Social Psychology, 8,* 377-383.

Darley, J. M., & Latané, B. (1968b, December). When will people help in a crisis? *Psychology Today,* 54-57, 70-71.

Darwin, C. (1872/1965). *The expression of emotion in man and animals.* Chicago: University of Chicago Press. (Original work published 1872).

Dasen, P. R. (1994). Culture and cognitive development from a Piagetian perspective. In W. J. Lonner & R. Malpass (Eds.), *Psychology and culture* (pp. 145-149). Boston: Allyn & Bacon.

Dattilio, F. (2010). *Cognitive-behavioral therapy with couples and families: A comprehensive guide for clinicians*. New York: Guilford Press.

Davalos, D., Kisley, M., & Ross, R. (2002). Deficits in auditory and visual temporal perception in schizophrenia. *Cognitive Neuropsychiatry, 7,* 273-282.

Davidson, J. R. T. (1997). Use of benzodiazepines in panic disorder. *Journal of Clinical Psychiatry, 58* (2, Suppl.), 26-28.

Davies, L. (2003). Singlehood: Transitions within a gendered world. *Canadian Journal on Aging, 22,* 343-352.

Davis, S., Butcher, S. P., & Morris, R. G. M. (1992). The NMDA receptor antagonist D-2-amino-5-phosphonopentanoate (D-AP5) impairs spatial learning and LTP in vivo at intracerebral concentrations comparable to those that block LTP in vitro. *Journal of Neuroscience, 12,* 21-34.

Dawood, K., Bailey, J., & Martin, N. (2009). Genetic and environmental influences on sexual orientation. In Y. Kim (Ed.) *Handbook of behavior genetics*. (pp. 269-279). New York, NY, USA: Springer Science + Business Media.

Day, S., & Schneider, P. (2002). Psychotherapy using distance technology: A comparison of face-to-face, video, and audio treatment. *Journal of Counseling Psychology, 49,* 499-503.

Dayan, P., & Huys, Q. J. M. (2008). Serotonin, Inhibition, and Negative Mood. *Computational Biology, 4*(2), 1-11.

De Brito, S., Mechelli, A., Wilke, M., Laurens, K., Jones, A., Barker, G., Hodgins, S., & Viding, E. (2009). Size matters: Increased grey matter in boys with conduct problems and callous-unemotional traits. *Brain: A Journal of Neurology*, *132*, 843-852.

De Bruin, E., Rowson, M., Van Buren, L., Rycroft, J., & Owen, G. (2011). Black tea improves attention and self-reported alertness. *Appetite*, *56*, 235-240.

DeCasper, A. J., & Spence, M. J. (1986). Prenatal maternal speech influences newborns'perception of speech sounds. *Infant Behavior and Development, 9,* 133-150.

Deese, J. (1959). On the prediction of occurrence of particular verbal intrusions in immediate recall. *Journal of Experimental Psychology, 58,* 17-22.

de Groot, E., Verheul, R., & Trijsburg, R. (2008). An integrative perspective on psychotherapeutic treatments for borderline personality disorder. *Journal of Personality Disorders*, *22*, 332-352.

de Lacoste, M., Horvath, D., & Woodward, J. (1991). Possible sex differences in the developing human fetal brain. *Journal of Clinical and Experimental Neuropsychology*, *13*, 831.

Dell'Osso, B., Glick, I., Bladwin, D., & Altamura, A. (2013). Can long-term outcomes be improved by shortening the duration of untreated illness in psychiatric disorders? A conceptual framework. *Psychopathology*, *46*, 14–21.

De Martino, B., Kumaran, O., Seymour, B., & Dolan, R. (2006). Frames, biases, and rational decision-making in the human brain. *Science, 313,* 684–687.

de Mello, M., Esteves, M., Pires, D., Santos, L., Bittencourt, R., & Tufik, S. (2008). Relationship between Brazilian airline pilot errors and time of day. *Brazilian Journal of Medical and Biological Research, 41,* 1129–1131.

De Raad, B., & Kokkonen, M. (2000). Traits and emotions: A review of their structure and management. *European Journal of Personality, 14,* 477–496.

De Roo, M., Klauser, P., Muller, D., & Sheng, M. (2008). LTP promotes a selective long-term stabilization and clustering of dendritic spines. *Public Library of Science: Biology*, *6*, e219.

de Voogd, J., Sanderman, R., & Coyne, J. (2012). A meta-analysis of spurious associations between type D personality and cardiovascular disease endpoints. *Annals of Behavioral Medicine*, *44*, 136–137.

De Vos, S. (1990). Extended family living among older people in six Latin American countries. *Journal of Gerontology: Social Sciences, 45,* S87–S94.

Deacon, B., & Olatunji, B. (2007). Specificity of disgust sensitivity in the prediction of behavioral avoidance in contamination fear. *Behaviour Research and Therapy*, *45*, 2110–2120.

Deinzer, R., Kleineidam, C., Stiller-Winkler, R., Idel, H., & Bach, D. (2000). Prolonged reduction of salivary immunoglobulin (sIgA) after a major academic exam. *International Journal of Psychophysiology, 37,* 219–232.

Delgado, J. M. R., & Anand, B. K. (1953). Increased food intake induced by electrical stimulation of the lateral hypothalamus. *American Journal of Physiology, 172,* 162–168.

DeLongis, A., Folkman, S., & Lazarus, R. S. (1988). The impact of daily stress on health and mood: Psychological and social resources as mediators. *Journal of Personality and Social Psychology, 54,* 486–495.

Dement, W. (1974). *Some must watch while some must sleep*. Oxford, England, UK: W. H. Freeman.

Denollet, J. (1997). Personality, emotional distress and coronary heart disease. *European Journal of Personality, 11,* 343–357.

DePrince, A., & Freyd, J. (2004). Forgetting trauma stimuli. *Psychological Science, 15,* 488–492.

Derebery, M., Vermiglio, A., Berliner, K., Potthoff, M., & Holguin, K. (2012). Facing the music: Pre- and postconcert assessment of hearing in teenagers. *Otology & Neurology*, *33*, 1136–1141.

Desler, M., Wehrle, R., Spoormaker, V., Koch, S., Holsboer, F., Steiger, A., Obrig, H, Samann, P, & Czisch, M. (2012). Neural correlates of dream lucidity obtained from contrasting lucid versus non-lucid REM sleep: A combined EEG/fMRI case study. *Sleep: Journal of Sleep and Sleep Disorders Research*, *35*, 1017–1020.

DeSpelder, L., & Strickland, A. (1983). *The last dance: Encountering death and dying*. Palo Alto, CA: Mayfield.

Devine, P. G. (1989). Stereotypes and prejudice: Their automatic and controlled components. *Journal of Personality and Social Psychology, 56,* 5–18.

Dewsbury, D. A. (2000). Introduction: Snapshots of psychology circa 1900. *American Psychologist, 55,* 255–259.

DeYoung, C., Hirsch, J., Shane, M., Papademetris, X., Rajeevan, N., & Gray, J. (2010). Testing predictions from personality neuroscience: Brain structure and the Big Five. *Psychological Science*, *21*, 820–828.

DeYoung, C., Peterson, J., & Higgins, D. (2002). Higher-order factors of the Big Five predict conformity: Are there neuroses of health? *Personality & Individual Differences, 33,* 533–552.

Dhar, V., & Chang, E. (2009). Does chatter matter: The impact of user-generated content on music sales. *Journal of Interactive Marketing*, *23*, 300–307.

Di Fabio, A., & Palazzeschi, L. (2009). An in-depth look at scholastic success: Fluid intelligence, personality traits or emotional intelligence? *Personality and Individual Differences*, *46*, 581–585.

Diaper, A., & Hindmarch, I. (2005). Sleep disturbance and its management in older patients. In S. Curran & R. Bullock (Eds.), *Practical old age psychopharmacology* (pp. 177–194). Oxon, Oxford, United Kingdom: Radcliffe Publishing.

Dickens, W., & Flynn, R. (2001). Heritability estimates versus large environmental effects: The IQ paradox resolved. *Psychological Review, 108,* 346–369.

Diefendorff, J., & Chandler, M. (2011). Motivating employees. In S. Zedeck (Ed.) *APA handbook of industrial and organizational psychology, Vol. 3: Maintaining, expanding, and contracting the organization*. (pp. 65–135) Washington, DC, USA: American Psychological Association.

Diefendorff, J., & Richard, E. (2003). Antecedents and consequences of emotional display rule perceptions. *Journal of Applied Psychology, 88,* 284–294.

Dijkstra, M., Buijtels, H., & van Raaij, W. (2005). Separate and joint effects of medium type on consumer response: A comparison of television, print, and the Internet. *Journal of Business Research, 58,* 2005.

Dillard, J., & Anderson, J. (2004). The role of fear in persuasion. *Psychology & Marketing, 21,* 909–926.

DiIorio, C., McCarty, F., DePadilla, L., Resnicow, K., Holstad, M., Yeager, K., Sharma, S., Morisky, D., & Lundberg, B. (2009). Adherence to antiretroviral medication regimens: A test of a psychosocial model. *AIDS and Behavior*, *13*, 10–22.

Din-Dzietham, R., Nembhard, W., Collins, R., & Davis, S. (2004). Perceived stress following race-based discrimination at work is associated with hypertension in African-Americans. *Social Science & Medicine, 58,* 449–461.

Dion, K., Berscheid, E., & Walster, E. (1972). What is beautiful is good.

Journal of Personality and Social Psychology, 24, 285–290.

Dobson, R., & Baird, T. (2006, May 28). "Women learn to play it like a man."*Timesonline.co.uk* Retrieved March 2, 2010 from http://www.timesonline.co.uk/article/0,,2089-2200093.html

Dodson, C. S., Koutstaal, W., & Schacter, D. L. (2000). Escape from illusion: Reducing false memories. *Trends in Cognitive Sciences, 4,* 391–397.

Doghramji, K., Brainard, G., & Balaicuis, J. (2010). Sleep and sleep disorders. In D. Monti & B. Beitman (Eds.), *Integrative psychiatry.* Weil integrative medicine library (pp. 195–239). New York: Oxford University Press.

Dohanich, G. (2003). Ovarian steroids and cognitive function. *Current Directions in Psychological Science, 12,* 57–61.

Doherty, W., & McDaniel, S. (2010). History. In W., Doherty, & S. McDaniel (Eds.), *Family therapy: Theories of psychotherapy* (pp. 5–27). Washington, DC: American Psychological Association.

Dohrenwend, B. (2006). Inventorying stressful life events as risk factors for psychopathology: Toward resolution of the problem of intracategory variability. *Psychological Bulletin, 132,* 477–495.

Dollard, J., Doob, L. W., Miller, N., Mowrer, O. H., & Sears, R. R. (1939). *Frustration and aggression.* New Haven: Yale University Press.

Domjan, M. (2005). Pavlovian conditioning: A functional perspective. *Annual Review of Psychology, 56,* 179–206.

Doob, L. W., & Sears, R. R. (1939). Factors determining substitute behavior and the overt expression of aggression. *Journal of Abnormal and Social Psychology, 34,* 293–313.

Downing, P., Jiang, Y., Shuman, M., & Kanwisher, N. (2001). A cortical area selective for visual processing of the human body. *Science, 293,* 2470–2473.

Doyle, J. A., & Paludi, M. A. (1995). *Sex and gender* (3rd ed.). Madison, WI: Brown & Benchmark.

Drachman, D. (2005). Do we have brain to spare? *Neurology, 64,* 2004–2005.

Draper, J. (2011). *Teratology and drug use during pregnancy.* Retrieved December 16, 2012, from http://emedicine.medscape.com/article/260725-overview#aw2aab6b4

Dreikurs, R. (1953). *Fundamentals of Adlerian psychology.* Chicago: Alfred Adler Institute.

Drevets, W. C., Price, J. L., Simpson, J. R., Jr., Todd, R. D., Reich, T., Vannier, M., et al. (1997). Subgenual prefrontal cortex abnormalities in mood disorders. *Nature, 386,* 824–827.

Drevets, W., Price, J., & Furey, M. (2008). Brain structural and functional abnormalities in mood disorders: Implications for neurocircuitry models of depression. *Brain Structure and Function, 213,* 93–118.

Drummond, S. P. A., Brown, G. G., Gillin, J. C., Stricker, J. L., Wong, E. C., & Buxton, R. B. (2000). Altered brain response to verbal learning following sleep deprivation. *Nature, 403,* 655–657.

Drummond, S., Brown, G., Salamat, J., & Gillin, J. (2004). Increasing task difficulty facilitates the cerebral compensatory response to total sleep deprivation. *Sleep: Journal of Sleep & Sleep Disorders Research, 27,* 445–451.

Dryden-Edwards., R. (2013). *Drug dependence and abuse.* Retrieved January 9, 2013, from http://www.emedicinehealth.com/drug_dependence_and_abuse/article_em.htm

Duckworth, A., & Seligman, M. (2006). Self-discipline gives girls the edge: Gender in self-discipline, grades, and achievement test scores. *Journal of Educational Psychology, 98,* 198–208.

Dudley, M., Goldney, R., & Hadzi-Pavlovic, D. (2010). Area dolescents dying by suicide taking SSRI antidepressants? A review of observational studies. *Australasian Psychiatry, 18,* 242–245.

Dunkel-Schetter, C., Feinstein, L. G., Taylor, S. E., & Falke, R. L. (1992). Patterns of coping with cancer. *Health Psychology, 11,* 79–87.

Dunn, J., Cutting, A., & Fisher, N. (2002). Old friends, new friends: Predictors of children's perspective on their friends at school. *Child Development, 73,* 621–635.

Durante, K., Griskevicius, V., Simpson, J., Cantú, S., & Li, N. (2012). Ovulation leads women to perceive sexy cads as good dads. *Journal of Personality and Social Psychology, 103,* 292–305.

Durbin, C., & Klein, D. (2006). Ten-year stability of personality disorders among outpatients with mood disorders. *Journal of Abnormal Psychology, 115,* 75–84.

Durex. (2008). *Sexual wellbeing survey 2007/2008.* Retrieved January 3, 2013, from http://www.durex.com/en-sg/sexualwellbeingsurvey/documents/swgspptv2.pdf

Duyme, M. (1988). School success and social class: An adoption study. *Developmental Psychology, 24,* 203–209.

Dwyer, K. & Davidson, M. (2012). Is public speaking really more feared than death? *Communication Researcher Reports, 29,* 99–107.

Eagly, A. H., Ashmore, R. D., Makhijani, M. G., & Longo, L. C. (1991). What is beautiful is good...: A meta-analytic review of research on the physical attractiveness stereotype. *Psychological Bulletin, 110,* 109–128.

Eagly, A. & Wood, W. (2012). Social role theory. In P. Van Lange, A. Kruglanski, & E. Higgins (Eds.) *Handbook of theories of social psychology* (Vol. 2). (pp. 458–476). Thousand Oaks, CA, USA: Sage Publications Ltd.

Earlandsson, L., & Eklund, M. (2003). The relationships among hassles and uplifts to experience of health in working women. *Women & Health, 38,* 19–37.

Eaton, D., Kann, L., Kinchen, S., Shanklin, S., Flint, K., Hawkins, J., Harris, W, Lowry, R., McManus, T, Chyen, D., Whittle, L., Lim, C., & Wechsler, H. (2012). Youth risk behavior surveillance-United States, 2011. *Morbidity and Mortality Weekly Report, 61,* 1–162.

Edwards, K., & Smith, E. E. (1996). A disconfirmation bias in the evaluation of arguments. *Journal of Personality and Social Psychology, 71,* 5–24.

Ehlers, C., Gizer, I., Vieten, C., Gilder, D., Stouffer, G., Lau, P., & Wilhelmsen, K. (2010). Cannabis dependence in the San Francisco family study: Age of onset of use, DSM-IV symptoms, withdrawal, and heritability. *Addictive Behaviors, 35,* 102–110.

Ehlers, C., Gizer, I., Gilder, D., & Yehuda, R. (2012). Lifetime history of traumatic events in an American Indian community sample:

Heritability and relation to substance dependence, affective disorder, conduct disorder and PTSD. *Journal of Psychiatric Research*, *47*, 155–161.

Eichenbaum, H., & Otto, T. (1993). LTP and memory: Can we enhance the connection? *Trends in Neurosciences, 16,* 163.

Eidelson, R., & Eidelson, J. (2003). Dangerous ideas. *American Psychologist, 58,* 182–192.

Eisold, B. (2005). Notes on lifelong resilience: Perceptual and personality factors implicit in the creation of a particular adaptive style. *Psychoanalytic Psychology, 22,* 411–425.

Ekman, P. (1972). Universals and cultural differences in facial expression of emotion. In J. Cole (Ed.), *Nebraska symposium on motivation* (Vol. 19). Lincoln: University of Nebraska Press.

Ekman, P. (1993). Facial expression and emotion. *American Psychologist, 48,* 384–392.

Ekman, P., & Friesen, W. V. (1975). *Unmasking the face: A guide to recognizing emotions from facial clues.* Englewood Cliffs, NJ: Prentice-Hall.

Ekman, P., Levenson, R. W., & Friesen, W. V. (1983). Autonomic nervous system activity distinguishes among emotions. *Science, 221,* 1208–1210.

Elal, G., Altug, A., Slade, P., & Tekcan, A. (2000). Factor structure of the Eating Attitudes Test (EAT) in a Turkish university sample. *Eating and Weight Disorders: Studies on Anorexia, Bulimia, and Obesity, 5,* 46–50.

Elkin, I., Gibbons, R. D., Shea, M. T., Sotsky, S. M., Watkins, J. T., Pikonis, P. A., & Hedeker, D. (1995). Initial severity and differential treatment outcome in the National Institute of Mental Health Treatment of Depression Collaborative Research Program. *Journal of Consulting and Clinical Psychology, 63,* 841–847.

Elkin, I., Shea, M. T., Watkins, J. T., et al. (1989). National Institute of Mental Health Treatment of Depression Collaborative Research Program: General effectiveness of treatments. *Archives of General Psychology, 46,* 971–982.

Elkind, D. (1967). Egocentrism in adolescence. *Child Development, 38,* 1025–1034.

Elkind, D. (1974). *Children and adolescents: Interpretive essays on Jean Piaget* (2nd ed.). New York: Oxford University Press.

Elliot, A. J., & Devine, P. G. (1994). On the motivational nature of cognitive dissonance: Dissonance as psychological discomfort. *Journal of Personality and Social Psychology, 67,* 382–394.

Elliot, A., Tracy, J., Pazda, A., & Beall, A. (2013). Red enhances women's attractiveness to men: First evidence suggesting universality. *Journal of Experimental Social Psychology*, *49*, 165–168.

Elliott, J. (2003). Dynamic assessment in educational settings: Realising potential. *Educational Review*, *55*, 15–32.

Ellis, A. (1961). *A guide to rational living.* Englewood Cliffs, NJ: Prentice-Hall.

Ellis, A. (1977). The basic clinical theory of rational-emotive therapy. In A. Ellis & R. Grieger (Eds.), *Handbook of rational-emotive therapy* (pp. 3–33). New York: Springer.

Ellis, A. (1993). Reflections on rational-emotive therapy. *Journal of Consulting and Clinical Psychology, 61,* 199–201.

Ellis, A. (2004a). Why I (really) became a therapist. *Journal of Rational-Emotive & Cognitive Behavior Therapy, 22,* 73–77.

Ellis, A. (2004b). Why rational-emotive behavior therapy is the most comprehensive and effective form of behavior therapy. *Journal of Rational-Emotive & Cognitive Behavior Therapy, 22,* 85–92.

Ellison, P., & Nelson, A. (2009). Brain development: Evidence of gender differences. In E. Fletcher-Janzen (Ed.), *The neuropsychology of women: Issues of diversity in clinical neuropsychology* (pp. 11–30). New York: Springer Science and Business Media.

Else-Quest, N., Hyde, J., Goldsmith, H., & Van Hulle, C. (2006). Gender differences in temperament: A meta-analysis. *Psychological Bulletin, 132,* 33–72.

Engen, T. (1982). *The perception of odors.* New York: Academic Press.

Epperson, C., Amin, Z., Ruparel, K., Gur, R., & Loughead, J. (2012). Interactive effects of estrogen and serotonin on brain activation during working memory and affective processing in menopausal women. *Psychoneuroendocrinology*, *37*, 372–382.

Epstein, D., Willner-Reid, J., & Preston, K. (2010). Addiction and emotion: Theories, assessment techniques, and treatment implications. In J. Kassel (Ed.), *Substance abuse and emotion* (pp. 259–260). Washington, DC: American Psychological Association.

Equifax. (2006). *How lenders see you.* Retrieved November 29, 2006, from https://www.econsumer.equifax.com/consumer/sitepage.ehtml?forward=cps_hlsysample

Erdberg, P. (2012). Bridging the gap: Quantitative Rorschach approaches to psychodynamic constructs. *Rorschachiana*, *33*, 100–107.

Erdogan, A., Kocabasoglu, N., Yalug, I., Ozbay, G., & Senturk, H. (2004). Management of marked liver enzyme increase during clozapine treatment: A case report and review of the literature. *International Journal of Psychiatry in Medicine, 34,* 83–89.

Erikson, E. (1968). *Identity, youth, and crisis.* New York: W. W. Norton & Company.

Erikson, E. H. (1980). *Identity and the life cycle.* New York: Norton.

Erikson, E., & Erikson, K. (1957). The confirmation of the delinquent. *Chicago Review, 10,* 15–23.

Erlenmeyer-Kimling, L., & Jarvik, L. F. (1963). Genetics and intelligence: A review. *Science, 142,* 1477–1479.

Eron, L. D. (1987). The development of aggressive behavior from the perspective of a developing behaviorism. *American Psychologist, 42,* 435–442.

Escorial, S., & Martin-Buro, C. (2012). The role of personality and intelligence in assortative mating. *Spanish Journal of Psychology*, *15*, 680–687.

Espeland, M., Tindle, H., Bushnell, C., Jaramillo, S., Kuller, L., Margolis, K., Mysiw, W., Maldjian, J., Melhem, E., & Resnick, S., for the Women's Health Initiative Memory Study. (2009). Brain volumes, cognitive impairment, and conjugated equine estrogens. *Journals of Gerontology Series A: Biological Sciences and Medical Sciences*, *64A*, 1243–1250.

Estes, W. K. (1994). *Classification and cognition.* New York: Oxford University Press.

Etcoff, N., Ekman, P., Magee, J., & Frank, M. (2000). Lie detection and language comprehension. *Nature, 405,* 139.

Evans, D., & Zarate, O. (2000). *Introducing evolutionary psychology.* New York: Totem Books.

Evans, G. W., & Lepore, S. J. (1993). Household crowding and social support: A quasiexperimental analysis. *Journal of Personality and Social Psychology, 65,* 308-316.

Evans, S., Huxley, P., Gately, C., Webber, M., Mears, A., Pajak, S., Medina, J., Kendall, T., & Katona, C. (2006). Mental health, burnout and job satisfaction among mental health social workers in England and Wales. *British Journal of Psychiatry, 188,* 75-80.

Everson, S. A., Goldberg, D. E., Kaplan, G. A., Cohen, R. D., Pukkala, E., Tuomilehto, J., et al. (1996). Hopelessness and risk of mortality and incidence of myocardial infarction and cancer. *Psychosomatic Medicine, 58,* 113-121.

Exner, J. E. (1993). *The Rorschach: A comprehensive system: Vol. 1. Basic foundations* (3rd ed.). New York: Wiley.

Eysenbach, G., Powell, J., Kuss, O., & Sa, E. (2002). Empirical studies of health information for consumers on the World Wide Web: A systematic review. *JAMA: Journal of the American Medical Association, 287,* 2691-2700.

Eysenck, H. J. (1990). Genetic and environmental contributions to individual differences: The three major dimensions of personality. *Journal of Personality, 58,* 245-261.

Eysenck, H. J. (1994). The outcome problem in psychotherapy: What have we learned? *Behaviour Research and Therapy, 32,* 477-495.

Eysenck, M., & Keane, M. (2010). *Cognitive psychology*. 6th ed. New York: Taylor & Francis.

Fagot, B. (1995). Observations of parent reactions to sex-stereotyped behavior: Age and sex effects. *Child Development, 62,* 617-628.

Falconnier, L. (2009). Socioeconomic status in the treatment of depression. *American Journal of Orthopsychiatry*, *79*, 148-158.

Fallon, J., Irvine, D., & Shepherd, R. (2008). Cochlear implants and brain plasticity. *Hearing Research*, *238*, 110-117.

Famighetti, R. (Ed.). (1997). *The world almanac and book of facts 1998.* Mahwah, NJ: World Almanac Books.

Fang, C., & Myers, H. (2001). The effects of racial stressors and hostility on cardiovascular reactivity in African American and Caucasian men. *Health Psychology, 20,* 64-70.

Fanous, A., Gardner, C., Prescott, C., Cancro, R., & Kendler, K. (2002). Neuroticism, major depression and gender: A population-based twin study. *Psychological Medicine, 32,* 719-728.

Fantz, R. L. (1961). The origin of form perception. *Scientific American, 204,* 66-72.

Farber, B., Khurgin-Bott, R., & Feldman, S. (2009). The benefits and risks of patient self-disclosure in the psychotherapy of women with a history of childhood sexual abuse. *Psychotherapy: Theory, Research, Practice, Training*, *46*, 52-67.

Farde, L. (1996). The advantage of using positron emission tomography in drug research. *Trends in Neurosciences, 19,* 211-214.

Farrer, L. A., & Cupples, A. (1994). Estimating the probability for major gene Alzheimer disease. *American Journal of Human Genetics, 54,* 374-383.

Fasano, S., D'Antoni, A., Orban, P., Valjent, E., Putigano, E., Vara, H., Pizzorusso, T., Giusetto, M., Yoon, B., Soloway, P., Maldonado, R., Caboche, J., & Brambilla, R. (2009). Ras-guanine nucleotide-releasing factor 1 (Ras-GRF1) controls activation of extracellular signal-regulated kinase (ERK) signaling in the striatum and long-term behavioral responses to cocaine. *Biological Psychiatry*, *66*, 758-768.

Fasotti, L. (2003). Executive function retraining. In J. Grafman, & I. Robertson (Eds.), *Handbook of Neuropsychology: Volume 9: Plasticity and Rehabilitation* (pp. 67-78). Amsterdam, The Netherlands: Elsevier Science.

Faunce, G. (2002). Eating disorders and attentional bias: A review. *Eating Disorders: The Journal of Treatment & Prevention, 10,* 125-139.

Fazio, R. H., & Williams, C. J. (1986). Attitude accessibility as a moderator of the attitude perception and attitude-behavior relations: An investigation of the 984 presidential election. *Journal of Personality and Social Psychology, 51,* 505-514.

Federal Interagency Forum on Aging—Related Statistics (FIFARS). (2004). *Older Americans 2004: Key indicators of well-being.* Retrieved January 27, 2005, from http://www.agingstats.gov/chartbook2004/default.htm

Federal Interagency Forum on Aging—Related Statistics (FIFARS). (2012). *Older Americans 2012: Key indicators of well-being.* Retrieved December 15, 2012, from http://www.agingstats.gov/agingstatsdotnet/main_site/default.aspx

Federman, R. (2012). Is bipolar II easier to live with than bipolar I? *Psychology Today*. Retrieved January 26, 2013, from http://www.psychologytoday.com/blog/bipolar-you/201210/is-bipolar-ii-easier-live-bipolar-i

Feeney, K. (2007). The legal bases for religious peyote use. In M. Winkelman, & T. Roberts (Eds.), *Psychedelic medicine: New evidence for hallucinogenic substances as treatments (Vol. 1)* (pp .233-250). Westport, CT: Praeger Publishers.

Feingold, A. (1988). Matching for attractiveness in romantic partners and same-sex friends: A meta-analysis and theoretical critique. *Psychological Bulletin, 104,* 226-235.

Feguson, C., San Muguel, C., Garza, A., & Jerabeck, J. (2012). A longitudinal test of video game violence influences on dating and aggression: A 3-year longitudinal study of adolescents. *Journal of Psychiatric Research*, *46*, 141-146.

Ferguson, C., & Kilburn, J. (2010). Much ado about nothing: The misestimation and overinterpretation of violent video game effects in Eastern and Western nations: Comment on Anderson et al. (2010). *Psychological Bulletin*, *136*, 174-178.

Ferguson, S., Gitchell, J., & Shiffman, S. (2012). Continuing to wear nicotine patches after smoking lapses promotes recovery of abstinence. *Addiction*, *107*, 1349-1353.

Fernald, A. (1993). Approval and disapproval: Infant responsiveness to vocal affect in familiar and unfamiliar languages. *Child Development, 64,* 637–656.

Ferrari, J., & Pychyl, T. (2012). "If I wait, my partner will do it:"The role of conscientiousness as a mediator in the relation of academic procrastination and perceived social loafing. *North American Journal of Psychology*, *14*, 13–24

Ferreira, S., de Mello, M., Pompeia, S., & de Souza-Formigoni, M. (2006). Effects of energy drink ingestion on alcohol intoxication. *Alcoholism: Clinical and Experimental Research, 30,* 598.

Festinger, L. (1957). *A theory of cognitive dissonance.* Evanston, IL: Row, Peterson.

Festinger, L., & Carlsmith, J. M. (1959). Cognitive consequences of forced compliance. *Journal of Abnormal and Social Psychology, 58,* 203–210.

Festinger, L., Pepitone, A., & Newcomb, T. (1952). Some consequences of de-individuation in a group. *Journal of Abnormal and Social Psychology*, *47*, 382–389.

Fiatarone, M. A., O'Neill, E. F., Ryan, N. D., Clements, K. M., Solares, G. R., Nelson, M. E., et al. (1994). Exercise training and nutritional supplementation for physical frailty in very elderly people. *New England Journal of Medicine, 330,* 1769–1775.

Field, T. (2002). Infants'need for touch. *Human Development, 45,* 100–103.

Field, T. (2009). Biofeedback. In T. Field (Ed.), *Complementary and alternative therapies research* (pp. 119–126). Washington, DC: American Psychological Association.

Field, T. (2009). Origins of complementary and alternative therapies. In T. Field (Ed.), *Complementary and alternative therapies research* (pp. 13–21). Washington, DC: American Psychological Association.

Field, T. M., Cohen, D., Garcia, R., & Greenberg, R. (1984). Mother-stranger face discrimination by the newborn. *Infant Behavior and Development, 7,* 19–25.

Field, T., Schanberg, S. M., Scfidi, F., Bauer, C. R., Vega-Lahr, N., Garcia, R., et al. (1986, May). Tactile/kinesthetic stimulation effects on preterm neonates. *Pediatrics, 77,* 654–658.

Fink, B., & Penton-Voak, I. (2002). Evolutionary psychology of facial attractiveness. *Current Directions in Psychological Science, 11,* 154–158.

Fiorella, L., & Mayer, R. (2012). Paper-based aids for learning with a computer-based game. *Journal of Educational Psychology*, *104*, 1074–1082.

Fischbach, G. D. (1992). Mind and brain. *Scientific American, 267,* 48–56.

Fixx, J. F. (1978). *Solve It! A perplexing profusion of puzzles.* New York: Doubleday.

Flavell, J. H. (1985). *Cognitive development.* Englewood, NJ: Prentice-Hall.

Flavell, J. H. (1992). Cognitive development: Past, present, and future. *Developmental Psychology, 28,* 998–1005.

Fleck, D., Hendricks, W., DelBellow, M., & Strakowski, S. (2002). Differential prescription of maintenance antipsychotics to African American and White patients with new-onset bipolar disorder. *Journal of Clinical Psychiatry, 63,* 658–664.

Fleming, J. D. (1974, July). Field report: The state of the apes. *Psychology Today,* pp. 31–46.

Fleshner, M., & Laudenslager, M. (2004). Psychoneuroimmunology: Then and now. *Behavioral & Cognitive Neuroscience Reviews, 3,* 114–130.

Fligor, B. (2010). Recreational noise and its potential risk to hearing. *Hearing Review*, *17*, 48–55.

Flinchbaugh, C., Moore, E., Chang, Y., & May, D. (2012). Student well-being interventions: The effects of stress management techniques and gratitude journaling in the management education classroom. *Journal of Management Education*, *36*, 191–219.

Florio, V., Fossella, S., Maravita, A., Miniussi, C., & Marzi, C. (2002). Interhemispheric transfer and laterality effects in simple visual reaction time in schizophrenics. *Cognitive Neuropsychiatry*, *7*, 97–111.

Flynn, J. R. (1987). Race and IQ: Jensen's case refuted. In S. Modgil, & C. Modgil (Eds.), *Arthur Jensen: Consensus and controversy* (221–232). New York: Palmer Press.

Flynn, J. R. (1999). Searching for justice: The discovery of IQ gains over time. *American Psychologist, 54*(1), 5–20.

Foa, E. B. (1995). How do treatments for obsessive-compulsive disorder compare? *Harvard Mental Health Letter, 12*(1), 8.

Fock, K., & Ang, T. (2010). Epidemiology of helicobacter pylori infection and gastric cancer in Asia. *Journal of Gastroenterology and Hepatology*, *25*, 479–486.

Fogel, S., Smith, C., & Beninger, R. (2010). Increased GABAergic activity in the region of the pedunculopontine and deep mesencephalic reticular nuclei reduces REM sleep and impairs learning in rats. *Behavioral Neuroscience*, *124*, 79–86.

Folkman, S. (1984). Personal control and stress and coping processes: A theoretical analysis. *Journal of Personality and Social Psychology, 46,* 839–852.

Folkman, S., & Lazarus, R. S. (1980). An analysis of coping in a middle-aged community sample. *Journal of Health and Social Behavior, 21,* 219–239.

Folkman, S., Chesney, M., Collette, L., Boccellari, A., & Cooke, M. (1996). Postbereavement depressive mood and its prebereavement predictors in HIV+ and HIV- gay men. *Journal of Personality and Social Psychology, 70,* 336–348.

Fontaine, D., Deudon, A., Lemaire, J., Razzouk, M., Viau, P., Darcourt, J., & Robert, P. (2013). Symptomatic treatment of memory decline in Alzheimer's Disease by deep brain stimulation: A feasibility study. *Journal of Alzheimer's Disease*, *34*, 315–323.

Foran, H., & O'Leary, K. (2008). Alcohol and intimate partner violence: A meta-analytic review. *Clinical Psychology Review*, *28*, 1222–1234.

Foster, R., Hankins, M., & Peirson, S. (2007). Light, photoreceptors, and circadian clocks. In E. Rosato (Ed.), *Circadian rhythms: Methods and protocols* (pp. 3–28). Totowa, NJ: Humana Press.

Fourkas, A., Bonavolonta, V., Avenanti, A., & Aglioti, S. (2008).

Kinesthetic imagery and tool-specific modulation of corticospinal representations in expert tennis players. *Cerebral Cortex, 18*, 2382–2390.

Fox, N. A., & Bell, M. A. (1990). Electrophysiological indices of frontal lobe development: Relations to cognitive and affective behavior in human infants over the first year of life. *Annals of the New York Academy of Sciences, 608*, 677–698.

Francis-Smythe, J., & Smith, P. (1997). The psychological impact of assessment n a development center. *Human Relations, 50*, 149–167.

Francks, C., DeLisi, L., Fisher, S., Laval, S., Rue, J., Stein, J., et al. (2003). Confirmatory evidence for linkage of relative hand skill to 2p12-q11. *American Journal of Human Genetics, 72*, 499–502.

Francks, C., Maegawa, S., Lauren, J., Abrahams, B., Velayos-Baeza, A., Medland, S., Colella, S., Groszer, M., McAuley, E., Caffrey, T., Timmusk, T., Pruunsild, P., Koppel, I., Lind, P., Natsummoto-Itaba, N., Nicok, J., Xiong, L., Joober, R., Enard, W., Krinsky, B., Nanba, E., Richardson, A., Riley, B., Martin, N., Strittmatter, S., Miller, H., Rejuescu, D., St. Clair, D., Muglia, P., Roos, J., Fisher, S., Wade-Martins, R., Rouleau, G., Stain, J., Karayiorgou, M., Geschwind, D., Ragoussis, J., Kendler, K., Airaksinen, M., Oshimura, M., DeLisi, L., & Monaco, A. (2007). LRRTM1 on chromosome 2p12 is a maternally suppressed gene that is associated paternally with handedness and schizophrenia. *Molecular Psychiatry, 12*, 1129–1139.

Frank, E., Anderson, B., Reynolds, C. F., III, Ritenour, A., & Kupfer, D. J. (1994). Life events and the research diagnostic criteria endogenous subtype. *Archives of General Psychiatry, 51*, 519–524.

Frank, E., Kupfer, D. J., Wagner, E. F., McEachran, A. B., & Cornes, C. (1991). Efficacy of interpersonal psychotherapy as a maintenance treatment of recurrent depression: Contributing factors. *Archives of General Psychiatry, 48*, 1053–1059.

Frankenburg, W. K., Dodds, J. B., Archer, P., et al. (1992). *Denver II training manual*. Denver, CO, USA: Denver Developmental Materials.

Franklin, A., Pilling, M., & Davies, I. (2005). The nature of infant colour categorization: Evidence from eye-movements on a target detection task. *Journal of Experimental Child Psychology, 91*, 227–248.

Fratiglioni, L., & Wang, H. (2007). Brain reserve hypothesis in dementia. *Journal of Alzheimers Disease, 12*, 11–22.

Frazer, A. (1997). Antidepressants. *Journal of Clinical Psychiatry, 58*(6, Suppl.), 9–25.

Frazer, N., Larkin, K., & Goodie, J. (2002). Do behavioral responses mediate or moderate the relation between cardiovascular reactivity to stress and parental history of hypertension? *Health Psychology, 21*, 244–253.

Fredricks, J., & Eccles, J. (2002). Children's competence and value beliefs from childhood through adolescence growth trajectories in two male-sex-typed domains. *Developmental Psychology, 38*, 519–533.

Fredrickson, B. (2009). *Positivity: Groundbreaking research reveals how to embrace the hidden strength of positive emotions, overcome negativity, and thrive*. New York: Crown Publishers/Random House.

Fredrikson, M., Annas, P., Fischer, H., & Wik, G. (1996). Gender and age differences in the prevalence of specific fears and phobias. *Behaviour Research and Therapy, 34*, 33–39.

Freedman, J. L., & Fraser, S. C. (1966). Compliance without pressure: The foot-in-the-door technique. *Journal of Personality and Social Psychology, 4*, 195–202.

Freeman, E., Colpe, L., Strine, T., Dhingra, S., McGuire, L., Elam-Evans, L., & Perry, G. (2010). Public health surveillance for mental health. *Preventing Chronic Disease: Public Health Research, Practice, and Policy, 7*, 1–7.

Freeman, W. J. (1991). The physiology of perception. *Scientific American, 264*, 78–85.

Freud, S. (1900/1953a). The interpretation of dreams. In J. Strachey (Ed. and rans.), *The standard edition of the complete psychological works of Sigmund Freud* (Vols. 4 and 5). London: Hogarth Press. (Original work published 1900).

Freud, S. (1905/1953b). Three essays on the theory of sexuality. In J. Strachey (Ed. and Trans.), *The standard edition of the complete psychological works of Sigmund Freud* (Vol. 7). London: Hogarth Press. (Original work published 1905).

Freud, S. (1922). *Beyond the pleasure principle*. London: International Psychoanalytic Press.

Freud, S. (1930/1962). *Civilization and its discontents* (J. Strachey, Trans.). New York: W. W. Norton. (Original work published 1930).

Freud, S. (1933/1965). *New introductory lectures on psychoanalysis* (J. Strachey, Trans.). New York: W. W. Norton. Original work published 1933).

Freudenberger, H., & Richelson, G. (1981). *Burnout*. New York: Bantam Books.

Frew, J., & Spiegler, M. (2013). Introduction to contemporaray psychotherapies for a diverse world. In J. Frew & M. Spiegler (Eds.). *Contemporaray psychotherapies for a diverse world*. (pp. 1–18). New York, NY, USA: Routledge/Taylor & Francis Group.

Frey, M., & Detterman, D. (2004). Scholastic assessment or *g?* The relationship between the scholastic assessment test and general cognitive ability. *Psychological Science, 15*, 373–378.

Frick, P., Cornell, A., Bodin, S., Dane, H., Barry, C., & Loney, B. (2003). Callous-unemotional traits and developmental pathways to severe conduct problems. *Developmental Psychology, 39*, 246–260.

Friedland, N., Keinan, G., & Regev, Y. (1992). Controlling the uncontrollable: Effects of stress on illusory perceptions of controllability. *Journal of Personality and Social Psychology, 63*, 923–931.

Friedman, M. I., Tordoff, M. G., & Ramirez, I. (1986). Integrated metabolic control of food intake. *Brain Research Bulletin, 17*, 855–859.

Friedman, M., & Rosenman, R. H. (1974). *Type A behavior and your heart*. New York: Fawcett.

Friedman, E., Karlamangla, A., Almeida, D., & Seeman, T. (2012). Social strain and cortisol regulation in midlife in the U.S. *Social Science &*

Medicine, *74*, 607–615.

Friedman, N., Sadhu, J., & Jellnick, M. (2012). DSM-5: Anticipated changes relevant to children. *Clinician's Research Digest*, *30*, 13.

Frijda, N. (2012). How emotions work. In M. Eysenck, M. Fajkowska, & T. Maruszewski (Eds.) *Personality, cognition, and emotion*. Clinton Corners, NY, USA: Eliot Werner Publications.

Furdon, S. (2012). *Prematurity*. Retrieved December 16, 2012, from http://emedicine.medscape.com/article/975909-overview#a0199

Furniss, F., Biswas, A., Bezilla, B., & Jones, A. (2011). Self-injurious behavior: Overview and behavioral interventions. In J. Matson & P. Sturney (Eds.). *Autism and child psychopathology seriesi*. (pp. 437–452). New York, NY, USA: Springer Science + Business Media.

Fuzhong, L., Harmer, P., Fisher, K., & McAuley, E. (2004). Tai Chi: Improving balance and predicting subsequent falls in older persons. *Medicine & Science in Sports & Exercise*, *36*, 2046–2052.

Gabora, L., Rosch, E., & Aerts, D. (2008). Toward an ecological theory of concepts. *Ecological Psychology*, *20*, 84–116.

Gadea, M., Martinez-Bisbal, M., Marti-Bonmati, Espert, R., Casanova, B., Coret, F., & Celda, B. (2004). Spectroscopic axonal damage of the right locus coeruleus relates to selective attention impairment in early stage relapsing-remitting multiple sclerosis. *Brain, 127,* 89–98.

Gaertner, L., Sedikides, C., & Chang, K. (2008). On pancultural self-enhancement: Well-adjusted Taiwanese self-enhance on personally valued traits. *Journal of Cross-Cultural Psychology*, *39*, 463–477.

Gaggioli, A., & Riva, G. (2007). A second life for telehealth? *Annual Review of CyberTherapy and Telemedicine*, *5*, 29–36.

Galambos, N., Turner, P., & Tilton-Weaver, L. (2005). Chronological and subjective age in emerging adulthood: The crossover effect. *Journal of Adolescent Research, 20,* 538–556.

Gall, T., & Guirguis-Younger, M. (2013). Religious and spiritual coping Current theory and research. In K. Pargament, J. Exline, & J. Jones (Eds.). *APA handbook of psychology, religion, and spirituality (Vol 1): Context, heory, and research*. (pp. 349-364). Washington, DC, USA: American Psychological Association.

Gallagher, M., & Rapp, P. R. (1997). The use of animal models to study the effects of aging on cognition. *Annual Review of Psychology, 48,* 339–370.

Gallagher, M., & Resick, P. (2012). Mechanisms of change in cognitive processing therapy and prolonged exposure therapy for PTSD: Preliminary evidence for the differential effects of hopelessness and habituation. *Cognitive Therapy and Research*, *36*, 750–755.

Gallup, G., Jr., & Hugick, L. (1990). Racial tolerance grows, progress on racial equality less evident. *Gallup Poll Monthly, 297,* 23–32.

Galton, F. (1874). *Eglishmen of science: Their nature and nurture*. London, UK: Macmillan & Company.

Ganellen, R. J. (1996). Comparing the diagnostic efficiency of the MMPI, MCMI-II, and Rorschach: A review. *Journal of Personality Assessment, 67,* 219–243.

Garcia, J., & Koelling, A. (1966). Relation of cue to consequence in avoidance learning. *Psychonomic Science, 4,* 123–124.

Gardner, H. (1983). *Frames of mind: The theory of multiple intelligences.* New York: Basic Books.

Gardner, H. (2011). Changing minds: How the application of the Multiple Intelligences (MI) framework could positively contribute to the theory and practice of international negotiation. In F. Aguilar & M. Galluccio (Eds.) *Psychological and political strategies for peace negotiation: A cognitive approach*. (pp. 1-14). New York, NY, USA: Spring Science + Business Media.

Gardner, H., & Hatch, T. (1989). Multiple intelligences go to school: Educational implication of the theory of multiple intelligences. *Educational Researcher, 18*(8), 6.

Gardner, R. A., & Gardner, B. T. (1969). Teaching sign language to a chimpanzee. *Science, 165,* 664–672.

Garfield, C. (1986). *Peak performers: The new heroes of American business*. New York: Morrow.

Garmon, L. C., Basinger, K. S., Gregg, V. R., & Gibbs, J. C. (1996). Gender differences in stage and expression of moral judgment. *Merrill-Palmer Quarterly, 42,* 418–437.

Granier-Deferre, C., Bassereau, S., Ribeiro, A., Jacquet, A., & DeCasper, A. (2011). A melodic contour repeatedly experienced by human near-term fetuses elicits a profound cardiac reaction one month after birth. *PLoS One*, *6*, e17304.

Garrett, M., Garrett, J., & Brotherton, D. (2001). Inner circle/outer circle: A group technique based on Native American healing circles. *Journal for Specialists in Group Work, 26,* 17–30.

Garrett, J. (2012). The ethics of animal research: An overview of the debate. In J. Garrett (Ed.). *The Ethics of Animal Research: Exploring the Controversy* (pp. 1–16). Cambridge, MA, USA: MIT Press.

Garry, M., & Loftus, E. F. (1994). Pseudomemories without hypnosis. *International Journal of Clinical and Experimental Hypnosis, 42,* 363–373.

Garssen, B. (2004). Psychological factors and cancer development: Evidence after 30 years of research. *Clinical Psychology Review*, *24*, 315–338.

Gates, G., & Newport, F. (2012). *Special Report: 3.4% of U.S. Adults Identify as LGBT*. Retrieved January 3, 2013, from http://www.gallup.com/poll/158066/special-report-adults-identifylgbt.aspx?utm_source=alert&utm_medium=email&utm_campaign=syndication&utm_content=morelink&utm_term=Politics

Gauchet, A., Shankland, R., Dantzer, C., et al. (2012). Clinical applications in health psychology, *Psychologie Française*, *57*, 131–142.

Gawin, F. H. (1991). Cocaine addiction: Psychology and neurophysiology. *Science, 251,* 1580–1586.

Gawronski, B., Alshut, E., Grafe, J., Nespethal, J., Ruhmland, A., & Schulz, L. (2002). Processes of judging known and unknown persons. *Zeitschrift fuer Sozialpsychologie, 33,* 25–34.

Gazzaniga, M. (1970). *The bisected brain.* New York: Appleton- Century-Crofts.

Gazzaniga, M. S. (1983). Right hemisphere language following brain bisection: A 20-year perspective. *American Psychologist, 38,* 525–537.

Gazzaniga, M. (1989). Organization of the human brain. *Science, 245,* 947–952.

Geary, N. (2004). Endocrine controls of eating: CCK, leptin, and ghrelin. *Physiology & Behavior, 81,* 719–733.

Gee, D., Karlsgodt, K., van Erp, T., Bearden, C., Lieberman, M., Belger, A., Perkins, D., Olvet, D., Cornblatt, B., Constable, T., Woods, S., Addington, J., Cadenhead, K., McGlashan, T., Seidman, L., Tsuang, M., Walker, E., & Cannon, T. (2012). Altered age-related trajectories of amygdala-prefrontal circuitry in adolescents at clinical high risk for psychosis: A preliminary study. *Schizophrenia Research*, *134*, 1–9.

Gee, G., Walsemann, K., & Brondolo, E. (2012). A life course perspective on how racism may be related to health inequities. *American Journal of Public Health*, *102*, 967–974.

Geen, R. G. (1984). Human motivation: New perspectives on old problems. In A. M. Rogers & C. J. Scheier (Eds.), *The G. Stanley Hall lecture series* (Vol. 4, pp. 9–57). Washington, DC: American Psychological Association.

Gehart, D., & Lyle, R. (2001). Client experience of gender in therapeutic relationships: An interpretive ethnography. *Family Process, 40,* 443–458.

Gehring, D. (2003). Couple therapy for low sexual desire: A systematic approach. *Journal of Sex & Marital Therapy, 29,* 25–38.

Geiselman, R. E., Schroppel, T., Tubridy, A., Konishi, T., & Rodriguez, V. (2000). Objectivity bias in eye witness performance. *Applied Cognitive Psychology, 14,* 323–332.

Genen, L. (2012). *Cannabis compound abuse*. Retrieved November 9, 2012, from http://emedicine.medscape.com/article/286661-overview#a0104

George, T., & Vessicchio, J. (2001). Nicotine addiction and schizophrenia. *Psychiatric Times.* Retrieved February 12, 2007, from http://www.psychiatrictimes.com/p010239.html

George, M. (2012). Health beliefs, treatment preferences and complementary and alternative medicine for asthma, smoking, and lung cancer self-management in diverse Black communities. *Patient Education and Counseling*, *89*, 489–500.

Gerstein, P. (2011). *Emergent treatment of schizophrenia*. Retrieved January 27, 2013, from http://emedicine.medscape.com/article/815881-overview

Gerstorf, D., Ram, N., Hoppmann, C., Willis, S., & Schaie, K. W. (2011). Fluid and crystallized abilities in the Seattle Longitudinal Study: Cohort differences in cognitive aging and dying. *Developmental Psychology, 47,* 1026–1041.

Gevins, A., Leong, H., Smith, M. E., Le, J., & Du, R. (1995). Mapping cognitive brain function with modern high-resolution electro encephalography. *Trends in Neurosciences, 18,* 429–436.

Gibbons, A. (1991). Déjàvu all over again: Chimp-language wars. *Science, 251,* 1561–1562.

Gibbs, J., Basinger, K., Grime, R., & Snarey, J. (2007). Moral judgment development across cultures: Revisiting Kohlberg's universality claims. *Developmental Review*, *27*, 443–500.

Gibson, E., & Walk, R. D. (1960). The "visual cliff."*Scientific American, 202,* 64–71.

Gibson, J. (1994). The visual perception of objective motion and subjective motion. *Psychological Review, 101,* 318–323.

Gigerenzer, G. (2004). Dread risk, September 11, and fatal traffic accidents. *Psychological Science, 15,* 286–287.

Gilbert, D. (2006). *Stumbling on happiness.* New York: Alfred A. Knopf.

Gilligan, C. (1982). *In a different voice: Psychological theory and women's development.* Cambridge, MA: Harvard University Press.

Gingell, C., Nicolosi, A., Buvat, J., Glasser, D., Simsek, F., Hartmann, U., et al. (2003). *Sexual activity and dysfunction among men and women aged 40 to 80 years.* Poster presented at the XVIIIth Congress of the European Association of Urology. Madrid, March, 2003.

Ginzburg, K., Solomon, Z., & Bleich, A. (2002). Repressive coping style, acute stress disorder, and post-traumatic stress disorder after myocardial infarction. *Journal of the American Psychosomatic Society, 64,* 748–757.

Girolamo, G., & Bassi, M. (2003). Community surveys of mental disorders: Recent achievements and works in progress. *Current Opinion in Psychiatry, 16,* 403–411.

Glannon, W. (2006). Neuroethics. *Bioethics*, *20*, 37–52.

Glantz, L. A., & Lewis, D. A. (2000). Decreased dendritic spine density on prefrontal cortical pyramidal neurons in schizophrenia. *Archives of General Psychiatry, 57,* 65–73.

Glass, D. C., & Singer, J. E. (1972). *Urban stress: Experiments in noise and social stressors.* New York: Academic Press.

Global Fund to Fight AIDS, Tuberculosis, and Malaria (2005). *Global Fund ARV factsheet.* Retrieved July 3, 2006, from http://www.theglobalfund.org/en/files/publications/factsheets/aids/ARV_Factsheet_2006.pdf

Gluck, M. A., & Myers, C. E. (1997). Psychobiological models of hippocampal function in learning and memory. *Annual Review of Psychology, 48,* 481–514.

Glucksman, M., & Kramer, M. (2004). Using dreams to assess clinical change during treatment. *Journal of the American Academy of Psychoanalysis and Dynamic Psychiatry, 32,* 345–358.

Gökcebay, N., Cooper, R., Williams, R. L., Hirshkowitz, M., & Moore, C. A. (1994). Function of sleep. In R. Cooper (Ed.), *Sleep* (pp. 47–59). New York: Chapman & Hall.

Godart, N., Berthoz, S., Curt, F., Perdereau, F., Rein, Z., Wallier, J., H orreard, A., Kaganski, I., Lucet, R., Atger, F., Corcos, M., Fermanian, J., Falissard, B., Flament, M., Eisler, I., & Jeammet, P. (2012). A randomized controlled trial of adjunctive family therapy and treatment as usual following inpatient treatment for anorexia nervosa adolescents. *PLOSOne*. Retrieved January 4, 2013, from http://www.plosone.org/article/info%3Adoi%2F10.1371%2Fjournal.pone.0028249

Godden, D. R., & Baddeley, A. D. (1975). Context-dependent memory in two natural environments: On land and underwater. *British Journal of Psychology, 66,* 325–331.

Goffman, E. (1959). *The presentation of self in everyday life*. Garden City, NY: Doubleday-Anchor.

Gogtay, N., Giedd, J., Lusk, L., Hayashi, K., Greenstein, D., Vaituzis, A., et al. (2004). Dynamic mapping of human cortical development during childhood through early adulthood. *Proceedings of the National Academy of Science, 101,* 8174–8179.

Goldberg, L. (1993). The structure of phenotypic personality traits. *American Psychologist, 48,* 26–34.

Goleman, D., Kaufman, P., & Ray, M. (1992). *The creative spirit*. New York: Dutton.

Gollan, T., & Brown, A. (2006). From tip-of-the-tongue (TOT) data to theoretical implications in two steps: When more TOTs means better retrieval. *Journal of Experimental Psychology: General, 135,* 462–483.

Golz, A., Netzer, A., Westerman, S., Westerman, L., Gilbert, D., Joachims, H., & Goldenberg, D. (2005). Reading performance in children with otitis media. *Otolaryngology: Head and Neck Surgery, 132,* 495–499.

Gonsalves, B., Reber, P., Gitelman, D., Parrish, T., Mesulam, M., & Paller, K. (2004). Neural evidence that vivid imagining can lead to false remembering. *Psychological Science, 15,* 655–660.

Gonzalez, R., Ellsworth, P. C., & Pembroke, M. (1993). Response biases in lineups and showups. *Journal of Personality and Social Psychology, 64,* 525–537.

Goodin, B., Quinn, N., Kronfli, T., King, C., Page, G., Haythornthwaite, J., Edwards, R., Stapleton, L., & McGuire, L. (2012). Experimental pain ratings and reactivity of cortisol and soluble tumor necrosis factor-α receptor II following a trial of hypnosis: Results of a randomized controlled pilot study. *Pain Medicine, 13,* 29–44.

Goodman, E., McEwen, B., Huang, B., Dolan, L., & Adler, N. (2005). Social inequalities in biomarkers of cardiovascular risk in adolescence. *Psychosomatic Medicine, 67,* 9–15.

Goodman, G., Quas, J., & Ogle, C. (2010). Child maltreatment and memory. *Annual Review of Psychology, 61,* 325–351.

Gorman, J. (2007). *The essential guide to psychiatric drugs* (4th ed.). New York: St. Martins Press.

Gosling, S., Vazire, S., Srivastava, S., & John, O. (2004). Should we trust Web-based studies? A comparative analysis of six preconceptions about Internet questionnaires. *American Psychologist, 59,* 93–104.

Gosseries, O., Demertzi, A., Ledoux, D., Bruno, M., Vanhaudenhuyse, A., Thibaut, A., Laureys, S., & Schnakers, C. (2012). Burnout in healthcare workers managing chronic patients with disorders of consciousness. *Brain Injury, 26,* 1493–1499.

Gottesman, I. I. (1991). *Schizophrenia genesis: The origins of madness.* New York: W. H. Freeman.

Gottesmann, C. (2000). Hypothesis for the neurophysiology of dreaming. *Sleep Research Online, 3,* 1–4.

Gottfried, J. (2010). Olfaction and its pleasures: Human neuroimaging perspectives. In Kringelbach, M., & Berridge, K. (Eds.). *Pleasures of the brain*. (pp. 125–145). New York: Oxford University Press.

Gough, H. (1987). *California Psychological Inventory: Administrator's Guide*. Palo Alto: Consulting Psychologists Press.

Gougoux, F., Lepore, F., Lassonde, M., Voss, P., Zatorre, R. J. & Belin, P. (2004). Pitch discrimination in the early blind. *Nature, 430,* 309.

Gouin, J., Glaser, R., Malarkey, W., Beversdorf, D., & Kiecolt-Glaser, J. (2012). Chronic stress, daily stressors, and circulating inflammatory markers. *Health Psychology, 31,* 264–268.

Gowen, C. (2011). Fetal and neonatal medicine. In K. Marcdante, R. Kliegman, H. Jenson, & R. Behrman (Eds.) *Nelson essentials of pediatrics* (6th ed.). (pp. 213–264). Philadelphia, PA, USA: Saunders/Elsevier, Inc.

Gower, A., & Crick, N. (2011). Baseline autonomic nervous system arousal and physical and relational aggression in preschool: The moderating role of effortful control. *International Journal of Psychophysiology, 81,* 142–151.

Graham, S. (1992). "Most of the subjects were white and middle class": Trends in published research on African Americans in selected APA journals, 1970–1989. *American Psychologist, 47,* 629–639.

Graham, J., & Roemer, L. (2012). A preliminary study of the moderating role of church-based social support in the relationship between racist experiences and general anxiety symptoms. *Cultural Diversity and Ethnic Minority Psychology, 18,* 268–276.

Graham, K., Bernards, S., Osgood, D., & Wells, S. (2012). "Hotspots"for aggression in licensed drinking venues. *Drug and Alcohol Review, 31,* 377–384.

Grande, G., Romppel, M., & Barth, J. (2012). Association between type D personality and prognosis in patients with cardiovascular diseases: A systematic review and meta-analysis. *Annals of Behavioral Medicine, 43,* 299–310.

Granic, I., & Patterson, G. (2006). Toward a comprehensive model of antisocial development: A dynamic systems approach. *Psychological Review, 113,* 101–131.

Green, J. P., & Lynn, S. J. (2000). Hypnosis and suggestion-based approaches to smoking cessation: An examination of the evidence. *International Journal of Clinical Experimental Hypnosis, 48,* 195–224.

Green, J., & Shellenberger, R. (1990). *The dynamics of health and wellness: A biopsychosocial approach*. Fort Worth: Holt, Rinehart & Winston.

Green, R., MacDorman, K., Ho, C., & Vasudevan, S. (2008). Sensitivity to the proportions of faces that vary in human likeness. *Computers in Human Behavior, 24,* 2456–2474.

Green, S., Moll, J., Deakin, J., Hulleman, J., Zahn, R. (2013). Proneness to decreased negative emotions in major depressive disorder when blaming others rather than oneself. *Psychopathology, 46,* 34–44.

Greenberg, W. (2009). *Obsessive-compulsive disorder*. Retrieved March 15, 2010 from http://emedicine.medscape.com/article/287681-overview.

Greenberg, W. (2012). *Obsessive-compulsive disorder treatment and management*. Retrieved January 25, 2013, from http://emedicine.medscape.com/article/1934139-treatment#aw2aab6b6b4

Greenfield, S., & Hennessy, G. (2008). Assessment of the patient. In M.

Galanter & H. Kleber (Eds.), *The American Psychiatric Publishing textbook of substance abuse* (4th ed., pp. 55-78). Arlington, VA: American Psychiatric Publishing.

Greenglass, E., & Fiksenbaum, L. (2009). Proactive coping, positive affect, and well-being: Testing for mediation using path analysis. *European Psychologist, 14*, 29-39.

Greenwald, A. (1992). New look 3: Unconscious cognition reclaimed. *American Psychologist, 47*, 766-779.

Greenwald, A., Spangenberg, E., Pratkanis, A., & Eskenazi, J. (1991). Double-blind tests of subliminal self-help audiotapes. *Psychological Science, 2*, 119-122.

Greer, M. (2005). Keeping them hooked in. *APA Monitor on Psychology, 36*, 60.

Gregory, R. J. (1996). *Psychological testing: History, principles, and applications* (2nd ed.). Boston: Allyn & Bacon.

Greist, J. H. (1992). An integrated approach to treatment of obsessive compulsive disorder. *Journal of Clinical Psychiatry, 53*(4, Suppl.), 38-41.

Greitmeyer, T., & Osswald, S. (2010). Effects of prosocial video games on prosocial behavior. *Journal of Personality and Social Psychology, 98*, 211-221.

Griffiths, M. (2003). Communicating risk: Journalists have responsibility to report risks in context. *British Medical Journal, 327*, 1404.

Grigorenko, E. (2003). Epistasis and the genetics of complex traits. In R. Plomin, J. DeFries, I. Craig, & P. McGuffin (Eds.), *Behavioral genetics in the postgenomic era* (pp. 247-266). Washington, DC: American Psychological Association.

Grigorenko, E. L., Meier, E., Lipka, J., Mohatt, G., Yanez, E., & Sternberg, R. J. (2004). Academic and practical intelligence: A case study of the Yup'ik in Alaska. *Learning and individual Differences, 14*(4), 183-207.

Grimbos, T., Dawood, K., Burriss, R., Zucker, K., & Puts, D. (2010). Sexual orientation and the second to fourth finger length ratio: A meta-analysis in men and women. *Behavioral Neuroscience, 124*, 278-287.

Gron, G., Wunderlich, A. P., Spitzer, M., Tomczrak, R., & Riepe, M. W. (2000). Brain activation during human navigation: Gender-different neural networks as substrate of performance. *Nature Neuroscience, 3*, 404-408.

Gross, J. (2002). Emotion regulation: Affective, cognitive, and social consequences. *Psychophysiology, 39*, 281-291.

Grünbaum, A. (2006). Is Sigmund Freud's psychoanalytic edifice relevant to the 21st century? *Psychoanalytic Psychology, 23*, 257-284.

Guéguen, N., & Lamy, L. (2012). Men's social status and attractiveness: Women's receptivity to men's date requests. *Swiss Journal of Psychology, 71*, 157-160.

Guenther, K. (2002). Memory. In D. Levitin (Ed.), *Foundations of cognitive psychology*. Cambridge, MA: MIT Press.

Guilford, J. P. (1967). *The nature of human intelligence*. New York: McGraw-Hill.

Gulick, D., & Gould, T. (2009). Effects of ethanol and caffeine on behavior in C57BL/6 mice in the plus-maze discriminative avoidance task. *Behavioral Neuroscience, 123*, 1271-1278.

Gur, R. C., Turetsky, B., Mastsui, M., Yan, M., Bilker, W., Hughett, P., & Gur, R. E. (1999). Sex differences in brain gray and white matter in healthy young adults: correlations with cognitive performance. *Journal of Neuroscience, 19*, 4067-4072.

Gur, R., Gunning-Dixon, F., Bilker, W., & Gur, R. (2002). Sex differences in temporolimbic and frontal brain volumes of healthy adults. *Cerebral Cortex, 12*, 998-1003.

Gurin, J. (1989, June). Leaner, not lighter. *Psychology Today*, 32-36.

Guse, B., Falkai, P., Gruber, O., Shalley, H., Gibson, L., Hasan, A., Obst, K., Dechent, P., McIntosh, A., Suchan, B., & Wobrock, T. (2013). The effect of long-term high frequency repetitive transcranial magnetic stimulation on working memory in schizophrenia and healthy controls—A randomized placebo-controlled, double-blind fMRI study. *Behavioural Brain Research, 237*, 300-307.

Guthrie, J. P., Ash, R. A., & Bendapudi, V. (1995). Additional validity evidence for a measure of morningness. *Journal of Applied Psychology, 80*, 186-190.

Gwak, Y., Kang, J., Unabia, G., Hulsebosch, C. (2012). Spatial and temporal activation of spinal glial cells: Role of gliopathy in central neuropathic pain following spinal cord injury in rats. *Experimental Neurology, 234*, 362-372.

Haag, L., & Stern, E. (2003). In search of the benefits of learning Latin. *Journal of Educational Psychology, 95*, 174-178.

Haaken, J., & Reavey, P. (2010). Memory matters: Contexts for understanding sexual abuse recollections (pp. 1-13). New York: Routledge/Taylor & Francis Group.

Haber, R. N. (1980). How we perceive depth from flat pictures. *American Scientist, 68*, 370-380.

Haberlandt, D. (1997). *Cognitive psychology* (2nd ed.). Boston: Allyn & Bacon.

Hada, M., Porjesz, B., Begleiter, H., & Polich, J. (2000). Auditory P3a assessment of male alcoholics. *Biological Psychiatry, 48*, 276-286.

Hada, M., Porjesz, B., Chorlian, D. B., Begleiter, H., & Polich, J. (2001). Auditory P3a deficits in male subjects at high risk for alcoholism. *Biological Psychiatry, 49*, 726-738.

Hakuta, K., Bialystok, E., & Wiley, E. (2003). Critical evidence: A test of the critical-period hypothesis for second-language acquisition. *Psychological Science, 14*, 31-38.

Halaas, J. L., Gajiwala, K. S., Maffei, M., Cohen, S. L., Chait, B. T., Rabinowitz, D., et al. (1995). Weight-reducing effects of the plasma protein encoded by the obese gene. *Science, 269*, 543-546.

Halama, P., & Strízenec, M. (2004). Spiritual, existential or both? Theoretical considerations on the nature of "higher"intelligences. *Studia Psychologica, 46*, 239-253.

Halaris, A. (2003). Neurochemical aspects of the sexual response cycle. *CNS Spectrums, 8*, 211-216.

Haldeman, D. (2012). Diversity training: Multiple minority awareness. In R. Nettles & R. Balter. (Eds.). *Multiple minority identities: Applications for practice, research, and training.* (pp. 231-247). New York, NY,

USA: Springer Publishing Co.

Hall, C. (1953). A cognitive theory of dream symbols. *The Journal of General Psychology*, *48*, 169-186.

Hallon, S., Stewart, M., & Strunk, D. (2006). Enduring effects for cognitive therapy in the treatment of depression and anxiety. *Annual Review of Psychology, 57,* 285-316.

Hallschmid, M., Benedict, C., Born, J., Fehm, H., & Kern, W. (2004). Manipulating central nervous mechanisms of food intake and body weight regulation by intranasal administration of neuropeptides in man. *Physiology & Behavior, 83,* 55-64.

Halverson, J. (2012). *Depression*. Retrieved January 26, 2013, from http://emedicine.medscape.com/article/286759-overview#aw2aab6b2b5

Ham, P. (2003). Suicide risk not increased with SSRI and antidepressants. *Journal of Family Practice, 52,* 587-589.

Hamdy, O. (2012). *Obesity*. Retrieved January 4, 2013, from http://emedicine.medscape.com/article/123702-overview

Hamilton, B., & Ventura, S. (2012). Birth rates for U.S. teenagers reach historic lows for all age and ethnic groups. *NCHS Data Brief*, *89*, 1-8.

Hampson, S., Goldberg, L., Vogt, T., & Dubanoski, J. (2006). Forty years on: Teachers'assessments of children's personality traits predict self-reported health behaviors and outcomes at midlife. *Health Psychology, 25,* 57-64.

Hancock, P., & Ganey, H. (2003). From the inverted-u to the extended-u: The evolution of a law of psychology. *Journal of Human Performance in Extreme Environments, 7,* 5-14.

Hannover, B., & Kuehnen, U. (2002). "The clothing makes the self"via knowledge activation. *Journal of Applied Social Psychology*, *32*, 2513-2525.

Hanoch, Y., & Vitouch, O. (2004). When less is more: Information, emotional arousal and the ecological reframing of the Yerkes-Dodson law. *Theory & Psychology, 14,* 427-452.

Hare, R. (1998). The Hare PCL-R: Some issues concerning its use and misuse. *Legal and Criminological Psychology, 3,* 99-119.

Hargadon, R., Bowers, K. S., & Woody, E. Z. (1995). Does counterpain imagery mediate hypnotic analgesia? *Journal of Abnormal Psychology, 104,* 508-516.

Harlow, H. F., & Harlow, M. K. (1962). Social deprivation in monkeys. *Scientific American, 207,* 137-146.

Harlow, J. M. (1848). Passage of an iron rod through the head. *Boston Medical and Surgical Journal, 39,* 389-393.

Harms, P., Roberts, B., & Winter, D. (2006). Becoming the Harvard Man: Person-environment fit, personality development, and academic success. *Personality and Social Psychology Bulletin, 32,* 851-865.

Harris, J. (2005). The increased diagnosis of "Juvenile Bipolar Disorder": What are we treating? *Psychiatric Services*, *56*, 529-531.

Harrold, L., Ware, C., Mason, J., McGuire, E., Lewis, D., Pagano, A., & Alley, W. (2009). *The distracted teenage driver*. Paper presented at the annual meeting of the Pediatric Academic Society. Baltimore, MD.

Harrold, J., Dovey, T., Blundell, J., & Halford, J. (2012). CNS regulation of appetite. *Neuropharmacology*, *63*, 3-17.

Hart, J., Karau, S., Stasson, M., & Kerr, N. (2004). Achievement motivation, expected coworker performance, and collective task motivation: Working hard or hardly working? *Journal of Applied Social Psychology, 34,* 984-1000.

Hart, S., Petrill, S., Thompson, L., & Plomin, R. (2009). The ABCs of math: A genetic analysis of mathematics and its links with reading ability and general cognitive ability. *Journal of Educational Psychology*, *101*, 388-402.

Harter, S. (2012). *The construction of the self: Developmental and sociocultural foundations* (2nd ed.). New York, NY, USA: Guilford Press.

Haslam, S., & Reicher, S. (2004). A critique of the role-based explanation of tyranny: Thinking beyond the Stanford Prison Experiment. *Revista de Psicología Social*, *19*, 115-122.

Haslam, S. A., & Reicher, S. (2006). Stressing the group: Social identity and the unfolding dynamics of responses to stress. *Journal of Applied Psychology, 91,* 1037-1052.

Haslam, S., Jetten, J., Postmes, T., & Haslam, C. (2009). Social identity, health and well-being: An emerging agenda for applied psychology. *An International Review*, *58*, 1-23.

Haslam, S., & Reicher, S. (2008). Questioning the banality of evil. *The Psychologist*, *21*, 16-19.

Haslam, S., & Reicher, S. (2012). Contesting the "nature"of conformity: What Milgram and Zimbardo's studies really show. *PLoS Biology*, *10*, e1001426.

Hatashita-Wong, M., Smith, T., Silverstein, S., Hull, J., & Willson, D. (2002). Cognitive functioning and social problem-solving skills in schizophrenia. *Cognitive Neuropsychiatry, 7,* 81-95.

Haug, T., Nordgreen, T., Öst, L., Göran, H., & Odd, E. (2012). Self-help treatment of anxiety disorders: A meta-analysis and meta-regression of effects and potential moderators. *Clinicial Psychology Review*, *2*, 425-445.

Hauser, M. D. (1993). Right hemisphere dominance for the production of facial expression in monkeys. *Science, 261,* 475-477.

Haxby, J., Gobbini, M., Furey, M., Ishai, A., Schouten, J., & Pietrini, P. (2001). Distributed and overlapping representations of faces and objects in ventral temporal cortex. *Science, 293*, 2425-2430.

Haywood, H., & Lidz, C. (2007). *Dynamic assessment in practice: Clinical and educational applications*. New York: Cambridge University Press.

Hazlett-Stevens, H., Craske, M., Roy-Byrne, P., Sherbourne, C., Stein, A., & Bystritsky, A. (2002). Predictors of willingness to consider medication and psychosocial treatment for panic disorder in primary care patients. *General Hospital Psychology, 24,* 316-321.

HCF Nutrition Foundation. (2003). *The benefits of fiber*. Retrieved January 29, 2003, from http://www.hcf-nutrition.org/fiber/fiberben_article.html

Hebb, D. O. (1949). *The organization of behavior*. New York: John Wiley & Sons.

Hecht, S., Shlaer, S., & Pirenne, M. H. (1942). Energy, quanta, and vision.

Journal of General Physiology, 25, 819.

Heckhausen, J., & Brian, O. (1997). Perceived problems for self and others: Self-protection by social downgrading throughout adulthood. *Psychology & Aging, 12,* 610-619.

Hedges, L. B., & Nowell, A. (1995). Sex differences in mental test scores, variability, and numbers of high-scoring individuals. *Science, 269,* 41-45.

Heider, F. (1958). *The psychology of interpersonal relations.* Mahwah, NJ: Lawrence Erlbaum Associates.

Heil, M., Rolke, B., & Pecchinenda, A. (2004). Automatic semantic activation is no myth. *Psychological Science, 15,* 852-857.

Held, R. (1993). What can rates of development tell us about underlying mechanisms? In C. E. Granrud (Ed.), *Visual perception and cognition in infancy* (pp. 75-89). Hillsdale, NJ: Erlbaum.

Hellige, J. B. (1990). Hemispheric asymmetry. *Annual Review of Psychology, 41,* 55-80.

Hellstrom, Y., & Hallberg, I. (2004). Determinants and characteristics of help provision for eldery people living at home and in relation to quality of life. *Scandinavian Journal of Caring Sciences, 18,* 387-395.

Hendin, H., & Haas, A. P. (1991). Suicide and guilt as manifestations of PTSD in Vietnam combat veterans. *American Journal of Psychiatry, 148,* 586-591.

Henkel, L. A., Franklin, N., & Johnson, M. K. (2000). Cross-modal source monitoring confusions between perceived and imagined events. *Journal of Experimental Psychology: Learning, Memory, and Cognition, 26,* 321-335.

Herek, G. (2002). Gender gaps in public opinion about lesbians and gay men. *Public Opinion Quarterly, 66,* 40-66.

Hernandez, L., & Hoebel, B. G. (1989). Food intake and lateral hypothalamic self-stimulation covary after medial hypothalamic lesions or ventral midbrain 6-hydroxydopamine injections that cause obesity. *Behavioral Neuroscience, 103,* 412-422.

Herness, S. (2000). Coding in taste receptor cells: The early years of intracellular recordings. *Physiology and Behavior, 69,* 17-27.

Heron, M. (2012). Deaths: Leading causes for 2009. *National Vital Statistics Reports, 61,* 1-96.

Herpetz, S., Vloet, T., Mueller, B., Domes, G., Willmes, K., & Herpetz-Dahlmann, B. (2007). Similar autonomic responsivity in boys with conduct disorder and their fathers. *Journal of the American Academy of Child & Adolescent Psychiatry, 46,* 535-544.

Hetherington, A. W., & Ranson, S. W. (1940). Hypothalamic lesions and adiposity in the rat. *Anatomical Record, 78,* 149-172.

Heyman, G., Gee, C., & Giles, J. (2003). Preschool children's reasoning about ability. *Child Development, 74,* 516-534.

Hickman, J., & Geller, E. (2003). A safety self-management intervention for mining operations. *U.S. Journal of Safety Research, 34,* 299-308.

Higgins, E., & George, M. (2009). *Brain stimulation therapies for clinicians.* Arlington, VA: American Psychiatric Publishing.

Hilgard, E. R. (1986). *Divided consciousness: Multiple controls in human thought and action.* New York: Wiley.

Hilgard, E. R. (1992). Dissociation and theories of hypnosis. In E. Fromm & M. R. Nash (Eds.), *Contemporary hypnosis research* (pp.69-101). New York: Guilford.

Hill, M., & Augoustinos, M. (2001). Stereotype change and prejudice reduction: Short- and long-term evaluation of a cross-cultural awareness programme. *Journal of Community & Applied Social Psychology, 11,* 243-262.

Hirsch, J. (2012). Virtual reality exposure therapy and hypnosis for flying phobia in a treatment-resistant patient: A case report. *American Journal of Clinical Hypnosis, 55,* 168-173.

Hirsch, D., & Zukowska, Z. (2012). NPY and stress 30 years later: The peripheral view. *Cellular and Molecular Neurobiology, 32,* 645-659.

Hirsh, J., Quilty, L., Bagby, R., & McMain, S. (2012). The relationship between agreeableness and the development of the working alliance in patients with borderline personality disorder. *Journal of Personality Disorders, 26,* 616-627.

Hirst, W., & Echterhoff, G. (2012). Remember in conversations: The social sharing and reshaping of memories. *Annual Review of Psychology, 63,* 55-79.

Hirst, W., Phelps, E., Buckner, R., Budson, A., Cuc, A., Gabrieli, J., Johnson, M., Lustig, C., Lyle, K., Mather, M., Meksin, R., Mitchell, K., Ochsner, K., Schacter, D., Simons, J., & Vaidya, C. (2009). Longterm memory for the terrorist attack of September 11: Flashbulb memories, event memories, and the factors that influence their retention. *Journal of Experimental Psychology: General, 138,* 161-176.

Hobson, J. A. (1988). *The dreaming brain.* New York: Basic Books.

Hobson, J. A. (1989). *Sleep.* New York: Scientific American Library.

Hobson, J. A., & McCarley, R. W. (1977). The brain as a dream state generator: An ctivation-synthesis hypothesis of the dream process. *American Journal of Psychiatry, 134,* 1335-1348.

Hockett, C. (1959). Animal "language"and human language. *Human Biology, 31,* 32-39.

Hofer, H., Carroll, J., Neitz, J., Neitz, M., & Williams, D. (2005). Organization of the human trichromatic cone mosaic. *Journal of Neuroscience, 25,* 9669-9679.

Hoffman, M. (2007). The origins of empathic morality in toddlerhood. In C., Brownell, & C. Kopp (Eds.), *Socioemotional development in the toddler years: Transitions and transformations* (pp. 132-145). New York: Guilford Press.

Hofstede, G. (1980). *Culture's consequences: International differences in work-related values.* Beverly Hills, CA: Sage.

Hofstede, G. (1983). Dimensions of national cultures in fifty countries and three regions. In J. Deregowski, S. Dzuirawiec, and R. Annis (Eds.), *Explications in cross-cultural psychology* (pp. 335-355). Lisse, The Netherlands: Swets and Zeitlinger.

Holden, C. (1996). Sex and olfaction. *Science, 273,* 313.

Holland, C., & Rathod, V. (2012). Influence of personal mobile phone ringing and usual intention to answer on driver error. *Accident Analysis and Prevention,* August 4, 2012.

Hollon, S., Thase, M., & Markowitz, J. (2002). Treatment and prevention of depression. *Psychological Science in the Public Interest, 3,* 39–77.

Holmes, T. H., & Masuda, M. (1974). Life change and illness susceptibility. In B. S. Dohrenwend & B. P. Dohrenwend (Eds.), *Stressful life events: Their nature and effects* (pp. 45-72). New York: Wiley.

Holmes, T. H., & Rahe, R. H. (1967). The social readjustment rating scale. *Journal of Psychosomatic Research, 11,* 213–218.

Home, S., & Biss, W. (2005). Sexual satisfaction as more than a gendered concept: The roles of psychological well-being and sexual orientation. *Journal of Constructivist Psychology, 18,* 25–38.

Hong, Y., Wyer, R., & Fong, C. (2008). Chinese working in groups: Effort dispensability versus normative influence. *Asian Journal of Social Psychology*, *11*, 187–195.

Hooten, W., Wolter, T., Ames, S., Hurt, R., Viciers, K., Offord, K., & Hays, J. (2005). Personality correlates related to tobacco abstinence following treatment. *International Journal of Psychiatry in Medicine, 35,* 59–74.

Hopkins, W., & Cantalupo, C. (2004). Handedness in chimpanzees (*Pan troglodytes*) is associated with asymmetries of the primary motor cortex but not with homologous language areas. *Behavioral Neuroscience, 118,* 1176–1183.

Horberry, T., Anderson, J., Regan, M., Triggs, T., & Brown, J. (2006). Driver distraction: The effects of concurrent in-vehicle tasks, road environment complexity and age on driving performance. *Accident Analysis & Prevention, 38,* 185–191.

Horn, J. L. (1982). The theory of fluid and crystallized intelligence in relation to concepts of cognitive psychology and aging in adulthood. In F. I. M. Craik & S. Trehub (Eds.), *Aging and cognitive processes* (pp. 201-238). New York: Plenum Press.

Horney, K. (1937). *The neurotic personality of our time.* New York: W.W. Norton.

Horney, K. (1939). *New ways in psychoanalysis.* New York: W. W. Norton.

Horney, K. (1945). *Our inner conflicts.* New York: W. W. Norton.

Horney, K. (1950). *Neurosis and human growth.* New York: W. W. Norton.

Horney, K. (1967). *Feminine psychology.* New York: W. W. Norton.

Hoshi, R., Pratt, H., Mehta, S., Bond, A., & Curran, H. (2006). An investigation into the sub-acute effects of ecstasy on aggressive interpretive bias and aggressive mood–Are there gender differences? *Journal of Psychopharmacology, 20,* 291–301.

Hovland, C. I., Lumsdaine, A. A., & Sheffield, F. D. (1949). *Experiments on mass communication.* Princeton, NJ: Princeton University Press.

Howard, A. D., Feighner, S. D., Cully, D. F., Arena, J. P., Liberator, P. A., Rosenblum, C. I., et al. (1996). A receptor in pituitary and hypothalamus that functions in growth hormone release. *Science, 273,* 974–977.

Howlader, N., Noone, A., Krapcho, M., Neyman, N., Aminou, R., Altekruse, D., Kosary, C., Ruhl, J., Tatalovich, Z., Cho, H., Mariotto, A., Eisner, M., Lewis, D., Chen, H., Feuer, E., & K. Cronin. (2012). Retrieved January 8, 2013, from http://seer.cancer.gov/csr/1975_2009_pops09/

Hrushesky, W. J. M. (1994, July/August). Timing is everything. *The Sciences,* pp. 32–37.

Hsieh, P., & Colas, J. (2012). Awareness is necessary for extracting patterns in working memory but not for directing spatial attention. *Journal of Experimental Psychology: Human Perception and Performance*, *38*, 1085–1090.

Hua, M., & Tan, A. (2012). Media reports of Olympic success by Chinese and American gold medalists: Cultural differences in causal attribution. *Mass Communication & Society*, *15*, 546–558.

Hubel, D. H. (1963). The visual cortex of the brain. *Scientific American, 209,* 54–62.

Hubel, D. H. (1995). *Eye, brain, and vision.* New York: Scientific American Library.

Hubel, D. H., & Wiesel, T. N. (1959). Receptive fields of single neurons in the cat's striate cortex. *Journal of Physiology, 148,* 547–591.

Hubel, D. H., & Wiesel, T. N. (1979). Brain mechanisms of vision. *Scientific American, 241,* 130–144.

Huesmann, L., Moise-Titus, J., Podolski, C., & Eron, L. (2003). Longitudinal relations between children's exposure to television violence and their aggressive and violent behavior in young adulthood. *Developmental Psychology, 39,* 201–221.

Hughes, J. (2008). A review of recent reports on autism: 1000 studies published in 2007. *Epilepsy & Behavior*, *13*, 425–437.

Hughes, S., Levinson, G., Rosen, M., & Shnider, S. (2002). *Shnider and Levinson's anesthesia for obstetrics*. Chicago, IL: Wolters Kluwer Health.

Hull, C. L. (1943). *Principles of behavior.* New York: Appleton-Century-Crofts.

Hultsch, D. F., & Dixon, R. A. (1990). Learning and memory in aging. In J. E. Birren & K. W. Schaie (Eds.), *Handbook of the psychology of aging* (3rd ed., pp. 359–374). San Diego: Academic Press.

Hunton, J., & Rose, J. (2005). Cellular telephones and driving performance: The effects of attentional demands on motor vehicle crash risk. *Risk Analysis, 25,* 855–866.

Hupbach, A., & Fieman, R. (2012). Moderate stress enhances immediate and delayed retrieval of educationally relevant material in healthy young men. *Behavioral Neuroscience*, 819–825.

Hur, Y. (2009). Genetic and environmental covariations among obsessive-compulsive, symptoms, neuroticism, and extraversion in South Korean adolescent and young adult twins. *Twin Research and Human Genetics*, *12*, 142–149.

Huttenlocher, P. (1994). Synaptogenesis, synapse elimination, and neural plasticity in human cerebral cortex. In C. Nelson (Ed.), *The Minnesota symposia on child psychology* (Vol. 27, pp. 35–54). Hillsdale, NJ: Erlbaum.

Hyde, J. (2005). The gender similarities hypothesis. *American Psychologist, 60,* 581–592.

Iacoboni, M. (2009). Neurobiology of imitation. *Current Opinion in Neurobiology*, *19*, 661–665.

Intons-Peterson, M. J., & Fournier, J. (1986). External and internal memory aids: When and how often do we use them? *Journal of Experimental Psychology: General, 115,* 267-280.

Iredale, W., & van Vugt, M. (2012). Altruism as showing off: A signaling perspective on promoting green behavior and acts of kindness. In S. Roberts (Ed.). *Applied evoluationary psychology.* (pp. 173-185). New York, NY, USA: Oxford University Press.

Isaksson, K., Johansson, G., Bellaagh, K., & Sjöberg, A. (2004). Work values among the unemployed: Changes over time and some gender differences. *Scandinavian Journal of Psychology, 45,* 207-214.

Ishii, K. (2011). Mere exposure to faces increases attention to vocal affect: A cross-cultural investigation. *Cognitive Studies: Bulletin of the Japanese Cognitive Science Society, 18,* 453-461.

Izard, C. E.(1971). *The face of emotion.* New York: Appleton-Century-Crofts.

Izard, C. E. (1992). Basic emotions, relations among emotions, and emotion-cognition relations. *Psychological Review, 99,* 561-565.

Izard, C. E. (1993). Four systems for emotion activation: Cognitive and noncognitive processes. *Psychological Review, 100,* 68-90.

Jacklin, C. N. (1989). Female and male: Issues of gender. *American Psychologist, 44,* 127-133.

Jackson, J., Bogg, T., Walton, K., Wood, D., Harms, P., Lodi-Smith, J., Edmonds, G., & Roberts, B. (2009). Not all conscientiousness scales change alike: A multimethod, multisample study of age differences in the facets of conscientiousness. *Journal of Personality and Social Psychology, 96,* 446-459.

Jain, V. (2012). *Psychosocial and environmental pregnancy risks.* Retrieved December 16, 2012, from http://emedicine.medscape.com/article/259346-overview#aw2aab6b7

James, W. (1890). *The principles of psychology.* New York, NY, USA: Henry Holt and Co.

James, W. (1884). What is an emotion? *Mind, 9,* 188-205.

Janis, I. (2007). Groupthink. In R. Vecchio (Ed.), *Leadership: Understanding the dynamics of power and influence in organizations* (2nd ed.) (pp. 157-169). Notre Dame, IN: University of Notre Dame Press.

Janis, I. L. (1982). *Groupthink: Psychological studies of policy decisions and fiascoes* (2nd ed.). Boston: Houghton Mifflin.

Jansz, J. (2005). The emotional appeal of violent video games for adolescent males. *Communication Theory, 15,* 219-241.

Jansz, J., & Martens, L. (2005). Gaming at a LAN event: The social context of playing video games. *New Media & Society, 7,* 333-355.

Jarvin, L., Newman, T., Randi, J., Sternberg, R., & Grigorenko, E. (2008). Matching instruction and assessment. In J., Plucker, & C. Callahan (Eds.), *Critical issues and practices in gifted education: What the research says* (pp. 345-365). Waco, TX: Prufrock Press.

Jaynes, J. (1976). *The origin of consciousness and the breakdown of the bicameral mind.* Boston, MA, USA: Houghton Mifflin.

Jelicic, M., & Bonke, B. (2001). Memory impairments following chronic stress? A critical review. *European Journal of Psychiatry, 15,* 225-232.

Jellinek, E. M. (1960). *The disease concept of alcoholism.* New Brunswick, NJ: Hillhouse Press.

Jeltova, I., Birney, D., Fredine, N., Jarvin, L., Sternberg, R., & Grigorenko, E. (2007). Dynamic assessment as a process-oriented assessment in educational settings. *Advances in Speech Language Pathology, 9,* 273-285.

Jenike, M. A. (1990, April). Obsessive-compulsive disorder. *Harvard Medical School Health Letter, 15,* 4-8.

Jenkins, J. J., Jimenez-Pabon, E., Shaw, R. E., & Sefer, J. W. (1975). *Schuell's aphasia in adults: Diagnosis, prognosis, and treatment* (2nd ed.). Hagerstown, MD: Harper & Row.

Jewell, J., & Buehler, B. (2011). *Fragile x syndrome.* Retrieved October 23, 2012 from http://emedicine.medscape.com/article/943776-overview

Jing, L. (2004). Neural correlates of insight. *Acta Psychologica Sinica, 36,* 219-234.

John, L. (2004). Subjective well-being in a multicultural urban population: Structural and multivariate analyses of the Ontario Health Survey well-being scale. *Social Indicators Research, 68,* 107-126.

Johnson, J., Simmons, C., Trawalter, S., Ferguson, T., & Reed, W. (2003). Variation in Black anti-White bias and target distancing cues: Factors that influence perceptions of "ambiguously racist"behavior. *Personality & Social Psychology Bulletin, 29,* 609-622.

Johnson, M., Hashtroudi, S., & Lindsay, S. (1993). Source monitoring. *Psychological Bulletin, 114,* 3-28.

Johnson, M. P., Duffy, J. F., Dijk, D-J., Ronda, J. M., Dyal, C. M., & Czeisler, C. A. (1992). Short-term memory, alertness and performance: A reappraisal of their relationship to body temperature. *Journal of Sleep Research, 1,* 24-29.

Johnson, W., Bouchard, T., McGue, M., Segal, N., Tellegen, A., Keyes, M., & Gottesman, I. (2007). Genetic and environmental influences on the verbal-perceptual-image rotation (VPR) model of the structure of mental abilities in the Minnesota study of twins reared apart. *Intelligence, 35,* 542-562.

Johnson, W., Turkheimer, E., Gottesman, I., & Bouchard, T. (2009). Beyond heritability: Twin studies in behavioral research. *Current Directions in Psychological Science, 18,* 207-220.

Johnston, D. (2000). A series of cases of dementia presenting with PTSD symptoms in World War II combat veterans. *Journal of the American Geriatrics Society, 48,* 70-72.

Johnston, L. D., O'Malley, P. M., Bachman, J. G., & Schulenberg, J. E. (2010). *Monitoring the future national results on adolescent drug use: Overview of key findings, 2009* (NIH Publication No. [yet to be assigned]). Bethesda, MD: National Institute on Drug Abuse.

Joiner, T., Van Orden, K., Witte, T., & Rudd, M. (2009). Diagnoses associated with suicide. In T., Joiner, K., Van Orden, T., Witte, & M. Rudd (Eds.), *The interpersonal theory of suicide: Guidance for working with suicidal clients* (pp. 21-51). Washington, DC: American Psychological Association.

Jones, E. E., & Nisbett, R. E. (1971). *The actor and the observer:*

Divergent perceptions of the causes of behavior. New York: General Learning.

Jones, M. (1924). A laboratory study of fear: The case of Peter. *Pedagogical Seminary, 31*, 308–315.

Jones, P. (2005). The American Indian Church and its sacramental use of peyote: A review for professionals in the mental-health arena. *Mental Health, Religion, & Culture, 8*, 227–290.

Jones, R. (2003). Listen and learn. *Nature Reviews Neuroscience, 4*, 699.

Jones, S. (2003). *Let the games begin: Gaming technology and entertainment among college students*. Washington, DC: Pew Internet and American Life Project. Retrieved May 17, 2006, from http://www.pewinternet.org/PPF/r/93/report_display.asp

Jordan, C., Logel, C., Spencere, S., & Zanna, M. (2012). Discrepancies between implicit and explicit attitudes, prejudices, and self-esteem: A model of simultaneous accessibility. In B. Gawronski, & F. Strack. (Eds.). *Cognitive consistency: A fundamental principle in social cognition*. (pp. 202–222). New York, NY, USA: Guilford Press.

Jorgensen, G. (2006). Kohlberg and Gilligan: Duet or duel? *Journal of Moral Education, 35*, 179–196.

Jorgensen, M., & Keiding, N. (1991). Estimation of spermarche from longitudinal spermaturia data. *Biometrics, 47*, 177–193.

Josephs, R., Newman, M., Brown, R., & Beer, J. (2003). Status, testosterone, and human intellectual performance. *Psychological Science, 14*, 158–163.

Josephs, L., & Weinberger, J. (2013). Psychocynamic psychotherapy. In G. Stricker, T. Wikiger, & I. Weiner. (Eds.) *Handbook of psychology, Vol. 8: Clinical psychology* (2nd ed.). (pp. 431–453). Hoboken, NJ, USA: John Wiley & Sons, Inc.

Judd, L. L., Akiskal, H. S., Zeller, P. J., Paulus, M., Leon, A. C., Maser, J. D., et al. (2000). Psychosocial disability during the long-term course of unipolar major depressive disorder. *Archives of General Psychiatry, 57*, 375–380.

Judd, L., Akiskal, H., Schettler, P., Coryell, W., Endicott, J., Maser, J., Solomon, D., Leon, A., & Keller, M. (2003). A prospective investigation of the natural history of the long-term weekly symptomatic status of bipolar II. *Archives of General Psychiatry, 60*, 261–269.

Julien, R. M. (1995). *A primer of drug action* (7th ed.). New York: W.H. Freeman.

Junco, R., & Cotton, S. (2012). The relationship between multitasking and academic performance. *Computers & Education, 59*, 505–514.

Jung, C. G. (1933). *Modern man in search of a soul*. New York: Harcourt Brace Jovanovich.

Köhler, W. (1925). *The mentality of apes* (E. Winter, Trans.). New York: Harcourt Brace Jovanovich.

Kübler-Ross, E. (1969). *On death and dying*. New York: Macmillan.

Kagan, J. (2003). Foreword: A behavioral science perspective. In R. Plomin, J. DeFries, I. Craig, & P. McGuffin (Eds.), *Behavioral genetics in the postgenomic era* (pp. xvii–xxiii). Washington, DC: American Psychological Association.

Kagan, J., & Herschkowitz, N. (2005). *A young mind in a growing brain*. Hillsdale, NJ, USA: Lawrence Erlbaum Associates.

Kahneman, D., Krueger, A., Schkade, D., Schwarz, N., & Stone, A. (2006). Would you be happier if you were richer? A focusing illusion. *Science, 312*, 1908–1910.

Kahneman, D., & Tversky, A. (1984). Choices, values, and frames. *American Psychologist, 39*, 341–350.

Kail, R. (2007). Longitudinal evidence that increases in processing speed and working memory enhance children's reasoning. *Psychological Science, 18*, 312–313.

Kaiser, C., & Pratt-Hyatt, J. (2009). Distributing prejudice unequally: Do whites direct their prejudice toward strongly identified minorities? *Journal of Personality and Social Psychology, 96*, 432–445.

Kaiser Family Foundation. (2012). *The global HIV/AIDS epidemic*. Retrieved January 7, 2013, from http://www.kff.org/hivaids/upload/3030-17.pdf

Kalidindi, S., & McGuffin, P. (2003). The genetics of affective disorders: Present and future. In R. Plomin, J. Defries, I. Craig, & P. McGuffin (Eds.), *Behavioral genetics in the postgenomic era* (pp. 481–502). Washington, DC: American Psychological Association.

Kallio, S., & Revonsuo, A. (2003). Hypnotic phenomena and altered states of consciousness: A multilevel framework of description and explanation. *Contemporary Hypnosis, 20*, 111–164.

Kaltiala-Heino, R., Rimpelae, M., Rissanen, A., & Rantanen, P. (2001). Early puberty and early sexual activity are associated with bulimic-type eating pathology in middle adolescence. *Journal of Adolescent Health, 28*, 346–352.

Kanner, A. D., Coyne, J. C., Schaefer, C., & Lazarus, R. S. (1981). Comparison of two modes of stress measurement: Daily hassles and uplifts versus major life events. *Journal of Behavioral Medicine, 4*, 1–39.

Karau, S. J., & Williams, K. D. (1993). Social loafing; a meta-analytic review and theoretical integration. *Journal of Personality and Social Psychology, 65*, 681–706.

Karlson, B., Eek, F., Ørbæk, P., & Österberg, K. (2009). Effects on sleep-related problems and self-reported health after a change of shift schedule. *Journal of Occupational Health Psychology, 14*, 97–109.

Karni, A., Tanne, D., Rubenstein, B. S., Askenasy, J. J. M., & Sagi, D. (1994). Dependence on REM sleep of overnight improvement of a perceptual skill. *Science, 265*, 679–682.

Karpicke, J., Butler, A., & Roediger, H. (2009). Metacognitive strategies in student learning: Do students practise retrieval when they study on their own? *Memory, 17*, 471–479.

Katerndahl, D., Burge, S., & Kellogg, N. (2005). Predictors of development of adult psychopathology in female victims of childhood sexual abuse. *Journal of Nervous and Mental Disease, 193*, 258–264.

Katz-Wise, S., Priess, H., & Hyde, J. (2010). Gender-role attitudes and behavior across the transition to parenthood. *Developmental Psychology, 46*, 18–28.

Katzell, R. A., & Thompson, D. E. (1990). Work motivation: Theory and practice. *American Psychologist, 45,* 144-153.

Kaufman, S. (2011). Intelligence and the cognitive unconscious. In R. Sternberg & S. Kaufman (Eds.) *Cambridge handbook of intelligence.* New York, NY, USA: Cambridge University Press.

Kawanishi, Y., Tachikawa, H., & Suzuki, T. (2000). Pharmacogenomics and schizophrenia. *European Journal of Pharmacology, 410,* 227-241.

Keating, C. R. (1994). World without words: Messages from face and body. In W. J. Lonner & R. Malpass (Eds.), *Psychology and culture* (pp. 175-182). Boston: Allyn & Bacon.

Keesey, R. (1978). Set-points and body weight regulation: Biological constants or "set-points."*Psychiatric Clinics of North America*, *1*, 523-543.

Keitner, N., & Boschini, D. (2009). Electroconvulsive therapy. *Perspectives in Psychiatric Care*, *45*, 66-70.

Keller, H. (2011). Culture and cognition: Developmental perspectives. *Journal of Cognitive Education and Psychology*, *10*, 3-8.

Kellett, S., Newman, D., Matthews, L., & Swift, A. (2004). Increasing the effectiveness of large group format CBT via the application of practice-based evidence. *Behavioural & Cognitive Psychotherapy, 32,* 231-234.

Kelley, C., & Jacoby, L. (2012). Past selves and autobiographical memory. In S. Vazire & T. Wilson (Eds.). *Handbook of self-knowledge*. (pp. 293-309). New York, NY, USA: Guilford Press.

Kelly, C., & McCreadie, R. (2000). Cigarette smoking and schizophrenia. *Advances in Psychiatric Treatment, 6,* 327-331.

Kelly, J., Stout, R., & Slaymaker, V. (2013). Emerging adults'treatment outcomes in relation to 12-step mutual-help attendance and active involvement. *Drug and Alcohol Dependence*, Volume 129, pp. 151-157.

Kendler, K. S., & Diehl, S. R. (1993). The genetics of schizophrenia: A current genetic-epidemiologic perspective. *Schizophrenia Bulletin, 19,* 261-285.

Kendler, K., Kupfer, D., Narrow, W., Phillips, K., & Fawcett, J. (2009). *Guidelines for making changes to DSM-V*. Retrieved February 5, 2013, from http://www.dsm5.org/ProgressReports/Documents/Guidelines-for-Making-Changes-to-DSM_1.pdf

Kennedy, Q., Mather, M., & Carstensen, L. (2004). The role of motivation in the age-related positivity effect in autobiographical memory. *Psychological Science, 15,* 208-214.

Kenney-Benson, G., Pomerantz, E., Ryan, A., & Patrick, H. (2006). Sex differences in math performance: The role of children's approach to schoolwork. *Developmental Psychology, 42,* 11-26.

Kermer, D., Driver-Linn, E., Wilson, T., & Gilbert, D. (2006). Loss aversion is an affective forecasting error. *Psychological Science*, *17*, 649-653.

Kerr, N., & Tindale, S. (2004). Group performance and decision making. *Annual Review of Psychology, 55,* 623-655.

Kesici, S., Sahin, I., & Akturk, A. (2009). Analysis of cognitive learning strategies and computer attitudes, according to college students' gender and locus of control. *Computers in Human Behavior*, *25*, 529-534.

Kessler, R. C., Stein, M. B., & Berglund, P. (1998). Social phobia subtypes in the National Comorbidity Survey. *American Journal of Psychiatry, 155,* 613-619.

Kessler, R., Adler, I., Barkley, R., Biederman, J., Conners, C., Demler, O., Faraone, S., Greenhill, L., Howes, M., Secnik, K., Spencer, T., Ustun, T., Walters, E., & Zaslavsky, A. (2006). The prevalence and correlates of adult ADHD in the United States: Results from the National Comorbidty Survey Replication. *American Journal of Psychiatry*, *163*, 716-723.

Kessler, R., Angermeyer, M., Anthony, J., De Graaf, R., Demyttenaere, K., Gasquet, I., Girolamo, G., Gluzman, S., Gureje, O., Haro, J., Kawakami, N., Karam, A., Levinson, D., Mora, M., Browne, M., Posada-Villa, J., Stein, D., Tsang, C., Aguilar-Gaxiola, S., Alonso, J., Lee, S., Heeringa, S., Pennell, B., Berglund, P., Gruber, M., Petukhova, M., Chatterji, S., & Ustun, T. (2007). Lifetime prevalence and age-of-onset distributions of mental disorders in the World Health Organization's World Mental Health Survey Initiative, *World Psychiatry, 6,* 168-176.

Khaleefa, O., Abdelwahid, S., Abdulradi, F., & Lynn, R. (2008). The increase of intelligence in Sudan 1964-2006. *Personality and Individual Differences*, *45*, 412-413.

Khan, A., Faucett, J., Lichtenberg, P., Kirsch, I., & Brown, W. (2012). A systematic review of comparative efficacy of treatments and controls for depression. *PLoS One*, *7*, e41778.

Khanfer, R., Lord, J., & Phillips, A. (2010). Predictors of employees'early retirement intentions: An 11-year longitudinal study. *Occupational Medicine*, *60*, 94-100.

Khanfer, R., Lord, J., & Phillips, A. (2011). Neutrophil funciton and cortisol: DHEAS ratio in bereaved older adults. *Brain, Behavior, and Immunity*, *25*, 1182-1186.

Kiecolt-Glaser, J. (2000). *Friends, lovers, relaxation, and immunity: How behavior modifies health. Cortisol and the language of love: Text analysis of newlyweds'relationship stories.* Paper presented at the annual meeting of the American Psychological Association, Washington, DC.

Kiecolt-Glaser, J. K., Fisher, L. D., Ogrocki, P., Stout, J., Speicher, C. E., & Glaser, R. (1987). Marital quality, marital disruption, and immune function. *Psychosomatic Medicine, 49,* 13-34.

Kiecolt-Glaser, J., Gouin, J., & Hantsoo, L. (2010). Close relationships, inflammation, and health. *Neuroscience and Biobehavioral Reviews*, *35*, 33-38.

Kihlstrom, J. (2007). Consciousness in hypnosis. In P. Zelazo, M. Moscovitch, & E. Thompson (Eds.), *The Cambridge handbook of consciousness* (pp. 445-479). New York: Cambridge University Press.

Kilbride, J. E., & Kilbride, P. L. (1975). Sitting and smiling behavior of Baganda infants. *Journal of Cross-Cultural Psychology, 6,* 88-107.

Kim, C., Redberg, R., Pavlic, T., & Eagle, K. (2007). A systematic review of gender differences in mortality after coronary artery bypass graft surgery and percutaneous coronary interventions. *Clinical*

Cardiology, 30, 491–495.

Kim, H., & Chung, R. (2003). Relationship of recalled parenting style to self-perception in Korean American college students. *Journal of Genetic Psychology, 164*, 481–492.

Kim, J. J., Mohamed, S., Andreasen, N. C., O'Leary, D. S., Watkins, L., Ponto, L. L. B., et al. (2000). Regional neural dysfunctions in chronic schizophrenia studied with positron emission tomography. *American Journal of Psychiatry, 157*, 542–548.

Kim, K. H. S., Relkin, N. R., Lee, K-M., & Hirsch, J. (1997). Distinct cortical areas associated with native and second languages. *Nature, 388*, 171-174.

Kim, L., & Makdissi, A. (2009). *Hyperparathyroidism*. Retrieved January 20, 2010 from http://emedicine.medscape.com/article/127351-overview

Kimber, L., McNabb, M., McCourt, C., Haines, A., & Brocklehurst, P. (2008). Massage or music for pain relief in labour: A pilot randomised placebo controlled trial. *European Journal of Pain, 12*, 961–969.

Kimura, D. (1992). Sex differences in the brain. *Scientific American, 267*, 118–125.

King, B. (2006). The rise, fall, and resurrection of the ventromedial hypothalamus in the regulation of feeding behavior and body weight. *Physiology & Behavior,* 87, 221–244.

King, D., Viney, W., & Woody, W. (2009). *A history of psychology: Ideas and context* (4th ed.). Boston, MA: Pearson Allyn & Bacon.

Kinnunen, T., Zamansky, H. S., & Block, M. L. (1994). Is the hypnotized subject lying? *Journal of Abnormal Psychology, 103*, 184–191.

Kinsey, A. C., Pomeroy, W. B., & Martin, C. E. (1948). *Sexual behavior in the human male*. Philadelphia: W. B. Saunders.

Kinsey, A. C., Pomeroy, W. B., Martin, C. E., & Gebhard, P. H. (1953). *Sexual behavior in the human female*. Philadelphia: W. B. Saunders.

Kirchner, T., & Sayette, M. (2003). Effects of alcohol on controlled and automatic memory processes. *Experimental & Clinical Psychopharmacology, 11*, 167–175.

Kirkcaldy, B., Shephard, R., & Furnham, A. (2002). The influence of Type A behavior and locus of control upon job satisfaction and occupational health. *Personality & Individual Differences, 33*, 1361–1371.

Kirsch, I., & Lynn, S. J. (1995). The altered state of hypnosis: Changes in the theoretical landscape. *American Psychologist, 50*, 846–858.

Kirshner, H., & Hoffmann, M. (2012). *Aphasia*. Retrieved October 23, 2012, from http://emedicine.medscape.com/article/1135944-clinical#a0217

Kirshner, H., & Jacobs, D. (2008). *Aphasia*. Retrieved February 3, 2009, from http://emedicine.medscape.com/article/1135944–overview.

Kirvan, C., Swedo, S., Snider, L., & Cunningham, M. (2006). Antibody-mediated neuronal cell signaling in behavior and movement disorders. *Journal of Neuroimmunology, 179*, 173–179.

Kitayama, S., & Markus, H. R. (2000). The pursuit of happiness and the realization of sympathy: Cultural patterns of self, social relations, and well-being. In E. Diener & E. M. Suh (Eds.), *Subjective well-being across cultures* (pp. 113–164). Cambridge, MA: MIT Press.

Kiyatkin, E., & Wise, R. (2002). Brain and body hyperthermia associated with heroin self-administration in rats. *Journal of Neuroscience, 22*, 1072–1080

Klaczynski, P., Fauth, J, & Swanger, A. (1998). Adolescent identity: Rational vs. experiential processing, formal operations, and critical thinking beliefs. *Journal of Youth & Adolescence, 17*, 185–207.

Klar, A. (2003). Human handedness and scalp hair-whorl direction develop from a common genetic mechanism. *Genetics, 165*, 269–276.

Klatzky, R. L. (1980). *Human memory: Structures and processes* (2nd ed.). New York: W. H. Freeman.

Kleinman, A., & Cohen, A. (1997, March). Psychiatry's global challenge. *Scientific American, 276*, 86–89.

Klerman, E., & Dijk, D. (2008). Age-related reduction in the maximal capacity for sleep: Implications for insomnia. *Current Biology, 18*, 1118–1123.

Kline, G., Stanley, S., Markan, H., Olmos-Gallo, P., St. Peters, M., Whitton, S., et al. (2004). Timing is everything: Pre-engagement cohabitation and increased risk for poor marital outcomes. *Journal of Family Psychology, 18*, 311–318.

Klucharev, V., Smidts, A., & Fernandez, G. (2008). Brain mechanisms of persuasion: How "expert power"modulates memory and attitudes. *Social Cognitive and Affective Neuroscience, 3*, 353–366.

Kluwer, E., & Johnson, M. (2007). Conflict frequency and relationship quality across the transition to parenthood. *Journal of Marriage and Family, 69*, 1089–1106.

Kmietowicz, Z. (2002). US and UK are top in teenage pregnancy rates. *British Medical Journal, 324*, 1354.

Knafo, D. (2009). Freud's memory erased. *Psychoanalytic Psychology, 26*, 171–190.

Knapp, C., Ciraulo, D., & Kranzler, H. (2008). Neurobiology of alcohol. In M. Galanter & H. Kleber (Eds.), *The American Psychiatric Publishing textbook of substance abuse* (4th ed., pp. 111–128). Arlington, VA: American Psychiatric Publishing.

Knipe, J. (2010). Dysfunctional positive affect: Procrastination. In M. Luber (Ed.). *Eye movement desensitization and reprocessing (EMDR) scripted protocols: Special populations* (pp. 453–458). New York: Springer Publishing Company.

Knussen, C., & Yule, F. (2008). "I'm not in the habit of recycling": The role of habitual behavior in the disposal of household waste. *Environment and Behavior, 40*, 683–702.

Knyazev, G. (2009). Is cortical distribution of spectral power a stable individual characteristic? *International Journal of Psychophysiology, 72*, 123–133.

Kobasa, S. (1979). Stressful life events, personality, and health: An inquiry into hardiness. *Journal of Personality and Social Psychology, 37*, 1-11.

Kobasa, S. C., Maddi, S. R., & Kahn, S. (1982). Hardiness and health: A prospective study. *Journal of Personality and Social Psychology, 42*,

168-177.

Koehler, T., Tiede, G., & Thoens, M. (2002). Long and short-term forgetting of word associations: An experimental study of the Freudian concepts of resistance and repression. *Zeitschrift fuerKlinische Psychologie, Psychiatrie and Psychotherapie, 50,* 328-333.

Koenig, L., & Vaillant, G. (2009). A prospective study of church attendance and health over the lifespan. *Health Psychology, 28,* 117-124.

Kohlberg, L. (1966). A cognitive-developmental analysis of children's sex-role concepts and attitudes. In E. E. Maccoby (Ed.), *The development of sex differences* (pp. 82-173). Palo Alto, CA: Stanford University Press.

Kohlberg, L. (1968, September). The child as a moral philosopher. *Psychology Today,* 24-30.

Kohlberg, L., & Ullian, D. Z. (1974). In R. C. Friedman, R. M. Richart, & R. L. Vande Wiele (Eds.), *Sex differences in behavior* (pp. 209-222). New York: Wiley.

Kolivas, E., Riordan, P., & Gross, A. (2008). Overview of behavioral treatment with children and adolescents. In M., Hersen, & D. Reitman (Eds.), *Handbook of psychological assessment, case conceptualization, and treatment, Vol. 2: Children and adolescents.* Hoboken, NJ: John Wiley & Sons.

Koltz, C. (1983, December). Scapegoating. *Psychology Today,* 68-69.

Konigsberg, R. (2011). *The truth about grief: The myth of its five stages and he new science of loss.* New York, NY: USA: Simon & Schuster.

Konstantareas, M. (2006). Social skill training in high functioning autism and Asperger's disorder. *Hellenic Journal of Psychology, 268,* 66-73.

Koob, G. (2008). Neurobiology of addiction. In M. Galanter & H. Kleber (Eds.), *The American Psychiatric Publishing textbook of substance abuse* (4th ed., pp. 3-16). Arlington, VA: American Psychiatric Publishing.

Kopelowicz, A., Liberman, R., & Zarate, R. (2007). In P. Nathan, & J. Gorman (Eds.), *A guide to treatments that work* (3rd ed.). New York: Oxford University Press.

Kopp, D., Spitzer, C., Kuwert, P., Barnow, S., Orlob, S., Lüth, H., Freyberger, H., & Dudeck, M. (2009). Psychiatric disorders and childhood trauma in prisoners with antisocial personality disorder. *Fortschiritte der Neurologie, Psychiatrie, 77,* 152-159.

Korobov, N., & Thorne, A. (2006). Intimacy and distancing: Young men's conversations about romantic relationships. *Journal of Adolescent Research, 21,* 27-55.

Korten, N., Comijs, H., Lamers, F., & Penninx, B. (2012). Early and late onset depression in young and middle aged adults: Differential symptomatology, characteristics, and risk factors? *Journal of Affective Disorders, 138,* 259-267.

Kosslyn, S., Thompson, W., & Ganis, G. (2009). *The case for mental imagery.* New York, NY, USA: Oxford University Press, USA.

Kouider, S., deGardelle, V., Dehaene, S., Dupoux, E., & Pallier, C. (2009). Cerebral bases of subliminal speech priming. *Neuroimage, 49,* 922-929.

Kounios, J., Fleck, J., Green, D., Payne, L., Stevenson, J., Bowden, E., & Jung-Beeman, M. (2008). The origins of insight in resting-state brain activity. *Neuropsychologia, 46,* 281-291.

Kovacs, D., Mahon, J., & Palmer, R. (2002). Chewing and spitting out food among eating-disordered patients. *International Journal of Eating Disorders, 32,* 112-115.

Kovas, Y., Haworth, C., Dale, P., & Plomin, R. (2007). The genetic and environmental origins of learning abilities and disabilities in the early school years. *Monographs of the Society for Research in Child Development, 72,* 1-144.

Kozak, M. J., Foa, E. B., & McCarthy, P. R. (1988). Obsessive-compulsive disorder. In C. G. Last & M. Herson (Eds.), *Handbook of anxiety disorders* (pp. 87-108). New York: Pergamon Press.

Kranzler, H. R. (1996). Evaluation and treatment of anxiety symptoms and disorders in alcoholics. *Journal of Clinical Psychiatry, 57*(6, Suppl.).

Kraus, S. J. (1995). Attitudes and the prediction of behavior: A meta-analysis of the empirical literature. *Personality and Social Psychology Bulletin, 21,* 58-75.

Krcmar, M., & Cooke, M. (2001). Children's moral reasoning and their perceptions of television violence. *Journal of Communication, 51,* 300-316.

Krebs, D., & Denton, K. (2005). Toward a more pragmatic approach to morality: A critical evaluation of Kohlberg's model. *Psychological Review, 112,* 629-649.

Krebs, N., & Primak, L. (2011). Pediatric nutrition and nutritional disorders. In K. Marcdante, R. Kliegman, H. Jensen, & R. Behrman (Eds.). *Nelson's essential of pediatrics.* (pp. 103-122). New York: Elsevier Health Publishers.

Kripke, D., Garfinkel, L., Wingard, D., Klauber, M., & Marler, M. (2002). Mortality associated with sleep duration. *Archives of General Psychiatry, 59,* 131-136.

Kripke, D., Youngstedt, S., Elliott, J., Tuunainen, A., Rex, K., Hauger, R., et al. (2005). Circadian phase in adults of contrasting ages. *Chronobiology International, 22,* 695-709.

Krueger, R., & Johnson, W. (2004). Genetic and environmental structure of adjectives describing the domains of the Big Five model of personality: A nationwide U.S. twin study. *Journal of Research in Personality, 38,* 448-472.

Kruk, M., Meelis, W., Halasz, J., & Haller, J. (2004). Fast positive feedback between the adrenocortical stress response and a brain mechanism involved in aggressive behavior. *Behavioral Neuroscience, 118,* 1062-1070.

Kubzansky, L., Cole, S., Kawachi, I., Vokonas, P., & Sparrow, D. (2006). Shared and unique contributions of anger, anxiety, and depression to coronary heart disease: A prospective study in the normative aging study. *Annals of Behavioral Medicine, 31,* 21-29.

Kucharska-Pietura, K., & Klimkowski, M. (2002). Perception of facial affect in chronic schizophrenia and right brain damage. *Acta Neurobiologiae Experimentalis, 62,* 33-43.

Kudielka, B., Federenko, I., Hellhammer, D., & Wust, S. (2006). Morningness and eveningness: The free cortisol rise after awakening in "early birds"and "night owls."*Biological Psychology*, *72*, 141-146.

Kuhn, D., & Lao, J. (1996). Effects of evidence on attitudes: Is polarization the norm? *Psychological Science, 7,* 115-120.

Kumpfer, K., Alvarado, R., Smith, P., & Ballamy, N. (2002). Cultural sensitivity and adaptation in family-based prevention interventions. *Prevention Science, 3,* 241-246.

Kunkel, D., & Castonguay, J. (2012). Children and advertising: Content, comprehension, and consequences. In D. Singer & J. Singer (Eds.). *Handbook of children and the media* (2nd edition) (pp. 395-418). Thousand Oaks, CA, USA: Sage Publications, Inc.

Kunda, Z., & Oleson, K. C. (1995). Maintaining stereotypes in the face of disconfirmation: Construction grounds for subtyping deviants. *Journal of Personality and Social Psychology, 68,* 565-579.

Kunz, D., & Herrmann, W. M. (2000). Sleep-wake cycle, sleep-related disturbances, and sleep disorders: A chronobiological approach. *Comparative Psychology, 41*(2, Suppl. 1), 104-105.

Kuo, C., & Tsaur, C. (2004). Locus of control, supervisory support and unsafe behavior: The case of the construction industry in Taiwan. *Chinese Journal of Psychology, 46,* 392-405.

Kuo, W., Sjorstrom, T., Chen, Y, Wang, Y, & Huang, C. (2009). Intuition and deliberation: Two systems for strategizing in the brain. *Science*, *324*, 519-522.

Kurup, R., & Kurup, P. (2002). Detection of endogenous lithium in neuropsychiatric disorders. *Human Psychopharmacology: Clinical & Experimental, 17,* 29-33.

Kwong, O. (2013). *New perspectives on computational and cognitive strategies for word sense disambiguation*. New York, NY, USA: Springer Science + Business Media.

LaFarge, L. (2012). Defense and resistance. In G. Gabbard, B. Litowitz, & P. Williams (Eds.). *Textbook of psychoanalysis* (wnd ed.). (pp.93-104). Arlington, VA: USA: American Psychiatric Publishing, Inc.

Lafferty, K. (2008). *Toxicity, barbiturate.* Retrieved February 8, 2010 from http://emedicine.medscape.com/article/813155-overview

Lahon, K., Shetty, H., Paramel, A., & Sharma, G. (2011). Sexual dysfunction with the use of antidepressants in a tertiary care mental health setting—A retrospective case series. *Journal of Pharmacology and Pharmacotherapy*, *2*, 128-131.

Laitinen, H. (2005). Factors affecting the use of hearing protectors among classical music players. *Noise & Health*, *7*, 21-29.

Lal, S. (2002). Giving children security: Mamie Phipps Clark and the racialization of child psychology. *American Psychologist, 57,* 20-28.

Lamberg, L. (1996). Narcolepsy researchers barking up the right tree. *Journal of the American Medical Association, 276,* 265-266.

Lamborn, S. D., Mounts, N. S., Steinberg, L., & Dornbusch, S. M. (1991). Patterns of competence and adjustment among adolescents from authoritative, authoritarian, indulgent, and neglectful families. *Child Development, 62,* 1049-1065.

Lambright, L. (2004). *Lessons from Vietnam.* Paper presented at International Intercultural Education Conference, St Louis, MO, April, 2004.

Lamplugh, C., Berle, D., Millicevic, D., & Starcevic, V. (2008). Pilot study of cognitive behaviour therapy for panic disorder augmented by panic surfing. *Clinical Psychology & Psychotherapy*, *15*, 440-445.

Landers, D. (2007). The arousal-performance relationship revisited. In D., Smith & M. Bar-Eli (Eds.), *Essential readings in sport and exercise psychology* (pp. 211-218). Champaign, IL: Human Kinetics.

Laney, C., & Loftus, E. (2009). Eyewitness memory. In R. Koscis (Ed.), *Applied criminal psychology: A guide to forensic behavioral sciences* (pp. 121-145). Springfield, IL: Charles C. Thomas Publisher.

Lang, A. R., Goeckner, D. J., Adesso, V. J., & Marlatt, G. A. (1975). Effects of alcohol on aggression in male social drinkers. *Journal of Abnormal Psychology, 84,* 508-518.

Lang, A., Craske, M., Brown, M., & Ghaneian, A. (2001). Fear-related state dependent memory. *Cognition & Emotion, 15,* 695-703.

Langdon, K., & Corbett, D. (2012). Improved working memory following novel combinations of physical and cognitive activity. *Neurorehabilitation and Neural Repair*, *26*, 523-532.

Lange, C. G., & James, W. (1922). *The emotions* (I. A. Haupt, Trans.). Baltimore: Williams and Wilkins.

Langer, E. J., & Rodin, J. (1976). The effects of choice and enhanced personal responsibility for the aged: A field experiment in an institutional setting. *Journal of Personality and Social Psychology, 34,* 191-198.

Langer, P., Holzner, B., Magnet, W., & Kopp, M. (2005). Hands-free mobile phone conversation impairs the peripheral visual system to an extent comparable to an alcohol level of 4-5g/100ml. *Human Psychopharmacology: Clinical and Experimental, 20,* 65-66.

Langlois, J. H., Kalakanis, L., Rubenstein, A. J., Larson, A., Hallam, M., & Smoot, M. (2000). Maxims or myths of beauty? A meta-analytic and theoretical review. *Psychological Bulletin, 126,* 390-423.

Lao, J., & Kuhn, D. (2002). Cognitive engagement and attitude development. *Cognitive Development, 17,* 1203-1217.

LaPaglia, J., & Chan, J. (2012). Retrieval does not always enhance suggestibility: Testing can improve witness identification performance. *Law and Human Behavior*, *36*, 478-487.

Larsson, H., Andershed, H., & Lichtenstein, P. (2006). A genetic factor explains most of the variation in the psychopathic personality. *Journal of Abnormal Psychology, 115,* 221-230.

Latané, B., Williams, K., & Harkins, S. (1979). Many hands make light the work: The causes and consequences of social loafing. *Journal of Personality and Social Psychology, 37,* 822-832.

Latner, J., & Wilson, T. (2004). Binge eating and satiety in bulimia nervosa and binge eating disorder: Effects of macronutrient intake. *International Journal of Eating Disorders, 36,* 402-415.

Laurent, J., Swerdik, M., & Ryburn, M. (1992). Review of validity research on the Stanford-Binet Intelligence Scale: Fourth Edition. *Psychological Assessment, 4,* 102-112.

Lauritsen, M., Pedersen, C., & Mortensen, P. (2004). The incidence and prevalence of pervasive developmental disorders: A Danish population-based study. *Psychological Medicine*, *34*, 1339–1346.

Lawrence, V., Houghton, S., Douglas, G., Durkin, K., Whiting, K., & Tannock, R. (2004). Children with ADHD: Neuropsychological testing and real-world activites. *Journal of Attention Disorders*, *7*, 137–149.

Laws, E., Apperson, J., Buchert, S., & Bregman, N. (2010). Student evaluations of instruction: When are enduring first impressions formed? *North American Journal of Psychology*, *12*, 81–92.

Law, A., Logie, R., & Pearson, D. (2006). The impact of secondary tasks on multitasking in a virtual environment. *Acta Psychologica*, *122*, 27–44.

Lawton, B. (2001). *Damage to human hearing by airborne sound of very high frequency or ultrasonic frequency.* Contract Research Report No. 343/2001. Highfield, Southampton, U.K.: Institution of Sound and Vibration Research, University of Southampton/Highfield. Retrieved December 13, 2006, from http://www.compoundsecurity.co.uk/download/HSE.pdf

Layton, L., Deeny, K., Tall, G., & Upton, G. (1996). Researching and promoting phonological awareness in the nursery class. *Journal of Research in Reading, 19,* 1–13.

Lazarus, R. S. (1966). *Psychological stress and the coping process.* New York: McGraw-Hill.

Lazarus, R. S. (1984). On the primacy of cognition. *American Psychologist, 39,* 124–129.

Lazarus, R. S. (1991a). Cognition and motivation in emotion. *American Psychologist, 46,* 352–367.

Lazarus, R. S. (1991b). Progress on a cognitive-motivational-relational theory of emotion. *American Psychologist, 46,* 819–834.

Lazarus, R. S. (1995). Vexing research problems inherent in cognitive-mediational theories of emotion—and some solutions. *Psychological Inquiry, 6,* 183–187.

Lazarus, R. S., & DeLongis, A. (1983). Psychological stress and coping in aging. *American Psychologist, 38,* 245–253.

Lazarus, R. S., & Folkman, S. (1984). *Stress, appraisal, and coping.* New York: Springer.

LeDoux, J. E. (2000). Emotion circuits in the brain. *Annual Review of Neuroscience, 23,* 155–184.

LeDoux, J., & Doyére, V. (2011). Emotional memory processing: Synaptic connectivity. In S. Nalbantian, P. Matthews, & J. McClelland (Eds.) *The memory process: Neuroscientific and humanistic perspectives.* (pp. 153–171). Cambridge, MA, USA: MIT Press.

Lee, S. (2010). Contemporary issues of ethical e-therapy. *Journal of Ethics in Mental Health*, *5*, 1–5.

Lee, I., & Kesner, R. (2002). Differential contribution of NMDA receptors in hippocampal subregions to spatial working memory. *Nature Neuroscience, 5,* 162–168.

Lee, J., Kelly, K., & Edwards, J. (2006). A closer look at the relationships among trait procrastination, neuroticism, and conscientiousness. *Personality and Individual Differences, 40,* 27–37.

Lembke, A., & Humphreys, K. (2012). What self-help organizations tell us about the syndrome model of addiction. In H. Shaffer, D. LaPlante, & S. Nelson (Eds.). *APA addiction syndrome handbook*, *Vol. 2: Recovery, prevention, and other issues.* (pp. 157–168). Washington, DC, USA: American Psychological Association.

Lenhart, A., Jones, S., & Macgill, A. (2008). *Video games: Adults are players too*. Pew Internet & American Life Project. Retrieved February 11, 2010 from http://pewresearch.org/pubs/1048/video-games-adults-are-players-too

Leon, M. (1992). The neurobiology of filial learning. *Annual Review of Psychology, 43,* 337–398.

Leonardo, E., & Hen, R. (2006). Genetics of affective and anxiety disorders. *Annual Review of Psychology*, *57*, 117–137.

Lerman, D. C., & Iwata, B. A. (1996). Developing a technology for the use of operant extinction in clinical settings: An examination of basic and applied research. *Journal of Applied Behavior Analysis, 29,* 345–382.

Lesch, K. (2003). Neuroticism and serotonin: A developmental genetic perspective. In R. Plomin, J. DeFries, I. Craig, & P. McGuffin (Eds.), *Behavioral genetics in the postgenomic era* (pp. 389–423). Washington, DC: American Psychological Association.

Lester, B., Hoffman, J., & Brazelton, T. (1985). The rhythmic structure of mother-infant interaction in term and preterm infants. *Child Development, 56,* 15–27.

Levashina, J., & Campion, M. (2007). Measuring faking in the employment interview: Development and validation of an interview faking behavior scale. *Journal of Applied Psychology*, *92*, 1638–1656.

LeVay, S. (1991). A difference in hypothalamic structure between heterosexual and homosexual men. *Science, 253,* 1034–1037.

Levenson, R. W., Ekman, P., & Friesen, W. (1990). Voluntary facial action generates emotion-specific autonomic nervous system activity. *Psychophysiology, 27,* 363–385.

Levrini, A., & Prevatt, F. (2012). Overcoming procrastination and fear to improve time management. In A. Levrini & F. Prevatt (Eds.) *Succeeding with adult ADHD: Daily strategies to help you achieve your goals and manage your life* (pp. 55–88). Washington, DC, USA: American Psychological Association.

Levy, J. (1985). Right Brain, Left Brain: Fact and Fiction, *Psychology Today*, May, 43–44.

Lewald, J. (2004). Gender-specific hemispheric asymmetry in auditory space perception. *Cognitive Brain Research, 19,* 92–99.

Lewis, M. (2012). Exploring the positive and negative implications of facial feedback. *Emotion*, *12*, 852–859.

Li, J. (2003). U.S. and Chinese cultural beliefs about learning. *Journal of Educational Psychology, 95,* 258–267.

Libby, D., Worhunsky, P., Pilver, C., & Brewer, J. (2012). Meditation-induced changes in high-frequency heart rate variability predict smoking outcomes. *Frontiers in Human Neuroscience*, *6*, 54.

Lichtenberger, E., & Kaufman, A. (2012). *Essentials of WAIS-IV assessment.* New York, NY, USA: John Wiley & Sons.

Lilienfeld, S., Lynn, S., Namy, L., & Woolf, N. (2009). *Psychology: From inquiry to understanding.* Boston: Allyn & Bacon.

Lin, H., Mao, S., Chen, P., & Gean, P. (2008). Chronic cannabinoid administration in vivo compromises extinction of fear memory. *Learning & Memory, 15,* 876–884.

Linder, J., & Gentile, D. (2009). Is the television rating system valid? Indirect, verbal, and physical aggression in programs viewed by fifth grade girls and associations with behavior. *Journal of Applied Developmental Psychology 30,* 286–297.

Lindsay, D., Hagen, L., Read, J., Wade, K., & Garry, M. (2004). True photographs and false memories. *Psychological Science, 15,* 149–154.

Lishman, W. A. (1990). Alcohol and the brain. *British Journal of Psychiatry, 156,* 635–644.

Litz, B., Stein, N., Delaney, E., Lebowitz, L., Nash, W., Silva, C., & Maguen, S. (2009). Moral injury and moral repair in war veterans: A preliminary model and intervention strategy. *Clinical Psychology Review, 29,* 695–706.

Liu, B., & Lee, Y. (2006). In-vehicle workload assessment: Effects of traffic situations and cellular telephone use. *Journal of Safety Research, 37,* 99–105.

Liu, O., & Wilson, M. (2009). Gender differences and similarities in PISA 2003 mathematics: A comparison between the United States and Hong Kong. *International Journal of Testing, 9,* 20–40.

Liu, S., Liao, H., & Pratt, J. (2009). The impact of media richness and flow on e-learning technology acceptance. *Computers & Education, 52,* 599–607.

Livingston, E., Huerta, S., Arthur, D., Lee, S., De Shields, S., & Heber, D. (2002). Male gender is a predictor of morbidity and age a predictor of mortality for patients undergoing gastric bypass surgery. *Annals of Surgery, 236,* 576–582.

Loehlin, J. (2009). History of behavior genetics. In Kim, Y. (Ed.), *Handbook of behavior genetics* (pp. 3–14). New York: Spring Science + Business Media, LLC.

Loehlin, J. C., Horn, J. M., & Willerman, L. (1990). Heredity, environment, and personality change: Evidence from the Texas Adoption Project. *Journal of Personality, 58,* 221–243.

Loehlin, J. C., Lindzey, G., & Spuhler, J. N. (1975). *Race differences in intelligence.* San Francisco: Freeman.

Loehlin, J. C., Willerman, L., & Horn, J. M. (1987). Personality resemblance in adoptive families: A 10-year follow-up. *Journal of Personality and Social Psychology, 53,* 961–969.

Loehlin, J. C., Willerman, L., & Horn, J. M. (1988). Human behavior genetics. *Annual Review of Psychology, 39,* 101–133.

Loewenstein, G., Rick, S., & Cohen, J. (2008). Neuroeconomics. *Annual Review of Psychology, 59,* 647–672.

Lofquist, D., Lugaila, T., O'Connell, M., & Feliz, S. (2012). *Household and families: 2010.* Retrieved December 16, 2012, from http://www.census.gov/prod/cen2010/briefs/c2010br-14.pdf

Loftus, E. (2004). Memories of things unseen. *Current Directions in Psychological Science, 13,* 145–147.

Loftus, E. F. (1979). *Eyewitness testimony.* Cambridge, MA: Harvard University Press.

Loftus, E. F. (1993). Psychologists in the eyewitness world. *American Psychologist, 48,* 550–552.

Loftus, E. F., & Loftus, G. R. (1980). On the permanence of stored information in the human brain. *American Psychologist, 35,* 409–420.

Loftus, E., & Bernstein, D. (2005). Rich false memories: The royal road to success. In A. Healy (Ed.), *Experimental cognitive psychology and its applications* (pp. 101–113). Washington, DC: American Psychological Association.

Logothetis, N. (2008). What we can do and what we cannot do with fMRI. *Nature, 453,* 869–878.

Lohr, J., Olatunji, B., Baumeister, R., & Bushman, B. (2007). The psychology of anger venting and empirically supported alternatives that do no harm. *The Scientific Review of Mental Health Practice, 5,* 53–64.

Long, D., & Baynes, K. (2002). Discourse representation in the two cerebral hemispheres. *Journal of Cognitive Neuroscience, 14,* 228–242.

Long, G. M., & Crambert, R. F. (1990). The nature and basis of age-related changes in dynamic visual acuity. *Psychology and Aging, 5,* 138–143.

Lott, B., & Saxon, S. (2002). The influence of ethnicity, social class and context on judgments about U.S. women. *Journal of Social Psychology, 142,* 481–499.

Low, C., Bower, J., Moskowitz, J., & Epel, E. (2011). Positive psychological states and biological processes. In K. Sheldon, T. Kashdan, & M. Steger (Eds.). *Designing positive psychology: Taking stock and moving forward.* (pp. 41–50). New York, NY, USA: Oxford University Press.

Lubart, T. (2003). In search of creative intelligence. In R. Sternberg, J. Lautrey, & T. Lubart (Eds.), *Models of intelligence: International perspective* (pp. 279–292). Washington, DC: American Psychological Association.

Lubit, R., Bonds, C., & Lucia, M. (2009). *Sleep disorders.* Retrieved February 5, 2010 from http://emedicine.medscape.com/article/287104-overview

Luchins, A. S. (1957). Experimental attempts to minimize the impact of first impressions. In C. I. Hovland (Ed.), *Yale studies in attitude and communication: Vol. 1. The order of presentation in persuasion* (pp. 62–75). New Haven, CT: Yale University Press.

Luders, E., Phillips, O., Clark, K., Kurth, F., Toga, A., & Narr, K. (2012). Bridging the hemispheres in meditation: Thicker callosal regions and enhanced fractional anisotropy (FA) in long-term practitioners. *NeuroImage, 61,* 181–187.

Luiselli, J., & Hurley, A. (2005). The significance of applied behavior analysis in the treatment of autism spectrum disorders (ASD). *Mental Health Aspects of Developmental Disabilities, 8,* 128–130.

Luo, S., & Klohnen, E. (2005). Assortative mating and marital quality in newlyweds: A couple-centered approach. *Journal of Personality & Social Psychology, 88,* 304–326.

Lustig, C., Konkel, A., & Jacoby, L. (2004). Which route to recovery? Controlled retrieval and accessibility bias in retroactive interference.

Psychological Science, 15, 729–735.

Lydiard, R. B., Brawman-Mintzer, O., & Ballenger, J. C. (1996). Recent developments in the psychopharmacology of anxiety disorders. *Journal of Consulting and Clinical Psychology, 64,* 660–668.

Lynn, R. (2006). *Race differences in intelligence: An evolutionary analysis.* Atlanta, GA: Washington Summit Books.

Lynn, S., Lilienfeld, S., Merckelbach, H., Giesbrecht, T., & van der Kloet, D. (2012). Dissociation and dissociative disorders: Challenging conventional wisdom. *Current Directions in Psychological Science, 21,* 48–53.

Lyvers, M. (2000). "Loss of control"in alcoholism and drug addiction: A neuroscientific interpretation. *Experimental and Clinical Psychopharmacology, 8,* 225–245.

Müller, M., Regenbogen, B., Sachse, J., Eich, F., Härtter, S., & Hiemke, C. (2006). Gender aspects in the clinical treatment of schizophrenic inpatients with amisulpride: A therapeutic drug monitoring study. *Pharmacopsychiatry, 39,* 41–46.

Maccoby, E. E. (1992). The role of parents in the socialization of children: An historical overview. *Developmental Psychology, 28,* 1006–1017.

Maccoby, E. E., & Martin, J. A. (1983). Socialization in the context of the family: Parent-child interaction. In P. H. Mussen (Ed.), *Handbook of child psychology* (4th ed., Vol. 4. pp. 1–101). New York: John Wiley.

Macey, P., Henderson, L., Macey, K., Alger, J., Frysinger, R., Woo, M., et al. (2002). Brain morphology associated with obstructive sleep apnea. *American Journal of Respiratory and Critical Care Medicine, 166,* 1382–1387.

Macht, M., & Mueller, J. (2007). Immediate effects of chocolate on experimentally induced mood states. *Appetite, 49,* 667–674.

MacWhinney, B. (2005). Language development. In M. Bornstein & M. Lamb (Eds.), *Developmental science: An advanced textbook* (5th ed., pp. 359–387). Hillsdale, NJ: Lawrence Erlbaum Associates.

MacWhinney, B. (2011). Language development. In M. Bornstein & M. Lamb (Eds.), *Developmental science: An advanced textbook* (6th ed.). (pp. 389–424). New York: Psychology Press.

Maddi, S. (2013). *Hardiness: Turning stressful circumstances into resilient growth*, New York, NY: USA: Springer Science + Business Media.

Maguire, E. A., Gadian, D. G., Johnsrude, I. S., Good, C. D., Ashburner, J., Frackowiak, R. S. J., & Frith, C. D. (2000). Navigation-related structural change in the hippocampi of taxi drivers. *Proceedings of the National Academy of Science, 97,* 4398–4403.

Maguire, E., Nannery, R., & Spiers, H. (2006). Navigation around London by a taxi driver with bilateral hippocampal lesions. *Brain, 129,* 2894–2907.

Mahler, H., Kulik, J., Gibbons, F., Gerrard, M., & Harrell, J. (2003). Effects of appearance-based intervention on sun protection intentions and self-reported behaviors. *Health Psychology, 22,* 199–209.

Maier, S. F., & Laudenslager, M. (1985, August). Stress and health: Exploring the links. *Psychology Today,* 44–49.

Main, M., & Solomon, J. (1990). Procedures for identifying infants as disorganized/disoriented during the Ainsworth Strange Situation. In M. Greenberg, D. Cicchetti, & M. Cummings (Eds.), *Attachment in the preschool years: Theory, research, and intervention* (pp.121–160). Chicago: University of Chicago Press.

Mainz, V., Schulte-Rüther, M., Fink, G., Herpertz-Dahlmann, B., & Konrad, K. (2012). Structural brain abnormalities in adolescent anorexia nervosa before and after weight recovery and associated hormonal changes. *Psychosomatic Medicine, 74,* 574–582.

Majercsik, E. (2005). Hierarchy of needs of geriatric patients. *Gerontology, 51,* 170–173.

Malle, B. (2006). The actor-observer asymmetry in attribution: A (surprising) meta-analysis. *Psychological Bulletin, 132,* 895–919.

Maltz, W. (1991). *The sexual healing journey: A guide for survivors of sexual abuse.* New York: HarperCollins.

Manderscheid, R., & Henderson, M. (2001). *Mental health, United States, 2000.* Rockville, MD: Center for Mental Health Services. Retrieved January 14, 2003, from http://www.mentalhealth.org/publications/allpubs/SMA01-3537/

Mandler, J. M. (1990). A new perspective on cognitive development in infancy. *American Scientist, 78*(3), 236–243.

Maner, J., Gailliot, M., & Miller, S. (2009). The implicit cognition of relationship maintenance: Inattention to attractives. *Journal of Experimental Social Psychology, 45,* 174–179.

Mangen, A. (2008). Hypertext fiction reading: Haptics and immersion. *Journal of Research in Reading, 31,* 404–419.

Manhal-Baugus, M. (2001). E-therapy: Practical, ethical, and legal issues. *Cyber Psychology and Behavior, 4,* 551–563.

Manly, T., Lewis, G., Robertson, I., Watson, P., & Dalta, A. (2002). Coffee in the cornflakes: Time-of-day as a modulator of executive response control. *Neuropsychologica, 40,* 1–6.

Mantooth, R. (2010). *Toxicity, benzodiazepine.* Retrieved February 8, 2010 from http://emedicine.medscape.com/article/813255-overview

Manzardo, A., Stein, L., & Belluzi, J. (2002). Rats prefer cocaine over nicotine in a two-level self-administration choice test. *Brain Research, 924,* 10–19.

Marcia, J. (2002). Identity and psychosocial development in adulthood. *Identity, 2,* 7–28.

Marcus, G. F. (1996). Why do children say "breaked"? *Current Directions in Psychological Science, 5,* 81–85.

Margulies, D., Weintraub, S., Basile, J., Grover, P., & Carlson, G. (2012). Will disruptive mood dyregulation disorder reduce false diagnosis of bipolar disorder in children? *Bipolar Disorders, 14,* 488–496.

Marks, I. (1987). The development of normal fear: A review. *Journal of Child Psychology and Psychiatry, 28,* 667–697.

Marriott, L., & Wenk, G. (2004). Neurobiological consequences of longterm estrogen therapy. *Current Directions in Psychological Science, 13,* 173–176.

Marsh, A., Elfenbein, H., & Ambady, N. (2007). Separated by a common language: Nonverbal accents and cultural stereotypes about Americans and Australians. *Journal of Cross-Cultural Psychology, 38,* 284–301.

Marshall, W. L., & Segal, Z. (1988). Behavior therapy. In C. G. Last & M.

Hersen (Eds.), *Handbook of anxiety disorders* (pp. 338-361). New York: Pergamon.

Marshall, W., Marshall, L., & Serran, G. (2009). Empathy and offending behavior. In M., McMurran, & R. Howard (Eds.), *Personality, personality disorder and violence: An evidence based approach* (pp.229-244). New York: Wiley-Blackwell.

Martin, C. L., & Little, J. K. (1990). The relation of gender understanding to children's sex-typed preferences and gender stereotypes. *Child Development, 61,* 1427-1439.

Martin, C., & Ruble, D. (2002). Cognitive theories of early gender development. *Psychological Bulletin, 128,* 903-933.

Martin, J., Hamilton, B., Sutton, P., Ventura, S., Menacker, F., & Munson, M. (2003). Births: Final data for 2002. *National Vital Statistics Reports, 52,* 1-50.

Martinez, C. (1986). Hispanics: Psychiatric issues. In C. B. Wilkinson (Ed.), *Ethnic psychiatry* (pp. 61-88). New York: Plenum.

Martinez, C. (2006). Abusive family experiences and object relation disturbances: A case study. *Clinical Case Studies, 5,* 209-219.

Martinez, I. (2002). The elder in the Cuban American family: Making sense of the real and ideal. *Journal of Comparative Family Studies, 33,* 359-375.

Maruna, S., & Mann, R. (2006). A fundamental attribution error? Rethinking cognitive distortions. *Legal and Criminological Psychology, 11,* 155-177.

Masataka, N. (1996). Perception of motherese in a signed language by 6-month-old deaf infants. *Developmental Psychology, 32,* 874-879.

Masland, R. H. (1996). Unscrambling color vision. *Science, 271,* 616-617.

Maslow, A. (1970). *Motivation and personality*. New York, NY, USA: Harper & Row.

Mason, R., & Just, M. (2004). How the brain processes causal inferences in text: A theoretical account of generation and integration component processes utilizing both cerebral hemispheres. *Psychological Science, 15,* 1-7.

Massey Cancer Center. (2006). *Familial cancer: Genetic counseling and consultation services*. Retrieved November 30, 2006, from http://www.masseyvcu.edu/discover/?pid=1888.

Masters, W. H., & Johnson, V. E. (1966). *Human sexual response*. Boston: Little, Brown.

Mata, I., Perez-Iglesias, R., Roiz-Santianez, R., Tordesillas-Gutierez, D., Pazos, A., Gutierrez, A., Vazquez-Barquero, J., & Crespo-Facorro, B. (2010). Gyrification brain abnormalities associated with adolescence and early-adulthood cannabis use. *Brain Research, 1317,* 297- 304.

Mather, G. (2006). *Foundations of perception*. New York, NY, USA: Psychology Press.

Mathew, R. J., & Wilson, W. H. (1991). Substance abuse and cerebral blood flow. *American Journal of Psychiatry, 148,* 292-305.

Mathur, N., & Roland, P. (2009), *Hearing loss.* Retrieved February 2, 2010, from http://emedicine.medscape.com/article/857813-overview.

Mathy, R. (2002). Suicidality and sexual orientation in five continents: Asia, Australia, Europe, North America, and South America. *International Journal of Sexuality & Gender Studies, 7,* 215-225.

Matlin, M. W., & Foley, H. J. (1997). *Sensation and perception* (4th ed.). Boston: Allyn & Bacon.

Matsunami, H., Montmayeur, J-P., & Buck, L. B. (2000). A family of candidate taste receptors in human and mouse. *Nature, 404,* 601-604.

Matthews, K. A., Shumaker, S. A., Bowen, D. J., Langer, R. D., Hunt, J. R., Kaplan, R. M., et al. (1997). Women's health initiative: Why now? What is it? What's new? *American Psychologist, 52,* 101-116.

Matthews, J., & Barch, D. (2004). Episodic memory for emotional and nonemotional words in schizophrenia. *Cognition and Emotion, 18,* 721-740.

Matz, D., & Wood, W. (2005). Cognitive dissonance in groups: The consequences of disagreement. *Journal of Personality & Social Psychology, 88,* 22-37.

Mayer, R. (20 10). Fostering scientific reasoning with multimedia instruction. In H. Waters & W. Schneider (Eds.), *Metacognition, strategy use, and instruction* (pp. 160-175). New York: Guilford Press.

Mayer, R. (2012). Information processing. In K. Harris, S. Graham, T. Urdan, C. McCormick, G. Sinatra, & J. Sweller (Eds.) *APA educational psychology handbook, Vol. 1: Theories, constructs, and critical issues*. (pp. 85-99).

Mayer, R., Hegarty, M., Mayer, S., & Campbell, J. (2005). When static media promote active learning: Annotated illustraitons versus narrated animations in multimedia instruction. *Journal of Experimental Psychology: Applied, 11,* 256-265.

Mayer, R., Heiser, J., & Lonn, S. (2001). Cognitive constraints on multimedia learning: When presenting more material results in less understanding. *Journal of Educational Psychology, 93,* 187-198.

Mayer, J., Caruso, D., Panter, A., & Salovey, P. (2012). The growing significance of hot intelligences. *American Psychologist, 67,* 502-503.

Mayo Clinic. (2006). *Sleep tips for the perpetually awake*. Retrieved December 16, 2006, from http://mayoclinic.com/health/sleep/HQ01387

Mayo Clinic. (2009). *Exercise: 7 benefits of regular physical activity*. from http://www.mayoclinic.org/healthy-lifestyle/fitness/in-depth/exercise/art-20048389

Mayo Clinic. (2010). *Weight loss: Six strategies for success*. Retrieved January 4, 2013, from http://www.mayoclinic.com/health/weight-loss/HQ01625/NSECTIONGROUP=2

Mayur, P., Byth, K., & Harris, A. (2012). Acute antidepressant effects of right unilateral ultra-belief ECT: A double-blind randomized controlled trial. *Journal of Affective Disorders, 28,* 229-233.

Mazur, E., & Kozarian, L. (2010). Self-presentation and interaction in blogs of adolescents and young emerging adults. *Journal of Adolescent Research, 25,* 124-144.

Mazzoni, G., & Memon, A. (2003). Imagination can create false autobiographical memories. *Psychological Science, 14,* 186-188.

McCaffrey, T. (2012). Innovation relies on the obscure: A key to overcoming the classic problem of functional fixedness. *Psychological Science, 23,* 215-218.

McClelland, D. C. (1958). Methods of measuring human motivation. In J. Atkinson (Ed.), *Motives in fantasy, action and society: A method of assessment and study.* Princeton, NJ, USA: Van Nostrand.

McClelland, D. C. (1961). *The achieving society.* Princeton, NJ: VanNostrand.

McClelland, D. C. (1985). *Human motivation.* New York: Cambridge University Press.

McClelland, D. C., Atkinson, J. W., Clark, R. W., & Lowell, E. L. (1953). *The achievement motive.* New York: Appleton-Century-Crofts.

McClelland, J. L., McNaughton, B. L., & O'Reilly, R. C. (1995). Why there are complementary learning systems in the hippo-campus and neocortex: Insights from the successes and failures of connectionist models of learning and memory. *Psychological Bulletin, 102,* 419-457

McCown, B., Blake, I., & Keiser, R. (2012). Content analyses of the beliefs of academic procrastinators. *Journal of Rational-Emotive & Cognitive Behavior Therapy, 30,* 213-222.

McCrae, R. (2011). Personality theories for the 21 st century. *Teaching of Psychology, 38,* 209-214.

McCrae, R., & Costa, P. (2003). *Personality in adulthood: A five-factor theory perspective* (2nd ed.). New York: Guilford Press.

McCue, J. M., Link, K. L., Eaton, S. S., & Freed, B. M. (2000). Exposure to cigarette tar inhibits ribonucleotide reductase and blocks lymphocyte proliferation. *Journal of Immunology, 165,* 6771-6775.

McCullough, M. E., Hoyt, W. T., Larson, D. B., Koenig, H. G., & Thoresen, C. (2000). Religious involvement and mortality: A meta-analytic review. *Health Psychology, 19,* 211-222.

McDonald, J. L. (1997). Language acquisition: The acquisition of linguistic structure in normal and special populations. *Annual Review of Psychology, 48,* 215-241.

McDowell, C., & Acklin, M. W. (1996). Standardizing procedures for calculating Rorschach interrater reliability: Conceptual and empirical foundations. *Journal of Personality Assessment, 66,* 308-320.

McElwain, N., & Volling, B. (2004). Attachment security and parental sensitivity during infancy: Associations with friendship quality and false-belief understanding at age 4. *Journal of Social & Personal Relationships, 21,* 639-667.

McGaugh, J., & Cahill, L. (2009). Emotion and memory: Central and peripheral contributions. In R., Davidson, K., Scherer, & H. Goldsmith (Eds.), *Handbook of affective sciences.* Series in affective science. (pp. 93-116). New York: Oxford University Press.

McGuire, W. J. (1985). Attitudes and attitude change. In G. Lindzey & E. Aronson (Ed.), *Handbook of social psychology* (Vol. 2, 3rd ed.). New York: Random House.

McMahon, F., Akula, N., Schulze, T., Pierandrea, M., Tozzi, F., Detera-Wadleigh, S., Steele, C., Breuer, R., Strohmaier, J., Wendland, J., Mattheisen, M., Muhleisen, T., Maier, W., Nothen, M., Cichon, S., Farmer, A., Vincent, J., Holsboer, F., Preisig, M., & Reitschel, M. (2010). Meta-analysis of genome-wide association data identifies a risk locus for major mood disorders on 3p21.1. *Nature, 42,* pp.128-131.

McNally, R. (2003). The demise of pseudoscience. *The Scientific Review of Mental Health Practice, 2,* 97-101.

McNally, R., Lasko, N., Clancy, S., Macklin, M., Pitman, R., & Orr, S. (2004). Psychophysiological responding during script-driven imagery in people reporting abduction by space aliens. *Psychological Science, 15,* 493-497.

McNamara, P., McLaren, D., & Durso, K. (2007). Representation of the self in REM and NREM dreams. *Dreaming, 17,* 113-126.

Mednick, S. A., & Mednick, M. T. (1967). *Examiner's manual, Remote Associates Test.* Boston: Houghton-Mifflin.

Mefoh, P., & Nwanosike, C. (2012). Effects of group size and expectancy of reward on social loafing. *IFE Psychologia: An International Journal, 20,* 229-239.

Meltzer, H. Y., Rabinowitz, J., Lee, M. A., Cola, P. A., Ranjan, R., Findling, R. L., et al. (1997). Age at onset and gender of schizophrenic patients in relation to neuroleptic resistance. *American Journal of Psychiatry, 154,* 475-482.

Meltzer, H., Alphs, L., Green, A., Altamura, A., Anand, R., Bertoldi, A., et al. (2003). Clozapine treatment for suicidality in schizophrenia: International suicide prevention trial. *Archives of General Psychiatry, 60,* 82-91.

Melzack, R., & Wall, P. D. (1965). Pain mechanisms: A new theory. *Science, 150,* 971-979.

Melzack, R., & Wall, P. D. (1983). *The challenge of pain.* New York: Basic Books.

Memmert, D., Simons, D., & Grimme, T. (2009). The relationship between visual attention and expertise in sports. *Psychology of Sport and Exercise, 10,* 146-151.

Mercier, H., & Landemore, H. (2012). Reasoning is for arguing: Understanding the successes and failures of deliberation. *Political Psychology, 33,* 243-258.

Merson, M. (2006). The HIV/AIDS pandemic at 25: The global response. *New England Journal of Medicine, 354,* 2414-2417.

Messer, S., Sanderson, W., & Gurman, A. (2013). Brief psychotherapies. In G. Stricker, T. Widiger, & I. Weiner. (Eds.), *Handbook of psychology, Vol. 8: Clinical Psychology* (2nd ed.). (pp. 431-453). Hoboken, NJ, USA: John Wiley & Sons Inc.

Meyer, A. (1997, March/April). Patching up testosterone. *Psychology Today,* 30, 54-57, 66-70.

Meyer, P. (1972). If Hitler asked you to electrocute a stranger, would you? In R. Greenbaum & H. A. Tilker (Eds.), *The challenge of psychology* (pp. 456-465). Englewood Cliffs, NJ: Prentice-Hall.

Mezulis, A., Abramson, L., Hyde, J., & Hankin, B. (2004). Is there a universal positivity bias in attributions? A meta-analytic review of individual, developmental, and cultural differences in the self-serving attributional bias. *Psychological Bulletin, 130,* 711-747.

Michaels, J. W., Bloomel, J. M., Brocato, R. M., Linkous, R. A., & Rowe, J. S. (1982). Social facilitation and inhibition in a natural setting. *Replications in Social Psychology, 2,* 21-24.

Miles, D. R., & Carey, G. (1997). Genetic and environmental architecture of human aggression. *Journal of Personality and Social Psychology, 72,* 207-217.

Milgram, S. (1963). Behavioral study of obedience. *Journal of Abnormal and Social Psychology, 67,* 371-378.

Milgram, S. (1965). Liberating effects of group pressure. *Journal of Personality and Social Psychology, 1,* 127-134.

Miller, B., Norton, M., Curtis, T., Hill, E., Schvaneveldt, P., & Young, M. (1998). The timing of sexual intercourse among adolescents: Family, peer, and other antecedents: Erratum. *Youth & Society, 29,* 390.

Miller, G. A. (1956). The magical number seven, plus or minus two: Some limits on our capacity for processing information. *Psychological Review, 63,* 81-97.

Miller, H., Watkins, R., & Webb, D. (2009). The use of psychological testing to evaluate law enforcement leadership competencies and development. *Police Practice & Research: An International Journal.*

Miller, J. G., Bersoff, D. M., & Harwood, R. L. (1990). Perceptions of social responsibilities in India and in the United States: Moral imperatives or personal decisions? *Journal of Personality and Social Psychology, 58,* 33-47.

Miller, J., Lynam, D., Zimmerman, R., Logan, T., Leukefeld, C., & Clayton, R. (2004). The utility of the Five Factor Model in understanding risky sexual behavior. *Personality and Individual Differences, 36,* 1611-1626.

Miller, N. E. (1941). The frustration-aggression hypothesis. *Psychological Review, 48,* 337-342.

Miller, J., Lynam, D., Zimmerman, R., Logan, T., Leukefeld, C., & Clayton, R. (2004). The utility of the Five Factor Model in understanding risky sexual behavior. *Personality and Individual Differences*, *36*, 1611-1626.

Milling, L., Coursen, E., Shores, J., & Waszkiewica, J. (2010). Thep redictive utility of hypnotizability: The change in suggestibility produced by hypnosis. *Journal of Consulting and Clinical Psychology, 78,* 126-130.

Millman, R. (2005). Excessive sleepiness in adolescents and young adults: Causes, consequences, and treatment strategies. *Pediatrics, 115,* 1774-1786.

Milner, B. (1966). Amnesia following operation on the temporal lobes. In C. W. M. Whitty & O. L. Zangwill (Eds.), *Amnesia* (pp. 109-133). London: Butterworth.

Milner, B. (1970). Memory and the medial temporal regions of the brain. In K. H. Pribram & D. E. Broadbent (Eds.), *Biology of memory* (pp. 29-50). New York: Academic Press, Inc.

Milner, B., Corkin, S., & Teuber, H. L. (1968). Further analysis of the hippocampal amnesic syndrome: 14-year follow-up study of H. M. *Neuropsychologia, 6,* 215-234.

Milton, J., & Wiseman, R. (2001). Does psi exist? Reply to Storm and Ertel (2001). *Psychological Bulletin, 127,* 434-438.

Mineka, S., & Oehlberg, K. (2008). The relevance of recent developments in classical conditioning to understanding the etiology and maintenance of anxiety disorder. *Acta Psychologica*, *127*, 567-580.

Mischel, W. (1966). A social-learning view of sex differences in behavior. In E. E. Maccoby (Ed.), *The development of sex differences* (pp. 56-81). Palo Alto, CA: Stanford University Press.

Mischel, W. (1973). Toward a cognitive social learning reconceptualization of personality. *Psychological Review, 80,* 252-283.

Mischel, W. (1977). The interaction of person and situation. In D. Magnusson & N S. Endler (Eds.), *Personality at the crossroads: Current issues in interactional psychology* (pp. 333-352). Hillsdale, NJ: Lawrence Erlbaum.

Mishra, R. (1997). Cognition and cognitive development. In J. Berry, P. Dasen, & T. Saraswathi (Eds.), *Handbook of cross-cultural psychology* (Vol. 2). Boston, MA: Allyn & Bacon.

Mistry, J., & Rogoff, B. (1994). Remembering in cultural context. In W. J. Lonner & R. Malpass (Eds.), *Psychology and culture* (pp. 139-144). Boston: Allyn & Bacon.

Mohan, J. (2006). Cardiac psychology. *Journal of the Indian Academy of Applied Psychology, 32,* 214-220.

Mohr, D., Goodkin, D., Nelson, S., Cox, D., & Weiner, M. (2002). Moderating effects of coping on the relationship between stress and the development of new brain lesions in multiple sclerosis. *Psychosomatic Medicine, 64,* 803-809.

Molnar, M., Potkin, S., Bunney, W., & Jones, E. (2003). MRNA expression patterns and distribution of white matter neurons in dorsolateral prefrontal cortex of depressed patients differ from those in schizophrenia patients. *Biological Psychiatry, 53,* 39-47.

Monk, T. H. (1989). Circadian rhythms in subjective activation, mood, and performance efficiency. In M. H. Kryger, T. Roth, & W. C. Dement (Eds.), *Principles and practice of sleep medicine* (pp. 163-172). Philadelphia: W. B. Saunders.

Monroe, S., & Reid, M. (2009). Life stress and major depression. *Current Directions in Psychological Science*, *18*, 68-72.

Montejo, A., Llorca, G., Izquierdo, J., & Rico-Villademoros, F. (2001). Incidence of sexual dysfunction associated with antidepressant agents: A prospective multicenter study of 1022 outpatients. *Journal of Clinical Psychiatry, 62,* 10-21.

Montgomery, G., Weltz, C., Seltz, M., & Bovbjerg, D. (2002). Brief presurgery hypnosis reduces distress and pain in excisional breast biopsy patients. *International Journal of Clinical & Experimental Hypnosis, 50,* 17-32.

Montoya, E., Terburg, D., Bos, P., & van Honk, J. (2012). Testosterone, cortisol, and serotonin as key regulators of social aggression: A review and heoretical perspective. *Motivation and Emotion*, *36*, 65-73.

Moore, T. (2012). *Gestational diabetes*. Retrieved December 16, 2012, from http://emedicine.medscape.com/article/127547-overview

Morales, J., Calvo, A., & Bialystok, E. (2013). Working memory development in monolingual and bilingual children. *Journal of Experimental Child Psychology*, *114*, 187-202.

Morewedge, C., & Norton, M. (2009). When dreaming is believing: The (motivated) interpretation of dreams. *Journal of Personality and*

Social Psychology, 96, 249-264.

Morey, L. (2013). Measuring personality and psychopathology. In J. Schinka, W. Velicer, & Weiner (Eds.). (pp. 395-427). *Handbook of psychology, Vol. 2: Research methods in psychology* (2nd ed.). Hoboken, NJ, USA: John Wiley & Sons, Inc.

Morgan, C. D., & Murray, H. A. (1935). A method for investigating fantasies: The Thematic Apperception Test. *Archives of Neurology and Psychiatry, 34,* 289-306.

Morgan, C. D., & Murray, H. A. (1962). Thematic Apperception Test. In H. A. Murray et al. (Eds.), *Explorations in personality: A clinical and experimental study of fifty men of college age* (pp. 530-545). New York: Science Editions.

Morgan, R., & Flora, D. (2002). Group psychotherapy with incarcerated offenders: A research synthesis. *Group Dynamics: Theory, Research, and Practice, 6,* 203 -218.

Morgenthaler, T., Lee-Chiong, T., Alessi, C., Friedman, L., Aurora, R., Boehlecke, B., Brown, T., Chesson, A., Kapur, V., Maganti, R., Owens, J., Pancer, J., Swick, T., & Zak, R. (2007). Practice parameters for the clinical evaluation and treatment of circadian rhythm sleep disorders: An American Academy of Sleep Medicine report. *Sleep: Journal of Sleep and Sleep Disorders Research, 30,* 1445-1459.

Morofushi, M., Shinohara, K., Funabashi, T., & Kimura, F. (2000). Positive relationship between menstrual synchrony and ability to smell 5alpha-androst-16-en-3alpha-ol. *Chemical Senses, 25,* 407-41.

Morra, S., Gobbo, C., Marini, Z., & Sheese, R. (2008). *Cognitive development: Neo-Piagetian perspectives.* New York: Taylor & Francis Group/Lawrence Erlbaum Associates.

Morris, A., Cui, L., & Steinberg, L. (2013). Parenting research and themes: What we have learned and where to go next. In R. Larzelere, Morris, A., & A. Harrist (Eds.) *Authoritative parenting: Synthesizing nurturance and discipline for optimal child development.* (pp. 35-58). Washington, DC, USA: American Psychological Association.

Morsella, E., Krieger, S., & Bargh, J. (2010). Minimal neuroanatomy for a conscious brain: Homing in on the networks constituting consciousness. *Neural Networks, 23,* 14-15.

Moser, G., & Robin, M. (2006). Environmental annoyances: An urban-specific threat to quality of life? *European Review of Applied Psychology, 56,* 35-41.

Moss, J., Schunn, C., Schneider, W., McNamara, D., & VanLehn, K. (2011). The neural correlates of strategic reading comprehension: Cognitive control and discourse comprehension. *Neuroimage, 58,* 675-686.

Moss, T., Sacco, K., Allen, T., Weinberger, A., Vessicchio, J., & George, T. (2009). Prefrontal cognitive dysfunction is associated with tobacco dependence treatment failure in smokers with schizophrenia. *Drug and Alcohol Dependence, 104,* 94-99.

Motti-Stefanidi, F., Berry, J., Chryssochoou, X., Sam, D., & Phinney, J. (2012). Positive immigrant youth adaptation in context: Developmental, acculturation, and social-psychological perspectives. In A. Masten, K. Liebkind, & D. Hernandez (Eds.). *Realizing the potential of immigrant youth.* (pp. 117-158). New York, NY, USA: Cambridge University Press.

Moynihan, J., Larson, M., Treanor, J., Dubersetein, P., Power, A., Shre, B., et al. (2004). Psychosocial factors and the response to influenza vaccination in older adults. *Psychosomatic Medicine, 66,* 950-953.

Mufson, L., Gallagher, T., Dorta, K., & Young, J. (2004). A group adaptation of interpersonal psychotherapy for depressed adolescents. *American Journal of Psychotherapy, 58,* 220-237.

Muller, L. (2002). Group counseling for African American males: When all you have are European American counselors. *Journal for Specialists in Group Work, 27,* 299-313.

Mumtaz, S., & Humphreys, G. (2002). The effect of Urdu vocabulary size on the acquisition of single word reading in English. *Educational Psychology, 22,* 165-190.

Munafó, M., Yalcin, B., Willis-Own, S., & Flint, J. (2008). Association of the dopamine D4 receptor (DRD4) gene and approach-related personality traits: Meta-analysis and new data. *Biological Psychiatry, 63,* 197-206.

Munroe, R. H., Shimmin, H. S., & Munroe, R. L. (1984). Gender role understanding and sex role preference in four cultures. *Developmental Psychology, 20,* 673-682.

Munzar, P., Li, H., Nicholson, K., Wiley, J., & Balster, R. (2002). Enhancement of the discriminative stimulus effects of phencyclidine by the tetracycline antibiotics doxycycline and minocycline in rats. *Psychopharmacology, 160,* 331-336.

Murphy, R. (2011). *Dynamic assessment, intelligence and measurement.* New York, NY, USA: John Wiley & Sons.

Murray, B. (2002). Finding the peace within us. *APA Monitor on Psychology, 33,* 56-57.

Murray, H. (1938). *Explorations in personality.* New York: Oxford University Press.

Murray, J., Liotti, M., Ingmundson, P., Mayburg, H., Pu, Y., Zamarripa, F., et al. (2006). Children's brain activations while viewing televised violence revealed by fMRI. *Media Psychology, 8,* 24-37.

Murty, V., Labar, K., & Adcock, R. (2012). Threat of punishment motivates memory encoding via amygdala, not midbrain, interactions with the medial temporal lobe. *Journal of Neuroscience, 32,* 8969-8976.

Must, O., te Njienhuis, J., Must, A., & van Vianen, A. (2009). Comparablity of IQ scores over time. *Intelligence, 37,* 25-33.

Myers, D. G., & Bishop, G. D. (1970). Discussion effects on racial attitudes. *Science, 169,* 778-779.

Najavits, L., Highley, J., Dolan, S., & Fee, F. (2012). Substance use disorder. In J. Vasterling, R. Bryant, & T. Keane (Eds.). *PTSD and mild traumatic brain injury.* (pp. 124-145). New York, NY, USA: Guilford Press.

Narvaez, D. (2002). Does reading moral stories build character? *Educational Psychology Review, 14,* 155-171.

National Alliance for Mental Illness (NAMI). (2003). *Panic disorder.* Retrieved July 19, 2006, from http://www.nami.org/Template.cfm?Section=By_Illness&Template=/TaggedPage/TaggedPageDisplay.cfm&TPLID=54&ContentID=23050

National Cancer Institute. (2000). *Questions and answers about smoking cessation*. Retrieved January 29, 2003, from http://cis.nci.nih.gov/fact/8_13.htm

National Center for Chronic Disease Prevention and Health Promotion. (2006). *The health consequences of involuntary exposure to tobacco smoke: A report of the surgeon general*. Retrieved July 7, 2006, from http://www.cdc.gov/TOBACCO/sgr/sgr_2006/index.htm

National Center for Education Statistics (NCES). (2006). *Digest of Education Statistics, 2005*. Retrieved January 31, 2009 from http://nces.ed.gov/programs/digest/d06/index.asp

National Center for Education Statistics (NCES). (2008). *Trends in international mathematics and science study (TIMSS): TIMSS 2007 results*. Retrieved May 9, 2009, from http://nces.ed.gov/timss/results07.asp

National Center for Health Statistics (NCHS). (2006a). *Health, United States, 2006*. Retrieved February 12, 2007, from http://www.cdc.gov/nchs/data/hus/hus06.pdf#046

National Center for Health Statistics (NCHS). (2010). *Health, United States, 2009*. Retrieved March 12, 2010 from http://www.cdc.gov/nchs/data/hus/hus09.pdf#062

National Center for Health Statistics (NCHS). (2012). *Health, United States, 2011: With special feature on socioeconomic status and health*. Retrieved January 8, 2013, from http://www.cdc.gov/nchs/data/hus/hus11.pdf

National Center for Health Statistics (NCHS). (2012). *Prevalence of overweight, obesity, and extreme obesity among adults: United States, Trends 1960-1962 through 2009-2010*. Retrieved January 7, 2013, from http://www.cdc.gov/nchs/data/hestat/obesity_adult_09_10/obesity_adult_09_10.pdf

National Council on Alcoholism and Drug Dependence. (2013). *Alcohol and crime*. Retrieved February 8, 2013 from http://www.ncadd.org/index.php/learn-about-alcohol/alcohol-and-crime.

National Highway and Traffic Safety Administration (NHTSA). (2007). *Alcohol poisoning*. Retrieved February 7, 2007, from http://www.nhtsa.dot.gov/PEOPLE/outreach/safesobr/15qp/web/idalc.html

National Institute of Mental Health (NIMH). (2001). *The numbers count: Mental disorders in America (NIMH Report No. 01-4584)*. Washington, DC: Author.

National Institute of Mental Health (NIMH). (2009). *Suicide in the U.S.: Statistics and prevention*. Retrieved June 11, 2009 from http://www.nimh.nih.gov/health/publications/suicide-in-the-us-statistics-and-prevention/index.shtml

National Institute of Mental Health (NIMH). (2013). *Statistics*. Retrieved January 26, 2013 from http://www.nimh.nih.gov/statistics/index.shtml

National Library of Medicine. (2012). *A tutorial for evaluating internet health information*. Retrieved January 8, 2013, from http://www.nlm.nih.gov/medlineplus/webeval/webeval.html

National Science Foundation (NSF). (2002). *Science and engineering: Indicators 2002*. Retrieved January 29, 2003, from http://www.nsf.gov/sbc/srs/seind02/toc.htm

Nawrot, M., Nordenstrom, B., & Olson, A. (2004). Disruption of eye movements by ethanol intoxication affects perception of depth from motion parallax. *Psychological Science, 15*, 858-865.

Neisser, U., Boodoo, G., Bouchard, T. J., Jr., Boykin, A. W., Brody, N., Ceci, S. J., et al. (1996). Intelligence: Knowns and unknowns. *American Psychologist, 51,* 77-101.

Neitz, M., & Neitz, J. (1995). Numbers and ratios of visual pigment genes for normal red-green color vision. *Science, 267,* 1013-1016.

Nelson, J. (2009). Trycyclic and tetracyclic drugs. In A. Schatzberg & C. Nemeroff. (Eds.). *The American Psychiatric Publishing Textbook of Psychopharmacology* (4th ed.). (pp. 263-287). Arlington, VA, USA: American Psychiatric Publishing, Inc.

Nelson, J. C. (1997). Safety and tolerability of the new antidepressants. *Journal of Clinical Psychiatry, 58* (6, Suppl.), 26-31.

Nelson, T. (1996). Consciousness and metacognition. *American Psychologist, 51,* 102-116.

Nestor, P., Graham, K., Bozeat, S., Simons, J., & Hodges, J. (2002). Memory consolidation and the hippocampus: Further evidence from studies of autobiographical memory in semantic dementia and frontal variant frontotemporal dementia. *Neuropsychologia, 40,* 633-654.

Neumann, I. (2008). Brain oxytocin: A key regulator of emotional and social behaviours in both females and males. *Journal of Neuroendocrinology, 20*, 858-865.

Newberg, A., Alavi, A. Baime, M., Pourdehnad, M., Santanna, J. d'Aquili, E. (2001). The measurement of cerebral blood flow during the complex cognitive task of meditation: A preliminary SPECT study. *Psychiatry Research: Neuroimaging, 106,* 113-122.

Newell, B., Lagnado, D., & Shanks, D. (2007). *Straight choices: The psychology of decision making*. New York: Psychology Press.

Newell, B. (2011). Recognizing the recognition heuristic for what it is (and what it's not). *Judgment and Decision Making, 6*, 409-412.

Newman, M., & Roberts, N. (2013). *Health and social relationships: The good, the bad, and the complicated*. Washington, DC, USA: American Psychological Association.

Newton, E. (2012). *Neuroleptic agent toxicity*. Retrieved January 27, 2013, from http://emedicine.medscape.com/article/815881-overview

Nickerson, R. S., & Adams, M. J. (1979). Long-term memory for a common object. *Cognitive Psychology, 11,* 287-307.

Nicol, S. E., & Gottesman, I. I. (1983). Clues to the genetics and neurobiology of schizophrenia. *American Scientist, 71,* 398-404.

Nieto-Hernandez, R., Rubin, G., Cleare, A., Weinman, J., & Wessely, S. (2008). Can evidence change belief? Reported mobile phone sensitivity following individual feedback of an inability to discriminate active from sham signals. *Journal of Psychosomatic Research, 65*, 453-460.

Nisbett, R. E., & Wilson, T. D. (1977). The halo effect: Evidence for unconscious alteration of judgments. *Journal of Personality and Social Psychology, 35,* 250-256.

Nisbett, R., Aronson, J., Blair, C., Dickens, W., Flynn, J., Halpern, D., & Turkheimer, E. (2012). Intelligence: New findings and theoretical developments. *American Psychologist, 67*, 130–159.

Nishida, M., Pearsall, J., Buckner, R., & Walker, M. (2008). REM sleep, prefrontal theta, and the consolidation of human emotional memory. *Cerebral Cortex, 19,* 1158–1166.

Niyuhire, F., Varvel, S., Martin, B., & Lichtman, A. (2007). Exposure to marijuana smoke impairs memory retrieval in mice. *Journal of Pharmacology and Experimental Therapeutics, 322,* 1067–1075.

Noltemeyer, A., Bush, K., Patton, J., & Bergen, D. (2012). The relationship among deficiency needs and growth needs: An empirical investigation of Maslow's theory. *Child and Youth Services Review, 34*, 1862–1867.

Noriko, S. (2004). Identity development pre- and post-empty nest women. *Japanese Journal of Developmental Psychology, 15,* 52–64.

Norman, S., Norman, G., Rossi, J., & Prochaska, J. (2006). Identifying high- and low-success smoking cessation subgroups using signal detection analysis. *Addictive Behaviors, 31,* 31–41.

Norman, W. (1963). Toward an adequate taxonomy of personality attributes: Replicated factor structure in peer nomination personality ratings. *Journal of Abnormal & Social Psychology, 66,* 574–583.

North, C., & Suris, A. (2012). Psychiatric and psychological issues in survivors of major disasters. In I. Marini & M. Stebnicki (Eds.). *The psychological and social impact of illness and disability* (6th ed.). (pp. 165–177). New York, NY, USA: Springer Publishing Co.

North, F., Ward, W., Varkey, P., & Tulledge-Scheitel, S. (2012). Should you search the Internet for information about your acute symptom? *Telemedicine and e-Health, 18*, 213–218.

Noyes, R., Jr., Burrows, G. D., Reich, J. H., Judd, F. K., Garvey, M. J., Norman, T. R., et al. (1996). Diazepam versus alprazolam for the treatment of panic disorder. *Journal of Clinical Psychiatry, 57,* 344–355.

Nunn, J., Gregory, L., Brammer, M., Williams, S., Parslow, D., Morgan, M., Morris, R., Bullmore, E., Baron-Cohen, S., & Gray, J. (2002). Functional magnetic resonance imaging of synesthesia: Activation of V4/V8 by spoken words. *Nature Neuroscience, 5,* 371–375.

Nutt, D. (2000). Treatment of depression and concomitant anxiety. *European Neuropsychopharmacology, 10* (Suppl. 4), S433–S437.

O'Brien, C. P. (1996). Recent developments in the pharmacotherapy of substance abuse. *Journal of Consulting and Clinical Psychology, 1,* 677–686.

O'Leary, K. D., & Smith, D. A. (1991). Marital interactions. *Annual Review of Psychology, 42,* 191–212.

Ogawa, A., Mizuta, I., Fukunaga, T., Takeuchi, N., Honaga, E., Sugita, Y., Mikami, A., Inoue, Y., & Takeda, M. (2004). Electrogastrography abnormality in eating disorders. *Psychiatry & Clinical Neurosciences, 58,* 300–310.

Olatunji, B., Lohr, J, Sawchuk, C., & Tolin, D. (2007). Multimodal assessment of disgust in contamination-related obsessive-compulsive disorder. *Behaviour Research and Therapy, 45,* 263–276.

Olender, T., Lancet, D., & Nebert, D. (2008). Update on the olfactory receptor (OR) gene superfamily. *Human Genomics, 3*, 87–97.

Oliver, J. E. (1993). Intergenerational transmission of child abuse: Rates, research, and clinical implications. *American Journal of Psychiatry, 150,* 1315–1324.

Olson, M., Krantz, D., Kelsey, S., Pepine, C., Sopko, G., Handberg, E., Rogers, W., Gierach, G., McClure, C., & Merz, C. (2005). Hostility scores are associated with increased risk of cardiovascular events in women undergoing coronary angiography: A report from the NHLBI-sponsored WISE study. *Psychosomatic Medicine, 67,* 546–552.

Ono, H. (2003). Women's economic standing, marriage timing and cross-national contexts of gender. *Journal of Marriage & Family, 1,* 275–286.

Ophir, E., Nass, C., & Wagner, A. (2009). Cognitive control in media multitaskers. *PNAS Proceedings of the National Academy of Sciences of the United States of America, 106*, 15583–15587.

Oquendo, M., Placidi, G., Malone, K., Campbell, C., Kelp, J., Brodsky, B., et al. (2003). Positron emission tomography of regional brain metabolic responses to a serotonergic challenge and lethality of suicide attempts in major depression. *Archives of General Psychiatry, 60,* 14–22.

Orban, P., Peigneux, P., Lungu, O., Albouy, G., Breton, E., Laberenne, F., Benali, H., Maquet, P., & Doyon, J. (2009). The multifaceted nature of the relationship between performance and brain activity in motor sequence learning. *Neuroimage, 49*, 694–702.

Orenstein, W., Paulson, J., Brady, M., Cooper, L., & Seib, Katherine. (2013). Global vaccination recommendations and thimerosal. *Pediatrics, 131*, 149–151.

Orman, M. (1996). *How to conquer public speaking fear.* Retrieved February 15, 2003, from http://www.stresscure.com/jobstress/speak.html

Osborn, D., Fletcher, A., Smeeth, L., Sitrling, S., Bulpitt, C., Breeze, E., et al. (2003). Factors associated with depression in a representative sample of 14,217 people aged 75 and over in the United Kingdom: Results from the MRC trial of assessment and management of older people in the community. *International Journal of Geriatric Psychiatry, 18,* 623–630.

Osland, T., Bjorvatn, B., Steen, V., & Pallesen, S. (2011). *Chronobiology International, 28*, 764–770.

Ossorio, P., & Duster, T. (2005). Race and genetics: Controversies in biomedical, behavioral, and forensic sciences. *American Psychologist, 60*, 115–128.

Osterhout, C. (2011). *Bulimia nervosa treatment and management.* Retrieved January 4, 2013, from http://emedicine.medscape.com/article/286485-treatment

Ostrom, T. M., Carpenter, S. L., Sedikides, C., & Li, F. (1993). Differential processing of in-group and out-group information. *Journal of Personality and Social Psychology, 64,* 21–34.

Overmeier, J. B., & Seligman, M. E. P. (1967). Effects of inescapable shock upon subsequent escape and avoidance responding. *Journal of Comparative and Physiological Psychology, 67,* 28–33.

Owen, M., & O'Donovan, M. (2003). Schizophrenia and genetics. In

R. Plomin, J. Defries, I. Craig, & P. McGuffin (Eds.), *Behavioral genetics in the postgenomic era* (pp. 463–480). Washington, DC: American Psychological Association.

Ozcan, L., Ergin, A., Lu, A., Chung, J., Sarkar, S., Nie, D., Myers, M., & Ozcan, U. (2009). Endoplasmic reculum stress plays a central role in development of leptin resistance. *Cell Metabolism, 9*, 35–51.

Pöysti, L., Rajalin, S., & Summala, H. (2005). Factors influencing the use of cellular (mobile) phone during driving and hazards while using it. *Accident Analysis & Prevention, 37,* 47–51.

Packard, M. (2009). Anxiety, cognition, and habit: A multiple memory systems perspective. *Brain Research, 1293*, 121–128.

Page-Gould, E., Mendoza-Denton, R., & Tropp, L. (2008). With a little help from my cross-group friend: Reducing anxiety in intergroup contexts through cross-group friendships. *Journal of Personality and Social Psychology, 95*, 1080–1094.

Paivio, S. C., & Greenberg, L. S. (1995). Resolving "unfinished business": Efficacy of experiential therapy using empty-chair dialogue. *Journal of Consulting and Clinical Psychology, 63,* 419–425.

Palinscar, A. S., & Brown, A. L. (1984). Reciprocal teaching of comprehension-fostering and comprehension-monitoring activities. *Cognition and Instruction, 1,* 117–175.

Palmer, R., McGeary, J., Francazio, S., Raphael, B., Lander, A., Heath, A., & Knopik, V. (2012). The genetics of alcohol dependence: Advancing towards systems-based approaches. *Drug and Alcohol Dependence, 125*, 179–191.

Panksepp, J. (2010). Evolutionary substrates of addiction: The neurochemistries of pleasure seeking and social bonding in the mammalian brain. In J. Kassel (Ed.), *Substance abuse and emotion* (pp. 137–167). Washington, DC: American Psychological Association.

Pansky, A. (2012). Inoculation against forgetting: Advantages of immediate versus delayed initial testing due to superior verbatim accessibility. *Journal of Experimental Psychology: Learning, Memory, and Cognition, 38*, 1792–1800.

Papolos, D., Mattis, S., Golshan, S., & Molay, F. (2009). Fear of harm, a possible phenotype of pediatric bipolar disorder: A dimensional approach to diagnosis for genotyping psychiatric syndromes. *Journal of Affective Disorders, 118*, 28–38.

Paquette, D. (2004). Dichotomizing paternal and maternal functions as a means to better understand their primary contributions. *Human Development, 47,* 237–238.

Parish, B., Richards, M., & Cameron, S. (2011). *Hallucinogens.* Retrieved November 10, 2012 from http://emedicine.medscape.com/article/293752-overview.

Park, G., Lubinski, D., & Benbow, C. (2013). When less is more: Effects of grade skipping on adult STEM productivity among mathematically precocious adolescents. *Journal of Educational Psychology, 105*, 176–198.

Parke, R. D. (1977). Some effects of punishment on children's behavior-revisited. In E. M. Hetherington, E. M. Ross, & R. D. Parke (Eds.), *Contemporary readings in child psychology.* New York: McGraw-Hill.

Parkinson, W. L., & Weingarten, H. P. (1990). Dissociative analysis of ventromedial hypothalamic obesity syndrome. *American Journal of Physiology, 259,* 829–835.

Passaro, E. (2009). *Insomnia.* Retrieved February 5, 2010 from http://emedicine.medscape.com/article/1187829-overview.

Pastore, N. (1950). The role of arbitrariness in the frustration-aggression hypothesis. *Journal of Abnormal and Social Psychology, 47,* 728–731.

Paul, T., Schroeter, K., Dahme, B., & Nutzinger, D. (2002). Self-injurious behavior in women with eating disorders. *American Journal of Psychiatry, 159,* 408–411.

Paul, W. E. (1993). Infectious diseases and the immune system. *Scientific American, 269,* 90–99.

Paulhus, D., Harms, P., Bruce, M., & Lysy, D. (2003). The over-claiming technique: Measuring self-enhancement independent of ability. *Journal of Personality & Social Psychology, 84*, 890–904.

Paulus, P. B., Cox, V. C., & McCain, G. (1988). *Prison crowding: A psychological perspective.* New York: Springer-Verlag.

Pavizi, J., Jacques, C., Foster, B., Withoft, N., Rangarajan, V., Weiner, K., & Grill-Spector, K. (2012). Electrical stimulation of human fusiform face-selective regions distorts face perception. *Journal of Neuroscience, 24*, 14915–14020.

Pavlov, I. P. (1927/1960). *Conditioned reflexes: An investigation of the physiological activity of the cerebral cortex* (G. V. Anrep, Trans.). New York: Dover. (Original translation published 1927).

Payami, H., Montee, K., & Kaye, J. (1994). Evidence for familial factors that protect against dementia and outweigh the effect of increasing age. *American Journal of Human Genetics, 54,* 650–657.

Pearson, P., & Cerbetti, G. (2013). The psychology and pedagogy of reading processes. In W. Reynolds, G. Miller, & I. Wiener. (Eds.) *Handbook of psychology, Volume 7: Educational Psychology* (2nd ed.). (pp. 257–281). Hoboken, NJ, USA: John Wiley & Sons, Inc.

Pedersen, D., & Minnotte, K. (2012). Self- and spouse-reported work-family conflict and dual-earners'job satisfaction. *Marriage & Family Review, 48*, 272–292.

Pedersen, A., Zachariae, R., Jensen, A., Bovbjerg, D., Andersen, O., & von der Masse, H. (2009). Psychological stres predicts the risk of febrile episodes in cancer patients during chemotherapy. *Psychotherapy and Psychosomatics, 78*, 258–260.

Pedersen, D. M., & Wheeler, J. (1983). The Müller-Lyer illusion among Navajos. *Journal of Social Psychology, 121,* 3–6.

Pedersen, S., Van Domburg, R., & Theuns, D. (2004). Type D personality is associated with increased anxiety and depressive symptoms in patients with an implantable cardioverter defibrillator and their partners. *Psychosomatic Medicine, 66,* 714–719.

Peeters, M., & Oerlemans, W. (2009). The relationship between acculturation orientations and work-related well-being: Differences between ethnic minority and majority employees. *International Journal of Stress Management, 16*, 1–24.

Penfield, W. (1969). Consciousness, memory, and man's conditioned reflexes. In K. Pribram (Ed.), *On the biology of learning* (pp. 129-168). New York: Harcourt Brace Jovanovich.

Pennisi, E. (1997). Tracing molecules that make the brain-body connection. *Science, 275,* 930-931.

Peplau, L. (2003). Human sexuality: How do men and women differ? *Current Directions in Psychological Science, 12,* 37-40.

Pepperberg, I. (2006). Grey parrot *(Psittacus erithacus)* numerical abilities: Addition and further experiments on a zero-like concept. *Journal of Comparative Psychology, 120,* 1-11.

Pepperberg, I. M. (1991, Spring). Referential communication with an African grey parrot. *Harvard Graduate Society Newsletter,* 1-4.

Pepperberg, I. M. (1994a). Numerical competence in an African grey parrot (Psittacus erithacus). *Journal of Comparative Psychology, 108,* 36-44.

Pepperberg, I. M. (1994b). Vocal learning in grey parrots (Psittacus erithacus): Effects of social interaction, reference, and context. *The Auk, 111,* 300-314.

Pereira, S., Ki, M., & Power, C. (2012). Sedentary behavior and biomarkers for cardiovascular disease and diabetes in mid-life: The role of television-viewing and sitting at work. *PLOSOne.* Retrieved January 9, 2013, from http://www.plosone.org/article/info%3Adoi%2F10.1371%2Fjournal.pone.0031132

Perez-Felkner, L., McDonald, S., Schneider, B., & Grogan, E. (2012). Female and male adolescents'subjective orientations to mathematics and the influence of those orientations on post-secondary majors. *Developmental Psychology, 48,* 1658-1673.

Perez-Navarro, J., Lawrence, T., & Hume, I. (2009). Personality, mental state and procedure in the experimental replication of ESP: A preliminary study of new variables. *Journal of the Society for Psychical Research, 73,* 17-32.

Perls, F. S. (1969). *Gestalt therapy verbatim.* Lafayette, CA: Real People Press.

Perron, H., Mekaoui, L., Bernard, C., Veas, F., Stefas, I., & Leboyer, M. (2008). Endogenous retrovirus type W GAG and envelope protein antigenemia in serium of schizophrenic patients. *Biological Psychiatry, 64,* 1019-1023.

Peters, A., Leahu, D., Moss, M. B., & McNally, J. (1994). The effects of aging on area 46 of the frontal cortex of the rhesus monkey. *Cerebral Cortex, 6,* 621-635.

Peters, M., Hauschildt, M., Moritz, S., & Jelinek, L. (2013). Impact of emotionality on memory and meta-memory in schizophrenia using video sequences. *Journal of Behavior Therapy and Experimental Psychiatry, 44,* 77-83.

Peterson, L. R., & Peterson, M. J. (1959). Short-term retention of individual verbal items. *Journal of Experimental Psychology, 58,* 193-198.

Petry, N., Tedford, J., Austin, M., Nich, C., Carroll, K., & Rounsaville, B. (2004). Prize reinforcement contingency management for treating cocaine users: How low can we go, and with whom? *Addiction, 99,* 349-360.

Pew Research Center. (2006). *Global gender gaps.* Retrieved June 29, 2006, from http://pewglobal.org/commentary/display.php?AnalysisID=90

Phillips, K., Fulker, D. W., Carey, G., & Nagoshi, C. T. (1988). Direct marital assortment for cognitive and personality variables. *Behavioral Genetics, 18,* 347-356.

Piaget, J. (1927/1965). *The moral judgment of the child.* New York: FreePress.

Piaget, J. (1963). *Psychology of intelligence.* Patterson, NJ: Littlefield, Adams.

Piaget, J. (1964). *Judgment and reasoning in the child.* Patterson, NJ: Littlefield, Adams.

Piaget, J., & Inhelder, B. (1962). *The Psychology of the Child.* New York: Basic Books.

Piffer, D. (2012). Can creativity be measured? An attempt to clarify the notion of creativity and general directions for future research. *Thinking Skills and Creativity, 7,* 258-264.

Pillow, D. R., Zautra, A. J., & Sandler, I. (1996). Major life events and minor stressors: Identifying mediational links in the stress process. *Journal of Personality and Social Psychology, 70,* 381-394.

Pinel, J. (2007). *Basics of Biopsychology.* Boston: Allyn & Bacon.

Pinel, J. P. L. (2000). *Biopsychology* (4th ed.). Boston: Allyn & Bacon.

Pinker, S. (1994). *The language instinct: How the mind creates language.* New York: Morrow.

Piper, W., & Ogrodniczuk, J. (2013). Brief group therapies for complicated grief: Interpretive and supportive approaches. In M. Stroebe, H., Schut, & J. van den Bout (Eds.). *Complicated grief: Scientific foundations for health care professionals.* (pp. 263-277). New York, NY, USA: Routledge/Taylor & Francis Group.

Pittenger, D. J. (2005). Cautionary Comments Regarding the Myers-Briggs Type Indicator. *Consulting Psychology Journal: Practice and Research, 57*(3), 210-221.

Pittenger, D. (2011). Cautionary comments regarding the Myers-Briggs Type Indicator. *Consulting Psychology Journal: Practice and Research, 57,* 210-221.

Plassman, B., Langa, K., Fisher, G., Heeringa, S., Weir, D., Ofstedal, M., Burke, J., Hurd, M., Potter, G., Rodgers, W., Steffens, D., Willis, R., & Wallace, R. (2007). Prevalence of dementia in the United States: The aging, demographics, and memory study. *Neuroepidemiology, 29,* 125-132.

Pletcher, M., Vittinghoff, E., Kalhan, R., Richman, J., Safford, M., Sidney, S., Lin, F., & Kertesz, S. (2012). Association between marijuana exposure and pulmonary function over 20 years. *Journal of the American Medical Association, 307,* 173-181.

Polanco-Roman, L., & Miranda, R. (2013). Culturally related stress, hopelessness, and vulnerability to depressive symptoms and suicidal ideation in emerging adulthood. *Behavior Therapy, 44,* 75-87.

Polderman, T., de Geus, E., Hoekstra, R., Bartels, M., van Leeusen, M., Verhulst, F., & Posthuman, D. (2009). Attention problems, inhibitory control, and intelligence index overlapping genetic factors: A study in 9-, 12-, and 18-year-old twins. *Neurospychology, 23,* 381-391.

Poldrack, R., & Wagner, A. (2004). What can neuroimaging tell us about the mind? Insights from prefrontal cortex. *Current Directions in Psychological Science, 13,* 177-181.

Popma, A., Vermeiren, R., Geluk, C., Rinne, T., van den Brink, W., Knol, D., Jansen, L., van Engeland, H., & Doreleijers, T. (2007). Cortisol moderates the relationship between testosterone and aggression in delinquent male adolescents. *Biological Psychiatry, 61,* 405–411.

Popenoe, D., & Whitehead, B. D. (2000). Sex without strings, relationships without rings: Today's young singles talk about mating and dating. In *National Marriage Project, The State of Our Unions, 2000.* Retrieved June 10, 2007 from http://marriage.rutgers.edu/Publications/SOOU/NMPAR2000.pdf

Popper, K. (1972). *Objective knowledge: An evolutionary approach.* New York: Oxford University Press.

Porjesz, B., Begleiter, H., Reich, T., Van Eerdewegh, P., Edenberg, H., Foroud, T., et al. (1998). Amplitude of visual P3 event-related potential as a phenotypic marker for a predisposition to alcoholism: Preliminary results from the COGA project. *Alcoholism: Clinical & Experimental Research, 22,* 1317-1323.

Porter, F. L., Porges, S. W., & Marshall, R. E. (1988). Newborn pain cries and vagal tone: Parallel changes in response to circumcision. *Child Development, 59,* 495–505.

Porter, S., Bellhouse, S., McGougall, A., ten Brinke, L., & Wilson, K. (2010). A prospective investigation of the vulnerability of memory for positive and negative emotional scenes to the misinformation effect. *Canadian Journal of Behavioural Science, 42,* 55–61.

Posada, G., Jacobs, A., Richmond, M., Carbonell, O., Alzate, G., Bustamante, M., et al. (2002). Maternal caregiving and infant security in two cultures. *Developmental Psychology, 38,* 67–78.

Postman, L., & Phillips, L. W. (1965). Short-term temporal changes in free recall. *Quarterly Journal of Experimental Psychology, 17,* 132-138.

Potenza, M., Hong, K., Lacadie, C., et al. (2012). Neurla correlates of stress-induced and cue-induced drug craving: Influences of sex and cocaine dependence. *American Journal of Psychiatry, 169,* 406–414.

Potts, N. L. S., Davidson, J. R. T., & Krishman, K. R. R. (1993). The role of nuclear magnetic resonance imaging in psychiatric research. *Journal of Clinical Psychiatry, 54* (12, Suppl.), 13-18.

Poulin, M., & Cohen Silver, R. (2008). World benevolence beliefs and well-being across the life span. *Psychology and Aging, 23,* 13-23.

Powell, C., & Van Vugt, M. (2003). Genuine giving or selfish sacrifice? The role of commitment and cost level upon willingness to sacrifice. *European Journal of Social Psychology, 33,* 403-412.

Powlishta, K. K. (1995). Intergroup processes in childhood: Social categorization and sex role development. *Developmental Psychology, 31,* 781-788.

Powsner, S., & Dufel, S. (2009). *Conversion disorder.* Retrieved March 17, 2010 from http://emedicine.medscape.com/article/805361-overview

Prabhu, V., Porjesz, B., Chorlian, D., Wang, K., Stimus, A., & Begleiter, H. (2001). Visual P3 in female alcoholics. *Alcoholism: Clinical & Experimental Research, 25,* 531-539.

Precekel, F., Lipnevich, A., Schneider, S., & Roberts, R. (2011). Chronotype, cognitive abilities, and academic achievement: A meta-analytic investigation. *Learning and Individual Differences, 21,* 483–492.

Preda, A. (2012). *Opioid abuse.* Retrieved November 9, 2012, from http://emedicine.medscape.com/article/287790-overview#a0104.

Premack, D. (1971). Language in chimpanzees. *Science, 172,* 808–822.

Premack, D., & Premack, A. J. (1983). *The mind of an ape.* New York: Norton.

Price, D., Finniss, D., & Benedetti, F. (2008). A comprehensive review of the placebo effect: Recent advances and current thought. *Annual Review of Psychology, 59,* 565-590.

Pryke, S., Lindsay, R. C. L., & Pozzulo, J. D. (2000). Sorting mug shots: Methodological issues. *Applied Cognitive Psychology, 14,* 81-96.

Psychologists' pigeons score 90 pct. picking Picasso. (1995, May 7). *St. Louis Post-Dispactch,* p. 2A.

Public Agenda Online. (2002). *The issues: Race.* Retrieved November 13, 2002, from http://www.publicagenda.com/issues/overview.dfm?issue_type=race

Purves, D., Augustine, G., Fitzpatrick, D., Hall, W., LaMantia, A., & White, L. (2011). *Neuroscience* 5th ed. Sinderland, MA: Sinauer Associates, Inc.

Quaid, K., Aschen, S., Smiley, C., Nurnberger, J. (2001). Perceived genetic risks for bipolar disorder in patient population: An exploratory study. *Journal of Genetic Counseling, 10,* 41-51.

Querido, J., Warner, T., & Eyberg, S. (2002). Parenting styles and child behavior in African American families of preschool children. *Journal of Clinical Child & Adolescent Psychology, 31,* 272-277.

Quick, N., & Janik, V. (2008). Whistle rates of wild bottlenose dolphins (Tursiops truncatus): Influences of group size and behavior. *Journal of Comparative Psychology, 122,* 305-311.

Quill, T. (2007). Legal regulation of physician-assisted death: The latest report cards. *New England Journal of Medicine, 356,* 1911-1913.

Quiroga, T., Lemos-Britton, Z., Mostafapour, E., Abbott, R., & Berninger, V. (2002). Phonological awareness and beginning reading in Spanish-speaking ESL first graders: Research into practice. *Journal of School Psychology, 40,* 85-111.

Rönnqvist, L., & Domellöf, E. (2006). Quantitative assessment of right and left reaching movements in infants: A longitudinal study from 6 to 36 months. *Developmental Psychobiology, 48,* 444–459.

Raeikkoenen, K., Matthews, K., & Salomon, K. (2003). Hostility predicts metabolic syndrome risk factors in children and adolescents. *Health Psychology, 22,* 279-286.

Rahe, R. J., Meyer, M., Smith, M., Kjaer, G., & Holmes, T. H. (1964). Social stress and illness onset. *Journal of Psychosomatic Research, 8,* 35–44.

Ramey, S., Ramey, C., & Lanzi, R. (2007). In J., Jacobson, J., Mulick, & J. Rojahn (Eds.), *Handbook of intellectual and developmental disabilities: Issues in clinical child psychology* (pp. 445–463). New York: Springer Publishing Co.

Rammstedt, B., Spinath, F., Richter, D., & Schupp, J. (2013). Partnership longevity and personality congruence in couples. *Personality and Individual Differences*, *54*, 832–855.

Ramsey, J., Langlois, J., Hoss, R., Rubenstein, A., & Griffin, A. (2004). Origins of a stereotype: Categorization of facial attractiveness by 6-month-old infants. *Developmental Science, 7,* 201–211.

Rangaswamy, M., Jones, K., Porjesz, B., Chorlian, D., Padmanabhapillai, A., Karajan, C., Kuperman, S., Rohrbaugh, J., O'Connor, S., Bauer, L., Schuckit, M., & Begleiter, H. (2007). Delta and theta oscillations as risk markers in adolescent offspring of alcoholics. *International Journal of Psychophysiology*, *63*, 3–15.

Rasetti, R., Mattay, V., Wiedholz, L., Kolachana, B., Hariri, A., Callicott, J., Meyer-Lindenberg, A., & Weinberger, D. (2009). Evidence that altered amygdala activity in schizophrenia is related to clinical state and not genetic risk. *American Journal of Psychiatry*, *166*, 216–225.

Ratty, H., Vaenskae, J., Kasanen, K., & Kaerkkaeinen, R. (2002). Parents' explanations of their child's performance in mathematics and reading: A replication and extension of Yee and Eccles. *Sex Roles, 46,* 121–128.

Raven, M., & Parry, P. (2012). Psychotropic marketing practices and problems: Implications for DSM-5. *Journal of Nervous and Mental Disease*, *200*, 512–516.

Ravindran, A., & Ravindran, L. (2009). Depression and comorbid anxiety: An overview of pharmacological options. *Psychiatric Times*, *26*. Retrieved June 18, 2009 from http://www.psychiatrictimes.com/cme/display/article/10168/1421225?pageNumber=2.

Ravindran, A., da Silva, T., Ravindran, L., Richter, M., & Rector, N. (2009). Obsessive-compulsive spectrum disorders: A review of the evidence-based treatments. *Canadian Journal of Psychiatry*, *54*, 331–343.

Ray, S., & Bates, M. (2006). Acute alcohol effects on repetition priming and word recognition memory with equivalent memory cues. *Brain and Cognition, 60,* 118–127.

Raz, N., Lindenberger, U., Rodrigue, K., Kennedy, K., Head, D., Williamson, A., Dahle, C., Gerstorf, D., & Acker, J. (2006). Regional brain changes in aging healthy adults: General trends, individual differences and modifiers. *Cerebral Cortex, 15,* 1679–1689.

Razoumnikova, O. M. (2000). Functional organization of different brain areas during convergent and divergent thinking: An EEG investigation. *Cognitive Brain Research, 10,* 11–18.

Rebs, S., & Park, S. (2001). Gender differences in high-achieving students in math and science. *Journal for the Education of the Gifted, 25,* 52–73.

Reczek, C., & Umberson, D. (2012). Gender, health behavior, and intimate relationships: Lesbian, gay, and straight contexts. *Social Science & Medicine*, *74*, 1783–1790.

Redish, A. & Ekstrome, A. (2013). Hippocampus and related areas: What the place cell literature tells us about cognitive maps in rats and humans. In D. Waller, & L. Nadel (Eds). *Handbook of spatial cognition*. (pp. 15–34). Washington, DC, USA: American Psychological Association.

Reeves, W., Strine, T., Pratt, L., Thompson, W., Ahlauwalia, I., Dhingra, S., McKnight-Eily, L., Harrison, L., D'Angelo, D., Williams, L., Morrow, B., Gould, D., & Safran, M. (2011). Mental illness surveillance among adults in the United States. *Morbidity and Mortality Weekly Report*, *60*, 1–32.

Reinhardt, J., Boerner, K., Horowitz, A., & Lloyd, S. (2006). Good to have but not to use: Differential impact of perceived and received support on well-being. *Journal of Social and Personal Relationships*, *23*, 117–129.

Reitman, D., Murphy, M., Hupp, S., & O'Callaghan, P. (2004). Behavior change and perceptions of change: Evaluating the effectiveness of a token economy. *Child & Family Behavior Therapy, 26,* 17–36.

Rescorla, R. A. (1967). Pavlovian conditioning and its proper control procedures. *Psychological Review, 74*, 71–80.

Rescorla, R. A. (1968). Probability of shock in the presence and absence of CS in fear conditioning. *Journal of Comparative and Physiological Psychology, 66*(1), 1–5.

Rescorla, R. A. (1988). Pavlovian conditioning: It's not what you think it is. *American Psychologist, 43*(3), 151–160.

Rescorla, R. (2008). Conditioning of stimuli with nonzero initial value. *Journal of Experimental Psychology: Animal Behavior Processes*, *34*, 315–323.

Rescorla, R. A., & Wagner, A. R. (1972). A theory of Pavlovian conditioning: Variations in the effectiveness of reinforcement and nonreinforcement. In A. Black & W. F. Prokasy (Eds.), *Classical conditioning: II. Current research and theory* (pp. 64–99). New York: Appleton.

Restak, R. (1988). *The mind.* Toronto: Bantam.

Reuters News Service. (2006, June 30). *Japan elderly population ratio now world's highest.* Retrieved July 3, 2006, from http://today.reuters.co.uk/news/newsArticle.aspx?type=worldNews&storyID=2006-06-30T084625Z_01_T83766_RTRUKOC_0_UKJAPANPOPULATION.xml&archived=False

Reyna, V. (2004). How people make decisions that involve risk: A dual-processes approach. *Current Directions in Psychological Science, 13,* 60–66.

Reynolds, A., & Temple, J. (2008). Cost-effective early childhood development programs from preschool to third grade. *Annual Review of Clinical Psychology*, *4*, 109–139.

Rhéaume, J., & Ladouceur, R. (2000). Cognitive and behavioural treatments of checking behaviours: An examination of individual cognitive change. *Clinical Psychology & Psychotherapy, 7,* 118–127.

Ricks, T., & Wiley, J. (2009). The influence of domain knowledge on the functional capacity of working memory. *Journal of Memory and Language*, *61*, 519–537.

Ridderinkhof, K., Scheres, A., Oosterlaan, J., & Sergeant, J. (2005). Delta plots in the study of individual differences: New tools reveal response inhibition deficits in AD/HD that are eliminated by methylphenidate treatment. *Journal of Abnormal Psychology*, *114*, 197–215.

Rideout, V., Roberts, D., & Foehr, U. (2005). *Generation M: Media in the lives of 8-18 year-olds*. Washington, DC, USA: Kaiser Family

Foundation. Retrieved May 18, 2006, from http://www.kff.org/entmedia/entmedia030905pkg.dfm.

Riedel, G. (1996). Function of metabotropic glutamate receptors in learning and memory. *Trends in Neurosciences, 19,* 219–224.

Reiker, P., Bird, C., & Lang, M. (2010). Understanding gender and health: Old patterns, new trends, and future directions. In C. Bird, P. Conrad, A. Fremont, & S. Timmermans (Eds.). *Handbook of medical sociology* (6th ed.). (pp. 52–74). Nashville, TN, USA: Vanderbilt University Press.

Rini, C., Manne, S., DuHamel, K., Austin, J., Ostroff, J., Boulad, F., et al. (2004). Mothers'perceptions of benefit following pediatric stem cell transplantation: A longitudinal investigation of the roles of optimism, medical risk, and sociodemographic resources. *Annals of Behavioral Medicine, 28,* 132–141.

Rissman, J., & Wagner, A. (2012). Distributed representations in memory: Insights from functional brain imaging. *Annual Review of Psychology*, *63*, 101–128.

Roan, S. (2000, March 6). *Cyberanalysis*. Retrieved June 10, 2007 from http://www.doctorchase.com/html/cyberanalysis.html

Roberts, G., Treasure, D., & Conroy, D. (2007). Understanding the dynamics of motivation in sport and physical activity: An achievement goal interpretation. In G., Tenenbaum, & R. Eklund (Eds.), *Handbook of sport psychology* (3rd ed.) (pp. 3–30). Hoboken, NJ: John Wiley & Sons.

Roberts, J., & Bell, M. (2000). Sex differences on a mental rotation task: Variations in electroencephalogram hemispheric activation between children and college students. *Developmental Neuropsychology, 17,* 199–223.

Roberts, M. (2006). "IDOL"dreams: Tracy Moore's story of hope and discovery. *Schizophrenia Digest*, *4*, 30–33.

Roberts, P., & Moseley, B. (1996, May/June). Fathers'time. *Psychology Today, 29,* 48–55, 81.

Robins, R. W., Gosling, S. D., & Craik, K. H. (1999). An empirical analysis of trends in psychology. *American Psychologist, 54,* 117–128.

Robins, R., & Trzesniewski, K. (2005). Self-esteem development across the lifespan. *Current Directions in Psychological Science*, *14*, 158–162.

Robinson, F. (1970). *Effective study* (4th ed.). New York: Harper & Row.

Robinson, M., & Tamir, M. (2005). Neuroticism as mental noise: A relation between neuroticism and reaction time standard deviations. *Journal of Personality and Social Psychology, 89,* 107–114.

Robles, T., Glaser, R., & Kiecolt-Glaser, J. (2005). Out of balance: A new look at chronic stress, depression, and immunity. *Current Directions in Psychological Science, 14,* 111–115.

Rock, I., & Palmer, S. (1990). The legacy of Gestalt psychology. *Scientific American, 263,* 84–90.

Rodin, J., & Salovey, P. (1989). Health psychology. *Annual Review of Psychology, 40,* 533–579.

Rodin, J., Wack, J., Ferrannini, E., & DeFronzo, R. A. (1985). Effect of insulin and glucose on feeding behavior. *Metabolism, 34,* 826–831.

Roediger, H. (1980). Memory metaphors in cognitive psychology. *Memory & Cognition*, *8*, 231–246.

Rogers, C. R. (1951). *Client-centered therapy: Its current practice, implications, and theory.* Boston: Houghton Mifflin.

Rogers, M., Blumberg, N., Heal, J., & Hicks, G. (2007). Increased risk of infection and mortality in women after cardiac surgery related to allogeneic blood transfusion. *Journal of Women's Health*, *16*, 1412–1420.

Rogers, M., Langa, K., Kim, C., Nallamothu, B., McMahon, L., Malani, P., Fries, B., Kaufman, S., & Saint, S. (2006). Contribution of infection to increased mortality in women after cardiac surgery. *Archives of Internal Medicine*, *166*, 437–443.

Rogoff, B., & Mistry, J. (1995). Memory development in cultural context. In M. Pressley & C. Brainerd (Eds.), *The cognitive side of memory development.* New York, NY, USA: Springer-Verlag.

Roiser, J., Levy, J., Fromm, S., Goldman, D., Hodgkinson, C., Hasler, G., Sahakian, B., & Drevets, W. (2012). Serotonin transporter genotype differentially modulates neural responses to emotional words following tryptophan depletion in patients recovered from depression and healthy volunteers. *Journal of Psychopharmacology*, *26*, 1434–1442.

Roisman, G., Masten, A., Coatsworth, J., & Tellegen, A. (2004). Salient and emerging developmental tasks in the transition to adulthood. *Child Development, 75,* 123–133.

Roorda, A., & Williams, D. R. (1999). The arrangement of the three cone classes in the living human eye. *Nature, 397,* 520–521.

Roozendaal, B., Catello, N., Vedana, G., Barsegyan, A., & McGaugh, J. (2008). Noradrenergic activation of the basolateral amygdala modulates consolidation of object recognition memory. *Neurobiology of Learning and Memory*, *90*, 576–579.

Rosch, E. & Lloyd, B. (1978). *Cognition and categorization.* Hillsdale, NJ: Erlbaum.

Rosch, E. H. (1973). Natural categories. *Cognitive Psychology, 4,* 328–350.

Rosch, E. H. (1987). Linguistic relativity. *Et Cetera, 44,* 254–279.

Rose, J. (2006). Nicotine and nonnicotine factors in cigarette addiction. *Psychopharmacology, 184,* 274–285.

Roselli, C., Larkin, K., Schrunk, J., & Stormshak, F. (2004). Sexual partner preference, hypothalamic morphology and aromatase in rams. *Physiology & Behavior, 83,* 233 –245.

Rosenbloom, T. (2006). Sensation seeking and pedestrian crossing compliance. *Social Behavior and Personality, 34,* 113–122.

Rosenhan, D. L. (1973). On being sane in insane places. *Science, 179,* 250–258.

Rosenzweig, M. R. (1961). Auditory localization. *Scientific American, 205,* 132–142.

Rosenzweig, S., Greeson, J., Reibel, D., Green, J., Jasser, S., & Beasley, D. (2010). Mindfulness-based stress reduction for chronic pain conditions: Variation in treatment outcomes and role of home meditation practice. *Journal of Psychosomatic Research*, *68*, 29–36.

Rosner, S., Hackl-Herrwerth, A., Leucht, S., Lehert, P., Vecchi, S., & Soyka, M. (2010). Acamprosate for alcohol dependence. *Cochrane*

Reviews, *8*, 4332.

Ross, J., Baldessarini, R. J., & Tondo, L. (2000). Does lithium treatment still work? Evidence of stable responses over three decades. *Archives of General Psychiatry, 57,* 187-190.

Ross, L. (1977). The intuitive psychologist and his shortcomings: Distortions in the attribution process. In L. Berkowitz (Ed.), *Advances in experimental social psychology* (pp. 173-220). New York: Academic Press.

Rossow, I., & Amundsen, A. (1997). Alcohol abuse and mortality: A 40-year prospective study of Norwegian conscripts. *Social Science & Medicine, 44,* 261-267.

Rotter, J. B. (1966). Generalized expectancies for internal versus external control of reinforcement. *Psychological Monographs, 80*(1, Whole No. 609).

Rotter, J. B. (1971, June). External control and internal control. *Psychology Today,* 37-42, 58-59.

Rotter, J. B. (1990). Internal versus external control of reinforcement: A case history of a variable. *American Psychologist, 45,* 489-493.

Rotton, J., & Cohn, E. G. (2000). Violence is a curvilinear function of temperature in Dallas: A replication. *Journal of Personality & Social Psychology, 78,* 1074-1082.

Rotton, J., Frey, J., Barry, T., Milligan, M., & Fitzpatrick, M. (1979). The air pollution experience and physical aggression. *Journal of Applied Social Psychology, 9,* 397-412.

Rouch, I., Wild, P., Ansiau, D., & Marquie, J. (2005). Shiftwork experience, age and cognitive performance. *Ergonomics, 48,* 1282-1293.

Round-the-clock baby TV channel to debut. (2006, May 11). Retrieved May 11, 2006, from http://www.news.yahoo.com.

Rowe, D. (2003). Assessing genotype-environment interactions and correlations in the postgenomic era. In R. Plomin, J. DeFries, I. Craig, & P. McGuffin (Eds.), *Behavioral genetics in the postgenomic era* (pp. 71-86). Washington, DC: American Psychological Association.

Rowe, D. C. (1987). Resolving the person-situation debate: Invitation to an interdisciplinary dialogue. *American Psychologist, 42,* 218-227.

Rowe, J., & Kahn, R. (1998). *Successful aging.* New York: Pantheon.

Rubin, D., Boals, A., & Klein, K. (2010). Autobiographical memories for very negative events: The effects of thinking about and rating memories. *Cognitive Therapy and Research*, *34*, 35-48.

Rubino, T., Realini, N., Braida, Da., Guidi, S., Capurro, V., Vigano, D., Guidall, C., Pinter, M., Sala, M., Bartesaghi, R., & Parolaro, D. (2009). Changes in hippocampal morphology and neuroplasticity induced by adolescent THC treatment are associated with cognitive impairment in adulthood. *Hippocampus, 19,* 763-772.

Rubinstein, G. (2001). Sex-role reversal and clinical judgment of mental health. *Journal of Sex & Marital Therapy, 27,* 9-19.

Ruble, D., Taylor, L., Cyphers, L., Greulich, F., Lurye, L., & Shrout, P. (2007). The role of gender constancy in early gender development. *Child Development*, *78*, 1121-1136.

Ruby, N., Dark, J., Burns, D., Heller, H., & Zucker, I. (2002). The suprachiasmatic nucleus is essential for circadian body temperature rhythms in hibernating ground squirrels. *Journal of Neuroscience, 22,* 357-364.

Rudebeck, P., Walton, M., Millette, B., Shirley, E., Rushworth, M., & Bannerman, D. (2007). *European Journal of Neuroscience*, *26*, 2315-2326.

Rudman, L., Ashmore, R., & Gary, M. (2001). "Unlearning"automatic biases: The malleability of implicit prejudice and stereotypes. *Journal of Personality & Social Psychology, 81,* 856-868.

Ruetzler, T., Taylor, J., Reynolds, D., Baker, W., & Killen, C. (2012). What is professional attire today? A conjoint analysis of personal presentation attributes. *International Journal of Hospitality Management, 31*(3), 937-943.

Ruggero, M. A. (1992). Responses to sound of the basilar membrane of the mammalian cochlea. *Current Opinion in Neurobiology, 2,* 449-456.

Rumbaugh, D. (1977). *Language learning by a chimpanzee: the Lana project.* New York: Academic Press.

Rummel, C., Goodfellow, M., Gast, H., Hauf, M., Amor, F., Stibal, A., Mariani, L., & Schindler, K. (2013). A systems-level approach to human epileptic seizures. *Neuroinformatics*, *10*, Volume 11, pp. 159-173.

Ruscio, J. (2001). Administering quizzes at random to increase students' reading. *Teaching of Psycholog, 28,* 204-206.

Rushton, J. P., Fulker, D. W., Neale, M. C., Nias, D. K. B., & Eysenck, H. J. (1986). Altruism and aggression: The heritability of individual differences. *Journal of Personality and Social Psychology, 50,* 1192-1198.

Rushton, J., & Jensen, A. (2003). African-White IQ differences from Zimbabwe on the Wechsler Intelligence Scale for Children-Revised are mainly on the *g* factor. *Personality & Individual Differences, 34,* 177-183.

Rushton, P., & Jensen, A. (2005). Thirty years of research on race differences in cognitive ability. *Psychology, Public Policy, and Law, 11,* 235-294.

Russell, T., Rowe, W., & Smouse, A. (1991). Subliminal self-help tapes and academic achievement: An evaluation. *Journal of Counseling and Development, 69,* 359-362.

Ryan, R., Kim, Y., & Kaplan, U. (2003). Differentiating autonomy from individualism and independence: A self-determination theory perspective on internalization of cultural orientations and wellbeing. *Journal of Personality and Social Psychology, 84,* 97-110.

Saber, T. (2012). *Bariatric surgery treatment and management.* Retrieved January 4, 2013, from http://emedicine.medscape.com/article/197081-treatment#a1128

Sack, R., Auckley, D., Auger, R., Carskadon, M., Wright, K., Vitiello, M., & Zhdanova, I. (2007a). Circadian rhythm sleep disorders: Part I, Basic principles, shift work and jet lag disorders. An American Academy of Sleep Medicine review. *Sleep, 30,* 1460-1483.

Sackeim, H. A., Luber, B., Katzman, G. P., Moeller, J. R., Prudic, J., Devanand, D. P., et al. (1996). The effects of electroconvulsive therapy on quantitative electroencephalograms. *Archives of General Psychiatry, 53,* 814–824.

Sackeim, H. A., Prudic, J., Devanand, D. P., Nobler, M. S., Lisanby, S. H., Peyser, S., et al. (2000). A prospective, randomized, double-blind comparison of bilateral and right unilateral electroconvulsive therapy at different stimulus intensities. *Archives of General Psychiatry, 57,* 425–434.

Sackett, P., & Ryan, A. (2012). Concerns about generalizing stereotype threat research findings to operational high-stakes testing. In M. Inzlicht & T. Schmader (Eds.) *Stereotype threat: Theory, process, and application*. (pp. 249-263). New York, NY, USA: Oxford University Press.

Sacks, O. (1984). *A leg to stand on.* New York: Harper & Row.

Saczynski, J., Willis, S., & Schaie, K. W. (2002). Strategy use in reasoning training with older adults. *Aging, Neuropsychology, & Cognition, 9,* 48–60.

Safir, M., Wallach, H., & Bar-Zvi, M. (2012). Virtual reality cognitive-behavior therapy for public speaking anxiety: One-year follow-up. *Behavior Modification*, *36*, 235–246.

Sagarin, B., Martin, A., Coutinho, S., Edlund, J., Patel, L., Skowronski, J., & Zengel, B. (2012). Sex differences in jealousy: A meta-analytic examination. *Evolution and Human Behavior*, *33*, 595–614.

Salisch, M. (2001). Children's emotional development: Challenges in their relationships to parents, peers, and friends. *International Journal of Behavioural Development, 25,* 310–319.

Salmon, D., & Bondi, M. (2009). The neuropsychology of Alzheimer's disease. *Neurology*, *72*, 521–527.

Salmon, J., Owen, N., Crawford, D., Bauman, A., & Sallis, J. (2003). Physical activity and sedentary behavior: A population-based study of barriers, enjoyment, and preference. *Health Psychology, 22,* 178–188.

Salovey, P., & Pizarro, D. (2003). The value of emotional intelligence. In R. Sternberg, J. Lautrey, & T. Lubart (Eds.), *Models of intelligence: International perspective* (pp. 263–278). Washington, DC: American Psychological Association.

Salthouse, T. (2004). What and when of cognitive aging. *Current Directions in Psychological Science, 13,* 140–144.

Sanchez, G. (1932). Scores of Spanish-speaking children on repeated tests. *The Pedagogical Seminary and Journal of Genetic Psychology, 40*, 223–231.

Sanchez, G. (1934). The implications of a basal vocabulary to the measurement of the abilities of bilingual children. *The Journal of Social Psychology, 5*, 395–402.

Sanes, J. N., & Donoghue, J. P. (2000). Plasticity and primary motor cortex. *Annual Review of Neuroscience, 23,* 393–415.

Sansone, R., & Sansone, L. (2011). Personality disorders: A nation-based perspective on prevalence. *Innovations in Clinical Neuroscience*, *8*, 13–18.

Santiago-Rivera, A., & Altarriba, J. (2002). The role of language in therapy with the Spanish-English bilingual client. *Professional Psychology: Research & Practice, 33,* 30–38.

Saper, C., Scammell, T., & Lu, J. (2005). Hypothalamic regulation of sleep and circadian rhythms. *Nature, 437,* 1257-1263.

Sateia, M. J., Doghramji, K., Hauri, P. J., & Morin, C. M. (2000). Evaluation of chronic insomnia. An American Academy of Sleep Medicine review. *Sleep, 23,* 243–308.

Sattler, J. (2008). *Assessment of children: Cognitive foundations* (5th ed.). San Diego, CA: Jerome M. Sattler, Publisher.

Saudino, K. (2012). Sources of continuity and change in activity level in early childhood. *Child Development*, *83*, 266–281.

Savage, M., & Holcomb, D. (1999). Adolescent female athletes'sexual risk-taking behaviors. *Journal of Youth and Adolescence, 28,* 583–594.

Savage-Rumbaugh, E. S. (1990). Language acquisition in a nonhuman species: Implications for the innateness debate. *Developmental Psychology, 26,* 599–620.

Savage-Rumbaugh, E. S., Sevcik, R. A., Brakke, K. E., & Rumbaugh, D. M. (1992). Symbols: Their communicative use, communication, and combination by bonobos (Pan paniscus). In L. P. Lipsitt & C. Rovee-Collier (Eds.). *Advances in infancy research* (Vol. 7, pp. 221–278). Norwood, NJ: Ablex.

Scarr, S., & Weinberg, R. (1976). The influence of "family background"on intellectual attainment. *American Sociological Review, 43,* 674–692.

Schachter, S., & Singer, J. E. (1962). Cognitive, social, and physiological determinants of emotional state. *Psychological Review, 69,* 379–399.

Schaie, K. (1993). Ageist language in psychological research. *American Psychologist*, *48*, 49–51.

Schaie, K. (2005). *Developmental influences on adult intelligence: The Seattle longitudinal study.* New York: Oxford University Press.

Schaie, K. (2008). Historical processes and patterns of cognitive aging. In S., Hofer, & D. Alwin (Eds.), *Handbook of cognitive aging: Interdisciplinary perspectives*. (pp. 368–383). Thousand Oaks, CA: Sage Publications.

Schauer, P., Ikramuddin, S., Gourash, W., Ramanathan, R., & Luketich, J. (2000). Outcomes after laparoscopic roux-en-Y gastric bypass for morbid obesity. *Annals of Surgery, 232,* 515–529.

Schenck, C. H., & Mahowald, M. W. (2000). Parasomnias. Managing bizarre sleep-related behavior disorders. *Postgraduate Medicine, 107,* 145–156.

Scherer, K. R., & Wallbott, H. G. (1994). Evidence for universality and cultural variation of differential emotion response patterning. *Journal of Personality and Social Psychology, 66,* 310–328.

Schiff, M., & Lewontin, R. (1986). *Education and class: The irrelevance of IQ genetic studies.* Oxford, England: Clarendon.

Schizophrenia.com. (2006). *Brain disorders, smoking and nicotine addiction: A special report.* Retrieved February 12, 2007, from http://www.schizophrenia.com/smokerreport.htm

Schmidt, P., Murphy, J., Haq, N., Rubinow, D., & Danaceau, M. (2004). Stressful life events, personal losses, and perimenopause-related depression. *Archives of Women's Mental Health, 7,* 19–26.

Schmitt, N., Fuchs, A., & Kirch, W. (2008). Mental health disorders and work-life balance. In A. Linos & W. Kirch (Eds.), *Promoting health for working women*. (pp. 117-136). New York: Springer.

Schmitt, N., Keeney, J., Oswald, F., Pleskac, T., Billington, A., Sinha, R., & Zorzie, M. (2009). Prediction of 4-year college student performance using cognitive and noncognitive predictors and the impact on demographic status of admitted students. *Journal of Applied Psychology*, *94*, 1479-1497.

Schmitt, D., Jonason, P., Byerley, G., Flores, S., Illbeck, B., O'Leary, K., & Qudrat, A. (2012). A reexamination of sex differences in sexuality: New studies reveal old truths. *Current Directions in Psychological Science*, *21*, 135-139.

Schofield, J., & Ward, S. (2006). Internet use in schools: Promise and problems. In K. Sawyer (Ed.). *The Cambridge Handbook of the Learning Sciences*. (pp. 521-534). New York, NY, USA: Cambridge University Press.

Schofield, J. W., & Francis, W. D. (1982). An observational study of peer interaction in racially mixed "accelerated"classrooms. *Journal of Educational Psychology, 74*, 722-732.

Scholz, U., Dona, B., Sud, S., & Schwarzer, R. (2002). Is general self-efficacy a universal construct? Psychometric findings from 25 countries. *European Journal of Psychological Assessment, 18*, 242-251.

Schreppel, T., Egetemeir, J., Schecklmann, M., Plichta, M., Pauli, P., Ellgring, H., Fallgatter, A., & Herrmann, M. (2008). Activiation of the prefrontal cortex in working memory and interference resolution processes assessed with near-infrared spectroscopy. *Neuropsychobiology*, *57*, 188-193.

Schulz, T., Whitehead, H., Gero, S., & Rendell, L. (2008). Overlapping and matching of codas in vocal interactions between sperm whales: Insights into communication function. *Animal Behavior*, *76*, 1977-1988.

Schwabe, L., & Wolf, O. (2009). The context counts: Congruent learning and testing environments prevent memory retrieval impairment following stress. *Cognitive, Affective & Behavioral Neuroscience*, *9*, 229-236.

Schwartz, S., & Maquet, P. (2002). Sleep imaging and the neuro-psychological assessment of dreams. *Trends in Cognitive Sciences, 6*, 23-30.

Sedikides, C., Gaertner, L., & Toguchi, Y. (2003). Pancultural self-enhancement. *Journal of Personality & Social Psychology, 84*, 60-79.

Sedlemeier, P., Eberth, J., Schwarz, M., Zimmermann, D., Haarig, F., Jaeger, S., & Kunze, S. (2012). *Psychological Bulletin*, *138*, 1139-1171.

Seegert, C. (2004). Token economies and incentive programs: Behavioral improvement in mental health inmates housed in state prisons. *Behavior Therapist, 26*, 210-211.

Seeman, T., Dubin, L., & Seeman, M. (2003). Religiosity/spirituality and health. *American Psychologist, 58*, 53-63.

Segall, M. H. (1994). A cross-cultural research contribution to unraveling the nativist/empiricist controversy. In J. Lonner & R. Malpass (Eds.), *Psychology and culture* (pp. 135-138). Boston: Allyn & Bacon.

Segall, M. H., Campbell, D. T., & Herskovitz, M. J. (1966). *The influence of culture on visual perception*. Indianapolis: Bobbs-Merrill.

Seidman, S. (2002). Exploring the relationship between depression and erectile dysfunction in aging men. *Journal of Clinical Psychiatry*, *63*, 5-12.

Seih, Y., Buhrmester, M., Lin, Y., Huang, C., Swann, J. (2012). Self-verification theory. In P. Van Lange, A. Kruglanski, & E. Higgins (Eds.). *Handbook of theories of social psychology*. (pp. 23-42). Thousand Oaks, CA, USA: Sage Publications Ltd.

Seijts, G., & Latham, G. (2012). Knowing when to set learning versus performance goals. *Organizational Dynamics*, *41*, 1-6.

Self, M., & Zeki, S. (2005). The integration of colour and motion by the human visual brain. *Cerebral Cortex, 15*, 1270-1279.

Seligman, M. E. P. (1972). Phobias and preparedness. In M. E. P. Seligman & J. L. Hager (Eds.), *Biological boundaries of learning* (pp. 307-320). Englewood Cliffs, NJ: Prentice Hall.

Seligman, M. E. P. (1975). *Helplessness: On depression, development and death*. San Francisco: Freeman.

Seligman, M. E. P. (1991). *Learned optimism*. New York: Knopf.

Seligman, M. E. P. (1995). The effectiveness of psychotherapy: The *Consumer Reports* Study. *American Psychologist, 50*, 965-974.

Seligman, M. E. P. (1996). Science as an ally of practice. *American Psychologist, 51*, 1072-1079.

Seligman, M., & Csikszentmihalyi, M. (2000). Positive psychology: An introduction. *American Psychologist, 55*, 5-14.

Seligman, M. (2011). *Flourish: A visionary new understanding of happiness and well-being*. New York, NY, US: Free Press.

Selye, H. (1956). *The stress of life*. New York: McGraw-Hill.

Serido, J., Almeida, D., & Wethington, E. (2004). Chronic stressors and daily hassles: Unique and interactive relationships with psychological distress. *Journal of Health and Social Behavior, 45*, 17-33.

Serpell R., & Hatano, G. (1997). Education, schooling, and literacy. In J. Berry, P. Dasen, & T. Sarswthi (Eds.), *Handbook of cross-cultural psychology* (Vol. 2, pp. 339-376). Boston: Allyn & Bacon.

Shackelford, T., Voracek, M., Schmitt, D., Buss, D., Weekes-Shackelford, V., & Michalski, R. (2004). Romantic jealousy in early adulthood and in later life. *Human Nature, 15*, 283-300.

Shackelford, T., Goetz, A., Liddle, J., & Bush, L. (2012). Sexual conflict in humans. In T. Shackleford & A. Goetz (Eds.) *The Oxford handbook of sexual conflict in humans*. (pp. 3-14). New York, NY, USA: Oxford University Press.

Shargorodsky, J., Curhan, S., Curhan, G., & Eavey, R. (2010). Change in prevalence of hearing loss in US adolescents. *Journal of the American Medical Association*, *304*, 772-778.

Sharma, S. (2006). Parasomnias. Retrieved December 16, 2006, from http://www.emedicine.com/med/topic3131.html

Shaunessy, E., Karnes, F., & Cobb, Y. (2004). Assessing potentially gifted students from lower socioeconomic status with nonverbal measures of intelligence. *Perceptual & Motor Skills, 98*, 1129-1138.

Shaw, J. I., & Steers, W. N. (2001). Gathering information to form an impression: Attribute categories and information valence. *Current Research in Social Psychology, 6,* 1–21.

Shaw, J. S., III. (1996). Increases in eyewitness confidence resulting from postevent questioning. *Journal of Experimental Psychology: Applied, 2,* 126–146.

Shaw, V. N., Hser, Y.-I., Anglin, M. D., & Boyle, K. (1999). Sequences of powder cocaine and crack use among arrestees in Los Angeles County. *American Journal of Drug and Alcohol Abuse, 25,* 47–66.

Shears, J., Robinson, J., & Emde, R. (2002). Fathering relationships and their associations with juvenile delinquency. *Infant Mental Health Journal, 23,* 79–87.

Sheets, R., & Mohr, J. (2009). Perceived social support from friends and family and psychosocial functioning in bisexual young adult college students. *Journal of Counseling Psychology*, *56*, 152–163.

Sheikhiani, M., & Nair, B. (2012). Proactive coping skills and state-trait anxiety of women teacher students. *Journal of the Indian Academy of Applied Psychology*, *38*, 277–286.

Shelton, J., & Richeson, J. (2005). Intergroup contact and pluralistic ignorance. *Journal of Personalty & Social Psychology, 88,* 91–107.

Sher, L. (2004a). Hypothalamic-pituitary-adrenal function and preventing major depressive episodes. *Canadian Journal of Psychiatry, 49,* 574–575.

Sher, L. (2004b). Type D personality, cortisol and cardiac disease. *Australian and New Zealand Journal of Psychiatry, 38,* 652–653.

Sherif, M. (1956). Experiments in group conflict. *Scientific American, 195,* 53–58.

Sherif, M. (1958). Superordinate goals in the reduction of intergroup conflict. *American Journal of Sociology, 63,* 349–358.

Sherif, M., & Sherif, C. W. (1967). The Robbers'Cave study. In J. F. Perez, R. C. Sprinthall, G. S. Grosser, & P. J. Anastasiou, *General psychology: Selected readings* (pp. 411–421). Princeton, NJ: D. Van Nostrand.

Shiffrin, R. (1999). Thirty years of memory. In C. Izawa (Ed.), *On human memory: Evolution, progress, and reflections on the 30th anniversary of the Atkinson-Shiffrin model* (pp. 17–33). Hillsdale, NJ: Lawrence Erlbaum Associates.

Shinar, D., Tractinsky, N., & Compton, R. (2005). Effects of practice, age, and task demands, on interference from a phone task while driving. *Accident Analysis & Prevention, 37,* 315–326.

Shiner, R. (2000). Linking childhood personality with adaptation: Evidence for continuity and change across time into late adolescence. *Journal of Personality and Social Psychology, 78,* 310–325.

Shiner, R., & Masten, A. (2012). Childhood personality as a harbinger of competence and resilience in adulthood. *Development and Psychopathology*, *24*, 507–528.

Shneidman, E. (1989). The Indian summer of life: A preliminary study of septuagenarians. *American Psychologist, 44,* 684–694.

Siegel, J. (2009). Sleep viewed as a state of adaptive inactivity. *Nature Reviews Neuroscience, 10,* 747–753.

Siegel, R. (2005). *Intoxication: The universal drive for mind-altering substances.* Rochester, VT: Park Street Press.

Siegfried, N., Muller, M., Deeks, J., & Volmink, J. (2009). Male circumcision for prevention of heterosexual acquisition of HIV in men. *Cochrane Database of Systematic Reviews*, *2*, Online article No. CD003362.

Siegler, R. S. (1991). *Children's thinking* (2nd ed.). Englewood Cliffs, NJ: Prentice-Hall.

Siegmund, A., Köster, L., Meves, A., Plag, J., Stoy, M., & Ströhle, A. (2011). Stress hormones during flooding therapy and their relationship to therapy outcome in patients with panic disorder and agoraphobia. *Journal of Psychiatric Research*, *45*, 339–346.

Sigmon, S., Herning, R., Better, W., Cadet, J., & Griffiths, R. (2009). Caffeine withdrawal, acute effects, tolerance, and absence of net beneficial effects of chronic administration: Cerebral blood flow velocity, quantitative EEG, and subjective effects. *Psychopharmacology*, *204*, 573–585.

Sikorski, C., Luppa, M., Brahler, E., Konig, H., Riedel-Heller, S. (2012). Obese children, adults and senior citizens in the eyes of the general public: Results of a representative study on stigma and causation of obesity. *PLoS ONE*, *7*, e46924.

Simon, H. (1956). Rational choice and the structure of the environment. *Psychological Review, 63,* 129–138.

Simons, D., & Rensink, R. (2005). Change blindness: Past, present, and future. *Trends in Cognitive Sciences, 9,* 16–20.

Simons, J., & Carey, K. (2002). Risk and vulnerability for marijuana use problems. *Psychology of Addictive Behaviors, 16,* 72–75.

Simpson, P., & Stroh, L. (2004). Gender differences: Emotional expression and feelings of personal inauthenticity. *Journal of Applied Psychology, 89,* 715–721.

Simunovic, M. (2010). Colour vision deficiency. *Eye*, *24*, 727– 755. Singh, B. (1991). Teaching methods for reducing prejudice and enhancing academic achievement for all children. *Educational Studies, 17,* 157–171.

Singh, M., Patel., J., Gallagher, R., Childers, M., Salcido, R., & Talavera, F. (2012). *Chronic pain syndrome*. Retrieved October 28, 2012 from http://emedicine.medscape.com/article/310834-treatment#aw2aab6b6b6

Sinke, C., Halpern, J., Z edler, M., Neufeld, J., Emrich, H., & Passie, T. (2012). Genuine and drug-induced synesthesia: A comparison. *Consciousness and Cognition: An International Journal*, *21*, 1419–1434.

Skinner, B. F. (1957). *Verbal behavior.* New York: Appleton Century.

Skrabalo, A. (2000). Negative symptoms in schizophrenia(s): The conceptual basis. *Harvard Brain, 7,* 7–10.

Slawinski, E. B., Hartel, D. M., & Kline, D. W. (1993). Self-reported hearing problems in daily life throughout adulthood. *Psychology and Aging, 8,* 552–561.

Sloan, M. (2012). Controlling anger and happiness at work: An examination of gender differences. *Gender, Work, and Organization*, *19*, 370–391.

Slobin, D. (1972, July). Children and language: They learn the same all around the world. *Psychology Today,* 71–74, 82.

Small, G. (2005). *Effects of a 14-day healthy aging lifestyle program on brain function*. Paper presented at the 44th Annual Meeting of the American College of Neuropsychopharmacology. December 11-15, 2005. Waikoloa, Hawaii.

Smith, M. (1978). Moral reasoning: Its relation to logical thinking and role-taking. *Journal of Moral Education*, *8*, 41–49.

Smith, G., Wong, H., MacEwan, G., Kopala, L., Ehmann, T., Thornton, A., Lang, D., Barr, A., Procyshyn, R., Austin, J., Flynn, S., & Honer, W. (2009). *Schizophrenia Research*, *108*, 258–264.

Smith, H., Polenik, K., Nakasita, S., & Jones, A. (2012). Profiling social, emotional and behavioural difficulties of children involved in direct and indirect bullying behaviours. *Emotional & Behavioural Difficulties*, *17*, 243–257.

Smith, J., & Brennan, B. (2009). *Management of the third stage of labor*. Retrieved February 27, 2010 from http://emedicine.medscape.com/article/275304-overview

Smith, M. L., Glass, G. V., & Miller, T. I. (1980). *The benefits of psychotherapy*. Baltimore, MD: Johns Hopkins University Press.

Smith, S. M., Glenberg, A., & Bjork, R. A. (1978). Environmental context and human memory. *Memory & Cognition, 6,* 342–353.

Smith, Y., Stohler, C., Nichols, T., Bueller, J., Koeppe, R., & Zubieta, J. (2006). Pronociceptive and antinociceptive effects of estradiol through endogenous opioid neurotransmission in women. *The Journal of Neuroscience*, *26*, 5777–5785.

Smrt, D., & Karau, S. (2011). Protestant work ethic moderates social loafing. *Group Dynamics: Theory, Research, and Practice*, *15*, 267–274.

Smucny, J., Cornier, M., Eichman, L., Thomas, E., Bechtell, J., & Tregellas, J. (2012). Brain structure predicts risk for obesity. *Appetite*, *59*, 859–865.

Snarey, J. R. (1985). Cross-cultural universality of social-moral development: A critical review of Kohlbergian research. *Psychological Bulletin, 97,* 202–232.

Snow, C. E. (1993). Bilingualism and second language acquisition. In J. B. Gleason. & N. B. Ratner (Eds.), *Psycholinguistics* (pp. 391–416). Fort Worth, TX: Harcourt.

Snyder, D., Castellani, A., & Whisman, M. (2006). Current status and future directions in couple therapy. *Annual Review of Psychology, 57,* 317–344.

Soares-Weiser, K., & Fernandez, H. (2007). Tardive dyskinesia. *Seminars in Neurology*, *27*, 159–69.

Soei, E., Koch, B., Schwarz, M., & Daum, I. (2008). Involvement of the human thalamus in relational and non-relational memory. *European Journal of Neuroscience*, *28*, 2533–2541.

Sokolov, E. N. (2000). Perception and the conditioning reflex: Vector encoding. *International Journal of Psychophysiology, 35,* 197–217.

Solomon, S., Rothblum, E, & Balsam, K. (2004). Pioneers in partnership: Lesbian and gay male couples in civil unions compared with those not in civil unions and married heterosexual siblings. *Journal of Family Psychology, 18,* 275–286.

Solso, R., MacLin, O., & MacLin, M. (2008). *Cognitive psychology* (8th ed.). Upper Saddle River, NJ: Pearson Prentice-Hall.

Somers, V., White, D., Amin, R., Abraham, W., Costa, F., Culebras, A., Daniels, S., Floras, J., Hunt, C., Olson, L., Pickering, T., Russell, R., Woo, M., & Young, T. (2008). Expert consensus document: Sleep apnea and cardiovascular disease. *Journal of the American College of Cardiology, 52,* 686–717.

Sonnentag, S. (2003). Recovery, work engagement, and proactive behaviour: A new look at the interface between work and non-work. *Journal of Applied Psychology, 88*, 518–528.

Soreff, S. (2012). *Bipolar affective disorder*. Retrieved January 27, 2013, from http://emedicine.medscape.com/article/286342-medication#4

Sorkhabi, N., & Mandara, J. (2013). Are the effects of Baumrind's parenting styles culturally specific or culturally equivalent? In R. Larzelere, Morris, A., & A. Harrist (Eds.) *Authoritative parenting: Synthesizing nurturance and discipline for optimal child development*. (pp. 113-135). Washington, DC, USA: American Psychological Association.

Soto, C., John, O., Gosling, S., & Potter, J. (2011). Age differences in personality traits from 10 to 65: Big Five domains and facets in a large cross-sectional sample. *Journal of Personality and Social Psychology*, *100*, 330–348.

Soussignan, R. (2002). Duchenne smile, emotional experience, and autonomic reactivity: A test of the facial feedback hypothesis. *Emotion, 2,* 52–74.

South, S., Reichborn-Kjennerud, T., Eaton, N., & Krueger, R. (2013). Genetics of personality. In H. Tennen, J. Suls, & I. Weiner. *Handbook of psychology, Vol. 5: Personality and social psychology* (2nd ed.). (pp. 3–25). Hoboken, NJ, USA: John Wiley & Sons, Inc.

Spanos, N. P. (1986). Hypnotic behavior: A social-psychological interpretation of amnesia, analgesia, and "trance logic."*Behavioral and Brain Sciences, 9,* 499–502.

Sparks, R., Patton, J., & Ganschow, L. (2012). Profiles of more and less successful L2 learners: A cluster analysis study. *Learning and Individual Differences*, *22*, 463–472.

Spearman, C. (1927). *The abilities of man*. New York: Macmillan.

Spector, F., & Maurer, D. (2009). Synesthesia: A new approach to understanding the development of perception. *Developmental Psychology*, *45*, 175–189.

Spence, I., & Feng, J. (2010). Video games and spatial cognition. *Review of General Psychology*, *14*, 92–104.

Spencer, R., Zelaznik, H., Diedrichsen, J., & Ivry, R. (2003). Disrupted timing of discontinuous but not continuous movements by cerebellar lesions. *Science, 300*, 1437–1439.

Sperling, G. (1960). The information available in brief visual presentations. *Psychological Monographs: General and Applied 74* (Whole No. 498), 1–29.

Sperry, R. W. (1964). The great cerebral commissure. *Scientific American, 210,* 42–52.

Sperry, R. W. (1968). Hemisphere deconnection and unity in conscious experience. *American Psychologist, 23,* 723–733.

Spreen, O., Risser, A., & Edgell, D. (1995). *Developmental neuropsychology*. New York: Oxford University Press.

Squire, L. R., Knowlton, B., & Musen, G. (1993). The structure and organization of memory. *Annual Review of Psychology, 44,* 453–495.

Stabell, B., & Stabell, U. (2009). *Duplicity theory of vision: From Newton to the present*. New York: Cambridge University Press.

Steele, C., & Aronson, J. (1995). Stereotype threat and the intellectual test performance of African Americans. *Journal of Personality & Social Psychology, 69,* 797–811.

Steeves, R. (2002). The rhythms of bereavement. *Family & Community Health, 25,* 1–10.

Steffensen, M., & Calker, L. (1982). Intercultural misunderstandings about health care: Recall of descriptions of illness and treatments. *Social Science and Medicine, 16,* 1949–1954.

Stein, J., Milburn, N., Zane, J., & Rotheram-Borus, M. (2009). Paternal and maternal influences on problem behaviors among homeless and runaway youth. *American Journal of Orthopsychiatry*, *79*, 39–50.

Stein, M. B., & Kean, Y. M. (2000). Disability and quality of life in social phobia: Epidemiologic findings. *American Journal of Psychiatry, 157,* 1606–1613.

Stein, N., Mills, M., Arditte, K., Mendoza, C., Borah, A., Resick, P., & Litz, B. (2012). A scheme for categorizing traumatic military events. *Behavior Modification*, *36*, 787–807.

Stein-Behrens, B., Mattson, M. P., Chang, I., Yeh, M., & Sapolsky, R. (1994). Stress exacerbates neuron loss and cytoskeletal pathology in the hippocampus. *Journal of Neuroscience, 14,* 5373–5380.

Steinberg, L., & Dornbusch, S. (1991). Negative correlates of part-time employment during adolescence: Replication and elaboration. *Developmental Psychology, 27,* 304–313.

Steinberg, L., Blatt-Eisengart, I., & Cauffman, E. (2006). Patterns of competence and adjustment among adolescents from authoritative, authoritarian, indulgent, and neglectful homes: A replication in a sample of serious juvenile offenders. *Journal of Research on Adolescence, 16,* 47–58.

Steinberg, L., Elman, J. D., & Mounts, N. S. (1989). Authoritative parenting, psychosocial maturity, and academic success among adolescents. *Child Development, 60,* 1424–1436.

Steinberg, L., Lamborn, S., Darling, N., Mounts, N., & Dornbusch, S. M. (1994). Over-time changes in adjustment and competence among adolescents from authoritative, authoritarian, indulgent, and neglectful families. *Child Development, 65*, 754–770.

Sterling, K., Berg, C., Thomas, A., Glantz, S., & Ahluwalia, J. (2013). Factors associated with small cigar use among college students. *American Journal of Health Behavior*, *37*, 325–333.

Stern, W. (1914). *The psychological methods of testing intelligence*. Baltimore, MD, USA: Warwick and York.

Sternberg, R. J. (1985). *Beyond IQ: A triarchic theory of human intelligence*. New York: Cambridge University Press.

Sternberg, R. J. (1986a). *Intelligence applied: Understanding and increasing your intellectual skills*. San Diego: Harcourt Brace Jovanovich.

Sternberg, R. J. (1986b). A triangular theory of love. *Psychological Review, 93,* 119–135.

Sternberg, R. J. (2000). The holey grail of general intelligence. *Science, 289,* 399–401.

Sternberg, R. J., Wagner, R. K., Williams, W. M., & Horvath, J. A. (1995). Testing common sense. *American Psychologist, 50,* 912–927.

Sternberg, R. (2012). Intelligence in its cultural context. In M. Gelfand, C. Ciu, & Y. Hong (Eds.) *Advances in culture and psychology:* Vol. II. New York, NY, USA: Oxford University Press.

Stevenson, H. W. (1992). Learning from Asian schools. *Scientific American, 267,* 70–76.

Stewart, G., Fulmer, I., & Barrick, M. (2005). An exploration of member roles as a multilevel linking mechanism for individual traits and team outcomes. *Personnel Psychology, 58,* 343–365.

Stewart, N. (2009). The cost of anchoring on credit-card minimum repayments. *Psychological Science*, *20*, 39–41.

Still, C. (2001). *Health benefits of modest weight loss*. Retrieved January 29, 2003, from http://abcnews.go.com/sections/living/Healthology/weightloss_benefits011221.html

Stilwell, N., Wallick, M., Thal, S., & Burleson, J. (2000). Myers-Briggs type and medical specialty choice: A new look at an old question. *Teaching & Learning in Medicine, 12,* 14–20.

Stingaris, A. (2011). Irritability in children and adolescents: A challenge for DSM-5. *European Child & Adolescent Psychiatry*, *20*, 61–66.

Stockhorst, U., Mayl, N., Krueger, M., Huenig, A., Schottenfeld-Naor, Y., Huebinger, A., Berreshaim, H., Steingrueber, H., & Scherbaum, W. (2004). Classical conditioning and conditionability of insulin and glucose effects in healthy humans. *Physiology & Behavior*, *81*, 375–388.

Stoll, E., & Ha-Brookshire, J. (2012). Motivations for success: Case of U. S. textile and apparel small- and medium-sized enterprises. *Clothing & Textiles Research Journal*, *30*, 149–163.

Stone, J. (2003). Self-consistency for low self-esteem in dissonance processes: The role of self-standards. *Personality & Social Psychology Bulletin*, *29*, 846–858.

Strack, F., Martin, L. L., & Stepper, S. (1988). Inhibiting and facilitating conditions of facial expressions: A nonobtrusive test of the facial feedback hypothesis. *Journal of Personality and Social Psychology, 54,* 768–777.

Strange, B., Hurlemann, R., & Dolan, R. (2003). An emotion-induced retrograde amnesia in humans is amygdala- and b-adrenergicdependent. *Proceedings of the National Academy of Science, 100,* 13626–13631.

Strayer, D., & Drews, F. (2004). Profiles in driver distraction: Effects of cell phone conversations on younger and older drivers. *Human Factors, 46,* 640–649.

Strohmetz, D., Rind, B., Fisher, R., & Lynn, M. (2002). Sweetening the till: The use of candy to increase restaurant tipping. *Journal of Applied Social Psychology*, *32*, 300–309.

Suarez, M. G. (1983). *Implications of Spanish-English bilingualism in the TAT stories.* Unpublished doctoral dissertation, University of Connecticut.

Sucala, M., Schnur, J., Constantino, M., Miller, S., Brackman, E., & Montgomery, G. (2012). *Journal of Medical Internet Research, 14,* 175-187.

Sugita, M., & Shiba, Y. (2005). Genetic tracing shows segregation of taste neuronal circuitries for bitter and sweet. *Science, 309,* 781-785.

Sullivan, A. D., Hedberg, K., & Fleming, D. W. (2000). Legalized physician-assisted suicide in Oregon—The second year. *New England Journal of Medicine, 342,* 598-604.

Sullivan, A., Maerz, J., & Madison, D. (2002). Anti-predator response of red-backed salamanders (Plethodon cinereus) to chemical cues from garter snakes (Thamnophis sirtalis): Laboratory and field experiments. *Behavioral Ecology & Sociobiology, 51,* 227-233.

Sullman, M. (2012). An observational study of driver distraction in England. *Transportation Research Part F: Traffic Psychology and Behaviour, 15,* 272-278.

Sung, K. (2008). Serial and parallel attentive visual searches: Evidence from cumulative distribution functions of response times. *Journal of Experimental Psychology: Human Perception and Performance, 34,* 1372-1388.

Sung, K-T. (1992). Motivations for parent care: The case of filial children in Korea. *International Journal of Aging and Human Development, 34,* 109-124.

Super, C. W. (1981). Behavioral development in infancy. In R. H. Munroe, R. L. Munroe, & B. B. Whiting (Eds.), *Handbook of cross-cultural human development* (pp. 181-269). Chicago: Garland.

Super, D. (1971). A theory of vocational development. In N. H. J. Peters & J. C. Hansen (Eds.), *Vocational guidance and career development* (pp. 111-122). New York: MacMillan.

Super, D. (1986). Life career roles: Self-realization in work and leisure. In D. T. H. & Associates (Eds.), *Career development in organizations* (pp. 95-119). San Francisco: Jossey-Bass.

Susman, E., & Dorn, L. (2009). Puberty: Its role in development. In R. Lerner & L. Steinberg (Eds.), *Handbook of adolescent psychology.* Volume I: Individual bases of adolescent development (3rd ed.) (pp. 116-151). Hoboken, NJ: John Wiley & Sons.

Sutin, A., Ferrucci, L., Zonderman, A., & Terracciano, A. (2011). Personality and obesity across the adult life span. *Journal of Personality and Social Psychology, 101,* 579-592.

Swann, W. (2012). Self-verification theory. In p. Van Lange, A. Kruglanski, & E. Higgins (Eds.), *Handbook of theories of social psychology* (Vol 2). (pp. 23-42). Thousand Oaks, CA: USA: Sage Publications Ltd.

Swann, W., & Bosson, J. (2008). Identity negotiation: A theory of self and social interaction. In O., John, R., Robins, & L. Pervin (Eds.), *Handbook of personality psychology: Theory and research* (3rd ed.) (pp. 448-471). New York: Guilford Press.

Swanson, S., Crow, S., Le Grange, D., Swendsen, J., & Merikangas, K. (2011). Prevalence and correlates of eating disorders in adolescents: Results from the National Comorbidity Survey Replication Adolescent Supplement. *Archives of General Psychiatry, 68,* 714-723.

Swartz, H., Frank, E., Frankel, D., Novick, P., & Houck, P. (2009). Psychotherapy as monotherapy for the treatment of bipolar II depression: A proof of concept study. *Bipolar Disorders, 11,* 89-94.

Swartz, M., Frohberg, N., Drake, R., et al. (2012). Psychosocial therapies. In J. Lieberman (Ed.). *Essentials of schizophrenia* (pp. 207-224). Arlington, VA, USA: American Psychiatric Publishing.

Sweatt, J. D., & Kandel, E. R. (1989). Persistent and transcriptionally dependent increase in protein phosphorylation in long-term facilitation of *Aplysia* sensory neurons. *Nature, 339,* 51-54.

Swedo, S., & Grant, P. (2004). PANDAS: A model for autoimmune neuropsychiatric disorders. *Primary Psychiatry, 11,* 28-33.

Sweller, J., & Levine, M. (1982). Effects of goal specificity on means-end analysis and learning. *Journal of Experimental Psychology: Learning, Memory, and Cognition, 8,* 463-474.

Symister, P., & Friend, R. (2003). The influence of social support and problematic support on optimism and depression in chronic illness: A prospective study evaluating self-esteem as a mediator. *Health Psychology, 22,* 123-129.

Taitz, I. (2011). Learning lucid dreaming and its effect on depression in undergraduates. *International Journal of Dream Research, 4,* 117-126.

Taki, Y., Hashizume, H., Sassa, Y., et al. (2012). Correlation among body height, intelligence, and brain gray matter volume in healthy children. *Neuroimage, 16,* 1023-1027.

Talarico, J., & Rubin, D. (2009). Flashbulb memories result from ordinary memory processes and extraordinary event characteristics. In O., Luminet, & A. Curci (Eds.), *Flashbulb memories: New issues and perspectives* (pp. 13-32). New York: Psychology Press.

Tanner, J. M. (1990). *Fetus into man* (2nd ed.). Cambridge MA: Harvard University Press.

Tate, D., Paul, R., Flanigan, T., Tashima, K., Nash, J., Adair, C., et al. (2003). The impact of apathy and depression on quality of life in patients infected with HIV. *AIDS Patient Care & STDs, 17,* 117-120.

Taub, G., Hayes, B., Cunningham, W., & Sivo, S. (2001). Relative roles of cognitive ability and practical intelligence in the prediction of success. *Psychological Reports, 88,* 931-942.

Tay, C., Ang, S., & Dyne, L. (2006). Personality, biographical characteristics, and job interview success: A longitudinal study of the mediating effects of interviewing self-efficacy and the moderating effects of internal locus of causality. *Journal of Applied Psychology, 91,* 446-454.

Tchanturia, K., Serpell, L., Troop, N., & Treasure, J. (2001). Perceptual illusions in eating disorders: Rigid and fluctuating styles. *Journal of Behavior Therapy & Experimental Psychiatry, 32,* 107-115.

Teachman, B., Marker, C., & Smith-Janik, S. (2008). Automatic associations and panic disorder; Trajectories of change over the course of treatment. *Journal of Consulting and Clinical Psychology, 76,* 988-1002.

Teachman, J. (2003). Premarital sex, premarital cohabitation and the risk of subsequent marital dissolution among women. *Journal of Marriage and Family, 65,* 444–455.

Teitelbaum, P. (1957). Random and food-directed activity in hyperphagic and normal rats. *Journal of Comparative and Physiological Psychology, 50,* 486–490.

Tennant, C. (2002). Life events, stress and depression: A review of the findings. *Australian & New Zealand Journal of Psychiatry, 36,* 173–182.

Tepper, B. (2008). Nutritional implications of genetic taste variation: The role of PROP sensitivity and other taste phenotypes. *Annual Review of Nutrition, 28,* 367–388.

Tepper, B., & Ullrich, N. (2002). Influence of genetic taste sensitivity to 6-n-propylthiouracil (PROP), dietary restraint and disinhibition on body mass index in middle-aged women. *Physiology & Behavior, 75,* 305–312.

Tercyak, K., Johnson, S., Roberts, S., & Cruz, A. (2001). Psychological response to prenatal genetic counseling and amniocentesis. *Patient Education & Counseling, 43,* 73–84.

Terman, L. M. (1925). *Genetic studies of genius, Vol. 1: Mental and physical traits of a thousand gifted children.* Palo Alto, CA: Stanford University Press.

Terman, L. M., & Oden, M. H. (1947). *Genetic studies of genius, Vol. 4: The gifted child grows up.* Palo Alto, CA: Stanford University Press.

Terman, L. M., & Oden, M. H. (1959). *Genetic studies of genius, Vol. 5: The gifted group at mid-life.* Palo Alto, CA: Stanford University Press.

Terrace, H. (1979, November). How Nim Chimpski changed my mind. *Psychology Today,* 65–76.

Terrace, H. (2011). Thinking without language. In M. Gernsbacher, R. Pew, L. Hough, & J. Pomerantz (Eds.) *Psychology and the real world: Essays illustrating fundamental contributions to society* (pp. 98–106). New York, NY, USA: Worth Publishers.

Terrace, H. S. (1981). A report to an academy. *Annals of the New York Academy of Sciences, 364,* 115–129.

Terrace, H. S. (1985). In the beginning was the "name."*American Psychologist, 40,* 1011–1028.

Terrace, H. S. (1986). *Nim: A chimpanzee who learned sign language.* New York: Columbia University Press.

Thaakur, S., & Himabindhu, G. (2009). Effect of alpha lipoic acid on the tardive dyskinesia and oxidative stress induced by haloperidol in rats. *Journal of Neural Transmission, 116,* 807–814.

Thakker, J. (2013). Should group membership be considered for treatment to be effective? In J. Wood, & T. Gannon (Eds.). *Crime and crime reduction: The importance of group processes.* (pp. 177–195). New York, NY, USA: Routledge/Taylor & Francis Group.

Thapar, A., O'Donovan, M., & Owen, M. (2005). The genetics of attention deficit hyperactivity disorder. *Human Molecular Genetics, 14,* R275–R282.

Thase, M. E., & Kupfer, D. J. (1996). Recent developments in the pharmacotherapy of mood disorders. *Journal of Consulting and Clinical Psychology, 64,* 646–659.

Thirthalli, J., & Benegal, V. (2006). Psychosis among substance users. *Current Opinion in Psychiatry, 19,* 239–245.

Thomas, A., Chess, S., & Birch, H. G. (1970). The origin of personality. *Scientific American, 223,* 102–109.

Thomas, S., & Jordan, T. (2004). Contributions of oral and extra-oral facial movement to visual and audiovisual speech perception. *Journal of Experimental Psychology: Human Perception & Performance, 30,* 873–888.

Thompson, A. & O'Sullivan, L. (2012). Gender differences in associations of sexual and romantic stimuli: Do young men really prefer sex over romance? *Archives of Sexual Behavior, 41,* 949–957.

Thompson, P., Dutton, R., Hayashi, K., Toga, A., Lopez, O., Aizenstein, H., & Becker, J. (2005). Thinning of the cerebral cortex visualized in HIV/AIDS reflects CD4+ T lymphocyte decline. *Proceedings of the National Academies of Science, 102,* 15642–15647.

Thompson, P., Vidal, C., Giedd, J., Gochman, P., Blumenthal, J., Nicolson, R., et al. (2001). Mapping adolescent brain change reveals dynamic wave of accelerated gray matter loss in very early-onset schizophrenia. *Proceedings of the National Academy of Sciences, 98,* 11650–11655.

Thompson, R., Emmorey, K., & Gollan, T. (2005). "Tip of the fingers" experiences by deaf signers. *Psychological Science, 16,* 856–860.

Thompson, S. C., Sobolew-Shubin, A., Galbraith, M. E., Schwankovsky, L., & Cruzen, D. (1993). Maintaining perceptions of control: Finding perceived control in low-control circumstances. *Journal of Personality and Social Psychology, 64,* 293–304.

Thornberry, T., Knight, K., & Lovegrove, P. (2012). Does maltreatment beget maltreatment? A systematic review of the intergenerational literature. *Trauma, Violence, & Abuse, 13,* 135–152.

Thorndike, E. L. (1911/1970). *Animal intelligence: Experimental studies.* New York: Macmillan. (Original work published 1911).

Thorne, B. (2000). Extra credit exercise: A painless pop quiz. *Teaching of Psychology, 27,* 204–205.

Thornton, L., Frick, P., Crapanzano, A., & Terranova, A. (2013). The incremental utility of callous-unemotional raits and conduct problems in predicting aggression and bullying I a community sample of boys and girls. *Psychological Assessment* [in press].

Thorsteinsson, E., & Brown, R. (2009). Mediators and moderators of the stressor-fatigue relationship n nonclinical samples. *Journal of Psychosomatic Research, 66,* 21–29.

Thurstone, L. L. (1938). *Primary mental abilities.* Chicago: University of Chicago Press.

Tiedemann, J. (2000). Parents'gender stereotypes and teachers'beliefs as predictors of children's concept of their mathematical ability in elementary school. *Journal of Educational Psychology, 92,* 144–151.

Toastmasters International. (2013). *10 tips for public speaking.* Retrieved January 26, 2013, from http://www.toastmasters.org/tips.asp

Tobin, M. (2007). Psychopharmacology column: Why choose selegiline transderman system for refractory depression. *Issues in Mental Health Nursing, 28,* 223–228.

Todorov, A., & Bargh, J. (2002). Automatic sources of aggression.

Aggression & Violent Behavior, 7, 53–68.

Tohidian, I. (2009). Examining linguistic relativity hypothesis as one of the main views on the relationship between language and thought. *Journal of Psycholinguistic Research*, *38*, 65–74.

Tolman, E. C. (1932). *Purposive behavior in animals and men.* New York: Appleton-Century-Crofts.

Tolman, E. C., & Honzik, C. H. (1930). Introduction and removal of reward, and maze performance in rats. *University of California Publications in Psychology, 4,* 257–275.

Tooby, J., & Cosmides, L. (2005). Conceptual foundations of evolutionary psychology. In Buss, D. (Ed.). *Handbook of evolutionary psychology* (pp. 5–67). Hoboken, NJ: Wiley.

Topolinski, S., & Strack, F. (2009). The architecture of intuition: Fluency and affect determine intuitive judgments of semantic and visual coherence and judgments of grammaticality in artificial grammar learning. *Journal of Experimental Psychology: General*, *138*, 39–63.

Torrey, E. (1992). *Freudian fraud: The malignant effect of Freud's theory on American thought and culture.* New York: Harper Collins.

Totterdell, P., & Kellett, S. (2008). Restructuring mood in cyclothymia using cognitive behavior therapy: An intensive time-sampling study. *Journal of Clinical Psychology*, *64*, 501–518.

Tourangeau, R., Smith, T. W., & Rasinski, K. A. (1997). Motivation to report sensitive behaviors on surveys: Evidence from a bogus pipeline experiment. *Journal of Applied Social Psychology, 27,* 209–222.

Tovar-Murray, D., Jenifer, E., Andrusyk, J., D'Angelo, R., & King, T. (2012). Racism-related stress and ethnic identity as determinants of African American college students'career aspirations. *The Career Development Quarterly*, *60*, 254–262.

Town, J., Diener, M., Abbass, A., Leichsenring, F., Driessen, E., Rabung, S. (2012). A meta-analysis of psychodynamic psychotherapy outcomes: Evaluating the effects of research-specific procedures. *Psychotherapy*, *49*, 276–290.

Traverso, A., Ravera, G., Lagattolla, V., Testa, S., & Adami, G. F. (2000). Weight loss after dieting with behavioral modification for obesity: The predicting efficiency of some psychometric data. *Eating and Weight Disorders: Studies on Anorexia, Bulimia, and Obesity, 5,* 102–107.

Triandis, H. C. (1994). *Culture and social behavior.* New York: McGraw-Hill.

Triplett, N. (1898). The dynamogenic factors in pacemaking and competition. *American Journal of Psychology, 9,* 507–533.

Troglauer, T., Hels, T., & Christens, P. (2006). Extent and variations in mobile phone use among drivers of heavy vehicles in Denmark. *Accident Analysis & Prevention, 38,* 105–111.

Troxel, W., Matthews, K., Bromberger, J., & Sutton-Tyrrell, K. (2003). Chronic stress burden, discrimination, and subclinical carotid artery disease in African American and Caucasian women. *Health Psychology, 22,* 300–309.

Tsai, J., Knutson, B., & Fung, H. (2006). Cultural variation in affect valuation. *Journal of Personality and Social Psychology, 90,* 288–307.

Tsai, S., Kuo, C., Chen, C., & Lee, H. (2002). Risk factors for completed suicide in bipolar disorder. *Journal of Clinical Psychiatry, 63,* 469–476.

Tsai, W., Huang, T., & Yu, H. (2012). Investigating the unique predictability and boundary conditions of applicant physical attractiveness and non-verbal behaviours on interviewer evaluations in job interviews. *Journal of Occupational and Organizational Psychology*, *85*, 60–79.

Tullett, A., Prentice, M., Teper, R., Nash, K., Inzlicht, M., & McGregor, I. (2013). Neural and motivational mechanics of meaning and threat. In K. Markman, T. Proulz, & M. Lindberg (Eds.) *The psychology of meaning*. (pp. 401–419). Washington, DC, USA: American Psychological Association.

Tulving, E. (1995). Organization of memory: Quo vadis? In M. S. Gazzaniga (Ed.), *The cognitive neurosciences* (pp. 839–847). Cambridge, MA: MIT Press.

Tulving, E. (2002). Episodic memory: From mind to brain. *Annual Review of Psychology, 53,* 1–25.

Tulving, E., & Thompson, D. M. (1973). Encoding specificity and retrieval processes in episodic memory. *Psychological Review, 80,* 352–373.

Tuminello, E., & Davidson, D. (2011). What the face and body reveal: In-group emotion effects and stereotyping of emotion in African American and European American children. *Journal of Experimental Child Psychology*, *110*, 258–274.

Turner, J. C., Hogg, M. A., Oakes, P. J., Reicher, S. D., & Wetherell, M. S. (1987). *Rediscovering the social group: A self-categorization theory.* Oxford, England: Blackwell.

Turner, R., Hewstone, M., Voci, A., & Vonofakou, C. (2008). A test of extended intergroup contact hypothesis: The mediating role of intergroup anxiety, perceived ingroup and outgroup norms, and inclusion of the outgroup in the self. *Journal of Personality and Social Psychology*, *95*, 843–860.

Tversky, A. (1972). Elimination by aspects: A theory of choice. *Psychological Review, 79,* 281–299.

Tversky, A., & Kahneman, D. (1974). Judgment under uncertainty: Heuristics and biases. *Science*, *185*, 1124–1130.

Tweed, R., & Lehman, D. (2002). Learning considered within a cultural context: Confucian and Socratic approaches. *American Psychologist, 57,* 89–99.

U.S. Cancer Statistics Working Group. (2013). *United States cancer statistics: 1999–2009 incidence and mortality Web-based report.* Retrieved January 26, 2013, from www.cdc.gov/uscs. http://apps.nccd.cdc.gov/uscs/cancersbyraceandethnicity.aspx

U.S. Census Bureau. (2010). *Estimated median age at first marriage, by sex: 1890 to the present.* Historical Time Series. Retrieved February 27, 2010, from http://www.census.gov/population/www/socdemo/hh-fam.html#ht

United States Census Bureau. (2012). *Statistical abstract of the United States, 2012.* Retrieved January 8, 2013, from http://www.census.gov/compendia/statab/

United States Department of Energy. (2012). *Human genome project information*. Retrieved October 23, 2012, from http://www.ornl.gov/sci/techresources/Human_Genome/home.shtml

U.S. Department of Justice. (1999). *Eyewitness evidence: A guide for law enforcement*. Retrieved February 22, 2010 from http://www.ncjrs.gov/pdffiles1/nij/178240.pdf

U.S. Food and Drug Administration (FDA). (2004, October 15). *Suicidality in children and adolescents being treated with antidepressant medication*. Retrieved May 12, 2005, from http://www.fda.gov/cder/drug/antidepressants/SSRIPHA200410.htm

U.S. Food and Drug Administration (FDA). (2006a, April 20). Interagency advisory regarding claims that smoked marijuana is a medicine. Retrieved May 15, 2006, from http://www.fda.gov/bbs/topics/NEWS/2006/NEW01362.html

U.S. Food and Drug Administration (FDA). (2006b). *Prozac patient information sheet*. Retrieved July 26, 2006, from http://www.fda.gov/cder/drug/InfoSheets/patient/fluoxetinePIS.htm

Uchida, Y., Norasakkunkit, V., & Kitayama, S. (2004). Cultural constructions of happiness: Theory and empirical evidence. *Journal of Happiness Studies*, *5*, 223–239.

Uchiumi, O., Kasahara, Y., Fukui, A., Hall, F., Uhl, G., & Sora, I. (2013). Serotonergic involvement in the amelioration of behavioral abnormalities in dopamine transporter knockout mice by nicotine. *Neuropharmacology*, *64*, 348–356.

Uman, L., Chambers, C., McGrath, P., & Kisely, S. (2008). A systematic review of randomized controlled trials examining psychological interventions for needle-related procedural pain and distress in children and adolescents: An abbreviated Cochrone review. *Journal of Pediatric Psychology, 33*, 842–854.

Umberson, D., Williams, K., Powers, D., Liu, H., & Needham, B. (2006). You make me sick: Marital quality and health over the life course. *Journal of Health and Social Behavior, 47*, 1–16.

Umeh, K. (2012). Does a credible source also need a fearful audience? *Journal of Applied Social Psychology*, *42*, 1716–1744.

UNAIDS. (2011). *World AIDS day report*. Retrieved January 7, 2013, from http://www.unaids.org/en/media/unaids/contentassets/documents/unaidspublication/2011/jc2216_worldaidsday_report_2011_en.pdf

Underwood, B. J. (1957). Interference and forgetting. *Psychological Review, 64*, 49–60.

Underwood, B. J. (1964). Forgetting. *Scientific American, 210*, 91–99.

University of Michigan Transportation Research Institute (UMTRI). (2003). Ready for the road: Software helps teens drive safely. *UMTRI Research Review, 34*, 1–2.

Ushikubo, M. (1998). A study of factors facilitating and inhibiting the willingness of the institutionalized disabled elderly for rehabilitation: A United States-Japanese comparison. *Journal of Cross-Cultural Gerontology, 13*, 127–157.

Utsey, S., Chae, M., Brown, C., & Kelly, D. (2002). Effect of ethnic group membership on ethnic identity, race-related stress and quality of life. *Cultural Diversity & Ethnic Minority Psychology, 8*, 367–378.

Vaccarino, V., Abramson, J., Veledar, E., & Weintraub, W. (2002). Sex differences in hospital mortality after coronary artery bypass surgery: Evidence for a higher mortality in younger women. *Circulation, 105*, 1176.

Valadez, J., & Ferguson, C. (2012). Just a game after all: Violent video game exposure and time spent playing effects on hostile feelings, depression, and visuospatial cognition. *Computers in Human Behavior*, *28*, 608–616.

Valeo, T. (2008). Role of sleep in memory and learning elucidated in new studies. *Neurology Today, 8*, 16.

Valipour, A., Lothaller, H., Rauscher, H., Zwick, H., Burghuber, O., & Lavie, P. (2007). Gender-related differences in symptoms of patients with suspected breathing disorders in sleep: A clinical population study using the Sleep Disorders Questionnaire. *Sleep: Journal of Sleep and Sleep Disorders Research, 30*, 312–319.

Valtonen, H., Suominen, K., Haukka, J., Mantere, O., Arvilommi, P., Leppämäki, S., & Isometsä, E. (2009). Hopelessness across phases of bipolar I or II disorder: A prospective study. *Journal of Affective Disorders*, *115*, 11–17.

Van Assema, P., Martens, M., Ruiter, A., & Brug, J. (2002). Framing of nutrition education messages in persuading consumers of the advantages of a healthy diet. *Journal of Human Nutrition & Dietetics, 14*, 435–442.

van Beest, I., Carter-Sowell, A., van Dijk, E., & Williams, K. (2012). Groups being ostracized by groups: Is the pain shared, is recovery quicker, and are groups more likely to be aggressive? *Group Dynamics: Theory, Research, and Practice*, *16*, 241–254.

Van der Elst, W., Van Boxtel, M., Van Breukelen, G., & Jolles, J. (2006). The Stroop color-word test: Influence of age, sex, and education; and normative data for a large sample across the adult age range. *Assessment, 13*, 62–79.

van der Kloet, D., Giesbrecht, T., Lynn, S., Merckelbach, H., de Zutter, A. (2012). Sleep normalization and decrease in dissociative experiences: Evaluation in an inpatient sample. *Journal of Abnormal Psychology*, *121*, 140–150.

van Eijk, J., Demirakca, T., Frischknecht, U., Hermann, D., Mann, K., & Ende, G. (2013). Rapid partial regeneration of brain volume during the first 14 days of abstinence from alcohol. *Alcoholism: Clinical & Experimental Research*, *37*, 67–74.

Van Lommel, S., Laenen, A., & d'Ydewalle, G. (2006). Foreign-grammar acquisition while watching subtitled television programmes. *British Journal of Educational Psychology, 76*, 243–258.

VanRyzin, M., Fosco, G., & Dishion, T. (2012). Family and peer predictors of substance use from early adolescence to early adulthood: An1year prospective analysis. *Addictive Behaviors*, *37*, 1314–1324.

van Schoor, G., Bott, S., & Engels, R. (2008). Alcohol drinking in young adults: The predictive value of personality when peers come around. *European Addiction Research*, *14*, 125–133.

Varley, A., & Blasco, M. (2003). Older women's living arrangements and family relationships in urban Mexico. *Women's Studies International Forum, 26*, 525–539.

Vasterling, J., Duke, L., Brailey, K., Constans, J., Allain, A., & Sutker,

P. (2002). Attention, learning, and memory performances and intellectual resources in Vietnam veterans: PTSD and no disorder comparisons. *Neuropsychology, 16,* 5–14.

Vaux, K. (2012). *Fetal alcohol syndrome*. Retrieved December 16, 2012, from http://emedicine.medscape.com/article/974016-overview

Verdejo-García, A., López-Torrecillas, F., Aguilar de Arcos, F., & Pérez-García, M. (2005). Differential effects of MDMA, cocaine, and cannabis use severity on distinctive components of the executive functions in polysubstance users: A multiple regression analysis. *Addictive Behaviors, 30,* 89–101.

Verhaeghen, P., Aikman, S., & Van Gulick, A. (2011). Prime and prejudice: Co-occurrence n he culture as aa source of automatic stereotype priming. *British Journal of Social Psychology*, *50*, 501–518.

Verissimo, M., Santos, A., Vaughn, B., Torres, N., Monteiro, L., & Santos, O. (2011). *Early Child Development and Care*, *181*, 27–38.

Vermeersch, H., T'Sjoen, G., Kaufman, J., & Vincke, J. (2008). The role of testosterone in aggressive and non-aggressive risk-taking in adolescent boys. *Hormones and Behavior*, *53*, 463–471.

Vernon, L. (2012). Relationships among proactive coping posttrauma gratitude, and psychopathology in a traumatized college sample. *Journal of Aggressioin, Maltreatment & Trauma*, *21*, 114–130.

Verwijk, E., Comijs, H., Kok, R., Spaans, H., Stek, M., & Scherder, E. (2012). Neurocognitive effects after brief pulse and ultrabrief pulse unilateral electroconvulsive therapy for major depression: A review. *Journal of Affective Disorders*, *140*, 233–243.

Victor, T., Furey, M., Fromm, S., Bellgowan, P., Ohman, A., & Drevets, W. (2012). The extended functional neuroanatomy of emotional processing biases for masked faces in major depressive disorder. *PLoS ONE*, *7*, e46439.

Viding, E., Blair, R., Moffitt, T., & Plomin, R. (2005). Evidence of substantial genetic risk for psychopathy in 7-year-olds. *Journal of Child Psychology and Psychiatry, 46,* 592–597.

Vieta, E. (2003). Atypical antipsychotics in the treatment of mood disorders. *Current Opinion in Psychiatry, 16,* 23–27.

Villani, S. (2001). Impact of media on children and adolescents: A10-year review of the research. *Journal of the American Academy of Child & Adolescent Psychiatry*, *40*, 392–401.

Villegas, A., Sharps, M., Satterthwaite, B., & Chisholm, S. (2005). Eyewitness memory for vehicles. *Forensic Examiner, 14,* 24–28.

Violari, A., Cotton, M., Gibb, D., Babiker, A., Steyn, J., Madhi, S., Jean-Philippe, P., & McIntyre, J. (2008). Early antiretroviral therapy and mortality among HIV-infected infants. *New England Journal of Medicine*, *359*, 2233–2244.

Visser, P. S., & Krosnick, J. A. (1998). Development of attitude strength over the life cycle: Surge and decline. *Journal of Personality & Social Psychology, 75,* 1389–1410.

Vitousek, K., & Manke, F. (1994). Personality variables and disorders in anorexia nervosa and bulimia nervosa. *Journal of Abnormal Psychology, 103,* 137–147.

Volkow, N., Wang, G., Kollins, S., Wigal, T., Newcorn, J., Telang, F., Fowler, J., Zhu, W., Logan, J., Ma, Y., Pradhan, K., Wong, C., & Swanson, J. (2009). Evaluating dopamine reward pathway in ADHD: Clinical implications. *JAMA: Journal of the American Medical Association*, *302*, 1084–1091.

Volpato, V., Macchiarelli, R., Guatelli-Steinberg, D., et al. (2012). Hand to mouth in a Neandertal: Right-handedness in Regourdou. *PLoS One*, *7*, e43949.

von Bonsdorff, M., Huuhtanen, P., Tuomi, K., & Seitsamo, J. (2010). Predictors of employees'early retirement intentions: An 11-year longitudinal study. *Occupational Medicine*, *60*, 94–100.

Von Dras, D. D., & Siegler, I. C. (1997). Stability in extraversion and aspects of social support at midlife. *Journal of Personality and Social Psychology, 72,* 233–241.

Votruba, S., Horvitz, M., & Schoeller, D. (2000). The role of exercise in the treatment of obesity. *Nutrition, 16,* 179–188.

Vroomen, J., Driver, J., & deGelder, B. (2001). Is cross-modal integration of emotional expressions independent of attentional resources? *Cognitive, Affective & Behavioral Neuroscience*, *1*, 382–387.

Vyas, M., Garg, A., Iansayichus, A., et al. (2012). Shift work and vascular events: Systematic review and meta-analysis. *British Medical Journal*, *345*, e4800.

Vygotsky, L. (1926/1992). *Educational psychology.* Boca Raton, FL: St. Lucie Press.

Vygotsky, L. S. (1936/1986). *Thought and language* (A. Kozulin, Trans.). Cambridge, MA: MIT Press. (Original work published 1936).

Wade, T., & DiMaria, C. (2003). Weight halo effects: Individual differences in personality evaluations as a function of weight. *Sex Roles, 48,* 461–465.

Wadey, R., Evans, L., Hanton, S., & Neil, R. (2012a). An examination of hardiness throughout the sport injury process. *British Journal of Health Psychology*, *17*, 103–128.

Wadey, R., Evans, L., Hanton, S., & Neil, R. (2012b). An examination of hardiness throughout the sport-injury process: A qualitative follow-up study. *British Journal of Health Psychology*, *17*, 872–893.

Wagner, S., & Martin, C. (2012). Can firefighters'mental health be predicted by emotional intelligence and proactive coping? *Journal of Loss and Trauma*, *17*, 56–72.

Wald, G., Brown, P. K., & Smith, P. H. (1954). Iodopsin. *Journal of General Physiology, 38,* 623–681.

Walker, L. (1989). A longitudinal study of moral reasoning. *Child Development, 60,* 157–166.

Walker, E., Kestler, L., Bollini, A., & Hochman, K. (2004). Schizophrenia: Etiology and course. *Annual Review of Psychology, 55,* 401–430.

Walker, E., Mittal, V., & Tessner, K. (2008). Stress and the hypothalamic pituitary adrenal axis in the developmental course of schizophrenia. *Annual Review of Clinical Psychology*, *4*, 189–216.

Walker, I., & Crogan, M. (1998). Academic performance, prejudice and the jigsaw classroom: New pieces to the puzzle. *Journal of Community & Applied Social Psychology, 8,* 381–393.

Walker, M., & Stickgold, R. (2006). Sleep, memory, and plasticity. *Annual Review of Psychology: 57*, 139–166.

Wallentin, M. (2009). Putative sex differences in verbal abilities and language cortex: A critical review. *Brain and Language*, *108*, 175–183.

Walster, E., & Walster, G. W. (1969). The matching hypothesis. *Journal of Personality and Social Psychology, 6,* 248–253.

Wang, J., Keown, L., Patten, S., Williams, J., Currie, S., Beck, C., Maxwell, C., & El-Guebaly, N. (2009). A population-based study on ways of dealing with daily stress: Comparisons among individuals with mental disorders, with long-term general medical conditions and healthy people. *Social Psychiatry and Psychiatric Epidemiology*, *44*, 666–674.

Warburton, J., McLaughlin, D., & Pinsker, D. (2006). Generative acts: Family and community involvement of older Australians. *International Journal of Aging & Human Development, 63,* 115–137.

Ward, C. (1994). Culture and altered states of consciousness. In W. J. Lonner & R. Malpass (Eds.), *Psychology and culture* (pp. 59–64). Boston: Allyn & Bacon.

Wark, G. R., & Krebs, D. L. (1996). Gender and dilemma differences in real-life moral judgment. *Developmental Psychology, 32,* 220–230.

Warmerdam, L., van Straten, A., Jongsma, J., Twisk, J., & Cuijpers, P. (2010). Online cognitive behavioral therapy and problem-solving therapy for depressive symptoms: Exploring mechanisms of change. *Journal of Behavior Therapy and Experimental psychiatry*, *41*, 64–70.

Warshaw, M. G., & Keller, M. B. (1996). The relationship between fluoxetine use and suicidal behavior in 654 subjects with anxiety disorders. *Journal of Clinical Psychiatry, 57,* 158–166.

Warzak, W., Floress, M., Kellen, M., Kazmerski, J., & Chopko, S. (2012). Trends in time-out research: Are we focusing our efforts where our efforts are needed? *The Behavior Therapist*, *35*, 30–33.

Washington University School of Medicine. (2003). *Epilepsy surgery* [Online factsheet]. Retrieved September 29, 2003, from http://neurosurgery.wustl.edu/clinprog/epilepsysurg.htm

Waterman, A. (1985). Identity in the context of adolescent psychology. *Child Development*, *30*, 5–24.

Watson, D. (2002). Predicting psychiatric symptomatology with the Defense Style Questionnaire-40. *International Journal of Stress Management, 9,* 275–287.

Watson, J. (1913). Psychology as the behaviorist view it. *Psychological Review*, *20*, 58–177.

Watson, J. B., & Rayner, R. (1920). Conditioned emotional reactions. *Journal of Experimental Psychology, 3,* 1–14.

Weaver, M., & Schnoll, S. (2008). Hallucinogens and club drugs. In M. Galanter & H. Kleber (Eds.), *The American Psychiatric Publishing Textbook of Substance Abuse* (4th ed., pp. 191–200). Arlington, VA: American Psychiatric Publishing, Inc.

Webb, W. (1995). The cost of sleep-related accidents: A reanalysis. *Sleep, 18,* 276–280.

Wechsler, D. (1939). *The measurement of adult intelligence.* Baltimore: Williams & Wilkins.

Weigman, O., & van Schie, E. G. (1998). Video game playing and its relations with aggressive and prosocial behaviour. *British Journal of Social Psychology, 37* (Pt. 3), 367–378.

Weikel, W. (2011). The "telephone"technique. In H. Rosenthal (Ed.) *Favorite counseling and therapy techniques* (2nd ed.). (pp. 329–330) New York, NY, USA: Routledge/Taylor & Francis Group.

Weiner, I. (2004). Monitoring psychotherapy with performance-based measures of personality functioning. *Journal of Personality Assessment, 83,* 323–331.

Weiner, I. B. (1997). Current status of the Rorschach Inkblot Method. *Journal of Personality Assessment, 68,* 5–19.

Weinstock, M., Assor, A., & Broide, G. (2009). Schools as promoters of moral judgment: The essential role of teachers'encouragement of critical thinking. *Social Psychology of Education*, *12*, 137–151.

Weisberg, M. (2008). 50 years of hypnosis in medicine and clinical health psychology: A synthesis of cultural crosscurrents. *American Journal of Clinical Hypnosis, 51,* 13–27.

Weiss, P., & Weiss, W. (2011). Criterion-related validity in police psychological evaluations. In J. Kitaeff (Ed.). (pp. 125–133). *Handbook of police psychology.* New York, NY, USA: Routledge/Taylor & Francis Group.

Wells, K. (2007). The short- and long-term medical effects of methamphetamine on children and adults. In H. Covey (Ed.) *The methamphetamine crisis: Strategies to save addicts, families, and communities.* (pp. 57–74). Westport, CT, USA: Praeger Publishers.

Wells, B., & Twenge, J. (2005). Changes in young people's sexual behavior and attitudes, 1943–1999: A cross-temporal meta-analysis. *Review of General Psychology*, *9*, 249–261.

Wells, D. L., & Hepper, P. G. (2000). The discrimination of dog odours by humans. *Perception, 29,* 111–115.

Wells, G. L. (1993). What do we know about eyewitness identification? *American Psychologist, 48,* 553–571.

Wells, G. L., Malpass, R. S., Lindsay, R. C., Fisher, R. P., Turtle, J. W., & Fulero, S. M. (2000). From the lab to the police station. A successful application of eyewitness research. *American Psychologist, 55,* 6581–6598.

Welsh, D. (2009). Predictors of depressive symptoms in female medical-surgical hospital nurses. *Issues in Mental Health Nursing*, *30*, 320–326.

Wertheimer, M. (1912). Experimental studies of the perception of movement. *Zeitschrift fuer Psychologie, 61,* 161–265.

Weschke, S., & Niedeggen, M. (2012). Differential effects of moderate alcohol consumption on motion and contrast processing. *Psychophysiology*, *49*, 833–841.

West, A., Schenkel, L., & Pavuluri, M. (2008). Early childhood temperament in pediatric bipolar disorder and attention deficit hyperactivity disorder. *Journal of Clinical Psychology*, *64*, 402–421

West, A., & Weinstein, S. (2012). Bipolar disorder: School-based cognitive-behavioral interventions. In R. Mennuti, R. Christner, & A. Freeman. (Eds.) *Cognitive-behaviorral interventions in educational settings: A handbook for practice* (2nd ed.). (pp. 239–274). New

York, NY, USA: Routledge/Taylor & Francis Group.

Westerhof, G., Katzko, M., Dittmann-Kohli, F., & Hayslip, B. (2001). Life contexts and health-related selves in old age: Perspectives from the United States, India and Congo-Zaire. *Journal of Aging Studies, 15,* 105-126.

Westling, E., Andrews, J., Hampson, S., & Peterson, M. (2008). Pubertal timing and substance use: The effects of gender, parental monitoring, and deviant peers. *Journal of Adolescent Health, 42,* 555-563.

Wheeler, M., & McMillan, C. (2001). Focal retrograde amnesia and the episodic-semantic distinction. *Cognitive, Affective & Behavioral Neuroscience, 1,* 22-36.

Wheeler, M., Stuss, D., & Tulving, E. (1997). Toward a theory of episodic memory: The frontal lobes and autonoetic consciousness. *Psychological Bulletin, 121,* 331-354.

Whisenhunt, B. L., Williamson, D. A., Netemeyer, R. G., & Womble, L. G. (2000). Reliability and validity of the Psychosocial Risk Factors Questionnaire (PRFQ). *Eating and Weight Disorders: Studies on Anorexia, Bulimia, and Obesity, 5,* 1-6.

Whisman, M., Johnson, D., Be, D., & Li, A. (2012). Couple-based interventions for depression. *Couple and Family Psychology: Research and practice, 1,* 185-198.

Whitam, F. L., Diamond, M., & Martin, J. (1993). Homosexual orientation in twins: A report on 61 pairs and three triplet sets. *Archives of Sexual Behavior, 22,* 187-296.

White, S. D., & DeBlassie, R. R. (1992). Adolescent sexual behavior. *Adolescence, 27,* 183-191.

Whitehead, B., & Popenoe, D. (2005). *The state of our unions: The social health of marriage in America: 2005: What does the Scandinavian experience tell us?* Retrieved June 15, 2006, from http://marriage.rutgers.edu/Publications/SOOU/TEXTSOOU2005.htm

Whitehurst, G. J., Fischel, J. E., Caulfield, M. B., DeBaryshe, B. D., & Valdez-Menchaca, M. C. (1989). Assessment and treatment of early expressive language delay. In P. R. Zelazo & R. Barr (Eds.), *Challenges to developmental paradigms: Implications for assessment and treatment* (pp. 113-135). Hillsdale, NJ: Erlbaum.

Whorf, B. L. (1956). Science and linguistics. In J. B. Carroll (Ed.), *Language, thought, and reality: Selected writings of Benjamin Lee Whorf* (pp. 207-219). Cambridge, MA: MIT Press.

Wickelgren, I. (1996). For the cortex, neuron loss may be less than thought. *Science, 273,* 48-50.

Wicker, A. W. (1969). Attitudes versus action: The relationship of verbal and overt behavioral responses to attitude objects. *Journal of Social Issues, 25,* 41-78.

Widom, C. S., & Morris, S. (1997). Accuracy of adult recollections of childhood victimization: Part 2. Childhood sexual abuse. *Psychological Bulletin, 9,* 34-46.

Wiederhold, B., & Wiederhold, M. (2008). Virtual reality with fMRI: A breakthrough cognitive treatment tool. *Virtual Reality, 12,* 259-267.

Wigboldus, D., Dijksterhuis, A., & Van Knippenberg, A. (2003). When stereotypes get in the way: Stereotypes obstruct stereotype-inconsistent trait inferences. *Journal of Personality & Social Psychology, 84,* 470-484.

Wilcox, D., & Hager, R. (1980). Toward realistic expectation for orgasmic response in women. *Journal of Sex Research, 16,* 162-179.

Wilde, D. (2011). *Jung's personality theory quantified.* New York, NY, USA: Springer-Verlag Publishing.

Wilhelm, K., Kovess, V., Rios-Seidel, C., & Finch, A. (2004). Work and mental health. *Social Psychiatry & Psychiatric Epidemiology, 39,* 866-873.

Wilken, J. A., Smith, B. D., Tola, K., & Mann, M. (2000). Trait anxiety and prior exposure to non-stressful stimuli: Effects on psychophysiological arousal and anxiety. *International Journal of Psychophysiology, 37,* 233-242.

Wilkinson, R. (2004). The role of parental and peer attachment in the psychological health and self-esteem of adolescents. *Journal of Youth & Adolescence, 33,* 479-493.

Williams, J. (2003). Dementia and genetics. In R. Plomin, J. de Fries, I. Craig, & P. McGuffin (Eds.), *Behavioral genetics in the postgenomic era* (pp. 503-528). Washington, DC: APA.

Williams, L. M. (1994). Recall of childhood trauma: A prospective study of women's memories of child sexual abuse. *Journal of Consulting and Clinical Psychology, 62,* 1167-1176.

Williams, R. (1987). Refining the Type A hypothesis: Emergence of the hostility complex. *The American Journal of Cardiology, 60,* 27J-32J.

Willoughby, T., Anderson, S., Wood, E., Mueller, J., & Ross, C. (2009). Fast searching for information on the Internet to use in a learning context: The impact of domain knowledge. *Computers & Education, 52,* 640-648.

Willoughby, T., Adachi, P., & Good, M. (2012). A longitudinal study of the association between violent video game play and aggression among adolescents. *Developmental Psychology, 48,* 1044-1057.

Wilson, G., & Sysko, R. (2006). Cognitive-behavioral therapy for adolescents with bulimia nervosa. *European Eating Disorders Review, 14,* 8-16.

Wilson, M. A., & McNaughton, B. L. (1993). Dynamics of the hippocampal ensemble code for space. *Science, 261,* 1055-1058.

Wilson, W., Mathew, R., Turkington, T., Hawk, T., Coleman, R. E., & Provenzale, J. (2000). Brain morphological changes and early marijuana use: A magnetic resonance and positron emission tomography study. *Journal of Addictive Diseases, 19,* 1-22.

Winograd, E. (1988). Some observations on prospective remembering. In M. M. Gruneberg, P. E. Morris, & R. N. Sykes (Eds.), *Practical aspects of memory: Current research and issues: Vol. 1* (pp. 348-353). Chichester, England: John Wiley & Sons.

Wirth, S., Yanike, M., Frank, L., Smith, A., Brown, E., & Suzuki, W. (2003). Single neurons in the monkey hippocampus and learning of new associations. *Science, 300,* 1578-1581.

Wirz-Justice, A. (2009). From the basic neuroscience of circadian clock function to light therapy for depression: On the emergence of chronotherapeutics. *Journal of Affective Disorders, 116,* 159-160.

Wise, R. (2009). Drugs addiction: Actions. In W. Squire (Ed.),

Encyclopedia of neuroscience Vol. 4. (pp. 713-716). Waltham, MA: Elsevier Academic Press.

Wittenberg, M., Bremmer, F., & Wachtler, T. (2008). Perceptual evidence for saccadic updating of color stimuli. *Journal of Vision*, *8*, 1-9.

Wolf, O. (2009). Stress and memory in humans: Twelve years of progress? *Brain Research*, *1293*, 142-154.

Wolford, G., Miller, M. B., & Gazzaniga, M. (2000). The left hemisphere's role in hypothesis formation. *Journal of Neuroscience, 20,* 1-4.

Wolk, D., & Budson, A. (2010). Memory systems. *CONTINUUM: Lifelong Learning in Neurology*, 15-28.

Wolpe, J. (1958). *Psychotherapy by reciprocal inhibition.* Palo Alto, CA: Stanford University Press.

Wolpe, J. (1973). *The practice of behavior therapy* (2nd ed.). New York: Pergamon.

Wolsko, P., Eisenberg, D., Davis, R., & Phillips, R. (2004). Use of mind-body medical therapies: Results of a national survey. *Journal of General Internal Medicine, 19,* 43-50.

Wolters, C. (2003). Understanding procrastination from a self-regulated learning perspective. *Journal of Educational Psychology, 95,* 179-187.

Wolters, C. (2004). Advancing achievement goal theory using goal structures and goal orientations to predict students'motivation, cognition, and achievement. *Journal of Educational Psychology, 96,* 136-250.

Wood, J. M., Nezworski, M. T., & Stejskal, W. J. (1996). The Comprehensive System for the Rorschach: A critical examination. *Psychological Science, 7,* 3-10.

Wood, J., Cowan, P., & Baker, B. (2002). Behavior problems and peer rejection in preschool boys and girls. *Journal of Genetic Psychology, 163,* 72-88.

Wood, W., & Conway, M. (2006). Subjective impact, meaning making, and current and recalled emotions for self-defining memories. *Journal of Personality, 75,* 811-846.

Wood, W., & Eagly, A. (2007). Social structure origins of sex differences in human mating. In S. Gangestad, & J. Simpson (Eds.), *The evolution of mind: Fundamental questions and controversies* (pp. 383-390). New York: Guilford Press.

Wood, W., Lundgren, S., Ovellette, J., Busceme, S., & Blackstone, T. (1994). Minority influence: A meta-analytic review of the social influence processes. *Psychological Bulletin*, *115*, 323-345.

Woodman, G., & Luck, S. (2003). Serial deployment of attention during visual search. *Journal of Experimental Psychology: Human Perception and Performance, 29,* 121-138.

Woodward, A. L., Markman, E. M., & Fitzsimmons, C. M. (1994). Rapid word learning in 13- and 18-month-olds. *Developmental Psychology, 30,* 553-566.

Woody, E. Z., & Bowers, K. S. (1994). A frontal assault on dissociated control. In S. J. Lynn & J. W. Rhue (Eds.), *Dissociation: Clinical, theoretical and research perspectives* (pp. 52-79). New York: Guilford.

World Health Organization (WHO). (2010). *Gender and women's mental health.* Retrieved March 18, 2010 from http://www.who.int/mental_health/prevention/genderwomen/en/

Wozniak, J., Biederman, J., Kwon, A., Mick, E., Faraone, S., Orlovsky, K., Schnare, L., Cargol., C., & van Grondelle, A. (2005). How cardinal are cardinal symptoms in pediatric bipolar disorder? An examination of clinical correlates. *Biological Psychiatry*, *58*, 583-588.

Wright, J. C., & Mischel, W. (1987). A conditional approach to dispositional constructs: The local predictability of social behavior. *Journal of Personality and Social Psychology, 53,* 1159-1177.

Wright, K. (2002, September). Times of our lives. *Scientific American,* 58-65.

Wyrobek, A., Eskenazi, B., Young, S., Arnheim, N., Tiemann-Boege, I., Jabs, E., et al. (2006). Advancing age has differential effects on DNA damage, chromatin integrity, gene mutations, and aneuploidies. *Proceedings of the National Academies of Sciences, 103,* 9601-9606.

Yackinous, C., & Guinard, J. (2002). Relation between PROP (6-n-propylthiouracil) taster status, taste anatomy and dietary intake measures for young men and women. *Appetite, 38,* 201-209.

Yale-New Haven Hospital. (2003). *Making the right choice: Speak up about complementary and alternative therapies.* Retrieved August 6, 2003, from http://www.ynhh.org/choice/cam.html

Yanagita, T. (1973). An experimental framework for evaluation of dependence liability in various types of drugs in monkeys. *Bulletin of Narcotics, 25,* 57-64.

Yasui-Furukori, N., Saito, M., Nakagami, T., Kaneda, A., Tateishi, T., & Kaneko, S. (2006). Association between multidrug resistance 1 (MDR1) gene polymorphisms and therapeutic response to bromperidol in schizophrenic patients: A preliminary study. *Progress in Neuro-Psychopharmacology & Biological Psychiatry, 30,* 286-291.

Yates, W. (2008). *Anxiety disorders.* Retrieved March 15, 2010, from http://emedicine.medscape.com/article/286227-overview.

Yeh, S., & Lo, S. (2004). Living alone, social support, and feeling lonely among the elderly. *Social Behavior & Personality, 32,* 129-138.

Yip, S., Sacco, K., George, T., & Potenza, M. (2009). Risk/reward decision-making in schizophrenia: A preliminary examination of the influence of tobacco smoking and relationship to Wisconsin Card Sorting Task performance. *Schizophrenia Research*, *110*, 156-164.

Yolken, R., & Torrey, E. (2008). Are some cases of psychosis caused by microbial agents? A review of the evidence. *Molecular Psychiatry, 13,* 470-479.

Young, G. (2009). Coma. In Schiff, N., & Laureys, S. (Eds.), *Disorders of consciousness. Annals of the New York Academy of Sciences* (pp.32-47). New York: Wiley-Blackwell.

Yovell, Y., Bannett, Y., & Shalev, A. (2003). Amnesia for traumatic events among recent survivors: A pilot study. *CNS Spectrums*, *8*, 676-685.

Zajonc, R. B. (1980). Feeling and thinking: Preferences need no inferences. *American Psychologist, 35,* 151-175.

Zajonc, R. B. (1984). On the primacy of affect. *American Psychologist, 39,* 117-123.

Zajonc, R. B., & Sales, S. M. (1966). Social facilitation of dominant and subordinate responses. *Journal of Experimental Social Psychology, 2,* 160–168.

Zaragoza, M. S., & Mitchell, K. J. (1996). Repeated exposure to suggestion and the creation of false memories. *Psychological Science, 7,* 294–300.

Zatorre, R., Belin, P., & Penhune, V. (2002). Structure and function of the auditory cortex: Music and speech. *Trends in Cognitive Sciences, 6,* 37–46.

Zentner, M., & Mitura, K. (2012). Stepping out of the caveman's shadow: Nations'gender gap predicts degree of sex differentiation in mate preferences. *Psychological Science*, *23*, 1176–1185.

Zhang, D., Li, Z., Chen, X., Wang, Z., Zhang, X., Meng, X., et al. (2003). Functional comparison of primacy, middle and recency retrieval in human auditory short-term memory: An event-related fMRI study. *Cognitive Brain Research, 16,* 91–98.

Zhang, X., Liang, J., Chen, D., Xiu, M., He, J., Cheng, W., Wu, Z., Yang, F., Haile, C., Sun, H., Lu, L., Kosten, & Kosten, T. (2013). Cigarette smoking in male patients with chronic schizophrenia in a Chinese population: Prevalence and relationship to clinical phenotypes. *PLoS One*. Retrieved February 4, 2013, from http://www.plosone.org/article/info%3Adoi%2F10.1371%2Fjournal.pone.0030937

Zhang, Y., Goonetilleke, R., Plocher, T., & Liang, S. (2005). Time-related behavior in multitasking situations. *International Journal of Human-Computer Studies*, *62*, 425–455.

Zimbardo, P. (1969). The human choice: Individuation, reason, and order versus deindividuation, impulse, and chaos. *Nebraska Symposium on Motivation*, *17*, 237–307.

Zimbardo, P. G. (1972). Pathology of imprisonment. *Society, 9,* 4–8.

Zimmerman, M., Posternak, K., & Chelminski, I. (2002). Symptom severity and exclusion from antidepressant efficacy trials. *Journal of Clinical Psychopharmacology, 22,* 610–614.

Zinbarg, R., & Griffith, J. (2008). Behavior therapy. In J. Lebow (Ed.), *Twenty-first century psychotherapies: Contemporary approaches to theory and practice* (pp. 8–42). Hoboken, NJ: John Wiley & Sons.

Zubieta, J., Bueller, J., Jackson, L., Scott, D., Xu, Y., Koeppe, R., Nichols, T., & Stohler, C. (2005). Placebo effects mediated by endogenous opioid activity on μ-opioid receptors. *Journal of Neuroscience*, *25*, 7754–7762.

Zucker, A., Ostrove, J., & Stewart A. (2002). College-educated women's personality development in adulthood: Perceptions and age differences. *Psychology & Aging, 17,* 236–244.

"48% say Obama's inauguration signals new era of race relations." (January 20, 2009). Retrieved February 14, 2009 from http://www.rasmussenreports.com/public_content/politics/obama_administration/january_2009/48_say_obama_s_inauguration_signals_new_era_of_race_relations.

찾아보기

인명

내용

저자 소개

Samuel E. Wood(고인이 되었음)

플로리다 대학교에서 박사학위를 취득하였다. 웨스트버지니아 대학교와 미주리 대학교 세인트루이스 캠퍼스에서 강의하였으며, 두 학교 모두에서 대학원 교수진의 일원이었다. 1984년부터 1996년까지, 세인트루이스 지역의 14개 단과대학과 종합대학으로 구성된 컨소시엄인 고등교육센터의 대표를 역임하였다. 그는 세인트루이스 지역의 고등교육 케이블 TV 채널(HEC-TV)의 공동 창립자였으며, 창립연도인 1987년부터 1996년까지 대표직을 수행하였다.

Ellen Green Wood

세인트루이스 대학교에서 교육심리학 박사학위를 취득하였으며, 메라멕에 있는 세인트루이스 단과대학의 심리학과 겸임교수를 역임하였다. 또한 워싱턴 대학교와 미주리 대학교 세인트루이스 캠퍼스에서 임상실무 교육을 담당하였다. 비판적 사고에 관한 세미나를 개발하고 운영해 왔으며, 원격강의 분야에 대한 공로로 1982년부터 1988년에 걸쳐 원격강의 선구자 상을 수여받았다.

Denise Boyd

휴스턴 대학교에서 교육심리학 박사학위를 취득하였으며, 1988년부터 휴스턴 단과대학에서 심리학을 가르치고 있다. 1995년부터 1998년까지는 휴스턴 단과대학에서 심리학, 사회학 및 인류학 분야의 책임자로 재직하였다. *The World of Psychology*(7판), *Lifespan Development*(6판)과 *The Developing Child*(13판), *The Growing Child*(1판), *Current Readings in Lifespan Development* 등의 저서를 이 책의 다른 공저자들과 함께 출판하였다. 그녀는 면허를 소지한 심리학자이며 아동, 청소년 및 성인 발달과 관련된 연구를 전문 학회에서 발표해 왔다. 또한 유치원 교사부터 대학 강사에 이르는 강의자들을 위한 워크숍을 개최하였다.

역자 소개

김초복(Kim, Chobok)

충남대학교 대학원 석사(심리학 전공)

뉴멕시코 주립대학교 대학원 박사(심리학 전공)

켄터키 대학교 신경생물학과 박사후 연구원

현 경북대학교 심리학과 조교수

장문선(Chang, Mun-Seon)

경북대학교 대학원 석사(임상심리학 전공)

경북대학교 대학원 박사(임상심리학 전공)

전 한국건강심리학회 산하 남동부지회 회장

현 경북대학교 심리학과 교수

　한국임상심리학회 산하 대구경북임상심리학회 회장

허재홍(Heo, Jaehong)

연세대학교 대학원 석사(상담심리학 전공)

연세대학교 대학원 박사(상담심리학 전공)

현 경북대학교 심리학과 교수

　한국상담심리학회 대경분회 분회장

김지호(Kim, Gho)

중앙대학교 대학원 석사(산업심리학 전공)

중앙대학교 대학원 박사(소비자 · 광고심리학 전공)

현 경북대학교 심리학과 부교수

진영선(Jin, Youngsun)
플로리다 대학교 대학원 석사(실험심리학 전공)
플로리다 대학교 대학원 박사(인지심리학 전공)
University of Maryland University College 객원교수
맥매스터 대학교 교환교수
현 경북대학교 심리학과 교수

곽호완(Kwak, Ho-Wan)
서울대학교 대학원 석사(지각심리학 전공)
존스홉킨스 대학교 대학원 박사(실험심리학 전공)
전 한국실험심리학회장
현 경북대학교 심리학과 교수

박영신(Park, Young-shin)
이화여자대학교 대학원 석사(심리학 전공)
피츠버그 대학교 대학원 석사(연구방법론 전공)
퍼듀 대학교 대학원 박사(발달심리학 전공)
전 발달심리학회 회장
현 경북대학교 심리학과 교수

심리학의 세계

Mastering the World of Psychology (5th ed.)

2015년 8월 31일 1판 1쇄 발행
2024년 1월 25일 1판 9쇄 발행

지은이 • Samuel E. Wood · Ellen Green wood · Denise Boyd
옮긴이 • 김초복 · 장문선 · 허재홍 · 김지호 · 진영선 · 곽호완 · 박영신
펴낸이 • 김 진 환
펴낸곳 • (주) 학지사
04031 서울특별시 마포구 양화로 15길 20 마인드월드빌딩 5층
대표전화 • 02) 330-5114 팩스 • 02) 324-2345
등록번호 • 제313-2006-000265호
홈페이지 • http://www.hakjisa.co.kr
인스타그램 • https://www.instagram.com/hakjisabook

ISBN 978-89-997-0739-1 93180

정가 28,000원

역자와의 협약으로 인지는 생략합니다.
파본은 구입처에서 교환하여 드립니다.